THE CITY LIBRARY
SPRINGFIELD (MA) CITY LIBRARY

860 646.72 MILADYS

Milady's texto general de
cosmetologia

MILADY'S TEXTO GENERAL DE COSMETOLOGÍA

MILADY'S TEXTO GENERAL DE COSMETOLOGÍA

Milady Publishing Company
(Una división de Delmar Publishers Inc.)
3 Columbia Circle, Box 12519
Albany, New York 12212-2519

CRÉDITOS

Editor
Catherine Frangie

Redactores de desarrollo
Joseph Miranda

Fotógrafos
Michael A. Gallitelli, fuera del estudio a la Austin Beauty School, con Dino Petrocelli; y en el Rielms Hair Salon, Latham, NY
Steven Landis, con dirección de Vincent y Alfred Nardi del Nardi Salon
Eric Von Lockhart
Gillette Research Institute
New Image's Salon System
The Wella Corporation
(Figs. 12.17, 12.28, 12.34, 12.41, 12.42)

Artistas
Edward Tadiello
Robert Richards
Judy Francis
Shizuko Horii
Jeanne A. Benas
Cynthia Saniewski

Randy Tibbot
Ron Young
CEM
Nelva Richardson
Gil Miret

Producción/arte/diseño
Susan C. Mathews

Asistente de edición
Annette Danaher

Fotografía de la cubierta
Fotos de lavanda, pincel de maquillaje, peine, rizadores, cabello, tijeras: David Sparer. Fotos de lapiz labial, rulo amarillo, uñas: Michael A. Gallitelli, Metroland Photo. Fotos de cielo, globo: PhotoDisc, Inc. © 1993.

Fotógrafo médico
Elvin G. Zook, M.D.,
Unidad de Cirugía Plástica,
Escuela de Medicina de la
Universidad de Southern
Illinois (Figs.17.4–17.12, 17.14, 17.15, 17.18, 17.19)

Director de venta
Barbara Leto

Diseño de la cubierta
design M design W

Dedicado al éxito de los estudiantes en cosmetología

Library of Congress Cataloging-in-Publication Data
Texto general Milady de cosmetología, edición española
Milady's Texto General de Cosmetología
     p. cm.
  Incluye índice
  Traducción de: Milady's standard textbook of cosmetology.
  Incluye índice.
  ISBN 1-56253-200-6 (hardcover).—ISBN 1-56253-206-5 (cubierta de papel)
  1. Industria de belleza. I. Milady Publishing Company [Editorial Milady]. II. Título.
TT957.M55318 1995   95-2982
646.7' 2—dc20   CIP

Copyright © 1995, 1991, 1985, 1981, 1972, 1967, 1965, 1959, 1954, 1938
Milady Publishing Company
(A Division of Delmar Publishers Inc.)
3 Columbia Circle, Box 12519
Albany, New York 12212

ISBN: 1-56253-254-5

Reservados todos los derechos. Ninguna parte de este trabajo cubierto por los derechos de autor indicado pueden ser reproducidos o usados en cualquier forma o por cualquier medio gráfico, electrónico o mecánico, incluyendo la fotocopia, registrado en cinta, o sistemas de almacenaje y recuperación de información sin el permiso escrito del editor.
Impreso en los Estados Unidos de América
Impreso y distribuido simultáneamente en Canadá.
   2 3 4 5 6 7 8 9 10 XXX 01 00 99 98 97

Aviso al lector
El editor no asegura o garantiza ninguno de los productos aquí descritos ni realiza ningún análisis independiente relacionada con la información sobre productos aquí contenida. Los editores no asumen, y expresamente rechazan, cualquier obligación de obtener e incluir información aparte de la suministrada a ellos por el fabricante.

El lector queda expresamente advertido a tener en cuenta y adoptar todas las precauciones de seguridad que puedan estar indicadas por las actividades aquí descritas y a evitar cualquier riesgo potencial. Siguiendo las instrucciones aquí contenidas, el lector asume voluntariamente todos los riesgos en conexión con las instrucciones dichas.

El editor no hace ninguna afirmación ni garantía de ninguna clase, incluyendo pero sin estar limitada a, la garantía de la aptitud para una finalidad específica o de comerciabilidad, ni estas afirmaciones están implícitas respecto al material aquí expuesto, y el editor no toma responsabilidad respecto a este material. El editor no será responsable por cualesquiera daños especiales, consecuenciales o ejemplares que resulten, en todo o en parte, del uso de este material por parte del lector, o de su confianza en el mismo.

Contenido

PREFACIO .... **xii**
- Al estudiante xii
- Al instructor xii
- Para el estudiante xiii
- Para el instructor xv
- Para referencia xvi

AGRADECIMIENTOS .... **xviii**

INTRODUCCIÓN
El mundo de la Cosmetología 2
- El artista de maquillaje 2
- Especialista del cuidado de la piel/Esteticista 3
- Químico cosmético 3
- Publicaciones 4
- Especialista en teñido del cabello 5
- Propietario/a de un salón de belleza 5
- Especialista en venta al detalle 6
- Campeón de competiciones 6
- Especialista educacional 7

Capítulo 1
SU IMAGEN PROFESIONAL
Introducción 10
Su salud personal y profesional 10
- Descanso 10
- Ejercicio 10
- Relajación 10
- Nutrición 10
- Higiene personal 11
- Arreglo personal 11
- Cuidado de los pies 12
- Un estilo de vida saludable 13
Presentación física 13
- Buena postura 13
- Presentación física en el trabajo 14
- Técnica correcta para sentarse 16
Personalidad 17
- Cualidades deseables para una relación eficaz
  con la clientela 17
Comunicación eficaz 18
Relaciones humanas y su actitud profesional 18
Para tener éxito 20
La ética profesional 21

Capítulo 2
BACTERIOLOGÍA
Introducción 24
Bacteriología 24
- Tipos de bacterias 25
- Clasificaciones de las bacterias patógenas 26
- Crecimiento y reproducción de las bacterias 27
- Infecciones bacterianas 28
- Otros agentes infecciosos 29
- Inmunidad 29
- Síndrome de Inmuno Deficiencia Adquirida (SIDA) 30

Capítulo 3
DESCONTAMINACIÓN Y CONTROL DE INFECCIONES
Introducción 32
Prevención y control 32
- Contaminación 32
- Descontaminación 32
- Esterilización 33
- Higienización 33
- Antisépticos 35
- Desinfección 35
- Lea antes de utilizar 35
- Información importante 35
- OSHA 36
- Desinfectantes a nivel de hospital 36
- Uso correcto de desinfectantes 37
Tipos de desinfectantes 38
- Quats 38
- Fenoles 39
- Alcohol, blanqueador y limpiadores comerciales 39
- Limpiadores ultrasónicos 40
- Seguridad de los desinfectantes 40
- Otras superficies 41
- Almacenamiento adecuado de los utensilios 41
- "Esterilizadores" eléctricos o de cuentas 41
Higienización universal 41
- Su responsabilidad profesional 42

Capítulo 4
PROPIEDADES DEL CUERO CABELLUDO Y DEL PELO
Introducción 44
El cabello 44
- Composición del pelo 45
- Divisiones del pelo 45
- Formas del cabello 47
- Capas del cabello 48
- Distribución del pelo 48
- Crecimiento del cabello 49
- Vida y densidad del cabello 49
- Substitución natural del cabello 50
- Color del cabello 50
Análisis del cabello 52
- Estado del cabello 52
- Cualidades del cabello 52
Trastornos del cabello 54
- Canosidad 54
- Pelo en anillos 54
- Hipertricosis 54
- Tricoptilosis 54

v

• Tricorrexis nudosa	54
• Moniletrix	54
• Fragilitas crinium	55
Cuidados del cuero cabelludo	55
• Manipulaciones del cuero cabelludo	55
Alteraciones del cuero cabelludo	58
• Caspa	58
• Alopecia	60
• Infecciones por parásitos vegetales	62
• Infecciones por parásitos animales	62
• Infecciones por estafilococos	63
• Tratamientos generales del cabello y del cuero cabelludo	64

Capítulo 5
COBERTURAS

Introducción	68
• Cobertura para servicios con el pelo mojado	68
• Cobertura para servicios químicos	69
• Cobertura para servicios con el pelo seco	70

Capítulo 6
LAVADO, ACLARADO Y ACONDICIONADO

Introducción	74
• Agua	74
• Selección del champú correcto	75
• Materiales y utensilios necesarios	75
• Cepillado	75
• Procedimiento de lavado	76
• Lavado del cabello tratado químicamente	78
• Tipos de champúes	79
• Aclarados	81

Capítulo 7
CORTE DEL CABELLO

Introducción	84
• Instrumentos utilizados en el corte del cabello	84
• Seccionado del cabello para el corte	86
• Cómo sujetar los instrumentos de corte	87
• Entresacado del cabello	88
• Corte del cabello con tijeras	90
• Corte escalado	93
• Uso de la maquinilla en la línea del cuello	94
• Uso de la navaja	94
• Aprenda a manejar a los niños	98
• Corte del cabello excesivamente rizado	98

Capítulo 8
ONDULACIÓN CON LOS DEDOS

Introducción	102
• Preparación	102
• Loción para ondular con los dedos	102
• Aplicación de la loción	102
Ondulación horizontal con los dedos	103
• Formando la zona superior	103
• Lado izquierdo de la cabeza	105
Método alternativo de ondulación con los dedos	106
Ondulado vertical con los dedos	107
Ondulación sombreado	107
Recordatorios e indicaciones para la ondulación con los dedos	108

Capítulo 9
PEINADO EN HÚMEDO

Introducción	112
Puntos básicos del peinado	112
• Desenredado del cabello	112
• Hacer la raya	113
• Rizos fijos	114
• Fundaciones o bases de los rizos fijos	118
• Técnicas para formar rizos fijos	120
• Sujeción de los rizos fijos	125
• Efectos de los rizos fijos	126
• Cascada o rizos erguidos	130
• Rizos semi-erguidos	131
• Rizos con rulos	132
• Rizos de tonel	135
• Técnicas de peinado	142
• Trenzas	144
El arte en el peinado	147
• Tipos faciales	147
• Peinados para personas que llevan lentes	156
• Rayas	159

Capítulo 10
PEINADO TÉRMICO

Introducción al ondulado y rizado térmicos	164
• Tenacillas térmicas	164
• Ondulado térmico con tenacillas térmicas convencionales (Marcel)	167
• Rizado térmico con tenacillas eléctricas	169
• Métodos de rizado con tenacillas térmicas	171
• Rizos térmicos de volumen	176
• Fijado final de los rizos térmicos	177
• Peinado del cabello después de un ondulado o rizado térmico	178
• Medidas de seguridad	178
Peinado con pistola secadora	180
• Equipo, utensilios y materiales	180
• La pistola secadora	180
• Peines y cepillos	180

CONTENIDO ♦ vii

• Cosméticos usados en el peinado con secador	182
• Rizar con secador y cepillo redondo	182
Recordatorios e indicaciones sobre el peinado con secador	183
• Secado del cabello	183
• Cepillos y peines	184
• Secador	184
• Técnicas de secado	184
Ondulación con aire	185
• Conformación del cabello con peine	185
• Precauciones de seguridad	186

Capítulo 11
ONDULACIÓN PERMANENTE

Introducción	188
Historia de la ondulación permanente	188
• La época de las máquinas de ondulación permanente	188
• La primera permanente sin máquina	189
• Ondulaciónes en frío	189
• Permanentes equilibradas en ácido y neutras	189
Química de la permanente moderna	190
• Permanentes alcalinas	190
• Permanentes equilibradas en ácido	191
• La química de los neutralizadores	192
La estructura del cabello y la permanente	192
• Estructura física del cabello	192
• Composición química del cabello	193
• Selección de la técnica de permanente correcta	194
• Análisis antes de la permanente	196
• Selección de la permanente	199
• Lavado antes de la permanente	200
• Corte o conformado antes de la permanente	200
• Bigudís para permanente	201
• Seccionado y partición	202
• Patrones de enrollamiento	203
• Enrollado del pelo	206
• Rizos de prueba preliminares	210
Técnicas de permanente	213
• Aplicación de la loción onduladora	214
• Neutralización	216
• Diez indicaciones para una permanente perfecta	217
• Limpieza	217
Técnicas especiales de permanente	218
• Enrollado direccional	218
• Ondas de cuerpo	220
• Permanente parcial	221
• Permanentes para hombres	221
• Método de las pinzas calientes	221
• Situaciones especiales	222

Capítulo 12
COLOREADO DEL CABELLO

Introducción	226
• Razones por las cuales los clientes se colorean el cabello	227
• Clientes típicos	227
• Papel del colorista en la comunicación con el cliente	228
Consulta sobre el coloreado del cabello	230
• Sentar las bases: El ambiente adecuado	230
• Prueba con un mechón para confirmar la selección de color	232
• Prueba de predisposición	233
• Ficha de registro del cliente	235
• Declaración de descargo	235
• Análisis de la fisiología del cabello del cliente	235
Uso de claves de color para hallar el color que le quede mejor al cliente	248
Teoría del color	253
• La ley del color	253
• Crear colorante para el cabello de aspecto natural usando pigmentos artificiales	258
Clasificaciones del coloreado del cabello	259
• Coloreado del cabello temporal	259
• Coloreado tradicional semipermanente del cabello	262
• Colorantes de cabello solamente de depósito	268
Colorantes permanentes del cabello	269
• Tipos de colorantes permanentes del cabello	269
• Reveladores de agua oxigenada o peróxido de hidrógeno	273
• Aclarado del cabello	276
• Realce para lograr efectos especiales	288
• Composición de los colorantes de cabello permanentes	290
Problemas especiales en el coloreado del cabello/coloreado correctivo	300
• Cabello dañado	300
• Rellenos	301
• Atenuación de los colores rojos	302
• Corrección del color bronceado y de otros tonos no deseados en el cabello	303
• Eliminación del tinte	304
• Teñido de vuelta al color natural de cabello	306
• Dificultades y soluciones del cabello gris	307
• Formulación para el cabello gris	308
• Reglas para la corrección eficaz del color	310
Precauciones de seguridad en el coloreado del cabello	310
Glosario de coloreado del cabello	311

Capítulo 13
RELAJACIÓN QUÍMICA DEL PELO Y PERMANENTE DE RIZADO SUAVE

Introducción	320

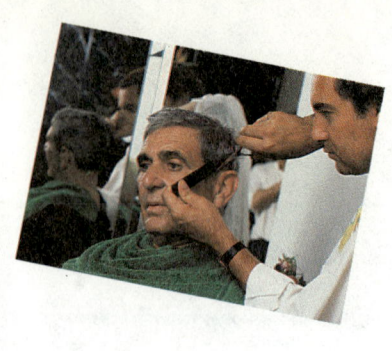

Productos para la relajación química del pelo 320	Condición del cuero cabelludo 342
• Relajadores químicos de pelo 320	• Tarjeta de registro 342
• Neutralizador 320	• Tratamientos de acondicionamiento 342
• Fórmulas con base y "sin base" 321	• Peines de prensado 342
Pasos en el relajamiento químico del pelo 321	Aceite o crema de prensado 344
Proceso 321	Seccionamiento del pelo 344
Neutralización 321	Procedimiento de prensado suave para el pelo rizado
Acondicionamiento 321	normal 344
• Potencia del relajante recomendada 322	• Prensado duro 346
Análisis del pelo del cliente 322	• Retoques 347
• Historia capilar del cliente 322	• Precauciones de seguridad 347
• Examen del cuero cabelludo 323	• Declaración de descargo 347
• Pruebas de pelo 323	• Recordatorios y consejos sobre el prensado suave .. 348
Proceso de relajación química del pelo (con hidróxido	Problemas especiales 348
de sodio) 324	• Prensado del pelo fino 348
• Equipo, útiles y materiales 324	• Prensado del pelo corto y fino 348
• Preparación 324	• Prensado del pelo grueso 348
• Procedimiento 325	• Prensado del pelo teñido, aclarado o gris 349
• Aplicación del acondicionador-rellenador 325	
• Aplicación del relajador 326	
• Método del peine 326	*Capítulo 15*
• Método del cepillo o del dedo 327	**EL ARTE DEL PELO ARTIFICIAL**
• Prueba periódica del mechón 327	Introducción 352
• Aclarado del relajador 327	¿Por qué se utilizan pelucas? 352
• Aplicación del champú/neutralización 327	Tipos de pelucas 352
• Aplicación del acondicionador 328	• Pelucas de pelo humano 353
• Tenacillas térmicas calientes 329	• Pelucas y postizos sintéticos 354
• Retoque con hidróxido de sodio 330	• Extensiones de pelo 354
Proceso químico para la relajación del pelo (con	• Pelucas para hombres 354
tioglicolato amónico) 330	Cómo tomar las medidas de la peluca 355
• Retoque con tioglicolato 331	• Procedimiento 355
• Otros relajadores 331	Cómo realizar un pedido de pelucas 356
Fundido químico 331	Cómo colocar la peluca en una cabeza artificial 357
• Equipo, útiles y materiales 331	Colocación de la peluca 357
• Procedimiento 331	• Ajuste de la peluca a un tamaño mayor 357
Repaso de las precauciones de seguridad 332	• Ajuste de la peluca a un tamaño menor 358
Permanente de rizado suave 333	• La cinta elástica 358
• Útiles y materiales 334	Limpiezas de las pelucas 359
• Procedimiento 334	• Pelucas de pelo humano 359
• Cuidados posteriores 337	• Pelucas atadas a mano 360
Repaso de las precauciones de seguridad 337	• Pelucas sintéticas 360
	• Acondicionamiento de la peluca 361
	Corte del pelo de la peluca 361
	• Pelucas de pelo humano 361
Capítulo 14	• Pelucas de pelo sintético 362
ALISAMIENTO TÉRMICO DEL PELO	Marcaje y peinado de las pelucas 363
(PRENSADO DEL PELO)	Colocación y extracción de la peluca 364
Introducción 340	• Cómo peinar el pelo del cliente con
Análisis del pelo y del cuero cabelludo 340	el de una peluca 364
• Textura del pelo 341	

• Extracción de una peluca 364	• Finalización 399
Coloreado de la peluca 364	• Masaje de la pierna 399
• Baños de color 364	
• Tintes semipermanentes 365	*Capítulo 17*
• Tintes permanentes 365	**LA UÑA Y SUS TRASTORNOS**
Postizos 366	Introducción 402
Precauciones de seguridad 367	La uña 402
	• Estructura de la uña 402
Capítulo 16	• Lúnula 403
MANICURA Y PEDICURA	Estructuras que rodean la uña 403
Introducción 370	Crecimiento de la uña 403
Forma de las uñas 370	• Malformaciones de la uña 404
Equipo, consumibles, productos cosméticos y materiales .. 371	• Enfermedades de las uñas 404
• Equipo 372	• Irregularidades de la uña 404
• Utensilios 372	Hongo y moho 407
• Productos cosméticos 373	• Hongo de las uñas 407
• Materiales 375	• Moho de las uñas 407
Preparación de la mesa de manicura 375	Enfermedades de las uñas 407
• Procedimiento 375	
Manicura normal 376	*Capítulo 18*
• Preparación 376	**TEORÍA DEL MASAJE**
• Procedimiento 377	Introducción 412
• Problemas de las uñas 379	Movimientos básicos utilizados en el masaje 412
• Finalización 379	• Cómo se consiguen los diferentes movimientos de masaje 412
• Limpieza final 380	• Lisaje "Effleurage" 413
Normas de seguridad de la manicura 381	• "Petrissage" 413
Estilos individuales de uña 382	• Fricción 414
Masaje de manos 383	• Movimiento de percusión 415
• Procedimiento 383	• Vibración 415
Masajes en la mano y en el brazo 384	• Movimientos de las articulaciones 415
• Procedimiento 384	Efectos fisiológicos del masaje 416
Otros tipos de manicuras 385	
• Manicura eléctrica 385	*Capítulo 19*
• Manicura con aceite 386	**TRATAMIENTOS FACIALES**
• La manicura del hombre 386	Introducción 420
• Manicura de cabina 386	Tratamientos faciales 420
Técnicas avanzadas de manicura 387	Masaje facial 420
• Envoltura de las uñas 387	• Preparación del masaje facial 420
• Uñas esculpidas 389	• Equipo, consumibles y materiales 421
• Uñas que se colocan mediante presión 392	• Procedimiento 421
Otras técnicas avanzadas 394	Masajes faciales 426
• Uñas sumergidas 394	• Masajes en el pecho, espalda y cuello (opcional) 429
• Colocación de puntas de uñas 394	Problemas especiales 430
Pedicura 396	• Tratamiento facial para piel seca 430
• Equipo, consumibles y materiales 396	• Tratamiento facial para la piel grasa y las espinillas 431
• Preparación 396	• Espinillas blancas 432
• Procedimiento 397	
Masaje de los pies 398	
• Procedimiento 398	

TEXTO GENERAL DE COSMETOLOGÍA

- Tratamiento facial para el acné 432
- Dieta para el acné 433
- Packs y mascarillas 434
- Mascarillas hechas a la medida 434
- Tratamiento facial con mascarilla de aceite caliente 436
- Razones por las que un cliente puede no quedar satisfecho con un tratamiento facial 437

Capítulo 20
MAQUILLAJE FACIAL
- Introducción 440
- Preparación para la aplicación del maquillaje 440
  - Equipo, productos y materiales 440
- Productos cosméticos para el maquillaje facial 441
  - Base del maquillaje 441
  - Polvos faciales 442
  - Colores de mejillas o de labios 443
  - Maquillaje de ojos 444
  - Procedimiento de aplicación de un maquillaje profesional 446
- Técnicas de maquillaje para las mujeres de color ... 449
  - Procedimiento para la aplicación de maquillajes ... 449
- Rasgos faciales 451
  - Análisis de los rasgos faciales del cliente y de la forma de la cara 451
  - Técnicas correctoras de maquillaje 451
  - Consejos para aplicar el colorete 455
  - Reglamentos básicos para aplicar un maquillaje base corrector 455
  - El empleo del lápiz de cejas 459
  - Arqueo de las cejas 460
  - Maquillaje corrector para los labios 462
- Tinte de pestaña y de ceja 463
- Pestañas postizas 464
  - Aplicación de pestañas de tira 464
  - Extracción de las pestañas postizas de tira 466
  - Aplicación de pestañas individuales semipermanentes ... 466
- Precauciones de seguridad 471

Capítulo 21
LA PIEL Y SUS TRASTORNOS
- Introducción 474
- Histología de la piel 475
  - Cómo se nutre la piel 476
  - Nervios de la piel 476
  - Elasticidad de la piel 477
  - Color de la piel 477
  - Glándulas de la piel 478
  - Funciones de la piel 479
- Trastornos de la piel 480
  - Definiciones relacionadas con las perturbaciones cutáneas 480
  - Lesiones de la piel 480
  - Definiciones relacionadas con las lesiones primarias 481
  - Definiciones relacionadas con las lesiones secundarias 482
  - Definiciones relacionadas con las enfermedades 482
  - Trastornos de las glándulas sebáceas 483
  - Definiciones relacionadas con las perturbaciones de las glándulas sudoríparas 486
  - Definiciones relacionadas con las inflamaciones 486
  - Definiciones relacionadas con la pigmentación de la piel 487
  - Definiciones relacionadas con la hipertrofia 489
  - Definiciones relacionadas con la cirugía plástica 489

Capítulo 22
ELIMINACIÓN DEL CABELLO NO DESEADO
- Introducción 492
- Métodos permanentes de eliminación del cabello 492
  - Información general 493
  - Método de onda corta o termólisis 493
- Métodos temporales de eliminación de cabello 496
  - Afeitado 496
  - Utilización de las pinzas 497
  - Método de eliminación de cabellos con pinzas electrónicas 497
  - Métodos depilatorios 497
  - Cera caliente 497
  - Cera fría 499
  - Productos depilatorios químicos 499

Capítulo 23
CÉLULAS, ANATOMÍA, Y FISIOLOGÍA
- Introducción 502
- Células 502
  - Crecimiento celular 503
  - Metabolismo celular 503
- Tejidos 504
- Órganos 504
- Sistemas 504
- Introducción a la anatomía y a la fisiología 505
- El sistema esquelético 506
  - Huesos del cráneo 506
  - Huesos del cuello 508
  - Huesos del pecho (tórax) 508
  - Huesos del hombro, brazo y mano 508
- El sistema muscular 509
  - Músculos 510
- El sistema nervioso 516
  - Divisiones del sistema nervioso 516
  - El cerebro y la médula espinal 517
  - Células nerviosas y nervios 517
- El sistema circulatorio 520
  - El corazón 521
  - Vasos sanguíneos 522
  - La sangre 522
  - El sistema linfovascular 523
  - Arterias de la cabeza, cara y cuello 524

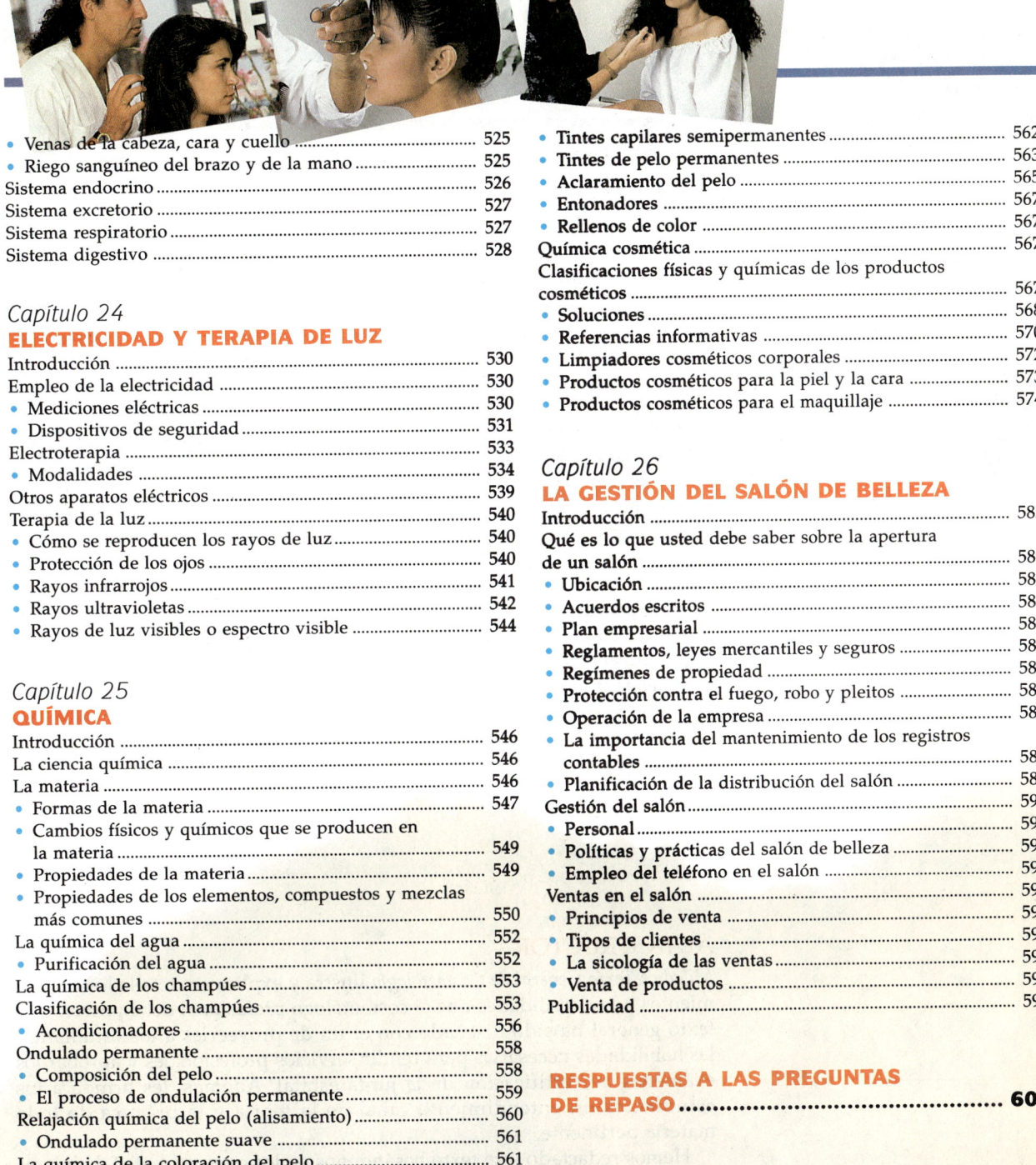

CONTENIDO ◆ xi

- Venas de la cabeza, cara y cuello 525
- Riego sanguíneo del brazo y de la mano 525

Sistema endocrino 526
Sistema excretorio 527
Sistema respiratorio 527
Sistema digestivo 528

Capítulo 24
ELECTRICIDAD Y TERAPIA DE LUZ

Introducción 530
Empleo de la electricidad 530
- Mediciones eléctricas 530
- Dispositivos de seguridad 531

Electroterapia 533
- Modalidades 534

Otros aparatos eléctricos 539
Terapia de la luz 540
- Cómo se reproducen los rayos de luz 540
- Protección de los ojos 540
- Rayos infrarrojos 541
- Rayos ultravioletas 542
- Rayos de luz visibles o espectro visible 544

Capítulo 25
QUÍMICA

Introducción 546
La ciencia química 546
La materia 546
- Formas de la materia 547
- Cambios físicos y químicos que se producen en la materia 549
- Propiedades de la materia 549
- Propiedades de los elementos, compuestos y mezclas más comunes 550

La química del agua 552
- Purificación del agua 552

La química de los champúes 553
Clasificación de los champúes 553
- Acondicionadores 556

Ondulado permanente 558
- Composición del pelo 558
- El proceso de ondulación permanente 559

Relajación química del pelo (alisamiento) 560
- Ondulado permanente suave 561

La química de la coloración del pelo 561
- Colores temporales 561
- Tintes capilares semipermanentes 562
- Tintes de pelo permanentes 563
- Aclaramiento del pelo 565
- Entonadores 567
- Rellenos de color 567

Química cosmética 567
Clasificaciones físicas y químicas de los productos cosméticos 567
- Soluciones 568
- Referencias informativas 570
- Limpiadores cosméticos corporales 572
- Productos cosméticos para la piel y la cara 573
- Productos cosméticos para el maquillaje 574

Capítulo 26
LA GESTIÓN DEL SALÓN DE BELLEZA

Introducción 582
Qué es lo que usted debe saber sobre la apertura de un salón 582
- Ubicación 582
- Acuerdos escritos 583
- Plan empresarial 583
- Reglamentos, leyes mercantiles y seguros 584
- Regímenes de propiedad 585
- Protección contra el fuego, robo y pleitos 586
- Operación de la empresa 586
- La importancia del mantenimiento de los registros contables 587
- Planificación de la distribución del salón 589

Gestión del salón 590
- Personal 590
- Políticas y prácticas del salón de belleza 590
- Empleo del teléfono en el salón 593

Ventas en el salón 596
- Principios de venta 597
- Tipos de clientes 597
- La sicología de las ventas 598
- Venta de productos 598

Publicidad 598

RESPUESTAS A LAS PREGUNTAS DE REPASO 601

GLOSARIO/ÍNDICE 611

Prefacio

AL ESTUDIANTE

¡Felicidades! ¡Usted ha elegido una carrera llena de oportunidades! Una vez haya finalizado su adiestramiento en cosmetología podrá abrir su propio salón de belleza o administrar una cadena de salones. Puede optar por especializarse en un campo excitante de la cosmetología, como el arte del maquillaje, el coloreado del cabello o la tecnología de uñas. Incluso podrá asociarse con químicos para desarrollar o comercializar su propia línea de productos.

No importa qué camino elija, usted tendrá un papel importante en la vida de sus clientes. Vendrán a usted en busca de sus consejos y habilidad profesional y usted compartirá con ellos su experiencia y visión artística. Como cosmetólogo, usted podrá darle vida a esa visión.

Aprenderá de talentosos y dedicados instructores que compartirán con usted sus habilidades y sus experiencias. A medida que usted vaya desarrollando sus aptitudes, tendrá la oportunidad de asistir a conferencias de la industria, seminarios, y talleres. Conocerá a líderes en la industria y será introducido a tecnologías actualizadas e investigaciones científicas. Todas éstas son oportunidades de aprender sobre la profesión que usted ha elegido y sobresalir en las facetas que haya seleccionado como especialización.

Construirá una red de personas a los que recurrirá en busca de consejo y estímulo en su carrera. Podrá dirigir su carrera en cosmetología en un número de direcciones, todas ellas gratificantes. No importa el rumbo que elija, le deseamos éxito. ¡Bienvenido, y disfrute de su travesía!

AL INSTRUCTOR

Milady's Texto General de Cosmetología ilustra y explica en detalle los conocimientos y las habilidades que el cosmetólogo profesional debe poseer. Este texto general ha sido diseñado con el fin de proveerles a los estudiantes las habilidades necesarias para rendir servicios profesionales y aprobar los exámenes de certificación de la junta estatal. Además, les brinda a los estudiantes un entendimiento cabal de la teoría y la práctica de toda materia pertinente.

Hemos redactado este texto basándonos en los conocimientos de líderes en la industria y educadores que han trabajado con un equipo completo de escritores, editores, diseñadores, y artistas para el desarrollo de este texto. Esperamos que el tema sería más fácil de enseñar para usted y que nuestro libro de texto satisfará y motivará a sus estudiantes.

Las siguientes son algunas de las características relevantes de esta nueva edición:

- Un diseño a todo color con 1.000 ilustraciones y fotografías completamente nuevas.

- Métodos e información actualizados con fotografías contemporáneas.

- Ilustraciones de hombres y mujeres de diversa base cultural y edad variada.
- Procedimientos detallados, paso a paso.
- Énfasis en las precauciones de seguridad, especialmente para los servicios químicos.
- Información actualizada sobre la descontaminación y el control de infecciones, incluyendo información sobre la rotulación de OSHA y EPA.

- Una cobertura extensa y minuciosa sobre el coloreado del cabello que ha sido revisada y escrita con el apoyo del comité de educación del International Haircolor Exchange. Esta cobertura les provee a los estudiantes importante información que deberán examinar en detalle para superar cualquier problema referente al coloreado del cabello que pueda surgir.
- Palabras clave en negrita.
- Recuadros de motivación puestos de relieve en torno a una variedad de temas, tales como la elección de una carrera, consejos profesionales, asesoramiento promocional y respuestas a preguntas comunes sobre cosmetología.
- Objetivos de Aprendizaje que se explican con los temas principales de cada capítulo, se repiten a través del mismo a medida que los estudiantes dominan la materia y perfeccionan sus habilidades; dichos Objetivos se refuerzan en las Preguntas de Repaso.
- Respuestas a las Preguntas de Repaso se incluyen en una sección especial que aparece antes del glosario y el índice.
- Un índice y un glosario amplios, combinados para dar definiciones concisas de los términos clave junto con las referencias correspondientes a la página para que el estudiante pueda encontrar referencias detalladas en el texto.
- Una amplia selección de materias suplementarias para el estudiante y el maestro.

PARA EL ESTUDIANTE

- *Cuaderno Teórico para el Milady's Texto General de Cosmetología* y
- *Cuaderno Práctico para el Milady's Texto General de Cosmetología*. Describen revisiones de palabras, formularios, preguntas que se corresponden o que tienen varias elecciones lo que aumenta la comprensión y la retención de los estudiantes, y les ayuda a prender procedimientos prácticos y elimina los hábitos defectuosos. Cada sección está relacionada con las páginas del texto.
- *Milady's Texto General de Cosmetología*. Traducción al español del *Milady's Standard Textbook of Cosmetology* que corresponde página por página a la versión en inglés. [Suplementos: *Cuaderno Teórico para el Texto General de Cosmetología* (Theory Workbook), *Cuaderno Práctico para el Texto General de Cosmetología* (Practical Workbook), *Repaso de Exámenes de la Junta Estatal* (State Exam Review)].

xiv ◆ TEXTO GENERAL DE COSMETOLOGÍA

- *Milady 28 Estilos.* Kenneth Young. Ayuda a los estudiantes a perfeccionar las técnicas de corte y peinado y desarrolla la destreza en los dedos y las aptitudes artísticas por medio de la práctica con maniquíes.
- *Milady 28 Estilos Negros.* Kenneth Young. Ayuda a los estudiantes a practicar varios cortes y peinados contemporáneos apropiados para cabellos de diferentes texturas.
- *Milady 18 Estilos para Hombres.* Maura T. Scali-Sheahan. Ayuda a los estudiantes a practicar cortes y peinados para todo tipo de cabello de hombre.
- *Milady Corte de Cabello: Una Guía Técnica.* Kenneth Young. Guía de instrucciones paso a paso para estudiantes que necesitan práctica en el corte de cabello.
- *Milady Peinado: Estilos para Hombres, Mujeres y Niños.* Kenneth Young. Contiene una variedad de innovadoras técnicas de peinado para hombres, mujeres y niños.
- *Milady's Técnicas de la Permanente.* Zotos Creative Designers. Contiene 18 técnicas paso a paso de la permanente, corte y peinado.
- *Milady Corte con Navaja.* Kenneth Young. Guía para el corte de una variedad de estilos de peinado específicos utilizando las técnicas de la navaja.
- *Milady Cuaderno de Anatomía y Fisiología.* Maura T. Scali-Sheahan. Combina la teoría de la anatomía y la fisiología directamente relacionada a la cosmetología siguiendo el formato de preguntas y respuestas de un cuaderno.
- *VIH/SIDA y la Hepatitis: Todo lo que Necesita Saber para Protegerse y Proteger a los Demás.* Douglas Schoon. Ofrece una clara definición de lo que son el VIH/SIDA y la hepatitis y explica los pasos que un profesional de salón de belleza debe seguir en el control de enfermedades contagiosas.
- *Tomando las Debidas Precauciones: Milady Guía para la Descontaminación, Esterilización y Protección Personal.* Sheldon R. Chesky, Isabel Cristina, Richard B. Rosenberg. Visión general de la microbiología, su relación con el entorno del cosmetólogo y las formas de proteger al cosmetólogo y al cliente.
- *Profesional por Elección: Milady Guía de Desarrollo Profesional.* Victoria Harper. Ofrece opciones profesionales y una cobertura detallada sobre la planificación de una carrera, incluyendo la redacción de un curriculum vitae (historial) exitoso, entrevistas, desempeño de labores y profesionalismo.
- *Repaso de Exámenes de la Junta Estatal.* Ayuda a los estudiantes a prepararse para los exámenes de licencia. Sigue las exigencias de los exámenes para pruebas nacionales.
- *Milady Problemas de Palabras sobre Cosmetología.* Añade diversión y ayuda a adquirir al estudiante vocabulario sobre Cosmetología con problemas de búsqueda de palabras y crucigramas.
- *Milady Diccionario de Cosmetología.* Define los términos de cosmetología y temas relacionados en un lenguaje simple y sin tecnicismos. Incluye una lista completa de términos de teñido del cabello aprobados por el

PREFACIO ◆ xv

International Haircolor Exchange, creada a fin de proveer un vocabulario estándar para la industria.
- *Tutor/Examinador Ingenioso.* Dan Jeans. Un programa de ordenador que utiliza preguntas de opción múltiple, cuestionarios, verdadero-falso y respuestas que se corresponden presentadas al azar sobre todos los temas que se encuentran en el *Milady's Texto General de Cosmetología.*

PARA EL INSTRUCTOR

- *Respuestas al Cuaderno Teórico para el Milady's Texto General de Cosmetología* y
- *Respuestas al Cuaderno Práctico para el Texto General de Cosmetología.* Proporciona soluciones a todos los problemas de los libros de trabajo.
- *Serie en Video del Milady's Texto General de Cosmetología.* Las 16 cintas (VHS) de esta avanzada y contemporánea serie en video presentan temas prácticos y teóricos a tono con sus capítulos correspondientes del *Milady's Texto General de Cosmetología.*
- *Listas de Control de Competencia para Acompañar al Milady's Texto General de Cosmetología.* Ayuda a asegurar de que los estudiantes desarrollen las aptitudes y conocimientos básicos necesarios para que puedan emplearse en un salón.
- *Planes de Lecciones de Cosmetología.* Planes de lecciones que incluyen objetivos, materiales e instalaciones necesarios, ayudas visuales sugeridas, dispositivos motivacionales, preguntas sugerentes y tareas para los alumnos.
- *Curriculum de Cosmetología Basado en la Competencia.* Los planes de estudios para los programas de 1.000, 1.500 y 2.000 horas incluyen habilidades prácticas divididas en realización de trabajos y preparación del estudiante y el cliente. La sección teórica incluye todos los temas de Cosmetología.
- *8 Exámenes de Revisión sobre Cosmetología.* Cada prueba de 100 preguntas con elección múltiple se pueden proponer a los estudiantes a intervalos específicos durante el curso para revisar las lecciones anteriores, mejorando la retención y ayudando a los maestros a descubrir los puntos débiles de los estudiantes. Incluye clave de respuestas.
- *Milady's Texto General de Cosmetología.* Traducción al español del *Milady's Standard Textbook of Cosmetology* que corresponde página por página a la versión en inglés y que les facilita a los estudiantes seguir al instructor independientemente del idioma que hable. [Suplementos: *Respuestas al Cuaderno Teórico* (Answers to Theory Workbook), *Respuestas al Cuaderno Práctico* (Answers to Practical Workbook), *Repaso de Exámenes de la Junta Estatal* (State Exam Review)].
- *Banco de Exámenes Computarizado.* Disco de computadora que contiene preguntas referentes a cada uno de los temas que se abarcan en el *Milady's Texto General de Cosmetología.* Los maestros pueden crear sus propias pruebas a través del banco de exámenes.
- *Respuestas al Cuaderno de Anatomía y Fisiología.* Maura T. Scali-Sheahan. Proporciona soluciones a todos los problemas del cuaderno.

- *Milady Enseñanza del Teñido del Cabello: Una Guía de Instrucciones Paso a Paso para Construir una Base.* André Nizetich. Ilustra en detalle los procedimientos para la construcción de una base que resaltan las diversas etapas del proceso del teñido del cabello.

- *Cómo Llegar a Ser un Maestro de Cosmetología—Un programa de Adiestramiento para Instructores de Cosmetología.* James K. Nighswander y A. Dan Whitley. Les provee a los maestros de cosmetología y a los maestros en práctica un enfoque aplicado de enseñanza efectiva en base a los principios de la psicología educacional y a los métodos de instrucción.

- *Milady Manual de Adiestramiento para el Maestro de Cosmetología.* Linda Howe. Información práctica y actualizada sobre cómo llegar a ser un buen maestro de cosmetología.

- *Instrumentos de Administración para la Enseñanza en el Campo de la Cosmetología-Hojas de Trabajo para Organizar su Programa.* Michele Johnson. Instrumento que le ayudará a administrar el tiempo que se requiere para organizar la operación del instituto, incluyendo una orientación para el instructor, horarios, currículos, medidas de seguridad e inventario.

PARA REFERENCIA

(Utilícelos como libros de referencia o para ampliar su programa de cosmetología.)

- *Estructura y Química del Cabello Simplificadas.* Douglas Schoon. Diseñado con el propósito de ayudar al lector a entender a fondo las teorías y el razonamiento científico/químico en la cosmetología. (Suplementos: Repaso de Exámenes, Experimentos de Laboratorio, Planes de Lecciones y Cursos, Cuaderno y Respuestas al Cuaderno.)

- *Milady Texto General de Peluquería Profesional.* Cobertura detallada de la teoría y práctica de la peluquería. (Suplementos: Planes de Lecciones, Repaso de Exámenes de la Junta Estatal, Cuaderno y Respuestas al Cuaderno.)

- *Técnicas del Teñido del Cabello.* Louise Cotter. Un libro a colores y de alta técnica donde se explican paso a paso procedimientos para el teñido del cabello fáciles de lograr.

- *Teñido del Cabello: Un Enfoque Práctico.* Patricia Spencer. Presenta proyectos y experimentos prácticos que comprenden el análisis del cabello, la formulación y aplicación del tinte, y la evaluación de los resultados.

- *Teñido Correctivo del Cabello: Un Enfoque Práctico.* Tom Sollock. Explica la manera correcta de planificar el proceso de teñido del cabello a fin de obtener resultados positivos cada vez que se realiza el servicio.

- *Milady El Arte y la Ciencia de la Tecnología de las Uñas.* Incluye toda la información necesaria para obtener una cert. ̈cación como técnico de uñas. (Suplementos: Repaso de Exámenes, Cuaderno, Respuestas al Cuaderno y Guía para la Práctica del Curso. También se encuentran disponibles traducciones al español, palabra por palabra y página por página, del texto y los suplementos.)

- *Milady Texto General para Esteticistas Profesionales.* Joel Gerson. Ilustra y explica en detalle los conocimientos y las habilidades que el esteticista profesional debe poseer. (Suplementos: Repaso de Exámenes de la Junta Estatal, Cuaderno y Respuestas al Cuaderno, Planes de Lecciones, Videos sobre las Técnicas Profesionales para el Cuidado de la Piel.)
- *Teoría y Práctica del Masaje Terapéutico.* Mark F. Beck. Aborda temas fundamentales que el *National Study of the Profession of Massage Therapy and Bodywork* considera de importancia para el terapeuta de masaje principiante. (Suplementos: Cuaderno, Respuestas al Cuaderno y Repaso de Exámenes de la Junta Estatal.)
- *Electrología Moderna: Exceso de Cabello, Sus Causas y Tratamientos.* Fino Gior. Texto que abarca todos los métodos para la remoción permanente de cabello.
- *Aplicación de Cera Simplificada: Una Guía de Instrucciones Paso a Paso.* Renée Poignard. Cobertura detallada del proceso de aplicación de cera, desde materiales y procedimientos hasta la comercialización de los servicios.
- *Haciendo la Suma: Matemática para Su Carrera en Cosmetología.* Kathi Dunlap. Presenta todas las técnicas matemáticas necesarias que se emplean en la cosmetología.
- *Técnicas de Comunicación para Cosmetólogos.* Kathleen Ann Bergant. Orientado hacia las técnicas de comunicación necesarias para alcanzar el éxito en la industria de la cosmetología.
- *Usted y Sus Clientes: Milady Relaciones Humanas en la Cosmetología.* Leslie Edgerton. Técnicas prácticas y asesoramiento para obtener mayores ganancias aprendiendo a determinar y satisfacer las necesidades de los clientes.
- *Milady Manual para Recepcionistas de Salones de Belleza.* Judy Ventura. Explica los procedimientos adecuados que los recepcionistas deben seguir a fin de proveerle un mejor servicio al cliente, al personal y a la administración.
- *Soluciones para el Salón de Belleza: Respuestas a Problemas Comunes en el Salón.* Louise A. Cotter. Un enfoque directo a las dificultades técnicas que todo cosmetólogo en ejercicio enfrenta.
- *El Negocio de los Salones de Belleza-Consejos para Alcanzar el Éxito.* Geri Mataya. Consejos para una infinidad de actividades comerciales relacionadas al salón de belleza, desde la apertura de un salón hasta el crecimiento personal en la industria.
- *La Administración del Salón de Belleza para Estudiantes de Cosmetología.* Edward Tezak. Guía para los cosmetólogos que desean abrir o administrar un salón de belleza. (Suplementos: Cuaderno, Respuestas al Cuaderno, Repaso de Exámenes y Planes de Lecciones.)

Agradecimientos

Foto por Victor Miceli, Miceli Studios

Muchos cosmetólogos y educadores han contribuido al desarrollo de este libro a lo largo de los años desde su publicación inicial en 1938. El *Milady's Texto General de Cosmetología* debe su creación a la dedicación durante todo su vida de Nicholas F. Cimaglia, fundador de la Milady Publishing Company. El Sr. Cimaglia fue también uno de los fundadores de la Asociación Nacional de Escuelas de Cosmetología Acreditadas, el Consejo Educacional de Maestros y ayudó a formar la Comisión Nacional de Acreditación para las Artes y Ciencias de la Cosmetología.

El standard fijado por N. F. Cimaglia ha sido continuado en la industria de educación sobre la belleza por su hijo Thomas Severance y por dos personas cuyos esfuerzos infatigables han establecido el éxito del *Milady's Texto General de Cosmetología:* Jacob Yahm, el padre de la acreditación en nuestra industria y la fuerza motriz tras el Consejo Nacional Interestatal de Comités Estatales de Cosmetología y Arnold DeMille, fundador y editor del *National Beauty School Journal* (hoy día *Beauty Education*) y especialista en educación continua.

El personal de Milady Publishing Company examinó muchos instructores mientras daban forma y pulían esta edición de su libro de texto. Mantuvimos grupos de enfoque, solicitamos críticas escritas y revisamos los borradores del libro con expertos de la industria. Deseamos hacer extensiva nuestra enorme gratitud a las siguientes personas que contribuyeron a nuestros esfuerzos.

- Dr. Howard Adcock
Pizzaz Beauty School
Memphis, TN

- Gary Ahlquist
Tensorlon
San Diego, CA

- Kenneth Anders
Kenneth's Design Group
Columbus, OH

- Jan Austin
Austin Beauty School
Albany, NY

- Emma Ayala
Emma's Beauty School
Mayaguez, PR

- Giselle Bahamonde
Austin Beauty School
Albany, NY

- Linda Balhorn
Chicago, IL

- Mark Beck
The Massage Clinic
Twin Falls, ID

- Olive Lee Benson
Olive's
Boston, MA

- Kathleen Bergant
Milwaukee Area Technical College
Milwaukee, WI

- Karen Bilbo
Creative Hairdressers Inc.
Falls Church, VA

- Charlotte Blanchard
Austin Beauty School
Albany, NY

AGRADECIMIENTOS ◆ xix

- Jan Bragulla
Creative Nail Design, Inc.
Carlsbad, CA

- Doris Brantly
South Carolina State Board of Cosmetology
Columbia, SC

- Ann Briggs
IHE Education Committee
Port Arthur, TX

- Sam Brocato
Brocato International
Lockworks USA
Baton Rouge, LA

- Burmax Co.
Hauppauge, NY

- Sheldon R. Chesky
St. Louis, MO

- Clairol/Logics
New York, NY

- Margaret Clevinger
Columbine Beauty Schools
Wheatridge, CO

- Denise Corbo
Manassas Park High School
Manassas Park, VA

- Louise Cotter
Adrian Creative Images
Orlando, FL

- Van Council
Van Michael Salon
Atlanta, GA

- Isabel Cristina
Teaneck, NJ

- Nina Curtis
International Dermal Institute
Marina del Rey, CA

- Joseph Dallal, M.Sc.
Zotos International, Inc.
Darien, CT

- Elizabeth Daniels
Total Beauty Enterprises
Hempstead, NY

- Darla Del Duca
South Vocational Technical High School
Pittsburgh, PA

- Michael Dick
Santa Cruz Beauty College
Santa Cruz, CA

- Peggy Dietrick
Laredo Beauty College
Laredo, TX

- Karen Donovan
Jean Madeline Education Center
Philadelphia, PA

- Janice Dorian
Mansfield Beauty School
Quincy, MA

- Nancy Dugan
Plastic Surgery Center
Montclair, NJ

- Rosalyn Duncan
Debbie's School of Beauty Culture
Houston, TX

- Mary Eiring
Moraine Park Technical College
Fond Du Lac, WI

- Leslie Edgerton
Nu-Tech Hair Salons
Ft. Wayne, IN

- Frederick Ford
Career Beauty School
Florissant, MO

- Wadad Frangie
Austin Beauty School
Albany, NY

- Anne Fretto
Career Academy
Seal Beach, CA

- Balmer Galindez
Bronx, NY

- Ray Gambrell
South Carolina State Board of Cosmetology
Greenwood, SC

- Linda Gately
IHE Education Committee
Tremont, PA

- Lavonne Gearheardt
Ohio State Board of Cosmetology
Columbus, OH

- Dennis Gebhardt
IHE Education Committee
Montclair, CA

- Joel Gerson
New York, NY

- Fino Gior
Advanced Electrolysis Center
Great Neck, NY

- Pat Goins
Pat Goins Beauty School
Bossier City, LA

- Jerry Gordon
J. Gordon Designs
Chicago, IL

- Aurie Gosnell
National Interstate Council
Aiken, SC

- Barbara Griggs
Creative Nail Design
Pasadena, MD

- Darleen Hakola
IHE Education Committee
Portland, OR

- Scheryl Hanson
Lancaster School of Cosmetology
Lancaster, PA

- Victoria Harper
Kokomo, IN

- Juanita Harris
International Beauty Schools
Cumberland, MD

- Michael Hill
Arkansas State Board of Cosmetology
Fayetteville, AR

- Linda Howe
Pittsburgh Beauty Academy
New Kensington, PA

- Harvey Huth
Albany, NY

- International Haircolor Exchange
Haircolor Education Committee
Eagan, MN

- Evelyn Irvine
Virginia Board for Cosmetology
Newport News, VA

- Sandra Isaacs
Chino, CA

- Charlotte Jayne
Garland Drake International
Newport Beach, CA

- Dan Jeans
Ritter/St. Paul Beauty College
St. Paul, MN

- Glenda Jemison
Franklin Beauty Schools
Houston, TX

- Michele Johnson
Tipton, MI

- Jonathan R. Jones
Jean Madeline Education Center
Philadelphia, PA

- Janit Kangas
South Carolina State Department of Education
Columbia, SC

- Tama Kieves
Denver, CO

- Lenny La Cour
Chicago, IL

- Barbara Lane
Sheridan Vo-Tech
Hollywood, FL

- Carole Laubach
San Jacinto College
Pasadena, TX

- Dee Levin
IHE Education Committee
Philadelphia, PA

- Linnea Lindquist
Minneapolis Technical College
St. Paul, MN

- Dottie Lineberry
Chantilly High School Cosmetology Center
Chantilly, VA

- Marc London
Pasadoula Beauty Academy
Moss Point, MS

- L'Oreal
New York, NY

- Rhonda Lyon
Gi Gi Laboratories
City of Commerce, CA

- Rocky Lyons
Lyons Salons
Miami, FL

- Charles Lynch
International Beauty School
Lancaster, PA

- Lois Dorian
Malconian Mansfield Beauty School
Quincy, MA

- Thomas Marks
Southern Nevada Vo-Tech
Las Vegas, NV

- Cal Martini
IHE Education Committee
Phoenix, AZ

- Thia Masciana
IHE Education Committee
Torrance, CA

- Geri Mataya
Uptown Hair Design
Pittsburgh, PA

- Adele McNiven
Kelowna, British Columbia

- Victoria Melesko
Clairol Incorporated
New York, NY

- Damien Miano
La Dolce Vita Salon
New York, NY

- Carol Micciche
Lancaster Beauty School
Lancaster, PA

- Arnold Miller
Matrix Essentials, Inc.
Solon, OH

- Lynn Mills
Don's Beauty School
San Mateo, CA

- Beth Minardi
Minardi Minardi Image Makers
New York, NY

- Carmine Minardi
Minardi Minardi Image Makers
New York, NY

- Vincent and Alfred Nardi
Nardi Salon
New York, NY

- Florence A. Neblett
National Institutes of Cosmetology
Washington, DC

- Stanley K. Nielson
Sevier Valley Technical School
Richfield, UT

- James K. Nighswander
Sangamon State University
Springfield, IL

- Pat Nix
Indiana State Board of Cosmetology Examiners
Booneville, IN

- André Nizetich
IHE Education Committee
San Pedro, CA

- Debra Norton
Arkansas State Board of Cosmetology
Little Rock, AR

- Patricia Oberhausen
Richland Northeast High School
Columbia, SC

- Joe O'Riorden
East Coast Salon Owner's Association
Marlboro, MA

- Larry Oskin
Marketing Solutions
Fairfax, VA

- Mark Padgett
Zotos International, Inc.
Darien, CT

- Lynn Parentini
Esthetic Research Group
Long Island City, NY

- Susan L. Peña
Reading, PA

- Alfonso Peña-Ramos
Reading, PA

- Carol Phillips
Huntington Beach, CA

- Stan Campbell Place
Maybelline
Gahana, OH

- Renée Poignard
Atlanta, GA

AGRADECIMIENTOS ◆ xxi

- Lynn Plant
Zotos International, Inc.
Darien, CT

- Patrick Poussard
Brooklyn, NY

- Horst Rechelbacher
Aveda Corporation
Minneapolis, MN

- Redken
Canoga Park, CA

- Richard B. Rosenberg
RBR Productions Inc.
Teaneck, NJ

- Tom Ross
Ohio State Board of Cosmetology
Columbus, OH

- Thelma Ruffe, R.N.
Old Bridge, NJ

- Margaret Ruffin
Derma-Clinic Academy of Skincare
Atlanta, GA

- Sue Sansom
Arizona State Board of Cosmetology
Phoenix, AZ

- Maura T. Scali-Sheahan
Florida Community College
Jacksonville, FL

- Douglas Schoon
Newport Beach, CA

- Paul Scillia
Roman Academy of Beauty Culture
Hawthorne, NJ

- Nikki Schwartz
American Beauty Academy
Houston, TX

- Schwarzkopf
Culver City, CA

- Serge
Bruno Dessange
New York, NY

- Joan Sesock
Austin Beauty School
Albany, NY

- Keiko Shino
Garland Drake International
Newport Beach, CA

- Lois Shirley
IHE Education Committee
Houston, TX

- Gianni Siniscalchi
Gianni Hair and Skin Care
Montclair, NJ

- Heather Slack
Arts of Nails and Beauty Academy
Winter Haven, FL

- Tom Sollock
Hot Heads Salon
Oklahoma City, OK

- Patricia Spencer
Riverside Community College
Riverside, CA

- Rosemary Steffish
Lancaster Beauty School
Lancaster, PA

- Judith Stewart
PJ's College of Cosmetology
Carmel, IN

- Michael Stinchcomb
Yves Claude Salon
New York, NY

- Jack Storey
Scruples Inc.
Lakeville, MN

- Stephanie Tebow
Pro-Tech College
Carterville, IL

- Edward Tezak
Warren Occupational Technical Center
Golden, CO

- The Wella Corporation
Englewood, NJ

- Alma Tilghman
North Carolina Board of Cosmetology
Beaufort, NC

- Veda Traylor
Arkansas State Board of Cosmetology
Mayflower, AR

- Peggy Turbyfill
Mike's Barber and Beauty Salon
Hot Springs, AR

- Judy Ventura
Greensboro, NC

- Martha Weller
University of New Mexico–Gallup
Gallup, NM

- A. Dan Whitley
Sangamon State University
Springfield, IL

- Lois Wiskur
South Dakota Cosmetology Commission
Pierre, SD

- Kenneth Young
Hot Heads Salon
Oklahoma City, OK

- Sheila Zaricor
IHE Education Committee
Memphis, TN

- Arnold Zegarelli
Zegarelli Inc.
Pittsburgh, PA

- Zotos International, Inc.
Darien, CT

INTRODUCCIÓN

2 ◆ TEXTO GENERAL DE COSMETOLOGÍA

Bienvenido a la profesión de la Cosmetología.

Aquí está usted, en el umbral de la oportunidad. Tiene posibilidades para el encanto, el entusiasmo y otras recompensas que no se mencionan. Bienvenido al mundo de la Cosmetología. Sea aplicado y no habrá límites a sus posibilidades. Su licenciatura para practicar la Cosmetología es un pasaporte sin límites para todo el mundo.

Tanto si le gusta trabajar con el cabello, la piel o las uñas, su certificado le da la oportunidad de seguir un camino profesional que se le adapte. Para obtener el máximo de su pasaporte, haga el máximo en su educación. Cada lección tiene algo que enseñarle, algo que le puede hacer emprender su camino. Su licenciatura le abre innumerables puertas, pero es lo que *usted aprende* lo que realmente le lanza en su carrera.

EL MUNDO DE LA COSMETOLOGÍA

Al empezar su viaje, usted puede no saber si prefiere trabajar con cabello, con piel o con uñas. Incluso si tiene algo "en mente", manténgase abierto a otras posibilidades. Deje que su aprendizaje le guíe. Entre en cada clase con una mente abierta y deseando de todo corazón aprender el máximo posible.

Algunas de las personas más conocidas en el mundo de la belleza empezaron igual que usted está empezando. Una educación amplia sobre belleza les dio la posibilidad de explorar con entusiasmo las diferentes avenidas de la Cosmetología hasta que encontraron el camino que se les adaptaba. ¿Por qué no se da usted también esta oportunidad? Tiene tantas posibilidades... Aquí hay sólo algunas de las muchas vocaciones que puede intentar seguir después de su graduación. No importa qué área le interese, tómese el tiempo necesario para leer las secciones que siguen. Cada una contiene información útil sugerida por alguno de los profesionales más competentes en el mundo actual de la belleza.

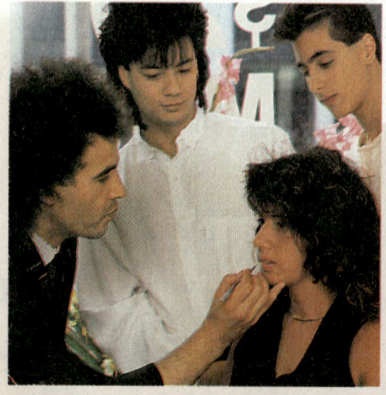

Artista de maquillaje.

ARTISTA DE MAQUILLAJE

¿Tiene usted inclinaciones artísticas? ¿Le gusta mezclar, sombrear, crear? Un artista del maquillaje "pinta caras", explica un artista puntero en este campo. "Su motivación es hacer aparecer la belleza sin que parezca un disfraz". Un artista de maquillaje mayormente aplica cosméticos para realzar el aspecto de su cliente, pero puede crear *cualquier* imagen que se necesite para un trabajo determinado.

Como artista del maquillaje, usted puede establecerse en un salón con una clientela privada, llegar a ser director de maquillaje en unos grandes almacenes de prestigio, representar una línea de cosméticos, trabajar en la producción de cine o televisión, encontrar un cargo en una revista de modas o trabajar como artista maquillador en una producción teatral. Puede trabajar por su cuenta, lo que le permite planificar su propio tiempo o puede encontrar un trabajo a dedicación total en una empresa.

Consejo de los expertos

Un gran talento en este campo aconseja: "El arte del maquillaje es mucho más que moda y gusto. Es mucho entrenamiento. Si no aprende todo lo que pueda, puede quedarse arrinconado". Preste una atención estricta a *todas* sus clases. Concéntrese en la química y en la anatomía.

Después de la escuela de belleza, considere la posibilidad de seguir en las bellas artes, con énfasis en cursos de dibujo y pintura. También la experiencia teatral puede ser de ayuda, especialmente el estudio de la iluminación del escenario.

Trabaje en un salón por lo menos seis meses al salir de la escuela. Considere trabajar como voluntario en teatros de comunidad, desfiles de modas o grandes almacenes en su área. Trabajar como voluntario le aportará experiencia y le ayudará a adquirir "curriculum" y contactos, o sea a conocer personas que pueden ser importantes en su carrera. Empiece a preparar una cartera que pueda presentar en empleos potenciales. En esta cartera, reúna fotografías de antes y después de transformaciones que usted haya realizado, junto con los premios y certificados que haya conseguido.

ESPECIALISTA DEL CUIDADO DE LA PIEL/ESTETICISTA

¿Le atraen la seducción de una complexión radiante y los secretos de las diferentes cremas y lociones? Un *esteticista* ofrece tratamientos para perfeccionar el aspecto y la salud de la piel.

Como esteticista se puede trabajar en un salón, enseñar, viajar por todo el mundo haciendo demostraciones en ferias de belleza, o ser consultor para una empresa de cosméticos. Usted puede trabajar en exclusiva para una empresa o bien completamente libre.

Consejo de los expertos

Piense en asistir a una escuela de belleza que se especialice o ponga énfasis en tratamientos faciales. "Dedíquese a su formación" aconseja un esteticista que imparte lecciones por todo el mundo. "El período de formación es muy corto y, al empezar a trabajar, es difícil encontrar tiempo para tomar clases".

Lea lo más que pueda sobre cuidados de la piel. El experto en cuidado de la piel continua: "Puesto que estaba leyendo siempre, producía una sensación de autoridad al hablar con mis clientes". Asista a seminarios donde pueda encontrar especialistas en su campo de interés y aprender de ellos. Suscríbase a publicaciones profesionales que indiquen los acontecimientos y las clases en que usted puede participar para complementar su formación. Estudie los diferentes productos para cuidado de la piel que hay en el mercado, de forma que entienda lo que se supone que hacen y como puede usarlos.

Especialista del cuidado de la piel/esteticista.

QUÍMICO COSMÉTICO

¿Es usted curioso y creativo? ¿Le gusta la experimentación? Los fabricantes de productos químicos dedicados a la cosmética suministran las necesidades crecientes del mundo de la belleza creando nuevos productos a través de la investigación y la experimentación.

"Cada negocio tiene sus herramientas", explica un químico cosmético. Y continua: "Yo ayudo a producir las herramientas que utilizan los cosmetólogos. Recibo un perfil de una compañía de marketing que muestra qué tipo de producto quieren comercializar. Busco en mi librería, la real y la mental, para conseguir este producto".

Como químico cosmético se puede trabajar para un fabricante de cosméticos o ser consultor de varias empresas.

Consejo de los expertos
Aprenda todo lo que pueda en la escuela de Cosmetología. "Aprovecho todo lo que he estudiado", confirma un químico cosmético muy bien pagado. Ponga toda su atención en los cursos de marketing. Un buen conocimiento comercial de su entorno le ayudará a encauzar sus investigaciones científicas. Es muy importante adquirir conocimientos de química al margen de los aprendidos en una escuela de belleza. También es positivo considerar la continuidad de los estudios superiores.

Al finalizar sus estudios, intente entrar en una compañía de cosmética, de preferencia en el departamento de nuevos productos. Si ello no es posible, procure entrar en el departamento de producción.

PUBLICACIONES

¿Le gusta escribir? Usted puede utilizar su licenciatura en Cosmetología para entrar en el mundo de la publicación. Con una base sobre belleza, se pueden escribir artículos, libros, folletos, columnas periodísticas, manuales de formación—incluso producir videos. "Tienes que llevar el estilo de peinado, la ropa y los accesorios más nuevos y en las últimas tendencias y conseguirás lo que quieres", dice un cosmetólogo que se ha convertido en escritor sobre belleza.

Como escritor con una licenciatura en Cosmetología, puede trabajar para una editorial a tiempo libre, viajar y revisar las principales exhibiciones de belleza, o desarrollar un estilo de vida que lo combine todo.

Consejo de los expertos
Domine las bases técnicas de la Cosmetología. Un editor sobre cosmetología en una publicación importante explica: "Necesita entender realmente *por qué* cierto procedimiento funciona mejor para poder escribir sobre él. Es la forma de abrir puertas. Entonces se puede seguir y dar rienda suelta a la creatividad".

Afine sus aptitudes de escritor asistiendo a cursos sobre como escribir y leyendo lo más posible para ver como se escriben las cosas.

Esté al corriente de lo que sucede en su industria asistiendo a seminarios. "Usted podrá usar este conocimiento para determinar que hay que escribir, porque sabrá lo que se necesita", aconseja un escritor experto. "Esté al día sobre la última información, porque puede apostar a que su audiencia sí lo estará".

Cree una red; cree contactos siendo abierto y amigable con las demás personas. Estos contactos pueden tener informaciones útiles para usted, como acordarse de su nombre cuando haya una vacante.

ESPECIALISTA EN TEÑIDO DEL CABELLO

¿Tiene un ojo exigente para los pigmentos? ¿Capta rápidamente una tonalidad favorecedora? Un especialista en teñido del cabello elige el mejor color y el mejor proceso para realzar el cabello del cliente. El colorista mezcla el colorante, lo aplica y evalúa la tonalidad resultante.

Un especialista en teñido del cabello dice: "El teñido del cabello es una parte muy creativa de la industria. Hay tantas formas diferentes de llegar a un color... No es como cortar el cabello, en que hay una sola manera".

Como especialista en teñido del cabello usted puede crear un departamento de color especializado dentro de un salón, puede ser un profesor de coloreado (enseñando en los salones), trabajar para un fabricante de tintes para el cabello, o puede llegar a ser un *artista de plataforma* demostrando su técnica en exhibiciones nacionales e internacionales.

Especialista en teñido del cabello.

Consejo de los expertos

Persevere y ponga atención en la escuela de belleza. Aproveche las oportunidades de trabajar con sus maestros. Pregunte, por ejemplo, si puede ayudar en un teñido. Observe, con tanta frecuencia como pueda, a otros profesores y otros alumnos coloreando. Asista a clases y exhibiciones en su área. Lo más importante, siga practicando. "No tenga miedo de cometer errores", dice un especialista en teñido del cabello. "Usted hará equivocaciones. Las peores son las primeras diez mil. Siga adelante".

PROPIETARIO/A DE UN SALÓN DE BELLEZA

¿Tiene usted grandes ideas sobre como *deben hacerse* las cosas? ¿Le gustan las responsabilidades variadas y los retos? Dirigiendo su propio salón usted puede fijar el standard de calidad de servicio que pone en el mercado. Puede elegir los productos y los servicios a prestar, y establecer el nivel de aptitudes que quiere de su personal. En esta posición, usted puede ejercer la creatividad, la versatilidad y la independencia si no le importa tomar decisiones y trabajar muchas horas.

Consejo de los expertos

En la escuela de belleza debe aprender el máximo posible, prestando atención especial a los cursos de ventas. Cuando se gradúe, empiece a trabajar como cosmetólogo(a). "Nunca seas dueño de un salón al salir", dice un propietario de salón de dieciocho años. "El ambiente de la escuela es totalmente distinto del de un salón. Necesitas trabajar antes durante algún tiempo".

Ser dueño(a) de un salón significa tomar la responsabilidad de pagar facturas, nóminas, e impuestos tanto como significa hacer uñas o permanentes o cortar el cabello. Debe desarrollar su habilidad para los negocios más allá de lo que aprendió en la escuela de belleza. Asista a clases sobre negocios en un colegio o en seminarios. Quiza necesite incluso ir a una escuela de administración. También debería contactar su oficina local para las pequeñas empresas y obtener información sobre los negocios en su área. Hable con propietarios locales de salones y aprenda lo que pueda de su experiencia.

ESPECIALISTA EN VENTA AL DETALLE

¿Tiene un don para vender? ¿Se comunica bien y disfruta trabajando con la gente? Con su licenciatura en Cosmetología, usted se puede convertir en un especialista de venta al detalle trabajando con salones y fabricantes para promover las ventas de sus productos. "Vender al detalle no es nada más que una buena comunicación", explica un especialista en ventas al detalle que imparte clases por toda la nación. "Lo único que hay que hacer es entender lo bastante a las personas para venderles su producto, su servicio y usted mismo".

Como especialista en reventa usted puede trabajar en un salón, en un balneario o en unos grandes almacenes como jefe de producto gestionando las ventas de las existencias. Los especialistas en reventa trabajan también como monitores, aguzando las técnicas de venta de una determinada empresa, o viajando por todo el pais presentando seminarios de ventas en general. "Ser un especialista en venta al detalle es una gran seguridad", aconseja un especialista en ventas autodidacta. "Aunque sea como estilista, cualquier salón querrá contar con sus servicios. Usted sabe mucho sobre ventas y los salones de hoy día están muy enfocados hacia las ventas".

Especialista en venta al detalle.

Consejo de los expertos

Adquiera la mejor comprensión tecnológica posible en la escuela de belleza. Para vender eficazmente un producto hay que saber como trabajar con él y porque sobresale como producto recomendado por usted.

Trabaje para un salón después de la escuela de belleza. El tiempo pasado "en la trinchera" le da la experiencia que necesitará para venderse a sí mismo a las empresas como una autoridad en la que pueden confiar. Lea sobre estrategias de venta. Emplee tiempo en observar a la gente. "Si no entiende a la gente, no entiende los negocios", aconseja un especialista en ventas, que recomienda extraer experiencia del trabajo anterior y practicar las aptitudes cada día.

CAMPEÓN DE COMPETICIONES

¿Es usted un perfeccionista? ¿Le excita trabajar por un objetivo y ganar? Los campeones de competición luchan por premios y prestigio en varios campeonatos mundiales de Cosmetología. En ellos, "los mejores" exhiben sus talentos y técnicas individuales. Necesita dedicación, buenos hábitos de trabajo y máxima habilidad para entrar en este reino, lleno de honores y que contiene tantas recompensas.

"El compromiso se refleja en su estilo diario de vida", explica un campeón que ha estado en la palestra durante años. "Mientras se entrena para ser un ganador, usted lleva esta actitud al salón. No hay límite en lo que puede hacer".

Con frecuencia, los campeones de competición abren sus propios salones. Su reputación como artistas distinguidos atrae seguidores y aumenta la prosperidad de sus esfuerzos en el negocio. Los campeones también pueden trabajar como entrenadores, guiando a la siguiente generación de competidores.

Ganador de competiciones.

Consejo de los expertos
En la escuela de belleza asegúrese de cultivar lo más perfectamente posible sus aptitudes para el peinado. Preste mucha atención a los detalles. Asegúrese de que todo está en equilibrio e inmaculado. "Su peinado no debe tener ningún fallo", aconseja un campeón que ahora entrena a competidores. "Camine alrededor de la cliente y mire su trabajo desde ángulos distintos".

Para entrar en competiciones tiene que contratar un entrenador de campeones mundiales, gastar tiempo creando y perfeccionando sus aptitudes, y buscar el modelo correcto. Pero para los que quieran seguir este camino, la recompensa puede ser la alegría y el prestigio.

ESPECIALISTA EDUCACIONAL
¿Le gusta enseñar? ¿Le gusta ver a la gente reuniendo información nueva? En la industria de la belleza abundan las oportunidades para enseñar. Por ejemplo, un consultor educacional que trabaje para un fabricante de productos puede realizar seminarios para el personal de un salón, explicando como se usan los productos. Otros consultores trabajan para fabricantes de ingredientes que se venden a las empresas de cosméticos. Dan presentaciones a los departamentos de marketing de las empresas de cosméticos para demostrar como un ingrediente puede mejorar o realzar un producto.

Otros especialistas educacionales escriben C.V.s y manuales de formación que instruyen a los consultores el método idóneo para enseñar. Como especialista educacional, usted puede trabajar para un fabricante importante o viajar por todo el país instruyendo a profesionales de la industria sobre como enseñar.

Educador.

Consejo de los expertos
Concéntrese en todos sus cursos en la escuela de belleza. "Todas las aptitudes se vuelven acumulativas", explica un especialista educacional integrado en un fabricante importante. Quizá no le gusta hacer manicuras, pero siempre hay otra aptitud que usted puede exponer a un empresario para poner el pie en la puerta del trabajo que desea". Puesto que el marketing va mano a mano con los objetivos del especialista educacional, estudie el añadir algunos cursos sobre negocios a su formación.

Otra manera de iniciar su carrera es trabajar en unos grandes almacenes formando a los dependientes para hacer demostraciones y vender cosméticos. Después prepare su historial y envíelo por correo a todos los fabricantes que se le ocurran, explicando sus aptitudes, experiencia y el tipo de puesto que está buscando.

La lista de oportunidades profesionales no tiene fin. La industria de la belleza sigue creciendo para adaptarse a la imaginación vívida y a las capacidades de los artistas. Bienvenido a este maravilloso mundo de posibilidades en el que, si usted puede imaginar su carrera ideal, con un poco de perseverancia, podrá pasar la vida ejerciéndola.

SU IMAGEN PROFESIONAL

OBJETIVOS DE APRENDIZAJE

DESPUÉS DE COMPLETAR ESTE CAPÍTULO, USTED DEBE SER CAPAZ DE:

1. Presentar las líneas básicas para mantener un cuerpo y una mente sanos.
2. Enumerar las cualidades de una presentación física efectiva.
3. Definir la personalidad.
4. Enumerar las cualidades de una comunicación eficaz.
5. Demostrar buenas relaciones humanas y una actitud profesional.
6. Definir la ética profesional.

INTRODUCCIÓN

La buena salud es un elemento básico en la vida. Sin ella no se puede trabajar con eficacia ni gozar de los placeres de la vida. Como cosmetólogo usted debe ser un ejemplo vivo de buena salud, de forma que usted aumente su valor hacia sí mismo, su empresario y la comunidad.

SU SALUD PERSONAL Y PROFESIONAL

Para ser un cosmetólogo de éxito, se debe seguir un conjunto de principios que le ayuden a mantener un cuerpo y una mente saludables.

DESCANSO

Dormir adecuadamente es esencial para una buena salud. Sin ello no se puede funcionar con eficacia. Debe permitirse al cuerpo que se recupere de la fatiga de la actividad del día y debe reponerse con un buen sueño nocturno. La cantidad de sueño necesaria para sentirse refrescado varía de una persona a otra. Algunas personas funcionan bien durmiendo seis horas; otras necesitan ocho horas.

EJERCICIO

El ejercicio asegura el funcionamiento correcto de órganos como el corazón y los pulmones, refuerza los músculos y los huesos y mejora la circulación. Un programa adecuado para mantenerse en forma incluye ejercicios para alcanzar fuerza aeróbica, flexibilidad y resistencia.

RELAJACIÓN

La relajación es importante como cambio del ritmo de su rutina diaria. Ir al cine o a un museo, leer un libro, ver televisión o bailar son maneras de "escaparse". Cuando vuelva al trabajo se sentirá refrescado y ansioso de atender a sus tareas.

NUTRICIÓN

Lo que come afecta su salud, apariencia, personalidad y rendimiento en el trabajo. Los nutrientes en la comida suministran energía al cuerpo y aseguran unas funciones correctas. Una dieta equilibrada debe incluir alimentos variados de forma que se tomen minerales y vitaminas importantes. Beba cada día agua en abundancia. Intente evitar el azúcar, la sal, la cafeína y los alimentos grasos o muy refinados y procesados como las comidas "rápidas".

HIGIENE PERSONAL

La higiene personal es el mantenimiento diario de la limpieza y la salubridad. Básicamente incluye un baño o ducha diario, el uso de desodorante, el cepillado de los dientes y el uso de un colutorio para refrescar su aliento durante el día, además de tener el pelo y las uñas limpios y bien arreglados.

ARREGLO PERSONAL

El arreglo personal es una prolongación de la higiene personal. Un cosmetólogo bien arreglado es una de las mejores propagandas para un salon. Si usted presenta una imagen tranquila y atractiva, su cliente tendrá confianza en usted como profesional. Muchos propietarios y directores de salones consideran que la apariencia, la personalidad y el porte son tan importantes como el conocimiento técnico y las habilidades manuales. Para empezar, lleve diariamente ropa interior limpia y un uniforme recién lavado y bien confeccionado. Algunos salones no exigen un uniforme standard pero pueden tener unas normas de vestir específicas. Por ejemplo, algunos salones exigen que todo su personal lleve ropa del mismo color. Seleccione sus conjuntos de modo que reflejen la imagen del salón. Evite la joyería excesiva o molesta. Un reloj de pulsera le ayudará a mantenerse en su programa.

La mujer Cosmetóloga

La mujer cosmetóloga debe llevar zapatos elegantes que ajusten y que sean cómodos aun al final de un día largo. Su maquillaje debe favorecerle y adecuarse al ambiente de su salón. (Fig. 1.1)

El hombre Cosmetólogo

Además de las indicaciones generales mencionadas, el cosmetólogo debe mantener el pelo de la cara bien cortado y arreglado. (Fig. 1.2)

1.1—Una mujer cosmetóloga bien arreglada.

1.2—Un hombre cosmetólogo bien arreglado.

CUIDADO DE LOS PIES

Como cosmetólogo usted pasará gran parte de su tiempo de pie. Un cuidado correcto de los pies le ayudará a mantener una buena postura y una actitud alegre. Unos pies doloridos o zapatos que ajusten mal pueden resultar muy molestos. (Fig. 1.3)

Zapatos

Procure llevar zapatos de tacón bajo y ancho con plantillas almohadilladas. Le proporcionan soporte y equilibrio, lo que ayuda a mantener una postura correcta y a compensar la fatiga que puede resultar de horas de estar de pie. También ayuda el estar sobre un suelo blando o enmoquetado.

Cuidado diario de los pies

Después de bañarse, aplicar crema o aceite y dar masaje a cada pie durante 5 minutos. Eliminar la crema o el aceite y aplicar una loción antiséptica para pies. Las pedicuras regulares, incluyendo limpieza, eliminación de la piel encallecida, masaje y corte de uñas mantendrán sus pies en la mejor forma. Si los pies le duelen, los podólogos recomiendan sumergirlos alternativamente en agua caliente y fría. Visite a un podólogo en caso de callos, juanetes, uñeros u otros desarreglos del pie.

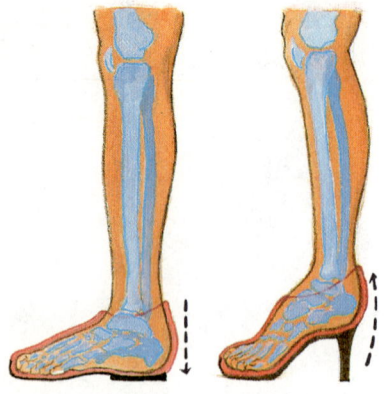

1.3—Para su comodidad y para ayudarle a mantener una postura correcta utilice zapatos bien ajustados y de tacón bajo.

Preparación Profesional

VESTIRSE BIEN PARA TRIUNFAR

Tenga o no el salón de belleza un código de vestuario o norma de aseo, un estilista debe siempre lucir bien—y armonizar con la clientela. (Si sus clientes son conservadores, reserve sus vestidos y peinados más modernos y escandalosos para sus días libres). Si en el salón se requiere el uso de uniformes, asegúrese de que el suyo esté siempre limpio y almidonado.

Los estilistas varones que visten camisa de manga larga y corbata no sólo proyectan una apariencia profesional sino que pueden requerir más dinero. Por su parte, las féminas deben llevar calzas limpias, sin roturas y asegurarse de que la prenda interior de sus vestidos no sobresalga. Sus adornos deben ser sencillos y atractivos.

Todas las estilistas deben arreglarse el cabello al menos una vez por semana, y su cabello deberá reflejar el arte más exquisito del salón. Debe enfatizarse el teñido del cabello, y si el salón se especializa en pelucas u otro tipo de cabello artificial, las estilistas deberán utilizarlas en el trabajo. Los varones deben cortarse el cabello dos veces al mes, en un estilo atractivo y discreto. Deben afeitarse todos los días y si lucen barba, deberán recortarla con regularidad.

Todas las féminas deben utilizar maquillaje, pero con moderación. El exceso de maquillaje no es adecuado en el entorno de trabajo.

Los zapatos deben estar siempre limpios y en óptimas condiciones. Calzar zapatos con tacones gastados no es conveniente, sobre todo cuando se trabaja de pie todo el día. A nadie que lleve zapatos sucios se le debe permitir trabajar.

—*Tomado del* La Administración del Salón de Belleza para Estudiantes de Cosmetología *por Edward Tezak*

CAPÍTULO 1 SU IMAGEN PROFESIONAL ◆ 13

UN ESTILO DE VIDA SALUDABLE

Debe practicar el control de la tensión por medio de la relajación, el descanso y el ejercicio, y evitar substancias que pueden afectar negativamente su buena salud, como cigarrillos, alcohol y drogas. ✓

Completado—Objetivo de Aprendizaje núm. 1

MANTENER UNA MENTE Y UN CUERPO SANOS

PRESENTACIÓN FÍSICA

Su postura, forma de andar y movimientos forman su presentación física. Las personas forman opiniones sobre usted por la manera como se presenta. ¿Está de pie erguida o desgarbada? ¿Camina con confianza o arrastra los pies? Su presentación física es parte de su imagen profesional.

BUENA POSTURA

La buena postura no sólo mejora su apariencia personal, presentando su figura para su provecho y creando una imagen de confianza, sino que también evita la fatiga y otros muchos problemas físicos. (Figs. 1.4, 1.5) Debido a que, al trabajar como cosmetólogo, usted pasará la mayor parte de su tiempo de pie, debe desarrollar de buen principio una postura correcta, por medio de un ejercicio regular y de auto-disciplina.

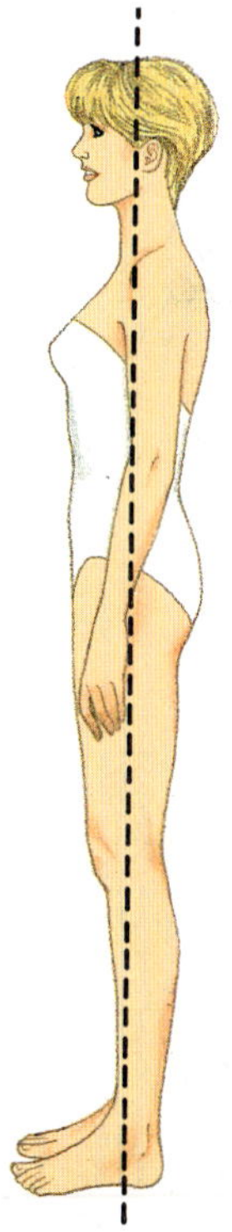

Tieso-rígido (postura deficiente)　　Desplomado-jorobado (postura deficiente)　　Riñones hundidos　　Hombros caídos　　Riñones hundidos y hombros caídos

1.4—Buena postura. 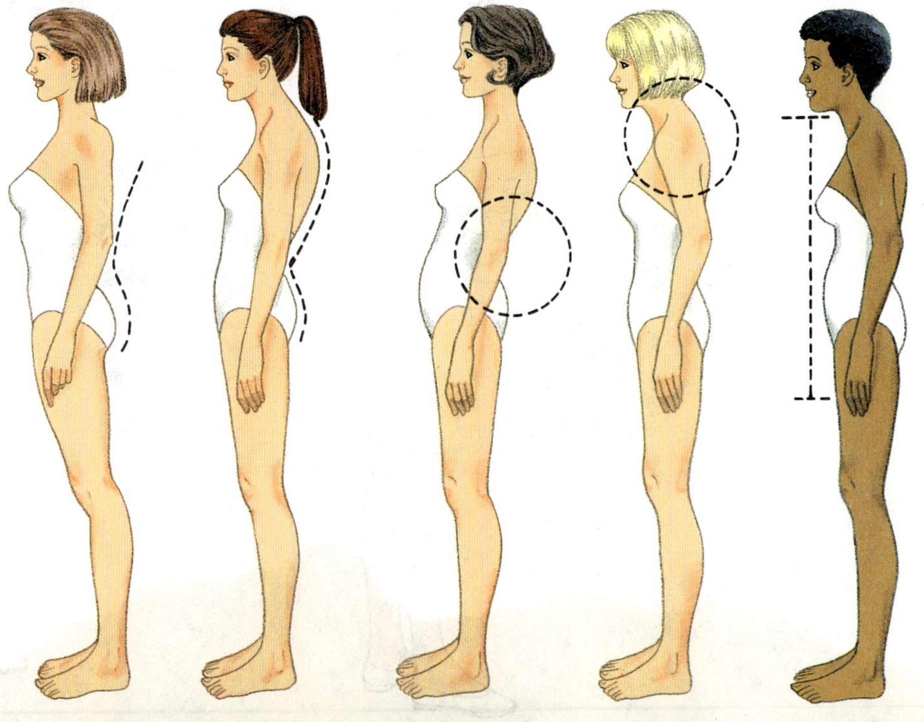　　1.5—Cinco posturas defectuosas del cuerpo.

PRESENTACIÓN FÍSICA EN EL TRABAJO

Para prevenir dolores musculares, tensión en la espalda, incomodidad, fatiga y otros problemas, y para mantener una imagen atractiva, es muy importante practicar una buena presentación física al realizar sus actividades de trabajo. (Figs. 1.6, 1.7)

Puntos de comprobación de una buena postura

- La coronilla mirando hacia arriba y la barbilla paralela al suelo.
- El cuello alargado y en equilibrio directamente sobre los hombros.
- El pecho alto; el cuerpo se eleva desde el esternón.
- Los hombros están a nivel, hacia atrás y abajo, aunque relajados.
- La columna está recta, no curvada lateralmente o inclinada de delante hacia atrás.
- El abdomen plano.
- Las caderas están a nivel (horizontalmente) y no sobresalen hacia adelante o hacia atrás.
- Las rodillas están ligeramente flexionadas y posicionadas directamente sobre los pies con los tobillos firmes.

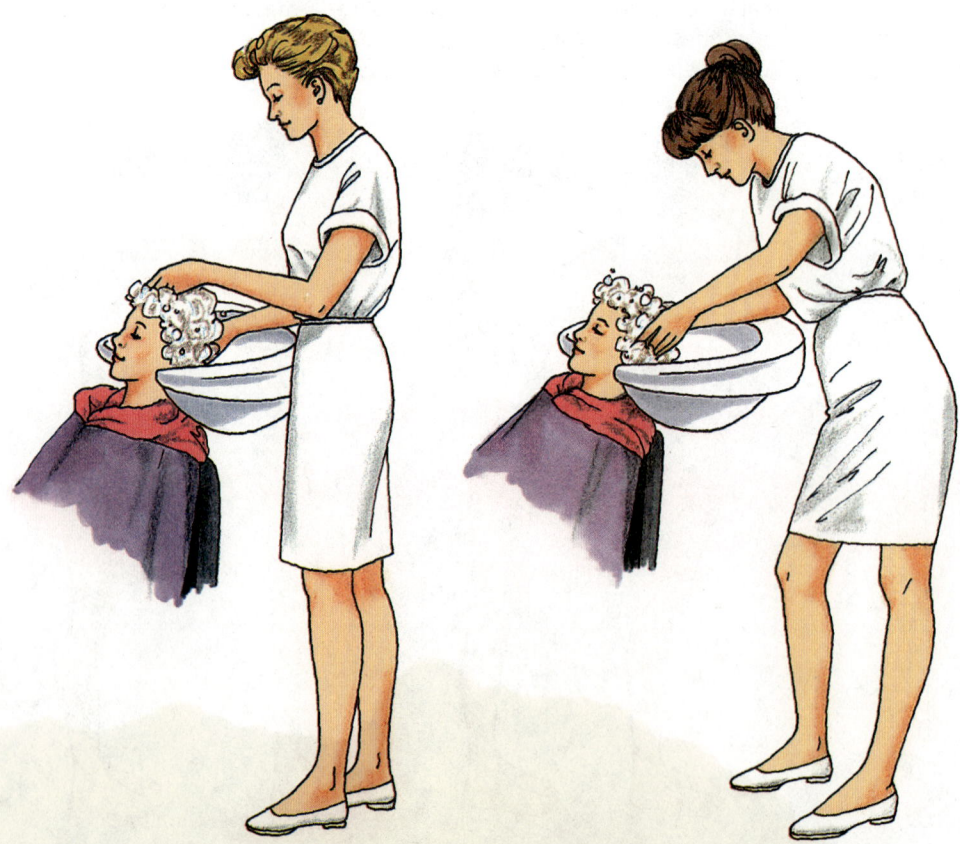

1.6—Para evitar tensión en la espalda, mantener una buena postura al lavar el pelo.

1.7—Postura deficiente.

CAPÍTULO 1   SU IMAGEN PROFESIONAL ◆ 15

Posición básica para mujeres
- Apoye la mayor parte del peso en su pie derecho con los dedos de los pies rectos hacia adelante.
- Coloque el talón izquierdo cerca del talón o del empeine del pie derecho con los dedos apuntando ligeramente hacia afuera.
- Doble su rodilla izquierda ligeramente hacia adentro. (Fig. 1.8)

Posición básica para hombres
- Coloque los pies separados, pero no más que la anchura de sus hombros.
- Distribuir el peso por igual sobre ambos pies.
- Sus rodillas no estarán rígidas ni dobladas.
- Los dedos de los pies deben apuntar hacia adelante o ligeramente hacia afuera en uno o ambos pies.
- Para una posición más relajada, doble ligeramente una rodilla mientras cambia parte de su peso al pie opuesto. (Fig. 1.9)

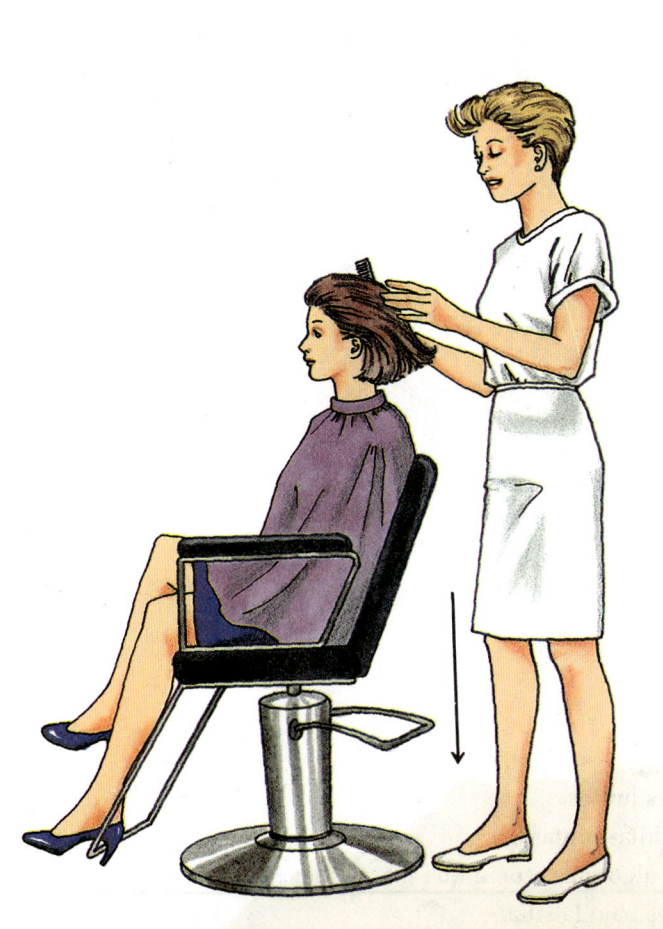

1.8—Posición básica para una mujer cosmetóloga, y posición correcta de la silla para trabajar confortablemente con la cliente.

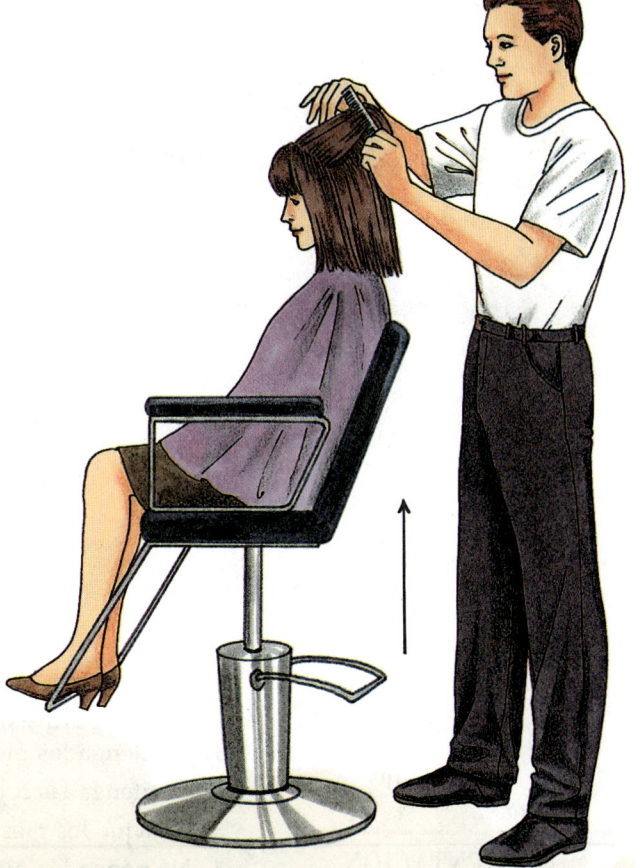

1.9—Posición básica para un cosmetólogo varón, y posición correcta de la silla para trabajar confortablemente con la cliente.

TÉCNICA CORRECTA PARA SENTARSE

Para sentarse de forma atractiva, utilice los músculos de los muslos y el apoyo de sus manos y brazos para hacer bajar su cuerpo suavemente sobre la silla. No caiga o se desplome sobre la silla. Al bajar el cuerpo, mantenga la espalda recta. No doble la cintura ni saque las nalgas. Una vez sentada, deslícese hasta el fondo de la silla, colocando ambas manos en el borde del asiento, al lado de sus caderas. Levantar ligeramente el cuerpo y deslizarse hacia atrás. No se mueva hacia atrás ni lateralmente ni con pequeños movimientos.

Al hacer la manicura, adopte una posición correcta. Siéntese con la parte baja de la espalda contra la silla, inclinándose ligeramente hacia adelante. Si se usa un taburete, siéntese en toda la base. Mantenga el pecho alto y descanse el peso de su cuerpo en toda la longitud de sus muslos. (Figs. 1.10, 1.11)

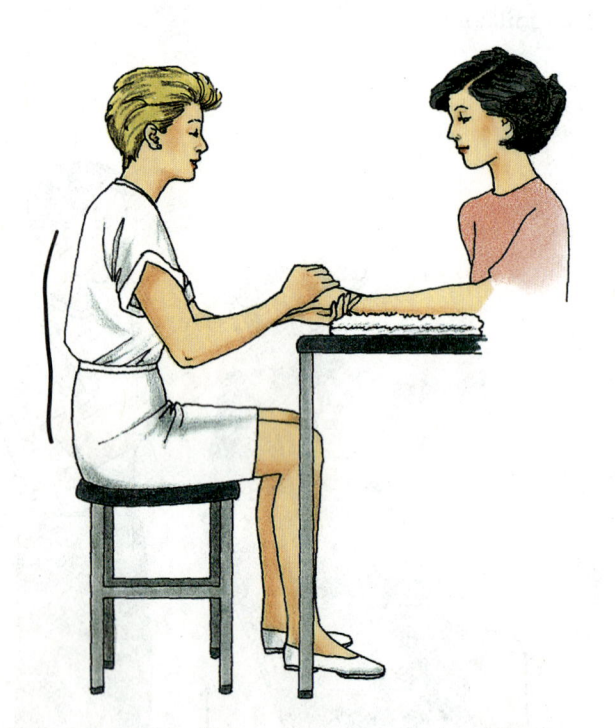

1.10—Buena postura sentada.

1.11—Postura defectuosa.

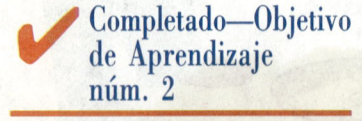

✓ Completado—Objetivo de Aprendizaje núm. 2

PRESENTACIÓN FÍSICA EFECTIVA

Consejos para estar sentado correctamente
1. Mantenga los pies juntos.
2. Mantenga las rodillas juntas.
3. Coloque los pies algo más afuera que las rodillas.
4. No ponga los pies bajo la silla.
5. Mantenga la totalidad de la suela del zapato sobre el suelo. ✓

CAPÍTULO 1   SU IMAGEN PROFESIONAL   ◆   17

PERSONALIDAD

Su personalidad juega un papel importante en su vida personal y profesional. La personalidad puede definirse como el reflejo hacia el exterior de sus sentimientos interiores, pensamientos, actitudes y valores. Su personalidad se expresa a través de su voz, su habla y la elección de sus palabras así como por las expresiones faciales, gestos, acciones, postura, vestido, la forma como se arregla y su entorno. Es el efecto total que usted tiene sobre otras personas.

CUALIDADES DESEABLES PARA UNA RELACIÓN EFICAZ CON LA CLIENTELA

Control emocional
Aprenda a controlar sus emociones. No lo fomente y no revele emociones negativas como el enfado, la envidia o el disgusto. Una persona de humor estable es siempre tratada con respeto.

Enfoque positivo
Sea amable y cortés. Debe tener a punto una sonrisa de saludo y una palabra de bienvenida para cada cliente y cada compañero de trabajo. Tener un buen sentido del humor es también importante para mantener una actitud positiva. El sentido del humor enriquece su vida y amortigua los disgustos. Si puede reírse de sí mismo, ha ganado la posibilidad de aceptar y manejar positivamente situaciones difíciles.

Buenas maneras
Las buenas maneras reflejan su consideración hacia los demás. Decir "gracias" y "por favor", tratar a las demás gente con respeto, tener cuidado con la propiedad de las demás personas, ser tolerante y comprensivo con las limitaciones y los esfuerzos de los demás y ser considerado con aquellos con quienes trabaja expresan unas buenas maneras. La cortesía es una de las claves de una carrera con éxito.

Malos hábitos
Mascar chicle o hábitos nerviosos como golpear rítmicamente con los pies o jugar con su pelo o sus efectos personales van en contra de su eficacia. Bostezar, toser y estornudar deben ser reprimidos en presencia de otros. Controle el lenguaje del cuerpo que denota una comunicación negativa, como muecas sarcásticas o de desaprobación. Su objetivo debe ser una expresión placentera en su cara y unos gestos y acciones atractivos. ✓

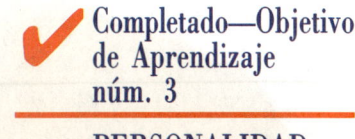

✓ Completado—Objetivo de Aprendizaje núm. 3

PERSONALIDAD

COMUNICACIÓN EFICAZ

La comunicación incluye su capacidad de escuchar, su voz, su habla, su forma de expresarse y sus aptitudes para la conversación. Su capacidad de comunicar tendrá una gran influencia en su eficacia como cosmetólogo. Un cosmetólogo necesita buenas aptitudes para la comunicación por las siguientes razones:

- Para establecer contactos
- Para recibir y saludar a la clientela
- Para entender las necesidades de los clientes, lo que les gusta, les disgusta y lo que desean (Fig. 1.12)
- Para auto-promocionarse
- Para vender servicios y productos (Fig. 1.13)
- Para crear
- Para hablar por teléfono
- Para mantener una conversación agradable
- Para relacionarse con el personal del salón ✓

✓ Completado—Objetivo de Aprendizaje núm. 4

COMUNICACIÓN EFICAZ

1.12—El cosmetólogo comunicando con el cliente.

1.13—El cosmetólogo como vendedor.

RELACIONES HUMANAS Y SU ACTITUD PROFESIONAL

Las relaciones humanas son la psicología de llevarse bien con los demás. Su actitud profesional se expresa por su propia estima, la confianza en su profesión y el respeto que usted muestra a otros.

Los buenos hábitos y prácticas que usted ha adquirido durante su formación en la escuela extienden la base para una carrera con éxito en Cosmetología. Las líneas maestras sobre relaciones humanas que siguen le ayudarán a ganar confianza y a tratar a los demás con éxito.

1. Salude siempre al cliente por su nombre, con un tono de voz amable. Diríjase al cliente por su apellido (Sr. González, Sra. Serra, Srta. Fernández) a no ser que el cliente prefiera el nombre de pila y sea costumbre usarlo en su salón.
2. Esté atento al humor del cliente. Algunos clientes prefieren silencio y relajación, otros prefieren hablar. Sea un buen "oídor" y limite su conversación a las necesidades del cliente. Nunca cuente chismes ni historias picantes. (Fig. 1.14)
3. Los temas de conversación deben elegirse con cuidado. Las relaciones amistosas se alcanzan por medio de conversaciones agradables. Deje que su cliente sea el guía sobre los temas de conversación. En un establecimiento de negocios es mejor evitar temas conflictivos como religión y política, temas relacionados con su vida privada como problemas personales o asuntos relacionados a otras personas como el comportamiento de otros clientes, el mal trabajo de compañeros o competidores, o información que usted ha recibido en forma confidencial.
4. Produzca una buena impresión, haciendo el papel de un buen cosmetólogo y hablando y actuando siempre de un modo profesional.
5. Cultive la auto-confianza y proyecte una personalidad placentera.
6. Muestre interés por las preferencias personales del cliente. Préstele su atención no compartida. Manténgalo a su vista y concéntrese totalmente en su cliente.
7. Use tacto y diplomacia para tratar los problemas que puedan presentarse.
8. Sea capaz y eficaz en su trabajo.
9. Sea puntual. Llegue al trabajo a tiempo y mantenga las citas programadas. Planee el programa de cada día de forma que pueda gestionar su tiempo con eficacia.
10. Desarrolle su negocio y sus aptitudes para la venta. Use el tacto al sugerir a los clientes servicios o productos adicionales.
11. Evite decir cualquier cosa que pudiera sonar como si usted estuviera criticando, condenando o rebajando las opiniones de algún cliente.
12. Manténgase informado sobre nuevos productos y servicios para que pueda contestar de forma inteligente a las preguntas de sus clientes.
13. Continue aumentando sus conocimientos y habilidades.
14. Sea ético en todos sus tratos con los clientes u otras personas con las que pueda entrar en contacto.
15. Deje ver siempre al cliente que usted practica el nivel más alto de higienización.
16. Evite criticar a sus competidores.
17. Trate todas las disputas y diferencias en privado. Ocúpese de todos los problemas con prontitud.

1.14—A nadie le gusta una persona que sea chismosa.

Preparación Profesional

PERFECCIONANDO SU RELACIÓN CON LOS DEMÁS

En todo negocio donde se provea servicios al público se deberá tratar con clientes maleducados, agresivos, descontentos, malhumorados, hostiles, oístas, engañosos, opinionados y manipuladores. Todas estas personas pueden clasificarse de "difíciles". ¿De qué manera podrá usted tratar efectivamente con personas difíciles? He aquí algunos consejos:

Acepte a las personas como son. Recuerde, usted no puede cambiar la conducta de los demás. Lo que usted sí puede cambiar es su manera de reaccionar con ellos. No permita que la conducta de otros siga afectándole o ejerciendo algún tipo de presión sobre usted.

Haga preguntas para aclarar y resumir. Sólo luego de que la persona descontenta o malhumorada haya tenido la oportunidad de desahogarse, haga preguntas que admitan más de una respuesta, conservando siempre la calma.

Contenga sus emociones. No importa la situación, usted no debe dejar que el problema le afecte emocionalmente. Debe mantener la serenidad, conservar la calma, mostrarse amable y lucir profesional. Piense con objetividad, no con emoción.

Dirija todo su esfuerzo a sentirse a gusto consigo mismo. Aquellos con poca auto estima tienden a ser vulnerables frente a personas difíciles y sus tácticas. Concentre toda su atención a sentirse seguro de sí mismo y a ser optimista. Tenga siempre pensamientos positivos y haga comentarios afirmativos.

—Tomado del *Técnicas de Comunicación para Cosmetólogos por Kathleen Ann Bergant*

PARA TENER ÉXITO...

1. Sea puntual. Llegue a tiempo al trabajo y mantenga todas las citas. Siendo puntual ganará la admiración y la confianza de sus clientes, su jefe y sus compañeros.

2. Sea cortés. La cortesía juega un papel importante para atraer clientes al salón y mantenerlos como clientes regulares.

3. Ponga un buen ejemplo para su profesión. Su aspecto aseado, atractivo y a la moda expresa su orgullo sobre sí mismo y su profesión. El cliente tiene confianza en el cosmetólogo que representa su papel.

4. Sea eficaz y hábil. Practique sus habilidades de forma que pueda prestar sus servicios con eficacia y suavidad. Los clientes aprecian al cosmetólogo que tiene cuidado de su comodidad y es hábil al prestar sus servicios.

5. Practique unas comunicaciones eficaces. Hablar bien de los demás y ser capaz de hacer un cumplido sincero será un activo en su carrera como cosmetólogo profesional. Escuchar con cuidado y ser eficaz y cortés al hablar por teléfono o con clientes durante el servicio le ayudará a construir con éxito un negocio eficaz.

Para tener éxito debe hacer extensiva la cortesía a todos aquellos con quienes esté en contacto. Esto incluye a los miembros del Consejo del Estado y a los inspectores, que contribuyen a que los standards en Cosmetología sean más altos.

Para tener éxito, usted debe conocer las leyes, reglas y reglamentos que rigen la cosmetología, y debe cumplirlos. Al cumplirlos contribuye a la salud, al bienestar y a la seguridad de su comunidad. ✓

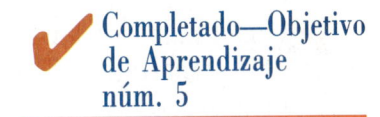

✓ **Completado—Objetivo de Aprendizaje núm. 5**

BUENAS RELACIONES HUMANAS Y ACTITUD PROFESIONAL

LA ÉTICA PROFESIONAL

La *ética* se define como el estudio de las normas de conducta y de juicio moral. Los códigos éticos para distintas profesiones los establecen los consejos o comisiones. En Cosmetología cada estado tiene un consejo o una comisión que fija las normas que deben seguir todos los cosmetólogos que trabajen en este estado. Sin embargo, la ética va más allá de un conjunto de reglas o reglamentos. En el campo de la Cosmetología, la ética es también un código de comportamiento por el que uno se rige a sí mismo. Mucho de lo tratado en la sección previa está relacionado directamente con un código informal de normas éticas.

La ética trata de la conducta correcta en los tratos de negocio con los empresarios, clientes y compañeros, y otros con los que usted esté en contacto. La conducta ética ayuda a formar la confianza que el cliente tiene de usted. El que sus clientes hablen bien de usted a otros es la mejor forma de propaganda y ayuda a crear un negocio de éxito. Las reglas de ética que usted debe practicar son las siguientes:

1. Dé un servicio cortés y amistoso a todos los clientes. Trate a cada uno con honestidad y honradez; no muestre favoritismos.
2. Sea cortés y muestre respeto por los sentimientos, creencias y derechos de los demás.
3. Mantenga su palabra. Sea responsable y cumpla sus obligaciones.
4. Forje su reputación siendo un ejemplo de buena conducta y comportamiento.
5. Sea leal a su empresario, jefes y compañeros.
6. Obedezca todas las disposiciones de las leyes de Cosmetología del estado.
7. Practique los niveles más altos de higienización para proteger su salud y la salud de sus compañeros de trabajo y de sus clientes.
8. Crea en la Cosmetología como profesión. Practíquela con buena fe y con sinceridad.
9. No trate de vender a sus clientes un producto o un servicio que no necesitan o no quieren.
10. Como estudiante:
    - Sea leal y coopere con el personal de la escuela y con sus compañeros de estudio.
    - Cumpla con las leyes y reglamentos clínicos y de la escuela.

✓ Completado—Objetivo de Aprendizaje núm. 6

ÉTICA PROFESIONAL

Las prácticas dudosas, las reclamaciones extravagantes y las promesas incumplidas violan las reglas de la conducta ética y vierten una luz desfavorable en la Cosmetología. Las prácticas no éticas afectan al estudiante, al cosmetólogo, a la escuela o al salón y a la industria en su conjunto. ✓

PREGUNTAS DE REPASO

SU IMAGEN PROFESIONAL

1. Haga una lista de las líneas maestras que debe seguir para mantener el cuerpo y la mente sanos.
2. Definir la presentación física.
3. Definir la personalidad.
4. ¿En qué consiste la comunicación?
5. Definir las buenas relaciones humanas.
6. ¿Cómo se expresa su actitud profesional?
7. ¿Qué es la ética profesional?

BACTERIOLOGÍA

2

OBJETIVOS DE APRENDIZAJE

DESPUÉS DE COMPLETAR ESTE CAPÍTULO, USTED DEBE SER CAPAZ DE:

1. Hacer una lista de los varios tipos y clasificaciones de las bacterias.
2. Describir como crecen y se reproducen las bacterias.
3. Describir la relación entre las bacterias y la difusión de las enfermedades.
4. Definir el SIDA y dar una vista general del mismo.

INTRODUCCIÓN

La *bacteriología*, la *esterilización* y la *higienización* son temas de importancia práctica para usted como cosmetólogo puesto que tienen consecuencias directas sobre su bienestar así como en el de sus clientes. Para proteger la salud individual y pública cada cosmetólogo debe conocer cuando, por qué y cómo debe usar las prácticas correctas de esterilización e higienización.

Para entender la importancia de la higienización y la esterilización, será muy útil un conocimiento básico de cómo las *bacterias* afectan nuestra vida diaria.

BACTERIOLOGÍA

La bacteriología es la ciencia que trata del estudio de los *microorganismos* llamados bacterias.

Como cosmetólogo, usted debe saber cómo puede prevenirse la difusión de las enfermedades y qué precauciones debe tomar para proteger su salud y la salud de sus clientes. Cuando comprenda la relación entre bacteria y enfermedad, comprenderá la necesidad de limpieza e higienización en el salón y en la escuela.

Los Consejos Estatales de Cosmetología y los Departamentos de Sanidad exigen que un establecimiento que dé servicio al público deba seguir ciertas precauciones sanitarias. Las bacterias infecciosas que se transmiten de un individuo a otro o el uso de elementos no higienizados (tales como peines, cepillos, horquillas, maquinillas, pinzas y clips, rulos, etc.) pueden causar enfermedades contagiosas, infecciones de la piel y envenenamientos de la sangre. Las manos y uñas sucias son también fuentes de bacterias infecciosas.

Las *bacterias* son diminutos microorganismos vegetales y unicelulares que se encuentran prácticamente en cualquier sitio. Son especialmente numerosas en el polvo, la suciedad, la basura y en los tejidos enfermos. También se designa a las bacterias como *gérmenes* o *microbios.* Las bacterias pueden existir casi en cualquier sitio: en la piel del cuerpo, en el agua, en el aire, en materias en descomposición, secreciones de las aberturas del cuerpo, sobre tejidos y bajo las uñas.

Las bacterias sólo pueden verse con la ayuda de un *microscopio.* Mil quinientas bacterias en forma de varilla casi llegarían a cubrir la cabeza de un alfiler.

TIPOS DE BACTERIAS

Hay centenares de clases diferentes de bacterias. Sin embargo, las bacterias se clasifican en dos tipos según sean beneficiosas o dañinas.

1. La mayoría de las bacterias son organismos *no patógenos* (ayudan o son inocuos), que llevan a cabo muchas funciones útiles, como descomponer residuos y mejorar la fertilidad del suelo. Los *saprofitos*, bacterias no patógenas, viven sobre materiales muertos y no producen enfermedades.
2. Los organismos *patógenos* son nocivos (microbios o gérmenes), y aunque en una minoría, producen enfermedades cuando invaden los tejidos de animales o plantas. A este grupo pertenecen los *parásitos* que necesitan materia viva para crecer.

Debido a las bacterias patógenas, las escuelas y salones de belleza deben mantener normas de limpieza e higienización.

Poder Promocional

VENTA DE PRODUCTOS

Es muy importante que usted seleccione cuidadosamente los artículos que venderá en su salón de belleza. Su prestigio profesional se verá comprometido al respaldar un producto. Un cliente no adquirirá en su salón un producto que pueda obtener en una tienda de donde se consiguen artículos a menor precio; los clientes comprarán productos en un salón profesional porque consideran que serán superior en calidad a los productos al consumidor—y porque confían en que usted les venderá un producto formulado específicamente para su tipo de cabello.

La manera de desarrollar un negocio próspero con gran éxito es instruyendo al empleado a comenzar la venta de productos desde el momento mismo en que el cliente queda a su cuidado. Si esa es la actitud que prevalece en el salón, el cliente tomará el hábito de adquirir productos para el cuidado en el hogar específicos para su tipo de cabello y piel.

Dedique todo su esmero en una presentación visual llamativa que sea de gran tamaño y se perciba con facilidad. Cuando el público tiene la oportunidad de seleccionar y comparar artículos, el resultado casi siempre se traduce en una venta. Déles rotación y ordene los artículos de diferente manera periódicamente.

A todo el mundo le encantan las rebajas, de modo que llene una cesta con pequeños artículos a precio especial, colóquele un lazo atractivo, y fije el mismo precio para cada artículo. Las ganancias serán pocas, sin embargo, recuperará ampliamente la pérdida estimulando el interés del comprador.

El precio de cada uno de los artículos deberá estar claramente marcado. A la mayoría de las personas les desagrada preguntar el precio de algo.

—*Tomado del* Milady Soluciones para el Salón de Belleza *por Louise Cotter*

BACTERIAS PATÓGENAS

Singular	*Plural*
COCO	COCOS
BACILO	BACILOS
ESPIRILO	ESPIRILOS
ESTAFILOCOCO	ESTAFILOCOCOS
ESTREPTOCOCO	ESTREPTOCOCOS
DIPLOCOCO	DIPLOCOCOS

CLASIFICACIÓN DE LAS BACTERIAS PATÓGENAS

Las bacterias tienen formas distintivas que ayudan a identificarlas. Las bacterias patógenas se clasifican como sigue (Fig. 2.1):

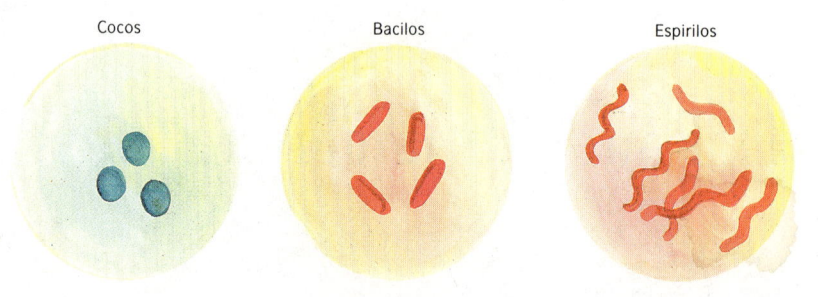

2.1—Formas generales de las bacterias.

1. Los *cocos* son organismos de forma redondeada que aparecen individualmente o en los grupos siguientes (Fig. 2.2):

    a) *Estafilococos:* Organismos que forman pus, que crecen en forma de racimos. Producen abscesos, pústulas y forúnculos.

    b) *Estreptococos:* Organismos que forman pus que crecen en forma de cadenas. Causan infecciones como infección de la garganta causada por un estreptococo.

    c) *Diplococos:* Crecen en pares y producen la neumonía.

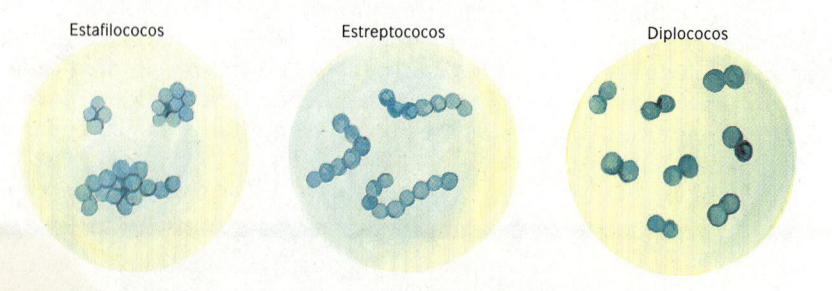

2.2—Agrupaciones de bacterias.

2. Los *bacilos* son organismos cortos en forma de varilla. Son las bacterias más comunes y producen enfermedades como el tétanos, la gripe, la fiebre tifoidea, la tuberculosis y la difteria. (Fig. 2.3)
3. Los *espirilos* son organismos curvados o en forma de espiral. Se dividen en varios grupos. Para nosotros es de importancia capital el *treponema pallida* que produce la *sífilis*.

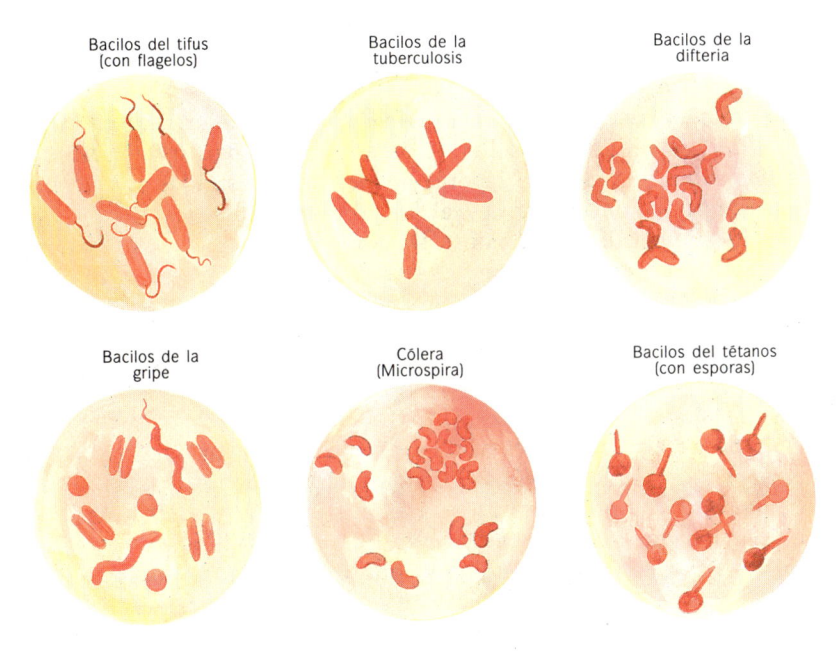

Bacilos del tifus (con flagelos)   Bacilos de la tuberculosis   Bacilos de la difteria

Bacilos de la gripe   Cólera (Microspira)   Bacilos del tétanos (con esporas)

2.3—Bacterias productoras de enfermedades.

Movimientos de las bacterias

Los cocos raras veces muestran una *movilidad* activa (movimiento autónomo). Se transmiten por el aire, el polvo, o en cualquier substancia en la que se depositen. Los bacilos y los espirilos tienen motilidad y utilizan prolongaciones filamentosas, llamadas *flagelos* o *cilios*, para desplazarse. Estos flagelos, al moverse como un látigo, propulsan a la bacteria por el líquido. ✔

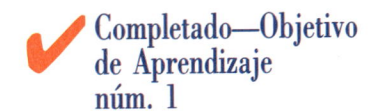

Completado—Objetivo de Aprendizaje núm. 1

TIPOS Y CLASIFICACIONES DE BACTERIAS PATÓGENAS

CRECIMIENTO Y REPRODUCCIÓN DE LAS BACTERIAS

Generalmente, las bacterias están formadas por una pared celular externa y un *protoplasma* interior, el material que necesitan para mantener la vida. Fabrican su propio alimento a partir del medio que les rodea, eliminan productos de desecho y crecen y se reproducen. Las bacterias tienen dos fases diferenciadas en su ciclo vital: la *etapa activa* o *vegetativa* y la *etapa inactiva* o *de formación de esporas*.

Etapa activa o vegetativa

Durante la etapa activa las bacterias crecen y se reproducen. Estos microorganismos se multiplican mejor en lugares calientes, oscuros, húmedos o sucios donde haya suficiente alimento.

Cuando las condiciones son favorables, las bacterias crecen y se reproducen. Cuando alcanzan su tamaño máximo, se dividen en dos células nuevas. Esta división se llama *mitosis*. Las células formadas se llaman *células hijas*. Cuando las condiciones son desfavorables las bacterias mueren o se vuelven inactivas. (Ver el capítulo sobre células, anatomía y fisiología).

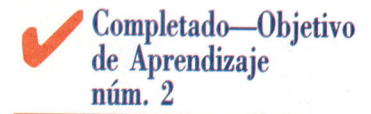

✓ Completado—Objetivo de Aprendizaje núm. 2

CRECIMIENTO Y REPRODUCCIÓN DE LAS BACTERIAS

Etapa inactiva o de formación de esporas

Ciertas bacterias, como los bacilos del ántrax o del tétanos, forman, durante su etapa inactiva, *esporas esféricas* con una cubierta exterior dura. La finalidad es resistir períodos de escasez, sequedad o temperaturas inadecuadas. En esta fase, las esporas pueden ser arrastradas por el viento y no les atacan los desinfectantes, el frío ni el calor.

Cuando vuelven las condiciones favorables, las esporas cambian a la forma activa o vegetativa, crecen y se reproducen. ✓

INFECCIONES BACTERIANAS

No puede haber infección sin la presencia de bacterias patógenas. La infección aparece cuando el cuerpo es incapaz de resistir a las bacterias y sus toxinas. Una *infección local* queda indicada por un forúnculo o un grano que contiene pus. La presencia de *pus* es señal de infección. En el pus se encuentran bacterias, material de desecho, tejidos en descomposición, células del cuerpo y células sanguíneas, vivas y muertas. Los estafilococos son las bacterias que más corrientemente forman pus. Una *infección generalizada* aparece cuando el torrente sanguíneo transporta las bacterias y sus toxinas a todas las partes del cuerpo, tal como sucede en la sífilis.

Una enfermedad se vuelve *contagiosa* o *transmisible* cuando pasa de una persona a otra por contacto. Algunas de las enfermedades contagiosas más corrientes que impiden trabajar a un cosmetólogo son la tuberculosis, el resfriado común, la tiña, la sarna, los piojos capilares y las infecciones víricas.

Las principales fuentes de contagio son las manos e instrumentos sucios, úlceras abiertas, pus, descargas por la boca o la nariz, y el uso compartido de vasos y toallas. Toser o estornudar en público sin taparse, así como escupir, también esparce gérmenes.

Las bacterias patógenas pueden entrar en el cuerpo a través de:

1. Una rotura en la piel, como un corte, un grano o un arañazo.
2. La boca (respirando o tragando aire, agua o alimentos).
3. La nariz (aire).
4. Los ojos o las orejas (suciedad).

El cuerpo lucha contra la infección por medio de:

1. La piel íntegra, que es la primera línea de defensa del cuerpo.
2. Las secreciones del cuerpo, como la transpiración y los jugos gástricos.
3. Los glóbulos blancos en la sangre que destruyen las bacterias.
4. Antitoxinas que contrarrestan las toxinas producidas por las bacterias.

Las infecciones se pueden prevenir y controlar por medio de la higiene personal y la higienización pública.

OTROS AGENTES INFECCIOSOS

Los *virus filtrables* son organismos vivos tan pequeños que pueden pasar a través de los poros de un filtro de porcelana. Provocan el resfriado común y otras infecciones respiratorias y gastrointestinales (del tracto digestivo).

Los *parásitos* son organismos que viven en otros organismos vivos sin dar nada a cambio.

Las *plantas parásitas* u *hongos,* como el moho, el mildiu y las levaduras, pueden producir enfermedades contagiosas como la tiña y el *favo,* una enfermedad de la piel del cráneo.

Los *parásitos animales* son responsables de enfermedades contagiosas. Por ejemplo, el ácaro excava galerías bajo la piel, produciendo la *sarna* y la infección de la cabeza por piojos llamada *pediculosis.*

Las enfermedades contagiosas causadas por parásitos nunca deben tratarse en una escuela o salón de belleza. Debe indicarse a los clientes que consulten un médico.

INMUNIDAD

La *inmunidad* es la capacidad del cuerpo de destruir bacterias que han logrado entrar y resistir así la infección. La inmunidad contra una enfermedad puede ser natural o adquirida y es un signo de buena salud. La *inmunidad natural* significa la resistencia natural a la enfermedad. Es parcialmente hereditaria y parcialmente desarrollada por medio de una vida higiénica. La *inmunidad adquirida* es algo que el cuerpo desarrolla después de vencer una enfermedad o por medio de una inoculación.

Un portador de enfermedades humanas es una persona que es personalmente inmune a una enfermedad pero que puede transmitir gérmenes a otras personas. La fiebre tifoidea y la difteria pueden transmitirse de esta forma.

Las bacterias pueden destruirse con desinfectantes y por calor intenso conseguido hirviendo, vaporizando, cociendo en el horno o quemando, y también por rayos ultravioleta. (Se trata de este tema en el capítulo sobre higienización y esterilización.) ✓

✓ Completado—Objetivo de Aprendizaje núm. 3

RELACIÓN ENTRE LA BACTERIA Y LA PROPAGACIÓN DE ENFERMEDADES

SÍNDROME DE INMUNO DEFICIENCIA ADQUIRIDA (SIDA)

El síndrome de inmuno deficiencia adquirida (SIDA) es ocasionado por el virus del VIH. El SIDA ataca y destruye el sistema inmune del cuerpo. La enfermedad puede permanecer en estado latente en el sistema de un individuo infectado por espacio de hasta diez años; sin embargo podría madurar y convertirse en una enfermedad mortal en un lapso de dos a diez años.

A diferencia de la mayoría de los virus, el VIH no puede transmitirse por medio de un contacto casual con la persona infectada, estornudo o tos. El VIH se propaga a través de la transferencia de fluidos corporales, tales como el sémen y la sangre. Los métodos más comunes en que se transmite el SIDA son el contacto sexual con la persona infectada, la utilización o el compartir agujas hipodérmicas sucias para la administración intravenosa de drogas, y la transfusión de sangre infectada. El SIDA puede además transmitirse al niño a través de la madre durante el embarazo o el parto.

El SIDA puede transmirse en el salón de belleza si se emplean utensilios que no están higienizados. Si usted produce una cortadura en la piel de un cliente infectado con SIDA, la sangre podría transferirse al utensilio. Si usted produce una cortadura en la piel de otro cliente y transfiere la sangre infectada con SIDA, dicha persona podría contraer la enfermedad. ✔

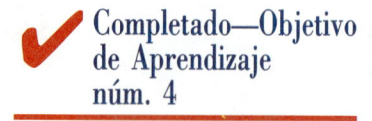

✔ **Completado—Objetivo de Aprendizaje núm. 4**

VISTA GENERAL DEL SIDA

PREGUNTAS DE REPASO

BACTERIOLOGÍA

1. ¿Por qué es necesaria la bacteriología?
2. Defina la bacteriología.
3. ¿Qué son las bacterias?
4. ¿Dónde pueden existir las bacterias? Dé ejemplos.
5. Defina dos tipos de bacterias.
6. ¿Qué son los parásitos y los saprofitos?
7. Nombre y defina tres formas de bacterias.
8. Nombre y defina tres tipos de cocos.
9. ¿Cómo se multiplican las bacterias?
10. Describa las etapas activa e inactiva de las bacterias.
11. ¿Cómo se mueven las bacterias?
12. Nombre dos tipos de infección y defínalos.
13. ¿Qué es una enfermedad contagiosa o comunicable?
14. ¿Cómo se pueden prevenir o controlar las infecciones?
15. Nombre dos enfermedades producidas por: a) plantas parásitas, y b) parásitos animales.
16. Defina la inmunidad. Nombre dos tipos.
17. ¿Cómo pueden destruirse las bacterias?

DESCONTAMINACIÓN Y CONTROL DE INFECCIONES

3

OBJETIVOS DE APRENDIZAJE

DESPUÉS DE COMPLETAR ESTE CAPÍTULO, USTED DEBE SER CAPAZ DE:

1. Explicar y entender la importancia de la descontaminación.
2. Explicar la diferencia entre higienización, desinfección y esterilización.
3. Comentar sobre la manera segura de emplear y utilizar productos desinfectantes.
4. Describir qué tipo de limpiadores, equipo y desinfectantes son de utilidad en el salón de belleza.
5. Definir la higienización universal y comentar sobre sus responsabilidades como profesional de salón de belleza.

INTRODUCCIÓN

A los clientes les encanta ver un salón de belleza limpio. Lo mismo hace que se sientan más confiados en usted y su adiestramiento. Los salones limpios y en orden causan un efecto positivo. No existe mejor manera de hacer una primera buena impresión.

Sin embargo, mantener un salón limpio no es sólo barrer el piso y limpiar las alfombras con aspiradora. Si no se toman las debidas precauciones, usted podría contribuir a la propagación de enfermedades.

El control de infecciones y enfermedades es un aspecto importante en la industria de salones de belleza. Los clientes dependen de usted para garantizar su seguridad. Los reglamentos federales y estatales exigen la protección contra la propagación de gérmenes contagiosos y otros organismos, y con razón. Un acto negligente podría ocasionar lesiones o enfermedades graves. Ser un profesional de salón de belleza puede ser divertido y remunerador, pero también supone una gran responsabilidad.

Los gérmenes que causan enfermedades serán uno de sus mayores enemigos en el salón. Afortunadamente, prevenir la propagación de enfermedades graves es tarea fácil, si se sabe cómo hacerlo.

PREVENCIÓN Y CONTROL

CONTAMINACIÓN

Tómese unos minutos para mirar a su alrededor. ¿Qué ve? No importa dónde se encuentre, siempre verá algún tipo de superficie. La superficie de la mesa, de la pared, del piso, de su mano... la mayoría de las cosas tiene una superficie. No importa cuán limpias parezcan estas superficies, las mismas están probablemente *contaminadas.*

Las superficies de instrumentos u otros objetos que no están libres de sucio, aceite y microbios están contaminados. Cualquier substancia que produzca algún tipo de contaminación se llama *contaminante.* Muchas cosas pueden ser contaminantes. El cabello en un peine o el maquillaje en una toalla son sólo algunos ejemplos.

Los instrumentos y otras superficies del salón pueden también contaminarse con bacterias, virus y hongos. Incluso los instrumentos que parecen limpios están usualmente cubiertos de estos microorganismos.

DESCONTAMINACIÓN

Sería imposible mantener un salón libre de toda contaminación, y tampoco es necesario intentarlo. Sin embargo, es su responsabilidad como profesional de salón de belleza estar en constante alerta de los microorganismos que causan enfermedades.

La remoción de patógenos y otras substancias de instrumentos o superficies se llama *descontaminación.* Existen tres niveles principales de descontaminación: esterilización, higienización y desinfección. Sin embargo, sólo la higienización y la desinfección son de utilidad en el salón. ✓

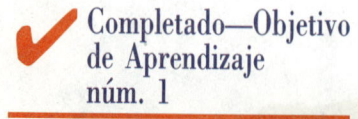

✓ Completado—Objetivo de Aprendizaje núm. 1

DESCONTAMINACIÓN

ESTERILIZACIÓN

La *esterilización* es el método más efectivo de descontaminar microbios. La esterilización destruye por completo todo organismo vivo en una superficie. La esterilización incluso elimina esporas bacterianas, la forma de vida más resistente sobre la tierra.

El *autoclave de vapor,* método favorito de esterilización física y el de mayor preferencia debido a su comprobado poder de esterilización, se asemeja a una olla de presión. Cuando en una cámara se inyecta vapor a alta presión, es posible lograr que la temperatura sobrepase aquella del agua hirviendo. Si se deja un objeto en el autoclave por tiempo suficiente, la alta presión y el calor penetrarán a través de todas las esquinas y grietas del mismo. A la larga, este proceso eliminará todo organismo vivo, incluyendo las esporas bacterianas.

Otro método físico de esterilización lo es el uso de calor seco. Este método se asemeja más a un horno que a una olla de presión. Los objetos se colocan en la cámara tipo horno y se hornean hasta que todas las formas de vida mueren.

La esterilización es el más alto de los tres niveles de descontaminación. Es un proceso multietápico, difícil, que requiere mucho tiempo. Esterilizar los instrumentos y superficies del salón es inútil, poco práctico y casi imposible.

La esterilización es utilizada por dentistas y cirujanos. Sus instrumentos están diseñados para romper y penetrar la barrera dérmica. Por esta razón, algunos esteticistas consideran importante esterilizar las agujas y sondas empleadas para hacer incisiones en la piel. Una alternativa más sencilla sería el uso de lancetas o agujas desechables.

El término "esterilizar" se utiliza a menudo incorrectamente. Por ejemplo, algunos médicos les dicen a sus pacientes que están "esterilizando la placa de la uña o la piel". ¡Eso es imposible! Esterilizar la piel sería destruirla, y lo mismo sucedería con la placa de la uña. En fin, la esterilización no es una práctica útil en los salones de belleza.

HIGIENIZACIÓN

El nivel más bajo de descontaminación se llama *higienización.* Con frecuencia este término también se utiliza e interpreta erróneamente.

La higienización significa "reducir considerablemente la cantidad de patógenos en una superficie". Los instrumentos y otras superficies del salón se higienizan limpiándolos con jabón o detergente.

Las superficies higienizadas podrían no obstante servir de albergue a patógenos y otros organismos. Remover cabellos de un cepillo y lavar el cepillo con detergente es un método de higienización. Aplicar antisépticos sobre la piel o lavarse las manos es otro ejemplo de higienización. Al finalizar usted, podría pensar que sus manos están completamente limpias, pero en realidad están cubiertas de microorganismos que se encuentran en el agua del grifo y la toalla.

La apariencia profesional

La higienización debe ser parte de la rutina diaria de toda persona. De esta manera, usted y sus colegas podrán mantener un establecimiento de

apariencia profesional. Las siguientes son algunas líneas generales que ayudarán a conservar el salón de belleza en óptimas condiciones.
1. El piso debe barrerse siempre que sea necesario.
2. Los cabellos, algodones, etc. deben recogerse inmediatamente.
3. Toda la basura debe depositarse en un recipiente de metal con tapa de cierre automático.
4. El piso debe limpiarse con un fregasuelos y las alfombras deben limpiarse con aspiradora diariamente.
5. Es importante contener todo tipo de polvo.
6. Las ventanas, rejillas y cortinas deben estar limpias.
7. Los ventiladores, sistemas de ventilación y humectadores deben limpiarse con regularidad.
8. Todas las áreas de trabajo deben estar bien iluminadas.
9. Los salones necesitan agua caliente y fría.
10. Los baños deben estar limpios y bien arreglados.
11. Recuerde limpiar los tiradores de las puertas de los baños.
12. Se debe suministrar papel higiénico, toallas de papel y jabón antiséptico líquido en envase tipo bomba.
13. Lávese las manos luego de hacer uso del baño y entre clientes.
14. Limpie los fregaderos y fuentes de agua con regularidad.
15. Se deben suministrar vasos para beber desechables o individuales.
16. El salón debe estar libre de insectos y roedores.
17. Los salones nunca deben utilizarse para preparar alimentos o como vivienda.
18. Nunca se deben mantener alimentos en los refrigeradores donde se guardan los productos del salón.
19. Se prohíbe comer, beber y fumar en el salón.
20. Los recipientes para la basura deben vaciarse con regularidad durante el día.
21. Los empleados deben vestir ropa limpia y recién lavada.
22. Siempre se deben utilizar toallas recién lavadas con cada cliente.
23. Los peinadores u otro tipo de cubierta no deben entrar en contacto con la piel del cliente.
24. Nunca se debe compartir maquillaje, lápiz labial, borlas, lápices o pinceles.
25. Se deben utilizar algodones o esponjas limpias para aplicar cosméticos y cremas.
26. Remueva los productos de los envases con espátulas limpias, no con los dedos.
27. Todos los envases deben rotularse correctamente, cerrarse bien y guardarse debidamente.
28. El exterior de todos los envases debe mantenerse limpio.
29. La ropa blanca sucia o manchada debe retirarse del lugar de trabajo y guardarse debidamente para ser lavada.
30. No coloque instrumentos, peines, rizadores u horquillas en su boca o bolsillos.
31. Los peinadores y cintas para clientes deben limpiarse correctamente antes de volverse a utilizar.
32. Todos los instrumentos y utensilios deben limpiarse correctamente luego de cada uso y guardarse en envases con tapa.
33. Los profesionales de salones de belleza deben evitar tocarse la cara, la boca o el área de los ojos mientras trabajan.
34. Nunca se deben permitir mascotas o animales dentro del salón, salvo en el caso de perros guías entrenados (Seeing Eye® dogs).

Estos son sólo algunos de los pasos que los profesionales de salones de belleza deben seguir para protegerse y proteger a sus clientes. Comuníquese con la junta de cosmetología o departamento de salud de su estado para obtener una lista completa de los reglamentos.

ANTISÉPTICOS

Los *antisépticos* pueden eliminar bacterias o retardar su crecimiento, pero no son desinfectantes. Los antisépticos son más débiles que los desinfectantes y seguros para aplicarse sobre la piel. Son considerados higienizantes y nunca deben utilizarse como sustitutos para desinfectantes.

DESINFECCIÓN

Si la esterilización no es una práctica útil y la higienización por sí sola no es suficiente, ¿qué puede usted hacer para evitar la propagación de organismos peligrosos? ¡La respuesta es desinfectar adecuadamente! La *desinfección* controla microorganismos en superficies inorgánicas tales como instrumentos y otros utensilios. La desinfección es un nivel de descontaminación más alto que la higienización. Está precedida sólo por la esterilización.

La *desinfección* es completamente igual a la esterilización, con una excepción. La desinfección no elimina esporas bacterianas, pero esto no es necesario en el entorno del salón. Es importante sólo en hospitales y otras facilidades para el cuidado de la salud.

Los desinfectantes son substancias que eliminan microbios en instrumentos contaminados y otras superficies inorgánicas. **Los desinfectantes no son para utilizarse en la piel, uñas o cabello humano.** Nunca utilice desinfectantes como limpiadores para las manos. El uso de cualquier substancia lo suficientemente potente como para destruir patógenos de manera rápida y eficaz puede resultar dañino para la piel. Recuerde siempre, los desinfectantes son instrumentos peligrosos, de fuerza profesional. ✓

LEA ANTES DE UTILIZAR

Los fabricantes cuidan mucho en desarrollar sistemas seguros y altamente efectivos. Sin embargo, el hecho de que sean seguros no significa que no puedan resultar peligrosos. Cualquier producto de un salón de belleza profesional puede resultar peligroso si se utiliza incorrectamente. Al igual que los instrumentos, los desinfectantes deben siempre utilizarse con estricto arreglo a las instrucciones del fabricante.

INFORMACIÓN IMPORTANTE

Todos los desinfectantes deben estar aprobados por la Agencia para la Protección del Medio Ambiente (conocida en inglés por sus siglas EPA) y por cada uno de los estados. La etiqueta del desinfectante debe incluir también el *número de certificación EPA*. Busque este número al momento de seleccionar un desinfectante. Es la única manera de garantizar que el producto es seguro y efectivo.

Además del número de certificación EPA, la ley federal les exige a los fabricantes proveerle a usted información importante, tal como direcciones para el uso correcto, precauciones de seguridad, una lista de ingredientes activos y un importante manual informativo llamado Folleto de Información sobre la Seguridad de Materiales (conocido en inglés por sus siglas MSDS).

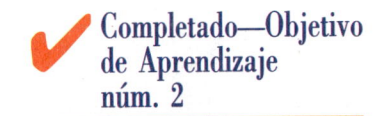

> ✓ **Completado—Objetivo de Aprendizaje núm. 2**
>
> **HIGIENIZACIÓN, DESINFECCIÓN Y ESTERILIZACIÓN**

Tómese el tiempo necesario para leer toda esta vital información. ¡Entonces tendrá la seguridad de que está protegiéndose y que está protegiendo a sus clientes como mejor puede!

> **PRECAUCIÓN**
> *Los desinfectantes son demasiado fuertes y pueden ocasionar daños si entran en contacto con la piel o los ojos. Siempre utilice guantes y gafas de seguridad para evitar la exposición accidental a los mismos.*

OSHA

La Administración de Seguridad y Salud Ocupacional (conocida en inglés por sus siglas OSHA) fue creada como parte del Departamento del Trabajo de los Estados Unidos para regular y garantizar el cumplimiento de las normas de seguridad y salud en el lugar de trabajo. Regular la exposición de los empleados a substancias tóxicas e informarles a los empleados sobre los peligros de los materiales utilizados en el lugar de trabajo son funciones claves de la Ley sobre la Seguridad y Salud Ocupacional de 1970. Esta ley estableció la Norma de Comunicación de Riesgos, la cual les exige a los fabricantes e importadores de productos químicos evaluar los riesgos asociados con sus productos. El Folleto de Información sobre la Seguridad de Materiales y la rotulación son dos importantes resultados de esta ley.

El Folleto de Información sobre la Seguridad de Materiales provee todo tipo de información relacionada a los productos; desde su contenido y riesgos asociados, hasta sus niveles de combustión y requisitos de almacenamiento. Este folleto debe estar disponible para todo producto utilizado en institutos de cosmetología o salones de belleza y puede obtenerse a través del distribuidor del producto. (Fig. 3.1)

Las normas establecidas por OSHA son sumamente importantes en la industria de la cosmetología debido a la naturaleza de las productos químicos utilizadas, por ejemplo, la mezcla, el almacenamiento, y el desecho de productos químicos; la seguridad general del lugar de trabajo; y, sobre todo, el derecho del cosmetólogo a saber el contenido de los productos que utiliza.

3.1—Lea su Folleto de Información sobre la Seguridad de Materiales (MSDS).

DESINFECTANTES A NIVEL DE HOSPITAL

La mejor manera de aprender sobre el uso correcto de desinfectantes es leyendo las instrucciones del fabricante. Usted debe además revisar estas direcciones periódicamente en caso de que se añada nueva información.

Los desinfectantes de alta calidad deben realizar varias tareas especiales en el salón de belleza. Deben ser *bactericidas* (que eliminan bacterias dañinas) y *funjicidas* (que destruyen el hongo).

Los desinfectantes que realizan ambas funciones se llaman *desinfectantes a nivel de hospital.* Su nivel de desinfección es ideal para los salones de belleza. La mayoría de los desinfectantes a nivel de hospital son también *viricidas o antivirales* (que eliminan virus). Se recomienda que los utensilios e instrumentos, salvo los que entran en contacto con la sangre o los fluidos corporales, se desinfecten por medio de la inmersión completa en un desinfectante a nivel de hospital que sea bactericida, viricida y funjicida y aprobado por la EPA; el desinfectante debe de ser mezclado y utilizado según las instrucciones del fabricante.

Algunos fabricantes le han demostrado a la EPA que sus desinfectantes son efectivos contra la bacteria de la tuberculosis. Estos productos se venden con el nombre de ***desinfectantes a nivel de hospital/tuberculicidas.*** Se recomienda que los utensilios e instrumentos que han entrado en contacto con la sangre o los fluidos corporales se desinfecten por medio de la inmersión completa en un desinfectante a nivel de hospital/tuberculicida aprobado por la EPA; el desinfectante debe de ser mezclado y utilizado según las instrucciones del fabricante.

USO CORRECTO DE DESINFECTANTES

Incluso los mejores desinfectantes no serán efectivos si se utilizan incorrectamente. Todos los utensilios deben limpiarse a fondo antes de remojarse para evitar que contaminen la solución desinfectante. Los cabellos, las limas de uña, las cremas, los aceites y el maquillaje disminuyen la efectividad de la solución. Además, los clientes no se sentirían muy confiados en sus habilidades si vieran un frasco de desinfectante sucio.

Con frecuencia, a los frascos o envases utilizados para desinfectar utensilios se les llama incorrectamente ***higienizantes húmedos.*** Por supuesto, el propósito de estos envases no es higienizar, sino desinfectar. La solución desinfectante de remojo debe cambiarse diariamente a menos que en las instrucciones del fabricante se indique lo contrario. (Fig. 3.2) ✔

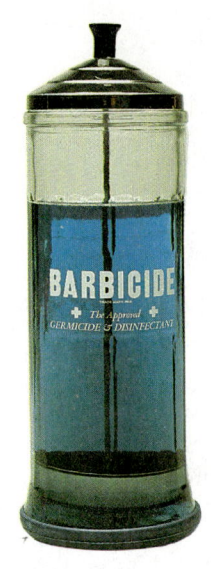

3.2—La solución desinfectante de remojo debe cambiarse diariamente o según se indique en las instrucciones del fabricante.

✔ Completado—Objetivo de Aprendizaje núm. 3

UTILIZACIÓN Y SEGURIDAD DE PRODUCTOS DESINFECTANTES

> ### PRECAUCIÓN
> *Ya que la sangre puede ser portadora de muchos patógenos, usted nunca debe tocar un corte o herida abierta de un cliente. Insista en que los clientes con heridas abiertas (conocidas también como **derrames de sangre**) presenten una certificación médica afirmando que las mismas no son contagiosas. Asegúrese de limpiar y desinfectar adecuadamente cualquier utensilio que entre en contacto con un corte o herida abierta con un desinfectante a nivel de hospital/tuberculicida aprobado por la EPA. Además, coloque las toallitas desechables o los algodones en una bolsa plástica de cierre hermético antes de desecharlos, luego higienícese las manos.*

Poder Promocional

LA APARIENCIA PUEDE SER UN PUNTO DE VENTA

Claro que usted es escrupuloso en cuanto a la higienización y desinfección de su salón de belleza. En una época donde el público está más que nunca consciente de la propagación de enfermedades, la seguridad en el salón—sea éste uno de servicio completo, de manicura o para el cuidado de la piel—es una práctica absolutamente fundamental.

Sin embargo, usted puede seguir todos los pasos necesarios para eliminar gérmenes de su equipo y entorno, y aún ésto no sería suficiente para convencer a sus clientes de que su salón está "completamente limpio". Para el inexperto sin ningún tipo de adiestramiento en higienización, la apariencia es lo único que cuenta. La clave es hacer que su salón se vea *reluciente*, incluso en áreas donde la propagación de gérmenes sea mínima. La primera impresión es siempre importante y si el cliente entra y ve cortinas sucias o paredes manchadas, de inmediato pensará, "Este lugar no está limpio".

La siguiente es una lista de consejos que le ayudarán a crear una primera buena impresión:
- Las ventanas y cortinas deben limpiarse por lo menos una vez a la semana.
- Las puertas deben estar limpias y ser fáciles de abrir.
- Los afiches en las paredes deben ser fáciles de limpiar y fáciles de cambiar con regularidad.
- La mesa de recepción debe estar recogida y bien organizada.
- El área de recepción debe contener ceniceros (si usted permite que en el salón se fume).
- Las paredes en el área de estilización deben ser fáciles de limpiar y estar recién pintadas o cubiertas.
- Los baños, espejos, pisos y el mostrador en el área de trabajo deben mantenerse limpios.
- Los pisos deben ser de un material liso, resistente y fácil de limpiar.
- El exterior del salón debe estar bien conservado y bien iluminado.

TIPOS DE DESINFECTANTES

QUATS

Existen varios tipos de desinfectantes para salones de belleza. Los **compuestos cuaternarios de amoníaco**, o quats, son un ejemplo. Los quats se consideran muy seguros y de acción rápida. Las primeras fórmulas utilizaban un solo quat y no eran muy efectivas. Los productos más recientes (llamados fórmulas super quats) utilizan combinaciones de varios quats diferentes que incrementan la efectividad en gran medida.

La mayoría de las soluciones quat desinfecta los utensilios en 10 a 15 minutos. Algunos utensilios podrían arruinarse si se dejan en la solución por demasiado tiempo. La exposición prolongada a cualquier solución de agua o desinfectante puede arruinar el acero delgado.

Con las modernas fórmulas de hoy día, la corrosión de superficies metálicas puede evitarse fácilmente, sobre todo, si mantiene los utensilios separados mientras los desinfecta. Los utensilios metálicos, tales como tijeras y cortadores de uñas, deben engrasarse con regularidad para conservarlos en perfectas condiciones.

Los quats también son efectivos para limpiar topes de mesas y mostradores.

FENOLES

Al igual que los quats, los ***desinfectantes de fenol (fenoles)*** se han utilizado por años para desinfectar utensilios. Ellos también pueden ser seguros y muy efectivos si se utilizan como se indica en las instrucciones. Una de las desventajas es que los fenoles pueden debilitar o desteñir ciertos cauchos y materiales plásticos.

Se debe tomar sumo cuidado para evitar que los fenoles entren en contacto con la piel. Los desinfectantes de fenol pueden ocasionar irritación en la piel y los fenoles concentrados pueden ocasionar quemaduras graves en la piel y en los ojos. Además, los fenoles deben mantenerse fuera del alcance de los niños ya que la ingestión accidental de algunos podría provocar envenenamiento.

ALCOHOL, BLANQUEADOR Y LIMPIADORES COMERCIALES

El término *alcohol* se utiliza a menudo incorrectamente. En realidad, existen miles de tipos de alcohol. Los tres tipos más comunes son ***alcohol metílico*** (metanol), ***alcohol etílico*** (etanol o alcohol de grano) y ***alcohol isopropílico*** (isopropanol o alcohol de fricción).

En el salón de belleza, el alcohol etílico y el isopropílico se utilizan a menudo para desinfectar instrumentos. Para ser efectivo, la fuerza del alcohol etílico no debe ser menor de 70%. La fuerza del alcohol isopropílico debe ser de 99% o, de lo contrario, no sería efectivo.

El uso de alcoholes presenta algunas desventajas. Son sumamente inflamables, se evaporan rápidamente y son desinfectantes de acción lenta y menor efectividad. Los alcoholes corroen instrumentos y hacen que los filos cortantes se emboten. La alta concentración de los gases que resultan de la evaporación pueden ocasionar dolor de cabeza y náuseas o luego de una exposición prolongada a los mismos.

El blanqueador para el hogar (***hipoclorito de sodio***) es un desinfectante efectivo, pero comparte algunos de los mismos inconvenientes de los alcoholes. Ni el blanqueador ni los alcoholes se han diseñado o puesto a prueba de manera profesional para desinfectar los utensilios de los salones de belleza. Los mismos pueden haberse utilizado extensamente en el pasado, pero hoy día los sustituyen tecnologías más avanzadas y efectivas.

Aunque los quats son de gran utilidad para limpiar cualquier tipo de superficie (a menos que en las instrucciones del fabricante se indique lo contrario), a usted le gustaría limpiar los pisos, baños, fregaderos y recipientes de basura con limpiadores comerciales tales como Lysol® o Pine-Sol®. Ambos son desinfectantes de gran efectividad, pero no deben utilizarse para limpiar los utensilios del salón. Los mismos son desinfectantes comunes "para el hogar" y no están diseñados para utilizarse en instrumentos profesionales.

LIMPIADORES ULTRASÓNICOS

Los baños o limpiadores ultrasónicos son de utilidad cuando se combinan con desinfectantes. Los baños ultrasónicos utilizan ondas de sonido de alta frecuencia para crear burbujas potentes y limpiadoras en el líquido. Esta acción limpiadora es una manera efectiva de limpiar esquinas y grietas imposibles de alcanzar con un cepillo. Sin embargo, sin una solución desinfectante efectiva, estos dispositivos sólo higienizarán los utensilios.

Los limpiadores ultrasónicos son dispositivos adicionales utilizados en el proceso de desinfección, pero no son parte del equipo regular. Muchos equipos desinfectan de manera efectiva sin emplear tales dispositivos. Sin embargo, algunas personas consideran que pagar un poco más por este beneficio adicional de limpieza bien vale la pena.

SEGURIDAD DE LOS DESINFECTANTES

Los desinfectantes son instrumentos potentes, de fuerza profesional, que pueden resultar peligrosos si se utilizan incorrectamente. Algunos desinfectantes podrían provocar envenenamiento si se ingieren, y otros podrían ocasionar daños graves en la piel y en los ojos, especialmente en su forma concentrada.

Una buena regla que debe recordar es: ¡Sea Precavido! Utilice guantes y gafas de seguridad cuando mezcle o trabaje con desinfectantes. Siempre mantenga los desinfectantes fuera del alcance de los niños. (Fig. 3.3)

Utilice tenacillas o un colador para extraer los utensilios de los desinfectantes. Nunca vierta alcohol, quats, fenoles u otro tipo de substancia directamente sobre sus manos. Este acto imprudente podría ocasionar una enfermedad de la piel e incrementar las posibilidades de contraer una infección. Lávese las manos con jabón antiséptico y séquelas bien.

Pese y mida todos los productos con cuidado para asegurar su máximo rendimiento y efectividad. Nunca coloque desinfectantes u otros productos en una botella sin rotular. (Fig. 3.4)

3.3—Utilice guantes cuando trabaje con productos químicos fuertes.

3.4—Rotule todos los envases. Si el envase no está rotulado, no lo utilice.

PRECAUCIÓN

*En el pasado, la **formalina** se recomendaba como desinfectante y producto de fumigación en higienizantes de armario en seco. Aunque la formalina es efectiva, **no es segura para el uso en salones de belleza.***

*El gas que emana de las tabletas o el líquido de formalina se llama **formaldehído**. Se sospecha que el formaldehído es un agente causante de cáncer en los seres humanos. Provoca envenenamiento si se inhala y ocasiona serias irritaciones en los ojos, la nariz, la garganta y los pulmones. Puede ocasionar además alergias, irritación, sequedad y sarpullido.*

Luego de un uso prolongado, los vapores del formaldehído pueden ocasionar síntomas similares a la bronquitis crónica o al asma. Usualmente estos síntomas se agravan con el tiempo si la exposición a dichos vapores continúa.

◆NOTA: Evite utilizar jabones en barra en el salón de belleza. Los jabones en barra pueden promover el crecimiento de bacterias. Sería más higiénico proveer jabones antisépticos líquidos en envase tipo bomba.

OTRAS SUPERFICIES

Es de suma importancia desinfectar peines, cepillos, tijeras, navajas, tenazas, electrodos y otros instrumentos que se utilizan comúnmente. Sin embargo, existen muchas otras superficies en el salón que deben tomarse en cuenta. Por ejemplo, los topes de las mesas y los mostradores, el auricular del teléfono, las perillas de las puertas, los tiradores de los armarios, los espejos, y las cajas registradoras. Cualquier superficie puede estar contaminada, en especial si los clientes y el personal del salón entran en contacto con las mismas. Estos objetos deben también higienizarse con regularidad.

Los cosmetólogos deben también desinfectar los utensilios de mezclar, los peines, los cepillos, las hebillas, las pinzas, los rizadores, los secadores de pelo, y los sillones. Ventiladores y humectadores sucios pueden difundir microbios por todo el salón de belleza. Estos objetos deben limpiarse debidamente con regularidad.

Mire a su alrededor y verá que mantener un salón seguro e higiénico no es sólo enjuagar los fregaderos y limpiar los derrames.

◆NOTA: Para desinfectar una superficie de manera adecuada, utilice primero un limpiador apropiado, aplique desinfectante y déjela húmeda por los menos diez minutos. Seque la superficie. Aplique desinfectante nuevamente y permita que la superficie se seque por completo.

ALMACENAMIENTO ADECUADO DE LOS UTENSILIOS

Una vez se hayan desinfectado los instrumentos adecuadamente, deberán guardarse en un lugar donde no queden expuestos a ningún tipo de contaminación. Los higienizantes ultravioleta (UV) son envases de almacenamiento de gran utilidad, sin embargo, no desinfectarán los utensilios del salón. ¡Nunca utilice estos dispositivos para desinfectar!

Si no desea utilizar un armario UV, los utensilios desinfectados deben almacenarse en un envase desinfectado, seco y cubierto.

"ESTERILIZADORES" ELÉCTRICOS O DE CUENTAS

Estos dispositivos **no** esterilizan utensilios. Ni siquiera pueden desinfectar utensilios adecuadamente. Sólo les dan a los usuarios un falso sentido de seguridad.

Para esterilizar un instrumento con aire seco de manera efectiva, los instrumentos deben calentarse a una temperatura de 325°F (aproximadamente 163°C) durante por lo menos 30 minutos. La desinfección efectiva puede llevarse a cabo sólo si el utensilio, incluyendo el mango, está completamente sumergido. Estos objetos son una jugada peligrosa para la salud de su cliente. ✓

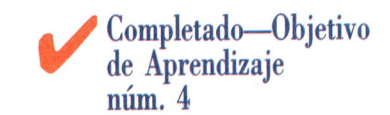

✓ Completado—Objetivo de Aprendizaje núm. 4

LIMPIADORES, EQUIPO, Y DESINFECTANTES

HIGIENIZACIÓN UNIVERSAL

Para protegerse y proteger a sus clientes usted necesita observar ciertas líneas generales. Debe utilizar guantes y gafas de seguridad, desinfectantes y detergentes, mantener una buena higiene personal y conservar su salón limpio. Cuando todas estas líneas generales se siguen a la vez, se logra lo que se conoce como *higienización universal*.

La higienización universal debe ser un esfuerzo conjunto. Usted debe seguir todos estos pasos a fin de crear un establecimiento seguro para sus clientes y colegas.

✓ **Completado—Objetivo de Aprendizaje núm. 5**

HIGIENIZACIÓN UNIVERSAL Y RESPONSABILIDADES PROFESIONALES

SU RESPONSABILIDAD PROFESIONAL

Como profesional del salón de belleza, sus responsabilidades son muchas. Usted tiene la responsabilidad de proteger a sus clientes de cualquier daño. Además, tiene una responsabilidad consigo mismo. Usted debe proteger su salud y seguridad, igualmente. No tome el camino más fácil cuando se trate de higienización y desinfección. ¡Estas importantes medidas están diseñadas para protegerlo a usted también!

Por último, usted tiene una responsabilidad con su oficio. Cuando una persona no rinde una labor profesional, la imagen de todos se afecta. Los clientes esperan de usted un comportamiento profesional. ¡Así es como se gana la confianza y el respeto! ✓

PREGUNTAS DE REPASO

DESCONTAMINACIÓN Y CONTROL DE INFECCIONES

1. ¿Qué es la descontaminación?
2. ¿Por qué es la esterilización el método más efectivo de descontaminación?
3. Defina el término higienización y describa cómo pueden higienizarse los instrumentos y las superficies del salón.
4. ¿Cuál es la diferencia entre un antiséptico y un desinfectante?
5. ¿Cuál es la única manera de garantizar que un desinfectante es seguro y efectivo?
6. ¿Qué es un MSDS?
7. Enumere dos cualidades que los desinfectantes deben tener para realizar una tarea exitosa en el salón.
8. Nombre cuatro tipos de desinfectantes para salones de belleza.
9. ¿Por qué se recomienda evitar el uso de jabones en barra en el salón?
10. ¿Por qué no se considera a la formalina segura para el uso en salones de belleza?
11. ¿Cuáles son las bases de la higienización universal?

PROPIEDADES DEL CUERO CABELLUDO Y DEL PELO

4

OBJETIVOS DE APRENDIZAJE

DESPUÉS DE COMPLETAR ESTE CAPÍTULO, USTED DEBE SER CAPAZ DE:

1. Explicar la finalidad del pelo.
2. Definir qué es el pelo.
3. Definir la composición básica del pelo.
4. Definir las divisiones del pelo.
5. Argumentar sobre los hechos relativos a la estructura, crecimiento y distribución del pelo.
6. Describir las teorías correspondientes a la vida y reposición del pelo.
7. Hacer una lista de las causas de los cambios en el color del pelo.
8. Saber analizar el pelo del cliente.
9. Definir las afecciones del cabello.
10. Definir los cuidados básicos del cuero cabelludo.
11. Saber realizar los movimientos utilizados en el masaje del cuero cabelludo.
12. Reconocer las afecciones del cabello y del cuero cabelludo que se ven normalmente en el salón de belleza y la escuela, y saber cuáles pueden tratarse allí.

INTRODUCCIÓN

Para un peluquero es importante tener un conocimiento técnico del pelo. Este conocimiento será un activo para usted como cosmetólogo profesional.

El pelo, como las personas, tiene una variedad de colores, formas y tamaños. Para mantener el pelo saludable y bonito debe prestarse una atención correcta a su cuidado y tratamiento. Aplicar un cosmético fuerte, como uno que contenga mucho alcohol, o dar servicios inadecuados al cabello puede provocar que su estructura se dañe o se debilite. El conocimiento y el análisis del cabello del cliente, las sugerencias hechas con tacto sobre su mejora, y un interés sincero en mantener su salud y su belleza deben ser las preocupaciones primarias de cualquier peluquero.

EL CABELLO

✓ **Completado—Objetivo de Aprendizaje núm. 1**

FINALIDAD DEL PELO

El estudio del cabello, técnicamente llamado *tricología*, es importante porque los peluqueros tratan con cabello cada día. Las finalidades principales del cabello son el *ornato* y la *protección* de la cabeza contra el calor, el frío y las lesiones. ✓

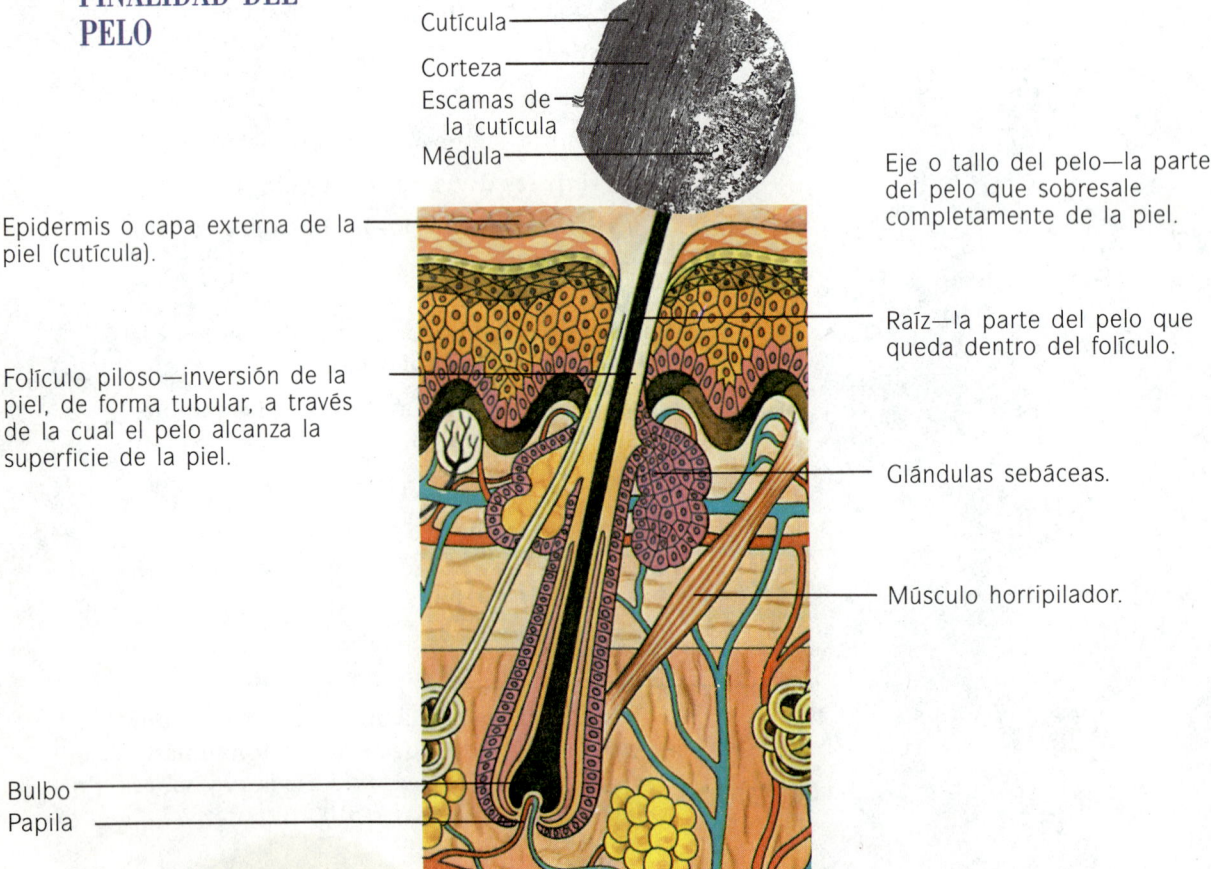

- Cutícula
- Corteza
- Escamas de la cutícula
- Médula
- Eje o tallo del pelo—la parte del pelo que sobresale completamente de la piel.
- Epidermis o capa externa de la piel (cutícula).
- Raíz—la parte del pelo que queda dentro del folículo.
- Folículo piloso—inversión de la piel, de forma tubular, a través de la cual el pelo alcanza la superficie de la piel.
- Glándulas sebáceas.
- Músculo horripilador.
- Bulbo
- Papila

4.1—Sección de la piel y del pelo.

CAPÍTULO 4 PROPIEDADES DEL CUERO CABELLUDO Y DEL PELO ◆ 45

El pelo es un *apéndice* de la piel. Es una excrecencia fina y filiforme de la piel y el cuero cabelludo. (Fig. 4.1) En el pelo no hay sensibilidad, debido a la ausencia de nervios. ✔

COMPOSICIÓN DEL PELO

El pelo está compuesto básicamente de la proteína **queratina** que se encuentra en todos los apéndices córneos incluyendo las uñas y la piel. (Fig. 4.2) La composición química del pelo varía con su color. El pelo oscuro tiene más carbono y menos oxígeno; y lo contrario sucede con el pelo más claro. El pelo promedio está compuesto por 50,65% de carbono, 6,36% de hidrógeno, 17,14% de nitrógeno, 5,0% de azufre y 20,85% de oxígeno. ✔

DIVISIONES DEL PELO

El pelo humano adulto se divide en dos partes principales: la raíz y el tallo.

1. La **raíz del pelo** es la parte de su estructura situada bajo la superficie de la piel. Esta es la parte del pelo comprendida dentro del folículo piloso.
2. El **tallo del pelo** es la parte de su estructura que se extiende por encima de la superficie de la piel.

Estructuras asociadas con la raíz del pelo

Las tres principales estructuras asociadas con la raíz del pelo son el folículo, el bulbo y la papila.

El **folículo** es una depresión de forma tubular, o bolsa, en la piel o el cuero cabelludo que encierra la raíz. (Fig. 4.3) Cada pelo tiene su propio folículo que varía en profundidad según el espesor y la situación de la piel. (Más adelante en este capítulo se hablará de los diferentes tipos de pelo.) Junto a cada folículo piloso hay una o más glándulas sebáceas.

El folículo no penetra perpendicularmente a la piel sino con un cierto ángulo de forma que el pelo va, de forma natural, hacia un lado.

✔ Completado—Objetivo de Aprendizaje núm. 2

DEFINICIÓN DEL PELO

✔ Completado—Objetivo de Aprendizaje núm. 3

COMPOSICIÓN DEL PELO

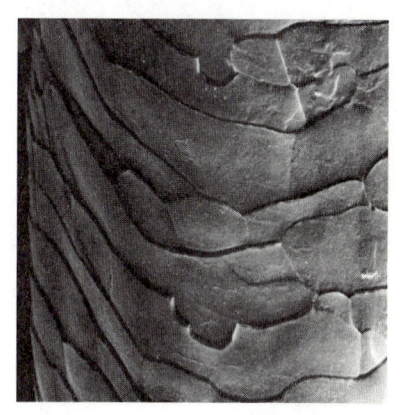

Fig. 4.2—Vista ampliada de la cutícula del pelo, que está compuesta por queratina.

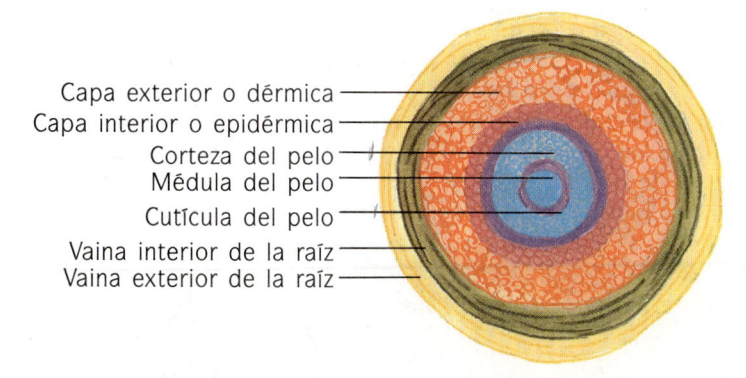

Capa exterior o dérmica
Capa interior o epidérmica
Corteza del pelo
Médula del pelo
Cutícula del pelo
Vaina interior de la raíz
Vaina exterior de la raíz

4.3—Sección transversal del pelo y el folículo.

Esta inclinación natural se llama a veces *corriente de pelo* del cuero cabelludo. Es fascinante que la naturaleza haya hecho que el pelo salga de la piel inclinándose en una dirección determinada.

El *bulbo* es una estructura más gruesa, en forma de garrote (o de un basto en la baraja española) que forma la parte inferior de la raíz. La parte inferior del bulbo está ahuecada para encajar sobre la papila y cubrirla.

La *papila* es una pequeña elevación de forma cónica situada en el fondo del folículo piloso que encaja en el bulbo. Dentro de la papila hay nervios y un suministro abundante de sangre que contribuye al crecimiento y regeneración del pelo. Los nutrientes llegan al bulbo a través de la papila. Mientras la papila esté sana y bien nutrida produce células capilares que permiten el crecimiento de pelo nuevo.

Estructuras asociadas con el folículo piloso

El *horripilador* es un pequeño músculo involuntario unido al lado inferior del folículo. El miedo o el frío provocan su contracción y hacen que el pelo se ponga perpendicular, dando a la piel la apariencia de "carne de gallina". Las pestañas y las cejas no tienen músculos horripiladores.

Las *glándulas sebáceas* son pequeñas estructuras, en forma de saco, en la dermis. Sus conductos están conectados a los folículos pilosos. Las glándulas sebáceas crean, con frecuencia, problemas de sobreproducción originando una forma común de seborrea. La secreción normal es una substancia oleosa, llamada *sebo,* que da lustre y flexibilidad al pelo y mantiene la superficie de la piel suave y elástica. La producción de sebo está influida por la dieta, circulación de la sangre, trastornos emocionales, estimulación de las glándulas endocrinas y medicamentos.

La *dieta* influye en la salud general del cabello. Si se comen demasiados alimentos grasos, harinosos o dulces las glándulas sebáceas pueden volverse hiperactivas y segregar demasiado sebo.

La *circulación sanguínea.* El pelo extrae sus nutrientes del suministro sanguíneo, el cual a su vez depende de lo que comemos para obtener ciertos elementos. En ausencia del alimento necesario la salud del cabello puede verse afectada.

Los *trastornos emocionales* están unidos a la salud del cabello a través del sistema nervioso. Un cabello poco sano puede ser una indicación de un estado emocional poco saludable.

Las *glándulas endocrinas.* Las secreciones de las glándulas endocrinas influyen en la salud del cuerpo. Cualquier trastorno en estas glándulas puede afectar la salud del cuerpo y, finalmente, la salud del cabello.

Los *medicamentos* como las hormonas pueden afectar la capacidad del cabello para recibir una ondulación permanente u otros servicios químicos.

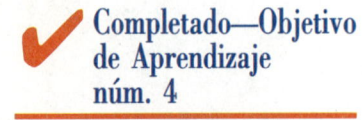

✓ Completado—Objetivo de Aprendizaje núm. 4

DIVISIONES DEL PELO

CAPÍTULO 4   PROPIEDADES DEL CUERO CABELLUDO Y DEL PELO   ◆ 47

4.4a—Cabello liso.    4.4b—Cabello ondulado.    4.4c—Cabello rizado.

FORMAS DEL CABELLO

Usualmente el cabello tiene una de las tres formas generales. (Figs. 4.4a–c.) A medida que crece, el cabello va tomando forma, dimensión y curvatura del folículo. Una vista al microscopio de la sección transversal del cabello revela que:

1. El cabello liso es normalmente redondo.
2. El cabello ondulado es normalmente ovalado.
3. El cabello rizado o ensortijado es casi plano.

No hay reglas estrictas sobre las formas de la sección transversal del cabello. Se ha encontrado cabello oval, liso y rizado en todas las formas. Existe el mito de que la raza o la nacionalidad determina la forma del cabello—esto es falso. Cualquiera puede tener el cabello liso, ondulado o rizado con independencia de su raza o nacionalidad. La dirección del cabello cuando emerge del folículo determina la forma del cabello de cada persona.

4.5—Espiral.

Direccíon de crecimiento del cabello

Corriente de cabello. Al cabello que fluye en la misma dirección se le llama corriente de cabello. Es el resultado de que el ángulo de los folículos está en la misma dirección. Dos de estas corrientes, inclinadas en sentidos opuestos forman la raya natural del cabello.

Espiral. Al cabello que forma un patrón circular, como en la coronilla, se le llama espiral. (Fig. 4.5)

Remolino. Un mechón de pelo tieso se conoce como un remolino. Se notan más en el borde frontal. Sin embargo pueden estar situados en otros lugares del cuero cabelludo. Al cortar y peinar, es importante tener en cuenta la dirección de los remolinos. (Fig. 4.6)

4.6—Remolino.

CAPAS DEL CABELLO

La estructura del cabello está formada por células dispuestas en tres capas (Ver Fig. 4.3 en la pág. 45):

1. *Cutícula.* La capa córnea exterior está formada por células protectoras en forma de escama, transparentes e imbricadas, dirigidas hacia afuera del cuero cabelludo, en dirección a las puntas. Los productos químicos levantan estas escamas de forma que soluciones como relajantes químicos, tintes, o soluciones para la ondulación permanente puedan entrar en la corteza del cabello. La cutícula protege la estructura interior del cabello.

2. *Corteza.* La capa media, que da fuerza y elasticidad al cabello, está formada por una substancia fibrosa constituida por células alargadas. Esta capa contiene el pigmento que da color al cabello.

3. *Médula.* A la capa interior se la llama médula o tuétano del tallo del cabello y está formada por células redondas. La médula puede no existir en el pelo fino o muy fino.

DISTRIBUCIÓN DEL PELO

El pelo está distribuido sobre todo el cuerpo, excepto en las palmas de las manos, las plantas de los pies, los labios y los párpados. Hay tres tipos de pelo en el cuerpo:

1. *Pelo largo* que protege el cráneo contra los rayos de sol y las lesiones, adorna la cabeza y forma un marco agradable para la cara. También crece pelo largo en las axilas de ambos sexos y en la cara de los hombres. Las hormonas masculinas hacen que el pelo de la cara de los hombres sea más áspero que el de las mujeres.

2. *Cabello corto o cerdoso* como las cejas y pestañas, que añaden belleza y color a la cara. Las cejas apartan el sudor de los ojos. Las pestañas ayudan a proteger los ojos de las partículas de polvo y del deslumbramiento.

3. *Vello* es el cabello fino y suave que cubre las mejillas, la frente y casi todas las demás zonas del cuerpo. Ayuda a una evaporación eficaz de la transpiración.

4.7—Pelo en la cabeza y la cara.

Términos técnicos latinos usados para el pelo en la cabeza y la cara

Barba—la cara
Capilli—la cabeza
Cilia—las pestañas
Supercilia—las cejas (Fig. 4.7)

CAPÍTULO 4   PROPIEDADES DEL CUERO CABELLUDO Y DEL PELO ◆ 49

CRECIMIENTO DEL CABELLO

Si el cabello es normal y saludable, cada pelo pasa a través de un *ciclo* de sucesos: **crecimiento, caída** y **reposición**. Usted notará que el crecimiento medio de un pelo sano en el cuero cabelludo es de 1,25 cm. por mes. El ritmo de crecimiento del pelo humano varía según las partes del cuerpo, los sexos, las razas y la edad. El pelo de la cabeza también difiere entre los individuos en su fortaleza, elasticidad y ondulación.

El crecimiento del cabello es más rápido entre los 15 y los 30 años y decrece bruscamente entre los 50 y los 60. A las mujeres les crece el cabello más rápido que a los hombres. También influyen en el crecimiento del pelo las estaciones del año, la nutrición, la salud y las hormonas.

Las condiciones climáticas y *los cambios estacionales* afectan al pelo de las siguientes formas:

1. La humedad acentúa la ondulación natural.
2. El aire frío provoca la contracción del pelo.
3. El calor hace que el pelo se hinche o expansione y absorba humedad.

Algunos mitos sobre el crecimiento del pelo:

1. Los clips apretados, el afeitado, el entresacado o el despuntado con tijeras o con navaja tienen efectos sobre la velocidad de crecimiento del pelo. *No* es verdad.
2. La aplicación de ungüentos y aceites aumenta el crecimiento del pelo. Esto *no* es verdad. Los ungüentos y los aceites lubrican el tallo del pelo pero *no* lo alimentan.
3. El pelo crece después de la muerte. Esto *no* es verdad. La carne y la piel se contraen, dando la apariencia de que el pelo crece.
4. Flamear el pelo encierra el aceite natural. Esto *no* es verdad.

Muda normal del cabello

Una cierta cantidad de pelo se muda diariamente. Este es el método natural de dar paso al pelo nuevo. La muda diaria se estima como promedio entre 75 y 150 cabellos. Una pérdida de cabello superior a este promedio estimado indica alguna anomalía del cabello o del cuero cabelludo. ✓

✓ Completado—Objetivo de Aprendizaje núm. 5

ESTRUCTURA, CRECIMIENTO Y DISTRIBUCIÓN DEL CABELLO

VIDA Y DENSIDAD DEL CABELLO

No hay acuerdo sobre la amplitud exacta de la vida del pelo. La vida promedio oscila entre 4 y 7 años. Esta duración está influida por factores como sexo, edad, tipo de cabello, herencia y salud.

La superficie de una cabeza promedio es de 780 cm². Hay un promedio de 154 cabellos por cm². El número de cabellos en una cabeza varía con el color del pelo: rubio, 140.000; castaño, 110.000; negro, 108.000; pelirrojo, 90.000.

✓ Completado—Objetivo
de Aprendizaje
núm. 6

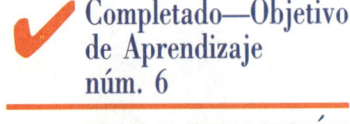

VIDA Y REPOSICIÓN DEL CABELLO

SUBSTITUCIÓN NATURAL DEL CABELLO

Para su crecimiento, el cabello depende de la papila. Mientras no se destruya la papila el cabello crecerá. Si se le arranca de raíz, crecerá de nuevo. Pero si se destruye la papila, el cabello ya no crecerá jamás. En el ser humano, el cabello nuevo substituye al viejo de la siguiente manera:

1. El bulbo se afloja y se separa de la papila. (Fig. 4.8a)
2. El bulbo se desplaza hacia arriba en el folículo.
3. El pelo se mueve lentamente hacia la superficie, donde se cae.
4. Se forma el nuevo pelo por división celular, que tiene lugar en la raíz del pelo, alrededor de la papila. (Fig. 4.8b)

Las pestañas y las cejas son substituidas cada 4 o 5 meses. ✓

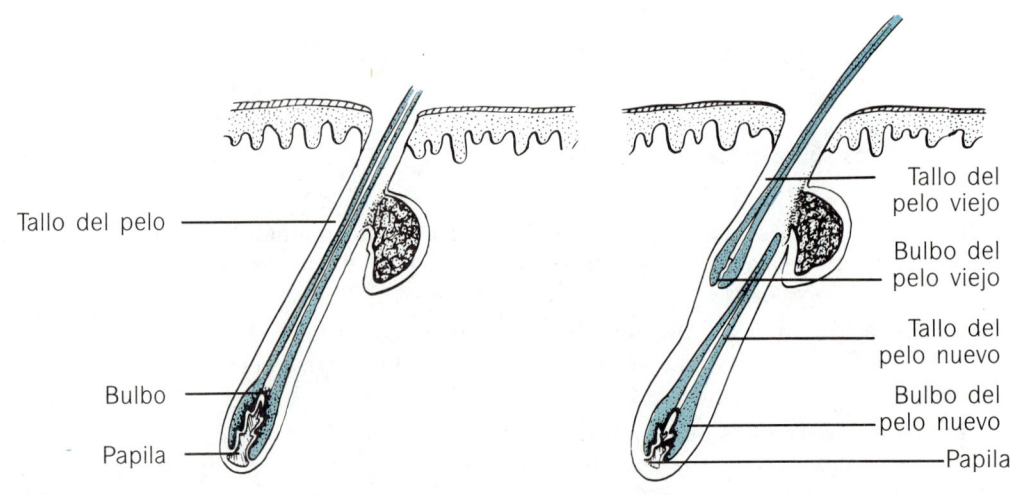

4.8a—En una etapa inicial de la muda, el pelo muestra su separación de la papila.

4.8b—En una etapa posterior de la muda, se percibe un pelo nuevo creciendo a partir de la misma papila.

COLOR DEL CABELLO

El color natural del cabello, su fortaleza y su textura dependen mayormente de la herencia. La corteza contiene materia colorante, granos diminutos de *melanina* o pigmento. Aunque no hay una prueba científica definitiva, parece que el pigmento proviene de las substancias que dan color a la sangre, como sucede con todos los pigmentos del cuerpo humano. El color del pelo de una persona y lo claro u oscuro que es depende del número de gránulos de pigmento en cada tira.

Un *albino* es una persona nacida con el pelo blanco, resultado de la ausencia de materias colorantes en el tallo del pelo y va acompañado por la falta de coloración pigmentaria marcada en la piel o los iris de los ojos.

Para aclarar o teñir con éxito el cabello, usted debe tener conocimientos sobre el color natural y la distribución del pigmento del pelo.

Encanecimiento del cabello

Las canas están motivadas por la ausencia de pigmento de color en la capa cortical. Realmente son cabello **moteado**—puntos blancos o blanco-amarillentos repartidos por los tallos del pelo. Las canas son sólo esto—crecen así desde el bulbo. No empieza a crecer de otro color y se vuelve canoso.

En muchos casos el pelo se vuelve canoso como resultado del proceso natural de envejecimiento de los humanos, aunque también puede ocurrir como consecuencia de alguna enfermedad grave o de un shock nervioso. Una disminución prematura del pigmento como resultado de tensiones emocionales también puede hacer salir las canas.

Las canas prematuras en una persona joven son normalmente el resultado de un defecto congénito en la formación de pigmento. Con frecuencia hay varios miembros de una familia afectados por el encanecimiento prematuro. ✔

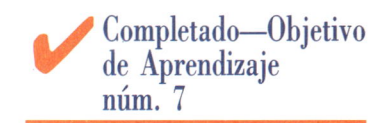

✓ Completado—Objetivo de Aprendizaje núm. 7

COLOR DEL CABELLO

Pregunta Y Respuesta

ACONDICIONAMIENTO

P *Muchos clientes opinan que lo único que los acondicionadores hacen es suavizar el cabello. ¿De qué forma puedo promover acondicionadores que no sean enjuagues?*

R Usted podrá conocer los beneficios de los tratamientos para acondicionar el cabello pero, a menos que le suministre dicha información a sus clientes, ellos no confiarán en el servicio tanto como usted.

¿Qué tal si les muestra a sus clientes un folleto impreso para explicarles e ilustrarles claramente la razón por la cual usted aconseja el uso de acondicionadores a aquellos con cabello poco saludable? El folleto puede incluir información referente a los diversos tipos de acondicionadores y sus funciones, el beneficio de sus ingredientes, los tratamientos que se recomiendan para las diferentes condiciones de cabello, el precio de los tratamientos y una lista de ingredientes redactada en un lenguaje simple de modo que el cliente pueda entender fácilmente lo que obtendrá.

Es sorprendente observar que los servicios de "acondicionamiento" para el cabello y el cuero cabelludo continúan siendo uno de los de mayor demanda en relación con otros servicios que se ofrecen en el salón de belleza. Los mismos figuran siempre entre los primeros cuatro en preferencia y ocupan tanto como la séptima posición en volumen de dólares. ¿Le sorprende? No debiera sorprenderle, dado que las mujeres invierten al año sobre $500 millones de dólares en servicios de acondicionamiento solamente.

Los acondicionadores fueron creados para restablecer el brillo y la salud del cabello maltratado o seco. Están formulados para restablecer la humedad, devolver la proteína, fortalecer y suavizar el cabello, cerrar la cutícula raída, añadir brillo, hacer que el cabello luzca más grueso y remover enredos.

La mejor y más honesta de las políticas relacionadas a la venta y el uso de cualquier producto para el cuidado del cabello (incluyendo los acondicionadores) es analizar el problema cuidadosamente y utilizar sólo el producto que corrija el problema.

—*Tomado del* Milady Soluciones para el Salón de Belleza *por Louise Cotter*

ANÁLISIS DEL CABELLO

La mayor parte del tiempo del cosmetólogo se dedica al servicio y al peinado del cabello de las clientes. Por esta razón, usted debe ser capaz de reconocer el estado y tipo del cabello de su cliente y ser capaz de analizarlo.

ESTADO DEL CABELLO

El conocimiento del cabello y la habilidad para determinar su estado pueden adquirirse por observación permanente usando los sentidos que tiene a su alcance: vista, tacto, oído y olfato.

1. *Vista.* Observar el cabello le dará inmediatamente algún conocimiento sobre su estado. La vista del cabello contribuye aproximadamente en un 15% a su análisis y tocarlo es el factor final determinante.
2. *Tacto.* Los cosmetólogos se guían por el tacto o sensación del pelo al hacer su análisis profesional. Cuando el sentido del tacto está plenamente desarrollado, se cometerán menos errores al juzgar el pelo.
3. *Oído.* Escuche lo que las clientes dicen sobre su pelo, problemas de salud, reacciones a los cosméticos o a medicamentos que puedan estar tomando. Estará en mejor situación para analizar con exactitud el estado de su cabello.
4. *Olfato.* El pelo poco limpio y ciertos desarreglos del cuero cabelludo originan un olor. Si la cliente tiene normalmente buena salud, usted puede sugerirle lavados regulares y aclarados adecuados.

CUALIDADES DEL CABELLO

Las calidades que se analizan en el pelo humano son: *textura, porosidad* y *elasticidad*.

Textura

La **textura del pelo** se define como el grado de finura o grosor del pelo, que puede variar en diferentes partes de la cabeza. Las variaciones en la textura son debidas a:

1. *Diámetro del pelo,* si es grueso, medio, fino o muy fino. El pelo grueso tiene el mayor diámetro y el muy fino el menor.
2. *Sensación del pelo,* si es áspero, suave o tieso.

El *cabello medio* es el tipo normal que se ve con más frecuencia en el salón o la escuela. Este tipo de pelo no presenta ningún problema especial. El cabello *fino o muy fino* necesita un cuidado especial. Su estructura microscópica revela usualmente que está formado sólo por dos capas, la corteza y la cutícula. El *cabello tieso*, sea grueso, medio o fino, tiene un acabado duro y cristalino debido a que las escamas de la cutícula están planas contra el tallo del pelo. Los productos químicos, como soluciones de ondulación permanente, tintes o decolorantes, necesitan más tiempo para penetrar en este tipo de pelo.

Porosidad

La *porosidad del cabello* es la capacidad de todos los tipos de pelo de absorber humedad *(cualidad higroscópica).* El pelo tiene *buena porosidad* cuando la cutícula está levantada respecto al tallo y puede absorber una cantidad normal o abundante de humedad o productos químicos. La *porosidad moderada* (pelo normal) es la que se ve más frecuentemente en el salón o la escuela. Es menos poroso que el pelo con buena porosidad. Usualmente, el pelo con porosidad buena o moderada no presenta problemas para recibir servicios de peluquería como ondulación permanente, teñido o decolorado. La porosidad pobre (pelo resistente) aparece cuando la cutícula está cerca del tallo del pelo y absorbe la mínima cantidad de humedad. El pelo con *porosidad pobre* exige un análisis profundo y pruebas de las cintas antes de aplicar cosméticos para el pelo. La *porosidad extrema* se encuentra en cabellos en malas condiciones. Puede ser debido al teñido, decolorado o al daño producido por tratamientos continuados o defectuosos.

Elasticidad

La *elasticidad del pelo* es la capacidad del pelo de estirarse y volver a su forma original sin romperse. El pelo puede clasificarse por tener elasticidad buena, normal o pobre. (Consultar el capítulo sobre ondulación permanente para más información.) El pelo con elasticidad normal es como un resorte y tiene un aspecto vivo y lustroso. El pelo normal, seco, puede estirarse aproximadamente un quinto de su longitud; recupera su longitud al soltarlo. El pelo normal, húmedo, puede estirarse del 40% al 50% de su longitud. El cabello poroso se estira más que el que tiene porosidad pobre. ✓

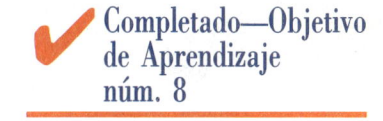

✓ Completado—Objetivo de Aprendizaje núm. 8

ANÁLISIS DEL CABELLO

PRECAUCIÓN

Ya debe darse cuenta que el cabello es complejo; usted tiene que analizar a cada cliente individualmente. No determine inmediatamente que un cliente tendrá un tipo de cabello específico, basando su opinión sólo en la raza o en la nacionalidad del cliente.

TRASTORNOS DEL CABELLO

CANOSIDAD

La *canosidad* es el término técnico para el pelo gris. Su causa inmediata es la pérdida del pigmento natural del pelo. Existen dos tipos:

1. La canosidad congénita existe ya al nacer o antes. Sucede en los albinos y, excepcionalmente, en personas con pelo normal. Se puede desarrollar un tipo de canosidad congénita por zonas. El desarrollo es lento o rápido según la causa del trastorno.
2. La canosidad adquirida puede deberse a edad avanzada, o puede aparecer prematuramente al principio de la vida adulta. Las causas de la canosidad adquirida pueden ser las preocupaciones, ansiedad, tensión nerviosa, enfermedad prolongada o herencia.

PELO EN ANILLOS

El pelo en anillos tiene bandas alternativas de cabello gris y oscuro.

HIPERTRICOSIS

La *hipertricosis* o *hirsutismo* significa pelo superfluo; un desarrollo anormal de pelo en zonas del cuerpo en que normalmente sólo hay vello. *Tratamiento:* Arrancar con pinzas o remover utilizando productos depilatorios, electrólisis, epiliación, o rasuración.

TRICOPTILOSIS

La *tricoptilosis* es el nombre técnico del cabello con las **puntas abiertas.** (Fig. 4.9a) *Tratamiento:* El cabello debe mojarse bien con aceite para ablandar y lubrificar las puntas secas. Las puntas pueden removerse también cortándolas.

TRICORREXIS NUDOSA

La *tricorrexis nudosa* o *pelo nudoso* es un estado del pelo seco y frágil que incluye la formación de nódulos a lo largo del tallo. (Fig. 4.9b) El pelo se rompe fácilmente y hay una dispersión de fibras del pelo roto, como un cepillo, a lo largo del tallo. Suavizar el pelo con acondicionadores puede ser beneficioso.

MONILETRIX

Moniletrix es el nombre técnico para el pelo en bolitas. (Fig 4.9c) El pelo se rompe entre las bolitas o nódulos. Los tratamientos del pelo y del cuero cabelludo pueden mejorar el estado del cabello.

CAPÍTULO 4   PROPIEDADES DEL CUERO CABELLUDO Y DEL PELO ◆ 55

4.9a—Cabello con puntas abiertas. 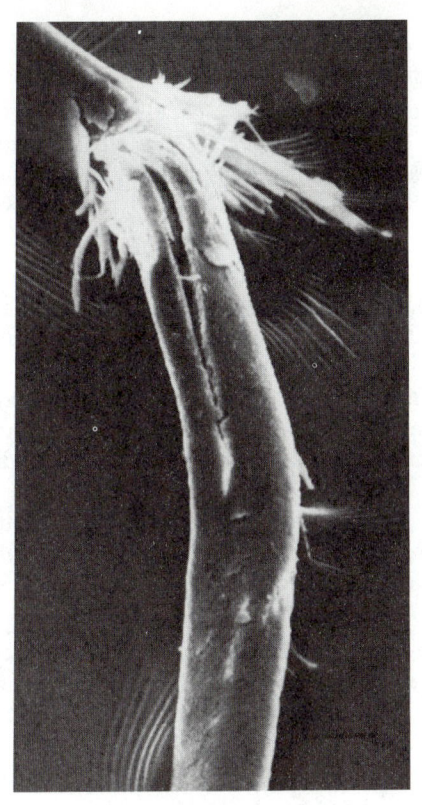   4.9b—Cabello nudoso. 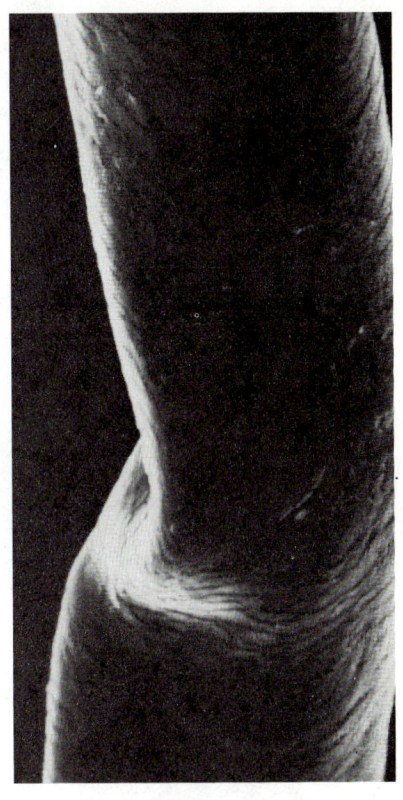   4.9c—Cabello en bolitas.

FRAGILITAS CRINIUM

La *fragilitas crinium* es el nombre técnico para el **cabello frágil** o de puntas abiertas. El pelo puede dividirse en cualquier punto de su longitud. Pueden recomendarse los tratamientos acondicionadores del cabello. ✓

✓ Completado—Objetivo de Aprendizaje núm. 9

AFECCIONES DEL CABELLO

CUIDADOS DEL CUERO CABELLUDO

Requisitos básicos para un cuero cabelludo sano son la limpieza y la estimulación. El pelo y el cuero cabelludo deben mantenerse limpios con lavados y tratamientos frecuentes. Un cuero cabelludo limpio y sano resistirá frente a muchas alteraciones. ✓

✓ Completado—Objetivo de Aprendizaje núm. 10

CUIDADO BÁSICO DEL CUERO CABELLUDO

MANIPULACIONES DEL CUERO CABELLUDO

Dado que en todos los tratamientos del cuero cabelludo se dan las mismas manipulaciones, usted debe aprender a realizarlas con un movimiento continuo y regular que estimulará el cuero cabelludo y/o aliviará la tensión del cliente. El masaje del cuero cabelludo se aplica de la forma más eficaz como una serie de tratamientos, una vez por semana, o con mayor frecuencia en casos de alteración, bajo la dirección de un dermatólogo.

Anatomía

El conocimiento de los músculos, de los vasos sanguíneos y de los centros nerviosos del cuero cabelludo y del cuello le ayudará a guiarlo a aquellas áreas donde deben dirigirse los movimientos del masaje para conseguir los resultados más beneficiosos. (Ver el capítulo sobre las células, la anatomía y la fisiología.)

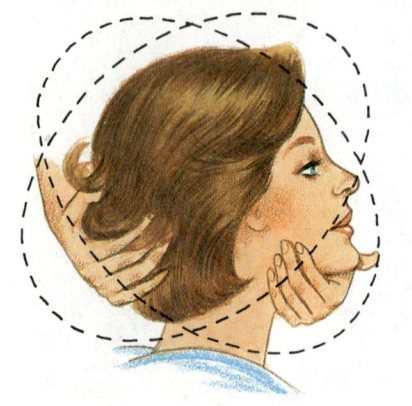

Técnica de manipulación del cuero cabelludo

Hay varias maneras de hacer manipulaciones del cuero cabelludo. La rutina que sigue puede cambiarse para seguir las necesidades de su instructor.

En cada movimiento de masaje, coloque las manos bajo el pelo, de forma que la longitud y las yemas de los dedos, y los pulpejos de las palmas de la mano puedan estimular los músculos, nervios y vasos sanguíneos de la zona del cuero cabelludo.

1. MOVIMIENTO RELAJANTE. Ahueque la mano izquierda y apoye en ella la barbilla de la cliente; coloque la mano derecha en la base del cráneo y gire suavemente la cabeza. Invierta la posición de sus manos y repita. (Fig. 4.10)

2. MOVIMIENTO DESLIZANTE. Coloque las puntas de los dedos a cada lado de la cabeza de la cliente; deslice sus manos con firmeza hacia arriba, separando los dedos hasta que coincidan en la parte alta de la cabeza. Repetir cuatro veces. (Fig. 4.11)

3. MOVIMIENTO DESLIZANTE Y ROTATIVO. Igual que el movimiento N.º 2, excepto que después de deslizar los dedos unos 2,5 cm. se giran moviendo el cuero cabelludo de la cliente. Repetir cuatro veces. (Fig. 4.12)

4. MOVIMIENTO DE LA FRENTE. Sostener la parte trasera de la cabeza con la mano izquierda. Colocar la mano derecha con el pulgar y los dedos extendidos sobre la frente. Mover la mano, lenta y firmemente hacia arriba hasta sobrepasar unos 2,56 cm. la línea del pelo. Repetir cuatro veces. (Fig. 4.13)

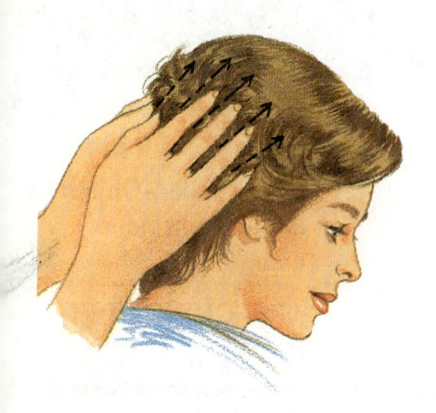

4.10—Movimiento relajante.

4.11—Movimiento deslizante.

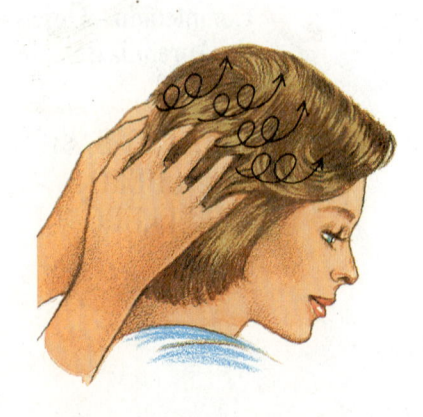

4.12—Movimiento deslizante y rotativo.

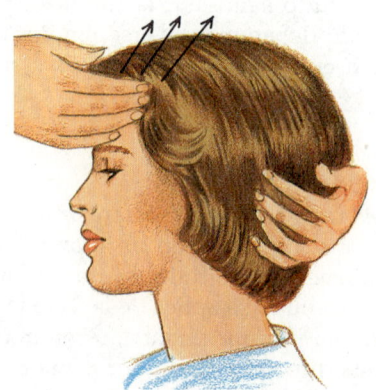

4.13—Movimiento de la frente.

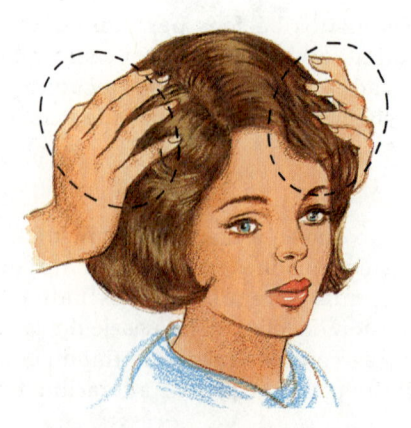

4.14—Movimiento del cuero cabelludo.

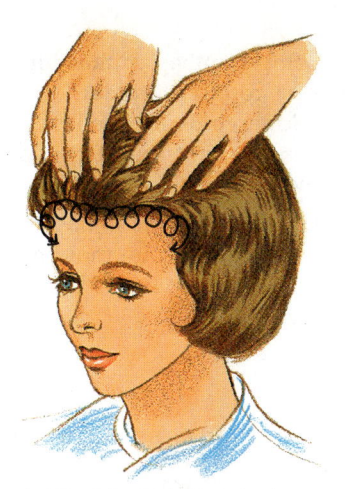

CAPÍTULO 4   PROPIEDADES DEL CUERO CABELLUDO Y DEL PELO ◆ 57

4.15—Movimiento de la línea del pelo.

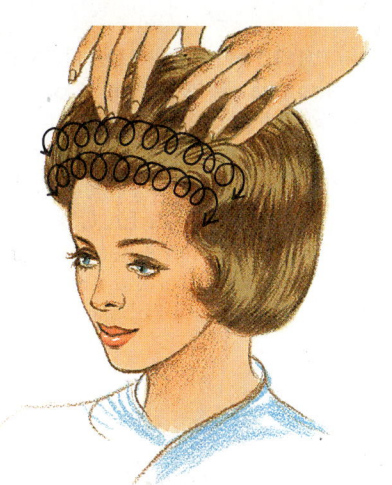

4.16—Movimiento del cuero cabelludo delantero.

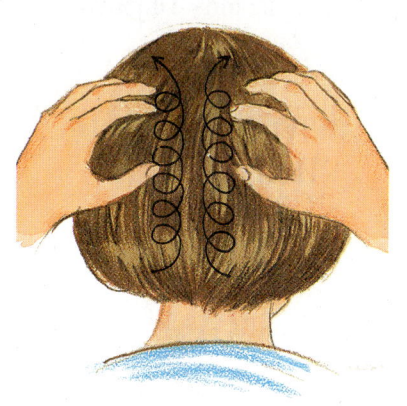

4.17—Movimiento del cuero cabelludo posterior.

5. MOVIMIENTO DEL CUERO CABELLUDO. Colocar las palmas de las manos firmemente contra la cabeza de la cliente. Levantar el cuero cabelludo con un movimiento giratorio, primero con las manos encima de las orejas y después con las manos delante y detrás de la cabeza. (Fig. 4.14)

6. MOVIMIENTO DE LA LÍNEA DEL PELO. Colocar los dedos de ambas manos en la frente de la cliente. Dé masaje alrededor de la línea del pelo levantando y girando. (Fig. 4.15)

7. MOVIMIENTO DEL CUERO CABELLUDO DELANTERO. Retrocediendo unos 2,5 cm. repetir el movimiento anterior sobre la parte delantera y superior del cuero cabelludo. (Fig. 4.16)

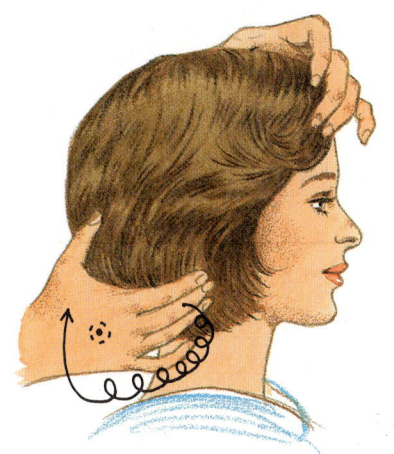

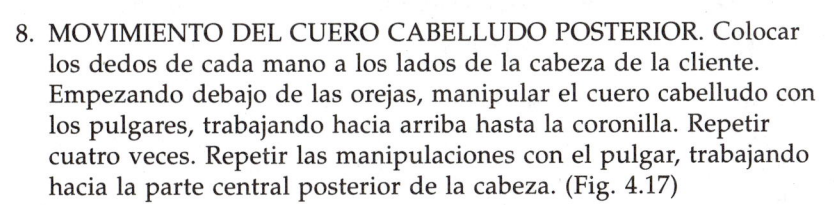

4.18—Movimiento de oreja a oreja.

8. MOVIMIENTO DEL CUERO CABELLUDO POSTERIOR. Colocar los dedos de cada mano a los lados de la cabeza de la cliente. Empezando debajo de las orejas, manipular el cuero cabelludo con los pulgares, trabajando hacia arriba hasta la coronilla. Repetir cuatro veces. Repetir las manipulaciones con el pulgar, trabajando hacia la parte central posterior de la cabeza. (Fig. 4.17)

9. MOVIMIENTO DE OREJA A OREJA. Colocar la mano izquierda en la frente de la cliente. Dar masaje desde la oreja derecha a la izquierda, a lo largo de la base del cráneo, con el de la mano, usando un movimiento rotativo. (Fig. 4.18)

10. MOVIMIENTO DE LA ESPALDA. Colocar la mano izquierda en la frente de la cliente y quedarse de pie a su izquierda. Con la mano derecha, ir girando desde la nuca, a lo largo del hombro, y regresando por el omóplato hasta la columna. Deslizar la mano hacia arriba por la columna hasta la nuca. Repetir en el lado opuesto. (Fig. 4.19)

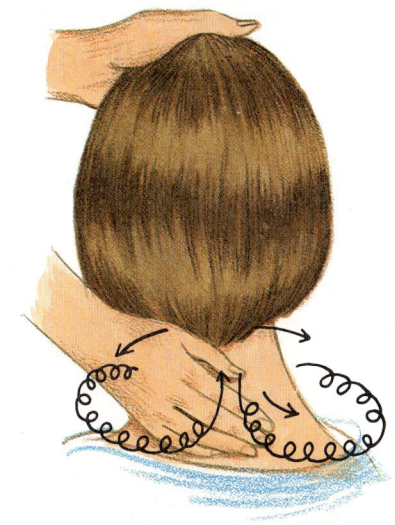

4.19—Movimiento de la espalda.

TEXTO GENERAL DE COSMETOLOGÍA

✓ Completado—Objetivo de Aprendizaje núm. 11

MOVIMIENTOS UTILIZADOS EN EL MASAJE DEL CUERO CABELLUDO

11. MOVIMIENTO DE LOS HOMBROS. Colocar ambas palmas juntas en la nuca de la cliente. Con movimientos rotativos, tomar los músculos en las palmas y dar masaje a lo largo de los omóplatos hasta el extremo de los hombros y en sentido contrario. Después dar masaje de los hombros a la columna y viceversa. (Fig. 4.20)

12. MOVIMIENTO DE LA COLUMNA. Dar masaje desde la base del cráneo de la cliente hacia abajo por la columna, con un movimiento giratorio. Usando una presión firme con los dedos, llevar la mano lentamente hasta la base del cráneo. (Fig. 4.21) ✓

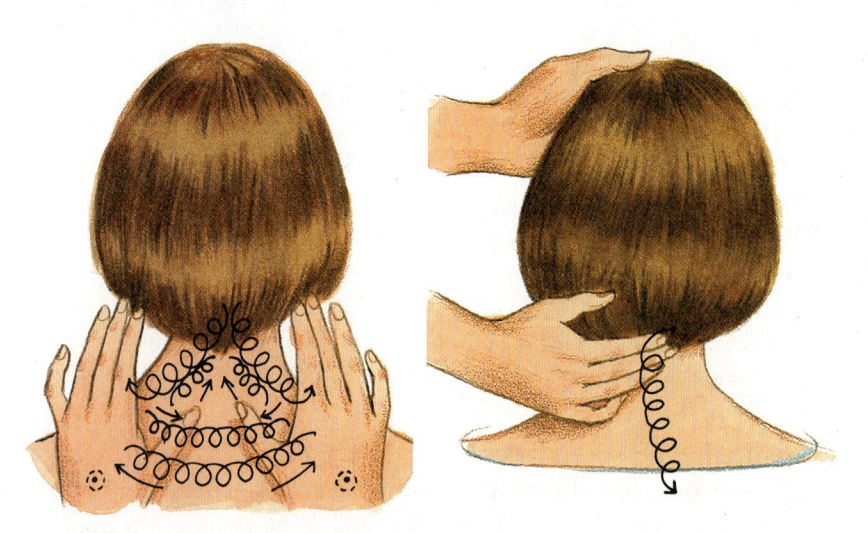

4.20—Movimiento de los hombros.　　4.21—Movimiento de la columna.

ALTERACIONES DEL CUERO CABELLUDO

Así como la piel muda y se repone contínuamente, la capa superior del cuero cabelludo se desecha constantemente. Normalmente, estas **escamas córneas** se sueltan y caen libremente. La caída natural de estas escamas córneas no debe confundirse con la caspa.

CASPA

La caspa está formada por pequeñas escamas blancas que usualmente aparecen en el cuero cabelludo y en el pelo. El término médico para la caspa es *pitiriasis.* Si se abandona, una caspa excesiva puede conducir a la calvicie. La naturaleza de la caspa no está claramente definida por las autoridades médicas aunque la creencia general es que tiene origen infeccioso. Algunas autoridades sostienen que se debe a un microbio específico.

CAPÍTULO 4 PROPIEDADES DEL CUERO CABELLUDO Y DEL PELO ◆ 59

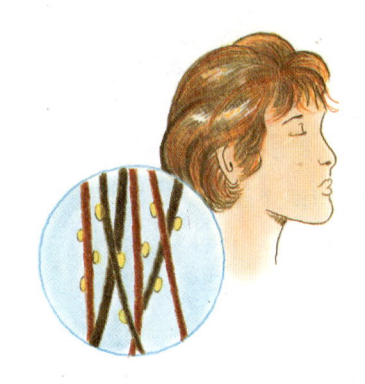

4.22a—Pitiriasis capitis simplex.   4.22b—Pitiriasis steatoides.

Una causa directa de la caspa es la muda excesiva de las células *epiteliales* o de superficie. En vez de crecer hasta la superficie y caer, las escamas córneas se acumulan sobre el cuero cabelludo.

Las causas indirectas o asociadas de la caspa son: una situación de poca actividad del cuero cabelludo, posiblemente debida a mala circulación; infecciones; heridas; falta de estimulación nerviosa; dieta inadecuada y falta de limpieza. Las causas que contribuyen son el uso de champúes fuertes y un aclarado insuficiente del pelo después del lavado. Los dos tipos principales de caspa son:

1. **Pitiriasis capitis simplex**—tipo seco (Fig. 4.22a)
2. **Pitiriasis steatoides**—tipo grasiento o ceroso (Fig. 4.22b)

La pitiriasis capitis simplex (caspa seca) se caracteriza por picor en el cuero cabelludo y por escamas blancas pequeñas que están usualmente unidas al cuero cabelludo en masas o repartidas por el pelo. Ocasionalmente son tan abundantes que caen sobre los hombros. Con frecuencia la caspa seca es el resultado de un cuero cabelludo con poca actividad ocasionada por mala circulación, falta de estimulación nerviosa, dieta inadecuada, trastornos glandulares o emocionales, o falta de aseo. *Tratamiento:* Tratamientos frecuentes del cuero cabelludo usando champúes suaves, masajes regulares, uso diario de lociones antisépticas y aplicación de ungüentos en el cuero cabelludo.

La pitiriasis steatoides (tipo grasiento o ceroso de caspa) es una condición escamosa de la epidermis (superficie de la piel). Las escamas aparecen mezcladas con sebo, haciendo que se peguen al cuero cabelludo en algunos puntos. Puede aparecer picor, lo que hace que la persona se rasque la cabeza. Si se rompen las escamas grasientas, pueden sangrar o exudar sebo. Se aconseja tratamiento médico.

Ambas formas de caspa se consideran contagiosas y pueden propagarse por el uso compartido de cepillos, peines y otros artículos. En consecuencia, el cosmetólogo debe tomar las precauciones necesarias para higienizar todo lo que ha estado en contacto con el cliente.

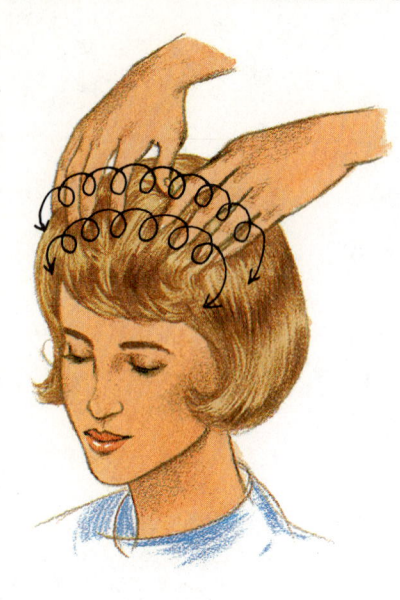

4.23a—Al aplicar corrientes indirectas de alta frecuencia, el cosmetólogo manipula el cuero cabelludo.

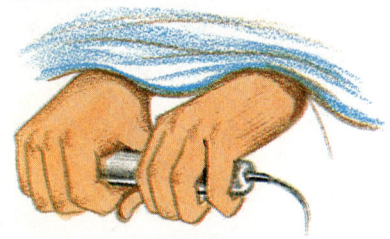

4.23b—Mientras el cosmetólogo manipula el cuero cabelludo, el cliente sostiene un electrodo de metal.

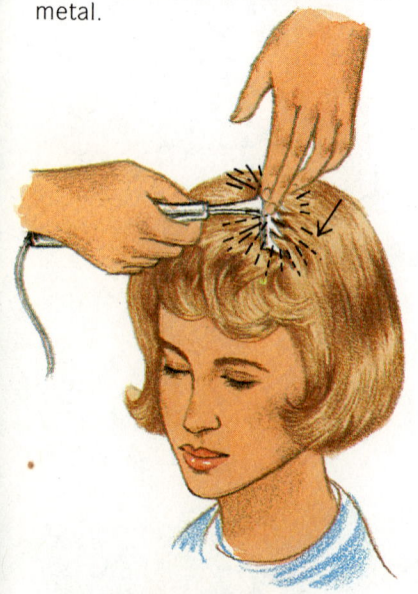

4.23c—Aplicación de corrientes de alta frecuencia con un electrodo de rastrillo de cristal.

Tratamiento de la caspa

Un cuero cabelludo con caspa puede tratarse usando el siguiente procedimiento:

1. Cubrir al cliente. (Ver el capítulo sobre coberturas.)
2. Cepillar el pelo durante 5 minutos.
3. Aplicar una preparación al cuero cabelludo según su condición (seco o graso). (Ver las secciones sobre los tratamientos del cuero cabelludo para cabello seco y graso en las pág. 64 y 65.)
4. Aplicar una lámpara infrarroja durante unos 5 minutos. (Ver el capítulo sobre terapias con electricidad y luz.)
5. Manipular el cuero cabelludo, usando corrientes indirectas de alta frecuencia. (Figs. 4.23a, 4.23b) (Ver el capítulo sobre terapias con electricidad y luz.)
6. Lavar el pelo con una loción correctora anti-caspa.
7. Secar cuidadosamente el pelo con una toalla.
8. Usar corriente directa de alta frecuencia durante 3–5 minutos. (Figs. 4.23b, 4.23c) (Ver el capítulo sobre terapias con electricidad y luz.)
9. Aplicar una preparación para el cuero cabelludo adecuada a su estado.
10. Marcar, secar y peinar el cabello.
11. Limpiar su área de trabajo.

ALOPECIA

Alopecia es el término técnico para cualquier pérdida anormal de cabello. La caída natural del cabello no debe confundirse con la alopecia. Como hemos aprendido antes, cuando el pelo ha alcanzado toda su longitud, se cae y es substituido por uno nuevo. La renovación natural del cabello tiene lugar con más frecuencia en primavera y otoño. La pérdida de cabello debida a la alopecia no se repone a no ser que se administren tratamientos especiales para promover el crecimiento del cabello. Los peinados como colas de caballo y trenzas prietas producen tensión en el pelo y pueden contribuir a una pérdida constante de cabello o calvicie.

Alopecia senilis es la forma de calvicie que aparece en la edad avanzada. La pérdida de pelo es permanente.

Alopecia prematura es la forma de calvicie que aparece antes de la media edad con un proceso lento de aclaramiento. Esto sucede cuando el pelo que se cae es substituido por otro más débil.

Alopecia areata es la caída súbita de pelo en áreas redondas, o calvicie puntual, provocada a veces por anemia, escarlatina, tifus o sífilis. Las zonas son redondas o de forma irregular, con diámetros entre 1 y 7 cm. Las áreas afectadas están ligeramente hundidas y son lisas y muy pálidas, debido a la disminución del riego sanguíneo. En la mayoría de los casos de alopecia areata el sistema nervioso ha estado sometido a algún daño. Dado que el caudal sanguíneo está afectado por el sistema nervioso, el área afectada está también mal nutrida. (Fig. 4.24)

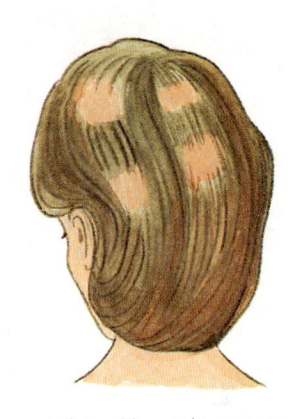

Tratamiento para la alopecia

La alopecia se presenta en varias formas diferentes, provocada por muchas condiciones anormales. A veces la alopecia puede mejorarse mediante tratamientos adecuados del cuero cabelludo.

Procedimiento para tratar la alopecia

4.24—Alopecia areata.

1. Cubrir al cliente.
2. Cepillar el pelo del cliente durante 5 minutos.
3. Aplicar un ungüento medicinal según indicación de un médico.
4. Aplicar rayos infrarrojos durante 5 minutos.
5. Manipular el cuero cabelludo. Puede utilizar la corriente de alta frecuencia farádica o indirecta.
6. Usar un champú suave.
7. Secar el pelo con una toalla.
8. Aplicar corriente directa de alta frecuencia durante 5 minutos.
9. Aplicar una loción medicinal para el cuero cabelludo.
10. Repetir las manipulaciones del cuero cabelludo; incluir el cuello, los hombros y la parte superior de la espalda.
11. Fijar el pelo, secarlo con aire caliente o frío y peinarlo.
12. Limpiar su área de trabajo.

Procedimiento para el tratamiento de la alopecia areata

1. Cubrir al cliente.
2. Dar masajes regulares al cuero cabelludo.
3. Lavar el pelo según su estado; si el cuero cabelludo es muy sensible, usar un champú suave.
4. Secar cuidadosamente el pelo y el cuero cabelludo.
5. Exponer el cuero cabelludo a rayos ultravioleta durante 5 o 10 minutos, especialmente las zonas calvas. (Fig. 4.25)
6. Aplicar ungüento o loción con ligeras manipulaciones en las zonas calvas.
7. Aplicar corriente de alta frecuencia durante unos 5 minutos. Si se utiliza ungüento, aplicar corriente directa, si se usa loción, aplicar corriente indirecta.
8. Peinar usando sólo el peine, para estilizar.
9. Limpiar el área de trabajo.

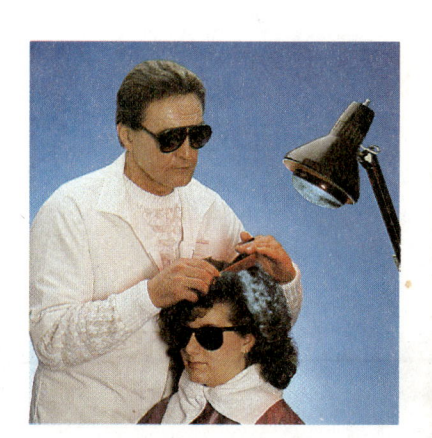

4.25—Aplicación de rayos ultravioleta.

INFECCIONES POR PARÁSITOS VEGETALES

Tinea es el término médico para la tiña. La tiña está provocada por parásitos vegetales. Todas las formas son contagiosas y pueden transmitirse de una persona a otra. La enfermedad se transmite normalmente por escamas de cabello que contienen hongos. Las bañeras, las piscinas y los artículos no higienizados son también medios de transmisión.

La tiña empieza con una mancha pequeña y rojiza de ampollas minúsculas. Se pueden encontrar varias de estas manchas. Cualquier afección por tiña debe ser enviada a un médico.

La *Tinea capitis,* tiña del cuero cabelludo, se caracteriza por pápulas o manchas rojas en la abertura de los folículos pilosos. (Fig. 4.26) Las manchas se esparcen y el pelo se vuelve frágil y sin vida. Se rompe, dejando la cepa, o se cae de los folículos pilosos dilatados.

La *Tinea favosa,* llamada también *favo* o *tiña* en panal se caracteriza por unas costras, secas, de color amarillo azufre y forma de vaso, llamadas *escútulas* que presentan un olor peculiar. (Fig. 4.27) Las cicatrices del favo son zonas calvas brillantes que pueden ser blancas o amarillas. Es *muy contagiosa* y debe enviarse al cliente al médico.

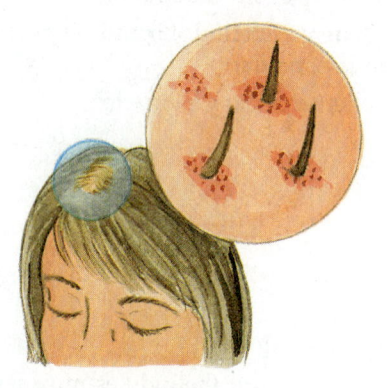

4.26—Tiña capitis.

4.27—Favo.

INFECCIONES POR PARÁSITOS ANIMALES

La *sarna* es una enfermedad de la piel, altamente contagiosa, causada por el ácaro de la sarna. Se pueden formar vesículas y pústulas procedentes de la irritación de los parásitos o de rascarse las zonas afectadas.

La *pediculosis capitis* es un estado contagioso causado por el *piojo de la cabeza* que ha infestado el pelo de la cabeza. (Fig. 4.28) Como los parásitos se alimentan del cuero cabelludo aparece picor y al rascarse se puede producir una infección. El piojo de la cabeza se puede transmitir de una persona a otra por contacto con sombreros, peines, cepillos u otros artículos personales infestados. Para matar los piojos de la cabeza, aconseje al cliente que se aplique tintura de la planta 'espuela de caballero' u otra medicación similar en toda la cabeza antes de acostarse. A la mañana siguiente debe lavarse el pelo con un jabón germicida. El tratamiento debe repetirse cuantas veces sea necesario. No tratar nunca en el salón o en la escuela una cabeza con piojos.

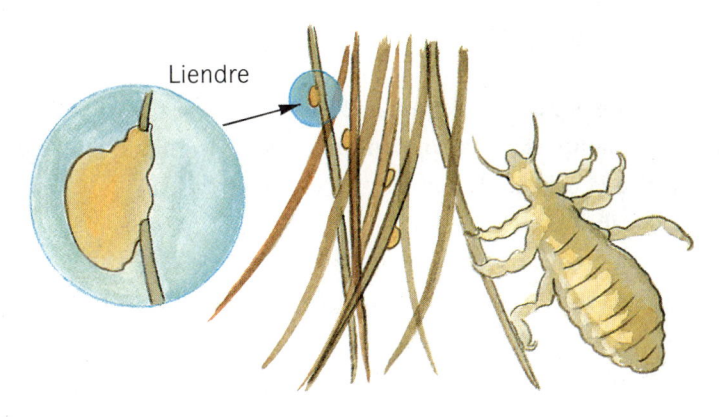

4.28—Piojo de la cabeza.

INFECCIONES POR ESTAFILOCOCOS

El *forúnculo* es una infección aguda del folículo piloso por estafilococos que produce un dolor constante. (Fig. 4.29) Está limitado a un área específica y produce una pústula perforada por un pelo.

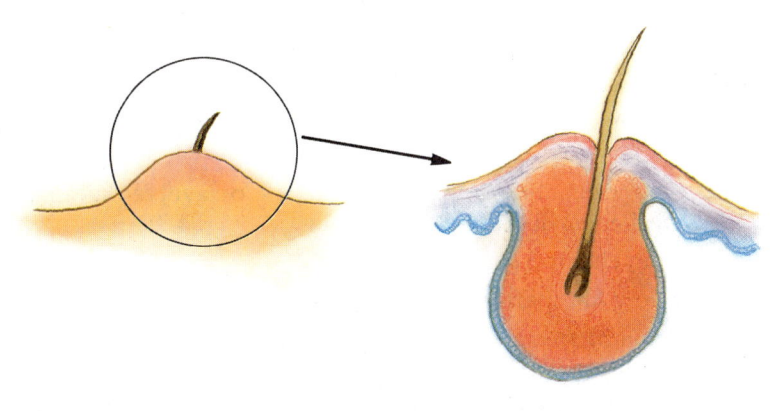

4.29—Forúnculo.

El *ántrax* o *carbunclo* es el resultado de una infección aguda por estafilococos y es mayor que el forúnculo. Enviar al cliente al médico.

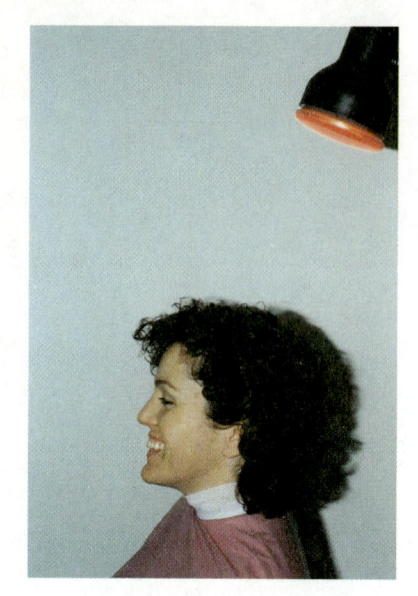

TEXTO GENERAL DE COSMETOLOGÍA

TRATAMIENTOS GENERALES DEL CABELLO Y DEL CUERO CABELLUDO

La finalidad de un tratamiento general del cuero cabelludo es mantener la cabeza y el pelo en una condición limpia y saludable. Los tratamientos regulares de la cabeza también son beneficiosos para prevenir la calvicie.

4.30—Aplicación de calor con lámpara de infrarrojos.

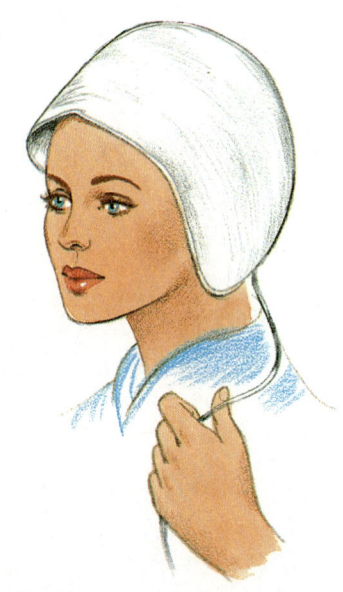

Procedimiento para cabeza y cabello normales

1. Cubrir al cliente.
2. Cepillar el pelo durante unos 5 minutos.
3. Aplicar crema para el cuero cabelludo.
4. Aplicar la lámpara infrarroja durante unos 5 minutos. (Fig. 4.30)
5. Manipular la cabeza durante 10–20 minutos.
6. Lavar la cabeza.
7. Secar el pelo con toalla para quitar el exceso de humedad.
8. Aplicar una loción adecuada para el cuero cabelludo.
9. Formar, secar y peinar el cabello.
10. Limpiar su área de trabajo.

4.31—Vaporizador del cuero cabelludo.

Tratamientos para cabeza y pelo secos

Este tratamiento debe ser utilizado cuando hay un déficit de grasa natural en la cabeza y el cabello. Elegir preparados para el cuero cabelludo que contengan emolientes y humectantes. Evitar el uso de jabones fuertes, preparados basados en aceite mineral o aceite sulfonado, preparados grasos, y lociones con un contenido alto de alcohol.

1. Cubrir al cliente.
2. Cepillar el pelo durante unos 5 minutos.
3. Aplicar la preparación para el cuero cabelludo para este tipo de cabello.
4. Aplicar el vaporizador durante 7–10 minutos, o envolver la cabeza en toallas calientes durante el mismo tiempo. (Fig. 4.31)
5. Lavar con un champú suave.
6. Secar el pelo y la cabeza cuidadosamente con la toalla.
7. Aplicar crema humectadora del cuero cabelludo con moderación, con movimientos friccionales rotativos.
8. Estimular el cuero cabelludo con corriente directa de alta frecuencia, usando el electrodo de cristal en forma de rastrillo, durante unos 5 minutos.
9. Formar, secar y peinar el cabello.
10. Limpiar su área de trabajo.

CAPÍTULO 4   PROPIEDADES DEL CUERO CABELLUDO Y DEL PELO   ◆   65

Tratamientos para cabeza y pelo grasos

El exceso de grasa está motivado por una hiperactividad de las glándulas sebáceas. Manipular el cuero cabelludo y dar masaje para aumentar la circulación sanguínea. Cualquier grasa endurecida en los poros del cuero cabelludo saldrá apretando y exprimiendo correctamente. Para normalizar la función de estas glándulas debe eliminarse el exceso de sebo en cada tratamiento.

1. Cubrir al cliente.
2. Cepillar el pelo durante unos 5 minutos.
3. Aplicar una loción medicinal para el cuero cabelludo usando exclusivamente una torunda de algodón. (Fig. 4.32)
4. Aplicar la lámpara de infrarrojos durante 5 minutos.
5. Dar manipulaciones al cuero cabelludo. (Opcionalmente puede usarse corriente farádica o senoidal.) (Figs. 4.33a, 4.33b)
6. Lavar con un champú corrector para pelo graso.
7. Secar el pelo con la toalla.
8. Aplicar corriente directa de alta frecuencia, durante 3–5 minutos.
9. Aplicar un astringente al cuero cabelludo.
10. Formar, secar y peinar el cabello.
11. Limpiar su área de trabajo.

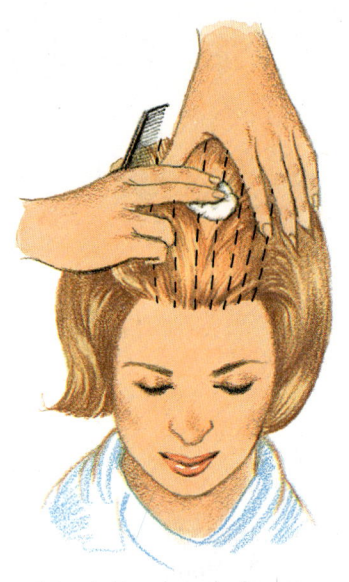

4.32—Aplicación de loción capilar con una torunda de algodón.

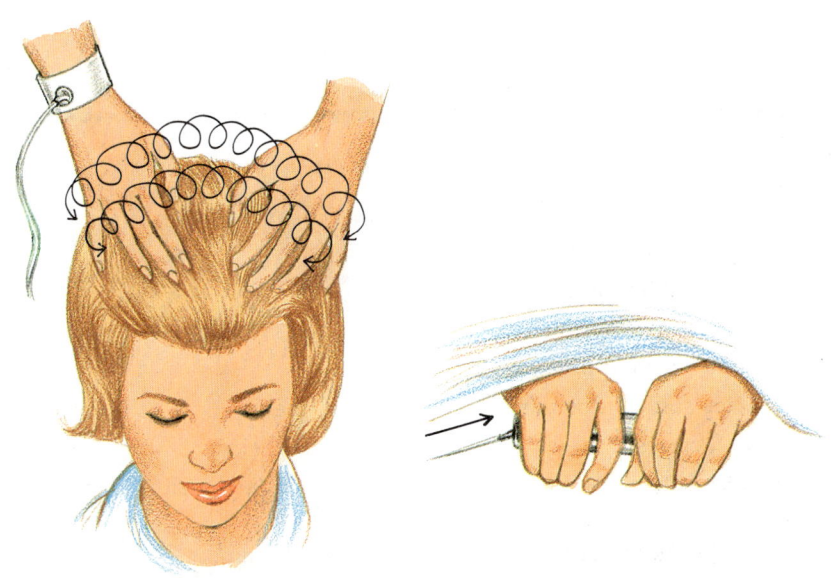

4.33a—A la vez que se manipula la cabeza, se aplica corriente farádica.

4.33b—Mientras el cosmetólogo manipula la cabeza, la cliente sujeta el electrodo.

◆ **P R E C A U C I Ó N**
No usar corriente de alta frecuencia en cabellos tratados con tónicos o lociones que contengan alcohol.

Tratamientos correctores del cabello

Un tratamiento corrector del cabello se ocupa del tallo del pelo, no del cuero cabelludo. El pelo seco y dañado puede mejorarse sobremanera con acondicionadores. Los tratamientos del cabello son especialmente beneficiosos y extremadamente importantes cuando se aplican de 7 a 10 días antes y de 7 a 10 días después de una ondulación permanente, tinte, decoloración, matizado o desrizado químico.

El cabello seco puede ser suavizado rápidamente con una preparación acondicionadora, aplicada directamente en el tallo del pelo. El producto utilizado para este fin es normalmente una emulsión que contiene colesterol y productos similares.

Algunos acondicionadores funcionan de forma más eficaz cuando se aplica calor para inducir la penetración dentro de la corteza. El calor aplicado al cabello abre las imbricaciones de la cutícula y permite que una cantidad más significativa de agentes correctores penetren en el tallo. Esto aumenta los beneficios del acondicionamiento.

1. Cubrir al cliente.
2. Cepillar el pelo durante unos 5 minutos.
3. Aplicar un champú suave.
4. Secar el pelo con toalla.
5. Aplicar acondicionador siguiendo las indicaciones del fabricante.
6. Fijar, secar y peinar el cabello.
7. Limpiar el puesto de trabajo. ✔

✔ Completado—Objetivo de Aprendizaje núm. 12

AFECCIONES DEL CABELLO Y DEL CUERO CABELLUDO Y SUS TRATAMIENTOS

PREGUNTAS DE REPASO

PROPIEDADES DEL CUERO CABELLUDO Y CABELLO

1. ¿Cuál es la finalidad del pelo?
2. ¿Qué es el pelo?
3. ¿De qué se compone el pelo?
4. ¿Cuáles son las dos partes principales del pelo?
5. ¿Qué factores influyen en el crecimiento del pelo?
6. ¿Cuáles son las teorías relacionadas con la vida y la densidad del pelo?
7. ¿Qué determina el color del pelo de una persona?
8. ¿Cuál es el requisito básico para un cuero cabelludo sano?

COBERTURAS

5

OBJETIVOS DE APRENDIZAJE

DESPUÉS DE COMPLETAR ESTE CAPÍTULO, USTED DEBE SER CAPAZ DE:

1. Hacer una relación de los métodos para cubrir al cliente y prepararlo para los servicios de Cosmetología.
2. Mostrar la cobertura para servicios con el pelo mojado.
3. Mostrar la cobertura para servicios químicos.
4. Mostrar la cobertura para servicios con el pelo seco.

INTRODUCCIÓN

Durante los servicios de Cosmetología deben tenerse siempre en cuenta la comodidad y la protección del cliente. La protección de la piel y de los vestidos asegura a los clientes que el cosmetólogo está personal y profesionalmente preocupado por su comodidad y su seguridad.

Los métodos de cobertura dependen del servicio que se está realizando. En este texto se presentan varios procedimientos, aunque también son aceptables los que le enseñe su profesor. Como cosmetólogo, una de sus responsabilidades más importantes es la consideración hacia su cliente.

Antes de cubrir al cliente para cualquier servicio, son importantes las siguientes instrucciones:

1. Preparar los materiales y suministros para el servicio.
2. Higienizarse las manos.
3. Pida al cliente que se quite todas las joyas del cuello y del pelo y que las guarde.
4. Quitar cualquier objeto del cabello del cliente.
5. Girar hacia adentro el cuello de la camisa o blusa del cliente. (Fig. 5.1)
6. Seguir con el método de cobertura adecuado.

✔ **Completado—Objetivo de Aprendizaje núm. 1**

MÉTODOS DE CUBRIR Y PREPARAR AL CLIENTE PARA SERVICIO

En los procedimientos siguientes, el propósito de la toalla o banda de cuello es por razones higiénicas, para evitar el contacto de la cubierta con la piel del cliente. ✔

COBERTURA PARA SERVICIOS CON EL PELO MOJADO

Lavado, cuidados del pelo y del cuero cabelludo y corte del cabello

1. Colocar una toalla a lo largo sobre los hombros del cliente, cruzando los extremos bajo la barbilla.
2. Colocar la capa sobre la toalla y sujetarla por detrás de modo que la capa no toque la piel del cliente.
3. Colocar otra toalla sobre la capa y fijarla por delante.

✔ **Completado—Objetivo de Aprendizaje núm. 2**

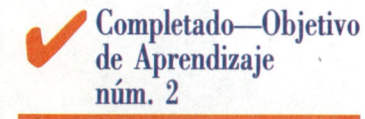

CUBIERTA PARA SERVICIO EN CABELLO HÚMEDO

Para cortar el cabello, debe quitarse la toalla después del lavado y substituirla por una banda de cuello. Esto permite que el pelo caiga naturalmente, sin obstrucciones. ✔

CAPÍTULO 5   COBERTURAS   ◆   69

COBERTURA PARA SERVICIOS QUÍMICOS

Tintes, permanentes y relajantes

1. Deslizar la toalla hacia abajo desde la parte posterior de la cabeza del cliente y colocarla a lo largo a través de los hombros. (Fig. 5.2)
2. Cruzar los extremos de la toalla bajo la barbilla y colocar la capa sobre la toalla. Sujetarla detrás y ajustar la toalla sobre la capa. (Fig. 5.3)
3. Doblar la toalla sobre la capa y fijarla delante. (Fig. 5.4)
4. Es recomendable aplicar una crema protectora alrededor de la línea del pelo antes de aplicar productos químicos. Esto evitará una posible irritación de la piel. ✔

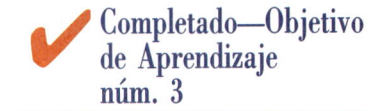

✔ Completado—Objetivo de Aprendizaje núm. 3

CUBIERTA PARA SERVICIOS QUÍMICOS

5.1—Girar el cuello hacia adentro.

5.2—Deslizar la toalla hacia abajo alrededor del cuello.

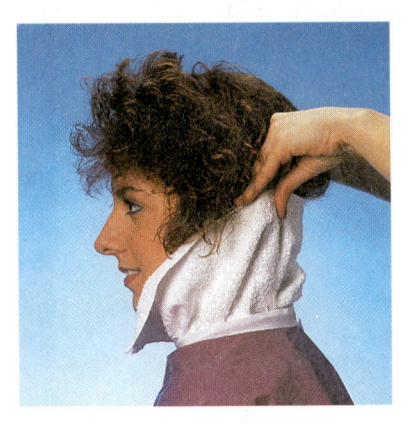

5.3—Ajustar la toalla sobre la capa.

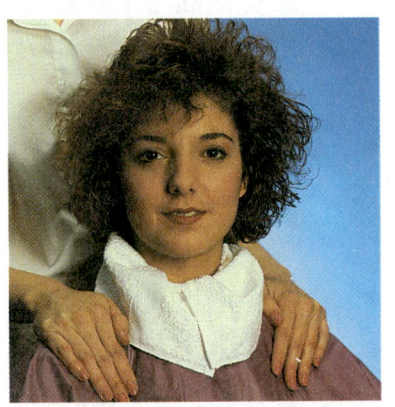

5.4—Doblar la toalla por encima.

COBERTURA PARA SERVICIOS CON EL PELO SECO

Cepillado o moldeado térmico

1. Colocar una banda de cuello alrededor del cuello del cliente. (Fig. 5.5)
2. Colocar la capa sobre la banda de cuello y fijarla de forma que la capa no toque la piel. (Fig. 5.6)
3. Doblar la parte descubierta de la banda de cuello por encima de la capa. Asegurarse de que ninguna parte de la capa toca el cuello del cliente. (Fig. 5.7)

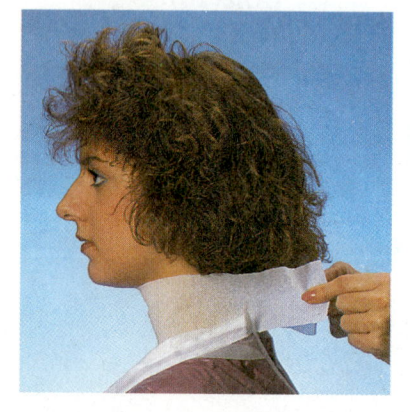

5.5—Colocar la banda de cuello.

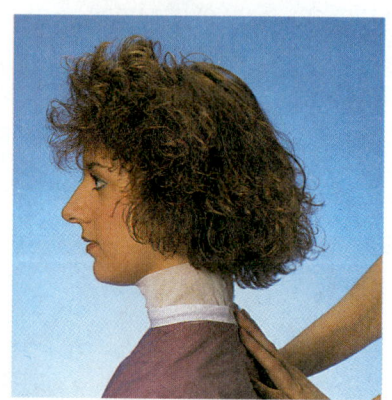

5.6—Colocar la capa sobre la banda de cuello.

5.7—Doblar la banda de cuello sobre la capa.

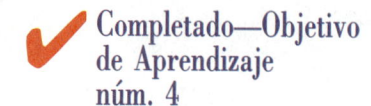

✔ **Completado—Objetivo de Aprendizaje núm. 4**

CUBIERTA PARA SERVICIO EN CABELLO SECO

Peinado

1. Colocar una banda de cuello alrededor del cuello del cliente.
2. Colocar la capa sobre la banda de cuello y fijarla de forma que la capa no toque la piel. (Fig. 5.8) Se pueden usar capas especialmente diseñadas para este servicio. ✔

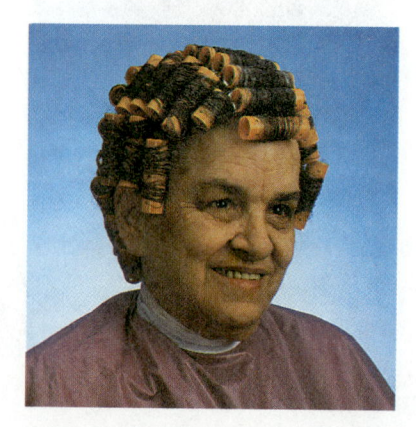

5.8—Cobertura para un peinado.

Poder Promocional

LA PROMOCIÓN EN EL SALÓN DE BELLEZA

Las promociones son un gran negocio. Pueden producir verdadero entusiasmo entre clientes actuales, y de igual manera atraer nuevos clientes.

Establezca las reglas y reglamentos de todo concurso. Planifique los concursos con tres meses de anticipación, como mínimo, para así poder organizar la actividad y tenerlo todo dispuesto a tiempo. Decida cuáles serán el valor y los beneficios que el concurso aportará al salón de belleza. Prepare una lista de todas las ventajas y desventajas, y elabore un plan en caso de que ocurra algo inesperado para así asegurarse de que los gastos aún puedan cubrirse; luego celebre una reunión con sus empleados para informarles sobre su proyecto y conocer su parecer. Sin el consentimiento y participación de su personal, usted podría verse en apuros. Despierte en ellos el interés por su proyecto, y recompénselos con algo que sea de su agrado. Los premios para el personal podrían ser, por ejemplo, cursos educativos, bonos, días libres, o algo de mucho significado para el empleado.

Las etapas de planificación son las de mayor importancia. Todos los preparativos deben considerarse a fondo y seguirse de acuerdo a un orden de prioridades. Es preciso asegurarse de que todo esté listo, por los menos, dos semanas antes para que el público tenga conocimiento de lo que está sucediendo. Cuando se esté realizando la promoción, siga su plan e informe a sus empleados, diaria o semanalmente, sobre lo que esté aconteciendo.

—*Tomado del* El Negocio de los Salones de Belleza: Consejos para Alcanzar el Éxito *por Geri Mataya*

PREGUNTAS DE REPASO

COBERTURAS

1. ¿Qué debe tener en cuenta un cosmetólogo al realizar cualquier servicio?
2. ¿Qué es la cobertura?
3. ¿Por qué la cobertura es tan importante?
4. ¿Por qué se usa una toalla o una banda de cuello en la cobertura?
5. ¿Cuáles son los cuatro pasos preliminares antes de cubrir un cliente?
6. ¿Cuáles son las diferencias entre cubrir para servicios con pelo mojado, con pelo seco o químicos?

LAVADO, ACLARADO Y ACONDICIONADO

6

OBJETIVOS DE APRENDIZAJE

DESPUÉS DE COMPLETAR ESTE CAPÍTULO, USTED DEBE SER CAPAZ DE:

1. Enumerar las razones para un buen cuidado higiénico del cabello y del cuero cabelludo.
2. Identificar cuándo, por qué, y cómo cepillar el pelo.
3. Demostrar el procedimiento para las manipulaciones de lavado.
4. Entender el significado de niveles de pH en champú.
5. Identificar los varios tipos de champú.
6. Identificar los varios tipos de aclarados.

INTRODUCCIÓN

El lavado es el primer paso de muchos servicios del salón, y un buen lavado prepara la base para una visita con éxito al salón. En los salones en que el peluquero lava, el cliente puede usar esta experiencia inicial para evaluar el conocimiento profesional del peluquero. Los clientes suponen que el peluquero que lava con un nivel alto de profesionalidad realizará los demás servicios con el mismo nivel de competencia y cuidado. En los salones en que la persona que lava es otra, el cliente puede usar la experiencia para juzgar sobre la profesionalidad del salón. Por lo tanto, si el cliente disfruta con el lavado, es más probable que solicite servicios adicionales y que recomiende el peluquero y el salón a otros clientes potenciales.

El lavado es un paso preliminar importante para varios servicios y se hace, principalmente, para limpiar el pelo y el cuero cabelludo. Sin embargo, los efectos psicológicos de una experiencia placentera y relajante en la cubeta de lavado ayudarán a asegurar que el cliente visite el salón de forma regular.

Para que sea efectivo, el lavado debe quitar toda la suciedad, aceites, cosméticos y restos de piel sin afectar adversamente el pelo o la piel de la cabeza. Es importante analizar el estado del cabello y la cabeza del cliente y comprobar si hay enfermedades o alteraciones. Un cliente con una enfermedad contagiosa no debe ser tratado en el salón y debe ser enviado al médico.

✔ **Completado—Objetivo de Aprendizaje núm. 1**

RAZONES PARA EL BUEN CUIDADO HIGIÉNICO DEL CABELLO Y DEL CUERO CABELLUDO

Si la cabeza no se lava con regularidad, la acumulación de grasas y transpiración, que se mezclan con las escamas naturales y la suciedad, son un campo de cultivo para bacterias productoras de enfermedades. Esto puede conducir a alteraciones del cuero cabelludo.

El pelo debe lavarse con la frecuencia necesaria, según lo rápidamente que el pelo y el cuero cabelludo se ensucien. Como regla general, el cabello graso debe lavarse con más frecuencia que el normal o el seco. ✔

AGUA

Químicamente, el agua es un compuesto de hidrógeno y oxígeno (H_2O). Según la clase y cantidad de otros minerales presentes, el agua se puede clasificar en dura y blanda. Si sabe si el agua de su salón es dura o blanda, podrá hacer una selección más profesional del champú.

El *agua blanda* es agua de lluvia o agua que ha sido ablandada químicamente. Contiene poca cantidad de minerales y permite por tanto que el champú produzca espuma abundante. Por esta razón debe preferirse para los lavados.

El *agua dura* contiene ciertos minerales que disminuyen la capacidad del champú para formar espuma. Sin embargo, puede ablandarse por un proceso químico.

SELECCIÓN DEL CHAMPÚ CORRECTO

Hay muchos tipos disponibles de champú. Como cosmetólogo profesional, usted debe aprender la composición y la acción de un champú para determinar si será o no útil para sus propósitos. Lea cuidadosamente la etiqueta y la información que la acompaña de forma que pueda decidir con conocimiento de causa.

Seleccione el champú de acuerdo con el estado del cabello. El cabello no se considera normal si ha sido:

Decolorado	Lavado frecuentemente con champúes fuertes
Teñido o matizado	Dañado por un cuidado inadecuado
Ondulado con permanente	Dañado por exposición a los elementos
Estirado químicamente	como sol, frío, calor, viento

MATERIALES Y UTENSILIOS NECESARIOS

Antes de proceder a un lavado, reunir los materiales y utensilios necesarios. No olvide que hay que cubrir adecuadamente al cliente. La actitud relajante y la calidad profesional del lavado se destruyen si usted se va corriendo a buscar algo que ha olvidado, dejando al cliente mojado y goteando en la cubeta de lavado. Los materiales y utensilios necesarios son:

Toallas	Aclarado para el pelo (opcional)
Capa de lavado	Banda de cuello
Champú	Peine y cepillo para el pelo

CEPILLADO

Para el cepillado del cabello se recomiendan los cepillos fabricados con cerdas naturales. Las cerdas naturales tienen muchas capas delgadas solapadas, o escamas, que limpian y añaden brillo al cabello, mientras que los cepillos de nylon son brillantes y suaves, y son recomendables para el peinado.

Usted debe incluir un cepillado del cabello a fondo como parte de cualquier lavado y tratamiento del cuero cabelludo, con las siguientes excepciones:

1. No cepillar antes de dar un servicio químico.
2. No cepillar si el cuero cabelludo está irritado.

El cepillado estimula la circulación sanguínea en el cuero cabelludo, ayuda a eliminar el polvo y la acumulación de laca y proporciona brillo adicional al cabello. (Fig. 6.1) Por lo tanto, hay que cepillar el cabello tanto si es seco como graso. No usar el peine para soltar escamas del cuero cabelludo.

Para cepillar el cabello empezar partiéndolo en el centro desde la frente a la nuca. Separar una sección de unos 1,25 cm. en la división junto a la coronilla. Mantener esta mecha de pelo en la mano izquierda entre el

6.1—Cepillado del cabello.

TEXTO GENERAL DE COSMETOLOGÍA

✔ **Completado—Objetivo de Aprendizaje núm. 2**

CEPILLAR EL CABELLO

pulgar y los otros dedos, apoyar el cepillo (sujeto con la mano derecha) con las cerdas lo más abajo posible, cerca de la cabeza; girar el cepillo dando ligeras vueltas al mango y pasar las cerdas a lo largo de toda la longitud del tallo del pelo. Repetir tres veces. Separar otro mechón de pelo de 1,25 cm. junto al primero y continuar hasta que toda la cabeza esté cepillada. ✔

PROCEDIMIENTO DE LAVADO

Preparación

1. Sentar cómodamente al cliente en el puesto de trabajo.
2. Seleccionar y disponer el material necesario.
3. Lavarse las manos.
4. Colocar una banda de cuello y una capa de lavado alrededor del cuello del cliente. (Asegúrese de que el cuello de la camisa, o de la blusa del cliente está bien colocado bajo el vestido antes de ajustar la banda de cuello o doble el cuello del vestido dentro del mismo.)
5. Quitar del pelo todas las horquillas y peinetas.
6. Pedir al cliente que se quite los pendientes y las gafas y colocarlos en un lugar seguro.
7. Examinar el estado del pelo y del cuero cabelludo del cliente.
8. Cepillar el pelo a fondo.
9. Volver a colocar la capa de lavado y la toalla.
10. Sentar cómodamente al cliente en la cubeta de lavado.
11. Ajustar la capa de lavado sobre el respaldo de la silla. (Fig. 6.2)
12. Ajustar el caudal y la temperatura del chorro de agua.

Tenga en cuenta la preferencia del cliente al ajustar la temperatura del agua. Abrir primero el agua fría y gradualmente añadir agua caliente hasta obtener una temperatura tibia agradable. La temperatura del agua debe vigilarse constantemente, manteniendo un dedo en la punta de la ducha y en contacto con el agua.

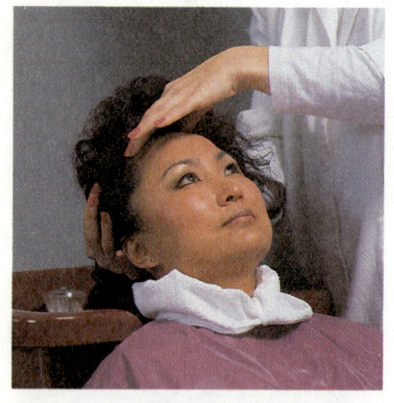

6.2—Aguantar la cabeza del cliente con la mano derecha y colocar la capa sobre el respaldo de la silla.

Procedimiento

1. *Saturar, mojar completamente el pelo,* con el chorro de agua caliente. Levantar el pelo y moverlo con la mano libre para saturar el cuero cabelludo. Mover la mano para proteger la cara, orejas y cuello del cliente al trabajar cerca de la línea de pelo. (Figs. 6.3 a 6.5)
2. *Aplicar al cabello pequeñas cantidades de champú,* empezando en el borde y hacia atrás. Sacar espuma usando las yemas de los dedos.

CAPÍTULO 6   LAVADO, ACLARADO Y ACONDICIONADO   ◆   77

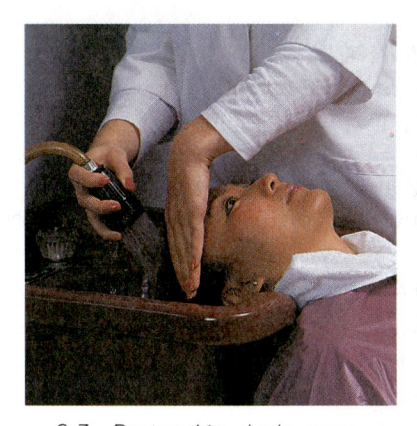

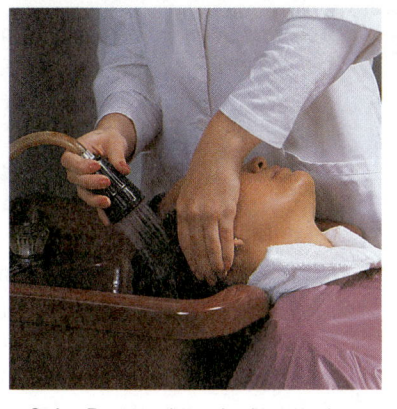

6.3—Protección de la cara.

6.4—Protección de las orejas.

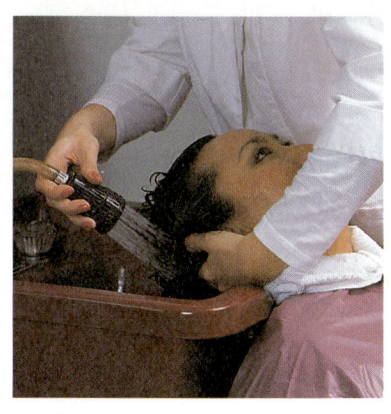

6.5—Protección del cuello.

Recuerde:
Al dar masaje al cuero cabelludo, no usar presión si:

- Va a dar un tratamiento químico después del lavado.
- El cuero cabelludo del cliente es delicado o sensible.
- El cliente solicita menos presión.

3. *Manipular el cuero cabelludo.*
   a) Empezar en la línea de pelo de la frente y trabajar con movimientos de vaivén, atrás-adelante, hasta alcanzar la parte alta de la cabeza. (Ver Fig. 6.6)
   b) Continuar de esta manera hasta la parte posterior de la cabeza, moviendo los dedos 2,5 cm. hacia atrás cada vez.
   c) Levantar la cabeza del cliente, controlando su movimiento con la mano izquierda. Con la mano derecha empezar por encima de la oreja derecha y, usando el mismo movimiento, trabajar hacia la parte posterior de la cabeza. (Ver Fig. 6.7)
   d) Bajar los dedos 2,5 cm. y repetir el proceso hasta que esté cubierto el lado derecho de la cabeza.
   e) Empezando en la oreja izquierda, repetir los pasos c y d.
   f) Permitir que la cabeza del cliente se relaje y trabajar alrededor de la línea del pelo con un movimiento giratorio de sus pulgares.
   g) Repetir estos movimientos hasta que el cuero cabelludo haya recibido un masaje a fondo.
   h) Eliminar el exceso de champú y de espuma exprimiendo el pelo.

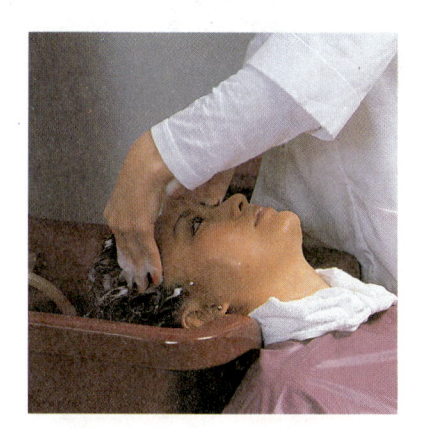

6.6—Manipulación del cuero cabelludo.

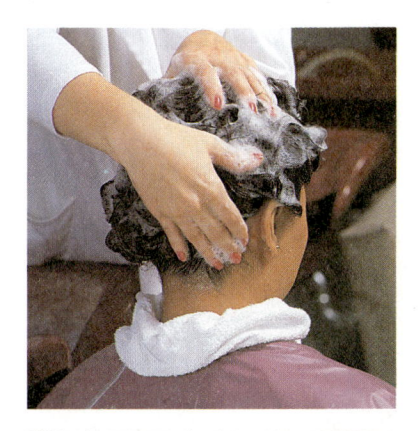

6.7—Levantando la cabeza del cliente.

4. *Aclarar a fondo el pelo con un chorro fuerte.*
   a) Con los dedos de la mano izquierda levantar el pelo de la coronilla y parte posterior para permitir que el chorro aclare bien el pelo.
   b) Ahuecar la mano izquierda alrededor de la línea de la nuca y dar ligeras palmadas proyectando el chorro de agua contra la base del cráneo.
5. *Si es necesario, aplicar champú otra vez.*
   a) Repetir el procedimiento usando los pasos 2, 3 y 4 tal como se han descrito antes. Necesitará menos champú porque el pelo parcialmente limpio produce espuma más fácilmente.
6. *Secar parcialmente con la toalla.*
   a) Quitar el exceso de humedad del pelo en la cubeta de lavado.
   b) Secar el exceso de humedad alrededor de la cara del cliente con las puntas de la toalla.
   c) Levantar la toalla sobre la parte posterior de la cabeza y cubrir la cabeza con la toalla.
   d) Colocar las manos sobre la toalla y dar masaje hasta que el pelo esté parcialmente seco. (Fig. 6.8)

6.8—Secar el cabello con una toalla.

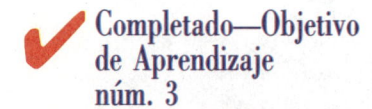

✔ Completado—Objetivo de Aprendizaje núm. 3

PROCEDIMIENTO PARA LOS MOVIMIENTOS UTILIZADOS DURANTE EL LAVADO

Acabado
1. Peinar el cabello, empezando por los extremos de la nuca.
2. Cambiar la cobertura si es necesario.
3. Peinar el cabello según deseos.

Limpieza
1. Eliminar los materiales usados y colocar los suministros no utilizados en su lugar correspondiente.
2. Poner las toallas usadas en la cesta de las toallas.
3. Eliminar el pelo de los peines y cepillos; lavar con agua caliente y jabón; aclarar; y colocarlos en un desinfectante húmedo durante el tiempo necesario.
4. Higienizar la cubeta de lavado.
5. Limpiarse las manos. ✔

LAVADO DEL CABELLO TRATADO QUÍMICAMENTE
El cabello tratado químicamente tiende a ser más seco y más frágil que el que no ha sido tratado químicamente. Se recomienda por tanto un champú suave formulado para cabello tratado químicamente. El cabello tratado químicamente tiene también tendencia a enredarse. Para desenredarlo, peinar suavemente desde la nuca de la cabeza hacia la parte frontal. No forzar el peine a través del cabello. Si es necesario, usar un acondicionador.

TIPOS DE CHAMPÚES

El champú es el producto para el cuidado del cabello en que más dinero se gasta. Los estudios sobre consumidores muestran que la tendencia de crecimiento actual en el mercado de champú está en dirección a los salones profesionales. Hay que tener conocimientos muy profundos sobre los productos que se usan, ser más experto al usarlos y también hay que ser capaz de vender estos productos a sus clientes.

Existen millares de buenos champúes, uno para cada condición imaginable de cabello o cuero cabelludo que pueda tener un cliente: seco, graso, fino, grueso, débil, decolorado, con permanente, relajado o sin tratamiento químico. Hay champúes que añaden toques de luz y otros que los quitan. Hay champúes que depositan una cubierta sobre el pelo y hay champúes que quitan esta cubierta.

La composición es la clave para determinar qué champú dejará el cabello del cliente lustroso y manejable, tratará una determinada condición del cabello o la cabeza o preparará el pelo para un tratamiento químico. La mayoría de los champúes tienen muchos ingredientes comunes y es su responsabilidad como cosmetólogo profesional entender la composición química a fin de seleccionar el mejor champú para cada servicio y cliente en particular.

Más adelante se enumeran las descripciones generales de los diferentes tipos de champúes. La sección titulada "Química de los champúes" en el capítulo sobre química tiene información detallada sobre los ingredientes químicos que constituyen los diferentes tipos de champúes.

Explicando el pH

Antes de discutir los champúes equilibrados ácidos, hay que saber algo sobre los niveles de pH (potencial de Hidrógeno) en el champú. Esto le ayudará a seleccionar el champú adecuado para su cliente. La cantidad de hidrógeno en una solución se mide en una escala de pH que tiene una amplitud de 0 a 14. La cantidad de hidrógeno en una solución determina si es más ácida o más alcalina. Un champú que es más ácido puede tener un pH entre 0 y 6,9; un champú que es más alcalino puede tener un pH entre 7 y 14. Cuanto más alto es el pH (más alcalino), el champú es más fuerte y severo con el pelo. Un champú de pH alto puede dejar el cabello seco y frágil. (Ver también la escala de pH en el capítulo sobre química.)

Champúes equilibrados ácidos

Un champú equilibrado ácido es aquél cuyo pH está entre 4,5 y 6,6, un intervalo de pH aceptable. Cualquier champú se puede convertir en equilibrado ácido añadiéndole ácido cítrico, láctico o fosfórico.

Los defensores de los champúes equilibrados ácidos afirman que un pH ácido de 4,5 a 5,5 es esencial para evitar la sequedad excesiva y los daños al cabello durante el proceso de limpieza, mientras que los químicos de la Unión de Consumidores dicen que la diferencia entre el pH 5 y el pH 8 es demasiado pequeña para afectar al cabello o al cuero cabelludo durante el limitado tiempo de una aplicación media. ✔

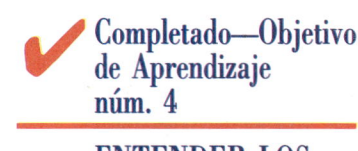

✔ Completado—Objetivo de Aprendizaje núm. 4

ENTENDER LOS NIVELES DE pH

Pregunta Y Respuesta

LIMPIEZA

P *Durante un servicio de champú normal, un poco de champú accidentalmente penetró en el ojo de un cliente. Se quejó de sufrir una sensación de quemadura en el ojo, que estaba sumamente rojo. ¿Qué debo hacer en tal caso?*

R Sustancias sintéticas fuertes en algunos champúes—los que contienen catiónicos como germicidas y noniónicos como agentes de limpieza—son capaces de ocasionar irritación seria en el ojo y aún daños permanentes. Sin embargo, la mayoría de los fabricantes no confeccionan este tipo de champú. Cualquier champú, al menos haya sido específicamente fabricado para bebés y niños, provocará una molestia temporal si se pone en contacto directo con el ojo. No obstante, no hay casos verificados de daños severos o durables ocasionados por otros champúes.

Primero, es importante que conozca los productos que utiliza. Compre champúes de alta calidad que se han comprobado ser efectivos y seguros durante un largo período de tiempo.

Luego, es necesario tener cuidado al realizar un servicio de limpieza. Ninguna cliente quiere que espuma y agua toquen la cara; no importa que éstas no sean peligrosas. Los movimientos utilizados en el masaje del cuero cabelludo deben ser metódicos, a la vez que se limitan a la parte de la cabeza cubierta de cabello.

Si el champú accidentalmente penetre en el ojo del cliente, dígale que se enderece en el asiento e inmediatamente enjuague el ojo con agua clara y fría. Permite al cliente enjuagarse el ojo para evitar más frotación que pueda aguantar. Seque el ojo. Si perdura la rojez, pregúntele al cliente si quisiera consultar con su doctor; en este caso, el salón de belleza pagará por la visita a la oficina y el tratamiento inicial. Notifique a su compañía de seguros inmediatamente para que puedan continuar y concluir el asunto en caso de que haya un problema. La ley considera que el fabricante del champú de detergente sintético o de otros cosméticos es responsable por la seguridad del usuario. Sin embargo, usted también tiene la responsabilidad de utilizarlo de una manera correcta, y sólo para el propósito para el cual ha sido fabricado.

—*Tomado del* Milady Soluciones para el Salón de Belleza *por Louise Cotter*

Champúes acondicionadores

Virtualmente todos los champúes disponibles en el mercado profesional contienen uno o más agentes acondicionadores diseñados para que el pelo sea suave y brillante, para evitar daños al cabello tratado químicamente y para mejorar su manejabilidad. Proteína, dimeticona, biotina, hidantoína, alcohol oleico, y carboxiglicinato son unos pocos ejemplos de agentes acondicionadores que se usan para ayudar a los champúes a cumplir las necesidades corrientes del embellecimiento.

Champúes medicinales

Los champúes medicinales comprenden ciertos productos químicos especiales o medicamentos que son muy eficaces para reducir la caspa excesiva u otras situaciones del cuero cabelludo. Son recetados por un médico. Generalmente son bastante fuertes y afectan el color del cabello teñido o decolorado.

CAPÍTULO 6   LAVADO, ACLARADO Y ACONDICIONADO ◆ 81

Champúes secos en polvo
Generalmente, se administra un champú seco cuando la salud del cliente no permite un champú húmedo. Hoy día sólo hay unos pocos productos de esta clase en el mercado. Siga las instrucciones recomendadas por el fabricante al administrar un champú seco. No lo utilice antes de un servicio con productos químicos. (Fig. 6.9)

Champúes de color o de tonalidad
(Ver los capítulos sobre teñido del cabello y química.)

Champúes para postizos y pelucas
Hay disponibles ahora soluciones preparadas para la limpieza de pelucas. (Ver el capítulo sobre el arte del pelo artificial.) ✔

ACLARADOS
Un aclarado consiste en una mezcla de agua y un ácido suave, un agente colorante u otro ingrediente para una finalidad especial. (Fig. 6.10)

Aclarados ácidos
Los aclarados ácidos se usan para restablecer el equilibrio del pH del pelo y para eliminar la espuma del jabón. Los ácidos grasos que se encuentran en el jabón se combinan con los minerales del agua para formar una espuma de jabón que no puede eliminarse del cabello con agua sola. Debido a que normalmente no se usa jabón en la fabricación de champúes profesionales no se encuentran aclarados ácidos en la mayoría de los salones.

Los tipos de ácidos utilizados en la preparación de aclarados para el cabello son:

Acido cítrico del zumo de lima, naranja o limón.
Acido tartárico que se obtiene de los residuos de la producción de vino.
Acido acético, que está presente en el vinagre.
Acido láctico que es la lactosa o azúcar de la leche.

Acondicionadores o aclarados en crema
Un acondicionador o aclarado en crema es un producto comercial de apariencia cremosa que se usa después del lavado. Su finalidad es suavizar el pelo, añadir lustre, y hacer que el pelo enredado sea más fácil de peinar. Los acondicionadores y aclarados de crema recubren el tallo del pelo para hacerlo liso y suave. Este recubrimiento temporal permite que el peine se deslice fácilmente a través del pelo y con frecuencia da la impresión de que se ha devuelto el pelo a su estado originalmente sano.

Usados de vez en cuando, los acondicionadores y aclarados con crema son útiles para eliminar los enredos. Sin embargo, su uso habitual puede llevar a problemas futuros de cuidado del pelo. Los ingredientes del revestimiento pueden acumularse sobre el pelo, haciéndolo pesado y graso prematuramente. Esto sólo puede inducir al cliente a lavárselo más frecuentemente, ocasionando al pelo un daño adicional.

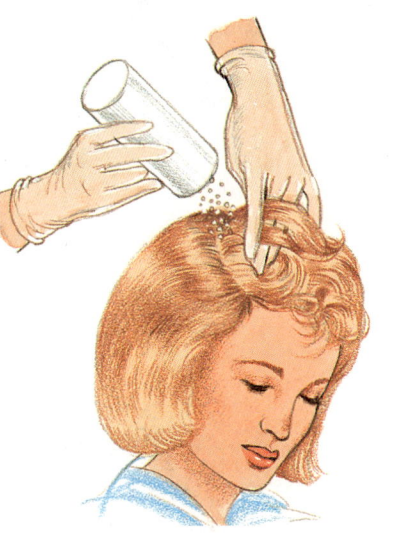

6.9—Aplicación de un champú seco en polvo.

✔ Completado—Objetivo de Aprendizaje núm. 5

TIPOS DE CHAMPÚ

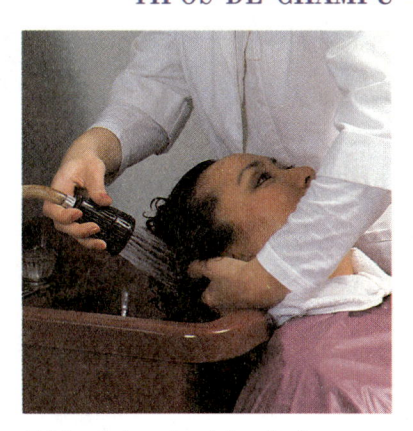

6.10—Aclarado del cabello después de aplicarle el enjuague al cabello.

Aclarados con equilibrio ácido

Los aclarados con equilibrio ácido se formulan comercialmente para evitar la atenuación del color después de un teñido o un matizado y para dar brillo. El aclarado es de equilibrio ácido para cerrar la cutícula y mantener dentro de ella las moléculas de color. Esto evita la atenuación del color. Probablemente, el ácido cítrico es el ingrediente usado con mayor frecuencia para el segundo aclarado, pero muchos contienen también un humectador suave para dejar el pelo suave, flexible y fácil de peinar.

Aclarados medicinales

Los aclarados medicinales se formulan para controlar problemas menores de caspa. Siga las instrucciones del fabricante.

Aclarados de color

Los aclarados de color realzan o añaden temporalmente color al cabello. Estos aclarados permanecen en el pelo hasta el siguiente lavado. (Para información adicional ver el capítulo sobre coloreado del cabello.) ✔

✔ Completado—Objetivo de Aprendizaje núm. 6

TIPOS DE ACLARADOS

PREGUNTAS DE REPASO

LAVADO, ACLARADO Y ACONDICIONADO

1. ¿Por qué es importante un lavado profesional?
2. ¿Cuál es la finalidad del lavado?
3. ¿Por qué y con qué frecuencia debe lavarse el pelo?
4. ¿Cómo determinar el champú adecuado?
5. Nombrar dos tipos de agua.
6. ¿Por qué es importante cepillar antes de lavar?
7. ¿Cuándo no es adecuado cepillar antes de lavar?
8. ¿Qué significa pH?
9. ¿Cómo se mide el pH?
10. ¿Por qué es importante el pH del champú?
11. ¿Qué es el aclarado?
12. ¿Cuál es la función de un aclarado ácido?
13. ¿Qué tipo de aclarado tiene como fin suavizar el pelo, añadir lustre y eliminar enredos?
14. ¿Qué tipo de aclarado evita la atenuación del color después de la aplicación de tinte o matizado?
15. ¿Cómo evita la pérdida de color un aclarado equilibrado ácido?
16. ¿Qué es un aclarado medicinal?
17. ¿Cuál es el objetivo de un aclarado de color?

CORTE DEL CABELLO

7

OBJETIVOS DE APRENDIZAJE

DESPUÉS DE COMPLETAR ESTE CAPÍTULO, USTED DEBE SER CAPAZ DE:

1. Describir por qué un corte de cabello profesional es la base para el peinado y otros servicios realizados en el salón de belleza.

2. Mostrar cómo seccionar el cabello y su relación con el corte de cabello profesional.

3. Explicar el empleo correcto de utensilios básicos para el corte de cabello.

4. Enumerar las varias técnicas empleadas para el entresacado del cabello.

5. Enumerar las técnicas básicas para cortar con tijeras o con una navaja.

INTRODUCCIÓN

Como estudiante de cosmetología, aprenderá a dominar el arte y las técnicas del *corte del cabello*. Sus habilidades en el corte de cabello aumentarán sus calificaciones profesionales en el salón de peluquería. Se necesita un aprendizaje completo sobre la forma correcta de cortar y conformar el cabello, usando tijeras normales, tijeras de entresacado o navaja. El aprendizaje debe proseguir con una práctica continua bajo la guía de un instructor. Un buen corte sirve como base para peinados atractivos y para otros servicios que se realizan en el salón de peluquería. Una enseñanza en cosmetología no es completa hasta que se ha adquirido la habilidad artística y el criterio necesario para efectuar un corte de cabello adecuado.

Los *estilos de peinado* deben acentuar los puntos favorables del cliente, minimizando a la vez sus rasgos poco atractivos. Al seleccionar un estilo de peinado adecuado, tener en cuenta la forma de la cara del cliente, el contorno facial, la línea del cuello y la textura del cabello. No obstante, también debe guiarse por los deseos, personalidad y estilo de vida de su cliente.

INSTRUMENTOS UTILIZADOS EN EL CORTE DEL CABELLO

La calidad y la selección de los instrumentos es importante para conseguir un buen corte de cabello. Para realizar su mejor trabajo, el estudiante de cosmetología debe comprar y utilizar solamente instrumentos de máxima calidad de un fabricante de confianza. Sin embargo, un uso inadecuado destruirá rápidamente la eficacia de cualquier instrumento, por bien fabricado que esté.

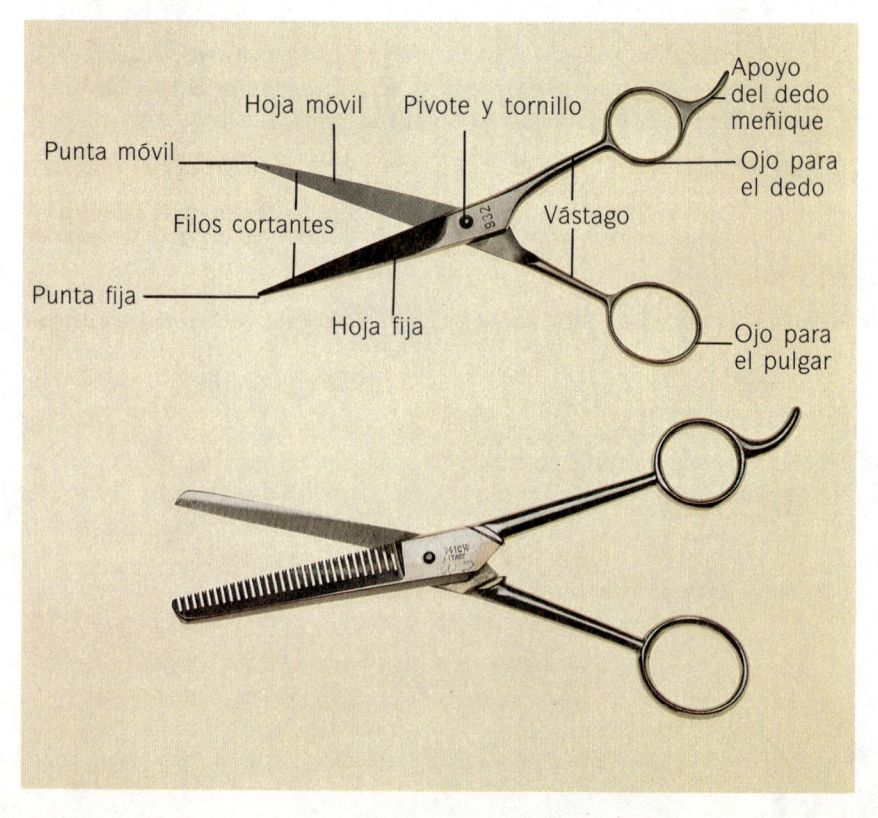

7.1—Tijeras para corte de cabello (arriba); tijeras de entresacado, con una hoja dentada (abajo).

CAPÍTULO 7   CORTE DEL CABELLO   ◆   85

Los siguientes utensilios se utilizan para cortar el pelo (Figs. 7.1, 7.2):

Tijeras de cortar normales
Tijeras de entresacar (con una o ambas hojas dentadas)

Navajas con cachas de seguridad
Maquinillas. (Fig. 7.33)
Peines y clips. (Fig. 9.1 para ilustraciones de clips.) ✔

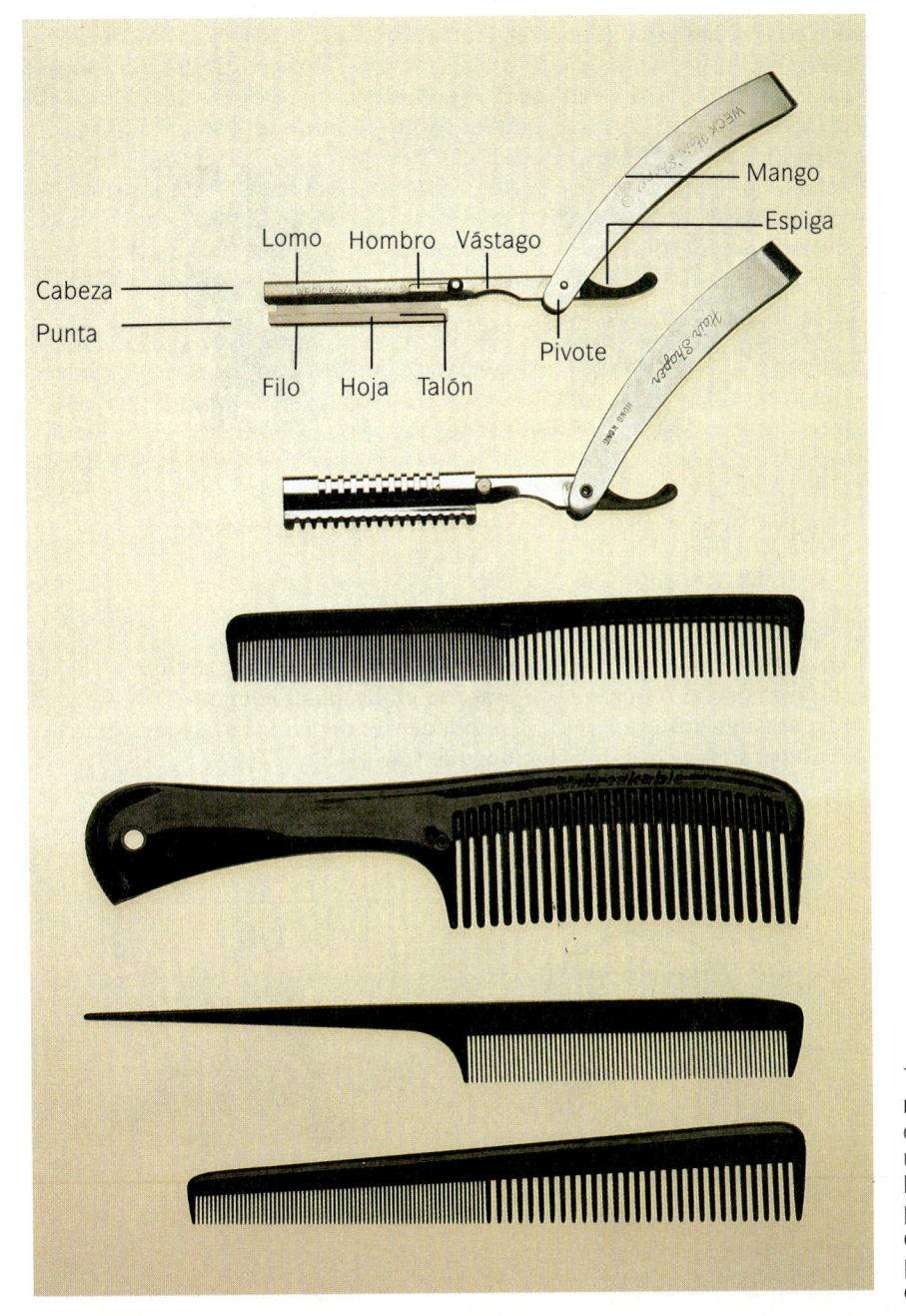

✔ **Completado—Objetivo de Aprendizaje núm. 1**

EL CORTE DE CABELLO COMO BASE PARA EL PEINADO Y OTROS SERVICIOS

7.2—De arriba abajo: navaja normal; navaja normal con cachas de seguridad; peine de usos generales; peine de puas largas; peine de cola de rata; peine para cortar. Aviso: Algunos estados no permitan el uso de peines de cola de rata para el corte de cabello.

SECCIONADO DEL CABELLO PARA EL CORTE

Siguiendo un procedimiento paso a paso, usted aprenderá pronto cómo hacer un corte de cabello profesional. El primer paso es seccionar correctamente el cabello. Las siguientes ilustraciones cubren los métodos prácticos y aceptados para dividir el pelo en cuatro o cinco secciones. En cualquier caso, siga los métodos de su instructor para cortar en seco o en mojado.

División en cuatro secciones

Dividir el pelo por el centro desde la frente a la *nuca* (la parte posterior del cuello) y también a través de la parte alta de la cabeza de oreja a oreja. Sujetar con pinzas las cuatro secciones dejando cabello alrededor del borde para usar como guía. (Figs. 7.3, 7.4)

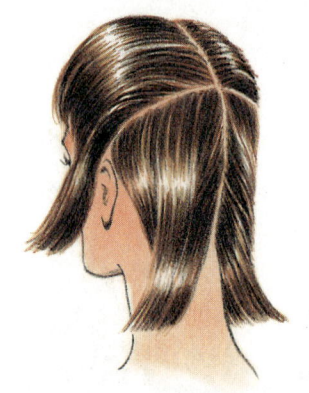

7.3—División en cuatro secciones.

7.4—Cuatro secciones con línea de guía.

División en cinco secciones

División en cinco secciones con paneles de subdivisión: dividir y sujetar con pinzas en el orden que se muestra en las ilustraciones.

La sección posterior (N.º 5) se puede dividir en las secciones N.º 5a y N.º 5b para manejarla más fácilmente. (Figs. 7.5 a 7.7)

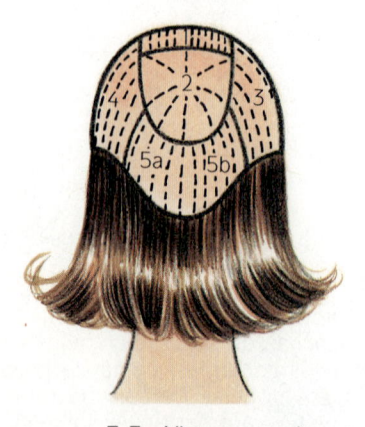

7.5—Vista posterior.

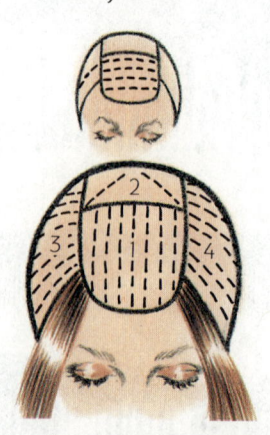

7.6—La sección superior se puede subdividir en dirección horizontal o vertical.

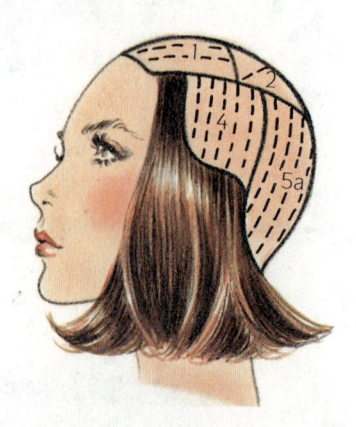

7.7—Vista lateral.

CAPÍTULO 7   CORTE DEL CABELLO ◆ 87

Método alternativo de cinco secciones

Otra forma de dividir el pelo en cinco secciones es partirlo a través de la *coronilla* (la parte más alta de la cabeza) de una oreja a otra, y entonces subdividir el pelo en el mismo orden que se muestra en la ilustración. (Fig. 7.8) ✔

CÓMO SUJETAR LOS INSTRUMENTOS DE CORTE

Tijeras

Las tijeras de cortar se manejan correctamente introduciendo el dedo anular en el ojo de la hola fija y colocando el meñique en el apoyo. El pulgar se introduce en el ojo de la hoja móvil. La punta del dedo índice se apoya cerca del pivote para tener un mejor control. (Fig. 7.9)

Tijeras de entresacar

El exceso de volumen se elimina fácilmente del pelo con unas tijeras de entresacar. Como se ve en la Fig. 7.1, estas tijeras son muy parecidas a las de cortar excepto que tienen una o ambas hojas **dentadas.** Las de un solo borde dentado cortan más pelo. La que se use depende de las preferencias del cosmetólogo. Los dientes proporcionan la manera de aclarar el pelo de modo uniforme. Las tijeras de entresacar y las de cortar se sujetan de la misma forma. (Figs. 7.10, 7.11)

Cómo sujetar el peine y las tijeras

Durante el proceso de corte, hay que sujetar a la vez el peine y las tijeras. Practique cerrando las hojas de las tijeras, quitando el pulgar del ojo y apoyando las tijeras en la palma. Sujetarlas firmemente con el dedo anular. El peine se sujeta entre el anular y los demás dedos. (Fig. 7.12)

7.8—Cabello dividido en cinco secciones con subdivisión central posterior.

✔ Completado—Objetivo de Aprendizaje núm. 2

CÓMO SECCIONAR EL CABELLO PARA EL CORTE

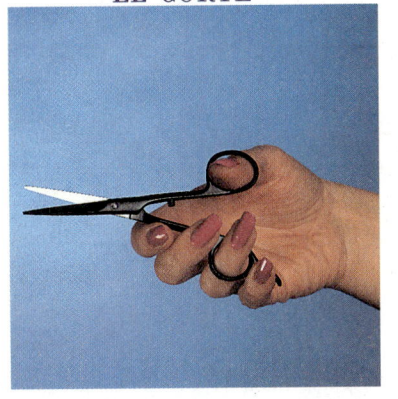

7.9—Cómo sujetar las tijeras.

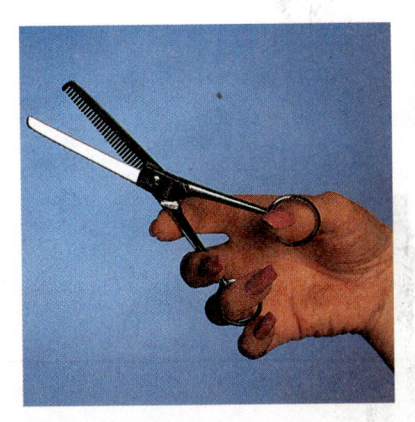

7.10—Sujección de las tijeras de entresacar con una hoja dentada.

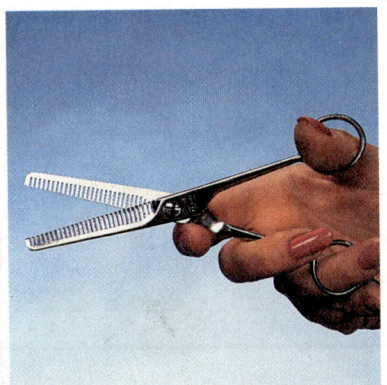

7.11—Sujección de las tijeras de entresacar con ambas hojas dentadas.

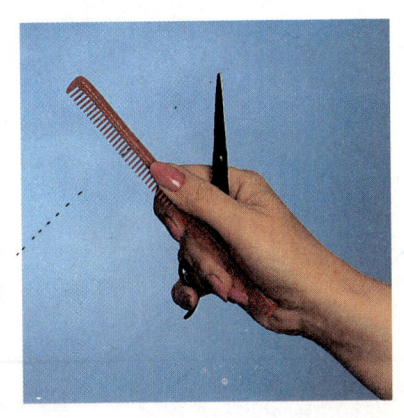

7.12—Sujección del peine y las tijeras.

EMPLEO DE UTENSILIOS BÁSICOS PARA EL CORTE

✓ Completado—Objetivo de Aprendizaje núm. 3

◆**NOTA:** Al peinar el cabello, mantener el peine y las tijeras en la mano derecha, tal como se ve. Mientras se corta el pelo, mantener el peine en la mano izquierda. Para ahorrar tiempo, no dejar el peine o las tijeras mientras se corta. ✓

ENTRESACADO DEL CABELLO

La finalidad del *entresacado* o *texturizado* del cabello es eliminar el exceso de volumen sin acortar su longitud. Para conseguir los resultados óptimos, utilizar las sugerencias siguientes:

1. Si se utiliza una navaja para entresacar o cortar, humedecer antes el pelo.

2. Si se usan tijeras de entresacar o normales, el pelo puede estar seco o húmedo.

La textura del cabello determina el punto del mechón en que debe iniciarse el entresacado. Como regla general el pelo fino debe empezar a entresacarse más cerca del cráneo que el pelo grueso. El cabello fino es más suave y flexible y al cortarlo corto se quedará plano contra la cabeza. Contrariamente, si el cabello grueso se entresaca demasiado cerca del cuero cabelludo, las puntas gruesas y cortas sobresaldrán por encima de la capa superior.

La cantidad de pelo a entresacar depende de cada peinado. Como guía, empezar el entresacado de las diferentes texturas de cabello como sigue:

1. *Cabello fino:* 1,25 a 2,5 cm. del cráneo.

2. *Cabello normal:* 2,5 a 3,75 cm. del cráneo.

3. *Cabello grueso:* 3,75 a 5 cm. del cráneo.

Zonas de aclarado del pelo

Hay varias zonas donde *no* es recomendable aclarar el cabello (Fig. 7.13):

1. En la nuca (de una a otra oreja).

2. A los lados de la cabeza, sobre las orejas.

3. Alrededor de la línea del pelo de la cara. Normalmente no hay demasiado pelo en esta línea.

4. En la raya. Se verían los extremos cortados en el peinado final.

7.13—La línea de trazos muestra el cabello que no necesita entresacado.

◆**NOTA:** No entresacar nunca el pelo cerca de los extremos de un mechón; el cabello quedaría sin forma.

> **P R E C A U C I Ó N**
> *Durante el proceso de entresacado, recuerde que siempre puede volver a quitar más cabello, si es necesario. Sin embargo, una vez cortado el cabello, es imposible reponerlo y se puede encontrar en dificultades para conseguir el peinado que desea.*

Entresacar con tijeras dentadas
Al usar las tijeras de entresacar, sujetar el cabello con firmeza y uniformidad sobreponiendo el dedo medio ligeramente sobre el índice.

Procedimiento
1. Tomar una sección del pelo de 1,25 a 2,5 cm. de anchura y 5 a 7,5 cm. de longitud, según sea la textura del cabello.
2. Mantenerla perpendicular al cráneo entre los dedos índice y medio.
3. Colocar las tijeras de entresacar a 2,5–5 cm. del cráneo.
4. Cortar la sección cerrando parcialmente las tijeras de entresacar, unas tres cuartas partes, a través del mechón. (Fig. 7.14)
5. Desplazarse hacia afuera otros 3,75 cm. y cortar de nuevo.
6. Repetir si es necesario.

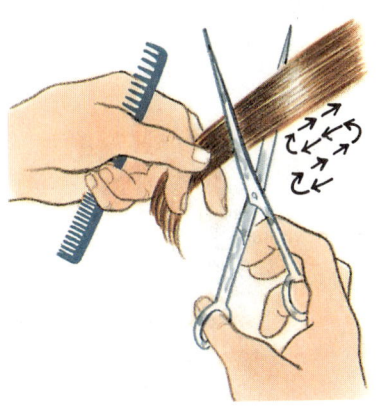

◆**NOTA:** Es conveniente no entresacar cabello de la parte superior de la sección.

7.14—Entresacado con tijeras dentadas.

7.15—Entresacar con tijeras de corte.

Entresacar con tijeras de corte
Al usar tijeras de corte, normales para entresacar cabello, hay que tomar secciones de cabello más pequeñas que cuando se usan tijeras de entresacar. Al proceso de entresacar con tijeras se le llama *deslizamiento* o *deshilachado*, y exige una técnica diferente. (Fig. 7.15)

Procedimiento
1. Sujetar una sección de cabello perpendicular entre los dedos índice y medio.
2. Colocar el cabello en las tijeras de forma que sólo se corte el cabello de la parte baja.
3. Deslizar las tijeras unos 2,5 a 3,75 cm. aproximadamente, hacia abajo, cerrándolas ligeramente cada vez que se mueven hacia el cráneo.
4. Repetir este procedimiento dos veces en cada sección.

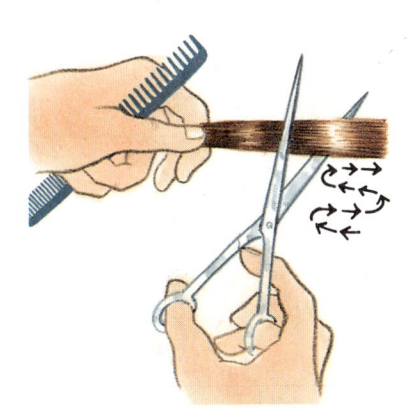

Método alternativo. Sujetar el cabello con el pulgar y el índice. (Fig. 7.16)

7.16—Sujetando el pelo con el pulgar y el índice.

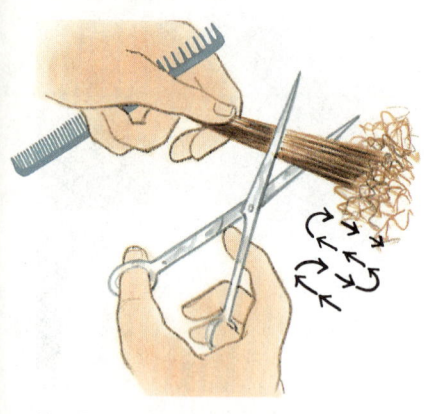

TEXTO GENERAL DE COSMETOLOGÍA

Método de pelo cardado: El cabello corto se puede cardar y después entresacar. (Fig. 7.17)

CORTE DEL CABELLO CON TIJERAS

El conformado con tijeras se puede hacer con el cabello seco o húmedo.

En seco. Si el cabello se conforma en seco es recomendable lavarlo primero y secarlo completamente antes del conformado.

En húmedo. El cabello puede conformarse inmediatamente después de lavarlo.

Preparación

1. Sentar a la cliente; ajustar la banda del cuello y la bata de plástico.
2. Analizar la forma de la cabeza, los rasgos faciales y la textura del cabello.
3. Decidir con su cliente el corte de cabello adecuado.
4. Peinar y cepillar el pelo para desenredarlo.

Procedimiento

1. Dividir el cabello en cinco secciones.
2. Determinar la longitud de la **guía de cabello de la nuca,** la sección que servirá como guía de longitud al ir cortando el cabello.
3. **Cortar a través** (cortar el cabello recto, sin deslizar) el mechón de guía del cabello de la nuca. (Fig. 7.18)

    a) Cortar recto el mechón del lado izquierdo, usando el más cercano al lóbulo, y usando el lóbulo como guía. (Fig. 7.19)

    b) Cortar recto el mechón del lado derecho, que se corresponda con el izquierdo.

    c) Cortar recto desde el centro atrás a la izquierda delante. (Fig 7.20)

    d) Cortar recto desde el centro atrás a la derecha delante para completar la línea de guía. (Fig. 7.21)

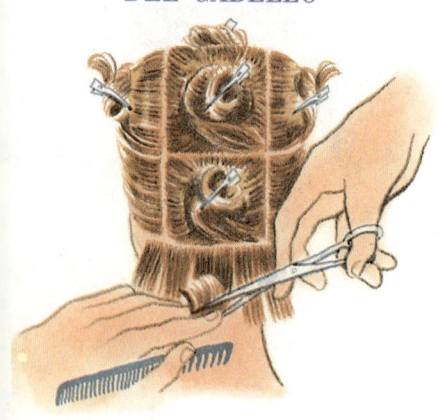

7.17—Entresacado de cabello después de cardarlo.

✓ Completado—Objetivo de Aprendizaje núm. 4

ENTRESACADO DEL CABELLO

7.18—Corte recto del mechón del centro de la nuca al largo deseado.

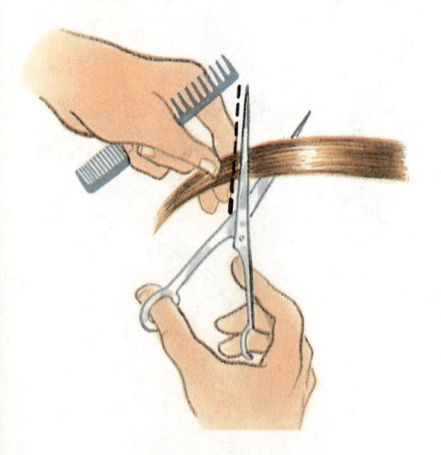

7.19—Corte recto.

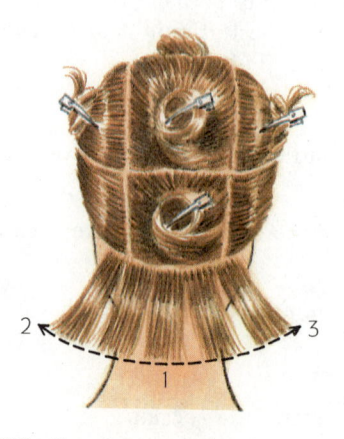

7.20—Seguir cortando el resto del cabello de guía.

7.21—Cabello de guía cortado correctamente.

CAPÍTULO 7   CORTE DEL CABELLO ◆ 91

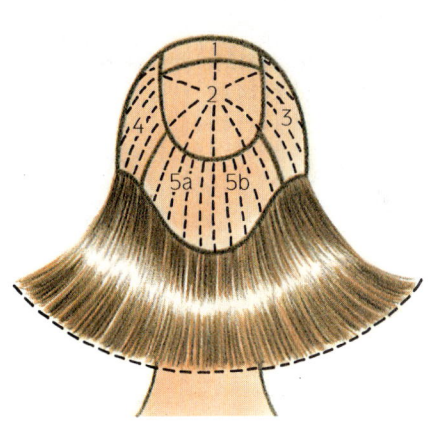

7.22—Dividir la sección 5 en dos partes iguales.

7.23—Corte recto de la sección 5b.

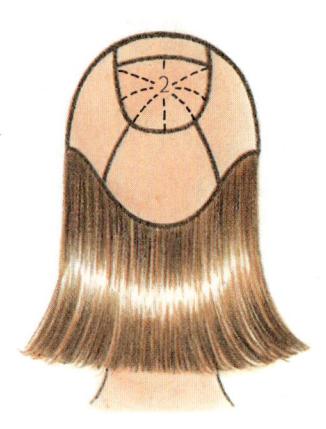

7.24—Sección de la coronilla.

4. Dejar caer la sección N.º 5 y dividirla en dos partes iguales (N.º 5a y N.º 5b). Hacer coincidir la longitud con la de la línea de guía. (Fig. 7.22) Puede hacerse primero cualquiera de las dos partes. Sujetar tiras de cabello desde la cabeza a la vez que se corta recto. (Fig. 7.23) Continuar cortando las secciones N.º 3 y N.º 4 de la misma forma.

Sección de la coronilla

Sección de la coronilla N.º 2. Sujetar los mechones redondos; igualar la longitud tomando mechones de la sección ya cortada. Continuar alrededor de la cabeza, igualando la longitud con el cabello de los lados y de atrás. (Figs. 7.24, 7.25)

Sección delantera superior

Dividir la sección N.º 1 en dos partes. Tomar cabello de la sección central usando algunas mechas de cabello de la coronilla ya cortada como guía. Mantener el movimiento de la mano en un arco de 45°. Seguir cortando las dos partes de la sección N.º 1 de la manera prescrita. (Figs. 7.26, 7.27)

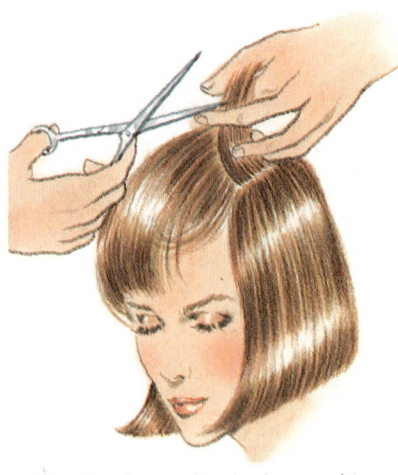

7.25—Conformado de la sección de la coronilla.

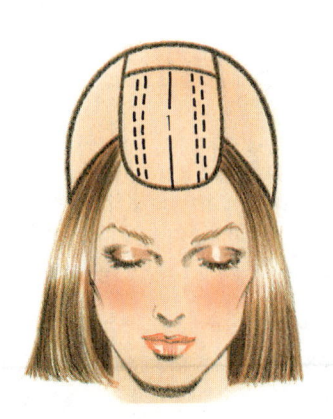

7.26—Vista superior de la sección 1 con las particiones verticales.

7.27—Dando forma a la sección superior.

Si hay que cortar un fleco, trabaje directamente delante del cliente para un corte igualado. Compruebe la elasticidad del cabello y determine la longitud deseada. Si el fleco tiene que ser corto, use como guía el puente de la nariz. Si el peinado tiene que ser largo, forme las mechas para mezclarse en la longitud de los lados. (Figs. 7.28 a 7.30)

Reducción del volumen. Para completar el corte del pelo, eliminar el exceso de volumen entresacando con una navaja, tijeras de entresacar o tijeras. Se recomienda comprobar que todo el pelo tenga la longitud adecuada.

Pregunta Y Respuesta

PROBLEMAS CON EL CORTE ESCALADO

P *¿Cómo puedo realizar un corte escalado para un cliente que no tiene mucho cabello en la nuca y no crece en el cuello?*

R La única respuesta es hacer el cabello de la nuca "formado" en relación a otras longitudes del peinado. Establezca una longitud natural ajustable a la nuca, luego utilice divisiones verticales para que usted pueda controlar el grado de graduación desde la nuca a la longitud que usará durante el proceso completo. En vez de colocar sus dedos para que el cabello esté al "cero" a la longitud natural, coloque los dedos más o menos una ½" (1.25 cm) de la cabeza y corte el cabello de ½" a 2" (1.25 a 5 cm.) del hueso occipital. Al terminar el corte de cabello, usted puede utilizar tijeras de textura para remover un exceso de volumen por encima de la guía. Dicho método da la ilusión de una nuca "formada", a pesar de que el cabello no empiece a crecer en el punto de la guía establecida.

P *¿Cómo puedo evitar los pasos visibles al cortar el cabello que es muy corto en la parte posterior?*

R Ya que el cuero cabelludo es flexible, estira cuando la cabeza se inclina hacia adelante y relaja cuando la cabeza se enderece; esto puede ocasionar la apariencia de pasos cuando el cliente se levanta la cabeza.

Corte el cabello del cliente cuando su cabeza está en una posición vertical. Su propio cuerpo tiene que estar a una posición más baja que la cabeza del cliente para que sus manos y las tijeras se encuentren paralelas al piso. Es bueno tener cerca una banqueta baja para este propósito. Si no sabe cortar con la técnica llamada "tijeras por encima del peine" para el corte escalado, apréndala rápidamente. Los mejores maestros de dicha técnica son barberos o estilistas que trabajen en un salón exclusivamente para hombres.

—Tomado del *Milady Soluciones para el Salón de Belleza por Louise Cotter*

CAPÍTULO 7   CORTE DEL CABELLO   ◆   93

7.28—Corte uniforme correcto.

7.29—Peinado completo con efecto de flequillo y/o estilo fuera de la cara.

7.30—Peinado para un estilo con la parte posterior recta.

Acabado

Quitar la banda del cuello y la capa de plástico. Limpiar todos los restos de pelo de la capa, de la ropa del cliente y de la zona de trabajo. Entonces puede usted seguir con el siguiente servicio profesional deseado por su cliente.

CORTE ESCALADO

El *corte escalado* consiste en cortar el cabello cerca de la nuca y dejarlo gradualmente más largo hacia la coronilla, sin que muestre una línea definida.

No importa lo que digan las corrientes de la moda, siempre habrá clientes que prefieren llevar el pelo corto. Para satisfacer a estas clientes usted debe saber cómo cortar escalado. Las ilustraciones siguientes muestran cómo cortar escaladamente con la ayuda del peine y las tijeras. (Figs. 7.31, 7.32)

Procedimiento

El corte escalado debe hacerse a la altura de los ojos. Empezar trazando la línea del cuello. Mantener el pelo en el peine y cortar hacia arriba con un efecto gradual. Cuando llegue a la parte alta de la sección que está cortando, dé la vuelta al peine y peine hacia abajo. Siga, sección a sección, hasta que toda la parte posterior de la cabeza esté cortada de un modo suave y uniforme.

◆ **NOTA:** Al cortar en escalado las hojas de las tijeras se mantienen paralelas al peine; sólo se mueve la hoja superior que efectúa el corte.

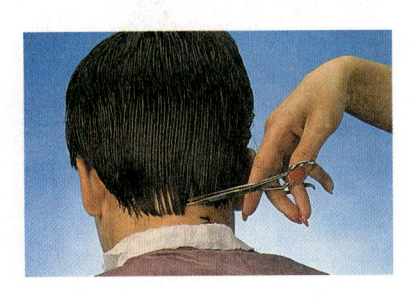

7.31—Trazado de la línea del cuello.

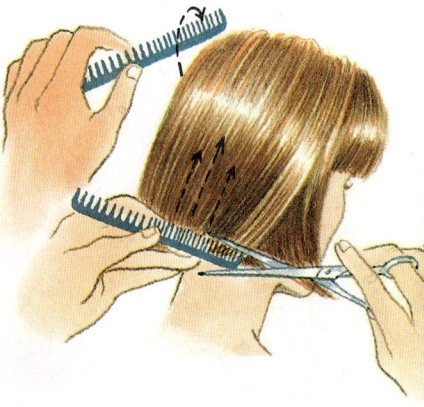

7.32—Cortando escalado en la parte posterior de la cabeza.

7.33—Maquinilla eléctrica de cortar.

7.34—Limpieza del cuello con maquinilla.

USO DE LA MAQUINILLA EN LA LÍNEA DEL CUELLO

Existe la idea equivocada de que el uso de la maquinilla para "limpiar" la línea del cuello hace que el pelo crezca más espeso. Esto no es cierto, porque la cantidad de pelo no puede ser mayor que el número de folículos en la zona. El uso de la maquinilla o cualquier otro utensilio no aumenta el número de folículos. (Figs. 7.33, 7.34)

USO DE LA NAVAJA

El cosmetólogo de éxito debe ser versátil en el manejo eficaz de todos los utensilios de corte, incluyendo la navaja normal.

Como sujetar la navaja

Sujección con todos los dedos. Colocar el pulgar en la parte acanalada del *vástago* y doblar los dedos sobre el mango de la navaja. Las *cachas* miran hacia el cosmetólogo mientras trabaja. (Fig. 7.35)

Sujección con tres dedos. Colocar tres dedos sobre el vástago, el pulgar en la acanaladura del vástago y el meñique en la parte cóncava de la espiga. (Fig. 7.36)

◆NOTA: Al peinar el pelo, mantener el peine y la navaja en la mano derecha. (Fig. 7.37) Al cortar el pelo con navaja sostener el peine en la mano izquierda. No dejar el peine o la navaja.

Al usar la navaja, mantener el cabello húmedo para evitar tirones de pelo y el embotado de la navaja.

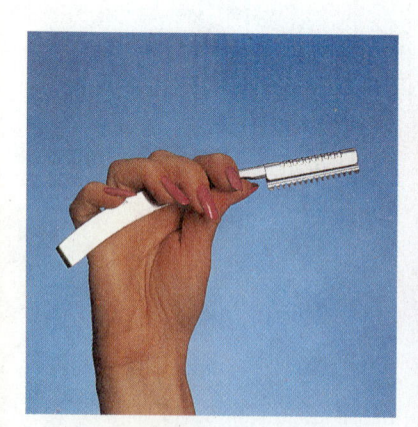

7.35—Sujección con todos los dedos.

7.36—Corte perpendicular con navaja.

7.37—Sujección de la navaja y el peine.

Cambio de hojas

Quitar la hoja vieja. Separar la protección. Sujetar la navaja firmemente con la mano izquierda por encima del pivote. Sujetar la hoja con los dientes de la parte superior de la protección y empujar hacia afuera la hoja. (Fig. 7.38)

Poner una hoja nueva. Deslizar la hoja en la ranura empujándola cuidadosamente con los dedos. Colocar el extremo dentado de la protección en la muesca de la hoja y deslizar la hoja hasta que se enganche en su posición. Deslizar la protección sobre la hoja, asegurándose de que el extremo libre o abierto está sobre el filo de la hoja.

Entresacado con navaja

Sujetar perpendicularmente entre los dedos medio e índice un mechón de pelo mojado. Colocar la navaja plana, no levantada, a unos 1,25 cm. del cuero cabelludo (según la textura del pelo) y dar golpes cortos y regulares hacia el extremo del pelo. (Figs. 7.39 a 7.41)

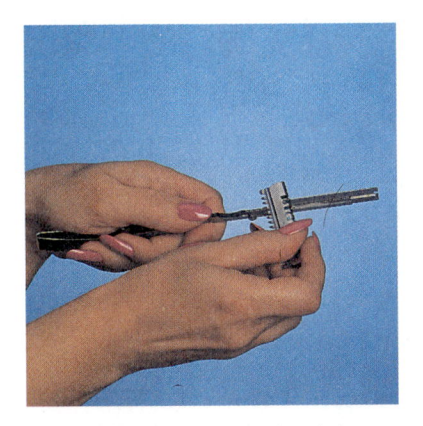

7.38—Quitar la hoja vieja.

7.39—Entresacado con navaja.

7.40—Afinado de las puntas con navaja.

7.41—Corte inferior con navaja, con golpes hacia arriba.

Corte de pelo con navaja

Preparación
1. Sentar al cliente, ajustar la banda del cuello y la capa de plástico.
2. Analizar la forma de la cabeza, los rasgos faciales y la textura del cabello.
3. Decidir con el cliente el corte de pelo adecuado.
4. Peinar y cepillar el pelo para desenredarlo.
5. Lavar y cortar mientras está mojado.

Procedimiento
1. Dividir el pelo en cinco secciones.
2. Determinar la longitud del cabello en la línea de guía de la nuca.
3. Despuntar un mechón de guía del pelo de la nuca.
   a) Despuntar un mechón del lado izquierdo; usar como guía el lóbulo de la oreja.
   b) Despuntar un mechón del lado derecho, que se corresponda con el izquierdo.
   c) Usar la línea de guía para cortar desde el centro en la parte posterior hasta la parte delantera izquierda y hasta la parte delantera derecha. (Fig. 7.43)
   d) Completar la línea de guía. (Fig. 7.44)

Corte de las secciones posteriores 5a y 5b. Dividir la sección N.º 5 en dos partes (secciones 5a y 5b). Desde el centro de la sección 5a, tomar mechones horizontales. Tomar un mechón como guía para la longitud. Cuando el cabello de la línea de guía se desprende, cortarlo moviendo las manos hacia afuera y arriba en un arco de 45°. (Fig. 7.45)

Corte de la sección 4. Seguir el corte hacia la izquierda en la sección 4 de la misma forma.

Corte de la sección 3. Volver a la sección 5b y cortarla, moviéndose hacia la derecha, a la sección 3, siempre levantando las manos hacia adentro y arriba en un arco de 45° mientras se corta el pelo. Medir cuidadosamente con el cabello de la línea de guía.

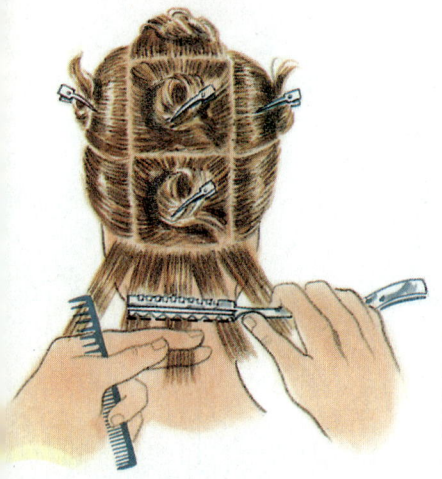

7.42—Despuntado de un mechón en el centro de la nuca hasta la longitud deseada.

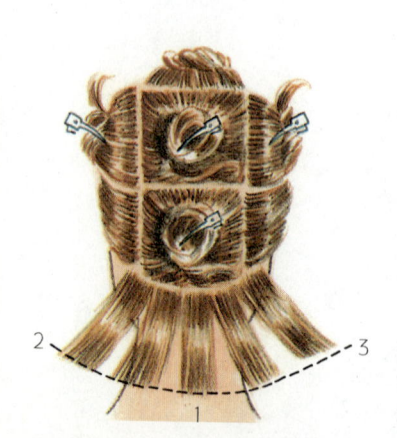

7.43—Seguir con el corte del resto de la línea de guía.

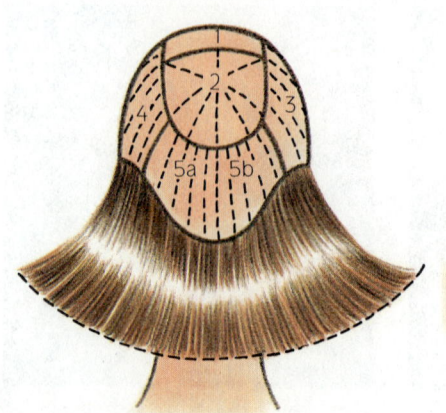

7.44—Línea de guía completa.

7.45—Dar forma a la sección 5a.

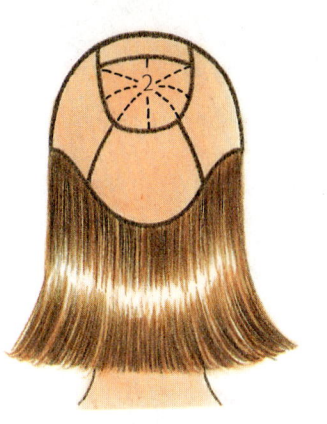

CAPÍTULO 7 CORTE DEL CABELLO ◆ 97

7.46—Sección 2.

7.47—Dar forma a la sección 2.

7.48—Se ve la sección 1 con una raya vertical.

Corte de la sección 2. A continuación, cortar la sección 2 (coronilla) usando como guía el pelo ya cortado. (Figs. 7.46, 7.47)

Corte de la sección 1. Dividir la sección 1 en dos partes. Tomar cabello de la mitad de la sección usando unos mechones del pelo ya cortado de la coronilla como guía. Mantener el movimiento de la mano en un arco de 45°. Siga cortando las dos mitades de la sección 1 de la forma descrita. (Figs. 7.48, 7.49)

Flequillos. Para cortar los flequillos por igual, trabaje directamente delante del cliente. Comprobar la elasticidad del pelo y determinar la longitud deseada. Si los flequillos tienen que ser cortos, utilice el puente de la nariz como guía. Si el peinado es largo, dé forma a los mechones para que se coordinen con la longitud de los lados.

Reducción del volumen. Para completar el corte del pelo, eliminar el exceso de volumen entresacando con navaja o con tijeras de entresacar o normales. Compruebe que el cabello tiene la longitud correcta. (Figs. 7.50, 7.51)

Acabado. Quitar la banda de cuello y la capa de plástico. Limpiar cuidadosamente todos los restos de pelo de la capa, de la ropa del cliente, y de la zona de trabajo. Ahora puede continuar con el siguiente servicio profesional que el cliente desee.

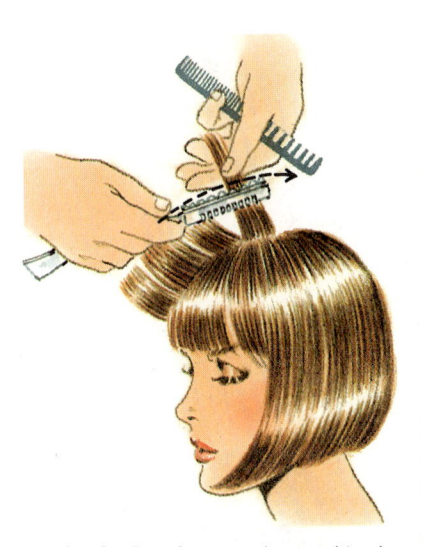

7.49—Dar forma a la sección 1.

7.50—Conformado correcto uniforme.

7.51—Vista posterior conformado uniforme.

Pregunta Y Respuesta

EL CORTE ESCALADO DEL CABELLO LARGO

P

¿Cuánto es posible cortar en capas el cabello largo?

R Es fácil confundirse al hablar de cortar el cabello "en capas"; con frecuencia la palabra no se utiliza correctamente. Sencillamente, el cortar el cabello en capas significa cortando el cabello en longitudes variables por completo en una forma establecida.

Dicha confusión se origina de una mala interpretación de las varias maneras el corte en capas puede utilizarse para mejorar un peinado. La mayoría de los clientes asocia a la palabra "capa" con el corte del cabello de diferentes longitudes por toda la cabeza. Esto no es el resultado de cortar en capas.

Cuando el cabello se sujeta a 90 grados (en la dirección opuesta a la de su crecimiento natural) y se corta por completo en una longitud específica, se considera que esto es un corte en capas completo.

Utilizadas para mejorar la apariencia del cabello largo, se crean capas perimetrales alzando ligeramente el cabello, mientras se establece la longitud natural. Si se sujeta el cabello contra la cabeza, la falta de elevación iguala a no tener capas. Si se alza el cabello a un ángulo de 45 grados, el perímetro va a tener algunas capas. Dichas capas del perímetro suavizarán el cabello, removerán el volumen excesivo y causarán que las puntas se muevan libremente.

Un corte en capas en la parte superior y la coronilla es más común, ya que remueve alguna longitud en las áreas de la coronilla y de la parte frontal para que el cabello se aleje de la cabeza. Si el cabello en la coronilla se quedara demasiado largo, el cabello se pegaría a la cabeza. Si se cortara el cabello en la coronilla un poco más corto, el cabello se alejaría de la cabeza, debido al menor cantidad del volumen y del tiro de gravedad, lo cual da la apariencia de mayor volumen.

—*Tomado del* Milady Soluciones para el Salón de Belleza *por Louise Cotter*

7.52—Estilos populares de peinado para niños.

APRENDA A MANEJAR A LOS NIÑOS

Debe darse una consideración especial a los niños y adolescentes. Los peluqueros que tienen paciencia y saben manejar a los niños atraerán a los padres a sus salones para sus peinados. (Fig. 7.52)

CORTE DEL CABELLO EXCESIVAMENTE RIZADO

El pelo demasiado rizado tiene características especiales, igual que las tienen otros tipos de pelo, que requieren ciertas técnicas para el peinado. Lo más importante para usted es la habilidad de imaginarse y crear un peinado que realce la apariencia de su cliente. El conocimiento de las técnicas correctas de corte y peinado y el uso del sentido común al aplicarlas son básicos para el éxito de un peluquero. Se describe a continuación un método para conformar y peinar un pelo excesivamente rizado. Su instructor también puede tener otros métodos que usted puede usar.

Procedimiento

1. Cubrir al cliente para un corte de cabello.
2. Lavar y secar el pelo cuidadosamente.
3. Aplicar un producto *emoliente* (suavizante) ligeramente sobre el pelo y cuero cabelludo para substituir la grasa perdida.
4. Empezar en la coronilla. Usando un peine de púas anchas o elevador de pelo, peinarlo hacia arriba y ligeramente hacia adelante, extendiéndolo al máximo en su longitud. Continuar hasta que todo el pelo haya sido peinado desde el cuero cabelludo y esté regularmente distribuido alrededor de la cabeza. El peinado en forma circular ayuda a evitar las esciciones.
5. Cortar el cabello. Imagínese el peinado y la longitud de pelo que desea. Empiece por rebajar los lados y corte en la dirección en que peinará el pelo.
6. Rebajar la parte posterior de la cabeza para que se combine con los lados.
7. Igualar los extremos de los cabellos en las zonas superiores a la longitud deseada.
8. Para un peinado de cara despejada peinar hacia arriba y atrás. Para dar movimiento hacia adelante, peinar arriba y hacia adelante.
9. Combinar el pelo de los lados con el de arriba, el de la coronilla y el de atrás.
10. Trazar el peinado a los lados, alrededor de las orejas, y en la zona de la nuca usando tijeras o maquinilla.
11. Comprobar la silueta del peinado, asegurándose de que combina.
12. Dar un toque de acabado. Esponjar el pelo ligeramente, donde sea necesario, con un elevador de pelo. Pulverizarlo ligeramente para darle un brillo natural y lustroso. (Fig. 7.53) ✔

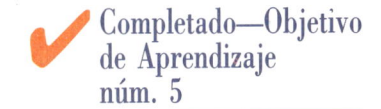

✔ **Completado—Objetivo de Aprendizaje núm. 5**

TÉCNICAS BÁSICAS PARA CORTAR CON TIJERAS O CON UNA NAVAJA

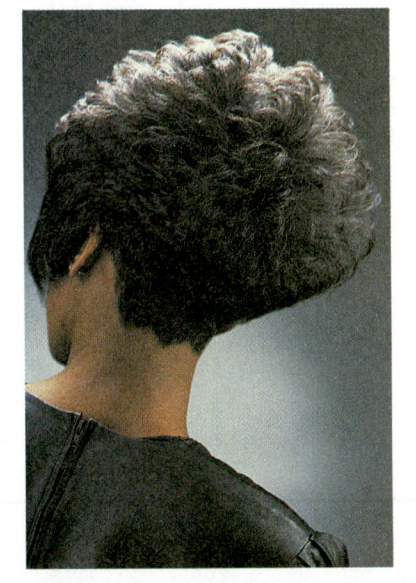

7.53—Estilos populares de peinados acabados.

PREGUNTAS DE REPASO

CORTE DE CABELLO
1. ¿Por qué el dominio del corte de cabello es tan importante para el estudiante?
2. ¿Qué cuatro factores hay que tener en cuenta al escoger el peinado para un cliente?
3. ¿Qué herramientas se usan para cortar el cabello?
4. ¿Cuál es el primer paso para cortar el cabello?
5. ¿Cuál es la finalidad de entresacar el cabello?
6. ¿A qué distancia del cráneo se debe entresacar: a) pelo fino; b) pelo medio; c) pelo grueso?
7. ¿En qué zonas no es recomendable entresacar?
8. Definir el deslizamiento.
9. ¿Cuál es la finalidad de la línea de guía?
10. ¿Qué es el corte escalado?
11. ¿Para qué se usa la maquinilla?
12. ¿Por qué se utiliza una navaja sobre pelo húmedo?
13. ¿Qué es el afinado?
14. El pelo excesivamente rizado ¿se corta seco o húmedo?

ONDULACIÓN CON LOS DEDOS

8

OBJETIVOS DE APRENDIZAJE

DESPUÉS DE COMPLETAR ESTE CAPÍTULO, USTED DEBE SER CAPAZ DE:

1. Explicar la finalidad de la ondulación con los dedos.//
2. Hacer una demostración de los diferentes tipos de ondulación con los dedos.
3. Enumerar las etapas en el procedimiento de ondulación con los dedos.

INTRODUCCIÓN

✓ **Completado—Objetivo de Aprendizaje núm. 1**

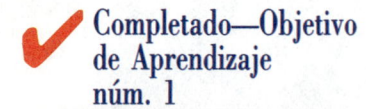

FINALIDAD DEL ONDULADO CON LOS DEDOS

La ondulación con los dedos es el arte de conformar y dirigir el cabello en ondas y diseños alternados paralelos, usando los dedos, el peine, la loción onduladora y horquillas o clips.

Usted puede preguntarse por qué está aprendiendo una técnica que ya casi ningún cliente pide. El entrenamiento en la ondulación con los dedos es importante porque le enseña la técnica de mover y dirigir el pelo. También la ayuda a desarrollar la destreza, la coordinación y la fuerza en los dedos que se necesita en una peluquería profesional. Además, le proporciona una formación valiosa en la creación de peinados y en el moldeo del cabello sobre la superficie curva de la cabeza. Es una introducción excelente para la peluquería. ✓

PREPARACIÓN

Lavarse siempre las manos antes de hacer ningún servicio en el salón a un cliente. Asegúrese de que todos los utensilios hayan sido higienizados y que las toallas y otros suministros estén limpios. Prepare al cliente como lo haría para un lavado.

Lave el pelo del cliente en la cubeta de lavado, séquelo con la toalla y siente al cliente cómodamente en su puesto de trabajo.

Se consiguen ondulados más suaves y naturales con el pelo que tiene una ondulación natural o que ha recibido una ondulación permanente que con pelo liso. Una ondulación bien hecha con los dedos complementa la cabeza del cliente así como sus rasgos faciales.

LOCIÓN PARA ONDULAR CON LOS DEDOS

La loción de ondular hace al cabello flexible y lo mantiene en su lugar durante el proceso de ondulación con los dedos.

La loción de ondular está hecha con goma de karaya, que se encuentra en árboles de la India y Africa. Esta goma puede diluirse hasta una consistencia clara y acuosa, que se usa normalmente para cabello fino, o puede ser un poco más consistente y concentrada para uso en cabello normal o grueso. Una buena loción de ondular es inofensiva para el pelo y no produce escamas al secarse.

APLICACIÓN DE LA LOCIÓN

Divida el cabello hasta el cuero cabelludo, péinelo suavemente y dispóngalo según el peinado planeado. El pelo se moverá más fácilmente si se usan las púas gruesas del peine. Siga la forma natural de crecimiento al dividir y peinar el pelo. Encontrará el cabello más fácil de moldear y no se doblará o separará en la zona de la coronilla.

La loción de ondular se aplica al pelo mientras está húmedo. Esto permite distribuir la loción suave y regularmente. Usar un aplicador para poner la loción y el peine para distribuirla por el cabello. No use una cantidad excesiva de loción.

◆**NOTA:** Aplique la loción a un lado de la cabeza cada vez; esto evita que se seque haciendo necesarias más aplicaciones.

Para determinar el crecimiento natural del pelo, peinarlo hacia atrás y empujarlo suavemente con la palma de la mano. Tal como aprenderá en el capítulo de peinados, el pelo caerá en su forma de crecimiento natural.

La ondulación con los dedos se puede empezar en cualquier lado de la cabeza. Sin embargo, en esta presentación se ha dividido el pelo en el lado izquierdo de la cabeza y la ondulación se inicia en el lado derecho (pesado) de la cabeza.

ONDULACIÓN HORIZONTAL CON LOS DEDOS

FORMANDO LA ZONA SUPERIOR

Usando como guía el dedo índice de la mano izquierda, formar el cabello de la parte superior con un peine, usando un movimiento circular. Empezando en el borde del pelo, ir trabajando hacia la coronilla en secciones de 3,75 a 5 cm. cada vez, hasta llegar a la coronilla. (Fig. 8.1)

Formación de la primera cresta

Colocar el dedo índice de la mano izquierda directamente sobre la posición de la primera cresta. Con las púas del peine apuntando ligeramente hacia arriba, introducir el peine bajo el dedo índice. Mover el peine hacia adelante unos 2,5 cm. a lo largo de la punta del dedo. (Fig. 8.2)

Con las púas aún en la cresta, poner el peine plano contra la cabeza para mantener la cresta en su lugar. (Fig. 8.3)

Quitar la mano izquierda de la cabeza y colocar el dedo medio sobre la cresta y el dedo índice sobre las púas del peine. Realzar la

8.1—Formar la zona superior.

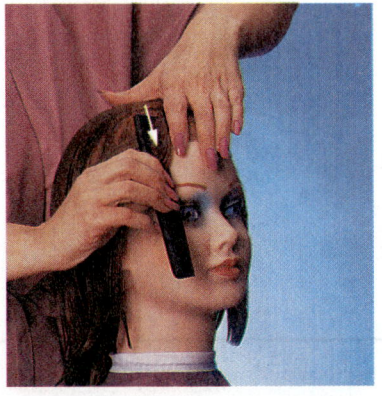

8.2—Mover el pelo unos 2,5 cm. hacia la punta del dedo.

8.3—Poner el peine plano contra la cabeza.

cresta cerrando los dos dedos y haciendo presión sobre la cabeza. (Fig. 8.4)

◆**NOTA:** No intente aumentar la altura o profundidad de una cresta pinzándola o empujando con los dedos; estos movimientos forzarían la dirección de la cresta.

Sin quitar el peine, girar las púas hacia abajo y peinar en dirección semicircular derecha para formar una depresión en la parte hueca de la onda. (Fig. 8.5)

Siga este procedimiento, sección a sección, hasta alcanzar la coronilla, donde desaparece la cresta. (Fig. 8.6)

La cresta y la onda de cada sección deben corresponderse sin mostrar separaciónes en la cresta y en la parte hueca de la onda.

Formación de la segunda cresta

Empezar en la zona de la coronilla. (Fig. 8.7) Los movimientos son inversos a los que se han seguido al formar la primera cresta. El peine se mueve desde la punta hacia la base del dedo índice, dirigiendo así la formación de la segunda cresta. Todos los movimientos se siguen en sentido inverso hasta que se alcance el borde del pelo, completando la segunda cresta. (Fig. 8.8)

8.4—Realzar la cresta.

8.5—Peinar en dirección semicircular.

8.6—Completar la primera cresta en la coronilla.

8.7—Empezar la segunda cresta.

8.8—Completar la segunda cresta.

Formación de la tercera cresta

Los movimientos para la tercera cresta siguen de cerca los utilizados para la primera. Sin embargo, la tercera cresta se inicia en el borde del pelo y sigue hacia la parte posterior de la cabeza. (Fig. 8.9)

Continuar alternando hasta haber terminado este lado de la cabeza. (Fig. 8.10)

CAPÍTULO 8   ONDULACIÓN CON LOS DEDOS   ◆ 105

8.9—Inicio de la tercera cresta.

8.10—Lado derecho completo.

LADO IZQUIERDO DE LA CABEZA
Use el mismo procedimiento para el lado izquierdo (ligero) de la cabeza que el usado para ondular con los dedos el lado derecho (pesado).

Procedimiento
1. Conformar el pelo. (Fig. 8.11)
2. Empezando en el borde del pelo, formar la primera cresta, sección por sección, hasta alcanzar la segunda cresta del lado opuesto. (Fig. 8.12)
3. Tanto la cresta como la onda deben combinarse con las del lado derecho de la cabeza sin discontinuidades o rupturas. (Fig. 8.13)
4. Empezar por la cresta y la onda en la parte posterior de la cabeza y seguir, sección por sección, hacia el lado izquierdo de la cara.
5. Continuar trabajando adelante y atrás hasta que todo el lado esté terminado. (Fig. 8.14)

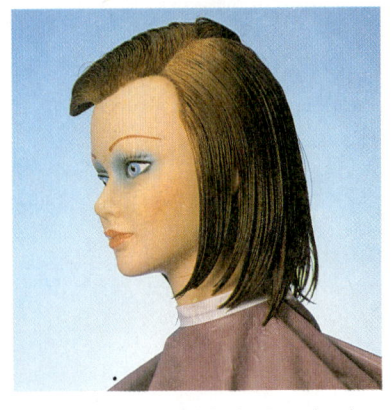

8.11—Formar el lado izquierdo.

8.12—La primera cresta empieza en el borde del pelo.

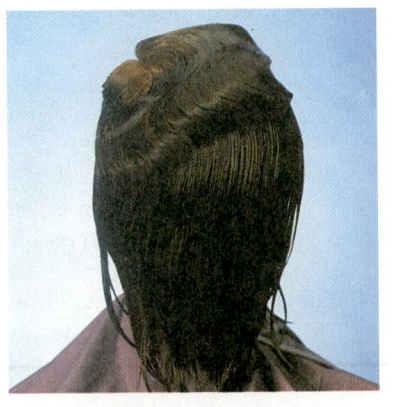

8.13—Cresta y onda encajadas en la zona de la coronilla.

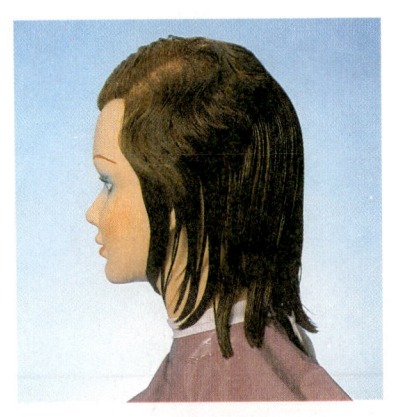

8.14—Lado izquierdo acabado.

106 ◆ TEXTO GENERAL DE COSMETOLOGÍA

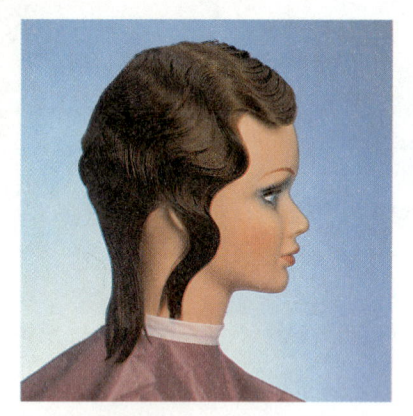

8.15—Peinado acabado, lado derecho.

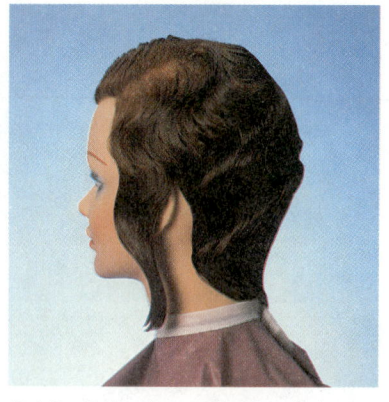

8.16—Peinado acabado, lado izquierdo.

8.17—Peinado acabado, vista posterior.

6. Las figuras 8.15 a 8.17 ilustran el peinado acabado.

Acabado

1. Colocar una red sobre el pelo y fijarla con horquillas o clips si es necesario y proteger la frente y orejas del cliente mientras está en el secador con protectores de algodón, gasa o papel.
2. Ajustar el secador a calor medio y deje que el pelo se seque completamente.
3. Sacar al cliente del secador.
4. Quitar las horquillas, clips y la red.
5. Peinar y colocar las ondas en un peinado suave.
6. Limpiar el área de trabajo.
7. Higienizar los peines, horquillas, clips y la red después de cada uso.

MÉTODO ALTERNATIVO DE ONDULACIÓN CON LOS DEDOS

Raya al lado izquierdo. Hay un método alternativo de ondular con los dedos. Es el siguiente:

1. Formar el lado superior derecho (pesado).
2. Ir reduciendo la primera cresta empezando en el lado delantero **derecho** y trabajando alrededor de la cabeza hasta la coronilla.
3. Empezar una cresta en el lado delantero **izquierdo** y dar la vuelta a la cabeza acabando en el borde del pelo delantero derecho. (Fig. 8.18)
4. Empezar otra cresta en el borde delantero derecho y acabarla en el lado izquierdo. Continuar de izquierda a derecha y de derecha a izquierda hasta haber hecho toda la cabeza.

Este método elimina la necesidad de hacer coincidir crestas y ondas en la parte posterior de la cabeza. (El acabado es el mismo que para el método horizontal de ondular con los dedos.)

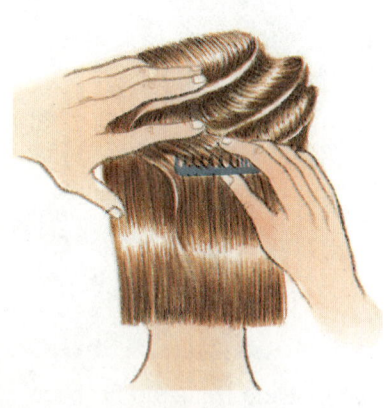

8.18—Ondulación con los dedos alrededor de la cabeza.

CAPÍTULO 8　ONDULACIÓN CON LOS DEDOS　◆　107

ONDULADO VERTICAL CON LOS DEDOS

En el ondulado con los dedos vertical, las crestas y las ondas van de arriba abajo de la cabeza, mientras en el horizontal van paralelas alrededor de la cabeza.

El procedimiento para hacer ondas verticales es el mismo que para la ondulación horizontal.

1. Hacer la raya a un lado, desde la frente a la coronilla.
2. Hacer un conformado con un efecto semicircular. (Figs. 8.19, 8.20)

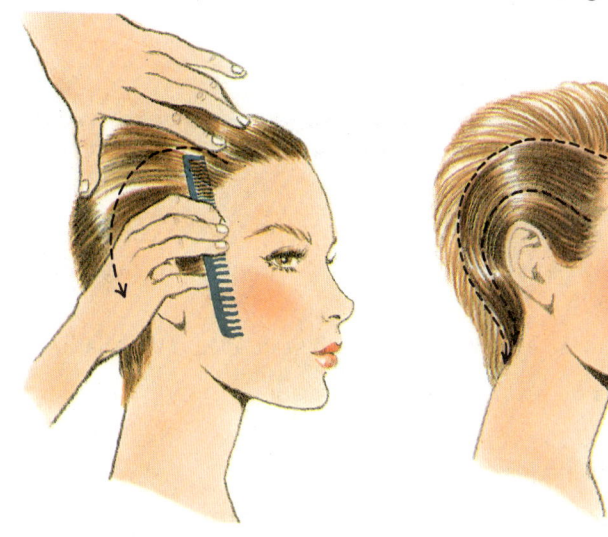

8.19—Hacer un conformado.　　8.20—Primera sección de la onda.

3. Hacer la primera sección de la cresta y la onda. (Fig. 8.21)
4. Continuar con secciones adicionales hasta llegar a la raya.

Empezar la segunda cresta en la raya. Empezar la tercera cresta en el borde del pelo. Acabar un lado. (Fig. 8.22) (El acabado es el mismo que para el ondulado horizontal.)

8.21—Iniciar la primera onda. 　　8.22—Ondulado con los dedos, acabado.

ONDULACIÓN SOMBREADA

✓ **Completado—Objetivo de Aprendizaje núm. 2**

DIFERENTES TIPOS DE ONDULADO CON LOS DEDOS

La ondulación sombreada es una ondulación poco profunda con crestas bajas que no son muy agudas. Las ondas se forman de una manera normal pero el peine no penetra hasta el cráneo. Las capas inferiores de pelo no se ondulan. Este tipo de ondulación puede ser a veces deseable para clientes que quieran peinarse con el pelo muy cerca de la cabeza. ✓

RECORDATORIOS E INDICACIONES PARA LA ONDULACIÓN CON LOS DEDOS

1. Lavarse las manos y tener utensilios y suministros higienizados disponibles.
2. Evitar el uso de una cantidad excesiva de loción onduladora.
3. Usar peines de ebonita con púas finas y gruesas.
4. Antes de ondular con los dedos, localizar las ondas naturales o de permanente en el pelo.
5. Para realzar las crestas de una ondulación con los dedos, apretar la cresta entre los dedos, manteniendo los dedos contra la cabeza.
6. Para ondular el pelo que está debajo, introducir el peine a través del pelo hasta la cabeza.
7. Para que la ondulación permanente dure más, moldear las ondas en la dirección natural de crecimiento.
8. Para salvaguardar la frente y las orejas del cliente del calor intenso del secador, usar protectores de algodón, gasa o papel.
9. Colocar una red sobre el pelo para proteger el marcado mientras se seca.
10. Secar totalmente el pelo antes de peinarlo.
11. Un secado prolongado bajo el calor secará las grasas naturales del cabello y el cuero cabelludo.
12. Las ondas hechas con los dedos no permanecerán en su lugar si se peina el cabello antes de que esté completamente seco.
13. El cabello decolorado o teñido que se enreda es más fácil de peinar si se usa un aclarado con crema.
14. Pulverizando ligeramente el pelo con laca mantendrá más tiempo el ondulado y dará brillo al pelo. ✓

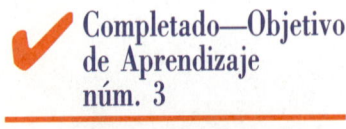

✓ **Completado—Objetivo de Aprendizaje núm. 3**

PROCEDIMIENTOS PARA EL ONDULADO CON LOS DEDOS

Poder Promocional

COMERCIALIZACIÓN POR TELÉFONO

La comercialización por teléfono puede llevarse a cabo desde dentro de su salón de belleza cuando alguien tenga el tiempo para hablar por teléfono con sus clientes—o puede contratar otra persona que no trabaje en el salón para que haga las llamadas por usted. Cualquier opción que elija, este tipo de publicidad tiene sus ventajas: Es una comunicación personal, y logra resultados instantáneos.

Para aprovechar la comercialización por teléfono de manera eficaz, deberá determinar claramente lo que quiere lograr. Una idea es preguntar a un nuevo cliente cómo le gustó el servicio, si le gustó el peinado, y si piensa regresar. Este tipo de información puede ser solicitada fácilmente por un miembro de su personal.

Si usted trata de comercializar a gran escala su salón, querrá contratar una empresa que se especializa en la comercialización por teléfono. Deberá comunicarle qué quiere publicar, tanto como darle el manuscrito a utilizarse. Es posible que quiera realizar una encuesta sobre el por qué los clientes no han regresado a su salón o si los servicios han sido adecuados.

La comunicación por teléfono puede ser muy útil, pero usted debe tener listas computarizadas de números de teléfono para llevar a cabo este método de publicidad de manera eficaz. Mantenga cuidadosamente los registros de sus propios clientes. Si busca nuevos clientes, puede comprar listas de números de teléfono que han sido categorizadas según el estilo de vida, la renta, o el área geográfica. Asegúrese de solicitar a gente que complemente bien su salón de belleza.

—*Tomado del* El Negocio de los Salones de Belleza: Consejos para Alcanzar el Éxito *por Geri Mataya*

PREGUNTAS DE REPASO

ONDULACIÓN CON LOS DEDOS

1. ¿Cuál es la finalidad de la ondulación con los dedos?
2. ¿Cuál es la finalidad de la loción para ondulación con los dedos?
3. Nombre los diferentes tipos de ondulaciones con los dedos.
4. Enumere cinco recordatorios e indicaciones para un mejor ondulado con los dedos.

PEINADO EN HÚMEDO

9

OBJETIVOS DE APRENDIZAJE

DESPUÉS DE COMPLETAR ESTE CAPÍTULO, USTED DEBE SER CAPAZ DE:

1. Definir el peinado.
2. Enumerar los elementos básicos del peinado con rizos fijos.
3. Demostrar los procedimientos, el uso y el cuidado correctos de los utensilios empleados en el peinado.
4. Enumerar y analizar las características de la apariencia de un cliente antes de un servicio de peinado.

INTRODUCCIÓN

Antes de que llegue a ser un estilista experto, usted debe entender primero la estructura del pelo, la ondulación permanente, el alisado del pelo, la ondulación y el rizado térmicos, el tinte, la química del pelo, la acción de los acondicionadores y la importancia general del conformado del cabello.

El peinado es la creación de un arte que se lleva puesto. Para ser un estilista de éxito, usted debe ser capaz de aplicar los principios básicos del arte al peinado a fin de ir cambiando con las tendencias de la moda.

Las reglas elementales de arte que se utilizan en el peinado son peso y equilibrio, forma, ritmo, conformación, composición, contraste, elevación, textura, estructura y el uso del espacio. El logro del estilo, la decoración y la incorporación de ideas nuevas se vuelve más fácil al ir adquiriendo experiencia.

Al adquirir experiencia se volverá adepto al uso de los principios del arte y a su aplicación adecuada a cada cliente. Es aconsejable tomar nota de la configuración física del cliente de forma que facilite equilibrar el estilo de peinado con el individuo.

Examine el pelo del cliente antes de empezar el lavado. Esto le da la oportunidad de tomar nota de la dirección de crecimiento del pelo y de su textura, determinar qué utensilios emplear, y le ayuda a visualizar un peinado adecuado y personalizado. (Fig. 9.1) ✔

✔ **Completado—Objetivo de Aprendizaje núm. 1**

DEFINIR EL PEINADO

9.1—Utensilios y materiales usados en el peinado—de izquierda a derecha: horquilla; clip; clip para rulos; pinza de dos puntas (clippie); pinza de una punta (clippie); pinza curva (clippie); rodillo corto; rodillo medio; rodillo largo.

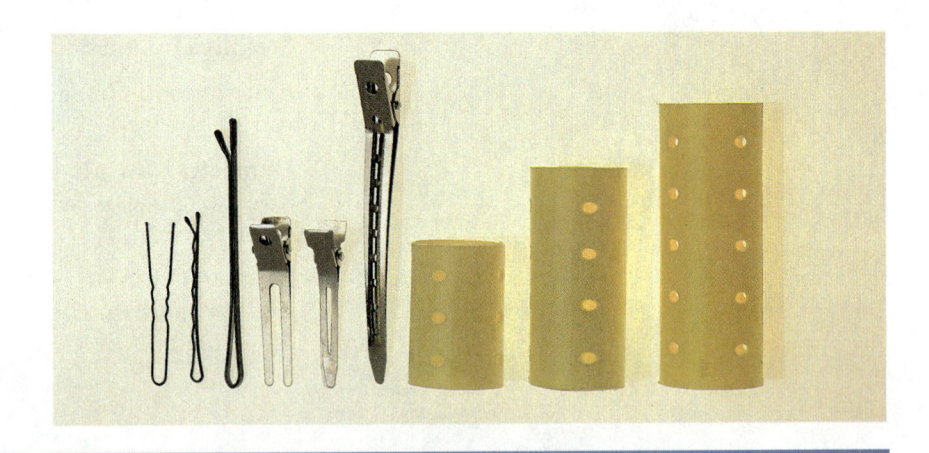

PUNTOS BÁSICOS DEL PEINADO

DESENREDADO DEL CABELLO

Es necesario desenredar el pelo del cliente antes de lavarlo, cortarlo o peinarlo. Esto evitará que se dañe y que se vuelva mate. Para quitar los enredos, siga este procedimiento:

1. Empiece en la nuca con un peine de púas gruesas o un cepillo almohadillado.
2. Separe una pequeña sección y cepíllela a través y hacia abajo de cada mechón.
3. Trabaje a través de la parte posterior, en pequeñas secciones, avanzando gradualmente hasta la coronilla.
4. El tamaño de las secciones que utilice dependerá del grosor, longitud, rizado, estado y elasticidad del pelo.

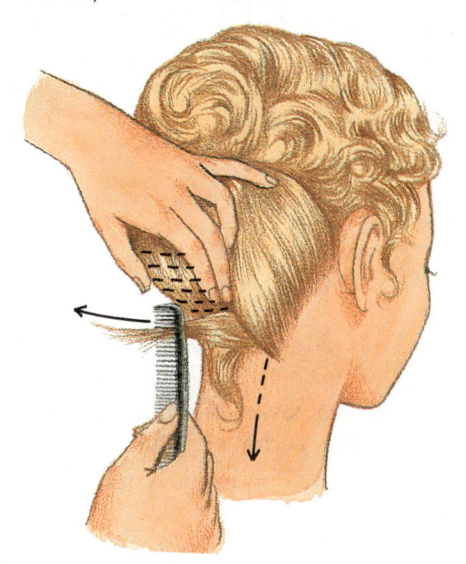

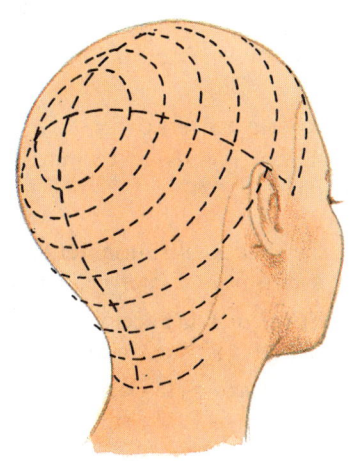

5. Una vez se han quitado los enredos, continuar el servicio. (Figs. 9.2 a 9.4)

9.2—Desenredando la zona de la nuca.

9.3—Plantilla para el desenredado.

9.4—Pelo sin enredos.

HACER LA RAYA

Una raya nítida hace que el peinado tenga aspecto profesional. Usar cualquiera de estos métodos normales.

1. Peinar recto y apretado hacia atrás. Mover el peine hacia atrás de la cabeza en una línea regular. Sujetar firme el lado ligero mientras se peina el lado pesado hacia afuera de la raya. (Figs. 9.5 a 9.7)

2. Usando el extremo de un peine de cola trazar una línea nítida y clara.

3. Para utilizar la raya natural peinar el pelo mojado recto hacia atrás. Colocar la palma de la mano izquierda sobre la cabeza y empujar hacia adelante. Notará que el cabello se divide en secciones. Estas secciones son las rayas naturales.

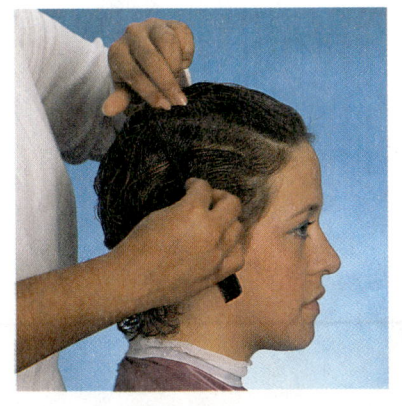

9.5—Peinar hacia atrás en toda la longitud.

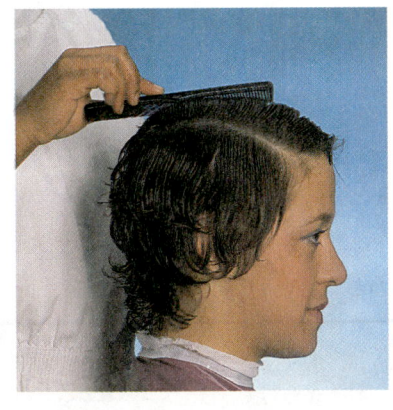

9.6—Peinar encima y debajo de la raya.

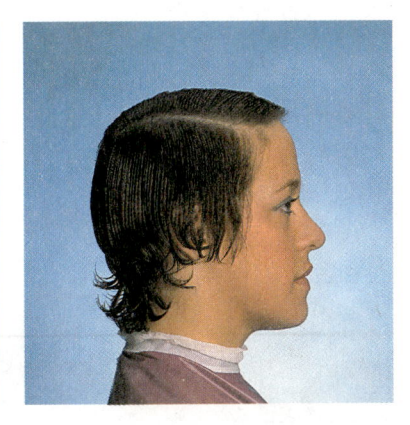

9.7—Cabello peinado con raya recta.

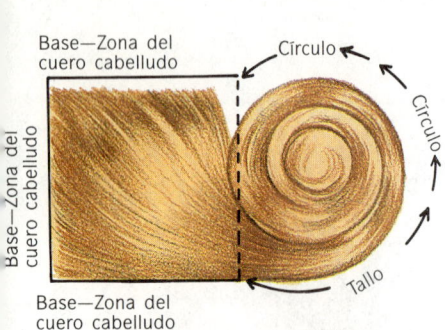

9.8—Partes de un rizo.

9.9—Base del rizo.

RIZOS FIJOS

Los rizos fijos proporcionan la base para todos los dibujos, líneas, ondas, rizos y bucles que se utilizan al crear peinados. Puede usarlos con cabello liso, ondulado permanentemente y naturalmente rizado. Los rizos fijos funcionan mejor si el cabello está debidamente afinado y se enrolla con suavidad. Esto produce rizos elásticos y de mayor duración con una dirección y una definición correctas.

Partes de un rizo

Los rizos fijos están formados por tres partes principales: *base*, *tallo* y *círculo*. (Fig. 9.8)

1. La *base* es el fundamento estacionario, o inmovible, del anillo, que está unida al cuero cabelludo. (Fig. 9.9)
2. El *tallo* es la sección del rizo fijo entre la base y el primer arco (giro) del círculo que da al círculo su dirección, acción y mobilidad.
3. El *círculo* es la parte del rizo fijo que forma un círculo completo. La medida del rizo rige la anchura de la onda y su fuerza.

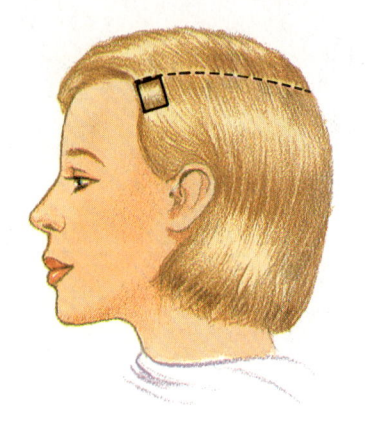

Movilidad de un rizo

La cantidad de movimiento (mobilidad) de una sección de cabello queda determinada por el *tallo* y el *círculo*. La mobilidad del rizo se clasifica como *sin tallo*, *medio tallo* y *tallo completo*.

1. El *rizo sin tallo* está situado directamente sobre la base del rizo. Produce un rizo firme, apretado y de larga duración.
2. El *rizo de medio tallo* permite más libertad puesto que el rizo (círculo) está colocado medio suelto de la base. Da un buen *control* al cabello y produce *suavidad* en el dibujo del ondulado final.
3. El *rizo de tallo completo* permite la mobilidad máxima. El rizo está completamente separado de la base. La base puede ser una sección cuadrada, triangular, de media luna o rectangular según la zona de la cabeza en que se usan los anillos de tallo completo. Da tanta libertad como permita la longitud del tallo. Si es exagerada, el pelo cerca del cráneo será liso y casi recto. Se usa para una *dirección fuerte* del cabello y un *dibujo de ondas más débil*. (Figs. 9.10 a 9.12)

9.10—Rizo sin tallo abierto.

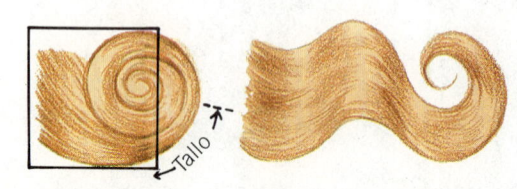

9.11—Rizo de medio tallo abierto.

9.12—Rizo de tallo completo abierto.

Rizos con centro abierto y cerrado

Los *rizos de centro abierto* producen ondas suaves y regulares y rizos uniformes. Los *rizos de centro cerrado* producen ondas que disminuyen de tamaño hacia el extremo. Son buenos para cabello fino o si se desea un rizo voluminoso. Fíjese en la diferencia entre las ondas producidas por rizos con centros abiertos o con centros cerrados. El tamaño del rizo determina el tamaño de la onda. Si hace rizos con el extremo en la parte de fuera, las ondas resultantes serán más estrechas cerca del cráneo y más anchas hacia el extremo. (Figs. 9.13, 9.14)

Dirección del rizo y del tallo

Los rizos se pueden girar hacia la cara, hacia atrás, hacia arriba, hacia abajo o en diagonal. Usted determina cuál será el resultado final por la dirección en que coloca el tallo del rizo. La dirección del tallo y del rizo se denominan:

1. *Movimiento hacia adelante*—hacia la cara.
2. *Movimiento inverso*—hacia atrás o alejándose de la cara. (Figs. 9.15 a 9.18)

9.13—Rizo de centro abierto.

9.14—Rizo de centro cerrado.

Estas ilustraciones pretenden mostrar las direcciones del tallo y la situación de los rizos y no ilustran la disposición de los rizos fijos.

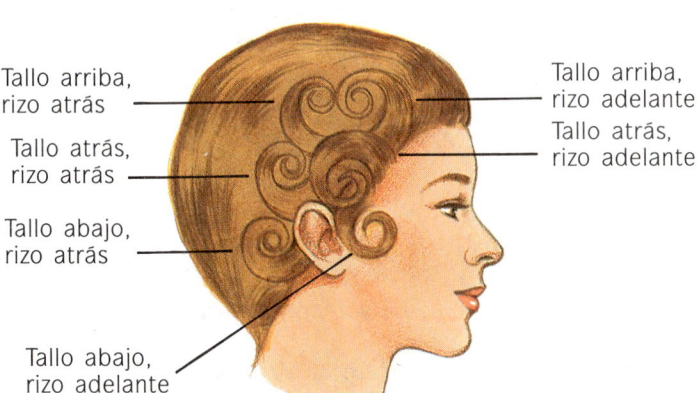

9.15—Movimiento hacia adelante.

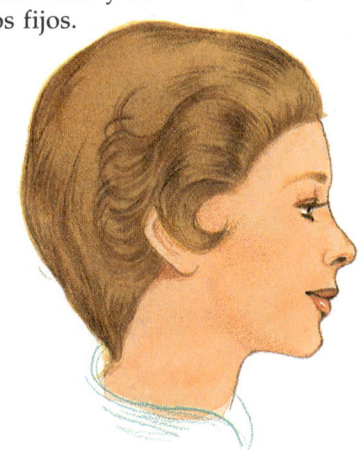

9.16—Peinado.

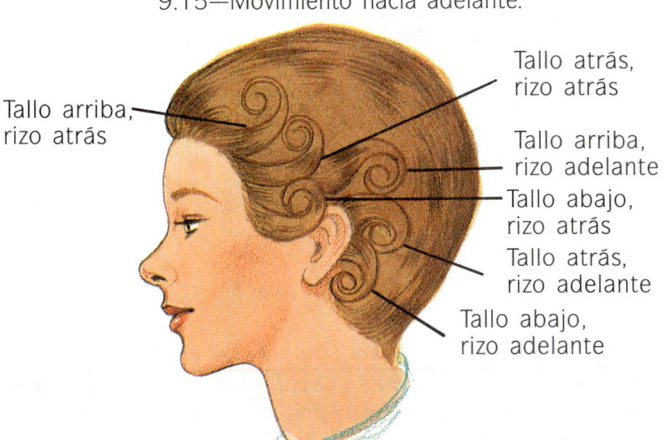

9.17—Movimiento hacia atrás.

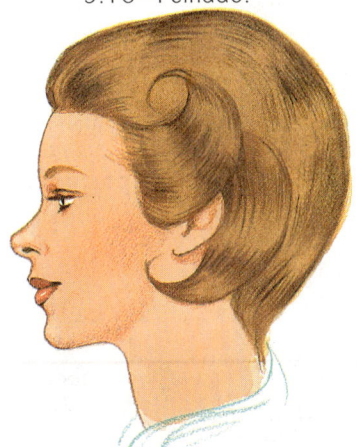

9.18—Peinado.

Rizos en sentido horario y en sentido antihorario

Los términos *rizos en sentido horario* y *rizos en sentido antihorario* se usan para describir la dirección de los rizos. Los rizos formados en la misma dirección del movimiento de las agujas del reloj se llaman rizos horarios. Los rizos formados en dirección opuesta al movimiento de las agujas del reloj se llaman rizos antihorarios. (Figs. 9.19, 9.20)

9.19—Rizos horarios.

9.20—Rizos antihorarios.

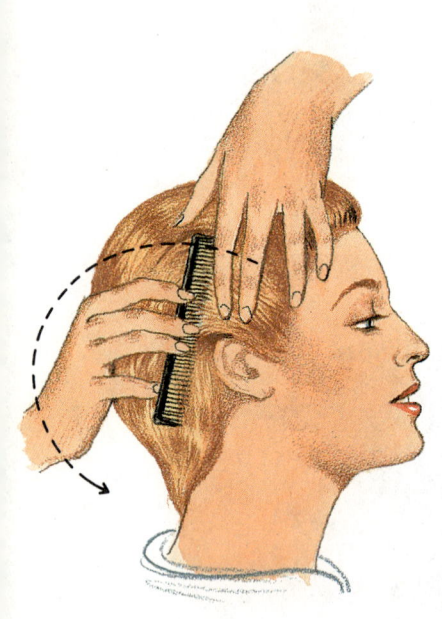

9.21—Formación de una conformación vertical lateral hacia adelante.

Extremo cerrado

Extremo abierto

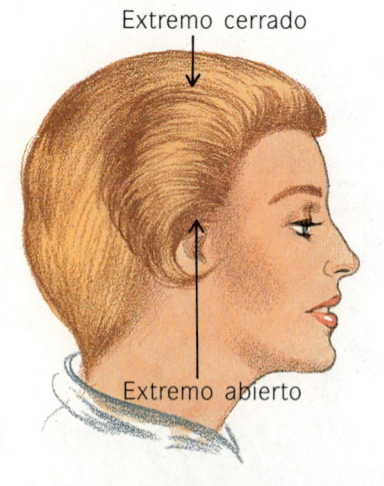

9.22—Conformación vertical lateral hacia adelante acabada.

Conformación para poner rizos fijos

Una *conformación* es una sección de cabello que se moldea como un diseño para servir de base a un patrón de rizos u ondas.

Las conformaciones se clasifican como adelante y atrás; diagonal, vertical u horizontal; rectangular o circular.

Las *conformaciones circulares* tienen forma de tarta con el extremo abierto más pequeño que el extremo cerrado. Funcionan bien como primer conformado hacia adelante en un peinado que se aleja de la cara. En un ondulado, el conformado circular hacia adelante debería ser seguido por un rizado circular hacia atrás.

Las *conformaciones rectangulares* son ondas que permanecen de la misma anchura en toda la conformación.

Las *conformaciones hacia adelante* están dirigidas hacia la cara. Este tipo de conformación es *ovalada* (mayor en el extremo cerrado).

Procedimiento

1. Para hacer un conformado vertical hacia adelante en el lado de la cabeza, dirigir el pelo en un movimiento circular, moviéndose hacia atrás desde la cara, hacia arriba, y después hacia abajo y hacia la cara. El tamaño de la conformación determina el peinado resultante. (Figs. 9.21, 9.22)

CAPÍTULO 9   PEINADO EN HÚMEDO ◆ 117

2. Para hacer una conformación en la parte delantera superior, peinar y dirigir el pelo con un movimiento circular, hacia atrás, pivotando el peine para crear un efecto circular hacia la cara. (Figs. 9.23, 9.24)

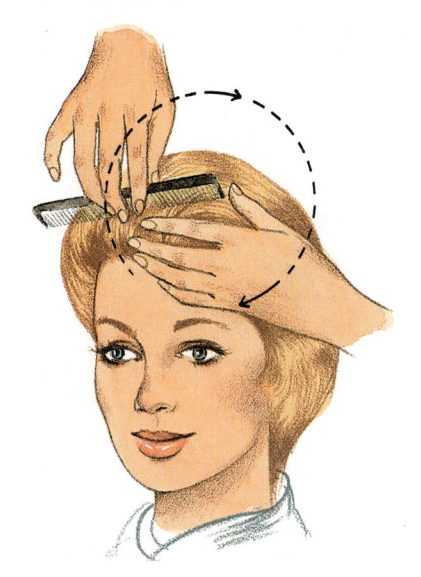

9.23—Formación de una conformación oval para un movimiento delantero superior.

9.24—Conformación oval acabada para un movimiento delantero superior.

Las *conformaciones inversas* se peinan y dirigen hacia abajo y después inmediatamente hacia arriba, en un movimiento circular alejándose de la cara. (Figs. 9.25, 9.26)

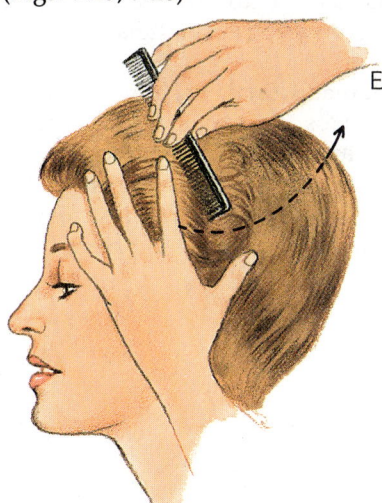

Extremo abierto

Extremo cerrado

9.25—Formando una conformación vertical inversa en el lado izquierdo.

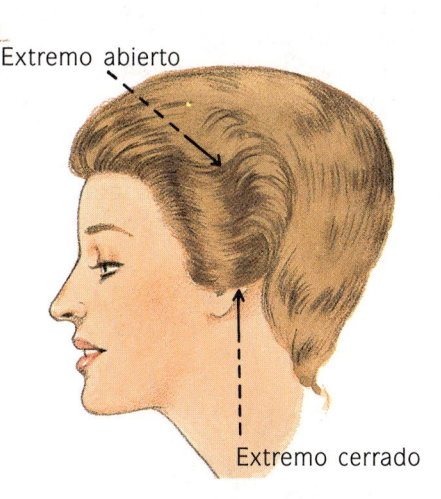

9.26—Conformación vertical inversa en el lado izquierdo acabada.

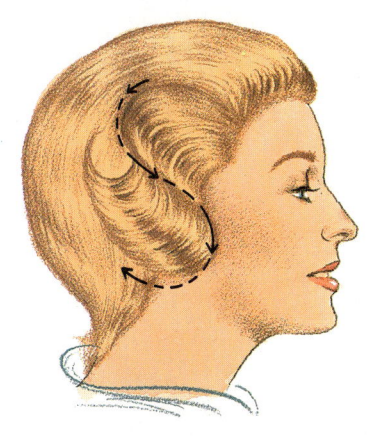

9.27—Conformación en diagonal.

Las *conformaciones en diagonal* son variaciones de las conformaciones hacia adelante, con la excepción de que se forman diagonálmente en el lado de la cabeza. (Fig. 9.27)

Las *conformaciones laterales verticales* están dirigidas de una manera que coloca los extremos, abierto y cerrado, en disposición vertical.

Las *conformaciones horizontales* están peinadas y dirigidas paralelas a la raya. Se recomiendan para una construcción paralela de anillos y cuando se realiza un diseño de ondas alrededor de toda la cabeza. (Figs. 9.28, 9.29)

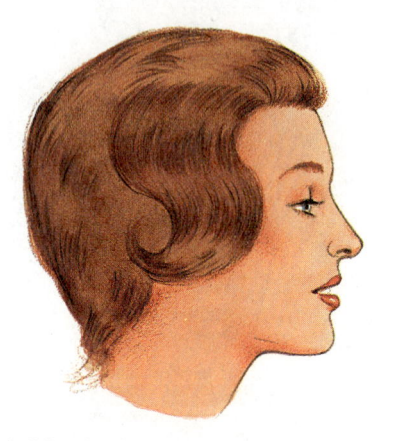

9.28—Conformación horizontal al lado derecho.

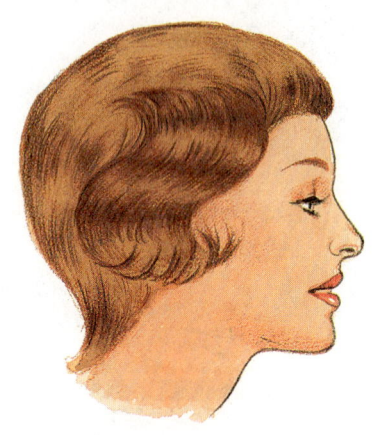

9.29—Conformación horizontal inversa al lado derecho.

FUNDACIONES O BASES DE LOS RIZOS FIJOS

Antes de empezar a hacer sus rizos fijos, divida el cabello en secciones o paneles. Entonces está preparado para subdividir las secciones o bases exigidas por los diferentes rizos. Las bases de formas más corrientes que usará son la rectangular, la triangular, en arco (media luna o forma de C) y la cuadrada. (Figs. 9.30, 9.31)

Para evitar separaciones en el peinado final, debe tener cuidado al seleccionar y formar la base de los rizos. La mayor uniformidad en el desarrollo de los rizos sólo puede alcanzarse si las secciones son lo más iguales posible. Cada rizo debe apoyarse, plana y suavemente, sobre su base. Si se aleja demasiado de la base, sólo conseguirá dirección, con un rizo suelto lejos del cráneo. Sin embargo, la forma de la base no afecta al rizo acabado.

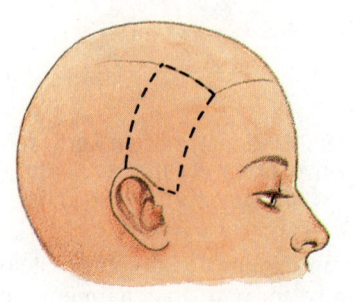

9.30—Panel.

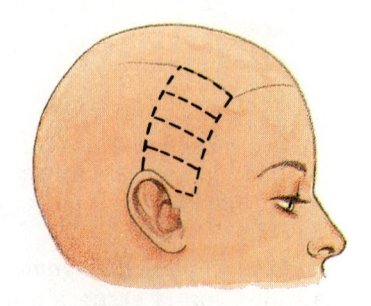

9.31—Panel con bases rectangulares.

CAPÍTULO 9   PEINADO EN HÚMEDO   ◆   119

Los rizos fijos de **base rectangular** se recomiendan normalmente a los lados del borde del pelo, para un efecto suave hacia arriba. Para evitar divisiones en el peinado final, los rizos fijos deben solaparse. (Fig. 9.32)

Los rizo fijos de **base triangular** se recomiendan a lo largo de la línea de borde frontal o facial para evitar roturas o divisiones en el peinado final. La base triangular permite que una porción de pelo de cada rizo solape sobre el próximo y que pueda peinarse en una onda uniforme sin divisiones. (Figs. 9.33, 9.34)

9.32—Base rectangular.

9.33—Base triangular.

9.34—Detalle de la base triangular.

En la **base en arco,** también llamada media luna o base en forma de C, los rizos fijos se esculpen a partir de una conformación. Los rizos fijos de base en arco dan buena dirección y pueden usarse para dar un efecto hacia arriba o una trenza francesa en la parte baja posterior de la cabeza. (Figs. 9.35, 9.36)

Los rizos fijos de **base cuadrada** se usan para una construcción regular, adecuada para peinados con rizos sin demasiada elevación o volumen. Pueden usarse en cualquier parte de la cabeza y se peinan con resultados duraderos. Para evitar divisiones al peinar, escalonar las secciones como se muestra en la ilustración (base cuadrada, tipo enladrillado). (Fig. 9.37)

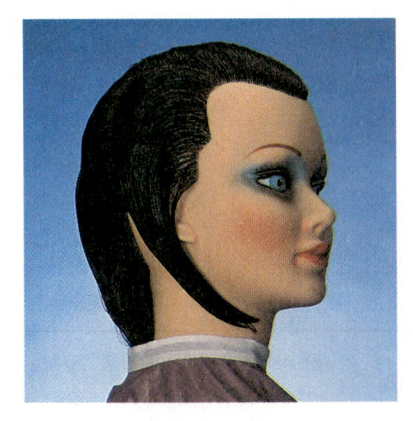

9.35—Base en arco—lateral.

9.36—Base en arco—parte posterior de la cabeza.

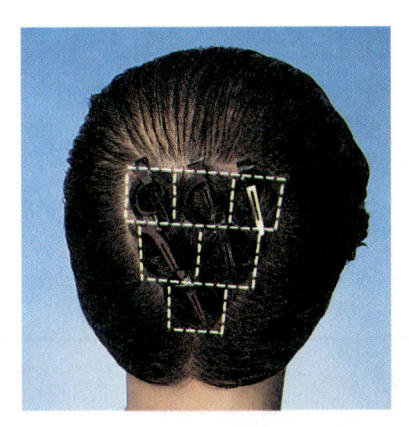

9.37—Base cuadrada.

TÉCNICAS PARA FORMAR RIZOS FIJOS

Aprenderá a hacer rizos fijos de varias maneras. Ilustramos varios métodos de formarlos. Su instructor puede mostrarle otros métodos que son igualmente correctos.

Rizos esculpidos

Los rizos fijos esculpidos a partir de una conformación sin deshacer su forma, se conocen normalmente como *rizos esculpidos.* Puede formar estos rizos en el lado derecho o el lado izquierdo de la cabeza.

Procedimiento para formar rizos fijos en el lado derecho

1. Mojar bien el pelo con agua o loción fijadora.
2. Peinar suavemente y formar una conformación. (Fig. 9.38)
3. Empezar haciendo rizos en el extremo abierto de la conformación.
4. Separar un mechón para el primer rizo. (Fig. 9.39) Usar el dedo para mantener el rizo en su lugar.
5. *Encintar* el mechón forzándolo a través del peine mientras se aplica presión con el pulgar en la base del peine para crear tensión. (Figs. 9.40, 9.41)

9.38—Conformar.

9.39—Separar.

9.40—Sostener la base con el dedo.

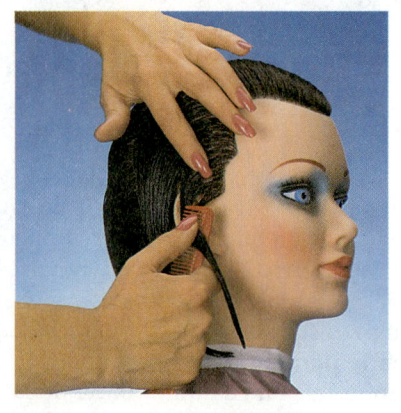

9.41—Encintar.

6. Formar el rizo hacia adelante. (Fig. 9.42)
7. Enrollar el rizo alrededor del dedo índice. (Fig. 9.43)

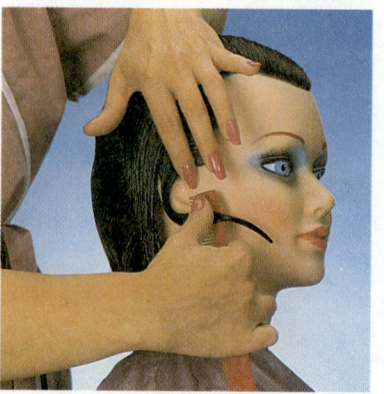

9.42—Formar.

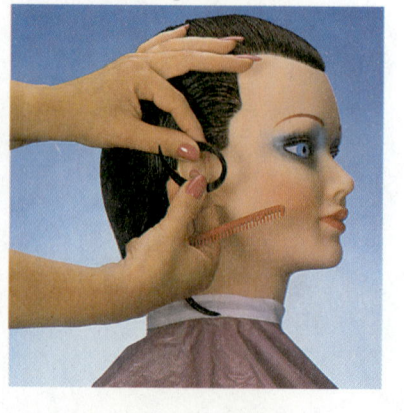

9.43—Enrollar.

CAPÍTULO 9   PEINADO EN HÚMEDO ◆ 121

8. Deslizar el rizo fuera del dedo, manteniendo los extremos del pelo dentro del centro del rizo. (Fig. 9.44)
9. Moldear el rizo dentro de la conformación. (Fig. 9.45)
10. Mantener el rizo en la conformación. (Fig. 9.46)
11. Sujetar el rizo con un clip. (Fig. 9.47)

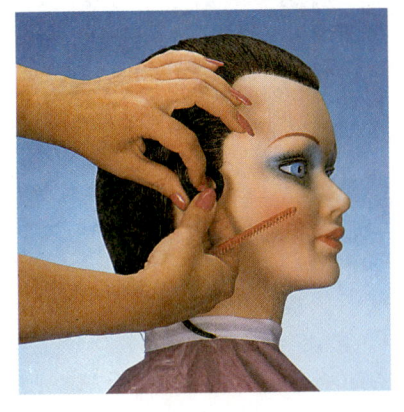

9.44—Deslizar el dedo hacia afuera.

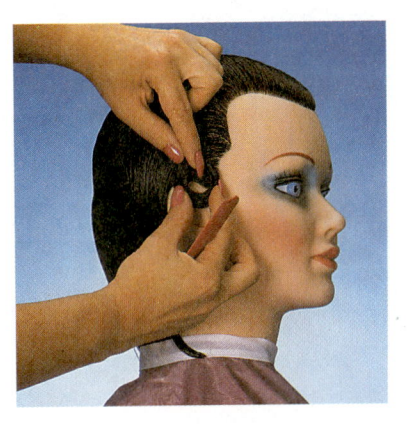

9.45—Moldear.

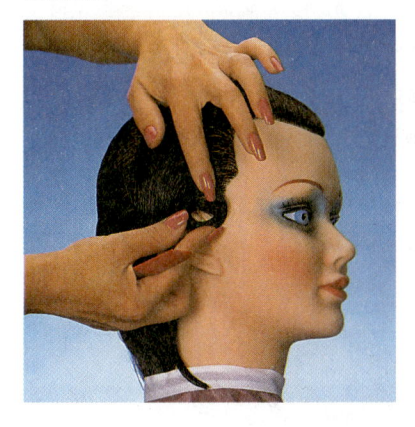

9.46—Sostener el rizo.

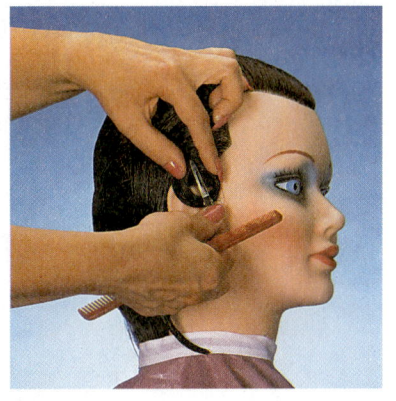

9.47—Sujetar.

PRECAUCIÓN
Tener mucho cuidado en no destruir la conformación al peinar o poner horquillas en el rizo.

Cuando se desee un movimiento de rizos duradero, estirar el mechón y aplicar tensión. Esto se puede conseguir encintando y estirando el mechón. Peinarlo firmemente entre el lomo del peine y el pulgar en la dirección del movimiento del rizo.

Disposiciones de rizos esculpidos apoyados por una segunda fila de rizos fijos peinados en crestas de onda fuertes. (Figs. 9.48 a 9.50)

9.48—Primera fila acabada.

9.49—Disposición de rizos esculpidos apoyada por una segunda fila de rizos.

9.50—Rizos combinados en ondas con una cresta fuerte.

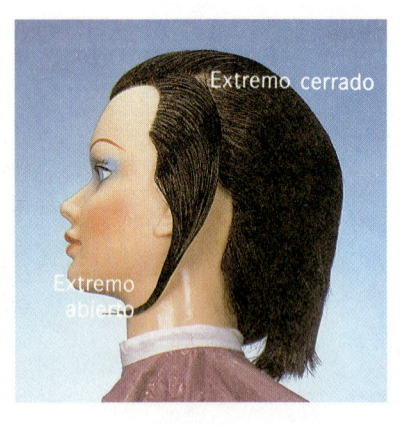

9.51—Conformado.

Procedimiento para formar rizos fijos en el lado izquierdo

Hacer rizos fijos en el lado izquierdo de la cabeza necesita una técnica diferente de la de hacerlos en el lado derecho.

1. Mojar bien el pelo con agua o loción fijadora. Peinar suavemente y hacer un conformado. (Fig. 9.51) Fijarse en los extremos abierto y cerrado del conformado.
2. Separar un mechón del conformado. (Fig. 9.52)
3. Estirar un mechón convirtiéndolo en cintas al pasarlo por el peine. (Figs. 9.53, 9.54)

9.52—Separación.

9.53—Mantener la base con el dedo y estirar el mechón tirando de él a través del peine.

9.54—Hacer cintas.

CAPÍTULO 9 PEINADO EN HÚMEDO ◆ 123

4. Formar un rizo hacia adelante.
5. Enrollar el mechón alrededor del dedo índice. (Fig. 9.55)
6. Sacar el mechón de la punta del dedo y moldearlo dentro de la conformación. (Fig. 9.56)
7. Mantener el rizo en la conformación. (Fig. 9.57)
8. Fijar con un clip. (Fig. 9.58)

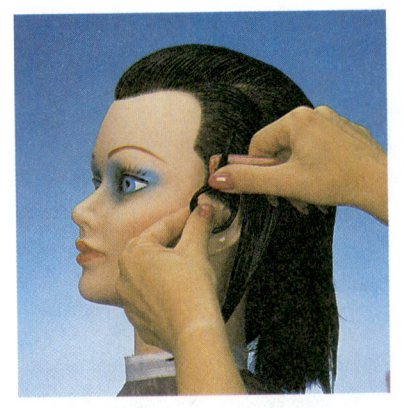

9.55—Enrollado.

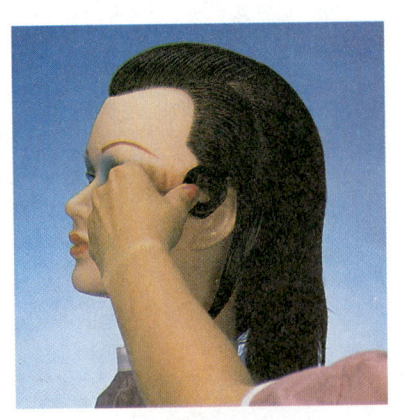

9.56—Sacar el dedo.

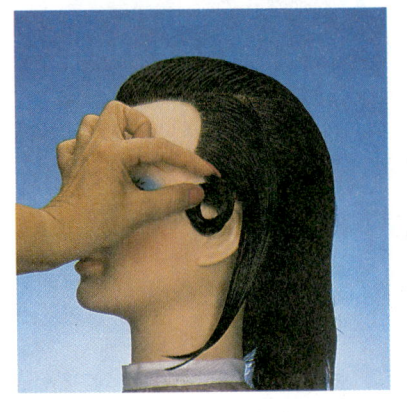

9.57—Sujetar el rizo.

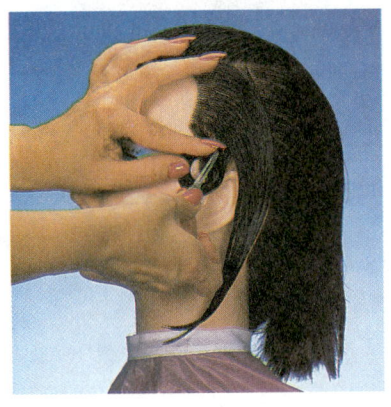

9.58—Fijación.

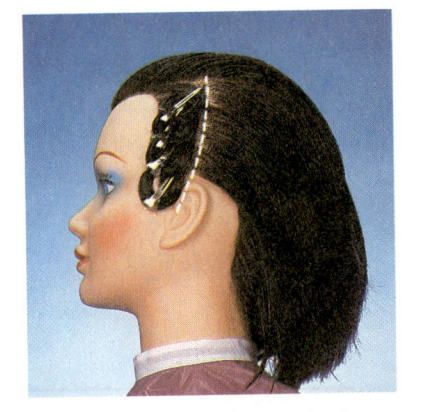

9.59—Primera fila acabada.

Lo que debe saber sobre los rizos fijos

1. Los rizos fijos deben encajar con la curvatura de una conformación. (Fig. 9.59)
2. Los rizos deben solaparse.
3. El tamaño de los rizos es gradual, desde pequeños en el extremo abierto hasta grandes en el extremo cerrado.

124 ◆ TEXTO GENERAL DE COSMETOLOGÍA

4. Invertir la conformación para los rizos de soporte. (Fig. 9.60)
5. Para separar un mechón, la punta del peine debe tocar la punta del dedo a mitad de camino en la conformación. (Fig. 9.61)

9.60—Conformación inversa.

9.61—Separación.

9.62—Hacer cintas.

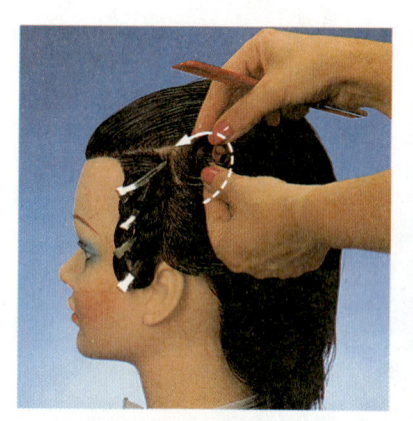

9.63—Colocar el rizo.

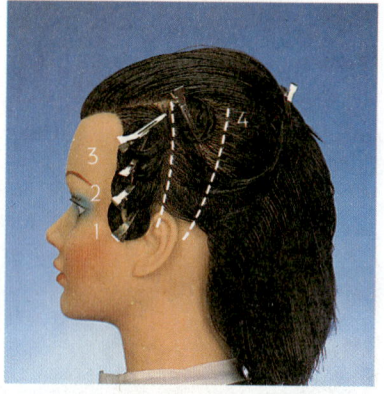

9.64—Primer rizo acabado.

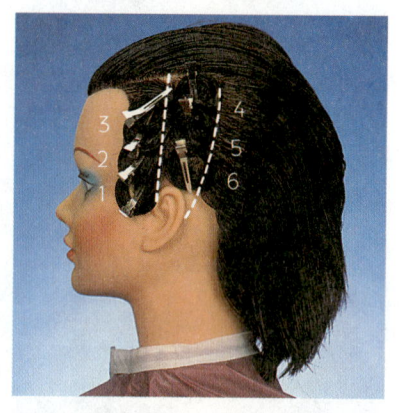

9.65—Conformación inversa completa.

9.66—Peinado.

6. Para hacer cintas del pelo, usar las púas gruesas o finas del peine según su textura. (Fig. 9.62)
7. Hacer cintas en la punta del mechón con las púas finas para cerrar el rizo con pulcritud y colocarlo en la base. (Fig. 9.63)
8. Completar el rizo inverso superior y dividir la conformación en mechones para los dos rizos siguientes. (Fig. 9.64)
9. Completar la segunda fila de rizos dentro de la curva de la conformación. (Fig. 9.65)
10. Peinar el conjunto de los anillos directos e inversos en una onda completa y ancha. (Fig. 9.66)

SUJECIÓN DE LOS RIZOS FIJOS

La fijación correcta de los rizos fijos asegura que los rizos se mantengan firmemente donde usted los ha colocado, de forma que el peinado que ha planeado se desarrolle correctamente.

Hay varios métodos para introducir horquillas o clips, pero se introducen siempre desde el extremo *abierto* de la conformación. Cualquiera que sea la forma elegida hay que tener en cuenta que es esencial no perturbar la base o la escultura al introducir el clip.

Procedimiento

Para sujetar correctamente un rizo fijo, deslizar suavemente el clip o la pinza a través de parte de la base y/o el tallo de forma angular y cruzando los extremos del rizo. Esto mantendrá el rizo con seguridad sin desplegarse, caer o desprenderse.

1. Los clips deben fijarse de manera que no interfieran con la formación o colocación de otros rizos o con cualquier otra fase del peinado.
2. Para evitar marcas o impresiones a través del pelo, es recomendable no pasar la horquilla a través del centro de todo el rizo.
3. El tamaño de los clips a usar se rige por el tamaño del rizo. Los rizos hechos con mechones pequeños de pelo fino no pueden soportar el peso de una pinza de dos púas y se comportan mejor si se sujetan en su lugar con una pinza de una púa o con una horquilla. Sin embargo, una pinza de una púa o una horquilla quizá no podrán sostener el peso del cabello grueso. Use su propio criterio.
4. Los clips colocados cerca de la piel, las orejas o el cuero cabelludo pueden ponerse muy calientes durante el proceso de secado. Si los clips deben tocar la piel, ponga algodón bajo la parte de los clips que toquen estas zonas. (Figs. 9.67 a 9.70)

9.67—Rizos fijos directos en la línea del pelo (rizos horarios).

9.68—Rizos fijos directos del mismo tamaño. En cualquier lugar de la cabeza.

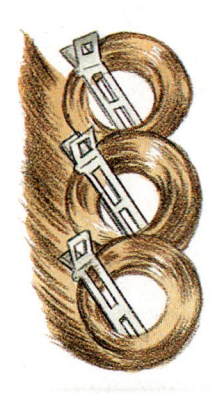

9.69—Rizos fijos inversos (rizos antihorarios). Del mismo tamaño. En cualquier lugar de la cabeza.

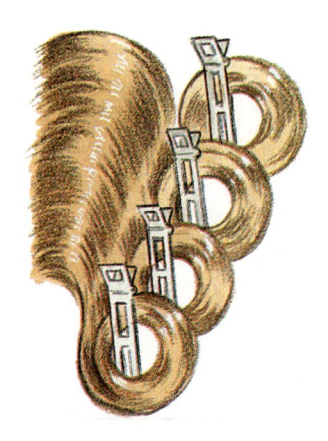

9.70—Cresta de rizos fijos inversos (rizos antihorarios).

EFECTOS DE LOS RIZOS FIJOS

Los patrones de rizos fijos se han diseñado para alcanzar efectos de estilo específicos. Tener siempre cuidado de que los rizos fijos estén colocados de forma regular y en la dirección en que deben ser peinados; de otro modo se encontrará luchando con ondas o diseños de rizos desiguales.

1. Una *onda vertical* produce los mejores resultados cuando empieza con una conformación inversa, seguida por un patrón de rizos fijos. (Figs. 9.71, 9.72)

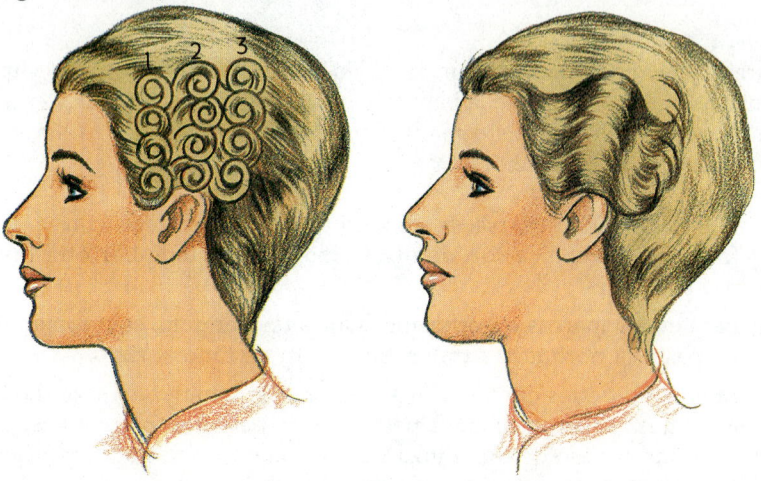

9.71—Patrón de rizos fijos de onda vertical.

9.72—Peinado de onda vertical.

2. Una *onda horizontal* se conforma primero con un aspecto semicircular hacia adelante, desde la raya hacia abajo. Después se sujetan los rizos fijos. (Figs. 9.73, 9.74)

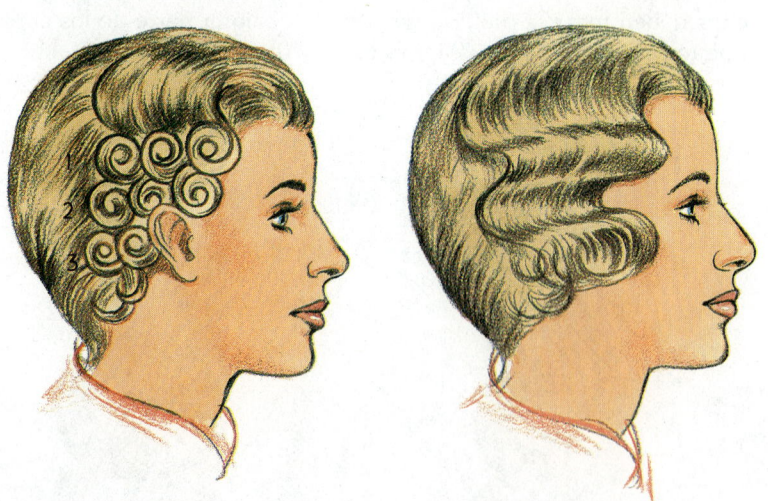

9.73—Patrón de rizos fijos para onda horizontal.

9.74—Peinado de onda horizontal.

3. Un *movimiento entrelazado* comprende dos filas direccionales de rizos fijos y produce un contraste (una zona donde dos formas de onda están opuestas para aumentar el volumen). Primera fila—tallo hacia atrás y rizos directos. Segunda fila—tallo hacia adelante y

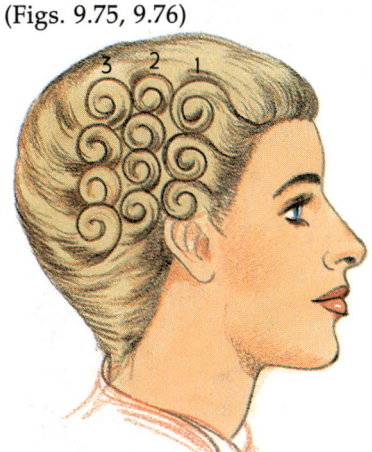

rizos inversos. Al peinarlo—la zona de contraste queda entrelazada. (Figs. 9.75, 9.76)

9.75—Patrón de marcado.

9.76—Peinado.

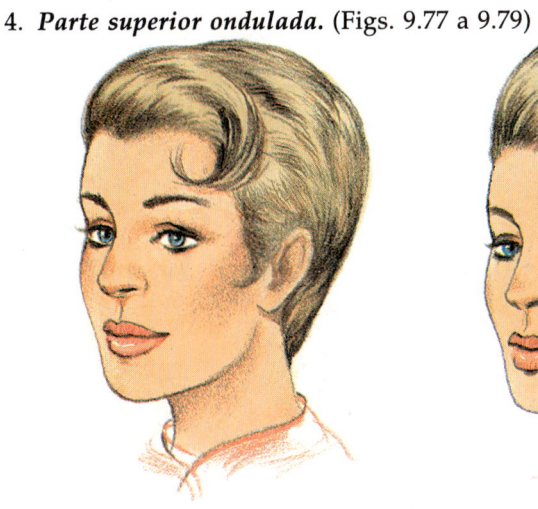

4. *Parte superior ondulada.* (Figs. 9.77 a 9.79)

9.77—Conformación.

9.78—Patrón de marcado.

9.79—Peinado.

5. Las *ondas diagonales* se hacen conformando el pelo en forma oval hacia adelante. Empezar después los rizos fijos en el extremo abierto. (Figs. 9.80, 9.81)

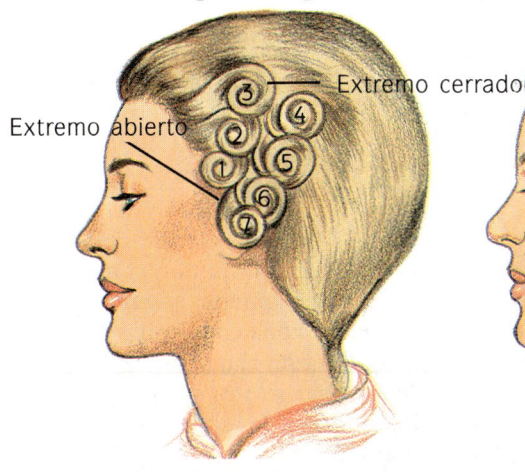

Extremo cerrado

Extremo abierto

9.80—Patrón de marcado.

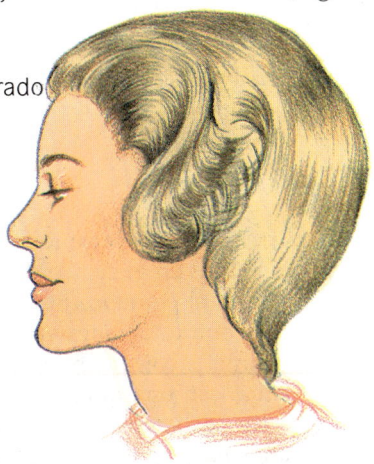

9.81—Peinado.

128 ◆ TEXTO GENERAL DE COSMETOLOGÍA

6. Para los *flecos ondulados,* conformar el pelo y sujetar los rizos fijos en ondas empezando por el extremo abierto. Usar más rizos fijos para cabello fino que los que se usarían para cabello normal. (Figs. 9.82 a 9.85).

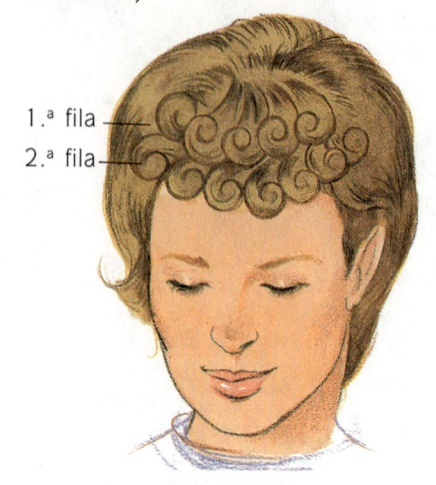

1.ª fila
2.ª fila

9.82—Patrón de marcado para cabello fino.

9.83—Peinado.

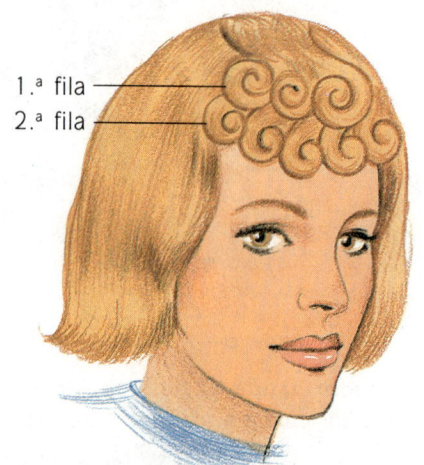

1.ª fila
2.ª fila

9.84—Patrón de marcado para cabello normal.

9.85—Peinado.

7. Una *trenza francesa* se realiza partiendo la zona posterior con una raya vertical en el centro. Peinar las dos secciones juntas, como lo estarán en el peinado final. Formar rizos fijos grandes y suaves en las dos conformaciones verticales. Peinar la zona con cepillo o peine a contrapelo. Alisar un lado con un cepillo estrecho y sujetar los extremos con una hilera de horquillas. Alisar la otra sección y doblar los extremos sobre el primer cabello en forma de espina de pez. Rematar las puntas y sujetarlas con una fila recta de clips. (Figs. 9.86, 9.87)

CAPÍTULO 9 PEINADO EN HÚMEDO ◆ 129

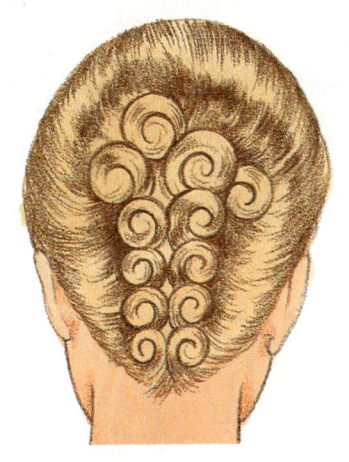

9.86—Patrón de marcado para cabello normal.

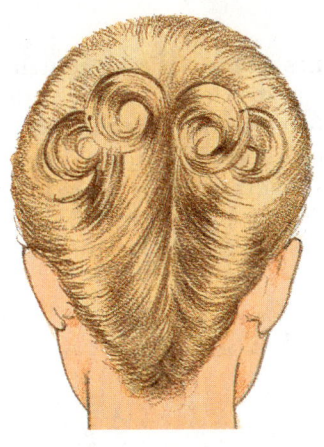

9.87—Peinado y fijación.

8. Los *rizos en cresta* son rizos fijos colocados detrás de la cresta de un conformado o de una onda hecha con los dedos. Son útiles cuando se desea una onda suelta con buena definición. Hay que tener cuidado de no alterar la cresta al partir los mechones para hacer rizos. (Figs. 9.88 a 9.91)

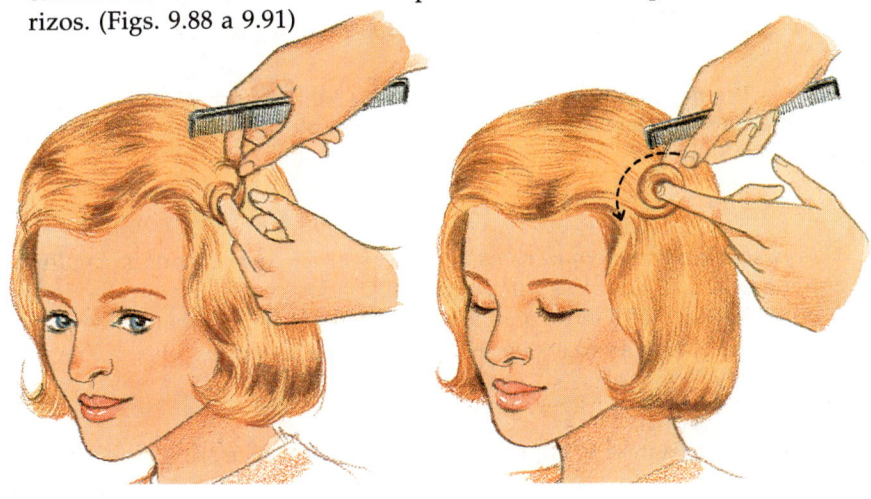

9.88—Enrollar el pelo alrededor de la punta del dedo.

9.89—Sacar el mechón del dedo y enrollarlo en la base de la cresta.

9.90—Sujetar el rizo con una pinza.

9.91—Rizo de cresta acabado.

TEXTO GENERAL DE COSMETOLOGÍA

✓ **Completado—Objetivo de Aprendizaje núm. 2**

PEINADO BÁSICO CON RIZO FIJO

9. Las *ondas con rebote* están formadas por una combinación de ondas con los dedos y dibujos de rizos fijos. Los rizos fijos se sitúan en formaciones *alternativas* de ondas con los dedos. Se recomienda esta técnica cuando se deseen ondas verticales y que caigan suavemente por los lados. Los mejores resultados se obtienen si el pelo tiene entre 7,5 y 12,5 cm. de longitud. (Figs. 9.92 a 9.94) No es adecuada para cabellos finos o muy rizados. ✓

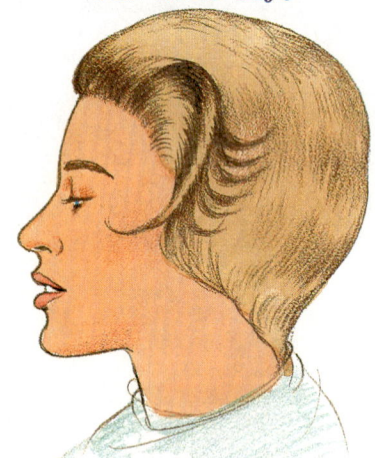

9.92—Conformación y cresta para ondas verticales con los dedos.

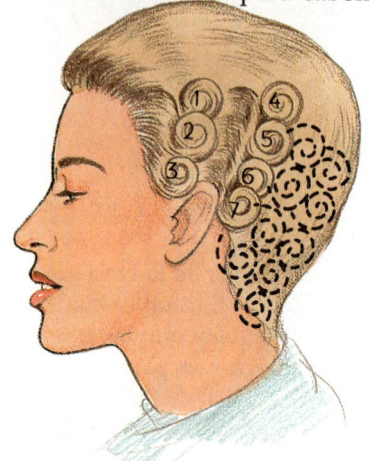

9.93—Dibujo de ondas con rebote para conseguir extremos esponjados.

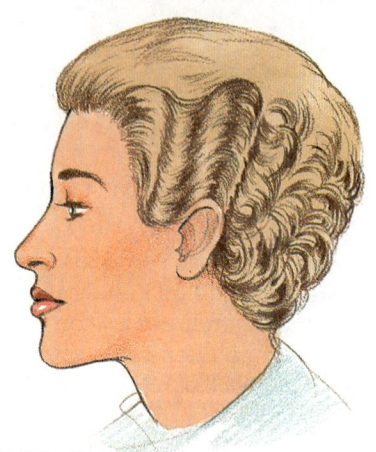

9.94—Peinado con extremos esponjados.

CASCADA O RIZOS ERGUIDOS

La *cascada o rizos erguidos* es el precursor del rulo. Proporciona altura al peinado terminado y se puede usar con rulos o solo. Se enrolla desde el extremo hasta el cuero cabelludo, como un rulo. La abertura central es grande, y el rizo se sujeta en una posición hacia arriba. (Figs. 9.95 a 9.102)

Procedimiento
Mojar completamente el pelo con agua o loción fijadora.

9.95—Peinar, dividir y alisar un mechón.

9.96—Dividir la sección en mechones para hacer rizos individuales.

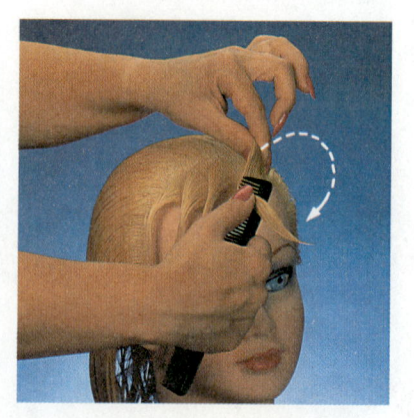

9.97—Encintar el mechón.

CAPÍTULO 9   PEINADO EN HÚMEDO   ◆   131

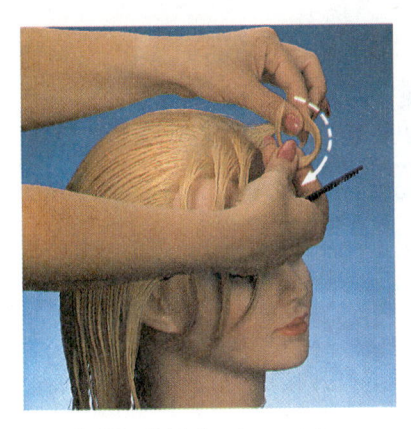

9.98—Dirigir el mechón.

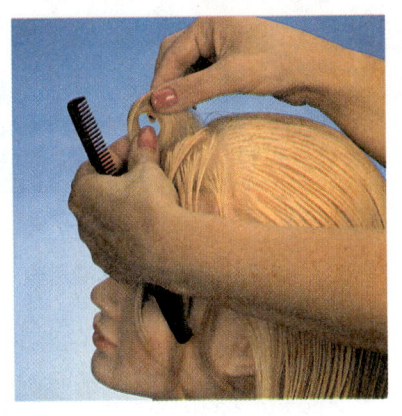

9.99—Enrollar el mechón asegurándose de que queda redondo.

9.100—Sujetar con seguridad el rizo a la base.

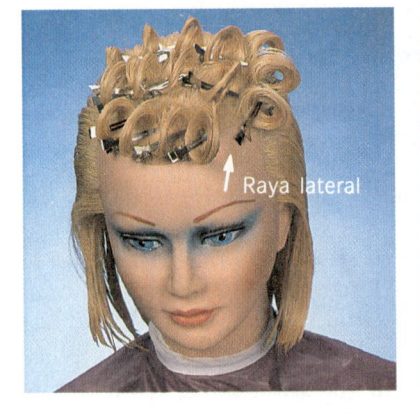

9.101—Fijar la parte superior.

9.102—Peinar como se haría con rulos.

RIZOS SEMI-ERGUIDOS

Los *rizos semi-erguidos* son rizos que se han esculpido de una conformación y sujetados en una posición oblicua. Con los rizos semi-erguidos se puede alcanzar un efecto de onda en la parte superior. Después de tener el conformado en su sitio, hacer rizos en sentido antihorario y apoyarlos con cuatro rizos en sentido horario. (Figs. 9.103 a 9.105)

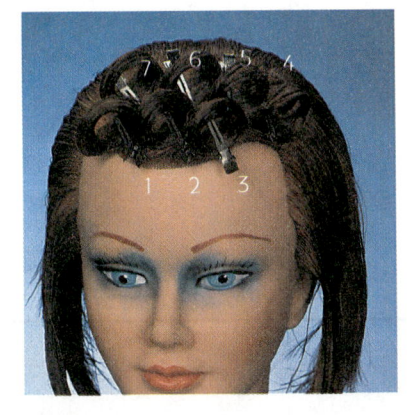

9.103—Fijar los rizos semi-enhiestos.

9.104—Peinado.

9.105—Peinado (Alternativo).

RIZOS CON RULOS

Se pueden usar rulos para crear los mismos efectos que con rizos erguidos. Son simples moldes para rizos erguidos, que permiten tener un mejor control del cabello. Al igual que los rizos erguidos, crean mucha elevación y volumen. Hay ventajas en usar rizos con rulos respecto a los métodos con rizos fijos.

1. Un rulo puede alojar el equivalente de entre dos a cuatro rizos enhiestos.
2. Los rulos dan más seguridad al pelo mientras está mojado, de forma que no haya oportunidad para que los rulos, hechos con tanto cuidado, se deshagan.
3. La tensión que se puede aplicar al pelo sobre un rulo da al rizo final una elasticidad y una vida imposibles de conseguir en un rizo con pinzas.
4. Hay rulos de varias longitudes, diámetros y formas para satisfacer las necesidades de la mayoría de los peinados. (Fig. 9.106)

Técnica de los rulos

1. Dividir el cabello en paneles y subdividir cada panel en bases para los rulos.
2. Las dimensiones de la base deben ser casi las mismas que las del rulo. Si un rulo es de 7,5 cm. de longitud y 2,5 cm. de anchura, la base debe ser de 6,25 cm. de longitud y 2,5 cm. de anchura. Las dimensiones del rulo guiarán las dimensiones de la base.
3. El cabello debe estar mojado para que sea flexible, se pueda estirar y se adhiera a los rulos de plástico.
4. Preparar la sección de un rulo peinando firme y suavemente el mechón a un ángulo de 45°. (Figs. 9.107, 9.108a–b)
5. Envolver suavemente el extremo del pelo en el rulo.

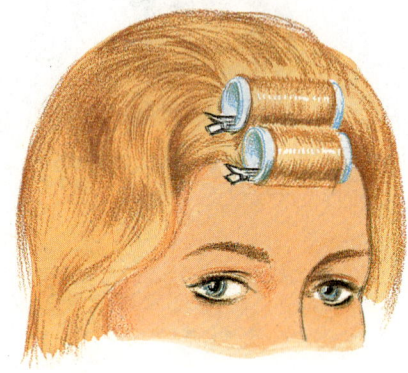

9.106—Rizos con rulos.

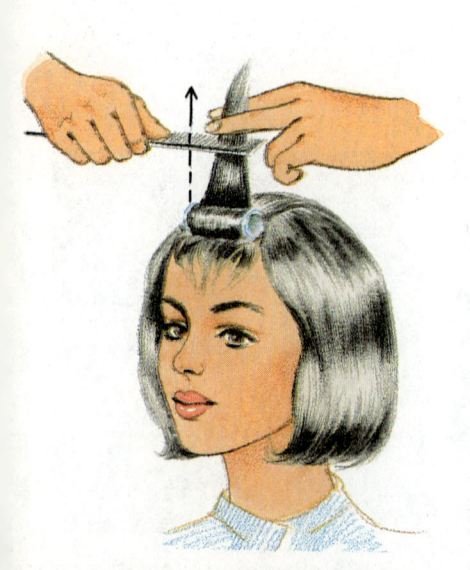

9.107—Preparación del mechón.

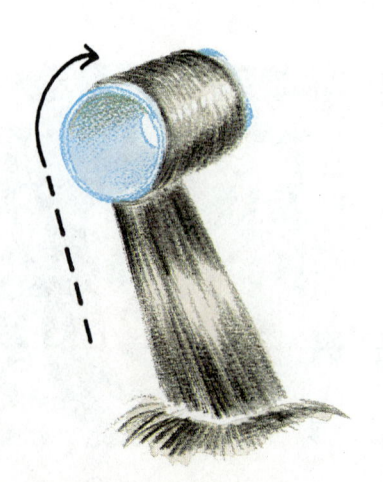

9.108a—Angulo de 45°

9.108b—Sujetar con un clip.

CAPÍTULO 9 PEINADO EN HÚMEDO ◆ 133

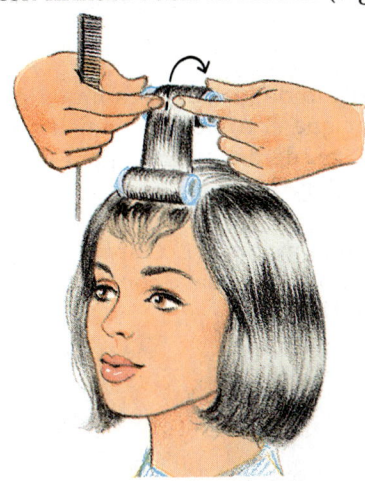

6. Colocar ambos pulgares sobre los extremos del pelo y girar el rulo con firmeza hacia la cabeza. (Figs. 9.109, 9.110)

9.109—Enrollar el rulo.

9.110—Poner pinzas en el rulo.

7. Mantener el rulo en posición mientras se fija. (Figs. 9.111 a 9.114)

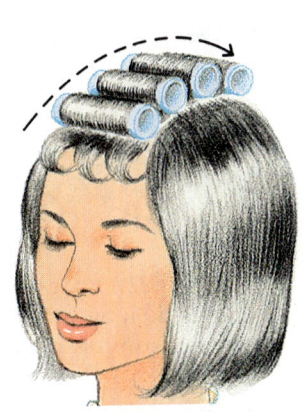

9.111—Completar el panel de rulos desde la línea del pelo hasta la coronilla, dejando mechones para un efecto de fleco.

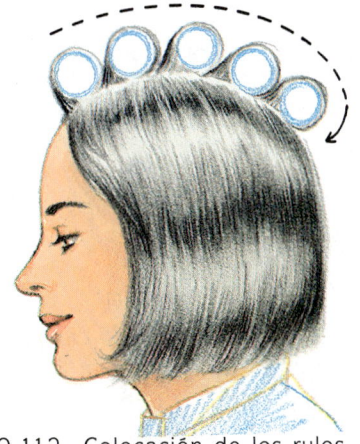

9.112—Colocación de los rulos para un efecto de alejamiento de la cara.

9.113—Disposición de los rulos para un efecto de fleco.

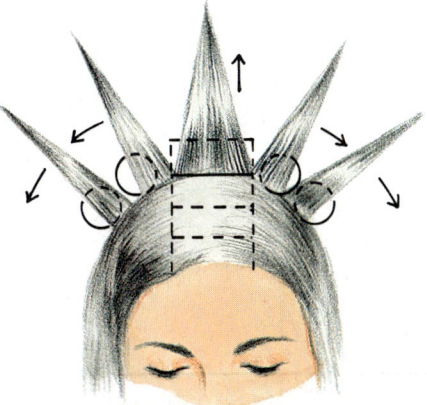

9.114—Ángulo al que debe mantenerse el pelo respecto a la cabeza para la colocación de rulos.

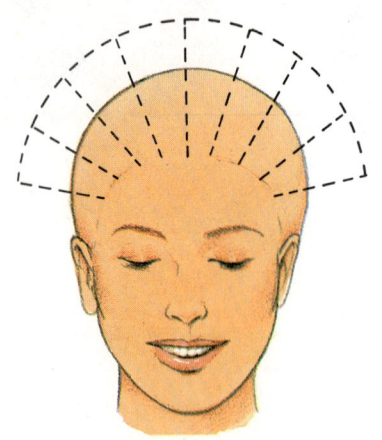

9.115—Secciones de diferentes longitudes de cabello para los rulos.

Tamaño de los rulos

Lo más efectivo para crear elevación y volumen son los rulos, así como las marcas (valles y huecos) en los peinados.

◆ **NOTA:** Para sacar el máximo partido de los rulos, es importante que la longitud del pelo sea mayor que el triple del diámetro del rulo. Por ejemplo, un rulo de 3,75 cm. de diámetro es para usarlo con pelo de 11,25 cm. de longitud. (Fig. 9.115)

Un mechón de pelo de 11,25 cm. dará una vuelta completa alrededor de un rulo de 2,5 cm. El resultado será una borla suave con una curvatura mínima en los extremos. (Figs. 9.116, 9.117)

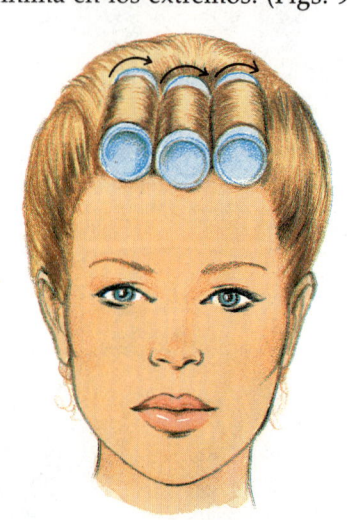

9.116—Disposición.   9.117—Peinado.

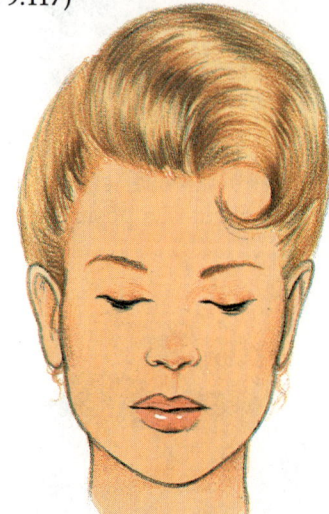

Al usar rulos de 1,85 cm. con pelo de 11,25 cm. de longitud, el mechón dará una vuelta y media. El resultado será un peinado más rizado. (Figs. 9.118, 9.119)

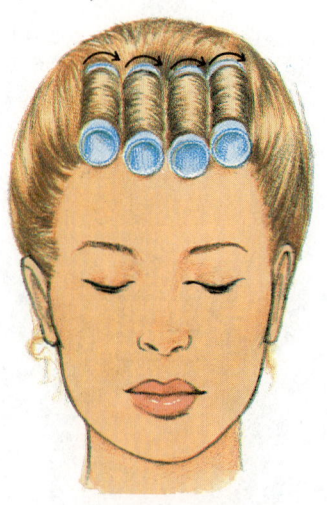

9.118—Disposición.   9.119—Peinado.

Los rulos de 1,25 cm. permiten enrollar el pelo dos o más vueltas, dando como resultado una onda profunda y suave con contraste. (Los extremos del cabello giran en sentido opuesto al del movimiento.) Fíjese que necesita más rulos para cubrir la misma zona. (Figs. 9.120, 9.121)

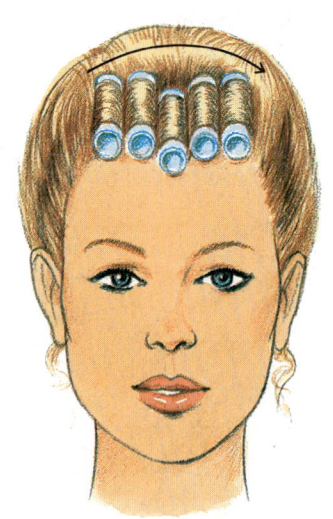

9.120—Disposición.

9.121—Peinado.

◆ NOTA: La longitud del pelo y el tamaño del rulo afectan al peinado final. Si se usan rulos de 3,75 cm. de diámetro con pelo de 15 a 17,5 cm. de longitud, el resultado será diferente del que se obtendría con pelo de 7,5 a 12,5 cm. de longitud.

RIZOS DE TONEL

Un rizo de tonel sirve como sustituto de un rizo formado alrededor de un rulo. Se puede utilizar cuando no hay suficiente espacio para colocar un rulo. Sin embargo, no produce la tensión obtenida al enrollar un rulo.

El rizo de tonel se hace de forma similar a la de los rizos erguidos, con una base plana y conteniendo mucho más pelo. (Fig. 9.122)

9.122—Rizo de tonel.

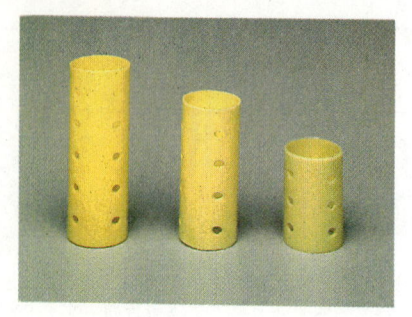

136 ◆ TEXTO GENERAL DE COSMETOLOGÍA

Volumen y huecos

El volumen se crea por la base del rizo (la dirección del pelo hacia arriba a partir de la cabeza) y el tamaño del rulo. (Fig. 9.123)

1. Para el *volumen total* (ángulo del mechón), el rulo se apoya en su base o está sobredirigido. (Figs. 9.124, 9.125)

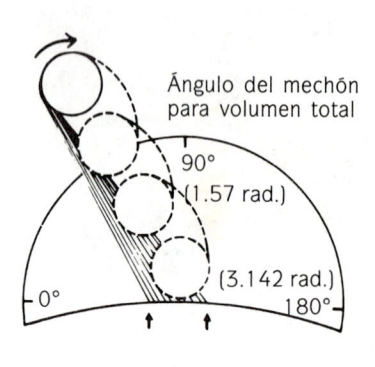

9.123—Rulos de anchura similar y varias longitudes.

9.124—Volumen total.

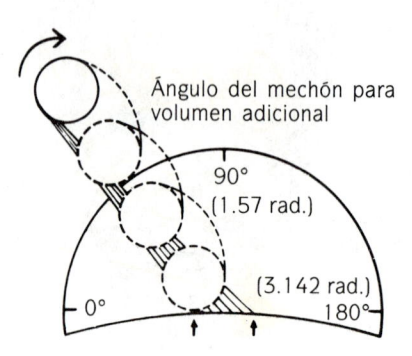

9.125—Volumen adicional.

2. Para un *volumen medio,* el rulo queda 1,25 cm. separado de la base. (Está ligeramente infradirigido.) (Fig. 9.126)

3. Para una *elevación pequeña,* el rulo se apoya fuera de la base. (Está infradirigido.) (Fig. 9.127)

4. Para crear un *vacío o un hueco,* mantener el pelo cerca de la cabeza y enrollarlo hasta 1,25 cm. fuera de la base. (Fig. 9.128)

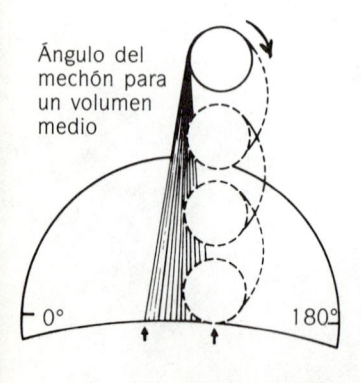

9.126—Volumen medio.

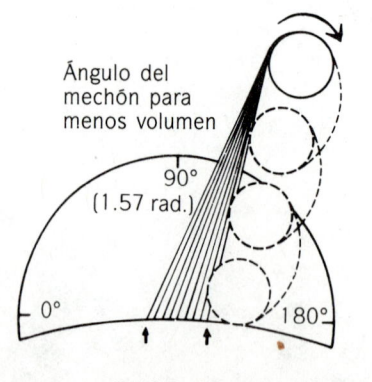

9.127—Menos volumen.

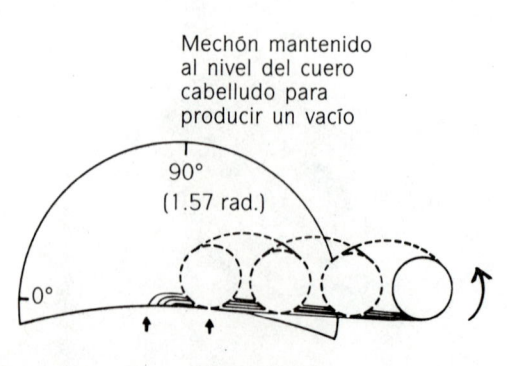

9.128—Vacío.

CAPÍTULO 9 PEINADO EN HÚMEDO ◆ 137

5. Las Figs. 9.129 a 9.132 muestran cómo se puede crear un estilo acabado marcando para volumen y vacíos.

9.129a—Crea volumen.

9.129b—Sujeción con una pinza.

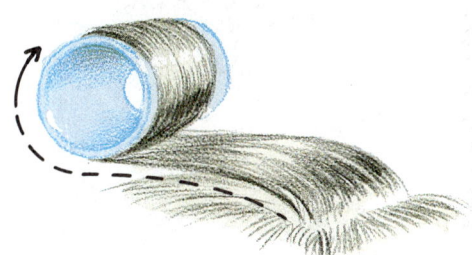

9.130a—Crea un vacío o hueco.

9.130b—Sujeción con una pinza.

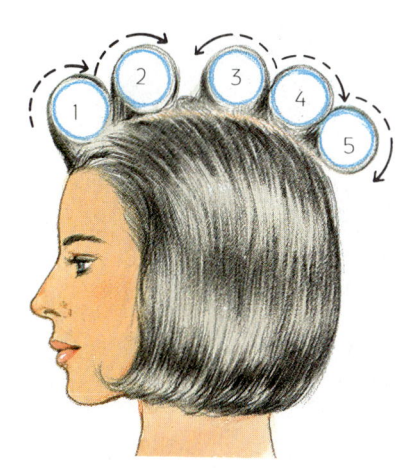

9.131—Disposición: Los dos primeros rulos—volumen; tercer rulo—hueco; rulos cuarto y quinto—volumen.

9.132—Peinado.

Acción de rulos circulares cilíndricos

Al cabello dirigido en una forma circular se le denomina de varias maneras: movimiento radial, circular o de curvatura; acción de rulos de curvatura; movimiento rotatorio o "movimiento puntual", movimiento de contorno, etc.

La zona desde la que se dirige el pelo para formar un movimiento circular se la denomina con alguno de los siguientes términos: punto de equilibrio; punto de balanceo; punto radial; punto de apoyo; punto de radiación; punto rotatorio y punto "puntual".

La acción de los rulos se crea por la manera en que se moldea el pelo alrededor del rulo. Esta acción de los rulos se puede variar usando rulos de diferentes tamaños y disposiciones distintas. (Figs. 9.133 a 9.146)

9.133—Pelo corto (rulos finos).

9.134—Peinado.

9.135—Pelo de longitud media (rulos de dimensión media).

9.136—Peinado.

CAPÍTULO 9 PEINADO EN HÚMEDO ◆ 139

9.137—Pelo largo (rulos grandes).

9.138—Peinado.

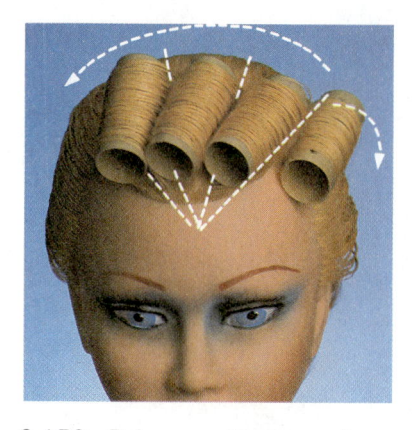

9.139—Rulos en cilindro en la parte superior, con rayas en forma de cuña, dispuestos en forma circular.

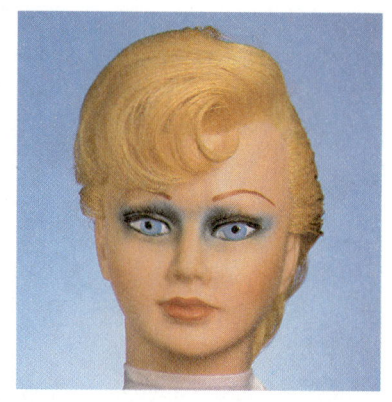

9.140—Peinado con efecto de concha hacia adelante y con flecos.

9.141—Rulos en cilindro laterales, dispuestos con rayas en forma de cuña.

9.142—El peinado da un movimiento circular hacia la cara.

140 ◆ TEXTO GENERAL DE COSMETOLOGÍA

9.143—Efectos laterales especiales—disposición de los rulos laterales con un rizo esculpido delante del oído.

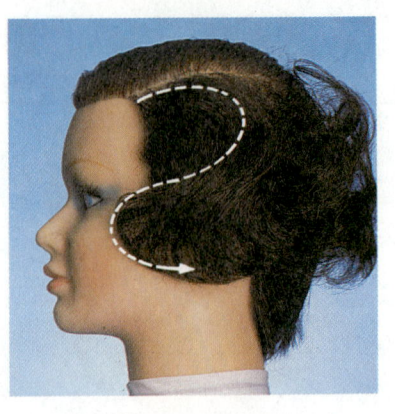

9.144—El peinado produce el efecto de una onda en forma de "S".

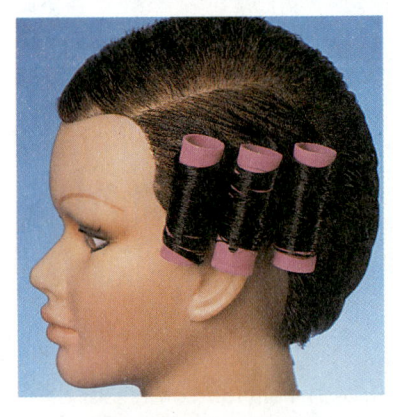

9.145—Para crear una línea de cresta y un vacío (hueco) disponer el pelo sobre los rulos en ángulo.

9.146—Esta disposición producirá un efecto ondulado al peinar.

9.147—Rulo cónico.

Rulos cónicos

Se pueden alcanzar prácticamente los mismos resultados en el peinado usando rulos cilíndricos o cónicos. Sin embargo, y dado que los rulos cilíndricos deben colocarse un poco más lejos del punto de distribución en una disposición en forma de tarta, el movimiento del cabello podría ser más débil. El rulo cónico hace posible desarrollar un movimiento de curvatura más fuerte.

Escoger el tamaño del rulo de acuerdo con la textura del pelo del cliente y el tamaño de rizo que se desee. El cabello fino requiere rulos más pequeños; el pelo grueso necesita rulos más grandes. (Figs. 9.147 a 9.149)

CAPÍTULO 9   PEINADO EN HÚMEDO   ◆   141

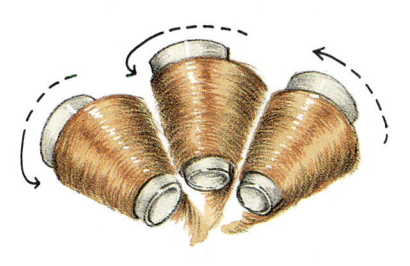

9.148—La disposición en cuarto de círculo usando rulos más delgados produce peinados más apretados.

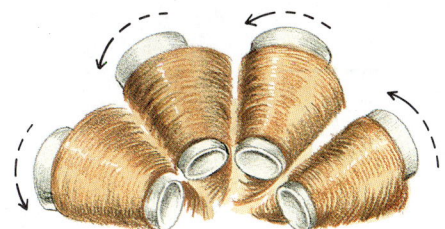

9.149—La disposición semicircular usando rulos mayores (más gruesos) produce peinados más sueltos.

Efecto de los rulos cónicos

Los rulos cónicos dispuestos a lo largo de la línea de pelo producen una forma de concha en la parte delantera, con flecos o extremos rizados hacia arriba. (Figs. 9.150, 9.151)

Los rulos cónicos dispuestos a un lado de la cabeza dan un movimiento hacia adelante al peinado. (Figs. 9.152, 9.153)

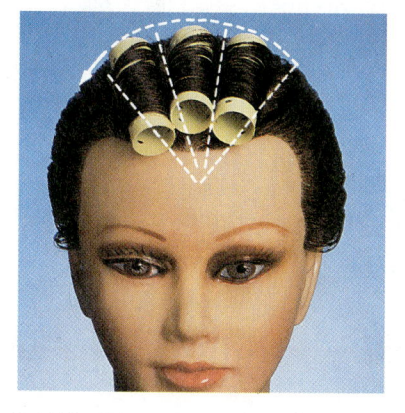

9.150—Disposición de rulos cónicos.

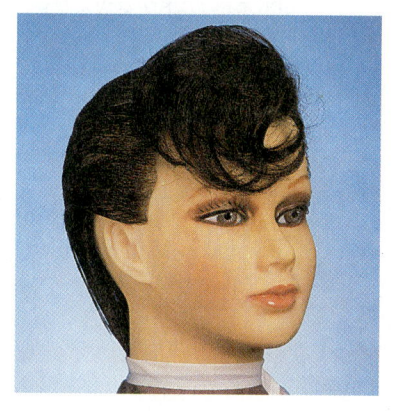

9.151—Peinado.

9.152—Disposición de rulos cónicos a un lado.

9.153—Peinado.

Preparación Profesional

CÓMO REDACTAR UN CURRÍCULUM VITAE

Usted ha aprobado sus exámenes; ya está preparado para buscar su primer puesto de trabajo. Todo el mundo quiere ver un currículum vitae y, en muchos casos, éste es su primera oportunidad para mostrar sus habilidades. La manera que usted presenta su currículum vitae le da a su patrón presunto una idea de cómo usted lleva a cabo otras cosas.

Su currículum vitae debe incluir su nombre, dirección, y número de teléfono; un sumario de los puestos que ha tenido, incluyendo trabajos a tiempo parcial y durante el verano; su formación escolar; sus habilidades y sus éxitos. Debe incluir también sus objetivos en cuanto al puesto de trabajo que quiere, tanto como recomendaciones de sus maestros, patrones o del pasado, gerentes o compañeros de trabajo (que no sean parientes o amigos).

Al ordenar toda esta información, acuerde de poner la información más relevante al puesto que quiere en un lugar más obvio en el documento que redacta, para que atraiga la atención del patrón. Utilice verbos activos para demostrar sus habilidades—palabras como completé, creé, diseñé, desarrollé, produje, enseñé, gané, etc.

La información debe ser sencilla, clara, y positiva; a nadie le gusta leer lenguaje excedente. Escriba su currículum vitae a máquina, y repáselo con mucho cuidado—o pídele a otra persona que lo lea, si la gramática y la redacción son algunas de sus deficiencias.

No incluya información personal (su edad, estado civil, si tiene hijos, raza, religión, o características físicas); incluir estos datos puede obrar en contra de usted. (La ley prohíbe que los patrones le exijan esta información.)

No ponga énfasis en cuánto dinero quiere ganar (ésto se discutirá durante la entrevista) o lo que usted necesita; al contrario, el enfoque debe ser cómo usted puede cumplir con las necesidades y los deseos del patrón.

—*Tomado del* Técnicas de Comunicación para Cosmetólogos *por Kathleen Ann Bergant*

TÉCNICAS DE PEINADO

Los peinados suaves y bien realizados son el resultado de marcados perfectos. Para alcanzar éxito como peluquero, primero debe dominar las habilidades de conformar y moldear el pelo, y después practicar métodos rápidos, sencillos y eficaces para peinar.

Procedimiento recomendado

Si usted sigue un sistema de peinar definido, ahorrará tiempo, será eficaz y formará una clientela fiel que le apreciará. Se indica aquí un procedimiento para peinar.

1. Después de quitar rulos y pinzas, cepillar bien el pelo para integrar todo el marcado de rulos y rizos y relajarlo. Un cepillo de pala almohadillada funciona bien. Alisar y cepillar el pelo hasta una posición semi-plana que permita situar las líneas para el peinado planeado. Es esencial que este procedimiento se ejecute correctamente para alcanzar un peinado final suave y fluyente.

2. Después de haber cepillado a fondo el pelo, dirigirlo hacia la forma general que se desea. Esto se puede conseguir colocando la mano sobre la cabeza del cliente y empujando suavemente el pelo hacia adelante para que las ondas caigan en el diseño planeado. Las líneas de dirección deben exagerarse algo para permitir una cierta relajación, deseable durante el proceso de peinado.

3. Cardar con peine las zonas que necesiten volumen y cardar con cepillo las que necesiten integrarse. Acentuar y desarrollar las líneas y el estilo. Tomar una sección a la vez, colocando las líneas, crestas, volúmenes y huecos adecuados en el peinado. Puede crearse suavidad e igualdad mezclando, alisando y peinando. Deben eliminarse las exageraciones y el énfasis excesivo. Las formas acabadas deben revelar ritmo, equilibrio y suavidad de líneas.

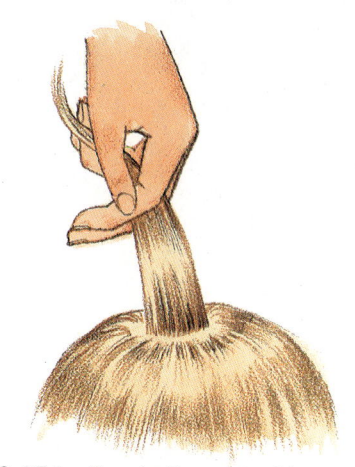

9.154—El cabello sostenido correctamente entre los dedos índice y medio.

4. Los toques finales hacen que los peinados se vean profesionales; *tómese su tiempo.* Después de completar el peinado, usar la cola del peine para levantar las zonas en que la forma no es precisa. Todos los toques en esta fase final deben realizarse muy ligeramente. Cuando se han completado los toques de acabado, comprobar que el conjunto tenga equilibrio estructural y pulverizar *ligeramente* el pelo.

Técnicas de cardado con peine y cepillo

En algunos estilos hay que crear zonas de volumen total. El cardado con peine y con cepillo es el mejor medio para alcanzar la elevación. Estas técnicas incorporan el enmarañado del pelo peinándolo o cepillándolo hacia el cráneo, de forma que el pelo más corto se enreda para formar un cojín o base para el cabello superior o de cobertura.

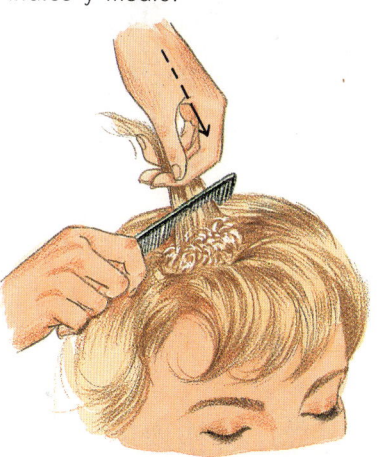

9.155—Cardado con peine de la parte superior de un mechón.

El *cardado con peine* se llama también encaje francés. Es una técnica usada para formar un cojín *firme* sobre el que construir rizos de pleno volumen o estilos de peinado ahuecados.

Después de haber dirigido el peinado básico hacia la forma deseada, analizar las zonas que necesitan volumen.

1. Tomar una sección de pelo de unos 1,87 cm. de anchura y sujetarla con firmeza, lejos del cráneo. (Fig. 9.154)

2. Introducir un peine de púas finas en el mechón a unos 3,75 cm. de la base, empujarlo hacia el cráneo y sacarlo.

3. Repetir el paso 2 introduciendo el pelo en el mechón un poco más lejos del cráneo y empujando firmemente hacia éste último. Repetir este paso cuantas veces sea necesario usando desplazamientos muy pequeños hasta que se haya alcanzado el volumen deseado de pelo expansionado.

4. Alisar los extremos del pelo para igualar el cardado (Figs. 9.155, 9.156).

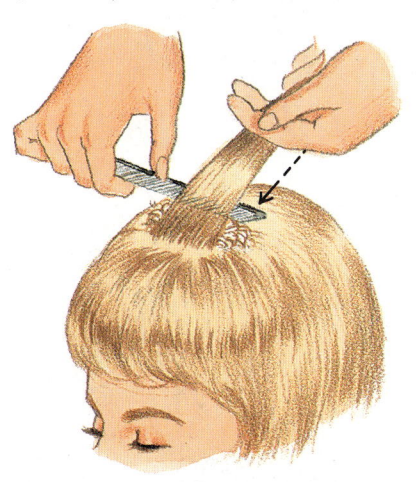

9.156—Cardado con peine de la parte inferior de un mechón.

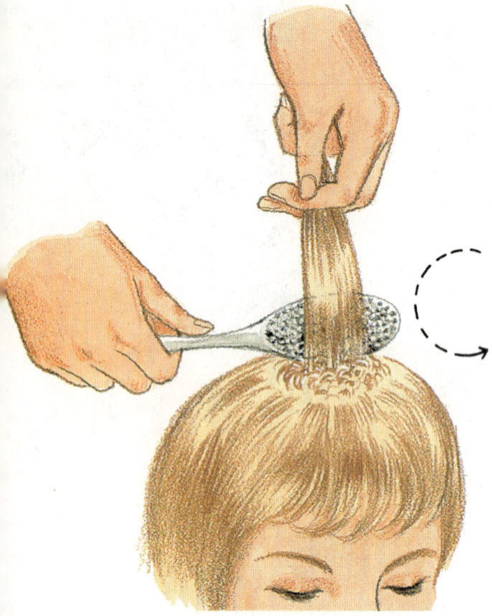

El *cardado con cepillo* es una técnica usada para formar un cojín *blando* o para mezclar dos o más grupos de rizos y conseguir un peinado uniforme.

1. Tomar y sostener perpendicular al cráneo un mechón de cabello.
2. Con el mechón ligeramente flojo, colocar un cepillo estrecho cerca de la base del mechón. Empujar y girar el borde interior del cepillo con la muñeca hasta que toque el cráneo. Para que haya entrelazamiento se debe girar el cepillo. Después quitar el cepillo del pelo con un giro de la muñeca, separando una capa de pelo. Los extremos cortos de un pelo rebajado se entrelazan formando un cojín en el cuero cabelludo.
3. Repetir este proceso alejando cada vez aproximadamente 1,25 cm. el cepillo del cráneo hasta que se haya alcanzado el volumen deseado. (Fig. 9.157)

9.157—Cardado con cepillo.

TRENZAS

Le pedirán trenzados, fruncidos o "filas de maíz" para el pelo de los niños y también de los adultos. Estos estilos deben ejecutarse con una mano *firme* usando una tensión igual en todos los mechones. Es recomendable trenzar el pelo húmedo porque un cierto grado de estiramiento ayudará a realizar un peinado pulcro y de mayor duración.

Trenzado francés

Hay dos tipos diferentes de trenzas francesas: la *trenza invisible* o trenza normal y la *trenza visible* o trenza invertida.

El **trenzado invisible** se ejecuta solapando los mechones en la parte superior.

1. Hacer dos secciones del cabello con raya en medio. (Fig. 9.158)
2. Pinzar un lado y dividir el otro en tres mechones. (Fig. 9.159)

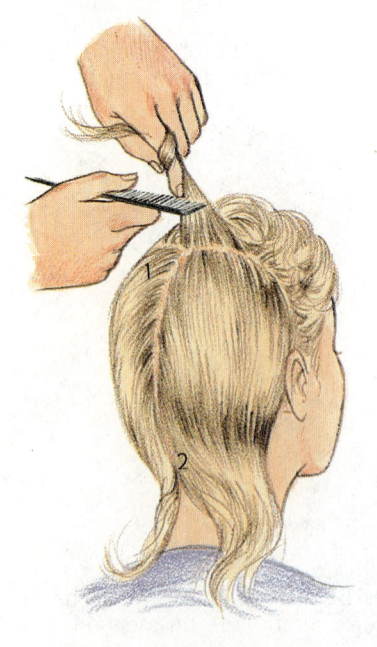

9.158—Dividir el pelo.

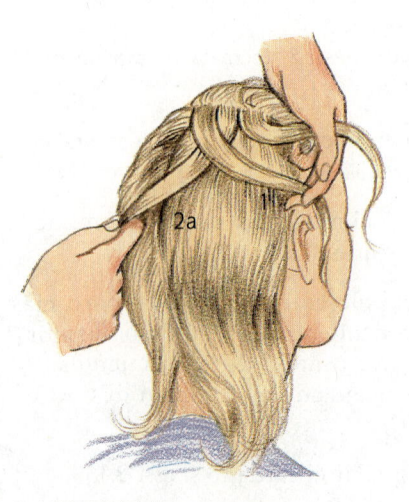

9.159—Dividir en tres mechones.

CAPÍTULO 9 PEINADO EN HÚMEDO ◆ 145

3. Iniciar la trenza tomando el mechón 1 (desde la izquierda) y cruzándolo *sobre* el mechón 2 (mechón central) (el mechón 1 pasa a ser el mechón central). (Fig. 9.160)
4. Tomar el mechón 3 (desde la derecha) y cruzarlo *sobre* el mechón central (pasa a ser el mechón central). Mantener los mechones apretados. Ya ha completado el punto de fijación.
5. Tomar el mechón de la izquierda (originalmente el 2) e incorporarle una pequeña sección (mechón 2b), de unos 1,25 cm. de anchura, del cuero cabelludo. Unir la nueva sección con el mechón izquierdo y pasarlos juntos sobre el mechón central. (Fig. 9.161)
6. Traer el mechón 1 original sobre el cabello central. Traer un mechón de pelo de la derecha, de unos 1,25 cm. de anchura y colocarlo con el mechón 1.
7. Continuar tomando mechones y trenzando hasta que todo el pelo de la sección se haya incorporado a la trenza. (Fig. 9.162)

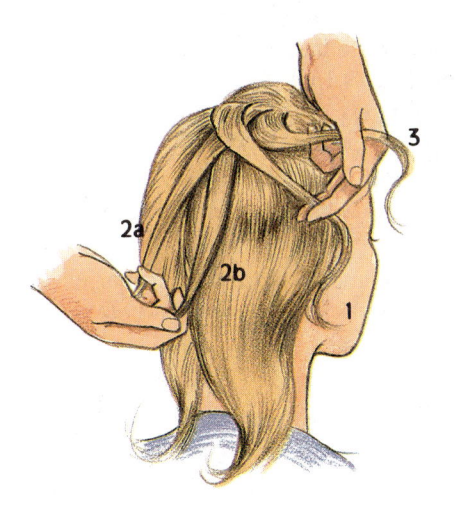

9.160—Principio del trenzado.

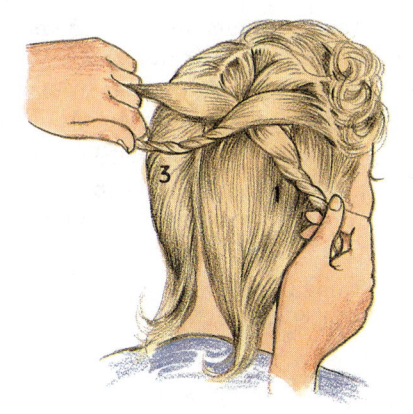

9.161—Pasando sobre el mechón central.

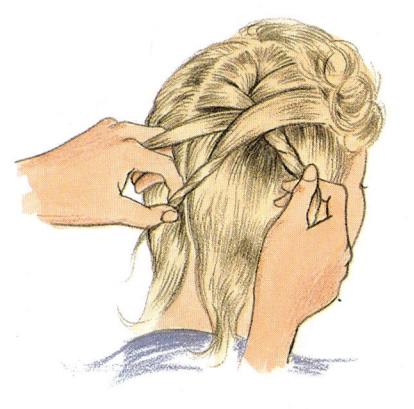

9.162—Tomar el mechón.

◆NOTA: Para mantener la trenza pulcra con todas las puntas de los pelos cortos en su lugar, girar cada mechón hacia el centro a la vez que se pone en su sitio.

8. Trenzar el otro lado del mismo modo. (Fig. 9.163)
9. Si el pelo es demasiado largo se puede:
   - Continuar trenzando hasta el final. Entonces se pueden cruzar y extender hacia arriba de la cabeza o se pueden dejar sueltas colgando.
   - Interrumpir el trenzado en el borde del pelo, atar con cintas y dejar que el extremo del pelo caiga en forma de rizos.

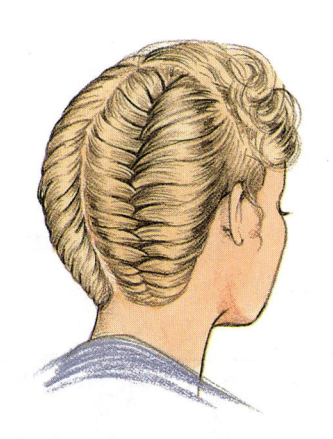

9.163—Trenzado completo.

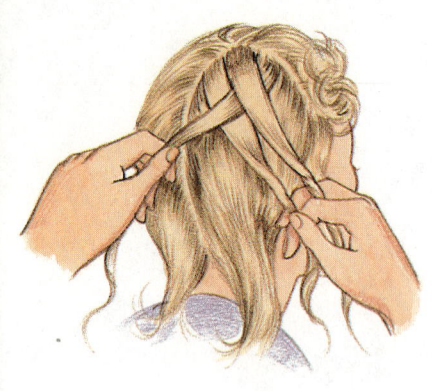

9.164—Dividir en tres secciones y empezar el trenzado.

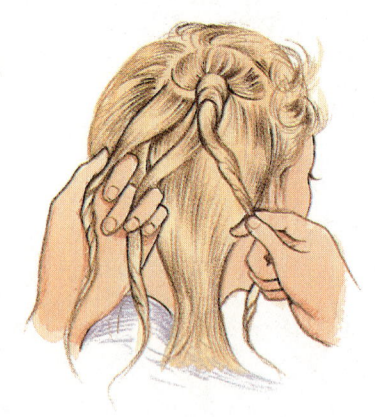

9.165—Pasarlo bajo el mechón central.

Si el pelo no es muy largo se puede:

- Fijar los extremos con una cinta de caucho, meterlos por debajo y sujetarlos en su lugar con clips.
- Crear líneas de diseño que vayan alrededor de la cabeza de una sien a la otra, o que formen varios dibujos con las trenzas y las rayas de separación.
- Puede preferir empezar la trenza francesa en la nuca y trabajar hacia la cara. Puede meter las puntas debajo o acabar el peinado con rizos.

El *trenzado francés visible* (trenza invertida) se hace trenzando los mechones por debajo, haciendo visible la trenza. Se hace de la misma manera que la trenza invisible excepto que los mechones se colocan **debajo** del mechón central.

Partir y seccionar el cabello de la misma forma que para una trenza francesa normal.

1. Dividir la sección superior derecha en tres mechones iguales. Empezar a trenzar los mechones colocando el mechón de la derecha debajo del mechón central y el mechón de la derecha debajo de éste. Estirar los mechones apretándolos. (Fig. 9.164)
2. Tomar un mechón de 1,25 cm. del lado derecho y combinarlo con el mechón de la derecha. Colocar este mechón combinado bajo el mechón central. Tomar un mechón de 1,25 cm. del lado izquierdo y combinarlo con el mechón de la izquierda. Colocar este mechón combinado bajo el mechón central. (Fig 9.165)
3. Continuar tomando cabello y trenzar como se ha dicho. Acabar el trenzado en la nuca, y mantenerlo en posición con cintas de goma. (Fig. 9.166)
4. Trenzar el lado izquierdo de la misma manera que el derecho. (Fig. 9.167)
5. Las trenzas acabadas deben meterse por debajo y sujetarse en su lugar con horquillas o clips. (Fig. 9.168)

9.166—Continuar trenzando.

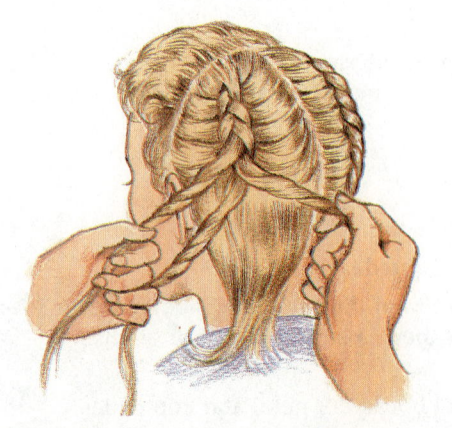

9.167—Acabar el trenzado.

9.168—Aspecto final.

Las *filas de maíz* se hacen de la misma forma que el *trenzado francés visible* excepto que las secciones son muy estrechas y forman un peinado predefinido. Funciona bien con pelo muy rizado y es popular tanto entre niños como entre adultos. Las filas de maíz deben durar varias semanas.

Preparación para cabello muy rizado

Si su cliente tiene el pelo muy rizado, se pueden preparar las filas de maíz como sigue:

1. Lavar el pelo de la forma usual.
2. Aplicar acondicionador y distribuirlo bien.
3. Atar una redecilla sobre el pelo para mantenerlo plano.
4. Colocar al cliente bajo un casco secador o secar el pelo con pistola.
5. Seguir el método de la trenza francesa visible usando secciones más estrechas y más tensión para formar las trenzas de filas de maíz. (Fig. 9.169) ✔

9.169—Un peinado de filas de maíz acabado.

✓ Completado—Objetivo de Aprendizaje núm. 3

PROCEDIMIENTOS SOBRE EL PEINADO, EL CUIDADO Y EMPLEO DE LOS UTENSILIOS

EL ARTE EN EL PEINADO

Los principios de la peluquería y el maquillaje modernos serán sus guías para seleccionar lo más adecuado para alcanzar un aspecto bonito. Los mejores resultados se obtienen si se analizan correctamente los rasgos faciales de cada cliente buscando los puntos fuertes y débiles. Su trabajo es acentuar los mejores rasgos de su cliente y disimular los rasgos que no contribuyen al atractivo de la persona.

Debe desarrollar la capacidad de analizar los peinados para sus clientes. Cada cliente merece un peinado que esté correctamente proporcionado con el tipo de su cuerpo, esté correctamente equilibrado con su cabeza y sus rasgos faciales, y que dé un marco atractivo a la cara. Los puntos esenciales de un peinado artístico y adecuado están basados en las características generales siguientes:

1. Forma de la cabeza: vista frontal (forma de la cara), perfil y vista posterior.
2. Características de los rasgos: rasgos perfectos e imperfectos, defectos o imperfecciones.
3. Estructura del cuerpo, postura y porte.

TIPOS FACIALES

La forma facial de cada cliente viene determinada por la posición y prominencia de los huesos faciales. Hay siete formas de cara: ovalada, redonda, cuadrada, rectangular, en forma de pera, en forma de corazón, y en forma de rombo. Para reconocer cada forma facial y ser capaz de dar un consejo correcto, debe estar familiarizado con las características principales de cada una de ellas.

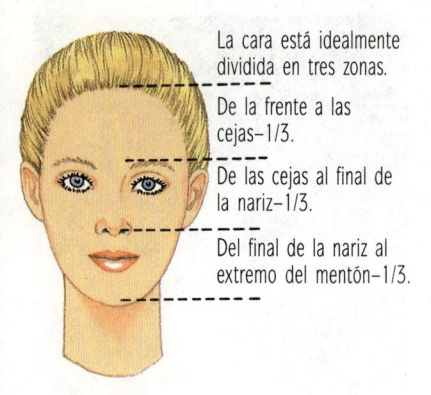

148 ◆ TEXTO GENERAL DE COSMETOLOGÍA

La cara está idealmente dividida en tres zonas.
De la frente a las cejas–1/3.
De las cejas al final de la nariz–1/3.
Del final de la nariz al extremo del mentón–1/3.

9.170—Proporciones ideales de la cara.

La cara está dividida en tres zonas: de la frente a las cejas, de las cejas al final de la nariz, y del final de la nariz al mentón. Al crear un peinado para un cliente, usted estará intentando crear la ilusión de que cada cliente tiene la forma de cara ideal. (Fig. 9.170)

Tipo facial ovalado

Se acepta generalmente que la forma ideal de la cara es la ovalada. El contorno y las proporciones de la cara ovalada forman la base para modificar los demás tipos faciales.

Contorno facial: La cara ovalada tiene una longitud de 1½ veces su anchura en las cejas. La frente es ligeramente más ancha que el mentón.

Una persona con una cara ovalada puede llevar cualquier peinado a no ser que existan otras consideraciones como gafas, longitud y forma de la nariz, o el perfil. (Ver las secciones sobre consideraciones especiales.) (Fig. 9.171)

Tipo facial redondo

Contorno facial: Líneas del pelo y del mentón redondas; cara ancha.
Intención: Crear ilusión de longitud en la cara.

Crear un peinado con altura, disponiendo el pelo encima de la cabeza. Se puede colocar algo de cabello sobre las orejas y las mejillas, pero también es adecuado mantenerlo hacia arriba en un lado, dejando las orejas descubiertas. Peinar los flecos hacia un lado. (Fig. 9.172)

Tipo facial cuadrado

Contorno facial: Líneas de pelo y del mentón rectas; cara ancha.
Intención: Crear la ilusión de longitud; compensar los rasgos cuadrados.

Los problemas del tipo facial cuadrado son similares a los del tipo redondo. El peinado debe subir la frente y venir hacia adelante en las sienes y la mandíbula, creando la sensación de estrechez y suavidad en la cara. Los peinados asimétricos funcionan bien. (Fig. 9.173)

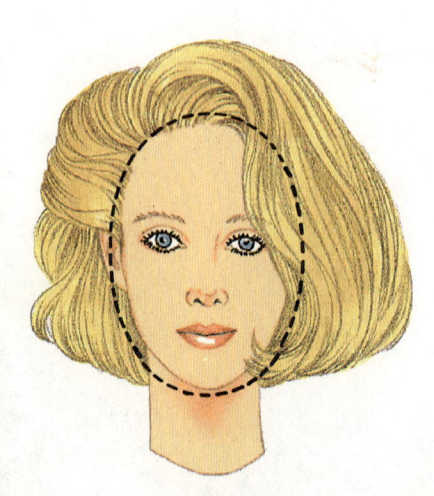

9.171—Cara ovalada. 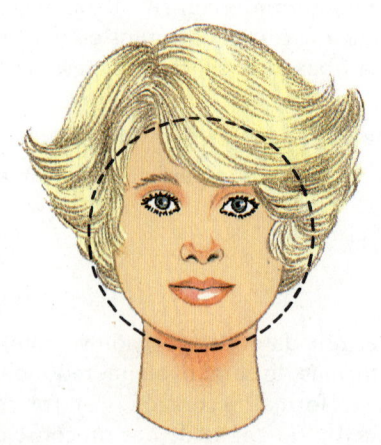 9.172—Cara redonda.  9.173—Cara cuadrada.

Tipo facial en forma de pera

Contorno facial: Frente estrecha, mandíbula y línea del mentón anchas.
  Intención: Crear la ilusión de anchura en la frente.
  Construir un peinado que sea razonablemente lleno y ancho. Cubrir parcialmente la frente con un fleco de cabello suave. El cabello debe llevarse con medio rizo o un efecto de onda suave recortado sobre las orejas. Esta disposición ayuda a la anchura aparente de la frente. (Fig. 9.174)

Tipo facial rectangular

Contorno facial: Cara larga y estrecha con mejillas huecas.
  Intención: Hacer que la cara parezca más corta y más ancha.
  El cabello debe peinarse muy cerca de la parte superior de la cabeza con una hilera de rizos y flecos, combinados con lados llenos. Estirar el pelo hacia afuera de las mejillas crea ilusión de anchura. (Fig. 9.175)

Tipo facial en rombo

Contorno facial: Frente estrecha, máxima anchura en los pómulos, y mentón estrecho.
  Intención: Reducir la anchura a través de la línea de los pómulos.
  El aumento de la plenitud a través de la línea de la mandíbula y de la frente, mientras se mantiene el pelo cerca de la cabeza en la línea de pómulos, ayuda a crear una apariencia ovalada. Evitar los peinados que suben desde las mejillas o que van hacia atrás desde la línea del pelo. (Fig. 9.176)

Tipo facial en forma de corazón

Contorno facial: Frente ancha y línea del mentón estrecha.
  Intención: Disminuir la anchura de la frente y aumentar la anchura en la parte baja de la cara.
  Para reducir la anchura de la frente se recomienda una raya central con flecos levantados o un peinado inclinado hacia un lado. Añadir anchura y suavidad a la línea de la mandíbula. (Fig. 9.177)

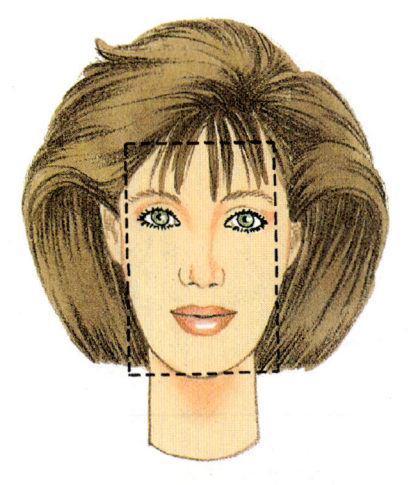

9.174—Cara en forma de pera.

9.175—Cara rectangular.

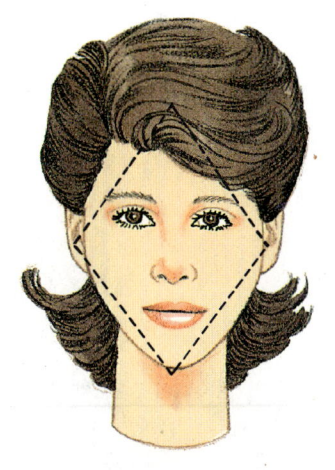

9.176—Cara en rombo.

9.177—Cara en forma de corazón.

Perfiles

Mirar siempre el perfil de su cliente. Al crear un peinado, el perfil puede ser un buen indicador sobre la forma correcta del peinado a seleccionar.

Perfil recto. Se considera el ideal. No es cóncavo ni convexo, ni tiene rasgos faciales poco corrientes. Usualmente, cualquier estilo de peinado se adapta a un perfil recto o normal. (Fig. 9.178)

Cóncavo (mentón prominente). El pelo de la nuca debe peinarse con suavidad con un movimiento hacia arriba. No proyectar cabello sobre la frente. (Fig. 9.179)

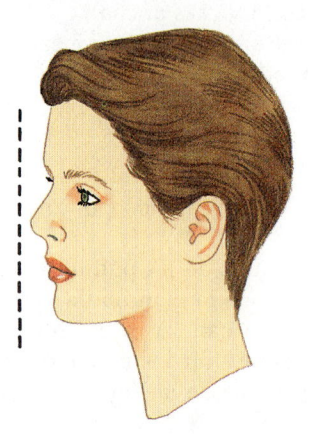

9.178—Perfil recto.

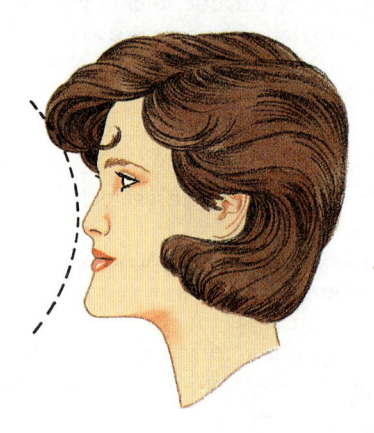

9.179—Cóncavo (mentón prominente).

Convexo (frente retirada, nariz prominente y mentón retirado). Poner rizos o flecos sobre la frente. Mantener el peinado cerca de la cabeza en la nuca. (Fig. 9.180)

Frente baja, mentón prominente. Crear sensación de plenitud en la frente construyendo un fleco esponjado y con altura. Un movimiento alto de las sienes añadirá longitud a la cara. Los rizos suaves en la nuca suavizan la línea del mentón. No terminar la línea del peinado en la nuca—esto atrae la atención hacia el mentón. Al contrario, crear una línea que sea más alta o más baja que la línea del mentón. (Fig. 9.181)

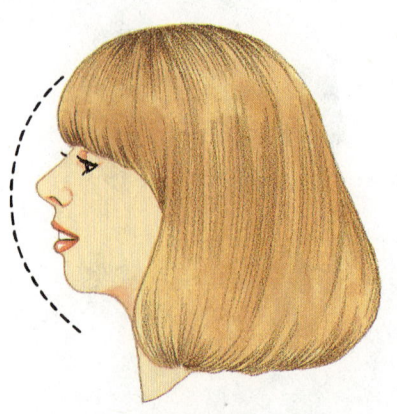

9.180—Convexo (frente retirada, nariz prominente y mentón retirado).

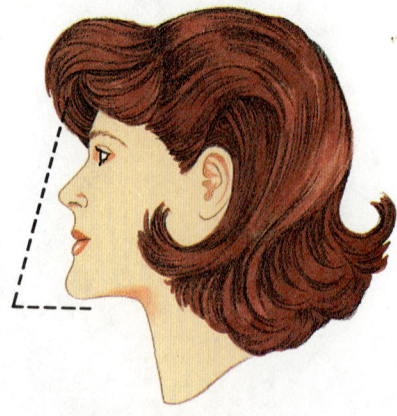

9.181—Frente baja, mentón prominente.

Formas de la nariz

Las formas de la nariz están muy relacionadas con el perfil. Al estudiar la cara de su cliente, la nariz debe tenerse en cuenta tanto en el perfil como en la vista de frente. (Un maquillaje adecuado para las formas de la nariz se encontrará en el capítulo sobre maquillaje facial.)

Nariz respingona. Normalmente, la nariz de este tipo es pequeña y va acompañada de un perfil recto. La nariz pequeña se considera una cualidad infantil; por lo tanto, lo mejor es diseñar un peinado que no se asocie con niños. El pelo debe apartarse de la cara creando una línea desde la nariz a la oreja. Esto añadirá longitud a la nariz corta. El pelo de la parte superior debe alejarse de la frente para dar una ilusión de longitud a la nariz. (Figs. 9.182, 9.183)

9.182—Erróneo. 9.183—Correcto.

Nariz prominente (ganchuda, grande o puntiaguda). Para apartar la atención de la nariz, llevar el cabello hacia adelante en la frente, con suavidad alrededor de la cara. (Figs. 9.184, 9.185)

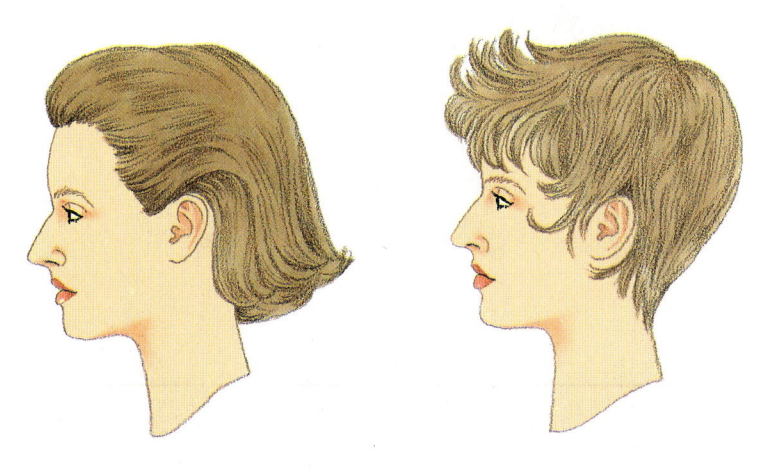

9.184—Erróneo. 9.185—Correcto.

Nariz torcida. Para minimizar la apariencia de la nariz torcida, peinar el pelo de forma no centrada para atraer al ojo lejos de la nariz. Los estilos asimétricos son los mejores. Cualquier peinado bien equilibrado acentuará el hecho de que la cara no es regular. (Figs. 9.186, 9.187)

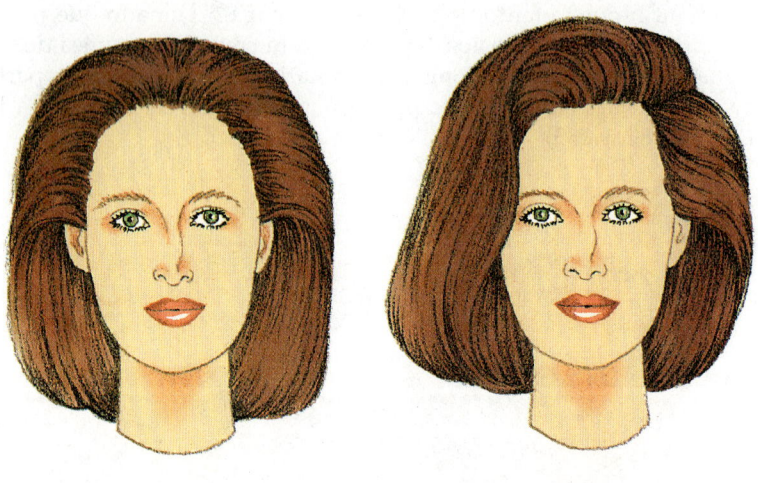

9.186—Erróneo.   9.187—Correcto.

Nariz ancha y plana. Una nariz ancha y plana tiende a ensanchar la cara. A fin de reducir este efecto al mínimo, el pelo debe alejarse de la cara. Además, la raya en el centro tiende a estrechar la nariz así como a alejar la atención de ella. (Figs 9.188, 9.189)

9.188—Erróneo.   9.189—Correcto.

Ojos

Los ojos son el punto focal de la cara. Prepárese a crear peinados que resalten lo mejor de los ojos de sus clientes.

Los *ojos separados* se encuentran normalmente en caras redondas o cuadradas. Puede minimizar el efecto levantando y ahuecando la parte superior del pelo y de la zona del fleco. Un fleco lateral ayuda a distraer la atención del espacio entre los ojos. (Figs. 9.190, 9.191)

9.190—Erróneo.

9.191—Correcto.

Los *ojos juntos* se encuentran normalmente en caras largas y estrechas. Intente abrir la cara con la ilusión de más espacio entre los ojos. Peine el pelo bastante alto con un movimiento lateral. Los extremos del pelo deben girar hacia afuera y hacia arriba. (Figs. 9.192, 9.193)

9.192—Erróneo.

9.193—Correcto.

Formas de la cabeza

La forma de la cabeza de su cliente es tan individual como cualquier otro rasgo físico. Al igual que en la cara, la forma ovalada se considera la ideal. Su objetivo al diseñar peinados debe ser darles la ilusión de un óvalo. Cuando evalúe la forma de la cabeza de su cliente, sobreponga mentalmente una imagen ovalada sobre ella. Planifique añadir volumen donde resulte plana. (Figs. 9.194 a 9.199)

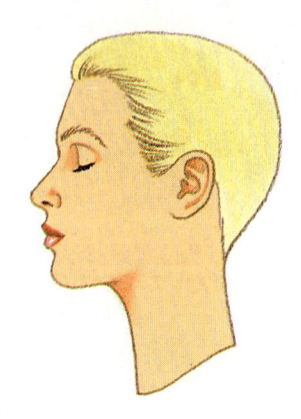

9.194—El óvalo perfecto.

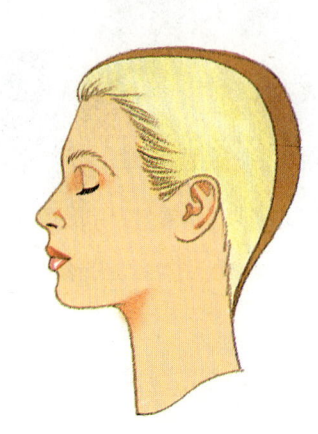

9.195—Cabeza estrecha—parte posterior plana.

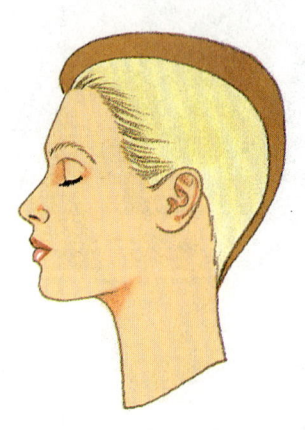

9.196—Coronilla plana.

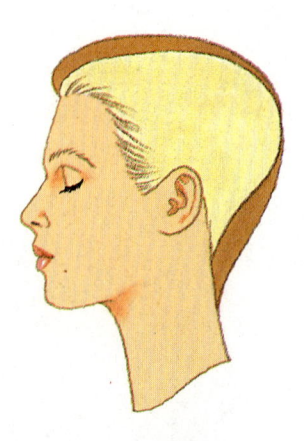

9.197—Cabeza puntiaguda. Nuca hueca.

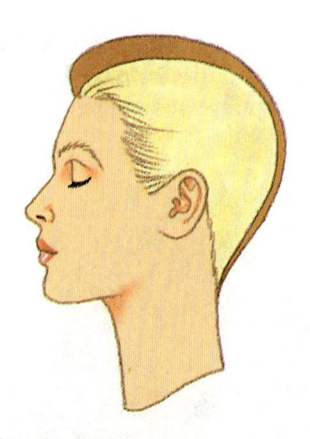

9.198—Parte superior plana.

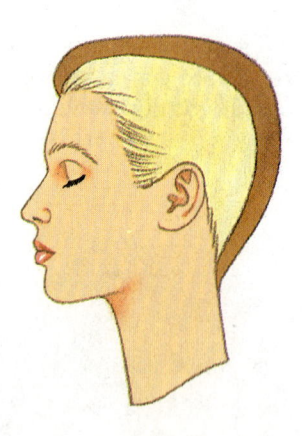

9.199—Cabeza pequeña.

Consideraciones especiales

Muy pocos de sus clientes, o ninguno, tendrá un conjunto de rasgos perfecto. Su objetivo es analizar sus rasgos y acentuar los mejores. Además necesitará considerar los rasgos particulares de cada grupo étnico.

Persona llenita con cuello corto

Objetivo: Crear ilusión de longitud.

Peinado corrector: Recoger el cabello hacia arriba para dar longitud al cuello. Formar altura en la parte superior. Evitar los peinados que den plenitud a la parte posterior del cuello y los que tengan líneas horizontales. (Fig. 9.200)

Cuello largo y delgado

Objetivo: Reducir al mínimo el aspecto de cuello largo.

Peinado corrector: Cubrir el cuello con ondas suaves. Evitar las líneas de cuello cortas o esculpidas. Mantener el pelo largo y completo en la nuca. (Fig 9.201)

9.200—Persona llenita con cuello corto.

9.201—Cuello largo y delgado.

Rasgos pequeños

Objetivo: Dar anchura a la cara y al cuello.

Peinado corrector: Levantar los lados hacia arriba y lejos de la línea del pelo, pero mantener el peinado suave y suelto. El pelo de la nuca debe ser largo y pleno para llenar el cuello. (Fig. 9.202)

Rasgos desiguales

Objetivo: Minimizar la imperfección de los rasgos.

Peinado corrector: Cualquier peinado que distrae la atención de los rasgos imperfectos. Si la cara es más pequeña en un lado que en el otro, un peinado asimétrico puede equilibrarla. (Fig. 9.203)

9.202—Rasgos pequeños.

9.203—Rasgos desiguales.

Clientes de diversas culturas

Siga las reglas de peinado relacionadas a la forma particular de la cara. Si el pelo ha sido estirado, márquelo con rulos grandes. Si no, plánchelo térmicamente con unas tenacillas grandes (ver el capítulo sobre peinado térmico). Cualquier método le permitirá tener más control para peinar el pelo de acuerdo con los principios del arte del cabello. (Fig. 9.204) Tenga en cuenta que el pelo oriental es normalmente fuerte y puede necesitar un manejo más preciso. (Fig. 9.205)

9.204—Cliente negra.   9.205—Cliente oriental.

PEINADOS PARA PERSONAS QUE LLEVAN LENTES

Las personas que llevan lentes tienen características especiales respecto a sus hábitos de peinado y maquillaje. Una combinación de un peinado favorecedor, un maquillaje adecuado y las gafas correctas ayudará a acentuar los mejores rasgos de quien los lleva.

Las siguientes son algunas reglas básicas para acicalarse bien que deben ser seguidas por todas las personas que llevan gafas:

1. Las monturas deben ser modernas, con cristales grandes para una buena visión.
2. No usar nunca monturas llamativas, demasiado enjoyadas o complicadas.
3. No lleve pestañas postizas. Son demasiado largas y funcionan como un limpiaparabrisas con cada movimiento del ojo.
4. No use un maquillaje de ojos intenso. Realzar el color y los mejores rasgos de sus ojos no necesita un maquillaje fuerte.
5. El peinado debe caer con naturalidad alrededor de la cara, para facilitar el ponerse y quitarse las gafas.
6. El pelo muy peinado con muchos rizos apretados es poco práctico para las personas con gafas.

A continuación se detallan las cosas que deben hacer las personas que usan gafas:

Caras redondas, ovaladas o cuadradas

Gafas. Una persona con ojos grandes debe llevar monturas finas con cristales grandes para mostrar sus ojos y un buen maquillaje. El color de la montura debe seleccionarse cuidadosamente para que haga juego con el color del pelo.

Peinado. Un peinado hueco con equilibrio natural; lo mejor es un estilo sencillo, informal y ordenado.

Flecos. Lo mejor es un fleco cortado que toque libremente las cejas.

Joyas. Si se llevan pendientes, éstos deben ser largos y oscilantes. (Figs. 9.206, 9.207)

9.206—Erróneo.   9.207—Correcto.

La cara en forma de corazón o de rombo

Gafas. Las monturas deben ser finas, de grosor medio, seguir las cejas y apoyarse suavemente en la cara.

Maquillaje. Sombras ligeras de maquillaje y un maquillaje delicado en los ojos.

Peinado. Peinado estilo paje; o bien aumentar la anchura en la parte baja de la cara.

Flecos. Los flecos abiertos armonizan y se equilibran con la parte inferior de la cara. (Figs. 9.208, 9.209)

9.208—Erróneo.   9.209—Correcto.

La cara pequeña, estrecha u ovalada

Gafas. Monturas grandes y modernas que no sean demasiado llamativas.

Maquillaje. Llevar sólo maquillaje de tonos naturales. Los ojos se ven y se aumentan a través de las gafas. El maquillaje correcto de los ojos acentúa los ojos bonitos y chispeantes.

Peinado. Puesto que la cara es de proporciones delicadas, es importante que el peinado tenga anchura y altura. El peinado debe ser corto, con ondas profundas a los lados, dejando libertad para el control de las gafas.

Flecos. Un fleco en onda a un lado que acaricie una ceja puede ser un cumplido a los ojos. (Figs. 9.210, 9.211)

9.210—Erróneo. 9.211—Correcto.

La cara en forma de pera

Gafas. Llevar monturas grandes, de forma oval, que permitan a las gafas revelar los ojos llevando un maquillaje adecuado.

Peinado. Este contorno facial necesita énfasis en la longitud; por lo tanto el pelo debe ir hacia arriba y alejándose de la cara, alto en la parte delantera y la coronilla. Suelto y hueco alrededor de la cara, y cepillado con suavidad hacia adelante en las mejillas añade belleza y reduce anchura.

Flecos. Un fleco ondulado lateral sobre un ojo añadirá expresión e interés. (Figs. 9.212, 9.213)

9.212—Erróneo. 9.213—Correcto.

RAYAS

Las rayas pueden ser el punto focal de un peinado. Como el ojo se siente atraído por un punto, usted debe tener cuidado sobre como usarlo. Siempre debe ser nítida, sin cabellos dispersos de un lado al otro, y debe ser recta y dirigida positivamente. Normalmente es mejor utilizar una partición natural, si ello es posible; sin embargo, usted puede desear crear una raya según la forma de la cabeza de su cliente, sus rasgos faciales o el peinado que desea. Con frecuencia es difícil crear un peinado duradero si se trabaja contra la partición natural de la coronilla. Usted debe ser capaz de incorporar la partición natural en el peinado final.

Las siguientes sugerencias son adecuadas para las rayas según los diferentes tipos faciales.

Particiones para flecos

1. Las *particiones rectangulares* o *triangulares* son las de uso más común para flecos de niños. La partición triangular distribuye más cabello hacia la zona de la sien, frecuentemente clara en los niños.
2. La *partición diagonal* usada para dar altura a una cara redonda o cuadrada. También hace que una cara larga y delgada parezca más ancha. (Fig. 9.214)
3. La *partición curva rectangular* usada para entradas en el pelo o frente alta. (Fig. 9.215)
4. La *partición central* para un peinado corriente en niños, con flecos. (Fig. 9.216)

9.214—Partición diagonal.    9.215—Partición curva rectangular.    9.216—Partición central para niños.

Rayas de estilo

1. *Raya oculta,* usada para dar altura y un efecto unilateral al peinado. (Fig. 9.217)
2. *Rayas laterales* usadas para peinados dirigidos hacia un lado. Usted puede necesitar el uso de una raya al lado alta si su cliente tiene la frente ancha; y una raya al lado baja, o una partición triangular, para una cara de forma triangular, redonda o cuadrada. (Fig. 9.218)
3. La *raya en el centro* es clásica. Se usa normalmente con caras ovaladas, pero da una ilusión oval a caras anchas, redondas o de forma cuadrada. (Fig. 9.219)
4. Las rayas se pueden usar en otras partes de la cabeza para crear efectos vanguardistas. La *raya diagonal atrás* (Fig. 9.220) y las *rayas naturales de la coronilla* (Figs. 9.221, 9.222) usadas para clientes con cuellos largos para crear ilusión de anchura en la parte posterior de la cabeza.

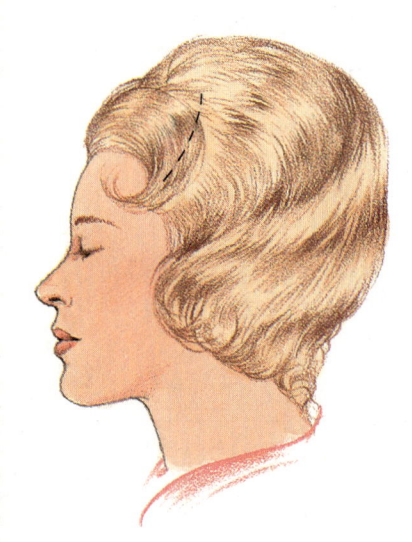

9.217—Raya oculta.

9.218—Raya lateral.

9.219—Raya en el centro.

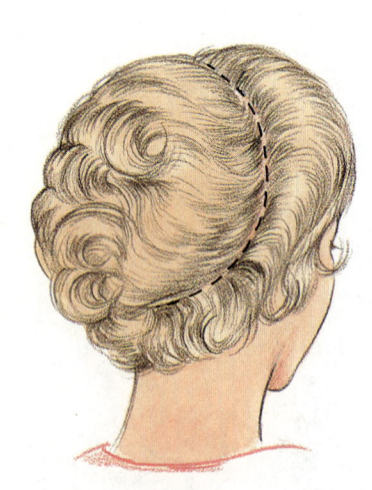

9.220—Raya diagonal atrás.

9.221—Raya natural de la coronilla—longitud total de la cabeza.

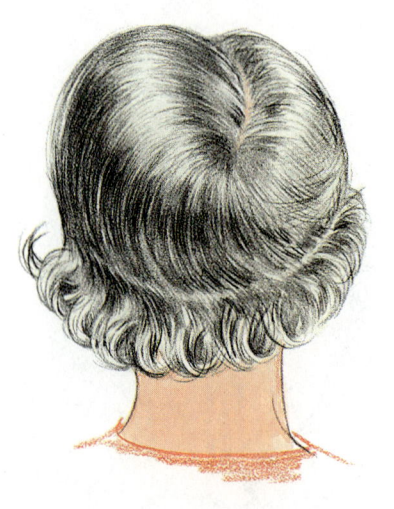

9.222—Raya natural de la coronilla—media.

El aprender a utilizar sus habilidades para conseguir resultados predecibles le proporcionará éxito como peluquero profesional. Puede usar el arte y la técnica de formar, moldear, fijar, cepillar y peinar para crear cualquier peinado que se ponga de moda. Usted conseguirá fácilmente una clientela fiel y que le apreciará si es usted sensible y hace compensaciones adecuadas a las imperfecciones en los rasgos de sus clientes. ✔

Completado—Objetivo de Aprendizaje núm. 4

CARACTERÍSTICAS DE LA APARIENCIA DE UN CLIENTE

PREGUNTAS DE REPASO

PEINADO EN HÚMEDO

1. ¿Qué es el peinado?
2. Enumere los elementos básicos del arte que se utilizan para peinar el cabello.
3. ¿En qué consiste el peinado?
4. Enumere los utensilios empleados en el peinado.
5. Enumere las partes principales de un rizo fijo.
6. ¿Qué es una conformación para la colocación de rizos fijos y cómo se clasifica?
7. Enumere las bases más normalmente usadas para un rizo fijo.
8. Enumere las bases para un rizo con rulos.
9. ¿Qué habilidad debe desarrollar para analizar a su cliente?

PEINADO TÉRMICO

10

OBJETIVOS DE APRENDIZAJE

DESPUÉS DE COMPLETAR ESTE CAPÍTULO, USTED DEBE SER CAPAZ DE:

1. Definir la finalidad del ondulado y rizado térmicos.
2. Mostrar las técnicas correctas del ondulado térmico y los utensilios empleados.
3. Enumerar las medidas de seguridad utilizadas en el ondulado térmico.
4. Definir el peinado con pistola secadora.
5. Hacer una demostración del uso de utensilios, técnicas y cosméticos en el peinado con pistola secadora.
6. Definir la ondulación con aire.
7. Hacer una demostración del uso de utensilios y la técnica de ondular con aire.

INTRODUCCIÓN AL ONDULADO Y RIZADO TÉRMICOS

✓ **Completado—Objetivo de Aprendizaje núm. 1**

FINALIDAD DEL ONDULADO Y RIZADO TÉRMICOS

El arte y la técnica de usar tenacillas térmicas para ondular y rizar fueron desarrollados en 1875 por un francés, Marcel Grateau. El ondulado térmico aún es conocido como **ondulado marcel**.

El *ondulado* y *el rizado térmicos* constituyen el arte de ondular o rizar el pelo liso o planchado (ver el capítulo sobre estirado térmico del pelo) con tenacillas térmicas, sean calentadas eléctricamente o en una estufa, usando técnicas especiales de manipulación. Los utensilios modernos han contribuido al éxito continuado de estos métodos para ondular y rizar el pelo. ✓

TENACILLAS TÉRMICAS

Las tenacillas son un utensilio importante en la peluquería. Suministran un calor uniforme que es totalmente controlado por el cosmetólogo. Las técnicas de manipulación son básicamente las mismas para las tenacillas eléctricas que para las calentadas en estufa.

Las tenacillas deben estar hechas de acero de la mejor calidad, de forma que mantengan una temperatura uniforme durante el proceso de ondulado y rizado. La parte de la tenacilla usada para el peinado está formada por dos piezas: la varilla (púa) y la concha (garganta o cazoleta).

1. La **varilla** es una barra sólida de acero perfectamente redonda.
2. La **concha** es perfectamente redonda con el interior acanalado, de forma que la varilla se apoye en ella cuando las tenacillas están cerradas.

El borde de la concha más cercano al cosmetólogo se llama *borde interno;* el más alejado del cosmetólogo se llama *borde externo.*

Las tenacillas térmicas se presentan en una variedad de estilos, tamaños y pesos, desde pequeñas a gigantes. Vienen en tres clasificaciones diferentes:

1. Convencionales (normales) calentadas en estufa. (Fig. 10.1)
2. Auto-calentadas, eléctricas. (Fig. 10.2)
3. Auto-calentadas, eléctricas, vaporizadoras.

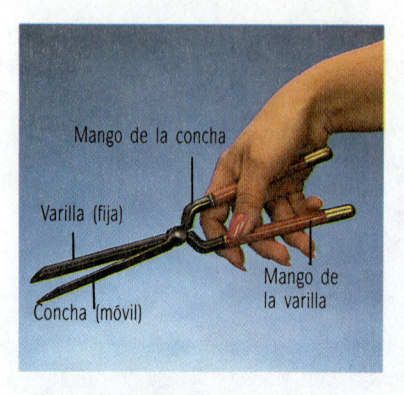

10.1—Tenacillas térmicas convencionales (marcel).

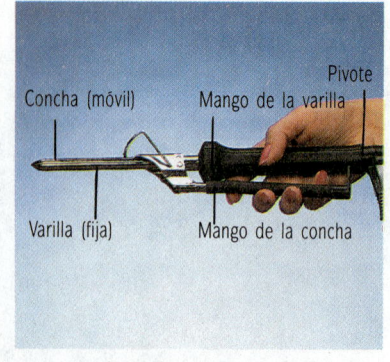

10.2—Tenacillas térmicas eléctricas.

◆**NOTA:** No usar tenacillas eléctricas vaporizadoras en cabello planchado; la humedad puede hacer que el cabello vuelva a su estado natural demasiado rizado.

No hay una temperatura correcta única para las tenacillas al ondular o rizar el pelo térmicamente. El establecimiento de la temperatura para las tenacillas depende de la textura del pelo, si es fino o grueso, o si ha sido decolorado o teñido. El cabello que ha sido decolorado o teñido (y también las canas) debe ser rizado y ondulado con tenacillas tibias. Como regla general, el pelo grueso y gris puede tolerar más calor que el pelo fino.

◆
PRECAUCIÓN
No usar tenacillas térmicas en pelo tratado químicamente; hacerlo puede causar roturas.

Prueba de las tenacillas térmicas

Después de calentar las tenacillas a la temperatura deseada, probarlas sobre un trozo de papel tissú. Cerrar las tenacillas calientes sobre el papel y mantenerlas 5 segundos. Si el papel se quema o se vuelve marrón, las tenacillas están demasiado calientes. Dejarlas enfriar un poco antes del uso. Recordar que el pelo fino, decolorado o muy dañado resiste menos calor que el pelo normal. (Fig. 10.3)

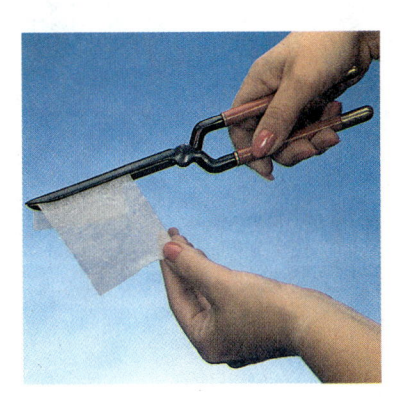

10.3—Prueba del calor de las tenacillas térmicas.

Cuidado de las tenacillas térmicas

Las tenacillas deben mantenerse limpias y libres de óxido y carbono. Para quitar la suciedad o la grasa, lavar las tenacillas en una solución jabonosa que contenga unas gotas de amoníaco. Esto rompe el aceite y la grasa que normalmente se adhieren a las tenacillas. El papel esmeril fino, o la lana de acero con un poco de aceite, ayudan a quitar el óxido y el carbono. También pulen las tenacillas. Para facilitar el movimiento, poner aceite en la unión de las tenacillas.

Las tenacillas térmicas nuevas están ***templadas*** en fábrica para que mantengan el calor uniformemente. Si se sobrecalientan pueden perder el temple y, en la mayoría de los casos, estropearse definitivamente.

Forma de sostener las tenacillas

Sostenga las tenacillas en una posición cómoda que le dé un control total. Sujetar los mangos de las tenacillas con la mano derecha, lo bastante lejos de la unión para evitar el calor. Colocar los tres dedos centrales en el lomo del mango inferior, el dedo meñique en la parte delantera del mango inferior, y el pulgar en la parte delantera del mango superior.

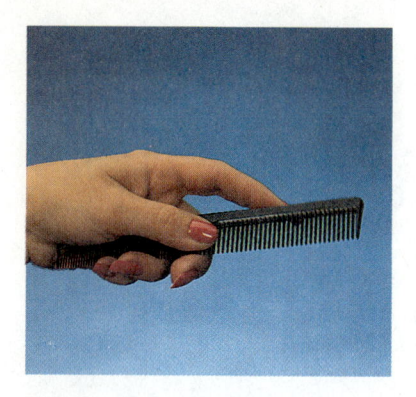

Uso del peine con las tenacillas
El peine debe ser de unos 17,5 cm. de longitud, fabricado de ebonita u otra substancia no inflamable, y debe tener púas finas; las púas finas sostienen el pelo con más firmeza que las púas gruesas.

Forma de sostener el peine
Sostenga el peine entre el pulgar y los otros cuatro dedos de la mano izquierda, con el índice apoyado en el lomo del peine para un mejor control y un extremo del peine apoyado contra el borde externo de la palma. Esta posición asegura una sujeción fuerte y un movimiento firme. (Fig. 10.4)

10.4—Forma de sostener el peine.

Práctica con tenacillas frías
Puesto que el ondulado y el rizado térmicos son operaciones algo difíciles que usan tenacillas calientes, practique con tenacillas frías sobre un maniquí o un trozo de pelo fijado con horquillas a un bloque, hasta que domine suficientemente la técnica.

Forma de girar las tenacillas
Practique el giro de las tenacillas en la mano, primero hacia adelante y después hacia atrás. El movimiento de giro debe hacerse sin ninguna oscilación o movimiento del brazo; solo se usan los dedos para girar los mangos en cualquier dirección. (Fig. 10.5)

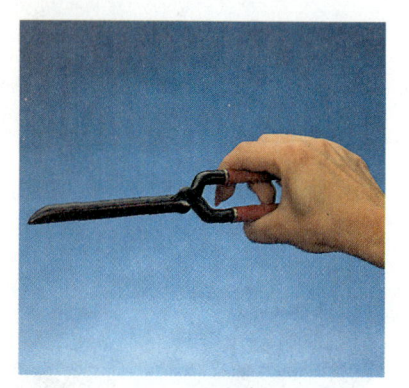

10.5—Giro de las tenacillas.

Ejercicios con tenacillas frías
Ejercicio 1
En la posición inicial, la varilla de las tenacillas estará en la parte alta del mechón de pelo. (Fig. 10.6a) Para hacer un rizo girar la tenacilla media vuelta (Fig. 10.6b) y después un giro completo para acabar. (Fig. 10.6c)

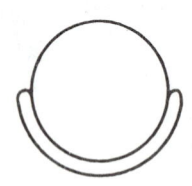

10.6a—Posición inicial. 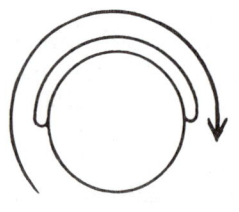   10.6b—Media vuelta. 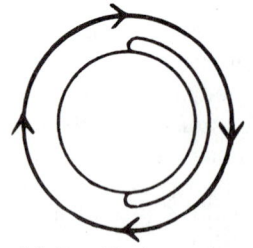   10.6c—Vuelta entera.

Ejercicio 2
1. Introducir pelo en las tenacillas con la varilla encima (ranura mirando hacia arriba).
2. Girar las tenacillas media vuelta hacia adelante (alejándolas).
3. Girar las tenacillas atrás hasta la posición inicial.
4. Abrir las tenacillas ligeramente, deslizarlas hacia abajo unos 2,5 cm. y apretar.
5. Girar las tenacillas una vuelta entera hacia atrás (hacia usted).
6. Girar las tenacillas hacia adelante hasta la posición inicial.
7. Soltar.

ONDULADO TÉRMICO CON TENACILLAS TÉRMICAS CONVENCIONALES (MARCEL)

El ondulado térmico es el arte de ondular el pelo usando tenacillas marcel convencionales. El proceso no necesita cremas o lociones fijadoras.

Procedimiento para una onda hacia la izquierda

Peinar el pelo cuidadosamente, siguiendo su dirección de crecimiento. El crecimiento natural determinará si la primera onda debe ser a la derecha o a la izquierda. El procedimiento que se indica es para una onda a la izquierda.

Antes de empezar la onda, peinar el pelo en la forma general deseada por el cliente.

1. Con el peine, tomar un mechón de unos 5 cm. de anchura. Introducir las tenacillas en el pelo con la garganta hacia arriba. (Fig. 10.7)

2. Cerrar las tenacillas y girarlas un cuarto de vuelta hacia adelante (alejándolas de usted). Al mismo tiempo, desplazar el pelo con las tenacillas unos 0,62 cm. hacia la izquierda (Fig. 10.8) y dirigir el pelo 0,62 cm. hacia la derecha con el peine. (Fig. 10.9)

3. Girar las tenacillas una vuelta completa hacia adelante (alejándose de usted). (Fig. 10.10) (Al hacer esto, mantener el pelo uniforme con el peine. Encontrará que el pelo ha tomado una ligera inclinación sobre la púa de las tenacillas.) Mantener la posición N.º 3 durante algunos segundos para permitir que el pelo se caliente suficientemente en todo su espesor.

4. Invertir el movimiento N.º 3 desenrollando simplemente el pelo de las tenacillas y devolviéndolas a su posición de reposo inicial. (Fig. 10.11) (Cuando se termine este movimiento, encontrará que el pelo está algo lejos de las tenacillas.)

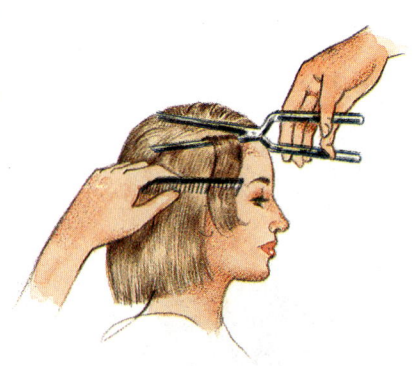

10.7—Introducir las tenacillas en el pelo.

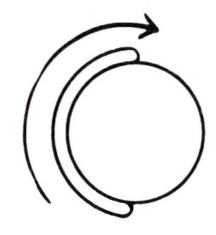

10.8—Un cuarto de vuelta.

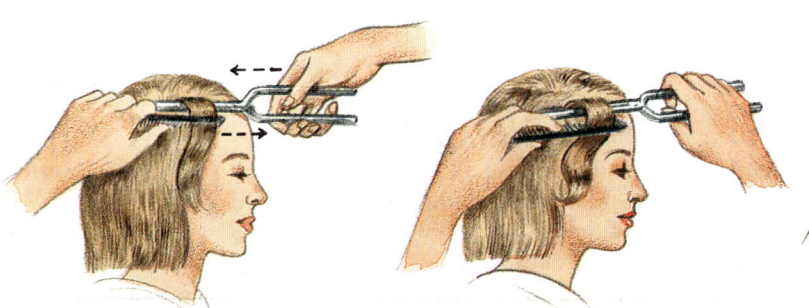

10.9—Dirigir el cabello con el peine hacia la derecha.

10.10—Girar las tenacillas una vuelta completa hacia adelante.

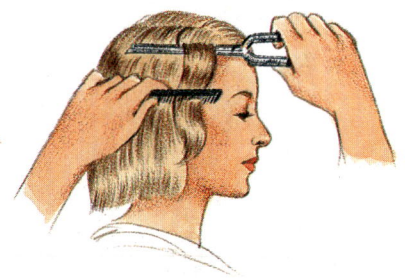

10.11—Invertir el movimiento.

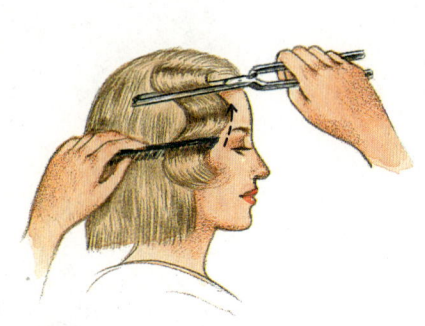

10.12—Empezar desde el rizo.

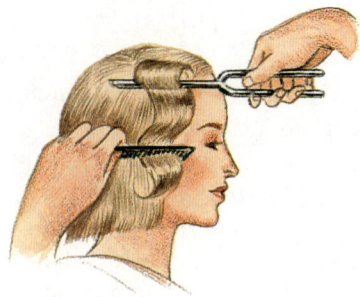

10.13—Formar el pelo en un semicírculo.

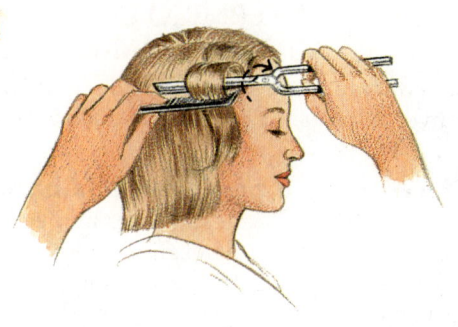

10.14—Girar las tenacillas media vuelta hacia adelante.

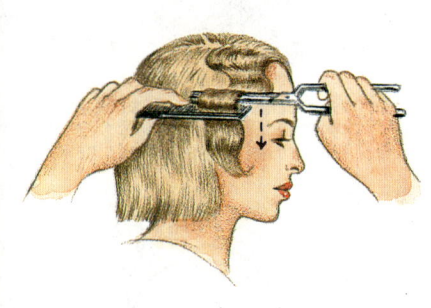

10.15—Deslizar las tenacillas hacia abajo.

5. Abrir las tenacillas con el dedo meñique y colocarlas inmediatamente debajo de la cresta balanceando la varilla de las tenacillas hacia usted y cerrándolas después. (Fig. 10.12) (El borde externo de la garganta debe estar directamente debajo de la cresta acabada de producir por la cresta interior.)
6. Mantener las tenacillas totalmente quietas y dirigir el pelo hacia arriba con el peine unos 2,5 cm. dando al pelo la forma de un semicírculo. (Fig. 10.13) (Debe acordarse que para realizar correctamente el movimiento N.º 6 el peine no debe moverse de la posición explicada en el movimiento N.º 5.)
7. Sin abrir las tenacillas, girarlas media vuelta adelante (alejándolas). (Fig. 10.14) (En este movimiento mantener el peine perfectamente quieto sin cambiar de posición.)
8. Deslizar las tenacillas hacia abajo unos 2,5 cm. (Fig. 10.15) (Este movimiento se hace abriendo ligeramente las tenacillas [dejando de apretar] y deslizándolas hacia abajo del mechón de pelo.)

Onda hacia la derecha

Después de terminar el movimiento N.º 8, usted tendrá las tenacillas y el peine en posición para hacer la segunda cresta. Esta es el principio de una onda hacia la derecha. Como puede esperarse de una onda hacia la derecha, el pelo va en dirección opuesta a la de una onda hacia la izquierda.

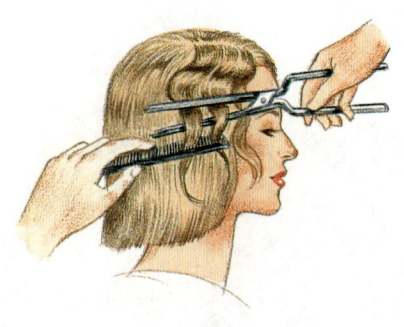

Unir o igualar las ondas

Después de ondular completamente un mechón de pelo, ondular el mechón siguiente de forma que case. Al tomar el pelo sin ondular con el peine, incluir una pequeña sección del mechón ondulado como guía para la formación de la nueva onda. (Fig. 10.16)

Al ondular el segundo mechón de pelo, asegurarse de que los movimientos de las tenacillas y el peine son los mismos que para el primer mechón; de otro modo las ondas no quedarán igualadas.

10.16—Igualando la onda.

Poder Promocional

PROPAGANDA POR CORREO

La propaganda por correo es quizás el medio publicitario y comercial más conveniente para el propietario de un salón de belleza, en especial si envía información y anuncios por correo a clientes actuales. Ellos le conocen y acogen, y con mucha probabilidad obtendrán los productos que usted ofrece. Además, ya que por lo general sus clientes residen en las inmediaciones (la norma es un radio de 5 millas), este tipo de promoción representa una manera económica de hacer publicidad. La propaganda por correo puede constituir un aliciente para que nuevos visitantes regresen y clientes actuales continúen acudiendo.

El diseño de su presentación debe ser elegante. Si la oferta especial es el ondulado permanente o el teñido, incluya una fotografía o dibujo como parte del diseño. Usted descubrirá que las tarjetas postales son menos costosas, sin embargo, utilice sobres si se trata de una oferta especial más formal o personal.

Si está considerando utilizar la propaganda por correo en su salón con regularidad, se ahorrará mucho tiempo y muchas molestias si adquiere una computadora donde pueda almacenar documentación relacionada a cada uno de sus clientes, además de imprimir etiquetas de direcciones. Es sumamente importante mantenerse al tanto de las personas que responden a la publicidad; su computadora le será de mucha ayuda. Si usted desconoce la cantidad de respuesta que recibe, la propaganda por correo no le será de ninguna utilidad. Planificar de antemano es igualmente importante, puesto que la composición tipográfica y la impresión de la publicidad requieren tiempo.

—Tomado del El Negocio de los Salones de Belleza: Consejos para Alcanzar el Éxito *por Geri Mataya*

RIZADO TÉRMICO CON TENACILLAS ELÉCTRICAS

El rizado térmico es el arte de crear rizos en el pelo usando tenacillas térmicas modernas y un peine. Puesto que el rizado térmico no necesita cremas ni lociones fijadoras puede usarse ventajosamente para lo siguiente:

1. *Pelo liso*—permite un peinado rápido. El rizado térmico elimina el trabajo con el pelo mojado, el uso de rulos y un proceso largo de secado del pelo.
2. *Pelo planchado*—permite peinar el cabello sin el peligro de que vuelva a su estado anterior, demasiado rizado. El rizado térmico prepara el pelo para cualquier peinado que se desee.
3. *Pelucas* y *postizos*—presenta un método rápido y efectivo para su peinado.

Manipulaciones con tenacillas de rizar

Lo que sigue es una serie de movimientos de manipulación básicos para el uso de tenacillas de rizar calientes. La mayoría de los demás movimientos con tenacillas de rizar son variaciones de estos movimientos básicos.

170 ◆ TEXTO GENERAL DE COSMETOLOGÍA

Las ilustraciones siguientes muestran un agarre usando sólo el dedo meñique para abrir la pinza. (Figs. 10.17 a 10.23) Algunos cosmetólogos prefieren usar el dedo meñique y el dedo anular para este propósito. Ambos métodos son correctos.

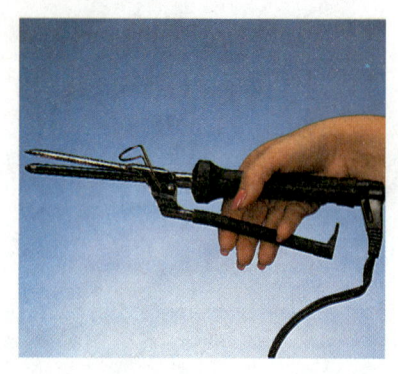

10.17—Uso del dedo meñique para abrir la pinza.

10.18—Uso de los tres dedos centrales para cerrar y manipular las tenacillas.

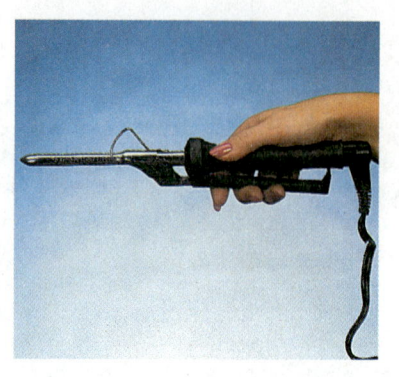

10.19—Cambiar de posición el pulgar al manipular las tenacillas.

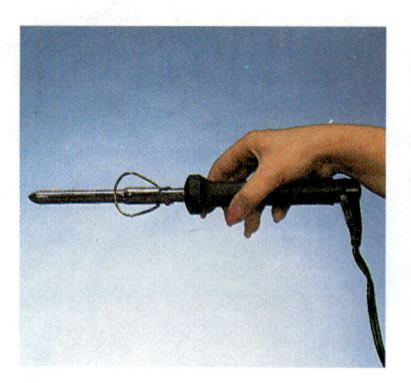

10.20—Cerrar las pinzas y dar un cuarto de vuelta hacia abajo.

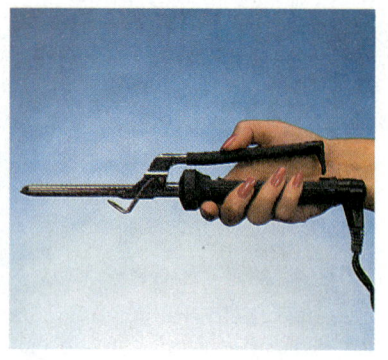

10.21—Las tenacillas han dado media vuelta. Usar el pulgar para abrir la pinza y relajar la tensión del pelo.

10.22—Girar las tenacillas hasta tres cuartos de una vuelta completa.

10.23—Vuelta completa.

CAPÍTULO 10   PEINADO TÉRMICO   ◆   171

La forma de sostener las tenacillas es asunto de preferencia personal. La técnica usada debe ser la que le dé la máxima soltura, comodidad y facilidad de movimientos.

Se recomienda practicar manipulando las tenacillas de rizar para adquirir maestría en su uso. Acuérdese de practicar con tenacillas frías. Los cuatro ejercicios siguientes están diseñados para ayudar a alcanzar un uso eficaz de las tenacillas.

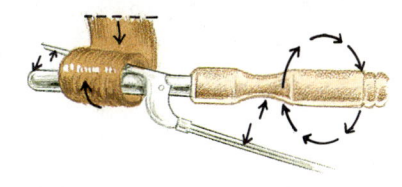

10.24—Movimiento de giro mientras se abren y se cierran las tenacillas.

1. Puesto que es importante desarrollar un movimiento de giro suave, practicar girando las tenacillas mientras se abren y se cierran a intervalos regulares. Practicar girando las tenacillas en ambas direcciones. Ejemplos: hacia abajo (hacia usted) y hacia arriba (alejándose de usted). (Fig. 10.24)

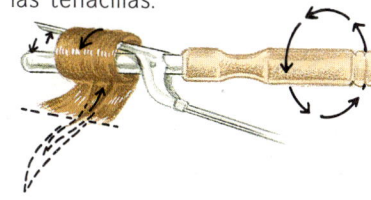

2. Practicar soltando el pelo abriendo y cerrando las tenacillas en un movimiento rápido y chasqueante.

10.25—Guiado del mechón de pelo hacia el centro del rizo mientras se giran las tenacillas.

3. Practicar guiando el mechón de pelo hacia el centro del rizo mientras se giran las tenacillas. El resultado de este ejercicio es que el extremo del mechón está firme en el centro del rizo. (Fig. 10.25)

4. Practique cómo sacar el rizo de las tenacillas estirando el peine hacia la izquierda y la varilla hacia la derecha. (Fig. 10.26) Usar el peine para proteger de quemaduras el cuero cabelludo del cliente.

10.26—Sacar el rizo usando el peine como guía.

MÉTODOS DE RIZADO CON TENACILLAS TÉRMICAS

Los métodos actuales de rizado con tenacillas térmicas han mejorado respecto a las técnicas antiguas. Los métodos que siguen pueden cambiarse o modificarse para adecuarse a los procedimientos de su instructor.

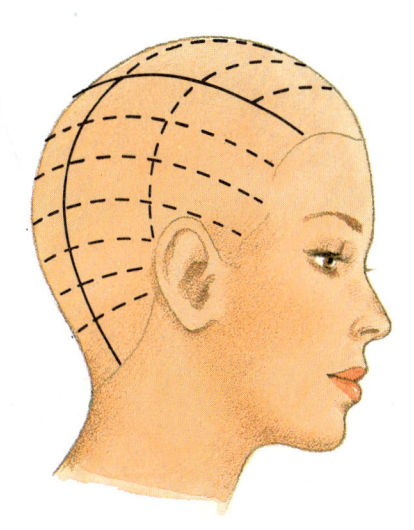

Preparación

1. Peinar completamente el pelo, eliminando todos los enredos.

2. Dividir la cabeza en cinco secciones.
   a) La primera sección, de unos 6,25 cm. de anchura, se extiende desde el centro de la frente hasta la nuca.
   b) Dividir los dos paneles laterales en dos mitades, desde la raya superior hasta el cuello, para producir cuatro secciones adicionales.

3. Calentar las tenacillas (tamaño grande o gigante).

10.27—Pelo seccionado y subdividido.

4. Subdividir las secciones en subsecciones de 1,87 cm. por 6,25 cm. (Fig. 10.27) Se sigue el mismo procedimiento para las tenacillas eléctricas y para las calentadas en estufa.

Rizo del pelo corto

La base de cada rizo se forma seccionando y partiendo hasta adecuarse a la medida deseada del rizo. Es importante considerar la longitud del pelo, su densidad y su textura. Normalmente la base tiene una anchura aproximada de 3,75 a 5 cm. y 1,25 cm. de profundidad.

Después de separar la base, peinar el pelo con suavidad y hacia afuera de la cabeza. El pelo debe peinarse suavemente para que el calor y la tensión sean los mismos para todo el cabello de la sección. Los cabellos sueltos pueden dar como resultado un rizo desigual.

1. Después de calentar las tenacillas a la temperatura deseada, tomar un mechón de pelo y peinarlo suavemente hacia arriba. Con la ranura arriba, introducir las tenacillas a unos 2,5 cm. del cráneo y mantenerlas durante unos segundos para formar una base. (Fig. 10.28)

2. Mantener los extremos del mechón con el pulgar y dos dedos de la mano izquierda, usando un grado de tensión medio. Girar las tenacillas hacia abajo (hacia usted) con la mano derecha. (Fig. 10.29)

3. Abrir y cerrar rápidamente las tenacillas mientras se giran para evitar adherencias. Guiar los extremos del mechón hacia el centro del rizo mientras se giran las tenacillas. (Fig. 10.30)

4. El resultado de este procedimiento será un rizo acabado, suave, con los extremos posicionados firmemente en el centro. Quitar las tenacillas del rizo. (Fig. 10.31)

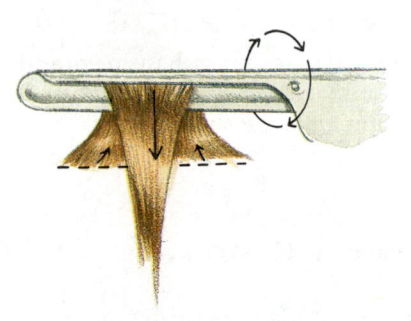

10.28—Formar una base.

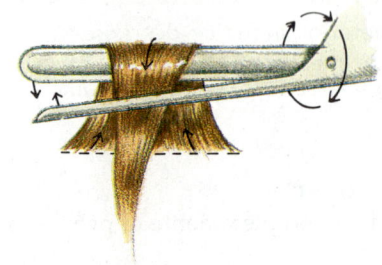

10.29—Girar las tenacillas hacia abajo.

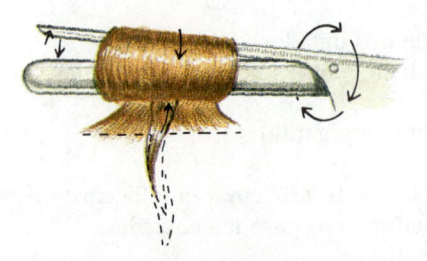

10.30—Girar las tenacillas y guiar los extremos del mechón hacia el centro.

10.31—Rizo terminado.

Rizado de pelo de longitud media
(Usando un bucle o "Número 6")
Separar y formar la base del rizo tal como se ha descrito para el pelo corto.

1. Introducir el pelo en las tenacillas abiertas junto al cráneo. Tirar del pelo sobre la varilla en la dirección del rizo y cerrar la concha. Mantener las tenacillas en esta posición durante unos 5 segundos para calentar el pelo y deslizar las tenacillas hacia arriba unos 2,5 cm. alejándose del cráneo. La concha debe estar encima. (Fig. 10.32)

2. Girar las tenacillas media vuelta hacia abajo; tirar del extremo del mechón sobre la varilla hacia la izquierda y dirigir el mechón hacia el centro del rizo. (Fig. 10.33)

3. Completar el giro de las tenacillas y continuar dirigiendo los extremos hacia el centro. (Fig. 10.34)

4. Dar otra vuelta completa a las tenacillas. Todo el mechón está ahora rizado con excepción de los extremos. Agrandar el rizo abriendo la concha. Introducir los extremos del rizo en la abertura creada entre la concha y la varilla. (Fig. 10.35)

5. Cerrar la concha y deslizar las tenacillas hacia los mangos. Esta técnica moverá los extremos del mechón hacia el centro del rizo. Girar las tenacillas varias veces para igualar la distribución del pelo en el rizo. (Fig. 10.36)

10.32—Introducir el pelo en las tenacillas abiertas junto al cráneo.

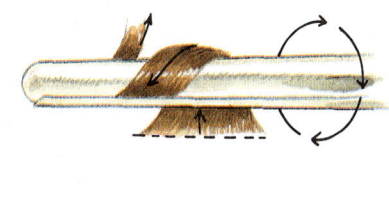

10.33—Girar las tenacillas hacia abajo media vuelta.

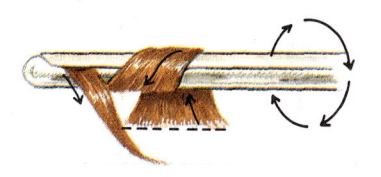

10.34—Completar el giro de las tenacillas.

10.35—Dar otro giro completo.

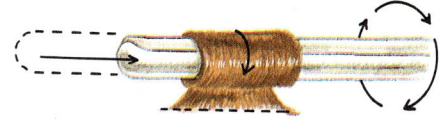

10.36—Cerrar la concha y deslizar las tenacillas hacia los mangos.

174 ◆ TEXTO GENERAL DE COSMETOLOGÍA

> **PRECAUCIÓN**
> *Para proteger al cliente durante el proceso de rizado, usar el peine entre el cuero cabelludo y las tenacillas.*

Cuando se forma un rizo y los extremos se liberan de entre la varilla y la concha, dar una vuelta completa a las tenacillas dentro del rizo. La vuelta final suaviza los extremos y desprende el pelo de las tenacillas. Entonces se usa el peine para ayudar a sacar el rizo de las tenacillas. Las tenacillas se estiran lentamente en una dirección mientras el peine tira del pelo en la dirección opuesta. De esta forma se saca el rizo de las tenacillas.

Rizado del pelo largo
(Usando dos bucles o el "Número 8", técnica del "croquignole")
Dividir y formar la base como se ha descrito.

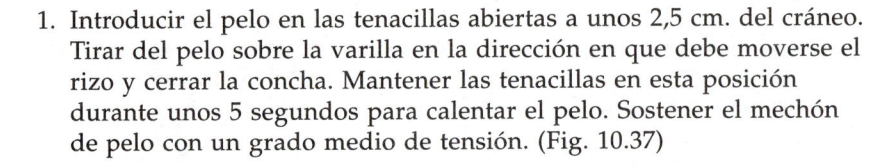

1. Introducir el pelo en las tenacillas abiertas a unos 2,5 cm. del cráneo. Tirar del pelo sobre la varilla en la dirección en que debe moverse el rizo y cerrar la concha. Mantener las tenacillas en esta posición durante unos 5 segundos para calentar el pelo. Sostener el mechón de pelo con un grado medio de tensión. (Fig. 10.37)

2. Girar las tenacillas debajo. Chascar y girar las tenacillas hasta que la garganta esté cara a usted. (Fig. 10.38)

3. Tomar los extremos del pelo con la mano izquierda. (Fig. 10.39)

4. Continuar girando y chascando las tenacillas, manteniéndolas a la misma distancia del cráneo. (Fig. 10.40)

5. Estirar el mechón de pelo hacia la punta de las tenacillas. (Fig. 10.41)

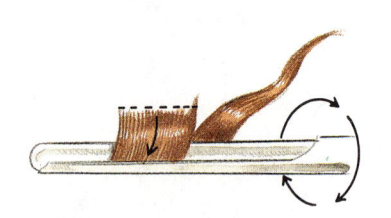

10.37—Introducir el pelo a unos 2,5 cm. del cráneo.

10.38—Girar las tenacillas debajo.

10.39—Tomar los extremos del pelo.

10.40—Continuar girando las tenacillas.

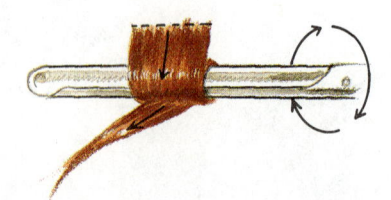

10.41—Tirar del mechón de pelo hacia la punta de las tenacillas.

10.42—Tirar del mechón hacia la derecha, empujar las tenacillas hacia la izquierda.

10.43—Formar dos bucles alrededor de las tenacillas cerradas.

10.44—Girar las tenacillas hasta que desaparezcan los extremos del pelo.

6. Tirar del mechón un poco hacia la derecha y, al mismo tiempo, empujar las tenacillas ligeramente hacia la izquierda. (Fig. 10.42)
7. Empujando las tenacillas hacia adelante y empujando el pelo con la mano izquierda, formar dos bucles alrededor de las tenacillas cerradas, con los extremos del mechón saliendo entre los bucles. (Fig. 10.43)
8. Enrollar debajo y chasquear las tenacillas hasta que desaparezcan los extremos del pelo. (Fig. 10.44)
9. Girar las tenacillas varias veces para igualar la distribución del pelo en el rizo y para facilitar el movimiento del rizo al sacarlo de las tenacillas.

Otros tipos de rizos

Los *tirabuzones* son rizos que cuelgan y son adecuados para peinados con pelo largo.

Dividir el pelo en tantas secciones como rizos se quieran y peinarlas suavemente. Introducir las tenacillas oblicuamente, con la ranura (acanaladura) encima y cerca de la base del mechón, y girarlas hasta que el pelo esté enrollado. Mantener el rizo en esta posición durante 4 a 5 segundos y quitar las tenacillas de la forma habitual. (Figs. 10.45 a 10.48)

10.45—Introducir las tenacillas oblicuamente.

10.46—Girar las tenacillas hasta que el pelo esté enrollado.

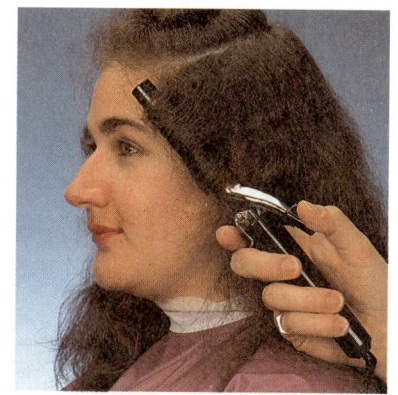

10.47—Mantener el rizo en posición.

10.48—Tirabuzón acabado.

Los *rizos finales* pueden usarse para dar un aspecto de acabado a los extremos del pelo. Tanto el pelo largo, como el medio o el corto, se pueden peinar con rizos finales. Los extremos del pelo pueden girarse hacia dentro o hacia fuera, según se desee.

La posición de las tenacillas de rizar y la dirección de sus movimientos determinará si los rizos finales giran adentro o afuera. (Figs. 10.49, 10.50)

10.49—Giro de las tenacillas hacia dentro.

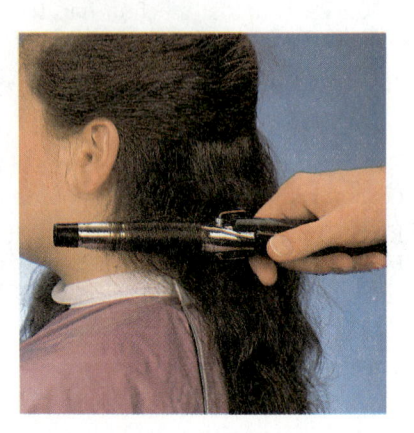

10.50—Giro de las tenacillas hacia fuera.

RIZOS TÉRMICOS DE VOLUMEN

Los rizos térmicos de volumen se usan para crear volumen o para levantar un peinado terminado. El grado de elevación que se desea determina el tipo y volumen de rizos que deben usarse.

Rizos con base de volumen

Los rizos con base de volumen dan la máxima elevación o volumen porque el rizo está colocado muy alto sobre la base. Seccionar la base como se describe en la pág. 172. Mantener el mechón a un ángulo de 135°. Deslizar las tenacillas sobre el mechón 1,25 cm. aproximadamente desde el cráneo. Enrollar el mechón sobre la varilla con una tensión media. Mantener esta posición durante unos 5 segundos para calentar el mechón y fijar la base. Enrollar el rizo de la forma normal y colocarlo firmemente hacia adelante y alto sobre la base.

Rizos de base entera

El rizo de base entera proporciona un rizo fuerte con todo el volumen. Seccionar la base como se describe en la pág. 172. Mantener el mechón a un ángulo de 125°. Deslizar las tenacillas sobre el mechón 1,25 cm. aproximadamente desde el cráneo. Enrollar el mechón sobre la varilla con una tensión media. Mantener esta posición durante unos 5 segundos para calentar el mechón y fijar la base. Enrollar el rizo de la forma normal y colocarlo firmemente en el centro de su base. (Fig. 10.51)

10.51—Base entera.

CAPÍTULO 10   PEINADO TÉRMICO   ◆   177

Rizos de media base
El rizo de media base proporciona un rizo fuerte con un volumen y una elevación moderados. Seccionar la base como se describe en la pág. 172. Mantener el mechón a un ángulo de 90°. Deslizar las tenacillas sobre el mechón 1,25 cm. aproximadamente desde el cráneo. Enrollar el mechón sobre la varilla con una tensión media. Mantener esta posición durante unos 5 segundos para calentar el mechón y fijar la base. Enrollar el rizo de la forma normal y colocarlo desplazado la mitad fuera de su base. (Fig. 10.52)

Rizos fuera de base
El rizo fuera de base proporciona un rizo fuerte con un volumen y una elevación ligeros. Seccionar la base como se describe en la pág. 172. Mantener el mechón a un ángulo de 70°. Deslizar las tenacillas sobre el mechón 1,25 cm. aproximadamente desde el cráneo. Enrollar el mechón sobre la varilla con una tensión media. Mantener esta posición durante unos 5 segundos para calentar el mechón y fijar la base. Enrollar el rizo de la forma normal y colocarlo completamente fuera de su base. (Fig, 10.53)

10.52—Mitad fuera de la base.    10.53—Fuera de la base.

FIJADO FINAL DE LOS RIZOS TÉRMICOS
Para obtener los mejores resultados cuando se hace un fijado térmico, los rizos se sujetarán en su lugar con clips hasta que toda la cabeza esté a punto para peinar. (Figs. 10.54 a 10.56)

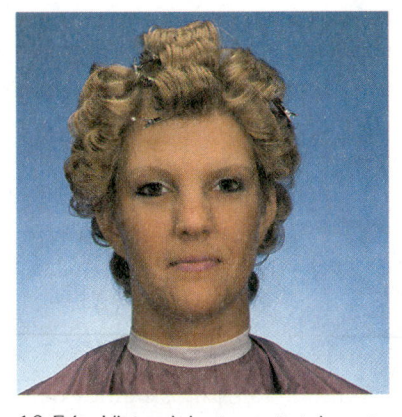

10.54—Vista delantera, totalmente rizada.

10.55—Vista lateral.

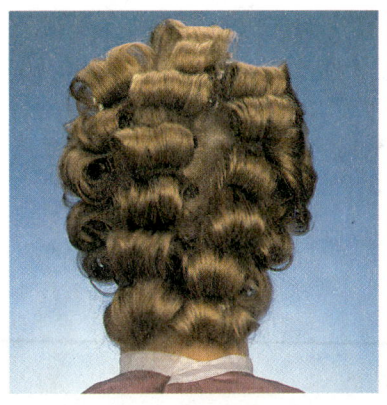

10.56—Parte posterior de la cabeza completamente rizada.

TEXTO GENERAL DE COSMETOLOGÍA

✓ Completado—Objetivo de Aprendizaje núm. 2

TÉCNICAS DEL ONDULADO TÉRMICO Y UTENSILIOS

PEINADO DEL CABELLO DESPUÉS DE UN ONDULADO O RIZADO TÉRMICO

Después de un ondulado o rizado térmico, peinar el cabello de acuerdo con los deseos del cliente. Cepillar el pelo, partiendo de la línea del cuello; empujar las ondas y rizos hasta su lugar a medida que va progresando por toda la cabeza. Si el peinado tiene que acabarse con rizos, deje para el final los rizos del fondo. (Figs. 10.57 a 10.60) ✓

10.57—Peinado térmico con pelo corto acabado.

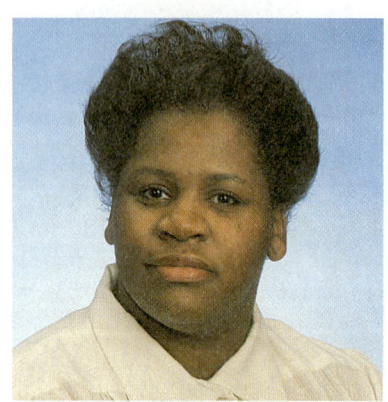

10.58—Peinado térmico con pelo corto acabado.

10.59—Peinado térmico con pelo medio acabado.

10.60—Peinado térmico con pelo largo acabado.

MEDIDAS DE SEGURIDAD

1. Mantener las tenacillas limpias y el pivote engrasado.
2. Usar las tenacillas sólo después de haber sido instruido en su uso.
3. No sobrecaliente las tenacillas porque esto puede hacer que el metal pierda su temple.
4. Compruebe la temperatura de las tenacillas en papel tissú antes de colocarlas sobre el pelo. Esto evitará que se queme el pelo. No inhalar los vapores de las tenacillas porque son nocivos para los pulmones.
5. No colocar las tenacillas cerca de la cara para probar su temperatura; puede producir una quemadura en la cara.
6. Manejar las tenacillas con cuidado para evitar quemar al cliente o quemarse usted mismo.
7. Colocar las tenacillas calientes en un lugar seguro para que se enfríen. No dejarlas donde alguien pueda tocarlas accidentalmente y quemarse.
8. Al calentar las tenacillas, no colocar los mangos demasiado cerca del calentador. Puede quemarse la mano al retirarlas.
9. Asegúrese de que las tenacillas están bien equilibradas en el calentador, o pueden caerse y dañarse o herir a alguien.
10. Usar sólo peines de ebonita o no inflamables. Los peines de celuloide no deben usarse en el rizado térmico; son inflamables.

CAPÍTULO 10   PEINADO TÉRMICO   ◆   179

11. No usar peines metálicos. Pueden calentarse y quemar el cuero cabelludo.
12. No usar peines con púas rotas. Pueden romper o partir el pelo o herir el cuero cabelludo.
13. Colocar el peine entre el cuero cabelludo y las tenacillas al rizar u ondular el pelo para evitar quemaduras.
14. Para asegurar una buena ondulación o rizado térmico el pelo del cliente debe estar limpio.
15. Si el pelo es espeso y voluminoso, entresacarlo y afinarlo primero.
16. Nunca usar un planchado caliente o tenacillas en pelo decolorado o teñido.
17. No permita que los extremos del pelo sobresalgan de las tenacillas; esto produciría ganchos (pelo doblado).
18. Debe tener disponible un botiquín de primeros auxilios para casos de accidente.
19. No usar tenacillas vaporizadoras sobre pelo planchado porque el pelo volvería a su estado inicial excesivamente rizado.
20. No usar tenacillas sobre pelo alisado químicamente porque puede causar daños al pelo. ✓

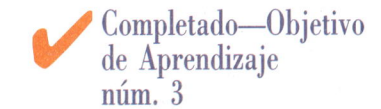

✓ Completado—Objetivo de Aprendizaje núm. 3

MEDIDAS DE SEGURIDAD PARA EL ONDULADO TÉRMICO

Pregunta Y Respuesta

UTILIZACIÓN DEL SECADOR DE PELO PARA CABELLO LARGO

P *Secar y peinar el cabello con un secador de pelo se considera "un servicio rápido", sin embargo, me toma el doble de tiempo peinar a las clientes que tienen cabello largo. ¿Qué puedo hacer?*

R Envuelva todo el cabello con una toalla para remover la mayor cantidad de humedad posible. Utilice sus dedos para separar el cabello y aligerar el secado.

Luego, comience desde la parte posterior y eche todo el cabello hacia el frente. Primero utilice sus dedos y mano para controlar el cabello a la vez que arroja aire caliente desde la parte posterior hacia el frente. Cuando haya removido cerca del 50 por ciento de la humedad proceda a controlar el cabello con un cepillo de agujeros.

Sólo cuando haya removido 90 por ciento de la humedad (esto sucede con bastante rapidez), comience a echar el cabello hacia atrás, a nivel de la nuca, y seque cada sección completamente, una por una. Trabaje desde la nuca hacia arriba y hacia atrás, sobre la coronilla y hacia la frente.

Por último, utilice un cepillo redondo para darle forma a las puntas del cabello. Déle vuelta al cepillo a través de las puntas, dirija el aire caliente hacia el cepillo, y repita el procedimiento hasta que las puntas estén completamente secas y conformadas. Permita que el aire se enfríe, luego mientras el cliente se inclina hacia adelante, aplique fijador para el cabello (especial para estilizar y crear volumen) a las secciones de la parte inferior. Eche el cabello hacia atrás con sus dedos a la vez que acomoda el cabello en su lugar y le devuelve la forma. Todo esto le tomará sólo unos minutos si "seca de antemano" el cabello como le sugerimos.

—*Tomado del* Milady Soluciones para el Salón de Belleza *por Louise Cotter*

PEINADO CON PISTOLA SECADORA

El peinado con secador, llamado con frecuencia "servicio rápido de salón", es la técnica de secar y peinar el pelo húmedo en una sola operación. Esta técnica crea la estructura básica del peinado sin el tiempo necesario de marcar, secar y peinar. Ayuda a desarrollar peinados suaves y naturales que fluyen libremente. Este efecto también puede lograrse con el uso de rulos y rizos. (Fig. 10.61)

Hay dos técnicas básicas que se usan en el peinado con secador:

1. Rizado con secador y cepillo.

2. Ondulado con secador y peine.

Esta sección cubre estas dos técnicas básicas. Se pueden desarrollar muchas otras técnicas con la experiencia y la formación avanzada. ✔

10.61—Rizado con secador y cepillo.

✔ Completado—Objetivo de Aprendizaje núm. 4

DEFINICIÓN DEL PEINADO CON SECADOR DE PELO

◆NOTA: Tener un cuidado especial al secar pelo rizado que ha sido tratado químicamente o que está dañado. Este tipo de pelo ha perdido su elasticidad; por lo tanto secar primero el pelo con una toalla para eliminar el exceso de humedad.

EQUIPO, UTENSILIOS Y MATERIALES

Para el peinado con secador se necesitan el siguiente equipo, utensilios y materiales:

Pistola secadora (con o sin accesorios)
Peines (ebonita o metal)
Champú

Lociones de peinado, geles, espumas
Acondicionador
Laca

LA PISTOLA SECADORA

El secador (sin accesorios) es un aparato eléctrico especialmente diseñado para secar y peinar el pelo en una sola operación. Sus partes principales son un mango, tobera ranurada, pequeño ventilador, elemento calefactor y controles. Cuando funciona produce una corriente estable de aire a temperatura controlada. Su regulador de potencia permite hacer los ajustes de calor necesarios al hacer funcionar el secador. (Fig. 10.62)

PEINES Y CEPILLOS

Se usan tanto peines de ebonita como metálicos para ondular con secador o con aire. Algunos peluqueros prefieren usar peines de metal, porque retienen y transmiten mejor el calor. Con peines de metal, el pelo puede repeinarse en el menor tiempo posible.

CAPÍTULO 10   PEINADO TÉRMICO   ◆   181

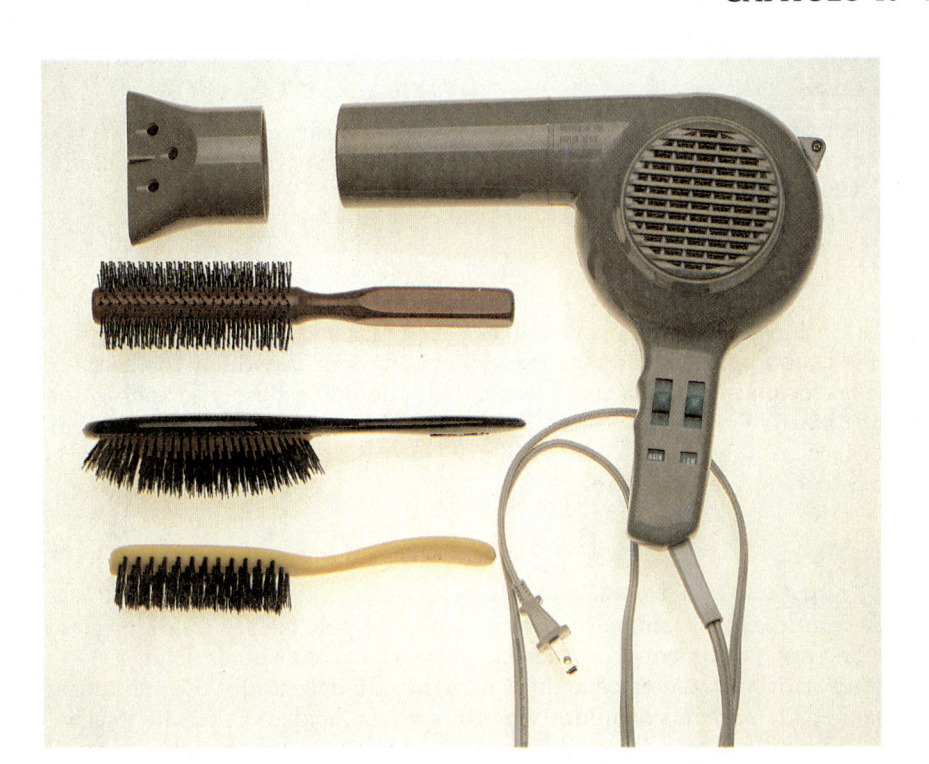

10.62—Utensilios para peinado con secador—de arriba abajo: secador; cepillo redondo grande; cepillo ancho de dorso redondeado; cepillo estrecho de dorso redondeado.

Hay peines disponibles con púas anchas, mitad anchas y mitad finas y con todas las púas finas.

Para el peinado con secador se usan cepillos estrechos especiales de cerdas sintéticas. Con frecuencia resulta más fácil para el peluquero cepillar el pelo en el estilo deseado usando un cepillo estrecho. Cuanto menor sea el diámetro del cepillo, más apretado queda el rizo, con mejor estabilidad. (Fig. 10.63)

10.63—Cepillos usados en el peinado con secador.

COSMÉTICOS USADOS EN EL PEINADO CON SECADOR

Los principales cosméticos usados en el peinado con secador incluyen lociones de peinado, acondicionadores del cabello y del cuero cabelludo, y lacas.

Lociones de peinado

Las lociones de peinado como geles y espumas se aplican al pelo después del lavado para hacerlo más manejable para rizar u ondular con secador. Estas lociones tienen la consistencia de un líquido espeso y se aplican con una botella flexible de plástico o una botella con acción de gatillo (bomba). Las lociones de peinado contienen una substancia de recubrimiento que da más cuerpo y estabilidad al cabello seco.

Acondicionadores del cabello

Se usan como tratamiento correctivo para el pelo seco y frágil. Se usan diaria o semanalmente por el cliente o inmediatamente antes de un servicio con secador. Excesivos peinados con el método del secador pueden causar sequedad, extremos hendidos y pérdida de elasticidad. Es por tanto aconsejable utilizar acondicionadores que contengan un lubrificante.

Lacas

Se aplican al pelo para mantener el peinado en posición.

Guíese por las indicaciones del fabricante o por su instructor sobre el uso correcto de cosméticos en el cabello y el cuero cabelludo de su cliente.

RIZAR CON SECADOR Y CEPILLO REDONDO

Rizar con secador es más efectivo con pelo rizado de naturaleza o que ha recibido una ondulación permanente. El éxito de todos los peinados con secador es la conformación cuidadosamente planeada. Para recibir adecuadamente un servico de rizado con secador, el pelo debe estar afinado. Es muy difícil conseguir un rizado con secador satisfactorio con pelo cortado perpendicularmente.

Se ofrece la siguiente técnica como un método de crear, con cepillo y secador, un peinado informal, de aspecto natural y cómodo. (Los métodos de su instructor son igualmente correctos.)

Procedimiento

1. Lavar el pelo y secarlo con toalla.
2. Dar forma al pelo dejando las puntas afinadas.
3. Aplicar loción de peinado y/o acondicionador.
4. Planificar el peinado de antemano. Empezar en la coronilla o parte superior de la cabeza, según se desee. Separar el pelo, tomar un mechón ancho y peinarlo a fondo. (Fig. 10.64)

10.64—Separar un mechón ancho y peinarlo a fondo.

CAPÍTULO 10   PEINADO TÉRMICO   ◆   183

5. Llevar el peine hasta el extremo del pelo e introducir el cepillo. Cepillar el mechón llevando el cepillo hasta los extremos.
6. Enrollar el pelo con el cepillo, dando una vuelta completa hacia abajo, alejándose de la cara, hasta que el cepillo se apoye en el cráneo. Mantener esta posición y poner en marcha el secador. Dirigir el secado muy lentamente a través del rizo en un movimiento de vaivén. (Fig. 10.65) Cuando la sección de cabello esté completamente seca, soltar el cepillo con un movimiento de giro. Usar clips para asegurar cada rizo en cuanto esté acabado y para mantenerlo en su lugar hasta que se enfríe.
7. Continuar haciendo rizos de la misma forma a través de la coronilla y la parte posterior de la cabeza. Poner clips en cada rizo al acabarlos.
8. Formar los rizos de la línea del cuello con un peine, o hacer anillos en la nuca para que tenga un aspecto acabado, cerca de la cabeza.

10.65—Enrollar el pelo con el cepillo y dirigir el secador a través del rizo.

RECORDATORIOS E INDICACIONES SOBRE EL PEINADO CON SECADOR

A fin de alcanzar los mejores resultados del peinado con secador, el pelo debe estar en buenas condiciones. El cabello que tenga ondulación permanente, estirado químico, teñido o decolorado debe secarse parcialmente con toalla antes de rizarlo u ondularlo con secador. (El pelo se estira fácilmente y podría recibir daños si está muy húmedo.) El pelo debe conformarse con las puntas afinadas para conseguir con éxito un ondulado o rizado con secador.

La loción de peinado o la espuma son importantes en el rizado u ondulado con secador. Peinar el pelo a fondo para distribuir regularmente la loción de peinado.

SECADO DEL CABELLO

El aire caliente se dirige directamente hacia la cabeza sólo para un secado basto. Para que un peinado con secador tenga éxito, el aire debe dirigirse desde la zona del cuero cabelludo hacia los extremos. (Fig. 10.66) El flujo de aire se dirige hacia la mitad superior del cepillo en un movimiento de vaivén. Este método actúa para desviar el aire caliente, reducir su calor y secar el pelo más cercano al cuero cabelludo.

No mantener nunca el secador demasiado tiempo en un lugar. El secador debe dirigirse de manera que el aire caliente fluya en la misma dirección en que se ha enrollado el pelo. Para evitar quemaduras serias del cuero cabelludo, dirigir el aire caliente alejándose del cuero cabelludo del cliente. El pelo debe enfriarse completamente antes del peinado. Esto puede conseguirse poniendo el secador en frío y enfriando el cabello que acaba de secarse.

En el peinado con secador es esencial que al acabar el peinado el cráneo esté completamente seco. El peinado no se sostendrá si el cuero cabelludo está húmedo.

Completar el peinado con secador con una aplicación ligera de laca para dar brillo y mantener fuerza en el pelo.

10.66—Dirigir el aire desde el cuero cabelludo a los extremos del pelo.

10.67—Secado con cepillo de venteo.

✓ Completado—Objetivo de Aprendizaje núm. 5

UTENSILIOS, TÉCNICAS Y COSMÉTICOS PARA EL PEINADO CON SECADOR DE PELO

CEPILLOS Y PEINES

El peinado real se realiza con el cepillo o el peine. El secador es un utensilio usado para secar el pelo rápidamente mientras se peina. El tamaño del cepillo usado depende del estilo y longitud del pelo. Como regla general, el pelo corto se peina con un cepillo de poco diámetro o un cepillo de venteo. (Fig. 10.67) Para cabello medio o largo se obtienen los mejores resultados con cepillos de mayor diámetro. Para evitar quemaduras en el cuero cabelludo, mantener alejados los peines metálicos calientes.

SECADOR

Asegurarse de que el secador está perfectamente limpio y libre de suciedad, grasa, pelo, etc. antes de usarlo. La suciedad o el pelo pueden producir mucho calor y quemar el cabello. La entrada de aire en la parte posterior del secador debe estar siempre despejada. Si se tapa y el aire no puede circular libremente a través suyo, el elemento secador puede quemarse.

TÉCNICAS DE SECADO

Para dar un poco de elevación al pelo de la coronilla se usa un cepillo de venteo. Este cepillo de venteo o de parte trasera abierta permite que el aire del secador pase fácilmente a través de él. El secador se mantiene en movimiento de lado a lado a lo largo del rizo. Asegurar cada rizo con clips al acabarlo. (Fig. 10.68)

Para crear un efecto de paje, rizar el pelo hacia adentro con un cepillo y secarlo. (Fig. 10.69)

Para crear una parte superior suave con una cresta, se levantan las puntas del pelo colocando un cepillo cerca del cráneo. Girar el cepillo. Mientras gira, el aire caliente se dirige hacia la base en la zona ahuecada. ✓

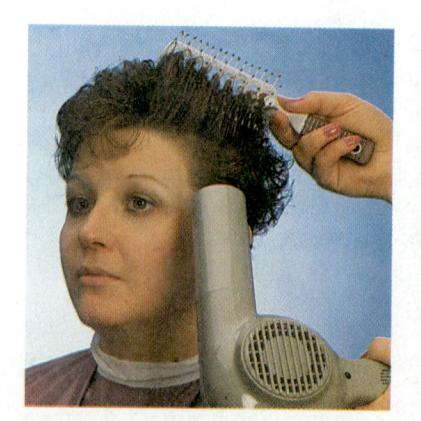

10.68—Elevación del pelo de la coronilla.

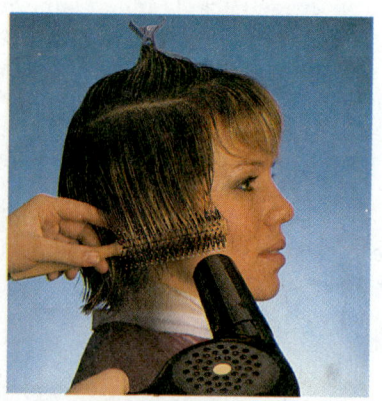

10.69—Efecto de paje.

ONDULACIÓN CON AIRE

Otra técnica usada para crear peinados atractivos sin marcado y secado del pelo preliminares, es el uso de un peine ondulador de aire eléctrico y un peine normal. Esta técnica es la misma que la de ondular con los dedos, excepto que se usa un peine ondulador de aire eléctrico y un peine normal. (Fig. 10.70) ✔

✔ **Completado—Objetivo de Aprendizaje núm. 6**

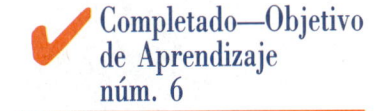

DEFINICIÓN DEL ONDULADO CON AIRE

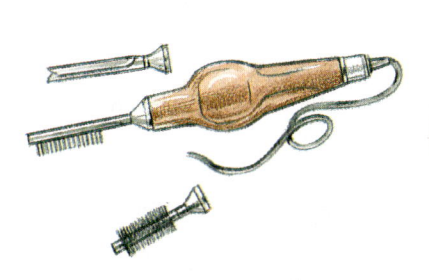

10.70—Ondulador de aire con peine accesorio.

10.71—Peinar el pelo en la dirección de la onda deseada.

El pelo se peina después de haberlo conformado, lavado y secado con una toalla. Es importante situar la formación natural de ondas en el pelo, peinar en la dirección de las ondas deseadas. Esto ayudará a establecer la forma natural de crecimiento del pelo. Peinar en la dirección del peinado deseado. Peinarlo con el ondulador de aire hasta que esté bastante seco para sostener una onda.

Para conseguir ondas y crestas en diferentes partes de la cabeza, el pelo debe estar ligeramente húmedo. Pulverizar ligeramente con loción de peinado para ayudar a crear el peinado deseado. Peinar en la dirección deseada. (Fig. 10.71)

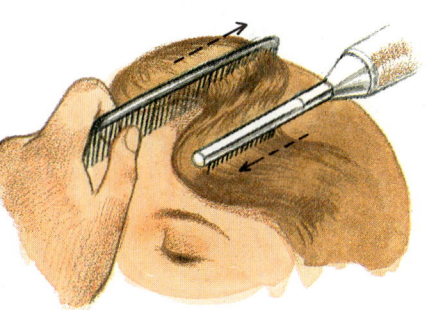

CONFORMACIÓN DEL CABELLO CON PEINE

1. *Raya al lado izquierdo.* Empezando en la sección delantera de la cabeza, introducir el peine en el pelo a unos 3,75 cm. de la raya. Mover el peine hacia atrás. Introducir el ondulador de aire bajo el pelo y mover el peine del ondulador hacia la cara para formar una cresta. Mantener los dos peines en posición hasta que se haya formado una cresta firme. (Fig. 10.72) Continuar hacia la coronilla hasta completar toda la longitud de la cresta.

   Formar la segunda cresta empezando en la coronilla y trabajando hacia adelante. La cresta y el conformado se hacen al revés que la primera cresta. (Fig. 10.73) Sostener la línea de cresta terminada con el peine, mientras el peine del ondulador levanta y diseña la forma.

2. *Raya al lado derecho.* El procedimiento es exactamente el mismo que para el lado izquierdo. La única diferencia es que el peine se sostiene con la mano derecha y el ondulador se controla con la mano izquierda. Sin embargo, el ondulado debe empezar en la coronilla trabajando en dirección a la cara.

10.72—Formar una cresta.

10.73—Formar la segunda cresta.

Una onda terminada se forma con el peine del ondulador de aire y con un peine normal, aprovechando la forma de ondulación natural del pelo. (Fig. 10.74)

El peine del ondulador, usado en combinación con las tenacillas, da muchas oportunidades al peluquero. El número de peinados y formas que se pueden crear con estos utensilios trabajando en armonía sólo está limitado por la habilidad y la imaginación del peluquero.

10.74—Peinado terminado.

PRECAUCIONES DE SEGURIDAD

1. *Pistola secadora.* Mover moderadamente el aire caliente en un movimiento de vaivén sobre el pelo y lejos del cuero cabelludo. Evitar el mantener el secador demasiado tiempo en el mismo lugar.
2. *Peines metálicos.* Para evitar quemaduras, mantener las púas de un peine metálico caliente lejos del cuero cabelludo.
3. *En cualquier peinado con aire* es importante que cuando se termine el rizado o la ondulación el cuero cabelludo esté completamente seco. Si los extremos y los rizos están secos pero el cuero cabelludo está húmedo, el peinado no se mantendrá. ✔

✔ Completado—Objetivo de Aprendizaje núm. 7

UTENSILIOS Y TÉCNICAS PARA EL ONDULADO CON AIRE

PREGUNTAS DE REPASO

PEINADO TÉRMICO

1. Definir el ondulado o el rizado térmico.
2. Enumerar los tres tipos de tenacillas usados en el ondulado térmico.
3. ¿Qué procedimiento debe seguir para evitar quemaduras en el cuero cabelludo?
4. Definir el peinado con secador.
5. Enumerar los utensilios utilizados en el peinado con secador.
6. ¿Qué cosméticos se usan en el peinado con secador?

ONDULACIÓN PERMANENTE

11

OBJETIVOS DE APRENDIZAJE

DESPUÉS DE COMPLETAR ESTE CAPÍTULO, USTED DEBE SER CAPAZ DE:

1. Definir una ondulación permanente.
2. Identificar la química de los productos usados en la ondulación permanente.
3. Describir la relación entre la estructura del cabello, la química de la permanente y las técnicas de la misma.
4. Hacer una demostración sobre la consulta de un cliente y el análisis del cabello.
5. Mostrar la selección correcta del bigudí y los procedimientos correctos para seccionar y para hacer la raya y el enrollamiento.
6. Enumerar las precauciones de seguridad que se requieren para el ondulado permanente.
7. Mostrar los procedimientos correctos para el ondulado permanente.

INTRODUCCIÓN

La ondulación permanente (permanente) es una de las técnicas más prácticas y lucrativas que aprenderá en la escuela de cosmetología. Utilizará sus conocimientos básicos sobre permanente en toda su carrera como peluquero de salón. La posibilidad de crear un peinado bonito y permanente le dará satisfacción profesional y le ayudará a construir una clientela fiel y satisfecha. Una permanente correctamente acabada proporciona muchos y valiosos beneficios tanto al cliente como al peluquero.

1. Retención duradera del peinado.
2. Manejo fácil para el cliente al peinarse en casa.
3. Volumen y cuerpo adicionales para texturas de pelo suaves y finas.
4. Mayor control al peinar pelo naturalmente grueso, hirsuto y difícil de manejar.

HISTORIA DE LA ONDULACIÓN PERMANENTE

Los intentos de ondular y rizar el pelo liso se remontan al principio de la civilización. Se sabe que las mujeres egipcias y romanas se aplicaban una mezcla de tierra y agua en el pelo, lo enrollaban en unos rulos toscos de madera, y se ponían al sol. Naturalmente, los resultados no eran permanentes.

LA ÉPOCA DE LAS MÁQUINAS DE ONDULACIÓN PERMANENTE

En 1905, Charles Nessler inventó una máquina, cargada de cables, que suministraba corriente eléctrica a varillas metálicas alrededor de las cuales se enrollaban los mechones. Estas unidades pesadas se calentaban durante el proceso de la permanente. Se evitaba que tocaran el cuero cabelludo por medio de un complejo sistema de contrapesos, suspendidos de una especie de araña suspendida, montada sobre un pie. (Fig. 11.1)

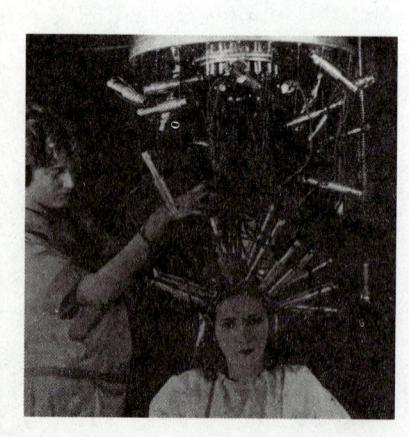

11.1—Ondulación permanente a máquina.

11.2—Enrollado plano en espiral.

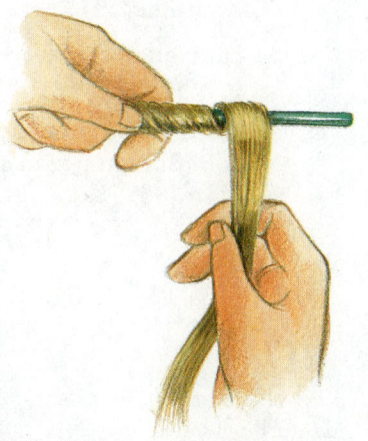

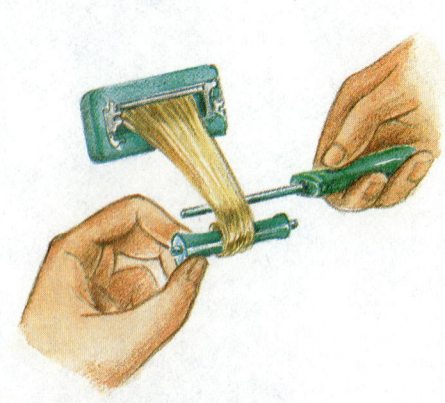

11.3—Enrollado "croquignole".

Se usaban dos métodos para enrollar los mechones alrededor de las unidades metálicas. El pelo largo se enrollaba desde el cráneo hasta las puntas, una técnica llamada *enrollado en espiral.* (Fig. 11.2) Después de la Primera Guerra Mundial, cuando muchas mujeres se cortaron el pelo en un estilo corto y uniforme, se introdujo la técnica del *enrollado "croquignole".* Usando este método, el pelo más corto se enrollaba desde las puntas hacia el cráneo. Después se peinaba el pelo en ondas profundas con rizos sueltos en las puntas. (Fig. 11.3)

El miedo de los clientes a estar "atado" a un artefacto eléctrico con la posibilidad de recibir una descarga o de quemarse llevaron al desarrollo de métodos alternativos de ondular el pelo. En 1931 se introdujo el método del *pre-calentamiento.* Se enrollaba el pelo usando el método "croquignole" y se colocaban pinzas, precalentadas en una unidad eléctrica separada, sobre los rizos enrollados.

LA PRIMERA PERMANENTE SIN MÁQUINA

Una alternativa a la permanente a máquina se introdujo en 1932 cuando los químicos Ralph L. Evans y Everett G. McDonough iniciaron un método que usaba calor externo generado por una reacción química. Se enrollaban alrededor de los mechones pequeñas almohadillas flexibles que contenían una mezcla química. Cuando las almohadillas se humedecían con agua se liberaba un calor químico que creaba rizos duraderos. Así nació la primera permanente sin máquina. Los clientes de los salones ya no estaban sometidos a los peligros e incomodidades de la máquina de Nessler.

ONDULACIONES EN FRÍO

En 1941, los científicos descubrieron otro método de ondulación permanente. Desarrollaron una *loción* onduladora, un líquido que suaviza y expansiona el mechón de pelo. Después de que la loción ha hecho su trabajo, se aplica otra loción llamada *neutralizante.* El neutralizante endurece y contrae el mechón, haciendo que se adapte a la forma de la varilla alrededor de la que está enrollado. También detiene la acción de la loción onduladora.

Debido a que esta permanente no usa calor se le llama "ondulación en frío". La ondulación en frío substituyó virtualmente a todas sus predecesoras y competidoras y ondulación en frío y ondulación permanente han llegado a ser casi sinónimos. Las versiones modernas de las ondulaciones en frío, llamadas normalmente permanentes alcalinas, son aun muy populares actualmente.

◆**NOTA:** La palabra "permanente" se usa normalmente hoy día para indicar una ondulación permanente, tanto con una solución alcalina como equilibrada en ácido.

PERMANENTES EQUILIBRADAS EN ACIDO Y NEUTRAS

Durante muchos años los fabricantes buscaron el desarrollo de una solución de ondulación permanente que minimizara el daño al cabello y que permitiera que el pelo que había sido dañado por una decoloración o

✓ Completado—Objetivo de Aprendizaje núm. 1

DEFINICIÓN DEL ONDULADO PERMANENTE

un teñido pudiera recibir una permanente. Para lograr estos objetivos, desarrollaron una loción onduladora que no era tan altamente alcalina como las primeras lociones.

Lociones para ondulados permanentes con equilibrio ácido y neutros, con unos niveles de pH entre 4,5 y 7,9 se introdujeron en 1970. No contenían álcalis fuertes y por tanto dañaban menos el pelo. Las lociones con equilibrio ácido eran no obstante de penetración (paso al interior o a través, entrar venciendo una resistencia) lenta en el pelo y el tiempo de proceso era más largo. Para resolver este problema, el cliente es colocado bajo un casco secador para acortar el tiempo de procesado. ✓

QUÍMICA DE LA PERMANENTE MODERNA

La química de la permanente se refina y perfecciona constantemente. Hoy día hay disponibles permanentes con muchas fórmulas diferentes para una gran variedad de tipos de cabello. Las lociones onduladoras y los neutralizadores para permanentes, tanto alcalinas como con equilibrio ácido, se formulan con nuevos acondicionadores, proteínas e ingredientes naturales para ayudar a proteger y acondicionar el pelo durante la permanente y después.

El *proceso con parada* de la acción se incorpora en muchas lociones onduladoras para asegurar un desarrollo óptimo de los rizos. El rizado tiene lugar durante un tiempo fijo sin el riesgo de un procesado excesivo o de daños al cabello. También se han desarrollado lociones especiales para antes del enrollado para compensar el pelo que no es uniformemente poroso.

Prácticamente todas las permanentes se alcanzan con un proceso químico de dos etapas:

1. Loción onduladora, que suaviza el pelo o rompe su estructura interna.
2. Neutralizador, que vuelve a dar dureza o fuerza a la estructura interna del pelo.

PERMANENTES ALCALINAS

El ingrediente activo principal o *agente reductor* en las permanentes alcalinas, el *tioglicolato amónico,* es un producto químico compuesto de amoníaco y ácido tioglicólico. El pH de las lociones onduladoras alcalinas está generalmente entre 8,2 y 9,6, según la cantidad de amoníaco. Debido a que la loción es más alcalina, las capas de la cutícula se hinchan ligeramente y se abren, permitiendo que la solución penetre más rápidamente que las soluciones con equilibrio ácido. Algunas permanentes alcalinas se enrollan con loción onduladora, otras con agua. Algunas necesitan un gorro de plástico para el procesado, otras no. Es por tanto extremadamente importante leer cuidadosamente las instrucciones sobre la permanente antes de empezar.

Las ventajas de las permanentes alcalinas son:

- Formas de rizos fuertes (las permanentes alcalinas enrolladas con loción son normalmente más fuertes que las enrolladas con agua).

- Tiempo de procesado más rápido (varía entre 5 y 20 minutos).
- Procesado a temperatura ambiente.

En general, las permanentes alcalinas deben usarse cuando:

- Se haga la permanente a un pelo resistente.
- Se desee un rizo fuerte y apretado.
- El cliente tenga un historial de perder la permanente pronto.

PERMANENTES EQUILIBRADAS EN ÁCIDO

El principal ingrediente activo de las lociones onduladoras con equilibrio ácido es el *monotioglicolato de glicerilo*, que reduce el pH de una forma eficaz. Este pH más bajo trata mejor al cabello y, normalmente, produce unos rizos más suaves que el ondulado alcalino en frío. Las permanentes con equilibrio ácido tienen una gama de pH entre 4,5 y 6,5 y normalmente penetran más lentamente en el pelo. Así, necesitan un tiempo de procesado más largo y calor para el desarrollo de los rizos. El calor se usa de una de estas dos maneras:

1. La permanente se activa por el calor creado químicamente en el producto. Este método se llama *exotérmico*.
2. La permanente se activa por una fuente externa de calor, normalmente un casco secador convencional. Este método se llama *endotérmico*.

Sin embargo, los avances recientes en la química de las permanentes con equilibrio ácido han hecho posible procesar algunas permanentes con equilibrio ácido a temperatura ambiente, sin calor. Estas permanentes nuevas con equilibrio ácido tienen normalmente un pH ligeramente más alto pero siguen conteniendo monotioglicolato de glicerilo como ingrediente activo.

Todas las permanentes con equilibrio ácido se enrollan con agua, necesitan gorro de plástico y pueden o no necesitar un casco secador precalentado para el procesado. Leer cuidadosamente las indicaciones del fabricante de la permanente antes de empezarla.

Las ventajas de las permanentes con equilibrio ácido son:

- Formas de rizos más suaves
- Tiempo de procesado más lento, pero más controlable (normalmente de 15 a 25 minutos)
- Tratamiento más cuidadoso para tipos de cabello delicados

En general, las permanentes con equilibrio ácido deben usarse cuando:

- Se hace la permanente a pelo delicado/frágil o tratado con color
- Se necesite un ondulado o rizado suave y natural
- Se necesite un soporte para el peinado más que un rizado fuerte

TEXTO GENERAL DE COSMETOLOGÍA

✓ Completado—Objetivo de Aprendizaje núm. 2

QUÍMICA DE PRODUCTOS PARA EL ONDULADO PERMANENTE

LA QUÍMICA DE LOS NEUTRALIZADORES

Los neutralizadores tienen la misma, e importante, función tanto en las permanentes alcalinas como en las de equilibrio ácido: establecer permanentemente la nueva forma de rizado. La neutralización es una etapa muy importante en el proceso de la permanente. Si el pelo no está neutralizado adecuadamente, el rizo se relajará o se alisará en uno o dos lavados. Generalmente, los neutralizadores actuales están compuestos de un porcentaje relativamente pequeño de peróxido de hidrógeno, un agente oxidante a pH ácido. Al igual que con las lociones onduladoras hay procedimientos ligeramente diferentes recomendables para cada producto. Para alcanzar los mejores resultados, lea cuidadosamente las instrucciones. ✓

LA ESTRUCTURA DEL CABELLO Y LA PERMANENTE

Usando una fórmula con equilibrio ácido o alcalina, todas las permanentes someten al pelo a dos acciones distintas:

1. Acción física—enrollar secciones de pelo alrededor de una varilla de permanente.
2. Acción química—creada primero por un agente reductor (loción onduladora) y después por un agente oxidante (neutralizador).

Puesto que ambas acciones actúan juntas para crear un cambio en la estructura interna del cabello, es importante entender la composición del cabello y cómo se ve afectado durante la permanente.

ESTRUCTURA FÍSICA DEL CABELLO

Cada cabello individual está subdividido estructuralmente en tres componentes principales: (Fig. 11.4)

— Cutícula
— Corteza
— Médula

11.4—Estructura del cabello.

1. La *cutícula* o cubierta exterior está formada por siete, o más, capas solapadas. Aunque representa un porcentaje pequeño del peso total del cabello, la cutícula posee unas propiedades estructurales únicas que protegen el cabello. Durante la permanente, la loción onduladora levanta las capas de la cutícula y permite que los ingredientes activos entren en la corteza.
2. La *corteza,* el componente principal de la estructura del cabello, representa el 90% del peso total. La corteza da al cabello flexibilidad, elasticidad, resistencia, resiliencia y color. Durante el proceso de permanente, las acciones físicas y químicas tienen lugar en la corteza para reestructurar el pelo en una nueva configuración de rizos.
3. La *médula* es la parte más interna de la estructura del cabello. La función de la médula, si tiene alguna, es desconocida. De hecho, no es raro encontrar pelo, que en lo demás es normal y saludable, sin médula.

COMPOSICIÓN QUÍMICA DEL CABELLO

La composición química del cabello consiste casi enteramente en un material proteico llamado *queratina,* que consta de unos diecinueve aminoácidos. Cuando se unen, muchos aminoácidos forman una *cadena polipéptica.* Estas cadenas se interlazan entre sí en forma espiral para adoptar una forma helicoidal muy parecida a un resorte. El pelo contiene una concentración alta del aminoácido *cisteína* que se entrecruza por medio de enlaces o uniones *disulfuro.* Los enlaces disulfuro añaden fuerza a la queratina, y estos enlaces son los que deben romperse para permitir que tengan lugar los procesos.

Procesado. La acción química de la loción onduladora rompe las uniones disulfuro y suaviza el pelo. Cuando la acción química ha suavizado suficientemente la estructura interna del cabello, se puede moldear en la forma de la varilla alrededor de la que se ha enrollado. (Figs. 11.5a a 11.5c)

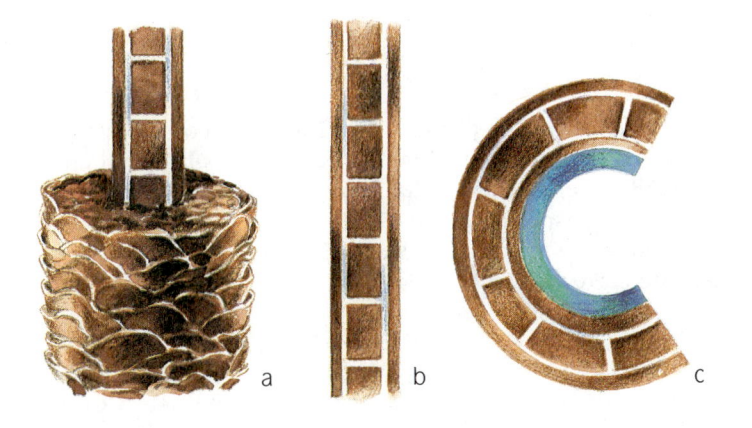

11.5a—Cada cabello está formado por muchas cadenas de polipéptidos. Esta serie de ilustraciones muestra el comportamiento de estas cadenas.

11.5b—El cabello antes del procesado. Las uniones químicas (enlaces) dan al cabello su fuerza y firmeza.

11.5c—El cabello enrollado sobre una varilla. El cabello se dobla según la curvatura y el tamaño de la varilla.

Neutralización. Cuando el pelo ha adoptado la forma deseada, las uniones disulfuro rotas deben regenerarse químicamente. La neutralización devuelve la dureza al cabello y lo fija en la nueva forma rizada. Cuando la acción de neutralización está completa, el pelo se desenrolla de las varillas y se tiene una nueva formación de rizos. (Figs. 11.6a, b)

✓ Completado—Objetivo de Aprendizaje núm. 3

ESTRUCTURA DEL CABELLO Y LA PERMANENTE

a

b

11.6a—Durante el procesado, la loción onduladora rompe las uniones cruzadas (enlaces) permitiendo que el pelo se ajuste a la curvatura de la varilla mientras está en condición blanda.

11.6b—El neutralizador reconstituye las uniones químicas (enlaces) para conformarlos en la posición enrollada del cabello, endureciéndolo de nuevo, y creando una ondulación permanente. ✓

SELECCIÓN DE LA TÉCNICA DE PERMANENTE CORRECTA

¿Cómo decidir cuál es la técnica de permanente correcta para su cliente? Usted debe ser capaz de evaluar y analizar el pelo de su cliente. Usted debe consultar con su cliente para dejar claro qué espera conseguir con la permanente—un aspecto de rizos apretados o un aspecto de ondas sueltas. Esta información le ayudará a seleccionar el producto y la técnica para una permanente correcta.

Habilidades manuales básicas para una permanente

Una permanente con éxito necesita destreza manual. Con la práctica, mejorará su habilidad para manejar y manipular el pelo. Antes de aplicar realmente una permanente, usted empleará probablemente mucho tiempo practicando las habilidades previas, como formar bloques, seccionar y enrollar. Su capacidad para aplicar permanentes con éxito depende del dominio de estas importantes habilidades.

Consultas con el cliente

Cada cliente de permanente espera algo diferente sobre la apariencia que quiere de la permanente. La única manera de satisfacer sus esperanzas es determinar cuales son. Hable con su cliente en un tono amistoso, pero profesional. Tómese unos minutos para comentar:

1. Qué peinado quiere y qué intensidad de rizado quiere su cliente. Las fotografías o imágenes de revista ayudan a entenderlo claramente por ambas partes.

2. El estilo de vida de su cliente. ¿Tiene tiempo para el ocio, o un programa apretado que exige un peinado fácil de mantener?

3. Cómo se relaciona el peinado de su cliente con el conjunto de su imagen personal. ¿Está su cliente preocupada por las tendencias actuales de la moda?
4. Las experiencias previas de su cliente con permanentes. ¿Qué le gustó o le disgustó de permanentes anteriores?

Una vez haya aprendido qué preguntas hay que hacer y cómo, la consulta con su cliente tomará sólo unos pocos minutos. Sin embargo, es un tiempo bien empleado porque la consulta ayuda a afirmar su credibilidad como profesional. Inspira a su cliente confianza sobre su capacidad técnica y creativa, y hace la experiencia de la permanente más satisfactoria para los dos.

Mantenga la información importante que ha adquirido durante la consulta con su cliente en una ficha escrita permanente, junto con otros datos importantes, como su dirección y teléfonos de casa y del trabajo. El cliente deberá llenar una declaración de descargo, que libera a la escuela o al propietario del salón de belleza de cualquier responsabilidad en caso de que ocurra un accidente o daños, y se requiere para algunos seguros contra la responsabilidad por culpa profesional. Un ejemplo de esta declaración se incluye en el capítulo sobre el teñido del cabello. Aquí hay un ejemplo de un formato organizado para mantener los registros de un cliente:

REGISTRO DE ONDULACIONES PERMANENTES

Nombre.. Tel. ....

Dirección........................... Ciudad .... Estado ....

DESCRIPCIÓN DEL PELO   Distrito Postal ....

Longitud   **Textura**   **Tipo**   **Porosidad**
☐corto   ☐grueso   ☐normal   ☐muy   ☐ligeramente
☐medio   ☐medio   ☐resistente   poroso   poroso
☐largo   ☐fino   ☐teñido   ☐moderadamente   ☐resistente
                             ☐reflejos   poroso
                             ☐decolorado   ☐normal

Condición
☐muy buena   ☐buena   ☐normal   ☐pobre   ☐seca   ☐grasa

Teñido con ....

Permanente anterior con ....

TIPO DE PERMANENTE
☐alcalina   ☐ácida   ☐ondas de cuerpo   ☐otro ....

N.º de varillas ....   Loción ....   Fuerza ....

Resultados
☐buenos   ☐malos   ☐demasiado apretado   ☐demasiado suelto

Fecha   Permanente usada   Peluquero   Fecha   Permanente usada   Peluquero

....

....

....

Sigue al dorso:
Fecha   Permanente usada   Peluquero   Fecha   Permanente usada   Peluquero

Pregunta Y Respuesta

ADECUE LA PERMANENTE AL CLIENTE

P *La cliente seleccionó la permanente más económica de las tres que se ofrecen en el salón. Pero ella está insatisfecha con los resultados porque el permanente luce muy seco. ¿Que debí haber hecho?*

R La responsabilidad radica no en la cliente, sino en usted. Es su responsabilidad el aconsejar a la cliente acerca del tipo de permanente más recomendable para ella, con base en el análisis del cabello.

La permanente más económica imaginable posee una fórmula hecha con los mismos ingredientes básicos que la permanente más cara imaginable. La diferencia radica en los aditivos que contiene, los cuales influencian aspectos tales como la humedad y la suavidad del cabello.

Es mucho mejor el repetir una permanente que perder un cliente. Pero usted puede evitar el tener que repetir permanentes comenzando con una consulta. Analice el cabello e informe al cliente acerca de los diferentes tipos de permanentes que se ofrecen (por el precio). Explique por qué cada uno tiene un precio diferente. Explíquele en forma honesta a la cliente, la permanente que usted recomienda y por qué. Luego, cuando la cliente haya tomado una decisión, bríndele el mejor servicio que usted pueda proporcionarle.

Si usted sigue todos los procedimientos correctos, la permanente debería lucir muy bien. El cabello puede necesitar un tratamiento de reacondicionamiento para restaurar la humedad y los aceites que puedan haberse reducido en el proceso, pero poseerá un rizo bien formado. El precio jamás será excusa para proporcionar una permanente inadecuada.

—*Tomado del* Milady Soluciones para el Salón de Belleza *por Louise Cotter*

ANÁLISIS ANTES DE LA PERMANENTE

Después de consultar con el cliente, usted debe analizar el estado general del pelo y el cuero cabelludo del cliente. Este análisis es esencial para poder determinar:

1. Si es seguro y aconsejable realizar una permanente. El pelo debe estar en buen estado y tener la fuerza necesaria para aceptar una alteración química para conseguir una permanente con éxito.
2. Qué productos de permanente deben elegirse para obtener los mejores resultados en este pelo en particular.
3. Qué técnica de permanente debe usarse: varillas y tamaño de las particiones y forma de enrollar.

Primero examinar el cuero cabelludo para ver si hay abrasiones, irritaciones o llagas abiertas. Si se da alguno de estos casos, no aplique la permanente. A continuación juzgue las características físicas del pelo con estos criterios importantes: porosidad, elasticidad, densidad, textura, longitud. Finalmente, determine el estado general del pelo. Observe si el pelo ha sido tratado previamente con productos químicos: permanentes, tintes, aclarado, realzado (escarcha, coloreada dimensionalmente). Esto le guiará para escoger la permanente apropiada.

> **PRECAUCIÓN**
> *Si el análisis previo a la permanente no es correcto, los rizos se desarrollarán mal o el cabello resultará dañado.*

Determinación de la porosidad

La *porosidad* se refiere a la capacidad del pelo de absorber líquidos. Hay una relación directa entre la porosidad del pelo, el tipo de permanente (con equilibrio ácido o alcalina) que usará, y la fuerza de la loción onduladora a elegir.

El tiempo de proceso para cualquier permanente depende más de la porosidad del pelo que de cualquier otro factor. Cuanto más poroso es el pelo, toma menos tiempo y se necesita una solución onduladora más suave. El grado de absorción de la loción onduladora está relacionado con la porosidad y es independiente de la textura.

La porosidad del cabello se ve afectada por factores como la exposición al sol y al viento, el uso de champús fuertes, tintes o aclaradores, permanentes anteriores y el uso de aparatos de peinado térmicos.

El pelo poroso puede ser seco—incluso muy seco. Si el cabello está teñido, decolorado, ha estado expuesto al sol, o se procesó en exceso en una permanente anterior, absorberá líquidos fácilmente. El cabello suave, fino y delgado tiene una cutícula fina de modo que absorberá líquidos fácil y rápidamente. El pelo áspero, como de muñeca, y el que se enreda fácilmente también ofrecen signos de porosidad.

Cuando el pelo está seco, comprobar la porosidad en tres zonas distintas: la línea de pelo delantera, delante de la oreja y en la coronilla. Elegir una hebra, mantener la punta con seguridad entre el pulgar y el índice de una mano y deslizar el pulgar y el índice de la otra mano desde la punta hasta el cráneo.

Si el pelo es suave y la cutícula densa y dura, se considera resistente y no absorberá fácilmente líquidos o loción onduladora. Si se puede notar una ligera aspereza, esto le indica que la cutícula está abierta y que el pelo es poroso y absorberá los líquidos más fácilmente. (Fig. 11.7)

Porosidad baja (pelo resistente). Pelo con la capa de cutícula muy cerca del tallo del pelo. Este tipo de pelo absorbe lentamente la loción onduladora y normalmente necesita más tiempo de procesado y/o una loción onduladora más fuerte.

Porosidad buena (pelo normal). Pelo con la capa de cutícula ligeramente levantada del tallo del pelo. El pelo de este tipo puede absorber humedad o productos químicos en un tiempo promedio.

Poroso (pelo teñido, aclarado o tratado químicamente con anterioridad). Pelo al que se ha hecho poroso por tratamientos o peinados varios. Este tipo de pelo absorbe muy rápidamente la loción y necesita el tiempo de proceso más corto. Usar una permanente con equilibrio ácido o una ondulación alcalina muy suave.

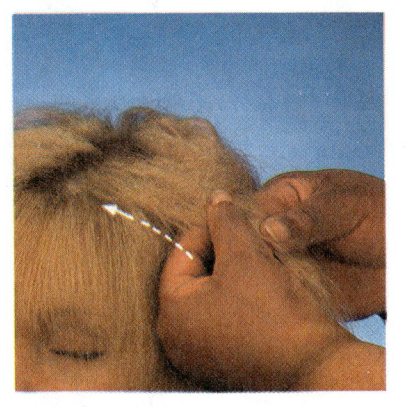

11.7—Ensayando la porosidad del pelo.

Pelo hiper-poroso (resultado de procesado excesivo). Este tipo de pelo está muy dañado, es seco, frágil y quebradizo. No debe aplicársele una permanente hasta que esté reacondicionado o la parte dañada se haya eliminado por corte.

Si la porosidad del pelo no es uniforme (normal o hiper-poroso en las puntas con porosidad buena o baja cerca del cuero cabelludo), se recomienda una loción para antes del enrollado, diseñada específicamente para igualar la porosidad. Así se consiguen rizos uniformes y se evita un procesado excesivo de las puntas porosas. (Figs. 11.8a a 11.8d)

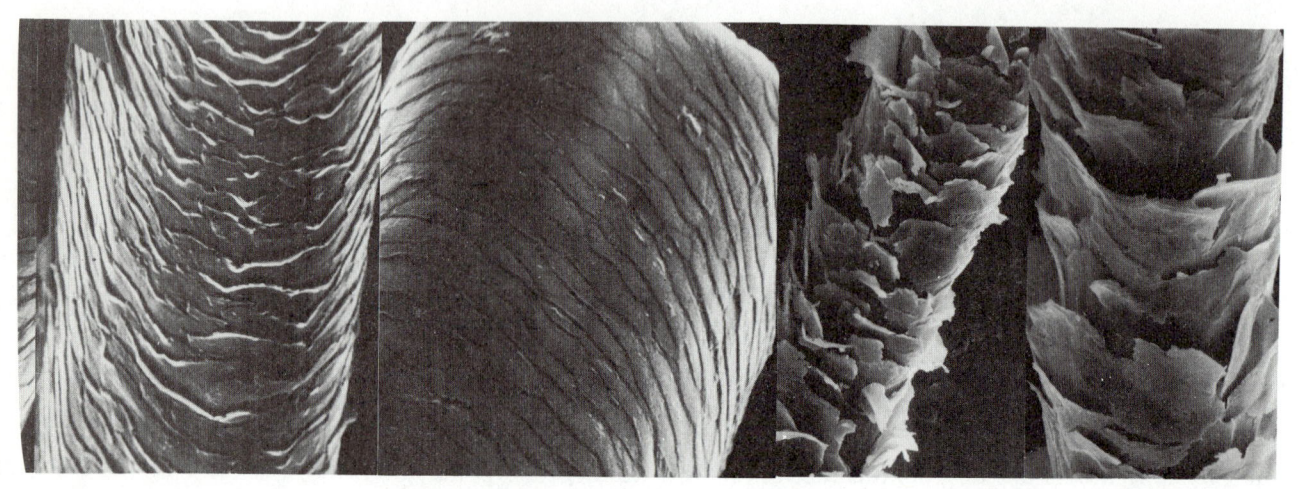

11.8a—Normal (porosidad moderada).

11.8b—Resistente (porosidad baja).

11.8c—Teñido (porosidad extrema).

11.8d—Dañado (hiper-poroso).

Determinación de la textura

La *textura* se refiere a lo grueso o delgado (en diámetro) de cada pelo individual. El pelo fino tiene un diámetro pequeño; el pelo grueso tiene el diámetro grande. Usted puede notar si el pelo es fino, grueso o medio manteniendo una hebra de pelo seco entre los dedos.

La textura y la porosidad juntas se utilizan para determinar el tiempo de proceso de la loción onduladora. Aunque la porosidad es la más importante de las dos, la textura tiene un papel importante al determinar el tiempo de procesado. El pelo fino de pequeño diámetro se satura de solución onduladora más rápido que el pelo grueso de diámetro mayor, aunque los dos tengan la misma porosidad. Sin embargo, el pelo grueso poroso se procesa más rápido que el pelo fino que no es poroso.

Una permanente añade cuerpo a un pelo que parece fláccido, sin vida, y que no mantiene mucho tiempo un peinado. Al pelo grueso e hirsuto, la permanente le da manejabilidad en el peinado. (Figs. 11.9a a 11.9c)

a b c
11.9a—Grueso.
11.9b—Medio.
11.9c—Fino.

Prueba de la elasticidad

La *elasticidad* es la capacidad del pelo de estirarse y contraerse. Para probar la elasticidad, estirar un solo cabello. Si el cabello se rompe después de alargarse muy poco, tiene muy poca, o ninguna, elasticidad.

Otros síntomas de mala elasticidad incluyen un tacto esponjoso cuando el pelo esta mojado, y/o un pelo que se enreda fácilmente. Cuando el pelo carece completamente de elasticidad (por ejemplo, un pelo extremadamente dañado), no tomará una permanente satisfactoria porque ha perdido la capacidad de contraerse después de estirarse. Cuanta mayor es la elasticidad, más tiempo permanecerá la onda en el pelo, porque se produce una relajación menor del pelo. Un pelo con buenas cualidades elásticas se puede estirar un 20% de su longitud sin que se rompa. (Fig. 11.10)

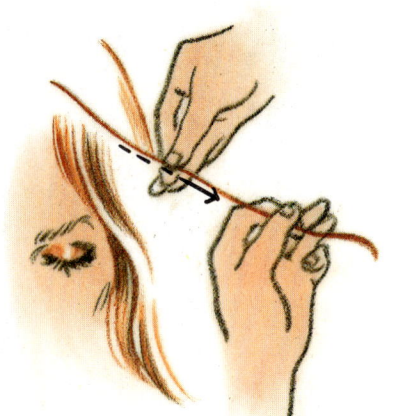

11.10—Prueba de la elasticidad.

Determinación de la densidad

La *densidad,* o espesor, se refiere al número de cabellos por unidad de superficie de la cabeza. La densidad es una característica que determina el tamaño de las particiones a usar. El pelo espeso (muchos cabellos por unidad de superficie) requerirá particiones pequeñas en cada varilla. Demasiado pelo en una varilla originará un rizo débil, especialmente cerca de la cabeza.

Si el pelo es claro (pocos cabellos por unidad de superficie), se pueden usar particiones ligeramente mayores, pero hay que evitar estirar el cabello hacia la varilla porque esto podría ocasionar roturas.

Longitud del pelo y permanente

El pelo entre 5 y 15 cm. se considera ideal para la permanente. El pelo debe ser bastante largo para dar un mínimo de 2½ vueltas alrededor de la varilla. Para hacer la permanente a un pelo de más de 15 cm. hay que usar particiones más pequeñas para permitir que la loción onduladora y el neutralizador penetren más a fondo y con mayor facilidad.

SELECCIÓN DE LA PERMANENTE

El tipo de permanente a elegir depende de la evaluación total del pelo del cliente y de sus deseos durante la consulta y el análisis previo. Sigue a continuación una guía general para ayudarle a decidir si hay que usar una permanente alcalina o con equilibrio ácido.

Tipo de cabello	*Tipo de permanente*
Grueso, resistente	Enrollado alcalino con loción o enrollado alcalino con agua
Fino, resistente	Enrollado alcalino con loción o enrollado alcalino con agua
Normal	Enrollado alcalino con agua o con equilibrio ácido
Normal, poroso	Enrollado alcalino con agua o con equilibrio ácido
Normal, delicado	Con equilibrio ácido
Teñido, no poroso	Enrollado alcalino con agua o con equilibrio ácido
Teñido, poroso	Con equilibrio ácido
Realzado/escarchado/ coloreado dimensionalmente	Con equilibrio ácido
Realzado, teñido	Con equilibrio ácido
Decolorado	Con equilibrio ácido

Los productos actuales para permanente ofrecen una amplia selección de características y fórmulas especiales para todos los tipos de pelo. Hay fórmulas alcalinas para pelo decolorado y fórmulas con equilibrio ácido para pelo resistente. Todas las fórmulas dan resultados excelentes si se elige la permanente cuidadosamente y se siguen las instrucciones del producto.

LAVADO ANTES DE LA PERMANENTE

Hoy día hay champúes formulados específicamente para la limpieza antes de la permanente que limpian el cabello a fondo pero con suavidad. Se recomienda el uso de estos champúes para obtener resultados óptimos de la permanente.

Al analizar el pelo del cliente antes de la permanente, usted puede notar que el pelo parece recubierto. Este recubrimiento puede ser la acumulación de champú o acondicionadores, aclarado inadecuado, resinas de productos de peinado o lacas, o depósitos minerales procedentes de aguas duras. Este recubrimiento puede impedir la penetración de la loción onduladora e interferir con los resultados de la permanente. Es importante que el pelo esté libre de cualquier recubrimiento antes de empezar cualquier permanente.

> **PRECAUCIÓN**
> *Al lavar o dar cualquier preparación al pelo de un cliente antes de una permanente, hay que evitar los cepillados, peinados, estirados o frotes enérgicos que podrían dejar el cuero cabelludo sensible a las soluciones de permanente.*

Iniciar el proceso mojando el pelo, aplicando el champú y frotando suavemente para que haga espuma. Si el pelo está muy recubierto, dejar el champú varios minutos antes de aclarar. Aclararlo a fondo para quitar todo el champú y disolver las acumulaciones. Enjugar el exceso de agua del pelo con una toalla.

CORTE O CONFORMADO ANTES DE LA PERMANENTE

Si el cliente ha elegido un peinado que es el mismo o muy similar al que lleva, reformar el peinado con tijeras o navaja. Si el peinado acabado requiere un texturado o afinado de las puntas, esperar a hacerlo hasta después de la permanente. Las puntas afinadas o adelgazadas son más difíciles de enrollar con suavidad y exactitud.

Si el cliente quiere un peinado completamente nuevo, hacer un corte basto que se aproxime a la forma final. Cuando se haya terminado la permanente podrá acabar la forma del peinado con más exactitud. ✔

✔ Completado—Objetivo de Aprendizaje núm. 4

CONSULTA CON EL CLIENTE Y ANÁLISIS DEL CABELLO

BIGUDÍS PARA PERMANENTE

La selección correcta del tamaño de los bigudís es esencial para conseguir éxito en los resultados. El tamaño del bigudí controla el tamaño del rizo creado por el proceso de ondulación. Los bigudís están normalmente fabricados en plástico y se presentan en varios tamaños. Oscilan en diámetro (en la parte central del bigudí) de pequeños a grandes (0,3125 a 1.875 cm.). Los bigudís tienen un código de color para identificar su tamaño. (Fig. 11.11) Típicamente, las designaciones color/tamaño son:

Bigudís pequeños	Bigudís medianos	Bigudís grandes
Amarillo	Gris	Beige
Azul	Negro	Púrpura
Rosa	Blanco	Verde
		Naranja

Los bigudís de permanente están también disponibles en varias longitudes (4,375 a 8,75 cm.). Los bigudís largos están disponibles en todos los diámetros. Los de longitud media y corta no siempre están disponibles en todos los diámetros. Estos bigudís más cortos se usan para enrollar secciones pequeñas o difíciles. (Fig. 11.11)

Tipos de bigudís

Hay dos tipos de bigudís: rectos y cóncavos. Los bigudís cóncavos tienen un diámetro menor en la zona central que aumenta gradualmente hasta un mayor diámetro en los extremos, lo que da como resultado un rizo más apretado en las puntas y más flojo y ancho cerca del cráneo. El diámetro de los bigudís rectos es el mismo en toda su longitud, creando un rizo del mismo tamaño desde la punta hasta el cráneo.

Todas los bigudís tienen los mismos mecanismos para fijar el pelo y evitar que el rizo se desenrosque. Usualmente es una cinta elástica con un botón de fijación unido al extremo, que se estira a lo largo del pelo enrollado y que lo sujeta cuando el botón se introduce en el extremo opuesto del bigudí.

Selección del tamaño de los bigudís

Al seleccionar el tamaño de los bigudís deben considerarse dos cosas:

1. Cuánto rizado se desea.
2. Características físicas del pelo.

Rizo deseado: La cantidad de rizos, ondas o cuerpo que se necesita se determina entre su cliente y usted durante la consulta. Su éxito al crear un peinado depende principalmente del tamaño de los bigudís usados y de dónde se colocan en la cabeza.

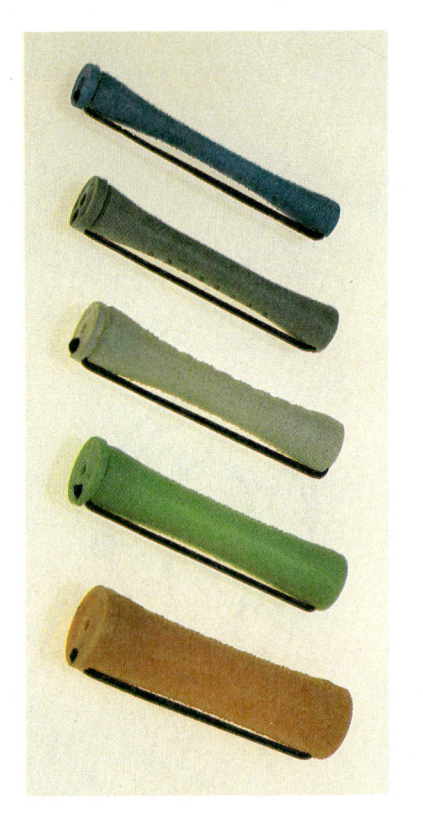

11.11—Tamaños de bigudís— de arriba abajo: extra-pequeño, pequeño, mediano, grande, extra-grande.

Características del pelo: De las características del pelo que se han descrito, destacan tres que son importantes para la selección del tamaño del bigudí:

1. Longitud del pelo
2. Elasticidad del pelo
3. Textura del pelo

Sugerencias sobre la partición del pelo y los tamaños de los bigudís

Aunque en la elección de los bigudís debe considerarse la longitud del pelo, la elasticidad y la textura, ésta última debe ser el factor determinante.

Textura gruesa, elasticidad buena. Requiere particiones más pequeñas (más estrechas) y bigudís mayores para permitir una colocación mejor de los bigudís para la forma definitiva de las ondas.

Textura media, elasticidad promedio. El pelo con textura promedia necesita particiones de tamaño promedio y bigudís medianos.

Textura fina, elasticidad mala. Requiere particiones más pequeñas que el promedio y bigudís pequeños a medianos para evitar el estirado o la rotura del pelo.

Pelo en la zona de la nuca. Usar particiones y bigudís más pequeños.

Pelo largo. Para ondular permanentemente un pelo que sobrepase los 15 cm. usar particiones pequeñas y enrollarlas suavemente cerca del cráneo. El uso de particiones más pequeñas permite que la loción onduladora y el neutralizador penetren más a fondo y más fácilmente.

SECCIONADO Y PARTICIÓN

El *seccionado* es la división del cabello en zonas uniformes de trabajo en la parte superior, delantera, coronilla, lados, detrás y nuca. El seccionado hace su trabajo más fácil porque usted puede sujetar con pinzas, alejándolas, todas las secciones excepto la que está trabajando.

La *partición,* también llamada *formación de bloques,* es el plan conjunto para la colocación de bigudís. Se forman bloques para saber dónde colocar los bigudís para dar al peinado el soporte, la dirección y la forma de rizado que necesita. Es importante que los bloques se hagan en secciones uniformes. Hay que usar las siguientes guías generales:

1. Disponer las secciones uniformemente.
2. Subdividir igualmente las secciones (formar bloques).
3. Crear particiones netas y uniformes (longitud y anchura).
4. La partición promedia debe corresponder al diámetro (tamaño) del bigudí usado.
5. La longitud del bloque debe ser igual, o algo menor, pero nunca mayor que la longitud de la varilla. (Figs. 11.12 a 11.14)

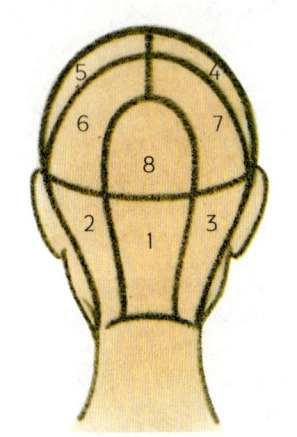

11.12—Seccionamiento.

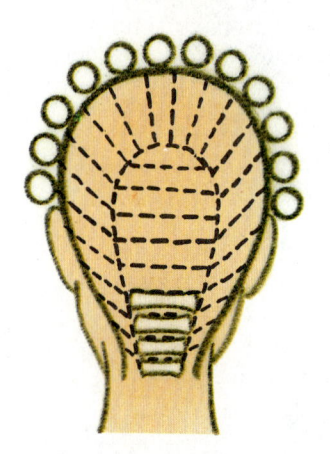

11.13—Formación de bloques (subsecciones).

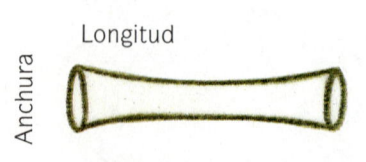

11.14—La longitud denota la separación de los bloques. La anchura se refiere a la profundidad de los bloques. Los bloques pequeños o grandes se refieren normalmente a su anchura.

PATRONES DE ENROLLAMIENTO

Así como el tamaño de los bigudís y de las particiones determina el tamaño del rizo, el patrón de los enrollamientos determina la dirección o flujo de los rizos.

Seis patrones de enrollamiento populares son:

1. Halo simple
2. Halo doble (doble herradura)
3. Parte posterior recta
4. Corona caída
5. Enrollado espiral
6. Permanente apilada

Estos seis patrones toman otros nombres en distintos lugares del país.

Se sugieren las siguientes secciones y particiones para estos patrones de enrollado. Su instructor puede sugerir secciones diferentes, que serán también correctas.

Halo simple

El enrollado de halo simple se utiliza normalmente para cabezas de tamaño promedio, para crear rizos uniformes. (Figs. 11.15 a 11.18)

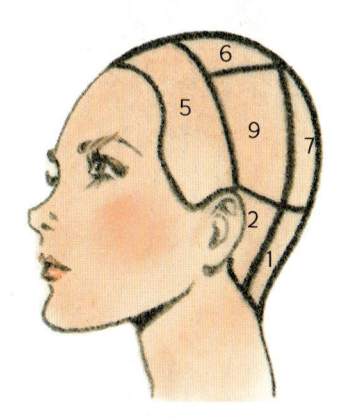

11.15—Seccionado de un lado.

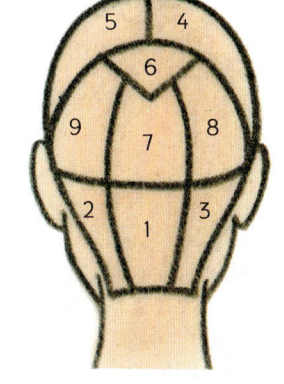

11.16—Seccionado de la parte posterior.

11.17—Formación de bloques en un lado.

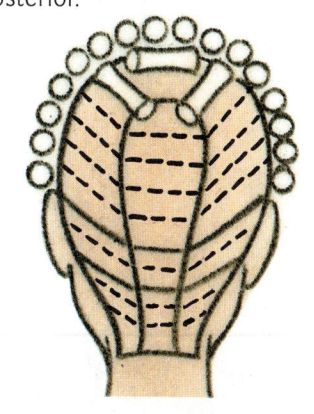

11.18—Formación de bloques en la parte posterior.

Halo doble

El enrollado en halo doble se usa normalmente para cabezas grandes. (Figs. 11.19 a 11.22)

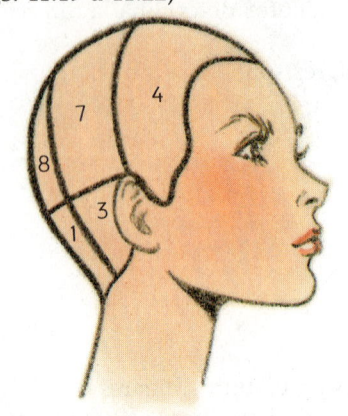

11.19—Seccionado de un lado.

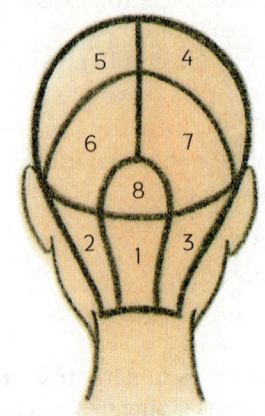

11.20—Seccionado de la parte posterior.

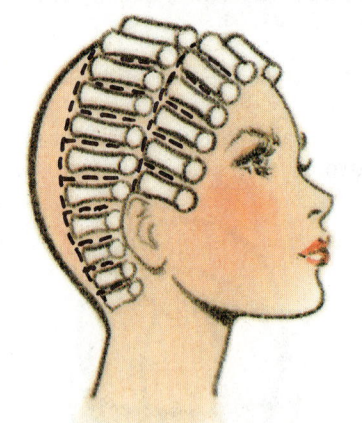

11.21—Formación de bloques en un lado.

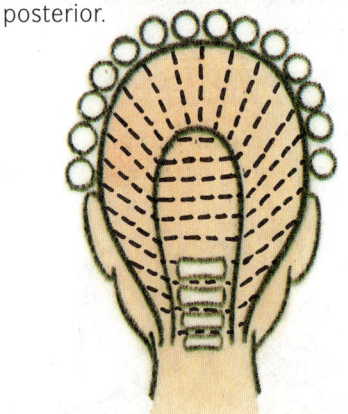

11.22—Formación de bloques en la parte posterior.

Parte posterior recta

El enrollado con la parte posterior recta se utiliza para crear un efecto de peinado bastante suave, lleno y alto que se aleja de la cara. (Figs. 11.23, 11.24)

Para crear *flecos* en la cara, los dos primeros rizos de la parte superior se enrollan en dirección hacia adelante (ver enrollado direccional, páginas 218 a 220). (Fig. 11.25)

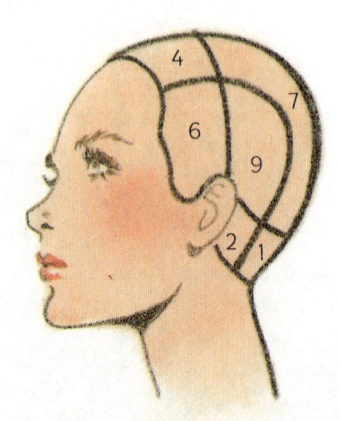

11.23—Seccionado de un lado.

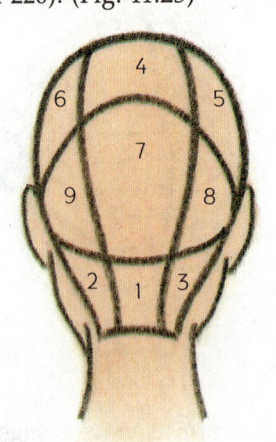

11.24—Seccionado de la parte posterior.

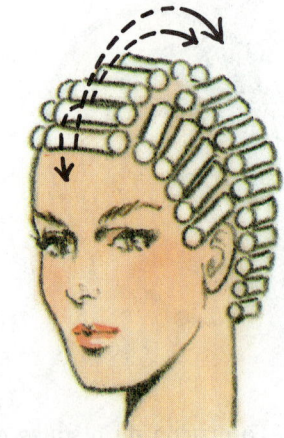

11.25—Colocación para flecos.

Corona caída

El enrollado en corona caída se utiliza normalmente para cabello más largo y para un efecto de corona suave.

El pelo se secciona de la misma forma que para el patrón con parte posterior recta. Sin embargo, en la zona posterior que no está numerada en la ilustración, se hacen secciones de pelo mayores, según la cantidad de pelo en esta sección. Sólo se enrollan los extremos del pelo y los bigudís se apoyan en los bigudís más pequeños de la zona de la nuca (secciones 2, 1, 3). Déjese guiar por su instructor. (Figs. 11.26 a 11.29)

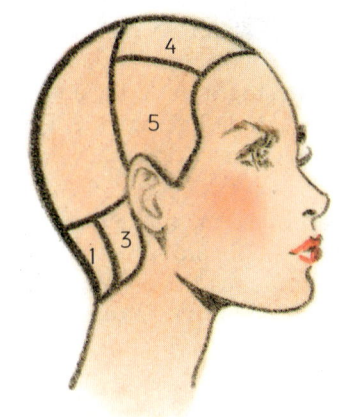

11.26—Seccionado de un lado.

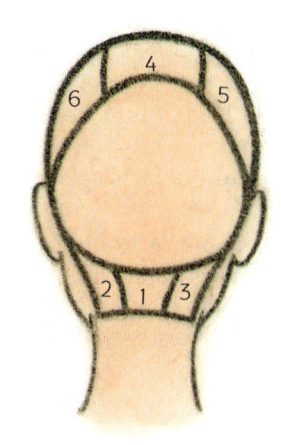

11.27—Seccionado de la parte posterior.

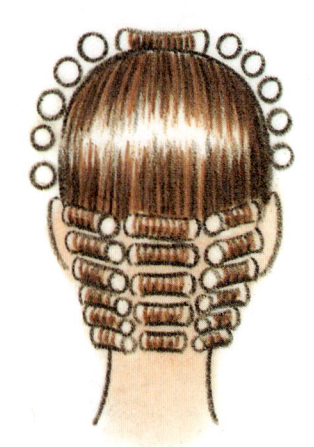

11.28—Patrón de bloques (subsecciones).

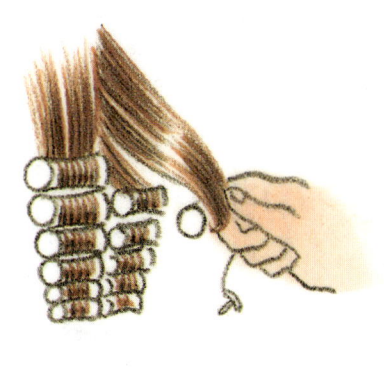

11.29—Enrollado de los extremos del pelo en la zona de la coronilla.

11.30—Enrollado espiral.

Enrollado espiral

El enrollado espiral se utiliza con pelo largo para crear rizos apretados y elásticos. (Fig. 11.30)

Permanente apilada

La técnica de apilación se usa normalmente para obtener un gran rizo en la nuca. (Fig. 11.31)

ENROLLADO DEL PELO

Para crear una onda o un patrón de rizos uniforme, el pelo debe enrollarse suave y limpiamente sobre cada bigudí *sin estirarlo*. Como se ha indicado antes, la acción de la loción onduladora expansiona el pelo. Si el pelo está enrollado apretado interfiere con esta acción e impide la penetración de la loción onduladora y del neutralizador.

11.31—Permanente apilada.

Partición de los mechones de pelo en relación con la cabeza

La *base* se refiere a la cabeza o al cuero cabelludo y el lugar en que se coloca el bigudí en relación con la cabeza. Los bigudís pueden enrollarse sobre la base, fuera de la base y medio fuera de la base. Cada una de estas posiciones crea una dirección de la onda ligeramente diferente, que influenciará la forma del conjunto de los rizos.

Rizo sobre la base. Cuando el mechón se mantiene en posición hacia arriba y se enrolla en el bigudí, el rizo se apoyará sobre la base. (Ver Fig. 11.32) El pelo enrollado de esta manera producirá rizos que empiezan cerca del cráneo para peinados que requieran plenitud, altura y movimiento hacia arriba.

Rizos fuera de la base. Cuando el mechón se mantiene en posición hacia abajo y se enrolla en el bigudí, el rizo se apoyará fuera de la base. (Ver Fig. 11.33) El pelo enrollado de esta manera producirá un rizo que empieza más lejos del cráneo que el enrollado sobre la base. El enrollado fuera de la base produce peinados cerca de la cabeza que no necesitan plenitud o altura.

Rizo medio fuera de la base. Si el mechón se mantiene perpendicular a la cabeza y se enrolla en el bigudí, el rizo quedará medio fuera de la base. (Ver Fig. 11.34) El pelo enrollado de esta manera es adaptable a muchos peinados.

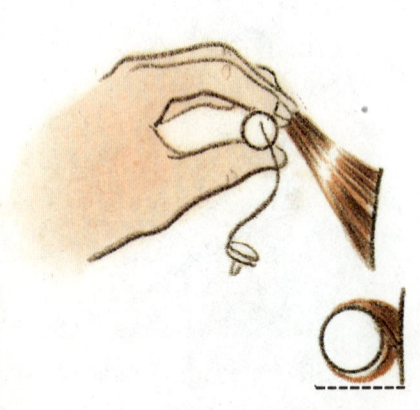

11.32—Rizo sobre la base.

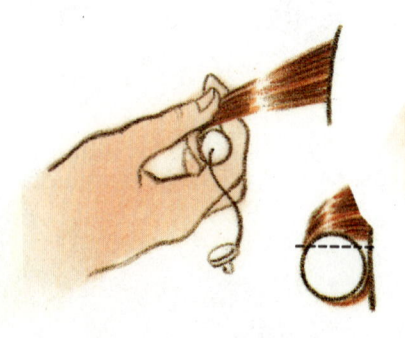

11.33—Rizo fuera de la base.

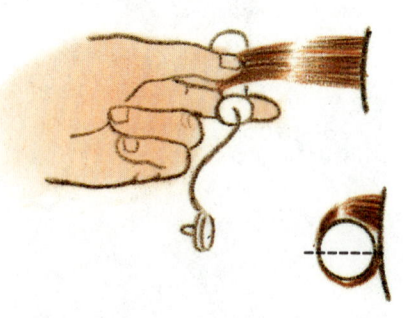

11.34—Rizo medio fuera de la base.

Envolturas de las puntas

Las envolturas de las puntas o papeles de las puntas son papeles porosos usados para cubrir las puntas de los cabellos para asegurar una envoltura suave y regular. Las envolturas de las puntas minimizan el peligro de roturas del pelo y ayudan a formar ondas y rizos suaves y regulares.

Hay tres métodos de aplicación de las envolturas de las puntas que están actualmente en uso. Cualquiera es igualmente eficaz, si se aplica correctamente.

1. Envoltura de puntas con papel doble
2. Envoltura de puntas con papel simple
3. Envoltura de puntas de libro

◆NOTA: El pelo debe laverse y dejarse húmedo (no saturado) para las envolturas. Seccione el pelo y empiece haciendo la primera partición. Acuérdese de que ninguna partición debe ser más larga que la longitud del bigudí. Si la partición es demasiado larga el pelo no se ondulará con regularidad. Si el pelo se seca mientras está poniendo las envolturas, humedézcalo ligeramente con agua.

Envoltura de puntas con papel doble

1. Dividir y peinar la partición hacia arriba y afuera hasta que todo el pelo esté suave y regularmente distribuido. (Fig. 11.35)
2. Colocar una envoltura de puntas bajo el mechón de forma que se extienda por debajo de las puntas del pelo. Colocar la otra envoltura encima. (Fig. 11.36)
3. Colocar el bigudí con la mano derecha bajo la doble envoltura, paralela a la partición en el cráneo. (Fig. 11.37)

11.35—Peinar y distribuir regularmente el mechón.

11.36—Posicionar los papeles de las puntas.

11.37—Posicionar el bigudí.

208 ◆ TEXTO GENERAL DE COSMETOLOGÍA

11.38—Enrollar el mechón.

11.39—Sujetar la banda.

4. Enrollar el mechón suavemente sobre la varilla hasta el cráneo, sin tensión. (Fig. 11.38)
5. Fijar la banda en lo alto de la varilla. (Fig. 11.39)

> **PRECAUCIÓN**
> *Para evitar roturas, la banda no debe apretar el pelo cerca del cráneo o estar girada contra el pelo enrollado.*

La preparación y el enrollado de rizos para las envolturas de papel simple y de libro son los mismos que para el de papel doble, con las siguientes excepciones:

Envoltura de las puntas con papel simple. Colocar sólo una envoltura encima del mechón de pelo y mantenerlo plano entre los dedos índice y medio para evitar la agrupación. (Fig. 11.40) El pelo se enrolla de la misma manera que con el papel doble.

Envoltura de las puntas en libro. Sostener el mechón entre los dedos índice y medio; doblar y colocar un papel terminal sobre el mechón, formando un sobre. Enrollar el rizo como en la envoltura con papel doble. (Fig. 11.41)

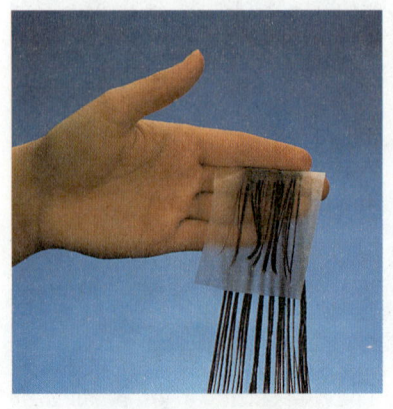

11.40—Envoltura de las puntas con papel simple.

11.41—Envoltura de las puntas en libro.

11.42—Colocar el papel de puntas poroso.

11.43—Empezar el enrollado.

11.44—Fijar el bigudí enrollado.

El enrollado "a horcajadas" (doble bigudí)

El método "a horcajadas" (doble bigudí) de enrollar es especialmente adecuado para pelo muy largo. La técnica de enrollado permite el máximo control de la dimensión y el apretado del rizo, desde el cráneo a las puntas. El control de la cantidad de rizado se puede conseguir con el tamaño de los bigudís usados. Así, usando bigudís grandes se obtienen ondas anchas y sueltas; mientras que los bigudís medianos o pequeños darán lugar a rizos más juntos. El procedimiento siguiente se usa para enrollar el pelo por el método "a horcajadas" (doble bigudí):

1. Seccionar el pelo de la forma habitual (9 secciones).

2. Seleccionar los bigudís del tamaño deseado. Los bigudís usados en el punto central del cráneo deben ser como mínimo un tamaño mayor que los usados en los extremos.

3. Colocar, alrededor de la mitad del mechón, papeles terminales porosos, uno encima y otro debajo. (Fig. 11.42)

4. Empezar en la mitad del mechón. Colocar el bigudí mayor bajo el mechón y empezar a enrollar. (Fig. 11.43)

5. Enrollar el bigudí hacia el cráneo y, a la vez, controlar los extremos del pelo manteniéndolos hacia la izquierda, lejos del bigudí.

6. Fijar el bigudí enrollado en el cráneo, dejando las puntas colgando libremente del bigudí. (Fig. 11.44)

7. Colocar un papel terminal en el mechón cubriendo las puntas. Usando el bigudí más pequeño, enrollar las puntas del pelo hasta los bigudís mayores. (Fig. 11.45).

8. Fijar el segundo bigudí para que se apoye sobre el primero como si estuviera a horcajadas. (Fig. 11.46)

9. Para mantener un mejor control sobre el enrollado y el procesado es recomendable completar el enrollado de cada mechón antes de proseguir con el siguiente.

11.45—Enrollar el extremo restante de los cabellos.

11.46—Fijar el segundo bigudí debajo del primero.

10. Los rizos de prueba deben tomarse cerca del cráneo porque el pelo en esta zona es más resistente y puede necesitar un procesado adicional.

◆ **NOTA:** Al enrollar el pelo, evitar excesivo volumen en el bigudí. El exceso de volumen evita la formación de buenos rizos porque el pelo no puede adaptarse a la forma de la varilla, y la loción onduladora y el neutralizador no pueden penetrar completa y regularmente. Para asegurar una formación de ondas suaves y evitar ganchos finales, la primera vuelta del bigudí debe ser las envolturas de las puntas, sin cabellos entre ellas.

Pregunta Y Respuesta

PERMANENTE PARA CABELLO FINO

P *¿Cómo se maneja un cabello demasiado fino y lacio que no retiene la onda de la permanente?*

R Tal vez el cabello no posee suficientes enlaces de sal para responder favorablemente a la reformación química. Los enlaces de sal sintéticos pueden aplicársele al cabello de forma temporal. Estos enlaces lograrán que en poco tiempo el cabello cobre cuerpo y vida, pero el efecto no será duradero.

Envuelva la permanente, aplique solución de permanente y comience el tratamiento. Cuando el rizo de prueba muestre un nivel de respuesta satisfactorio, utilice una toalla para absorber la solución de cada bigudí de la permanente.

Disuelva 1 cucharadita de sal de La Higuera (epsomita) en 2 onzas de agua y 2 onzas de reacondicionador de proteínas líquidas. Utilice un aplicador de botella con boquilla extra fina y aplique la solución a cada bigudí. Déjela puesta durante 5 minutos.

Remueva la solución del cabello (no enjuague), y comience el proceso de neutralización (etapa de re-enlace).

El contenido de magnesio en la sal de La Higuera forma un enlace sintético semejante al enlace de sal en el cabello natural.

Esta fórmula puede aplicársela al cabello lacio y fino luego de cada lavado y dejársela puesta durante un espacio de 15 minutos, con la regularidad que se precise. Cuando aplique la fórmula luego del lavado, no añada agua. Utilice proteínas líquidas y sal de La Higuera solamente.

—*Tomado del* Milady Soluciones para el Salón de Belleza *por Louise Cotter*

RIZOS DE PRUEBA PRELIMINARES

Los rizos de prueba preliminares ayudan a determinar cómo reaccionará a la permanente el pelo del cliente. Es recomendable hacer una prueba en pelo que esté teñido, decolorado, sea hiper-poroso o muestre cualquier signo de daños.

También, antes de aplicar la loción onduladora, asegúrese de comprobar con su instructor o el consejo del estado para saber si debe llevar guantes protectores durante la aplicación.

Las pruebas preliminares le dan la información adicional siguiente:

- Tiempo actual de procesado que se necesita para alcanzar los resultados óptimos del rizado.
- Resultado de los rizos basados en el tamaño de los bigudís y el producto de permanente que ha elegido.

Procedimiento

1. Lavar el pelo y secarlo con toalla.
2. Siguiendo las direcciones de la permanente, enrollar dos o tres bigudís en las zonas del pelo más delicadas.
3. Enrollar algodón sobre el bigudí.
4. Aplicar loción onduladora a los rizos enrollados, teniendo cuidado de que la loción no toque pelo sin enrollar.
5. Ponga en marcha un reloj y procese el cabello de acuerdo con las instrucciones de la permanente.
6. Comprobar el pelo con frecuencia.

Para comprobar un rizo de prueba, soltar el bigudí y desenrollar el rizo cuidadosamente—recuerde que el pelo está en estado reblandecido—1½ vueltas. No permita que el pelo quede suelto o se desenrolle del todo. Mantenerlo firmemente colocando los pulgares en ambos extremos del bigudí. Mover el bigudí suavemente hacia el cráneo de forma que el pelo caiga suelto en el dibujo de las ondas. Continuar comprobando los bigudís hasta que se forme una "S" definida y firme. La "S" refleja el tamaño del bigudí usado. (Fig. 11.47) Guíese por las instrucciones del fabricante.

11.47—Desenrollando el pelo con cuidado, sin empujar ni estirar.

◆NOTA: Al juzgar los rizos de prueba, las diferentes texturas de pelo con diferentes grados de elasticidad tendrán formaciones en "S" ligeramente diferentes. El cabello fino y claro es generalmente más blando y tiene menos volumen. La cresta de la onda puede ser menos definida y más difícil de interpretar. El pelo grueso y espeso tiene mejor elasticidad y parece autoreforzarse, tomando más fácilmente la forma de la onda. La cresta será más fuerte y mejor definida. El pelo largo puede producir una onda más ancha junto al cuero cabelludo porque se utilizan bigudís mayores y el diámetro de la onda aumenta hacia el cráneo.

Cuando se ha formado el rizo óptimo, aclarar los rizos con agua tibia, secar bien los rizos, aplicar, procesar y aclarar el neutralizador según las instrucciones de la permanente y secar cuidadosamente estos rizos de prueba. Si el pelo está procesado en exceso, no aplicar permanente al resto del pelo hasta que esté en mejores condiciones. Si el resultado de los rizos de ensayo es bueno, siga adelante con la permanente pero *no vuelva a aplicar permanente a estos rizos de prueba preliminares*.

Procesado excesivo

Cualquier loción que pueda procesar el cabello también puede procesarlo en exceso, causando sequedad, encrespamiento o daños en el pelo. El pelo procesado en exceso es fácil de detectar. Es muy rizado cuando está húmedo, pero crespo cuando está seco. No puede peinarse en una forma de ondas conveniente, porque la elasticidad del pelo ha sido dañada en exceso, y el pelo es áspero después del secado. Los tratamientos de reacondicionamiento deben iniciarse inmediatamente.

Las causas del procesado excesivo son:

1. Dejar la loción demasiado tiempo.
2. Un juicio inadecuado del análisis del pelo antes de la permanente y/o una loción onduladora demasiado fuerte.
3. No se hicieron con frecuencia rizos de prueba o fueron juzgados incorrectamente.

Procesado insuficiente

El proceso insuficiente proviene de la aplicación de la loción durante un tiempo insuficiente. Después de la permanente el pelo insuficientemente procesado tiene flaccidez o formación débil de la onda. Típicamente, después de unos cuantos lavados, el pelo ya no estará rizado en absoluto. (Figs. 11.48a a 11.48e) ✔

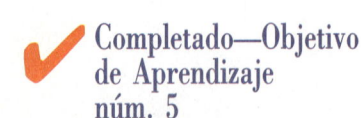

✔ Completado—Objetivo de Aprendizaje núm. 5

SELECCIÓN DEL BIGUDÍ Y PROCEDIMIENTOS PARA SECCIONAR Y PARA HACER LA RAYA Y EL ENROLLAMIENTO

a b c d e

11.48a—Buenos resultados.
11.48b—Rizo insuficientemente procesado.
11.48c—Rizo procesado en exceso.
11.48d—Puntas porosas.
11.48e—Enrollado inadecuado.

PRECAUCIÓN

El pelo insuficientemente procesado, aunque no haya rizo, ha sido tratado químicamente. Si usted decide, según su criterio profesional, que se puede volver a aplicar la permanente, acondicione primero el pelo, elija una loción onduladora más suave y compruebe los rizos frecuentemente.

Precauciones de seguridad importantes

Recuerde que las lociones usadas para la permanente contienen ingredientes químicamente activos y por tanto deben usarse con cuidado para evitar daños a usted y a su cliente. Deben tomarse siempre las precauciones que siguen:

1. Proteger la ropa del cliente con una capa de lavado de plástico, o pida al cliente que se cambie y se ponga una bata.
2. Pida al cliente que se quite las gafas, pendientes y collares para evitar daños.
3. No aplique una permanente a un cliente que ha experimentado una reacción alérgica a una permanente anterior.
4. No guarde ninguna loción onduladora o neutralizador que estén abiertos. Estas lociones pueden cambiar en fortaleza y eficacia si no se usan en las horas siguientes después de abrir el envase.
5. No diluir o añadir cualquier cosa a la loción onduladora o al neutralizador a no ser que las instrucciones del producto lo indiquen así.
6. Mantener la loción onduladora lejos de los ojos y de la piel. Si la loción onduladora entra en contacto con estas zonas lavar a *fondo* con agua fría.
7. No aplique permanente y tinte al mismo cliente el mismo día. Aplicar la permanente, esperar una semana y aplicar el color. ✔

✔ Completado—Objetivo de Aprendizaje núm. 6

PRECAUCIONES DE SEGURIDAD

TÉCNICAS DE PERMANENTE

Antes de empezar una permanente, asegurarse de que se tienen a mano todos los suministros necesarios. La buena organización y planificación le ayudarán a desarrollar precisión y velocidad al realizar una permanente. En su puesto de trabajo debe haber el siguiente equipo, dispuesto de una forma organizada y fácilmente accesible:

- El producto para la permanente
- Bigudís (organizados por tamaño)
- Envolturas para las puntas
- Rollo de algodón
- Toallas
- Pinzas y clips de plástico
- Peine de cola
- Guantes protectores

Leer y seguir siempre cuidadosamente las instrucciones del producto. Algunas instrucciones para productos de permanentes alcalinas requieren enrollado con agua, otros con loción y otros con lociones previas. Algunas lociones onduladoras vienen en dos componentes que deben mezclarse justo antes de usarlas. Algunas necesitan el calor del secador. (*Nota:* El secador debe ser precalentado.) Algunas permanentes exigen que se coloque un gorro de plástico encima de los bigudís durante el procesado y otras no lo exigen. Considerando todas estas variables, no es buena idea confiar en la memoria. Cree el hábito de comprobar las instrucciones impresas que acompañan a cada permanente *cada vez que aplica una permanente.*

APLICACIÓN DE LA LOCIÓN ONDULADORA

Después de lavar, formar y enrollar el pelo, colocar un aro o banda de algodón alrededor de toda la línea del pelo. Para impedir la irritación de la piel y para mayor protección, apliquele crema protectora a la piel de la línea del pelo antes de poner la banda de algodón. Esta precaución de seguridad evita que la loción onduladora se ponga en contacto con la piel y pueda causar una irritación. Si la loción se aplica con exactitud debe haber un goteo mínimo, pero el algodón es el seguro de la comodidad y la seguridad de su cliente. Después de aplicar la loción onduladora, quitar el algodón, pasar un algodón mojado en agua por la piel, y reponer la banda con algodón seco. (Fig. 11.49)

Salvo especificación contraria en las instrucciones del producto, aplicar generosamente loción onduladora encima y debajo de cada bigudí enrollado. Empezar en la coronilla y avanzar sistemáticamente hacia abajo en cada sección. Asegurarse de que la zona superficial de los rizos está húmeda de loción de modo que la penetración sea uniforme. (Fig. 11.50)

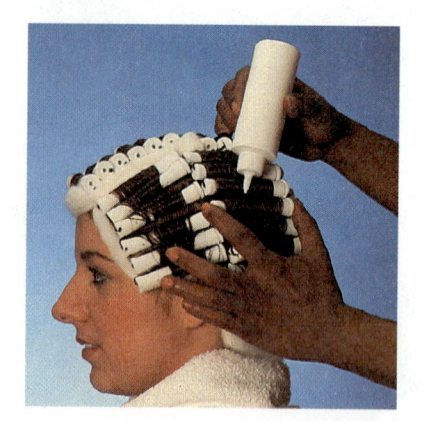

11.49—Línea del pelo protegida con algodón o una banda neutralizadora.

Tiempo de procesado

El tiempo de procesado es el espacio de tiempo necesario para que los mechones de pelo absorban la loción onduladora (ablandado) y para que el pelo se vuelva a rizar (recombinación de los enlaces químicos). Depende del tipo de pelo (porosidad, elasticidad, longitud, densidad, textura y estado general) y de la permanente específica que se esté usando. Una vez más, siga explícitamente las indicaciones del fabricante. Normalmente es seguro acortar el tiempo de procesado respecto al sugerido por el fabricante o la ficha de registro anterior del cliente. Algunas permanentes tienen un procesado que detiene la acción de modo que lo único que hay que hacer es fijar el temporizador. (Fig. 11.51) Algunas permanentes dan una tabla de tiempos general como guía y exigen hacer pruebas de rizos durante el procesado. Es muy importante dar el tiempo exacto al proceso de permanente, para evitar excesos o deficiencias.

La capacidad del pelo de absorber humedad puede variar de una vez a otra en el mismo individuo, incluso usando la misma loción y los mismos procedimientos. Es deseable tener un registro de los tiempos de procesado anteriores, pero debe usarse sólo como guía.

Con frecuencia es necesario volver a saturar todos los bigudís por segunda vez durante el tiempo de proceso. Esto puede ser debido a:

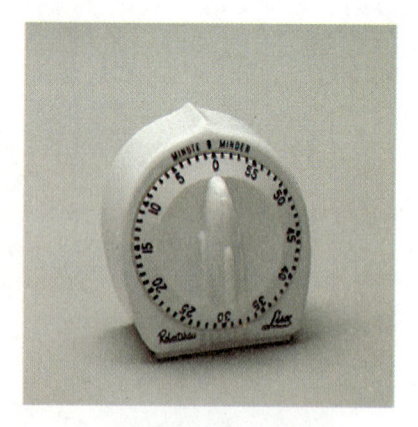

11.50—Aplicación de la loción onduladora.

1. Evaporación de la loción o sequedad del pelo.
2. Saturación deficiente del pelo por el cosmetólogo.
3. No hay desarrollo de ondas después del tiempo máximo indicado por el fabricante.
4. Selección inadecuada de la concentración de la solución para el pelo del cliente.
5. Error al seguir las indicaciones del fabricante para una fórmula específica.

11.51—Temporizador para el procesado.

Una segunda aplicación de loción acelerará el proceso. Vigilar estrechamente el desarrollo de las ondas. *La negligencia puede dar como resultado daños en el cabello.*

La mayoría de los fabricantes dan instrucciones con su producto. Seguidamente se detallan algunas de las que encontrará:

1. *Colocar un gorro de plástico sobre los bigudís enrollados.* Asegurarse de que el gorro de plástico cubre todos los bigudís y de que sea estanco al aire. Asegurar el gorro con un clip de plástico. El gorro mantiene el calor en el interior. Si está demasiado suelto o no cubre todos los bigudís, el proceso puede ser más largo. (Fig. 11.52)

2. *Secador precalentado.* Poner el casco secador en temperatura alta y caudal de aire medio. Dejar que se caliente unos 5 minutos antes de colocar al cliente bajo el secador. (*Nota:* Los filtros del secador deben limpiarse con frecuencia para que el calor y el caudal óptimos permanezcan constantes.) (Fig. 11.53)

3. *Procesar a temperatura ambiente.* Asegurarse de que el cliente no está sentado en una corriente de aire o demasiado cerca de un acondicionador. Una habitación demasiado fría hace el proceso más lento.

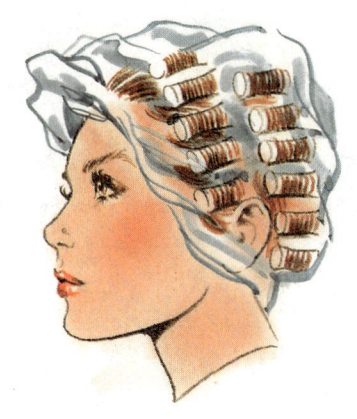

11.52—Aplicación de un gorro de procesado.

11.53—Poner al cliente bajo un secador precalentado.

Prueba de los rizos durante el procesado

El desarrollo óptimo de los rizos tiene lugar sólo una vez durante el tiempo de procesado. La capacidad de interpretar la formación en "S" de un rizo de prueba y de reconocer el desarrollo adecuado de la onda le ayudará a evitar dos de los problemas más normales en las permanentes: procesado excesivo o insuficiente. Deben tomarse tres rizos de prueba: en la coronilla, en la parte alta y a un lado de la cabeza. Estos tres lugares le permitirán juzgar el progreso del desarrollo de los rizos en las zonas más y menos resistentes de la cabeza. Siga el procedimiento de desenrollar la varilla y comprobar la formación de la "S" descrita en la sección de los rizos de prueba preliminares (páginas 210-211). (Fig. 11.54)

Aclarado con agua

El aclarado de la loción onduladora del pelo es extremadamente importante. Cualquier loción dejada en el pelo puede causar malos resultados. Cuando el rizo de prueba le indique que se ha alcanzado el rizo óptimo, quite el algodón de la línea del pelo. Aclare el pelo a fondo con un chorro moderado de agua tibia. Las indicaciones del fabricante de la permanente le dirán el tiempo necesario para aclarar el cabello—normalmente de 3 a 5 minutos. Ponga siempre el temporizador para un tiempo exacto. Acuérdese de que está aclarando para sacar la loción *fuera* de la estructura interna del pelo, no sólo de la superficie. Asegúrese de que todos los bigudís están bien aclarados. Preste especial atención a los bigudís en la nuca y el cuello. Son un poco difíciles de alcanzar, pero deben aclararse igual de

11.54—Un mechón procesado adecuadamente se abre como una "S".

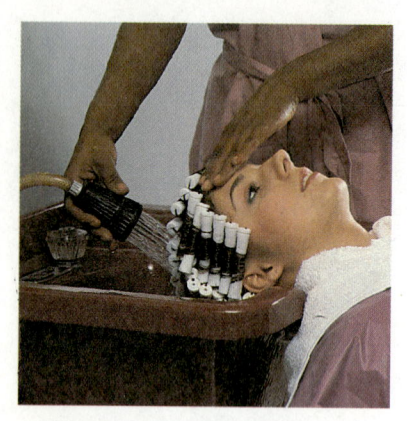

11.55—Aclarando la loción onduladora del pelo.

bien que los demás. El pelo largo y espeso normalmente necesita un tiempo de aclarado máximo de 5 minutos para asegurar que se ha quitado toda la loción del pelo enrollado en los bigudís. (Fig. 11.55)

Los efectos no deseables de un aclarado inadecuado o incompleto incluyen:

1. *Relajación rápida de los rizos.* Aunque la permanente se haya procesado correctamente, cualquier resto de loción onduladora que haya quedado en el pelo puede interferir con la acción del neutralizador. Si el neutralizador no puede reponer los enlaces del pelo, el rizo será débil o durará poco tiempo.

2. *Aclarado del color del pelo (natural o teñido).* El aclarado ayuda a reducir el pH del pelo y ayuda a cerrar la capa de la cutícula. Si el pelo no se aclara adecuadamente, el peróxido de hidrógeno del neutralizador puede reaccionar con la loción onduladora que queda en el pelo y aclarar el color del cabello. Este efecto de aclarado se ve normalmente en las puntas del cabello.

3. *Olor residual de permanente.* Si queda algo de loción onduladora en el pelo, quedará atrapada dentro del cabello al aplicar el neutralizador. Esto sucede especialmente en las permanentes con equilibrado ácido. Pueden notarse olores desagradables cada vez que el pelo se moja o se humedece.

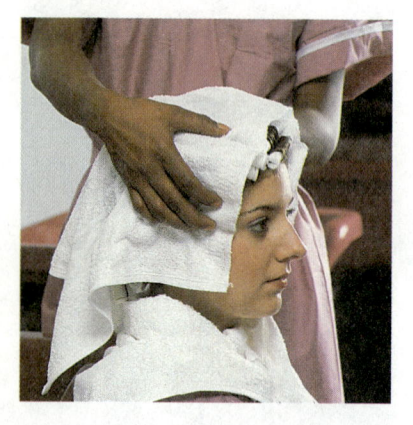

Secado después del aclarado con agua

Un secado cuidadoso asegura que el neutralizador penetrará en el pelo inmediata y completamente. No omita esta importante etapa. Para obtener los mejores resultados del secado con toalla, apretar cuidadosamente una toalla entre cada rizo, usando los dedos. No inclinar ni girar las varillas durante el secado. Cuando el pelo está blando, cualquier movimiento de esta índole provocaría roturas del pelo. Cambiar las toallas con frecuencia para eliminar al máximo el exceso de agua. El exceso de agua en el pelo puede diluir o debilitar la acción del neutralizador. Si esto sucede el rizo podrá ser débil o relajado. (Fig. 11.56)

Después de completar el aclarado y el secado, colocar una banda de algodón nueva alrededor de la línea de pelo antes de aplicar el neutralizador.

11.56—Secado con toalla.

NEUTRALIZACIÓN

Los procedimientos de neutralización pueden variar según el producto de permanente que se esté usando. Una vez más, siga explícitamente las instrucciones del fabricante. En general, el método siguiente es el procedimiento aceptado para neutralizar:

1. Aplicar neutralizador encima y debajo de todos los bigudís. Aplicarlo a la parte superior del bigudí y girar suavemente el bigudí hacia arriba y aplicarlo a la parte inferior de la misma forma que lo hizo con la loción onduladora.

2. Repetir por segunda vez la aplicación total.

3. Esperar 5 minutos para permitir un restablecimiento óptimo de los enlaces. Poner un temporizador para que sea exacto. (Figs. 11.57, 11.58)
4. Quitar los bigudís con suavidad y cuidado.
5. Trabajar con las manos el neutralizador que queda a través de todo el pelo.
6. Quitar el algodón de la línea del pelo y aclarar a fondo el pelo con agua tibia.
7. Secar el pelo con toalla.

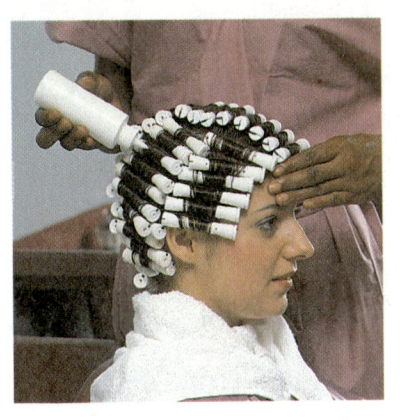

Precauciones después de la permanente

Después del secado, su nueva permanente está lista para el conformado y peinado finales. Es importante evitar lavados, acondicionados, estirados o manipulaciones excesivas en un pelo con una permanente reciente. Al peinar, no estirar el pelo o usar calor intenso que produciría una relajación de los rizos. Generalmente, el pelo no debe lavarse, acondicionarse o tratarse con rudeza durante 48 horas después de la permanente. Esta precaución especial asegurará que la permanente no se relaje.

11.57—Neutralización—método directo sobre los bigudís.

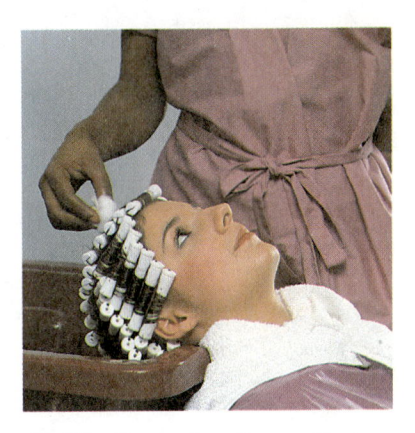

DIEZ INDICACIONES PARA UNA PERMANENTE PERFECTA

1. Consultar con el cliente.
2. Analizar cuidadosamente el pelo y el cuero cabelludo.
3. Seleccionar el tamaño de bigudís correcto para el peinado deseado.
4. Elegir el producto de permanente apropiado para el tipo de cabello y el diseño final. Siga cuidadosamente las instrucciones del fabricante.
5. Seccione y haga particiones exactas para cada bigudí. Enrollar específicamente para el peinado elegido.
6. Aplicar loción onduladora en la parte superior e inferior de todos los bigudís enrollados. Saturar a fondo.
7. Si el producto de permanente necesita un rizo de prueba, asegúrese de que el resultado es una forma en "S" firmemente formada.
8. Aclarar con agua durante 3 a 5 minutos como mínimo y secar con toalla cuidadosamente cada bigudí.
9. Aplicar neutralizador encima y debajo de todos los bigudís. Saturar a fondo.
10. Esperar 5 minutos, quitar los bigudís con cuidado, aplicar el resto del neutralizador, trabajándolo por todo el pelo. Aclarar con agua tibia.

11.58—Neutralización—método del rociado.

LIMPIEZA

1. Eliminar todos los suministros usados.
2. Limpiar la zona de trabajo.
3. Limpiar a fondo e higienizar los bigudís y utensilios.
4. Lavarse e higienizarse las manos.
5. Completar la ficha de registro del cliente.

TÉCNICAS ESPECIALES DE PERMANENTE

ENROLLADO DIRECCIONAL

El enrollado direccional se refiere al ángulo de las particiones, colocación de las varillas y el patrón de enrollado que elija para crear una dirección específica o un movimiento en el diseño final. Hay seis direcciones básicas en las que puede enrollarse el pelo. (Figs. 11.59 a 11.70)

Usando una combinación de estas direcciones básicas de enrollado, usted será capaz de crear diseños muy específicos. El enrollado direccional permite secado con lámpara o natural y un peinado más fácil, especialmente para el cliente. Use el siguiente método para el enrollado direccional:

1. Mientras el pelo está mojado, péinelo en la dirección que desee para el diseño final, incluyendo una raya si es necesaria.
2. Use los dedos y un peine para moldear un dibujo de ondas, como si estuviera ondulando con los dedos.
3. Enrollar el pelo basándose en la dirección del patrón de diseño.

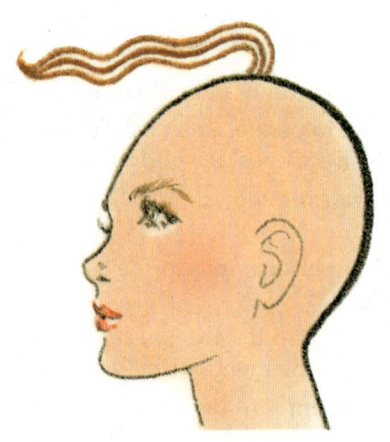

11.59—Dirección vertical (hacia adelante).

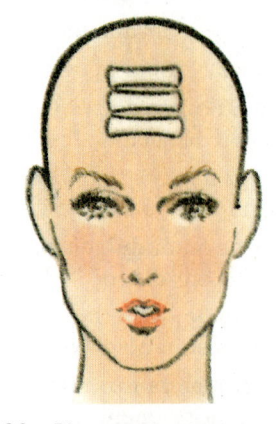

11.60—Bloques hacia adelante.

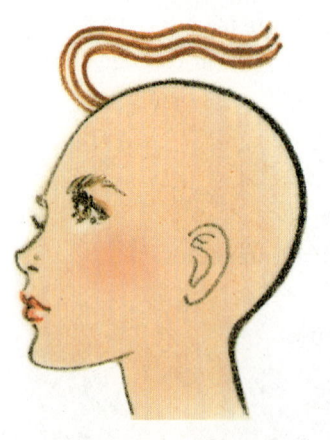

11.61—Dirección vertical (hacia atrás).

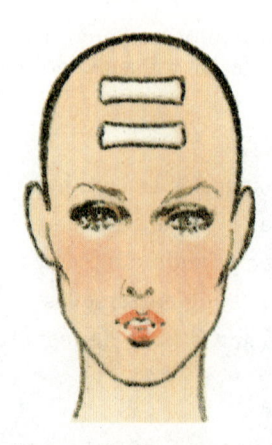

11.62—Bloques hacia atrás.

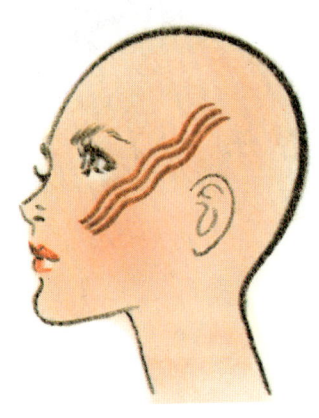

CAPÍTULO 11 ONDULACIÓN PERMANENTE ◆ 219

11.63—Dirección horizontal (hacia adelante).

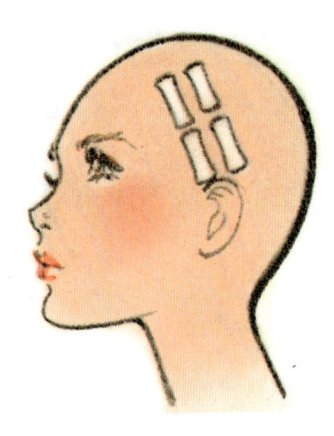

11.64—Bloques hacia adelante.

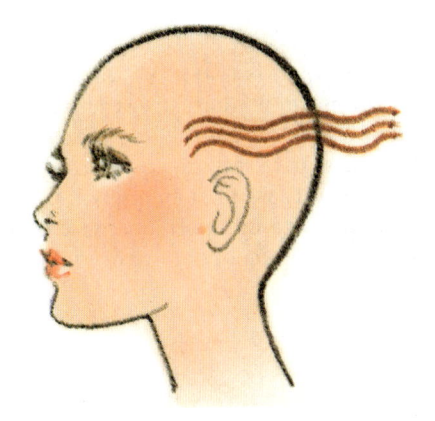

11.65—Dirección horizontal (hacia atrás).

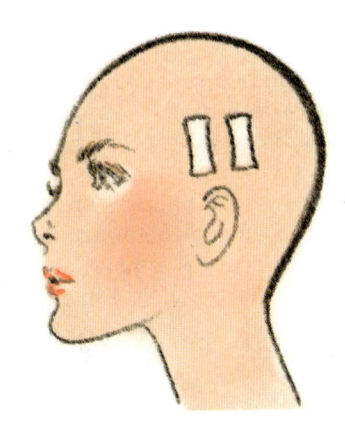

11.66—Bloques hacia atrás.

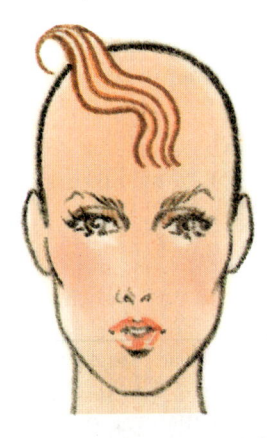

11.67—Dirección diagonal (hacia abajo).

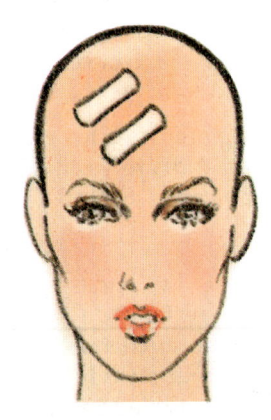

11.68—Bloque diagonal (hacia abajo).

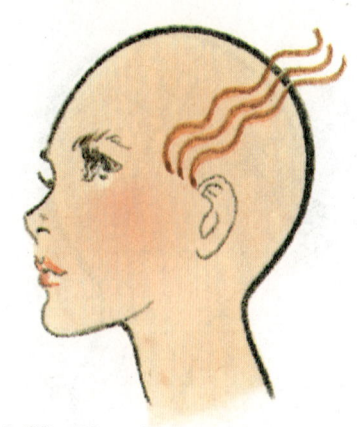

11.69—Dirección diagonal (hacia arriba).

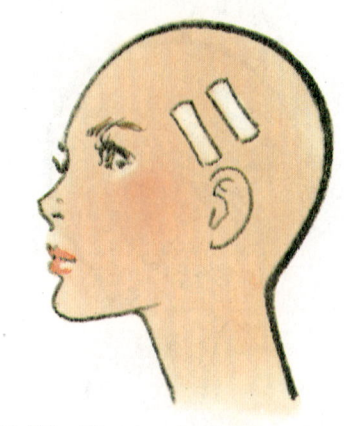

11.70—Bloque diagonal (hacia arriba).

ONDAS DE CUERPO

Una onda de cuerpo es una permanente que da soporte a un peinado, sin rizos definidos. Para dar al pelo ondas más suaves y anchas se usan bigudís grandes o extragrandes. Las ondas de cuerpo se aplican cuando se desean rizos u ondas más suaves. Los patrones de enrollado y las técnicas usadas para las ondas de cuerpo son las mismas que las usadas en permanente. Generalmente, la diferencia entre una permanente y las ondas de cuerpo es el tamaño de los bigudís. Esto afecta el tamaño de los resultados finales del rizado.

Las siguientes consideraciones son importantes cuando se hacen ondas de cuerpo:

1. Usar bigudís grandes o extragrandes y hacer particiones ligeramente mayores. No haga particiones demasiado grandes o la loción onduladora y el neutralizador no podrán penetrar en todo el pelo y formar adecuadamente el rizo/la onda.

2. Seguir las indicaciones de la permanente respecto a procedimiento, especialmente el tiempo de proceso. No reducir nunca el tiempo de proceso para producir una onda/un rizo más suaves. Aunque la onda sea más suave estará insuficientemente procesada y no durará mucho.

3. Usar bigudís rectos mejor que cóncavos para las ondas de cuerpo. Los bigudís rectos darán una forma de onda más uniforme desde el cráneo a las puntas.

◆NOTA: Las ondas de cuerpo son más suaves y anchas que los rizos normales de permanente porque la fuerza física (pelo enrollado alrededor de un bigudí muy grande) no es tan grande como en el método standard de permanente. Las ondas resultantes de una ondulación de cuerpo se relajarán más rápidamente que un rizo.

PERMANENTE PARCIAL

La permanente sólo en una sección de la cabeza o el pelo es llamada *permanente parcial.* La permanente parcial se puede usar en:

1. Clientes (varones o mujeres) que tienen pelo largo arriba y en la coronilla, y lados y nuca muy cortos y afinados.
2. Clientes que necesitan volumen y elevación sólo en algunas zonas.
3. Clientes que necesitan un soporte de rizos en la zona de la nuca pero una superficie suave y lisa.

La permanente parcial utiliza las mismas técnicas y patrones de enrollado que usted ya ha aprendido. Hay unas pocas consideraciones extra:

1. Cuando el pelo esté enrollado y llegue a la zona que se dejará sin permanente, pase al tamaño siguiente mayor de bigudí para que el patrón de rizos del pelo con permanente se integre en el que no la tiene.
2. Después de enrollar la zona de la permanente, colocar una tira de algodón alrededor de los bigudís enrollados y alrededor de toda la línea del pelo.
3. Antes de aplicar la loción onduladora, aplicar un acondicionador espeso y cremoso a las secciones *a las que no* se va a aplicar permanente para proteger el pelo de los efectos de la loción onduladora (la loción onduladora ablanda y estira el pelo no enrollado).

11.71—Peinado de hombre corto con rizos.

PERMANENTES PARA HOMBRES

Muchos de sus clientes masculinos necesitan la textura añadida y la plenitud que sólo puede dar una permanente. Una permanente también puede ayudar a resolver problemas normales del pelo. Puede cambiar de dirección un remolino, ayudar al pelo fláccido o inmanejable a mantener más fácilmente un peinado, y puede hacer que el cabello escaso parezca más lleno.

Las técnicas de la permanente son básicamente las mismas para hombres que para mujeres. Con mayor frecuencia, la técnica de la permanente parcial le da a usted y a su cliente masculino los mejores resultados.

Tenga en cuenta que los hombres quieren ondas para el control. (Figs. 11.71 a 11.73)

11.72—Peinado de hombre de longitud media.

MÉTODO DE LAS PINZAS CALIENTES

Esta técnica de permanente incluye el uso de pinzas calientes aplicadas directamente sobre cada bigudí enrollado. Después de enrollar el pelo sobre los bigudís y saturarlo a fondo con la loción onduladora, se coloca una pinza precalentada sobre cada bigudí. El proceso empieza en cuanto se aplica el calor. Después de haber procesado el pelo durante un período

11.73—Peinado de hombre corto, ondulado.

de tiempo predeterminado, se quitan las pinzas y el pelo se aclara y se neutraliza de la forma habitual.

Hay tres rasgos especiales de control en el método de las pinzas calientes:

1. La temperatura de los bigudís se controla estrictamente.
2. El proceso no empieza hasta que se aplica el calor.
3. Todos los rizos se procesan exactamente durante el mismo tiempo.

SITUACIONES ESPECIALES

Hay ciertos tipos de pelo y condiciones que requieren una atención especial. También hay tipos de pelo a los que no se debe aplicar una permanente. Si usted tiene alguna duda sobre el éxito en una permanente, haga un rizo preliminar de prueba.

1. No debe aplicarse permanente a un pelo que muestre señales de daños o roturas. Si el pelo es excesivamente seco, quebradizo o hiper-poroso, debe recibir tratamientos de reacondicionamiento hasta que su estado mejore y las zonas dañadas se puedan cortar. Cuando usted juzgue que el estado del pelo ha mejorado, elija una permanente suave y haga un rizo de prueba preliminar completo antes de aplicar una permanente.

2. El pelo que haya sido tratado previamente con un relajante de hidróxido sódico o "sin lejía" (o cualquier alisador del pelo que no necesite una etapa de neutralización) no debe recibir una permanente. Los relajantes y las permanentes rompen enlaces diferentes en las estructuras del cabello. Puesto que los enlaces no se reconstituyen completamente, el uso de ambos productos en el mismo pelo pueden dar como resultado un daño serio o roturas.

3. El pelo teñido, decolorado, con reflejos/escarchado o con permanentes previas puede normalmente recibir una permanente si está en buen estado y se elige la fórmula de permanente correcta. Generalmente, estos tipos de pelo son variables en porosidad y la mejor elección son los productos con una loción de preenrollado, que llenen las zonas porosas.

◆**NOTA:** El pelo teñido se refiere normalmente al pelo que ha sido tratado con un color permanente que se mezcla con agua oxigenada de 20 volúmenes. Si el pelo ha sido coloreado con un matiz muy claro o con agua oxigenada de más de 20 volúmenes, debe ser tratado como cabello decolorado, que normalmente es más delicado y poroso.

4. El cabello tratado con un color semipermanente (color que no está mezclado con agua oxigenada/revelador y que por tanto no aclara el color natural) es con frecuencia resistente a la permanente porque el color semipermanente recubre la superficie del pelo y retarda la penetración de la loción onduladora.

El pelo tratado con un color semipermanente debe ser considerado más resistente que el pelo teñido o tratado con color (tinte mezclado con agua oxigenada). La permanente también puede provocar una decoloración del color semipermanente. Si hace la permanente a un cabello que ha sido tratado con un color semipermanente, puede ser necesario aplicar un aclarado temporal después de la permanente para igualar el color. Una semana después de la permanente se puede volver a aplicar el color semipermanente para alcanzar unos resultados de color más aceptables y duraderos.

5. Los restauradores del color u oscurecedores progresivos contienen sales metálicas. Estas sales metálicas forman un residuo sobre el pelo que interfiere con la acción de la loción onduladora y pueden dar como resultado rizos desiguales, fuerte decoloración o daños al pelo.

    Para determinar si el pelo ha sido tratado con un restaurador de color u oscurecedor, se recomienda un ensayo 1–20. En un recipiente de vidrio mezclar 30 ml. de agua oxigenada de 20 volúmenes con 20 gotas de amoníaco al 28%. Sumergir en esta mezcla por lo menos 20 hebras de pelo durante 30 minutos.

    - Si no hay presencia de sales metálicas, el pelo se aclarará ligeramente. Se puede aplicar la permanente.
    - Si las hebras de pelo se aclaran muy rápidamente, el pelo contiene plomo. No hacer la permanente.
    - Si no hay reacción después de 30 minutos, el pelo contiene plata. No hacer la permanente.
    - Si la solución empieza a hervir en pocos minutos y se nota un olor desagradable, y el pelo se separa fácilmente, el pelo contiene cobre. No hacer la permanente.

    No debe aplicarse la permanente al pelo recubierto de sales metálicas. No hacer la permanente hasta que el pelo con el producto se haya cortado. Repetir el ensayo 1–20 para asegurarse de que el pelo no está recubierto de sales metálicas antes de aplicar la permanente.

6. Al pelo inmanejable, naturalmente rizado, con un patrón de rizos irregular, se le puede hacer la permanente para formar rizos mayores y más definidos que sean más fáciles de manejar. Generalmente, el mejor enfoque es el procedimiento para las ondas de cuerpo (pág. 220). Tenga en cuenta que el pelo rizado naturalmente, aunque sea grueso y espeso, puede ser muy poroso. Elija la fórmula de permanente con cuidado.

7. Cuando se haya hecho la permanente, su cliente debe volver para otra permanente cada 3 o 4 meses, según lo rápido que le crezca el pelo, el tipo de rizado y la frecuencia con que se corte el pelo. Antes de repetir la permanente, volver a analizar el pelo cuidadosamente y, si es necesario, usar una loción de preenrollado y/o una fórmula de loción de ondulado más suave. Anote el producto y el procedimiento usados y los resultados alcanzados en la ficha de registro de su cliente. ✔

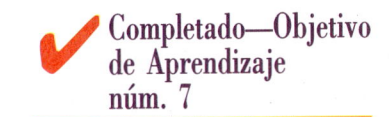

✔ Completado—Objetivo de Aprendizaje núm. 7

TÉCNICAS DE LA PERMANENTE

PREGUNTAS DE REPASO

ONDULACIÓN PERMANENTE

1. ¿Por qué la ondulación permanente es beneficiosa para su cliente?
2. ¿Qué es un enrollado en espiral?
3. ¿Qué es un enrollado "croquignole"?
4. ¿Qué es una onda fría?
5. ¿Cuál es la finalidad de a) la loción onduladora, b) el neutralizador?
6. Definir la permanente con equilibrio ácido.
7. ¿Qué es el procesado con "acción de detención"?
8. ¿Qué es una permanente alcalina?
9. ¿Cuál es el principal ingrediente activo o "agente reductor" en a) la permanente alcalina, b) la permanente con equilibrio ácido?
10. Nombrar la permanente con equilibrio ácido que está activada térmicamente por un producto químico que contenga.
11. ¿Cuál es el principal ingrediente de los neutralizadores?
12. ¿Cuáles son las dos acciones principales en la ondulación permanente?
13. Definir los tres componentes principales del cabello.
14. El pelo está formado, casi en su totalidad, por un material proteico llamado _____.
15. ¿Qué enlaces deben romperse para que pueda tener lugar el proceso de la permanente?
16. ¿Cómo decide usted qué técnica de permanente es la correcta para su cliente?
17. ¿Por qué es importante el análisis prepermanente?
18. ¿Qué es la porosidad del cabello?
19. ¿Qué es una loción preenrollado?
20. ¿Qué es la textura del cabello?
21. ¿Qué dos factores determinan el tiempo de proceso?
22. ¿Qué es la elasticidad del cabello?
23. Definir la densidad del cabello.
24. ¿Qué factor determina el tamaño de un rizo?
25. Nombrar dos tipos de varillas de ondulación permanente.
26. Nombrar dos factores que deben considerarse al elegir el tamaño de los bigudís.
27. ¿Por qué el seccionado y la formación de bloques son importantes en la ondulación permanente?
28. Nombrar dos reglas a seguir al enrollar un bigudí de permanente.
29. ¿Cómo debe enrollarse el pelo en el bigudí?
30. ¿Cuál es la finalidad de las envolturas de las puntas?
31. ¿Cuáles son los tres métodos de aplicación de las envolturas de las puntas?
32. ¿Qué es un rizo de prueba y cómo se toma?

COLOREADO DEL CABELLO

12

OBJETIVOS DE APRENDIZAJE

DESPUÉS DE COMPLETAR ESTE CAPÍTULO, USTED DEBE SER CAPAZ DE:

1. Demostrar el procedimiento correcto para el coloreado del cabello, incluso la consulta, el análisis y los procedimientos de pruebas con un mechón.
2. Explicar los principios de la teoría del color y relacionar su importancia con el coloreado del cabello.
3. Listar las clasificaciones de coloreado del cabello, explicar su importancia para el cabello y dar ejemplos de su uso.
4. Explicar el papel del agua oxigenada o peróxido de hidrógeno en el coloreado del cabello.
5. Explicar los usos de los aclaradores del cabello, y dar ejemplos de cuándo se debe preferir cada tipo de aclarador.
6. Demostrar la aplicación del teñido de proceso simple y la del teñido de proceso doble.
7. Listar los pasos preventivos y correctivos para evitar o resolver problemas de coloreado del cabello.
8. Listar las precauciones de seguridad a seguir durante los procedimientos de coloreado del cabello.

INTRODUCCIÓN

La cosmetología es una carrera que le ofrece a usted oportunidades de desarrollar talentos creativos en muchas formas diferentes. Una de las especialidades de mayor entusiasmo y con más oportunidades de creatividad en su carrera de cosmetólogo profesional será la del coloreado y aclarado del cabello.

El *coloreado* es tanto la ciencia como el arte de cambiar el color del cabello. El coloreado incluye los siguientes procesos:

1. Añadir pigmento artificial al color natural del cabello.
2. Añadir pigmento artificial al cabello previamente coloreado.
3. Añadir pigmento artificial al cabello preaclarado.
4. Hacer más difuso el pigmento natural y añadir el pigmento artificial en un solo paso.

(Las palabras *teñido* y *coloreado* se usan en forma intercambiable en el presente texto.)

◆NOTA: Colorante de cabello es un término originario de la industria que se refiere a productos y servicios relacionados con el coloreado artificial del cabello. Color del cabello es el color que la naturaleza ha creado para el cabello.

El *aclarado del cabello*, o descolorado, consiste en hacer más difuso el color artificial o natural del cabello. El aclarado del cabello consiste en el proceso de:

1. Descolorar el pigmento natural para preparar el cabello para el color final.
2. Descolorar el pigmento natural o artificial hasta que tenga el color deseado.
3. Descolorar el pigmento natural o artificial para realizar el coloreado correctivo.
4. Descolorar el pigmento natural o artificial en zonas selectas (dar realce).

Los procesos anteriores son fuentes lucrativas de ingresos para los salones de belleza puesto que el coloreado representa un negocio que se repite constantemente. El cliente que se ha coloreado o aclarado el cabello generalmente regresa para retoques a intervalos regulares. El servicio satisfactorio y la confianza en sus coloristas hace que los clientes permanezcan en el mismo salón.

El éxito que usted tenga como colorista depende exclusivamente del tiempo y energía que esté dispuesto a dedicar al estudio y práctica continuos de su destreza y conocimientos para colorear el cabello. A medida que amplíe su destreza y conocimientos y adquiera confianza, posiblemente querrá especializarse en servicios de coloreado del cabello, como en el caso de profesionales médicos que practican y cultivan un área de especialidad.

Gracias a la revolución estilística de los años 1960 y 1970, hay muchos estilistas que están plenamente capacitados para las tareas de cortar el cabello y de hacer permanentes, y concentran sus energías solamente en estos servicios que se solicitan frecuentemente. Si se añade *el coloreado* al estupendo corte de pelo y a la textura perfecta, se tendrá una combinación poderosa para atraer la atención de los clientes. Los especialistas en coloreado del cabello son menos comunes que los que simplemente cortan el pelo, y su destreza tiene cada vez más demanda debido a la publicidad y popularidad crecientes.

Los cosmetólogos dispuestos a desarrollar su destreza y experiencia en el coloreado podrán satisfacer la demanda de una clientela enorme que va aumentando cada vez más.

RAZONES POR LAS CUALES LOS CLIENTES SE COLOREAN EL CABELLO

1. *Encanecimiento o cabello gris*
   - Para ocultar el cabello gris prematuro.
   - Para conservar y realzar el color blanco o gris natural y eliminar el amarillo.

2. *Mejorar la imagen de sí mismo*
   - Para aliviar el aburrimiento o la depresión.
   - Para promover una apariencia más profesional.

3. *Razones experimentales*
   - Para realzar discretamente el color existente de su cabello.
   - Para crear una moda o tendencia que expresa su personalidad.

4. *Razones artísticas*
   - Para acentuar el diseño de su peinado, haciendo que tenga un aspecto más acabado.
   - Para realzar o suavizar sus facciones, usando el color para crear ilusiones.

5. *Razones correctivas*
   - Para eliminar el aspecto dañado de los extremos del cabello sometidos a la luz del sol.
   - Para eliminar el aspecto desagradable de cloro o minerales causado por el agua.
   - Para mejorar los resultados de experimentos de color realizados anteriormente.

Casi todo el mundo ha considerado alguna vez hacer algo un poco diferente con su cabello. Es posible que nuestros clientes potenciales ya hayan hecho algunos experimentos en su casa o en otro salón al cambiar el estilo o corte de su cabello, la textura del cabello mediante una permanente, o el color natural de su cabello.

En vista de que continuamente aparecen y hay disponibles productos no profesionales que sus clientes pueden comprar, ¿por qué razón vendrían ellos a pedirle consejos y servicio a usted, colorista profesional? ¿Y quiénes son los clientes "típicos" de coloreado del cabello hoy en día? (Fig. 12.1)

CLIENTES TÍPICOS

El coloreado del cabello ofrece una gran variedad de alternativas y, por lo tanto, atrae la atención e interés de toda persona que quiera tener buen aspecto y sentirse mejor. Ya no existen los estereotipos del cliente con el cabello obviamente teñido, con el cabello dañado, el aspecto sin brillo o artificial. Entre los clientes típicos se cuentan los que desean cubrir o realzar el cabello gris o canoso; los adolescentes, mujeres y hombres a quienes les gustan los cambios frecuentes de la moda; los clientes que no están conformes con su color natural o desean mejorar el brillo y textura de su cabello; y los clientes cuyo cabello está actualmente coloreado y que vienen para sus aplicaciones de retoque y un poco de distracción personal. Incluso la clientela masculina para el coloreado de cabello está aumentando rápidamente y se espera que será el grupo de crecimiento más rápido entre los clientes de coloreado del cabello durante este decenio. (Fig. 12.2)

12.1—Los clientes deciden colorear su cabello por muchas razones. Una de ellas es cubrir el cabello gris. (Cabello: Frederic Fekhai. Color: Mark Wofford. Ambos para Keragolie L'Oreal Technique Professionnelle. Fotografía: Keith Trumbo.)

12.2—El coloreado del cabello es un servicio popular para la clientela masculina de hoy en día.

En su calidad de colorista de cabello profesional y capacitado, usted tendrá acceso a productos con licencia exclusivamente para profesionales, productos que superan con mucho a los que sus clientes pueden comprar en selección, rendimiento y estabilidad. Usted sabrá qué colores son los que lucen mejor en sus clientes, qué productos y técnicas de aplicación lograrán mejor el aspecto deseado, cómo escoger esos productos y adaptarlos para que correspondan a diferentes condiciones del cabello en diferentes épocas del año, y cómo los productos de coloreado y aclarado reaccionarán en el cabello del cliente. La clave del éxito en el coloreado del cabello es la comunicación.

Con el continuo avance de la tecnología y los progresos más recientes en la educación del coloreado del cabello, los fabricantes de productos para coloreado del cabello están dando pasos para estandarizar la terminología y así simplificar el aprendizaje y proporcionar mayor asistencia a los coloristas.

◆**NOTA:** El presente capítulo contiene mucha información técnica. Consulte el Glosario de Coloreado del Cabello en las páginas 311–318, que fue preparado por la Central Internacional de Coloreado del Cabello (*International Haircolor Exchange*) para proporcionar un vocabulario estándar del coloreado del cabello para nuestra industria.

PAPEL DEL COLORISTA EN LA COMUNICACIÓN CON EL CLIENTE

Observe

La simple observación le da a usted la oportunidad de usar su capacitación y analizar las necesidades del cliente. Sus ojos son el principal medio de obtener información. La siguiente es una lista de los factores relacionados con el cabello que tienen impacto en la selección de color. Con el tiempo y la práctica, usted notará ciertas características físicas que tienen relevancia para la selección del colorante de cabello inmediatamente después de ver a un cliente por la primera vez. Los siguientes son factores que usted tendrá que tener en cuenta al observar a los clientes antes de un servicio de coloreado del cabello.

- Nivel del color
- Tono del color
- Color de los ojos
- Tono de la piel
- Longitud
- Porosidad
- Densidad
- Textura
- Forma
- Porcentaje de canas o cabello gris

Cada uno de estos factores se describirá en detalle a medida que examinemos los pasos de una consulta típica de coloreado del cabello.

La consulta es el momento en que su manera de saludar y su apariencia impresionan más. La manera de saludar establece su credibilidad y formalidad. Su apariencia profesional, sus manerismos que demuestran confianza y el uso de la terminología profesional de la industria harán que usted quede establecido como una autoridad ante los ojos del cliente.

Usted tiene solamente una oportunidad de dar una primera impresión a sus clientes, de modo que haga que sea una buena impresión. Usted, y solamente usted, es responsable por la imagen que proyecta. Haga que sus clientes y clientes potenciales vean a usted como usted quiere ser visto. Establezca y mantenga contacto con los ojos, haga que los clientes se sientan cómodos y escuche.

Escuche

Escuchar le permite averiguar las ideas que los clientes tienen de sus propias necesidades. La mejor formulación, combinada con la aplicación más talentosa, resultará en el fracaso del servicio de coloreado si los clientes no están satisfechos.

A pesar de toda la actividad en un salón de belleza atareado, los pensamientos de los clientes se concentran principalmente en sus propios asuntos. Por lo tanto, naturalmente, todos los clientes esperan ser tratados con cortesía y con atención. El cosmetólogo que reconoce este hecho y da a los clientes respeto, cortesía y atención, se ganará su confianza. Y cuando dicho cosmetólogo recomiende sinceramente un servicio de coloreado del cabello, los clientes probablemente escucharán cuidadosamente y considerarán seriamente las recomendaciones.

Haga sugerencias

Recomendar un servicio de coloreado del cabello con sinceridad quiere decir sugerir un color solamente cuando usted crea sinceramente que sus clientes estarían más contentos y serían más atractivos con el servicio de coloreado. Usted debe prestar atención a las necesidades de sus clientes escuchando cuidadosamente, interesándose genuinamente, y tratando a cada cliente como le gustaría que le trataran a usted en la misma situación. Al proceder así, usted puede tener confianza en que lo que escoja satisfacerá las necesidades de sus clientes, mejorará la apariencia de sus clientes y promoverá su reputación como colorista. (Fig. 12.3)

12.3—La buena comunicación es esencial al hablar de un servicio de coloreado del cabello con un cliente.

Explique la inversión de tiempo y de dinero que hará falta

Al completar su consulta, debe haber llegado a un acuerdo con sus clientes en cuanto a qué hace falta, cuánto tiempo tomará y cuánto costará.

Determine una solución para satisfacer las necesidades del cliente

El coloreado del cabello es un servicio maravilloso, y puede significar una enorme diferencia para su cliente. Sea que usted escoja un cambio discreto o uno realmente dramático, la oportunidad de crear aumenta dramáticamente al poder ofrecer un servicio de coloreado del cabello.

En las siguientes páginas usted aprenderá cómo analizar las necesidades de sus clientes y cómo escoger y realizar un servicio de coloreado del cabello. Existen muchas alternativas y factores que considerar. El coloreado del cabello es un arte que se debe aprender con el transcurso del tiempo, y no simplemente leyendo libros. Las personas que vienen a su salón de belleza para ser sus clientes vienen no solamente con su cabello sino también con sus propias convicciones sobre lo que les gusta o no les gusta, como también con sus esperanzas y sueños; es decir, una gran variedad de experiencias que pueden compartir con usted. No se apresure, examine cuidadosamente, escuche bien y ofrezca el regalo de su arte.

Trayectoria de Carrera

ESPECIALISTA EN COLOR

Encuestas realizadas entre estudiantes de cosmetología, estilistas, administradores y propietarios de salones de belleza revelan que la falta de expertos en coloreado del cabello es una de las preocupaciones principales de la industria de la belleza. Este hecho puede ser devastador financieramente, puesto que el coloreado del cabello puede llegar a ser, fácilmente, la fuente número uno de ganancias en cualquier salón. Por ello, los salones siempre andan en busca de especialistas en color. Si usted tiene buen ojo para el color y está dispuesto a trabajar mucho para instruirse en esta difícil especialidad, tiene prácticamente garantizado un trabajo.

Un especialista en color puede administrar el departamento de color de un salón grande, o puede ser simplemente el estilista residente de color en un salón más pequeño. En cualquiera de los dos casos, se esperará que él o ella sea consultor de los clientes y dé consejos sobre qué color les queda mejor y qué opción entre las miles disponibles será mejor para sus necesidades: realce, color permanente o semi-permanente, color no resultante del agua oxigenada y así sucesivamente. Vender el color y educar al cliente sobre el cuidado y mantenimiento del cabello coloreado son parte del trabajo.

Un especialista en color también puede dictar seminarios privados, ser portavoz de un fabricante grande o incluso prestar servicios a celebridades y a modelos.

El factor clave para llegar a ser especialista en color es continuar educándose mucho después de haber obtenido su licencia. Tome cursos avanzados de color cuando sea posible, asista a seminarios y a grupos de estudio, asista a exhibiciones y compre todos los videos y libros que pueda sobre colorantes de cabello. La mayoría de los diseñadores de peinados saben algo sobre la especialidad del color; muy pocos lo saben en detalle. Una vez que haya aprendido todo lo que pueda de otros, será necesario practicar el coloreado una y otra y otra vez. Busque un salón de belleza con un buen departamento de color y haga saber al dueño que usted está interesado en una carrera en color. Generalmente, otros coloristas estarán dispuestos a ayudarle, puesto que el campo está abierto.

CONSULTA SOBRE EL COLOREADO DEL CABELLO

La consulta es uno de los pasos más importantes en el servicio de coloreado del cabello. Sin embargo, existen otros elementos importantes que hay que considerar y que le permitirán "sentar las bases" para el éxito de su consulta.

SENTAR LAS BASES: EL AMBIENTE ADECUADO

Alumbrado apropiado

La luz, y su relación con el color del cabello, son de importancia fundamental para el colorista. La luz natural brillante hace que el coloreado de cabello parezca diferente de lo que parece con luz opaca. Las luces eléctricas de diversas intensidades y matices también alteran la perspectiva que el ojo tiene del color.

Realice la consulta en una habitación bien alumbrada, preferentemente con luz natural. Si esto no es posible, disponga las luces de manera que la luz incandescente esté frente a los clientes (alrededor del espejo) y la fluorescente esté detrás del colorista (dispositivos eléctricos en el techo).

La luz incandescente, por sí sola, hará que los tonos del cabello y de la piel parezcan más cálidos de lo que realmente son; la luz fluorescente, por sí sola, tiene un tinte frío y dará a la piel y al cabello un aspecto "gris" pálido y no natural. Acuérdese siempre de tener en cuenta la luz con la cual sus clientes se verán más frecuentemente a sí mismos; un hermoso realce discreto bajo la luz natural del sol puede desaparecer bajo luces de oficina. Por el contrario, un color fuerte y atractivo bajo la luz de su salón de belleza puede tomar un aspecto de neón bajo la luz del sol.

La mejor combinación de luz para el coloreado de cabello es usar tubos fluorescentes blancos de espectro completo, o pensar en añadir alumbrado en una instalación metálica (track lighting) con focos de luz concentrada (incandescente) al alumbrado fluorescente existente en la mayoría de los edificios.

Color del espacio de consulta

La intimidad y el buen alumbrado son importantes. Lo ideal es reservar una habitación (o espacio) separada para consultas. Si es posible, las paredes deben ser blancas o de color neutro, y se debe usar cobertura de color neutro para cubrir la ropa de calle del cliente, especialmente si dicha ropa tiene colores fuertes y puede influir la percepción de la tonalidad del cabello y de la piel del cliente. Éste sería también un momento excelente para que los clientes se pongan smocks o batas químicas para proteger sus ropas contra las manchas.

Recolección y utilización de los instrumentos de consulta para el coloreado

Usted mantendrá todos sus instrumentos profesionales de consulta sobre el coloreado del cabello en su habitación o espacio de consulta. Dichos instrumentos facilitarán la comunicación con sus clientes. Mantenga un portafolio con su trabajo de coloreado de cabello, o revistas y libros de ilustraciones con diferentes niveles, tonos, intensidades, y técnicas de aplicación del color del cabello, para que los clientes puedan mostrarle a usted el color de cabello que tengan en mente. Los colores de la tinta de la página no corresponderán exactamente a los pigmentos de color del cabello, pero si usted explica eso a sus clientes, ustedes dos podrán usar de todas formas dichos utensilios como guía para comprender el color deseado.

Los cuadros de colores de papel y las muestras de colorantes de cabello, aunque muestran el color en papel blanco o en cabello blanco, por lo menos le darán una idea de los deseos del cliente. Después de todo, la idea que usted tenga del color rojo y la que tenga el cliente pueden ser diferentes, tan diferentes como el rubio rojizo y el color del vino tinto. Los fabricantes también ponen a disposición de los coloristas sus muestrarios de colorantes de cabello de nivel natural, para ayudarles a juzgar la profundidad o nivel del color del cabello natural sobre la base de su sistema de productos colorantes. (Fig. 12.4)

Una ficha de registro del cliente (véase página 234) será necesaria para transferir su información sobre el análisis, pruebas y consultas de cabello a un archivo permanente, junto con la declaración de descargo de su cliente. Esto se explica en mayor detalle más adelante. Junte también sus materiales para pruebas de mechón y de predisposición, que se realizarán antes de cada servicio en el presente capítulo.

12.4—Use libros de estilo y cuadros y muestrarios de colores al consultar con un cliente sobre un servicio de coloreado del cabello.

12.5—Mezcle el colorante con agua oxigenada.

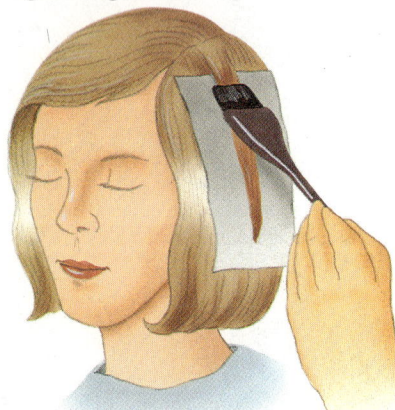

12.6—Aplique la mezcla al mechón.

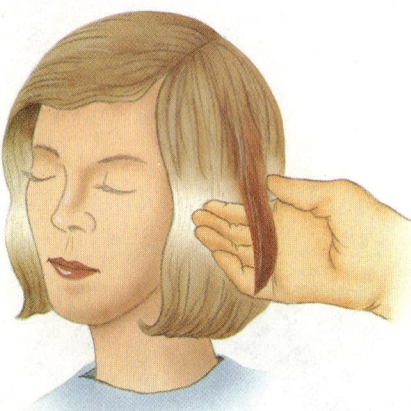

12.7—Examine los resultados.

PRUEBA CON UN MECHÓN PARA CONFIRMAR LA SELECCIÓN DE COLOR

Antes de aplicar un tinte, realice una prueba preliminar con un mechón para confirmar su selección. Se enterará de la siguiente información:

1. Si se hizo la selección correcta de color.
2. El tiempo necesario para lograr los resultados deseados.
3. Si hacen falta más tratamientos de preacondicionamiento.
4. Si es necesario aplicar un relleno.

Procedimiento para la prueba con un mechón

1. Mezcle una pequeña cantidad de colorante con agua oxigenada siguiendo las instrucciones del fabricante, usando cucharas medidoras de plástico para lograr exactitud en las proporciones. (Fig. 12.5)
2. Aplique la mezcla a una sección de ½ pulgada (.125 cm.), generalmente en la zona de la coronilla de la cabeza. (Acuérdese de hacer la prueba en cada zona donde el color varía. Es posible que sea necesaria más de una fórmula para lograr resultados parejos.)

◆ **NOTA:** Es importante que el cabello haya recibido todos los pretratamientos necesarios, según su análisis, antes de hacer la prueba con un mechón, para que los resultados sean adecuados.

3. Separe el mechón del resto del cabello usando hoja de aluminio o envoltura de plástico. Proceda con o sin calor, siguiendo las instrucciones del fabricante, manteniendo registros adecuados del tiempo en la ficha de registro del cliente. (Fig. 12.6)
4. Aclare el mechón, lave con champú, seque con una toalla y examine los resultados. (Fig. 12.7) Modifique la fórmula, el tiempo o el preacondicionamiento según sea necesario y continúe con el teñido por toda la cabeza.
5. Si los resultados no son satisfactorios, modifique la fórmula y repita el proceso en un nuevo mechón de prueba.

PRECAUCIÓN

Una prueba de predisposición se debe realizar antes de colorear el cabello con un producto derivado de la anilina. El cliente debe estar protegido con una cobertura para evitar dañar la ropa. La dermatitis de operador, aunque rara, hace que se produzcan los mismos tipos de reacciones negativas a las sustancias químicas que puede experimentar el cliente. Puesto que las manos de un colorista están en el agua y entran repetidamente en contacto con soluciones químicas durante un día promedio, es importante adoptar precauciones adecuadas. Usted debe protegerse contra reacciones alérgicas usando guantes hasta que el producto se haya retirado completamente del cabello del cliente.

◆**NOTA:** Para mayores informaciones sobre las sustancias químicas en el campo de la cosmetología, consulte las Normas de la Ley sobre Riesgos contra la Seguridad en el Trabajo (Occupational Safety Hazards Acts Guidelines). Por ley, cada fabricante tiene disponibles hojas con datos sobre la seguridad en que se detallan los materiales de que deben estar al tanto los cosmetólogos en cada uno de sus productos. Se requiere que cada lugar de trabajo en cada industria tenga estas hojas a mano para explicar los usos, los posibles riesgos contra la salud y los procedimientos de seguridad para los productos que usted puede encontrar en su profesión.

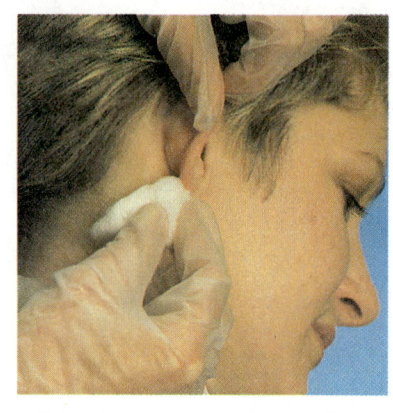

PRUEBA DE PREDISPOSICIÓN

La alergia a los tintes derivados de la anilina es impredecible. Es posible que algunos clientes sean sensibles y que otros desarrollen súbitamente sensibilidad después de años de uso. Para identificar a un cliente alérgico, la Ley Federal de E.U.A. sobre Alimentos, Drogas y Cosméticos (U.S. Federal Food, Drug, and Cosmetics Act) prescribe que una prueba del parche o de predisposición se dé entre 24 a 48 horas antes de cada aplicación de un tinte o tonalizador o color pastel (toner). El tinte usado para la prueba de la piel debe ser de la misma fórmula que el usado para el servicio de coloreado del cabello.

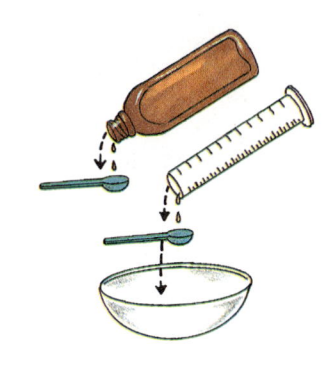

12.8—Limpie la zona para la prueba del parche.

Procedimiento
1. Seleccione una zona de prueba: detrás de una oreja hasta la línea de crecimiento del pelo o en la curva interior del codo.
2. Usando un jabón suave, limpie una zona del tamaño de una moneda de 25 centavos. (Fig. 12.8)
3. Seque la zona.
4. Prepare la solución para la prueba siguiendo las instrucciones del fabricante. (Fig. 12.9)
5. Aplique a la zona de prueba con un pedazo de algodón. (Fig. 12.10)
6. Deje la zona sin tocar durante 24 a 48 horas.
7. Examine la zona de prueba.
8. Anote los resultados en la ficha de registro del cliente.

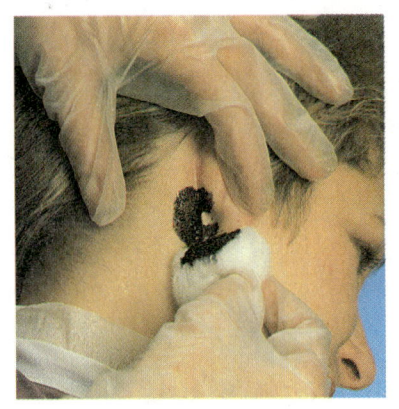

12.9—Mezcle el tinte y el agua oxigenada.

Una prueba negativa de la piel no mostrará signos de inflamación, y entonces se puede aplicar sin riesgo el color. Si la prueba de la piel es positiva, se pondrá roja, se hinchará, habrá ardor, escozor o ampollas. Un cliente con tales síntomas tiene alergia, y bajo ninguna circunstancia debe recibir el servicio de colorante para el cual se hizo la prueba. La aplicación en este caso podría resultar en una seria reacción para el cliente, y en una demanda por negligencia contra el colorista de cabello.

12.10—Aplique la mezcla de tinte.

◆
PRECAUCIÓN
Los tintes derivados de anilina no se deben usar nunca en las pestañas ni en las cejas. Hacerlo podría causar ceguera.

REGISTRO DEL COLOR DEL CABELLO

Nombre _____ Teléfono _____

Dirección _____ Ciudad _____

Prueba del parche: ☐ Negativa ☐ Positiva   Fecha _____

DESCRIPCIÓN DEL CABELLO

Forma	Longitud	Textura	Densidad	Porosidad
☐ recto	☐ corto	☐ grueso	☐ escasa	☐ muy poroso ☐ resistente
☐ ondulado	☐ medio	☐ medio	☐ moderada	☐ poroso ☐ muy resistente
☐ crespo	☐ largo	☐ fino	☐ abundante ☐ normal	☐ ondulado con perm.

Color natural del cabello _____

        Nivel   Tono   Intensidad
        (1–10)   (Cálido, frío, etc.)   (Moderada, media, fuerte)

Condición

☐ normal ☐ seco ☐ graso ☐ desteñido ☐ con rayas (desigual)

% de cabello gris _____ Distribución del cabello gris _____

Previamente aclarado con _____ por _____ (tiempo)

Previamente teñido con _____ por _____ (tiempo)

☐ muestra del cabello original incluida   ☐ muestra del cabello original no incluida

Color deseado del cabello _____

        Nivel   Tono   Intensidad
        (1–10)   (Cálido, frío, etc.)   (Moderada, media, fuerte)

TRATAMIENTOS CORRECTIVOS

Relleno de color usado _____ Tratamientos de acondicionamiento con _____

PROCESO DE TEÑIDO DEL CABELLO

cabeza entera _____ retocar pulgadas (cm) _____ matiz deseado _____

fórmula: (colorante/aclarador) _____ técnica de aplicación _____

Resultados: ☐ bueno ☐ malo ☐ muy claro ☐ muy oscuro ☐ con rayas

Comentarios: _____

_____

_____

_____

_____

Fecha	Operador	Precio	Fecha	Operador	Precio
_____	_____	_____	_____	_____	_____
_____	_____	_____	_____	_____	_____

FICHA DE REGISTRO DEL CLIENTE

Registre siempre la consulta en la ficha de registro del cliente. Es importante mantener un registro adecuado para que se puedan repetir con éxito los servicios y para que las dificultades que se presenten en un servicio puedan ser evitadas en el siguiente. Se debe mantener un registro completo, que incluya todas las notas de análisis, pruebas de mechones y resultados de toda la cabeza, el tiempo y sugerencias para el siguiente servicio.

DECLARACIÓN DE DESCARGO

Una declaración de descargo se usa para los servicios químicos. Está diseñada para descargar al propietario de la escuela o del salón de belleza de responsabilidad por accidentes o daños, y se requiere para ciertos seguros contra juicios por mal desempeño de la profesión. Sin embargo, una declaración de descargo no es un documento legalmente obligatorio, y no va a absolver al cosmetólogo de responsabilidad de lo que ha pasado con el cabello del cliente. Se usa actualmente sobre todo para explicar claramente a clientes cuyos cabellos no están en buenas condiciones que es posible su cabello no soporten el tratamiento químico requerido. También sirve para alentar a los clientes a decir la verdad sobre experimentos químicos anteriores que podrían afectar la selección de colorante que usted haga y el resultado final.

FORMULARIO DE DESCARGO

Yo, el abajo firmante, _____
(nombre)

domiciliado en _____
(calle, dirección)

_____
(ciudad, estado y código postal)
voy a recibir servicios en el Departamento Clínico de

_____
y habiéndome informado que los servicios serán realizados por estudiantes, estudiantes postgraduados, y/o instructores de la escuela, en consideración del costo nominal de esos servicios, por la presente eximo a la escuela, a sus estudiantes, a sus estudiantes postgraduados, instructores, agentes, representantes y/o empleados, de cualquier y todos los reclamos que puedan resultar o estén relacionados en cualquier forma con la realización de estos servicios.

El propietario no es responsable por propiedad personal

Firmado _____

Fecha _____

Atestiguado _____
EL PRESENTE FORMULARIO DE DESCARGO DEBE SER FIRMADO POR EL PADRE O MADRE O TUTOR SI EL CLIENTE AL QUE SE PRESTA SERVICIOS TIENE MENOS DE 21 AÑOS DE EDAD.

ANÁLISIS DE LA FISIOLOGÍA DEL CABELLO DEL CLIENTE

No hay dos personas exactamente iguales. Además, ninguna persona tiene en la cabeza cabello exactamente igual al de otra. Incluso el cabello de un cliente individual variará de temporada a temporada y de año en

12.11—Es importante analizar el cabello de un cliente antes de realizar un servicio de coloreado del cabello.

año. Cada persona tiene un color natural de cabello que es oscuro, mediano, o claro, pero no hay dos personas que tengan exactamente el mismo color de cabello. Dentro del tallo del pelo, donde no se puede ver, los factores que crean o afectan el color del cabello son siempre diferentes de persona a persona. Es por ello que la misma fórmula y procedimiento de coloreado producirá un resultado diferente en cada cliente. (Fig. 12.11)

Cómo se relaciona la estructura del cabello con el coloreado

El cabello es una fibra notable y resistente. Cada coloreado del cabello afectará o será afectado por la estructura del cabello. Algunos productos para coloreado del cabello causan un efecto dramático en la estructura del cabello; otros la afectan muy poco. Cuando un producto cambia considerablemente la estructura del cabello, generalmente crea un mechón de cabello más débil.

El saber cómo los productos afectan la estructura le permitirá escoger. Sus percepciones de lo que el cabello puede o no puede tolerar le permitirán ser el mejor juez de lo que es más apropiado para cada cliente. Vamos a examinar brevemente la estructura del cabello y la manera en que la naturaleza crea el color.

Generalmente, cada cabello en la cabeza de una persona está compuesto de tres partes: la cutícula, la corteza y la médula. La *médula* está situada en la parte más profunda en el centro del tallo del pelo. La *cutícula* es la capa más exterior del cabello. Está compuesta por bandas superpuestas de proteína queratinizada, que es muy parecida a la proteína de que se componen nuestras uñas. Es traslúcida, lo que permite el paso de luz difusa. La cutícula protege la capa interior de la corteza del cabello. La apariencia brillante del cabello depende de que esta capa de cutícula esté pareja e intacta. Una cutícula saludable contribuye un 20% a la firmeza general del cabello.

La *corteza* es la segunda capa del cabello. El color natural que vemos en el cabello está en esta capa. La estructura de la corteza está compuesta por grupos de células alargadas y fibrosas. Gránulos de pigmento de melanina están distribuidos entre las células de la corteza. Dichos gránulos están incrustados en la capa de la corteza como los fragmentos o "chips" en una galleta de "chips" de chocolate. La firmeza y elasticidad del cabello dependen de que la capa de la corteza se mantenga intacta. Una corteza saludable contribuye en un 80% a la firmeza general del cabello.

La *textura* del cabello se describe como el diámetro del cabello individual. Las palabras *grueso*, *medio* y *fino* se usan para diferenciar entre diámetros grandes, medianos y pequeños. La textura tiene impacto en el color del cabello porque el pigmento natural de melanina se distribuye en forma diferente en las diferentes texturas. Cada diámetro también tiene una resistencia diferente a los cambios que las sustancias químicas de coloreado del cabello producen en el tallo del pelo. (Fig. 12.12)

El pigmento del cabello de textura fina está agrupado en forma más estrecha. Debido a este agrupamiento más estrecho, cuando se deposita color se producirá un resultado más oscuro en el cabello fino. De igual manera, el cabello fino es menos resistente al aclarado porque hay menos estructura para resistir la sustancia química. Al aclarar el cabello fino, se puede usar con éxito un aclarador más suave.

Cabello de textura fina

Cabello de textura media

Cabello de textura gruesa

12.12—Diámetro de diferentes cabellos individuales. Los cabellos finos parecen más oscuros porque en ellos el pigmento está más estrechamente agrupado.

El cabello de textura media tendrá respuestas promedio a los productos colorantes para el cabello. Note toda variación de textura a lo largo del cabello. El cabello que está en el límite con el rostro tiene generalmente una textura más fina que el cabello que está en la parte de más atrás de la cabeza.

En el cabello de textura gruesa, los pigmentos del cabello están agrupados en forma más abierta debido al mayor diámetro del tallo del pelo en el cual está situado el pigmento. Debido a este agrupamiento más abierto, habrá un resultado algo más claro al depositar el color. Al aclarar el cabello, usted encontrará mayor resistencia al aclarador, y es probable que haga falta un producto aclarador más fuerte.

La *porosidad* es necesaria para que el color se asiente como es debido. Cada producto que ponemos en el cabello requiere un nivel diferente de porosidad.

En términos simples, la porosidad es la capacidad del cabello de absorber la humedad. El cabello poroso acepta los líquidos (por ejemplo, el colorante de cabello) con mayor facilidad que el cabello no poroso. La porosidad desigual puede crear problemas si se desean resultados de color parejo.

A medida que el cabello crece, las puntas pasan por frecuentes lavados con champú, y son secadas y estilizadas y reciben influencias del medio ambiente. Habrá cambios visuales y de textura. La cutícula terminará algo gastada y la fibra del cabello perderá algo de su flexibilidad, cuerpo y brillo. Habrá también cierta variación de color de mechón a mechón e incluso de la zona del cuero cabelludo a la mitad del tallo. Es posible que el cabello sea más claro y más desteñido hacia las puntas.

El cabello más largo y más viejo se describe como superporoso, condición en la cual el cabello alcanza un nivel no deseable de porosidad. Este tipo de cabello responderá en forma diferente a los productos colorantes para el cabello que el cabello más nuevo que está cerca del cuero cabelludo. Esas respuestas diferentes se pueden determinar solamente realizando una prueba de mechón. Como regla general, el cabello superporoso tendrá un aspecto más opaco o deslustrado y reflejará tonos más fríos, en tanto que el cabello más saludable reflejará tonos más cálidos.

De vez en cuando, el cabello de un cliente tiene una cutícula tan lisa y compacta que necesitamos crear la porosidad correcta para tener éxito en nuestro servicio de coloreado del cabello. Este tipo de cabello se considera *resistente* a los efectos de hinchazón que producen los álcalis que permiten que el colorante de cabello penetre y, si es necesario, cubra las canas o cabello gris. Más adelante hablaremos del presuavizado del cabello gris o resistente. (Fig. 12.13)

La *densidad* del cabello es el número de cabellos por pulgada cuadrada en el cuero cabelludo. Se puede describir el cabello como distribuido *escasamente, moderadamente* o *abundantemente* en la cabeza. Es importante notar que la densidad del cabello varía, incluso en la misma cabeza. En algunas personas, el cabello alrededor de la línea límite con el rostro está más escasamente distribuido, y el cabello sobre la coronilla está distribuido más densamente. En otras personas sucede lo opuesto.

Note las variaciones de densidad. Las zonas densas del cabello de su cliente requerirán más producto y una aplicación más cuidadosa. Recuerde que para que el colorante de cabello funcione eficazmente, cada tallo del pelo debe estar rodeado por el producto. (Fig. 12.14)

La *longitud* del cabello será un factor cuando usted escoja el colorante de cabello. El cabello en nuestras cabezas crece un promedio de ½ pulgada por mes. Esto significa 6 pulgadas por año. Si el cabello de su cliente tiene 12

12.13—Es importante verificar la porosidad del cabello antes de un servicio de coloreado.

12.14—Note las variaciones de densidad del cabello antes de una aplicación de colorante de cabello.

pulgadas de longitud, el cabello que está más lejos del cuero cabelludo tiene dos años de edad.

El cabello más largo ha estado expuesto a los elementos por un período de tiempo más largo, y se conoce como cabello más viejo. El cabello más viejo varía en porosidad a lo largo del tallo del pelo.

La desigualdad de las reacciones a sustancias químicas y líquidos a lo largo de la longitud del tallo del pelo se deben a variaciones de porosidad. Para observar las variaciones de porosidad, sostenga varios cabellos lejos del cuero cabelludo por sus extremos. Note toda variación de color o de textura de la superficie. El cabello más antiguo y más poroso parecerá de color más claro y de textura más gruesa.

Puesto que el cabello es de mayor longitud, probablemente se necesitará, para la aplicación, una mayor cantidad de producto para coloreado del cabello. Es posible que sean necesarios tratamientos de preacondicionamiento antes de la aplicación de color para lograr que se iguale la porosidad y para proporcionar el fundamento para resultados de color parejo. En consecuencia, muchos coloristas cobran más por cabello largo, y es posible que prefieran el uso de la técnica de aplicación llamada cepillo y cubeta (*brush-and-bowl*) (pintar el color con un cepillo de tinte en vez de usar una botella) para lograr que haya una distribución pareja del producto para colorear el cabello a lo largo del tallo del pelo. (Fig. 12.15)

La *formación* del cabello a medida que crece del folículo es una característica genética y según ella el cabello se describe como recto, ondulado o crespo. Cuanto más lisa sea la forma del cabello, más reflejará la luz. Cuanto más crespo el cabello, más refractario será a la luz o más la rechazará, y posiblemente los colores no se reflejarán tan bien en este tipo de cabello como en las formas más rectas. El escoger y aplicar cuidadosamente los colores creará resultados satisfactorios de color en cualquier textura de cabello. Para compensar por el cabello excesivamente crespo, se puede usar un tono más intenso o fuerte, según lo determine la prueba del mechón. Posiblemente, los productos de polímeros para coloreado del cabello y los que rellenan o alisan la capa de cutícula podrían también aumentar la percepción de color, así como su brillo.

Como colorista, usted debe trabajar *con* los atributos naturales del cabello, y hacer el mejor uso posible de la textura, la forma, la densidad y la porosidad. Siga la configuración o estilo natural del cabello y dé reflejos a algunas partes y no a otras, para realzar un corte de cabello y darle una apariencia más acabada. (Fig. 12.16)

12.15—Hay que considerar la longitud del cabello al escoger el colorante de cabello.

12.16—El cabello de forma más crespa posiblemente requerirá un tono más fuerte.

Identificar el color natural del cabello

El color natural del cabello es la base del trabajo del colorista. Comprender la ciencia del color natural le ayudará a usted a hacer decisiones bien informadas al escoger el tipo de coloreado de cabello para cada cliente. Es sorprendente darse cuenta de que la naturaleza crea una variedad sin fin de colores de cabello, en que no hay dos iguales, usando una sola sustancia que se llama melanina.

Los pigmentos naturales se clasifican con el nombre de melaninas. La melanina está hecha de moléculas capaces de reflejar el color. Se clasifica en dos grupos: castaña negruzca o eumelanina y roja amarillenta o feomelanina. Células especiales llamadas *melanocitos* reciben el amino ácido *tirosina* de los vasos sanguíneos situados en la base de cada folículo de cabello. Dentro del melanocito se produce una reacción química. Una enzima que se conoce como *tirosinase* proporciona oxígeno a la tirosina, y el resultado es un cambio de su estructura molecular. Dicha oxidación de la tirosina produce la melanina, que crea todas las variaciones naturales de color del cabello.

Una vez que la melanina se ha desarrollado, se cubre con *melanoproteína* hasta formar un gránulo. Mientras se forma el cabello, estos gránulos de pigmento llamados *melanosomas* son empujados entre las células que se están formando como fibras de la corteza, y pasan a ser parte de la estructura del cabello. Dichos gránulos, llenos de melanina, están distribuidos por toda la corteza del cabello sin configuración ni cantidad fija. Es así cómo la naturaleza crea tantas variaciones de color de cabello a partir de solamente una sustancia natural: la melanina.

El tono del color natural del cabello que vemos (negro, castaño, rubio o rojo) dependerá del tipo de melanina: eumelanina, feomelanina o una combinación de ambas. El que el cabello sea claro u oscuro dependerá de la cantidad o distribución (es decir, si está concentrada o dispersada) de la melanina presente en el cabello.

La proteína queratina del cabello no tiene color. Es la melanina la que da su color al cabello. Cuando el cabello se pone gris o canoso, tiene la misma estructura básica que siempre ha tenido, excepto sin el pigmento melanina. Los melanocitos no necesariamente dejan de producir melanina pigmentada de una sola vez. A veces producen menos y menos, hasta que finalmente el cabello se hace más claro.

Generalmente los clientes desean colorear su cabello mucho antes de que se noten las canas o cabello gris, porque su color carece de riqueza. Cuando perdemos todo el pigmento en algunos de nuestros cabellos, perdemos un poco de pigmento en todo nuestro cabello. Ésta es una buena motivación para hacerse colorear el cabello.

Comprender la melanina es importante para el colorista profesional porque la melanina es un factor contribuyente a cualquier color de cabello que desea crear el colorista.

Al analizar el color del cliente, se trate de pigmento natural o artificial, hay que identificar en primer lugar el nivel de color. Un *nivel* depende del grado de claridad o de oscuridad de un color concreto, con exclusión del tono.

En el coloreado del cabello, los cosmetólogos y los fabricantes de colorantes para el cabello usan un sistema para analizar la claridad u oscuridad de un color. Se llama el *Sistema de Niveles.* Los materiales que usted reciba con sus productos para el cabello describirán el sistema que usa su fabricante. Generalmente, en la mayoría de los sistemas de clasificación del producto, se usa una escala de 1 a 10 para describir la claridad o la oscuridad. Los colores del nivel 1 son los más oscuros; los colores de nivel 10 son los más claros. Algunos fabricantes prefieren usar un sistema de niveles que comienza con cero; otros extienden sus niveles más allá de 10, hasta 12. La escala funciona en la misma forma prescindiendo de cuáles sean los puntos iniciales o finales: los números bajos son más oscuros; los números altos son más claros.

Los fabricantes de colorantes para el cabello proporcionan un cuadro en que se muestran los colores de su línea de productos. Dicho cuadro de colores indica el nivel y tono de los diversos colores. Los colores naturales del cabello también se pueden analizar usando dicho instrumento. Al comparar el cuadro de colores del fabricante con el cabello de su cliente, usted puede determinar el nivel de color del cabello. Después puede describir el nivel de claridad o de oscuridad utilizando un número del sistema de niveles.

Para determinar el nivel natural del color de cabello de su cliente, tome unos cuantos cabellos y sosténgalos hacia arriba y alejándose de la cabeza, permitiendo que la luz pase a través de ellos. Sosteniendo el cabello para apartarlo del cuero cabelludo, tome el muestrario de niveles del fabricante y compare con las hebras de cabello. Coloque el cuadro de colores al lado del cabello que está más cerca del cuero cabelludo. A veces el cabello tendrá un nivel diferente debido a haber sido expuesto a los elementos o a otro servicio químico. Asegúrese de identificar el nivel natural en la base del tallo del pelo, cerca del cuero cabelludo. También identifique el nivel o niveles de la parte media del tallo y de las puntas para poder modificar su fórmula en consecuencia.

No aparte el cabello y no lo sostenga aplastado contra el cuero cabelludo: hacerlo producirá una lectura incorrecta puesto que el cabello parecerá más oscuro sin luz. El cabello que está mojado o muy sucio también tendrá una apariencia más oscura.

Los niveles naturales de color del cabello son: 1. negro, 2. castaño muy oscuro, 3. castaño oscuro, 4. castaño mediano, 5. castaño claro, 6. rubio oscuro, 7. rubio mediano, 8. rubio claro, 9. rubio muy claro, 10. rubio sumamente claro. (Fig. 12.7)

◆NOTA: Es posible que los nombres de los niveles de color natural del cabello varíen de fabricante a fabricante. Lo que es importante es que usted pueda identificar los diferentes grados de claridad y de oscuridad que distinguen cada nivel. Use el cuadro de colores del fabricante seleccionado como guía para identificar el nivel natural de color de su cliente.

Los *niveles 1, 2 y 3* se consideran cabello oscuro. La gente de cabello oscuro representa el 75 por ciento de la población. Generalmente, la gente de cabello oscuro desea que su cabello permanezca oscuro. Por regla general, ésta es la mejor opción, puesto que la piel y el color de sus ojos están también fuertemente pigmentados. El color oscuro del cabello, en combinación con la riqueza de tono de la piel y del color del cabello crea una combinación intensa y exótica.

Los *niveles 4, 5 y 6* son los niveles medios. La gente de cabello mediano representa el 15 por ciento de la población. Usted observará que la pigmentación del cliente en cuanto a la piel y color de los ojos es también de nivel medio. Desde luego, hay más alternativas para una persona que tiene color de cabello de nivel mediano. Generalmente, usted seleccionará colores intensos o vibrantes para esos clientes.

CAPÍTULO 12 COLOREADO DEL CABELLO ◆ 241

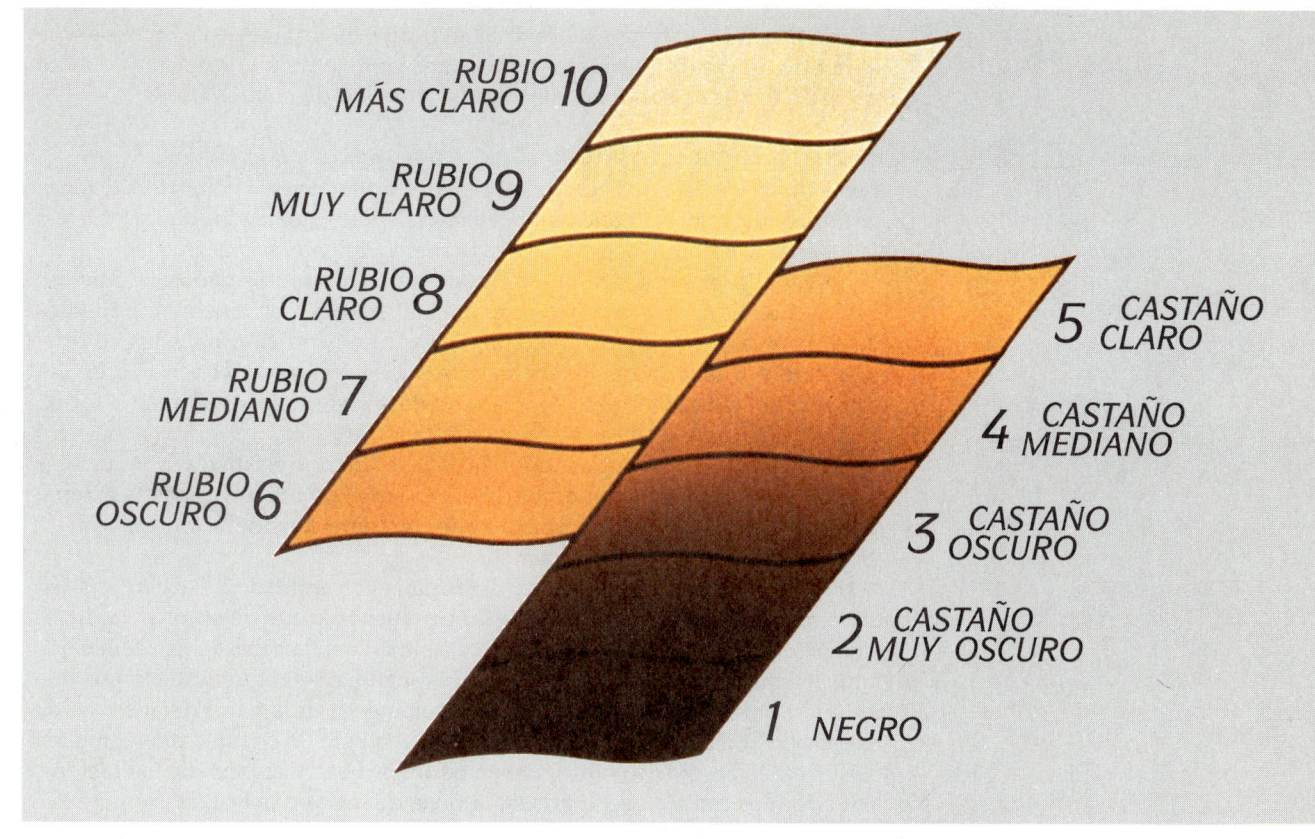

12.17—Niveles de color natural del cabello.

Los *niveles 7 y 8* son los niveles claros. Una vez más, observará que la pigmentación de la piel y de los ojos corresponde a la del cabello en este nivel claro. La gente que tiene un nivel de color claro representa el 9 por ciento de la población. Los clientes que tienen cabello claro generalmente tienen también el mayor número de alternativas al escoger colores. Es fácil trabajar con el cabello más oscuro o más claro.

Los *niveles 9 y 10* son los niveles muy claros. No muchas de estas personas son clientes nuestros. Generalmente su color de cabello es agradable hasta que se pone gris o canoso. Vamos a hablar del cabello gris más adelante en este capítulo.

La palabra *tono* se usa para describir si un tono es cálido o frío. El cuadro de colores del fabricante que usted usó anteriormente para determinar el nivel de color también describe los colores de cabello indicando su tono.

Los tonos cálidos son rojo, anaranjado y amarillo, aunque algunas etiquetas de colorantes de cabello usan diferentes nombres, tales como castaño rojizo, cobrizo, dorado o color bronce.

Los tonos fríos son azul, verde y violeta, que frecuentemente se listan en las etiquetas con las palabras ceniza, pardo, platinado o ahumado. Dichas palabras evocan imágenes visuales de las propiedades o características del tono de color.

La *intensidad* se refiere al vigor de la tonalidad de un color. La intensidad se describe como discreta, mediana y fuerte. Las diferencias de intensidad pueden ser tan sútiles como un reflejo de castaño rojizo o tan fuertes como la luz roja para detener el tráfico. La intensidad del tono cálido o frío en un color de cabello se indica en la Figura 12.18, en la que el neutro (al centro) representa un balance parejo de tonos de color que no muestra cantidades obvias de colores cálidos o de colores fríos.

Porcentaje y distribución del cabello gris

Los individuos de la sociedad actual están constantemente bombardeados con anuncios impresos y anuncios comerciales de televisión en los que se enfatiza la juventud. Por ello, la gente busca maneras de parecer más joven.

El cabello gris puede ser una maldición, o puede ser una bendición. Muy a menudo, es evidentemente el catalista que convence a los clientes a colorearse el cabello, lo que constituye una bendición para los coloristas. Pero por otro lado, el cabello gris puede complicar el servicio de coloreado del cabello porque no responde a ese servicio en la misma forma que el cabello naturalmente pigmentado.

El cabello gris es en general más grueso, menos elástico y a veces más crespo que otros cabellos de la cabeza. También se vuelve más resistente a los servicios químicos, y, por lo tanto, requiere consideración especial en la práctica de coloreado del cabello.

Es necesario, en primer lugar, determinar la cantidad de cabello gris (en términos de porcentaje) en la cabeza. Después hay que determinar la distribución de dicho cabello gris (dónde está situado en la cabeza). Es posible que una persona que tenga 50 por ciento de cabello gris tenga el cabello gris distribuido por toda la cabeza, o situado solamente en la parte de adelante de la cabeza. Cada una de estas posibilidades requiere un enfoque diferente para la formulación. Por lo tanto, debemos identificar y anotar dichos factores relacionados con el cabello gris en la ficha de registro del cliente.

DETERMINACIÓN DEL PORCENTAJE DE CABELLO GRIS

PORCENTAJE DE CABELLO GRIS	CARACTERÍSTICAS
10%–30%	Principalmente pigmentado; difícil de ver; generalmente ubicado en mayor número en las sienes y en los lados, con algo de mezcla de colores por toda la cabeza.
30%–50%	Más pigmentado que gris; fácil de ver en los colores oscuros pero es posible que se mezcle con el cabello natural más claro.
50%–70%	Más gris que pigmentado; no hace falta examinar mucho el cabello para ver el color gris.
70%–90%	Principalmente cabello no pigmentado; generalmente la mayor parte del cabello pigmentado restante está situado en la parte de atrás, con el resto mezclado sobre la cabeza.
90%–100%	Prácticamente ningún cabello pigmentado; generalmente tiene aspecto blanco.

Los colores naturales fríos no presentan rojo ni amarillo.			Los colores naturales cálidos contienen rojo o amarillo.		
Fuerte	Medio	Suave	Neutro	Suave	Medio	Fuerte

12.18—La fuerza de los tonos cálidos o fríos se llama intensidad.

Otro factor que hay que considerar al hacer la fórmula para el cabello gris es reconocer el color natural del cabello que todavía no se ha puesto gris. La mayoría de las personas conservan algo de cabello oscuro al encanecer. La situación en la que el cabello parece gris ocurre cuando hay una mezcla de cabello blanco y de cabello oscuro. Esta mezcla, que se conoce como sal y pimienta, crea diferentes tonos de gris según la proporción de cabello pigmentado a no pigmentado. Este cabello debe ser analizado en cuanto a nivel y tono.

Tenga cuidado de no permitir que el reflejo del cabello blanco o gris al lado del cabello pigmentado afecte su decisión. En muchos casos, esto hará que incluso el colorista más experimentado piense que el cabello de pigmentación natural es más claro de lo que realmente es. Al juzgar equivocadamente la profundidad del nivel natural, es posible que usted no compense adecuadamente por los matices apagados que estén presentes en el cabello, lo que creará un resultado final más cálido de lo esperado cuando usted comience a aclarar el color natural del cabello.

¿Qué ocurre durante el proceso de encanecimiento, cuando el cabello se pone gris? La melanina entra en el tallo del pelo carente de color. El gránulo del pigmento de melanina todavía está alojado en la corteza del tallo del pelo, y todavía se pondrá en evidencia al ser afectado por el proceso de coloreado. Cuando usted aclara el cabello que es gris o blanco (cabello no pigmentado), el pigmento de melanina todavía se distribuye en la misma forma que la melanina coloreada. El cabello se debilita, la cutícula se aclara y el cabello se hace más poroso. La única diferencia es que el cabello toma un tinte amarillento.

Otra consideración al hacer la fórmula para el cabello gris o canoso es saber de qué color era el cabello del cliente antes de ponerse gris. El colorista de cabello debe darse cuenta de que cuando el cabello comienza a ponerse gris, el resto del cabello natural también cambia. El cabello gris oculta muy bien los matices apagados que todavía están en el cabello. Los matices apagados están presentes y no son menos intensos de lo que eran antes de que el cabello se pusiera gris.

Cada persona nace con una combinación particular de pigmento natural. Hay armonía entre los tonos del cabello, de los ojos y de la piel. En el momento en que clientes vienen a pedirle servicio de color, su cabello ha cambiado dramáticamente con relación al color natural con que nacieron. Al saber de qué color era el cabello de sus clientes cuando eran niños, usted podrá anticipar los cambios que sufrirá el cabello durante el tratamiento con un producto oxidante para coloreado del cabello. La respuesta a esta pregunta indicará la intensidad de la pigmentación con la que usted va a trabajar.

No todos los colores son adecuados para todas las personas. Frecuentemente los clientes tienen deseos no realistas y desean tener un tono más claro o más neutro de lo que es posible. No se dan cuenta de cuánto ha cambiado su color de cabello desde que comenzó a encanecerse o a ponerse gris. Saber cuál era el color original del cabello del cliente dará información adicional para ayudarle a usted a llegar a una decisión.

El método de organizar los colores del cabello se llama Categorías de Color del Cabello Natural. Examinemos qué pasa con cada categoría de color del cabello natural cuando el cabello comienza a ponerse gris.

Categoría B, castaño oscuro y negro: Gente que ha nacido con cabello negro o castaño oscuro. Los niveles 1, 2 y a veces 3 están en la categoría de cabello negro/castaño oscuro. Pueden tener algunos reflejos rojizos. Su cabello se oscurece con la edad hasta que se vuelve gris.

Generalmente, el cabello es algo frío, de modo que no hay un cambio radical en el color natural del cabello cuando el cabello se pone gris. El colorista de cabello debe determinar cuándo ya no se puede colorear de oscuro el cabello gris para que corresponda al color natural del cabello. En algún momento durante las vidas de los clientes éstos ya no pueden continuar usando los colorantes oscuros del cabello que podían usar cuando eran más jóvenes. Es entonces que el colorista de cabello debe aclarar el cabello y, al mismo tiempo, debe minimizar los tonos rojos/anaranjados que generalmente no quedan bien a los clientes en esta categoría. Los tonos rojos que estos clientes pueden usar con mejores resultados son los tonos rojos más oscuros o azules/rojos.

El cabello de una persona en la categoría B se descolorará por lo menos en 10 etapas diferentes. Durante la descolorización, todos los cambios de color son cálidos en tono. Si se desean tonos cálidos, éstos existen en el cabello y pueden ser realzados. Si no se desean tonos cálidos, se debe tener cuidado para evitar que aparezcan. Un colorante oxidante para el cabello producirá casi siempre un resultado cálido o se debilitará hasta tener un tono más cálido. Si no se desean los tonos cálidos, sería mejor escoger un producto para depósito solamente o uno semi-permanente. Un resultado claro y frío requeriría aclarado de proceso doble, seguido por un tinte o tonalizador de tono frío.

Categoría W, castaño cálido: Gente que ha nacido con cabello rubio que gradualmente se oscurece antes de la adolescencia.

Incluso antes de que el cabello comience a ponerse gris, el color natural del cabello pierde su tono cálido y comienza a deslustrarse. Algo que el colorista de cabello debe tener siempre presente es que los matices apagados que estaban presentes antes de que el cabello encaneciera están todavía allí. Estos clientes generalmente pueden usar tonos rojos muy bien y frecuentemente los solicitan. Estos clientes también pueden usar muy bien reflejos.

Un colorante de cabello oxidante podría hacer una buena labor de aclarar el cabello, pero siempre mantendría algunos tonos cálidos. Para lograr un resultado de color frío, usted tendría que usar un producto de aclarado de proceso doble.

Categoría L, castaño claro: Personas que han nacido con cabello rubio que se mantuvo rubio durante la adolescencia. Su cabello generalmente se oscurece durante la adolescencia hasta tener un color castaño suave.

La categoría de castaño suave generalmente está en el nivel 5 o en el 6. El cabello natural es claro y no ofrece un contraste atractivo cuando el color del cabello comienza a ponerse gris. El color generalmente toma una apariencia opaca y monótona. Esta categoría no tiene los matices apagados rojos/anaranjados que tienen las categorías B y W. Recuerde que esos clientes eran rubios cuando estaban en la escuela secundaria, de modo que generalmente no van a oponerse a ser rubios de nuevo.

Los clientes en la categoría L generalmente pueden lograr colores rubios atractivos con los matices de rubio claro de los tintes oxidantes. Los colores fríos pálidos probablemente requerirán preaclarado.

Categoría R, roja: Gente que ha nacido con cabello rojo que se mantiene rojo durante la adolescencia. Su cabello se oscurece gradualmente o pierde su carácter cálido con la edad. La categoría roja generalmente cae en los niveles 5, 6 y 7.

La categoría roja no se pone gris con buen aspecto. El cabello rojo, antes vibrante, pasa a ser un color rojo barroso. Muchas veces, los cambios en el color del cabello suceden tan gradualmente que los clientes pueden no darse cuenta de que su cabello está perdiendo su brillo.

No hemos clasificado el rubio como categoría. La gente con cabello rubio, niveles 8, 9 y 10, no colorea su cabello hasta que oscurece. Entonces están en la categoría L.

El conocer la Categoría Natural de Color, aparte de permitirle identificar el nivel, le ayudará a recomendar el servicio de coloreado de cabello correcto para lograr el resultado deseado, así como la fórmula de coloreado del cabello que le conviene más a su cliente. (Fig. 12.19)

Selección de color para obtener el resultado deseado

Cada servicio de coloreado del cabello debe comenzar con una evaluación profesional del color actual del cabello del cliente y de los cambios que hay que hacer. Sólo entonces se puede seleccionar el mejor procedimiento y fórmula.

Reglas básicas para la selección de color

1. Tenga cuidado de que el cabello del cliente esté limpio y seco.
2. Mire a través del cabello. Para ver el nivel, así como el tono, levante el cabello empujándolo hacia arriba con las manos contra el cuero cabelludo.
3. Analice el nivel presente en el cabello. ¿Desea el cliente que se aclare o se oscurezca?
4. Analice el nivel del color deseado. Aumente o disminuya a partir del color natural para determinar el nivel de colorante necesario.
5. ¿Cuáles son los colores naturales? ¿Qué reflejos desea el cliente? Seleccione el color de dentro del nivel que proporcionará esos tonos, o determine qué aditivo primario se debe usar.
6. Conozca las propiedades del producto que está usando. Consulte la información del fabricante sobre cada colorante y sobre cómo reacciona con diferentes niveles de color del cabello (claro, mediano u oscuro).
7. Analice la condición del cabello, especialmente su porosidad. ¿Hace falta acondicionar el cabello antes del servicio para que el color sea verdadero y para evitar el descoloramiento excesivo?

Las instrucciones de cada fabricante para los productos colorantes indicarán la fórmula correspondiente para lograr aclarado y/o depósito adecuados, y qué clasificación de colorante de cabello y volumen de revelador

12.19—Coloreados naturales de cabello obtenidos con el Sistema de Niveles.

(si hace falta alguno) se requiere para lograr los resultados deseados, basándose en su análisis completo del cabello de su cliente y de sus necesidades.

Examen del cuero cabelludo
Examine cuidadosamente el cuero cabelludo para determinar la presencia de cualquier factor que podría hacer que el uso de un producto para coloreado del cabello no sea aconsejable. Una solución de tinte oxidante no se debe usar si existen las siguientes condiciones:

1. Prueba de la piel positiva (prueba de predisposición o del parche)
2. Abrasiones, irritaciones o erupciones en el cuero cabelludo
3. Enfermedades contagiosas en el cuero cabelludo

Examen del cabello
Examine el cabello para determinar el tipo de tratamiento que puede hacer falta antes de su servicio de coloreado del cabello. Se deben considerar los siguientes elementos:

1. Detalles que indican que han habido tratamientos químicos anteriores (color, ondulado permanente o relajador)
2. Diferentes grados de porosidad a lo largo del tallo del pelo como resultado del sol, de sustancias químicas fuertes o de la longitud del cabello.
3. Variaciones de textura en la línea límite con el rostro, en la coronilla o en la nuca.

En algunos casos, es posible que sea recomendable postergar el servicio de coloreado del cabello debido al daño excesivo o a la presencia de sustancias químicas incompatibles en el cabello.

El resultado de ese examen podría indicar la necesidad de una de las siguientes medidas:

1. Tratamientos de reacondicionamiento
2. Eliminación del color
3. Eliminación de la coloración metálica
4. Postergación del servicio debido a roturas o a algún otro problema.

Toda información sobre la condición del cabello del cliente debe registrarse en la ficha de registro del cliente.

Hable con el cliente sobre lo que espera y sobre las limitaciones del cabello
La diferencia entre el color actual del cabello de su cliente y lo que se desea indicará la categoría de colorante de cabello y la fórmula que se debe usar. ¿Desea su cliente un cambio temporal o uno más permanente? ¿Desea su cliente algo que se parezca al color actual o un cambio dramático de color? Sobre la base de su análisis completo, usted puede escoger el producto y técnica adecuados que satisfacerán las expectativas del cliente, pero también respetarán las limitaciones del cabello.

Sea realista al hablar de selección de color con su cliente. Es mejor seleccionar una gama general de matiz y tono de color, en vez de prometer un matiz exacto. En el caso de algunos clientes, se podrá cambiar el color en un proceso, creando el nivel y tono adecuados al mismo tiempo. Otros clientes necesitarán dos productos y procesos separados para crear el mismo efecto. Usted debe considerar cuidadosamente todos los factores que afectarán las decisiones de su cliente.

Considere el estilo de vida del cliente

Un procedimiento de coloreado que requiera mucha atención puede ser impráctico para una persona muy activa. Posiblemente rubio pálido será una selección equivocada para una persona que nade regularmente (las sustancias químicas de la piscina pueden convertir el cabello rubio en verde). Un color iridiscente de berenjena no sería aconsejable para una persona que trabaje en un bufete conservador de abogados. Hay que considerar todos estos factores.

A una persona que trabaje en una oficina le corresponderá un color más conservador que a un fotógrafo de modas que trabaje por cuenta propia. Una mamá a tiempo completo probablemente necesitará un servicio de coloreado que requiera menos mantenimiento. Un hombre de negocios posiblemente querrá una línea de demarcación no detectable entre el cabello coloreado y el cabello recién crecido o nuevo crecimiento.

Los amantes del sol tendrán diferentes resultados de color que las personas que eviten el sol. El tenis, la navegación en bote y los automóviles convertibles significan más sol. Las personas que nadan en piscinas están constantemente expuestas al cloro, que cambia la textura y el color resultante. La gente que hace ejercicios vigorosos diariamente necesita lavar el cabello con champú con mayor frecuencia; esto podría hacer que el color se atenúe.

Las medicinas pueden afectar los resultados del coloreado de cabello. Las drogas basadas en azufre pueden dar un tono más cálido a colores rubios claros. Dosis altas de vitaminas y de minerales pueden oscurecer el nivel natural de color del cabello. Siempre haga preguntas a sus clientes y anote todas las medicinas que estén tomando en la ficha de registro.

Los productos para cuidar el cabello en el hogar son muy importantes para los clientes de coloreado del cabello. Un champú para controlar la caspa o psoriasis cambiará el resultado de su coloreado. El uso de productos altamente alcalinos y no profesionales puede resultar en rápido descoloramiento. Algunas espumas, acondicionadores y rociadores para el cabello pueden aumentar la densidad del tallo del pelo y recubrirlo. Esto alterará la porosidad el cabello, causando resultados de coloreado desigual.

Los resultados que usted obtenga mejorarán si usted educa a sus clientes sobre cómo cuidar su cabello que ha recibido tratamiento de coloreado. El cabello saludable y bien cuidado será un reflejo positivo de la calidad de su trabajo. El enseñar a sus clientes el mantenimiento correcto del cabello es la manera más profesional de tener un color de cabello hermoso. (Fig. 12.20)

El tiempo que hay que pasar en el salón de belleza para recibir servicios es un tema sobre el que hay que hablar. Para algunos, el acicalamiento es una manera de pasar un buen rato; para otros, es absolutamente una tortura. La frecuencia de mantenimiento se debe explicar durante su consulta.

El tiempo y dinero que hay que invertir al recibir un servicio de coloreado se deben explicar claramente por adelantado. Usted debe decir más o menos lo siguiente: "Este color (indique una ilustración o un pequeño muestrario) se puede lograr mediante (indique el tipo de servicio de coloreado, como, por ejemplo, teñido de proceso simple, etc.). El costo del servicio que usted reciba hoy va a ser ($00.00). Para mantener ese color, es importante que usted tenga ese servicio cada (número de semanas) y el costo cada vez será ($00.00). ¿Le conviene todo esto a usted?"

Éste es el momento de hacer contacto directo con los ojos de su cliente y esperar la respuesta. Si el tiempo o el costo representan un problema, cambie su sugerencia. Continúe la conversación hasta que usted y su cliente se pongan de acuerdo sobre el horario de mantenimiento que usted haya

12.20—Converse sobre los productos y sobre el mantenimiento correcto del cabello que ha recibido tratamiento de coloreado.

presentado. Es entonces que usted puede hacer un compromiso con su cliente y puede comenzar su servicio.

Escoja el nivel, tono e intensidad

Si hace falta, usted modificará la fórmula de color del cabello para cada textura o condición individual. Recuerde los resultados de su análisis que se enumeran en la tarjeta de registro de su cliente. Incluya el color actual del cabello del cliente al hacer la fórmula para el nivel, el tono y la intensidad. En general, un cambio de 1 a 2 niveles producirá los resultados más naturales. Cualquier tono puede ser realzado o suavizado, según los deseos del cliente, usando la ley del color al seleccionar su fórmula. Modifique para el cabello gris y según la porosidad y la longitud. Los coloreados de aspecto natural del cabello resultan de lograr un equilibrio entre todos los tres colores primarios, inclusive el propio pigmento del cliente y el color artificial seleccionado.

Selección de la técnica correcta de aplicación

Después de tener una conversación completa con su cliente, debe escoger el método que logrará el efecto deseado. A veces hace falta una combinación de técnicas de aplicación para cubrir primero el gris y después añadir reflejos cuidadosamente colocados, para hacer la transición de la claridad del gris al contraste con la oscuridad de un color sólido. Otro ejemplo sería el empleo de una técnica de proceso doble de enrubiecer el cabello de color natural oscuro de clientes que deseen tener un color pastel de tono frío. Sea cual fuere su selección, asegúrese de que el cliente comprenda cada paso del procedimiento así como la técnica necesaria para lograr su objetivo. Esto evitará miradas sorprendidas de los clientes cuando vean que cosas no explicadas están pasando con su cabello durante un procedimiento.

USO DE CLAVES DE COLOR PARA HALLAR EL COLOR QUE LE QUEDE MEJOR AL CLIENTE

Analizar el color de la piel y de los ojos

El color de los ojos del cliente puede servir de indicación para decidir el color que debería tener su cabello. Los ojos muy rara vez son de un color. Generalmente son combinaciones de dos o incluso tres colores. Básicamente, los ojos son pardos, azules y verdes. Examine con mayor cuidado. Ojos pardos con puntos de color verde olivo, pardo rojizo o dorado son muy comunes. Por su parte, los ojos azules pueden tener puntos de color blanco, dorado o gris. Los ojos verdes pueden variar de verde gris a color de avellana (con matices parduscos) a verde amarillento.

Podemos clasificar el color de los ojos como cálido o frío. Los colores cálidos contienen puntos rojos, anaranjados, amarillos o dorados por todo el iris de color pardo, azul o verde.

Los colores cálidos son los siguientes:

- Pardo con rojo, anaranjado, amarillo o dorado
- Azul con amarillo o dorado
- Verde con pardo rojizo, anaranjado, amarillo o dorado

La gente que tiene ojos de color cálido puede usar colorantes de cabello cálidos.

Los colores fríos de los ojos contienen puntos de color negro, pardo grisáceo, verde grisáceo, azul, violeta, gris o blanco por todo el iris de color pardo, azul o verde.

Los colores fríos de los ojos son los siguientes:
- Pardo con negro, pardo grisáceo, verde grisáceo o gris
- Azul con blanco, azul, gris o violeta
- Verde con azul o gris

La gente con colores fríos en los ojos parece más atractiva en colorantes para el cabello fríos o neutros.

La profundidad del color de los ojos es otro factor al seleccionar un colorante. Los ojos más claros reflejan una pigmentación más clara durante el coloreado del cliente. En este caso se recomienda seleccionar un colorante de intensidad más clara. Los ojos medianos reflejan una pigmentación más fuerte, y para ellos están disponibles colorantes más intensos. Los ojos oscuros reflejan la pigmentación más fuerte de todas. Para ellos se recomienda escoger un colorante más profundo. Para escoger un color que armonice con la pigmentación natural del cliente, incluya la profundidad del color de los ojos (clara, mediana u oscura) en su ecuación de color.

◆NOTA: Muchos clientes usan lentes de contacto de color para mejorar su apariencia. Esto puede afectar la selección de color. Si usted no está seguro del color natural de los ojos del cliente, pregunte siempre.

El tono de la piel puede subdividirse en cuatro categorías diferentes: verde olivo, rojo, dorado y neutro. Es fácil observar el tono natural de la piel examinando la piel del cuello, cerca de la clavícula. La piel del rostro y de los brazos es a menudo afectada al ser expuesta al sol, lo que tiene el efecto de ocultar el tono de la piel, haciéndolo difícil de determinar.

Los tonos verde olivos de la piel tienen un tono subyacente de gris, verde o amarillo. A los clientes cuya piel es de tono verde olivo les quedan mejor colores fríos o neutrales. Si se desea un tinte cálido, debe estar a un nivel más oscuro.

Los tonos rojos de la piel tienen un tono subyacente de rojo-pardo, rojo o azul-rojo. A los clientes de tono rojo les quedan mejor los colores fríos o neutros. No se recomiendan los colores cálidos para estos clientes.

Los tonos dorados de la piel tienen un tono subyacente de pardo dorado, dorado o color de durazno. Los tonos de la piel dorada tienen mejor aspecto en colores cálidos. La selección de nivel será afectada por el nivel natural del cliente.

Los tonos neutros de la piel constituyen un equilibrio de colores cálidos y fríos. La piel neutra puede tener un tono subyacente de rosado o amarillo en combinación. No se ve un tono de piel subyacente que predomine. Generalmente, dichos tonos de piel se describen como piel marfil, beige o parda. Los tonos neutros de la piel tienen buen aspecto tanto con colores cálidos como con colores fríos.

¿En qué sentido facilita esta información la selección de un color? El cuadro de la página 252 le ayudará a hacer la selección. Sin embargo, recuerde que cada persona es única, y consulte con su instructor. Gradualmente, a medida que aumente su pericia, usted podrá ver estos factores automáticamente. (Véase también la Fig. 12.21)

250 ◆ TEXTO GENERAL DE COSMETOLOGÍA

Clave de Colores 1

SUS COLORES NATURALES DE OJOS

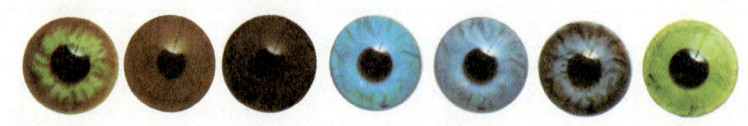

SUS COLORES NATURALES DE CABELLO Y LOS TINTES QUE QUEDAN MEJOR

SUS COLORES NATURALES DE PIEL

COLORES DE MAQUILLAJE Y DE VESTUARIO PARA LAS PERSONAS QUE ESTÁN EN LA CLAVE DE COLORES 1

El propósito de este cuadro es facilitarle a usted la tarea de seleccionar los mejores colores para su cliente en cuanto a maquillaje, colorante del cabello y vestuario; colores que estarán en armonía con su tono de piel. En la Clave de Colores 1, la pigmentación azul predomina en los matices de la piel. Al seleccionar la Clave de Colores de una persona, los colores naturales de los ojos en el cuadro facilitarán la tarea de determinar su Clave de Colores correcta. Las personas de piel más clara que tienen matices rosados azulados caen, por lo tanto, dentro de la Clave de Colores 1. Algunas personas que están dentro de la Clave de Colores 1 tienen matices de verde olivo. Es posible que las personas de piel oscura en la Clave de Colores 1 tengan un matiz color carbón o, de vez en cuando, gris ceniciento en su piel oscura. Si usted determina que el color personal de un cliente está en la Clave de Colores 1, escoja siempre colores de entre los ofrecidos en la Clave de Colores 1.

12.21—Sistema de la Clave de Colores.

CAPÍTULO 12   COLOREADO DEL CABELLO   ◆   251

Clave de Colores 2

SUS COLORES NATURALES DE OJOS

SUS COLORES NATURALES DE CABELLO Y LOS TINTES QUE QUEDAN MEJOR

SUS COLORES NATURALES DE PIEL

COLORES DE MAQUILLAJE Y DE VESTUARIO PARA LAS PERSONAS EN LA CLAVE DE COLORES 2

El propósito de este cuadro es facilitarle la tarea de seleccionar los mejores colores para su cliente en cuanto a maquillaje, colorante del cabello y vestuario; colores que estarán en armonía con su tono de piel. En la Clave de Colores 2 predomina la pigmentación amarilla. Las personas de piel clara que tengan tonos subyacentes de color rosado durazno caen, por lo tanto, dentro de la Clave de Colores 2. Las personas de piel oscura en la Clave de Colores 2 tienen un matiz dorado. Si usted determina que el color personal de un cliente está en la Clave de Colores 2, escoja siempre colores de entre los ofrecidos en la Clave de Colores 2.

CUADRO DE SELECCIÓN PARA COLOREADO DEL CABELLO

Nivel natural	1 2 3	4 5 6	7 8	9 10
Categoría	"B" pardo oscuro y negro	"W" pardo cálido "R" rojo	"L" pardo claro	
Niveles sugeridos	Cabello oscuro Recomendación: Manténgase cerca del nivel natural.	Cabello mediano Recomendación: Con colores claros o vibrantes.	Cabello claro Recomendación: Gran variedad de posibilidades. Posibilidades más claras o más oscuras.	Cabello muy claro En general no los verá como clientes.
Color de los ojos	\multicolumn{2}{Frío}	\multicolumn{2}{Cálido}		
Color de los ojos	Pardo con negro-gris, pardo-gris, verde-gris. Azul con azul-gris, violeta. Verde con azul-gris.		Pardo con rojo, anaranjado, amarillo-dorado. Verde con pardo rojizo, anaranjado, amarillo-dorado.	
Opción de colorante de cabello	Selección de color neutro		Selección de color cálido o neutro	
Tono de la piel	Rojo Rojo-pardo, rojo-azul, tono de matiz rojo.	Verde olivo Gris, verde, tono de matiz amarillo.	Dorado Pardo dorado, dorado, tono subyacente de color durazno.	Neutro Pardo, beige, marfil, rosado y amarillo combinados. El tono subyacente es un balance de cálido/frío.
Opción de colorante de cabello	Frío o neutro	Cálido o neutro	Cálido	Frío o cálido

Realce del color natural del cliente

Al trabajar con cabello que no ha sido coloreado, notará una armonía natural entre el tono del cabello, el tono de la piel y el tono del color de los ojos. El mantener esa armonía natural le dará un efecto agradable y natural. Se puede lograr un efecto más "de vanguardia" usando tonos de colores complementarios. La clave de mantener armonía en el tono de color es comprender la Ley del Color.

Considere cómo los tonos cambian con la edad madura. Al principio, muchos clientes desean volver al color de su juventud. No se dan cuenta de que el pigmento de su piel está aumentando de edad en un proceso similar al que ocurre en el cabello. Teñir el cabello de vuelta al color natural de su juventud crea un contraste severo que puede ser chillón. Generalmente, un color de tono similar pero de nivel más claro quedará mejor.

Siempre habrá clientes que no seguirán estas reglas. Muchos lo hacen con gran éxito. El atractivo personal es una cualidad que incorpora la estética, las leyes del arte y del equilibrio, así como la personalidad del cliente y su estilo propio. ✓

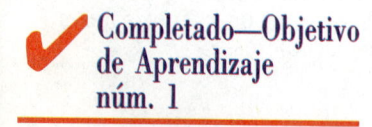

✓ **Completado—Objetivo de Aprendizaje núm. 1**

CONSULTA Y ANÁLISIS

TEORÍA DEL COLOR

Es importante que usted comprenda la teoría de los pigmentos de color antes de comenzar a aplicar los productos de coloreado del cabello al cabello del cliente. Sólo mediante el conocimiento de la teoría del color podrá usted pensar en la solución correcta para problemas de color hasta llegar a la formulación correcta de colorante para cada situación.

LA LEY DEL COLOR

La Ley del Color es un sistema para comprender las relaciones del color. Cuando combina colorantes, usted tendrá siempre el mismo resultado al realizar la misma combinación. Si se mezclan cantidades iguales de rojo y de azul se obtendrá siempre el color violeta. Si se mezclan cantidades iguales de amarillo y de azul se obtendrá siempre el color verde. Si se mezclan cantidades iguales de rojo y de amarillo se obtendrá siempre el color anaranjado. Este sistema se llama la Ley del Color porque dichas relaciones se han puesto a prueba innumerables veces y se ha demostrado que son ciertas.

Colores primarios

Los *colores primarios* son pigmentos puros o fundamentales (colores que no pueden ser creados mezclando colores). Los colores primarios son, en orden de predominio, azul, rojo y amarillo. (Fig. 12.22, página 254) Comprender el orden y tamaño es esencial para comprender la teoría del coloreado de cabellos. Todos los otros colores se crean a partir de estos tres colores primarios. Los colores en los que predomina el azul son colores de tono frío. Los colores en los que predomina el rojo o el amarillo son colores de tono cálido.

El azul es el más oscuro de los colores primarios. Cuando usted añade azul a su mezcla, hará que la apariencia del color sea más oscura y más fría. El azul es el único primario frío, y cuando se lo añade a cualquier color primario, secundario o terciario, es dominante. El nuevo color que resulte será también frío. (Fig. 12.23, página 254)

Aparte del tono frío, el azul también añade profundidad u oscuridad a cualquier color al que se añade. Su tamaño molecular, o peso de pigmento, es muy importante; es el color primario con los pigmentos de mayor tamaño y la mayor concentración de pigmentos. Por ello, el azul está más cerca de la corteza exterior, justo debajo de las capas de cutícula. Durante un servicio oxidante (tal como el de permanentes o el de coloreado), el color azul primario se disipa, dejando primero el tallo del cabello debido a su ubicación en el mismo. Cuando el cabello se oxida con el amoníaco contenido en una solución para permanente o para de coloreado del cabello, el tallo del pelo se expande lo suficiente como para permitir que la molécula azul se oxide y se escape. El resultado es una pérdida de profundidad y de frialdad en el tallo del pelo, que revela los matices creados por los dos primarios restantes (cálidos): rojo y amarillo.

El siguiente primario, por peso, es el rojo y, una vez más, su tamaño molecular y su ubicación dentro de la corteza son importantes. Dichos factores explican por qué el color rojo es difícil de eliminar durante el aclarado. El pigmento rojo contiene un porcentaje alto del azufre que se encuentra en el cabello (en las cadenas de azufre), lo que contribuye a dar firmeza al cabello y es de valor incalculable para el éxito de muchos procesos

254 ◆ TEXTO GENERAL DE COSMETOLOGÍA

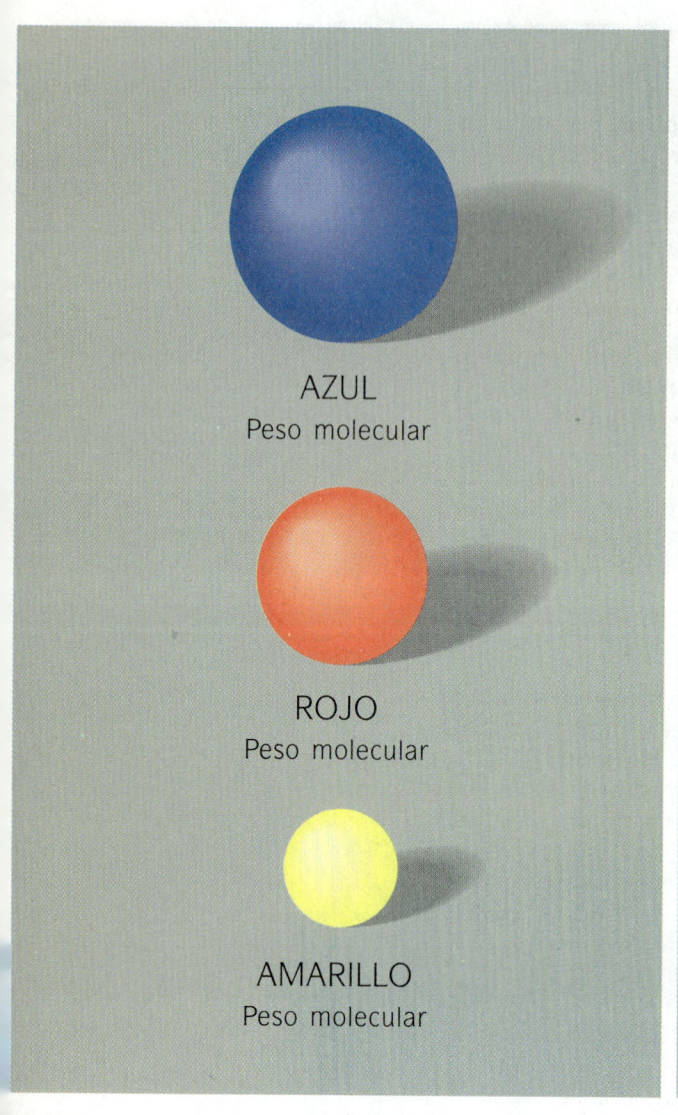

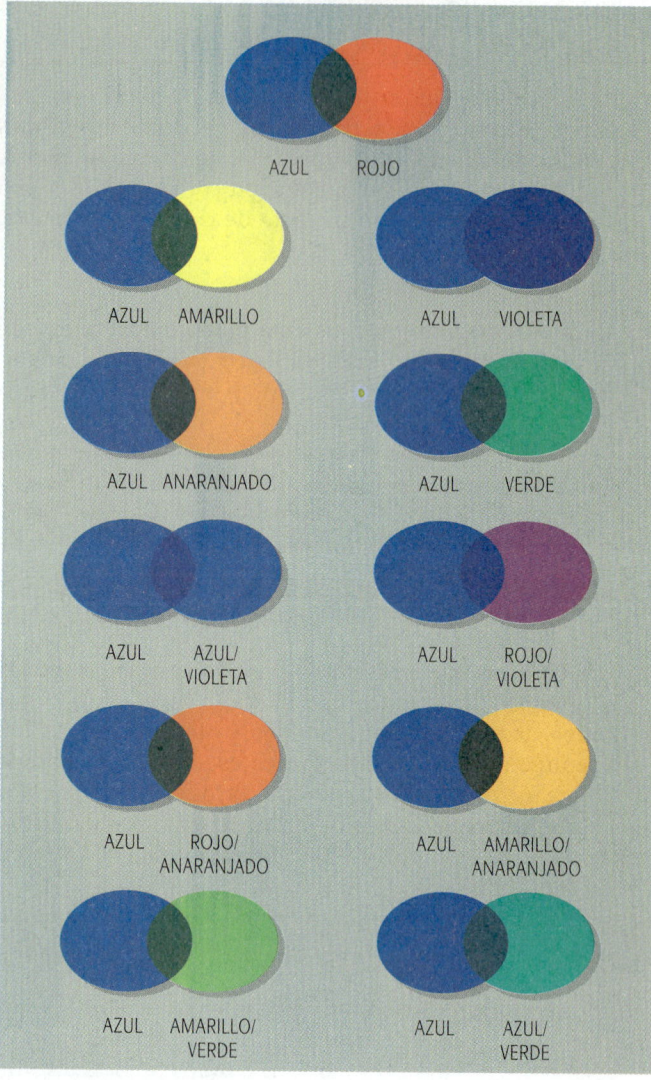

AZUL
Peso molecular

ROJO
Peso molecular

AMARILLO
Peso molecular

12.22—Colores primarios distribuidos según tamaño molecular o peso de pigmento.

AZUL	ROJO
AZUL	AMARILLO
AZUL	VIOLETA
AZUL	ANARANJADO
AZUL	VERDE
AZUL	AZUL/VIOLETA
AZUL	ROJO/VIOLETA
AZUL	ROJO/ANARANJADO
AZUL	AMARILLO/ANARANJADO
AZUL	AMARILLO/VERDE
AZUL	AZUL/VERDE

12.23—El azul, que se muestra en combinación con cualquier color secundario o terciario, crea un resultado frío.

químicos. El rojo está situado a mayor profundidad en el tallo del cabello que el azul, de modo que, para eliminarlo, hay que hinchar o expandir el tallo del cabello hasta un tamaño lo suficientemente grande y por suficiente tiempo para permitir que la oxidación afecte la molécula roja, para que ésta se disipe suficientemente. Cuando se añade el color rojo a su mezcla, usted logrará un color de apariencia más rica y cálida. Por lo tanto, aparte de hacer que el color sea menos cálido, la eliminación del rojo del tallo del pelo también hace que el cabello parezca más claro, debido al tercer color primario que todavía permanece, el amarillo.

El último de los primarios es el amarillo, que se encuentra en la parte más profunda del tallo del pelo. La molécula amarilla es muy difícil de eliminar completamente por las mismas razones que es difícil de eliminar la roja. Puesto que es el último pigmento de color que es eliminado del cabello durante la oxidación, se lleva también consigo una gran cantidad de la integridad restante del cabello, o firmeza interna. El blanqueo es la manera más segura, y en algunos casos la única manera, de eliminar completamente el amarillo.

El amarillo es el más claro de los colores primarios. Cuando usted añade amarillo a su mezcla, hará que el color tenga una apariencia más clara y más brillante.

Cuando los tres colores primarios están presentes en iguales proporciones, el color resultante es negro en su concentración más alta, con matices de gris a blanco en su nivel e intensidad más claros. Proporciones desiguales de los tres colores primarios producirán un pardo neutro o rubio según la cantidad de pigmento presente. Por ejemplo, proporciones desiguales de rojo, amarillo y azul con una mayor proporción de rojo producirán un pardo rojizo. Una mayor proporción de amarillo crearía un pardo dorado, y una mayor proporción de azul que rojo o amarillo produce un pardo oscuro o deslustrado.

Colores secundarios

Los colores secundarios son el verde, el anaranjado y el violeta. Se crean combinando dos, y solamente dos, colores primarios en proporciones iguales. El verde es una combinación de azul y de amarillo. El anaranjado es una combinación de rojo y amarillo. El violeta es una combinación de azul y rojo. Tanto el verde como el violeta contienen el color azul, y por lo tanto son colores fríos. El anaranjado tiene rojo y amarillo, y por lo tanto es un color cálido. (Fig. 12.24)

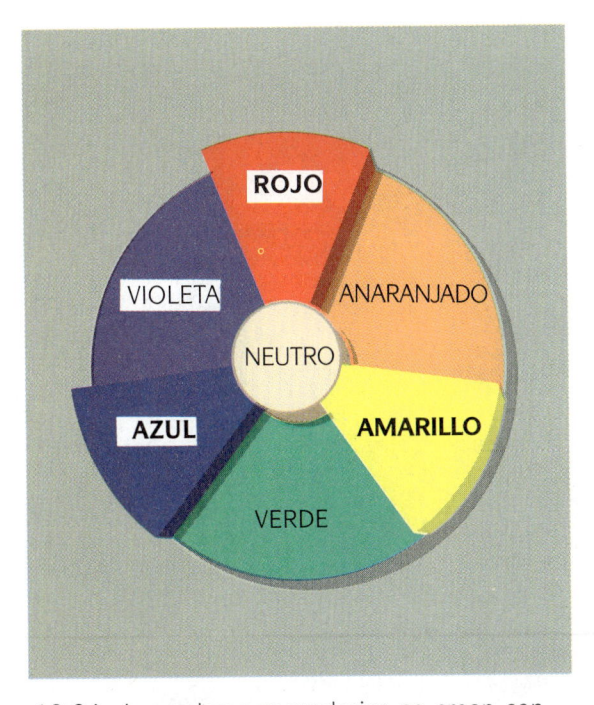

12.24—Los colores secundarios se crean con partes iguales de dos colores primarios.

Colores terciarios

Los colores terciarios son azul-verde, azul-violeta, rojo-violeta, rojo-anaranjado, amarillo-anaranjado y amarillo-verde. Si relacionamos esta información básica con el colorante de cabello, notamos que el colorante de cabello no es nunca de un solo color primario. El colorante de cabello de aspecto natural está compuesto por una combinación de colores primarios y secundarios.

Los colores terciarios se crean mezclando un color primario con el color secundario adyacente en la rueda de colores. El azul-verde y el azul-violeta son tonos fríos. El rojo-violeta es también frío pero no tan frío como los otros dos debido al predominio del rojo. El rojo-anaranjado y el amarillo-anaranjado son tonos cálidos. El amarillo-verde es un tono cálido pero no tan cálido como los otros dos debido a la presencia del azul. (Fig. 12.25)

Colores complementarios

La palabra *complementario* viene de la palabra complemento, que significa hacer completo o formar mutuamente lo que falta. Los colores complementarios constan de un color primario y uno secundario ubicados en posición opuesta uno al otro en la rueda de colores. Las combinaciones son azul y anaranjado, rojo y verde, y amarillo y violeta.

Al ser mezclados, estos colores se neutralizan uno al otro. Al hacer la fórmula, usted generalmente está tratando de neutralizar o de refinar un tono cálido que no se desea en su resultado final. El conocer las relaciones complementarias puede ayudarle a escoger el tono adecuado para el colorante de cabello. Por ejemplo, cuando se mezcla en cantidades iguales, el rojo y el verde se neutralizan unos a otros, creando el pardo. El anaranjado y el azul se neutralizan uno al otro, y el amarillo y el violeta se neutralizan uno al otro. (Fig. 12.26)

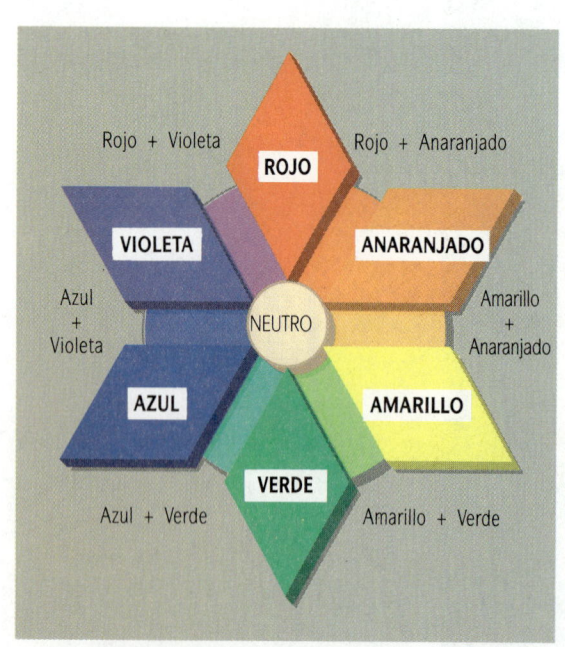

12.25—Rueda que muestra cómo la combinación de colores secundarios y primarios crea colores terciarios.

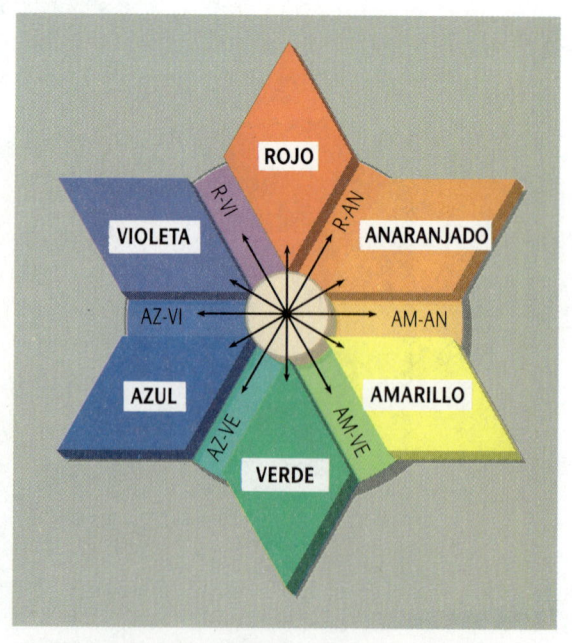

12.26—Rueda de colores completa con flechas para indicar qué colores neutralizan a otros.

Hay diversas maneras de usar esta relación complementaria. Al colocar colores complementarios lado a lado, se crea un máximo de contraste. Esto significa que las apariencias de los dos colores se intensifican cuando se los coloca uno al lado de otro. Por ejemplo, el cabello rojo (que en realidad es anaranjado) y los ojos azules brillantes crean una combinación de colores vibrante.

Otra forma en que los coloristas usan la relación complementaria es mezclando dos colores complementarios. El conocer las relaciones complementarias da la clave para saber cómo crear un color neutro. Los pares complementarios constan siempre de los tres colores primarios. Por ejemplo, si usted examina la rueda de colores, ve que el complemento del rojo (color primario) es verde (color secundario). El verde está compuesto por azul y amarillo (que son ambos colores primarios), de modo que los tres colores primarios están representados en este par complementario.

Al hacer la fórmula para el colorante de cabello, siempre trabajamos con una combinación de colores. Esa combinación puede ser el pigmento natural de su cliente y un producto colorante del cabello. O puede ser varios colores mezclados. El propio pigmento natural de su cliente proporciona tonos claros al resultado final. Saber qué cantidad de tono cálido será proporcionada requiere práctica y experimentación con cada nivel de color.

Hemos aprendido que los colores cálidos son rojo, anaranjado y amarillo. Cuando no se desean estos tonos cálidos, puede refinar su resultado usando el tono complementario que está opuesto en la rueda de colores.

El pigmento rojo es solamente un factor en el cabello más oscuro (otros niveles tendrán más anaranjado que verdadero rojo). Es posible que el nivel 1 o el 2 necesite un producto colorante del cabello con un tono verde para refinar o neutralizar el tono rojo no deseado.

El tono no deseado de que nuestros clientes hablan con mayor frecuencia es el anaranjado. Nuestros clientes posiblemente llamarán a este color "bronceado" o "rojo". Usted, con sus ojos adiestrados, será el que tendrá que determinar si el verdadero tono es anaranjado. El color complementario del anaranjado es el azul. Un colorante de cabello basado en el color azul contribuirá a neutralizar los reflejos anaranjados en el cabello.

Una palabra de advertencia: el nivel al que usted corrija debe ser el mismo o un poco más oscuro que el nivel que cause el problema. Por ejemplo, si usted tiene una cliente cuyo cabello es nivel 6 anaranjado, y ella quiere que tenga un aspecto más natural, usted tendrá que usar un colorante de cabello de tono azul de nivel 5 o 6 para corregir el tono azul. Un colorante de cabello de tono azul de nivel 7 no tendrá suficiente pigmento para superar el anaranjado de nivel 6.

Otro tono no deseado que probablemente tendremos que corregir es el amarillo. En este caso, el color complementario es el violeta. Un producto colorante del cabello de tono violeta refinará el tono amarillo.

A veces vemos verde en el cabello. La causa de ello es generalmente una sustancia química. Puede ser el efecto de nadar en una piscina tratada con cloro, o puede deberse a una selección errónea de color. Puesto que este tipo de cabello probablemente será también demasiado poroso, haga la prueba del mechón para estar seguro de lograr el valor tonal e intensidad adecuados para corregir el tinte verdoso sin hacer un cambio excesivo.

CREAR COLORANTE PARA EL CABELLO DE ASPECTO NATURAL USANDO PIGMENTOS ARTIFICIALES

La mayoría de los colores de cabello representan un equilibrio de colores, lo que significa que generalmente contienen un equilibrio de cada uno de los colores primarios. Sin embargo, los colores tendrán una base predominante y un nivel de tonos claros u oscuros que se debe identificar antes de formular un tinte para el cabello.

Los tintes oxidantes se identifican mediante la base predominante y el nivel de color formulados por el fabricante. La mayoría de los fabricantes proveen instrucciones escritas que identifican, para usted, el nivel y base de color. Usted puede identificar el nivel y base de color del cabello del cliente comparándolo con el cuadro de identificación de colores del fabricante (que sirve solamente de guía y no de modelo rígido).

Todos los colores (cálidos, fríos o neutros) se pueden formular en tonos que van del rubio más claro al negro más oscuro, usando la teoría básica relacionada con la Ley del Color.

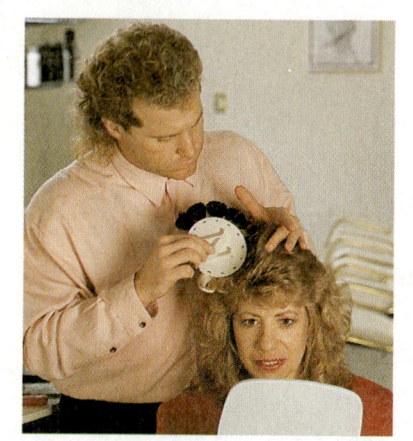

Uso de la rueda de colores para predecir resultados

La rueda de colores es una herramienta profesional que los coloristas usan para crear fórmulas que corresponden a cada caso en particular. Se basa en el método universal de crear diferentes colores combinando los colores primarios, secundarios y terciarios. Dicha herramienta, junto con el conocimiento que tiene el colorista de los productos colorantes artificiales, permitirá al colorista realzar o suavizar los tonos que están presentes en el cabello durante el proceso de coloreado. Los materiales proporcionados por los fabricantes también pueden proporcionar otras herramientas visuales para clarificar dicha información, junto con recomendaciones para la formulación del colorante. (Fig. 12.27)

12.27—La guía de colores del fabricante y la rueda de colores son herramientas que se pueden usar para crear un colorante de cabello de aspecto natural.

Uso del nivel, tono e intensidad para seleccionar un color

Después de decidir qué productos de coloreado del cabello usar, usted debe buscar el nivel, tono e intensidad correctos para lograr el resultado que desee. En muchas líneas de productos de fabricantes, es posible que usted encuentre más de una posibilidad de color en cada nivel. Sin embargo, cada uno de esos matices creará una tonalidad diferente. Escoja la que se aproxime más a lo que usted necesite para lograr el resultado deseado. Para dar al nuevo colorante de cabello exactamente la tonalidad e intensidad deseadas, el matiz básico debe adaptarse o modificarse añadiendo una pequeña cantidad (¼ a ½ de una onza) de un matiz más frío o más cálido al mismo nivel, o usando un aditivo de acentuación (generalmente añadido gota por gota) para enriquecer o hacer más opaca la fórmula final.

Las cuatro reglas para que el colorante de cabello tenga aspecto natural

Para imitar más fácilmente las características del color de cabello virgen, considere las siguientes reglas para seleccionar su color y técnica de aplicación:

1. El cabello debe ser más claro en las puntas que en la base del tallo del cabello.
2. El cabello debe ser más claro en la superficie que en el interior.

3. El cabello situado en la línea límite con el rostro debe ser de color más claro que el cabello que está situado más atrás (coronilla y nuca).
4. El cabello más oscuro debe ser siempre el color dominante, lo que significa que en un realce inverso, siempre tenga más cabello oscuro que cabello claro en la cabeza. ✓

> ✓ **Completado—Objetivo de Aprendizaje núm. 2**
>
> **TEORÍA DEL COLOR**

CLASIFICACIONES DEL COLOREADO DEL CABELLO

El coloreado del cabello se clasifica en cuatro categorías principales: temporal, semipermanente, para depósito solamente y permanente. Dichas clasificaciones se refieren principalmente a la firmeza para resistir (capacidad de durar), pero también reflejan sus acciones en el cabello. Dichas características están determinadas por la composición química y peso molecular, o tamaño, de los pigmentos que están dentro de los productos que se encuentran en cada clasificación.

COLOREADO DEL CABELLO TEMPORAL

En los colorantes temporales se utilizan los pigmentos más grandes de todas las cuatro clasificaciones de colores. El gran tamaño de esta molécula de color impide la penetración de la capa de cutícula en el tallo del cabello, y permite solamente una acción de recubrimiento en la parte de afuera del cabello. La composición química de un colorante temporal es ácida y realiza solamente un cambio físico más bien que uno químico en el tallo del cabello. (Fig. 12.28)

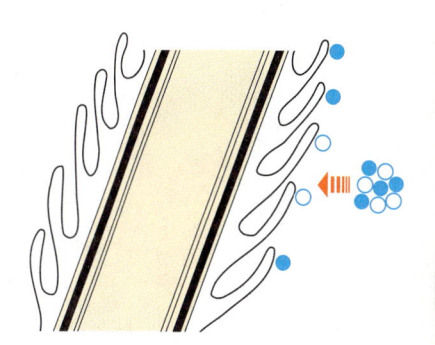

12.28—Acción de los colorantes de cabello temporales.

Acción de los colorantes temporales en el cabello

Puesto que el colorante permanece en la cutícula y no penetra en la corteza, dura solamente de lavado a lavado. Sin embargo, la porosidad excesiva puede permitir que el color temporal penetre, haciendo que dure mucho más. Los colores temporales generalmente contienen colores certificados, es decir, colores que han sido aprobados por la Administración de Alimentos y Drogas (conocida en inglés con las iniciales FDA) para su uso en cosméticos.

Los colores temporales se pueden usar para los siguientes propósitos:
1. Para restaurar temporalmente el cabello descolorido a su color natural.
2. Para neutralizar el matiz amarillento en el cabello blanco o gris.
3. Para suavizar el tono del cabello demasiado aclarado sin causar más daños químicos.
4. Para añadir color temporalmente al cabello sin cambiar su condición.

Los colorantes temporales del cabello tienen varias desventajas:
1. El color es de corta duración; se debe aplicar después de cada lavado con champú.
2. El recubrimiento es delgado y es posible que no cubra el cabello en forma pareja.
3. Es posible que el colorante se desprenda manchando almohadas o cuellos de la ropa, y es posible que se corra con la transpiración u otras formas de humedad.
4. Pueden añadir color; no pueden aclarar.
5. Es posible que se produzcan manchas si el cabello es poroso o si un color oscuro es usado en cabello muy claro.

Los colorantes temporales vienen en una gran variedad de matices, de claro a oscuro, de cálido a frío. Son fáciles de aplicar y son valiosos como introducción al coloreado del cabello, o como "solución rápida" en situaciones en que hay que corregir el coloreado, cuando el cabello no podría tolerar una sustancia química más fuerte.

Generalmente no hace falta realizar una prueba de parche para este tipo de colorante del cabello, aunque esta afirmación no incluye todos los casos debido a la aparición reciente de colorantes directos no certificados. Consulte las instrucciones del fabricante para obtener recomendaciones.

Tipos de colorantes de cabello temporales

Existe una gran variedad de productos dentro de esta clasificación: aclaradores de color; champúes de color; rociadores de color; geles, espumas y cremas de color; lápices de color; rimel o cosmético para las pestañas; y polvos de color.

Los **lápices de color** y el **rimel o cosmético para las pestañas** son colorantes temporales usados para añadir color a las cejas y pestañas.

El propósito fundamental de los lápices colorantes del cabello es armonizar el cabello recién crecido entre retoques. Se fabrican en forma de palillo y en una pequeña variedad de colores, y tienen una base de cera. La base de cera de los lápices colorantes retarda la absorción de líquidos y, por lo tanto, hace que sea necesario eliminar completamente el colorante del cabello antes del siguiente servicio químico.

El rimel o cosmético para las pestañas cruza la línea entre productos para coloreado del cabello y productos para maquillaje. Se considera un colorante temporal del cabello porque colorea temporalmente el pelo de las pestañas con una variedad de matices neutros —pardos y negros— así como los colores de la paleta de un artista —azules, violetas y azules verduzcos, para mencionar sólo unos cuantos. El rimel da también la ilusión de densidad y longitud a las pestañas.

Están disponibles actualmente **espumas** y **geles colorantes.**

Las espumas colorantes son una de las formas más modernas de colorear temporalmente el cabello. Ofrecen una gran variedad de colores que se pueden aplicar rápidamente y con facilidad. Las espumas colorantes sirven muchos de los mismos propósitos que los aclaradores temporales de color. Pueden dar brillo, dar un tono gris, disimular las líneas del cabello recién crecido y armonizar el color desigual, como también crear efectos dramáticos.

Las espumas colorantes se mantienen firmemente en el tallo del cabello. No gotean ni se corren ni se desprenden del cabello al usar la secadora eléctrica. Esta característica, y el hecho de que no parezcan ser un color tradicional, hacen que sean populares con los hombres. También dan cuerpo y volumen al cabello. Algunos espumas también tienen la capacidad de desenredar y de acondicionar.

Los geles y cremas colorantes están disponibles en una variedad de matices, algunos naturales, otros fogosos y vibrantes. Estos colores están diseñados para lavarse completamente con champú, pero, puesto que generalmente son tonos de gran intensidad, es posible que manchen el cabello poroso, tratado con lejía o muy seco. (Fig. 12.29)

Los **rociadores colorantes** se aplican al cabello seco por medio de recipientes de aerosol. Generalmente se usan para efectos especiales o para fiestas.

Los rociadores colorantes temporales se pueden pulverizar por todo el cabello de la cabeza para crear un tono parejo, como castaño o castaño rojizo, perro son más populares para crear efectos especiales y exóticos.

12.29—Hay una variedad de espumas colorantes.

CAPÍTULO 12 COLOREADO DEL CABELLO ◆ 261

12.30—Productos de coloreado del cabello mediante rociadores son populares para crear efectos especiales.

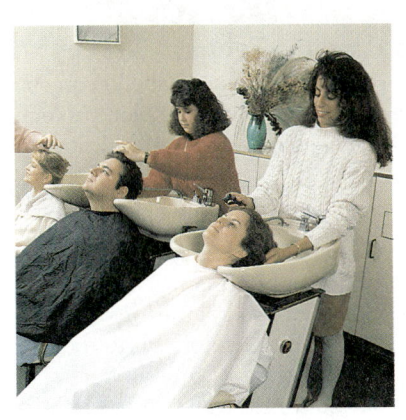

12.31—Los champúes para realzar el color combinan el efecto de un aclarador de color con el de un champú.

Las sales metálicas en los rociadores colorantes pueden acumularse después de usos repetidos, y causar una reacción adversa en el futuro al realizarse servicios químicos. Dichos productos son también sumamente inflamables, de modo que no pueden usarse con clientes que fuman. (Fig. 12.30)

Los **champúes para realzar el color** combinan el efecto de un aclarador de color con el de un champú. Dichos champúes añaden tonos de color al cabello.

Los champúes colorantes se conocen también como champúes realzadores. Son una combinación de aclarador y de champú, que actúa en forma similar a los aclaradores temporales de color en el sentido de que realizan solamente cambios leves de color que se pueden eliminar con champúes ordinarios. Los champúes colorantes se usan para dar brillo, para dar color discreto y para eliminar los tonos no deseados. (Fig. 12.31)

Los **aclaradores temporales de color** son aclaradores preparados usados para añadir color al cabello. Dichos aclaradores contienen colores certificados y permanecen en el cabello hasta el siguiente lavado con champú. Los aclaradores temporales se conocen también como aclaradores de agua, puesto que son una simple solución ácueo-alcohólica combinada con diversos colorantes.

Las moléculas de pigmento se usan para sujetar la queratina dura. La piel y el cabello se componen de tipos similares de queratina, y la queratina blanda de la piel y del cuero cabelludo es incluso más reactiva que la queratina dura del cabello. Esto resulta en que los aclarados manchan el cuero cabelludo, así como la piel. Por lo tanto, es recomendable que usted use guantes para protegerse la piel, incluso aunque la solución es relativamente inofensiva.

Aplicación de los aclaradores temporales
Existen muchos métodos de aplicación, según el producto usado. Su instructor le ayudará a interpretar las instrucciones del fabricante.

Implementos y materiales
Banda de cuello	Toallas	Guantes protectores
Capa para champú	Peine	Botella de aplicación (opcional)
Colorante temporal	Champú	Ficha de registro

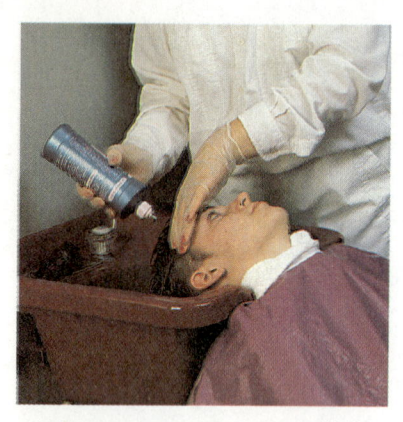

12.32—Aplique el aclarador temporal.

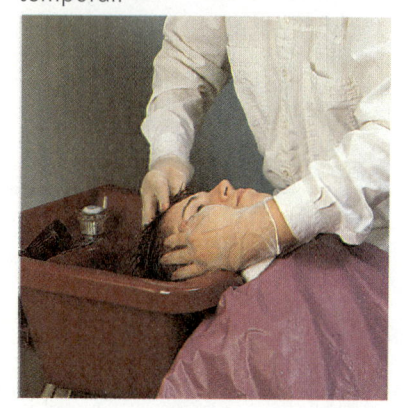

12.33—Mezcle el aclarador por todo el cabello.

Procedimiento

Primero, se lava el cabello con champú y se lo seca con toalla. Tenga cuidado de que el cliente esté bien protegido con la banda de cuello y la capa, puesto que el coloreado temporal puede fácilmente manchar la piel y la ropa.

1. El cliente debe estar reclinado cómodamente en la cubeta de lavado.
2. Sacuda bien el producto para mezclar todo pigmento que pueda haberse asentado. Aplique el color. Use una botella de aplicador siguiendo las instrucciones de su instructor. (Fig. 12.32)
3. Mezcle el aclarador por todo el tallo del cabello. (Fig. 12.33)
4. Mezcle el color con un peine, aplicando más color según sea necesario.
5. *No* aclare el cabello.
6. Continúe trabajando con el estilo de peinado que se desee.

Limpieza

1. Deseche todos los utensilios y materiales que sean desechables.
2. Cierre los recipientes, séquelos y guárdelos en un lugar adecuado.
3. Limpie e higienice los implementos.
4. Organice e higienice el área de trabajo.
5. Lave e higienice las manos.
6. Registre los resultados y archive la ficha de registro.

Otros métodos de aplicación

Los colorantes temporales están disponibles también en forma de geles, espumas y rociadores. Para aplicar, vuelva con el cliente a su área de trabajo y aplique el color siguiendo las instrucciones del fabricante.

COLOREADO TRADICIONAL SEMIPERMANENTE DEL CABELLO

Los colorantes semipermanentes ofrecen una forma de coloreado del cabello que es adecuada para el cliente que no desea tener un cambio permanente de color. El color semipermanente está formulado para ser más durable que las técnicas de coloreado temporal, pero más suave que las técnicas de coloreado permanente.

Los colorantes semipermanentes pueden ser excelentes para clientes que consideren que su cabello es opaco, pardusco o canoso, pero no estén dispuestos a comenzar un coloreado de cabello permanente. El color semipermanente puede mezclar el gris y profundizar los tonos de color sin alterar el color natural, puesto que no hay una acción de aclarado en el cabello.

El color semipermanente está disponible en una gran variedad de matices. Se puede comprar como gel, crema, líquido o espuma. El color semipermanente es a menudo escogido por clientes más jóvenes a medida que cambian las tendencias de la moda. El color semipermanente puede depositar un color dramático, o incluso puede ser usado para obtener efectos especiales de jaspes o rayas de colores brillantes. Con tal de que la porosidad del cabello sea normal, el color se atenúa en forma natural sin necesidad de esperar a que crezca de nuevo, de modo que el cliente puede cambiar el color en cualquier momento o cancelar el efecto.

El colorante semipermanente del cabello se formula para que dure aproximadamente entre 4 a 6 lavados con champú. No hace falta usar revelador. Las moléculas de color penetran algo en la cutícula, de manera que el color se atenúa gradualmente con cada champú. Debido a dicha atenuación gradual del tono de color del cabello, es posible que el cabello recién crecido se note menos (dependiendo del colorante aplicado) y es posible que no haga falta retocar con tanta frecuencia. Si el cabello es sumamente poroso, o si se usa calor con algún tipo de colorante semipermanente, los resultados pueden ser más permanentes. Los resultados dependen del color y porosidad originales del cabello, del tiempo de tratamiento y de la técnica usada.

El coloreado semipermanente puede tener las siguientes ventajas:
1. El colorante penetra por sí solo.
2. El color se aplica en la misma forma todas las veces.
3. No es necesario retocar.
4. El color no se desprende para manchar almohadas o la ropa.
5. El cabello vuelve a su color natural después de aproximadamente 4 a 6 lavados con champú.

◆NOTA: Se requiere una prueba de parche para los tintes semipermanentes que contienen derivados de anilina. Siga cuidadosamente las instrucciones del fabricante.

Tipos de colorantes semipermanentes del cabello
1. Tintes semipermanentes que mezclan o cubren el gris completamente, pero no afectan el resto del cabello pigmentado.
2. Tintes semipermanentes que realzan el cabello gris sin cambiar el pigmento natural.
3. Tintes semipermanentes que añaden color y brillo al cabello que no es gris.
4. Tintes traslúcidos que añaden brillo, tono y, a veces, efectos especiales al cabello. El efecto de cada uno de estos colores varía según la porosidad, la aplicación de calor y el tiempo. Consulte con su instructor y lea la información proporcionada por el fabricante para obtener asistencia para usar estos productos.

Usos de los colorantes semipermanentes del cabello
1. **Para realzar el color natural del cabello.** Los colores semipermanentes se pueden usar para añadir reflejos dorados o rojos, y para profundizar el color del cabello. Este tipo de color es especialmente eficaz en el caso de clientes étnicos y en el de clientes cuyo color natural de cabello es demasiado claro o demasiado pardusco para hacer resaltar su color de piel.
2. **Para tonalizar cabello preaclarado.** Los colores semipermanentes pueden servir como tonalizador no oxigenado para cabello preaclarado. El cabello preaclarado es poroso y el tonalizador penetrará en el mismo.
3. **Para reavivar tintes descoloridos.** Excelente para usar entre servicios de coloreado permanente y para trabajos de corrección, cuando se desea una alternativa que no sea la del agua oxigenada.
4. **Para añadir color al cabello gris/blanco.** La mayoría de los colorantes semipermanentes están diseñados para cubrir cabello que es 25 por ciento o menos gris, o para crear un efecto armonizador en los cabellos con mayor porcentaje de gris. También se recomiendan para clientes que desean mantener o realzar su cabello gris o blanco.

En la Figura 12.34 se indica cómo actúa este tipo de coloreado del cabello en el tallo del cabello.

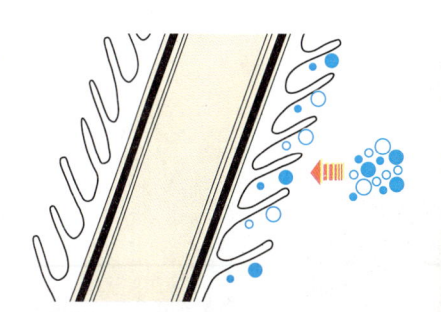

12.34—Acción del colorante semipermanente.

Acción en el cabello

Los colorantes tradicionales semipermanentes se formulan con moléculas de pigmento que son más pequeñas que las de los colores temporales pero más grandes que las de los tintes permanentes. Tienen una acción discreta de penetración que resulta en un leve aumento de color en la corteza, así como cierto recubrimiento de la cutícula.

La composición química de los colores semipermanentes cae aproximadamente dentro de la gama de pH de 8,0 a 9,0, lo que causa una reacción alcalina en el cabello. El álcali hace hinchar la cutícula, abriendo imbricaciones y permitiendo que las moléculas entren en la corteza. Sin embargo, esta solución es solamente un poco alcalina, lo que causa que la hinchazón y la apertura sean limitadas. Sólo un número pequeño de estas moléculas de tamaño mediano entran y permanecen en la corteza.

Las moléculas de pigmento quedan atrapadas dentro de la capa cortical del tallo a medida que el cabello se encoge de vuelta a su tamaño normal durante la etapa de aclarado del servicio. Una solución neutra o levemente ácida para después del aclarado facilita el cierre de las imbricaciones para mantener las moléculas de pigmento dentro de la corteza. Sin embargo, incluso la leve hinchazón que ocurre con el lavado con champú permite que algo del color se atenúe.

Los colorantes tradicionales semipermanentes tienen varias características diferentes de las de los colorantes temporales y permanentes. Duran más que los colores temporales y no se desprenden por rozamiento. Son también fáciles de usar, y no requieren aplicación de retoque. Puesto que los colorantes semipermanentes no hacen cambios permanentes de importancia en la estructura del cabello, son menos dañinos. Algunas marcas de colorantes proporcionan incluso un efecto de acondicionamiento. Son excelentes para tonalizar el cabello tratado con lejía o descolorado, que es demasiado débil y poroso para aceptar un nuevo tratamiento con agua oxigenada, o para usar en cabello excepcionalmente fino o está dañado debido a servicios permanentes de ondulado o de alisado.

Selección de colorante semipermanente

Los siguientes pasos, usados junto con el cuadro de colores del fabricante, sirven de guía para seleccionar el color correcto con el cual realizar una prueba de mechón:

1. En el cabello de color sólido (no gris), seleccione un nivel de color semipermanente que sea dos niveles más claro que el matiz deseado. (Para la cobertura del cabello gris, véase el cuadro de la página 309.)
2. Debido a la absorción de la luz, si se usa un matiz ceniza o frío se creará un color que el ojo interpretará como más oscuro que si se hubiera aplicado un matiz cálido.
3. Debido a la reflexión de la luz, los colores cálidos parecerán más brillantes.

Al aumentar moléculas de colorante artificial al pigmento natural del tallo del cabello se creará un color que será más oscuro que el de la muestra en el cuadro de colores. La mayoría de los cuadros de colores muestran el color aproximado que se logrará en el cabello blanco. Dicho color se usará como guía para calcular los colores resultantes cuando se aplique al cabello natural.

El color natural del cabello debe considerarse como la mitad de la fórmula. Considérela como "½ colorante artificial y ½ color natural". Los colorantes semipermanentes no tienen los oxidantes fuertes necesarios para aclarar; por lo tanto, depositan el color y realizan poco aclarado. Acuérdese de las leyes de intensidad y recuerde que color aplicado encima de color resulta en un color más oscuro.

Puesto que estos productos penetran según la porosidad del cabello, tenga cuidado de evitar crear puntas que serían más oscuras que la base del cabello. Los colorantes semipermanentes, debido a su carácter depositante, también pueden acumularse en las puntas del cabello durante las aplicaciones subsiguientes. Se determinará su fórmula y el tiempo necesario mediante una prueba de mechón antes de cada servicio.

Muchos colorantes semipermanentes se usan en la misma forma en que salen de la botella. Sin embargo, otros requieren la mezcla de un activador antes de la aplicación. Dicho activador es un oxidante que contribuye a hacer hinchar la corteza y a abrir la cutícula para la penetración de color. Este oxidante suave también hace desarrollar los pigmentos de color que están dentro de la fórmula.

Con algunos colores permanentes se incluye, en el paquete, un balanceador de color. Este cristal debe ser añadido solamente si el color semipermanente va a aplicarse inmediatamente después de la eliminación de un producto para aclarar o tratar con lejía. Detiene la oxidación residual que sucede en el tallo del pelo hasta que se haya restaurado totalmente el pH normal.

Algunos colorantes semipermanentes vienen empaquetados con un producto para después del aclarado. Este tipo de aclarador es de equilibrio ácido para cerrar la cutícula y para atrapar las moléculas de colorante dentro de ella. Esto contribuye a evitar la atenuación a un color más claro, así como la atenuación fuera de tono. La composición química del producto para después del aclarado está diseñada para dejar el cabello suave, flexible y fácil de peinar. Esté o no el producto que usted seleccione empaquetado en esta forma, es siempre una buena idea terminar su servicio con un aclarado suave de acondicionamiento.

Aplicación de los colorantes semipermanentes de cabello

Implementos y materiales

Banda de cuello	Botella o cepillo de aplicación	Aclarador de acabado
Toallas	Gorra de plástico (opcional)	Clips de plástico
Capa para teñido	Algodón	Crema protectora
Guantes protectores	Champú suave	Ficha de registro
Peine	Color selecto	Cuadro de colores
Cronometrador		

Pasos preliminares

1. Si se requiere, dé la prueba de parche preliminar. Continúe solamente si la prueba es negativa.
2. Analice completamente el cabello y el cuero cabelludo. Registre los resultados en la ficha de registro del cliente.
3. Junte todos los utensilios y materiales necesarios.
4. Prepare al cliente. Proteja su ropa con una toalla y con una capa para teñido. Pida al cliente que se quite las joyas y póngalas en un lugar seguro.
5. Aplique la crema protectora alrededor de la línea del pelo y sobre las orejas.

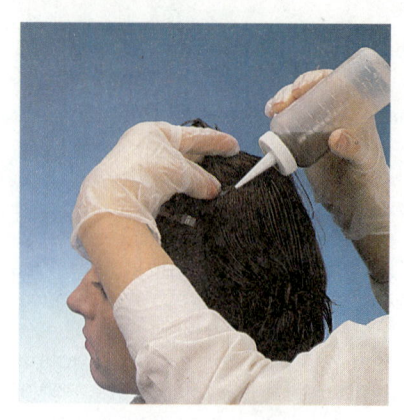

12.35—Aplique el colorante semipermanente.

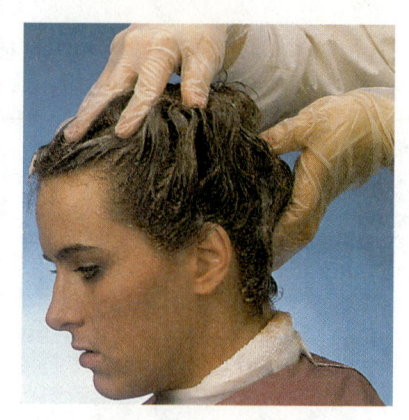

12.36—Aplique suavemente el color por todo el cabello.

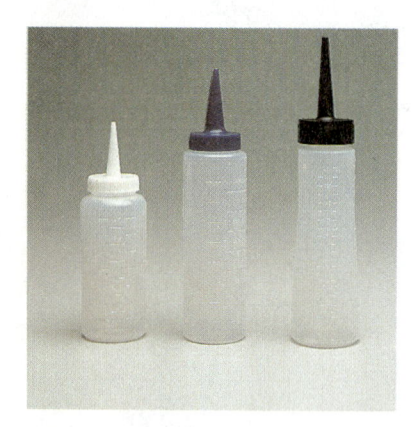

12.37—Botellas de aplicación del tinte.

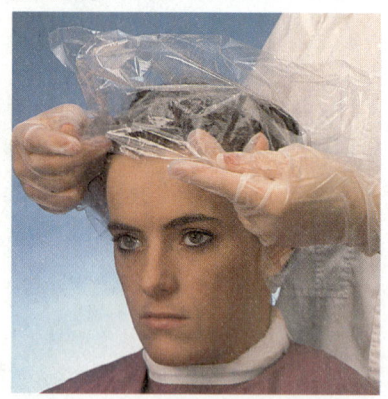

12.38—Use la gorra de plástico, si hace falta.

6. Póngase guantes protectores.
7. Realice una prueba de mechón.
8. Registre los resultados en la ficha del cliente.

Procedimiento

1. Dé un lavado suave con champú, si hace falta.
2. Seque el cabello con toalla.
3. Póngase guantes protectores.
4. Aplique el tinte semipermanente por todo el tallo del pelo, (Fig. 12.35) comenzando cerca del cuero cabelludo y aplicando suavemente el color hasta las puntas. (Fig. 12.36) Aplique con una botella o cepillo según la consistencia del colorante seleccionado y según las explicaciones de su instructor. (Fig. 12.37)
5. Apile el cabello encima de la cabeza sin apretar.
6. Siga las instrucciones del fabricante sobre el uso de la gorra de plástico o del calor. (Fig. 12.38)
7. Proceda de conformidad con los resultados de la prueba de mechón.
8. Siguiendo las instrucciones dadas para el tiempo por el fabricante, cuando se haya revelado el color, moje el cabello con agua caliente y haga espuma.
9. Aclare y después lave con champú, si lo recomienda el fabricante, y después lave de nuevo con agua caliente hasta que el agua se aclare. (Fig. 12.39)
10. Use un aclarado de acabado para cerrar la cutícula y para asentar el colorante. (Fig. 12.40)
11. Aclare y seque el cabello con toalla. Peine según el estilo deseado.
12. Complete la ficha de registro y archive.

Limpieza

1. Deseche todos los utensilios y materiales desechables.
2. Cierre los recipientes, séquelos y guárdelos en un lugar seguro.
3. Limpie e higienice los implementos, la capa para teñido, el área de trabajo y las manos.

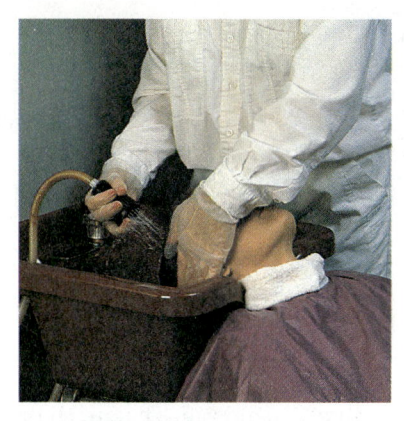

12.39—Aclare el cabello con agua caliente hasta que el agua esté clara.

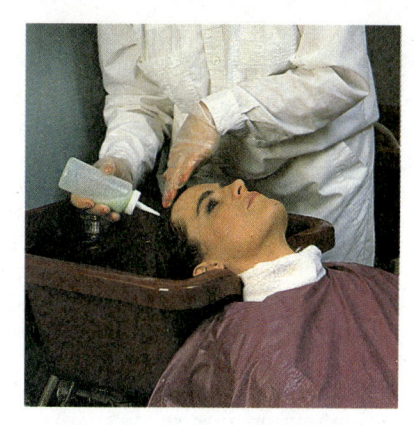

12.40—Dé un aclarado de acabado.

Colorantes polímeros semipermanentes de cabello

Los colorantes polímeros se clasifican como colorantes semipermanentes porque son de aplicación directa y dispersa e incluyen colorantes certificados que no requieren un proceso de oxidación ni la adición de un oxidante para el revelado del color. Sin embargo, son definitivamente diferentes de los colores tradicionales semipermanentes en cuanto a resultados de color, permanencia del color (capacidad de quedarse en el cabello) y composición química.

Un **polímero** es una sustancia o producto que contiene estructuras largas parecidas a cadenas. Esta estructura, en realidad, dificulta su penetración de la cutícula y su capacidad de adherirse a la queratina del tallo del pelo. Sin embargo, los tintes en los colores de polímero están sumamente concentrados, de tal forma que, a pesar de la estructura de cadena larga, el color se adhiere muy bien al cabello. Los polímeros están diseñados para recubrir y penetrar el tallo del pelo, creando un brillo traslúcido y matices que se destacan, en vez de cubrir completamente el color natural.

La permanencia del color o la capacidad de quedarse en el cabello de los colorantes polímeros hace que sean diferentes de los colorantes tradicionales semipermanentes. Según la publicidad que se da a los colorantes polímeros, éstos se pueden eliminar gradualmente mediante lavados. Sin embargo, en muchos casos, los coloristas han comprobado que esto *no* es cierto. Cuanto más alto el calor y más largo el tiempo de tratamiento, mayor la penetración de color y mayor la permanencia del color. Se sabe de casos en que los colorantes polímeros se adhirieron tan fuertemente a la estructura del cabello que no se los pudo eliminar con lejías ni con disolventes de colorantes preparados con agua oxigenada. Prescindiendo de la experiencia del colorista, el realizar una prueba de mechón es el método más profesional de seleccionar el color.

La melanina natural que está dentro del tallo del pelo no cambia con ningún tipo de coloreado. El color que se obtenga será el resultado directo de haber añadido el pigmento de polímero al pigmento natural del tallo. Después de servicios de permanente o de alisamiento, el estado ablandado del tallo permite una mayor deposición que la que puede lograrse en cabello que no ha recibido tratamiento químico.

Al principio, los colorantes polímeros semipermanentes estaban disponibles solamente en colores primarios o secundarios muy intensos que daban un matiz de muy alta moda al color natural del cabello. Actualmente están disponibles también en matices más naturales, incluso un color neutro o claro designado para rellenar la cutícula y dar al cabello un aspecto más brillante y saludable.

COLORANTES DE CABELLO SOLAMENTE DE DEPÓSITO

Hace años, cuando se presentaron por primera vez los colores semipermanentes, los clientes se lavaban el cabello con champú una vez por semana, de tal forma que la duración del coloreado semipermanente de esa época era un promedio satisfactorio de 4 a 6 semanas. Sin embargo, hoy en día, con un mayor número de clientes que se lavan el cabello cada día, un color que dure de 4 a 6 lavados con champú no sería satisfactorio. Para lograr que un colorante actúe en forma similar a los colores semipermanentes pero produzca un efecto de mayor duración, los fabricantes han presentado una nueva categoría de colorantes para el cabello que se llama "colorantes de cabello solamente de depósito".

Composición y acción

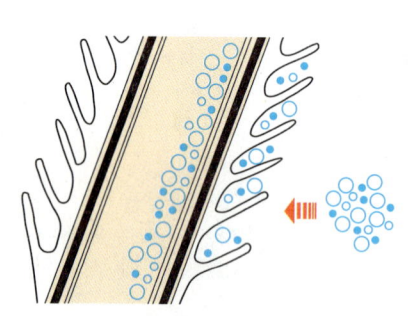

El efecto de un colorante de cabello solamente de depósito es intermedio entre los tipos de colorantes semipermanentes y permanentes. Los colorantes solamente de depósito usan una forma de catalizador como, por ejemplo, reveladores de bajo volumen, para hacer hinchar y abrir suavemente la capa de cutícula y hacer entrar el colorante en la corteza. Los colorantes solamente de depósito tienen moléculas de colorante de tamaño pequeño y mediano. Las moléculas de tamaño pequeño penetran superficialmente en la corteza, y las moléculas de colorante de tamaño mediano penetran en las capas de cutícula, lo que resulta en un color que tiene la suavidad de un colorante semipermanente con la longevidad de un colorante permanente para el cabello. Los colorantes solamente de depósito duran entre cuatro a seis semanas, se atenúan gradualmente en el cabello y producen una línea de demarcación difusa. (Fig. 12.41)

12.41—Acción del colorante de cabello solamente de depósito.

Selección y formulación de un colorante solamente de depósito

Los colorantes de cabello solamente de depósito son ideales para cubrir el cabello gris, para revitalizar los tintes permanentes descoloridos, para realizar coloreado correctivo y realce inverso, y para depositar los cambios tonales sin aclarar.

Debido a su propia constitución, un colorante de cabello solamente de depósito oscurecerá el color natural del cabello cuando se lo aplique. Recuerde, al formular, que la mitad de su fórmula será el color natural del cabello del cliente y la otra mitad será el color de depósito que usted habrá seleccionado. Puesto que poner color encima de color siempre produce un efecto más oscuro, seleccione un colorante para depósito solamente que sea más claro que el nivel natural del cliente si usted intenta mantener la misma cantidad de profundidad pero añadir tono.

Puesto que el cabello gris no tiene pigmento y parece más claro, es importante considerar el cabello gris al formular un colorante para el cabello solamente de depósito. Puesto que no hay aclarado, es posible que la profundidad de color resultante al cubrir el gris parezca demasiado extrema a no ser que usted permita algo de brillo en su formulación. Generalmente no es recomendable hacer que el cabello gris tenga un matiz parejo al colorear con cualquier producto, puesto que el color natural del cabello tiene diferentes profundidades y tonalidades que dan al cabello la vida que le falta al cabello gris. (Puesto que los colorantes para el cabello solamente de depósito no tienen la capacidad de aclarar, use el cuadro para colorantes semipermanentes de la página 309 al seleccionar el color.)

Si se hace un error, es siempre preferible, al hacer pasar al cliente de un tono claro a uno más oscuro, errar en el lado de la claridad, porque es fácil usar un tono más oscuro para profundizar el color, si hace falta. En cambio, un resultado demasiado oscuro hará necesarios procedimientos correctivos para aclarar o eliminar el pigmento artificial antes de hacer una nueva aplicación para lograr el color deseado.

El cabello previamente tratado con otro servicio de coloreado tendrá un grado mayor de porosidad, factor que debe considerarse cuidadosamente al formular y aplicar un colorante para el cabello solamente de depósito.

Procedimiento de aplicación para los colorantes solamente de depósito

El procedimiento de aplicación para un colorante de cabello solamente de depósito es similar al de un colorante semipermanente, puesto que ambos colores no alteran la melanina natural del cabello ni producen aclarado. Siga las instrucciones del fabricante relativas a la aplicación y al tiempo para el producto que usted haya seleccionado.

Para llevar los servicios de coloreado del cabello a buen resultado, el técnico debe seguir un procedimiento bien definido. Un sistema hace que haya mayor eficiencia y que se logren los resultados más satisfactorios. Sin ese plan previo, el trabajo tomará más tiempo, los resultados serán disparejos y se cometerán errores.

COLORANTES PERMANENTES DEL CABELLO

Los colorantes permanentes del cabello se preparan a partir de una variedad de materiales: vegetales, flores, hierbas, sales de metales pesados, sustancias químicas orgánicas y sintéticas. Todos estos colorantes permanentes caen en una de cuatro clasificaciones: tintes vegetales, tinturas o colorantes metálicos, materias colorantes compuestas y tintes oxidantes.

TIPOS DE COLORANTES PERMANENTES DEL CABELLO

Tintes vegetales

En el pasado, antes de que la tecnología nos trajera la industria de la belleza como la conocemos actualmente, muchas materias vegetales como camomila o manzanilla y alcana o alheña se usaban como ingredientes para el coloreado del cabello.

Las flores de **camomila o manzanilla** pueden molerse hasta hacerlas polvo y se pueden usar como pasta que se aplica en una forma similar a un paquete de alheña, con un tiempo de tratamiento que variará de 15 a 60 minutos. Da un efecto más claro y más brillante al cabello. Champúes y aclarantes que contienen flores en polvo se usan para añadir un color amarillo brillante al cabello. Sin embargo, la eficacia de la camomila se limita a un cambio mínimo de color.

La **alheña o alcana** es la más notable y popular entre los colorantes vegetales, y viene de plantas que crecen en climas húmedos en África, Arabia, Irán y las Indias Orientales. Las hojas de alheña se sacan antes del ciclo de florecimiento, se secan y se muelen hasta obtener un polvo fino. Se añade agua caliente para crear una pasta.

La alheña es un producto natural que tiene atractivo estético para el cliente joven y para el tipo de consumidor que prefiere los productos orgánicos y evita los sintéticos. Sus cualidades "naturales" son atractivas para muchos.

La tecnología actual ha traído al mercado alheñas de color negro, castaño y castaño rojizo, aparte de aclarador. Estas alheñas están hechas de extractos concentrados de hierba que tienen un efecto tanto acumulativo como semipermanente. El colorante recubre el cabello y es parcialmente eliminado al lavarse con champú.

La acción de recubrimiento de la alheña crea un tipo de cabello que se hace más grueso, y, por lo tanto, contribuye a dar cuerpo al cabello fino y fláccido. Porque no realiza cambios estructurales en el cabello, se lo puede usar en cabello débil sin dañarlo. La alheña rellena las cutículas estropeadas y hace juntar las puntas partidas, dando una superficie bruñida que refleja la luz. Esto, junto con la cualidad cálida adicional, crea cabello que brilla.

Sin embargo, es importante recordar que la aplicación excesiva se acumulará en la parte de afuera del tallo, y puede crear un bronceado no natural. Si se usa demasiado, la acumulación puede hacerse tan pesada que los acondicionadores no podrán penetrar el tallo del cabello y el cabello se hará seco y áspero.

La alheña tiene un recubrimiento que, si se usa demasiado, puede acumularse en el cabello y evitar la penetración de otras sustancias químicas. Además, la alheña penetra en la corteza y se adhiere a las cadenas de sal. Ambas acciones pueden hacer que el cabello ya no pueda recibir otros tratamientos profesionales. Siempre realice una prueba de mechón antes de hacer una aplicación.

A veces es posible eliminar la alheña cuando se acumula demasiado en el tallo o cuando es incompatible con un servicio químico futuro. El siguiente procedimiento incluye los pasos para eliminar la acumulación de alheña.

Procedimiento de aplicación

1. Aplique 70 por ciento de alcohol al tallo del pelo, evitando el contacto directo con el cuero cabelludo. Permita que se asiente entre 5 a 7 minutos.
2. Aplique el aceite mineral directamente sobre el alcohol, saturando completamente cada mechón, desde el cuero cabelludo hasta las puntas.
3. Precaliente la secadora.
4. Cubra bien la cabeza del cliente con una bolsa de plástico.
5. Coloque bajo la secadora durante 30 minutos.
6. Sin aclarar, aplique el champú concentrado para cabello graso y haga penetrar en el aceite.
7. Permita que se asiente durante 3 minutos.
8. Masajee de nuevo el cabello.
9. Añada agua moderadamente caliente y aclare completamente.
10. Lave con champú de nuevo. (Es posible que hagan falta tres lavados.)

Técnicamente, el alcohol debe aflojar la alheña que recubre el tallo del cabello. Sin embargo, es posible que haga falta más de un tratamiento para aflojarla lo suficiente para que se desprenda. Realice siempre una prueba de mechón para determinar si la eliminación tuvo éxito antes de aplicar el siguiente tratamiento químico.

Tinturas o colorantes metálicos para el cabello

Los colorantes metálicos para el cabello pueden reconocerse mediante el vocabulario descriptivo empleado por los fabricantes en los paquetes, incluso antes de leer la lista de ingredientes. Los colorantes metálicos se conocen como "colorantes de cabello progresivos" y "restauradores de color". Se los denomina progresivos porque el cabello se hace progresivamente más y más oscuro con cada nueva aplicación que se haga. El término restaurador de color se usa puesto que *parece* que el color natural de cabello es restaurado gradualmente. Cuando se haya alcanzado el color deseado, el consumidor debe reducir la frecuencia de aplicación para mantener el color.

Los colorantes metálicos para el cabello representan una porción pequeña del mercado correspondiente al coloreado del cabello, y actualmente nunca se los usa profesionalmente. Sin embargo, es importante que el colorista profesional esté informado de la composición química, características y métodos de eliminación porque los metales reaccionan en forma adversa con resultados de oxidación.

De vez en cuando, los clientes solicitan servicios médicos sin conocer la incompatibilidad del color metálico con los productos profesionales. Generalmente, los consumidores ni siquiera se dan cuenta de que han usado un producto que contiene metal. El colorista debe estar en condiciones de analizar y recomendar tratamientos no peligrosos y profesionales para evitar daño y descoloramiento del cabello.

Las sales metálicas reaccionan con el azufre de la queratina de la cabeza, haciendo que finalmente la proteína se vuelva parda. En esta reacción, la calidad de la queratina disminuye debido al uso de esta sustancia química.

El resultado físico es una película de color que recubre el tallo del cabello, lo que da al cabello una apariencia opaca característica. El recubrimiento metálico también se acumula en la superficie del tallo del pelo. Tratamientos repetidos harán que el cabello se ponga quebradizo y presentarán conflictos para servicios químicos futuros que incluyen en su formulación agua oxigenada, tioglicolato, amoníaco y/o la mayoría de las otras sustancias oxidantes.

El daño resultante incluye descoloramiento, rompimiento, malos resultados de la ondulación permanente, e incluso destrucción en forma de derretimiento del tallo del pelo debido al calor creado en esta reacción química adversa.

Tinturas o colorantes compuestos

Los colorantes compuestos son una combinación de colorantes metálicos o minerales con un tinte vegetal. Se añaden sales metálicas para dar al producto mayor capacidad de permanecer en el cabello y para crear diferentes colores. Como los colorantes metálicos, los colorantes compuestos no se usan profesionalmente.

Muchos clientes usan productos de coloreado del cabello en sus hogares. Por lo tanto, usted debe poder reconocer y comprender sus efectos. Dichos agentes colorantes deben ser eliminados y el cabello debe ser reacondicionado antes de cualquier otro servicio químico.

El cabello tratado con un colorante metálico o cualquier otro colorante de recubrimiento tiene aspecto seco y opaco. Generalmente es áspero y quebradizo al tacto. Dichos colores generalmente se atenúan hasta tener tonos no naturales. Los colorantes con plata tienen un matiz verduzco, los colorantes con plomo dejan un color morado, y los que contienen cobre se vuelven rojos.

Prueba para sales metálicas

1. En un recipiente de vidrio, mezcle 1 onza (30 ml,) de volumen 20 (6%) de agua oxigenada y 20 gotas de agua amoniacal de 28%.
2. Corte un mechón del cabello del cliente, sujételo con cinta y sumérjalo en la solución por 30 minutos.
3. Retire el mechón, seque con toalla y observe el mechón.

El cabello teñido con plomo se aclara inmediatamente. El cabello tratado con plata no presentará ninguna reacción. Esto indica que otras sustancias químicas no tendrán éxito porque no podrán penetrar el recubrimiento.

El cabello tratado con cobre comenzará a hervir y se desintegrará fácilmente. Este cabello resultaría seriamente dañado o destruido si se aplicaran en él otras sustancias químicas, tales como las que se encuentran en colorantes permanentes o soluciones para ondulado permanente.

El cabello tratado con un colorante de recubrimiento no cambiará de color ni se aclarará en algunos puntos. Este cabello no recibirá servicios químicos fácilmente, y la cantidad de tiempo necesaria para penetración podría fácilmente dañar el cabello.

Las preparaciones encaminadas a eliminar disolventes de colorantes metálicos y no oxigenados pueden facilitar la tarea de eliminar colorantes metálicos y de recubrimiento del cabello. Mediante una prueba de mechón se determinará si se han eliminado los depósitos metálicos. La garantía más eficaz de tener con éxito servicios químicos en el futuro es cortar el cabello teñido.

Procedimiento

1. Aplique 70 por ciento de alcohol al cabello, y deje permanecer por 5 minutos.
2. Sin aumentar el alcohol, aplique un aceite pesado (aceite mineral, de ricino, vegetal o preparado comercialmente para eliminar color) completamente al cabello.
3. Cubra el cabello con una bolsa de plástico, y colóquelo debajo de una secadora caliente por 30 minutos.
4. Elimine la mezcla del cabello usando un champú concentrado para cabello graso.
5. Haga penetrar el champú en el aceite por 3 minutos y después aclare con agua caliente.
6. Repita los pasos del champú hasta que el aceite esté completamente eliminado.

Colorantes oxidantes del cabello

Los colorantes oxidantes permanentes del cabello pueden aclarar y depositar colorante en una sola aplicación, lo que constituye una proeza que no puede realizar ninguna otra clasificación de color. La capacidad de crear una variedad infinita de niveles, tonos e intensidades ha hecho que los colores permanentes sean irremplazables en la industria. Dichos tintes penetran en la cutícula del cabello y penetran en el nivel cortical. Una vez allí, son oxidados por el agua oxigenada añadida a los pigmentos de colorante. Dichos pigmentos están distribuidos por todo el tallo del cabello, de forma muy parecida a la del pigmento natural. (Fig. 12.42)

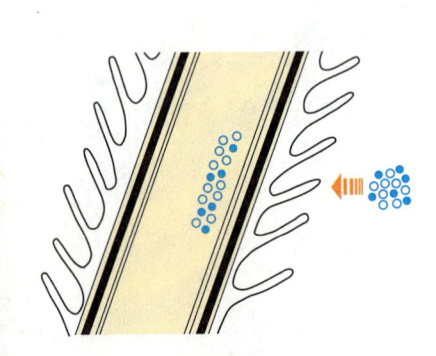

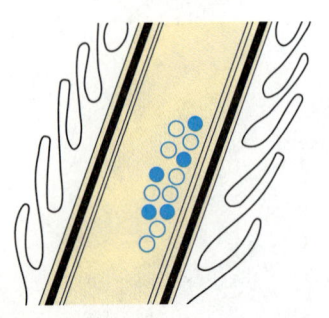

12.42—Acción del colorante permanente de cabello.

Los tonalizadores o colores pastel (toners) están también dentro de la categoría de color permanente. Los tonalizadores son productos derivados de la anilina que tienen matices claros y delicados y que están diseñados para ser usados en cabello preaclarado. Más adelante hablaremos en forma más completa de los tonalizadores.

Clasificaciones de las aplicaciones

Las aplicaciones permanentes de colorantes de cabello se clasifican en coloreados o teñidos de proceso simple y coloreados o teñidos de proceso doble.

En el **coloreado o teñido de proceso simple** se logra el color deseado con una aplicación. Aunque es posible que haya muchos pasos diferentes en la aplicación propiamente dicha, el color deseado se logra con una sola aplicación. El aclarado del pigmento natural del cabello y el depósito del pigmento artificial en la corteza se realizan en forma simultánea con los procesos relacionados con el producto de teñido o coloreado del cabello. Algunos ejemplos de coloreados de proceso simple son las aplicaciones de tintes vírgenes y las aplicaciones de retoque de tintes.

En el **coloreado o teñido de proceso doble** se logra el color deseado una vez que se han completado dos aplicaciones separadas del producto. Se lo conoce también como teñido de doble aplicación y de coloreado en dos etapas. Dos ejemplos son el blanqueado o descolorado con lejía, seguido de una aplicación de tonalizador y preablandado seguido de una aplicación de tinte. Debido a que la acción aclaradora y el depósito de colorante se controlan en forma independiente, se abre una gama más amplia de posibilidades de colorantes del cabello para cada cliente.

Para comprender mejor los efectos de los productos de coloreado permanente en el cabello, es importante explicar lo que pasa con el cabello cuando se aplican al mismo tanto productos de coloreado del cabello de proceso simple como productos de coloreado del cabello de proceso doble. ✓

REVELADORES DE AGUA OXIGENADA O PERÓXIDO DE HIDRÓGENO

Aunque existen otros oxidantes, el agua oxigenada o peróxido de hidrógeno es el agente oxidante que con mayor frecuencia se usa en el coloreado del cabello. Un **oxidante** es una sustancia que hace que el oxígeno se combine con otra sustancia, como la melanina. A medida que se combinan el oxígeno y la melanina, la solución de agua oxigenada comienza a diluirse (es decir, a descomponerse y a esparcirse) y a aclarar la melanina que está dentro del tallo del cabello. Esta nueva estructura más pequeña y distribución esparcida de la melanina diluida da al cabello su aspecto claro.

Formas de agua oxigenada

El agua oxigenada (H_2O_2) se distribuye para su uso en cosmetología bajo una variedad de nombres tales como *oxidante, generador, revelador* o *catalista*. (Algunos fabricantes usan también la palabra "catalista" en el sentido de protinador, es decir, un tipo de aditivo para mezclas de aclararado o descoloramiento usadas para aumentar la concentración del producto.) Prescindiendo de qué nombre se use, el agua oxigenada viene en tres formas: seca, crema y líquida.

El **agua oxigenada seca,** sea en forma de tableta o de polvo, se disuelve en agua oxigenada líquida para aumentar el volumen. Este producto es actualmente algo obsoleto debido a que ya existen aguas oxigenadas líquidas de diversos volúmenes.

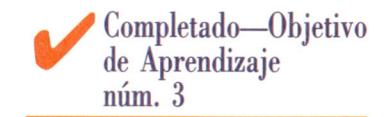

✓ Completado—Objetivo de Aprendizaje núm. 3

CLASIFICACIONES DE COLORANTES DEL CABELLO

El **agua oxigenada en crema** contiene aditivos tales como espesadores, neutralizadores, acondicionadores y un ácido para estabilización. Los espesadores facilitan la tarea de encontrar un producto que sea fácil de controlar. Este control extra contribuye a evitar el goteo durante el uso del sistema de cepillo y cubeta de aplicación. Esta fórmula más espesa es también buena cuando se la usa en envolturas de hoja de aluminio y retejido, pintado de cabello o realce, porque es menos probable que la mezcla de lejía o descolorante se pase a lugares donde no debe estar. Además, la fórmula cremosa generalmente permanece húmeda en la cabeza más tiempo que el agua oxigenada líquida, lo que evita que el aclarador de cabello o la mezcla de coloreado se seque y detenga la acción del producto antes de que se haya completado el revelado del producto. Sin embargo, es posible que los aditivos espesadores en el agua oxigenada en crema diluyan la concentración de la fórmula y hagan que no sea recomendable usarla cuando hace falta toda la potencia del producto, como en el caso del teñido para cubrir el cabello gris.

El **agua oxigenada líquida** no contiene aditivos sino tan sólo un ácido estabilizador que eleva el pH a 3,5–4,0. El agua oxigenada líquida es conveniente porque puede usarse en casi cualquiera de las fórmulas de lejías y de tintes que existen actualmente en el mercado. Otra ventaja es que la fórmula para el agua oxigenada líquida permanece básicamente la misma de un fabricante a otro, en vez de variar como en el caso del agua oxigenada en crema. Esto ofrece al colorista resultados consistentes prescindiendo de la marca usada. La falta de aditivos en el agua oxigenada líquida crea una fórmula colorante que, por regla general, cubre eficazmente el cabello gris.

Las desventajas que hay que tener en cuenta al escoger el agua oxigenada líquida en vez de la crema incluyen las siguientes: los productos de coloreado y de aclarado del cabello generalmente se secan más rápidamente, y no contienen agentes acondicionadores. Sin embargo, un tipo de agua oxigenada no es superior al otro. Simplemente son diferentes. Es responsabilidad del colorista leer las instrucciones recomendadas por el fabricante y seleccionar el mejor producto para el trabajo.

Concentración del agua oxigenada

Están disponibles diversas concentraciones de agua oxigenada tanto líquidas como en crema. Consulte las instrucciones de su fabricante para saber cuál es la concentración recomendada. Aunque los científicos identifican las diferentes concentraciones del agua oxigenada en términos de porcentajes, los cosmetólogos identifican las diversas concentraciones en términos de volumen, puesto que es la "liberación" de cierto volumen de gases la que crea la reacción química deseada en el coloreado del cabello. Por lo tanto, 20 volúmenes y el agua oxigenada de 6% tienen la misma potencia.

Usos del agua oxigenada en el coloreado del cabello

La mayoría de los productos de coloreado permanente del cabello usan agua oxigenada de 20 volúmenes para el revelado correcto del color. Los productos para los cuales se recomienda el uso de 40 volúmenes están diseñados para lograr una mayor división de la melanina, que resultará en un color más claro del que podría lograrse con una fórmula estándar de aclarado de tinte.

Las fórmulas que recomiendan el uso de menos de 20 volúmenes están diseñadas para permitir más depósito que aclarado. Dichas fórmulas se pueden usar cuando no hay necesidad de dividir la melanina para lograr el color deseado.

> ### PRECAUCIÓN
> *El aumentar la concentración o volumen usado en una fórmula por encima del nivel recomendado en las instrucciones del fabricante podría causar daño excesivo al cabello y quemaduras de sustancias químicas en la piel y en la cabeza.*

Es peligroso sobre todo mezclar los niveles más altos de agua oxigenada con lejías o descolorantes formulados para ser usados con 20 volúmenes, puesto que los ingredientes presentes en el propio producto, tales como reforzadores, activadores o protinadores también contribuyen a aumentar la concentración de la fórmula. Sin embargo, un volumen de menos de 20 no soltará suficiente oxígeno como para aclarar adecuadamente el cabello.

A medida que los volúmenes de gas de oxígeno en cualquier concentración de agua oxigenada se liberan, ésta vuelve a convertirse en agua (H_2O). Esto se considera una ventaja, puesto que no se forma un residuo peligroso que podría dejarse en el cabello y dañarlo.

La mayoría de soluciones de agua oxigenada se colocan en botellas opacas, puesto que la luz hace que se descompongan. El calor tiene el mismo efecto. Por lo tanto, los fabricantes recomiendan que se guarden en un lugar frío y seco. Si se guarda en un lugar seguro, se puede esperar que una botella estabilizada y no contaminada, esté parcial o completamente llena, mantenga su calidad hasta un máximo de tres años (verifique siempre las recomendaciones de su fabricante).

Se puede usar un hidrómetro para medir el volumen de agua oxigenada líquida con el propósito de modificar su concentración, o simplemente para verificar que el producto todavía es potente. De vez en cuando, se deja sin tapar un recipiente y el producto termina en la parte de atrás del anaquel; en esos casos, es mejor no suponer que todavía es potente. El hidrómetro puede ser también un medio de ahorrar dinero. Es más económico comprar el mayor volumen y diluirlo en el salón de belleza que comprar una concentración equivalente en volúmenes más bajos preempaquetados. El hidrómetro se parece mucho a un termómetro, y se lo debe tratar con suavidad y guardarlo con cuidado para evitar que se descomponga.

Al diluir grandes volúmenes de agua oxigenada, use los siguientes cuadros:

Cuadro de agua oxigenada de 130 volúmenes
Para una cantidad total de 16 onzas

12½ onz. de H_2O_2 + 3½ onz. de H_2O (agua) = 16 onz. de H_2O_2 de 100 volúmenes
7½ onz. de H_2O_2 + 8½ onz. de H_2O (agua) = 16 onz. de H_2O_2 de 60 volúmenes
6½ onz. de H_2O_2 + 9½ onz. de H_2O (agua) = 16 onz. de H_2O_2 de 50 volúmenes
5 onz. de H_2O_2 + 11 onz. de H_2O (agua) = 16 onz. de H_2O_2 de 40 volúmenes
3½ onz. de H_2O_2 + 12½ onz. de H_2O (agua) = 16 onz. de H_2O_2 de 30 volúmenes
2½ onz. de H_2O_2 + 13½ onz. de H_2O (agua) = 16 onz. de H_2O_2 de 20 volúmenes
1¼ onz. de H_2O_2 + 14¾ onz. de H_2O (agua) = 16 onz. de H_2O_2 de 10 volúmenes

Cuadro de dilución de agua oxigenada de 100 volúmenes
Para una cantidad total de 10 onzas

6 onz. de H_2O_2 + 4 onz. de H_2O (agua) = 10 onz. de H_2O_2 de 60 volúmenes
5 onz. de H_2O_2 + 5 onz. de H_2O (agua) = 10 onz. de H_2O_2 de 50 volúmenes
4 onz. de H_2O_2 + 6 onz. de H_2O (agua) = 10 onz. de H_2O_2 de 40 volúmenes
3 onz. de H_2O_2 + 7 onz. de H_2O (agua) = 10 onz. de H_2O_2 de 30 volúmenes
2 onz. de H_2O_2 + 8 onz. de H_2O (agua) = 10 onz. de H_2O_2 de 20 volúmenes
1 onz. de H_2O_2 + 9 onz. de H_2O (agua) = 10 onz. de H_2O_2 de 10 volúmenes

Es importante usar implementos limpios para medir, usar y almacenar el agua oxigenada. Incluso una cantidad pequeña de suciedad o de impureza puede hacer que el agua oxigenada se deteriore, y puede hacer que los resultados de color sean inconsistentes. Una vez que el agua oxigenada se vacía de su recipiente original, no se debe volver a poner en el mismo o en otra botella.

Nunca mida la cantidad necesaria de agua oxigenada virtiéndola en la tapa de otro recipiente. El residuo hará que el recipiente se oxide cuando está guardado en el anaquel, haciendo que ya no se pueda usar. Las señales de que el agua oxigenada ha comenzado a descomponerse o a deteriorarse son la formación de espuma en el producto, sonidos tales como chasquidos o ruidos sibilantes al abrir la botella, o una botella hinchada o abultada.

El contacto con cualquier metal (sea de productos metálicos para coloreado del cabello, un clip o sujetador metálico o una cubeta para mezclar) resulta en una reacción adversa en el agua oxigenada, y se deben evitar. El metal acelera la liberación de moléculas de oxígeno y puede hacer que el agua oxigenada oxide el producto y pierda concentración antes de que pueda penetrar en la cutícula y en las capas corticales, llegar a la melanina y permitir el revelado correcto del color. ✓

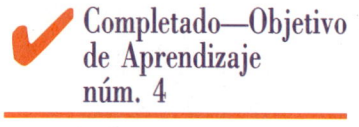

✓ Completado—Objetivo de Aprendizaje núm. 4

AGUA OXIGENADA

12.43—Efectos especiales mediante aclarado del cabello.

ACLARADO DEL CABELLO

El **aclarado del cabello,** que consiste en eliminar el pigmento del cabello, es siempre un servicio popular del salón de belleza. Según los cambios de estilo, se aclarará la cabeza entera, o solamente una zona de la misma, o se creará un efecto especial. Los mechones más claros hacen que la persona llame la atención. (Fig. 12.43)

Los aclaradores se pueden usar también para dos propósitos:

1. Como tratamiento de colorante, para aclarar el cabello hasta que tenga el matiz final.
2. Como tratamiento preliminar, para preparar el cabello para la aplicación de un tonalizador o de un tinte (aplicación de proceso doble).
   a) **Tonalizador o color pastel (toner)**—Se necesita siempre un aclarador antes de aplicar matices delicados de tonalizador.
   b) **Tinte**—Si el cliente desea un matiz mucho más claro que el matiz natural, se puede usar un aclarador para eliminar algo de color antes de que se aplique el tinte.

El aclarado crea la base de color que se desea. Esta nueva base de color puede ser el resultado final, o puede ser la primera etapa de una aplicación de proceso doble. Antes de comenzar el proceso de aclarado, es importante darse cuenta de que lograr el matiz deseado requiere que usted considere no solamente el color del cabello virgen, cuánto tiempo debe dejarse puesto el producto para lograr la etapa deseada de aclarado, y la porosidad resultante del tallo del pelo, sino también la selección del producto adecuado para lograr la base de color deseada.

El cabello se hace mucho más poroso durante el tratamiento de aclarado, lo que constituye una condición necesaria para permitir la aplicación de un tonalizador o color pastel (toner). Es posible que incluso el cabello naturalmente claro o gris requiera un tratamiento de preaclarado para lograr el nivel necesario de porosidad para que pueda aceptar un tonalizador o tinte.

> **PRECAUCIÓN**
> *Es posible que los clientes que tengan cabello oscuro y quieran aclararlo a un color rubio muy pálido, sólo podrán hacerlo a costa de causar un daño muy grande a su cabello.*

Los aclaradores de cabello, usados de conformidad con las instrucciones del fabricante, pueden:

1. Aclarar el cabello de toda la cabeza para la aplicación del tonalizador.
2. Aclarar el cabello hasta un matiz en particular.
3. Hacer más brillante y aclarar el matiz existente.
4. Aclarar sólo ciertas partes del cabello.
5. Aclarar sólo el cabello que ya se ha teñido.
6. Eliminar los matices indeseables.
7. Corregir los puntos o rayas oscuras en el cabello aclarado o teñido.

Tipos de aclaradores

Los coloristas de hoy en día tienen a su disposición tres tipos básicos de aclaradores: grasas, cremas y polvos. Cada tipo tiene sus propias cualidades, características químicas y procedimientos de formulación.

Los **descolorantes o lejías en grasa** son los más suaves de los tres tipos de aclaradores y tienen la menor cantidad de efectos de aclarado. Este producto es apropiado se desea obtener solamente uno o dos niveles de aclarado del cabello. Los descolorantes o lejías en grasa son generalmente más suaves que algunos colorantes oxidantes de alto poder de aclarado cuando se los mezcla con volúmenes más altos de agua oxigenada. El descolorante en grasa puede usarse como colorante de aplicación simple para lograr un cambio moderado de color por toda la cabeza, o en un retejido para lograr un cambio muy discreto de color. También es un producto popular para el preablandado del cabello resistente antes de un servicio de teñido. Debido a que el descolorante o lejía en grasa es tan suave, se usa profesionalmente para aclarar el pelo del rostro y del cuerpo que sea demasiado oscuro.

Los beneficios de los **aclaradores en crema** son los siguientes:

1. Los agentes acondicionantes dan algo de protección al cabello y al cuero cabelludo.
2. Los agentes llamados azuletes contribuyen a neutralizar los tonos dorados.
3. Los espesadores dan mayor control durante la aplicación.
4. La crema no corre ni gotea, lo que permite evitar los solapos durante el retoque.

Los aclaradores en crema son el tipo más popular porque son fáciles de aplicar y no corren, gotean ni se secan fácilmente. La solución débil de agua oxigenada y amoníaco de los descolorantes o lejías en crema es suficientemente potente para realizar enrubiecimiento pastel, y suficientemente suave como para que se use en el cuero cabelludo.

Muchos fabricantes añaden un neutralizador para reducir los tonos bronceados. Los tonos verdes, azules y violetas son eficaces porque en la rueda de colores dichos tonos son complementarios a los tonos rojos, anaranjados, dorados y amarillos, y podrían contribuir a neutralizar parcialmente estos últimos colores que ocurren naturalmente a medida que la melanina pasa por la descolorización. Otros fabricantes prefieren dejar que sus aclaradores sean de un color blanco puro, para que los coloristas puedan vigilar el proceso de aclarado sin quitar el producto.

Los aclaradores líquidos y en crema generalmente se mezclan con aceleradores, que a veces se llaman reforzadores, protinadores o activadores, en forma de cristales secos para aclarar su poder de aclarado. Cuanto mayor sea el número de protinadores, mayor será la concentración de la fórmula.

- 0 activador—fórmula comparable al descolorante en grasa en suavidad.
- 1 activador—puede aclarar el cabello castaño claro.
- 2 activadores—puede aclarar el cabello castaño entre mediano y oscuro.
- 3 activadores—puede aclarar el cabello castaño oscuro resistente.
- 4 activadores—equivale al descolorante o lejía en polvo. No se usa en el cuero cabelludo.

La cantidad de reforzadores recomendada por el fabricante tiene el efecto de duplicar la concentración de la solución de agua oxigenada. Por dicha razón, y también para proteger la integridad de la fibra de cabello, no se recomiendan más de 20 volúmenes para la aplicación en el cuero cabelludo.

Los *descolorantes o lejías en polvo,* como los descolorantes en crema, son lo suficientemente fuertes como para realizar el enrubiecimiento pastel. Sin embargo, el descolorante en polvo no puede aplicarse al cuero cabelludo porque no contiene las grasas y los acondicionadores que hacen que el aclarador en crema no presente riesgos para la aplicación en el cuero cabelludo. La aplicación en el cuero cabelludo produciría una irritación severa de la piel y posiblemente en quemaduras de origen químico. Se usan aclaradores descolorantes en polvo exclusivamente para aplicaciones fuera del cuero cabelludo y para efectos especiales, tales como retejido envuelto en hoja, realce con gorras de plástico y pintado del cabello.

Como los aclaradores en grasa y en crema, los descolorantes o lejías en polvo contienen amoníaco. Sin embargo, en este caso está en forma seca. El amoníaco comienza el proceso de oxidación cuando se mezcla con el agua oxigenada líquida o en crema.

Los aclaradores en polvo, llamados también aclaradores rápidos, contienen reforzadores que liberan oxígeno para tener un efecto más rápido y más potente. Es posible que se sequen más rápidamente, pero no corren ni gotean. La mayoría de los aclaradores en polvo se expanden y se esparcen a medida que continúa el proceso, y no deben ser usados para servicios de retoque. Se recomiendan los aclaradores en polvo para aplicaciones fuera del cuero cabelludo en el cabello resistente.

La acción de un aclarador

Una de las preguntas que más frecuentemente se hace un colorista al aclarar cabello es: "¿A dónde va el color?" No se lo puede ver al desaguar la cubeta cuando se elimina el descolorante o lejía, y no parece que haya sido absorbido en el descolorante. A principios de los años 60, se explicó a muchos cosmetólogos que el agente descolorante se "comía" el pigmento natural. Dicha teoría fue demostrada y "probada" al añadir una botella de tinte a una fórmula de descolorante o lejía. ¡El tinte de color desaparecía ante los ojos!

La adición de agua oxigenada a una fórmula de descolorante o lejía (proceso que se conoce con el nombre de oxidación) ocurre dentro del nivel cortical del tallo del cabello. Los gases avanzan dentro de la melanina o pigmento con suficiente fuerza para difundir las moléculas de color.

El proceso de oxidación que ocurre dentro la fórmula descolorante causa calor, y dicho calor químico aumenta debido al calor del cuerpo. Por lo tanto, cuanto más fuerte sea la fórmula química y cuanto más cerca se ponga del cuero cabelludo, mayor será la difusión de melanina (descolorante) dentro del tallo.

Tan pronto como el agua oxigenada se mezcla con la fórmula de descolorante o lejía, comienza a liberar oxígeno y el volumen disminuye. Dicho proceso continúa hasta que el producto se seque o libere todas las moléculas de oxígeno que estén disponibles.

Los fabricantes de aclaradores producen mezclas de descolorantes de diferentes niveles de concentración en una variedad de fórmulas, pero todas ellas diluyen el color en vez de eliminarlo. El ojo interpreta dicho color diluido, sea dentro del tallo del cabello o en una cubeta de descolorante a la cual se ha añadido tinte, como un matiz más claro.

Los aclaradores pueden hacer que el tallo se hinche y aclare la capa de cutícula para permitir la penetración a la corteza. Cuando el aclarador se elimina y permite y el pH del tallo se restaura a su situación normal, el tallo se encoge aproximándose a su tamaño anterior, pero nunca llega a tener ese mismo tamaño. Parte de la capa de cutícula permanece levantada y, por lo tanto, cada fibra de cabello se queda más "gorda" o gruesa.

Otro cambio estructural ocurre debido a la rotura y reestructuración de las cadenas corticales que están dentro del tallo. Al debilitarse dichas cadenas, el cabello se hace más flexible y menos resistente. Dicho aumento de flexibilidad se considera una ventaja, especialmente en conjunción con peinados estilizados de cabello, peinados al agua, rizado escultural, asentado de rulos y el cardado.

La elasticidad del cabello es alterada también por el alumbrado y, especialmente, por el descolorante o lejía. Es el factor más importante que hay que verificar durante el proceso de aclarado. El cabello saludable se puede estirar aproximadamente ⅕ de su longitud y después vuelve a su longitud normal.

Si el cabello se aclara demasiado, las fibras húmedas se estiran más de ⅕ de su longitud, y no vuelven a su tamaño original. Incluso pueden estirarse hasta el punto en que el cabello se rompe. Cuando el cabello que se ha aclarado demasiado está seco, parece que su elasticidad natural ha disminuido. Sin embargo, en realidad, en esta condición el cabello se vuelve seco y quebradizo, y puede romperse simplemente al peinar y cepillar normalmente.

Con cada nivel de aclarado del color, el cabello presentará síntomas de creciente sequedad, porosidad y flexibilidad. Se puede tratar fácilmente la sequedad con soluciones hidratantes, y la porosidad se puede curar con tratamientos de proteína, de tal forma que el cabello mantenga los beneficios de la mayor flexibilidad sin ponerse demasiado seco, elástico o poroso.

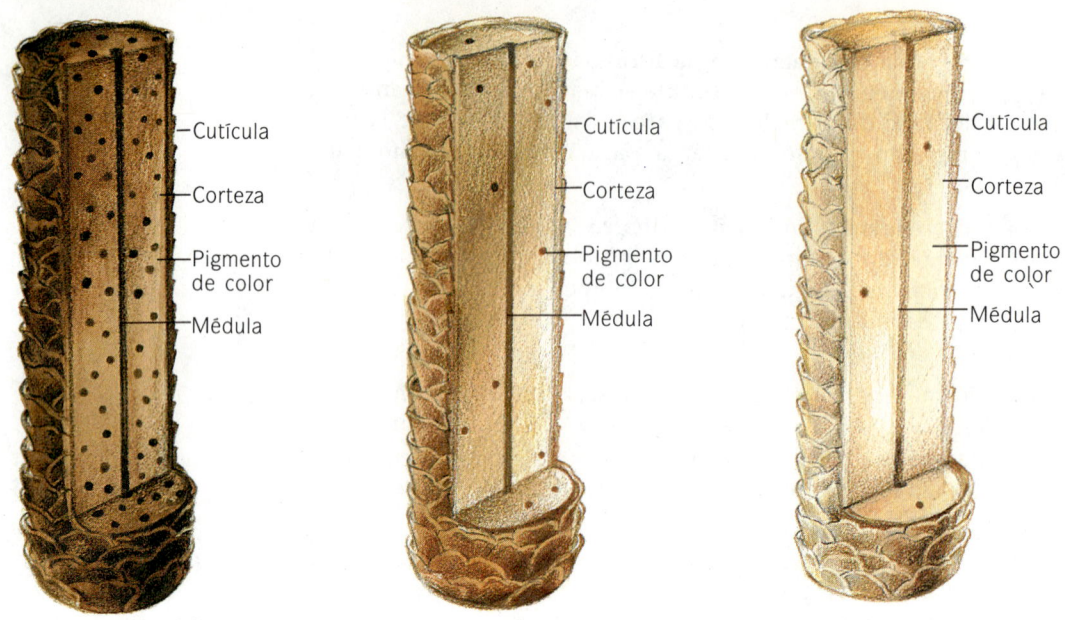

12.44—Los aclaradores de cabello se usan para disminuir el pigmento.

El proceso de descoloramiento

Se usa un producto de aclarado para disminuir el pigmento. (Fig. 12.44) El pigmento del cabello pasa por diferentes etapas de color a medida que se aclara. La cantidad de cambio depende de cuánto pigmento tiene el cabello y de la cantidad de tiempo con que se elabora el producto aclarador.

Los grados (o etapas) de descoloramiento

Dentro de los diferentes grados de descoloramiento, el cabello puede pasar por hasta 10 etapas. (Fig. 12.45)

10	9	8	7	6	5	4	3	2	1
Amarillo pálido	Amarillo	Amarillo-dorado	Dorado	Anaranjado-dorado	Anaranjado	Rojo-anaranjado	Rojo	Rojo-pardo	Rojo-pardo oscuro

12.45—Diez grados de descoloramiento.

10. Amarillo pálido
9. Amarillo
8. Amarillo-dorado
7. Dorado
6. Anaranjado-dorado
5. Anaranjado
4. Rojo-anaranjado
3. Rojo
2. Rojo-pardo
1. Rojo-pardo oscuro

Contribución del pigmento subyacente

El descolorar el pigmento natural de melanina del cabello permite al colorista crear el nivel exacto de pigmento contribuyente que se necesita para el resultado final. En primer lugar, el cabello se descolora hasta el nivel adecuado. Después se aplica el nuevo color para depositar la tonalidad e intensidad deseadas. Es absolutamente necesario aclarar el cabello hasta el nivel correcto para obtener un resultado hermoso y controlado de coloreado del cabello, porque el pigmento natural que permanece en el cabello contribuye al color artificial que añade el colorista, dándole a usted el resultado final.

Generalmente, los aclaradores que se ponen en el cuero cabelludo están fabricados para trabajar por hasta 2 horas. Puesto que la acción más potente de aclarado tiene lugar durante los primeros 60 minutos, es a veces útil, al descolorar cabello muy resistente, eliminar la primera mezcla de aclarado después de 1 hora y aplicar una nueva.

Es muy importante tener paciencia. Los colores rojo-anaranjado (grado 4) y dorado (grado 7) requieren el mayor tiempo de descolorado antes de terminar. Una tentación frecuente del colorista es eliminar el aclarador antes de tiempo. Cuando el color se añade entonces al pigmento cálido contribuyente, los resultados no serán los deseados.

El cabello de la mayoría de las cabezas puede aclararse sin peligro hasta la etapa de amarillo pálido. Es tarea del colorista profesional analizar el cabello antes del aclarado, y examinar detalladamente las etapas del aclarado para determinar hasta qué grado de claridad puede llevarse el color. Realizar una prueba preliminar de mechón elimina la incertidumbre de dicho procedimiento.

El cabello nunca se aclara sin peligro con descolorante o lejía más allá de la etapa de amarillo pálido hasta quedar blanco. La disminución extrema de color necesaria para dar una apariencia blanca ante los ojos causa daño excesivo a la cutícula y a la corteza, y a veces incluso a la médula. El resultado es que el cabello blando se siente exageradamente suave y se estira sin volver a su tamaño original. Cuando está seco, ese cabello es áspero y quebradizo. Este tipo de cabello con frecuencia sufre roturas y no acepta un tonalizador adecuadamente. Sin embargo, esto no quiere decir que solamente los que hayan nacido con cabello rubio puedan ser rubios muy claros. El aspecto de rubio muy claro puede lograrse aclarando hasta lograr un amarillo pálido y después neutralizando el tono subyacente no querido con un tonalizador.

Diez grados de descoloramiento

Punto de partida del color natural del cabello

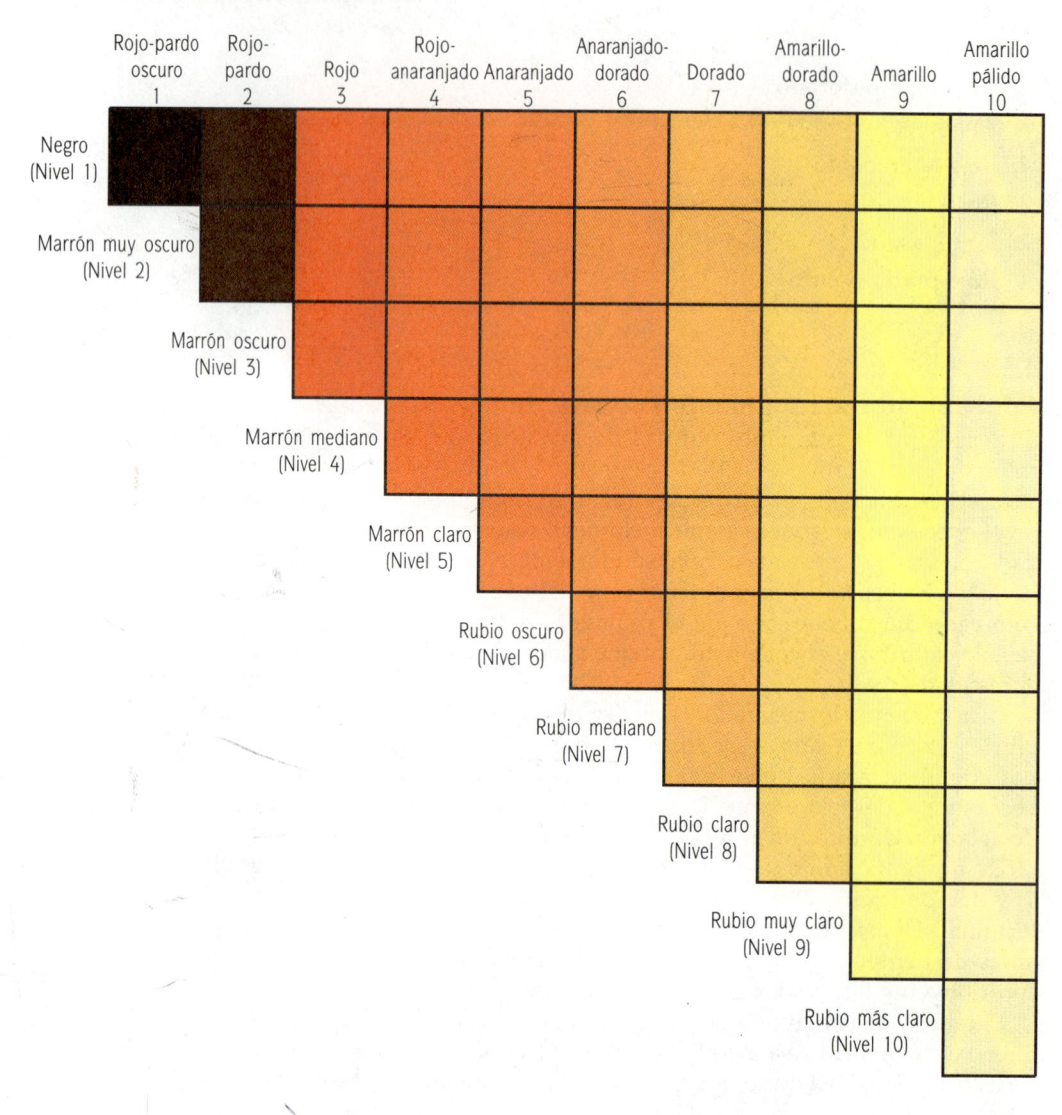

	Rojo-pardo oscuro 1	Rojo-pardo 2	Rojo 3	Rojo-anaranjado 4	Anaranjado 5	Anaranjado-dorado 6	Dorado 7	Amarillo-dorado 8	Amarillo 9	Amarillo pálido 10
Negro (Nivel 1)										
Marrón muy oscuro (Nivel 2)										
Marrón oscuro (Nivel 3)										
Marrón mediano (Nivel 4)										
Marrón claro (Nivel 5)										
Rubio oscuro (Nivel 6)										
Rubio mediano (Nivel 7)										
Rubio claro (Nivel 8)										
Rubio muy claro (Nivel 9)										
Rubio más claro (Nivel 10)										

12.46—Contribución del pigmento subyacente.

No todos los cabellos pasan por los 10 grados de descoloramiento. Cada color natural del cabello comienza el proceso de descoloramiento en una etapa diferente. Sólo el cabello negro pasa por todos los 10 grados de aclarado hasta llegar a un amarillo pálido. Recuerde, la meta es crear el nivel correcto de pigmento contribuyente como fundación para el resultado final de colorante del cabello. (Fig. 12.46)

Factores de tiempo

Cuanto más oscuro sea el color natural del cabello, más melanina tiene. Cuanta más melanina tenga, más tiempo toma disminuir el color para dar una apariencia más clara al cabello. La cantidad de tiempo necesaria para aclarar el cabello natural depende también de la porosidad. El cabello poroso del mismo nivel de color se aclarará más rápidamente que el cabello que no es poroso, porque el agente descolorante puede penetrar en la corteza más rápidamente.

El tono tiene también impacto en la cantidad de tiempo necesaria para aclarar el color natural del cabello. Cuanto mayor sea el porcentaje de rojo reflejado en el color natural, más difícil será lograr los matices pálidos y delicados del rubio. Los rubios cenicientos son especialmente difíciles de lograr puesto que la melanina debe difundirse lo suficiente para alterar tanto el nivel como el tono del cabello.

La concentración del producto también afecta la velocidad y cantidad del aclarado. Los descolorantes o lejías más potentes logran los matices pálidos en la menor cantidad de tiempo.

Puesto que el calor, usado en conjunción con las sustancias químicas aclaradoras, ablanda el cabello, creando un estado frágil, hay que tener cuidado al usar el calor. El calor excesivo puede hacer que el movimiento de las moléculas sea tan intenso que se puede causar un daño extremo a medida que se eliminan capas de cutícula y se destruyen las cadenas corticales.

El calor hace que el aclarado sea más rápido, acortando así el tiempo necesario para el descoloramiento. Se deben observar cuidadosamente las etapas de aclarado para evitar el aclarado excesivo que podría llevar a la difusión de tanto pigmento natural que el matiz deseado de tonalizador podría no desarrollarse adecuadamente en el tallo del cabello. Cuando esto ocurra, el tinte del modificador podría "atrapar" el color base, dando al cabello un tono ceniciento y gris. Sin embargo, cualquiera puede lograr hermosos matices rubios si se utilizan los análisis, productos y técnicas correctos.

Aclarado del cabello virgen

Es necesario hacer una prueba preliminar de mechón antes de aclarar, para determinar el tiempo de tratamiento, la condición del cabello después del aclarado, y los resultados finales. Registre cuidadosamente todos los datos en la tarjeta de registro del cliente.

Resultados preliminares de la prueba

1. Si la prueba indica que el cabello no es suficientemente claro:
    a) Aumente la concentración de la mezcla y/o
    b) Aumente el tiempo de tratamiento.
2. Si el mechón de cabello es demasiado claro:
    a) Disminuya la concentración de la mezcla y/o
    b) Disminuya el tiempo de tratamiento.
3. Examine el mechón cuidadosamente en busca de reacciones a la mezcla de aclarado y de descoloramiento o rotura. Es posible que se requiera reacondicionamiento antes de tonalizar.
4. Si el color y las condiciones son buenas, siga adelante con el aclarado.

284 ◆ TEXTO GENERAL DE COSMETOLOGÍA

[Nota manuscrita al margen: El # de peroxido depende en la textura del pelo, y la rapidez que quiera adquirir en el aclarado. El Bleach se puede dejar hasta 2 horas lo máximo.]

◆**NOTA:** Una prueba de parche debe realizarse 24 a 48 horas antes de la aplicación de un tonificador que contenga derivados de anilina. Para ahorrar tiempo al cliente, la prueba de mechón para el aclarado debe realizarse el mismo día que la prueba del parche.

Implementos y materiales

Toallas	Peine	Guantes protectores
Clips de plástico	Capa para teñido	Cubeta de plástico o de vidrio
Champú	Agua oxigenada	Aclarador ácido o de acabado
Algodón	Ficha de registro	Botella o cepillo de aplicación
Aclarador	Temporizador	Crema protectora

Procedimiento

Las siguientes instrucciones generales pueden ser cambiadas por su instructor para que correspondan a efectos o productos específicos de aclarado.

1. Prepare al cliente. Proteja la ropa del cliente con una toalla y con una capa para teñido.
2. Analice el cuero cabelludo y el cabello, y haga el registro correspondiente en la ficha del cliente. No realice el servicio si el cliente tiene abrasiones o inflamaciones en el cuero cabelludo.
3. No cepille el cabello.
4. Verifique la zona de la prueba de parche si se va a usar el tonalizador. Siga adelante sólo si los resultados de la prueba son negativos.
5. Divida el cabello de la cabeza en cuatro partes.
6. Aplique crema protectora alrededor de la línea del pelo y sobre las orejas.
7. Póngase guantes para protegerse las manos.
8. Prepare la fórmula de aclarado. Úsela de inmediato para evitar el deterioro.
9. Aplique el aclarador. Comience la aplicación en los lugares donde el cabello parezca resistente o especialmente oscuro, normalmente la parte posterior de la cabeza. Use particiones de ⅛ de una pulgadas (.3125 cm.) para aplicar el aclarador. Comience a ½ pulgada (1.25 cm.) del cuero cabelludo y extienda el aclarador hasta, **pero no a través**, las puntas porosas. Aplique el aclarador al lado de arriba y al lado de abajo de la partición con movimientos rápidos y rítmicos. (Fig. 12.47)
10. Continúe aplicando el aclarador. Verifique y vuelva a verificar la aplicación, añadiendo más aclarador si hace falta. No use el peine para aplicar el aclarador por el cabello. Mantenga el aclarador húmedo durante el revelado rociando levemente el cabello con una botella de aplicación o reaplicando el aclarador a medida que se seque la mezcla.
11. Pruebe para examinar la acción de aclarado. Realice la primera verificación unos 15 minutos antes del tiempo indicado por la prueba preliminar del mechón. Elimine la mezcla del mechón con una toalla húmeda. Seque con toalla y examine. Si el mechón no es lo suficientemente claro, reaplique la mezcla y continúe las pruebas frecuentemente hasta que se alcance el nivel deseado.
12. Aplique el aclarador al cabello cerca del cuero cabelludo con una partición de ⅛ pulgadas (.3125 cm.). (Fig. 12.48) Si hace falta, prepare un nuevo aclarador. Haga el tratamiento y haga la prueba del parche hasta que todo el tallo haya alcanzado la etapa deseada.

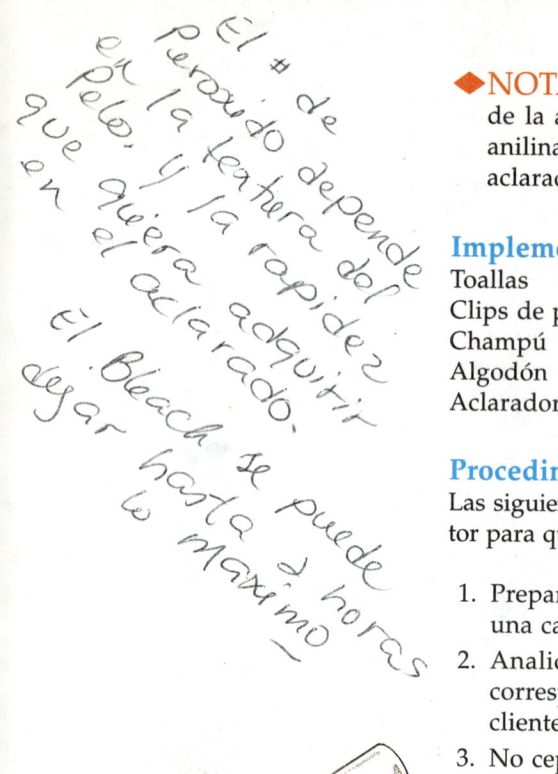

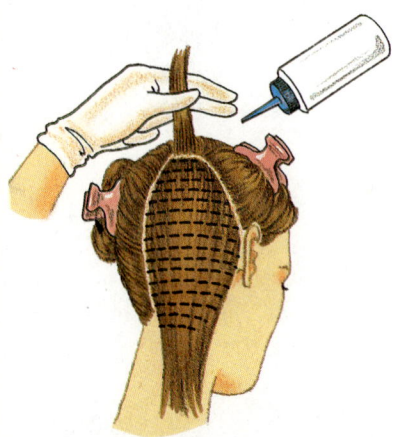

12.47—Aplique el aclarador al lado de abajo del mechón.

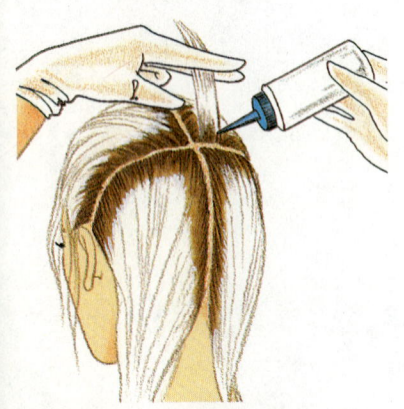

12.48—Aplique el aclarador en el cuero cabelludo.

13. Elimine el aclarador. Enjuague completamente con agua fría. Lave suavemente con champú de equilibrio ácido, con las manos debajo del cabello para evitar que se enrede.
14. Neutralice la alcalinidad del cabello con un aclarado ácido o un aclarado normalizador. Reacondicione si hace falta.
15. Seque el cabello con toalla, o séquelo completamente bajo un secador frío si el fabricante lo requiere.
16. Examine el cuero cabelludo para ver si hay abrasiones. Analice la condición del cabello.
17. Continúe con la aplicación de tonalizador.
18. Complete la ficha de registro y archívela.
19. Limpie en la forma acostumbrada.

Retoque del aclarado

A medida que crezca el cabello, el cabello recién crecido oscuro será muy obvio. Un retoque del aclarado corrige este problema y empareja el cabello recién crecido con el resto del cabello aclarado. Durante el retoque, el aclarador se aplica solamente al cabello recién crecido, con las siguientes excepciones:

1. Si se desea otro color.
2. Si se desea un matiz más claro.
3. Si el color se ha puesto opaco debido a aplicaciones repetidas.

En cada caso, aclare primero el cabello recién crecido. Después haga pasar suavemente el resto de la mezcla de aclarado por el tallo del cabello. Dé el tratamiento durante 1 a 5 minutos hasta que el problema se corrija.

Procedimiento

Consulte siempre la ficha de registro del cliente para obtener indicaciones sobre fórmula de aclarado, el tiempo necesario y otras informaciones pertinentes. El procedimiento para un retoque de aclarador es el mismo como el de aclarar una cabeza de cabello virgen, excepto que la mezcla se aplica solamente al cabello recién crecido. (Figs. 12.49 a 12.51)

Generalmente se usa un aclarador en crema para un retoque de aclarado porque su consistencia ayuda a evitar el solapo de cabello que se había aclarado anteriormente, y es menos dañino para el cuero cabelludo. El solapo puede causar severas roturas, así como líneas de demarcación.

Precauciones de seguridad

1. Realice una prueba de parche entre 24 a 48 horas antes de la aplicación de tonalizador.
2. Lea las instrucciones del fabricante antes de preparar el aclarador.
3. Lávese siempre las manos antes y después de prestar servicios a un cliente.
4. Cubra bien al cliente para proteger la ropa.
5. Examine el cuero cabelludo cuidadosamente. No aplique el aclarador si hay irritación o abrasiones.

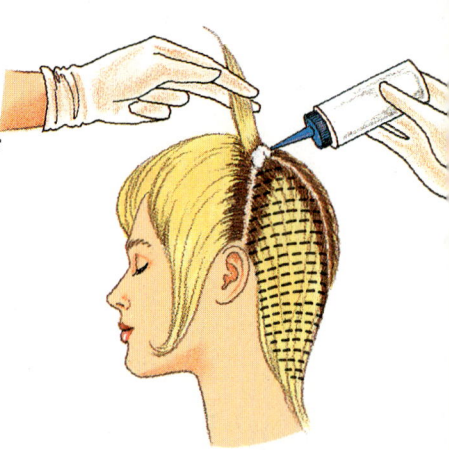

12.49—Aplique el aclarador al cabello recién crecido.

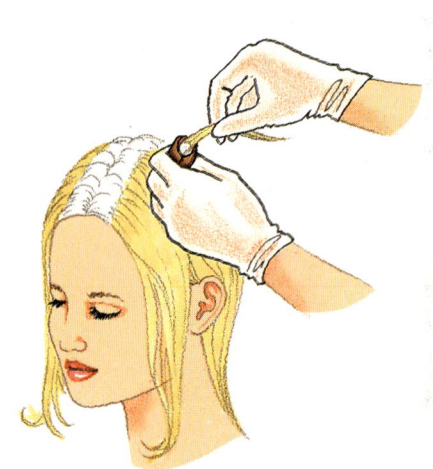

12.50—Prueba de mechón.

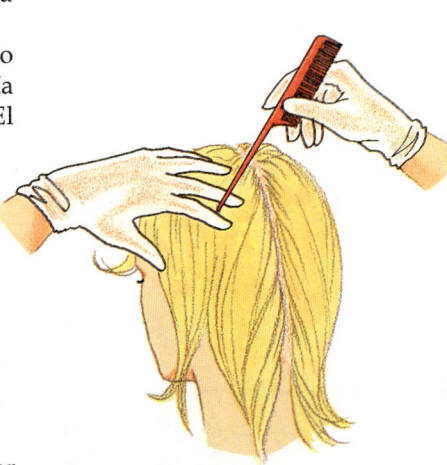

12.51—Verifique que la cobertura es completa.

6. No cepille el cabello. Si hace falta lavar con champú, evite irritar el cuero cabelludo.
7. Analice la condición del cabello y dé cualquier tratamiento de reacondicionamiento que sea necesario.
8. Póngase guantes protectores.
9. Use solamente aplicadores y toallas higienizadas.
10. Realice la prueba del mechón antes de hacer un retoque de aclarador.
11. El aclarador en crema debe tener la consistencia de crema batida para que no gotee ni corra ni cause solapo.
12. Siempre use un aclarador inmediatamente después de mezclar. Deseche el aclarador que sobre.
13. Aplique el aclarador primero a las zonas resistentes. Use particiones de ⅛ de una pulgada (.3125 cm.) para asegurarse de que haya cobertura adecuada.
14. Aplique rápidamente y con pulcritud para aclarado parejo.
15. Realice pruebas de mechón frecuentes hasta que se haya alcanzado la etapa deseada.
16. Examine la piel y el cuero cabelludo después de la aplicación y elimine suavemente cualquier aclarador que quede con una toalla fría y húmeda.
17. El aclarador puede permanecer sin riesgo en el cuero cabelludo por un máximo de 1 hora.
18. Si la toalla que está alrededor del cuello del cliente se satura, retírela y reemplácela para evitar irritación de la piel.
19. Agua fría y champú suave se deberían usar para eliminar el aclarador. Evite enredar el cabello frágil.
20. Tape todas las botellas para evitar la contaminación. Guarde con cuidado.
21. Complete la ficha de registro y archívela.

Aclarado de puntos o zonas

El aclarado desparejo, las rayas o los puntos oscuros generalmente se deben a aplicación descuidada de aclaradores. Es necesario corregir dichas zonas para asegurarse de que haya un color más claro.

Para corregir el cabello rayado:

1. Prepare la fórmula de aclarado.
2. Aplique la mezcla solamente a las zonas más oscuras.
3. Permita que la mezcla permanezca en el cabello hasta que se hayan eliminado todas las rayas.
4. Lave con champú el aclarador del cabello.

Tonalizadores

Los tonalizadores son tintes derivados de la anilina y requieren de una prueba de parche de 24 a 48 horas. Constan de colores pálidos y delicados, y se aplican a los grados más claros de pigmento contribuyente del proceso de descoloramiento.

Los tonalizadores requieren una aplicación de proceso doble:

1. El primer proceso es el aclarador.
2. El segundo proceso es el tonalizador.

Preaclarado para crear una base para los tonalizadores

Después de que el cabello haya pasado por el proceso de descoloramiento, el color que queda en el cabello se conoce con el nombre de fundación. Para lograr la fundación correcta es necesario crear un grado de porosidad requerido para el revelado adecuado del tonalizador.

Los fabricantes de tonalizadores proporcionan material escrito en el que se recomienda la base correcta para lograr el color que desee. Como regla general, cuanto más pálido sea el color deseado, más clara será la base. Es importante seguir la guía estrictamente porque:

1. El cabello demasiado aclarado "atrapará" el color base del tonalizador.
2. El cabello que no se ha aclarado lo suficiente dará la impresión de tener más rojo, amarillo o anaranjado que el color que se intentaba lograr.

No es recomendable preaclarar más allá de la etapa de amarillo pálido. Esto crearía cabello demasiado poroso en cuya corteza quedaría pigmento natural en cantidades insuficientes para permitir el encadenamiento del tonalizador. Consulte las leyes del color para seleccionar un tonalizador que neutralice o tonalice el cabello preaclarado hasta que tenga el matiz deseado.

Aparte de lograr de suficiente base para tonalizar, usted debe lograr también suficiente porosidad para el revelado del tonalizador. De vez en cuando, el cabello virgen rubio, gris o blanco alcanza la base correcta de color sin lograr suficiente porosidad. En ese caso, usted debe hacer modificaciones en su mezcla de colorante para lograr el color deseado.

Aplicación preliminar de tonalizador

1. Realice una prueba de parche de 24 a 48 horas antes de la aplicación del tonalizador.
2. La prueba del mechón puede darse el mismo día que la prueba del parche para ahorrar tiempo.
3. Complete la aplicación solamente si los resultados de la prueba son negativos y si el cabello está en buenas condiciones.

Implementos y materiales

Toallas	Peine	Guantes protectores
Clips de plástico	Capa para teñido	Cubeta de plástico o de vidrio
Champú	Agua oxigenada	Aclarador ácido o de acabado
Algodón	Crema protectora	Ficha de registro
Tonalizador	Botella o cepillo de aplicación	Temporizador

Preparación

1. Organice todos los utensilios.
2. Prepare al cliente.
3. Use guantes protectores.
4. Preaclare el cabello hasta la etapa deseada de descoloramiento.
5. Lave suavemente el cabello, enjuague y seque con toalla.
6. Acidifique y reacondicione, según haga falta.
7. Seleccione el matiz deseado de tonalizador (indicado por el grado de aclarado requerido anteriormente para lograr el resultado de tono deseado).
8. Aplique la crema protectora alrededor de la línea del pelo y sobre las orejas.
9. Haga la prueba de parche y registre los resultados en la ficha de registro del cliente.
10. Mezcle el tonalizador y el revelador si está usando un tonalizador oxidante en una cubeta o botella no metálica, siguiendo las instrucciones del fabricante.

Procedimiento

Use guantes para protegerse durante la aplicación. La velocidad y la exactitud de la aplicación son de importancia fundamental para tener buenos resultados de color.

La aplicación de tonalizadores con poca agua oxigenada o sin ella podría variar. Su instructor le dará instrucciones.

1. Divida el cabello en cuatro secciones iguales. Use la punta del peine con cola o del cepillo para tinte. Tenga cuidado de no rasguñar el cuero cabelludo.
2. En la coronilla de una de las particiones de atrás, haga particiones de ¼ de una pulgada (.625 cm.) y aplique el tonalizador de la coronilla hacia arriba pero sin incluir las puntas porosas.
3. Cuando la prueba del mechón confirme que el color se ha revelado correctamente, aplique suavemente el tonalizador por las puntas usando el cepillo o los dedos.

◆NOTA: No haga pasar la mezcla de tonalizador por las puntas porosas hasta el final, y entonces solamente si se han producido cambios en el valor tonal o ha habido considerable atenuación. Si usted hace lo contrario de esta indicación, el cabello se pondrá aún más poroso y más susceptible a descoloramiento continuo. Si las puntas tienden a absorber demasiado color, diluya la mezcla restante con champú suave, acondicionador o agua destilada antes de aplicarla a las puntas.

4. Aplique la mezcla adicional al cabello, si hace falta, y mezcle. Deje el cabello suelto para permitir la circulación del aire, o cubra el cabello con una gorra si esto se requiere.
5. Permita el tiempo necesario de conformidad con los resultados de la prueba de mechón. Haga la prueba frecuentemente hasta que se haya alcanzado el matiz deseado en forma pareja por todo el tallo y las puntas.
6. Elimine el tonalizador mojando el cabello y masajeando el tonalizador hasta hacer espuma.
7. Aclare, lave suavemente con champú y aclare bien.
8. Aplique el aclarado final para cerrar la cutícula, bajar el pH y contribuir a evitar la atenuación.
9. Elimine toda mancha de tonalizador de la piel, de la línea del pelo y del cuello.
10. Peine según el estilo deseado. Hágalo con cuidado, para evitar estirar el cabello.
11. Complete la ficha de registro y archívela.
12. Limpie en la forma acostumbrada.

Retoque del tonalizador

Antes de retocar el tonalizador se requiere un análisis cuidadoso de cabello. El cabello recién crecido debe preaclararse hasta la misma etapa a que fue aclarado el cabello para la primera aplicación de tonalizador. Según los resultados de su análisis de la prueba del mechón, usted aplicará el tonalizador a todo el tallo, como en la aplicación original, o aplicará el tonalizador solamente al cabello recién crecido. Cuando casi se haya terminado de tratar dicha zona, usted puede aplicar una mezcla diluida de tonalizador por el cabello restante si hace falta.

REALCE PARA LOGRAR EFECTOS ESPECIALES

El realce para lograr efectos especiales incluye cualquier técnica de aclarado o coloreado parcial. El aclarado para obtener efectos especiales es una técnica que depende de la moda. A medida que cambien los estilos, usted tendrá solamente que modificar la ubicación de los mechones y colores aclarados para que estén de acuerdo con la nueva moda.

Usted puede crear efectos especiales colocando estratégicamente los colores claros y oscuros en el cabello. Algunos colores dan la impresión de estar avanzando, mientras que otros dan la impresión de estar retrocediendo.

Los colores claros harán que la zona avance hacia el ojo y parezca más grande, y harán que los detalles sean más visibles. Las zonas oscuras contrastantes harán que la zona retroceda, que parezca más pequeña, y harán que los detalles parezcan menos visibles.

Muchas personas realizan su propio coloreado de cabello en su casa con bastante éxito, pero el coloreado de cabello en la casa es limitado. Una persona no capacitada no puede realizar los efectos especiales y las técnicas avanzadas. Por esta razón, el coloreado de cabello en el hogar nunca reemplazará el coloreado de cabello profesional.

A medida que usted comience a ampliar su conocimiento y experiencia en coloreado y aclarado del cabello, usted encontrará más y más formas de creatividad en las técnicas de aplicación. Algunas de las muchas maneras de crear efectos especiales son tono sobre tono, realce inverso, coloreado dimensional y estrujado. Su instructor le ayudará a dominar las técnicas básicas, y el resto depende de usted. El único límite a las posibilidades es su propia imaginación.

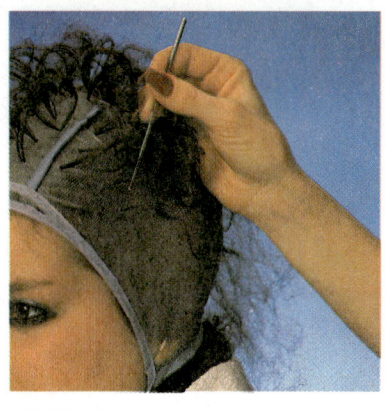

Métodos de realzar

Hay varios métodos de lograr realces. Los más frecuentemente usados son:

1. Técnica de la gorra
2. Técnica de la hoja de aluminio
3. Técnica de manos libres

La **técnica de la gorra** consiste en hacer pasar mechones limpios de cabello a través de una gorra perforada usando un gancho. (Fig. 12.52) La cantidad de mechones que se hagan pasar depende de la cantidad de claridad deseada. Haga pasar mechones pequeños y deje agujeros vacíos para tener un aspecto más sutil. El aclarado será mayor si se usan todos los agujeros y será más dramático si se hacen pasar mechones más grandes por los agujeros.

Después se aclara el cabello, generalmente con un aclarador en polvo o "rápido", o con un tinte que puede aclarar mucho. (Fig. 12.53) El aclarador se saca enjuagando primero con agua tibia y limpiando después con un champú de equilibrio ácido. Después de secar con toalla y de acondicionar si hace falta, el cabello aclarado se tonaliza si así se desea. (Figs. 12.54, 12.55)

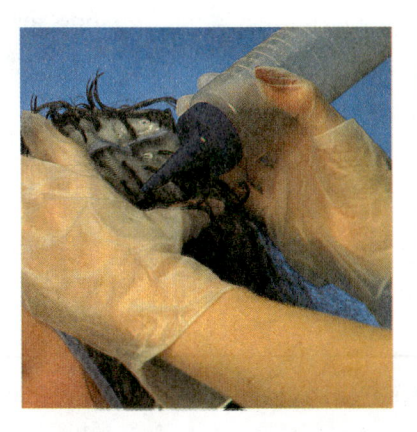

12.52—Haga pasar los mechones a través de agujeros de la gorra con un gancho.

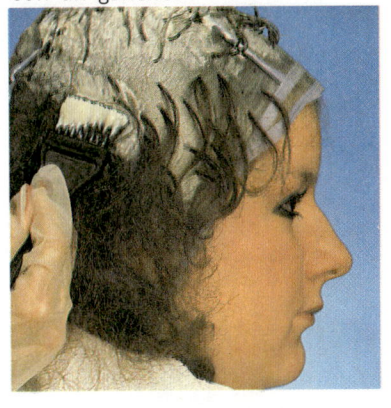

12.53—Aplique el aclarador a mechones selectos.

12.54—Aplique el tonalizador a los mechones preaclarados.

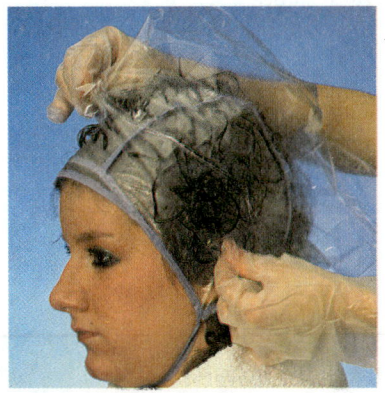

12.55—Cubra holgadamente con una gorra de plástico.

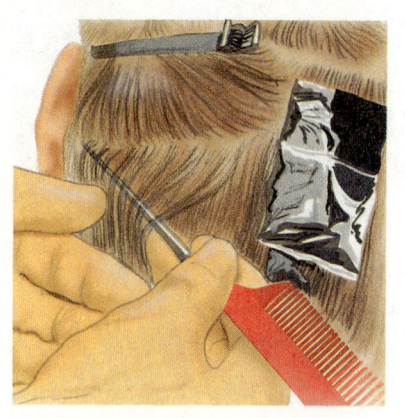

12.56—Entreteja la subsección con un peine con cola.

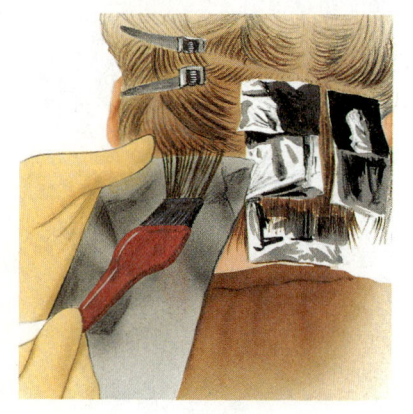

12.57—Coloque el cabello en una envoltura de hoja, como se muestra.

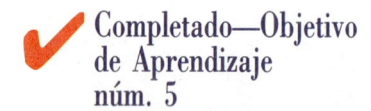

✓ Completado—Objetivo de Aprendizaje núm. 5

ACLARADO DEL CABELLO

La **técnica de la hoja** consiste en entretejer alternando (seleccionar) mechones de una subsección o partición. (Fig. 12.56) Los mechones seleccionados se colocan después sobre una envoltura de hoja o de plástico, y se aplica el aclarador apropiado o un tinte que pueda aclarar mucho. La hoja se dobla para evitar aclarar cualquier cabello no entretejido. (Fig. 12.57) Con esta técnica, el colorista puede colocar estratégicamente los realces.

Las **técnicas de manos libres** consisten en la colocación de un compuesto aclarador directamente en el cabello limpio y peinado. El aclarador puede ser aplicado con un cepillo para tinte, una botella de aplicación o incluso con los dedos enguantados. Los efectos son muy sutiles, y se pueden usar con eficacia para hacer resaltar una ondulación o a un estilo de peinado.

Tonalizar sobre cabello realzado y coloreado dimensionalmente

Cuando el cabello se descolora al nivel y tonalidad deseados durante un servicio de aclarado, generalmente se elimina el uso de un tonalizador. Sin embargo, si se desea una tonalidad fría, en ese caso el uso de un tonalizador cancelará el pigmento que contribuye el amarillo no deseado.

Al usar un tonalizador en el cabello aclarado, es importante considerar no solamente los diversos grados de porosidad del cabello, sino también la diferencia de pigmentación de mechón a mechón creada por el proceso de aclarado. Un tonalizador oxidante proporcionaría color a los mechones realzados, pero también podría afectar el cabello natural o pigmentado causando una leve cantidad de aclarado. El resultado podría ser una tonalidad desigual, con el tono subyacente realzado por el color oxidante. Haga la prueba del mechón para estar seguro de lograr los mejores resultados.

Para evitar afectar el cabello no tratado, hay diversas alternativas:

1. Un tonalizador no oxidante no contiene amoníaco y no requiere revelador (que no produce ningún aclarado del color natural del cabello) y no daña el cuero cabelludo ni el cabello. Esto es especialmente útil para los clientes sensibles.
2. Un color semipermanente se puede usar para depositar la tonalidad sin aclarado. No todos los colores serán lo suficientemente delicados como para evitar dominar el cabello preaclarado. Verifique siempre el cuadro de colores del fabricante para ver el color base del tonalizador que ha escogido, para asegurarse de que cuando se combine con el pigmento contribuyente del cabello usted obtenga la tonalidad exacta que quería.
3. Un colorante de cabello solamente de depósito, que es un color oxidante sin amoníaco, puede usarse para recolorear el cabello. No se descoloran más, pero son más permanentes que los tonalizadores no oxidantes. ✓

COMPOSICIÓN DE LOS COLORANTES DE CABELLO PERMANENTES

Los colorantes permanentes de cabello, a nivel profesional, se basan casi totalmente en el uso de tintes oxidantes. A nivel comercial, dichos colorantes se conocen con diversos nombres: paracolorantes, tintes derivados de la anilina, tintes permanentes, tintes sintético-orgánicos, tintes en crema y colorantes en tubo, así como tintes oxidantes.

La palabra **paracolorante** se refiere a las sustancias de colores, sea parafenilonediamina o paratoluenodiamina que se transforman en un material coloreado en el tallo del cabello y sobre éste cuando se mezclan con un oxidante como el agua oxigenada. Aunque algunos tintes de oxidación ya no contienen ninguno de dichos derivados, la palabra paracolorante ha llegado a referirse a todos los tintes de oxidación, prescindiendo de su composición química.

Muchos colores permanentes incluyen el amoníaco en la formulación para activar el proceso de coloreado. El amoníaco, tal como se formula en los colores oxidantes, tiene las desventajas de un fuerte olor y la capacidad de afectar negativamente la melanina, causando excesiva difusión del color y daño estructural si no se lo usa correctamente.

Se han hecho progresos en industria para fabricar productos de tintes que reemplazan total o parcialmente el amoníaco. Sin embargo, los tintes permanentes que no contienen amoníaco no tienen el poder de aclarado que los que se formulan con amoníaco.

La mayoría de los tintes oxidantes contienen derivados de anilina y requieren una **prueba de predisposición** antes del servicio. Con tal de que el cabello tenga firmeza normal y se mantenga en buenas condiciones, los tintes oxidantes son compatibles con otros servicios químicos profesionales.

Acción de los tintes oxidantes

Los tintes oxidantes se venden en botellas, latas y tubos en forma semilíquida o de crema. El colorista añade el agente oxidante, agua oxigenada, que activa la reacción química que se conoce como oxidación. Esta reacción, que ocurre en un pH alcalino, es creada en gran medida por el amoníaco contenido en el tinte, y comienza tan pronto como los dos compuestos se han combinado. Por esta razón, el tinte mezclado se debe usar inmediatamente. Todo tinte que sobre se debe desechar puesto que se deteriora rápidamente.

La aplicación de dicho tinte oxidante en un estado alcalino hace que el tallo del pelo se hinche y que la cutícula se abra. Las moléculas de la base de tinte, antes de mezclarse con el oxidante, son muy pequeñas y pueden pasar fácilmente a través de la cutícula y en la corteza del tallo del pelo. A medida que comienza el proceso de oxidación, el emparejamiento de dichas pequeñas moléculas sin color de base de teñido hace que cambien en grandes cadenas de pigmento sin color, relativamente estable.

Dichas moléculas quedan atrapadas dentro de la cutícula, puesto que son ya demasiado grandes para que se las lave con champú. Forman cadenas de ácidos con las cadenas de queratina de la corteza y pasan a ser parte de la estructura del cabello.

El tiempo dedicado a la aplicación del tinte depende del producto y del volumen de agua oxigenada seleccionada. La regla general es que cuanto más alto sea el volumen del agua oxigenada usada en su formula, más tiempo tiene que elaborarse el color. Consulte las instrucciones del fabricante y a su instructor para obtener asistencia. Siempre se debe realizar una prueba de mechón para asegurar resultados satisfactorios.

Los teñidos de proceso simple tienen la capacidad de aclarar y de depositar pigmento en una sola vez para lograr el color deseado. No se requiere preaclarado ni preablandado.

Los teñidos de proceso simple generalmente contienen un agente aclarador, un champú, un tinte derivado de la anilina y un agente alcalinizante para activar el agua oxigenada que se ha añadido. La mayoría de los colorantes están formulados para ser usados con agua oxigenada de 20 volúmenes. Los resultados de color se alteran cuando se usan otros volúmenes.

Las ventajas de los tintes de proceso simple son las siguientes:

1. Pueden producir matices desde el negro más profundo hasta el rubio más claro.
2. Pueden colorear el cabello más claro o más oscuro que el matiz original del cliente.
3. Pueden mezclar el cabello blanco o gris hasta obtener un matiz natural de cabello.
4. Pueden corregir rayas, matices discordantes, descoloramientos y puntas atenuadas.
5. Están disponibles en forma de cremas, líquidos o geles.

Tipos de tintes permanentes

Las sustancias químicas cosméticas que hacen que sea posible el coloreado oxidante de cabello están a disposición de los coloristas de los salones de belleza en diversas formas: líquidas, cremas y geles. Cada una de estas bases de coloreado del cabello tiene sus fieles usuarios profesionales, y escoger una forma u otra es cuestión de preferencia individual.

Como su nombre lo indica, la viscosidad del colorante líquido para el cabello es generalmente menos densa, y puede aplicarse con una técnica de botella para controlar mejor la colocación de la formula colorante. Es posible que los productos líquidos colorantes del cabello generalmente contengan una cantidad mayor de amoníaco y menos bases acondicionantes en su composición que las cremas o geles, pero también es posible que tengan precios más económicos y que tengan una excelente capacidad de penetración.

Los productos colorantes del cabello en crema generalmente vienen de los fabricantes en forma de tubos o latas, y tienen agentes acondicionadores y espesadores. A veces pueden ser demasiado viscosos (espesos) para ser aplicados de una botella de aplicación, y generalmente están mezclados con revelador de crema cuando se aplican con la técnica de cepillo y cubeta.

La consistencia de un gel colorante de cabello cae entre la de un líquido y una crema. Es más penetrante que una crema (pero menos acondicionante), y tan o más penetrante que un líquido (pero más acondicionante). Se puede aplicar usando una técnica de botella o de cepillo.

Formulación para aclarado y depósito

La formulación para aclarado y depósito de un colorante permanente y oxidante de cabello se basa en el producto que usted seleccione. Siga siempre las instrucciones que da el fabricante para su producto para obtener la cantidad precisa de aclarado o pigmento natural (para crear el nivel adecuado de pigmento contribuyente) así como la cantidad correcta de pigmento de depósito (para realzar u ocultar el tono subyacente recién creado) para producir el resultado final que usted desee.

Actualmente los fabricantes ofrecen productos líquidos de coloreado del cabello que usan un "Sistema de Matices" norteamericano, y también colorantes en crema o geles que se basan en el "Sistema de Niveles" europeo. Si el cliente desea tener un color más oscuro, simplemente seleccione el nivel deseado de tinte oxidante (es posible que el valor tonal tenga que ser modificado, según el color actual del cabello del cliente) mezclado con 10 a 20 volúmenes de revelador (sobre la base de los resultados de su prueba de mechón) y continúe con el servicio.

Si su cliente quiere un color más claro, seleccione el nivel correcto de color para aclarado y depósito sobre la base de qué sistema de fabricante estará usando usted (Sistema de Matices o de Niveles). Recuerde que el tinte no aclara el tinte. Se debe usar primero un producto que elimine el color para aclarar el color teñido antes de aplicar la formula final de color.

En el caso del Sistema de Matices o de Aclarado norteamericano, usted tendría que sustraer el nivel actual del nivel deseado. Por ejemplo, si el color natural de su cliente es rubio oscuro de nivel 6, y el matiz deseado es un rubio claro de nivel 8, en ese caso usted usaría un tinte oxidante que es 2 niveles más claro (8-6=2) que el color deseado para lograr el aclarado deseado (acuérdese de formular para obtener el tono cálido contribuyente en su tono de depósito). Consulte siempre el cuadro de selección de colores del fabricante que viene con su producto para obtener asistencia para formular correctamente.

En el Sistema de Niveles europeo, el nivel de color que usted escoja es el color que usted usará (pero no necesariamente el mismo tono). El aclarado se determina al escoger el revelador. Por ejemplo, el revelador de 10 volúmenes es para depósito con un mínimo (hasta de 1 nivel) de aclarado; 20 volúmenes es la concentración más recomendada para depósito adecuado y hasta 2 niveles de aclarado; 30 volúmenes es para aproximadamente 3 niveles de aclarado; y 40 volúmenes es para 4 niveles de aclarado. Algunos fabricantes ofrecen aditivos para coloreado de cabello para "empujar" el color un nivel extra, pero al hacerlo crean aclarado a costa de la pérdida de pigmento de depósito, lo que podría resultar en un refinamiento inadecuado del pigmento natural subyacente (contribuyente). Esto podría producir un tono bastante más cálido que el deseado. Si el cliente desea tener un color que sea más de 2 niveles más claro, el resultado tonal final será cálido. Más allá de 4 a 5 niveles del color natural del cabello, la mayoría de los fabricantes recomiendan un producto aclarador de proceso doble para lograr el equilibrio correcto de aclarado y depósito.

Cuanto más capacidad de aclarar tenga un colorante de cabello, menor será la capacidad de depósito del color base. Acuérdese siempre de formular teniendo en cuenta tanto aclarado como depósito, para tener el balance correcto para poder lograr el resultado final deseado. Una fórmula de aclarado más alta de lo necesario probablemente no tendrá suficiente tonalidad de depósito para hacer más discreto el tono cálido del pigmento natural contribuyente del cliente. El aclarado y el depósito pueden ser también afectados variando el volumen de agua oxigenada mezclada con el producto colorante del cabello. (Fig. 12.58, página 294)

Procedimiento de mezcla

Aplicación de botella: Mida en una botella clara de aplicación (generalmente el fabricante proporciona marcas para onzas o mililitros en el lado de la botella) una cantidad de producto colorante que sea suficiente para saturar

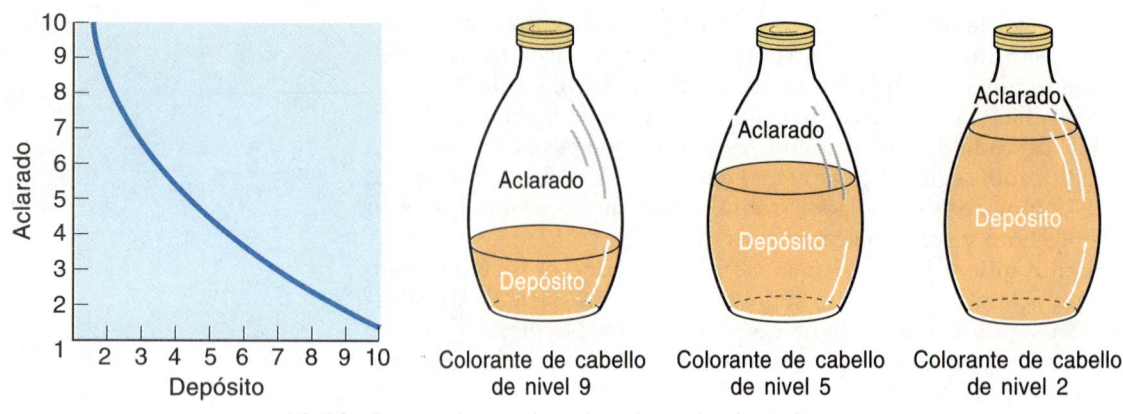

12.58—Proporciones de aclarado y de depósito.

Colorante de cabello de nivel 9
Colorante de cabello de nivel 5
Colorante de cabello de nivel 2

el cabello en la zona que se va a colorear. Añada revelador de volumen y consistencia apropiados. Asegúrese de seleccionar una botella de aplicación lo suficientemente grande para contener tanto el producto colorante como el revelador, con suficiente espacio de "aire" para sacudir la botella hasta mezclar completamente los productos que contiene.

Aplicación de cepillo y cubeta *(brush and bowl)*: Use un receptáculo no metálico para mezclar (una cubeta de vidrio o de plástico estarían bien), añada el color o colores seleccionados mediante la prueba de mechón en las proporciones adecuadas para crear el aclarado y el depósito tonal deseado. Mida y añada lentamente el revelador (generalmente de consistencia de crema para mayor espesor y control durante la aplicación). Revuelva usando un cepillo de aplicación de tinte hasta que los productos estén totalmente mezclados.

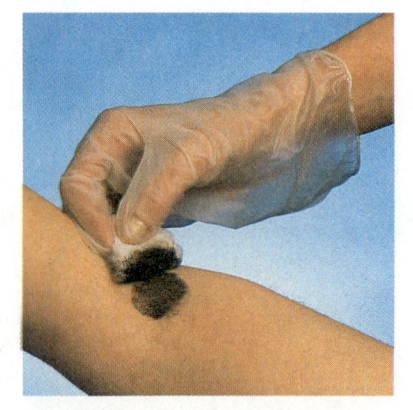

Procedimientos de aplicación

El **cabello virgen** es cabello que no ha tenido servicios químicos y no ha sido dañado por factores naturales tales como el viento y el sol.

El siguiente procedimiento es un procedimiento colorante básico de proceso simple para cabello virgen. Es posible que su instructor tenga otra técnica igualmente correcta para el color especifico que se use.

12.59—Realice una prueba de parche.

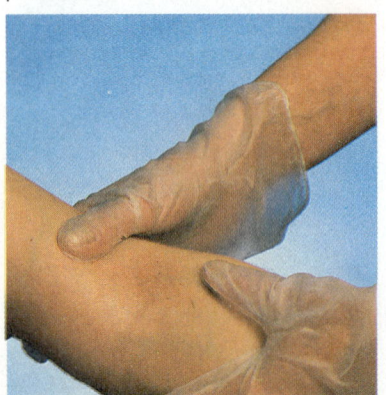

Implementos y materiales

Toallas	Capa para teñido	Guantes protectores
Peine	Botella o cepillo de	Cubeta de plástico o
Temporizador	aplicación	de vidrio
Algodón	Champú suave	Tinte seleccionado
Ficha de registro	Cuadro de colores	Aclarador de acabado
	Agua oxigenada	Crema protectora

Pasos preliminares

1. Realice la prueba de parche 24 a 48 horas antes del servicio. (Fig. 12.59) Continúe solamente si la prueba es negativa. (Fig. 12.60)

2. Analice todo el cabello y el cuero cabelludo. Realice todos los tratamientos de preacondicionamiento necesarios, y registre los resultados en la ficha de registro del cliente.

3. Junte todos los utensilios necesarios.

12.60—Continúe si la prueba es negativa.

CAPÍTULO 12 COLOREADO DEL CABELLO ◆ 295

12.61—Cabello dividido en cuatro partes.

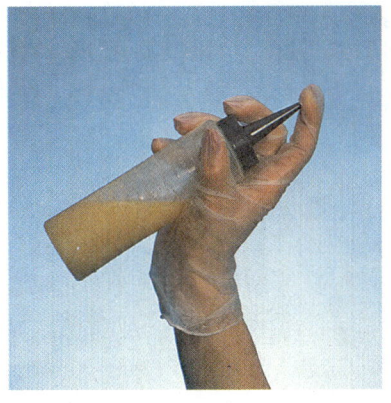

12.62—Prepare y mezcle la fórmula del tinte.

12.63—Comience a aplicar el colorante.

4. Prepare al cliente. Protéjale la ropa con una toalla y con una capa para teñido. Pida al cliente que se quite todas las joyas y colóquelas en un lugar seguro.
5. Aplique crema protectora alrededor de la línea del pelo y sobre las orejas.
6. Póngase guantes protectores.
7. Realice una prueba de mechón.
8. Registre los resultados en la ficha de registro.

Procedimiento

1. Divida el cabello en cuatro partes. (Fig. 12.61)
2. Prepare la fórmula de tinte para aplicación de botella o de cepillo. (Fig. 12.62)
3. Comience en una sección donde el cambio de color será mayor o donde el cabello sea más resistente. (Fig. 12.63)
4. Separe una subsección o repartición de ¼ de una pulgada (.625 cm.) con el aplicador.
5. Aclare la subsección y aplique el tinte al cabello de ½ pulgada (1.25 cm.) desde el cuero cabelludo hasta, **pero no a través,** las puntas porosas. (Fig. 12.64)

12.64—Aplique el tinte a las puntas de los cabellos.

◆NOTA: El proceso será más rápido en el cabello que está junto al cuero cabelludo debido al calor del cuerpo y a la queratinización incompleta. Por esta razón, el tinte se aplica en la zona del cuero cabelludo después de que se ha aplicado al tallo. Su prueba de mechón determinará el procedimiento de aplicación y el tiempo necesario para un revelado de color parejo.

6. Proceda de acuerdo con los resultados de la prueba de mechón. Verifique el revelado del colorante quitando el colorante como se describe en el procedimiento de la prueba de parche en la página 232.
7. Aplique la mezcla de tinte al cabello en el cuero cabelludo.
8. Armonice el tinte hasta las puntas de los pelos. (Fig. 12.65)
9. Aclare enjuagando suavemente con agua tibia. Masajee el colorante para hacer espuma y aclarar completamente.
10. Elimine cualquier mancha alrededor de la línea del pelo con el resto de mezcla de tinte, champú o quitamanchas. Use algodón o una toalla de felpa para eliminar suavemente las manchas.

12.65—Armonice el tinte hasta las puntas de los pelos.

11. Lave bien el cabello con un champú suave (de equilibrio ácido).
12. Aplique un aclarador ácido o de acabado para cerrar la cutícula, restaurar el pH y evitar la atenuación.
13. Peine el cabello.
14. Complete la ficha de registro y archívela.

Limpieza
1. Deseche todos los utensilios y materiales desechables.
2. Cierre herméticamente los recipientes, séquelos y póngalos en sus lugares correctos.
3. Limpie e higienice los implementos.
4. Higienice la capa para teñido.
5. Higienice el área de trabajo.
6. Lave e higienice las manos.

Al colorear a un color que se aproxime al color natural del cabello o que sea más oscuro que éste, haga los mismos preparativos y siga el mismo procedimiento que en el caso de un matiz más claro. Después proceda en la siguiente forma:

1. Seleccione el color adecuado.
2. La aplicación comienza en el lugar donde el cabello sea más resistente. (Si está presente el color gris, la aplicación comenzará probablemente en la parte de adelante. Si no se ve el gris, comience en la parte de atrás.)
3. Aplique el tinte desde el cuero cabelludo hasta las puntas porosas usando subdivisiones o reparticiones de ¼ de una pulgada (.625 cm.).
4. Proceda de conformidad con los resultados de la prueba de mechón.
5. Cuando el color se haya revelado hasta el nivel deseado, distribuya el tinte por todas las puntas con un peine de dientes largos para estar seguro de que haya cobertura completa.
6. Continúe el procedimiento de conformidad con los resultados de la prueba de mechón.
7. Lave con champú para quitar el colorante y complete el peinado y la limpieza en la forma acostumbrada.

La misma preparación y procedimiento se usa para el cabello largo como para el cabello corto. Acondicione las puntas de conformidad con su análisis. Probablemente necesitará más color material que el que usó para el cabello corto.

Aplicación de retoque para el tinte de proceso simple
A medida que crezca el cabello, usted tendrá que hacer retoques para que el cabello tenga un aspecto atractivo y no tenga dos tonos. Después de que haya reunido los materiales e implementos para un teñido virgen, siga el siguiente procedimiento.

Pasos preliminares
1. Realice una prueba de parche de 24 a 48 horas antes del servicio. Continúe solamente si la prueba es negativa.
2. Junte todos los utensilios necesarios.
3. Prepare al cliente. Protéjale la ropa con una toalla y con una capa para teñido. Pida al cliente que se quite todas las joyas y póngalas en un lugar seguro.

4. Saque la ficha de registro del cliente. Consulte con el cliente para ver si a él o a ella le gustó el color original. Analice cuidadosamente el cabello y acondicione el cabello teñido anteriormente, según haga falta.
5. Aplique la crema protectora alrededor de la línea del pelo y sobre las orejas.
6. Realice una prueba de mechón.
7. Registre todos los resultados en la ficha de registro.

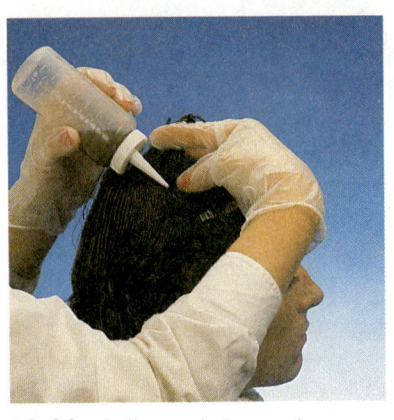

Procedimiento

1. Divida el cabello en cuatro particiones.
2. Prepare la fórmula de teñido.
3. Comience en la sección donde se comenzó el coloreado en la aplicación virgen.
4. Separe una subsección de ¼ de una pulgada (.625 cm.) con el aplicador.
5. Aplique el tinte solamente al cabello recién crecido. (Fig. 12.66) *No haga solapo.* El solapo del color puede causar roturas y crear líneas de demarcación.
6. Confirme el revelado de color haciendo una prueba de mechón.
7. Aplique la fórmula diluida de color a las puntas de conformidad con los resultados de su análisis y de la prueba de mechón. Diluya el resto de la mezcla de tinte con agua destilada, champú o acondicionador. (Se da este paso solamente si se ha atenuado el color.)
8. Aclare enjuagando suavemente con agua tibia. Masajee el colorante para hacer espuma y aclarar completamente.
9. Elimine cualquier mancha alrededor de la línea del pelo con el resto de mezcla de tinte, champú o quitamanchas. Use algodón para eliminar suavemente las manchas.
10. Lave bien el cabello con un champú suave (de equilibrio ácido).
11. Aplique un aclarador ácido o de acabado para cerrar la cutícula, restaurar el pH y evitar la atenuación.
12. Peine el cabello.
13. Complete la ficha de registro y archívela.
14. Limpie en la forma acostumbrada.

12.66—Aplique el tinte solamente al cabello recién crecido.

Se preparan **tintes de champú de realce** combinando tintes derivados de anilina, agua oxigenada y champú. Se usan cuando se desea un cambio muy leve del matiz del cabello, o cuando puede realizarse el proceso en el cabello del cliente muy rápidamente. Dichos tintes realzan el color natural del cabello en una sola aplicación. Se requiere una prueba de parche.

Los **champúes de realce** son una mezcla de champú y de agua oxigenada. El color natural se aclara levemente. No se requiere una prueba de parche.

Procedimiento

Realice la consulta y análisis como en el caso de un procedimiento regular de coloreado. Si se va a usar tinte de champú de realce, se debe haber realizado una prueba de parche entre 24 a 48 horas antes.

1. Cubra al cliente y guíelo a la cubeta de champú.
2. Distribuya el color sobre cabello limpio y húmedo. Haga espuma suavemente y realice el tratamiento durante 8 a 15 minutos.
3. Complete como en el caso del procedimiento regular de teñido.

Teñido de proceso doble

Si el cliente desea un color drásticamente más claro, el cabello debe preaclararse antes. A veces es mucho más eficaz usar una aplicación de proceso doble para realizar colores pálidos o fríos. Así se pueden evitar los tonos subyacentes cálidos que presenta el cabello como resultado del proceso de aclarado, algo que probablemente no se podría superar con un teñido de proceso simple. Recuerde, cuanto mayor sea la cantidad de aclarador en el teñido, menor el depósito de pigmento. Descolorando el cabello con un aclarador y usando un producto separado para añadir la tonalidad deseada, usted tiene más control sobre el proceso de coloreado.

También es posible hacer que el pigmento contribuyente del cabello trabaje para usted en una aplicación de colorante de proceso doble. Aclarando el cabello al nivel deseado de descoloramiento, usted puede crear una base perfecta para colores rojos de mayor duración que conservan bien el tono, sin matices barrosos.

El preaclarador se aplica en la misma forma que en el caso del tratamiento regular de aclarado del cabello. Después de que el preaclarado haya alcanzado el matiz deseado, el cabello se lava suavemente, es acidificado y secado con toalla. Después se aplica el colorante en la forma usual una vez que se ha realizado una prueba de mechón.

A veces el cabello gris es tan resistente que incluso cuando la formulación, aplicación y el tiempo asignado son correctos, la cobertura no es satisfactoria y se hace necesario realizar un preablandado. El preablandado es un coloreado de cabello en dos pasos o de doble aplicación en el cual son necesarias dos aplicaciones distintas y separadas del producto para lograr el matiz deseado. Se aplica el preablandador, se realiza el procedimiento y se quita el preablandador. El segundo paso es la aplicación del tinte para completar el proceso de dos pasos.

El preablandado tiene dos propósitos: ablandar y abrir la cutícula para mejorar la penetración de color y para crear tonos amarillos o dorados que faltan en el cabello, para que el tinte con color equilibrado se adhiera al cabello y se realice el procedimiento con el tono deseado.

Si el cabello del cliente es gris y resistente, el cabello debe preablandarse con tintes de base dorada o con lejías o descolorantes en grasa o en crema. Todos estos productos contribuirán a ablandar y a abrir la cutícula. Sin embargo, un tinte de base dorada depositará el amarillo o dorado que falta en el cabello, en tanto que una lejía o descolorante tan sólo dispersará y oxidará el pigmento natural restante dentro del tallo.

Siga las recomendaciones del fabricante para mezclar una lejía o en grasa o un tinte aclarador. Se requiere el amoníaco de estos productos para crear el nivel deseado de porosidad para aceptación del color. Sin embargo, si usted usa una lejía o descolorante en crema, no use protinador, activador ni catalista. El cabello blanco o gris no requiere mucho aclarado, y realizar demasiado aclarado sólo serviría para causar daño innecesario.

Un tinte de base dorada 1 ó 2 niveles más claro que el nivel deseado se puede aplicar directamente al cabello que va a ser preablandado sin mezclarlo con el revelador, usando solamente el contenido de amoníaco y la capacidad de teñir del producto. Permita que el tinte permanezca en el cabello entre 5 a 10 minutos y después limpie frotando con un paño o toalla de papel para eliminarlo. No es necesario usar champú puesto que se puede dejar un poco del tinte de ablandado en el cabello, con la fórmula de color regular (deseada) aplicada directamente sobre el mismo.

El preablandado es también eficaz en el cabello no gris resistente (pigmentado), pero hay que tener cuidado de dejar la mezcla de preablandado en el cabello tan sólo el tiempo necesario para abrir la cutícula, haciendo que el cabello se ponga lo suficientemente poroso

Pregunta Y Respuesta

AYUDAR A LOS CLIENTES A CAMBIAR

P *¿Cómo puedo convencer a mis clientes que tengan 20 por ciento o más de cabello gris que cambien el colorante de cabello?*

R La idea del cambio asusta a algunas mujeres y a algunos hombres. Se resisten a cambiar su aspecto personal porque no quieren hacer un compromiso permanente, especialmente con algo que no están seguros que les va a gustar.

Sugiera primero un coloreado semipermanente que se atenuará o desvanecerá en seis a ocho champúes. Explique al cliente que su propio color natural se realzará usando una fórmula más clara o más cálida que la suya propia. Use un producto que no contenga amoníaco ni agua oxigenada. Si el cliente no está satisfecho el color desaparecerá sin rastros.

Nota: Es importante conocer muy bien el producto antes de prometer a un cliente que dejará su cabello sin cambio después de unos cuantos champúes. Algunos tipos de colorantes semipermanentes de cabello se deben mezclar con revelador cristalizado o en polvo en el momento de usarse. Eso hace que la fórmula penetre en la corteza y cree un cambio químico en el pigmento natural. Esté seguro de usar un producto que no contenga ni amoníaco ni agua oxigenada ni ningún tipo de revelador.

Si el cliente quiere minimizar el gris, escoja una fórmula semipermanente que corresponda a su color natural. Dígale, sin embargo, que su propio cabello oscuro probablemente se hará más oscuro, como lo hará también el cabello gris.

Si el cliente quiere que el gris se presente como reflejos o realces, escoja una fórmula más clara y más cálida que el color natural. Aplique la fórmula sobre toda la cabeza, y déjela durante aproximadamente 25 minutos para que tenga efecto. No aclarará el cabello natural y hará que el cabello gris tome la apariencia de reflejos animados y cálidos.

Si el cliente tiene grupos concentrados de cabello gris, simplemente aclare por lugar o punto del cabello usando dos fórmulas: una para oscurecer las zonas de cabello gris concentrado, y otra para añadir color claro y brillo a las zonas de gris mezclado.

Los clientes quedan generalmente tan contentos con los resultados que quieren más realce. En estos casos, cuidadosamente realce y descolore con lejía mechones diminutos por todas partes, especialmente alrededor del rostro. Después aplique un tonalizador que no contenga agua oxigenada (un colorante semipermanente de cabello) dos o tres matices más claros que el suyo propio. La mayoría de los clientes a los que se presenta el coloreado de cabello en esta forma llegan a ser clientes constantes de coloreado del cabello.

—*Tomado de* Milady Soluciones del Salón de Belleza *por Louise Cotter*

✓ **Completado—Objetivo de Aprendizaje núm. 6**

APLICACIONES DE TINTES DE PROCESO SIMPLE Y DE PROCESO DOBLE

para aceptar el tinte. De otra manera, usted podría crear un tono subyacente más cálido que el deseado, y tendrá que compensar por este tono cálido adicional en su selección de color y en la formulación para depósito.

Procedimiento de aplicación del preablandado

1. Mezcle el producto siguiendo las instrucciones del fabricante.
2. Aplique con un cepillo o con una botella primero en las zonas más resistentes.
3. Haga procesar a temperatura ambiente durante 5 a 20 minutos.
4. Aclare completamente y lave con champú.
5. Aplique el tinte en la forma acostumbrada. ✓

PROBLEMAS ESPECIALES EN EL COLOREADO DEL CABELLO/COLOREADO CORRECTIVO

Cada servicio de coloreado del cabello es único. El colorista debe analizar cuidadosamente el cabello y consultar con el cliente. Se deben realizar pruebas de mechón para estar seguro de lograr buenos resultados. Pero hasta el colorista más hábil tendrá de vez en cuando un problema de coloreado del cabello. Esto podría deberse a la estructura o condición específicos del cabello del cliente o a los efectos de tratamientos anteriores que recibió el cabello.

CABELLO DAÑADO

Las secadoras por corriente de aire caliente, los champúes fuertes y los servicios químicos tienen todos ellos efecto en la condición del cabello. Compuestos de recubrimiento tales como rociadores para el cabello, agentes para peinados estilizados y algunos acondicionadores pueden evitar la penetración del color. Los pasos preventivos y correctivos que usted debería tomar incluyen los siguientes:

1. Incluya el reacondicionamiento en cualquier servicio químico que usted dé.
2. Esté seguro de que el cliente usa productos de alta calidad en su hogar. (Venda los mejores.)
3. Preacondicione el cabello si su análisis le indica que está dañado. Use un acondicionador penetrante que pueda depositar proteína, grasas y reguladores de humedad.
4. Complete cada servicio químico normalizando el pH con un aclarado de acabado. Esto restaurará la capacidad protectora de la cutícula.
5. Si el cabello todavía no responde después de un tratamiento de acondicionamiento, postergue todo servicio químico hasta que el cabello se haya reacondicionado.
6. Dé citas al cliente para acondicionamientos entre servicios.

Se considera que el cabello está dañado cuando tiene una o más de las siguientes condiciones:

- Textura áspera
- Demasiado poroso
- Quebradizo y seco
- Tiene rompimientos
- No tiene elasticidad
- Esponjoso, enmarañado cuando está mojado
- El color se atenúa o se absorbe demasiado rápidamente

Todas estas condiciones del cabello crearán problemas durante un tratamiento de teñido, aclarado, ondulación permanente o alisado del cabello. Por lo tanto, se deben dar tratamientos de reacondicionamiento al cabello dañado antes y después de la aplicación de dichos procesos químicos.

Procedimiento de reacondicionamiento

1. Analice completamente el cabello para determinar el problema. Consulte con el cliente hasta que pueda descubrir la fuente del daño. Entonces puede corregir el problema para evitar que vuelva a ocurrir.
2. Lave el cabello con un champú suave. Tenga cuidado de mantener sus manos debajo del cabello, y use solamente técnicas de masaje suave para evitar enredar el cabello frágil.
3. Aclare muy bien y seque suavemente con toalla.
4. Aplique el acondicionador siguiendo las instrucciones del fabricante. Si está en forma líquida, use una botella de rociado; si es una crema, aplique con una espátula higienizada o con un cepillo para tintes.
5. Mezcle el acondicionador por todo el cabello usando un peine de dientes anchos.
6. Cubra el cabello con una gorra de plástico si hace falta, y siga las instrucciones del fabricante relativas a la aplicación del calor y al tiempo.
7. Aclare bien. Reexamine el cabello y continúe con servicio de coloreado solamente si la condición del cabello indica que el tratamiento tendrá éxito.

RELLENOS

Los rellenos son preparaciones especiales cuyo propósito es contribuir a hacer pareja la porosidad y a depositar una base de color en una aplicación. Pueden ser una preparación del fabricante o una mezcla de tinte o de acondicionador que su instructor puede ayudarle a preparar.

Los rellenos son absorbidos por el tallo del cabello según su porosidad. Cuanto mayor sea la porosidad, mayor será la absorción del relleno. Dentro de la corteza, las moléculas de relleno llenan los espacios que han quedado en el tallo como resultado de la previa difusión de melanina. Esto crea una base a la cual se pueden sujetar las moléculas de tinte, y también crea una superficie lisa y pareja en el tallo, que los ojos perciben como cálida y resplandeciente. Mediante este proceso, los rellenos pueden contribuir a evitar el color opaco y falto de atractivo que puede resultar al teñir el cabello dañado.

Los **rellenos acondicionadores** se usan para reacondicionar el cabello dañado antes del servicio del salón de belleza. Los rellenos acondicionadores se pueden aplicar en un procedimiento separado o inmediatamente antes de la aplicación de color. Entonces el acondicionador y el tinte están funcionando al mismo tiempo.

Se recomiendan **rellenos de color** si el cabello está en condición dañada y si se tiene dudas de que el resultado de color será un matiz parejo.

Ventajas de usar un relleno de color

1. Deposita el colorante en las puntas atenuadas.
2. Ayuda al cabello a mantener el color.
3. Contribuye a que el color se revele en forma uniforme desde el cuero cabelludo hasta las puntas.
4. Evita las líneas o jaspes.
5. Evita resultados de color incorrecto.
6. Evita el aspecto opaco.
7. Durante el teñido, produce un color más uniforme y de aspecto más natural.

Cómo usar los rellenos de color

Los rellenos de color se pueden aplicar directamente de sus recipientes al cabello dañado antes del teñido. Los rellenos de color se pueden añadir al tinte y aplicar a las puntas dañadas. Se pueden usar en su concentración total o se los puede diluir con agua destilada.

Selección del relleno correcto de color

Para obtener resultados satisfactorios, seleccione el relleno de color que reemplazará el color primario que falta en su formulación. Recuerde siempre que todos los tres colores primarios (rojo, azul y amarillo) deben estar presentes para que el color del cabello tenga aspecto natural. Por ejemplo, si usted tiene cabello rubio (amarillo) que se está tiñendo a un color pardo ceniza (amarillo y azul), usted tendrá que usar un relleno anaranjado-rojo para que el resultado final sea correcto.

ATENUACIÓN DE LOS COLORES ROJOS

La atenuación es un problema frecuente del cabello rojo teñido. La combinación de amoníaco y de agua oxigenada en la fórmula de teñido dispersa el pigmento natural, lo que resulta en que las moléculas que están dentro del tallo del cabello sean más pequeñas. Después, los pigmentos artificiales se adhieren a la melanina dispersada para crear un nuevo color. Sin embargo, con cada lavado, secado por corriente de aire caliente, ondulado permanente, y exposición al sol, cloro o agua salada, el pigmento artificial se elimina a través de la porosidad de la cutícula. Se quedan las moléculas dispersadas más pequeñas de melanina y el tono cálido creado por el proceso de oxidación.

El primer paso para solucionar esta situación es determinar la causa de la atenuación o descoloramiento. Un pañuelo que cubre la cabeza, un sombrero o un acondicionador con absorción ultravioleta son todos ellos medios de proteger el cabello del sol. Enjuagar y, preferentemente, lavar con champú y acondicionar la sal y el agua clorinada inmediatamente después de salir disminuirá sus efectos dañinos. Aplicar menos calor al cabello también contribuirá a evitar que la cutícula se dañe y que el color artificial y natural se dispersen. Aparte de ello, se debe aconsejar una solución de ondulado permanente para los clientes que combinan coloreado y permanente.

El uso de menores volúmenes de agua oxigenada y de hidrógeno puede evitar también la atenuación excesiva y el color bronceado excesivo. Si la profundidad deseada del rojo es de la misma o mayor profundidad que el color natural, el matiz se puede lograr mediante deposición sin aclarado excesivo. Dicha técnica puede ser especialmente útil para lograr y mantener los colores rojos basados en violeta.

Para rojos más cálidos o brillantes (rojo-anaranjado o dorado) sobre niveles de colores naturales más oscuros, el preaclarado antes de la aplicación de su tinte puede tener sus ventajas. El proceso de aclarado naturalmente realza el pigmento contribuyente cálido, que sirve como base ideal para un color rojo vibrante. Sin embargo, hay que tener cuidado de evitar aclarar demasiado el cabello, pues esto crearía la reacción opuesta a la que usted desea: una tonalidad de color opaca y sin vida.

Frecuentemente, al usar un tinte de proceso simple para lograr la tonalidad de color rojo deseada, un colorista puede equivocarse al identificar el nivel del color natural del cabello y usar un tinte con demasiado aclarado y no suficiente pigmento de depósito para apoyar el resultado final deseado. Esto produciría el mismo efecto de dispersión de la melanina y de atenuación del tono.

Al realizar una aplicación de retoque con un tinte basado en rojo, es posible que la fórmula usada para crear la cantidad correcta de aclarado en el cabello recién crecido (utilizando el pigmento natural contribuyente del cabello) produzca demasiado aclarado si se la coloca hasta las puntas para renovar el color. Colores rojos más durables se crean usando una fórmula separada con un colorante de cabello solamente de depósito para las puntas de los cabellos. Su selección debe corresponder en cuanto a tono y nivel a la fórmula usada en el cabello recién crecido. Mediante pruebas de mechón se puede determinar si se ha escogido el colorante correcto.

CORRECCIÓN DEL COLOR BRONCEADO Y DE OTROS TONOS NO DESEADOS EN EL CABELLO

A medida que el pigmento artificial se atenúa y el bronceado se hace más aparente, la tendencia natural del cliente es pedir retoques más frecuentes. Pero el tener retoques a intervalos cada vez más cortos causa mayor porosidad y dispersión del pigmento natural, haciendo que el cabello se quede más bronceado que antes a medida que el tinte se atenúa de nuevo. Comienza así un ciclo de nunca acabar.

El primer paso para camuflar el color bronceado excesivo, sea en el cabello natural o en el teñido, es analizarlo. ¿Es rojo, amarillo o anaranjado? Localice el matiz específico en la rueda de colores y use el color complementario para neutralizarlo. Existen varias alternativas para resolver el problema: aclarados temporales, una gorra de jabón durante los retoques, rellenos y colores semipermanentes de matiz neutralizador pueden ser eficaces para corregir el bronceado, según la situación. Su instructor le dará orientación recomendándole el tratamiento adecuado para su situación.

ELIMINACIÓN DEL TINTE

A veces es necesario eliminar todo el tinte o parte del mismo del cabello para lograr el color correcto. Es posible que el cliente desee cambiar a un matiz más claro (tinte no aclara tinte), o que el coloreado actual del cabello haya sido un error. De vez en cuando, el color se acumula o adquiere durante el proceso un tinte demasiado oscuro debido a la condición demasiado porosa del tallo del cabello.

Se usan productos comerciales para eliminar tintes penetrantes y se los conoce como productos que eliminan tintes, tinturas o colorantes o productos quitatintes, quitatinturas o quitacolorantes. Los productos quitatinturas no se venden generalmente para uso de no profesionales porque el proceso es demasiado complicado para los no capacitados. Por lo tanto, la técnica de eliminar colorantes es un servicio profesional que puede traer nuevos clientes al salón de belleza y convertirlos en clientes leales.

Composición y acción

Los quitacolorantes o productos que eliminan colorantes posiblemente contendrán ingredientes para dispersar el pigmento, tanto natural como artificial, y a veces están mezclados con agua oxigenada. Otros ofrecen la alternativa de ser mezclados con agua destilada para crear un producto quitacolorante más suave. Consulte las instrucciones específicas del fabricante de cada tipo de producto.

Aunque las mezclas de lejía para aclarado son los productos más eficaces para aclarar el cabello virgen, no son el mejor producto para usar en cabello que se ha oscurecido o se ha teñido de rojo con un tinte derivado de anilina. La lejía conserva los colores dorados, anaranjados y rojos que ocurren a medida que el coloreado artificial se descolora. Debido a que la lejía conserva y no puede quitar el color bronceado en el cabello teñido, en muchos casos llega a ser imposible aclarar el cabello hasta el nivel deseado sin destruir totalmente el tallo del cabello.

Un disolvente de tinturas está formulado químicamente para dispersar y disolver dichas moléculas de color artificial sin conservar el color bronceado. Sin embargo, a medida que el quitacolorante aclara las moléculas del color artificial, también aclara el color natural del pigmento como también la melanina.

Eliminar el tinte es siempre una técnica avanzada que requiere análisis cuidadosos de la condición y color del cabello. Frecuentemente es necesario hacer un reacondicionamiento después de eliminar el tinte y antes de realizar el coloreado correctivo.

Procedimiento

1. Prepare al cliente.
2. Lave con champú si lo requiere el fabricante. Evite el manipuleo del cuero cabelludo.
3. Divida el cabello en cuatro partes.
4. Póngase guantes para protegerse las manos.
5. Mezcle la preparación en una cubeta de vidrio o de plástico según las instrucciones del fabricante.
6. Inmediatamente comience la aplicación en los lugares donde el cabello sea más oscuro.
7. Aplique la mezcla con un cepillo para tintes. Sature todo el cabello. (Fig. 12.67)
8. Aplique la mezcla hasta las puntas de los cabellos.

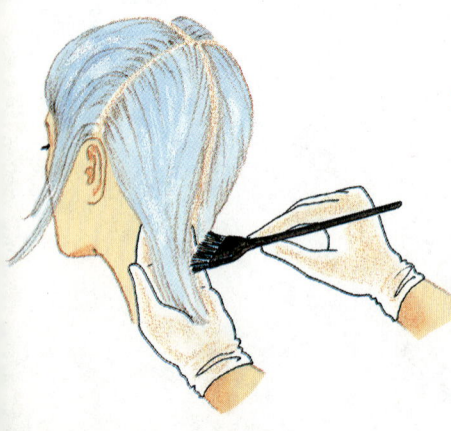

12.67—Aplique la mezcla.

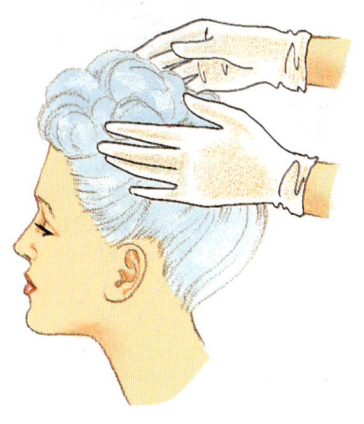

CAPÍTULO 12 COLOREADO DEL CABELLO ◆ 305

12.68—Apile el cabello sin apretar encima de la cabeza.

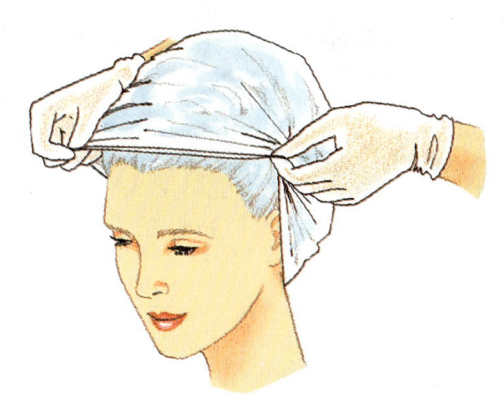

12.69—Cubra la cabeza con una gorra de plástico si así se requiere.

9. Apile el cabello sin apretar encima de la cabeza. (Fig. 12.68) Cubra con una gorra de plástico si así se requiere. (Fig. 12.69)
10. Haga la prueba de mechón frecuentemente. El aclarado podría suceder con bastante rapidez.
11. Cuando el color se disperse, aclare enjuagando completamente.
12. Lave con champú con suavidad pero concienzudamente hasta estar seguro de que todas las sustancias químicas han sido eliminadas del cabello. Cualquier pequeño quitatintes o producto para eliminación de tintes que permanezca en el cabello continuará realizando su trabajo. (Fig. 12.70)
13. Seque el cabello con toalla.
14. Analice la firmeza del cabello. Acondicione según haga falta.
15. Realice una prueba de mechón.
16. Continúe con la aplicación del tinte deseado.

Si no se puede aplicar el color, peine el cabello en la forma acostumbrada. Haga citas para tratamientos de reacondicionamiento hasta que el cabello pueda soportar el teñido.

12.70—Lave con champu y con agua tibia.

Teñido después de eliminar la tintura

Como regla general, el empleo de un quitacolorante o producto para eliminar el colorante no crea un resultado final. Casi siempre es necesaria una doble aplicación de colorante de cabello, porque el color que resulta del disolvente de tintura está muy rara vez parejo y es generalmente rojo, anaranjado o dorado. Sin embargo, antes de continuar, analice el cabello y el cuero cabelludo para decidir si pueden soportar una nueva aplicación química.

Si es posible, acondicione el cabello y espere 24 horas antes de continuar. Dentro de dicho período de tiempo, las glándulas sebáceas secretan grasas naturales para proteger el cuero cabelludo de quemaduras químicas. El cabello tiene también tiempo de regresar a su pH natural, y los poros del cuero cabelludo pueden regresar a su estado normal. Dicho período de gracia de 24 horas es una precaución de seguridad, pero no es obligatorio o práctico. Si se trata al cabello correctamente, generalmente se puede completar el servicio de coloreado en un día.

Prescindiendo de si el nuevo color se aplica inmediatamente o después de 24 horas más tarde, el tallo del cabello tendrá nueva porosidad. Recuerde, el cabello ya ha sido tratado por lo menos dos veces con sustancias químicas. La aplicación de un disolvente de tinte o de tintura hace que el cabello se haga más poroso. En este caso, ambas sustancias químicas han sido aplicadas al cabello.

Un tinte que se aplica al cabello poroso creará un matiz más oscuro que en el cabello no poroso, de modo que seleccione un color por lo menos un nivel más claro que el deseado. Es siempre más fácil añadir más profundidad que quitarla.

Como resultado del proceso, el color será más frío que lo que sería en cabello no dañado. La Ley del Color se debe usar para añadir la base cálida que falta al formular el tinte que se usará después de un quitacolorante o producto que elimina el colorante. A menudo es recomendable usar un relleno y/o un revelador de bajo volumen al teñir el cabello. Prescindiendo del método escogido, se debe realizar una prueba de mechón antes de comenzar este servicio.

A veces el cabello es tan superporoso que no quedan suficientes cadenas de proteína y de melanina natural dentro de la corteza en las cuales se pueda adherir el pigmento artificial. El cabello puede tener un aspecto gris metálico, y dicho resultado más claro de lo esperado es una verdadera señal de peligro. Cabello que es tan poroso es muy frágil y puede estar a punto de romperse.

TEÑIDO DE VUELTA AL COLOR NATURAL DE CABELLO

Frecuentemente, clientes que han estado tiñendo o descolorando su cabello desean volver a su color natural. El sol, el agua clorinada de las piscinas, o los servicios químicos realizados anteriormente pueden alterar el color del cabello.

Cada teñido de vuelta al color natural debe ser tratado como un problema individual. Este tipo de cabello es poroso y puede absorber el color rápidamente y, como resultado del proceso, producir un color más oscuro y más frío que el esperado, y también es posible que se atenúe más rápidamente que lo normal. El pigmento natural puede estar tan dispersado que absolutamente no acepte color. Registre cuidadosamente todas las observaciones y tratamientos en la tarjeta de registro del cliente.

Examine el cabello buscando su color natural cerca del cuero cabelludo. Después de acostumbrarse a ver su cabello más claro que su color natural por un período de tiempo, es posible que muchos clientes no se den cuenta del cambio radical que pueden estar realizando. Hable con sus clientes sobre alternativas tales como realce inverso (intercalando mechones con colorante más oscuro en el color base existente), o selección de un color 1 o 2 niveles más claro que su nivel natural. Cualquiera de esas alternativas le permitirá a usted y a su cliente añadir gradualmente más profundidad si así se desea, a medida que su cliente se adapte a la nueva imagen. Una prueba de mechón es esencial para estar seguro de lograr los resultados deseados.

La solución para que tenga éxito un teñido de vuelta al color natural puede radicar en el uso de un relleno para igualar la porosidad y lograr la corrección de color. Formule para crear el tono cálido necesario para evitar un color opaco y de aspecto no natural como resultado final. Soluciones de color más suaves que no realizan aclarado a medida que se depositan son menos dañinas. Los síntomas y soluciones son similares a las del teñido después de la eliminación de colorante, que hemos mencionado anteriormente. Consulte los detalles de ese servicio y el uso de rellenos para mayor información.

Se usa una gorra de jabón en conjunción con un tinte para volver al color natural si el tinte no corresponde exactamente el color natural. Una gorra de jabón rápida, en que se añada champú a la solución de tinte para crear una fórmula más suave, eliminará la línea de demarcación.

Procedimiento

1. Junte los materiales.
2. Prepare al cliente en la forma acostumbrada.
3. Verifique los resultados de la prueba de parche. Continúe solamente si los resultados son negativos.
4. Lave el cabello según las instrucciones. Dé tratamientos de acondicionamiento de conformidad con su análisis.
5. Realice una prueba de mechón. Es posible que sea necesaria más de una prueba para determinar la formulación correcta y el tiempo para obtener los resultados deseados.
6. Divida el cabello en cuatro partes.
7. Aplique el relleno según las instrucciones de su instructor. Acuérdese de reemplazar el color primario que falte.
8. Realice el relleno siguiendo las instrucciones del fabricante. Pase directamente a la aplicación del tinte.
9. Vuelva a dividir el cabello en cuatro partes.
10. Aplique la fórmula colorante a subsecciones de ¼ de una pulgada (.625 cm.). Aplique el tinte lo más rápidamente posible a ambos lados de la subsección, desde la línea de demarcación hasta las puntas porosas. Proceda de conformidad con los resultados de su prueba de mechón.
11. Cuando se haya confirmado el revelado correcto del colorante mediante una prueba de mechón, aplique el tinte a las puntas porosas. Continúe el procedimiento.
12. Una gorra de jabón puede usarse después de que el tiempo necesario para completar el proceso esté completo para mezclar el color (opcional). Para obtener la gorra de jabón añada cantidades iguales de champú al tinte que quede y mézclelos completamente. La mezcla se aplica rápidamente y se coloca suavemente hasta las puntas de los cabellos.
13. Quite el tinte del cabello con un champú suave.
14. Use un aclarado ácido para cerrar la cutícula y contribuir a evitar la atenuación.
15. Reemplace la humedad con un aclarado de acabado.
16. Peine según el estilo deseado, teniendo cuidado de no calentar ni estirar demasiado el cabello.
17. Ofrezca al cliente la oportunidad de comprar productos de salón de belleza de alta calidad para evitar la pérdida de color en el hogar, y haga citas con el cliente para tratamientos de acondicionamiento.
18. Complete la ficha de registro y archívela.
19. Limpie el área de trabajo en la forma acostumbrada.

DIFICULTADES Y SOLUCIONES DEL CABELLO GRIS

El cabello gris, el blanco y el de "sal y pimienta" tienen características que crean problemas únicos de coloreado. Gran parte de los servicios de coloreado del salón de belleza se realizan para cubrir o para realzar el gris. Por lo tanto, esta sección se dedica al estudio del cabello gris, blanco y "sal y pimienta"; de su estructura, textura y condición; y, especialmente, de las características que hacen que sea diferente de todos los otros colores de cabello.

¿Qué es el cabello gris o canoso?

El cambio del color natural a gris es gradual. El cabello gris se relaciona principalmente con la edad y con la herencia. Aunque la pérdida de pigmento sucede continuamente en la mayoría de las personas durante todas sus vidas, muy pocos se vuelven completamente blancos. La mayoría mantienen cierto porcentaje de cabello pigmentado. Puede ser de color sólido o mezclado por toda la cabeza, como en el caso del cabello "sal y pimienta". Dicha mezcla crea diferentes matices de gris, que dependen de la proporción de cabello pigmentado a no pigmentado. Tanto el cabello gris como el blanco contienen poca melanina dentro de su corteza.

Cabello gris amarillento

Un matiz amarillo puede ocurrir debido a varias razones. Los cigarrillos, las medicinas, el sol y, en menor grado, los rociadores para el cabello y los productos para el peinado pueden todos ellos hacer que el cabello se vuelva amarillo. La lejía y los quitatinturas o productos para eliminar las tinturas eliminarán el descoloramiento amarillo debido a causas internas o a la oxidación de la melanina.

El amarillo no deseado puede ser superado por pigmentos artificiales depositados por tintes de un nivel igual o más oscuro que el amarillo. Otra alternativa es neutralizar los tonos amarillos con un nivel comparable de violeta.

FORMULACIÓN PARA EL CABELLO GRIS

Selección de nivel

La selección de nivel para el cabello blanco es relativamente simple porque acepta básicamente el nivel aplicado. Sin embargo, los colores que tienen nivel 9 o más claro posiblemente no darán suficiente cobertura debido al pequeño porcentaje de pigmento artificial para depositar en dichos matices. Generalmente, las formulaciones a partir de los niveles 6, 7 u 8 darán mejor cobertura y se pueden usar para crear tonos pasteles y rubios si así se desea.

Para los clientes cuyo cabello es de 80 por ciento a 100 por ciento gris, un colorante de cabello que esté dentro de la gama del color rubio queda en general mejor que un matiz más oscuro. Se puede seleccionar este nivel más claro de color artificial para obtener un resultado final frío o cálido, según el tono de la piel del cliente, el color de sus ojos y sus preferencias personales.

Otro factor que hay que considerar al teñir el gris en el cabello "sal y pimienta" para que tenga un nivel más oscuro, es que el color sobre el color resulta en un color más oscuro. El resultado de añadir un pigmento artificial oscuro al pigmento natural (cabello tipo "sal y pimienta") es un color que el ojo percibe como más oscuro. Por esta razón, al tratar de cubrir el gris en una cabeza "sal y pimienta", generalmente se selecciona un matiz más claro que el cabello naturalmente oscuro.

El cuadro de productos colorantes de un fabricante se puede usar en conjunción con los siguientes cuadros de formulación para seleccionar una tonalidad de color que esté dentro del nivel adecuado con el cual realizar una prueba del mechón.

Cuadro de formulación de colorantes semipermanentes para cabello gris

Porcentaje de gris	Formulación
100–90%	Nivel deseado
90–70%	Partes iguales deseadas y 1 nivel más claro
70–50%	Un nivel más claro que el nivel deseado
50–30%	Partes iguales, 1 nivel más claro y 2 niveles más claros
30–10%	Dos niveles más claros que el nivel deseado

Cuadro de formulación de tintes permanentes para cabello gris

Porcentaje de gris	Formulación
100–90%	Nivel deseado
90–70%	Dos partes al nivel deseado y 1 parte a un nivel más claro
70–50%	Partes deseadas iguales y un nivel más claro
50–30%	Dos partes a nivel más claro y 1 parte al nivel deseado
30–10%	Un nivel más claro

El cuadro de formulación para cabello gris le dará ciertas orientaciones generales básicas sobre la formulación para el cabello gris. Desde luego, existen otros factores que se deben tener en cuenta, tales como la personalidad del cliente y sus preferencias personales, así como la cantidad de cabello gris y su ubicación. Observará que en el cuadro no se indican tonos en la formulación, sino solamente niveles de coloreado del cabello y diversas técnicas.

Observe también que en el cuadro no se tiene en cuenta la ubicación del cabello gris. El cuadro está diseñado en tal forma que la sección que indica 30 por ciento de gris supone que el cabello gris está igualmente distribuido por toda la cabeza. Si, por ejemplo, la mayor parte del 30 por ciento de cabello gris está situado en la parte de adelante de la cabeza, dicha sección se consideraría 80 por ciento gris, de tal forma que la porción de atrás contendrá solamente una pizca de cabello gris. En ese caso, usted tendrá que determinar qué formulación sería la más conveniente para el cliente: formulación para el 80 por ciento de gris o para la pizca de gris. Si el cabello gris alrededor del rostro es lo que ve el cliente, entonces sería aconsejable formular para el 80 por ciento de cabello gris. La parte del cabello que rodea el rostro es la que tiene impacto en la percepción que el cliente tiene de sí mismo.

Su cliente está acostumbrado a ver cierto porcentaje de cabello gris. Dicho cabello gris da al cliente la impresión de tener cabello más claro. Este método de formular es un método para determinar hasta qué punto debería usted aclarar el cabello del cliente para dar la ilusión del color claro que él o ella está acostumbrado a ver.

El cliente tendría que tener por lo menos 10 por ciento de cabello gris antes de que sea necesario aclarar el nivel natural. Una vez más, es el nivel de color, determinado por la cantidad de cabello gris, que el cliente está acostumbrado a ver.

Es aquí donde entra en juego la creatividad de mezclar colores; primero, al usar un colorante de cabello más oscuro que no haga resaltar los tonos subyacentes no deseables, y, después, al lograr el nivel de claridad mediante la adición de reflejos o realces.

Hay muchas técnicas para ayudar a resolver sus problemas de coloreado del cabello. Cuantas más técnicas tenga usted a su disposición, más alternativas tendrá usted. Recuerde que sus conocimientos y sus técnicas son sus herramientas para tener éxito en el coloreado del cabello. El aprendizaje del coloreado del cabello no tiene una meta final; es un viaje que no termina nunca.

Completado—Objetivo de Aprendizaje núm. 7

COLOREADO DEL CABELLO CORRECTIVO

REGLAS PARA LA CORRECCIÓN EFICAZ DEL COLOR

1. No se deje vencer por el pánico.
2. Determine cuál es el verdadero problema.
3. Determine cuál fue la causa del problema.
4. Determine el remedio más adecuado.
5. Dé siempre un paso por vez.
6. Nunca garantice un resultado exacto.
7. Haga siempre la prueba del mechón para lograr exactitud. ✔

PRECAUCIONES DE SEGURIDAD EN EL COLOREADO DEL CABELLO

1. Dé la prueba del parche entre 24 a 48 horas antes de cualquier aplicación de un derivado de anilina.
2. Aplique el tinte solamente si la prueba de parche es negativa.
3. No aplique el tinte si están presentes abrasiones.
4. No aplique el tinte si está presente una tintura metálica o compuesta.
5. No cepille el cabello antes de aplicar el colorante.
6. Siempre lea y siga las instrucciones del fabricante.
7. Use botellas de aplicación, cepillos, peines y toallas higienizados.
8. Proteja la ropa del cliente recubriéndolo adecuadamente.
9. Realice una prueba de mechón para examinar factores tales como color, rompimiento y descoloramiento.
10. Use una botella de aplicación o cubeta (de vidrio o de plástico) para mezclar el tinte.
11. No mezcle el tinte antes de estar listo para usarlo; deseche el tinte que sobre.
12. Póngase guantes para protegerse las manos.
13. No permita que el color entre en contacto con los ojos del cliente.
14. No haga solapos durante un retoque de tinte.
15. No use agua que sea demasiado caliente; use agua tibia para quitar el colorante.
16. Use champú suave. Si se usa un champú alcalino o fuerte, éste contribuirá a la pérdida de color.
17. Lávese siempre las manos antes y después de servir a un cliente. ✔

Completado—Objetivo de Aprendizaje núm. 8

PRECAUCIONES PARA EVITAR RIESGOS EN EL COLOREADO DEL CABELLO

GLOSARIO DE COLOREADO DEL CABELLO

acelerador: (Véase *activador*)

ácida(o): Solución acuosa (basada en agua) que tiene un pH de menos de 7,0 en la escala de pH. Solución opuesta a la alcalina.

aclarado: Acción aclaradora de un colorante de cabello o producto aclarador en el pigmento natural del cabello.

aclarado de color: La cantidad de cambio que un pigmento natural o artificial sufre cuando es aclarado por una sustancia.

aclarado de puntos o de zonas: Corrección de colores usando mezcla de aclarado para aclarar las zonas más oscuras.

aclarador: Compuesto químico que aclara el cabello dispersando, disolviendo y descolorando el pigmento natural del cabello. (Véase *preaclarado*)

aclarador en el cuero cabelludo: Aclarador en forma de líquido, de crema o de gel que se puede usar directamente en el cuero cabelludo.

aclarador en polvo: (Véase *aclarador fuera del cuero cabelludo*)

aclarador fuera del cuero cabelludo: En general, un aclarador más potente o de mayor concentración que por regla general está en polvo. No se debe usar directamente en el cuero cabelludo.

aclarante: (Véase *descolorante*)

activador: Aditivo que se usa para acelerar la acción o progreso de una sustancia química. Es otro nombre para reforzador, acelerador, protinador o catalista.

acumulación: Recubrimientos repetidos del tallo del cabello.

aditivo de color: Producto de color concentrado que se puede añadir al colorante de cabello para intensificar o para disminuir el color. Ésta es otra palabra para concentrado.

agente ablandador: Producto ligeramente alcalino que se aplica antes del tratamiento de color para aumentar la porosidad, hacer hinchar la capa de cutícula del cabello y aumentar la absorción de color. Se usan frecuentemente tintes que no han sido mezclados con un revelador. (Véase *preablandar*)

agua dura: Agua que contiene impurezas tales como minerales y sales metálicas.

agua oxigenada o peróxido de hidrógeno: Sustancia química oxidante compuesta de 2 partes de hidrógeno y 2 partes de oxígeno (H_2O_2), usada para contribuir al proceso que realizan los colorantes permanentes del cabello y los aclaradores. También se le da el nombre de revelador; está disponible en forma líquida o en crema.

alcalina(o): Solución acuosa (basada en agua) que tiene un pH de más de 7,0 en una escala de pH. Solución opuesta a la ácida.

alergia: Reacción que se debe a una sensibilidad muy pronunciada a ciertos alimentos o a ciertas sustancias químicas.

alheña o alcana: Colorante extraído de plantas que produce matices brillantes o rojos. El ingrediente activo es una sustancia llamada en inglés *lawsone*. La alheña colorea permanentemente el cabello recubriendo y penetrando el tallo del cabello. (Véase *tintura progresiva*)

aminoácidos: Grupo de moléculas que usa el cuerpo para sintetizar la proteína. Hay 22 aminoácidos diferentes que se encuentran en la proteína viva, que sirven como unidades de estructura en la proteína.

amoníaco: Gas incoloro cáustico compuesto de hidrógeno y nitrógeno; en solución acuosa se llama agua amoniacal. Se usa en el coloreado del cabello para hacer hinchar la cutícula. Cuando se mezcla con agua oxigenada, activa el proceso de oxidación en la melanina y permite que la melanina se descolore.

análisis (del cabello): Examen del cabello para determinar su condición y su color natural. (Véase *condición; consulta*)

atenuar: Perder color debido a contacto con los elementos o a otros factores.

base de color: Combinación de colorantes que constituyen la fundación tonal de un color concreto.

brillo: Capacidad del cabello de brillar, fulgurar o reflejar la luz.

cabello: Prolongación delgada filiforme que crece de la piel de la cabeza y del cuerpo.

cabello gris o cana: Cabello con cantidades decrecientes de pigmento natural. El cabello que no tiene pigmento natural es en realidad blanco. Los cabellos blancos parecen grises cuando están mezclados con el cabello que todavía está pigmentado.

cabello recién crecido o nuevo crecimiento: La parte del tallo del cabello que está entre el cabello que ya ha recibido tratamiento químico y el cuero cabelludo.

cabello resistente: Cabello al que es difícil penetrar con humedad o con soluciones químicas.

cabello virgen: Cabello natural que no ha pasado por ningún tratamiento químico o físico.

cálido: Que contiene tonos rojos, anaranjados, amarillos o dorados.

cambio químico: Alteración de la composición química de una sustancia.

catalista: Sustancia usada para alterar la velocidad de una reacción química.

ceniza: Un tono o matiz dominado por verdes, azules, violetas o grises. Se puede usar para contrarrestar los tonos cálidos que no se desean.

cisteína: Aminoácido que ocurre naturalmente y que es responsable por el desarrollo de la feomelanina.

cobertura: Se refiere a la capacidad de un producto colorante de colorear el gris, el blanco u otros colores de cabello.

color: Sensación visual causada por la luz.

color base: Tonalidad predominante de un color existente, como por ejemplo, pardo basado en dorado o rubio con una base neutra.

color certificado: Color que satisface ciertas normas de pureza y está certificado por la Administración de Alimentos y Drogas (FDA).

color de acentuación: (Véase *aditivo de color*)

color del cabello: Color que la naturaleza ha dado al cabello.

color secundario: Colores hechos combinando dos colores primarios en igual proporción; los colores secundarios son el verde, el anaranjado y el violeta.

color vegetal: Color derivado de plantas.

colorante de cabello: Expresión nacida en la industria que se refiere a productos para coloreado artificial del cabello.

colorante del cabello de proceso simple: Se refiere a una solución de tinte oxidante que aclara mientras, al mismo tiempo, deposita colorante en una aplicación. (Véase *color oxidante*)

colorante del cabello oxidante: Producto que contiene tinturas oxidantes que requieren agua oxigenada para poder revelar o desarrollar el color permanente.

colorante penetrante de cabello: Colorante que entra o penetra la corteza o segunda capa del tallo del cabello.

colorante permanente de cabello: Categoría de productos colorantes de cabello que produce un cambio duradero de color.

colorante semipermanente del cabello: Colorante de cabello que permanece después de varios lavados con champú. Penetra el tallo del cabello y tiñe la capa de cutícula, atenuándose lentamente con cada champú.

colorante temporal de cabello o aclarador temporal: Color hecho de tinturas o colorantes preformados que se aplican al cabello pero que se pueden quitar fácilmente con champú.

colorantes para depósito solamente: Categoría de productos colorantes comprendida entre colorantes permanentes y semipermanentes. Formulada solamente para depositar color, no para aclarado. Contiene tinturas oxidantes y utiliza revelador de bajo volumen.

coloreados correctivos: Proceso de corregir un color no deseado.

colores complementarios: Un color primario y uno secundario colocados opuestos uno a otro en la rueda de colores. Cuando se combinan estos dos colores, crean un color neutro. Las combinaciones son las siguientes: azul/anaranjado, rojo/verde y amarillo/violeta.

colores D y C: Colores seleccionados de una lista certificada aprobada por la Administración de Alimentos y Drogas (FDA) para ser usados en drogas y en productos cosméticos.

colores primarios: Pigmentos o colores que son fundamentales y no pueden lograrse mezclando colores. Los colores primarios son el rojo, el amarillo y el azul.

colores terciarios: Mezcla de un color primario y de un color adyacente secundario en la rueda de colores. Rojo-anaranjado, amarillo-anaranjado, amarillo-verde, azul-verde, azul-violeta, rojo-violeta. Se conocen también como colores intermediarios.

concentrado: (Véase *aditivo de color*)

condición: El estado actual de cabello, que incluye elasticidad, firmeza, textura, porosidad e indicios de tratamientos anteriores.

consulta: Comunicación verbal con un cliente para determinar cuál sería el resultado deseado. [Véase *análisis (cabello)*]

corteza: La segunda capa del cabello. Parte central fibrosa de la fibra de cabello que contiene pigmento de melanina.

cuchara: $\frac{1}{2}$ onza, 3 cucharillas, 15 mililitros.

cucharilla: $\frac{1}{6}$ de una onza, $\frac{1}{3}$ de una cuchara, 5 mililitros.

cutícula: Nivel exterior traslúcido de proteína de la fibra de cabello.

dar los últimos toques: (Véase *retocar*)

denso: Espeso, compacto o tupido.

depósito: Describe el producto colorante en términos de su capacidad de añadir pigmento de color al cabello. El color añadido equivale al depósito.

descolorar: Proceso químico que consiste en el aclarado del pigmento natural o color artificial del cabello.

descoloramiento: El revelado de matices no deseados por medio de reacciones químicas.

deslustrado: Palabra usada para describir cabello o color de cabello sin brillo.

disolvente: Líquido portador en el cual pueden disolverse otros componentes.

disolventes de tinturas o quitatinturas: (Véase *quitacolorante*)

disperso: Dividido, esparcido; no limitado a un lugar.

elasticidad: Capacidad del cabello de estirarse y luego volver a su longitud original.

eliminación de colorante: (Véase *quitacolorante*)
enrubiecimiento: Palabra aplicada al aclarado del cabello.
enzima: Molécula de proteína que se encuentra en las células vivas y que comienza un proceso químico.
espectro: Serie de bandas de color difractadas y distribuidas en el orden de sus longitudes de onda mediante el paso de la luz blanca a través de un prisma. Los matices van continuamente matices desde el rojo (producido por la onda más larga visible) hasta el violeta (producido por la más corta): rojo, anaranjado, amarillo, verde, azul, azul añil y violeta.
especialista: Persona que se concentra en solamente una parte o rama de una materia o profesión.
estabilizador: Nombre general para el ingrediente que prolonga la duración, la apariencia y el rendimiento del producto.
etapa: Expresión usada para describir un cambio visible de color por el que pasa el color natural del cabello mientras se aclara. (Véase *grado*)
feomelanina: Pigmento rojo/amarillo que ocurre en forma natural.
formular: Arte de mezclar para crear una combinación o equilibrio de dos o más ingredientes.
fórmulas: Mezclas de dos o más ingredientes.
grado: Palabra usada para describir diversas unidades de medida. (Véase *etapa*)
gránulo: Partícula diminuta del cabello que contiene melanina.
imprimación de colores: Proceso de añadir pigmentos para preparar el cabello para la aplicación de una fórmula final de color.
intensidad: Palabra usada en el coloreado del cabello para describir la "potencia" o concentración de la tonalidad del colorante. Una tonalidad puede ser moderada, media y fuerte en intensidad.
línea de demarcación: Diferencia obvia entre dos colores en el tallo del cabello.
médula: Estructura central del tallo del cabello, que no está necesariamente presente en todas y cada una de las fibras del cabello. Se sabe muy poco sobre su función actual.
melanina: Granos minúsculos de pigmento en la corteza del cabello que crean el color natural del cabello.
melanocitos: Células en el bulbo del cabello que fabrican la melanina.
melanoproteína: Recubrimiento de proteína de un melanosoma.
melanosoma: Gránulo recubierto de proteína que contiene la melanina.
mezcla de colores: Combinar dos o más matices para formar un color que corresponda específicamente a un cliente.
mezcla o combinación: Fusión de un tinte o tono con otro.
molécula: Dos o más átomos juntados químicamente; la parte más pequeña de un compuesto.
neutralización: Proceso que contrarresta o cancela la acción de un agente o color.
neutralizar: Hacer neutro; contrarrestar una acción o influencia. (Véase *neutro*)
neutro: 1. Color balanceado entre cálido y frío, que no dé un reflejo de ningún color primario o secundario. 2. También se aplica a un pH de 7.
nivel: Unidad de medida usada para evaluar la claridad u oscuridad de un color, con exclusión del tono.

no alcalino: (Véase *ácido*)
nuevo crecimiento: (Véase *cabello recién crecido*)
opaco: Que no permite que pase la luz.
oxidación: 1. Reacción de las tinturas intermediarias con el agua oxigenada que se encuentra en los reveladores de coloreado del cabello. 2. Interacción del agua oxigenada en el pigmento natural.
parafenilonediamina: Tintura oxidante usada en la mayoría de los colorantes de cabello permanentes, cuyo nombre generalmente se abrevia P.P.D.
paratinte: Tinte hecho a partir de tinturas oxidantes.
pardusco: Palabra usada para describir matices de color de cabello que no contienen rojo ni dorado. (Véase *ceniza; deslustrado*)
peróxido: (Véase *agua oxigenada o peróxido de hidrógeno*)
peróxido de urea: Compuesto de peróxido que se usa de vez en cuando en el coloreado del cabello. Cuando se añade a una mezcla de color alcalino, libera oxígeno.
persulfato: En el coloreado del cabello, ingrediente químico que generalmente se usa en los activadores. Aumenta la velocidad del proceso de descoloramiento. (Véase *activador*)
pH: Grado de acidez o de alcalinidad de cualquier solución acuosa. La escala de pH es una escala numérica que va del 0 (muy ácido) al 14 (muy alcalino). Un pH de 7 es neutro.
pigmento: Toda sustancia o materia que se usa como colorante; colorante de cabello natural o artificial.
pigmento contribuyente: Nivel actual y tono del cabello. Se refiere tanto al pigmento natural contribuyente como al pigmento contribuyente descolorizado (o aclarado). (Véase *tono subyacente*)
porosidad: Capacidad del cabello de absorber el agua u otros líquidos.
preablandar: Proceso de tratar el cabello gris o muy resistente para permitir una mejor penetración del color.
preaclarar: Generalmente el primer paso del coloreado de cabello de proceso doble, que se usa para aclarar el pigmento natural. (Véase *descolorar*)
predescolorar: (Véase *preaclarar*)
prisma: Sólido transparente de vidrio o de cristal que divide la luz blanca en sus colores componentes, el espectro.
proceso doble: Técnica que requiere dos procedimientos separados en los cuales el cabello se descolora o se preaclara con un aclarador antes de aplicar el color de depósito.
profundidad: La claridad u oscuridad de un color de cabello concreto. (Véase *nivel*)
prueba de alergia: Prueba para determinar la posibilidad o grado de sensibilidad. También se conoce como prueba de parche, prueba de predisposición o prueba de la piel.
prueba de color: Proceso de quitar el producto de un mechón de cabello para examinar el progreso de revelado o desarrollo del color durante el teñido o el aclarado.
prueba de mechón: Prueba que se da antes del tratamiento para determinar el tiempo de revelado, el resultado de color y la capacidad del cabello de soportar los efectos de las sustancias químicas.
prueba de parche: Prueba requerida por la Ley de Alimentos y Drogas, realizado preparando una pequeña cantidad de la preparación de coloreado del cabello a la piel del brazo o detrás de la oreja para

determinar posibles alergias (hipersensibilidad). También se llama prueba de predisposición o de piel.
prueba de predisposición: (Véase *prueba de parche*)
queratina: Material insoluble de proteína que constituye la sustancia del cabello.
quitacolorante o producto para eliminar el colorante: Producto diseñado para quitar el pigmento artificial del cabello.
quitamanchas o producto para eliminar manchas: Sustancia química usada para quitar manchas de tinte de la piel.
raíz del cabello: Parte del cabello que está dentro del folículo, debajo de la superficie del cuero cabelludo.
realce: Introducción de un colorante más claro en secciones pequeñas selectas para aumentar la claridad del cabello. Generalmente no presenta un contraste especial con el color natural.
recrecimiento: (Véase *cabello recién crecido o nuevo crecimiento*)
recubrimiento: Residuo que queda en la parte de afuera del tallo del cabello.
reductores de reflejos: Color concentrado, usado para reducir los reflejos rojos o dorados.
reforzador: (Véase *activador*)
rellenos: 1. Producto colorante usado como renovador de colorante o para rellenar el cabello dañado como preparación para el coloreado de cabello. 2. Cualquier sustancia de consistencia líquida para contribuir a llenar un vacío. (Véase *renovador de colorante*)
renovación de color: 1. Colorante aplicado a la mitad del cabello y a las puntas para dar un aspecto de color más uniforme al cabello. 2. Colorante aplicado por un método que consiste en usar champú para realzar el color natural. También se llama lavado de color, realce de color.
residuo de agua oxigenada: Restos de agua oxigenada que se quedan en el cabello después de tratamiento con aclarador o tinte.
retoque: Aplicación de color o de mezcla aclaradora al cabello recién crecido.
revelador o desarrollador: Agente oxidante, generalmente agua oxigenada, que reacciona químicamente con materiales colorantes para revelar moléculas de color y para crear un cambio en el color natural de cabello.
rueda de colores: Implemento en que se distribuyen los colores primarios, secundarios y terciarios en orden de las relaciones que tienen unos con otros. Implemento que se usa en la formulación.
sal y pimienta: Expresión descriptiva para una mezcla de cabello pigmentado y cabello gris o blanco.
sangrado: Filtración del tinte/aclarador de la hoja o de la gorra debido a aplicación incorrecta.
sensibilidad: Piel muy reactiva a la presencia de cierta sustancia química específica. La piel se enrojece o se irrita poco después de la aplicación de la sustancia química. La reacción se elimina al quitar la sustancia química.
sistema de niveles: Sistema que usan los coloristas para analizar la claridad u oscuridad de un color de cabello.
solapo: Ocurre cuando la aplicación de color o de aclarador va más allá de la línea de demarcación.
solución: Mezcla de sustancias sólidas, líquidas o gaseosas en un medio líquido.

superporosidad: Condición en que el cabello alcanza una etapa no deseable de porosidad, que requiere corrección.
tallo del cabello: Parte visible de cada hebra de cabello. Está compuesta por una capa exterior que se llama la cutícula, una capa interior llamada la médula y una capa intermedia llamada la corteza. La capa de corteza es donde se realizan los cambios de color.
teñir de vuelta: Hacer volver al cabello a su color original o natural.
terminología: Las palabras o expresiones especiales usadas en las ciencias, las artes o los negocios.
textura del cabello: Diámetro de una fibra individual de cabello. Tres clases de cabello llamado: grueso, medio o fino.
tiempo de revelado o de desarrollo (período de oxidación): Tiempo requerido para que un colorante o aclarador permanente se revele completamente.
tiempo necesario para el proceso: Tiempo requerido para que el tratamiento químico reaccione en el cabello.
tinte: 1. Expresión usada para describir un color específico. 2. Diferencia visible entre los dos colores.
tinte: Producto oxidante colorante permanente del cabello que tiene la capacidad de aclarar y depositar color en el mismo proceso.
tinte de alto aclarado: Colorante de proceso simple que tiene un alto grado de acción de aclarado y una cantidad mínima de depósito colorante.
tintura directa: Un colorante preformado que tiñe la fibra directamente sin necesidad de oxidación.
tintura intermedia: Material que llega a producir color sólo después de reaccionar con un revelador (agua oxigenada). También se lo conoce como tintura oxidante.
tintura o colorante: Pigmento artificial.
tintura progresiva o sistema de tintura progresiva: 1. Sistema de coloreado que produce un aumento de la absorción con cada aplicación. 2. Productos colorantes que profundizan o aumentan la absorción durante un período de tiempo durante el procesamiento.
tinturas metálicas: Sales solubles metálicas tales como plomo, plata y bismuto que producen colores en la fibra de cabello mediante acumulación progresiva y contacto con el aire.
tirosina: Aminoácido (tirosina) que reacciona junto con el enzima (tirosinasa) para formar el pigmento natural de melanina del cabello.
tirosinasa: Enzima (tirosinasa) que reacciona junto con el aminoácido (tirosina) para formar el pigmento natural de melanina del cabello.
tonalizador: Color pastel que se debe usar después del preaclarado.
tonalizar: Añadir color para modificar el resultado final.
tono bronceado: Tonos rojos, anaranjados o dorados en el cabello.
tono o tonalidad: Expresión usada para describir las diversas medidas en que un color es cálido o frío.
tono subyacente: Color subyacente que emerge durante el proceso de aclarado de la melanina, que contribuye al resultado final. Al aclarar el cabello, siempre se produce un residuo cálido en el tono. También se le da el nombre de pigmento contribuyente.
tonos fríos: (Véase *ceniza*)
traslúcido: La propiedad de dejar pasar la luz difusa.

valor: (Véase *profundidad; nivel*)
viscosidad: Término que se refiere al espesor de la solución.
volumen: Concentración de agua oxigenada en una solución acuosa. Se expresa en términos de volúmenes de oxígeno liberados por volumen de solución; por lo tanto, agua oxigenada de 20 volúmenes libera 20 pintas (9,4 litros) de gas de oxígeno por cada pinta (litro) de solución.

PREGUNTAS DE REPASO

COLOREADO DEL CABELLO

1. ¿Cuál es la diferencia entre colores primarios, secundarios y terciarios?
2. ¿Cuáles son las clasificaciones de colorantes de cabello? ¿En qué forma actúan sobre el cabello?
3. ¿Cuál es el procedimiento correcto para dar una consulta de coloreado del cabello? ¿Una prueba de mechón?
4. ¿Cómo se aplica el colorante de cabello temporal?
5. ¿Cuáles son algunas de las ventajas del coloreado semipermanente de cabello?
6. ¿Cuál es el procedimiento para un teñido de proceso simple?
7. ¿Cómo varía el proceso para un retoque de tinte?
8. ¿Cuáles son las precauciones de seguridad que hay que seguir durante el proceso de coloreado del cabello?
9. ¿Cuál es la actividad del agua oxigenada durante el coloreado del cabello?
10. ¿Cuáles son los dos propósitos para los que se usan los aclaradores de cabello?
11. Indique los tipos de aclaradores y los usos de cada uno.
12. ¿Qué métodos están disponibles para lograr el aclarado de efectos especiales?
13. ¿Qué medidas preventivas y correctivas evitan o resuelven los problemas de coloreado del cabello?

RELAJACIÓN QUÍMICA DEL PELO Y PERMANENTE DE RIZADO SUAVE

13

OBJETIVOS DE APRENDIZAJE

DESPUÉS DE COMPLETAR ESTE CAPÍTULO, USTED DEBE SER CAPAZ DE:

1. Definir el objetivo de la relajación química del pelo.
2. Enumerar los ingredientes que componen los diferentes productos utilizados en la relajación química del pelo.
3. Explicar la diferencia entre los relajadores de hidróxido de sodio y los de tioglicolato.
4. Describir los tres pasos básicos de la relajación química del pelo.
5. Explicar el análisis del cliente para poder realizar un tratamiento de relajación de pelo.
6. Demostrar los procedimientos utilizados en el proceso de relajación del pelo con hidróxido de sodio y en el proceso de relajación de pelo con tioglicolato de amonio, un fundido químico y una permanente con ondulación suave.
7. Mostrar los procedimientos utilizados para el proceso de relajación química del cabello con tioglicolato de amoníaco.
8. Mostrar los procedimientos utilizados para un fundido químico.
9. Mostrar los procedimientos utilizados para una permanente de rizado suave.

INTRODUCCIÓN

✔ **Completado—Objetivo de Aprendizaje núm. 1**

DEFINIR LA FINALIDAD DE LA RELAJACIÓN QUÍMICA DEL CABELLO

La relajación química del pelo es el proceso de reordenar permanentemente la estructura básica de un pelo extremadamente rizado, dándole una forma lisa. Cuando se realiza profesionalmente, deja el pelo liso y en buenas condiciones, preparado para casi cualquier estilo. ✔

PRODUCTOS PARA LA RELAJACIÓN QUÍMICA DEL PELO

✔ **Completado—Objetivo de Aprendizaje núm. 2**

ENUMERAR LOS RELAJANTES QUÍMICOS PARA EL CABELLO

Los productos básicos que se utilizan en la relajación química del pelo son un relajador de pelo químico, un neutralizador y una crema derivada del petróleo, que se utiliza como base protectora para proteger el cuero cabelludo del cliente durante el proceso de alisado químico realizado con hidróxido de sodio. ✔

RELAJADORES DE PELO QUÍMICOS

Los dos tipos generales de relajadores de pelo son el *hidróxido de sodio*, que no requiere el tratamiento previo con champú y el *tioglicolato de amonio*, que puede necesitar un tratamiento previo con champú.

El hidróxido de sodio (relajador de pelo de tipo cáustico) suaviza y expande las fibras capilares. A medida que la solución penetra en la capa cortical, se descomponen los enlaces cruzados (azufre e hidrógeno). La acción del peine, el cepillo o las manos distribuye el producto químico y alisa el pelo suavizado.

Los fabricantes varían el contenido de hidróxido de sodio de la solución, que puede oscilar entre un 5 a un 10%, y del factor pH, que puede variar entre 10 y 14. En general, mientras más hidróxido de sodio se utilice y mayor sea el pH, más rápida será la reacción química que se produce en el pelo y mayor será el daño que puede sufrir el pelo.

✔ **Completado—Objetivo de Aprendizaje núm. 3**

RELAJANTES DEL HIDRÓXIDO DE SODIO CONTRA EL TIOGLICOLATO DE AMONÍACO

P R E C A U C I Ó N
Debido al alto contenido alcalino del hidróxido de sodio, debe tener mucho cuidado durante su empleo.

Aunque el tioglicolato de amonio (el relajador de tipo tioglicolato, a menudo denominado relajador) no es tan activo como el hidróxido de sodio, suaviza y alisa el pelo demasiado crespo más o menos de igual manera. Recuerde que es la misma solución utilizada en el ondulado permanente. ✔

NEUTRALIZADOR

El *neutralizador* también recibe el nombre de *estabilizador* o *fijador*. El neutralizador detiene la acción de cualquier relajante químico que pueda quedar en el pelo después del aclarado. El neutralizador para un relajador de tipo tioglicolato reforma los enlaces cruzados de la cistina (azufre) en sus nuevas posiciones y endurece el pelo.

FORMULAS CON BASE Y "SIN BASE"

Cuando se utiliza el hidróxido de sodio, existen dos tipos de fórmulas, con base y sin base. La fórmula con base es una crema de petroleo creada para proteger la piel y el cuero cabelludo del cliente durante el proceso de alisamiento químico en el que se utiliza el hidróxido de sodio. Esta base protectora es también importante durante el retoque del alisamiento químico. Se aplica para proteger el pelo alisado anteriormente y para prevenir la rotura del pelo.

La crema a base de petroleo posee una consistencia más ligera que la vaselina y está formulada para que se funda a temperatura corporal. Al fundirse asegura una cobertura protectora completa del cuero cabelludo y de otras zonas gracias a una capa fina y grasa. Esto impide la quemadura/irritación del cuero cabelludo y de la piel. Durante el proceso de alisado, el pelo tratado anteriormente se debe tratar con crema acondicionadora.

También es posible disponer de relajantes "sin base". Estos relajantes producen la misma reacción química en el pelo, aunque generalmente la reacción es más suave. El procedimiento para la aplicación de un relajador "sin base" es el mismo que el del relajador normal, excepto que no se aplica la crema base. Es recomendable utilizar una crema protectora alrededor de la línea de crecimiento del pelo y sobre las orejas.

PASOS EN EL RELAJAMIENTO QUÍMICO DEL PELO

Todos las relajaciones químicas del pelo comportan tres pasos básicos: *proceso*, *neutralización* y *acondicionamiento*.

PROCESO

Tan pronto como se aplica el relajador químico, el pelo empieza a suavizarse, y así el producto químico puede penetrar soltando y relajando el rizo natural.

NEUTRALIZACIÓN

Tan pronto como el pelo se haya procesado suficientemente, se aclara totalmente el relajador químico con agua caliente, aplicando seguidamente un neutralizador con champú o con un champú especial y un neutralizador.

ACONDICIONAMIENTO

Dependiendo de las necesidades del cliente, el acondicionador puede formar parte de una serie de tratamientos capilares, o puede aplicarse al pelo antes o después del tratamiento de relajación. ✓

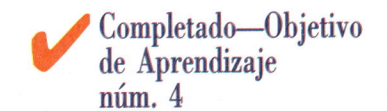

> ✓ Completado—Objetivo de Aprendizaje núm. 4
>
> **TRES PASOS BÁSICOS EN LA RELAJACIÓN QUÍMICA DEL CABELLO**

> **PRECAUCIÓN**
> El pelo excesivamente rizado dañado por aplicación de calor o por otros productos químicos debe reacondicionarse antes de realizar una relajación.
>
> No se puede aplicar un relajador químico al pelo aclarado o teñido con colorantes metálicos, ya que puede provocar un daño o rotura excesivos.

POTENCIA DEL RELAJANTE RECOMENDADA

La potencia del relajante viene determinada por la prueba del pelo. Las siguientes directrices pueden ayudar a determinar la potencia de relajante a utilizar en la prueba.

1. Pelo fino, teñido o aclarado—Utilizar un relajador suave.
2. Pelo virgen normal, con una textura media—Utilizar un relajador normal.
3. Pelo virgen y grueso—Utilizar un relajador fuerte o muy fuerte.

ANÁLISIS DEL PELO DEL CLIENTE

Es esencial que el cosmetólogo tenga unos conocimientos prácticos del pelo humano, particularmente cuando se aplica un tratamiento relajante. Podrá aprender a reconocer las diferentes calidades de pelo mediante la inspección visual, tacto y pruebas especiales. Antes de intentar aplicar un tratamiento relajante en un pelo excesivamente rizado, el cosmetólogo debe juzgar su textura, porosidad, elasticidad y la extensión del posible daño en el pelo. (Para obtener más información sobre el análisis del pelo, consultar el capítulo sobre ondulado permanente.)

HISTORIA CAPILAR DEL CLIENTE

A fin de asegurarse unos resultados satisfactorios y consistentes, se deben mantener registros de cada tratamiento de relajación química del pelo. Estos registros deben incluir la historia capilar del cliente, productos y acondicionadores utilizados (ver el formulario de muestra que aparece en la página 323) y la declaración de renuncia del cliente. La declaración de renuncia se utiliza para proteger al cosmetólogo, hasta cierto grado, de la responsabilidad de accidentes y daños. Debe averiguar con toda seguridad si el cliente ha recibido alguna vez un tratamiento de relajación. En caso afirmativo es necesario saber si se produjo alguna reacción. Usted no debe efectuar una relajación al cabello tratado con un colorante metálico. Esta acción daña y destruye el pelo. Además no es aconsejable utilizar relajadores químicos en pelos aclarados.

Antes de iniciar el proceso en el pelo, debe saber cómo reaccionará el pelo al relajador. Por lo tanto debe efectuar al cliente: l) un examen de cuero cabelludo y capilar completo y 2) una prueba de un mechón de pelo.

CAPÍTULO 13   RELAJACIÓN QUÍMICA DEL PELO Y PERMANENTE DE RIZADO SUAVE   ◆ 323

REGISTRO DEL RELAJADOR

Nombre .... Tel ....

Dirección .... Ciudad .... Estado .... C.P. ....

DESCRIPCION DEL PELO

Forma	**Longitud**	**Textura**	**Porosidad**	
☐ondulado	☐corto	☐grueso ☐suave	☐muy poroso	☐menos poroso
☐crespo	☐medio	☐medio ☐sedoso	☐moderado poroso	☐aún menos
☐muy crespo	☐largo	☐fino ☐tieso	☐normal	☐resistente

Condición
☐virgen   ☐retocado   ☐seco   ☐graso   ☐aclarado

Teñido con ....

Relajado anteriormente con (nombre del relajante) ....

☐Se incluye una muestra original   ☐No se incluye

TIPO DE RELAJADOR O ALISADOR
☐toda la cabeza   ☐retoque
☐relajador .... potencia .... ☐alisador .... potencia ....

Resultados
☐bueno   ☐deficiente   ☐se incluye muestra del pelo relajado   ☐no se incluye

Fecha   Operador   Fecha   Operador

....
....
....

EXAMEN DEL CUERO CABELLUDO

Inspeccionar el cuero cabelludo cuidadosamente en busca de erupciones, arañazos o rozaduras. Para poder examinar bien el cuero cabelludo, dividir el pelo en secciones de 1,25 cm. La división del pelo se puede realizar con los dedos índice y corazón o con el mango de un cola de rata. En cualquier caso debe tener mucho cuidado en no arañar el cuero cabelludo. Estos arañazos pueden infectarse seriamente al verse afectados por los productos químicos del relajante. (Fig. 13.1)

Si el cliente tiene rozaduras o erupciones en el cuero cabelludo, no aplicar el relajador químico hasta que el cuero cabelludo esté curado. Si el pelo no está sano, recetar una serie de tratamientos de acondicionamiento para devolverlo a una condición más normal. Entonces podrá usted efectuar una prueba de pelo.

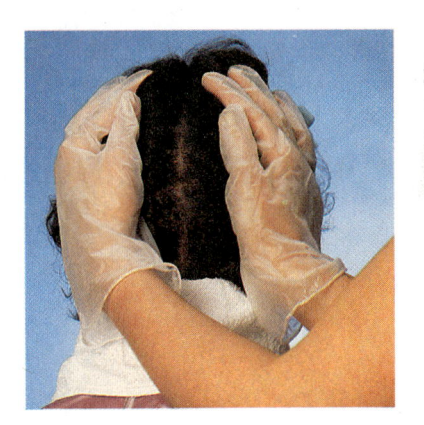

13.1—Examen del cuero cabelludo.

PRUEBAS DE PELO

Para ayudarle a evaluar los resultados que se esperan de una relajación química, es aconsejable probar el pelo para comprobar su porosidad y elasticidad. Esto se puede realizar mediante cualquiera de las siguientes pruebas de pelo:

La **prueba del dedo** determina el grado de porosidad del pelo. Coja un pelo y hágalo deslizar entre el dedo pulgar y el dedo índice de la mano derecha, desde la punta hacia el cuero cabelludo. Si se desgreña o su tacto es desigual, el pelo es poroso y puede absorber la humedad.

13.2—Prueba del relajador en un mechón.

✓ **Completado—Objetivo de Aprendizaje núm. 5**

ANÁLISIS DEL CLIENTE PARA LA RELAJACIÓN QUÍMICA DEL CABELLO

Prueba de tracción. Esta prueba determina el grado de elasticidad del pelo. Normalmente el pelo rizado y seco se estirará aproximadamente un quinto de su longitud normal sin romperse. Coger media docena de pelos de la zona de la coronilla y tirar de ellos suavemente. Si el pelo se estira, posee elasticidad y podrá soportar el relajador. En caso contrario se recomienda realizar tratamientos de acondicionamiento antes del tratamiento de relación química.

Prueba del relajador. La aplicación del relajador al pelo indicará la reacción del relajador en el pelo. Tomar una pequeña sección de pelo de la coronilla o de otra zona en donde el pelo esté encrespado y sea resistente. Colocarla sobre un pedazo de hoja de aluminio situada tan cerca como sea posible del cuero cabelludo. Aplicar el relajador en los pelos como si se tratase de toda la cabeza. Procesar los pelos hasta que estén lo suficientemente relajados, comprobándolos cada 3 a 5 minutos. Anotar cuidadosamente la hora, la suavización necesaria y la resistencia del pelo. Aplicar champú al relajador sólo en estos pelos, secar con una toalla y cubrirlos con una crema protectora para evitar daños durante el relajamiento. En caso de que el pelo se parta, deberá realizar otra prueba de pelos utilizando una solución más suave. (Fig. 13.2) ✓

PROCESO DE RELAJACIÓN QUÍMICA DEL PELO (CON HIDRÓXIDO DE SODIO)

El procedimiento que se describe seguidamente está basado principalmente en productos que contienen hidróxido de sodio. Tanto para éste, como para cualquier otro tipo de producto, siga las instrucciones del fabricante y preste atención al instructor.

EQUIPO, ÚTILES Y MATERIALES

Relajador químico	Guantes protectores	Algodón absorbente
Neutralizador o champú neutralizador	Toallas	
	Rulos	Tira para el cuello
Champú y crema de aclarado	Peine y cepillo	Presillas y palillos
Bata para el champú	Espátula	
Base protectora	Temporizador	Bigudís
Loción fijadora	Acondicionador	Tarjeta de registro

PREPARACIÓN

1. Seleccionar y ordenar el equipo, los productos y los materiales necesarios.
2. Lavar y esterilizar las manos.

CAPÍTULO 13 RELAJACIÓN QUÍMICA DEL PELO Y PERMANENTE DE RIZADO SUAVE ◆ 325

3. Sentar al cliente de manera cómoda. Sacar los pendientes y collares, ajustar la toalla y la capa del champú.
4. Examinar y evaluar el cuero cabelludo y el pelo.
5. Realizar una prueba del pelo y comprobar los resultados.
6. No aplicar champú al pelo. (Los extremos del pelo se pueden recortar después de la aplicación del relajador químico.)
7. Hacer que el cliente firme la tarjeta de renuncia.

PROCEDIMIENTO

1. Dividir el pelo en cuatro o cinco secciones, según recomiende su instructor. (Figs. 13.3, 13.4)

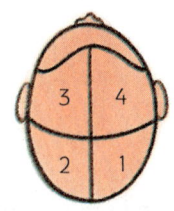

13.3—Dividir el pelo en cuatro secciones.

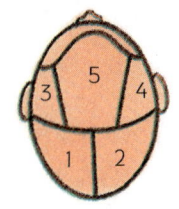

13.4—Dividir el pelo en cinco secciones, tres secciones en la zona frontal, dos secciones en la zona posterior.

2. Secar el pelo. En caso de humedad o perspiración del cuero cabelludo, provocado por calor o humedad excesiva, colocar al cliente bajo un secador frío durante varios minutos.
3. Aplicar una base protectora. Los fabricantes recomiendan el empleo de una base protectora para proteger el cuero cabelludo de los productos químicos fuertes del relajador. Para aplicarlo correctamente, subdividir cada una de las cuatro o cinco secciones principales en divisiones de 1,25 a 2,5 cm., para permitir una cobertura completa del cuero cabelludo. (Fig. 13.5)

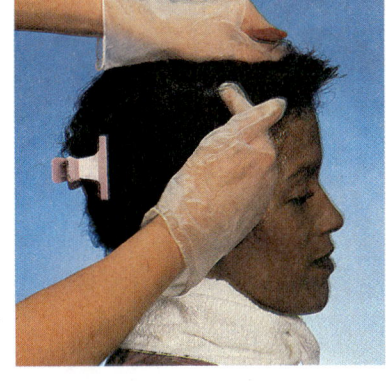

13.5—Aplicación de una base protectora.

Aplicar la base libremente en todo el cuero cabelludo utilizando los dedos. Se debe cubrir completamente la línea de pelo que circunda la frente, la nuca y la zona superior y circundante de las orejas. La cobertura completa es importante para proteger el cuero cabelludo y la línea de crecimiento del pelo e impedir la irritación.

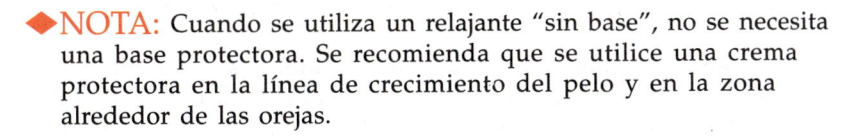

◆NOTA: Cuando se utiliza un relajante "sin base", no se necesita una base protectora. Se recomienda que se utilice una crema protectora en la línea de crecimiento del pelo y en la zona alrededor de las orejas.

APLICACIÓN DEL ACONDICIONADOR-RELLENADOR

En muchos casos antes de utilizar el relajador químico, es necesario utilizar un acondicionador-rellenador. El acondicionador-rellenador, generalmente un producto proteínico, se aplica en toda la cabeza cuando esté seco. Protege el pelo excesivamente poroso o ligeramente dañado en caso de un proceso excesivo en cualquier parte del folículo piloso. Uniformiza la porosidad del pelo y permite la distribución y la acción uniformes del relajante químico.

Para obtener el máximo beneficio del acondicionador-rellenador, frotarlo suavemente en el pelo desde el cuero cabelludo a los extremos, utilizando las manos o un peine. Después secar el pelo con una toalla o utilizar un secador frío para secar completamente el pelo.

> **PRECAUCIÓN**
> *Evitar el empleo de calor, ya que abrirá los poros del cuero cabelludo y provocará una irritación o heridas en el cuero cabelludo del cliente.*
> *El cosmetólogo debe utilizar guantes protectores para prevenir daños en las manos.*

APLICACIÓN DEL RELAJADOR

Dividir la cabeza en cuatro o cinco secciones, de la misma manera que en la aplicación de la base protectora.

La crema se aplica en último lugar en la zona del cuero cabelludo y en los extremos del pelo. El calor corporal acelerará la acción de proceso en el cuero cabelludo. El pelo es más poroso en los extremos y puede resultar dañado. En estas dos zonas, se necesita menos tiempo de proceso y por lo tanto, el relajador se aplica en último lugar.

Existen tres métodos generales para aplicar el relajador químico de pelo: el método del peine, el método del cepillo y el método del dedo.

MÉTODO DEL PEINE

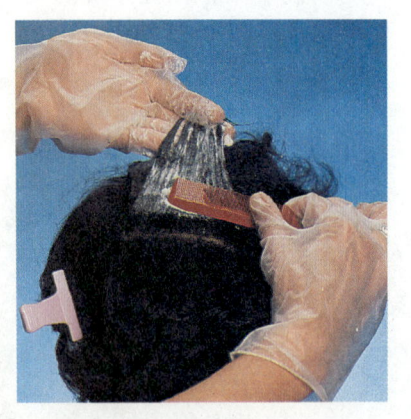

Extraer una cantidad de crema de relajación del envase. Empezando en la sección posterior derecha de la cabeza, dividir cuidadosamente de 0,66 a 1,25 cm. de pelo, dependiendo de su grosor y rizado. Aplicar el relajador utilizando la parte posterior del peine, empezando de 1,25 a 2,5 cm. del cuero cabelludo y distribuirlo a unos 1,25 cm. en los extremos finales del pelo. En primer lugar, aplicar el relajador en el lado superior del mechón. (Fig. 13.6) A continuación elevar la subsección y aplicar el relajador por debajo. (Fig. 13.7) Colocar suavemente la sección de pelo procesada en donde no moleste.

Finalizar la zona posterior derecha, y desplazándose en el sentido de las agujas del reloj, cubrir cada sección de la cabeza de la misma manera. Después, volver a empezar en el mismo orden, aplicando crema relajante adicional, en caso de que sea necesario y distribuyendo el relajador cerca del cuero cabelludo y hasta los extremos del pelo. Evitar una presión excesiva o estiramiento del pelo.

El distribuir la crema por el pelo no sólo distribuye la crema sino que también estira el pelo suavemente, alisándolo.

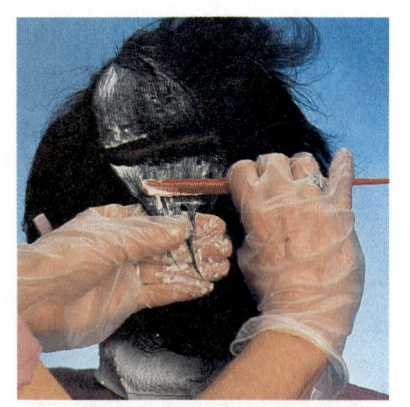

13.6—Aplicación del relajador en la parte superior del mechón.

13.7—Aplicación del relajador debajo del mechón.

CAPÍTULO 13   RELAJACIÓN QUÍMICA DEL PELO Y PERMANENTE DE RIZADO SUAVE   ◆   327

Una técnica alternativa es la de empezar la aplicación en la nuca, a una distancia aproximada de 2,5 cm. de la línea de nacimiento del pelo y continuar hacia la coronilla. El último lugar en donde se debe aplicar el relajador es la línea de crecimiento del pelo. Siga las instrucciones del instructor y del fabricante.

MÉTODO DEL CEPILLO O DEL DEDO

El método de cepillo o del dedo al aplicar el relajador en el pelo es el mismo que el método del peine, excepto que se utiliza el cepillo, los dedos o las palmas en vez de la parte posterior del peine. *Llevar guantes protectores.*

PRUEBA PERIÓDICA DEL MECHÓN

Mientras se distribuye el relajador, inspeccionar su acción estirando el pelo para ver con qué rapidez se eliminan los rizos naturales. Otro método de prueba es el de presionar el mechón en el cuero cabelludo utilizando la parte posterior del peine o su dedo. Examinar el mechón después de extraer el dedo. Si se asienta suavemente, el mechón está suficientemente relajado; si el mechón vuelve a su antigua condición o se encoge y se aparta del cuero cabelludo, continuar el proceso.

ACLARADO DEL RELAJADOR

Cuando el pelo se haya alisado suficientemente, aclarar el relajador rápidamente y por completo. (Fig. 13.8) El agua debe estar tibia, no caliente. Si el agua está demasiado caliente, puede quemar al cliente e incomodarlo debido a la extrema sensibilidad del cuero cabelludo. Si el agua está demasiado fría, no detendrá la acción del proceso. La fuerza directa del agua del aclarado se debe utilizar para eliminar el relajador y evitar enredar el pelo. Dividir el pelo con los dedos para asegurarse de que no quedan restos de relajador. A no ser que se extraiga completamente el relajador, su acción química continúa en el pelo. El chorro de agua se debe dirigir desde el cuero cabelludo a los extremos del pelo.

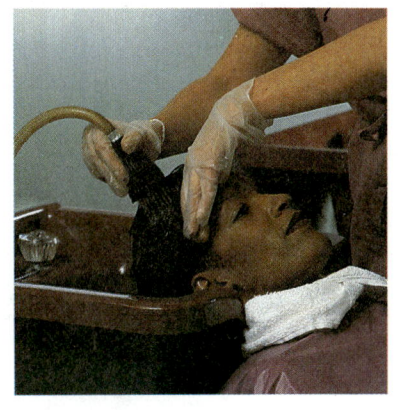

13.8—Aclarado del relajador.

◆
PRECAUCIÓN
Evitar por todos los medios que el relajador o el agua del aclarado penetre en los ojos o que toque la piel no protegida. Si el relajador o el agua del aclarado penetra en los ojos del cliente, lavarlos inmediatamente y enviar el cliente al médico tan rápidamente como sea posible.

APLICACIÓN DEL CHAMPU/NEUTRALIZACIÓN

Cuando el pelo esté aclarado completamente, neutralizar el pelo siguiendo las instrucciones de su instructor. La mayoría de los fabricantes incluyen un champú neutralizador, que se aplica en el pelo después del aclarado. Otros aconsejan el empleo de champúes no alcalinos o de crema seguidos por un neutralizador.

Aplicar el champú en el pelo con suavidad. Tenga cuidado y evite enredar el pelo o romper los extremos frágiles. Manipular el champú utilizando los dedos debajo del pelo, no en la parte superior. Aclarar con agua tibia, asegurándose de que el pelo se mantiene liso. Volver a aplicar el champú hasta que el pelo esté bien enjabonado y se haya extraído el relajador. (Fig. 13.9)

Después de la aplicación del champú, saturar completamente el pelo con el neutralizador en caso de que así lo exija el fabricante. Empezando en la nuca, peinar cuidadosamente con un peine de puas anchas, trabajando hacia arriba, hacia la frente. Utilizar el peine para:

1. Mantener el pelo liso.
2. Asegurar la saturación completa del neutralizador.
3. Eliminar todos los enredos sin estirar.

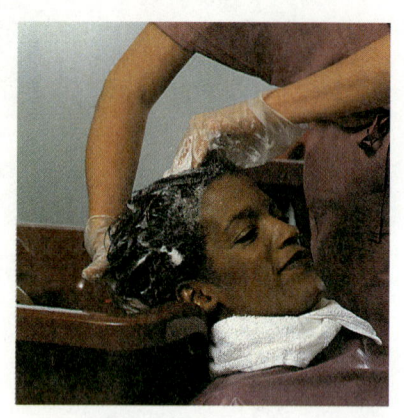

13.9—Aplicar champú en el pelo.

Sincronizar el neutralizador según se indica en las instrucciones y aclarar completamente. Secar con toalla suavemente. Acondicionar el pelo según sea necesario y proceda al marcado. Desechar los materiales ya utilizados. Limpiar y esterilizar el equipo. Lavar y esterilizar las manos. Rellenar el registro con todo el tiempo empleado y tratamientos hechos durante el servicio y archivar la tarjeta de registro.

◆NOTA: Los diferentes productos que se utilizan en la relajación requieren métodos diferentes. Seguir siempre las instrucciones del fabricante.

APLICACIÓN DEL ACONDICIONADOR

Muchos fabricantes recomiendan la aplicación de un acondicionador antes de trabajar con el pelo, para compensar la aspereza del hidróxido de sodio del relajador y para ayudar a restaurar parte de las grasas naturales del cuero cabelludo y del pelo.

Existen dos tipos de acondicionadores:

1. Los *acondicionadores de tipo crema* se aplican al cuero cabelludo y al pelo, enjuagándose cuidadosamente después. Seguidamente el pelo se seca con una toalla. Aplicar la loción de fijación, colocar el pelo en rulos, secar y peinar el pelo de la manera acostumbrada.

2. Los *acondicionadores de tipo proteínico (líquido)* se aplican en el cuero cabelludo y en el pelo antes del peinado y se dejan en el pelo para que sirvan como una loción de fijación. Colocar el pelo en rulos, secar y peinar de la manera acostumbrada.

◆NOTA: Debido a la fragilidad del pelo, es recomendable enrollarlo en el rulo sin demasiada presión.

CAPÍTULO 13　RELAJACIÓN QUÍMICA DEL PELO Y PERMANENTE DE RIZADO SUAVE　◆　329

TENACILLAS TÉRMICAS CALIENTES

No calentar y estirar excesivamente el pelo si quieren evitarse la rotura del mismo. El rizado térmico con un calor no excesivo se puede utilizar para rizar el pelo alisado químicamente. Se deben recomendar tratamientos de acondicionamiento y el pelo se debe secar completamente antes del rizado térmico. (Ver el capítulo sobre el peinado térmico para hallar más información sobre las tenacillas térmicas.)

Pregunta Y Respuesta

ALISADO DE DOS GRADOS DE RIZOS

P

¿Es aconsejable alisar solamente la mitad de la cabellera si los rizos excesivos se encuentran al frente únicamente?

R

No es extraño que una persona tenga texturas de cabello mezcladas. Si usted examina detenidamente la mayoría de las cabezas de personas de origen caucásico, usted encontrará áreas que poseen cabellos finos y lisos mientras que otras son de onduladas a rizadas. No existe diferencia alguna con el cabello de clientes Africano-Americanos. La razón para esto no se sabe a ciencia cierta excepto que cada folículo del cabello controla el tamaño, la forma y el patrón de crecimiento del cabello que crece de esa raíz en particular. De la misma manera que el vello en diferentes partes del cuerpo difiere en resistencia y estructura, así lo hace también el cabello en diferentes áreas de la cabeza de la persona.

No es aconsejable reestructurar químicamente solamente una porción del cabello en una persona. El cabello que ha sido tratado químicamente no reacciona de la misma manera en que lo hace el cabello virgen y ello volverá el peinado notablemente difícil de realizar.

Utilice un alisador cuya fórmula contenga una base de tioglicolato de amoníaco—ampliamente conocido como un alisador de rizos. El alisador a base de tioglicolato posee un factor de pH menor que los alisadores de hidróxido de sodio; por lo tanto, su fórmula no está diseñada para usarse en cabello ensortijado o con apariencia de lana. Estos alisadores son magníficos para usarse en cabello virgen con rizos moderados o sobre cabellos que deben ser alisados para control del peinado.

Puesto que el alisador posee una base de tioglicolato, es también compatible con la solución del líquido thio-perm. La mejor solución para el tratamiento químico del cabello parcialmente rizado es la aplicar primero un alisador a base de tioglicolato a la porción rizada, después procese y enjuague. Posteriormente aplique el permanente completamente sobre todo el cabello empleando carrizos grandes para el permanente a fin de suavizar y ampliar el patrón de ondulado original para facilitar el peinado. Al tratar químicamente todo el cabello, éste reaccionará en una manera uniforme al secar.

—*Tomado del* Milady Soluciones para el Salón de Belleza *por Louise Cotter*

✓ Completado—Objetivo de Aprendizaje núm. 6

PROCEDIMIENTO PARA EL PROCESO DE RELAJACIÓN QUÍMICA CON HIDRÓXIDO DE SODIO

RETOQUE CON HIDRÓXIDO DE SODIO

El pelo crece aproximadamente de 0,66 a 1,25 cm. por mes. Probablemente será necesario realizar un retoque en un período comprendido entre las 6 semanas y los 2 meses, dependiendo de la rapidez con que crezca el pelo del cliente.

Seguir todos los pasos de un tratamiento de relajación de pelo químico, con una excepción: *aplicar el relajador sólo en el pelo que ha crecido desde el último tratamiento.* Para poder evitar la rotura del pelo tratado anteriormente, aplicar un acondicionador de crema sobre el pelo tratado anteriormente, para evitar el tratamiento excesivo y los daños. ✓

PROCESO QUÍMICO PARA LA RELAJACIÓN DEL PELO (CON TIOGLICOLATO AMÓNICO)

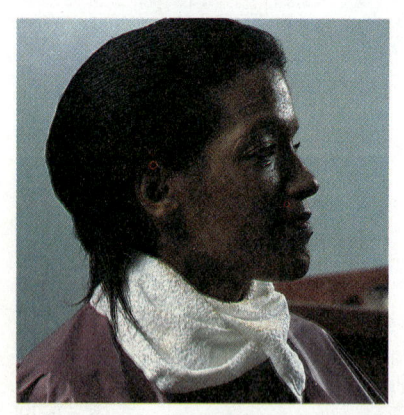

13.10—Pelo relajado.

El tioglicolato amónico es el mismo tipo de producto que se utiliza en el ondulado en frío, con una crema o gel pesado añadido a la fórmula para mantener el pelo alisado. (Fig. 13.10)

Como en el ondulado en frío, el relajador rompe los enlaces de azufre y de hidrógeno, suavizando y dando mayor cuerpo al pelo. La acción mecánica de las manos, cepillos o dedos suaviza el pelo y lo mantiene alisado.

Una vez que el pelo esté alisado, se aplica el neutralizador (que tiene el mismo objetivo que el neutralizador en el ondulado en frío). El neutralizador reforma los enlaces de azufre y de hidrógeno y vuelve a endurecer el pelo en su nueva posición alisada.

Los fabricantes varían sus productos de acuerdo con la textura y condición del pelo. El pelo teñido y aclarado necesita una fórmula más débil que el pelo virgen.

Los relajadores con tioglicolato ejercen una acción relajante más suave en el pelo rizado. Puede utilizarlos en pelos con textura fina, o cuando se desean eliminar menos rizos. Este tipo de relajadores también se pueden utilizar para reducir rizos excesivos en el ondulado permanente. Consultar al instructor para instrucciones y precauciones sobre este servicio especializado.

Las técnicas de los relajadores con tioglicolatos varían. El procedimiento general comporta la preparación del pelo (aplicación de un champú suave), aplicación de una base si es necesario, aplicación del relajador tal y cómo se describe en el apartado "Proceso químico para la relajación del pelo (con hidróxido de sodio)" y pruebas periódicas de mechones. En este punto, las instrucciones pueden variar mucho, por lo que es necesario seguir cuidadosamente las instrucciones del *fabricante*. Extraer el relajador del pelo y neutralizar según indican las instrucciones, acondicionar y proseguir con el marcado. Al igual que en cualquier servicio químico, es necesario tener mucho cuidado, para no calentar o estirar el pelo excesivamente durante el peinado, ya que esto podría dañar el pelo y la formación del rizo deseado.

RETOQUE CON TIOGLICOLATO

Como se indicó anteriormente, el pelo crece aproximadamente de 0,66 a 1,25 cm. por mes. Cuando el pelo haya crecido de manera perceptible desde el último tratamiento, debe hacer un retoque con tioglicolato. Seguir todos los pasos del tratamiento de relajación del pelo con tioglicolato, con excepción del relajador, que sólo se aplica al nuevo crecimiento. Es necesario aplicar un acondicionador en el pelo relajado anteriormente, para así protegerlo de cualquier posible daño.

OTROS RELAJADORES

Los investigadores también han creado relajadores con base ácida para el tratamiento del pelo excesivamente rizado. Al igual que el ondulado permanente ácido, el relajador actúa mejor con los bisulfitos que con el ácido tioglicolato. Este tipo de relajador está formulado para obtener una acción suave, muy parecido al tioglicolato. Algunos también se pueden utilizar como una acción para ondulados permanentes en pelos excesivamente rizados. ✔

✔ Completado—Objetivo de Aprendizaje núm. 7

PROCEDIMIENTO PARA EL PROCESO DE RELAJACIÓN QUÍMICA CON TIOGLICOLATO AMONÍACO

FUNDIDO QUÍMICO

Para atender las necesidades de los clientes del salón de belleza, con el fundido químico se puede conseguir una gran versatilidad en los peinados. Esta técnica sólo elimina parte del rizo, dejando el pelo más manejable. Un fundido químico es una combinación de alisado químico del pelo y de peinado, que crea un estilo elegante, siguiendo la tradición afroamericana.

El fundido químico se puede realizar con el relajador de pelos con tioglicolato o con el relajador de hidróxido de sodio. Lo más importante en ambos métodos es no relajar excesivamente el pelo, hasta el punto en donde el proceso de fundido químico se convierta en imposible. Generalmente, cuando se utiliza el relajador con tioglicolato, se aplica champú en primer lugar. Cuando se utiliza el relajador con hidróxido de sodio, se aplica champú una vez el pelo está relajado. (Seguir las instrucciones del fabricante o las del instructor.)

EQUIPO, ÚTILES Y MATERIALES

Utilizar el mismo equipo así como los mismos productos y materiales que se utilizan en una relajación química regular, más un peine de diente ancho, tijeras, maquina para cortar el pelo y secadora manual.

PROCEDIMIENTO

1. Preparar y cubrir al cliente como si se tratase de un tratamiento de relajación normal.
2. Aplicar acondicionador de cuero cabelludo y/o base al cuero cabelludo.
3. Utilizar guantes protectores y aplicar el relajador de la manera acostumbrada.

4. Detener el procedimiento de relajación aclarando el relajador del pelo con agua tibia antes de que esté estirado, mientras aún muestre señales de formación de rizo.

5. Aplicar neutralizador o champú neutralizador.

6. Aclarar el neutralizador y secar el pelo con una toalla.

7. Aplicar un acondicionador en el cuero cabelludo y en el pelo, para ayudar a restaurar las grasas naturales eliminadas por el relajador.

Si se desea un estilo de fundido, secar el pelo con un secador manual, mientras eleva el pelo con un elevador de pelo o gancho. Secar desde el cuero cabelludo hasta los extremos. Distribuir el pelo seco homogéneamente alrededor de la cabeza y darle forma con una maquinilla para cortar el pelo o instrumento similar. Continuar elevando el pelo y comprobar el avance del corte.

El pelo también se puede modular mientras está húmedo, después se puede peinar y colocar en su lugar, para que se seque naturalmente. Para obtener un aspecto más suave, el pelo se puede recoger o peinar cuando esté seco. ✓

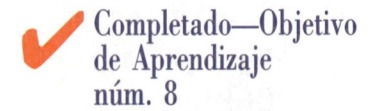

✓ Completado—Objetivo de Aprendizaje núm. 8

PROCEDIMIENTO DE FUNDIDO QUÍMICO

REPASO DE LAS PRECAUCIONES DE SEGURIDAD

Cuando se aplique una relajación química, es necesario tener muchísimo cuidado. Repetimos las medidas de seguridad a fin de asegurar un tratamiento cómodo y seguro para su cliente.

1. Examinar el cuero cabelludo en busca de rozaduras; en caso de que así sea, no aplique un tratamiento de relajación del pelo.

2. Analizar el pelo; efectúe una prueba en un mechón.

3. No relajar el pelo dañado. Aconsejar una serie de tratamientos de acondicionamiento.

4. No aplicar champú en el pelo antes de la aplicación de un producto de hidróxido de sodio.

5. No aplicar un relajante de hidróxido de sodio sobre un relajador de tioglicolato.

6. No aplicar un relajador de tioglicolato sobre un relajador de hidróxido de sodio.

7. No utilizar nunca un relajante fuerte sobre un pelo fino, ya que puede romperlo.

8. Se pueden utilizar tenacillas frías y calientes en el pelo relajado químicamente. No utilizar un calor excesivo, ya que podría dañar el pelo relajado.

9. Aplicar una base protectora, para impedir las quemaduras o la irritación del cuero cabelludo con el relajador de hidróxido de sodio.

10. Utilizar guantes protectores.

11. Proteger los ojos del cliente.
12. Tener mucho cuidado al aplicar el relajador, evitando distribuirlo accidentalmente en las orejas, cuero cabelludo o piel.
13. Realizar la prueba del mechón con el relajador con frecuencia, para determinar con qué rapidez desaparece el rizo natural.
14. Asegurarse de aclarar completamente el relajador del pelo. Si no se aclara por completo, el relajador continuará el proceso, lo que resultará dañino para el pelo. Dirigir el chorro de agua tibia desde el cuero cabelludo a los extremos del pelo.
15. Utilizar guantes protectores hasta que se haya eliminado todo el relajador. Cuando aclare el champú del pelo, hacerlo siempre desde el cuero cabelludo a los extremos, para impedir el enredo del pelo.
16. Utilizar un peine con púas separadas para evitar estirar cuando se peina una vez finalizado el proceso de relajación. Evitar arañar el cuero cabelludo con peines o con las uñas.
17. Aplicar un acondicionador en el cuero cabelludo y en el pelo antes de efectuar el marcado.
18. Cuando se relaje el pelo que ha crecido de nuevo, tener cuidado para que el relajador no afecte el pelo ya alisado.
19. No aplicar un tratamiento de relajación en un pelo tratado con un colorante metálico.
20. Al final de cada tratamiento, cumplimentar la tarjeta de registro.
21. Hacer que el cliente firme una declaración de renuncia, para proteger al salón de belleza y al cosmetólogo.
22. No es aconsejable utilizar relajadores químicos en el pelo aclarado.

PERMANENTE DE RIZADO SUAVE

El ondulado permanente con rizado suave es un método para ondular permanentemente el pelo demasiado rizado. Se conoce por diferentes nombres asignados por los fabricantes de los productos.

PRECAUCIÓN
El producto utilizado contiene tioglicolato de amonio.

1. *No utilizar en pelos tratados con productos con hidróxido de sodio.*
2. *No utilizar en pelo tratado con colorantes metálicos o compuestos de henna.*

ÚTILES Y MATERIALES

Capa para el champú
Tiras para el cuello y toallas
Champú suave
Peines
Guantes
Crema protectora
Gel de tioglicolato, crema o loción
Aplicadores
Varillas de rizado
Bigudís de papel poroso
Solución de envoltura previa
Loción de ondulado
Cintas de algodón o neutralizadoras
Gorro de plástico
Neutralizador
Loción para el peinado (activador del rizo)
Aclarado final
Clips del pelo
Tijeras o navaja
Tarjetas de registro

13.11—Desenredar el pelo.

13.12—Dividir el pelo en secciones y recubrirlo con gel de tioglicolato.

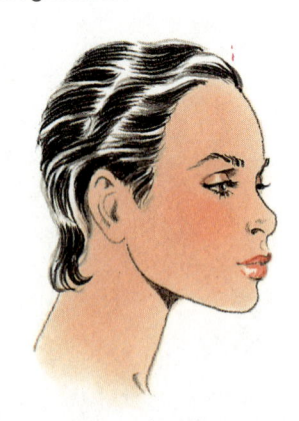

13.13—Peinar el gel de tioglicolato por el pelo.

PROCEDIMIENTO

Este procedimiento se puede utilizar tanto en hombres como en mujeres.

1. Examinar el cuero cabelludo del cliente. Si el cuero cabelludo muestra señales de rozaduras o lesiones, o si el cliente experimentó una reacción alérgica en una permanente anterior, no utilizar gel o crema de ondulado permanente.

2. Aplicar un champú y aclarar completamente el pelo. Secar con una toalla, dejando el pelo húmedo.

3. Desenredar el pelo enmarañado utilizando un peine con púas grandes. (Fig. 13.11)

4. Dividir el pelo en cuatro o cinco secciones, según recomiende su instructor. *(En caso de que el fabricante lo especifique, distribuir crema protectora sobre todo el cuero cabelludo, incluyendo la zona alrededor del crecimiento del pelo.)*

5. Utilizar guantes protectores.

6. Aplicar gel o crema de tioglicolato de sección en sección, utilizando el dorso del peine, un cepillo de coloración de pelo o los dedos. Utilizar un peine con mango para dividir el pelo y empezar la aplicación de gel o crema de tioglicolato al pelo más cercano al cuero cabelludo, preferiblemente empezando en la zona de la nuca. Aplicar el gel o crema de tioglicolato hasta los extremos finales del pelo. (Fig. 13.12)

7. Peinar el gel o crema de tioglicolato, distribuyéndolo por toda la cabeza, primero con un peine de púas anchas y después con un peine con unas púas más pequeñas. (Fig. 13.13)

8. Cuando el pelo esté esponjoso y flexible, enjuagar con agua tibia y secar con una toalla. No enmarañar el pelo.

◆ **NOTA:** Seguir siempre las instrucciones del fabricante, sobre el procedimiento recomendado para aclarar el producto químico.

CAPÍTULO 13   RELAJACIÓN QUÍMICA DEL PELO Y PERMANENTE DE RIZADO SUAVE ◆ 335

9. Dividir el pelo en ocho secciones. (Fig. 13.14) Subdividir a medida que enrolla el pelo. (Fig. 13.15)
10. Enrollar el pelo como se desee en varillas de rizado. Para poder reordenar el patrón de rizado del pelo, la varilla seleccionada debe ser al menos dos veces mayor que el rizo natural. Para poder conseguir una buena formación de rizo, el pelo debe dar dos vueltas y media a la varilla.
11. Una vez finalizado el enrollamiento, proteger la piel del cliente colocando algodón alrededor de la línea de crecimiento del pelo y del cuello. (Fig. 13.16)

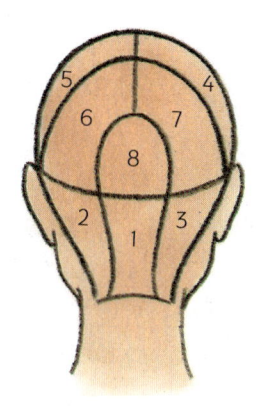

13.14—Dividir el pelo en ocho secciones.

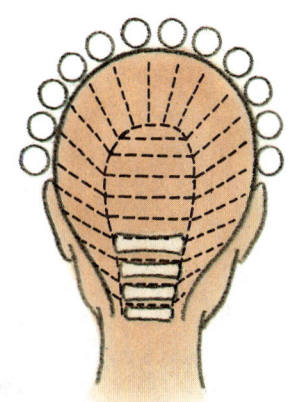

13.15—Subdividir a medida que enrolla.

13.16—Proteger la piel del cliente utilizando algodón alrededor de la línea de crecimiento del pelo.

12. Aplicar gel, crema o loción de tioglicolato en todos los rizos hasta que estén completamente saturados. (Fig. 13.17) Cambiar el algodón saturado.
13. Cubrir la cabeza del cliente con un gorro de plástico.
14. Poner al cliente bajo un secador precalentado durante 15 a 25 minutos, según recomiende el fabricante. (Fig. 13.18)

13.17—Aplicar gel de tioglicolato en los rizos.

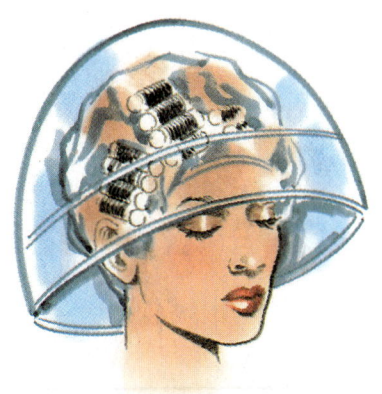

13.18—Procesar bajo el secador precalentado.

15. Comprobar una prueba en un rizo (Fig. 13.19) y si el rizo deseado aún no se ha conseguido, colocar al cliente debajo del secador durante 10 minutos más hasta que se consiga el rizo deseado.

16. Cuando haya conseguido el patrón de rizo deseado, aclarar completamente el pelo con agua tibia (no caliente). (Fig. 13.20) Secar cada rizo con una toalla.

17. Utilizar un neutralizador preparado, o mezclar el neutralizador según las instrucciones del fabricante y saturar cada rizo dos veces. (Fig. 13.21) Conservar el neutralizador en los rizos durante 5 a 10 minutos o seguir en su caso las instrucciones del fabricante.

13.19—Realizar una prueba en el rizo.

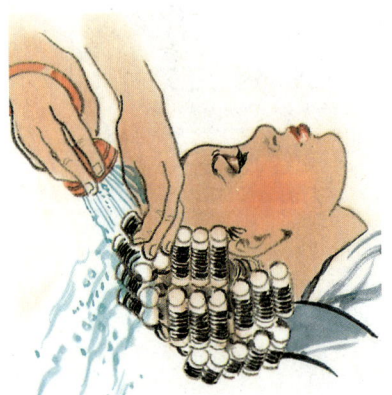

13.20—Aclarar el pelo.

13.21—Aplicar el neutralizador.

18. Extraer cuidadosamente los rodillos y aplicar la dosis correspondiente de neutralizador en el pelo. Distribuir el neutralizador con los dedos para obtener una distribución completa (Fig. 13.22), conservándolo en el pelo durante cinco minutos más.

19. Enjuagar completamente el pelo y secar con una toalla.

20. Recortar los extremos desiguales del pelo. (Fig. 13.23)

21. Aplicar el acondicionador siguiendo las instrucciones del fabricante.

13.22— Distribuir el neutralizador por el pelo.

13.23—Recortar los extremos de los pelos.

22. Secar con aire o peinar según instrucciones. (Fig. 13.24) ✔

La Figura 13.25 ilustra un peinado *después* de realizar una permanente de rizo suave.

✔ Completado—Objetivo de Aprendizaje núm. 9

PROCEDIMIENTO PARA PERMANENTES DE RIZADO SUAVE

13.24—Peinar el pelo.

13.25—Peinado acabado.

CUIDADOS POSTERIORES

1. No peinar o cepillar los rizos cuando estén húmedos; en vez del peine o cepillo utilizar un palillo levantador.
2. Aplicar champú con tanta frecuencia como sea necesario, utilizando un champú suave con ácidos equilibrados.
3. El acondicionador o el activador de rizos se debe utilizar diariamente para mantener la flexibilidad, el brillo y la humedad adecuada del pelo.

REPASO DE LAS PRECAUCIONES DE SEGURIDAD

1. No realizar una permanente de rizo suave en un pelo tratado con hidróxido de sodio.
2. No realizar una permanente de rizo suave en un pelo coloreado con colorante metálico o con compuestos de henna.
3. Antes de aplicar una permanente de rizado suave, analizar cuidadosamente el pelo y el cuero cabelludo y registrar la información.
4. El pelo aclarado, teñido o dañado se debe volver a acondicionar, hasta que el pelo tenga la suficiente fuerza para asegurar que el servicio de rizo suave no provocará daños posteriores.
5. Si la loción o el neutralizador de ondulado permanente penetra accidentalmente en los ojos del cliente, lavarlos inmediatamente con agua y mandar el cliente al doctor.
6. Comprobar frecuentemente el rizo para asegurar una formación de rizos correcta, sin daños.
7. Utilizar una crema protectora alrededor de la línea de crecimiento del pelo y del cuello del cliente.
8. Rellenar cuidadosamente y con precisión la tarjeta de registro del cliente.

PREGUNTAS DE REPASO

RELAJACIÓN QUÍMICA DEL CABELLO Y PERMANENTE DE RIZADO SUAVE

1. ¿Cuáles son los productos básicos que se utilizan en el relajamiento químico del pelo?
2. ¿Cuáles son los dos tipos de relajadores químicos de pelo?
3. ¿Cuáles son los tres pasos de la relajación química del pelo?
4. ¿Cuál es el punto más importante que se debe recordar cuando se realiza un servicio con productos químicos?
5. ¿Qué tipo de técnica de relajación de pelo logra la mejor versatilidad en el peinado?
6. Enumerar las tres precauciones de seguridad más importantes durante el proceso de relajación química del pelo.
7. ¿Cuál es el método de ondular permanentemente el pelo excesivamente rizado?
8. En caso de que el pelo se hubiese tratado con hidróxido de sodio, ¿qué servicio no se podría realizar?
9. En caso de que el pelo resulte dañado por un aparato eléctrico o por un producto químico, ¿qué es lo que deberá realizar antes de aplicar un relajador de pelo químico?

ALISAMIENTO TÉRMICO DEL PELO (PRENSADO DEL PELO)

14

OBJETIVOS DE APRENDIZAJE

DESPUÉS DE COMPLETAR ESTE CAPÍTULO, USTED DEBE SER CAPAZ DE:

1. Describir el objetivo del prensado del pelo.
2. Explicar cómo analizar el cabello y el estado del cuero cabelludo del cliente antes de realizar un prensado del pelo.
3. Enumerar los productos necesarios para un prensado de pelo con éxito.
4. Demostrar los procesos que intervienen en el prensado suave y en el prensado duro.
5. Explicar las técnicas para analizar el pelo y el cuero cabelludo del cliente antes de un prensado.
6. Enumerar las precauciones de seguridad que se deben respetar durante el prensado de pelo.

INTRODUCCIÓN

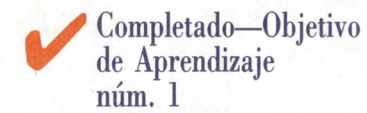

✓ Completado—Objetivo de Aprendizaje núm. 1

FINALIDAD DEL PRENSADO DEL PELO

El **alisamiento del pelo**, o **el prensado**, es rentable y muy popular en los salones de belleza. Cuando se realiza correctamente, el prensado del pelo alisa temporalmente el pelo demasiado rizado o difícil de manejar. Generalmente un prensado dura hasta la próxima aplicación de champú. (El alisamiento de pelo permanente se describe en el capítulo sobre la relajación química del pelo.)

El prensado del pelo prepara el pelo para servicios adicionales, como el rizado con rulo térmico o el rizado térmico de "croquignole" (la técnica de dos lazadas o en la forma de un 8). Un buen prensado del pelo deja el pelo en una forma natural y brillante y no daña el cabello. ✓

Existen tres tipos de prensado de pelo:

1. *Prensado blando,* que elimina alrededor del 50% al 60% del rizo, se realiza aplicando el peine de prensado térmico una vez en cada lado del pelo.

2. *Prensado medio,* que elimina alrededor del 60% al 75% del rizo y se realiza aplicando el peine de prensado térmico en cada lado del pelo, utilizando algo más de presión.

3. *Prensado duro,* que elimina alrededor del 100% del rizo y se realiza aplicando el peine de prensado térmico dos veces, en cada lado del pelo.

ANÁLISIS DEL PELO Y DEL CUERO CABELLUDO

Antes de que el cosmetólogo se comprometa a prensar el pelo del cliente, se debe realizar un análisis de la condición del pelo y del cuero cabelludo, para poder evaluar las necesidades del cliente.

> **PRECAUCIÓN**
> *Bajo ninguna circunstancia se debe realizar un prensado de pelo a un cliente con rozaduras en el cuero cabelludo, condición contagiosa del cuero cabelludo, heridas en el cuero cabelludo o pelo tratado químicamente.*

Si el pelo y el cuero cabelludo del cliente no son normales, el cosmetólogo debe aconsejar tratamientos correctivos preliminares. Si el pelo muestra señales de abandono o de tratamientos incorrectos originados por un prensado, aclarado o teñido deficiente, el cosmetólogo debe recomendar una serie de tratamientos de acondicionamiento. Si no se consigue corregir el pelo seco y frágil, el pelo se puede romper durante el prensado de pelo. ***Los mechones de pelo quemados no se pueden acondicionar.***

También debe recordar que hay que comprobar la elasticidad y la porosidad del pelo de su cliente. Bajo condiciones normales, si el pelo del cliente tiene una buena elasticidad, se puede estirar con toda seguridad alrededor de una quinta parte de su longitud. Si la capacidad del pelo para absorber agua (porosidad) es normal, al humedecerlo y mojarlo vuelve a adquirir su apariencia rizada normal.

Un análisis cuidadoso del pelo y del cuero cabelludo del cliente debe incluir los siguientes puntos:

1. Forma del pelo (rizado o extremadamente rizado)
2. Longitud del pelo (largo, medio o corto)
3. Textura del pelo (grueso, medio, fino o muy fino)
4. Tacto del pelo (encrespado, suave o sedoso)
5. Elasticidad del pelo (normal o deficiente)
6. Sombreado del pelo (natural, desteñido, mechado o gris)
7. Condición del pelo (normal, frágil, seco, graso, dañado o tratado químicamente)
8. Estado del cuero cabelludo (normal, flexible o tenso)

Es importante que el cosmetólogo pueda reconocer las diferencias individuales respecto a la textura del pelo, porosidad del pelo, elasticidad del pelo y la flexibilidad del cuero cabelludo. Gracias a este conocimiento, el cosmetólogo puede determinar cuánta presión puede tolerar el pelo o el cuero cabelludo sin agrietamiento, pérdidas de pelo y quemadura si se utiliza un peine de prensado que no esté ajustado en la temperatura correcta.

TEXTURA DEL PELO

Las variaciones en la textura del pelo se pueden atribuir a los siguientes factores:

1. Diámetro del pelo (grueso, medio o fino). El pelo grueso es el que tiene mayor diámetro. El pelo fino es el que posee el diámetro menor.
2. Tacto del pelo (encrespado, suave o sedoso)

La textura del pelo del cliente también dependerá de si es un pelo seco, graso, gris, teñido, aclarado o rizado. El tocar el pelo de cliente y preguntarle específicamente sobre sus características, le ayudará a determinar cómo se debe tratar el pelo.

Pelo grueso

El pelo grueso y extremadamente rizado posee diferentes cualidades que dificultan el prensado. El pelo grueso es el que posee el mayor diámetro y durante el proceso de prensado necesita más calor y presión que el pelo medio o fino.

Pelo medio

El pelo rizado medio es el tipo normal de pelo con el que se encuentran los cosmetólogos en el salón de belleza. Este tipo de pelo no presenta ningún problema especial y es el menos resistente al prensado del pelo.

Pelo fino
El pelo fino exige cuidados especiales. Para evitar la rotura de pelos, se debe aplicar menos calor y presión que en las otras texturas de pelo. Mientras que el pelo tieso y medio posee tres capas (cutícula, corteza y médula), el pelo fino sólo posee dos capas (corteza y cutícula).

Pelo rizado y encrespado
El pelo rizado y encrespado puede ser grueso, medio o fino. Su tacto es rígido, duro y acristalado. Debido a la construcción compacta de las células de la cutícula, es muy resistente al prensado del pelo y requiere más calor y presión que los otros tipos de pelos.

✓ Completado—Objetivo de Aprendizaje núm. 2

ANÁLISIS DEL ESTADO DEL CABELLO Y DEL CUERO CABELLUDO

CONDICIÓN DEL CUERO CABELLUDO
La condición del cuero cabelludo se puede clasificar como normal, tensa o flexible. Si el cuero cabelludo es normal, continuar con un análisis de la textura y de la elasticidad del pelo. Si el cuero cabelludo es tenso y el pelo es grueso, prensar el pelo en la dirección en que crece para evitar dañar el cuero cabelludo.

La dificultad principal de un cuero cabelludo flexible reside en que el cosmetólogo no aplique suficiente presión para prensar el pelo satisfactoriamente. ✓

TARJETA DE REGISTRO
Debe asegurarse de mantener un registro de todos los tratamientos de prensado que se realizan en un cliente. También es aconsejable preguntar al cliente sobre un tinte aclarador, restaurador de color (metálico) u otro tratamiento químico utilizado en el pelo.

TRATAMIENTOS DE ACONDICIONAMIENTO
Los tratamientos de acondicionamientos efectivos exigen preparaciones cosméticas especiales para el pelo y para el cuero cabelludo, por medio del cepillado y el masaje del cuero cabelludo. Generalmente estos tratamientos ayudan a obtener mejores resultados del prensado del pelo. El empleo de una lámpara de infrarrojos es optativo, dependiendo del tipo de tratamiento que se administra.

Un cuero cabelludo tenso se puede volver más flexible por medio de masajes de cuero cabelludo sistemáticos, cepillado del pelo y corriente continua de alta frecuencia. El cliente se beneficia debido a que se mejora el riego sanguíneo del cuero cabelludo.

PEINES DE PRENSADO
Existen dos tipos de peines de prensado: normales y eléctricos. Ambos están construidos con latón o acero inoxidable de buena calidad. Generalmente el mango está hecho de madera, ya que la madera no absorbe fácilmente el calor. El espacio entre las púas del peine varía con el tamaño y el estilo del peine. Un peine con más espacios entre los dientes produce un prensado de aspecto grueso. Un peine con menos espacio produce un prensado más liso y suave. Los peines de prensado poseen varios

CAPÍTULO 14   ALISAMIENTO TÉRMICO DEL PELO (PRENSADO DEL PELO)   ◆   343

tamaños, algunos son cortos y se utilizan con el pelo corto, mientras que los peines largos se utilizan con el pelo largo. (Fig. 14.1)

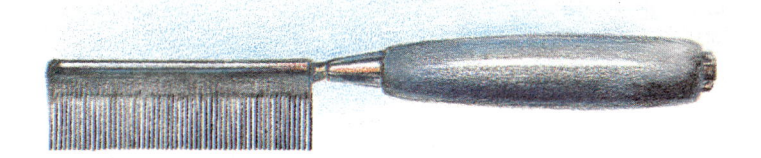

14.1—Peine de prensado normal.

Calentamiento del peine

Dependiendo de su composición, los peines varían según su capacidad de aceptar y conservar el calor. Los peines de prensado normales se pueden calentar en estufas de gas o en calentadores eléctricos. (Fig. 14.2) Mientras se caliente el peine, las púas deben estar hacia arriba y el mango se debe mantener apartado del fuego. Después de calentar el peine utilizando la temperatura adecuada, probarlo en un pedazo de papel fino. Si el papel se quema, dejar que el peine se enfríe ligeramente antes de aplicarlo en el pelo.

Los peines de prensado están disponibles en dos formas: uno incluye un interruptor de apagado y encendido y el otro está equipado con un termostato, que posee un mecanismo de control que indica los distintos grados de temperatura.

También existe un accesorio del peine de alisamiento que se ajusta en la boquilla de una secadora de mano normal; este accesorio daña menos el pelo que el peine eléctrico o el peine calentado en horno.

14.2—Calentador eléctrico.

Limpieza del peine

El peine de prensado funcionará mejor si se mantiene limpio y sin carbón. Limpiar el peine eliminando el pelo suelto, grasa y polvo antes y después de cada empleo. El calor intenso mantiene al peine esterilizado una vez extraído todo el pelo suelto y la suciedad adherida. Extraer el carbón del peine frotando su superficie exterior así como el espacio entre las púas utilizando uno de los siguientes métodos: papel de esmeril, lana de acero fina o papel de lija fino. Después de utilizar uno de estos métodos de limpieza, sumergir la parte metálica del peine en una solución caliente de bicarbonato de sodio durante aproximadamente 1 hora; después enjuagar y secar. El metal adquirirá una apariencia lisa y brillante.

ACEITE O CREMA DE PRENSADO

La aplicación de aceite o crema de prensado en el tratamiento de prensado del pelo ayuda a preparar el pelo para el prensado. Ambos productos poseen los siguientes efectos beneficiosos:

1. Suavizan el pelo.
2. Preparan y acondicionan el pelo para el prensado.
3. Ayudan a prevenir la quemadura o el chamuscado del pelo.
4. Ayudan a prevenir la rotura del pelo.
5. Ayudan a acondicionar el pelo después del prensado.
6. Añaden brillantez al pelo prensado. ✔

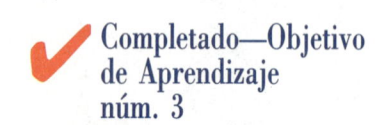

✔ Completado—Objetivo de Aprendizaje núm. 3

PRODUCTOS NECESARIOS PARA EL PRENSADO DEL PELO EXITOSO

SECCIONAMIENTO DEL PELO

Dividir la cabeza en cuatro secciones principales. A continuación subdividir estas secciones en divisiones de 2,5 a 3,75 cm. El tamaño de las subsecciones depende de la textura y densidad del pelo.

1. Para un pelo con una textura media con una densidad normal, utilizar subsecciones de tamaño normal.
2. Para pelo grueso de mayor densidad, utilizar secciones más pequeñas para asegurar una penetración del calor completa y una mayor eficiencia.
3. Para el pelo delgado o fino de densidad escasa, utilizar secciones mayores.

PROCEDIMIENTO DE PRENSADO SUAVE PARA EL PELO RIZADO NORMAL

El siguiente procedimiento es uno de las diferentes maneras de realizar un tratamiento de prensado. Puede cambiarse posteriormente para adaptarlo al método del instructor.

Equipo, utensilios y materiales

Peine de prensado	Aceite de prensado	Espátula
Aparato de calentamiento (calentador o accesorio de gas o eléctrico)	Cepillo o peine	Tiras para el cuello
	Grasa o pomada	Tenacillas térmicas
	Champú	
	Toallas y gorro	

Preparación Profesional

LA ENTREVISTA DE EMPLEO

Los propietarios de salones de belleza buscan empleados con buenas habilidades interpersonales, y usted puede demostrar sus atributos en esta área durante la entrevista de empleo. He aquí algunos consejos de utilidad que le permitirán causar la mejor impresión:

- Llame para confirmar su entrevista. Esto le coloca como una persona profesional que se interesa por mantener sus compromisos o citas.
- Ponga especial atención en su apariencia. Después de todo, ésta es la industria de la belleza. No descuide un solo aspecto de su arreglo personal o vestuario.
- Llegue con 15 minutos de anticipación. Esto le brindará suficiente tiempo para imprevistos y eliminará las prisas de último minuto o aun peor... llegar tarde.
- Muéstrese animado y positivo. Para la mayoría de propietarios y gerentes de salones de belleza, una actitud positiva y una personalidad agradable son más importantes que las habilidades técnicas mismas.
- Conteste honestamente las preguntas del entrevistador. Si le piden que mencione alguna de sus debilidades, admita la que sea aplicable, pero póngase así mismo en una situación positiva, explicando además cómo es que usted se sobrepone a tal debilidad.
- Haga preguntas al entrevistador. Tome una lista de preguntas y anote las respuestas; esto le hará lucir organizado y muy profesional. Haga preguntas que demuestren interés en el posible empleador, en el salón, y en el papel a desempeñar si obtiene el empleo.
- Al final de la entrevista, solicite al entrevistador su tarjeta de presentación, sonría, intercambie un apretón de manos, dé las gracias y abandone el lugar sin demora.

—*Tomado del* Técnicas de Comunicación para Cosmetólogos *por Kathleen Ann Bergant*

Preparación

1. Seleccionar y ordenar los materiales necesarios.
2. Lavar y esterilizar las manos.
3. Envolver al cliente.
4. Aplicar champú, enjuagar y secar con toalla el pelo del cliente.
5. Aplicar aceite o crema de prensado. (Nota: Algunos cosmetólogos prefieren aplicar crema o aceite de prensado en el pelo cuando está completamente seco.)
6. Secar completamente el pelo.
7. Peinar y dividir el pelo en cuatro secciones principales. Sujetar las cuatro secciones mediante agujas o clips.
8. Colocar el peine de prensado en el calentador.

14.3—Posición correcta del peine de prensado.

Procedimiento

1. Quitar las agujas o clips del pelo de sección en sección y subdividir en secciones de pelo pequeñas. Empezando en el lado derecho de la cabeza, trabajar desde la parte frontal a la parte posterior. (Algunos cosmetólogos prefieren empezar en la parte posterior de la cabeza y trabajar hacia adelante.)
2. En caso de que sea necesario, aplicar aceite de prensado uniforme y moderadamente sobre las pequeñas secciones de pelo.
3. Probar la temperatura del peine de prensado calentado en un trapo blanco o en un papel blanco, para determinar la temperatura antes de aplicarlo sobre el pelo.
4. Levantar el extremo de una pequeña sección de pelo con los dedos índice y pulgar de la mano izquierda, sujetándolo bien derecho y apartado del cuero cabelludo.
5. Sujetando el peine de prensado en la mano derecha, insertar las púas del peine dentro del lado superior de la sección de pelo. (Fig. 14.3)
6. Retirar el peine de prensado ligeramente, realizar un giro rápido de manera que el mechón de pelo se enrolle en sí mismo, parcialmente alrededor del peine. La varilla posterior del peine es la que en realidad efectúa el prensado.
7. Prensar el peine lentamente a través del mechón de pelo, hasta que los extremos del pelo pasen a través de las púas del peine.
8. Llevar cada sección de pelo finalizado hasta el lado opuesto de la cabeza.
9. Continuar con los pasos 4 al 8 en ambas secciones del lado derecho de la cabeza; después realizar la misma acción en ambas secciones del lado izquierdo.

Finalización

1. Aplicar un poco de pomada en el pelo cerca del cuero cabelludo y cepillarlo por todo el pelo.
2. Si así se desea, en este momento se puede aplicar un rizado con rulo térmico o "croquignole". (Los procedimientos y técnicas se encuentran en el capítulo sobre peinado térmico.)
3. Peinar el pelo de acuerdo con los deseos del cliente.
4. Colocar los suministros en los lugares adecuados.
5. Limpiar y esterilizar el material.

PRENSADO DURO

Cuando los resultados de un prensado suave no sean los esperados, se recomienda realizar un prensado duro. Se repite todo el procedimiento de prensado con peine. El aceite de prensado sólo se debe añadir si es necesario. Un prensado duro también recibe el nombre *de prensado con peine doble.*

RETOQUES

A veces los retoques son necesarios si el pelo se encrespa otra vez debido a la transpiración, humedad u otras condiciones. El proceso es igual al del tratamiento de prensado original, pero se omite el champú. ✔

PRECAUCIONES DE SEGURIDAD

En el prensado del pelo se pueden producir dos tipos de heridas:

1. Heridas que son el resultado inmediato del prensado del pelo y que pueden provocar daños físicos, como por ejemplo:
   a) Pelo quemado que se rompe.
   b) Cuero cabelludo quemado que provoca pérdidas de pelo temporales o permanentes.
   c) Quemaduras en las orejas y en el cuello que forman cicatrices.
2. Heridas que no son evidentes inmediatamente pero que después pueden provocar daños físicos como:
   a) Irritaciones de la piel si el cliente es alérgico al aceite de prensado.
   b) Rotura y acortamiento progresivo del pelo debido a prensados demasiado frecuentes.

✔ Completado—Objetivo de Aprendizaje núm. 4

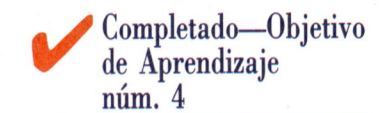

PROCEDIMIENTOS DEL PRENSADO SUAVE Y DEL PRENSADO DURO

> **PRECAUCIÓN**
> En caso de una quemadura del cuero cabelludo, aplicar inmediatamente gelatina de violeta de genciana al 1%.

Convendrá emplear el buen juicio para evitar daños, siempre prestando consideración a la textura del pelo y a la condición del cuero cabelludo. La seguridad del cliente sólo se puede asegurar si el cosmetólogo respeta todas las precauciones, prestando atención especial al prensado del pelo. El cosmetólogo debe evitar de utilizar lo siguiente:

1. Calor o presión excesivos en el pelo y en el cuero cabelludo.
2. Demasiado aceite de prensado en el pelo.
3. Aceite de prensado perfumado cerca del cuero cabelludo si el cliente es alérgico a él.
4. Prensados de pelo realizados con mucha frecuencia.

DECLARACIÓN DE DESCARGO

Se debe utilizar una declaración de descargo en los prensados de pelo, ondulados permanentes, teñido de pelo o cualquier otro servicio que requiera el descargo de responsabilidad del cosmetólogo, en caso de accidentes o heridas.

✔ Completado—Objetivo de Aprendizaje núm. 5

PRECAUCIONES DE SEGURIDAD PARA EL PRENSADO DEL PELO

RECORDATORIOS Y CONSEJOS SOBRE EL PRENSADO SUAVE

1. Mantener siempre el peine limpio y sin carbón.
2. Evitar sobrecalentar el peine de prensado.
3. Probar la temperatura del peine calentado en un trapo blanco o en un papel blanco, antes de aplicarlo en el pelo.
4. Ajustar la temperatura del peine de prensado, de acuerdo con la textura y condición del pelo del cliente.
5. Calentar cuidadosamente el peine para evitar quemar la piel, cuero cabelludo o el pelo.
6. Prevenir el chamuscamiento o quemado del pelo durante el tratamiento de prensado por medio de:
   a) Secar el pelo completamente después de la aplicación de champú.
   b) Evitar aplicar demasiado aceite de prensado sobre el pelo.
7. Utilizar un peine moderadamente caliente para prensar el pelo corto de las sienes y de la nuca. ✔

PROBLEMAS ESPECIALES

PRENSADO DEL PELO FINO

Cuando se prense el pelo fino, seguir los mismos procedimientos que se utilizan en el pelo normal, asegurándose de que no se utiliza un peine de prensado caliente o demasiada presión. Para evitar la rotura del pelo, aplicar menos presión en el pelo, cerca de los extremos. Después de prensar completamente el pelo proceder a peinarlo.

PRENSADO DEL PELO CORTO Y FINO

Cuando se prensa pelo corto y fino, se debe tener mucho cuidado en la zona de la línea de crecimiento del pelo. Cuando el pelo es excesivamente corto, el peine de prensado no debe estar demasiado caliente debido a que el pelo es fino y se quemará fácilmente; un peine caliente también puede provocar quemaduras, que son muy dolorosas y pueden dar lugar a cicatrices. En el caso de una quemadura accidental, aplicar inmediatamente gelatina de violeta de genciana al 1% en la quemadura.

PRENSADO DEL PELO GRUESO

Cuando se prense pelo basto o grueso, aplicar la presión necesaria para mantener al pelo alisado.

PRENSADO DEL PELO TEÑIDO, ACLARADO O GRIS

Durante el prensado, el pelo teñido, aclarado o gris requiere atenciones especiales. Puede ser que el pelo aclarado o teñido necesite tratamientos de acondicionamiento, dependiendo de la importancia de los daños sufridos por el pelo. Para obtener buenos resultados, utilizar un peine moderadamente calentado y aplicarlo utilizando poca presión.

◆**NOTA:** Evitar aplicar un calor excesivo en el pelo teñido, aclarado, o gris, ya que se puede producir la descoloración o rotura del pelo.

PREGUNTAS DE REPASO

ALISAMIENTO TÉRMICO (PRENSADO DEL PELO)

1. ¿Qué otro nombre recibe el prensado del pelo?
2. ¿Cuál es el objetivo del prensado del pelo?
3. Enumerar diferentes tipos de prensados de pelo.
4. ¿Bajo qué circunstancia no se debe prensar el pelo?
5. ¿Cómo se trata una quemadura del cuero cabelludo?
6. ¿Cómo se prueba el equipo del servicio de prensado?
7. ¿Qué tipos de pelos requieren un calor moderado?

EL ARTE DEL PELO ARTIFICIAL

15

OBJETIVOS DE APRENDIZAJE

DESPUÉS DE COMPLETAR ESTE CAPÍTULO, USTED DEBE SER CAPAZ DE:

1. Enumerar las razones por las cuales las personas llevan pelucas.
2. Identificar los diferentes tipos de pelucas, extensiones y postizos.
3. Demostrar el procedimiento para realizar mediciones de peluca.
4. Describir el método que se utiliza cuando se realizan pedidos de pelucas.
5. Demostrar el procedimiento a seguir para colocar y ajustar una peluca.
6. Demostrar el procedimiento a seguir para limpiar una peluca.
7. Demostrar el procedimiento a seguir para el corte de cabello, marcaje, y peinado de una peluca.
8. Demostrar el procedimiento a seguir para colorear una peluca.
9. Describir los varios tipos de postizos y cómo se utilizan.
10. Enumerar las precauciones de seguridad a seguir en el manejo de pelucas.

INTRODUCCIÓN

A través de toda la historia de la humanidad, diferentes pueblos han utilizado pelucas para mejorar su apariencia. Los antiguos egipcios utilizaron pelucas en el año 4000 antes de Jesucristo por una razón muy práctica: para proteger el pelo del sol. El empleo de pelucas se expandió a Asia y Europa hasta llegar a América, en donde su empleo se ha popularizado gradualmente.

El empleo mundial de pelucas y postizos constituye una parte importante e interesante de la industria de la belleza. La venta, peinado y mantenimiento del pelo artificial puede ser una fuente de ingresos cada vez mayor de los salones de belleza.

Para ofrecer el mejor servicio, el estilista debe aprender lo siguiente:

1. Cómo las pelucas y los postizos pueden mejorar la apariencia del cliente.
2. Cómo se fabrican y se colocan las pelucas y los postizos.
3. Cómo seleccionar y peinar pelucas y postizos, para favorecer mejor al cliente.
4. Cómo limpiar y mantener pelucas y postizos.

¿POR QUÉ SE UTILIZAN PELUCAS?

Las personas utilizan pelucas debido a varias razones:

1. Opción personal—Para cubrir la calvicie hereditaria o el pelo escaso o dañado.
2. Razones médicas—Para cubrir las pérdidas de pelo originadas por problemas de salud. Las pelucas se han convertido en substitutos populares del pelo para las personas que lo han perdido debido a enfermedad, heridas o shocks nerviosos. En estos casos, tanto los hombres como las mujeres utilizan pelucas para substituir el pelo perdido y mantener su peinado acostumbrado.
3. Moda—Por los cambios en las modas, para aumentar la longitud y el volumen, por motivos decorativos y para las ocasiones especiales.
4. Por lo práctico que resultan, por su flexibilidad y por lo fácil que resulta cambiar de estilo. Por ejemplo, puede ser que los clientes de raza negra deseen llevar un estilo lacio sin tener que relajar químicamente su pelo; la peluca proporciona la flexibilidad necesaria para llevar a cabo esta acción. ✓

✓ **Completado—Objetivo de Aprendizaje núm. 1**

POR QUÉ SE UTILIZA UNA PELUCA

TIPOS DE PELUCAS

Las pelucas pueden estar fabricadas de pelo humano, pelo sintético, pelo animal o una mezcla de dos o tres de estos pelos.

Se puede hacer una prueba muy sencilla para hallar la diferencia entre el pelo humano y el pelo sintético. Cortar un pedazo pequeño de pelo de la parte posterior de la peluca. Con una cerilla encendida, quemar este pelo y observar lo siguiente:

1. El pelo humano se quema lentamente y desprende un olor fuerte.
2. El pelo sintético se quema rápidamente y apenas desprende olor. Podrá detectar cuentas pequeñas y duras entre la ceniza del pelo sintético.

PELUCAS DE PELO HUMANO

La calidad de una peluca depende en gran parte de si está construida a mano o a máquina. Las pelucas caras hechas a medida están anudadas a mano sobre una base de malla fina. (Figs. 15.1, 15.2) En las pelucas más baratas, el pelo está cosido a máquina en un gorro de red en filas circulares. (Figs. 15.3 a 15.5)

La calidad de una peluca también dependerá de la clase de pelo que contenga (humano o sintético) y cómo se adapta a las medidas del cliente.

15.1—Peluca anudada a mano.

15.2—Pelo cosido a ganchillo y anudado a mano en una base de malla.

15.3—Peluca de trama (vista superior).

15.4—Peluca de trama (vista lateral).

15.5—Pelo cosido a máquina en un gorro de red o entramado en filas circulares.

15.6—Peluca elástica, sintética y hecha a mano.

15.7—Peluca sin casquete.

PELUCAS Y POSTIZOS SINTÉTICOS

La fabricación de fibras sintéticas ha mejorado enormemente. Las fibras modacrílicas, cómo el dynel, kanekalon, vinecelon y otras, han eliminado la mayoría de las desventajas del pelo sintético. Ahora el pelo sintético se parece mucho al pelo humano en textura, resiliencia, porosidad, plegabilidad, durabilidad, brillo y tacto. Estas fibras pueden conservar bien los rizos, no son inflamables y no se oxidan ni cambian de color bajo la luz del sol. De hecho, algunas fibras sintéticas se parecen tanto al pelo humano que es difícil distinguirlas.

Las muchas ventajas del pelo sintético han conducido a muchos fabricantes a aceptar su empleo en pelucas y postizos. El pelo producido sintéticamente cuesta menos que el pelo humano y su suministro es ilimitado. El cosmetólogo puede utilizar este pelo artificial más fácilmente, ya que se puede enrollar en carretes. Los fabricantes tejen pelucas y postizos sintéticos utilizando la fibra extraída de estos carretes.

Es posible encontrar pelucas sintéticas elásticas hechas a mano, pelucas sintéticas elásticas hechas a máquina y pelucas sintéticas hechas y ajustadas a mano. (Fig. 15.6) Es necesario seleccionar cuidadosamente cualquier tipo de peluca en base a su calidad, ajuste correcto y buena fabricación para poder satisfacer a sus clientes en lo que se refiere a su empleo, comodidad y estilo.

También se puede disponer *pelucas sin casquete,* compuestas por filas de tramas tejidas en bandas elásticas. Las pelucas sin casquete son más ligeras y más frescas que los demás tipos de pelucas. (Fig. 15.7)

Los casquetes de pelucas y los postizos se pueden fabricar de algodón, material sintético y algodón, sólo con material sintético o con plástico reforzado. Generalmente los postizos están fabricados con una base sintética que no se encoge cuando se aplica champú. Los postizos sintéticos se presentan en peluquines, semipeluquines, trenzas, moños, cascadas y caídas.

EXTENSIONES DE PELO

Las extensiones de pelo son adiciones permanentes de pelo que pueden ayudar a aparentar mayor longitud de pelo, añadir grosor y volumen o variar un peinado ya presente. Las extensiones se pueden fabricar con pelo humano o sintético y se pueden fijar pegándolas, fusionándolas o trenzándolas al pelo adicional.

PELUCAS PARA HOMBRES

Actualmente muchos hombres utilizan pelucas o tupés para compensar la pérdida de pelo. Un tupé lleva adhesivo en la base del postizo, para que éste se adhiera al cuero cabelludo.

CAPÍTULO 15   EL ARTE DEL PELO ARTIFICIAL ◆ 355

Muchos clientes están utilizando extensiones de pelo para hacer aparecer que su pelo es más lleno. Estas extensiones están entretejidas o trenzadas en el pelo del individuo, proporcionando a las zonas con escaso pelo un aspecto de mayor grosor.

Una vez añadidas, las extensiones se peinan para complementar el tipo de pelo del cliente y los rasgos faciales. ✔

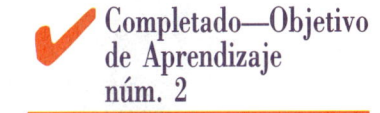

✔ **Completado—Objetivo de Aprendizaje núm. 2**

TIPOS DE PELUCAS

CÓMO TOMAR LAS MEDIDAS DE LA PELUCA

Para poder asegurar un ajuste cómodo y seguro, debe medir la cabeza del cliente con precisión. En primer lugar, cepillar el pelo hacia abajo suavemente y sujetarlo tan cerca y tan planamente al cuero cabelludo cómo sea posible. Después, ajustándose a la cabeza y sin presión, medir la cabeza con una cinta de medición.

PROCEDIMIENTO

1. Medir la circunferencia de la cabeza. Colocar la cinta de manera que rodee completamente la cabeza, empezando en la línea de crecimiento del pelo en el medio de la frente, colocar la cinta por encima de las orejas, alrededor de la parte posterior de la cabeza y volver al punto inicial. (Fig. 15.8)

2. Medir desde la línea de crecimiento del pelo en medio de la frente, sobre la parte superior hasta la parte posterior del cuello. Doblar la cabeza hacia atrás y medir hasta el punto en donde la peluca cabalgue sobre la base del cráneo en la nuca. (Fig. 15.9)

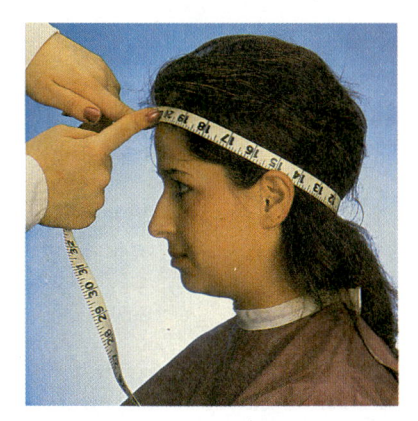

15.8—Medir la circunferencia de la cabeza.

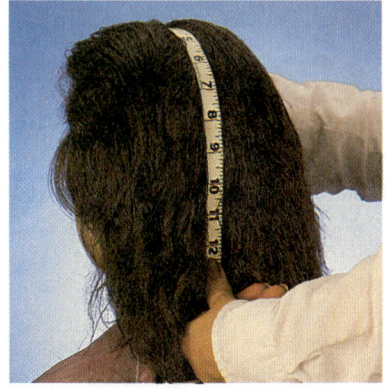

15.9—Medir desde la línea de crecimiento del pelo en el medio de la frente a la nuca.

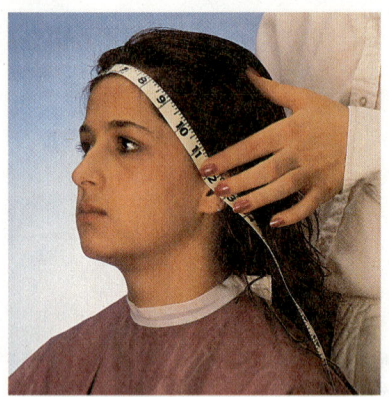

3. Medir de una oreja a la otra, a través de la frente. (Fig. 15.10)
4. Medir de una oreja a la otra, sobre la parte superior de la cabeza. (Fig. 15.11)
5. Colocar la cinta a través de la coronilla y medir de sien a sien. (Fig. 15.12)
6. Medir la anchura de la línea de la nuca, a través de la parte posterior del cuello. (Fig. 15.13)

◆**NOTA:** Comprobar siempre la precisión de las mediciones. ✔

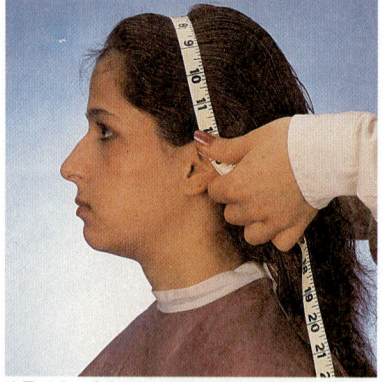

15.10—Medir a través de la frente.

15.11—Medir la parte posterior de la cabeza.

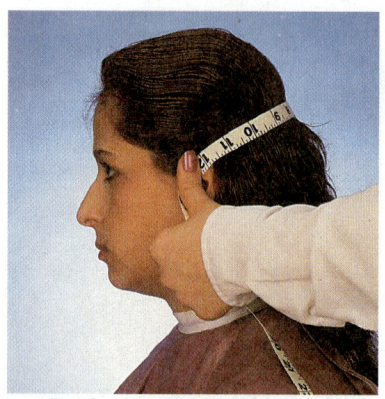

15.12—Medir de sien a sien.

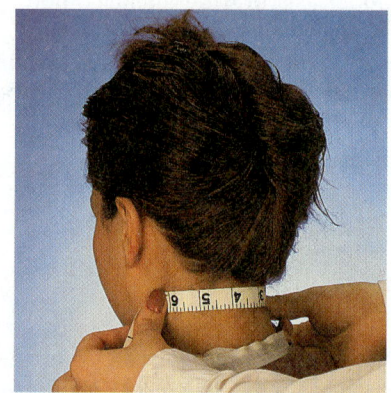

15.13—Medir la anchura de la línea de la nuca.

✔ Completado—Objetivo de Aprendizaje núm. 3

CÓMO TOMAR LAS MEDIDAS DE LA PELUCA

CÓMO REALIZAR UN PEDIDO DE PELUCA

Cuando se realiza el pedido de una peluca, mantener un registro escrito de las mediciones de la cabeza del cliente y enviar una copia al fabricante o concesionario de pelucas. También es necesario especificar lo que se desea, indicando lo siguiente:

1. Sombreado del pelo. En caso de que sea necesario, enviar muestras del pelo del cliente al fabricante. Cuando entregue las muestras de pelo, debe hacerlo con un pelo al que se acaba de aplicar champú, teñido o enjuagado.
2. Calidad del pelo.
3. Longitud del pelo.
4. Tipo de sección de pelo y modelo. ✔

✔ Completado—Objetivo de Aprendizaje núm. 4

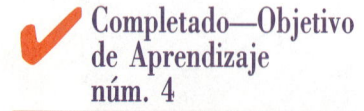

PEDIDO DE LA PELUCA

CÓMO COLOCAR LA PELUCA EN UNA CABEZA ARTIFICIAL

Una cabeza artificial es una pieza en forma de cabeza, fabricada de corcho o resina de estireno y cubierta con lona, donde se coloca la peluca para ajustarla, limpiarla y peinarla. Utilizar cabezas artificiales de lona, protegidas adecuadamente para todos los servicios profesionales de la peluca, ya que las cabezas artificiales tienen que soportar alfilerazos continuos y manipulaciones bastante bruscas. Las agujas en forma de T se utilizan para fijar un postizo en una cabeza artificial. Existen seis tamaños de cabezas artificiales: 50, 51,25, 52,5, 53,75, 55 y 56,25 cm. Se utiliza una abrazadera basculante para poder controlar mejor la cabeza artificial.

Un buen empleo de las cabezas artificiales tiene como resultado una buena formación, marcaje y peinado de la peluca. También se reduce la posibilidad de perjudicar el peinado cuando se extraen las agujas en forma de T.

Ajustar la peluca en una cabeza artificial del tamaño adecuado. No estirar la peluca para adaptarla en una cabeza artificial demasiado grande, ni dejar que quede holgada en una cabeza artificial que sea demasiado pequeña. Si estira y sujeta una peluca mediante agujas, se puede expandir humedeciendo el casquete; cuando cuelgue una peluca de manera que quede muy suelta, se puede encoger humedeciendo el casquete, si éste está fabricado de algodón.

Montar la peluca en la cabeza artificial con el tamaño correcto y sujetar mediante agujas de la siguiente manera:

1. En el centro de la frente.
2. En cada lado de la sien. (Fig. 15.14)
3. En el centro de la nuca.
4. En cada esquina de la nuca. (Fig. 15.15)
   (Estas ilustraciones muestran la colocación correcta de las agujas en forma de T.)

Las cabezas artificiales de resina de estireno se utilizan para almacenar o exhibir la peluca.

15.14—Colocar una aguja en forma de T en el centro de la frente y una en cada lado.

15.15—Colocar una aguja en forma de T en el centro de la nuca y uno en cada esquina.

COLOCACIÓN DE LA PELUCA

Después de que la peluca se haya confeccionado de acuerdo con unas mediciones determinadas, puede ser que tenga que ajustarla para que pueda ser colocada cómodamente en la cabeza del cliente.

AJUSTE DE LA PELUCA A UN TAMAÑO MAYOR

Si la peluca es demasiado estrecha, puede ser que tenga que estirarla. Dé la vuelta a la peluca (la parte interior hacia fuera) y moje su base con agua caliente. Estire la peluca cuidadosamente (sin romperla) adaptándola en un bloque con un tamaño mayor y sujétela cuidadosamente con agujas. Después deje que la peluca se seque naturalmente. (Puede ser que este proceso se tenga que repetir más de una vez, si la peluca se tiene que ampliar más de una talla.)

AJUSTE DE LA PELUCA A UN TAMAÑO MENOR

Si la peluca queda demasiado grande, debe ajustarla correctamente.

Pliegues

Realizar pliegues y coserlos para ajustar mejor una peluca demasiado grande.

1. Los *pliegues horizontales* acortan la peluca desde la parte frontal a la nuca. Se realizan en la parte posterior de la peluca para reducir el tamaño excesivo y acortar la longitud de la zona de la coronilla de la peluca. (Fig. 15.16)
2. Los *pliegues verticales* reducen la anchura en la parte posterior de la peluca, desde una oreja a la otra. (Fig. 15.17)

Compruebe el ajuste del casquete después de cada pliegue. Demasiados pliegues pueden hacer que la peluca suba hacia arriba y que provoque nuevos problemas de ajuste.

Compruebe que las dos zonas auriculares se encuentren situadas transversalmente una enfrente de la otra y que no toquen las orejas. Si la peluca toca la oreja, realizar un pliegue horizontal pequeño sobre la oreja para elevar la peluca. Si la peluca roza o toca un lado de la oreja, realizar un pequeño pliegue vertical detrás de la oreja, para poder tirar de la peluca hacia atrás y eliminar el problema.

Si una peluca es demasiado larga desde la frente a la nuca, realizar un pliegue en la trama con una profundidad de aproximadamente 0,62 cm. El pliegue siempre se debe coser hacia la coronilla, nunca apartándose de ésta; en caso contrario el pelo se apartará de la peluca durante el peinado. Cuando se esté realizando un pliegue, asegúrese de que se coge tanto pelo cómo sea posible antes de finalizar el proceso de cosido. Sucede lo mismo cuando una peluca es demasiado grande desde la coronilla a la oreja y se apoya en las orejas del cliente. Esto se puede corregir cosiendo horizontalmente a lo largo de la trama.

◆**NOTA:** Cuando se ajuste una peluca ventilada o anudada a mano, es necesario coser los pliegues en la parte interior de la base. Pero cuando se ajuste una peluca hecha a máquina o entramada, podrá coser pliegues horizontales en el interior o en el exterior de la peluca.

LA CINTA ELÁSTICA

En el paso final del proceso de ajuste de la peluca, deberá ajustar la cinta elástica en la parte posterior de la peluca. Tirar de la cinta elástica que se encuentra en la parte posterior de la peluca, para hacer que la peluca se ajuste bien y homogéneamente en la parte posterior de la cabeza y después fíjela. Algunos estilistas prefieren sujetar los extremos de la cinta elástica con imperdibles pequeños, para poder trabajar mejor cuando se realicen ajustes o cambios posteriores. La cinta elástica requiere ajustes o cambios periódicos, ya que estas cintas se estiran o deterioran cuando se exponen al calor corporal y a los productos de limpieza durante mucho tiempo. Otros estilistas creen que la cinta se debe coser bien y descoser cuando sea necesario realizar ajustes o cambios. (Fig. 15.18) ✓

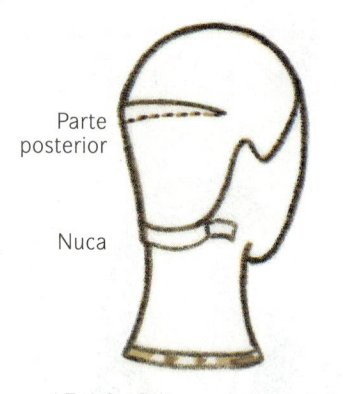

15.16—Pliegue horizontal.

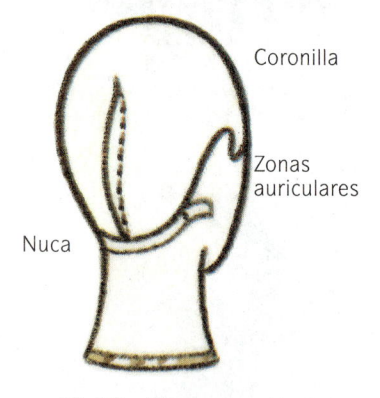

15.17—Pliegue vertical.

15.18—Cinta elástica.

✓ Completado—Objetivo de Aprendizaje núm. 5

COLOCACIÓN Y AJUSTE DE LA PELUCA

LIMPIEZAS DE LAS PELUCAS

PELUCAS DE PELO HUMANO

Las pelucas de pelo humano se deben limpiar cada 2 a 4 semanas, dependiendo de la frecuencia de su uso o de si se quiere volver a peinarla, utilizando un limpiador químico no inflamable. Consultar las instrucciones del fabricante y las instrucciones de limpieza.

Procedimiento

1. Cubrir la cabeza artificial con una cubierta de plástico para proteger la lona. (Fig. 15.19)
2. Colocar la peluca en la cabeza artificial. Si es necesario, péinela a partir de la línea frontal de crecimiento del pelo hacia atrás. Cepillar el pelo para eliminar la suciedad y la laca.
3. Antes de sacar la peluca para limpiarla, marcar el tamaño de la peluca en la cabeza artificial, para que ésta pueda mantener el mismo tamaño después de haber sido limpiada. Podrá hacerlo colocando agujas en forma de T en la cabeza artificial, en un ángulo próximo al borde del casquete y directamente enfrente de las seis agujas en forma de T que sujetan la peluca. (Figs. 15.20, 15.21) Sacar la peluca y continuar con la limpieza.

15.19—Cobertura de la cabeza artificial.

15.20—Vista frontal.

15.21—Vista posterior.

15.22—Lavar la peluca con un limpiador líquido no inflamable.

4. Utilizar guantes de goma para proteger las manos. Saturar la peluca en 90 ml. de limpiador líquido no inflamable en una vasija grande de cristal o porcelana. Con el lado del pelo hacia abajo, sumergir la peluca hacia arriba y hacia abajo hasta que esté limpia. (Fig. 15.22)

    Método alternativo: Dar vueltas a la peluca en el limpiador líquido. En caso de que sea necesario, limpiar los bordes y la base interior con un pedazo de algodón o un cepillo de púas.

5. Agitar suavemente la peluca para eliminar el exceso de fluido. Colocar inmediatamente la peluca húmeda en la cabeza artificial. Estirar ligeramente la peluca y afianzarla con seguridad en la cabeza artificial mediante agujas. (Fig. 15.23)
6. Cuando la peluca esté seca, colocarla y peinarla.

15.23—Colocación de la peluca en la cabeza artificial.

PELUCAS ATADAS A MANO

Debido a que las pelucas atadas a mano poseen una estructura más delicada que las pelucas fabricadas a máquina y cuestan mucho más, deberá limpiarlas sobre una cabeza artificial.

Procedimiento

1. Cubrir la cabeza artificial con un plástico para proteger la lona.
2. Limpiar los bordes y la base interior con un pedazo de algodón o con un cepillo de dientes.
3. Colocar la peluca en la cabeza artificial.
4. Saturar la peluca dentro de una vasija grande de cristal o plástico, que contenga limpiador líquido. (Fig. 15.24)
5. Empapar la peluca durante 3 a 4 minutos.
6. Extender la solución de limpieza a través de toda la longitud del pelo, utilizando un peine con púas separadas.
7. Repartir la solución por toda la peluca.
8. Secar cuidadosamente con una toalla. (Fig. 15.25)
9. Dejar que se seque naturalmente en la cabeza artificial durante media hora.
10. En caso de que sea necesario, aplicar un tratamiento de acondicionamiento.
11. Colocar y peinar la peluca.

15.24—Saturar la peluca y repartir la solución por todo el pelo.

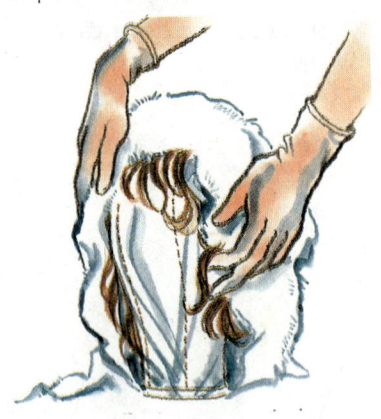

15.25—Secar el pelo con toalla.

PELUCAS SINTÉTICAS

Las pelucas y los postizos sintéticos no necesitan ser limpiados con tanta frecuencia como las pelucas de pelo humano. Las fibras sintéticas no son absorbentes (no son porosas) y no atraen el polvo y la suciedad.

Limpiar y peinar las pelucas y los postizos sintéticos cada 3 meses, dependiendo del desgaste y del peinado. Utilizar agua fresca para limpiar la peluca; el agua caliente elimina el rizo de las pelucas sintéticas. No peinar o cepillar mientras la peluca está húmeda.

Procedimiento

1. Cubrir la cabeza artificial con plástico para proteger la lona.
2. Montar la peluca en la cabeza artificial y marcar el tamaño como se describió anteriormente.
3. Cepillar y desenredar la peluca y vaporizar antes de la limpieza.
4. Llenar un envase con champú suave o un producto limpiador formulado especialmente, de acuerdo con las instrucciones del fabricante. Utilizar agua fresca.
5. Sacar la peluca de la cabeza artificial. Rociar la peluca con una solución limpiadora durante unos cuantos minutos. Enjuagar detenidamente en agua fresca.
6. Utilizar un cepillo pequeño o un algodón para limpiar la base de la trama.
7. Sacudir el agua sobrante y secar con toalla. (No torcer ni escurrir la peluca.)
8. Sujetar la peluca mediante agujas en forma de T en una cabeza artificial de tamaño adecuado y dejar que se seque naturalmente.

9. No cepillar una peluca sintética mientras esté húmeda; esta acción puede eliminar el rizo.
10. No exponer una peluca sintética al calor excesivo de un secador. El calor concentrado puede hacer que los pelos sintéticos se adhieran y pierdan el rizado.
11. Cuando la peluca se seque completamente, cepillar el pelo y vaporizar con acondicionador para añadir mayor brillo.

◆NOTA: En caso de que tenga que reducir el tiempo de secado, secar la peluca con un secador sin calor, utilizando solamente el ventilador. Debido a que las pelucas sintéticas ya están peinadas, no necesitan un peinado posterior.

ACONDICIONAMIENTO DE LA PELUCA

Una peluca se diferencia del pelo humano natural en que no posee su propio suministro de grasas naturales, necesarias para su autolubricación. Debido a que los limpiadores de peluca secan excesivamente el pelo, utilizar un tratamiento acondicionador después de cada limpieza, para así impedir que el pelo de la peluca se seque y presente un aspecto apagado. Así también mantendrá la peluca en buenas condiciones. (Fig. 15.26)

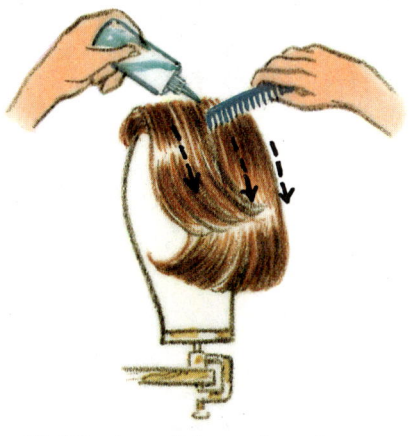

15.26—Acondicionar la peluca después de la limpieza.

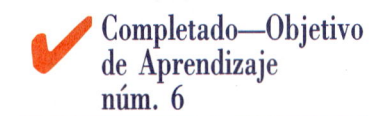

Procedimiento
1. Cubrir la cabeza artificial con plástico y colocar la peluca en la cabeza artificial correctamente.
2. Aplicar el acondicionador. Distribuir el acondicionador uniformemente en el pelo limpio y húmedo, utilizando un peine de púas anchas. Enjuagar y sacar el acondicionador del pelo, de acuerdo con las instrucciones del producto.
3. Colocar y peinar la peluca. ✓

✓ Completado—Objetivo de Aprendizaje núm. 6

LIMPIEZA DE LA PELUCA

CORTE DEL PELO DE LA PELUCA

PELUCAS DE PELO HUMANO

El pelo de la peluca se puede cortar de la misma manera en que se corta el pelo de la cabeza. Pero debe tener en cuenta que una peluca contiene aproximadamente el doble de pelos que una cabeza humana. Por lo tanto, si no rebaja o estrecha la peluca correctamente, presentará un aspecto abultado y artificial. La peluca se puede rebajar con navaja o con tijera. Concéntrese en eliminar el volumen de la parte superior de la raya del pelo, en la parte posterior de las orejas y alrededor de la cara. Generalmente en el pelo natural no es necesario rebajar estas zonas.

Cortar tan cerca como sea posible de la base de la peluca, sin dañar el casquete. Rebajar el pelo cerca del casquete, para extraer el volumen excesivo, asegurándose de que no se dejan cortes pronunciados que se noten cuando se peine la peluca. Es necesario tener especial cuidado en que los nudos de la peluca tramada a mano permanezcan bien atados. También es necesario tener igual cuidado en no cortar ninguna de las tramas o hilos de coser de la peluca entramada. Cuando corte el pelo de una peluca, es necesario recordar que el pelo no volverá a crecer para cubrir un error. Continuar con cuidado. Aunque resulta más conveniente cortar una peluca en una cabeza artificial de lona, es buena idea cortar el pelo de la peluca mientras ésta se encuentra en la cabeza del cliente, para adaptarse mejor al pelo natural y a los rasgos faciales del cliente. Posiblemente, la mejor técnica consiste en cortar una línea guía con la peluca situada en la cabeza del cliente, antes de transferirla a la cabeza artificial. Ello asegurará un corte a la medida correcta. Una vez transferida la peluca a la cabeza artificial, fijarla sólidamente para evitar que se mueva durante el resto del proceso de corte, situándola a la distancia adecuada de la línea de crecimiento del pelo y procediendo seguidamente a cortar el pelo restante de manera homogénea. Continuar el proceso de corte, sección por sección, hasta que toda la peluca quede bien moldeada. (Figs. 15.27 a 15.33)

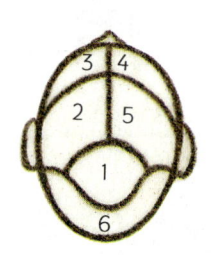

15.27—Dividir una línea guía de 5 cm. y cortarla de acuerdo con la longitud deseada.

15.28—Frontal superior.

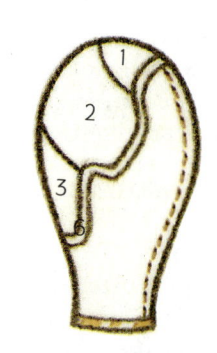

15.29—Lateral derecho.

15.30—Lado izquierdo de la cabeza. Esto ilustra una línea guía completamente cortada.

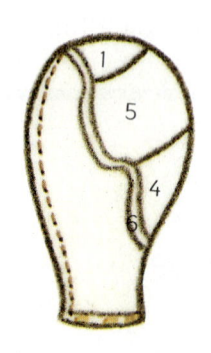

15.31—Lado izquierdo.

15.32—Parte posterior de la cabeza. Dejar abajo el pelo de la zona posterior central. Cortar a la misma longitud que la línea guía.

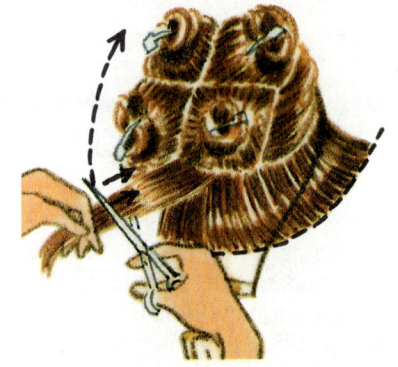

15.33—Parte posterior de la cabeza. Levantar un mechón de la línea guía. Con las manos arqueadas en un ángulo de 45 grados, cortar el pelo más largo. Continuar con un movimiento basculante hacia arriba.

PELUCAS DE PELO SINTÉTICO

Las pelucas sintéticas siempre se deben cortar cuando estén secas, ya que las fibras pierden la forma si se estiran cuando están mojadas. Utilizar solamente tijeras de rebaje en la fibra sintética o en una mezcla de pelo sintético y humano. Debido a que las fibras sintéticas no poseen la resiliencia o la flexibilidad del pelo humano, pueden mellar mucho una navaja. Y consecuentemente, una navaja puede provocar daños permanentes a la peluca.

CAPÍTULO 15   EL ARTE DEL PELO ARTIFICIAL   ◆   363

MARCAJE Y PEINADO DE LAS PELUCAS

El marcaje del pelo de la peluca es un proceso parecido al marcaje del pelo en una cabeza humana, excepto por la cobertura de la raya del pelo y por la necesidad de un rizo más tenso en la zona de la nuca. Cuando se marque y se peine la peluca, debe considerarse el grosor del pelo del cliente, más el pelo y la base de la peluca. Las pelucas siempre se marcan y peinan en la cabeza artificial. (Figs. 15.34, 15.35)

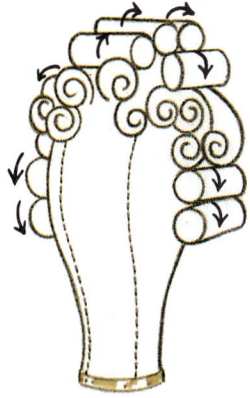

15.34—Marcaje en la cabeza artificial.

15.35—Estilo acabado.

Los rizos con aguja substituyen los rulos en la línea del crecimiento frontal del pelo, sienes y nuca, para mantener el estilo de la cabeza. (Fig. 15.36) Utilizar agujas en forma de T en vez de clips o pasadores para sujetar con más seguridad tanto los rulos como los rizos. Marcar, secar y peinar el pelo de la manera acostumbrada. (Fig. 15.37)

El corte y peinado de las pelucas sintéticas difiere del corte y peinado de las de pelo humano; las diferencias son los siguientes:

Sólo puede cardar las pelucas en la base de sus fibras. De otro modo, dañará las fibras que se deben mantener perfectamente suaves en la superficie de la peluca. Si se daña el pelo al rebajarlas, quedará una peluca con un aspecto rizado y demasiado ondulado.

Los fabricantes cortan previamente las pelucas sintéticas en estilos definidos. Si el cliente desea un cambio, un estilista cualificado puede peinar una peluca sintética de buena calidad en diferentes estilos. Estos estilos de peinado están basados en los estilos básicos creados en fábrica y precortados. Pero el estilista debe seguir los deseos del cliente.

15.36—Aspecto que presentará el marcaje en la cabeza.

15.37—Estilo acabado.

COLOCACIÓN Y EXTRACCIÓN DE LA PELUCA

El procedimiento de quitar la peluca de la cabeza artificial y colocarla en la cabeza del cliente es muy simple pero muy importante. (Fig. 15.38) (Es buena idea enseñar al cliente cómo colocarse y quitarse la peluca.)

COMO PEINAR EL PELO DEL CLIENTE CON EL DE UNA PELUCA

Dependiendo del estilo, peinar el pelo del cliente que se desea mezclar con el de la peluca en rizos con agujas. Cuando la peluca esté preparada para ser combinada con el pelo del cliente, asegurar la peluca empezando en la parte superior o inferior, según dónde estén colocados los rizos con agujas. Cuando la peluca esté bien ajustada, peinar y mezclar el pelo del cliente siguiendo el estilo de la peluca. (Fig. 15.39)

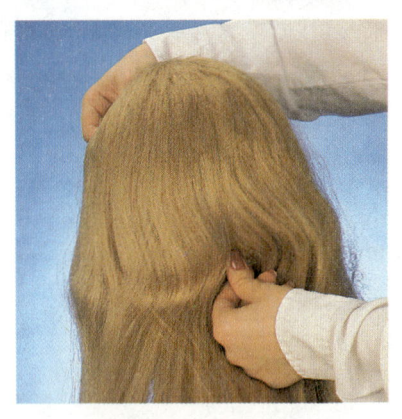

15.38—Colocar la peluca en la parte frontal de la cabeza del cliente. Mientras sostiene la peluca con seguridad en la parte superior, deslizarla hasta la nuca. Tirar con seguridad sobre los lados, parte frontal y posterior.

15.39—Ajustar, peinar y moldear al gusto del cliente.

✓ Completado—Objetivo de Aprendizaje núm. 7

CORTE DE CABELLO, MARCAJE Y PEINADO DE UNA PELUCA

EXTRACCIÓN DE UNA PELUCA

Para extraer una peluca, sólo tiene que colocar su pulgar debajo del casquete en la nuca. ***No coloque sus dedos en el pelo.*** Hacer que el cliente doble la cabeza. A continuación deslizar y sacar la peluca. ✓

COLOREADO DE LA PELUCA

BAÑOS DE COLOR

Los baños de color colorean temporalmente las pelucas de pelo humano y se deben volver a utilizar siempre que se limpie el pelo. Los baños de color sólo pueden oscurecer el pelo. Si el cliente desea un color más claro, deberá utilizar otra peluca.

Aquí presentamos una manera de aplicar un baño de color. (El método de su instructor también puede ser igualmente correcto.)

Procedimiento

1. Sujetar firmemente con alfileres la peluca en una cabeza artificial recubierta con plástico.
2. Humedecer el pelo limpio, utilizando una botella vaporizadora.
3. Si no está seguro del color que debe utilizar, realizar la prueba del pelo o mechón con el baño de color en la parte posterior de la peluca.
4. Rociar el pelo con el baño de color. Distribuirlo homogéneamente mediante un movimiento descendente, utilizando una brocha pequeña y un peine de púas anchas. (Fig. 15.40)
5. Aplicar la loción de fijación de la manera acostumbrada. (Fig. 15.41)
6. Marcar, secar (Fig. 15 42) y peinar el pelo de acuerdo con el estilo deseado.

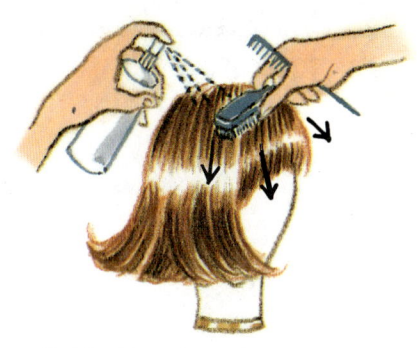

◆**NOTA:** Además de los baños de color, puede colorear las pelucas de pelo humano con un tinte semipermanente. Pero nunca debe intentar aclarar ninguna peluca o postizo.

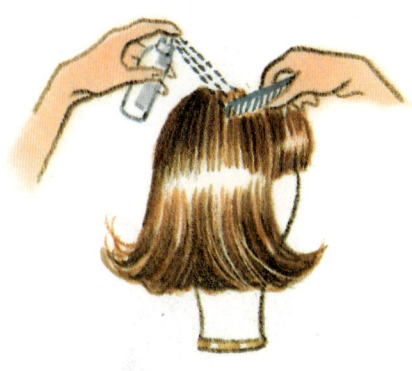

15.40—Vaporizar el pelo con un baño de color.

TINTES SEMIPERMANENTES

Los tintes semipermanentes se conocen genéricamente como los tintes de 6 semanas. Penetran por sí mismos y no necesitan agua oxigenada. No cambian la estructura básica del pelo.

Aquí presentamos una manera de aplicar tintes semipermanentes en pelucas hechas a máquina:

15.41—Aplicar loción de fijación.

Procedimiento

1. Montar la peluca en una cabeza artificial cubierta de plástico y dibujar el tamaño con agujas en forma de T.
2. Eliminar todo el enmarañamiento y enredos del pelo.
3. Limpiar la peluca y peinar el pelo.
4. Extraer la peluca de la cabeza artificial.
5. Sumergir la peluca en un cuenco o taza grande de cristal con agua caliente y una solución de tinte semipermanente.
6. Dejarla sumergida durante 10 minutos.
7. Extraerla y enjuagarla con agua fría.
8. Aplicar acondicionador.
9. Colocar en la cabeza artificial, marcar, secar y peinar de la manera acostumbrada.

15.42—Marcar, secar y peinar.

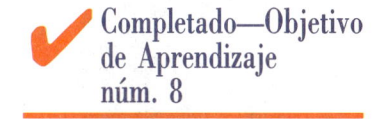

✓ Completado—Objetivo de Aprendizaje núm. 8

TEÑIDO DE LA PELUCA

TINTES PERMANENTES

Debido a que todas las pelucas y postizos de pelo humano han sido expuestas a un procesamiento extensivo, la aplicación de un tinte permanente en esta clase de pelo puede resultar muy arriesgado y puede provocar una coloración desigual. ✔

◆
P R E C A U C I Ó N
Cuando se tiñan pelucas, asegúrese de seguir las instrucciones del fabricante.

POSTIZOS

Se pueden crear una gran variedad de peinados con postizos, tanto para el día como para la noche. Los postizos se presentan en varias formas, como por ejemplo:

1. *Añadidos.* Estos postizos son largas tramas de pelo montado con un bucle al final. Están construidos con uno o dos troncos de pelo. Pero los mejores añadidos están construidos con tres troncos, para proporcionar una mayor flexibilidad en el peinado y en el trenzado. Se pueden unir o trenzar al pelo para crear peinados especiales. (Fig. 15.43)

2. *Casquetes.* Son postizos con una base plana que se utilizan en zonas especiales de la cabeza. Se utilizan principalmente para mezclar con el propio pelo del cliente para extender la longitud de la cabellera en una sección particular de la cabeza. Los casquetes se pueden adaptar en la parte superior del pelo en rizos o bajo el pelo, para proporcionar más cuerpo y volumen a la cabellera. También se pueden utilizar para crear efectos especiales. (Fig. 15.44)

3. *Media peluca (bandó).* Un postizo que está tejido en una cinta para el pelo. La cinta del pelo, que se puede cambiar y se puede obtener en diferentes colores, oculta muy bien la raya del pelo. Generalmente el postizo de media peluca se lleva sobre el pelo y se utiliza en estilos informales. (Fig. 15.45)

4. *Postizo colgante.* Es una sección de pelos entrelazados a máquina sobre una base redonda, que se extiende a través de la parte posterior de la cabeza y que existe en diferentes longitudes. Los *postizos colgantes* presentan un aspecto denso y voluminoso. Los *postizos colgantes cortos* varían en longitud desde 30 a 35 cm. (Fig. 15.46) Los *postizos semicolgantes* poseen longitudes que oscilan entre 37,5 a 50 cm. y los *postizos colgantes largos* desde 45 a 60 cm.

15.43—Añadido.

15.44—Casquete.

15.45—Media peluca.

15.46—Postizo colgante corto.

5. *Postizo semicolgante o semipeluca.* Es un postizo con una base grande, diseñado para que se ajuste con la forma de la cabeza. El postizo semicolgante o semipeluca oscila en longitud entre los 37,5 a los 50 cm.
6. *Cascada.* Este postizo posee una base oblonga que ofrece una variedad infinita de posibilidades de peinado. Las cascadas se pueden peinar en rizos, trenzas o estilo paje y se pueden utilizar como un relleno con el propio pelo del cliente. (Fig. 15.47)
7. *Trenza.* Es un añadido cuyos mechones están tejidos, entrelazados y entramados. Algunos se fabrican con un cable delgado dentro, para que se puedan componer en diferentes formas. Las trenzas sin cable cuelgan de la cabeza sin ninguna firmeza.
8. *Moño.* Es un nudo o rollo de pelo sintético que se lleva en la nuca o en la coronilla. Para sacar el máximo provecho del moño, se debe llevar en combinación con otro postizo.
9. *Rizos de coronilla.* Un grupo de rizos ligeros que se llevan en la parte superior de la cabeza.
10. *Rizos mechados.* Segmentos de pelos mechados o mezclados sujetos mediante agujas o alfileres en el pelo natural, para simular un pelo mechado. ✔

15.47—Cascada.

✔ Completado—Objetivo de Aprendizaje núm. 9

TIPOS DE POSTIZOS

PRECAUCIONES DE SEGURIDAD

1. Es necesario tener cuidado cuando se peinan o cepillan las pelucas para evitar el enmarañamiento.
2. Cuando se limpie una peluca o postizo, no escurrir ni frotar para sacar el fluido.
3. Cuando se corte una peluca o postizo, es necesario tener mucho cuidado; una vez que se ha cortado el pelo, no volverá a crecer.
4. Cuando se peine una peluca acabada de marcar, utilizar un peine con púas separadas para poder adquirir mayor control y evitar dañar la base de la peluca.
5. Cuando se limpie o se trabaje con una peluca húmeda, montarla siempre en una cabeza artificial del mismo tamaño que la peluca, para así no tener que estirarla.
6. Tomar medidas precisas de la cabeza del cliente, para asegurar un ajuste cómodo y seguro.
7. Volver a acondicionar las pelucas con tanta frecuencia como sea necesario, para impedir un pelo seco y frágil.
8. Siempre que sea necesario, limpiar las pelucas antes del marcaje y del peinado.
9. Cepillar y peinar las pelucas y los postizos utilizando un movimiento descendente.
10. Nunca aclare una peluca o un postizo.
11. No realizar nunca una permanente en una peluca o en un postizo. ✔

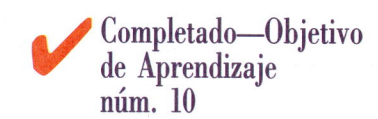

✔ Completado—Objetivo de Aprendizaje núm. 10

PRECAUCIONES DE SEGURIDAD

Pregunta Y Respuesta

EXTENSIONES PARA CABELLO FINO

P *Tengo una cliente joven cuyo cabello es muy fino y muy delgado en la corona y hacia atrás. ¿Cual técnica de extensión es la mejor para este tipo de cabello?*

R Su cliente es una buena candidata para la técnica de ligado o "bonding" la cual consiste en el ligado de extensiones al cabello. Usted debe primero determinar si la persona es alérgica o no a cualquier tipo de adhesivo. Determine también la longitud de cabello que el cliente necesita (o desea). No es aconsejable ligar redes de cabello de longitudes mayores de 15 pulgadas. Otro punto a considerar es si su cliente tiene un cuero cabelludo excesivamente grasoso, o si requiere tratamientos de acondicionamiento de cabello que contengan aceite, dado que el aceite puede desprender el adhesivo para ligado.

Corte las piezas de la red del cabello de extensión en tiras de aproximadamente dos pulgadas de ancho y únalas distribuidas al azar en todo el cabello natural. Aun si las coloca lado a lado, ello elimina el peso en un punto determinado. Usted puede además considerar una combinación de ambos métodos para unir los ligados si la situación lo amerita. Por ejemplo, si una cliente usa una raya lateral permanente, una tira ligada justo por debajo de la raya no será tan obvia como una red cosida. Puede servir además para cubrir las redes cosidas por debajo de ella.

El adhesivo de ligado a base de látex se remueve fácilmente del cabello natural y de la red de extensión. Se desprende completamente, lo cual permite reajustar la extensión si es necesario.

—Tomado de Milady Soluciones para el Salón de Belleza *por Louise Cotter*

PREGUNTAS DE REPASO

EL ARTE DEL PELO ARTIFICIAL

1. Enumerar algunas de las razones por la que las personas utilizan pelucas.
2. Enumerar los diferentes tipos de pelucas, extensiones y postizos.
3. ¿Cuál es el objetivo de una extensión de pelo?
4. ¿Para qué se coloca la peluca en la cabeza artificial?
5. ¿Con qué frecuencia se debe limpiar una peluca de pelo humano?
6. ¿En dónde se debe marcar y peinar una peluca?
7. ¿Qué efecto produce un baño de color en una peluca de pelo humano?

MANICURA Y PEDICURA

16

OBJETIVOS DE APRENDIZAJE

DESPUÉS DE COMPLETAR ESTE CAPÍTULO, USTED DEBE SER CAPAZ DE:

1. Enumerar las habilidades de una buena manicura.
2. Identificar cuatro formas de uña naturales.
3. Demostrar el empleo correcto de equipos, productos cosméticos y materiales que se utilizan en la manicura.
4. Demostrar el procedimiento correcto y las precauciones sanitarias y de seguridad necesarias para una manicura.
5. Demostrar las técnicas de masaje que se utilizan cuando se realiza una manicura.
6. Definir y demostrar los diferentes tipos de manicura.
7. Explicar y demostrar técnicas avanzadas de uñas.
8. Demostrar el procedimiento de una pedicura.

INTRODUCCIÓN

En la antigüedad se consideraba que las uñas largas, pulidas y coloreadas eran una marca de distinción entre aristócratas y trabajadores. La manicura, que en un tiempo se consideró como un lujo de unos pocos, es ahora un servicio utilizado por muchos. De hecho, muchas mujeres y hombres elegantes utilizan los servicios de una manicura profesional o de un técnico de uñas. Los servicios que proporcionan los técnicos de uñas incluyen la aplicación de uñas artificiales y pedicuras.

La palabra *manicura* se deriva del latín *manus* (mano) y *cura* (cuidados), lo que significa en conjunto el cuidado de las manos y de las uñas. El objetivo de una manicura es el de mejorar la apariencia de las manos y uñas.

Probablemente el cliente satisfecho con una manicura profesional u otras técnicas avanzadas para uñas se convertirá en un cliente regular de estos servicios y de otros servicios de belleza.

Una manicura debe:

1. Poseer conocimientos sobre la estructura de las manos, brazos y uñas.
2. Poseer conocimientos sobre la composición de los productos cosméticos utilizados en la manicura.
3. La facultad de realizar una buena manicura con eficiencia.
4. La facultad de poder atender los problemas de manicura del cliente.
5. La facultad de distinguir entre los diferentes trastornos que se pueden tratar en el salón de belleza, así como de las enfermedades que debe tratar el médico.
6. Poseer conocimientos sobre la estructura del pie y la facultad de poder realizar una buena pedicura.

Un técnico en uñas debe poseer las cualificaciones que se mencionan arriba, y también debe ser capaz de realizar las técnicas avanzadas para uñas con seguridad y profesionalmente. ✓

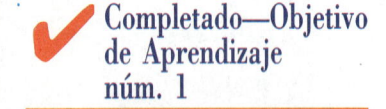

✓ **Completado—Objetivo de Aprendizaje núm. 1**

HABILIDADES DE UNA BUENA MANICURA

FORMA DE LAS UÑAS

La forma de las uñas varía mucho, pero generalmente pueden clasificarse en cuatro formas diferentes: cuadradas, redondas, ovaladas y afiladas. (Fig. 16.1)

Antes de empezar a trabajar en las uñas del cliente, tanto la manicura como el cliente deben acordar la mejor forma de uña. La forma de la uña se debe adaptar a la de las puntas de los dedos, para conseguir un efecto más natural. En general las uñas ovaladas, bien redondeadas en la base y ligeramente afiladas en las puntas, son apropiadas para la mayoría de las manos. Sólo una mano atractiva puede permitirse atraer la atención por exageración de forma y de color. Las personas que realizan trabajos con sus manos generalmente necesitan uñas más cortas y redondeadas, para evitar roturas y daños. ✓

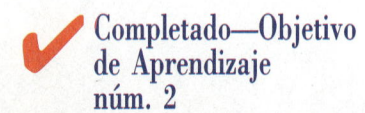

✓ **Completado—Objetivo de Aprendizaje núm. 2**

FORMA DE LAS UÑAS

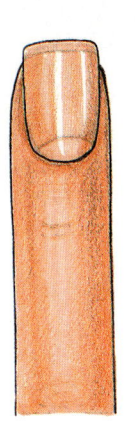

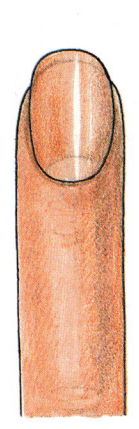

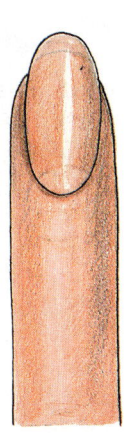

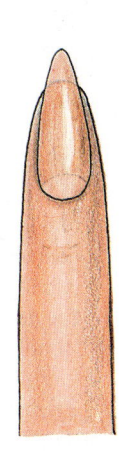

CAPÍTULO 16   MANICURA Y PEDICURA ◆ 371

Cuadrada.   Redonda.   Ovalada.   Afilada.

16.1—Formas de las uñas.

EQUIPOS, CONSUMIBLES, PRODUCTOS COSMÉTICOS Y MATERIALES

Los artículos que se utilizan en la manicura y que son duraderos reciben el nombre de equipos e implementos. (Fig. 16.2) Los productos cosméticos y materiales se refieren a los productos que se consumen y que se deben substituir.

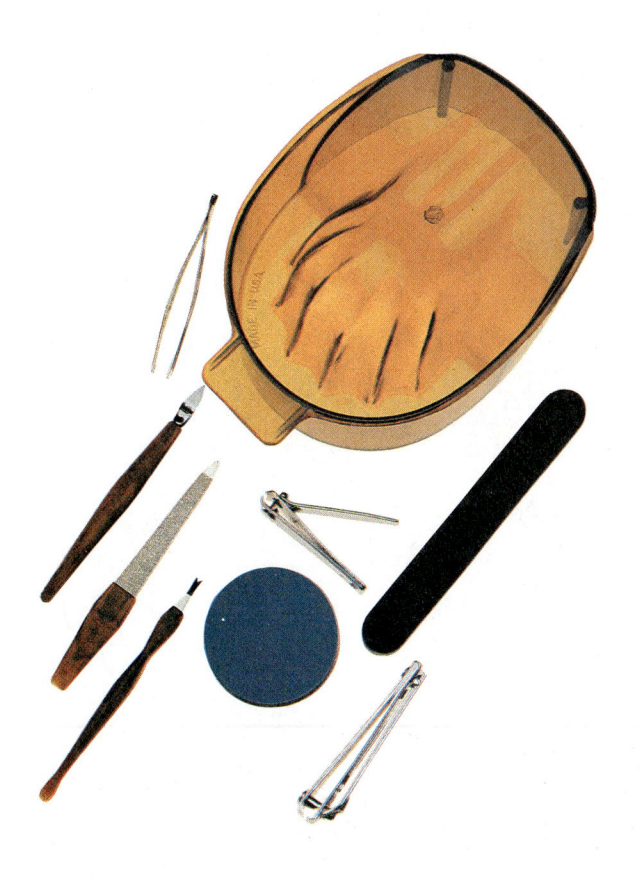

16.2—Instrumentos de manicura—hacia la derecha, desde la parte superior izquierda: tenacillas; cuenco para uñas; cortauñas; lima de uñas de esmeril; cortauñas de las uñas del pie; disco para limar uñas; empujador de cutícula; lima de uñas grande; empujador de acero.

EQUIPO

Mesa de manicura y lámpara ajustable.

Silla del cliente y *banco* o *silla de la manicura.*

Cojín (20 × 30 cm.), cubierto con un forro lavable o una toalla esterilizada, en el que el cliente descansa el brazo. Se puede utilizar una toalla, doblada y cubierta por otra toalla más pequeña esterilizada, en vez del cojín.

Bandeja de suministros que contenga los productos cosméticos.

Cuenco para uñas (plástico, porcelana o cristal) con envase de papel desechable, para agua tibia y enjabonada.

Contenedor para el algodón limpio y absorbente.

Calentador eléctrico para calentar aceite cuando se aplica una manicura con aceite caliente.

Contenedor esterilizador húmedo con algodón estéril y un 70% de alcohol.

Envases de cristal para los productos cosméticos y accesorios.

UTENSILIOS

Dos palillos de naranjo para soltar la cutícula, para trabajar alrededor de la uña y para aplicar aceite, crema, blanqueador o solvente en la uña y en la cutícula. (Fig. 16.3)

Lima de uñas (17.5 cm. o 20 cm. larga, delgada y flexible) para dar forma y suavizar el borde libre de la uña. (Fig. 16.4)

Empujador de cutícula para soltar y empujar hacia atrás la cutícula. (Fig. 16.5)

Tijerillas para recortar la cutícula. (Fig. 16.6)

Cepillo de uñas para la limpieza de las uñas y de la punta de los dedos, con la ayuda de agua tibia y jabonosa.

Dos limas de uñas de esmeril. Utilizar el lado rugoso para dar forma al borde libre de la uña; para suavizar la uña usar el lado más fino. (Fig. 16.7)

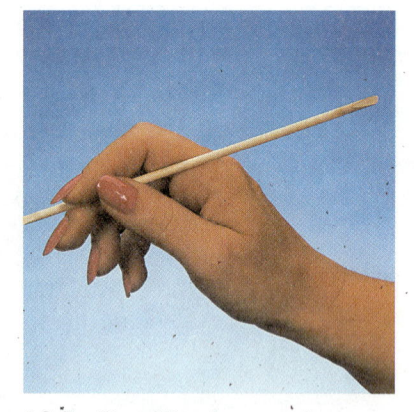

16.3—El palillo de naranjo se sostiene de la misma manera que un lápiz.

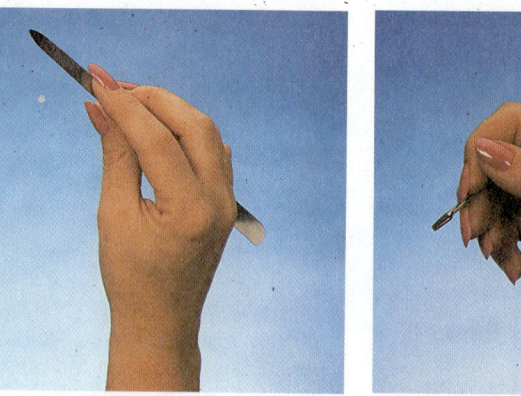

16.4—Sostener la lima de uñas en la mano derecha, con el pulgar debajo como soporte y los otros cuatro dedos en su superficie superior.

16.5—El empujador de acero se sostiene de la misma manera que un lápiz. El lado sin filo se utiliza para empujar hacia atrás y soltar la cutícula.

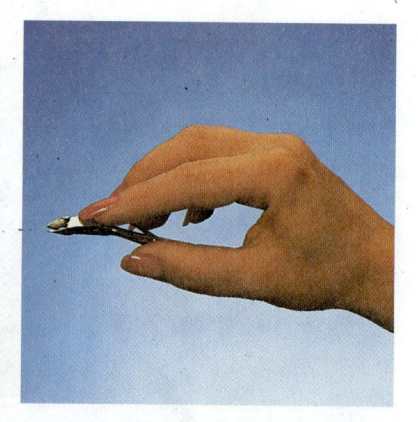

16.6—Utilizar las tenacillas de cutícula para cortar las cutículas.

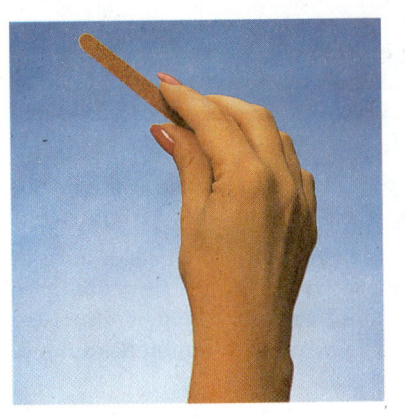

16.7—La lima de uñas de esmeril se sostiene igual que una lima de uñas de acero.

16.8—Sujeción del pulidor de uñas.

16.9—Manera alternativa de sostener un pulidor de uñas.

Pulidor de uñas (diseñado con estructura removible para permitir la substitución de la cubierta de gamuza para cada cliente) para pulir las uñas. (Figs. 16.8, 16.9) (Algunos estados no permiten el empleo del pulidor para uñas. Algunos estados recomiendan un pulidor desechable que debe ser tirado después de cada uso.)

Cepillo de pelo fino de camello para aplicar laca o esmalte líquido de uñas. (Generalmente el cepillo de pelo de camello está fijado en la parte superior de la botella de esmalte para uñas.)

Tenacillas para elevar pedazos pequeños de cutícula.

PRODUCTOS COSMÉTICOS

Los productos cosméticos para las uñas y para la mano varían en su composición y utilización, dependiendo de su propósito.

Los *productos de limpieza de uñas* son detergentes, generalmente en forma de polvos compactos, líquidos o escamas.

Los *quita esmaltes de uñas* contienen solventes orgánicos y se utilizan para disolver el esmalte anterior de las uñas. Para compensar la acción secante del solvente, debe existir aceite en el quita esmaltes de uñas.

El *aceite para la cutícula* suaviza y lubrica la piel que se encuentra alrededor de las uñas.

Las *cremas para la cutícula* poseen generalmente una base de lanolina o de parafina o cera natural. Se utilizan para prevenir o corregir uñas quebradizas y la sequedad de la cutícula.

Los *extractores de cutícula* o *solventes* pueden contener del 2% al 5% de hidróxido de sodio o potasio más glicerina. En vez de este producto, las soluciones más débiles pueden contener **fosfato de sodio** y **trietanolamina** o **alcalonaminas.** Una vez suavizada la cutícula mediante este líquido, se puede extraer con facilidad.

Los *blanqueadores de uñas* pueden contener peróxido de hidrógeno o ácidos orgánicos diluidos en forma líquida, o se pueden mezclar con otros ingredientes para formar una pasta blanca. Cuando se aplican sobre las uñas, bajo los bordes libres y sobre la punta de los dedos, eliminan las manchas.

El *blanco de uñas* se aplica en forma de pasta, crema o cordoncillo. Estos productos están compuestos por pigmentos blancos (óxido de zinc o dióxido de titanio). Cuando se aplica bajo los bordes libres de las uñas, mantiene blancas las puntas.

El *pulimento seco de las uñas* se efectúa con polvo o pasta. El principal ingrediente es un abrasivo débil, como el óxido de estaño, talco, sílice o caolín. Suaviza la uña y le proporciona un brillo durante el proceso de pulido (en aquellos casos en donde sea posible).

Un *abrasivo* como el polvo de piedra pómez puede utilizarse, con un pulidor de uñas, para suavizar los bordes irregulares de la uña.

El *esmalte de uñas líquido* o *laca* se utiliza para colorear o abrillantar la uña. Es una solución de nitrocelulosa contenida en **solventes volátiles**, como el **acetato de amilo**, juntamente con un **plastificador** (aceite de ricino), que impide un secado demasiado rápido. También contiene resina y color.

El *disolvente del esmalte de uñas,* que contiene **acetona** u otros solventes, se utiliza para disolver el esmalte de uñas cuando éste se ha solidificado.

Una *capa base* es un producto líquido que se aplica antes del esmalte líquido de uñas. Permite que el esmalte de uñas se adhiera con presteza a la superficie de la uña. También forma un brillo duro, que impide que el color del esmalte de la uña manche el tejido de la uña.

Una *capa superior* o *de acabado* es un líquido que se aplica sobre el esmalte de uñas. Este producto protege el esmalte y minimiza su desgaste o agrietamiento.

Los *endurecedores o fortalecedores de uña* están concebidos para impedir que las uñas se partan o se escamen. Algunos se aplican solamente en las puntas de las uñas y otros en toda la uña. Las uñas se deben limpiar completamente, liberándolas de aceites y cremas, y también se deben secar. Los endurecedores se aplican antes de la capa base. Nunca se aplican sobre el esmalte. Existen cuatro tipos de endurecedores: endurecedores proteínicos, endurecedores de formaldehido, endurecedores de fibra de nilón y acondicionadores de uñas. Los endurecedores proteínicos son una combinación de esmalte transparente y una proteína como el colágeno. Los endurecedores de formaldehido utilizan fibras de keratina como refuerzo y no contienen más de un 5% de formaldehido, ya que este producto puede dañar la uña. Los acondicionadores de uña se utilizan independientemente de la manicura, generalmente durante la noche, sobre uñas limpias y secas. Contienen ingredientes humedecedores para combatir la sequedad y la fragilidad.

Un *secador de uñas* es una solución que protege la uña, impidiendo que se torne pegajosa y que pierda brillo. Se puede aplicar mediante rociado o por medio de cepillo; se aplica sobre la capa superior o directamente sobre el esmalte de uñas.

El *alumbre en polvo* o *la solución de alumbre* se utiliza para detener el sangrado de los cortes poco importantes.

Las *cremas de mano* y las *lociones de mano* se recomiendan para la piel seca, agrietada o irritada. Las cremas de mano están elaboradas con emolientes, **humectantes** (como la glicerina o glicol de propileno), que promueven la retención de agua, emulsificadores y conservantes. Las lociones de mano poseen una composición similar a las cremas de mano, aunque poseen una consistencia menos densa debido a un mayor contenido de aceite.

MATERIALES

Algodón absorbente para la aplicación de productos cosméticos en las uñas.
Limpiador (forma líquida u otra forma) para el baño de los dedos.
Agua tibia para el baño de los dedos.
Toalla esterilizada para cada cliente.
Tejido de limpieza para utilizarlo siempre que sea necesario.
Gamuza para cambiar la gamuza sucia del pulidor.
Envases de papel para cambiar los ya utilizados en los cuencos para dedos.
Antiséptico para utilizar en el baño de los dedos a fin de evitar la infección, cuando se produzcan heridas poco importantes en los tejidos que rodean la uña.
Desinfectante para esterilizar los implementos y para desinfectar la tabla de manicura.
Espátula para extraer cremas de los envases.
Tejido restaurador, seda, lino o venda de uñas líquida y *adhesivo restaurador* para reparar o cubrir uñas rotas, partidas, o débiles. ✓

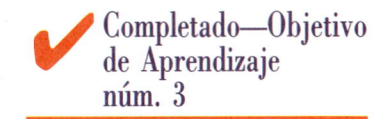

✓ Completado—Objetivo de Aprendizaje núm. 3

EMPLEO DE UTENSILIOS, COSMÉTICOS Y MATERIALES UTILIZADOS PARA UNA MANICURA

PREPARACIÓN DE LA MESA DE MANICURA

Para realizar una manicura profesional, se deben seguir todas las normas sanitarias. Tanto la mesa como las manos de la manicura deben estar perfectamente limpias. Todo, incluyendo los envases, vasos, instrumentos y materiales deben estar en perfecto orden. Esterilizar los utensilios de manicura después de cada empleo. No le pida a un cliente que se siente en la mesa con los restos de una manicura anterior a la vista. Limpiar la mesa inmediatamente después de una manicura, para que esté preparada para el próximo cliente. Esto hará que la manicura sea más agradable para el cliente, que se sentirá más dispuesto a aceptar sus consejos y sugerencias.

PROCEDIMIENTO

1. Esponjar la parte superior de la mesa de manicura con un desinfectante.
2. Colocar una toalla limpia sobre el lugar en donde descansa el brazo.
3. Colocar un envase con agua tibia y jabonosa en la parte izquierda del cliente.
4. Coloque los utensilios metálicos y palillos de madera en un contenedor esterilizador que contiene algodón saturado con alcohol.
5. Ordenar los envases de crema, botellas de loción y esmaltes de uña en el orden que se desee utilizar y colocarlos a la izquierda.
6. Colocar la lima de uñas (que se ha esponjado con alcohol) y las limas de uña de esmeril a la derecha.
7. Fijar una pequeña bolsa de plástico con cinta adhesiva, en el lado derecho o en el lado izquierdo, para los materiales de desecho.

DISPOSICIÓN DE LA MESA DE MANICURA

(La disposición de la mesa de manicura de su instructor es igualmente apropiada.)

1. Descanso del brazo envuelto con una toalla
2. Lima de uñas
3. Lima de uñas de esmeril
4. Alcohol
5. Envase con algodón
6. Cuenco para los dedos
7. Cepillo de uñas
8. Esterilizador húmedo que contiene equipos de manicura
9. Bandeja con esmalte de uñas
10. Bolsa de plástico para desechos
11. El cajón de la mesa se puede utilizar para los siguientes artículos:
    Blanqueador de uñas
    Esmalte seco instantáneo
    Agua oxigenada
    Pulimento seco
       (polvo o pasta)
    Piedra pómez
    Solvente
    Antiséptico
    Pulidor

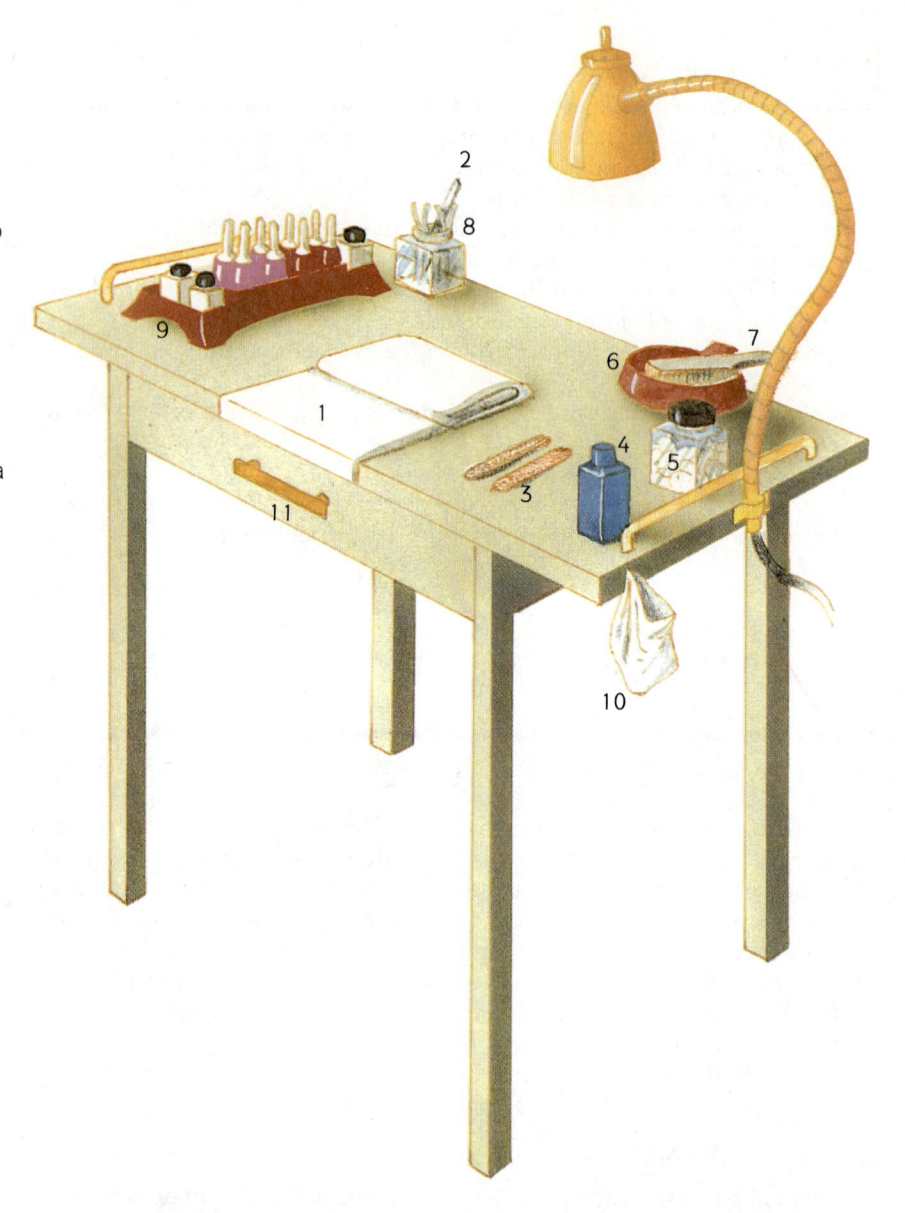

16.10—Disposición de la mesa de manicura.

El cajón de la mesa de manicura debe estar limpio y seco. No utilizarlo para los materiales de desecho. Para ello, utilizar la bolsa de plástico. (Fig. 16.10)

MANICURA NORMAL

PREPARACIÓN

La rutina que se describe en este texto es una de las diferentes maneras en que se puede realizar una manicura. La rutina que indique su instructor es igualmente correcta.

1. Preparar la mesa de manicura, como se describió anteriormente.
2. Hacer sentar al cliente.
3. Lavarse las manos.
4. Examinar las manos del cliente.
5. Esterilizar las manos del cliente.

CAPÍTULO 16 MANICURA Y PEDICURA ◆ 377

PRECAUCIÓN

Tenga muchísimo cuidado y evite cortar la piel del cliente. Pero si esto se produce, administrar agua oxigenada al 3% o alumbre en polvo.

PROCEDIMIENTO

1. Quite el esmalte anterior. (Empezar con el dedo meñique de la mano izquierda.) Humedecer un algodón con un quita esmaltes y presionarlo sobre la uña durante unos momentos para suavizar el esmalte. Mediante un movimiento firme, arrastrar el algodón desde la base de la uña a la punta. No poner en contacto el esmalte anterior con la cutícula o los tejidos circundantes. (Un método alternativo para extraer el esmalte de uñas es el de humedecer pequeños bastoncillos de algodón con quita esmalte de uñas y presionar sobre el esmalte antiguo de cada uña. A continuación, humedecer otro bastoncillo de algodón con quita esmalte y utilizarlo para desprender los otros bastoncillos de las uñas. El bastoncillo prensado actúa como un secador y no mancha la cutícula con esmalte.) (Fig. 16.11)

2. Dar forma a las uñas. Hablar con el cliente sobre la forma de uña más apropiada. Limar las uñas de la mano izquierda, empezando con el meñique y trabajando hacia el pulgar, de la siguiente manera:

   a) Sostener el dedo del cliente entre el pulgar y los dos primeros dedos de la mano izquierda.

   b) Sostener la lima de uñas o la lima de uñas de esmeril en la mano derecha e inclinarla ligeramente, para limar principalmente en el lado inferior del borde libre.

   c) Dar forma a las uñas según lo acordado con el cliente. Utilizar la lima o la lima de esmeril para dar forma a las uñas. Limar cada uña desde el borde al centro, de derecha a izquierda y después de izquierda a derecha. Limar las uñas en la dirección del crecimiento, para evitar que se partan. Utilizar dos pases cortos y rápidos y uno largo y oscilante en cada lado de la uña. (Fig. 16.12)

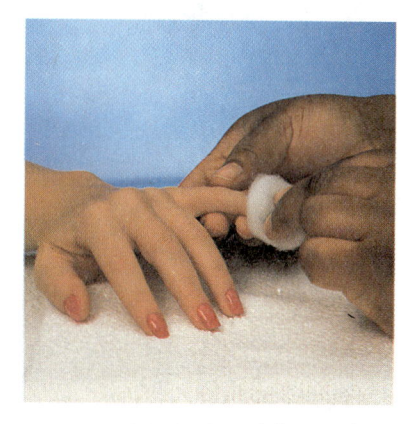

16.11—Disolución del esmalte.

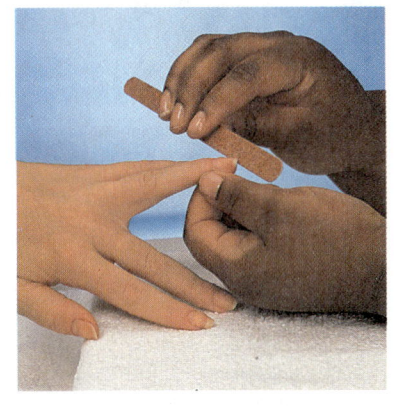

16.12—Dando forma a las uñas.

◆**NOTA:** Evitar limar con profundidad dentro de las esquinas de las uñas. Presentarán un aspecto más largo y más fuerte si se permiten que crezcan lateralmente.

378 ◆ TEXTO GENERAL DE COSMETOLOGÍA

16.13—Suavización de la cutícula.

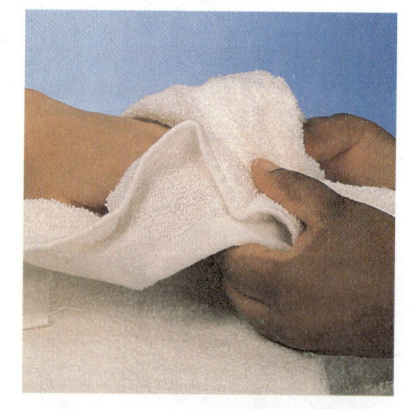

16.14—Secado de la punta de los dedos con la toalla.

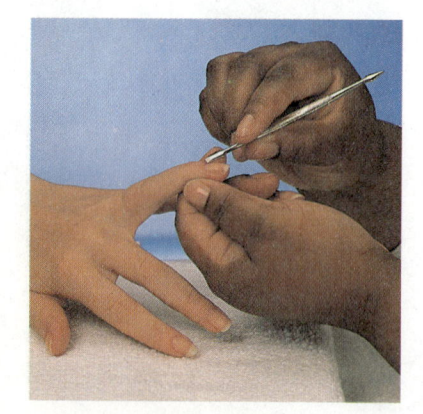

16.15—Desprendimiento de la cutícula muerta con un empujador.

3. Suavizar la cutícula. Después de limar las uñas de la mano izquierda, limar dos uñas de la mano derecha. A continuación, sumergir la mano izquierda dentro del cuenco (baño de jabón) para suavizar la cutícula. Acabar de limar las uñas de la mano derecha. Extraer la mano izquierda del cuenco. (Fig. 16.13)

4. Secar la punta de los dedos. Sosteniendo una toalla con las dos manos, secar cuidadosamente la mano izquierda, incluyendo la zona entre los dedos. Con la toalla, soltar suavemente y empujar hacia atrás la cutícula y la piel adherida en cada uña. (Fig. 16.14)

5. Aplicar un disolvente de cutícula. Enrollar una capa delgada de algodón alrededor del borde romo de un palillo de naranjo, para utilizarlo como aplicador. Aplicar el disolvente de cutícula alrededor de la cutícula de la mano izquierda.

6. Soltar la cutícula. Utilizar el extremo de cuchara del empujador de cutícula para soltar suavemente la cutícula. Mantenga la cutícula húmeda mientras esté trabajando. Utilizar el empujador de la cutícula, en una posición plana, para extraer la cutícula muerta que se adhiere a la uña sin rayar la placa de la uña. (Fig. 16.15) Empujar la cutícula hacia atrás con una toalla sobre el dedo índice.

◆NOTA: Ejercer una presión muy ligera cuando esté utilizando el empujador de la cutícula o el palillo de naranjo, para no dañar el tejido de la raíz de la uña.

7. Limpiar el borde libre. Utilizar un palillo de naranjo con punta de algodón, remojado en agua jabonosa, para limpiar debajo del borde libre, trabajando desde el centro hacia cada lado, empleando una presión suave. (Fig 16.16)

8. Recortar la cutícula. En caso de que sea necesario, utilizar las tenacillas de cutícula para extraer la cutícula muerta, cutícula desigual o los padrastros. Cuando corte la cutícula, es necesario tener cuidado para extraerla en un solo segmento. (Fig 16.17)

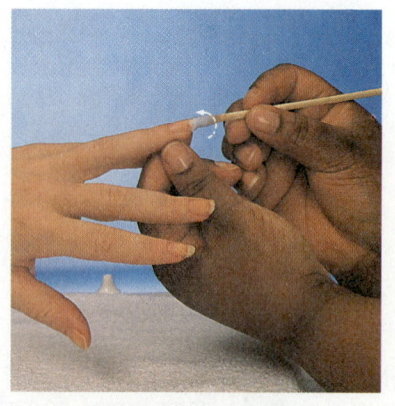

16.16—Limpiar debajo del borde libre con un palillo de naranjo con punta de algodón.

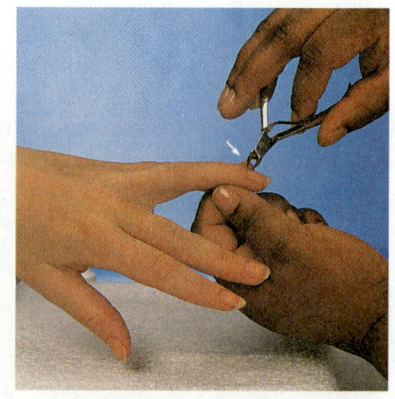

16.17—Recorte de la cutícula con tenacillas.

9. Al cortar la cutícula del dedo índice de la mano izquierda, sumergir los dedos de la mano derecha en el cuenco, mientras continúa la manicura de la mano izquierda.

10. Blanquear bajo el borde libre (opcional). Mediante un palillo de naranjo con punta de algodón, aplicar agua oxigenada u otra preparación blanqueadora bajo el borde libre de cada uña.

11. Aplicar blanqueador bajo el borde libre de las uñas (opcional). Utilizar el palillo de naranjo como aplicador para aplicar pasta de yeso, o utilizar un cordoncillo tratado con blanqueador de uñas.

12. Aplicar aceite o crema de cutícula por los lados y en la base de la uña, y aplicar masaje con el pulgar, mediante un movimiento rotatorio.

13. Extraer la mano derecha del cuenco. Realizar la manicura de las uñas y de las cutículas de la mano derecha, como se describe en el apartado 4 hasta el 12.

14. Limpiar las uñas. Cepillar las uñas sobre el cuenco, utilizando un movimiento descendente, para limpiar las uñas de las dos manos. (Fig. 16.18)

15. Secar las manos y las uñas detenidamente.

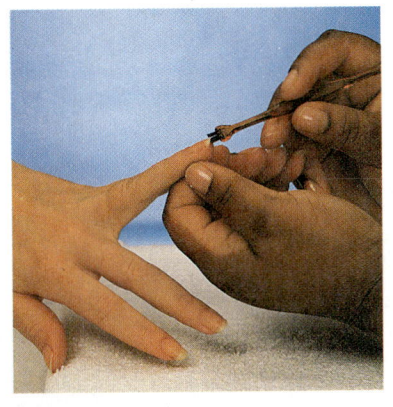

16.18—Limpiar bajo las uñas mediante pasadas hacia abajo.

PROBLEMAS DE LAS UÑAS

Un borde de piel suelta alrededor de la uña después de una manicura, será consecuencia de un recorte de cutícula excesivo. Para impedir la aparición de esta piel suelta, recortar la cutícula con precisión, de manera que sólo quede un pequeño margen de cutícula.

El crecimiento de callos en la punta de los dedos se puede suavizar aplicando cremas y lociones y eliminando la presión constante que provoca. El frotamiento con polvo de piedra pómez también ayuda a eliminar la callosidad.

Las manchas de las uñas se pueden aclarar con blanqueadores de uñas preparados o con agua oxigenada. Estas manchas también se pueden eliminar utilizando polvo de piedra pómez ligeramente mojado, y pueden pulirse para mejorar la apariencia.

FINALIZACIÓN

1. Volver a examinar las uñas y las cutículas. Repasar las uñas en busca de defectos. Utilizar el lado fino de la lima de uñas de esmeril para proporcionar a las uñas un borde biselado suave. Extraer las secciones de cutícula restantes.

2. En caso de que sea necesario, reparar las uñas rotas o partidas.

3. Como servicio adicional, en este momento se puede realizar un masaje en la mano o en el brazo.

4. Aplicar la capa base. Aplicar la capa base en la mano izquierda mediante pasadas largas, empezando con el meñique y trabajando hacia el pulgar. Dejar que se seque hasta que presente un "tacto resbaladizo". (Fig. 16.19)

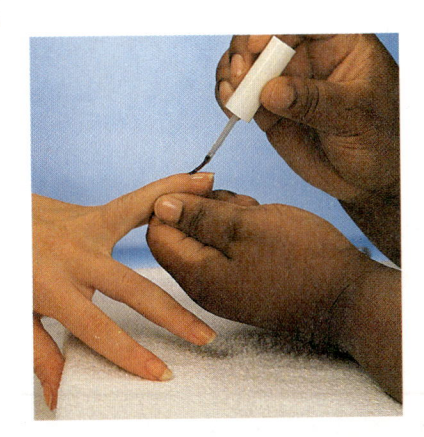

16.19—Aplicación de una capa base.

5. Aplicar un esmalte líquido. Remojar el cepillo de pelo de camello dentro del esmalte, eliminando el exceso presionando suavemente contra los lados de la botella.

    Aplicar el esmalte ligera y rápidamente, utilizando pases de barrido, desde la base al borde libre de la uña, como se ilustra en las ilustraciones. (Figs. 16.20 a 16.22) Mantener siempre el esmalte poco denso para que pueda fluir libremente. Si el esmalte es denso, añadir un poco de disolvente de esmalte y agitar bien.

6. Eliminar el esmalte sobrante. Remojar un palillo con punta de algodón dentro del disolvente. Aplicarlo cuidadosamente alrededor de la cutícula y de los bordes de la uña para eliminar el esmalte sobrante.

7. Aplicar la capa superior. Aplicar la capa superior en la mano izquierda mediante pasos largos; a continuación aplicarla a la mano derecha de la misma manera. Cepillar la zona circundante y debajo de las puntas de las uñas, para obtener así un mayor soporte y protección.

8. Aplicar loción de manos. Como servicio adicional, después de que la capa superior esté completamente seca, aplicar loción de mano, aplicando un masaje ligero sobre las manos, desde las muñecas a la punta de los dedos.

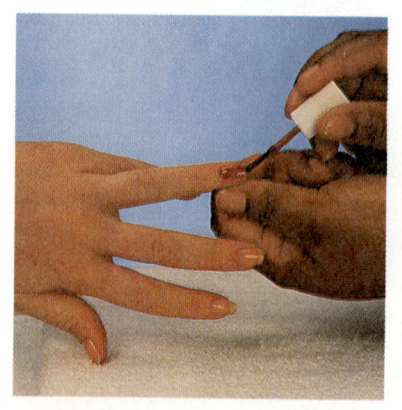

16.20—Aplicar el esmalte en la parte central de la uña.

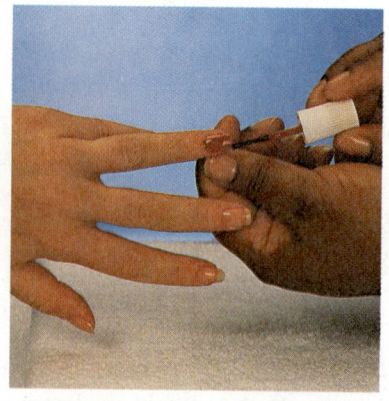

16.21—Aplicar el esmalte en el lado derecho de la uña.

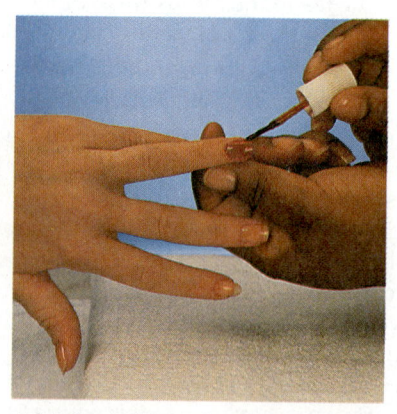

16.22—Aplicar el esmalte en el lado izquierdo de la uña.

LIMPIEZA FINAL

1. Esterilizar los equipos de manicura utilizados; colocarlos en el mueble esterilizador.
2. Colocar los materiales utilizados (tejidos, algodón, lima de uñas de esmeril, etc.) dentro de envases cerrados o de la bolsa de plástico fijada en la mesa de manicura.
3. Limpiar la mesa de la manicura con desinfectante; poner todo en orden.
4. Limpiar la parte superior de los frascos de esmalte de uña utilizando disolvente de esmalte.
5. Inspeccionar el cajón de la mesa de manicura, para comprobar si está limpio y ordenado.
6. Lávese y séquese las manos.

Trayectoria de Carrera

TÉCNICO MANICURISTA

Si usted decide convertirse en un técnico manicurista, usted pasará a formar parte de una industria multi-millonaria. Pero si usted desea obtener magníficos resultados en este negocio, usted debe prepararse no solamente para brindar manicuras, pedicuras y servicios de uñas artificiales sino también en los aspectos relativos al manejo de su negocio.

Su primera gran decisión será la de elegir trabajar en un salón que ofrece servicios completos o en un salón exclusivamente de manicura. El salón que ofrece servicios completos, a menos que sea muy grande, generalmente emplea solamente un técnico manicurista. En esta situación, usted atenderá a todos los clientes de manicura del salón y la mayoría de los clientes recibirán el tratamiento de las uñas en combinación con otros servicios de belleza. Las desventajas de esta situación son que usted no tendrá la oportunidad de compartir información con otros técnicos en su campo y no habrá nadie que le reemplace cuando usted se enferme o salga de vacaciones. Usted puede además estar limitada(o) en la variedad de servicios de uñas artificiales que usted puede proveer.

En un salón que ofrece servicios de manicura solamente, esas desventajas no existirán. Además los clientes que frecuentan este tipo de salón son generalmente mas serios acerca del cuidado de sus uñas que los clientes que frecuentan un salón que ofrece servicios completos de belleza. Ellos podrían tener problemas especiales de manicura o podrían solicitar servicios de uñas artificiales más creativos. Todo esto le permitirá obtener una magnífica experiencia en su campo seleccionado. Tenga en mente, sin embargo, que habrá más competencia por los clientes en un salón que ofrece servicios de manicura solamente.

NORMAS DE SEGURIDAD DE LA MANICURA

Si se respetan las normas de seguridad de la manicura, se podrán evitar accidentes y daños mutuos. La manicura debe respetar las siguientes normas de seguridad:

1. Mantener todos los envases cubiertos y etiquetados.
2. Sostener y mover los envases con las manos secas.
3. Manipular las herramientas con punta o afiladas con sumo cuidado, vigilando que nunca caigan.
4. Embotar los bordes cortantes demasiado afilados de las herramientas afiladas utilizando una lima de uñas de esmeril.
5. Biselar un borde de uña afilado con una lima de uñas de esmeril.
6. No limar demasiado profundamente en las esquinas de las uñas.
7. No utilizar herramientas afiladas y con punta para limpiar bajo la uña.
8. Evitar ejercer una presión excesiva con el pulidor de uñas (en aquellos lugares en donde se permita).
9. Si se produce un corte accidental en la piel, aplicar un antiséptico inmediatamente.
10. Aplicar polvo estíptico o una solución de alumina para detener la hemorragia de un corte pequeño. No utilizar nunca un lápiz estíptico.
11. Evitar empujar la cutícula hacia atrás excesivamente.
12. Evitar ejercer demasiada presión en la base de la uña.
13. No trabajar en una uña cuando la piel circundante está inflamada o infectada.

ESTILOS INDIVIDUALES DE UÑA

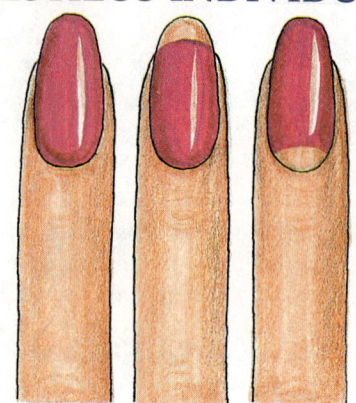

Para obtener un efecto más natural, la forma de una uña se debe adaptar a la de la punta del dedo. Una uña bien formada acrecenta la belleza de la mano.

Las formas de las uñas se pueden dividir en cuatro tipos:

1. Ovalada
2. Delgada y cónica (afilada)
3. Cuadrada o rectangular
4. Redonda

La uña ovalada es la forma de uña ideal y se puede arreglar cubriendo toda la uña con esmalte, dejando el borde libre en blanco, o dejando la media luna blanca en la base de la uña. (Fig. 16.23)

La uña delgada y cónica es muy apropiada para las manos delicadas y delgadas. La uña se debe alargar, haciéndola algo más larga de lo acostumbrado para mejorar la apariencia esbelta de la mano. La uña se puede esmaltar completamente o puede dejarse una media luna en la base. (Fig. 16.24)

La uña cuadrada o rectangular sólo se debe extender ligeramente más allá de la punta del dedo, con la punta de la uña redondeada. Toda la uña se puede esmaltar, dejando una media luna pequeña en la base; también se deben dejar márgenes blancos en los lados de la uña. (Fig. 16.25)

La uña redonda debe estar ligeramente ahusada y sólo se debe extender un poco más allá de la punta del dedo. Se debe esmaltar toda la uña, dejando un margen blanco delgado en los lados. (Fig. 16.26) ✔

16.23—Arreglo de uña correcto para uñas ovaladas.

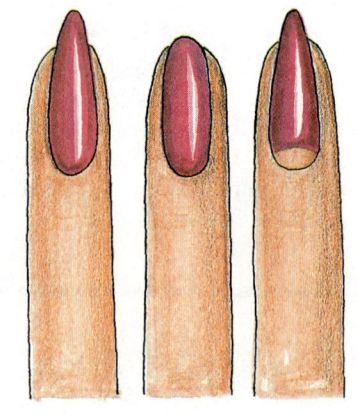

Correcto   Incorrecto   Correcto
16.24—Arreglos de uñas para las uñas delgadas.

✔ **Completado—Objetivo de Aprendizaje núm. 4**

PROCEDIMIENTOS PARA UNA MANICURA Y PRECAUCIONES SANITARIAS Y DE SEGURIDAD

Incorrecto   Correcto
16.25—Arreglos de uñas para las uñas cuadradas o rectangulares.

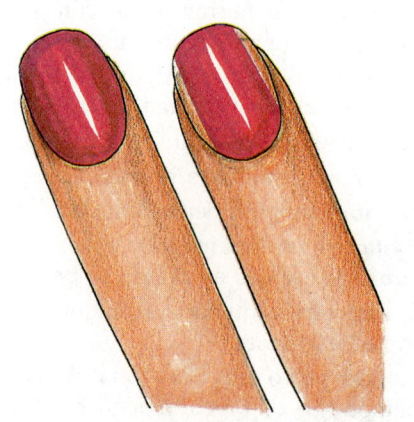

Incorrecto   Correcto
16.26—Arreglos de uñas para uñas redondas.

MASAJE DE MANOS

Incluir un masaje de manos en cada manicura. Mantiene las manos flexibles, bien arregladas y suaves.

PROCEDIMIENTO

1. Sostener la mano del cliente en su mano. Colocar una pizca de loción de manos en el dorso de la mano del cliente y distribuirlo por los dedos y por la muñeca.
2. Sujetar la mano del cliente con firmeza. Doblar la mano lentamente, mediante movimientos hacia adelante y hacia atrás para flexibilizar la muñeca. Repetir tres veces. (Fig. 16.27)
3. Agarrar cada dedo. Doblar suavemente cada uno de los dedos, uno a la vez, para flexibilizar la parte superior de la mano y las articulaciones de los dedos. A medida que se doblan los dedos y el pulgar, deslizar los pulgares hacia abajo, en dirección de las puntas de los dedos. (Fig. 16.28)
4. Con el codo del cliente reposando en la mesa, sostener la mano en posición vertical. Aplicar masaje a la palma de las manos utilizando las partes blandas de sus pulgares, y utilizando un movimiento circular en direcciones contrapuestas. Este movimiento relajará completamente la mano del cliente. (Fig. 16.29)
5. Hacer que la mano del cliente repose sobre la mesa. Agarrar cada dedo en su base y hacerlos rotar en círculos cada vez mayores, finalizando con un apretón suave en la punta de los dedos. Repetir tres veces. (Fig. 16.30)

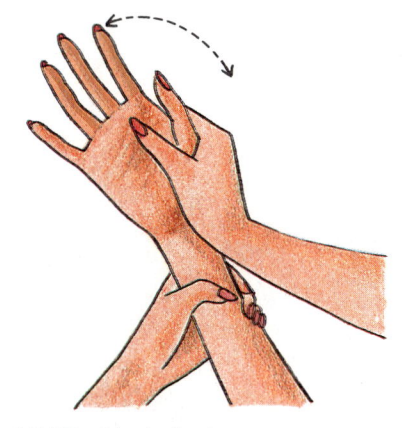

16.27—Movimiento para flexibilizar la muñeca.

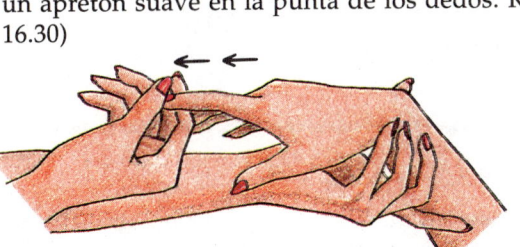

16.28—Movimiento para flexibilizar la parte superior de la mano y las articulaciones de los dedos.

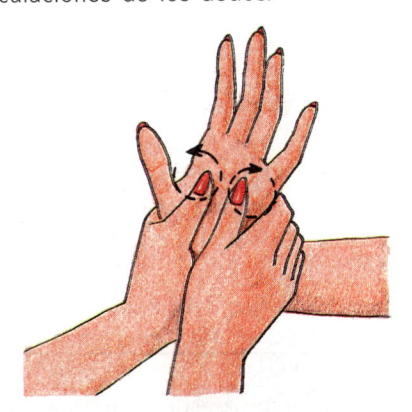

16.29—Movimiento para relajar la mano del cliente.

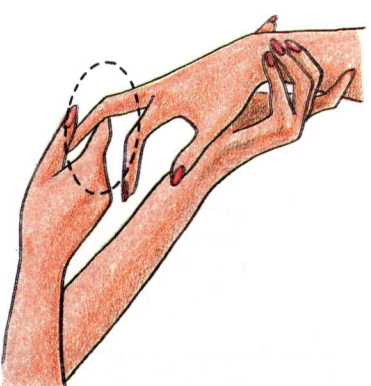

16.30—Agarrar cada dedo en la base y hacerlo rotar suavemente.

6. Sostener la mano del cliente. Aplicar masaje en la muñeca y después en la parte superior de la mano mediante un movimiento circular. Deslizarse hacia atrás y con las dos manos retorcer las muñecas tres veces en direcciones opuestas. Repetir el movimiento tres veces. (Fig. 16.31)

7. Acabar el masaje apretando cada dedo. Empezando en la base de cada dedo, hacer rotar, parar y apretar mediante una presión suave. A continuación, tirar ligeramente con presión hasta alcanzar la punta. Repetir tres veces. (Fig. 16.32)

8. Repetir los pasos 1 a 7 en la otra mano.

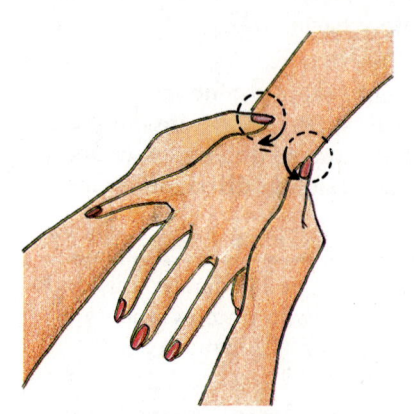

16.31—Aplicar masaje en la muñeca y en la parte superior de la mano, mediante un movimiento circular.

16.32—Acabar el masaje apretando cada dedo.

MASAJES EN LA MANO Y EN EL BRAZO

El masaje en las manos y brazos es un servicio especial que se puede añadir a la manicura normal. El procedimiento utilizado es similar a la manicura con masaje en la mano. Pero todos los masajes se extienden al antebrazo, incluyendo el codo.

PROCEDIMIENTO

1. Finalizar el masaje de la mano de la manera en que se describe aquí.

2. Colocar la mano del cliente sobre la mesa, con la palma hacia abajo. Aplicar masaje en el brazo, desde la muñeca al codo, utilizando un movimiento lento y circular en direcciones contrapuestas. Repetir tres veces. Girar la palma del cliente hacia arriba y repetir tres veces los mismos movimientos. (Fig. 16.33)

3. Aplicar masaje firmemente en la parte inferior del brazo hasta el codo, utilizando los dedos de cada mano en direcciones cruzadas alternativas. Repetir tres veces. (Fig. 16.34)

4. Aplicar masaje en la parte superior del brazo, desde la muñeca al codo. Aplicar los pulgares en direcciones opuestas, apretando al hecerlo. Repetir tres veces. (Fig. 16.35)

CAPÍTULO 16   MANICURA Y PEDICURA   ◆   385

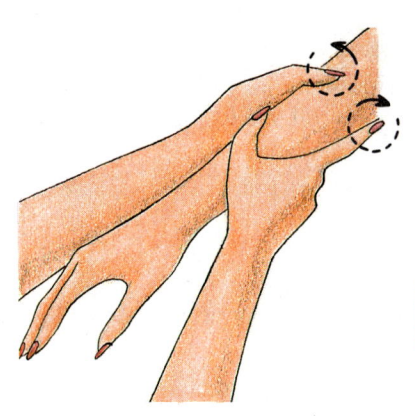

16.33—Aplicar masaje en el brazo, desde la muñeca al codo.

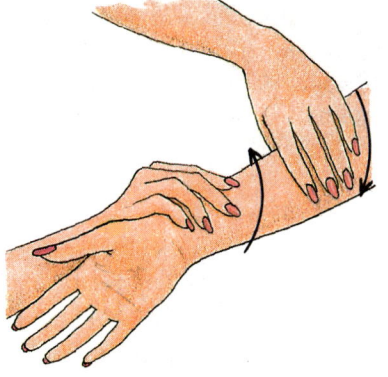

16.34—Aplicar masaje en la parte inferior del brazo hasta el codo.

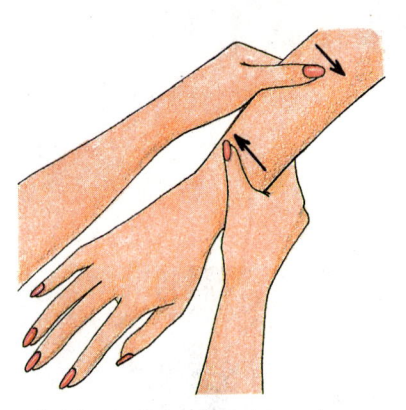

16.35—Aplicar masaje en la parte superior del brazo, desde la muñeca al codo.

5. Coger con la palma de la mano la articulación del codo. Aplicar masaje en el codo mediante un movimiento circular. Repetir tres veces. (Fig. 16.36)
6. Realizar pasadas en el brazo con firmeza, en direcciones opuestas, desde el codo a la muñeca. (Fig. 16.37) Finalmente, aplicar una pasada en cada dedo, finalizando con un apretón suave en la punta de los dedos.
7. Repetir los pasos 1 a 6 en el otro brazo. ✔

✓ **Completado—Objetivo de Aprendizaje núm. 5**

TÉCNICAS PARA EL MASAJE

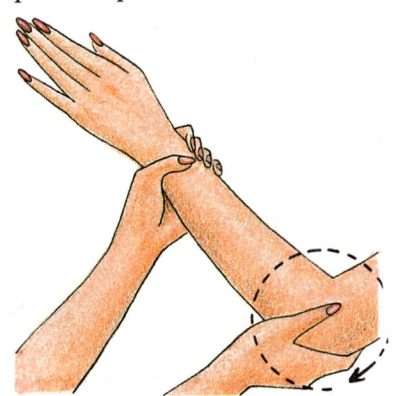

16.36—Aplicar masaje en el codo, utilizando un movimiento circular.

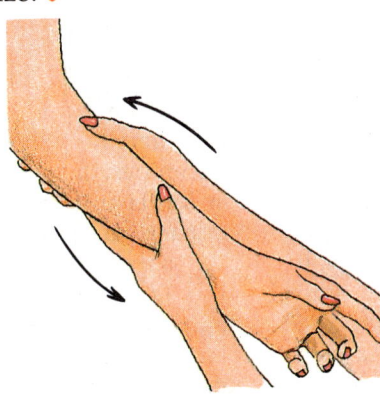

16.37—Aplicar masaje firmemente en direcciones opuestas.

OTROS TIPOS DE MANICURAS

MANICURA ELÉCTRICA

La manicura eléctrica se realiza mediante un dispositivo portátil accionado por un pequeño motor. Utiliza una gran variedad de accesorios, incluyendo una rueda de esmeril, empujador de cutícula, cepillo de cutícula y pulidor. Antes de utilizar una máquina de manicura eléctrica, leer cuidadosamente las instrucciones del fabricante. Los reglamentos estatales que gobiernan este procedimiento pueden cambiar.

MANICURA CON ACEITE

Una manicura con aceite es beneficiosa para las uñas agrietadas y quebradizas y para las cutículas secas. Mejora las manos, dejando la piel suave y fina.

Procedimiento

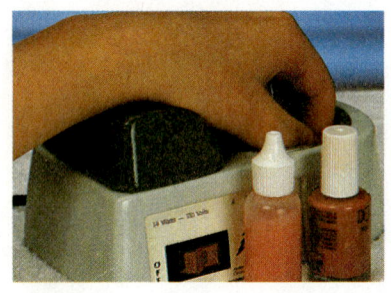

1. Calentar aceite vegetal (de oliva) o una preparación comercial hasta alcanzar una temperatura agradable, utilizando un calentador eléctrico. (Fig. 16.38)
2. Realizar una manicura normal, hasta el momento en que se coloca la mano en el cuenco para dedos; en ese momento, hacer que el cliente coloque sus dedos en aceite caliente.
3. Aplicar un masaje en las manos y en las muñecas con el aceite; después tratar las cutículas de la misma manera. No se necesita ningún extractor de cutícula, aceite de cutícula o crema.
4. Limpiar el aceite de las manos utilizando una toalla tibia y caliente.
5. Limpiar cada uña cuidadosamente con quita esmalte, para extraer todas las trazas del aceite antes de aplicar la capa base.
6. Finalizar de igual manera que una manicura normal.

16.38—Calentador de aceite caliente para manicura.

LA MANICURA DEL HOMBRE

Generalmente los hombres prefieren una manicura conservadora. Limar las uñas haciéndolas redondas o cuadradas. Aplicar un esmalte seco en vez de un esmalte líquido.

Los equipos, materiales y consumibles son los mismos que los que se utilizan en una manicura normal. Seguir el mismo procedimiento que se utiliza para una manicura normal, hasta la aplicación de una capa base.

Pulir las uñas (en aquellos lugares en donde se permita). Aplicar un poco de pasta de esmalte sobre el pulidor de uñas. A continuación, pulir las uñas mediante pasadas hacia abajo, desde la base al borde libre de cada uña, hasta haber obtenido un brillo claro y suave. Para impedir una sensación de quemazón o de calor, separar el pulidor de la uña después de cada pasada. La acción de pulir las uñas incrementa la circulación de la sangre hacia las puntas de los dedos, proporcionándoles un brillo o lustre natural.

Eliminar todos los residuos de las uñas lavando y secando las puntas de los dedos. Si se utiliza esmalte líquido transparente, no se necesita pulir. Aplicar el esmalte como si se tratase de una manicura normal.

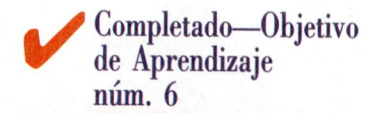

✓ Completado—Objetivo de Aprendizaje núm. 6

DIFERENTES TIPOS DE MANICURAS

MANICURA DE CABINA

La manicura de cabina es la que se realiza en la cabina y no en la mesa de manicura. Generalmente se realiza mientras que el cliente está recibiendo otro servicio, por ejemplo, mientras se le corta o se le peina el pelo. ✓

TÉCNICAS AVANZADAS DE MANICURA

Las uñas y manos limpias y atractivas son una parte importante del aspecto general. Cuando las uñas de una persona no crecen según sus deseos y no alcanzan la longitud y la resistencia deseadas, esta persona podrá resolver el problema con la ayuda de las técnicas avanzadas de manicura, entre las que se incluyen las envolturas de uñas, uñas esculpidas, puntas de uñas, baños, uñas artificiales a presión, uñas esculpidas o uñas acrílicas. Cuando se realizan correctamente, éstas técnicas avanzadas de manicura proporcionan unas uñas artificiales con un aspecto natural.

Las uñas artificiales se pueden utilizar para conseguir los siguientes objetivos:

1. Para restaurar o esconder las uñas rotas o dañadas.
2. Para mejorar la apariencia de uñas muy cortas o con una forma muy deficiente.
3. Para ayudar a superar el hábito de comerse las uñas.
4. Para evitar que una uña o varias uñas se partan o rompan.

ENVOLTURA DE LAS UÑAS

La envoltura de las uñas se realiza para restaurar uñas torcidas, rotas o partidas y para fortificar las uñas débiles o frágiles. Entre los diferentes materiales que se utilizan en este procedimiento se encuentran el tejido de restauración, seda, lino o fibra acrílica. El reforzar las uñas con seda proporciona una apariencia suave y homogénea a la uña. El lino proporciona una envoltura más duradera, pero la rugosidad del material exige que un esmalte de color cubra toda la uña.

Los dos procedimientos que se describen a continuación se utilizan con materiales que se deben cortar para ajustarlos con la uña o con la fisura de la uña. Recientemente algunos fabricantes han sacado al mercado segmentos de material ya cortados, con adhesivo en la parte posterior y que sólo se fijan en la parte frontal de la uña.

Restauración de la uña

1. Limar ligeramente la parte partida o agrietada de la uña, utilizando el lado fino de la lima de uñas de esmeril, para que el material de restauración se adhiera a la uña con más facilidad.
2. Arrancar una sección pequeña del material de restauración y saturarlo con adhesivo.
3. Colocar el material de restauración saturado sobre la zona partida o agrietada.
4. Meter el material bajo la uña, utilizando el palito de naranjo. La superficie del segmento se debe alisar desde el borde de la uña, utilizando un palito de naranjo empapado con quita esmalte.
5. Si la grieta o partición es profunda, añadir otro segmento como refuerzo.
6. Secar el parche detenidamente antes de aplicar la capa base y el esmalte.

Fortalecimiento de la uña

1. Raspar la superficie de la uña, utilizando el lado fino de una lima de uñas de esmeril.
2. Rasgar o cortar el material de envoltura para poder colocar la uña. Si se utiliza tejido de restauración, rasgarlo en tiras, asegurándose que los bordes del tejido están bien cortados. (Fig. 16.39)
3. Si se utiliza tejido de restauración, saturar cada tira con adhesivo de restauración. Si se utiliza otro material, colocar una línea de adhesivo de restauración hacia abajo, por el centro de la uña. (Fig. 16.40)
4. Utilizando dos dedos, colocar el material de envoltura sobre la uña y sostenerlo hasta que se pegue. Empezando en el medio de la uña, utilizar el palillo de naranjo para empujar el material en todas las direcciones, hacia los bordes y la punta de la uña. Seguir mojando el palillo de naranjo con quita esmalte y golpeando ligeramente el material hasta que esté suave. (Fig. 16.41)

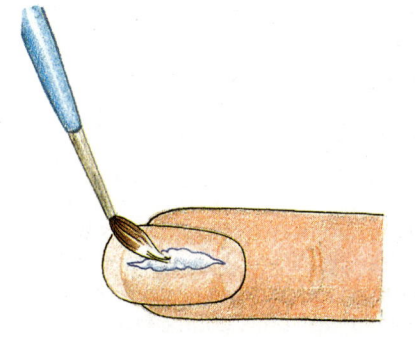

16.39—Raspar la superficie de la uña y cortar una envoltura para que se ajuste en la uña.

16.40—Aplicar adhesivo.

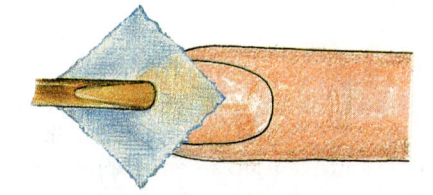

16.41—Aplicar tejido de restauración.

5. Recortar el exceso de material que se extienda más allá del borde libre y de los lados de las uñas. (Fig. 16.42)
6. Si está utilizando tejido de restauración, dar la vuelta al dedo y aplicar el adhesivo en la parte interior de la uña. Después, utilizando la punta de los dedos, doblar el tejido sobre el borde de la uña y suavizar el tejido bajo el borde libre con un empujador. Si está utilizando otro material, utilizar el lado fino de la lima de uñas de esmeril y limar ligeramente toda la uña, lados superiores y el borde libre hasta que todo esté liso. (Fig. 16.43)

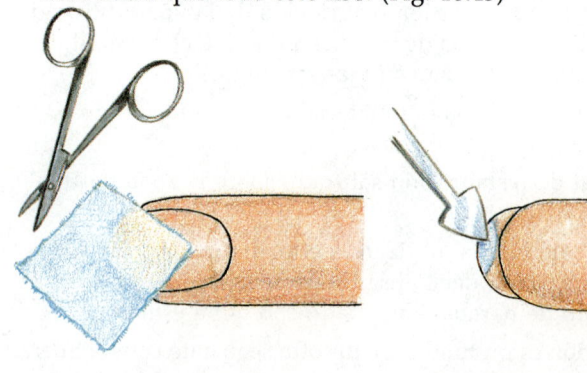

16.42—Recortar el exceso.

16.43—Meter el tejido debajo del borde libre.

7. Aplicar una o dos capas de adhesivo en la parte superior y en la parte interior del borde libre de la uña. (Fig. 16.44)
8. Aplicar una capa base protectora en la parte superior y en la parte inferior del borde libre de la uña, y dejar que se seque. Aplicar el esmalte de uñas y la capa superior, al igual que en una manicura normal. (Fig. 16.44)

16.44—Aplicar adhesivo en las partes superior e inferior.

Método alternativo
En el paso 3, al aplicar el tejido de restauración, cubrir toda la uña con adhesivo y aplicar tejido.

Extracción de la envoltura de la uña
Quitar el esmalte de la mano derecha del cliente. Para soltar la envoltura de la uña, hacer que el cliente coloque la punta de los dedos en un disolvente apropiado recomendado por el fabricante o su instructor.

Después de quitar el esmalte de la mano izquierda, hacer que el cliente saque su mano derecha del cuenco y pedirle que coloque las puntas de los dedos de su mano izquierda en el cuenco de disolvente. Quitar suavemente la envoltura suelta con un palillo de naranjo o empujador de metal y después colocar la punta de los dedos en aceite caliente. Repetir la misma operación para la mano izquierda.

Envoltura líquida de uñas
La envoltura líquida de uñas es un esmalte compuesto por fibras diminutas, creado para fortalecer y conservar la uña natural a medida que crece. Se cepilla en la uña en varias direcciones para crear una red que una vez endurecida, protege la uña. Es similar a un fortalecedor de uñas, aunque es más consistente y contiene más fibra.

UÑAS ESCULPIDAS
Las uñas esculpidas se utilizan cuando es necesario alargar una o más uñas. La manicura debe construir el tipo de uña que se adapte mejor a la forma de las uñas y manos del cliente.

Utensilios y materiales
Usar todos los utensilios regulares para manicura añadiendo los siguientes:

Formas (moldes) de uña
Cuchara medidora
Vaso de mezcla
Tenacillas para el material acrílico

Polvo alargador de uña
Líquido especial para diluir polvo
Cepillos de aplicación

Procedimiento

1. Realizar una manicura completa, pero sin incluir una aplicación de esmalte. Limpiar las uñas para extraer la grasa de la zona.
2. Limar ligeramente las uñas con una lima de uñas de esmeril.
3. Empolvar el lecho de la uña con un cepillo cosmético o con un algodoncillo.
4. Aplicar una primera capa en la superficie de la uña utilizando un cepillo, de acuerdo con las instrucciones del fabricante.
5. Arrancar un molde de uña de su soporte de papel y utilizando el pulgar y el índice de cada mano y doblar la punta de acuerdo con la forma de uña deseada. Las lengüetas adhesivas de la uña se agarran a los lados de los dedos cuando se presionan con el dedo índice y el pulgar. Comprobar para ver si el molde está bien ajustado bajo el borde de la mezcla de la uña. (Fig. 16.45)
6. Sumergir el pincel dentro de la mezcla líquida, eliminar el material sobrante en el lado del cuenco e inmediatamente después sumergir la punta de pincel dentro del polvo, haciéndolo rotar ligeramente a medida que lo tira hacia usted, para formar una bola lisa de material acrílico. (Fig. 16.46)
7. Colocar la bola de material acrílico en la punta del borde libre de la uña. Formar la nueva punta acrílica dando unos toques y presionando el material con la base del pincel. (Fig. 16.47)
8. Recoger el material acrílico adicional como en el paso 6 y colocarlo en el centro de la uña, dándole forma con el pincel, asegurándose de no tocar la cutícula. (Fig. 16.48)
9. Hacer una mezcla acrílica húmeda (con muy poco polvo) y colocarla en el centro de la mitad inferior del lecho de la uña. Distribuir la mezcla en los lados del lecho de la uña, teniendo especial cuidado en no tocar la cutícula. (Fig. 16.49)

16.45—Aplicar el molde de la uña.

16.46—Formar una pequeña bola con material acrílico.

16.47—Colocar la bola de material acrílico en la punta del borde libre.

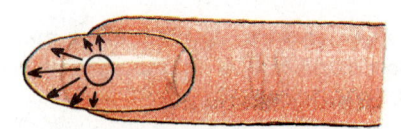

16.48—Utilizar material acrílico adicional y dar forma utilizando el pincel.

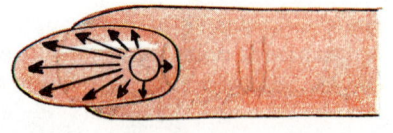

16.49—Aplicar una mezcla acrílica húmeda.

10. Dejar que las uñas se sequen y quitar los moldes de las uñas.
11. Limar la nueva uña hasta alcanzar la forma deseada; después pulir las uñas hasta que toda la superficie quede lisa.
12. Lavar la uña o uñas detenidamente. Dejar que se sequen.
13. Aplicar una capa base, esmalte y capa superior.

Remoción de uñas esculpidas

Mojar las uñas con un disolvente apropiado, especificado por el fabricante o por su instructor. Utilice un palillo de madera y empuje suavemente la uña acrílica ablandada. Repita hasta que todo el acrílico haya sido removido. No levante el acrílico con pinzas ya que esto dañará la placa natural de la uña. (Fig. 16.50)

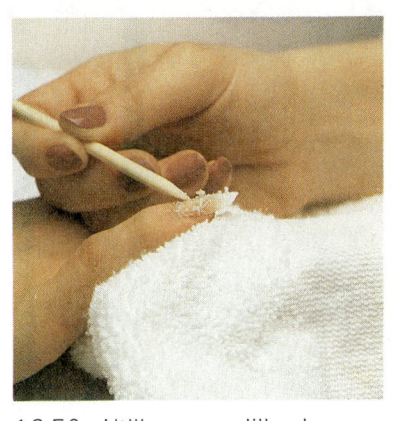

Reparaciones y rellenos para uñas esculpidas

1. Extraer el esmalte de uñas con un quita esmalte sin acetona.
2. Use un abrasivo de grano medio o fino para afinar el borde del acrílico en el área de nuevo crecimiento, de manera que se combine con la base de la uña.
3. Sostenga el abrasivo en forma horizontal y deslícelo completamente sobre la uña a fin de darle forma y afinarla y de esta manera adelgazar el borde libre.
4. Use un bloque pulidor para pulir el acrílico y permitir que se combine con el área de nuevo crecimiento.
5. Use una lima para suavizar cualquier acrílico que pueda haberse levantado.
6. Utilice un tazón con agua tibia y jabón antibacterial y un cepillo para uñas a fin de lavar con cuidado las uñas. No empape las uñas.
7. Use un palillo de madera con algodón en la punta para empujar la cutícula.
8. Pula ligeramente el esmalte de la uña con un abrasivo de grano medio o fino con el objeto de remover el aceite natural. Limpie con cepillo las áreas para las limaduras.
9. Aplique antiséptico para uñas utilizando un palillo de madera con algodón en la punta, con un algodón, o con un pulverizador.
10. Aplique un imprimador con pincel sobre el área expuesta, siguiendo las instrucciones del fabricante.
11. Sumerja la punta del pincel en el líquido y luego en el polvo a fin de formar una pequeña bola de acrílico.
12. Coloque el material acrílico sobre el área expuesta comprimiendo y dándole forma con la base del pincel hasta que se combine con la uña artificial existente. Deje que el área seque. Redefina la forma de la uña con una tabla de esmeril y pula hasta obtener una apariencia uniforme.

16.50—Utilice un palillo de madera para remover la uña.

Si una uña acrílica está astillada o fisurada, lime en forma de "V" sobre la fisura o lime a ras para remover la fisura. Después se fija un nuevo molde de uña y se añade material acrílico al borde libre de la uña. Después se forma una nueva punta y se mezcla con el material anterior aún adherido a la uña.

Capas acrílicas

Las capas acrílicas pueden fortalecer uñas débiles o se pueden utilizar para reparar uñas dañadas. El material acrílico se utiliza con las uñas esculpidas, excepto que las uñas se refuerzan en la superficie superior y no a lo largo de la uña.

Precauciones de seguridad
1. Limpiar el pincel mojándolo con quita esmalte y secándolo.
2. Limpiar el plato de mezcla sacando el contenido endurecido con el empujador.
3. Asegurarse de que los envases están bien cerrados cuando no se utilicen.
4. No almacenar el producto cerca de calor, tampoco se debe utilizar cerca de una llama.
5. No aplicar en la piel dañada o inflamada.
6. Asegúrese de que la zona de trabajo está bien ventilada.

Cuando las uñas esculpidas se levantan, agrietan o crecen y salen y después no se atienden inmediatamente, la humedad y la suciedad se acumulan bajo la uña y se empiezan a desarrollar hongos. La difusión del hongo puede provocar heridas en la uña o su pérdida. No debe intentar tratar estos problemas. Son sumamente contagiosos y deben ser atendidos por un médico.

El cambio de color de la uña natural después de la aplicación de uñas esculpidas, significa generalmente que el hongo está atrapado bajo el material acrílico. La mayoría de las primeras capas poseen ingredientes asépticos que esterilizan la uña antes de la aplicación del material acrílico. Para asegurarse de que no se produce ninguna contaminación, *no tocar la uña después de la aplicación de la primera capa.*

UÑAS QUE SE COLOCAN MEDIANTE PRESIÓN

Las uñas que se colocan mediante presión constituyen una buena solución para alargar y embellecer las uñas. Se pueden llevar cada día y en ocasiones especiales. Las uñas que se colocan mediante presión están elaboradas con plástico o con nilón. Deben seguirse cuidadosamente las instrucciones del fabricante.

Equipos y materiales
Utilizar los equipos y materiales normales de manicura, más uñas que se colocan mediante presión, adhesivo de uñas y extractor de adhesivo.

Preparación
1. Quitar el esmalte de las uñas del cliente y aplicar una manicura hasta la aplicación del esmalte, pero sin incluirlo.
2. Limar las uñas del cliente, repasándolas con una lima de uñas de esmeril.
3. Seleccionar el tamaño de uña adecuado para cada uno de los dedos. Con tijeras de manicura afiladas, recortar y limar la uña artificial al final de la cutícula, de manera que se ajuste a la forma de la uña natural. Las uñas artificiales se pueden aplanar apretándolas firmemente antes de la aplicación. También se pueden cambiar de forma colocándolas en agua caliente durante unos cuantos segundos y moldeándolas después hasta obtener la forma deseada.

Procedimiento

1. Aplicar una pequeña cantidad de adhesivo homogéneamente sobre los bordes de las uñas de los clientes. No aplicar adhesivo en el centro de las uñas.
2. Aplicar adhesivo en la parte interior de la uña artificial, excluyendo la punta.
3. Dejar que el adhesivo se seque completamente (durante unos 2 minutos).
4. Presionar la uña artificial suavemente sobre la uña natural, con la base tocando la cutícula o por debajo. A medida que se aplica cada uña, sujetarla en su lugar durante un minuto.
5. Limpiar cuidadosamente el adhesivo sobrante de las puntas y de las zonas situadas alrededor de las uñas.
6. Permitir que las uñas artificiales se sequen completamente. Indicar al cliente que no debe tocarse las uñas mientras se secan.
7. Acabar la manicura aplicando una capa base, esmalte y una capa superior.

Eliminación del esmalte

Para quitar el esmalte de las uñas de plástico, utilizar solamente quita esmalte con base de aceite y que no contenga acetona.

Recordatorio: El quita esmalte con contenido de acetona dañará las uñas artificiales de plástico.

En caso de que se hayan utilizado uñas de nilón, un quita esmalte tipo acetona no las dañará.

Extracción de las uñas que se colocan mediante presión

Aplicar unas gotas de quita esmalte de uñas aceitoso alrededor del borde de la uña y después elevar suavemente por un lado con un palillo de naranjo. No intente tirar o torcer la uña, ya que esto podría dañar o herir la uña natural. El disolvente de adhesivo se puede utilizar para extraer las uñas de presión. También se puede utilizar para extraer el adhesivo sobrante de las uñas artificiales y de las uñas naturales. Las uñas que se colocan a presión se deben secar cuidadosamente y almacenar en una caja. Si se cuidan adecuadamente, se pueden volver a utilizar.

Recordatorios y consejos sobre las uñas artificiales que se colocan mediante presión

1. Nunca colocar uñas artificiales sobre zonas doloridas o infectadas.
2. La mayoría de los fabricantes recomiendan que las uñas artificiales no se deben utilizar durante más de 2 semanas, para poder permitir el crecimiento natural de la uña.
3. La mayoría de los adhesivos de uñas artificiales son inflamables; es necesario tener cuidado con los cigarrillos, cerillas y encendedores.
4. Cuando utilice uñas artificiales, no sumergirlas en el agua durante demasiado tiempo, ya que tienden a reblandecerse.
5. No contaminar el adhesivo con aceite, crema o polvo.

OTRAS TÉCNICAS AVANZADAS

A continuación se detallan varias técnicas avanzadas de manicura con las que debe estar familiarizado.

UÑAS SUMERGIDAS

Las uñas sumergidas son puntas de uñas artificiales que se rocían con un adhesivo y después se colocan con goma en los extremos de las uñas naturales. Después de limar y de esterilizar, la goma se aplica hacia abajo por el centro de la uña. Después la uña se sumerge durante poco tiempo en una mezcla acrílica. Cuando el material acrílico se seque, la uña se lima, pule y se cubre con un adhesivo. Las uñas sumergidas se extraen utilizando un solvente de adhesivo, recomendado por el fabricante o por el instructor.

COLOCACIÓN DE PUNTAS DE UÑAS

Cualquiera puede tener uñas que aparenten ser largas, sólo tiene que extender la uña natural artificialmente.

Procedimiento

1. Realizar una manicura, sin aplicar esmalte.
2. Seleccionar una punta de tamaño adecuado, para que se adapte a la uña natural del cliente.
3. Limar ligeramente el borde libre de la uña.
4. Limar la punta para que se ajuste solamente con el borde libre de la uña. (Fig. 16.51)
5. Sujetar la punta de la uña con el dedo pulgar e índice, después aplicar media gota de adhesivo en el borde libre de la uña.
6. Presionar la punta en el borde libre de la uña, después sostenerla hasta que esté seca. (Fig. 16.52)

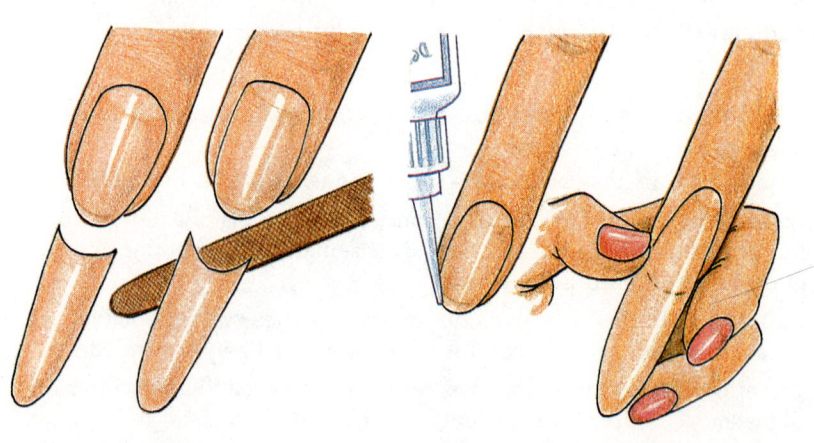

16.51—Seleccionar el tamaño y dar forma a la uña.

16.52—Aplicar adhesivo y fijar la uña.

CAPÍTULO 16 MANICURA Y PEDICURA ◆ 395

7. Pulir la uña en donde el borde libre de la uña y la punta forman una juntura. Dejar el polvo resultante en la uña. (Fig. 16.53)

8. Aplicar el adhesivo de uña en el lugar en donde se junta la punta de la uña con el borde libre de la uña. (Fig. 16.54) El adhesivo que se coloca sobre el polvo de uña actúa como unión y relleno. Repetir dos veces la aplicación del adhesivo.

9. Limar los lados, para que se confundan con los de la uña natural. (Fig. 16.55) Cortar la uña para obtener la forma que se desea.

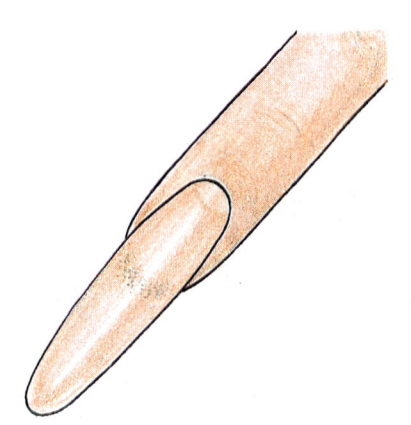

16.53—Pulir la uña.

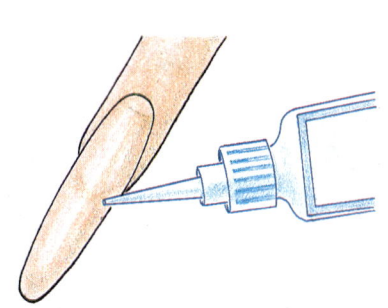

16.54—Aplicar adhesivo en la juntura.

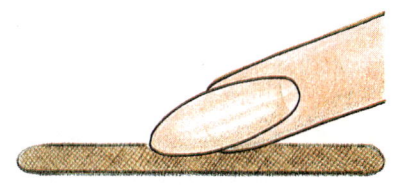

16.55—Limar los lados.

10. Aplicar adhesivo desde la juntura al borde libre de la punta de la uña. (Fig. 16.56) Pulir la juntura y repetir el procedimiento.

11. Aplicar esmalte de uñas, como si se tratase de una manicura normal. (Fig. 16.57)

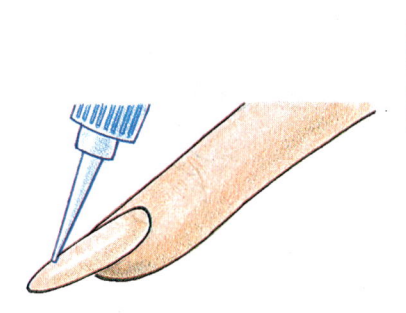

16.56—Aplicar adhesivo desde la juntura a la punta de la uña.

16.57—Aplicar esmalte de uñas.

16.58—Mojar la punta de las uñas.

Extracción de la punta de las uñas

Para extraer la punta de las uñas, llenar un pequeño envase con el solvente de adhesivo recomendado por el fabricante o por su instructor. Mojar las puntas de las uñas hasta que estén suavizadas, después limpiar los dedos suavemente con un tejido. (Fig. 16.58) ✔

✓ Completado—Objetivo de Aprendizaje núm. 7

TÉCNICAS AVANZADAS PARA LAS UÑAS

PEDICURA

La pedicura es el cuidado de los pies, dedos de los pies y uñas de los pies. Se ha convertido en un servicio del salón de belleza, debido a los estilos de calzado que exponen las diferentes partes del talón y de los dedos del pie. Con unas uñas del pie descuidadas y unos talones ásperos y poco atractivos no se pueden utilizar muchos de los mejores calzados modernos. El cuidado de los pies no sólo mejora su apariencia personal, también incrementa la comodidad de los pies.

El podíatra o callista se debe ocupar de las diferentes condiciones anómalas de los pies, tales como callos, callosidades e incarnaciones.

El pie de atleta es una afección contagiosa que se puede transmitir de una persona a otra. Para obtener una explicación detallada de esta enfermedad, consultar el capítulo sobre las uñas y sus trastornos.

> **PRECAUCIÓN**
> *No realizar una manicura o una pedicura en las manos o en los pies cuando el cliente padezca una afección contagiosa (como el pie de atleta). Los clientes con este problema se deben enviar al médico.*

EQUIPO, CONSUMIBLES Y MATERIALES

El equipo, los consumibles y los materiales necesarios para la pedicura son los mismos que los que se utilizan para la manicura, con las siguientes adiciones:

Taburete bajo para el cosmetólogo o el pedicura.

Otomana (diván) en el que descansar los pies del cliente.

Dos palanganas de agua caliente, cada una lo suficientemente grande como para poder lavar y enjuagar los pies.

Delantal impermeable o una toalla adicional, para colocar sobre el regazo y proteger el uniforme.

Dos toallas para secar los pies del cliente.
Tenacillas para las uñas de los pies.
Olmo escocés u otro *astringente.*
Solución antiséptica.
Bastoncillos de algodón y *polvo para los pies.*
Toallas de papel.

PREPARACIÓN

1. Ordenar el equipo, consumibles y materiales necesarios.
2. Hacer sentar al cliente en la silla; hacer que se quite los zapatos y los calcetines.
3. Colocar los pies del cliente sobre una toalla de papel limpia, colocada sobre un soporte para los pies.
4. Lavarse las manos.
5. Llenar las dos palanganas con agua caliente, en cantidad suficiente para cubrir los tobillos.
6. Añadir antiséptico en una palangana. Colocar los dos pies dentro de la palangana de 3 a 5 minutos.
7. Sacar los pies de la palangana, enjuagar los pies en una segunda palangana y secarlos.

PROCEDIMIENTO

1. Quitar el esmalte antiguo de las uñas de los dos pies. (Fig. 16.59)
2. Limar las uñas del pie izquierdo utilizando una lima de uñas de esmeril. Limar las uñas del pie de un lado a otro, redondeándolas ligeramente en las esquinas, para que se adapten a la forma de los dedos del pie. Para evitar las incarnaciones, no limar dentro de las esquinas de las uñas. Alisar los bordes agudos con el lado fino de una lima de uñas de esmeril. (Fig. 16.60)
3. Colocar el pie izquierdo en agua tibia y jabonosa. (Fig. 16.61)

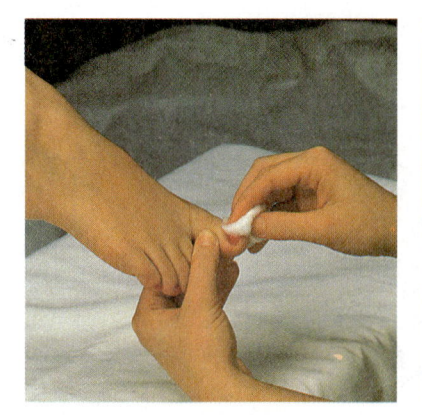

16.59—Extraer el esmalte anterior. 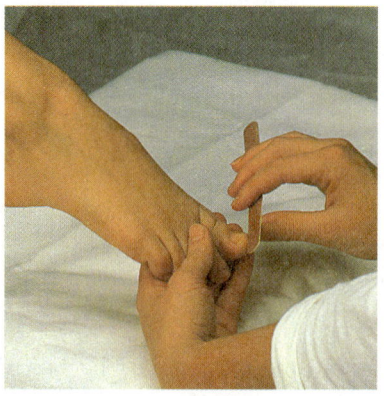   16.60—Limar las uñas de los pies. 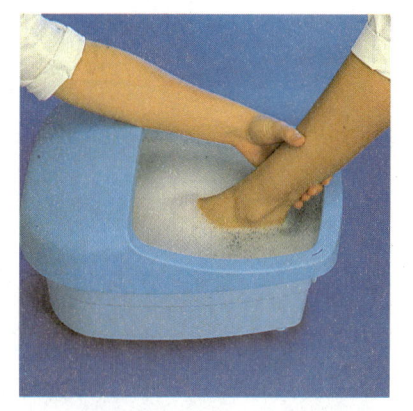   16.61—Mojar el pie.

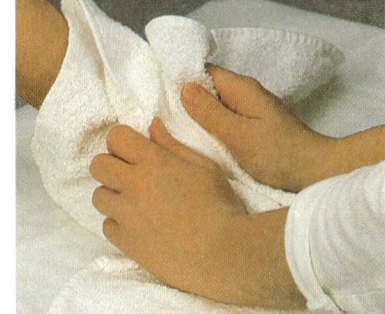

4. Dar forma a las uñas del pie derecho.
5. Sacar el pie izquierdo de la palangana y secarlo. (Fig. 16.62)
6. Con un palillo de naranjo con punta de algodón, aplicar solvente para cutícula en la cutícula y bajo el borde libre de cada uña del pie. (Fig. 16.63)
7. Colocar el pie derecho en el agua.
8. Soltar la cutícula del pie izquierdo con suavidad, utilizando un palillo de naranjo con punta de algodón. Mantener la cutícula húmeda con más loción o con agua. No utilizar una presión excesiva. Evitar el empleo del empujador de metal.
9. No cortar la cutícula. Sólo cortar ligeramente un padrastro grande e irregular.
10. Enjuagar el pie izquierdo. Aplicar masaje en cada dedo, utilizando crema o aceite para la cutícula.
11. Repetir los pasos 5 a 10 en el pie derecho.
12. Limpiar los dos pies con agua caliente y jabonosa, enjuagar y secar cuidadosamente.

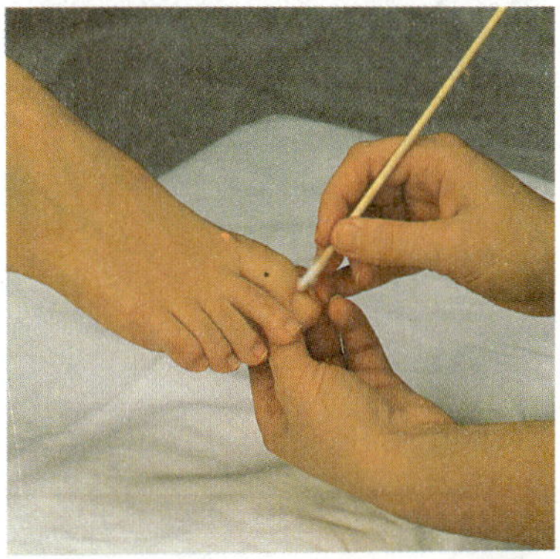

16.62—Secar el pie.

16.63—Aplicar solvente de cutícula.

MASAJE DE LOS PIES

PROCEDIMIENTO

1. Aplicar loción o crema sobre el pie hasta la altura del tobillo.

2. Empezar en la parte superior del pie izquierdo y actuar con movimientos rotatorios firmes hacia abajo, hasta llegar al centro de los dedos de los pies. (Fig. 16.64)

3. Deslizar los pulgares firmemente hacia atrás hasta llegar a la parte posterior del pie, después repetir el mismo movimiento.

4. Deslizar los pulgares hacia atrás hasta la parte hueca del talón, repetir el mismo movimiento.

5. Deslizar los pulgares hacia atrás, hasta la base del pie y repetir el mismo movimiento.

6. Empezar en el talón y trabajar hacia abajo, hasta el centro de los dedos del pie. (Fig. 16.65)

7. Realizar un movimiento deslizante firme hasta el talón y repetir el mismo movimiento hacia arriba; a cada lado del pie.

8. Sujetar un dedo en una mano y el talón en la otra, realizar tres movimientos rotatorios; realizar la misma acción con los otros dedos. (Fig. 16.66)

9. Deslizar la mano izquierda hasta el tobillo y el talón y su mano derecha a la bola del pie, después realizar seis movimientos firmes y rotatorios. (Fig. 16.67)

10. Repetir los pasos 2 a 9 en el pie derecho.

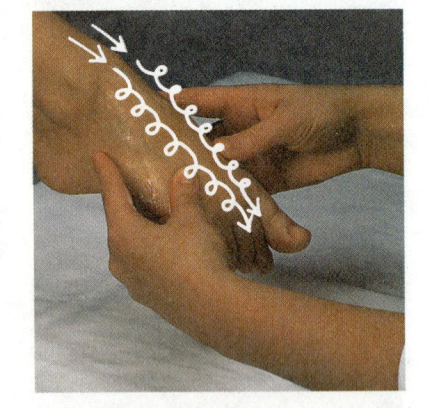

16.64—Aplicar un masaje desde la parte superior del pie hasta el centro de los dedos.

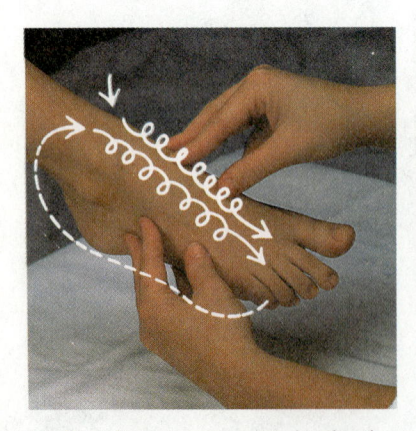

16.65—Aplicar un masaje desde el talón hacia abajo, hasta llegar al centro de los dedos del pie.

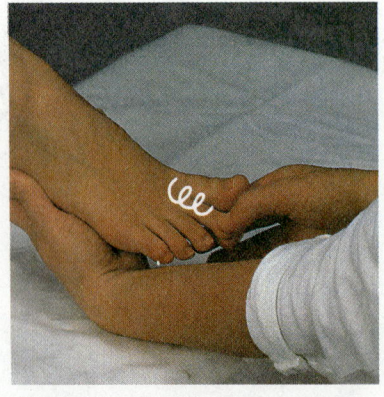

16.66—Movimiento rotatorio de los dedos del pie.

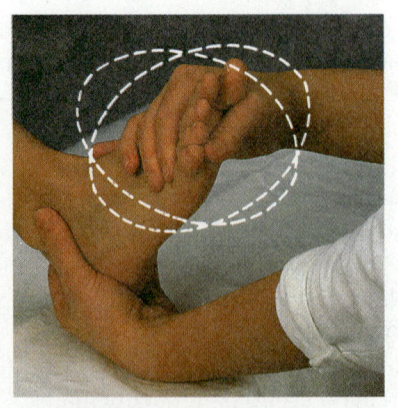

16.67—Movimiento rotatorio del pie.

FINALIZACIÓN

1. Sacar la loción o crema de los dos pies, utilizando una toalla caliente.
2. Aplicar olmo escocés o astringente en los pies, utilizando un trozo grande de algodón.
3. Espolvorear ligeramente con talco.
4. Limpiar cada uña con quita esmalte, para disolver la loción o la crema.
5. Aplicar una capa base, esmalte y capa superior, como si se tratase de una manicura. (Fig. 16.68)
6. Limpieza. Limpiar y esterilizar el equipo y colocarlo en un esterilizador seco. Desechar los materiales utilizados. Lavarse las manos.

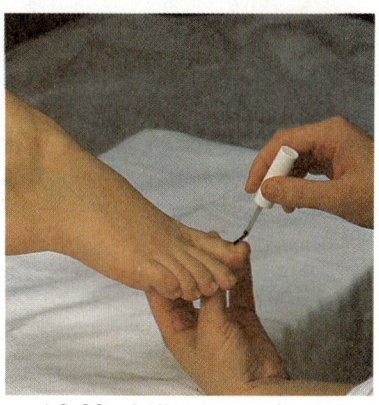

16.68—Aplicar capa base.

MASAJE DE LA PIERNA

El masaje del pie se puede extender hasta y por encima de la rodilla. Cuando se realiza un masaje desde el tobillo hasta la rodilla, no aplicar masaje sobre la tibia y por encima de rodilla. Es aconsejable mantener la presión en el tejido muscular, en cualquiera de los lados de la tibia. En la zona de la pantorrilla, puede utilizar movimientos de amasado hacia arriba, hasta la parte inferior de la rodilla. ✔

✓ Completado—Objetivo de Aprendizaje núm. 8

LA PEDICURA

Preparación Profesional

CONSEJOS ÚTILES PARA EL USO DEL TELÉFONO

La forma en que se manejan las llamadas telefónicas en un salón de belleza pueden afectar la forma en que sus clientes le perciben, especialmente si son clientes potenciales. El teléfono, cuando se usa adecuadamente, puede ser una poderosa herramienta de mercadeo, aun en las transacciones diarias. He aquí algunos consejos útiles para mejorar sus técnicas al teléfono:

- Mantenga su boca vacía; esto significa sin dulces, goma de mascar, alimentos o cigarrillos.
- Sonría o ría justo antes de contestar el teléfono. Cuando usted está feliz o sonriente, su voz suena más placentera y energética.
- Hable claramente y directamente al micrófono del teléfono.
- Preste atención completa a cada persona que llama; tome notas para concentrarse en lo que él o ella está diciendo.
- No deje a los clientes esperando en el teléfono sin preguntar primero y esperar por una respuesta. Siempre ofrézcales la opción de esperar al teléfono o de llamar más tarde. Nunca deje esperando en el teléfono por más de dos o tres minutos a una persona que llama.
- Evite llamar a los estilistas al teléfono mientras trabajan con un cliente; en vez desde ello tome el mensaje.
- Controle sus emociones. Permanezca con calma, aun cuando la persona que llama esté molesta o enojada.
- Instale una máquina automática de mensajes para tomar las llamadas cuando el salón está cerrado.

—*Tomado del* Técnicas de Comunicación para el Cosmetólogo *por Kathleen Ann Bergant*

PREGUNTAS DE REPASO

MANICURA Y PEDICURA

1. ¿Cuáles son las palabras latinas que componen el término manicura y cuál es su definición?
2. ¿Cuáles son las cuatro formas de uñas más comunes?
3. Enumerar algunos de los equipos que se utilizan en la manicura.
4. ¿Cómo lima usted las uñas?
5. ¿Por qué se incluye un masaje de mano en una manicura?
6. Enumerar los diferentes tipos de manicuras.
7. Enumerar algunas de las técnicas de manicura más avanzadas.
8. ¿Qué es la pedicura y por qué es un servicio importante al cliente?

LA UÑA Y SUS TRASTORNOS

17

OBJETIVOS DE APRENDIZAJE

DESPUÉS DE COMPLETAR ESTE CAPÍTULO, USTED DEBE SER CAPAZ DE:

1. Describir la estructura y composición de las uñas.
2. Describir las estructuras inmediatas que afectan las uñas.
3. Describir cómo crecen las uñas.
4. Enumerar los diferentes desordenes e irregularidades de las uñas de los clientes.
5. Reconocer las enfermedades de las uñas que no se deben tratar en el salón de belleza.

INTRODUCCIÓN

La *uña* es un apéndice de la piel, una placa cornea y translucida que protege las puntas de los dedos. ***Onix*** es el término científico que se utiliza para denominar la uña.

La condición de la uña, al igual que la de la piel, refleja la salud general del cuerpo. Una uña sana y normal es firme y flexible y presenta un color ligeramente sonrosado. Su superficie es lisa, curvada y sin manchas, sin hundimientos ni estrías onduladas.

LA UÑA

La uña está compuesta principalmente de *keratina*, una substancia proteínica que constituye la base de todo el tejido corneo. La uña es de un color blancuzco transparente que permite ver el rosado de la cutícula. La placa cornea de la uña no contiene nervios o venas.

ESTRUCTURA DE LA UÑA

La uña está compuesta de tres partes: El *cuerpo de la uña* o *lámina* es la parte visible de la uña, que descansa y está unida al lecho ungueal (*lecho de la uña*). El cuerpo de la uña se extiende desde la *raíz* hasta el *borde libre*.

Aunque la placa de la uña aparente ser solamente una pieza, en realidad está compuesta por capas. Cuando la uña se parte, esta estructura se puede ver con facilidad, tanto en su longitud como en su grosor.

La *raíz de la uña* se encuentra en la base de la uña y está empotrada debajo de la piel. Está fijada en un tejido siempre en crecimiento que recibe el nombre de *matriz*.

El *borde libre* es la sección final de la placa de la uña que llega hasta la punta de los dedos. (Figs. 17.1, 17.2)

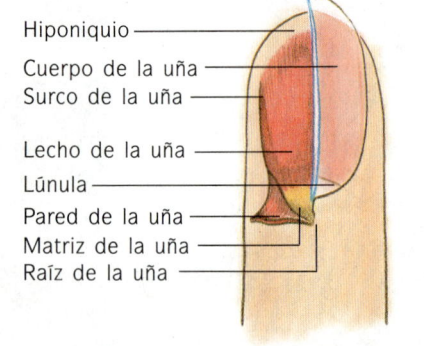

- Hiponiquio
- Cuerpo de la uña
- Surco de la uña
- Lecho de la uña
- Lúnula
- Pared de la uña
- Matriz de la uña
- Raíz de la uña

17.1—Diagrama de una uña.

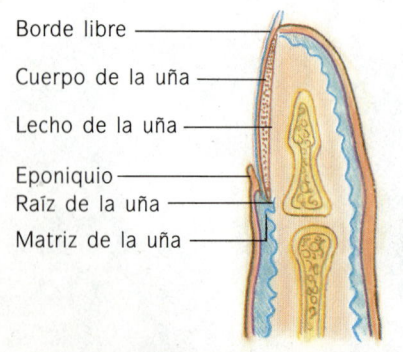

- Borde libre
- Cuerpo de la uña
- Lecho de la uña
- Eponiquio
- Raíz de la uña
- Matriz de la uña

17.2—Corte transversal de la uña.

Lecho de la uña

El *lecho de la uña* es la parte de la piel sobre la que descansa el cuerpo de la uña. Posee muchos vasos sanguíneos, que proporcionan la alimentación necesaria para permitir el crecimiento continuo de la uña. El lecho de la uña también posee multitud de nervios. (Figs. 17.1, 17.2)

Matriz

La *matriz* es la parte del lecho de la uña que se extiende por debajo de la raíz de la uña y contiene nervios, linfa y vasos capilares para nutrir la uña. La matriz produce células que generan y endurecen la uña. La matriz continuará creciendo siempre que reciba nutrición y permanezca saludable.

El crecimiento de las uñas puede perder vitalidad si la salud de la persona no es buena, si existe algún tipo de enfermedad de la uña o si la matriz de la uña está dañada. (Figs. 17.1, 17.2)

LÚNULA

La *lúnula* o *media luna* se encuentra en la base de la uña. El color claro de la lúnula se debe a la reflexión de la luz en la zona de unión de la matriz y el tejido conectivo de la uña. (Figs. 17.1, 17.2) ✓

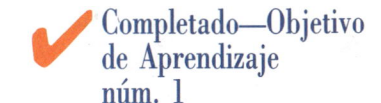

✓ Completado—Objetivo de Aprendizaje núm. 1

ESTRUCTURA Y COMPOSICIÓN DE LA UÑA

ESTRUCTURAS QUE RODEAN LA UÑA

La *cutícula* es la piel que sobresale alrededor de la uña. Una cutícula normal debe presentar un aspecto suelto y plegable.

El *eponiquio* es la extensión de la cutícula en la base del cuerpo de la uña que sobresale parcialmente de la lúnula.

El *hiponiquio* es la parte de la epidermis que se encuentra bajo el borde libre de la uña.

El *perioniquio* es la parte de la epidermis que rodea todo el borde de la uña.

Las *paredes de la uña* son pliegues de piel que sobresalen por los lados de la uña.

Los *surcos de la uña* son ranuras o pistas en cualquier lado de la uña, sobre las cuales la uña se mueve a medida que crece.

El *manto* es el pliegue profundo de piel, en donde la raíz de la uña está empotrada. (Figs. 17.1, 17.2) ✓

✓ Completado—Objetivo de Aprendizaje núm. 2

ESTRUCTURAS QUE RODEAN Y AFECTAN LA UÑA

CRECIMIENTO DE LA UÑA

El crecimiento de la uña está influenciado por la nutrición, salud general y enfermedades del individuo. Una uña normal crece hacia adelante, empezando en la matriz y extendiéndose sobre la punta del dedo. Las uñas normales y sanas pueden crecer de muy diferentes formas, dependiendo del individuo. (Fig. 17.3) El ritmo de crecimiento en un adulto normal es

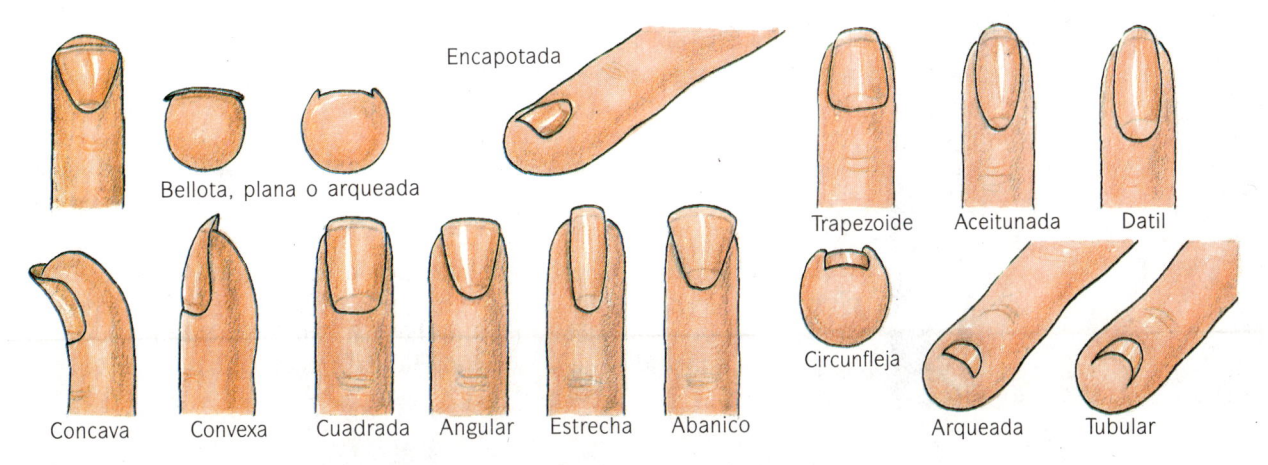

Encapotada — Bellota, plana o arqueada — Trapezoide — Aceitunada — Datil
Concava — Convexa — Cuadrada — Angular — Estrecha — Abanico — Circunfleja — Arqueada — Tubular

17.3—Diferentes formas de las uñas.

✓ **Completado—Objetivo de Aprendizaje núm. 3**

COMO CRECE LA UÑA

de 0,31 cm. por mes. Las uñas crecen con más rapidez durante el verano que durante el invierno. Las uñas de los niños crecen rápidamente mientras que las de los ancianos crecen con lentitud. La uña del dedo corazón es la que crece con más rapidez mientras que la del pulgar es la que crece más lentamente. Aunque las uñas del pie crecen más despacio que la de los dedos, son más gruesas y duras. ✓

MALFORMACIONES DE LA UÑA

Si por cualquier enfermedad o herida la uña se separa del lecho de la uña, ésta se arrugará o perderá color. En caso de que el lecho de la uña esté herido después de la pérdida de una uña, la nueva uña crecerá de manera irregular.

Las uñas no se caen de forma periódica o automática, como en el caso del pelo. Se pueden desgarrar accidentalmente o perder debido a infecciones o enfermedades. Generalmente las uñas que se pierden bajo estas condiciones cuando vuelven a crecer presentarán una forma irregular. Esto se debe a las interferencias que se producen en la base de la uña. Una uña volverá a crecer siempre que la matriz permanezca en buenas condiciones. Generalmente la uña tarda unos cuatro meses en volver a crecer.

ENFERMEDADES DE LAS UÑAS

La manicura no deberá tratar nunca las enfermedades de la uña. Pero deberá reconocer las condiciones normales y anormales de la uña y comprender su origen. La manicura puede tratar las irregularidades y manchas simples de la uña. Los clientes con infecciones, dolores o irritaciones deben visitar al médico.

IRREGULARIDADES DE LA UÑA

Las *corrugaciones*, o estrías onduladas, tienen su origen en el crecimiento desigual de la uña, provocado generalmente por alguna enfermedad o lesión. Al realizar la manicura a un cliente que presente esta irregularidad, pulir cuidadosamente la uña con polvo de piedra pómez. Esta acción ayuda a reducir las estrías hasta un mínimo. Para poder obtener un aspecto liso, se puede utilizar un relleno de estrías con pintura de uñas.

Los *pliegues* (depresiones) de las uñas pueden aparecer longitudinalmente o transversalmente. (Fig. 17.4) Generalmente estos pliegues son el resultado de alguna enfermedad o herida en las células de la uña o cerca de la matriz. También pueden estar originadas por el embarazo o por el stress. Debido a que estas uñas son extremadamente frágiles, es necesario tener mucho cuidado cuando se realiza la manicura. Evitar el empleo de elementos de empuje de metal, utilizar un palillo de naranjo con la punta envuelta en algodón alrededor de la cutícula.

La *leuconiquia* o puntos blancos aparecen frecuentemente en las uñas, pero no indican ningún tipo de enfermedad. (Fig. 17.5) Pueden estar originados por heridas en la base de la uña. Estas manchas blancas desaparecerán a medida que la uña continúa su crecimiento.

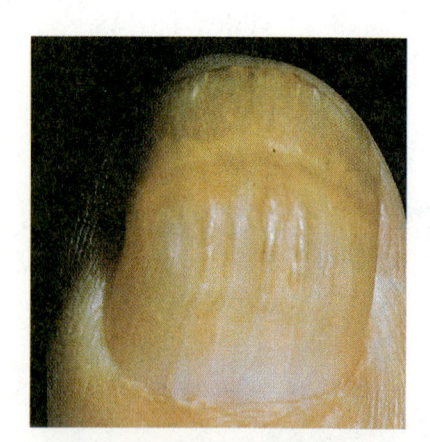

17.4—Pliegues.

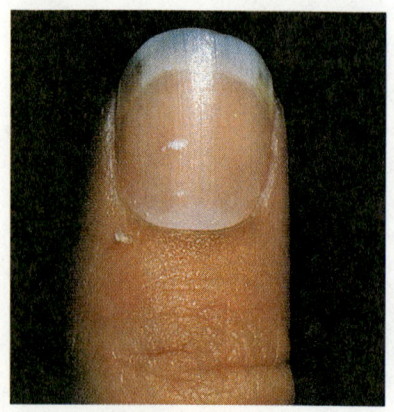

17.5—Leuconiquia.

CAPÍTULO 17   LA UÑA Y SUS TRASTORNOS   ◆   405

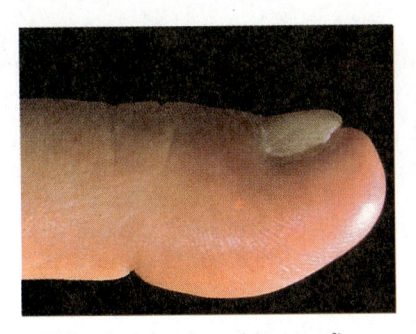

17.6—Onicauxis o hipertrofia (arriba) Onicauxis-Vista del extremo (derecha).

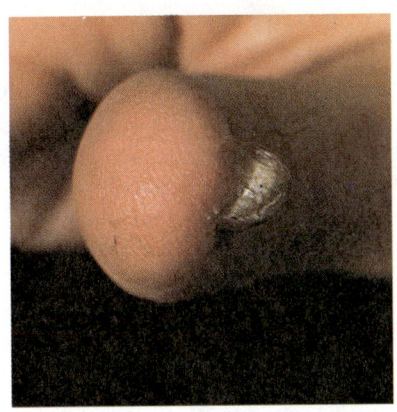

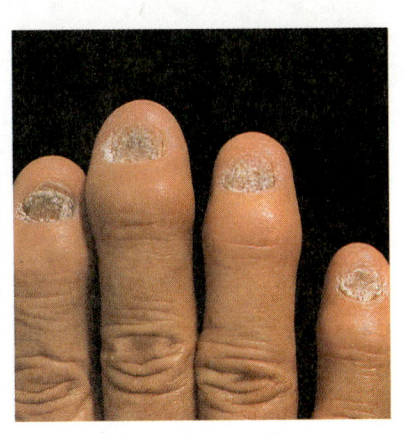

17.7—Onicatrofia.

La *onicauxis* o *hipertrofia* es un crecimiento excesivo de la uña, generalmente en grosor y no en longitud. (Fig. 17.6) Generalmente está originada por una infección local y también puede ser hereditaria. Si la infección está presente, no se debe realizar la manicura. Si la infección no está presente, se puede realizar la manicura. Limar la uña para hacerla más lisa y pulir con polvo de piedra pómez.

La *onicatrofia, atrofia,* o *disminución de la uña,* hace que la uña pierda su lustre, se vuelva más pequeña y a veces se expulse enteramente. (Fig. 17.7) Las heridas o enfermedades pueden ser el origen de esta irregularidad. Limar y alisar con el lado fino de una lima de uñas de esmeril. Informar al cliente que debe protegerlas y evitar la exposición a jabones o polvos de limpieza fuertes.

El *pterigión* es un crecimiento hacia adelante de la cutícula, que se adhiere a la base de la uña. (Fig. 17.8) Puede estar originado por problemas circulatorios. Emplee cuidadosamente los alicates de cortar cutícula para extraer el crecimiento (en caso de que esté permitido en su jurisdicción). Aconsejar manicuras con aceite.

La *onicofagia* o uñas mordidas es el resultado de un hábito nervioso adquirido que hace que las personas muerdan la uña o la cutícula endurecida. (Fig. 17.9) Informar al cliente que las manicuras

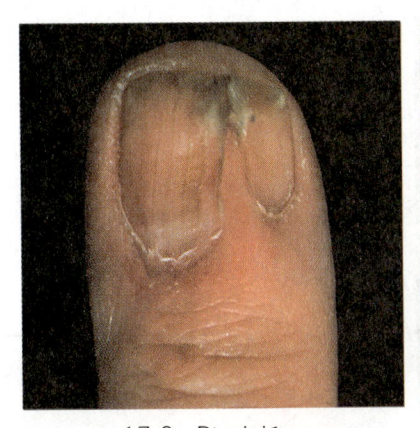

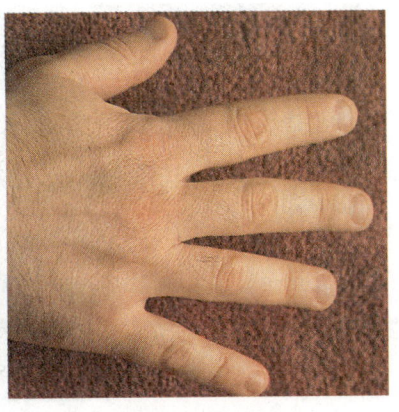

17.8—Pterigión.   17.9—Onicofagia.

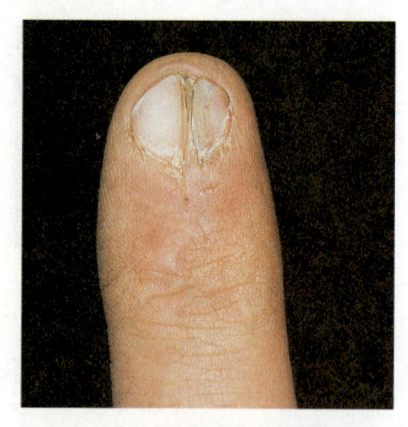

406 ◆ TEXTO GENERAL DE COSMETOLOGÍA

frecuentes y el cuidado de la cutícula endurecida pueden ayudar a superar este hábito.

La *onicorrexis* se refiere a las uñas partidas o frágiles. (Fig. 17.10) Algunas de las causas que provocan las uñas partidas son las heridas en los dedos, limado poco cuidadoso de las uñas, deficiencias vitamínicas, enfermedades, exposiciones frecuentes al jabón fuerte y al agua y empleo excesivo de solventes para la cutícula y para disolver el esmalte de uñas. Aconsejar manicuras con aceite.

Los *padrastros* se forman cuando la cutícula se parte alrededor de la uña. (Fig. 17.11) La sequedad del cutículo, el cortar demasiada cutícula o el extraer el cutículo sin cuidado puede provocar la aparición de padrastros. Aconsejar al cliente sobre un tratamiento de uñas adecuado, como manicuras con aceite caliente, que ayude a corregir este problema. Si no se cuida adecuadamente, el padrastro se puede infectar.

Las *uñas de cáscara de huevo* son uñas que poseen una placa de uña blanca y muy fina, más flexibles que las normales. (Fig. 17.12) La placa de la uña se separa del lecho de la uña y se curva en el borde libre. Esta irregularidad puede estar originada por una enfermedad crónica de origen nervioso o sistémico.

Las *uñas azuladas* (azulinas o cianóticas) se atribuyen generalmente a la mala circulación o a enfermedades coronarias. (Fig. 17.13) Sin embargo, se puede realizar una manicura normal a un cliente con este problema.

Una *uña contusionada* presentará manchas oscuras y púrpuras (casi negras), originadas generalmente por heridas y sangrado en el lecho de la uña. La sangre seca se une a la uña y crece con ésta. Tratar esta uña herida con suavidad. Evitar las presiones.

Tratamientos de los cortes. En el caso de que se produzca algún corte accidental durante una manicura, utilizar un antiséptico inmediatamente. No pulir ni utilizar esmalte de uñas en el dedo herido. Como protección contra la infección, utilizar una tirita estéril.

Dedo infectado. En el caso de un dedo infectado, el cliente debe consultar un médico. ✓

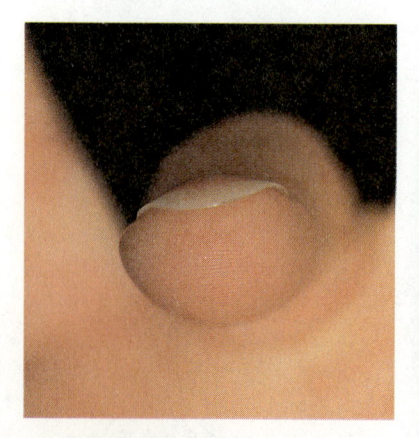

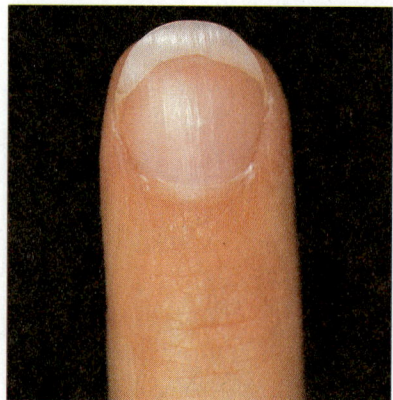

17.10—Onicorrexis.

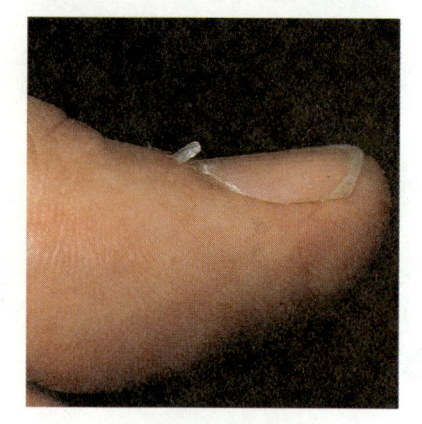

17.11—Padrastros.

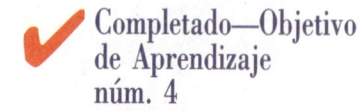

✓ Completado—Objetivo de Aprendizaje núm. 4

AFECCIONES E IRREGULARIDADES DE LA UÑA

17.12—Uña de cáscara de huevo; vista del extremo (izquierdo), vista frontal (derecha).

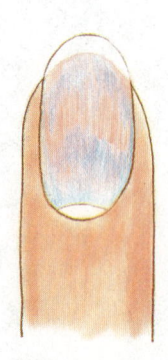

17.13—Uña azulada.

HONGOS Y MOHO

Hongos es el término general que se da a los parásitos vegetales incluyendo todos los tipos de hongo y moho. Los tipos de hongo que conciernen al salón de belleza son los hongos y el moho de las uñas. Ambos son contagiosos. Ellos se pueden transmitir de uña a uña en el cliente y desde el cliente hasta el manicurista.

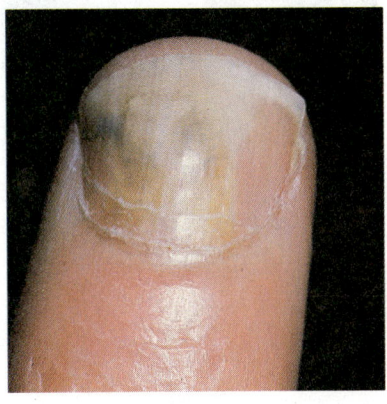

HONGO DE LAS UÑAS

Los *hongos de las uñas* usualmente aparecen como una decoloración en las uñas que se extiende hacia la cutícula. (Fig. 17.14) A medida que la condición madura, la decoloración se vuelve más oscura. Los hongos pueden afectar las manos, los pies y las uñas. Los clientes con hongos en las uñas deben ser referidos al médico.

MOHO DE LAS UÑAS

El *moho de las uñas* es un tipo de infección fungosa causada por la humedad atrapada entre una uña natural no saneada y los productos que se colocan sobre la uña natural, tales como puntas, envolturas, gels, o productos de uñas acrílicas.

17.14—Hongo de las uñas (moho).

El moho de las uñas puede identificarse en las fases iniciales como una mancha amarillo-verdosa que se vuelve más oscura en las etapas mas avanzadas. Si la uña ha estado infectada por algún tiempo, la decoloración se vuelve negra y la uña se ablanda y emite olores fétidos. Si estas condiciones existen, la uña probablemente se caerá.

Exposición de la uña natural

Usted no debería brindar servicios de manicura a un cliente que tenga hongos o moho en las uñas, aunque el cliente puede solicitarle que remueva la cubierta de uña artificial a fin de descubrir la uña natural. Después de descubrir la uña natural, el cliente debería ser referido a un médico.

Usted debería usar guantes durante la remoción de uñas artificiales en estas condiciones y seguir las instrucciones del fabricante para la remoción. Cuando la uña artificial ha sido removida, descarte los palillos de madera, abrasivos y cualquier otro producto poroso utilizado. Sanee completamente todos los implementos, mantas y la superficie de la mesa, antes y después del procedimiento.

Prevención

Los hongos y el moho de la uñas pueden evitarse por medio de precauciones sanitarias. No brinde servicios de manicura a clientes que posean decoloraciones en sus uñas. No omita ninguno de los pasos de saneamiento al realizar un servicio de uñas artificiales.

ENFERMEDADES DE LAS UÑAS

Usted posiblemente se encontrará con varias enfermedades de las uñas. El salón de belleza no debe tratar ninguna enfermedad de las uñas que muestre señales de infección o inflamación (enrojecimiento, dolor, hinchazón o pus). El cliente que presente estas enfermedades debe consultar al médico.

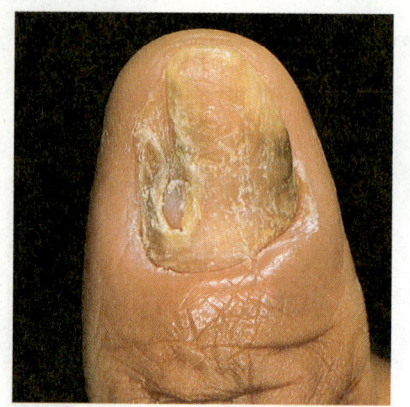

17.15—Onicomicosis.

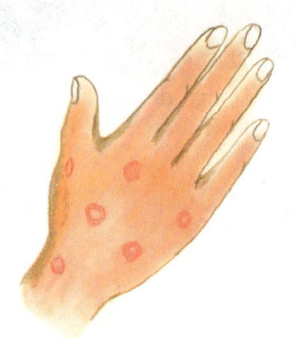

17.16—Tinea unguium.

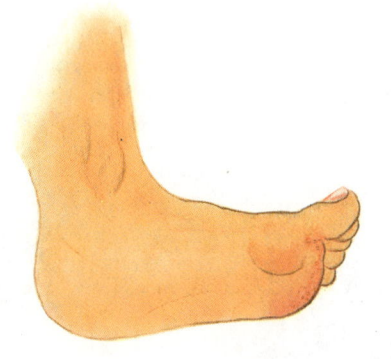

17.17—Pie de atleta.

El trabajo del cliente juega un papel importante en numerosas infecciones ungueales. Estas infecciones se desarrollan con más rapidez en las personas que sumergen frecuentemente las manos en soluciones alcalinas. El contacto frecuente de las manos con jabones, solventes y otras substancias provoca la pérdida de los aceites naturales de la piel. Las manos de la cosmetóloga están expuestas diariamente a una gran variedad de productos químicos. Muchos de estos productos son inocuos, pero otros constituyen peligros potenciales. Cuando trabaje con productos químicos, la cosmetóloga debe protegerse las manos y las uñas mediante el empleo de guantes protectores.

Onicosis (u *oniconosis*) es el término científico que se aplica a cualquier enfermedad de las uñas.

La *onicomicosis* o *culebrilla de las uñas* es una enfermedad infecciosa provocada por un parásito vegetal. (Fig. 17.15) Un síntoma común es la aparición de manchas blanquecinas que se pueden eliminar raspando la zona afectada. Otro tipo se manifiesta como vetas amarillentas dentro de la substancia ungueal. La infección alcanza el borde libre de la uña y se extiende hasta la raíz. La parte infectada aumenta en grosor y se descolora. Un tercer tipo es el que invade las capas profundas de la uña, haciendo aparecer capas, superficiales de grosor irregular. Estas partes infectadas se desprenden, dejando al descubierto la parte enferma del lecho de la uña.

La *tiña* (o *culebrilla*) de las manos es una enfermedad sumamente contagiosa provocada por un hongo (parásito vegetal). (Fig. 17.16) Los síntomas principales son las lesiones papulares rojas que aparecen en las manos en forma de manchas o de anillas. El prurito puede ser ligero o intenso.

La mayoría de casos de dermatitis presentan síntomas similares a los de la tiña, pero en realidad son una combinación de dermatitis por contacto (venenata) e infección por estafilococos. Sólo el médico puede diagnosticar esta enfermedad.

Tiña del pie (o *pie de atleta*). (Fig. 17.17) En algunos casos se presentan vesículas incoloras profundamente implantadas que producen picores. Estas se presentan aisladas, en grupos y en algunas ocasiones, en un solo pie. Esta

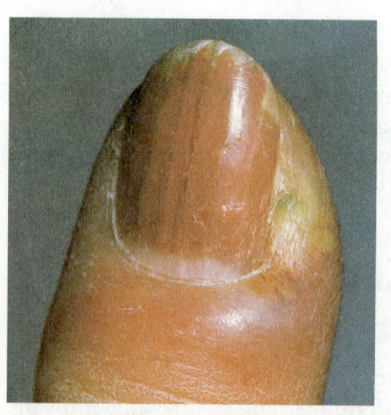

17.18—Paroniquia.

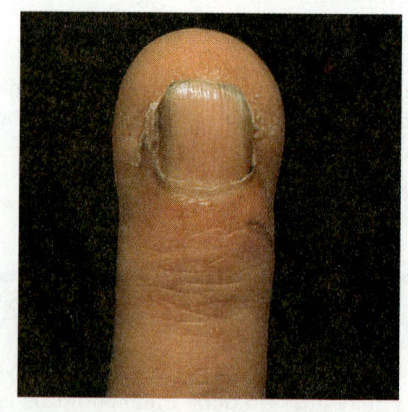

17.19—Onicocriptosis.

enfermedad se extiende por la planta del pie y entre los dedos de los pies, llegando en ocasiones a afectar el borde carnoso de la uña, infectando a la uña en el proceso. Cuando las vesículas se rompen, desprenden pus y la piel se vuelve roja. Las lesiones se secan al curarse. Las infecciones de pies por hongos tienden a ser crónicas. (Fig. 17.16)

Tanto la prevención de la infección como el tratamiento se realiza manteniendo la piel fresca, seca y limpia.

La *paroniquia* o *panadizo* (también denominado localmente como sietecueros o uñero) es una enfermedad infecciosa e inflamatoria que afecta el tejido circundante de la uña. (Fig. 17.18) Esta enfermedad está provocada por la infección bacteriana.

La *oniquia* es una inflamación de la matriz de la uña acompañada por producción de pus. Esta enfermedad puede estar provocada por la desinfección deficiente del instrumental de manicura o por infecciones bacterianas.

La *onicocriptosis, onixis* o *uña encarnada* (enfermedad también conocida como uña clavada y uñero) puede afectar los dedos de la mano o del pie. (Fig. 17.19) Este trastorno se presenta cuando la uña crece introduciéndose lateralmente en la carne, pudiendo provocar una infección. El limar las uñas excesivamente en las esquinas y el no corregir a tiempo los padrastros son la causa frecuente de las uñas encarnadas. Los zapatos demasiado apretados también pueden ser la causa de una uña encarnada.

La *onicoptosis* es la caída y muda periódica parcial o completa de la uña. (Fig. 17.20) Este proceso se puede producir tanto en una uña como en varias uñas. Este trastorno puede ser una secuela de determinadas enfermedades, como por ejemplo la sífilis.

La *onicólisis* es el desprendimiento de la uña sin que se produzca la muda. (Fig. 17.21) Con frecuencia se relaciona con algún trastorno de carácter interno.

La *onicofima* comúnmente llamada onicauxis (ver la página 405), indica una inflamación o engrosamiento de las uñas. (Fig. 17.22)

La *onicofosis* se refiere al crecimiento del epitelio corneo en el lecho de la uña. (Fig. 17.23)

La *onicogriposis*, conocida también como *onicogriposis*, designa el tipo de uña agrandada y curvada alrededor de la punta de los dedos. (Fig. 17.24) ✔

17.20—Onicoptosis.

✔ Completado—Objetivo de Aprendizaje núm. 4

AFECCIONES DE LAS UÑAS QUE NO DEBEN TRATARSE EN EL SALÓN DE BELLEZA

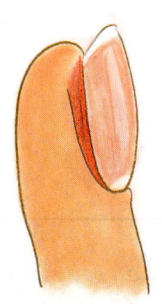

17.21—Onicolisis.

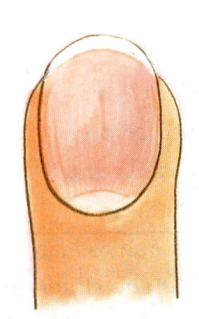

17.22—Onicofima.

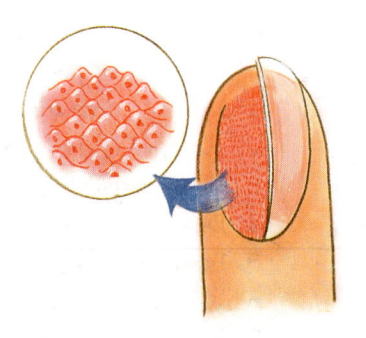

17.23—Onicofosis.

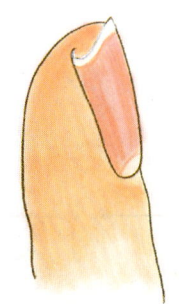

17.24—Onicogriposis.

Pregunta Y Respuesta

¿EXISTE EL RIESGO DE TRANSMISIÓN DE ENFERMEDADES AL PRESTAR SERVICIOS DE MANICURA?

P *Dado que las enfermedades transmitidas por la sangre son un aspecto que en la actualidad preocupa tanto a los clientes como a los empleados, ¿por qué no se recomienda a los manicuristas usar guantes de goma? ¿Si los instrumentos de los dentistas pueden contaminar, existe algún peligro en usar herramientas metálicas en los servicios de manicura?*

R Nunca se puede uno excederse en limpieza y aseo cuando se trata del uso de utensilios que se usan en más de un cliente. Por otra parte, además de usar los métodos prescritos para saneamiento y esterilización, existe la posibilidad de tener temores injustificados y obrar con excesiva precaución.

Muchas manicuristas han abandonado el uso de pinzas puntiagudas para efectuar recortes alrededor del surco de la uña y la cutícula. Ellas han reemplazado la mayor parte de empujadores metálicos de cutícula y otros instrumentos metálicos por implementos plásticos y de madera.

Una buena manicurista nunca hace sangrar al cliente mediante el uso negligente de los instrumentos y pulidores abrasivos. La piel alrededor de la base de la uña es a menudo, muy delgada y sensible. Es mucho mejor usar cremas suavizantes y gels para remover la piel muerta, que usar pinzas de ninguna clase.

El uso de guantes de goma, aún los de tipo quirúrgico bien ajustados, podría hacer la tediosa tarea de manicurado aún más difícil. La decisión, por supuesto, es suya. Si ello le hace sentirse mejor a usted y a sus clientes, ¿por qué no hacerlo? Usted estará comunicando el mensaje de que se preocupa verdaderamente por la salud de sus clientes.

Un reconocido manicurista sugiere que se use un sistema de esterilización y que se coloque a la vista de sus clientes. Mantenga la solución esterilizadora en la mesa de manicura todo el tiempo. Cuando sus instrumentos no estén en uso, ellos deberían estar siempre inmersos en esa solución. La importancia de la limpieza y de las precauciones de seguridad no puede nunca ser sobre estimada.

—*Tomado de* Milady Soluciónes para el Salón de Belleza *por Louise Cotter*

PREGUNTAS DE REPASO

LA UÑA Y SUS TRASTORNOS

1. Describir una uña normal y sana.
2. ¿Cuál es el término científico de la uña?
3. ¿Cuál es la composición de la uña?
4. Describir la estructura de la uña.
5. Enumerar las estructuras que rodean la uña.
6. ¿Qué parte de la uña contiene el nervio y la circulación sanguínea?
7. ¿Cuáles son las enfermedades de las uñas que no se deben tratar en un salón de belleza?

TEORÍA DEL MASAJE

18

OBJETIVOS DE APRENDIZAJE

DESPUÉS DE COMPLETAR ESTE CAPÍTULO, USTED DEBE SER CAPAZ DE:

1. Describir el objetivo del masaje.
2. Describir las manipulaciones que se utilizan en el masaje y sus beneficios.
3. Identificar los diferentes tipos de movimientos de masaje y cómo se aplican.
4. Identificar los puntos nerviosos motores de la cara y del cuello.
5. Enumerar los efectos fisiológicos del masaje.

INTRODUCCIÓN

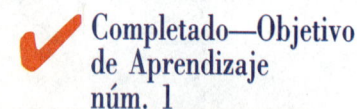

✓ Completado—Objetivo de Aprendizaje núm. 1

FINALIDAD DEL MASAJE

El *masaje* se utiliza para ejercitar los músculos faciales, mantener el tono muscular y estimular la circulación. Los cosmetólogos dan masajes a sus clientes para ayudarlos a mantener una piel sana y unos músculos firmes.

Para poder dominar las técnicas de masaje, deberá poseer ciertos conocimientos de anatomía y fisiología, así como una práctica considerable en la ejecución de los diferentes movimientos.

El masaje comporta la aplicación de manipulaciones externas en la cabeza y en el cuerpo. Esta acción se puede realizar manualmente o con el empleo de aparatos eléctricos, como lámparas terapéuticas, corriente de alta frecuencia, vaporizadores faciales, gorras de calor, vaporizadores del cuero cabelludo y vibradores.

Sus servicios estarán limitados a ciertas zonas del cuerpo: cuero cabelludo, cara, cuello y hombros; parte superior del pecho y de la espalda; manos y brazos así como pies y parte inferior de las piernas.

Para inspirar confianza al cliente, es importante que realice el masaje con unos movimientos seguros y firmes. Para que ello sea posible, deberá poseer unas manos fuertes y flexibles, un temperamento tranquilo, autocontrol y utilizar la sicología.

Mantenga sus manos suaves utilizando cremas, aceites y lociones. Limar y dar forma a las uñas con suavidad, para no arañar la piel del cliente. Sus muñecas y dedos deben ser flexibles, las palmas de la mano deben ser firmes y cálidas.

Deberá aplicarse crema o aceite en las manos, para que los movimientos de las manos sean más suaves y evitando dañar la piel del cliente.

MOVIMIENTOS BÁSICOS UTILIZADOS EN EL MASAJE

✓ Completado—Objetivo de Aprendizaje núm. 2

ELEMENTOS DE LOS MOVIMIENTOS UTILIZADOS EN EL MASAJE

CÓMO SE CONSIGUEN LOS DIFERENTES MOVIMIENTOS DE MASAJE

Cada tratamiento de masaje combina uno o dos movimientos básicos. Cada manipulación se aplica de una forma determinada, para obtener un fin particular. Se utiliza de acuerdo con la condición del cliente y de los resultados deseados. El resultado de un tratamiento de masaje depende de la cantidad de presión, la dirección del movimiento y la duración de cada tipo de manipulación. Generalmente la dirección del movimiento se dirige desde la inserción del músculo hasta su origen. Un masaje en un músculo en una dirección incorrecta (desde su origen a su inserción) podrá resultar en una pérdida de elasticidad y tensión de la piel y los músculos.

El origen de un músculo es la unión fija de un extremo de ese músculo en un hueso o tejido.

La inserción es la unión del extremo opuesto del músculo en otro músculo o en una articulación o hueso móvil.

LISAJE "EFFLEURAGE"

El *lisaje* es un movimiento de masaje ligero y continuo que se realiza con los dedos (digital) y las palmas de la mano (palmar); la acción debe ser lenta y rítmica. No se utiliza presión. Las palmas de la mano intervienen sobre grandes superficies, mientras que las partes blandas de las puntas de los dedos trabajan sobre las superficies pequeñas (alrededor de los ojos). El lisaje se aplica frecuentemente en la frente, cara, cuero cabelludo, hombros, cuello, pecho, brazos y las manos, por sus efectos tranquilizantes y relajantes.

Posición de los dedos

Curvar los dedos ligeramente, sólo las partes blandas de la punta de los dedos deben tocar la piel. No utilizar los extremos de las puntas de los dedos para realizar estos movimientos. Debido a que las puntas de los dedos tienen una forma más afilada que las partes blandas, el lisaje será menos suave y es probable que los bordes libres de sus uñas arañen la piel del cliente. (Figs. 18.1 y 18.3)

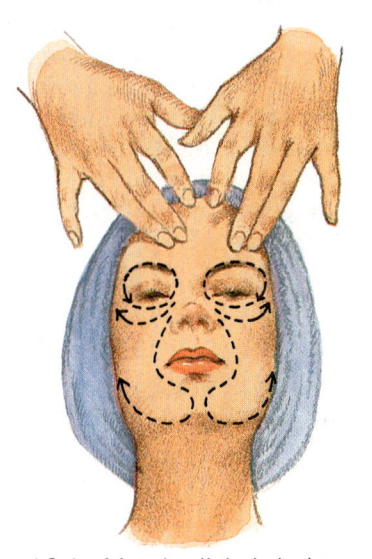

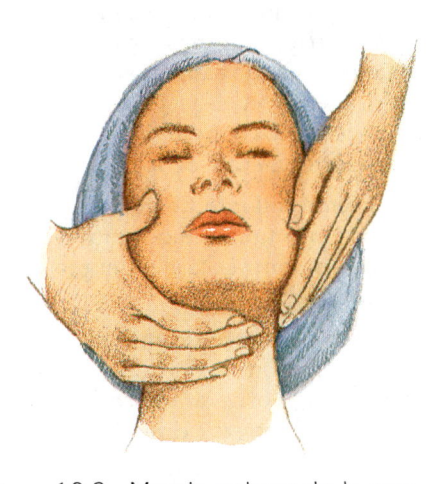

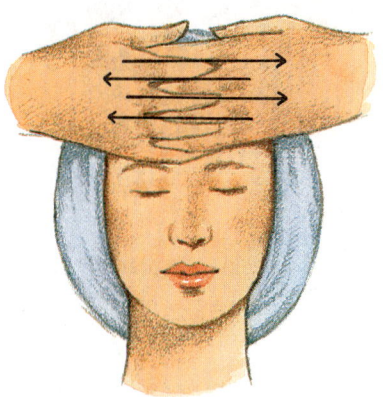

18.1—Masaje digital de la cara.   18.2—Masaje palmar de la cara.   18.3—Masaje digital de la frente.

Posición de las palmas para realizar el masaje

Hacer que toda la mano se relaje, mantener la muñeca y los dedos flexibles y curvar los dedos para que se adapten a la forma de la zona a tratar. (Fig. 18.2)

"PETRISSAGE"

El *petrissage* es una variedad de amasado. Presionar la piel y la carne que se encuentra debajo entre sus dedos y la palma de la mano. A medida que eleva los tejidos de sus estructuras inferiores, apretar, amasar o pellizcar con una presión ligera y firme. Este movimiento vigoriza la parte bajo tratamiento y está limitado al masaje de espalda, hombros y brazos.

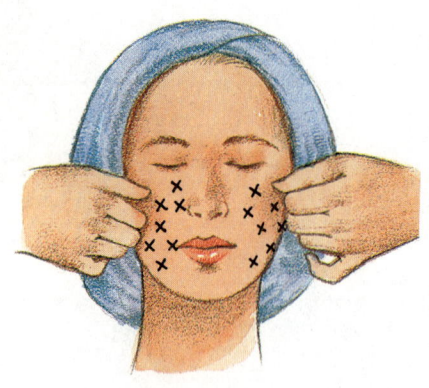

18.4—Amasamiento digital de las mejillas.

Objetivo del amasado

Los movimientos de amasar proporcionan una estimulación más profunda a los músculos, nervios y glándulas epidérmicas y mejoran la circulación. El amasado digital de las mejillas se puede realizar por medio de movimientos a base de ligeros pellizcos. (Fig. 18.4) La presión debe ser ligera pero firme. Cuando se aprieten y se sueltan las partes carnosas, los movimientos deben ser rítmicos, nunca precipitados.

Rellenado (fulling)

El rellenado (fulling) es una forma de contracción que se utiliza principalmente para aplicar masaje a los brazos. Con los dedos de los manos presionando el brazo, aplicar un movimiento de amasado a través de la carne. El movimiento de amasado se debe utilizar con una ligera presión en el lado inferior del antebrazo del cliente y entre el hombro y el codo.

FRICCIÓN

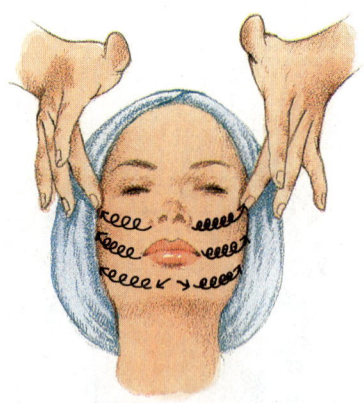

La *fricción* es un movimiento de frotación profundo que requiere presión en la piel mientras se realiza un desplazamiento sobre las estructuras subyacentes. Utilizar los dedos o palmas. La fricción influencia profundamente la circulación y actividad glandular de la piel. Generalmente los movimientos de fricción circulares se utilizan sobre el cuero cabelludo, brazos y manos. Los movimientos de fricción circulares y ligeros se utilizan en la cara y en el cuello. (Fig. 18.5) Los golpes y los retorcimientos son variaciones de los movimientos de fricción y generalmente se utilizan para realizar el masaje de los brazos y de las piernas.

El movimiento de golpeteo se consigue mediante la firme presión de la piel con una mano y moviendo la mano arriba y abajo a lo largo del hueso, mientras la otra mano mantiene el brazo o el pie en una posición estable.

El movimiento de empuje requiere que los tejidos se compriman firmemente en contra del hueso y se tuerzan alrededor del brazo o pierna. Ambas manos estarán activas a medida que tuerza la carne a lo largo del brazo en la misma dirección.

El retorcimiento es un movimiento vigoroso en el que sus manos deben estar colocadas muy cerca de ambos lados del brazo o pierna del cliente. Mientras desplaza sus manos hacia abajo, aplicar un movimiento de retorcimiento en contra de los huesos en la dirección opuesta. (Fig. 18.6)

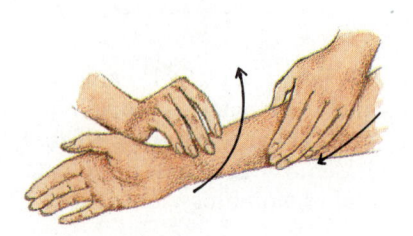

18.5—Fricción circular de la carne.

18.6—Movimiento de retorcimiento del brazo.

MOVIMIENTO DE PERCUSIÓN

La *percusión* consiste en movimientos de golpeteo, palmadas y golpes. Esta forma de masaje es la más estimulante. Se debe aplicar con cuidado y discreción.

En el masaje fácil, utilizar solamente el golpeteo digital. En el golpeteo, llevar la punta de los dedos en contra de la piel en una sucesión rápida. Sus dedos deben ser flexibles, para crear una fuerza uniforme sobre la zona en la que se desea aplicar el masaje. (Fig. 18.7)

En los movimientos de palmadas, la flexibilidad de las muñecas permite que sus palmas se pongan en contacto con la piel con movimientos firmes y rápidos. Una mano sigue a la otra. Con cada movimiento de palmada (que no debe ser nada más que un contacto firme, ligero y rápido con la piel) levantar la piel ligeramente.

Para los movimientos de corte, utilizar las muñecas y los bordes exteriores de las manos. Tanto las muñecas como los dedos se deben mover con movimientos rápidos, ligeros y firmes contra la piel en movimientos alternos. Los movimientos de corte y de azote se utilizan principalmente para aplicar masaje a la espalda, hombros y brazos.

Los movimientos de percusión tonifican los músculos y dan una apariencia saludable a la zona en la que se aplica el masaje.

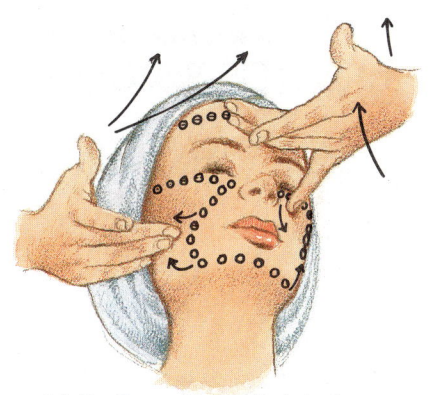

18.7—Percusión digital de la cara.

VIBRACIÓN

La *vibración* es un movimiento de sacudida que se logra mediante contracciones musculares rápidas de sus brazos, mientras que las partes esféricas de las puntas de sus dedos se presionan firmemente en el punto de aplicación. Es un movimiento muy estimulante y se debe limitar a sólo unos segundos en un punto. También se pueden producir contracciones musculares utilizando un vibrador mecánico. (Fig. 18.8)

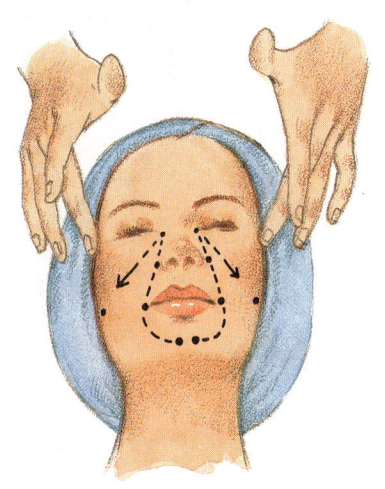

MOVIMIENTOS DE LAS ARTICULACIONES

Los movimientos de las articulaciones están restringidos al masaje del brazo, mano y pie. Estos movimientos se aplican con o sin resistencia. (Fig. 18.9) (Para obtener más información sobre los movimientos de las articulaciones, ver el capítulo sobre manicura.) ✔

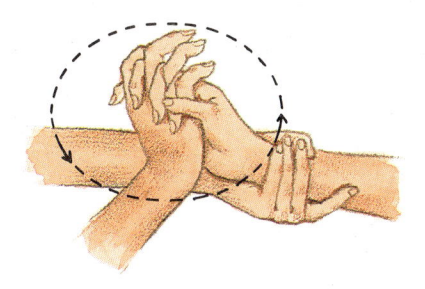

18.8—Movimientos vibratorios en la cara.

18.9—Movimiento de la articulación.

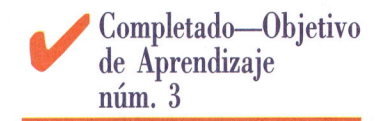

✔ Completado—Objetivo de Aprendizaje núm. 3

TIPOS DE MOVIMIENTOS DEL MASAJE

PRECAUCIÓN

No le haga un masaje a un cliente que tenga alta presión arterial, anomalías del corazón, o que haya sufrido una apoplejía. Un masaje aumenta la circulación y puede dañar al cliente. Dígale al cliente que consulte con un médico antes de tener un masaje. Tenga mucho cuidado de evitar un masaje fuerte de las articulaciones si su cliente sufre del artritis. Háblele a su cliente durante el masaje y cambie sus movimientos según el cliente.

EFECTOS FISIOLÓGICOS DEL MASAJE

Para obtener los resultados adecuados en un masaje del cuero cabelludo o facial, debe poseer un conocimiento muy completo de todas las estructuras que intervienen: músculos, nervios y vasos sanguíneos. Cada músculo y nervio posee un *punto motor*. Aquí se ilustran algunos ejemplos. (Figs. 18.10, 18.11) Para poder obtener los mejores beneficios de un masaje facial, debe considerar los puntos nerviosos motores que afectan los músculos subyacentes de la cara y del cuello. La posición de los puntos motores varía entre diferentes personas debido a las diferencias en las estructuras corporales. Pero unas cuantas manipulaciones en los puntos motores adecuados relajarán al cliente al principio del masaje. ✓

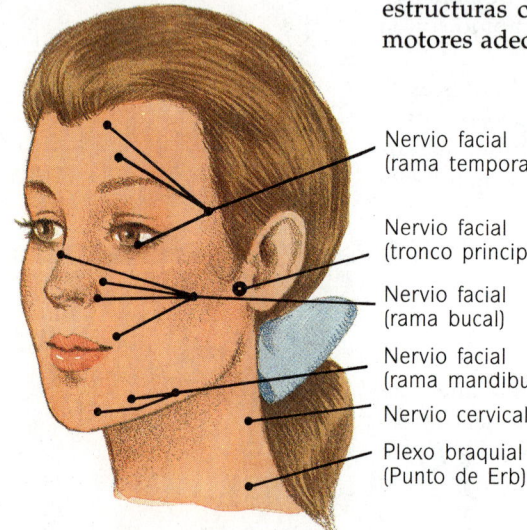

Nervio facial (rama temporal)
Nervio facial (tronco principal)
Nervio facial (rama bucal)
Nervio facial (rama mandibular)
Nervio cervical
Plexo braquial (Punto de Erb)

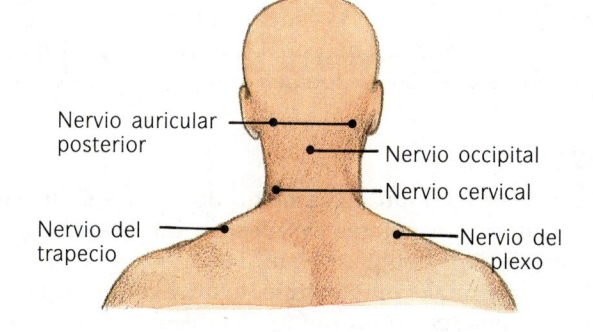

Nervio auricular posterior
Nervio occipital
Nervio cervical
Nervio del trapecio
Nervio del plexo

18.10—Puntos nerviosos motores de la cara.

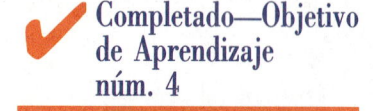

18.11—Puntos nerviosos motores del cuello.

✓ **Completado—Objetivo de Aprendizaje núm. 4**

PUNTOS MOTORES DEL NERVIO

El masaje aplicado directa o indirectamente con habilidad, influencia las estructuras y las funciones del cuerpo. Los efectos inmediatos del masaje se podrán percibir en primer lugar en la piel. La zona bajo masaje responde por medio de una mayor circulación, secreción, nutrición y excreción. A continuación se enumeran los resultados positivos que se pueden obtener con un masaje facial y del cuero cabelludo:

1. Se nutre la piel y todas sus estructuras.
2. La piel se vuelve suave y flexible.
3. Aumenta la circulación de la sangre.
4. Se estimula la actividad de las glándulas de la piel.
5. Se estimula y fortalece la fibra muscular.
6. Los nervios se tranquilizan y relajan.
7. A veces se puede aliviar el dolor.

La relajación se consigue por medio de movimientos rítmicos lentos, ligeros pero firmes, o vibraciones manuales ligeras y muy lentas sobre los puntos motores durante un período muy corto. Otra técnica es la de apretar brevemente los puntos motores, utilizando una presión ligera.

Los tejidos corporales se estimulan mediante movimientos moderados de presión y velocidad y durante un período moderado, o por vibraciones manuales ligeras de velocidad moderada.

Los contornos corporales o los tejidos grasos se reducen por medio de un movimiento de amasado o por movimiento de azote firmes y ligeros durante un período de tiempo bastante extenso. Las vibraciones manuales moderadamente rápidas, con una presión firme, también consiguen esta reducción.

La frecuencia del masaje facial o del cuero cabelludo dependerá de la condición de la piel o del cuero cabelludo, de la edad del cliente y de la condición que se debe tratar. Como regla general, la piel o cuero cabelludo normal se puede mantener en una condición excelente con la ayuda de un masaje semanal, acompañado por las atenciones apropiadas en casa. ✓

✓ Completado—Objetivo de Aprendizaje núm. 5

EFECTO FISIOLÓGICO DEL MASAJE

Poder Promocional

BOLETÍN INFORMATIVO DEL SALÓN

Usted puede mantener informados a sus clientes y mantener vivo el interés en su salón, a través de boletines regulares. Es una magnífica forma de darles a conocer información importante así como también para promover a sus estilistas, sus productos y sus servicios. Puede ser tan simple o tan elaborado como usted lo desee pero siempre deberá ser atractivo e interesante.

Por supuesto que usted no desea encontrarse atrapado con demasiadas publicaciones, por lo cual es conveniente publicar un boletín dos veces al año o por temporada. Una persona debería estar a cargo de recolectar toda la información que desea publicar: exhibiciones especiales, eventos de caridad, entrega de galardones, concursos, promociones, etc. Usted puede además incluir consejos prácticos sobre los últimos estilos y modas. También necesitará que un miembro de su personal arregle toda la información en forma de boletín breve. Decida sobre el formato y el logotipo y además obtenga presupuestos para la impresión.

He aquí algunas sugerencias para comenzar:

Temas, además de lo que sucede en su salón y de las noticias acerca de las promociones y ofertas especiales en curso y futuras, puede incluir perfiles o noticias acerca de estilistas individuales, consejos prácticos acerca del cuidado del cabello o del maquillaje, recetas de platillos saludables, transformaciones de algunos de sus clientes (incluyendo fotografías de antes y después) o noticias acerca de algunos de sus clientes regulares.

Incluya cupones para productos, o servicios, esto le brindará una retroalimentación informativa acerca de quienes leen el boletín. Mantenga sus artículos cortos y concisos, y use fotografías y otro tipo de artes gráficas. Asegúrese de incluir el nombre del salón, la dirección y el número telefónico. Si usted planea distribuir el boletín por correo, deje un lado en blanco para colocar las etiquetas con direcciones.

Asegúrese de darse a sí misma y a su escritor, el tiempo suficiente. Por ejemplo, una emisión de otoño-invierno debe comenzarse en junio o julio a fin de tener suficiente tiempo para recolectar la información, redactar, diseñar el boletín, imprimirlo, y enviarlo por correo.

—*Tomado del* El Negocio de los Salones de Belleza—Consejos para Alcanzar el Éxito *por Geri Mataya*

PREGUNTAS DE REPASO

TEORÍA DEL MASAJE
1. Describir el objetivo del masaje.
2. ¿Cuál es la definición del masaje?
3. Describir el origen de un músculo.
4. Describir la inserción de un músculo.
5. ¿En qué dirección se debe aplicar el masaje?
6. Enumerar algunos de los resultados beneficiosos que se consiguen con un masaje facial y del cuero cabelludo.
7. Nombrar los cinco tipos de movimientos que se utilizan en el masaje.

TRATAMIENTOS FACIALES

19

OBJETIVOS DE APRENDIZAJE

DESPUÉS DE COMPLETAR ESTE CAPÍTULO, USTED DEBE SER CAPAZ DE:

1. Describir los efectos beneficiosos de un tratamiento facial.
2. Enumerar los materiales y equipo necesario para los tratamientos faciales.
3. Mostrar el procedimiento básico para efectuar un tratamiento facial.
4. Mostrar los movimientos requeridos u opcionales para un tratamiento facial.
5. Identificar los diferentes tipos de tratamientos faciales que se realizan en un salón de belleza.
6. Describir la mascarilla y la pack y sus posibles ingredientes.
7. Describir los materiales y procedimientos para varios tipos de mascarillas.
8. Identificar las razones un cliente no quedaría satisfecho con un tratamiento facial.

INTRODUCCIÓN

Un tratamiento facial profesional es uno de los servicios más agradables y relajantes del salón de belleza. Todos aquéllos que han experimentado esta experiencia tan relajante o estimulante no dudan en volver para repetir el tratamiento. Cuando se administran regularmente, los tratamientos faciales mejoran en gran manera el tono, textura y apariencia de la piel del cliente.

TRATAMIENTOS FACIALES

El cosmetólogo no trata las enfermedades cutáneas, pero deberá reconocer los diferentes trastornos de la piel; también debe saber cuándo aconsejar al cliente para que consulte a un médico.

Los tratamientos faciales están divididos en dos categorías:

1. *Mantenimiento*—mantenimiento de la salud de la piel facial utilizando métodos de limpieza correctos, incremento de la circulación, relajación de los nervios y activación de las glándulas de la piel y del metabolismo por medio de masaje.
2. *Correctivo*—corrección de algunas condiciones de la piel facial como la sequedad, grasa excesiva, espinillas, líneas de envejecimiento y afecciones de acné poco importantes.

Los tratamientos faciales son apropiados para:

✓ Completado—Objetivo de Aprendizaje núm. 1

EFECTOS BENEFICIOSOS DE UN TRATAMIENTO FACIAL

1. Limpiar la piel.
2. Incrementar la circulación.
3. Activar la actividad glandular.
4. Relajar los nervios.
5. Mantener el tono muscular.
6. Fortalecer el tejido muscular débil.
7. Corregir ciertos trastornos cutáneos.
8. Ayudar a impedir la formación de arrugas y de líneas de envejecimiento.
9. Suavizar y mejorar la textura y complexión de la piel.
10. Aumentar la confianza del cliente. ✓

MASAJE FACIAL

PREPARACIÓN DEL MASAJE FACIAL

1. Hacer que el cliente se relaje, hablándole suave y profesionalmente. Explicar los beneficios de los productos y del servicio y responder a todas sus preguntas.

2. Trabajar en una atmósfera tranquila, trabajar calmada y eficientemente.
3. Mantener limpia, ordenada y en buenas condiciones higiénicas la zona de trabajo en donde se realizan los faciales y ordenar bien todos los productos.
4. Por razones sanitarias, nunca se deben utilizar los dedos para sacar los productos de sus envases. Utilizar siempre una *espátula.* Obtener y ordenar bien todo lo que vaya a necesitar en los tratamientos faciales *antes* de que llegue el cliente.
5. Seguir procedimientos sistemáticos.
6. Si sus manos están frías, caliéntelas antes de tocar la cara del cliente.
7. Es necesario que sus uñas estén bien cuidadas, para que no arañen la piel del cliente.

EQUIPOS, CONSUMIBLES Y MATERIALES

A continuación aparece una lista de productos necesarios para poder realizar un tratamiento facial. Puede añadir otros productos que puedan resultar de ayuda. (Ver también el capítulo sobre electricidad y terapia de luz, para obtener información sobre equipos de luz y eléctricos utilizados en los tratamientos faciales.)

Tónico/crema limpiadora
Humidificador y loción protectora
Mascarilla
Gasa (para la mascarilla)
Astringente
Loción refrescante (astringente suave)
Loción antiséptica
Aceite lubricante
Pañuelos de papel
Algodón absorbente
Tapones de algodón
Almohadillas de algodón

Esponjas
Pañuelos de papel
Cinta para proteger el pelo
Toallas
Sabana limpia u otra cubierta
Bata de salón de belleza
Pasadores e imperdibles
Espátulas
Vaporizador facial
Bandeja de maquillaje
Máquina de alta frecuencia
Lámpara de infrarrojos
Lámpara ampliadora ✔

✔ Completado—Objetivo de Aprendizaje núm. 2

LISTA DE EQUIPO Y MATERIALES

PROCEDIMIENTO

Puede que sea necesario cambiar la información detallada a continuación para adaptarse a la rutina del instructor.

1. Preparar al cliente.
    a) Saludar al cliente y formular algún cumplido. Esto hace que el cliente se sienta cómodo.
    b) Pedir al cliente que se quite las joyas (como collares y pendientes) y guardarlas en un lugar seguro. Puede que durante el tratamiento facial, los clientes deseen que sus bolsos de mano estén cerca.

c) Mostrar el vestuario al cliente y ofrecer su ayuda en caso de que sea necesario.

d) Colocar una toalla limpia transversalmente en el respaldo de la silla de tratamientos faciales, para impedir que los hombros desnudos del cliente se pongan en contacto con la silla.

e) Hacer sentar al cliente en la silla facial (ofrecer ayuda en caso de que sea necesario). A continuación colocar una toalla a través del pecho del cliente. Seguidamente, colocar la cubierta (o manta) sobre el cuerpo del cliente y doblar el borde superior de la toalla sobre la cubierta. Quitar los zapatos al cliente y meter la cubierta alrededor de los pies. Algunos salones de belleza proporcionan unos tipos de botines para los pies. Estos se utilizan en los trayectos de desplazamiento hacia y desde el vestuario.

f) Atar una cinta para la cabeza forrada con tejido, una toalla o otra cubierta de cabeza alrededor de la cabeza del cliente para proteger el pelo. Existen varios tipos de cubiertas de cabeza en el mercado. Algunos tipos están diseñados como turbantes, otros poseen un elástico, parecido a un gorro de baño. Generalmente están fabricados con tela o con toallas de papel. El envolver la cabeza con una toalla se realiza de la siguiente manera (en el procedimiento con la toalla de papel, es necesario obtener la ayuda de su instructor):

1. Doblar la toalla longitudinalmente en diagonal y colocarla sobre el respaldo con el pliegue hacia abajo antes de que el cliente ocupe su posición en la silla de masaje. Una vez situado el cliente, su cabeza debe descansar sobre la toalla de manera que ésta puede ser llevada hacia el centro de la frente para cubrir la línea del pelo. (Fig. 19.1)

2. Con la otra mano, llevar el otro lado de la toalla sobre el centro y hacerla cruzar. (Fig. 19.2)

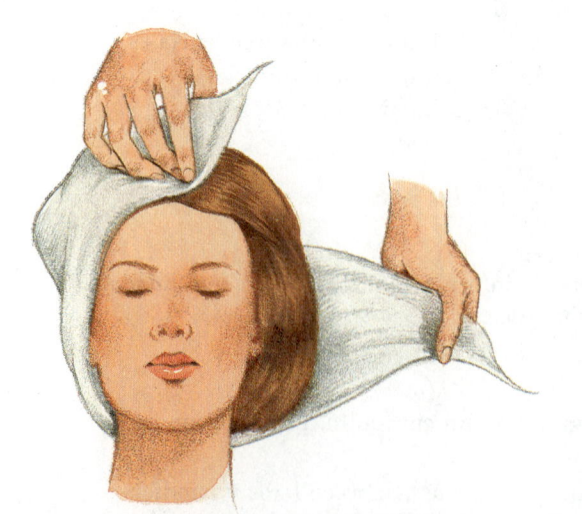

19.1—Colocar una toalla alrededor de la cabeza del cliente.

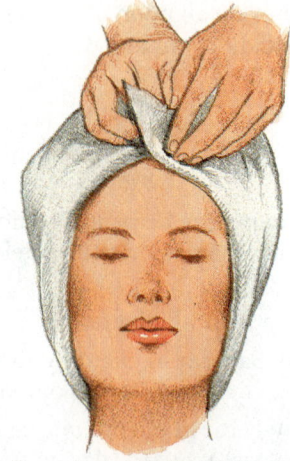

19.2—Unir la toalla en el centro de la cabeza del cliente.

3. Utilizar un pasador normal para sostener la toalla en su lugar. Comprobar que todos los cabellos están metidos debajo de la toalla, que los lóbulos no estén doblados y que la toalla no esté apretada con demasiada firmeza. (Fig. 19.3)

g) Deslizar los tirantes de la ropa interior de los hombros del cliente. (*Método alternativo:* Si al cliente se le proporciona una bata, meter los tirantes de la ropa interior dentro de la parte superior de la bata).

h) Ajustar el respaldo y seguidamente hacer bajar la silla de masaje hasta una posición reclinante. (Fig. 19.4)

i) Lavarse las manos.

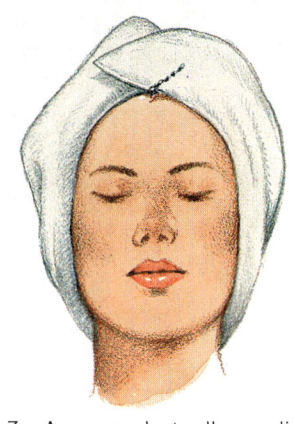

19.3—Asegurar la toalla mediante un pasador.

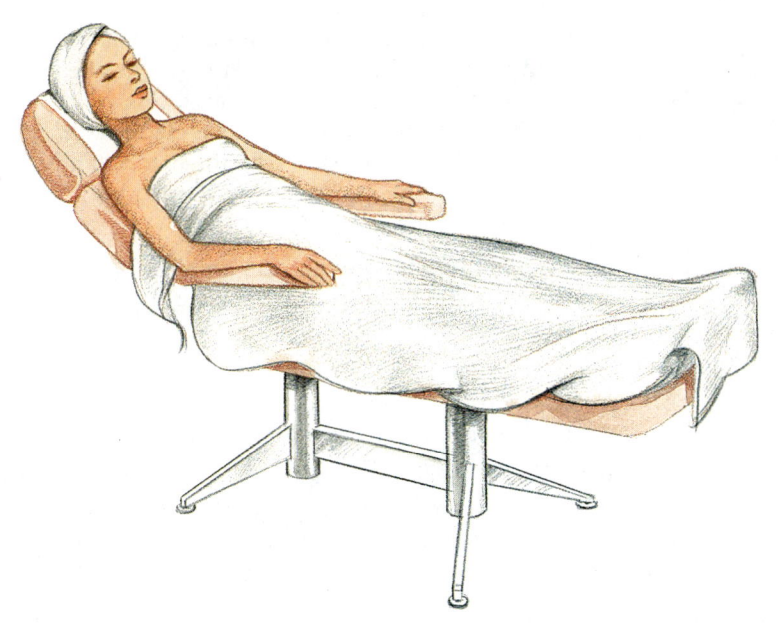

19.4—El cliente está preparado para el tratamiento facial.

2. Analizar la piel del cliente.
    a) Eliminar restos de maquillaje para determinar:
        1. Si la piel es seca, normal o grasa.
        2. Si existen líneas o pliegues finos.
        3. Si existen espinillas o acné.
        4. Si se pueden ver capilares rotos.
        5. Si la textura es suave o rugosa.
        6. Si el color de la piel es homogéneo.
    b) Este análisis determinará:
        1. La variedad de productos que se deben utilizar en el masaje.
        2. Las zonas de la cara que necesitan una atención especial.

3. La cantidad de presión que se debe ejercer cuando se realiza el masaje.

4. Si se necesita crema o aceite lubricante alrededor de los ojos.

5. Los equipos o aparatos que se deben utilizar.

3. Aplicar crema limpiadora.

a) Extraer aproximadamente una cucharadilla de crema o loción limpiadora del envase con una espátula. Mezclar la crema o loción con los dedos para suavizarla. Si el cliente lleva un maquillaje intenso de ojos y de labios, utilizar una pequeña cantidad de desmaquillador y almohadillas húmedas de algodón o tejido suave para eliminar el maquillaje excesivo.

b) Empezando en el cuello, utilizar las dos manos en un movimiento circular para repartir el producto de limpieza hacia arriba, en el mentón, mandíbulas, mejillas, base de la nariz y sienes, y a lo largo de los lados y en el puente de la nariz. (Fig. 19.5) Realizar movimientos circulares con la punta de sus dedos alrededor de los orificios y lados de la nariz. Continuar realizando los movimientos circulares hacia arriba entre la ceja y a través de la frente y las sienes.

c) Extraer más crema limpiadora o loción del envase utilizando una espátula y mezclar. Suavizar el cuello, pecho y espalda mediante pases largos y homogéneos.

d) Empezando en el centro de la frente, desplazar ligeramente la punta de los dedos en un círculo alrededor de los ojos con dirección a las sienes, volviendo al centro de la frente.

e) Deslizar los dedos hacia abajo de la nariz hasta el labio superior, con dirección a las sienes y frente, ligeramente hacia abajo hasta el mentón, después firmemente hasta la línea de la mandíbula, sienes y frente.

4. Quitar la crema limpiadora.

a) Quitar la crema o loción utilizando pañuelos de papel, toallas húmedas y calientes, almohadillas calientes de algodón o esponjas faciales. Empezar en la frente y seguir con los contornos de la cara. Quitar todos los restos de crema en un lado de la cara antes de continuar con el otro. Acabar el cuello, pecho y espalda. (Fig. 19.6) (Si se deben depilar las cejas, es mejor hacerlo en este momento.)

5. Vaporizar la cara (opcional).

a) Vaporizar la cara suavemente con toallas húmedas y calientes o con un vaporizador facial para abrir los poros, para poderlos limpiar y eliminar la grasa, espinillas, maquillaje y suciedad. El vapor también ayuda a suavizar las líneas superficiales e incrementa la circulación sanguínea hacia la superficie de la piel.

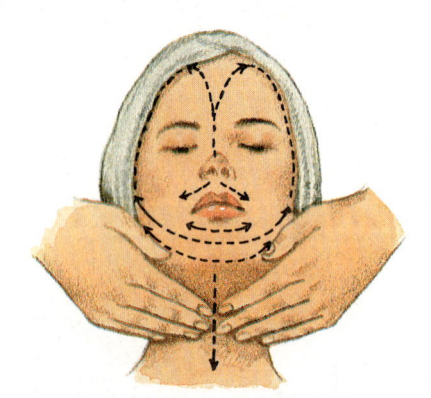

19.5—Distribución de la crema sobre la cara y cuello.

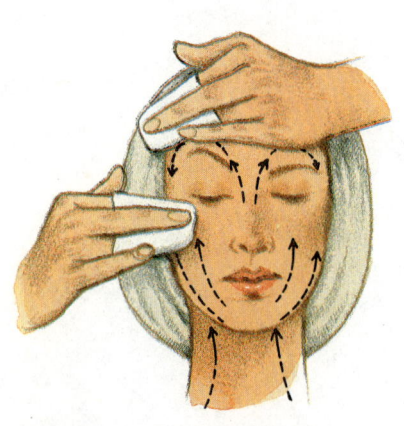

19.6—Eliminación de la crema limpiadora con pañuelos de papel o con una toalla húmeda y caliente.

6. Aplicar crema de masaje.
   a) Seleccionar una crema de masaje apropiada para el tipo de piel del cliente. Utilizando el mismo procedimiento que para aplicar crema de limpieza, aplicar crema de masaje en la cara, cuello, hombros, pecho y espalda.
   b) En caso de que sea necesario, aplicar crema o aceite lubricante alrededor de los ojos y en el cuello.
7. Realizar masajes faciales.
   a) Cubrir los ojos del cliente con unas almohadillas de algodón humedecidas con un astringente suave.
   b) Aplicar masaje en la cara utilizando los movimientos faciales que se describen en este capítulo.
8. Exponer la cara a los rayos infrarrojos. (Fig. 19.7) La lámpara de infrarrojos se puede utilizar durante o después de los movimientos o manipulaciones faciales.
   a) Cubrir los ojos del cliente con almohadillas de algodón humedecidas con un astringente suave.
   b) Colocar la lámpara a una distancia adecuada de la cara.
   c) Exponer la cara a los rayos infrarrojos durante un período de 3 a 5 minutos.
9. Quitar la crema de masaje.
   a) Quitar la crema con pañuelos de papel, toallas húmedas y calientes, almohadillas de limpieza húmedas o esponjas. Seguir el mismo procedimiento que se utiliza con la crema limpiadora.
10. Aplicar astringente o una loción refrescante de piel suave.
    a) Humedecer la cara con almohadillas de algodón empapadas con loción.
11. Aplicar una mascarilla de tratamiento, formulada especialmente para el tipo de piel del cliente. Dejarlo en la cara durante un período de 7 a 10 minutos.
12. Retirar la mascarilla con almohadillas de algodón humedecidas o con toallas.
13. Limpiar la cara con almohadillas de algodón saturadas con un astringente suave.
14. Aplicar un humidificador o una loción protectora.
15. Finalización.
    a) Tirar todos los suministros y materiales desechables.
    b) Cerrar firmemente los envases de los productos, limpiarlos y colocarlos en los lugares adecuados. Colocar los productos cosméticos no utilizados y los otros elementos en el lugar en que se guardan normalmente.
    c) Colocar las toallas, cubiertas, cintas de cabeza y demás elementos similares en los contenedores apropiados.
    d) Ordenar la zona de trabajo.
    e) Lavar e higienizar las manos. ✔

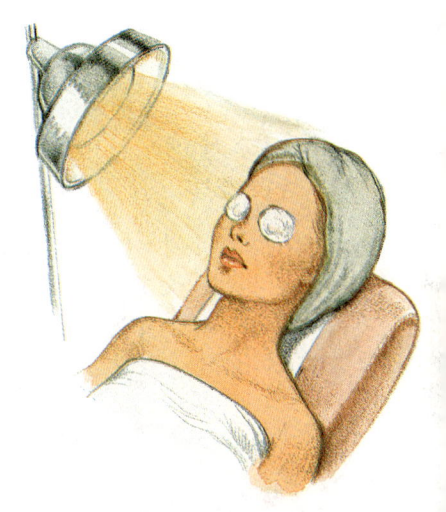

19.7—Exposición de la cara a la lámpara de infrarrojos.

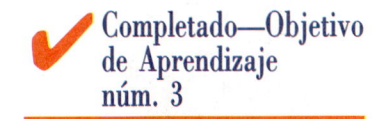

✔ Completado—Objetivo de Aprendizaje núm. 3

PROCEDIMIENTO FACIAL

MASAJES FACIALES

Cuando esté realizando masajes faciales, debe recordar que un ritmo uniforme induce a la relajación. Una vez iniciado el masaje, no aparte las manos de la cara del cliente. En caso de que sea necesario hacerlo, apártelas muy suavemente y después vuelvalas a colocar mediante movimientos muy ligeros, como si se tratase de plumas.

◆ NOTA: Puede que cada instructor haya desarrollado su propia técnica durante los masajes. Las siguientes ilustraciones sólo muestran los diferentes movimientos que se pueden utilizar en las diferentes zonas de la cara, pecho y espalda. Seguir las instrucciones de su instructor.)

Generalmente los movimientos de masaje están dirigidos hacia el origen de un músculo, para evitar dañar los tejidos musculares.

1. Movimiento del mentón. Levantar el mentón, aplicando una ligera presión. (Fig. 19.8)
2. Mejillas inferiores. Utilizando un movimiento circular, efectuar un movimiento rotatorio desde la mejilla a las orejas. (Fig. 19.9)
3. Seguir el diagrama para los movimientos de boca, nariz y mejilla. (Fig. 19.10)

◆ NOTA: Muchos especialistas faciales prefieren iniciar el masaje en el mentón, mientras que otros prefieren empezar en la frente. Ambos procedimientos son correctos. Siga las instrucciones de su instructor.

4. Movimiento linear sobre la frente. Deslizar los dedos hasta las sienes, efectuar un movimiento rotatorio ejerciendo presión siguiendo un desplazamiento hacia arriba, deslizarse hacia la ceja izquierda, y seguir hacia arriba hasta la línea de crecimiento del pelo, moviendo las manos gradualmente a través de la frente hasta la ceja derecha. (Fig. 19.11)

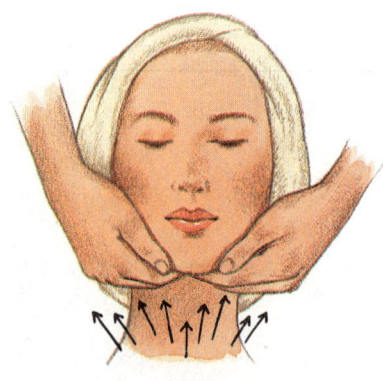

19.8—Movimiento del mentón.

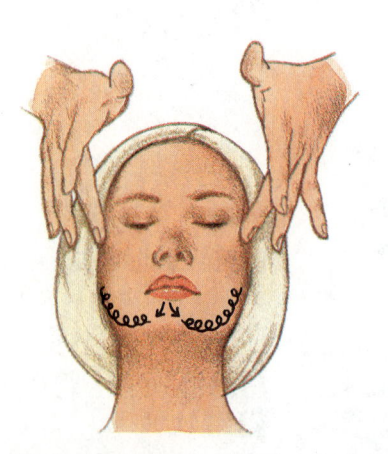

19.9—Movimiento circular de las mejillas inferiores.

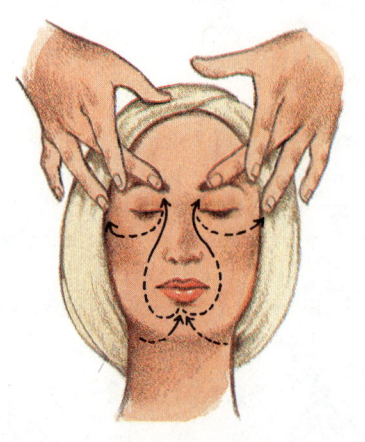

19.10—Movimientos de boca, nariz y mejilla.

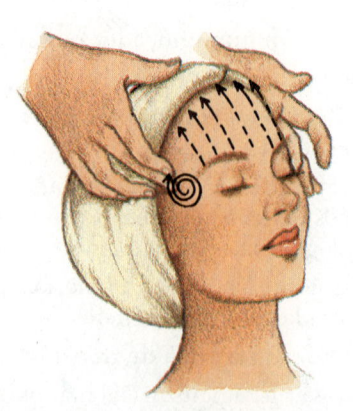

19.11—Movimiento linear sobre la frente.

5. Movimiento circular sobre la frente. Empezando en la línea de las cejas, proseguir transversalmente por el medio de la frente y después hacia la línea de crecimiento del pelo. (Fig. 19.12)
6. Movimiento entrecruzado. Empezar en un lado de la frente y retroceder. (Fig. 19.13)
7. Movimiento de frotación (dolor de cabeza). Deslizar los dedos hacia el centro de la frente, después retirar los dedos, ejerciendo una ligera presión, dirigirse hacia las sienes y efectuar un movimiento rotatorio. (Fig. 19.14)
8. Movimiento de ceja y de ojo. Colocar los dedos corazón en las esquinas interiores de los ojos y los índices sobre las cejas. Realizar un movimiento deslizante hacia las esquinas exteriores de los ojos, bajo los ojos y de vuelta hacia las esquinas interiores. (Fig. 19.15)
9. Movimiento de la nariz y de la mejilla superior. Deslizar los dedos y colocarlos debajo de la nariz. Aplicar un movimiento rotatorio a través de las mejillas hasta las sienes y realizar un movimiento rotatorio suave. Deslizar los dedos bajo los ojos y de vuelta al puente de la nariz. (Fig. 19.16)

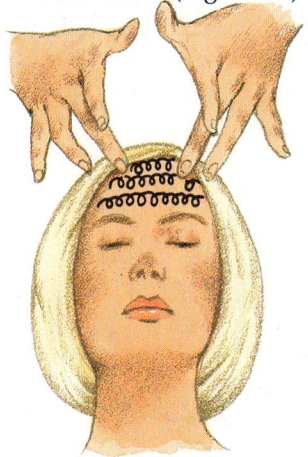

19.12—Movimiento circular sobre la frente.

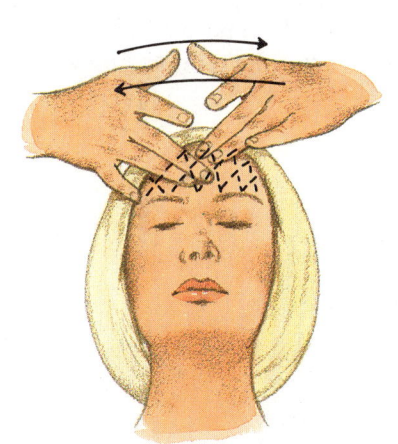

19.13—Movimiento entrecruzado.

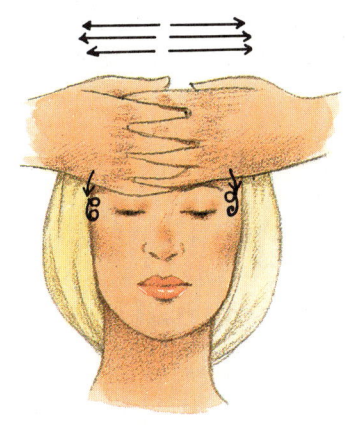

19.14—Movimiento de frotación (dolor de cabeza).

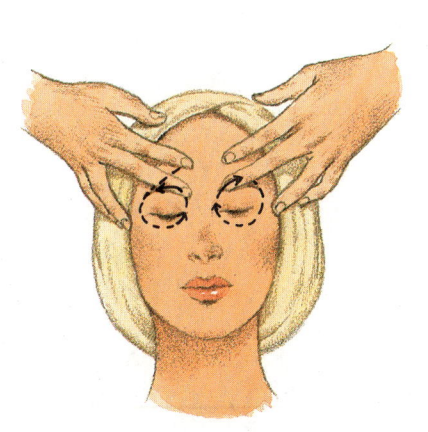

19.15—Movimiento de cejas y de ojos.

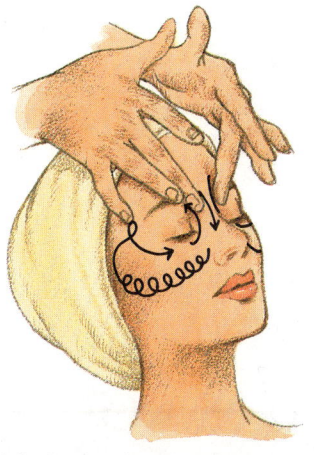

19.16—Movimiento de la nariz y la mejilla superior.

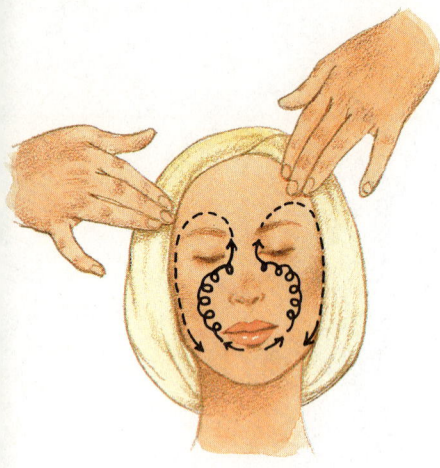

428 ◆ TEXTO GENERAL DE COSMETOLOGÍA

10. **Movimiento de boca y nariz.** Aplicar un movimiento circular desde las esquinas de la boca hacia arriba, hacia la zona lateral de la nariz. Deslizar los dedos sobre las cejas y hacia abajo, en dirección a las esquinas de la boca. (Fig. 19.17)

11. **Movimiento de labio y de mentón.** Deslizar los dedos desde el centro del labio superior, alrededor de la boca y por debajo del labio inferior y del mentón. (Fig. 19.18)

12. **Movimiento opcional.** Sostener la cabeza con la mano izquierda, deslizar los dedos de la mano derecha desde debajo del labio inferior, alrededor de la boca, hasta el centro del labio superior. (Fig. 19.19)

13. **Movimiento de elevación de las mejillas.** Continuar desde la boca a las orejas y después desde la nariz a la parte superior de las orejas. (Fig. 19.20)

14. **Movimiento rotatorio de las mejillas.** Efectuar un masaje desde el mentón a los lóbulos de la oreja, desde la boca a la sección media de las orejas y desde la nariz a la parte superior de las orejas. (Fig. 19.21)

15. **Golpeteo ligero.** Trabajar desde el mentón al lóbulo de la oreja, desde la boca a la oreja, nariz a la parte superior de la oreja y después transversalmente por la frente. Repetir en el otro lado. (Fig. 19.22)

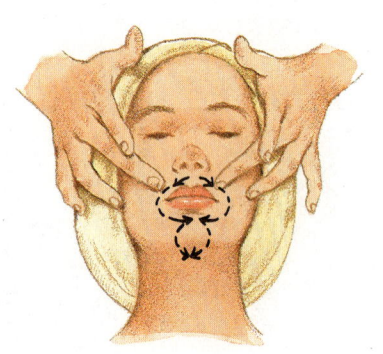

19.17—Movimiento de boca y nariz.

19.18—Movimiento de labio y de mentón.

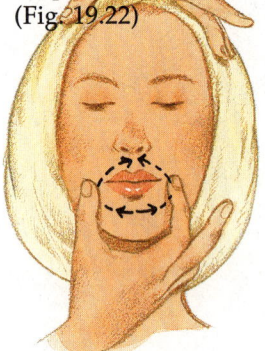

19.19—Movimiento opcional.

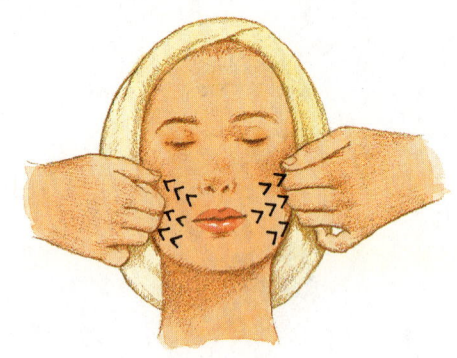

19.20—Movimiento de elevación de las mejillas.

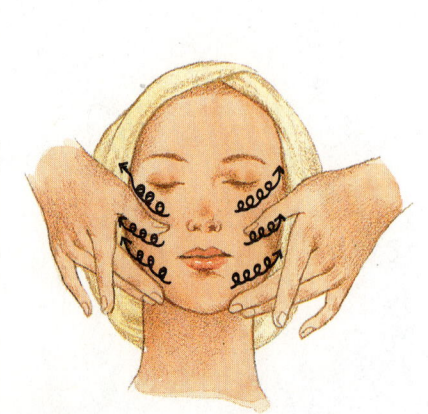

19.21—Movimiento rotatorio de las mejillas.

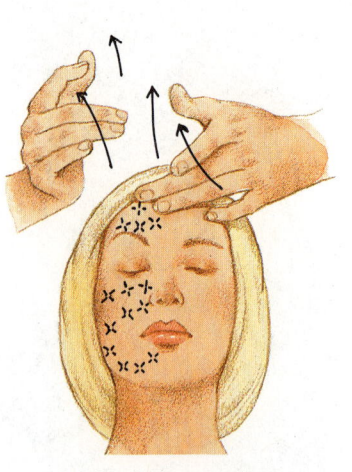

19.22—Golpeteo ligero.

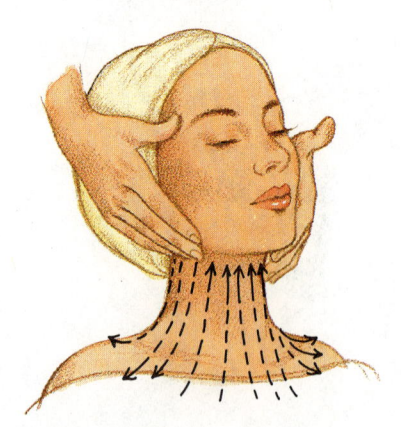

19.23—Movimiento de masaje en el cuello.

CAPÍTULO 19   TRATAMIENTOS FACIALES   ◆   429

16. Masaje en el cuello. Realizar pasadas ligeras hacia arriba, sobre la parte frontal del cuello. Utilizar una presión más fuerte con los lados del cuello, realizando movimientos hacia abajo. (Fig. 19.23)

17. Movimiento circular sobre el cuello y el pecho. Empezando en la parte posterior de las orejas, aplicar movimientos circulares hacia abajo, en la parte lateral del cuello, sobre los hombros y a través del pecho. (Fig. 19.24)

18. Lámpara de infrarrojos (opcional). Proteger los ojos con almohadillas protectoras de ojos, ajustar la lámpara sobre la cara del cliente y dejarla durante unos 5 minutos. (Fig. 19.25)

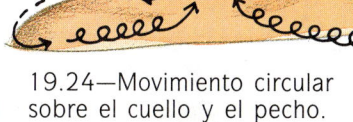

MASAJES EN EL PECHO, ESPALDA Y CUELLO (OPCIONAL)

Algunos instructores prefieren tratar estas zonas en primer lugar, antes del tratamiento facial normal. Un procedimiento corriente es el siguiente:

1. Aplicar y quitar la crema limpiadora.
2. Aplicar crema de masaje.
3. Aplicar los masajes según se describe abajo.
4. Movimiento de pecho y de espalda. Utilizar movimientos rotatorios a través del pecho y hombros, después proseguir con la columna vertebral. Deslizar los dedos hasta la base del cuello. Efectuar un movimiento rotatorio tres veces. (Fig. 19.26)
5. Movimiento de hombros y de espalda. Hacer rotar los hombros tres veces. Deslizar los dedos hasta la columna vertebral, después a la base del cuello. Aplicar un movimiento circular hacia arriba, hasta la parte posterior de la oreja, después deslizar los dedos hasta la parte frontal del lóbulo de la oreja. Efectuar un movimiento rotatorio tres veces. (Fig. 19.27)
6. Masaje en la espalda (opcional). Para estimular y relajar al cliente, utilizar los pulgares y los dedos índices doblados para presionar el tejido en la parte posterior del cuello. Efectuar un movimiento rotatorio 6 veces. Repetir sobre los hombros y otra vez en la columna vertebral. (Fig. 19.28)
7. Limpiar con pañuelos de papel o con una toalla húmeda y caliente.
8. Espolvorear la espalda ligeramente con polvo de talco y suavizar. ✔

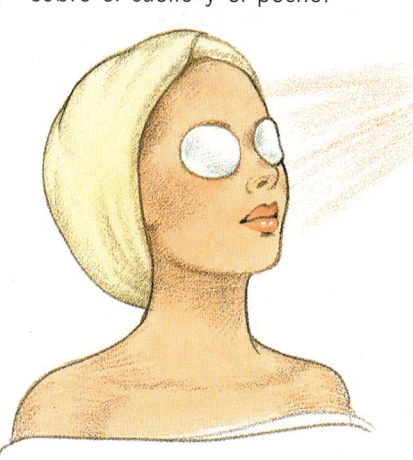

19.24—Movimiento circular sobre el cuello y el pecho.

19.25—Lámpara de infrarrojos (opcional).

✔ Completado—Objetivo de Aprendizaje núm. 4

MASAJES POSIBLES UTILIZADOS DURANTE UN TRATAMIENTO FACIAL

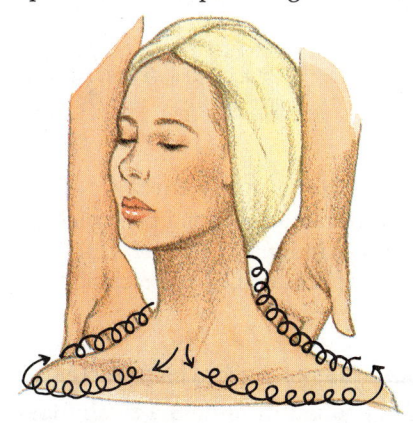

19.26—Movimiento de pecho y de espalda.

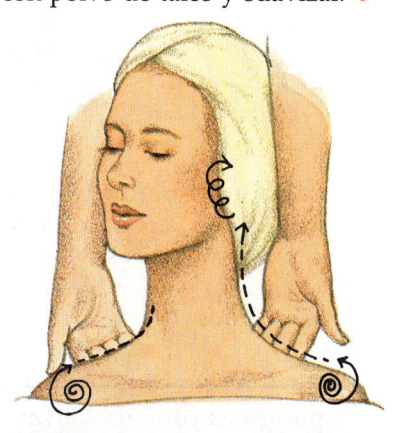

19.27—Movimiento de hombros y de espalda.

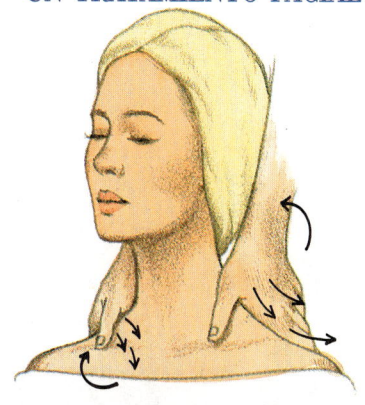

19.28—Masaje en la espalda (opcional).

PROBLEMAS ESPECIALES

TRATAMIENTO FACIAL PARA PIEL SECA

La piel seca se debe a un flujo insuficiente de sebo procedente de las glándulas sebáceas. El tratamiento facial para la piel seca ayuda a corregir la sequedad de la piel. Se puede administrar con o sin corriente eléctrica. Para obtener mejores resultados, se recomienda el empleo de la corriente eléctrica.

Procedimiento con rayos infrarrojos

1. Preparar al cliente como si se tratase de un tratamiento facial normal.
2. Aplicar crema limpiadora, quitarla con pañuelos de papel o con una toalla húmeda y caliente.
3. Humedecer la cara con tónico (para pieles secas).
4. Aplicar crema de masaje.
5. Aplicar aceite lubricante o crema de ojos, por encima y por debajo de los ojos.
6. Aplicar aceite lubricante por el cuello.
7. Cubrir los ojos del cliente con almohadillas oculares de algodón humedecidas con una solución de olmo escocés y ácido bórico.
8. Exponer la cara y el cuello a los rayos infrarrojos, durante un período no superior a los 5 minutos.
9. Realizar los masajes de tres a cinco veces.
10. Retirar la crema de masaje y la grasa con pañuelos de papel o con una toalla caliente y húmeda.
11. Aplicar un tónico apropiado para las pieles secas.
12. Secar la cara con pañuelos de papel o con una toalla.
13. Aplicar una crema base, apropiada para la piel del cliente.
14. Finalizar y limpiar como si se tratase de un tratamiento facial normal.

> **PRECAUCIÓN**
> *Para los casos de piel seca, evitar utilizar lociones que contengan un porcentaje importante de alcohol. Leer las instrucciones del fabricante.*

Procedimiento para utilizar la corriente galvánica

El procedimiento para administrar un tratamiento facial para piel seca con corriente galvánica es similar al procedimiento de aplicación de tratamientos faciales para piel seca con rayos infrarrojos, a excepción de unos cuantos cambios:

1. Repetir los pasos 1 a 3 del procedimiento con rayos infrarrojos.
2. Aplicar una corriente galvánica negativa durante 3 a 5 minutos, para abrir los poros.
3. Repetir los pasos 4 a 11 de este procedimiento con rayos infrarrojos.

4. Aplicar una corriente galvánica positiva durante 3 a 5 minutos, para cerrar los poros.
5. Repetir los pasos 12 a 14 del procedimiento con rayos infrarrojos.

Procedimiento utilizando corriente de alta frecuencia indirecta

1. Seguir los pasos 1 a 8 del procedimiento del tratamiento facial con rayos infrarrojos.
2. Realizar los masajes, utilizando el método indirecto de aplicación de corriente de alta frecuencia, durante un período no superior a los 7 minutos. (Fig. 19.29)
3. Aplicar de dos a tres toallas frías en la cara y en el cuello.
4. Humedecer la cara y cuello con loción refrescante de la piel.
5. Aplicar un humidificador con fluido protector.

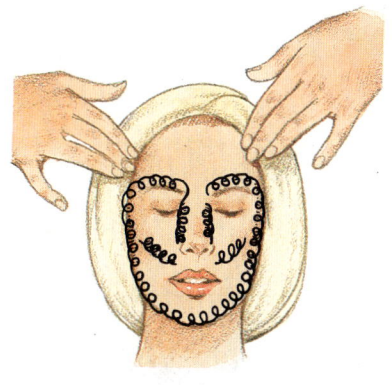

TRATAMIENTO FACIAL PARA LA PIEL GRASA Y LAS ESPINILLAS

Una piel grasa y/o las *espinillas* (*comedones*) se originan por una masa endurecida de sebo que se forma en los conductos de las glándulas sebáceas. A veces la dieta del cliente puede constituir un factor que favorece su aparición. Para seguir una dieta apropiada que ayude a minimizar la piel grasa y las espinillas, el cliente debe consultar al médico.

19.29—Método indirecto de alta frecuencia. (El cliente sujeta el electrodo.)

Procedimiento

1. Preparar al cliente como si se tratase de un tratamiento facial normal. Es necesario que las manos estén limpias.
2. Aplicar una loción de limpieza y retirarla con una toalla húmeda y caliente, almohadillas de algodón humedecidas o esponjas faciales.
3. Colocar las almohadillas oculares humedecidas sobre los ojos del cliente, después analizar la piel utilizando una lámpara de aumento.
4. Vaporizar la cara con tres o cuatro toallas húmedas y calientes, o con un vaporizador facial para abrir los poros.
5. Cubrir la punta de los dedos con pañuelos de papel y apretar y sacar suavemente las espinillas. No presionar demasiado fuertemente para no dañar la piel.

PRECAUCIÓN

Es necesario limpiar los granos que han desarrollado una cabeza y que estén abiertos. Utilizar guantes de goma o latex. No intente tratar un problema cutáneo que requiera atención médica.

---

6. Humedecer la cara con astringente.
7. Cubrir los ojos del cliente con almohadillas humedecidas con astringente suave.

8. Aplicar luz azul sobre la piel no más de 3 a 5 minutos.
9. Aplicar una crema de masajes apropiada para la piel bajo tratamiento.
10. Ejecutar los masajes.
11. Retirar la crema con almohadillas de algodón, toallas húmedas y calientes o con esponjas faciales.
12. Humedecer una almohadilla de algodón con una loción astringente. Aplicarla en la cara y en el cuello, realizando movimientos hacia arriba y hacia fuera para cerrar los poros.
13. Secar la humedad excesiva con pañuelos de papel.
14. En caso de que sea necesario, aplicar una loción protectora.
15. Finalizar y limpiar, siguiendo los procedimientos higiénicos adecuados.

ESPINILLAS BLANCAS

La *milia,* o *espinillas blancas,* son un trastorno cutáneo común, originados por la formación de materia sebácea dentro o debajo de la piel. Generalmente aparece en pieles de textura fina. Puede que las aperturas superficiales de la piel sean tan pequeñas que el sebo no puede pasar. Como resultado, el sebo se acumula bajo la piel en masas pequeñas, redondas y endurecidas con un aspecto similar a los de los granos de arena. Este problema se puede tratar bajo la supervisión de un dermatólogo.

TRATAMIENTO FACIAL PARA EL ACNÉ

El acné es un trastorno de las glándulas sebáceas, por lo que exige atención médica. Si el cliente se encuentra bajo tratamiento médico, el papel del cosmetólogo es el de trabajar estrechamente con el médico del cliente, para poder llevar a cabo sus instrucciones referentes a la clase y frecuencia de los tratamientos faciales.

Bajo dirección médica, debe limitar el tratamiento cosmético del acné a las siguientes medidas:

1. Reducir el nivel de grasa de la piel por medio de aplicaciones locales.
2. Eliminar las espinillas, utilizando los procedimientos correctos.
3. Limpieza de la piel.
4. Aplicación de medicamentos especiales.

Equipos, consumibles y materiales
Crema o loción para el acné
Loción antiséptica
Tónico
Loción astringente para pieles grasas
Toallas
Máscara apropiada
Lámpara de aumento de alta frecuencia

Procedimiento

Debido a que la piel de acné contiene material infeccioso, se recomienda utilizar guantes de goma o látex y materiales desechables, como las almohadillas de limpieza de algodón.

1. Preparar todos los materiales que se deben utilizar en el tratamiento facial.
2. Preparar al cliente.
3. Limpiar e higienizar las manos.
4. Limpiar la cara del cliente.
5. Colocar almohadillas oculares de algodón sobre los ojos del cliente, después analizar la piel utilizando la lámpara de aumento.
6. Colocar toallas húmedas y calientes en la cara para abrir los poros y así conseguir una limpieza profunda.
7. Extraer las espinillas y limpiar los granos.
8. Limpiar la cara con una almohadilla de algodón húmeda rociada con astringente.
9. Aplicar crema para el tratamiento del acné. Dejar las almohadillas de los ojos y encender la lámpara de infrarrojos durante 5 a 7 minutos, para permitir que la crema de tratamiento penetre dentro de la piel. También podrá aplicar corriente de alta frecuencia con aplicación directa (electrodo facial) sobre la zona afectada, durante un período no superior a los 5 minutos. (Fig. 19.30) Es necesario obtener el asesoramiento de su instructor.
10. Dejar las almohadillas de los ojos y aplicar una máscara de tratamiento apropiada para el tipo de piel bajo tratamiento. Dejarla en la cara de 8 a 10 minutos.
11. Retirar la máscara con toallas húmedas o almohadillas de algodón.
12. Aplicar astringente a la cara utilizando una almohadilla de algodón húmeda.
13. Aplicar fluido protector o loción especial para el tratamiento del acné.
14. Finalizar los procedimientos de limpieza. ✔

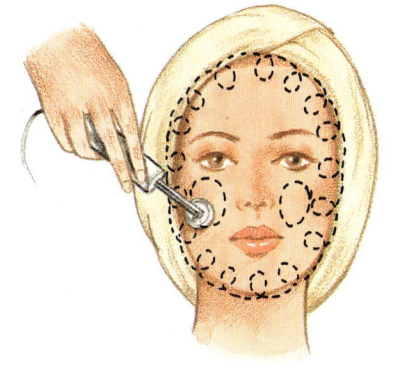

19.30—Aplicación de corriente de alta frecuencia utilizando un electrodo facial.

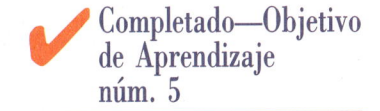

✔ Completado—Objetivo de Aprendizaje núm. 5

TRATAMIENTOS FACIALES CORRECTIVOS

DIETA PARA EL ACNÉ

Estudios realizados en la actualidad indican que el acné puede estar originado por factores hereditarios y medioambientales. Puede empeorar con el aumento de la tensión nerviosa y por una dieta incorrecta. Actualmente ya no se cree que el acné esté provocado por algún alimento o bebida determinado, pero los alimentos con un alto contenido en grasas, almidones y azucares tienden a empeorar la situación. El cliente debe consultar un médico para seguir una dieta apropiada. Se recomienda una dieta equilibrada, beber mucha agua y una higiene personal completa.

PACKS Y MASCARILLAS

Las mascarillas y los packs son métodos parecidos, pero generalmente las substancias con una consistencia más pesada como la arcilla reciben el nombre de packs. Los tratamientos faciales con packs se recomiendan para la piel normal y grasa y generalmente se aplican directamente en la piel. Los tratamientos faciales con mascarilla se recomiendan para la piel seca y se aplican con la ayuda de capas de gasa o máscaras. Las mascarillas están compuestas por muchos ingredientes y combinaciones; entre estos ingredientes se encuentran vegetales, frutas, productos lácteos, hierbas medicinales y aceites. Con frecuencia la gasa se utiliza para ayudar a sujetar la mascarilla en la cara.

MASCARILLAS HECHAS A LA MEDIDA

Generalmente se utilizan mascarillas preparadas, pero en ocasiones puede que sea preferible una mascarilla hecha a la medida, preparada utilizando frutas frescas, vegetales, leche, yogurt o huevos. Generalmente estas mascarillas son beneficiosas a no ser que el cliente sea alérgico a una de estas substancias. Antes de utilizar una mascarilla, debe preguntar al cliente si es alérgico a una substancia en particular. Generalmente las mascarillas hechas a la medida se dejan en la cara de 10 a 15 minutos durante un tratamiento de una hora. A continuación se detallan los ingredientes que se utilizan en las mascarillas hechas a la medida y los beneficios que reportan a la piel:

1. *Máscaras de frutas frescas.* Las fresas frescas se pueden aplastar o cortar en rodajas y aplicar a la cara (generalmente sobre o entre capas de gasa) para obtener una mascarilla ligeramente astringente y estimulante. Los plátanos se pueden cortar en rodajas o aplastar para preparar una mascarilla para la piel seca y sensible, ya que son ricos en vitaminas, potasio, calcio y fósforo y dejan la piel suave y lisa.

2. *Las frutas y vegetales ligeramente astringentes* que poseen cualidades de relajación excelentes son: tomates, manzanas y pepinos. Estas frutas o vegetales se pueden cortar en rodajas muy delgadas o aplastar y aplicar en la cara. La gasa ayuda a mantener la máscara en su lugar.

3. *La clara de un huevo* se puede batir hasta alcanzar el punto merengue y aplicar en la cara como una mascarilla. La clara de huevo reafirma la piel y limpia sus impurezas. Es beneficiosa para todos los tipos de piel.

4. *El yogurt,* y *el suero de leche* se utilizan para mascarillas en todos los tipos de piel. La acción de limpieza ligeramente astringente deja la piel fresca.

5. *La miel* tonifica, afirma e **hidrata** la piel.

6. Algunos ingredientes como la harina de avena o harina de almendra se pueden mezclar para formar una pasta con leche. ✔

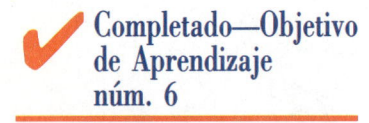

✔ Completado—Objetivo de Aprendizaje núm. 6

DESCRIBA PACKS Y MASCARILLAS

El empleo de gasa para la aplicación de mascarillas

La gasa es un tejido delgado y transparente fabricado con algodón trenzado sin demasiada firmeza. La gasa se utiliza para aguantar ciertos ingredientes de la mascarilla que no se mantienen juntos sobre la cara. Este es el caso de las frutas o vegetales triturados o cortados en rodajas, que tienden a desparramarse. Estos ingredientes se pueden aplicar sobre una capa de gasa. La gasa sostiene la mascarilla en la cara y también permite que los ingredientes se filtren para beneficiar la piel. En algunos casos, es necesario aplicar una segunda capa de gasa sobre la mascarilla.

Procedimiento para aplicación de la gasa

1. Cortar un pedazo de gasa lo suficientemente grande como para cubrir toda la cara y cuello. (Fig. 19.31) Cortar espacios para los ojos, nariz y boca. Aunque el cliente puede respirar a través de la gasa, los espacios cortados serán más cómodos.

2. Aplicar los ingredientes de la mascarilla sobre la gasa. (Fig. 19.32) Empezar en el cuello y aplicar los ingredientes hacia arriba en la cara, acabando en la frente. Aplicar almohadillas oculares para mayor comodidad del cliente.

3. Permitir que la mascarilla permanezca en la cara durante el tiempo apropiado; a continuación levantar y enrollar la gasa hacia arriba, para retirar la mayor parte de la mascarilla. (Fig. 19.33) Acabar la limpieza de la cara con almohadillas de algodón humedecidas o esponjas faciales.

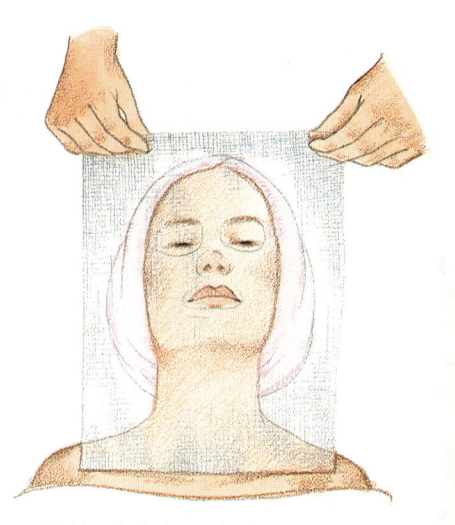

19.31—Cubrir toda la cara y cuello con gasa.

19.32—Aplicar los ingredientes de la máscara sobre la gasa.

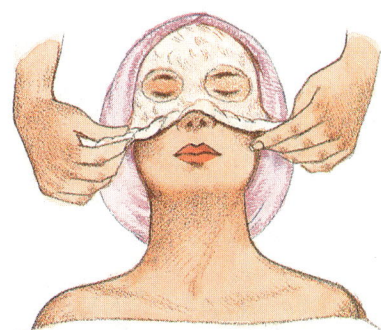

19.33—Levantar y enrollar la gasa hacia arriba para extraerla.

Equipos, útiles y materiales para mascarillas hechas a medida

Preparar todos los artículos necesarios para un tratamiento facial normal, así como cualquier ingrediente o producto cosmético especial necesario para la mascarilla.

Procedimiento para una mascarilla hecha a medida

1. Realizar un tratamiento facial normal, incluyendo retirar la crema de masaje después de los masajes.
2. Colocar almohadillas de algodón humedecidas con un astringente poco fuerte sobre los ojos.
3. Aplicar la gasa y la mascarilla apropiada o ingredientes de mascarilla según el tipo de piel. Impedir que la mascarilla penetre en los ojos, orificios de la nariz, boca o en la línea de crecimiento del pelo del cliente.
4. Dejar que la mascarilla permanezca en la piel de 10 a 15 segundos o hasta que esté seca. Si utiliza una mascarilla preparada, seguir las instrucciones del fabricante.
5. Extraer cuidadosamente la mascarilla de gasa y finalizar la limpieza de la piel con una toalla húmeda y caliente o con almohadillas de algodón.
6. Aplicar un astringente suave o una loción refrescante de la piel.
7. Aplicar un humidificador o una loción protectora.
8. Seguir los procedimientos de acabado y de limpieza acostumbrados.

TRATAMIENTO FACIAL CON MASCARILLA DE ACEITE CALIENTE

El tratamiento facial con mascarilla de aceite caliente es recomendable para las pieles secas, escamosas o con tendencia a arrugarse. La mascarilla se aplica directamente a la piel con la ayuda de capas de gasa. Preparar la gasa en secciones lo suficientemente grandes como para cubrir la cara. Cortar aperturas para los ojos, nariz y boca.

Equipo, consumibles y materiales

Reunir todos los artículos necesarios para un tratamiento facial incluyendo los siguientes:

Mascarilla facial de gasa preparada

Preparación de aceite caliente

Calentador de aceite caliente

Lámpara de infrarrojos

Procedimiento

1. Realizar un tratamiento facial normal, incluyendo la eliminación de la crema de masaje.
2. Cubrir los ojos con almohadillas humedecidas con astringente suave (loción refrescante de la piel).
3. Humedecer la mascarilla facial de gasa con aceite caliente y colocarla sobre la cara, empezando en la garganta.
4. Colocar la lámpara de infrarrojos a unos 60 centímetros de la cara del cliente. (Fig. 19.34)
5. Dejar que el cliente descanse de 5 a 10 minutos debajo de la lámpara.
6. Quitar la mascarilla facial de gasa.
7. Realizar un masaje adicional o aplicar crema humedecedora.
8. Realizar masajes faciales.
9. Limpiar la crema utilizando una toalla húmeda y caliente.
10. Aplicar una loción astringente.
11. Aplicar humedecedor o loción protectora según sea necesario.
12. Finalizar los procedimientos de limpieza. ✓

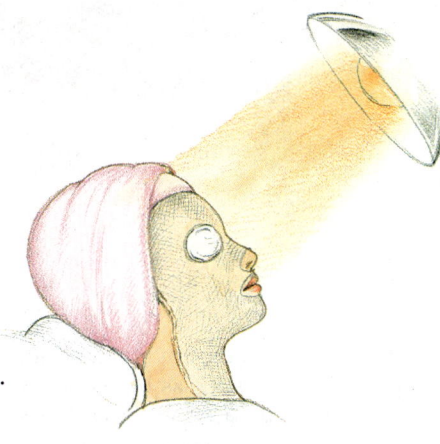

19.34—Lámpara infrarroja.

✓ Completado—Objetivo de Aprendizaje núm. 7

MATERIALES Y PROCEDIMIENTOS PARA TRATAMIENTOS FACIALES CON MASCARILLA

RAZONES POR LAS QUE UN CLIENTE PUEDE NO QUEDAR SATISFECHO CON UN TRATAMIENTO FACIAL

1. Presentación poco profesional.
2. Olor corporal o mal aliento.
3. Uñas cortantes que arañan la piel.
4. Manos rugosas y frías.
5. Por permitir que la crema u otras substancias penetren en los ojos, boca, orificios nasales o en la línea de crecimiento del pelo del cliente.
6. Utilización de toallas demasiado calientes.
7. Aplicación de substancias o toallas demasiado frías.
8. Por no seguir procedimientos higiénicos en todo momento.
9. No mostrar ningún interés en la comodidad y seguridad del cliente.
10. Por hablar demasiado y no permitir que el cliente se relaje.
11. Aplicar masajes demasiado bruscamente o aplicar masajes en la dirección incorrecta.
12. Por estar desorganizado y tener que interrumpir el tratamiento facial para obtener suministros.
13. No ayudar al cliente cuando sea necesario.
14. Por no ser amable en todo momento. ✓

✓ Completado—Objetivo de Aprendizaje núm. 8

RAZONES POR LAS QUE UN CLIENTE NO QUEDARÍA SATISFECHO CON UN TRATAMIENTO FACIAL

Trayectoria de Carrera

EL ESTETICISTA

Un esteticista es un cosmetólogo que se especializa en el cuidado de la piel más que en las técnicas de peinado del cabello. Como especialistas altamente capacitados, ellos ofrecen consejos para el cuidado preventivo de la piel y ofrecen además tratamientos para mantener la piel sana y atractiva. El esteticista pueden además fabricar, vender o aplicar cosméticos. A menos que un esteticista posea una licencia en dermatología, el o ella no podrá recetar medicamentos o proporcionar tratamientos médicos. Sin embargo, un esteticista está capacitado para detectar problemas de la piel y sugerir que el cliente obtenga tratamiento médico. En algunos estados, un esteticista debe ser un cosmetólogo certificado con capacitación en todas las áreas de cosmetología; en otros, se puede asistir a una escuela de estética independiente y obtener una licencia por separado.

Existen muchas oportunidades de trabajo para aquellas personas que eligen especializarse en estética. Las posibilidades de obtener un buen salario y de crecimiento son mayores que en otros campos comparables en tiempo de capacitación y costo.

Además de convertirse en un proveedor de servicios de cuidados de la piel, en un salón que ofrece servicios de belleza completos, la persona técnica certificada en estética puede llegar a ser propietaria de un salón para cuidados de la piel o un centro terapéutico de consulta externa; la popularidad de tales establecimientos se ha incrementado en los últimos años.

El campo de mercadeo puede ofrecer también muchas posibilidades para el esteticista: Usted puede llegar a convertirse en gerente, representante de ventas o comprador del departamento de cosméticos de una tienda de gran escala. Otra opción es la de convertirse en representante del fabricante, visitando salones o tiendas para explicar o demostrar el uso de los productos. El esteticista puede también vender directamente a los consumidores como propietarios de su propia línea de cosméticos o productos para el cuidado de la piel.

El esteticista puede también llegar a ser un artista invitado o demostrador, viajando para participar en convenciones y otros eventos para demostrar los productos, técnicas y equipos a los posibles compradores o al público en general.

—Tomado del Texto General para Esteticistas Profesionales *por Joel Gerson*

PREGUNTAS DE REPASO

FACIALES

1. ¿Cuáles son los beneficios que se obtienen con un tratamiento facial?
2. ¿Por qué es necesario analizar la piel del cliente antes de realizar un tratamiento facial?
3. ¿Por qué es importante utilizar una espátula cuando se extrae un producto de su envase?
4. ¿Qué es lo que origina la piel seca?
5. ¿Qué otro nombre reciben las espinillas?
6. ¿Cuál es la causa de la piel grasa o de las espinillas?
7. ¿Qué es una espinilla blanca?
8. ¿Qué es el acné y cuál es su tratamiento?
9. ¿Para qué tipo de piel se recomiendan las mascarillas?
10. ¿Para qué tipo de piel se recomiendan los packs?
11. ¿Para qué tipo de piel se recomiendan las mascarillas de aceite caliente?

MAQUILLAJE FACIAL

20

OBJETIVOS DE APRENDIZAJE

DESPUÉS DE COMPLETAR ESTE CAPÍTULO, USTED DEBE SER CAPAZ DE:

1. Enumerar los tipos de cosméticos utilizados para el maquillaje facial y sus objectivos.
2. Describir los procedimientos correctos para la aplicación de maquillaje.
3. Identificar los diferentes tipos faciales.
4. Demostrar los diferentes procedimientos del maquillaje básico correctivo.
5. Demostrar la aplicación y la remoción de pestañas postizas.
6. Enumerar las precauciones de seguridad que se deben seguir durante la aplicación del maquillaje.

INTRODUCCIÓN

El objetivo principal de la aplicación de maquillaje es el de resaltar los rasgos faciales más atractivos del cliente y minimizar los rasgos menos atractivos. No existe ningún modelo de aplicación fijo de maquillaje facial. Es importante analizar cuidadosamente la cara de cada cliente y considerar las necesidades individuales.

Cuando aplique maquillaje, debe tener en consideración la estructura facial del cliente; el color de los ojos, piel y cabello, qué aspecto desea presentar el cliente; y los resultados que puede conseguir.

Una vez que conozca los principios básicos, podrá utilizar el maquillaje para crear ilusiones ópticas con el sombreado, realzado y el color. La belleza natural del cliente se puede mejorar coordinando adecuadamente el maquillaje facial, peinado y los colores de la ropa.

PREPARACIÓN PARA LA APLICACIÓN DEL MAQUILLAJE

Cuando el cliente esté siendo atendido en la peluquería y desee también un maquillaje, éste se debe realizar justo antes del peinado (una vez se hayan quitado los rulos y las pinzas) o después de que se haya secado o rizado el cabello. Atar una tira protectora de papel o turbante alrededor de la cabeza del cliente, para proteger el cabello.

El primer paso en el procedimiento del maquillaje es el de comprobar si la zona de trabajo está limpia y ordenada y si todos los artículos necesarios para realizar o quitar el maquillaje están esterilizados. Los productos se deben extraer de los envases con una espátula esterilizada o un aplicador limpio. Asegúrese de disponer de útiles desechables y aplicadores. Antes de tocar la cara del cliente, lavar y esterilizar las manos.

EQUIPO, PRODUCTOS Y MATERIALES

Cremas limpiadoras y tónicos
Lociones astringentes y refrescantes de la piel
Loción humidificante y protectora
Base de crema, líquido y compacta de colores apropiados
Productos cosméticos para el sombreado y resaltado
Colores en líquido, crema y polvo seco para las mejillas
Polvo facial
Lápiz de labios en gran variedad de colores
Delineadores de labios y cepillos
Gran variedad de sombreados de ojos de diferentes colores
Rimel y cepillos
Aplicadores de maquillaje de ojos (desechables)
Delineadores de ojos y cepillos
Pañuelos de papel
Aplicadores con punta de algodón desechables
Espátulas
Almohadillas y bastoncillos de algodón
Toallas desechables
Mantas y toallas para cubrir
Gorro de maquillaje
Cintas de papel para el cuello
Cintas para el pelo o turbantes
Rizador de cejas
Gran variedad de cepillos (cejas, polvos, etc.)

CAPÍTULO 20 MAQUILLAJE FACIAL ◆ 441

Cuando se seleccione y se aplique un maquillaje, utilizar un espejo de maquillaje bien iluminado, y cuando sea posible, compruebe el maquillaje con la luz natural.

PRODUCTOS COSMÉTICOS PARA EL MAQUILLAJE FACIAL

BASE DEL MAQUILLAJE

Probablemente ningún elemento del maquillaje es más importante que la base. Cuando se aplica correctamente, proporciona una base para la harmonía de colores, iguala el color de la piel, esconde sus pequeñas imperfecciones y la protege contra la suciedad, viento y demás condiciones climáticas. Los tonos de la piel o el pigmento determinan la selección del color de la base. Generalmente los tonos de la piel se clasifican mediante las siguientes descripciones: muy clara o blanca, marfil, crema, rosa, sonrosada, cetrina, oliva, bronceada, marrón y ébano. Seleccionar el color de base correcto es de extrema importancia para conseguir el éxito total en todo el proceso del maquillaje.

Cuando se seleccione un color base para una piel clara, normalmente es mejor utilizar un color más oscuro ya que le añade color. Cuando se selecciona una base para una piel oscura, la base debe adaptarse al tono natural de la piel. Para un tono de piel cetrino o pálido, una base rosácea proporciona una brillantez adecuada a la piel. Para un tono de piel rojizo, un tono beige reducirá los matices rojizos.

En lo que se refiere al resto de tonos de piel (claro, medio, oscuro), seleccionar una base y un polvo que se mezclen con el tono natural de la piel. Si la base es demasiado clara, la piel presentará un aspecto artificial y pastoso.

A la hora de decidir qué base se debe utilizar, poner unos puntos de base en la línea de la mandíbula del cliente y mezclarlos hacia arriba en la zona de la mandíbula, después hacia abajo en la zona lateral del cuello. Esto permitirá determinar si el color de la base se mezclará bien con el tono natural de la piel del cliente. Evitar crear un contraste entre el color de la cara y el color del cuello. Cuando el maquillaje tiene el color adecuado y está mezclado correctamente, no deben verse líneas de demarcación.

Selección de la base adecuada

Las bases líquidas y a base crema son las que se utilizan con mayor frecuencia y proporcionan a la piel un ligero brillo. Las bases en barra, bases de agua o de productos compactos proporcionan un acabado mate o apagado.

1. La base de crema es la que proporciona un aspecto más natural, siendo un maquillaje de larga duración. Está formulado para pieles normales, secas o grasas. Aplicar una pequeña cantidad de base en la frente, mejillas y mentón; a continuación mezclar hacia arriba y hacia fuera para alcanzar un acabado muy suave. Se puede utilizar una esponja facial para acabar la aplicación y retirar el sobrante.

2. La base líquida (loción) está compuesta de un aceite ligero, delicado y casi líquido. Para obtener una mezcla rápida y efectiva, aplicarlo sólo en una zona de la piel cada vez, utilizando movimientos ascendentes, suaves y largos. Se puede utilizar una pequeña esponja facial para suavizar la base y eliminar cualquier exceso.

3. La base de polvo compacto añade color y proporciona un aspecto suave y aterciopelado, ayudando a esconder las imperfecciones de la piel poco importantes así como la decoloración. Las bases compactas son efectivas con las pieles grasas. Si se utilizan en piel normal o seca, aplicar un humidificador antes de aplicar este tipo de maquillaje. Para aplicar correctamente un maquillaje compacto, humedecer una esponja facial y aplicar en una zona de la cara cada vez, utilizando cuidadosamente movimientos ascendentes y suaves.

4. La base en barra resulta particularmente útil para esconder las imperfecciones poco importantes de la piel y la descoloración. Debido a su mayor consistencia, se puede aplicar con la mano sobre la imperfección y después mezclar con la zona circundante. Para obtener un efecto más natural, utilizar una esponja facial para igualar y acabar el maquillaje.

5. Las cremas para disimular imperfecciones y las bases en barra están disponibles en una amplia gama de colores, para coordinar o igualar con los tonos naturales de la piel. Las cremas para disimular imperfecciones o las barras se pueden utilizar para esconder defectos y decoloraciones y se pueden aplicar antes o después de la base. Para aplicar, sacar una cantidad pequeña del producto del envase utilizando una espátula; a continuación utilice las puntas de los dedos y una esponja facial para igualarlo y mezclarlo sobre la zona deseada.

POLVOS FACIALES

Los *polvos faciales* mejoran el aspecto general de la piel escondiendo las imperfecciones menores y las decoloraciones. También armonizan y reducen el color, lustre o brillo excesivo. Los polvos faciales también mejoran el color natural de la piel, confiriéndole un tacto suave y aterciopelado.

Los polvos faciales se presentan de forma compacta o en polvo, en gran variedad de colores y sombras y con pesos diferentes. Generalmente los pesos ligeros y medios son los mejores para la piel seca y normal y los más pesados son efectivos para la piel que tiende a ser grasa. El polvo facial se debe coordinar o igualar con los tonos naturales de la piel y debe combinar bien con la base. El polvo puede ser ligeramente más oscuro o más claro que la base si se aplica correctamente, pero nunca debe presentar un aspecto grumoso, manchado o veteado en la cara.

◆NOTA: El polvo translucido (incoloro) se mezcla con todas las bases y no cambia de color cuando se aplica.

Aplicar polvo facial después de la base, utilizando un trozo o un bastoncillo de algodón. Presionar el polvo sobre la cara en las zonas deseadas; después utilizar un cepillo u otro trozo o bastoncillo de algodón para eliminar el exceso. El polvo facial ayuda a fijar el maquillaje.

COLORES DE MEJILLAS O DE LABIOS

El objetivo del *color de mejillas*, también llamado colorete, es el de proporcionar un color suave y natural a la cara. Ayuda a crear contornos faciales más atractivos.

El color de las mejillas se debe coordinar o debe ser del mismo color que el color de los labios. Pero cuando se use un color de labios más fuerte, un color de mejillas más ligero proporcionará generalmente una apariencia más natural. El color de las mejillas debe ser menos vivo bajo la luz del sol que bajo la luz artificial. Los colores brillantes resaltan esta zona de la cara y el maquillaje presenta un aspecto artificial.

Existen cuatro tipos de coloretes: líquido, crema, seco y en polvo.

1. El colorete líquido se mezcla bien y es apropiado para todos los tipos de piel. Aplicar sobre la base antes de empolvar la cara.

2. El colorete a base de crema es muy similar a las cremas de base pigmentadas y a los maquillajes a base de crema. Generalmente es el más adecuado para la piel seca y normal. Aplicar sobre la base antes de empolvar la cara.

3. El colorete seco (compacto) imparte un acabado mate (apagado). Aplicar utilizando un pedazo de algodón o una brocha.

4. El colorete en polvo aplicable con brocha se presenta en una gran variedad de sombreados y tintes, se utiliza para añadir color y para dar contornos a las mejillas. Aplicar sobre la base utilizando un pedazo de algodón o una brocha.

Color de labios, también llamado *lápiz de labios*, añade color a los labios y los protege, impidiendo que se sequen o que se irriten. El color de labios también se utiliza para mejorar o corregir la forma de los labios.

La inspiración artística y estar al corriente de la moda son esenciales a la hora de seleccionar el sombreado o tinte de color de labios apropiado. Puede que la tendencia de modas dominante exija cierto aspecto, colores más ligeros u oscuros o un estilo determinado de aplicación. Considerar las preferencias del cliente antes de seleccionar y aplicar el color de labios.

El color de labios no se debe aplicar directamente desde el envase si el envase no pertenece al cliente. Utilizar una espátula para extraer el color de labios del envase, después cogerlo de la espátula utilizando un cepillo de labios. Utilizar la punta del cepillo para alinear los labios, empezando en el pico interior del labio superior y trabajar hacia fuera, hasta la esquina de la boca. Aplicar en el otro lado, esbozar el labio inferior, después aplicar color en los labios permaneciendo dentro de la línea trazada. El lápiz delineador de labios se puede utilizar cuando se realiza un maquillaje correctivo o cuando se desea una línea de labios más definida.

MAQUILLAJE DE OJOS

El maquillaje de ojos está disponible en una amplia variedad de colores, desde pasteles a sombras y tintes más profundos de color azul, gris, verde, pardo, beige, púrpura y en colores en donde se ha añadido plata metálica u oro.

Cuando se aplica en los párpados, el *color* o *sombra de ojos* complementan los ojos, dándoles un aspecto más brillante y más expresivo. Las *sombras de ojos* pueden ser iguales al color de los ojos, pero también pueden ser más

Trayectoria de Carrera

MAQUILLADOR

Algunos técnicos en estética se convierten en maquilladores profesionales ya sea trabajando en salones de belleza que ofrecen servicios completos de belleza, en la industria de la moda o del entretenimiento. Aunque algunas pocas personas obtienen fama y fortuna como maquilladores, no se espera que el maquillador de salón lleve a cabo los milagros que se requieren en el escenario, en la televisión, en películas cinematográficas o en cubiertas de revistas. El objetivo del maquillador de salón es el de hacer que cada mujer luzca radiante durante el día o la noche, y además recomendar los productos adecuados para cada tipo de piel y su variedad de tonos. Ocasionalmente los clientes serán hombres que necesitan maquillaje para fotografías u otras ocasiones.

Un salón o tienda de departamentos generalmente paga un salario al maquillador con una comisión sobre los productos que él o ella venda. Usted puede crear magníficos maquillajes, pero si no posee la habilidad de vender productos usted no prestará un servicio valioso para el salón. A menudo, el maquillador en las tiendas de departamentos es llamado para brindar aplicaciones gratis a los clientes, a fin de incrementar las ventas.

Para triunfar como maquillador se deben seguir algunas reglas, entre ellas se encuentran:
- Sea honesto y sea discreto al discutir los problemas en el cuidado de la piel y el maquillaje.
- Demuestre lo que los productos pueden hacer, evite hacer promesas exageradas.
- Nunca presione al cliente en ninguna forma.
- Sugiera al cliente que vuelva al salón cuando necesite más cosméticos; si le gusta el maquillaje, ella se convertirá en un cliente regular.
- Sin caer en adulación, haga cumplidos a la cliente sobre sus cualidades de belleza y minimice sus defectos.
- Nunca haga comentarios despectivos acerca de sus competidores o de sus productos.
- Asegúrese que cada servicio se brinde en la forma más sanitaria y profesional posible.

—*Tomado del* Texto General para Esteticistas Profesionales *por Joel Gerson*

claros u oscuros. Generalmente, una sombra más oscura de color de ojos hace que el color natural del iris aparezca más claro, y una sombra más clara lo hará parecer más profundo. Pero no existen reglas fijas para la selección de los colores de maquillaje de los ojos, excepto que deben resaltar los ojos del cliente y que los colores deben ser más sutiles si se utilizan durante el día. Los colores del maquillaje de los ojos pueden hacer juego o estar en coordinación con la ropa del cliente.

Los colores y sombras de ojos están disponibles en barras, crema, compacto y polvo, generalmente con sus propios aplicadores. Saque el producto del envase y utilice un aplicador nuevo. A no ser que esté realizando un maquillaje correctivo, aplicar el color de ojos cerca de las pestañas, en el párpado superior, barriendo el color ligeramente hacia arriba y hacia fuera. Si se desea un efecto en particular, se puede utilizar más de un color.

Los *delineadores* se utilizan para dibujar una línea en el párpado, cerca de las pestañas, para hacer que los ojos aparenten ser mayores y las pestañas más llenas. Los delineadores se fabrican en muchos colores y se presentan en forma de lápiz, líquido o compacto. La mayoría de los clientes prefieren delineadores con el mismo color que las pestañas o el rímel, para obtener un aspecto más natural. Puede que se prefieran colores más fuertes durante la noche. Se deben seguir las mismas normas higiénicas con los delineadores que con el resto de productos de maquillaje. Un delineador no se puede utilizar en más de un cliente a no ser que se pueda esterilizar completamente después de cada aplicación.

El utilizar un delineador en los párpados inferiores dependerá de las preferencias del cliente. Algunos clientes prefieren trazar líneas en los párpados superiores e inferiores. Es necesario tener mucho cuidado cuando se aplica el delineador. Su pulso debe estar firme, también debe advertir al cliente que permanezca quieto durante la aplicación del maquillaje.

Los *lápices de cejas* se utilizan para modificar el contorno natural de las cejas, generalmente después del depilado. Se pueden utilizar para oscurecer las cejas, rellenar aquellas zonas en donde la ceja es demasiado delgada o no tiene pelos o para corregir cejas malformadas. Los lápices de cejas no se pueden esterilizar; por lo tanto es necesario utilizar un nuevo lápiz en cada cliente. El color de ceja aplicado con brocha se presenta en polvo y se aplica con un cepillo. La mayoría de los aplicadores en forma de cepillo se pueden esterilizar. Evitar los contrastes pronunciados entre el color del cabello y el de las cejas, por ejemplo, rubio pálido o plateado con cejas negras.

El *rímel* existe en forma líquida, compacto y crema. Hay una gran variedad de colores, sombras y tintes. Los colores más populares son el pardo, negro y el castaño oscuro, que resaltan las pestañas naturales, confiriéndoles un aspecto más grueso y largo. El rímel también se utiliza para oscurecer las cejas. El rímel y los lápices de cejas deben ser del mismo color o los colores deben estar coordinados, para que no se produzcan contrastes fuertes. Generalmente las pestañas deben ser más oscuras que las cejas. ✓

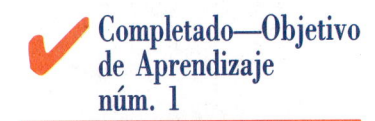

✓ Completado—Objetivo de Aprendizaje núm. 1

TIPOS DE COSMÉTICOS Y SUS FINALIDADES

PROCEDIMIENTO DE APLICACIÓN DE UN MAQUILLAJE PROFESIONAL

1. Aplicar una crema o loción limpiadora. Extraer una pequeña cantidad del envase con una espátula y colocarla en la palma de la mano izquierda, o aplicar una pizca de loción en un aplicador. Con la punta de los dedos de la mano derecha, colocar pequeñas cantidades en la frente, nariz, mejillas, mentón y cuello. Distribuir la crema sobre la cara y cuello utilizando movimientos circulares ligeros hacia arriba y hacia fuera. (Fig. 20.1)

2. Retirar la crema con guantes de papel o almohadillas de algodón humedecidas, utilizando un movimiento hacia arriba y hacia fuera. Tener especial cuidado alrededor de los ojos. En caso de que sea necesario, aplicar crema una segunda vez, para retirar el maquillaje restante o el color en los ojos y labios. (Fig. 20.2)

3. Aplicar una loción astringente o un tónico. Para la piel grasa, aplicar loción astringente; para la piel seca, aplicar un tónico apropiado (astringente suave). Humedecer una almohadilla de algodón con la loción y golpear ligeramente sobre toda la cara y bajo el mentón y cuello. Secar la humedad excesiva con pañuelos de papel o con una almohadilla de algodón. (Fig. 20.3)

4. Aplicar una loción humidificadora cuando sea necesario, generalmente cuando la piel está seca y delicada. Poner una pequeña cantidad de humidificador en la frente, mejillas y mentón. Mezclar hacia arriba sobre la cara. Secar con un pañuelo de papel, almohadilla de algodón o esponja facial.

5. Cejas. La depilación de las cejas constituye un servicio entero por sí mismo. La explicación de la depilación aparece en otra sección de este capítulo. Se pueden arrancar unos cuantos cabellos desordenados antes del maquillaje facial, usando unas pinzas y arrancándolos en la misma dirección en la que crecen. (Fig. 20.4)

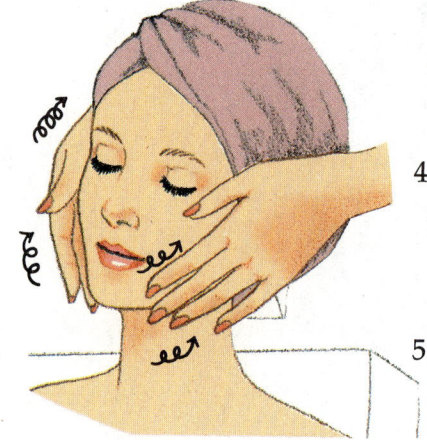

20.1—Aplicar crema limpiadora o loción.

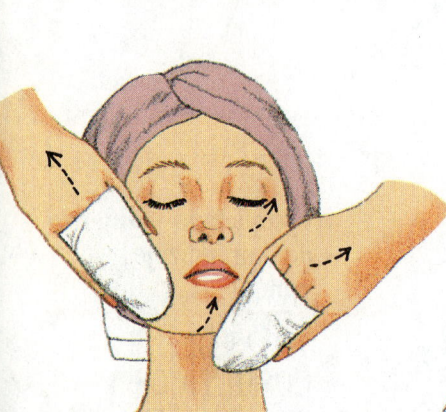

20.2—Eliminación de la limpiadora.

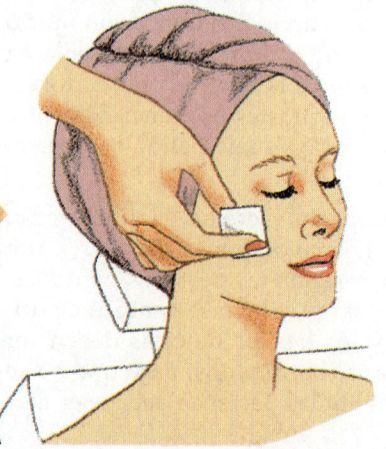

20.3—Aplicar loción astringente o tónico.

20.4—Depilación de las cejas.

6. Aplicar la base. Seleccionar el tipo y color de base apropiado. Realizar la prueba de color mezclando la base en la línea de la mandíbula del cliente. Poner una pequeña cantidad de base en la palma de su mano. Con la punta de sus dedos, aplicarlo moderadamente y homogéneamente sobre toda la cara y alrededor de la línea de la garganta. Utilizar movimientos suaves hacia arriba y fuera. Mezclar cerca de la línea de crecimiento del cabello y extraer la base sobrante con una esponja cosmética o bastoncillo de algodón. Cuando se necesite un humidificador, aplicarlo de la misma manera, pero antes de aplicar la base. (Fig. 20.5)

7. Aplicar polvo. Después de la aplicación de la base, aplicar el polvo con una borla sanitaria o esponja cosmética. Presionar sobre la cara y sacar el exceso con una borla o pincel de polvo. Presionar una esponja cosmética humedecida sobre el maquillaje acabado, para dar a la cara un aspecto mate. (Fig. 20.6)

8. Aplicar el colorete. A veces se aplica después de la base y antes del empolvado. Seleccionar el tipo y color apropiado. Hacer que el cliente se ría, para elevar las mejillas. Aplicar colorete líquido o en crema con un aplicador esterilizado y mezclar hacia arriba y hacia abajo, hacia las sienes. El colorete en polvo se cepilla después de la aplicación del polvo. Utilizar el mismo procedimiento con la crema o con el líquido. (Fig. 20.7)

9. En caso de que sea necesario, aplicar un maquillaje correctivo. Para minimizar un rasgo, utilizar una base más oscura o un maquillaje de contorno. Para resaltar un rasgo, utilizar una base más clara o un producto de resaltado. Ver las técnicas correctoras en este mismo capítulo.

10. Aplicar el color de ojos. Seleccionar un color que haga juego o que sea un complemento de los ojos. Aplicar el color ligeramente en el párpado superior y mezclar suavemente hacia fuera con el aplicador de color o con la punta de sus dedos. Sombrear las zonas demasiado prominentes debajo de las cejas o resaltar un pequeño espacio entre el párpado y la ceja. (Fig. 20.8)

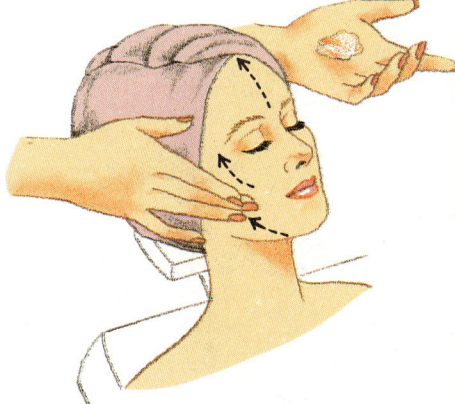

20.5—Aplicar la base.

20.6—Aplicar el polvo.

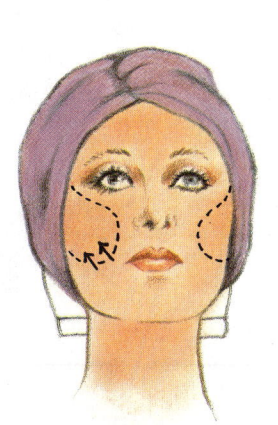

20.7—Aplicar el colorete.

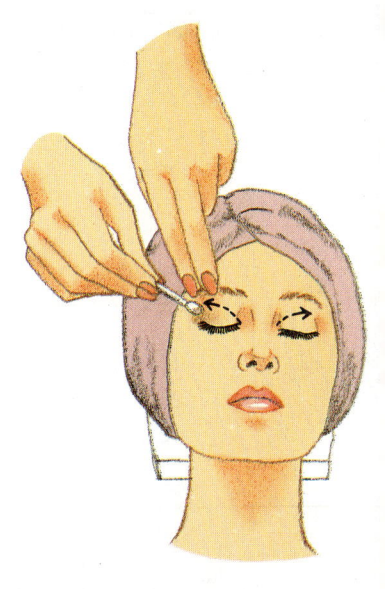

20.8—Aplicar el color de ojos.

11. Aplicar delineador. El delineador se utiliza para hacer que los ojos aparezcan mayores y que las cejas aparezcan más gruesas. Seleccionar un delineador de pasta o líquido, en un color que concuerde con el rímel que se desea aplicar. Tensar el párpado y dibujar suavemente una línea muy fina a lo largo de todo el párpado, tan cerca de las pestañas como sea posible. Si se utiliza un lápiz de ojos, la punta debe ser fina y será necesario tener cuidado para evitar dañar o incomodar al cliente. (Fig. 20.9)

12. Aplicar maquillaje de cejas. Utilizar el pincel sobre las cejas. Mediante pases extremadamente ligeros, aplicar color con un lápiz que tenga una punta muy fina. Cepillar las cejas cuidadosamente. El color sobrante se puede extraer con un bastoncillo con punta de algodón. (Fig. 20.10)

13. Aplicar el rímel en la parte superior y en la parte inferior de las pestañas superiores, utilizando pases cuidadosos y suaves, hasta alcanzar el efecto deseado. Utilizar un pincel o aplicador nuevo para separar las pestañas. Si así se desea, el rímel se puede aplicar en las pestañas inferiores, pero el efecto debe ser muy sutil. (Fig. 20.11)

14. Aplicar color de labios (barra de labios). El color de labios se debe extraer de su envase con una espátula esterilizada. En primer lugar, se debe dibujar un contorno de los labios con un aplicador esterilizado como un pincel o lápiz. Apoyar el dedo corazón en el mentón del cliente, para dar mayor firmeza a su mano. Pedir al cliente que relaje sus labios y que los separe ligeramente. Aplicar con pincel el color de labios. Pedir al cliente que estire los labios formando una ligera sonrisa; esto le permitirá igualar el color del labio en las pequeñas hendiduras. Después de la aplicación de color de labios, secar los labios con pañuelo de papel para quitar el exceso. El proceso de secado también ayudará a asentar el color de los labios. No se recomienda empolvar los labios, ya que el polvo seca los labios y elimina ese aspecto húmedo tan atractivo. (Fig. 20.12)

20.9—Aplicar lápiz de labios.

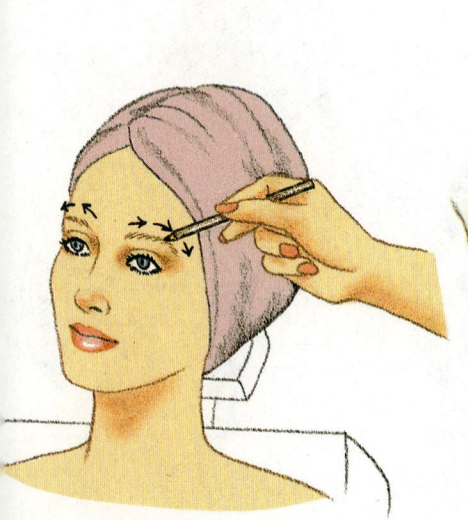

20.10—Aplicar maquillaje de ceja.

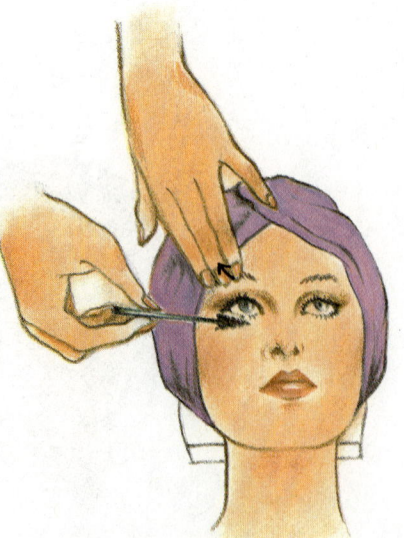

20.11—Aplicar el rímel.

20.12—Aplicar el color de labios.

TÉCNICAS DE MAQUILLAJE PARA LAS MUJERES DE COLOR

Todos los maquillajes tienen muchas técnicas en común. La piel se analiza para así realizar un tratamiento facial adaptado a la condición de la piel. Después se selecciona el maquillaje más adecuado para mejorar la piel, ojos y el color del cabello del cliente. La mayoría de los fabricantes de productos cosméticos ofrecen una amplia gama de colores de maquillajes; algunos fabricantes se especializan en maquillaje para mujeres de color.

Antes de aplicar el maquillaje, limpiar detenidamente la cara con astringente apropiado y aplicar un humidificador en caso de necesidad.

PROCEDIMIENTO PARA LA APLICACIÓN DE MAQUILLAJES

1. Seleccionar una sombra base apropiada y aplicarla homogéneamente. (Figs. 20.13, 20.14)
2. Aplicar polvo translúcido. (Fig. 20.15)

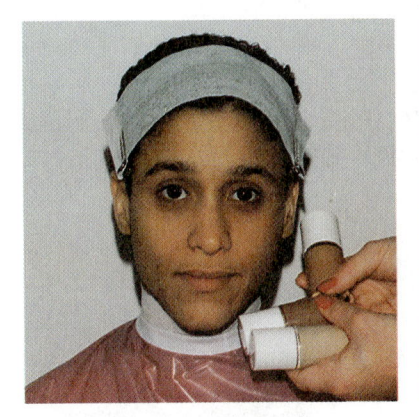

20.13—Seleccionar base.

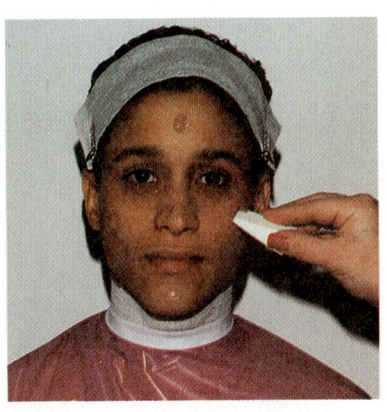

20.14—Aplicar base.

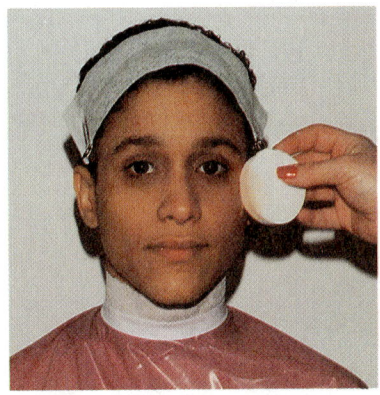

20.15—Aplicar polvo translúcido utilizando una *borla* desechable.

3. Aplicar un colorete oscuro en el contorno, debajo de los pómulos. (Fig. 20.16) Seguidamente, utilizando un color de mejillas más claro, aplicarlo en la parte superior del pómulo. (Fig. 20.17)
4. Aplicar sombra de ojos en los párpados y en el contorno de los ojos según se desee. (Fig. 20.18)

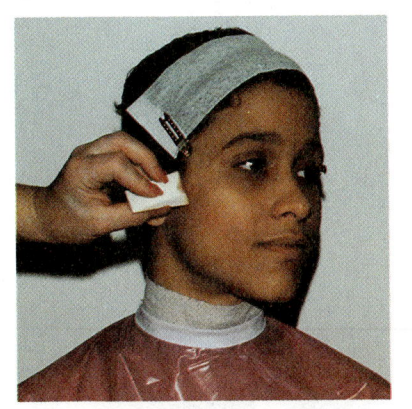

20.16—Contorno con colorete.

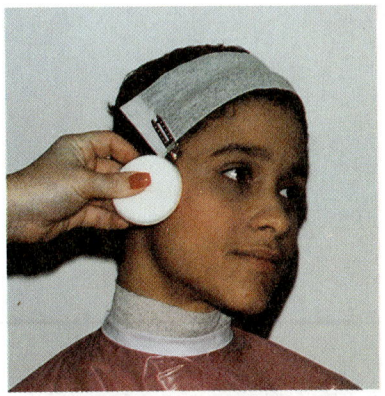

20.17—Aplicar colorete.

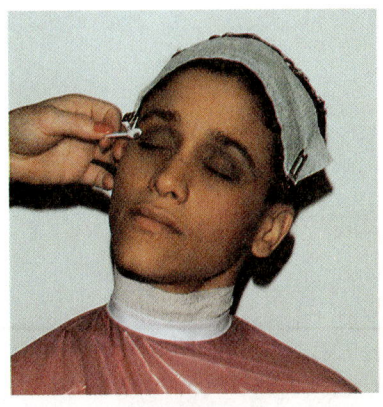

20.18—Aplicar el maquillaje de ojos.

450 ◆ TEXTO GENERAL DE COSMETOLOGÍA

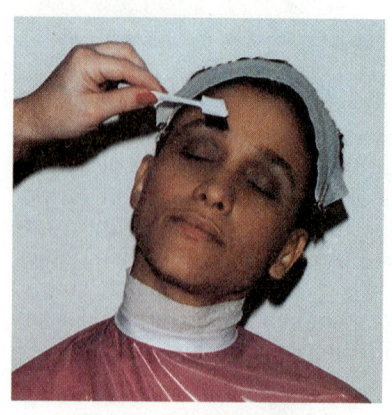

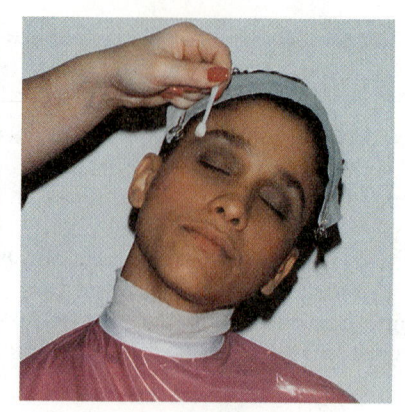

20.19—Cepillar cejas.

20.20—Rellenar cejas.

✓ **Completado—Objetivo de Aprendizaje núm. 2**

PROCEDIMIENTOS CORRECTOS PARA LA APLICACIÓN DE MAQUILLAJE

5. Utilizando un cepillo de cejas, cepillar cejas y rellenar aquellas zonas con poco pelo, utilizando un lápiz o pincel de cejas.
6. Alinear los ojos con un lápiz de ojos "eyeliner", desde la esquina exterior hacia la nariz. (Fig. 20.21)
7. Aplicar el rímel a las pestañas superiores y después en las pestañas inferiores. (Figs. 20.22, 20.23)
8. Alinear y rellenar los labios con color de labios. (Figs. 20.24, 20.25)
9. Complementar una aplicación de maquillaje con un peinado, ropa y accesorios. (Fig. 20.26) ✓

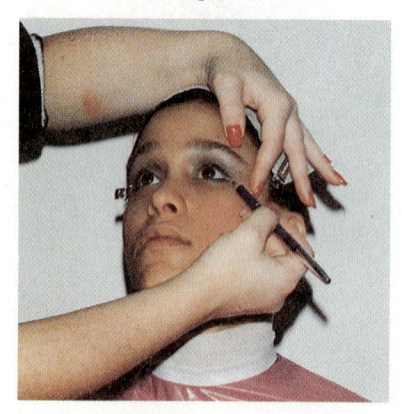

20.21—Alinear los ojos.

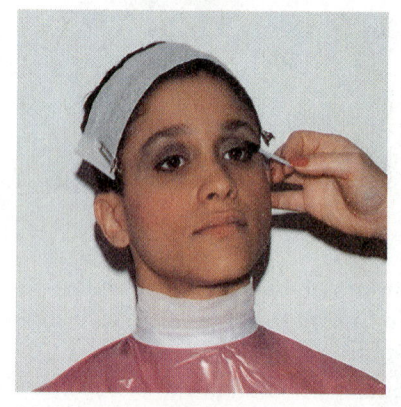

20.22—Aplicar el rímel en las pestañas superiores.

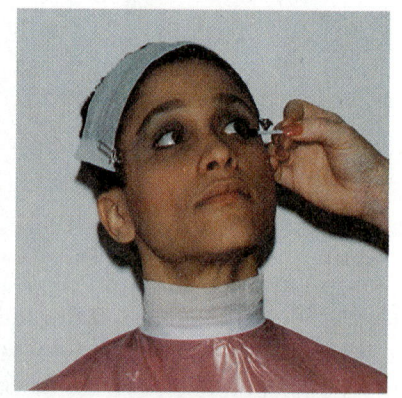

20.23—Aplicar el rímel en las pestañas inferiores.

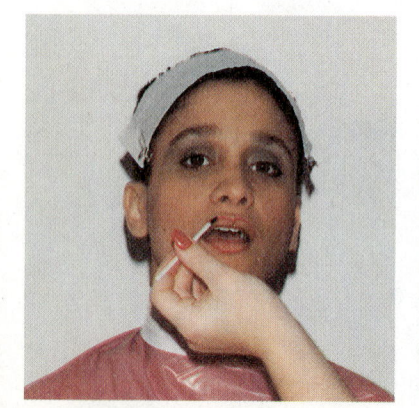

20.24—Alinear los labios.

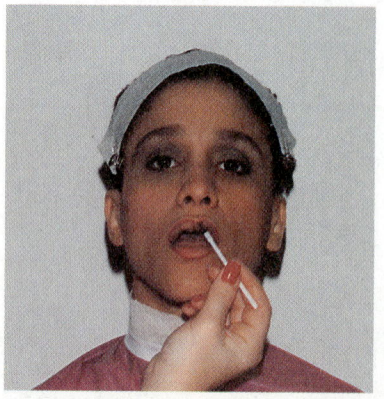

20.25—Aplicar color de labios.

20.26—Aspecto final.

RASGOS FACIALES

Las caras son interesantes, pero muy pocas son perfectas. Cuando analice la cara de un cliente, podrá observar que la nariz, mejillas, labios o mandíbula no son iguales en ambos lados, puede que un ojo sea mayor que el otro o puede que las cejas no coincidan perfectamente. Pero estas ligeras imperfecciones pueden hacer que la cara presente un aspecto más interesante. El maquillaje facial puede crear la ilusión de un mejor balance y proporción.

ANÁLISIS DE LOS RASGOS FACIALES DEL CLIENTE Y DE LA FORMA DE LA CARA

Cuando se aplique maquillaje, es importante resaltar los rasgos atractivos del cliente, y minimizar los rasgos desproporcionados o poco atractivos en relación con el resto de la cara. Es necesario tener bastante práctica para poder dominar la técnica de análisis de la cara y de los rasgos, ya que ello nos permite poder determinar el mejor maquillaje para la cara. Puede que al principio usted no tenga un pulso firme, especialmente cuando se trabaja con colores de ojos y de labios. Para poder dominar estas técnicas, lo más apropiado es una práctica diligente y la experiencia. Generalmente se considera que la cara oval con rasgos bien proporcionados es la forma ideal, pero cuando se aplica el maquillaje correctamente todas las formas de cara son atractivas. Lo más importante es mejorar la individualidad del cliente.

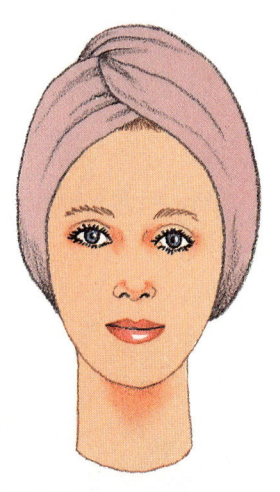

TÉCNICAS CORRECTORAS DE MAQUILLAJE

Es muy difícil establecer reglas fijas para la aplicación del colorete, ya que todas las estructuras faciales son diferentes. Además, es necesario tener en cuenta los rasgos faciales y la forma de la cara.

20.27—La cara ovalada.

Cara ovalada

Las proporciones y rasgos ideales de la cara ovalada se utilizan como base para la aplicación del maquillaje corrector. La cara está dividida en tres secciones horizontales uniformes. El primer tercio se mide desde la línea de crecimiento del cabello al punto situado entre las cejas, en donde éstas empiezan. El segundo tercio se mide desde aquí hasta el final de la nariz. El último tercio se mide desde el final de la nariz a la parte inferior del mentón.

La cara ovalada ideal debe poseer una anchura que represente tres cuartas partes su longitud. La distancia entre los ojos es la anchura de un ojo. (Figs. 20.27, 20.28)

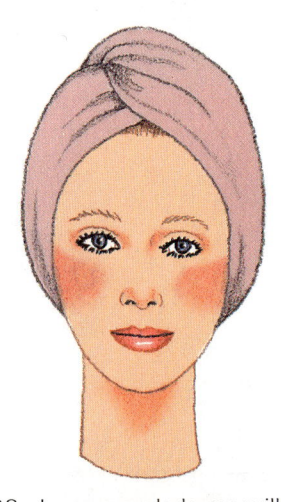

La siguiente información puede servir como guía para reconocer las formas de cara y para la aplicación del color de mejillas (colorete).

20.28—La cara ovalada maquillada.

Cara redonda
Generalmente la cara redonda es más ancha en proporción a su longitud que la cara ovalada. Posee un mentón y una línea de crecimiento de cabello redondeados. El maquillaje corrector se puede utilizar para alargar y dar mayor esbeltez a la cara. (Figs. 20.29, 20.30)

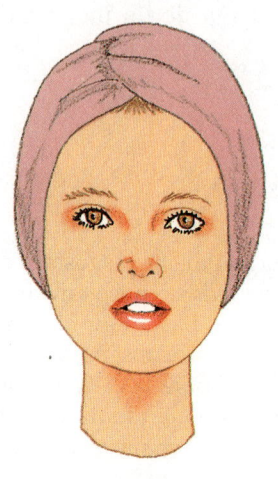

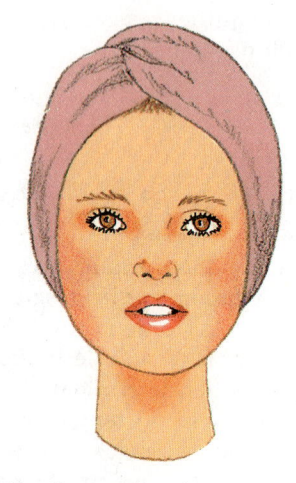

20.29—Cara redonda.

20.30—Cara redonda con maquillaje corrector.

Cara con forma cuadrada
La cara cuadrada está compuesta por líneas comparativamente rectas, con una frente ancha y una mandíbula cuadrada. El maquillaje corrector se puede utilizar para compensar la cuadraticidad y para reducir las líneas demasiado definidas de alrededor de la cara. (Figs. 20.31, 20.32)

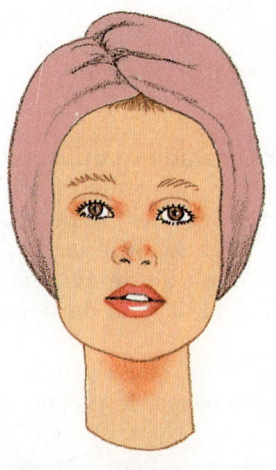

20.31—Cara cuadrada.

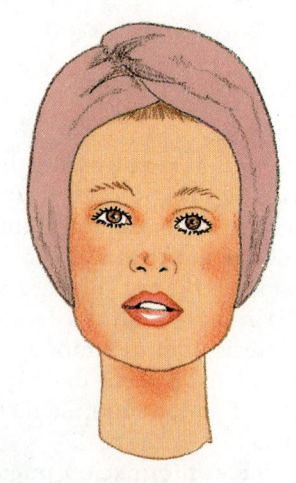

20.32—Cara cuadrada con maquillaje corrector.

Cara en forma de pera

Esta cara se caracteriza por una mandíbula más ancha que la frente. Se puede aplicar maquillaje corrector para crear anchura en la frente, para dar mayor esbeltez a la mandíbula y para alargar la cara. (Figs. 20.33, 20.34)

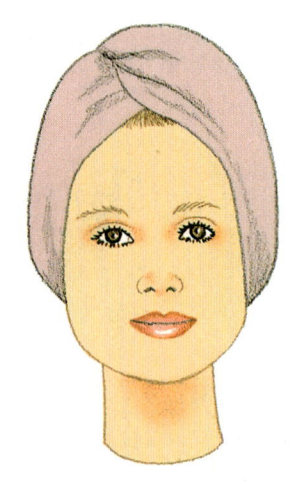

20.33—Cara en forma de pera.

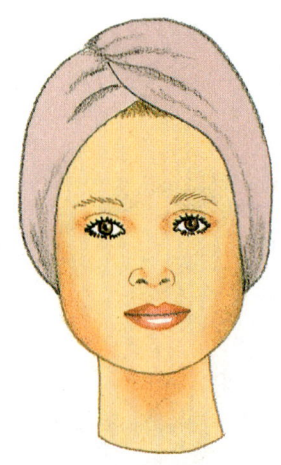

20.34—Cara en forma de pera con un maquillaje corrector.

Cara en forma de corazón

La cara en forma de corazón posee una frente ancha y un mentón estrecho y afilado. El maquillaje corrector se puede utilizar para minimizar la anchura de la frente y para incrementar la anchura de la mandíbula. (Figs. 20.35, 20.36)

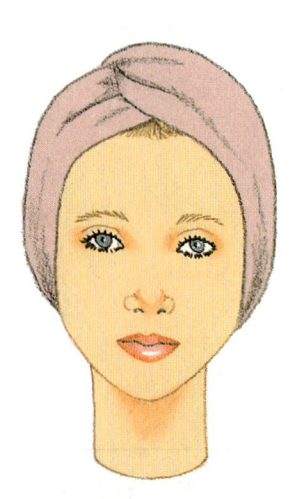

20.35—Cara en forma de corazón.

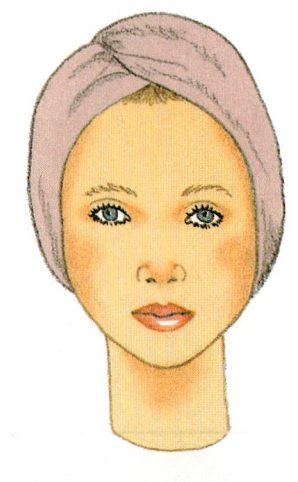

20.36—Cara en forma de corazón con maquillaje corrector.

Cara en forma de diamante

Esta cara posee una frente estrecha. La sección más ancha se encuentra entre los pómulos. El maquillaje corrector se puede aplicar para reducir la anchura entre pómulos. (Figs. 20.37, 20.38)

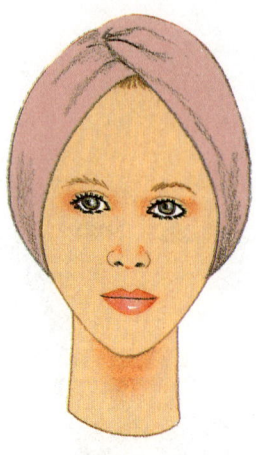

20.37—Cara en forma de diamante.

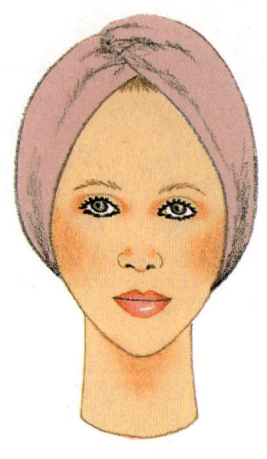

20.38—Cara en forma de diamante con maquillaje corrector.

✓ **Completado—Objetivo de Aprendizaje núm. 3**

IDENTIFICACIÓN DE DIFERENTES TIPOS FACIALES

Cara rectangular

Esta cara posee una mayor longitud en proporción con su anchura que la cara cuadrada o redonda. Es una cara larga y estrecha. El maquillaje corrector se puede utilizar para crear la ilusión de anchura entre los pómulos, haciendo que la cara aparente ser más corta. (Figs. 20.39, 20.40) ✓

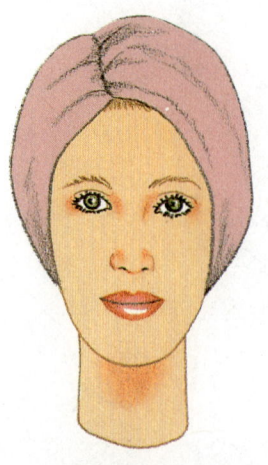

20.39—Cara en forma rectangular.

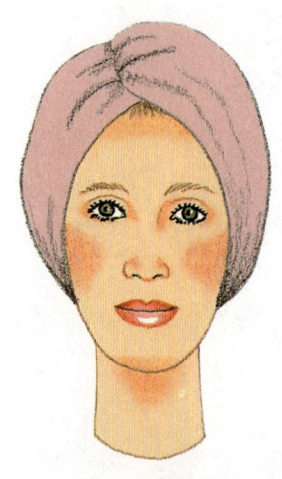

20.40—Cara en forma rectangular con maquillaje corrector.

CONSEJOS PARA APLICAR EL COLORETE

El color de la mejilla acentúa la zona de la cara en donde se aplica. A continuación aparecen reglas generales para la aplicación del colorete:

1. Aplicar el colorete en aquellas zonas en donde el color aparecería en las mejillas. No aplicar el color hacia la nariz, más allá del centro del ojo.

2. Mantener el color por encima de la línea horizontal formada por la punta de la nariz.

3. No extender el color por encima de la esquina exterior del ojo.

4. No aplicar nunca el color en círculos redondos y brillantes. Mezclar el color de manera que se difumine suavemente en la base.

REGLAMENTOS BÁSICOS PARA APLICAR UN MAQUILLAJE BASE CORRECTOR

El objetivo primario del maquillaje corrector es el de minimizar los rasgos poco atractivos y acentuar los rasgos correctos. Los rasgos faciales se pueden acentuar con un resaltado adecuado, moderar con un sombreado correcto y balancear con el peinado adecuado.

Una regla básica para la aplicación del maquillaje es que el resaltado enfatiza un rasgo, mientras que el sombreado lo minimiza. Un resaltado aparece cuando se utiliza una sombra más ligera que el color original en una determinada parte de la cara. Se forma una sombra cuando la base utilizada es más oscura que el color original. El empleo de sombras (colores oscuros y sombras) minimiza o reduce los rasgos prominentes, para así hacerlos menos detectables.

Cuando se utilizan dos sombras como base, es necesario tener cuidado a la hora de mezclarlas, para que no aparezca ninguna línea de demarcación. La harmonía del color se consigue cuando los tonos del maquillaje favorecen el color de los ojos, pelo y piel del cliente. Para determinar lo más adecuado para cada cliente, usted deberá:

1. Analizar el color de la piel, cabello y ojos del cliente.

2. Examinar las vistas frontales y de perfil de los rasgos faciales.

3. Seleccionar y aplicar el resaltado y/o sombras para que produzcan los resultados deseados.

Ocultamiento de las arrugas con crema base

Las líneas de envejecimiento y las arrugas provocadas por la piel seca se pueden ocultar utilizando moderadamente una crema base. Aplicar la crema base homogéneamente, mediante un movimiento circular y ligero hacia fuera sobre toda la cara. Es necesario prestar mucha atención para eliminar toda la crema base que se acumule en las líneas y arrugas de la cara.

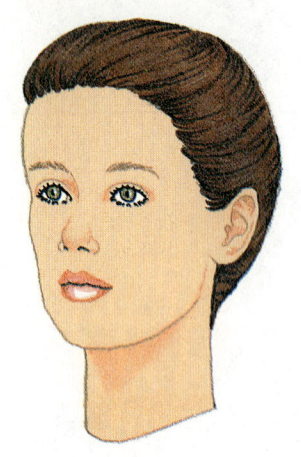

Maquillaje corrector para la frente

Para las frentes bajas, la aplicación de una crema base más clara les proporciona una apariencia más ancha entre las cejas y la línea de crecimiento del cabello. Para las frentes sobresalientes, la aplicación de una base más oscura sobre la zona prominente confiere al resto de la cara una ilusión de plenitud y minimiza la frente sobresaliente. Con un peinado correcto, se puede desviar la atención de la frente. (Fig. 20.41)

20.41—Frente sobresaliente.

Maquillaje corrector para la nariz y el mentón

Para las *narices grandes y sobresalientes*, aplicar una base más oscura en la nariz y una base más clara en las mejillas y en los laterales de la nariz. Esto creará una sensación de plenitud en las mejillas y así la nariz aparentará ser menor de lo que es. Evitar aplicar el color de mejillas cerca de la nariz

Para las *narices cortas y planas*, aplicar una base más clara hacia abajo, por el centro de la nariz, parando en la punta. Esto hará que la nariz aparezca más larga y mayor. Si los orificios nasales son anchos, aplicar una base más oscura en ambos lados de los orificios nasales. (Fig. 20.42)

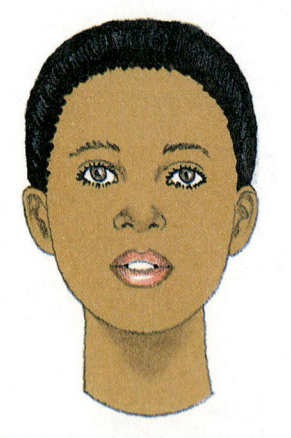

Para las *narices anchas*, utilizar una base más oscura en los lados de la nariz y de los orificios nasales. Evitar llevar este tono oscuro dentro de las líneas provocadas por la risa, ya que así se acentuarán. La base se debe mezclar cuidadosamente para evitar las líneas visibles. (Fig. 20.43)

Para el *mentón sobresaliente y mentón recesivo*, sombrear el mentón con una base más oscura y resaltar la nariz con una base más clara.

Para el *mentón recesivo (pequeño)*, resaltar el mentón utilizando una base más clara que la que se utiliza en la cara. (Fig. 20.44)

Para aquellos casos de *mentón doble hundido*, utilizar una base más oscura en la parte hundida y utilizar una base con un tono de piel natural en la cara. (Fig. 20.45)

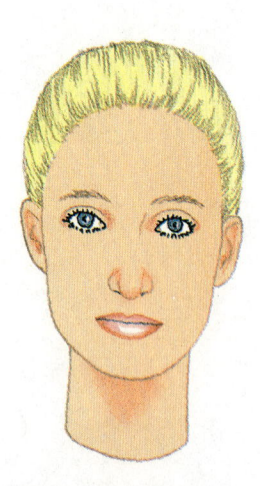

20.42—Nariz corta y plana.

20.43—Nariz ancha.

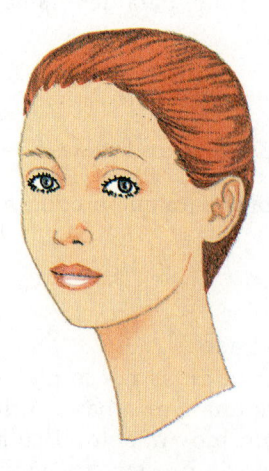

20.44—Mentón recesivo.

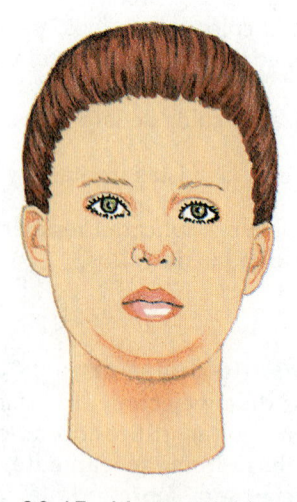

20.45—Mentón doble.

Maquillaje corrector para la mandíbula y el cuello

El cuello y las mandíbulas son tan importantes como los ojos, mejillas y labios. Cuando aplique el maquillaje, llevar la crema base hacia abajo, por debajo de la línea del cuello de la ropa del cliente, para impedir la aparición de una línea de demarcación.

Para corregir las *mandíbulas anchas,* aplicar una sombra de base más oscura sobre la zona pesada de las mandíbulas, empezando en las sienes. Esto minimizará la parte inferior de la cara y creará una ilusión de anchura en la parte superior de la cara. (Fig. 20.46)

Unas *mandíbulas con un contorno estrecho* se pueden resaltar utilizando una base con una sombra más clara que la utilizada en el resto de la cara. (Fig. 20.47)

Para una *cara redonda, cuadrada o triangular,* aplicar una base de tono más oscuro sobre la zona prominente del contorno de las mandíbulas. Al crear una sombra sobre esta zona, la parte prominente de la mandíbula aparecerá menos pronunciada y más ovalada.

Para una *cara pequeña y corta con cuello delgado*, utilizar una base más oscura en el cuello que la que se utiliza en la cara. Esto hará que el cuello presente un aspecto más delgado.

Para un *cuello largo y delgado,* aplicar en el cuello una base con una sombra más clara que la que se utilizó en la cara. Esto creará una sensación de plenitud que compensará la apariencia larga y delgada del cuello. (Fig. 20.48)

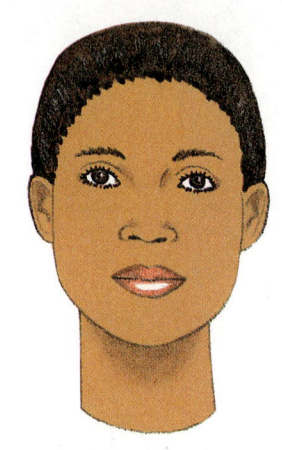

20.46—Mandíbula ancha.

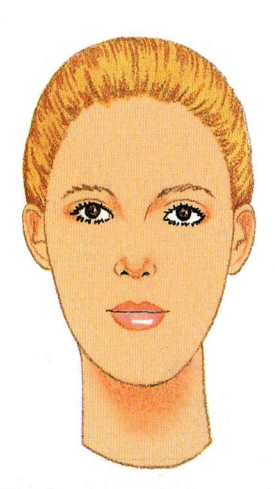

20.47—Contorno de la mandíbula estrecho.

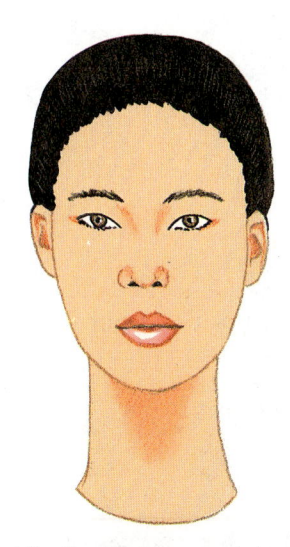

20.48—Cuello largo y delgado.

Maquillaje corrector para los ojos

Los ojos son parte muy importante del balance facial correcto. La aplicación correcta de las sombras y colores de ojos puede crear la ilusión de unos ojos más grandes o más pequeños y mejorar la atracción general de la cara.

Los *ojos redondos* se pueden alargar extendiendo la sombra más allá de la esquina exterior de los ojos. (Figs. 20.49, 20.50)

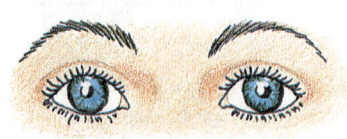

20.49—Ojos redondos.

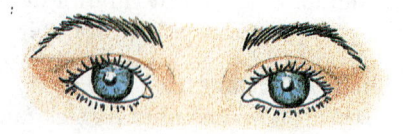

20.50—Ojos redondos con maquillaje corrector.

Ojos juntos. En el caso de que los ojos estén muy juntos, aplicar la sombra ligeramente encima del borde exterior de los ojos. (Figs. 20.51, 20.52)

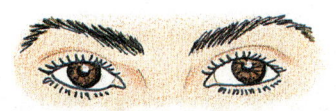

20.51—Ojos juntos.

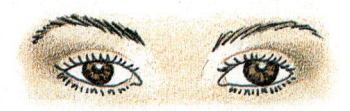

20.52—Ojos juntos con maquillaje corrector.

Los *ojos saltones* se pueden minimizar mezclando la sombra cuidadosamente sobre la parte prominente del párpado superior, llevándolo ligeramente hacia la línea de la ceja. Utilizar una sombra oscura igual que en la ilustración. (Figs. 20.53, 20.54)

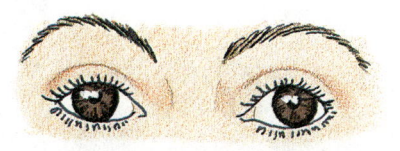

20.53—Ojos saltones.

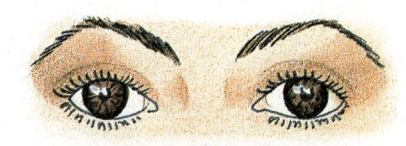

20.54—Ojos saltones con maquillaje corrector.

Ojos con parpados gruesos. Sombrear uniformemente a través de la pestaña, desde el borde de la línea de la pestaña a la pequeña arruga de la cavidad ocular, segun aparece en la ilustración. (Figs. 20.55, 20.56)

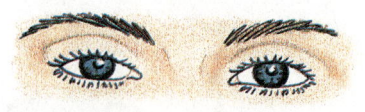

20.55—Ojos con párpados gruesos.

20.56—Ojos con párpados gruesos con maquillaje corrector.

Ojos pequeños. Para hacer que los ojos pequeños aparenten ser mayores, extender la sombra ligeramente encima, más allá y por debajo de los ojos.

Ojos demasiado apartados. Cuando los ojos estén demasiado apartados, utilizar la sombra en el lado interior superior del párpado.

Ojos muy hundidos. Utilizar muy poca sombra en los párpados, en el lugar más cercano a las sienes y dejar sin tocar la zona que se encuentra al lado de la nariz y la esquina interior de los ojos. (Fig. 20.57)

Círculos oscuros debajo de los ojos. Aplicar una crema base más clara sobre la zona oscura, mezclándola y uniformizándola en la zona circundante. (Fig. 20.58)

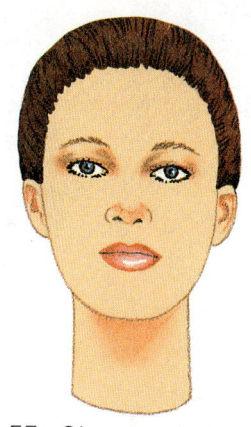

20.57—Ojos muy hundidos.

EL EMPLEO DEL LÁPIZ DE CEJAS

Cuando un cliente desee corregir cejas que tengan una forma incorrecta, eliminar todos los cabellos superfluos y después demostrar cómo utilizar el lápiz de cejas para dibujar líneas cortas parecidas al pelo en las cejas, hasta que los cabellos naturales crezcan otra vez. Cuando existan zonas en la ceja desprovistas de pelo, se pueden rellenar con líneas de un lápiz de cejas parecidas a las del cabello. Utilizar un peine de cejas para suavizar las marcas del lápiz. (Figs. 20.59 a 20.62)

Cuando el arco sea demasiado alto, extraer el cabello sobrante de la parte superior de la ceja y rellenar la parte inferior con el lápiz de cejas. Cuando el arco sea demasiado bajo, extraer el cabello sobrante de la parte inferior de la ceja y construir la forma de la ceja utilizando el peine de cejas.

En el caso de una frente alta, el arco de la ceja se puede elevar ligeramente para poder reducir el efecto de una frente alta. Evitar utilizar una línea demasiado fina o demasiado redonda. Esto le da al cliente un aspecto "sorprendido".

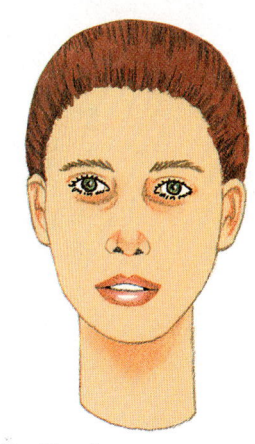

20.58—Círculos oscuros debajo de los ojos.

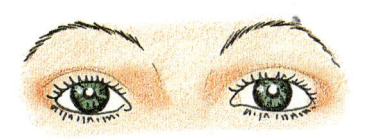

20.59—Cejas delgadas.

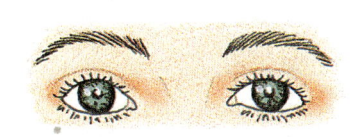

20.60—Técnica correctora para las cejas delgadas.

20.61—Cejas gruesas.

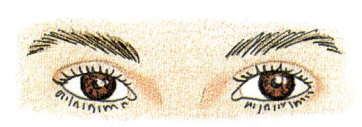

20.62—Técnica correctora para las cejas gruesas.

Colocación y formación correctora de las cejas

Frente baja. Un arco bajo proporciona más altura a una frente muy baja.

Ojos juntos. Se puede hacer que los ojos aparenten estar más separados ampliando la distancia entre las cejas; también se pueden extender las cejas ligeramente hacia el exterior.

Cara redonda. Arquear la ceja hacia arriba para hacer que la cara aparente ser más estrecha. Iniciar una línea directamente encima de la esquina interior del ojo y extenderla hasta el extremo final del pómulo.

Cara larga. Se puede crear la ilusión de una cara más corta haciendo que las rectas sean casi rectas. No extender las líneas de las cejas más allá de las esquinas exteriores de los ojos.

Cara triangular. Para compensar una frente estrecha, arquear las cejas ligeramente, pero sólo en los extremos. Iniciar las líneas directamente sobre las esquinas interiores de los ojos y continuar hasta los extremos de los pómulos.

Cara cuadrada. Si hay un arco alto en los extremos de las cejas, la cara presentará un aspecto más ovalado. Iniciar las líneas directamente sobre las esquinas de los ojos y extenderlas hacia fuera.

ARQUEO DE LAS CEJAS

Unas cejas con una forma correcta influyen enormemente en la belleza de la cara. El arco natural de la ceja sigue la estructura ósea de la línea curva de la órbita (cavidad ocular). La mayoría de las personas tienen unas cejas con un crecimiento de cabellos desordenado tanto encima como debajo de la línea natural. Estos cabellos se deben extraer y se deben formar unas cejas con una apariencia atractiva.

Debido a la sensibilidad de la piel alrededor de los ojos, algunos clientes no soportan el empleo de las pinzas. Para estos clientes se puede afeitar o realizar una depilación con cera. Más adelante aparecerá una descripción de la depilación por cera, para la eliminación del cabello no deseado.

Implementos, útiles y materiales

Crema relajante	Peine de cejas	Loción astringente
Bastoncillos de algodón	Toallas	Loción antiséptica
Pañuelos de papel	Pinzas	Lápiz de cejas

Procedimiento

1. Sentar al cliente en una silla facial en una posición inclinada, como si se tratase de un masaje facial. O si lo prefiere, sentar al cliente en una posición medio levantada y trabajar desde el lado.

2. Hablar con el cliente sobre el tipo de arco de ceja apropiado para sus características faciales.

3. Cubrir los ojos del cliente con algodones humedecidos con agua de hamamelis o un astringente suave.
4. Cepillar las cejas con un pincel pequeño, para eliminar el polvo y las escamas.
5. Suavizar las cejas. Saturar dos algodones o una toalla con agua caliente y colocarlos sobre las cejas. Permitir que permanezcan sobre las cejas el tiempo suficiente para suavizar y relajar el tejido de la ceja. Las cejas y la piel circundante se pueden suavizar frotando crema relajante sobre éstas.
6. Extraer los cabellos que se encuentran entre las cejas. Cuando esté utilizando las pinzas, estirar la piel utilizando el dedo índice y el pulgar (o el índice y el dedo corazón) de la mano izquierda. Agarrar cada cabello individualmente con las pinzas y tirar utilizando un movimiento rápido en la dirección de crecimiento del cabello. (Fig. 20.63) Humedecer la zona tratada frecuentemente con algodón empapado con una loción antiséptica para evitar la infección. Los cabellos entre las cejas y por encima de la línea de cejas se deben extraer en primer lugar, ya que la zona bajo la línea de la ceja es mucho más sensible.
7. Extraer los cabellos que se encuentran encima de la línea de la ceja. Peinar el cabello hacia abajo. Dar forma a la sección superior de una ceja, después dar forma a la otra. Humedecer frecuentemente la zona con antiséptico. (Fig. 20.64)

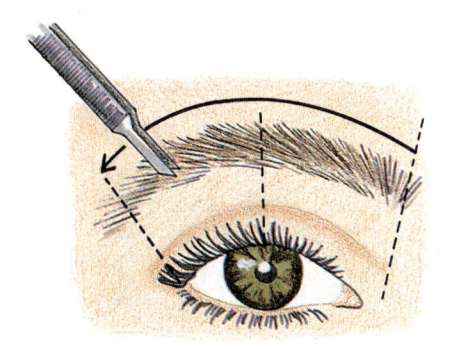

20.63—Extraer el cabello en esta dirección.

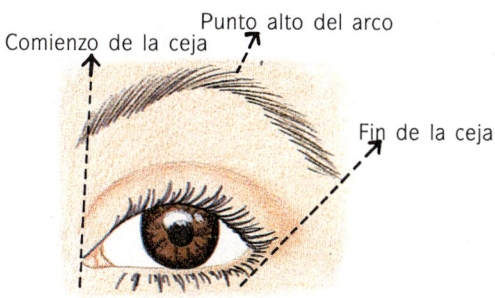

20.64—Puntos correctos para el arqueo de las cejas.

8. Extraer los cabellos de la parte inferior de la línea de la ceja. Peinar las cejas hacia arriba. Dar forma a la sección inferior de una ceja; después dar forma a la otra. Humedecer la zona con antiséptico. (*Opcional:* Aplicar crema relajante y un masaje en las cejas. Extraer la crema con pañuelos de papel.)
9. Una vez finalizado el empleo de las pinzas, humedecer las cejas y la piel circundante con un astringente para contraer la piel.
10. Peinar las cejas, colocando el cabello en su posición normal. Siempre que sea necesario, utilizar un lápiz de cejas. Las cejas se deben tratar una vez a la semana.

462 ◆ TEXTO GENERAL DE COSMETOLOGÍA

MAQUILLAJE CORRECTOR PARA LOS LABIOS

Generalmente los labios están proporcionados de manera que las curvas o picos del labio superior caen directamente en línea con los orificios nasales. (Fig. 20.65) En algunos casos, puede que un lado de los labios sea diferente del otro. Los labios pueden ser muy llenos, muy finos o desiguales. Las siguientes ilustraciones muestran las diferentes líneas de labio y cómo se puede utilizar el color de labios para crear la ilusión de mejores proporciones. (Figs. 20.66 a 20.74)

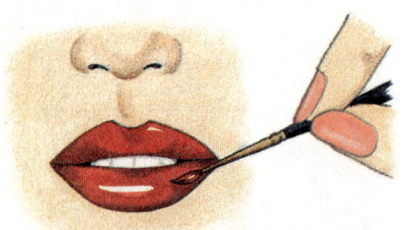

20.65—Aplicación del color de labios.

20.66—Labio inferior delgado.

20.67—Labio superior delgado.

20.68—Labios delgados.

20.69—Boca pequeña.

20.70—Esquinas caídas.

20.71—Labios grandes y llenos.

20.72—Labios ovalados.

20.73—Puntas agudas.

20.74—Labios desiguales.

CAPÍTULO 20   MAQUILLAJE FACIAL   ◆   463

TINTE DE PESTAÑA Y DE CEJA

Nunca se debe utilizar un tinte derivado de la anilina para teñir las cejas o las pestañas, ya que este producto puede provocar la ceguera. En vez de esto, se puede utilizar un agente colorante inocuo, que generalmente consiste de dos soluciones, una que permita a las pestañas aceptar el color y la otra que permita depositar el color. Para colorear temporalmente las pestañas, se puede utilizar mascarilla.

La opción de colores está limitada al marrón y al negro. Aunque en la mayoría de los casos el negro es el favorito, el marrón se recomienda para las personas con una piel muy clara con cabello rubio. Cuando aplique el agente colorante, seguir las instrucciones del fabricante.

Materiales y consumibles

Vaselina
Soluciones de teñido de pestañas y cejas (soluciones N.º 1 y N.º 2— el juego de soluciones de teñido de pestañas y cejas de Roux)
Quitamanchas
Plato de agua caliente y jabonosa
Plato de agua limpia y fresca
Toallas
Algodón
Protectores oculares de papel
Palillos aplicadores y almohadillas oculares

Preparación

1. Seguir las medidas higiénicas.
2. Colocar al cliente en una posición parcialmente reclinada en un sillón para champús o de tratamientos faciales con un ángulo aproximado de 45 grados. No permitir al cliente que se coloque en una posición recta, ya que así el tinte puede penetrar en los ojos con más facilidad.

Procedimiento

1. Lavar las pestañas y las cejas con agua caliente y jabonosa utilizando un bastoncillo de algodón y extraer todos los restos de maquillaje.
2. Aplicar vaselina por debajo de las pestañas inferiores y colocar protectores oculares de papel junto a dichas pestañas. Estos protectores protegerán la piel y evitarán las manchas.
3. Ajustar los protectores oculares. Pedir al cliente que mire hacia arriba, que se ajuste el protector y que cierre el ojo suavemente. Realizar la misma acción en el otro ojo.
4. Aplicar la solución N.º 1 en las pestañas. Humedecer un aplicador con punta de algodón. Poner en contacto la punta con la toalla para eliminar la humedad excesiva. Aplicar encima y debajo de las pestañas, cerca de la piel. Humedecer las pestañas varias veces. Romper el palillo aplicador y desecharlo. Cada vez que se aplique una solución, utilizar un palillo aplicador nuevo.
5. Aplicar la solución N.º 1 en las cejas, siguiendo la línea natural de la ceja. Volver a aplicar en contra del crecimiento natural, aplicando la solución detenidamente. Volver a colocar la tapa de la botella que contiene la solución N.º 1. (Si se cambian las tapas de botella, empieza la oxidación y los líquidos pierden su consistencia.) Humedecer un aplicador nuevo con un quitamanchas y colocarlo en el borde de la toalla para su futuro uso. Volver a colocar la tapa de la botella del quitamanchas.

464 ◆ TEXTO GENERAL DE COSMETOLOGÍA

✔ **Completado—Objetivo de Aprendizaje núm. 4**

PROCEDIMIENTOS BÁSICOS DEL MAQUILLAJE CORRECTIVO

6. Aplicar la solución N.º 2 en las pestañas y cejas, utilizando el mismo método empleado con la solución N.º 1. Si la piel se mancha, utilizar el quitamanchas inmediatamente. Volver a colocar la tapa en la botella N.º 2.
7. Extraer los protectores oculares y lavar las pestañas y las cejas con agua fría, utilizando almohadillas de algodón.
8. Colocar almohadillas oculares húmedas sobre los párpados. Volver a lavar las cejas con agua y jabón, después retirar las almohadillas oculares. Colocar un rollo pequeño de algodón debajo de las pestañas y lavarlas desde arriba con agua fría.
9. Eliminar las manchas con el quitamanchas. Volver a colocar la tapa de la botella.
10. Suavizar la piel con loción o crema. Lavar los ojos con una solución de ácido bórico.
11. Limpiar de la manera acostumbrada. ✔

PESTAÑAS POSTIZAS

Existen varias razones por las que un cliente puede desear utilizar pestañas postizas. Puede que desee utilizarlas en alguna ocasión especial, debido a que embellecen los ojos, haciéndolos aparecer mayores y más expresivos, o puede que tenga unas pestañas muy poco pobladas y que desee que presenten un aspecto más lleno y natural. (Figs. 20.75, 20.76)

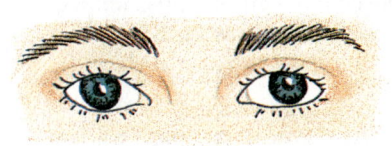

20.75—Pestañas poco pobladas.   20.76—Pestañas postizas ya colocadas.

Generalmente se utilizan dos tipos básicos de pestañas postizas:

1. Pestañas de tira
2. Pestañas individuales semipermanentes

APLICACIÓN DE PESTAÑAS DE TIRA

Las pestañas de tira se presentan en gran variedad de tipos, tamaños y texturas. Pueden estar elaboradas con cabello humano o animal, como visón o con fibras sintéticas. Las pestañas de fibras sintéticas se elaboran con un rizo permanente y no reaccionan a los cambios climáticos. Las pestañas postizas están disponibles en diferentes colores, desde el marrón claro al oscuro o desde el castaño claro al oscuro, para poder adaptarse mejor con el color del cabello o de la ceja del cliente. Los colores preferidos son el negro y el marrón oscuro.

CAPÍTULO 20   MAQUILLAJE FACIAL ◆ 465

Equipo, útiles y materiales

Esterilizador húmedo para el equipo metálico
Pinzas
Algodoncillos
Peines de pestañas
Rizador de pestaña
Espejo de mano
Tijeras de mano
Luz ajustable (cuello de cisne)
Silla de maquillaje estilo tumbona
Adhesivo de pestañas
Bandeja del adhesivo
Limpiador de párpado y de pestaña
Extractor de pestaña
Almohadillas de algodón
Desmaquillante
Gorro de maquillaje

Procedimiento

1. Lavar e higienizar las manos.
2. Comprobar que todos los suministros y materiales esterilizados están a mano.
3. Colocar al cliente en la silla de maquillajes, con la cabeza en una altura que resulte cómoda.
4. La cara del cliente debe estar bien iluminada, pero evitar apuntar la luz directamente en sus ojos.
5. En caso de que el cliente aún no lo haya hecho, limpiar todo el maquillaje de sus ojos, para que el adhesivo de pestañas se adhiera correctamente. Trabajar cuidadosa y suavemente.
6. Si el cliente utiliza lentes de contacto, se deben quitar antes de iniciar este procedimiento.
7. Cepillar las pestañas del cliente para asegurarse de que están limpias y que no poseen materias extrañas como partículas de rímel. Si las pestañas del cliente son rectas, se pueden rizar con un rizador de cejas antes de aplicar las pestañas postizas.
8. Hablar con el cliente sobre la longitud de pestañas deseada y sobre el efecto que espera conseguir. Intentar crear el efecto de unas pestañas llenas, largas y más atractivas sin que pierdan su naturalidad.
9. Cuando esté pegando las pestañas postizas, trabajar desde atrás o desde la parte lateral. Siempre que sea posible, evitar trabajar enfrente del cliente.
10. Extraer cuidadosamente la tira de pestaña del paquete.
11. Respetar cuidadosamente las instrucciones del fabricante.
12. Empezar con la pestaña superior. Si es demasiado larga y no se puede ajustar en la curva del párpado superior, recortar el borde exterior. Utilizar los dedos para doblar la pestaña, haciéndola adoptar la forma de una herradura: de esta manera será más flexible y se podrá ajustar al contorno del párpado. (Fig. 20.77)
13. Separar los cabellos de las pestañas realizando pequeños cortes con las puntas de las tijeras. Esto crea un aspecto más natural.
14. Aplicar una tira delgada de adhesivo de pestaña en la base de la misma y esperar unos segundos para que se asiente. (Fig. 20.78)

20.77—Empezar con la pestaña superior.

20.78—Aplicar el adhesivo de pestaña.

20.79—Aplicar la pestaña.

20.80—Retocar la pestaña.

15. Aplicar la pestaña. Empezar con la parte más corta de la pestaña y colocarla en la parte interior del ojo. Colocar el resto de la pestaña postiza tan cerca como sea posible de la propia pestaña del cliente. Utilizar el extremo final redondeado del peine alineador de pestañas para presionar la pestaña. (Fig. 20.79) Es necesario tener mucho cuidado y actuar con suavidad cuando se apliquen las pestañas. En caso de que sea necesario utilizar delineador, generalmente la línea se traza en el párpado antes de que se aplique la pestaña y después se retoca cuando la pestaña postiza está en su lugar. (Fig. 20.80)

16. Aplicar la pestaña inferior. Recortar la pestaña según sea necesario y aplicar el adhesivo de la misma manera que se hizo en el caso de la pestaña superior. Colocar la pestaña en la parte superior de la pestaña inferior del cliente. Colocar la pestaña más corta hacia el centro del ojo y la pestaña más larga hacia la parte exterior de la pestaña.

◆NOTA: Es necesario recordar al cliente que tenga cuidado con las pestañas cuando nade, se bañe o se limpie la cara. El agua o los productos de limpieza harán despegar las pestañas artificiales.

EXTRACCIÓN DE LAS PESTAÑAS POSTIZAS DE TIRA

Existen preparaciones comerciales, como almohadillas saturadas con lociones preparadas especialmente, para facilitar la extracción de las pestañas postizas. También la base de la pestaña se puede suavizar por medio de la aplicación de una toalla facial saturada con agua caliente y un jabón facial suave o limpiador. Sostener la almohadilla o trapo sobre los ojos durante unos segundos para suavizar el adhesivo. Empezando en la esquina exterior de la línea de las pestañas, despegar las pestañas cuidadosamente, para evitar arrancar las pestañas naturales del cliente. También se pueden utilizar palillos con punta de algodón para retirar el maquillaje y el adhesivo que queda en el párpado.

APLICACIÓN DE PESTAÑAS INDIVIDUALES SEMIPERMANENTES

En esta técnica se fijan pestañas sintéticas e individuales en las propias pestañas del cliente. Se utilizan fibras sintéticas en la fabricación de estas pestañas postizas, ya que se pueden rizar con facilidad.

Debido a que las pestañas sintéticas se fijan en las propias pestañas del cliente y se convierten en parte de ellas, duran tanto como las pestañas naturales, de 6 a 8 semanas. Por lo tanto, se conocen como "pestañas semipermanentes". Pero debido al hecho de que las pestañas naturales caen regularmente (unas cuantas cada semana), llevándose consigo las pestañas unidas con ellas, las pestañas postizas se deben rellenar mediante visitas periódicas al salón de belleza.

Equipo, utensilios y materiales
Necesitará lo siguiente para aplicar pestañas individuales. (Fig. 20.81)

Esterilizador húmedo para esterilizar el equipo de metal
Pinzas
Algodoncillos
Peine de pestañas
Espejo de mano
Bandeja del adhesivo
Extractor de pestañas
Envase de adhesivo
Desmaquillante de ojos (claro)

Mesa de manicura
Luz ajustable (lámpara de cuello de cisne)
Silla de maquillaje o facial
Gorro de maquillaje
Tijeras de manicura
Pañuelos de papel
Bandejas de pestañas
Adhesivo de pestaña
Limpiador de párpados y de pestañas

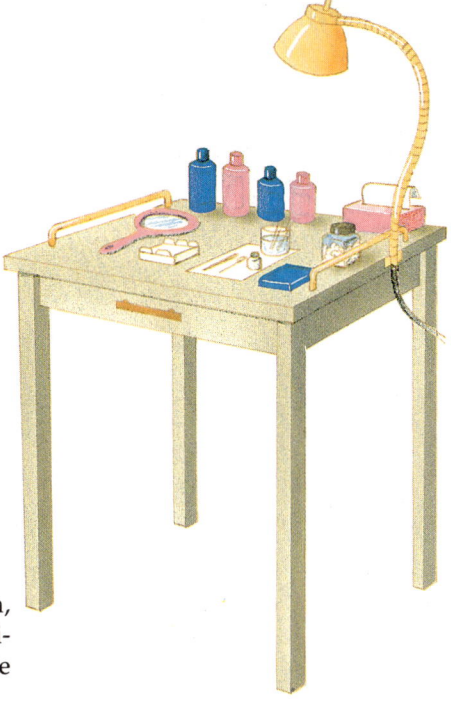

Prueba de alergia
Puede que algunos clientes sean alérgicos al adhesivo. En caso de duda, lo más apropiado es hacer una prueba de alergia al cliente antes de aplicar las pestañas. Esta prueba se puede realizar utilizando cualquiera de estos dos métodos:

1. Colocar una gota de adhesivo detrás de una oreja o
2. Fijar una sola pestaña en cada párpado.

En cualquiera de los casos, si no se produce ninguna reacción en un plazo de 24 horas, puede proseguirse con la aplicación con toda seguridad.

20.81—Instalación para las pestañas postizas.

Longitudes de las pestañas postizas
Generalmente las pestañas postizas vienen en tres longitudes: corta, media y larga. Algunos fabricantes han sacado una cuarta longitud, extra corta. Estas diferentes longitudes se utilizan por separado o en combinación, para poder conseguir ciertos efectos.

1. Se puede conseguir un efecto natural utilizando pestañas cortas entremezcladas con unas cuantas pestañas de tamaño medio.

2. Se puede conseguir un efecto muy elegante utilizando una mezcla de pestañas de tamaño corto y medio con unas cuantas largas, para así conseguir una combinación más atractiva.

3. Se puede conseguir un efecto muy atractivo y exclusivo utilizando solamente pestañas largas.

4. Las pestañas extra cortas se utilizan en las pestañas inferiores o en combinación con otras para conseguir efectos especiales.

Procedimiento para las pestañas superiores

1. Lavar y esterilizar las manos.
2. Comprobar si todos los suministros y equipos esterilizados están a mano.
3. Colocar al cliente en la silla de maquillaje, con la cabeza a una altura de trabajo cómoda y adecuada.
4. Asegurarse de que la cara del cliente está bien iluminada, pero evitar dirigir la luz directamente en los ojos del cliente.
5. En caso de que el cliente aún no lo haya hecho, quitar todo el maquillaje de ojos. Si las pestañas no están completamente limpias, el adhesivo no se pegará correctamente.
6. Si el cliente lleva lentes de contacto, tendrá que quitárselos antes de que usted comience el procedimiento.
7. Peinar las pestañas del cliente, para asegurarse de que están limpias y sin materias extrañas. El peinado también separa las pestañas.
8. Hablar con el cliente sobre la longitud de pestañas deseada y sobre el efecto que desea lograr. Intentar crear un efecto que haga que las pestañas aparenten estar más pobladas y más atractivas, con un aspecto natural.
9. Cuando se apliquen las pestañas, trabajar desde la parte posterior o desde el lado del cliente. Siempre que sea posible evitar trabajar en frente del cliente.
10. Colocar una pequeña cantidad de adhesivo en el contenedor de adhesivo. Este adhesivo se seca muy rápidamente; por lo tanto sólo se debe utilizar una pequeña cantidad en cada pestaña que se aplique. (Nota: Se puede fabricar un contenedor de adhesivo colocando un pequeño pedazo de hoja de aluminio sobre el extremo abierto de una chapa de botella.)
11. Utilizando las pinzas, extraer una pestaña de la bandeja. Sostener la pestaña tan cerca como sea posible del extremo de la pinza. (Fig. 20.82)
12. Cuando la pestaña ya esté fuera de la bandeja, desplazar la pinza más allá del centro de la pestaña.
13. Frotar el lado inferior de la pestaña individual sobre el adhesivo. (Fig. 20.83)

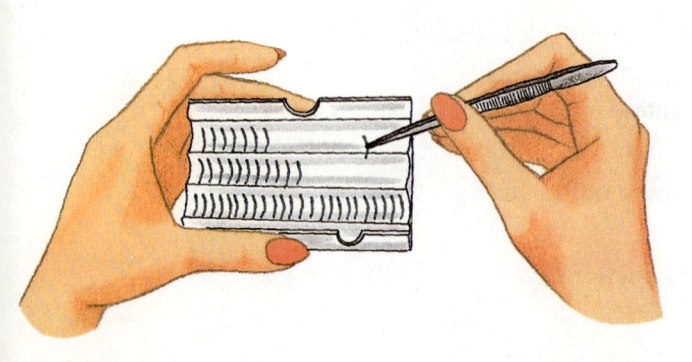

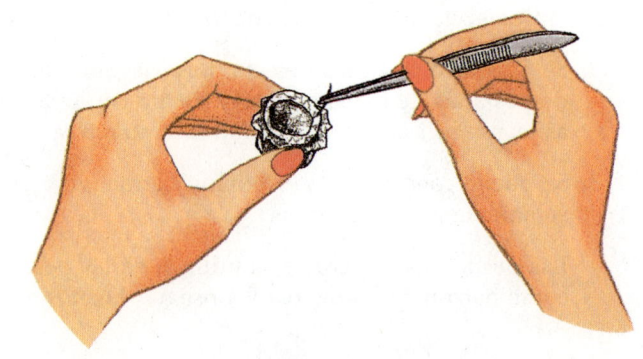

20.82—Extraer la ceja de la bandeja.

20.83—Aplicar adhesivo.

14. Sólo se necesita una cantidad muy pequeña de adhesivo. Si se recoge demasiado adhesivo, extraer el exceso con la punta de los dedos.
15. Si el cliente utiliza gafas, colocar la primera pestaña en el centro del párpado. Hacer que el cliente se coloque las gafas. Si la pestaña toca las gafas, es demasiada larga y se debe utilizar una pestaña más corta. Si ésta no toca las gafas, podrá procederse a su colocación. (Fig. 20.84)
16. Es importante recordar que la pestaña se sujeta con las pinzas exactamente en el mismo ángulo con el que se colocará en la pestaña natural.
17. Si se utiliza la mano derecha, empezar a aplicar pestañas en la esquina exterior del ojo izquierdo, aplicando las pestañas lado a lado hasta alcanzar la esquina interior del ojo izquierdo. Este método demostrará ser el más eficiente y el más breve. En caso de que usted sea zurdo, seguir el mismo procedimiento, pero empezar en la esquina exterior del ojo derecho y trabajar hacia el izquierdo. Las primeras dos o tres pestañas que se aplican en la esquina exterior, y las últimas dos o tres pestañas que se aplican en la esquina interior del ojo, deben ser más cortas para que las pestañas aparenten un crecimiento gradual más natural.
18. Empezar el procedimiento de aplicación pasando el pincel con adhesivo desde el lado inferior de la pestaña individual al lado superior de la pestaña natural del cliente. Pasar el adhesivo por toda la longitud de la pestaña natural empezando en la base (la parte más cercana de la pestaña) hasta llegar a la punta.
19. La pestaña individual se coloca en la parte superior de la pestaña natural, tan cerca del párpado como sea posible sin tocar realmente el párpado. (Fig. 20.85) Para obtener un rendimiento eficaz, las pinzas se deben mantener libres de adhesivo.

20.84—Asegúrese de que las pestañas no toquen las gafas.

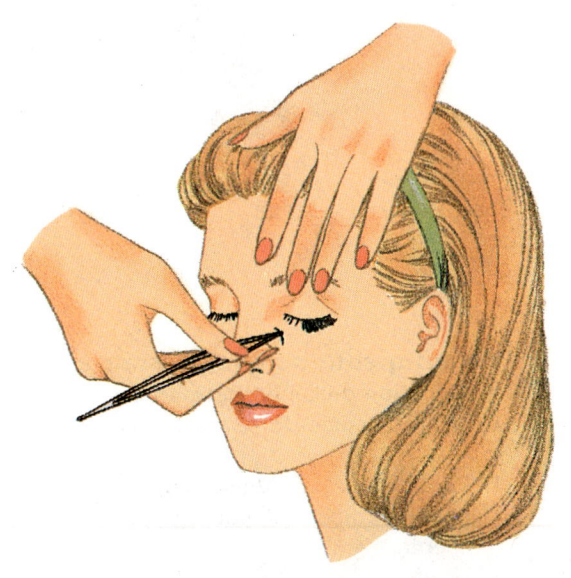

20.85—Colocar la pestaña en la parte superior de la pestaña natural.

20. Empezar la aplicación de las pestañas en el otro ojo, aplicando las pestañas individuales en la esquina interior del ojo; continuar colocando las pestañas una al lado de la otra hasta alcanzar la esquina exterior del ojo.

21. Para la esquina interior del ojo, puede que sea necesario utilizar el pulgar de la mano libre para extender la pestaña y sostenerla de manera que quede firme. Esto expone la esquina interior natural del ojo y permite colocar correctamente la pestaña postiza. (Fig. 20.86)

22. Cuando sea necesario, aplicar la misma técnica para fijar las pestañas de la esquina exterior. (Fig. 20.87)

23. Cuando se fijen las pestañas en las esquinas de los ojos, las pestañas superiores e inferiores se deben mantener separadas durante varios segundos, para permitir que el adhesivo se seque y para impedir que los párpados se peguen.

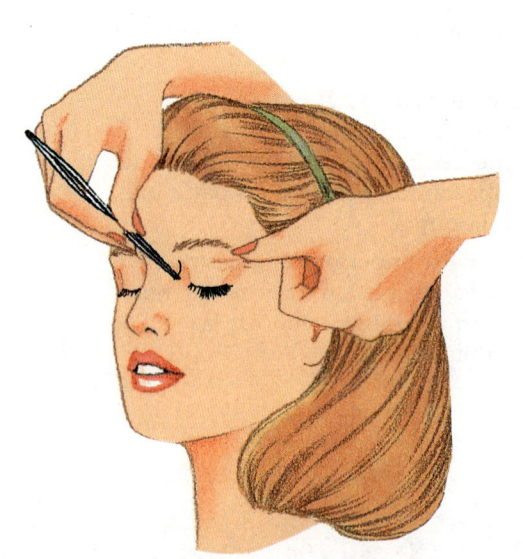

20.86—Tirar y tensar el párpado para aplicar la pestaña.

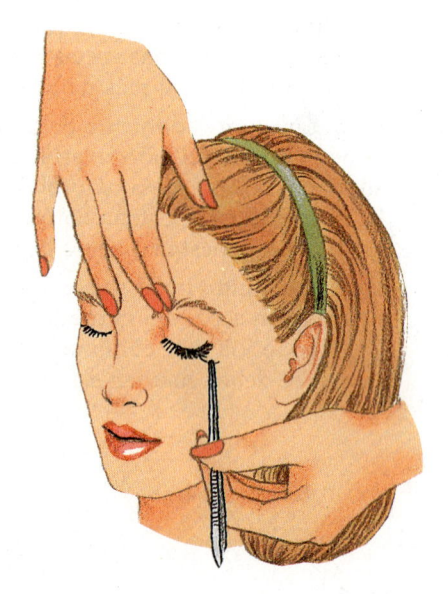

20.87—Fijar en la esquina exterior.

20.88—Aplicar las pestañas inferiores.

Procedimiento para las pestañas inferiores

La aplicación de las pestañas inferiores requiere una técnica diferente a la que se utiliza cuando se aplican las pestañas superiores.

1. Hacer que el cliente se siente dándole la cara. Siempre que sea posible, trabajar desde un lado y no directamente enfrente del cliente.

2. Pedir al cliente que mire hacia arriba con los ojos muy abiertos. (Fig. 20.88)

3. Utilizar solamente pestañas cortas.

CAPÍTULO 20   MAQUILLAJE FACIAL ◆ 471

4. Aplicar el adhesivo en la pestaña utilizando el mismo método utilizado en las pestañas superiores Retirar el adhesivo sobrante.
5. Pedir al cliente que mantenga los ojos abiertos durante unos segundos adicionales, para permitir que el adhesivo se seque.
6. Es posible que tenga que utilizar más adhesivo cuando se coloquen las pestañas inferiores, asegurando así una aplicación más duradera. ✔

◆ NOTA: Informar a los clientes que las grasas naturales de los párpados tienden a disolver el adhesivo. Como resultado, las pestañas inferiores no durarán tanto como las pestañas superiores. Generalmente las pestañas inferiores empezarán a caer una semana después de la aplicación.

✔ **Completado—Objetivo de Aprendizaje núm. 5**

APLICACIÓN Y REMOCIÓN DE PESTAÑAS DE TIRA POSTIZAS

PRECAUCIONES DE SEGURIDAD

1. Lavar y esterilizar las manos antes de cada aplicación de maquillaje o después de tocar un objeto no relacionado con el procedimiento.
2. Cubrir correctamente al cliente, para proteger su ropa y utilizar una tira de protección en la línea de crecimiento del cabello durante el procedimiento de maquillaje.
3. Proteger el cabello y la piel del cliente, para evitar el contacto directo con la silla de masajes.
4. Mantener las uñas bien lisas y pulidas para evitar arañar la piel del cliente.
5. Utilizar sólo pinceles y equipos esterilizados.
6. Utilizar un envase tipo coctelera para el polvo suelto.
7. Verter todas las lociones directamente desde sus envases.
8. Utilizar siempre una espátula o un aplicador de productos cosméticos para extraer los productos cosméticos de sus envases.
9. No aplicar nunca el color de labios directamente desde el envase a los labios del cliente. Utilizar una espátula o un aplicador especial para extraer el producto del envase, después utilizar un pincel para aplicar.
10. Utilizar un antiséptico en las zonas de las pestañas en donde se han aplicado las pinzas para evitar una infección.
11. Colocar correctamente en un envase, todos los artículos utilizados que deban esterilizarse hasta el momento de su esterilización.
12. Desechar todos los útiles utilizados, como las esponjas, almohadillas, espátulas y aplicadores.
13. Inmediatamente después de una aplicación de maquillaje, desechar todos los lápices o aplicadores utilizados, para que no se utilicen con otro cliente.
14. Colocar todas las toallas, pañuelos, gorro de maquillaje u otros artículos lavables en el envase adecuado, hasta que se puedan lavar y esterilizar.
15. Mantener la zona de trabajo limpia, ordenada y bien organizada. ✔

✔ **Completado—Objetivo de Aprendizaje núm. 6**

PRECAUCIONES DE SEGURIDAD

Preparación Profesional

VENTAS AL DETALLE

La venta de productos puede representar una importante fuente de ingresos para cualquier salón pero muy a menudo se puede observar que los artículos ofrecidos a la venta al detalle se encuentran acumulando polvo sobre los estantes. Y sin embargo la venta de los mismos tomaría solamente un pequeño esfuerzo adicional. He aquí un ejemplo sobre cómo la venta puede hacerse dentro del contexto de un salón de servicios completos de belleza sin ejercer presión sobre el cliente:

Cuando la Señora Jones se presenta a su cita, el estilista la guía hasta el área de lavado de cabello diciendo: "Señora Jones, recientemente recibimos uno de los mejores champúes que yo he podido utilizar. Limpia completamente el cuero cabelludo y el cabello. Deja el cabello fácil de peinar. Su fórmula tiene una acidez balanceada de manera que no decolorará los tintes del cabello ni dañará los rizos de un permanente. Además es bueno para corregir la resequedad de las puntas del cabello. Si usted desea un champú para toda la familia, realmente se lo recomiendo".

Posteriormente, cuando el estilista trabaja el cabello de la Señora Jones, podría decir: "He notado que su fijador de cabello parece estarse acumulando en las raíces del cabello. Esto podría eventualmente hacer lucir apagado el color de su cabello. Utilizaré un poco de fijador de cabello a base de agua para finalizar su peinado. Éste se enjuaga completamente cuando usted se lava el cabello. ¿Por qué no prueba con una botella del producto y se divierte un poco en casa? Permítame darle algunas instrucciones".

—Tomado del Administración del Salón de Belleza para Estudiantes de Cosmetología por Edward Tezak

PREGUNTAS DE REPASO

MAQUILLAJE FACIAL

1. ¿Cuál es el objetivo principal del maquillaje?
2. ¿Qué factores se deben tener en cuenta cuando se realiza un maquillaje?
3. Enumerar los siete tipos faciales.
4. ¿Por qué la base es una parte importante del maquillaje facial?
5. ¿Cómo se selecciona el color base de un maquillaje?
6. Enumerar los cuatro tipos de coloretes.
7. ¿Cuándo se debe aplicar el lápiz de labios directamente desde el envase?
8. ¿Por qué se utiliza la mascarilla?
9. ¿Cuál es el objetivo principal que se persigue con la aplicación del maquillaje corrector?
10. Nombrar los dos tipos básicos de pestañas postizas.

LA PIEL Y SUS TRASTORNOS

21

OBJETIVOS DE APRENDIZAJE

DESPUÉS DE COMPLETAR ESTE CAPÍTULO, USTED DEBE SER CAPAZ DE:

1. Describir la estructura y composición de la piel (histología).

2. Enumerar las funciones de la piel.

3. Definir términos importantes relacionados con los desórdenes de la piel.

4. Describir qué trastornos de piel se pueden tratar en el salón de belleza y cuáles necesitan asistencia médica.

474 ◆ TEXTO GENERAL DE COSMETOLOGÍA

INTRODUCCIÓN

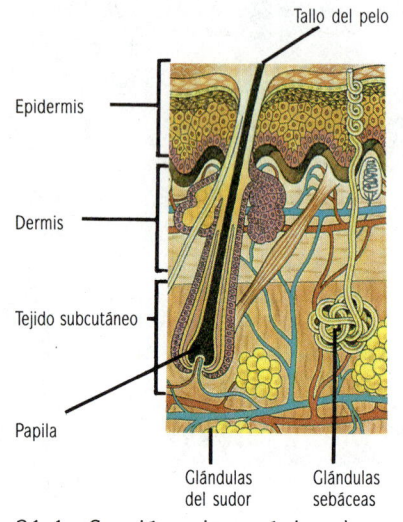

La piel es el órgano mayor del cuerpo y también uno de los más importantes. En la cosmetología el estudio científico de la piel y del cuero cabelludo es muy importante, ya que forma la base de un programa efectivo de higiene de la piel, servicios y tratamientos de belleza y tratamientos del cuero cabelludo. Un cosmetólogo que conozca detalladamente la piel, su estructura y sus funciones está en mejor posición para asesorar profesionalmente a los clientes sobre la higiene del cuero cabelludo, facial y de las manos. (Fig. 21.1)

Una piel saludable es una piel ligeramente húmeda, suave y flexible; produce una reacción ligeramente ácida y está libre de cualquier enfermedad o trastorno. La piel también posee respuestas inmunológicas para defenderse de los organismos que tocan o intentan penetrar en ella. En el mejor de los casos su *textura* (tacto y apariencia) es suave con un grano muy fino. Una persona con una buena tez posee una textura de piel fina y un color de piel saludable. Entre los apéndices de la piel se encuentran los cabellos, las uñas y las glándulas sebáceas y sudoríparas.

La piel varía en grosor. La más delgada es la de los párpados y la más gruesa es la de la palma de las manos y la de la planta de los pies. Una presión continua en cualquier parte de la piel puede hacer que ésta gane grosor y desarrolle callosidades.

La piel del cuero cabelludo posee una estructura similar a la piel del resto del cuerpo. Pero el cuero cabelludo posee unos folículos pilosos mayores y más profundos, para poder alojar un pelo más largo. (Fig. 21.2)

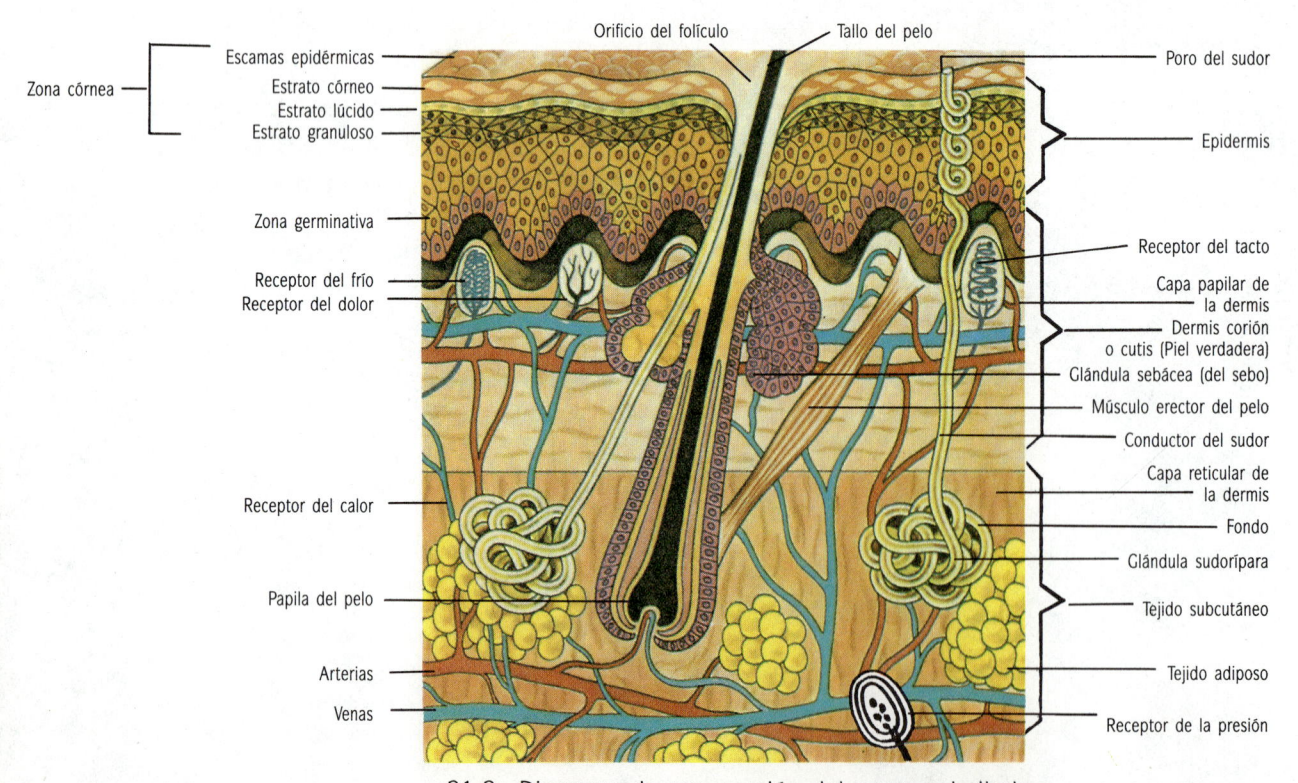

21.1—Sección microscópica de la piel.

21.2—Diagrama de una sección del cuero cabelludo.

HISTOLOGÍA DE LA PIEL

La piel se divide en dos partes principales: la epidermis y la dermis.

La *epidermis* es la capa exterior (superficial) de la piel. También recibe el nombre de cutícula o piel exterior.

La epidermis es la superficie exterior de la piel, recibiendo comunmente el nombre de cutícula o *membrana exterior.* Es la capa más fina de la piel y forma una cubierta protectora del cuerpo. No contiene productos sanguíneos, pero sí una gran cantidad de terminales nerviosas. La epidermis incluye las siguientes capas:

1. El *estrato córneo* es la capa exterior de la piel. Sus células en forma de escama caen y se regeneran continuamente, siendo reemplazadas por las células que se encuentran debajo, que suben a la superficie. Estas células contienen queratina, que es una substancia proteínica. Las células se superponen como si se tratasen de las tejas de un tejado y están cubiertas por una capa fina de aceite, lo que hace que el estrato córneo sea casi impermeable.

2. El *estrato lúcido* o capa transparente se compone de pequeñas células transparentes que pueden ser atravesadas por la luz.

3. El *estrato granuloso* se compone de células semejantes a gránulos. Estas células están casi muertas y se transforman en una substancia cornea.

4. El *estrato germinativo* o capa germinal, que antes recibía el nombre de *estrato mucoso,* se compone de varias capas de células con formas diferentes. La capa más profunda de todas es la que origina el crecimiento de la epidermis. También contiene un pigmento oscuro llamado melanina, que protege las células sensitivas subyacentes contra los efectos destructores de los rayos ultravioletas procedentes del sol o de las lámparas ultravioletas. Estas células especiales se llaman *melanocitos.* Producen la melanina, que determina el color de la piel.

La *dermis* es la capa subyacente o interior de la piel. Recibe también el nombre de **derma, corión** o *piel verdadera.* Es una capa muy sensible y vascular de tejido conjuntivo. En su estructura se encuentran numerosos vasos sanguíneos, vasos linfáticos, nervios, glándulas sudoríparas, glándulas sebáceas, folículos pilosos, músculos erectores del cabello y papilas. La dermis está compuesta por dos capas: la papilar o superficial y la reticular o profunda.

1. La *capa papilar* se encuentra directamente debajo de la epidermis. Contiene pequeñas eminencias cónicas de tejido elástico que se proyectan hacia arriba, penetrando en la epidermis. Estas eminencias reciben el nombre de *papilas.* Algunas papilas contienen capilares,

otras contienen terminales nerviosas llamadas *corpúsculos táctiles* (o corpúsculos de Meissner). Esta capa también contiene cierta cantidad del pigmento cutáneo llamado melanina.

2. La c*apa reticular* envuelve con su red las siguientes estructuras:

   Células adiposas   Glándulas sudoríparas
   Vasos sanguíneos   Folículos pilosos
   Vasos linfáticos   Músculos erectores del pelo
   Glándulas sebáceas

Esta capa también proporciona oxígeno y nutrientes a la piel.

El *tejido subcutáneo* es una capa adiposa que se encuentra debajo de la dermis. También recibe el nombre de *tejido adiposo* o *subcutis* y varía de espesor según la edad, sexo y estado de salud del individuo. Proporciona suavidad y contorno al cuerpo, contiene grasas que se utilizan como energía y también sirven como amortiguador protector de la capa exterior de la piel. Una red de *arterias* y *vasos linfáticos* mantiene la circulación de este tejido.

COMO SE NUTRE LA PIEL

La piel recibe la nutrición de la sangre y de la linfa. Al circular por la piel, la sangre y la linfa aportan materias esenciales para el crecimiento, la nutrición y la restauración de la piel, el cabello y las uñas. En el tejido subcutáneo se encuentran redes de arterias y vasos linfáticos, de donde parten ramificaciones menores que llegan hasta las papilas del cabello, los folículos pilosos y las glándulas cutáneas. Los vasos capilares se encuentran en gran número en la piel.

NERVIOS DE LA PIEL

La piel contiene las terminaciones superficiales de gran número de fibras nerviosas. Estas son:

1. *Fibras nerviosas motoras*, distribuidas por los músculos erectores del pelo, unidas a los folículos pilosos.

2. *Fibras nerviosas sensoriales*, que reaccionan al calor, frío, tacto, presión y dolor.

3. *Fibras nerviosas secretorias*, que se distribuyen por las glándulas sudoríparas y sebáceas de la piel. Estos nervios regulan las excreciones de sudor procedente de las glándulas sudoríparas y regulan la afluencia sebácea que se dirige hacia la superficie de la piel.

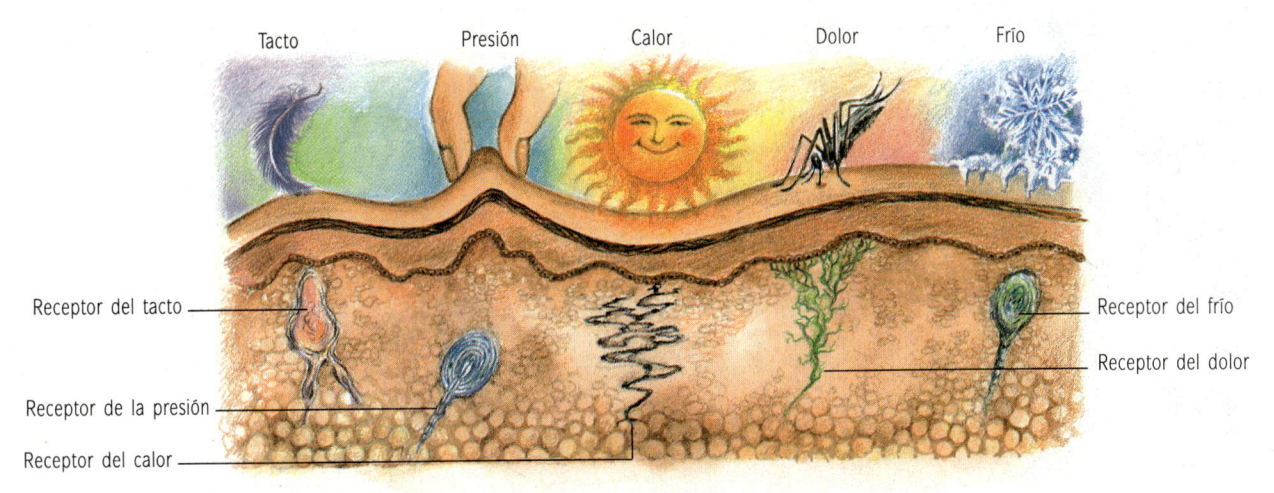

21.3—Nervios sensoriales de la piel.

Sentido del tacto

La capa papilar de la dermis proporciona al cuerpo el sentido del tacto. Los nervios distribuidos por la piel reciben sensaciones básicas como: tacto, dolor, calor, frío, presión o tacto profundo. En la punta de los dedos es donde existe mayor densidad de terminaciones nerviosas. Aparentemente las sensaciones complejas, como las vibraciones, parecen depender de una combinación de estas terminaciones nerviosas.

ELASTICIDAD DE LA PIEL

La flexibilidad de la piel depende de la elasticidad de la dermis. Por ejemplo, cuando una piel sana se estira, recupera su forma anterior casi inmediatamente.

Envejecimiento de la piel

El proceso de envejecimiento de la piel es un tema de fundamental importancia para todas las personas. Puede que la característica más destacada del envejecimiento sea la pérdida de flexibilidad. Un factor que contribuye a la pérdida de elasticidad es que a medida que envejecemos, se incrementa el encogimiento del tejido subcutáneo, no pudiéndose evitar, por ello, la aparición de arrugas.

COLOR DE LA PIEL

El color de la piel depende en parte de la irrigación sanguínea, pero depende principalmente de la melanina o colorante, que se deposita en el estrato germinativo y en las capas papilares de la dermis. El color del pigmento varía de una persona a otra. El color de la piel es una característica hereditaria y varía dependiendo de la raza. La melanina protege las células sensibles en contra de la insolación y de los rayos ultravioletas que se utilizan de los rayos UVA. Para ayudar a la melanina de la piel en la prevención de quemaduras, se debe utilizar un factor de protección solar (SPF).

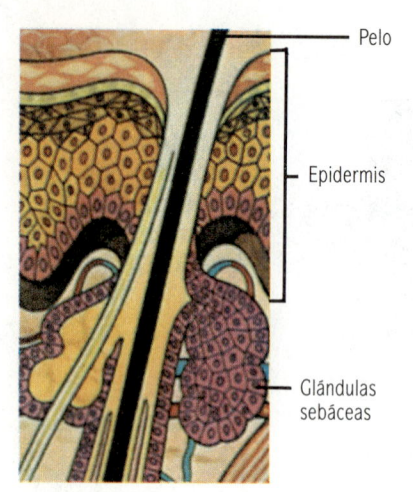

GLÁNDULAS DE LA PIEL

La piel contiene dos tipos de glándulas exocrinas que extraen materiales de la sangre para formar nuevas substancias: las *glándulas sudoríparas* y las *glándulas sebáceas*. (Figs. 21.4 a 21.6)

Glándulas sudoríparas

Las glándulas sudoríparas (tipo tubular), que excretan sudor, están compuestas por una base enrollada o *fondo,* y un conducto en forma de tubo que finaliza en la superficie de la piel y forma el poro del sudor. Prácticamente todas las partes del cuerpo poseen glándulas sudoríparas, pero son más numerosas en las palmas de las manos, plantas de los pies, frente y en las axilas.

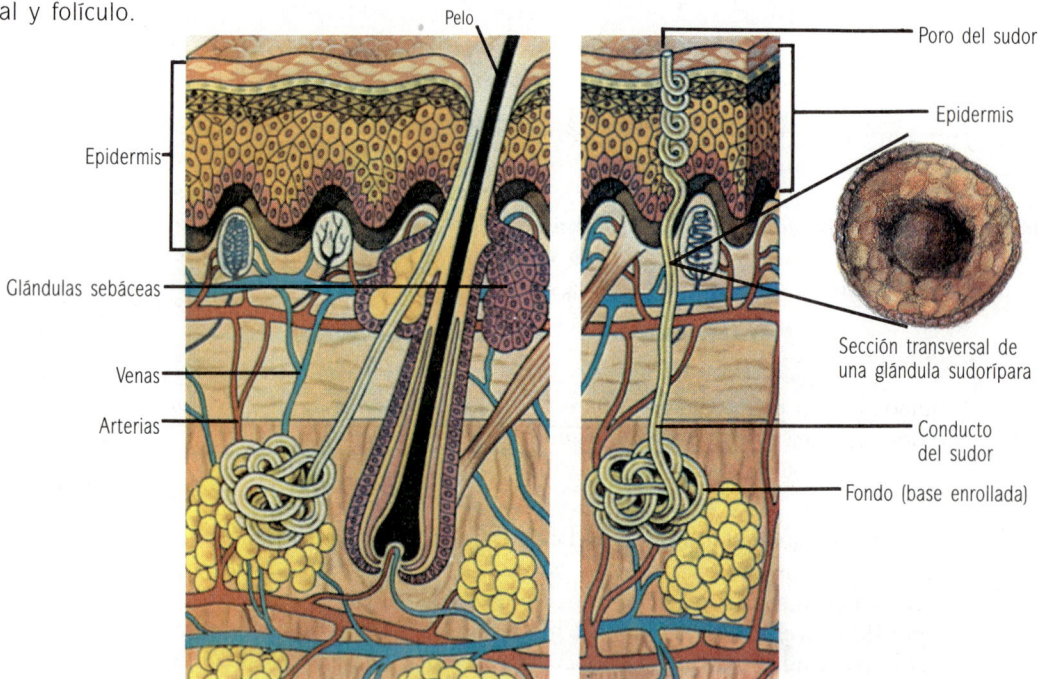

21.4—Vello corporal y folículo.

21.5—Pelo del cuero cabelludo, folículo y glándulas sebáceas.

21.6—Glándula sudorípara.

Las glándulas sudoríparas regulan la temperatura corporal y ayudan a eliminar los productos de desecho del cuerpo. El calor, ejercicio, las emociones y ciertos medicamentos incrementan en gran manera su actividad.

La excreción de sudor está controlado por el sistema nervioso. Normalmente se eliminan diariamente de 0,47 a 0,94 litros de líquidos con contenido de sales, por medio de los poros de sudor de la piel.

Glándulas sebáceas

Las glándulas sebáceas (de tipo sacciforme) están compuestas por pequeños sacos, cuyos conductos se abren dentro de los folículos de pelo. Estas glándulas secretan sebo; esta substancia lubrica la piel y conserva la suavidad del pelo. Con la excepción de las palmas de las manos y de las plantas del pie, estas glándulas se encuentran en todo el cuerpo, particularmente en la cara y en el cuero cabelludo, lugar en donde son de mayor tamaño.

El sebo es una substancia aceitosa producida por las glándulas sebáceas. Generalmente fluye a través de los conductos que conducen a las aperturas de los folículos pilosos. Pero si el sebo se endurece y el conducto se obstaculiza, se forma una espinilla. ✔

✔ Completado—Objetivo de Aprendizaje núm. 1

ESTRUCTURA Y COMPOSICIÓN DE LA PIEL

FUNCIONES DE LA PIEL

Las funciones principales de la piel son la protección, sensación, regulación del calor, excreción, secreción y absorción.

1. *Protección.* La piel protege el cuerpo de las heridas y de la invasión bacteriana. La capa más externa de la epidermis está cubierta con una capa delgada de sebo, lo que la convierte en impermeable. Puede resistir una amplia variedad de temperaturas, heridas poco importantes, substancias químicamente activas y muchas formas de bacterias.

2. *Sensación.* Al estimular los extremos nerviosos sensoriales, la piel responde al calor, frío, tacto, presión y dolor. Cuando se estimulan los extremos nerviosos, se envía un mensaje al cerebro. Usted podrá responder con una expresión de dolor, rascándose en caso de picor, o apartándose cuando toque algo caliente. Los extremos nerviosos sensoriales, responsables del tacto y de la presión, se encuentran cerca de los folículos pilosos.

3. *Regulación del calor.* Este término indica que la piel protege al cuerpo del medio ambiente. Un cuerpo sano mantiene una temperatura interna constante de 37 grados centígrados. A medida que se producen cambios en la temperatura exterior, la sangre y las glándulas sudoríparas de la piel realizan los cambios necesarios y el cuerpo se refrigera por la evaporación del sudor.

4. *Excreción.* La perspiración de la glándula sudorípara se excreta a través de la piel. El agua que se pierde por la perspiración se lleva la sal y los otros productos químicos.

5. *Secreción.* El sebo se secreta por las glándulas sebáceas. Este sebo lubrica la piel, manteniéndola suave y flexible. Este sebo también mantiene la suavidad del pelo. La tensión puede aumentar el flujo de sebo.

6. La *absorción* es un proceso poco frecuente, pero que se produce. Las hormonas femeninas, cuando forman parte de una crema facial, pueden penetrar en el cuerpo a través de la piel e influenciarlo en cierto grado. Los materiales grasos, como las cremas de lanolina, se absorben en gran parte a través de los folículos pilosos y las aperturas glandulares sebáceas. Actualmente se están realizando investigaciones con sebo de visón, tortuga y caviar como catalizador para la absorción. ✔

✔ Completado—Objetivo de Aprendizaje núm. 2

FUNCIONES DE LA PIEL

TRASTORNOS DE LA PIEL

Si trabaja como cosmetólogo en un salón de belleza, entrará en contacto con diferentes trastornos cutáneos y del cuero cabelludo. Debe estar preparado para reconocer ciertas condiciones cutáneas comunes y debe saber lo que se debe hacer en estos casos. Algunas perturbaciones cutáneas y del cuero cabelludo se pueden tratar en cooperación con y bajo la supervisión de un facultativo. Las preparaciones médicas, sólo disponibles por receta, se deben utilizar de acuerdo con las instrucciones del facultativo. Si un cliente muestra una condición cutánea que el cosmetólogo no reconozca como un trastorno sencillo, esta persona debe consultar un doctor.

Es sumamente importante resaltar que un cliente con problemas de piel inflamada, sean éstas infecciosas o no, no debe ser tratado en el salón de belleza. El cosmetólogo debe ser capaz de reconocer estos síntomas y aconsejar las medidas pertinentes, para así impedir mayores problemas. De esta manera se protege la higiene del cliente y del cosmetólogo.

DEFINICIONES RELACIONADAS CON LAS PERTURBACIONES CUTÁNEAS

Abajo se enumeran cierto número de términos con los que el cosmetólogo debe estar familiarizado, para así conocer mejor los trastornos cutáneos, del cuero cabelludo y de cabello.

Dermatología—El estudio de la piel, su naturaleza, estructura, funciones, enfermedades y tratamiento.

Dermatólogo—El médico especializado en el estudio de la piel.

Patología—El estudio de las enfermedades.

Tricología—El estudio del cabello y de sus enfermedades.

Etiología—El estudio de las causas de las enfermedades.

Diagnosis—El reconocimiento de una enfermedad por sus síntomas.

Prognosis—Predicción del curso probable de una enfermedad.

LESIONES DE LA PIEL

Una lesión es un cambio estructural de los tejidos, provocado por heridas o enfermedades. Existen tres tipos: primario, secundario y terciario. El cosmetólogo sólo se debe preocupar con las lesiones primarias y secundarias. En caso de que esté familiarizado con las lesiones principales de la piel, podrá distinguir entre las condiciones tratables y no tratables en el salón de belleza. (Fig. 21.7)

Los síntomas o señales de la enfermedad de la piel están divididas en dos grupos:

1. *Síntomas subjetivos* son aquéllos que se pueden percibir, como la irritación, quemazón o dolor.
2. *Síntomas objetivos* son aquéllos que son visibles, como los granos, pústulas o la inflamación.

DEFINICIONES RELACIONADAS CON LAS LESIONES PRIMARIAS

El cosmetólogo debe estar familiarizado con la lista de términos y definiciones que aparece a continuación.

Mácula—Es un punto o mancha pequeña descolorida que aparece en la superficie de la piel, como las pecas. Estas no están elevadas ni hundidas.

Pápula—Un grano elevado y pequeño que se encuentra sobre la piel que no contiene fluido, pero que puede desarrollar pus.

Verdugón—Una lesión inflamada e irritante que solo dura unas horas. Como ejemplos se pueden citar las urticarias y las picadas de los insectos, como los mosquitos.

Tubérculo—Una hinchazón sólida, mayor que una pápula. Se proyecta por encima de la superficie o se encuentra por debajo de la piel. Su tamaño puede variar, desde el tamaño de un guisante al de una nuez.

Tumor—Una masa celular anormal, que varía en tamaño, forma y color. Los nódulos también reciben el nombre de tumores, pero son mucho más pequeños.

Vesícula—Una vejiguilla llena de fluido claro. Las vesículas se encuentran dentro o debajo de la epidermis; por ejemplo la hiedra venenosa produce vesículas pequeñas.

Ampolla—Una bolsa que contiene un fluido aguado, es similar a una vesícula, pero mayor.

Pústula—Una elevación de la piel que posee una base inflamada que contiene pus.

Quiste—Un grano líquido o semisólido que se encuentra por encima o por debajo de la piel.

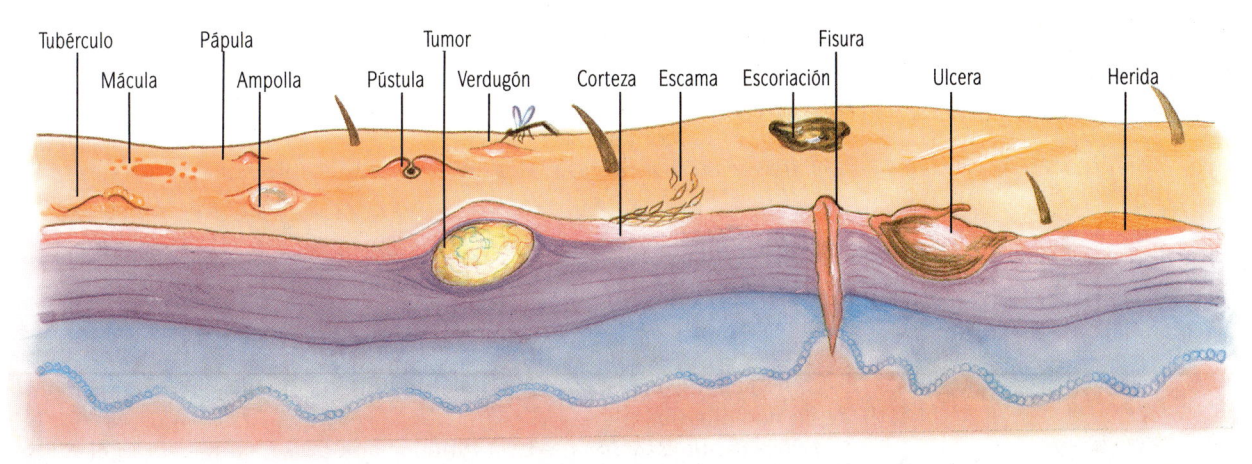

21.7—Lesiones cutáneas primarias y secundarias.

DEFINICIONES RELACIONADAS CON LAS LESIONES SECUNDARIAS

Las lesiones cutáneas secundarias son aquéllas que se desarrollan en las últimas etapas de la enfermedad. Estas son:

Escama—Una acumulación de escamas epidérmicas secas o grasas. (Ejemplo: caspa anormal o excesiva)

Costra—Una acumulación de suero y pus, quizá mezclado con material epidérmico. (Ejemplo: la costra de una herida)

Excoriación—Una herida en la piel producida por rozamiento o abrasión. (Ejemplo: una superficie desnuda debida a la pérdida de piel superficial después de una herida)

Fisura—Una grieta en la piel que penetra dentro de la dermis, como en el caso de los labios o manos agrietadas.

Úlcera—Una lesión abierta en la piel o en la membrana mucosa del cuerpo, acompañada por pus y pérdida de profundidad de piel.

Cicatriz—Es probable que se forme después de la curación de una herida o condición cutánea que ha penetrado la capa dérmica.

Mancha—Una decoloración anormal que queda después de la desaparición de lunares, pecas o manchas hepáticas; a veces aparecen después de algunas enfermedades.

DEFINICIONES RELACIONADAS CON LAS ENFERMEDADES

Antes de describir las enfermedades de la piel y del cuero cabelludo, para que el cosmetólogo las pueda reconocer fácilmente, es necesario comprender cuál es el significado del término enfermedad.

Enfermedad es cualquier alteración del estado de salud normal.

Enfermedad cutánea—Cualquier infección de la piel caracterizada por una lesión objetiva (detectable a simple vista), que puede constar de escamas, lunares o pústulas.

Enfermedad aguda—La que presenta los síntomas con un carácter más o menos violento, como la fiebre generalmente tiene una duración muy corta.

Enfermedad crónica—La de larga duración, generalmente suave pero con recaídas.

Enfermedad infecciosa—La provocada por gérmenes (bacterias o virus) que se encuentran en el cuerpo como resultado de un contacto con un objeto o lesión contaminado.

Enfermedad contagiosa—La que es comunicable por contacto.

◆NOTA: Con frecuencia los términos "enfermedad infecciosa", "enfermedad comunicable" y "enfermedad contagiosa" se utilizan indistintamente.

Enfermedad congénita—Una que está presente en el niño en el momento de su nacimiento.

Enfermedad estacional—Una influenciada por el clima, como el salpullido en el verano y algunas formas de eccema que aparecen con el frío.

Enfermedad ocupacional (tal como dermatitis)—La originada por ciertos tipos de ocupaciones, como las que requieren un contacto con productos cosméticos, productos químicos o tintes.

Enfermedad parasitaria—Provocada por parásitos vegetales o animales, como la pediculosis y pie de atleta.

Enfermedad patogénica—La originada por bacterias que provocan enfermedades, como los estafilococos o los estreptococos (bacterias que forman pus) o virus.

Enfermedad sistémica—Debido a la actividad excesiva o deficiente de las glándulas internas. Puede estar originada por una dieta poco adecuada.

Enfermedades venéreas—Una enfermedad contagiosa que generalmente se adquiere por contacto durante el acto sexual con una persona infectada.

Epidemia—La aparición de una enfermedad que ataca simultáneamente un gran número de personas que viven en un lugar determinado. Entre los diferentes ejemplos de enfermedades que originan epidemias se encuentran la parálisis infantil, el catarro o la viruela.

Alergia—Fenómeno producido por la absorción de substancias normalmente inócuas que dan al organismo sensibilidad especial. Las alergias de piel son bastante comunes. El contacto con ciertos tipos de productos cosméticos, medicinas y tintes o el comer ciertos tipos de alimentos pueden provocar erupciones, enrojecimiento, ampollas y escamas.

Inflamación—Un trastorno caracterizado por el enrojecimiento, dolor, inflamación y dolor de la piel.

TRASTORNOS DE LAS GLANDULAS SEBÁCEAS

El cosmetólogo debe identificar y conocer varios trastornos comunes que afectan las glándulas sebáceas.

Espinillas—son masas vermiformes (en forma de gusano) de sebo endurecido, que aparecen con más frecuencia en la cara, especialmente en la frente y en la nariz.

Las espinillas acompañadas por granos aparecen frecuentemente en los jovenes con edades comprendidas entre los 13 y los 20 años. Durante este período adolescente, se estimula la actividad de las glándulas sebáceas, lo que contribuye a la formación de las espinillas o granos. (Fig. 21.8)

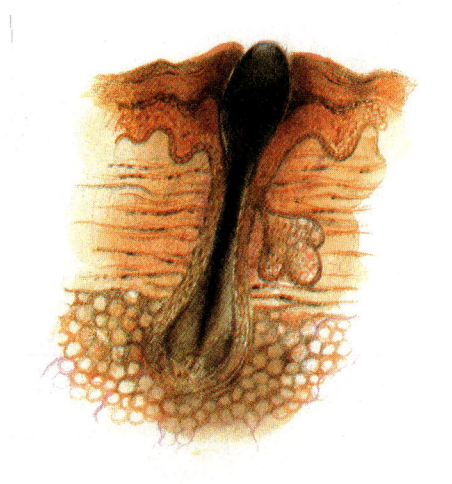

21.8—Espinilla (tapón de materia sebácea y suciedad) que se forma alrededor de la apertura de un folículo piloso.

Cuando el folículo piloso se llena con exceso de sebo procedente de la glándula sebácea, se forma una espinilla que crea un bloqueo en la apertura del folículo. En caso de que esta situación empeore, entonces será necesario obtener atención médica.

Para poder tratar las espinillas, es necesario reducir el contenido graso de la piel, por medio de aplicaciones locales de limpiadores. Las espinillas se deben extraer en condiciones estériles. Es muy importante limpiar cuidadosamente la piel cada noche. Con frecuencia se obtienen mejores resultados con las cremas y lociones de limpieza que con agua y jabón.

Los *milios* o espinillas blancas son un trastorno de las glándulas sebáceas provocado por la acumulación de materia sebácea debajo de la piel. Esto se puede producir en cualquier parte de la cara, cuello y a veces en el pecho o en los hombros. Las espinillas blancas generalmente aparecen en tipos de piel seca y de textura fina.

El *acné* es un trastorno inflamatorio crónico de las glándulas sebáceas, que generalmente aparece en la cara, espalda y pecho. Se cree que el origen del acné es micróbico, pero existen factores que favorecen su aparición, como la adolescencia y ciertos alimentos. (Fig. 21.9)

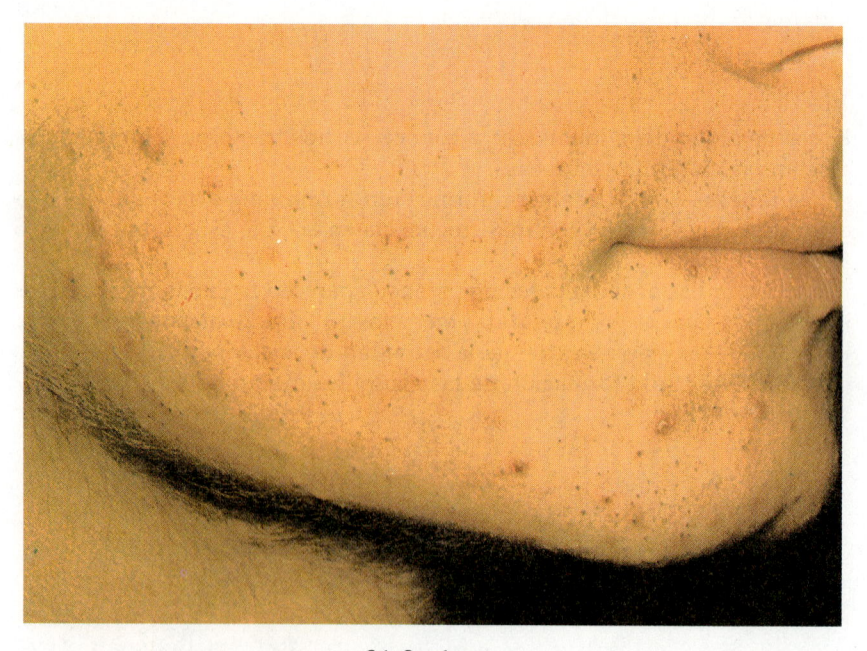

21.9—Acné.

Existen diferentes tipos de acné, desde un grano simple—no contagioso—a condiciones cutáneas serias y bien arraigadas. Siempre es aconsejable obtener asistencia médica antes de que se realice cualquier servicio en el salón de belleza.

CAPÍTULO 21   LA PIEL Y SUS TRASTORNOS   ◆   485

Seborrea es una condición cutánea provocada por la secreción excesiva de las glándulas sebáceas. El exceso de grasa y la brillantez de la nariz, frente o cuero cabelludo indica la presencia de seborrea. En el cuero cabelludo se puede detectar cuando el pelo está excesivamente graso.

La *asteatosis* es una condición en la que la piel presenta un aspecto seco y escamoso, caracterizado por una deficiencia absoluta o parcial de sebo, debido a cambios seniles o por trastornos corporales. Puede estar provocado por álcalis, como los que se encuentran en los jabones y polvos de limpieza.

La **rosácea,** antes llamada acné rosácea o eritematosa, es una congestión inflamatoria crónica de las mejillas y de la nariz. Se caracteriza por el enrojecimiento y por la dilatación de los vasos sanguíneos y por la formación de pápulas y pústulas. La causa de la rosácea es desconocida. Se sabe que existen factores que agravan la rosácea en algunos individuos. Entre estos factores se incluye el consumo de líquidos calientes, alimentos picantes o alcohol, así como la exposición a temperaturas extremas y a la luz solar y las tensiones. (Fig. 21.10)

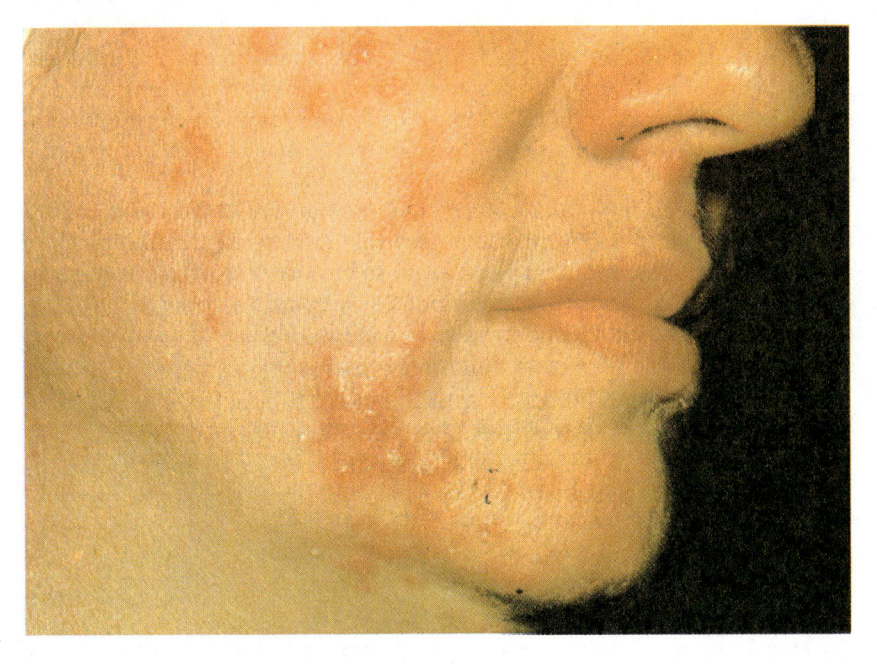

21.10—Rosácea.

Un *esteatoma* o quiste sebáceo es un tumor subcutáneo de la glándula sebácea. Está llena de sebo y su tamaño puede oscilar entre el de un guisante y el de una naranja. Generalmente aparece en el cuero cabelludo, cuello y espalda. Con frecuencia un esteatoma recibe el nombre de lobanillo. (Fig. 21.11)

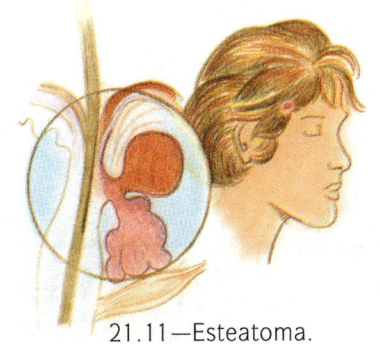

21.11—Esteatoma.

DEFINICIONES RELACIONADAS CON LAS PERTURBACIONES DE LAS GLÁNDULAS SUDORÍPARAS

Bromidrosis u *osmidrosis*—Perspiración de olor desagradable, generalmente detectable en las axilas o en los pies.

Anhidrosis o falta de perspiración—Con frecuencia es un resultado de la fiebre o de ciertas enfermedades cutáneas. Requiere tratamiento médico.

Hiperhidrosis o perspiración excesiva—Provocado por un calor excesivo o una debilidad corporal general. Las partes más afectadas son las axilas, articulaciones y pies. Es necesario obtener atención médica.

Miliaria rubra o *sarpullido*—Un trastorno inflamatorio agudo de las glándulas sudoríparas, caracterizada por una erupción de pequeñas vesículas rojas, acompañada por la quemazón e irritación de la piel. Este trastorno está provocado por una exposición a unas temperaturas excesivas.

DEFINICIONES RELACIONADAS CON LAS INFLAMACIONES

Dermatitis—Un término utilizado para indicar una condición inflamatoria de la piel. Las lesiones se presentan en diferentes formas, como vesículas o pápulas.

Eccema—Una inflamación de la piel de naturaleza aguda o crónica, que presenta muchas formas de lesiones secas o húmedas. Generalmente aparece acompañada por una sensación de irritación o de quemazón. Todos los casos de eccema deben recibir atenciones médicas. Su origen es desconocido.

Psoriasis (Soriasis)—Una enfermedad cutánea inflamatoria, crónica y común, cuya causa es desconocida. Generalmente se encuentra en el cuero cabelludo, codos, rodillas, pecho y parte baja de la espalda, encontrándose raramente en la cara. Las lesiones son manchas secas y redondas, cubiertas con unas escamas plateadas y gruesas. Si se irrita, puede sangrar en algunos puntos. No es una enfermedad contagiosa.

Herpes simplex (Herpe febril)—Una infección viral recurrente. Se caracteriza por la erupción de una sola vesícula o un grupo de vesículas en una base roja inflamada. Generalmente las ampollas aparecen en los labios, orificios nasales y en otras partes de la cara, con una duración no superior a la semana. Es una infección contagiosa. (Fig. 21.12)

Trastornos ocupacionales de la cosmetología

Durante la operación de un salón de belleza, se pueden producir condiciones anormales originadas por el contacto con productos químicos o tintes. Puede que algunas personas adquieran alergias a los ingredientes de los productos cosméticos, antisépticos, lociones de ondulado en frío y tintes derivados de la anilina. Estos productos pueden provocar infecciones con erupciones que reciben el nombre de **dermatitis por contacto**. Es muy importante que los cosmetólogos empleen medidas preventivas, como guantes de goma o cremas protectoras.

21.12—Herpes simplex.

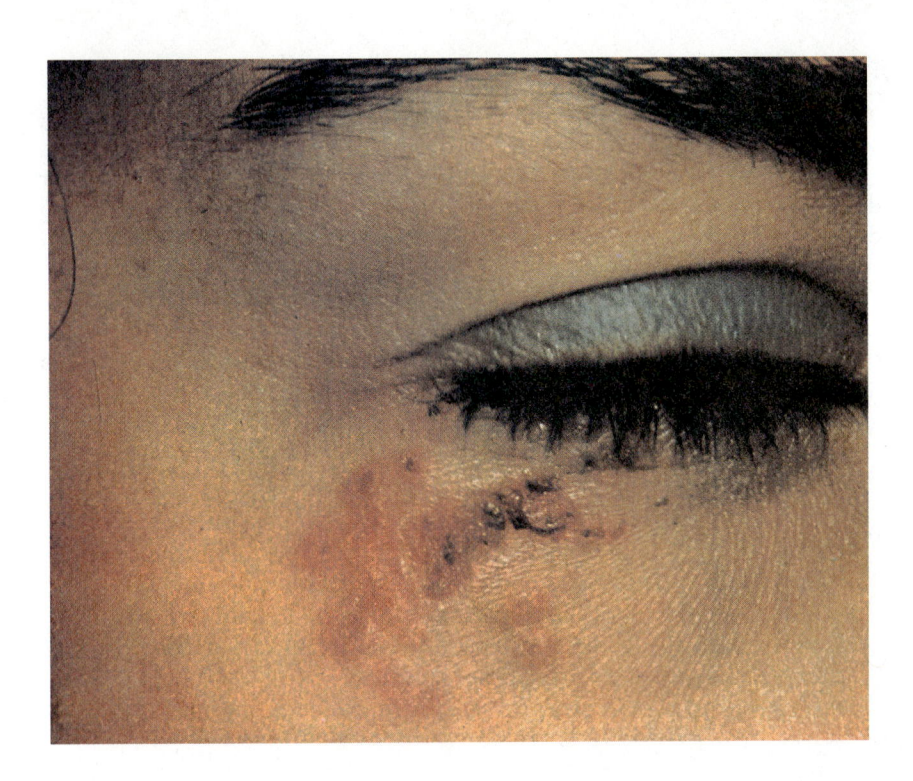

DEFINICIONES RELACIONADAS CON LA PIGMENTACIÓN DE LA PIEL

En condiciones anormales, el *pigmento* puede resultar afectado desde el interior o desde el exterior. Todos los trastornos cutáneos y muchos trastornos sistémicos vienen acompañados de colores anormales. Ciertas medicinas de uso interno pueden producir algún cambio en la pigmentación.

Bronceado—Provocado por una exposición excesiva al sol.

Lentiginosis (o pecas)—Manchas pequeñas con un color que va desde el amarillo al marrón en las zonas expuestas a la luz solar o al aire.

Manchas—Zonas de la piel con un color marrón poco natural, con una forma irregular o circular. El color permanente se debe a la presencia de un pigmento más oscuro. Estas manchas se producen durante el envejecimiento, después de ciertas enfermedades y después de la desaparición de granos, pecas y manchas hepáticas. El origen de estas manchas es desconocido.

Cloasma (o manchas hepáticas)—Se caracteriza por depósitos de pigmentos en la piel. Se encuentra principalmente en la frente, nariz y en las mejillas.

Nevo—Recibe el nombre vulgar de marca de nacimiento. Es una malformación pequeña o grande de la piel debida a una pigmentación anormal o a la presencia de capilares dilatados.

Leucodermia—Zonas blancas anormales en la piel; generalmente atribuidas a defectos de pigmentación congénitos. Recibe la siguiente clasificación:

Vitiligo—Una condición adquirida de leucodermia, que afecta el color de la piel o del cabello. El único tratamiento es la ocultación por medio de colores cosméticos. Se debe evitar exponer excesivamente esta zona al sol.

Albinismo—Ausencia congénita del pigmento melanina en el cuerpo, incluyendo la piel, cabello y ojos. El cabello es muy sedoso y blanco. La piel es de un color blanco rosáceo y no puede adquirir un bronceado. Los ojos son rosados. La piel envejece prematuramente.

Preparación Profesional

SELECCIÓN DE UN SALÓN

El obtener su primer trabajo en un salón es una calle de doble vía. Muchas veces se piensa que es un empleador quien selecciona al empleado, pero de hecho es usted quien debe efectuar la primera selección y decidir dónde solicitará un empleo. Un poco de investigación ayudará a seleccionar los salones en los cuales le gustaría trabajar o no. El conocer todo acerca de los salones donde solicita empleo le separará de los muchos solicitantes que no se molestan en hacerlo.

Primero que todo, averigüe el nombre de su posible empleador, la forma en que se deletrea y pronuncia, así como su posición en el salón. Luego busque respuestas a la pregunta: ¿Cuáles son las necesidades y expectativas del posible empleador?

Averigüe exactamente de que tipo de salón se trata: su tamaño y reputación, ¿es de propiedad privada o es parte de una cadena? y acerca de su atmósfera social. ¿Es moderno y ostentoso? o ¿es elegante y conservador? ¿es tranquilo o de mucha presión con una constante afluencia de clientes?

Observe la clientela: ¿son amas de casa que viven en los suburbios?, ¿profesionales?, ¿personas de bajo nivel de ingresos? ¿cuál es el promedio de edades?

¿Cuáles servicios se ofrecen en el salón y qué productos se usan?

Finalmente, ¿existe un programa de capacitación para empleados nuevos?

Usted puede encontrar las respuestas a estas preguntas hablando con los instructores de cosmetología, empleados del salón y con la clientela. Usted puede llamar al salón y hablar con la recepcionista. Si el salón es parte de una cadena o franquicia, usted puede obtener la información en publicaciones de la industria, en la biblioteca, en la Cámara de Comercio, y en las oficinas del "Better Business Bureau".

¿Cómo comenzar a buscar un empleo? Recuerde que la mayoría de oportunidades de trabajo no se anuncian en las secciones de clasificados de los periódicos. La mejor manera de averiguar quién está ofreciendo oportunidades de empleo incluye la comunicación verbal a través de redes de amigos, la inscripción en una organización profesional, las consultas no solicitadas—en otras palabras, envíe un curriculum vitae o resumen de experiencia junto con una carta de presentación al salón donde usted desea trabajar.

—Tomado de *Técnicas de Comunicación para Cosmetólogos por Kathleen Ann Bergant*

DEFINICIONES RELACIONADAS CON LA HIPERTROFIA

Queratoma o callosidad—Zona redonda, superficial y gruesa de epidermis adquirida, debido a la presión o fricción en las manos y en los pies. Si el engrosamiento crece hacia dentro, recibe el nombre de callo.

Lunar—Un punto, mancha o imperfección pequeña y pardusca en la piel. Se cree que los lunares se heredan. Su color puede variar desde un color pardo claro a marrón o negro azulado. Algunos lunares son pequeños y planos, semejantes a las pecas; otros están más elevados y su color es más oscuro. Con frecuencia aparecen pelos oscuros y largos en los lunares. Cualquier cambio en un lunar exige atención médica.

Sarcoma melanótica—Cáncer fatal de piel que empieza con un lunar.

> **PRECAUCIÓN**
> *No tratar ni extraer los cabellos de un lunar.*

Verruca—El término científico que recibe la verruga. Está provocada por un virus y es infecciosa. Se puede extender desde un lugar a otro, particularmente a lo largo de una hendidura de la piel.

DEFINICIONES RELACIONADAS CON LA CIRUGÍA PLÁSTICA

Los cosmetólogos engruesan cada día más el personal de muchos dermatólogos y cirujanos plásticos. Los cosmetólogos son personas especializadas en el tratamiento de la piel. Pueden ayudar a los clientes a conservar el aspecto juvenil de la cara y del cuello. Para poder resultar de ayuda en una oficina médica, debe estar familiarizado con los siguientes términos y procedimientos.

Ritidectomía—Un estiramiento de la cara (face-lift) es una operación que tiene como finalidad reducir los cambios que produce el envejecimiento en la cara y en el cuello. Comporta el estiramiento y la extracción de la piel sobrante de la cara, cuello y sienes.

Blefaroplastia—Cirugía de los párpados es el procedimiento que se combina frecuentemente con un estiramiento de la frente o cejas, para mejorar la apariencia general de la parte superior de la cara. Comporta incisiones en el pliegue natural de la piel de los párpados, para extraer piel y el tejido graso sobresaliente.

Peeling con productos químicos—Una técnica para mejorar la apariencia cuando la piel está arrugada. En este procedimiento se aplica una solución química con una fórmula especial en las zonas de tratamiento. El producto químico provoca una quemadura suave y controlada en la piel.

Rinoplastia—La cirugía plástica de la nariz. Con frecuencia este procedimiento se realiza conjuntamente con un face-lift, para ajustar la tendencia que tiene la nariz a caer y a perder definición con la edad. Las incisiones se esconden justo debajo del borde de los orificios nasales y a veces en la piel que se encuentra entre los orificios. A continuación se le da otra forma al cartílago y al hueso de la nariz, para proporcionar a la nariz un aspecto más agradable.

Mentoplastia—La cirugía de la barbilla comporta una incisión realizada ya sea en la parte interior de la boca o justo debajo y detrás de la parte más prominente de la barbilla, para así cambiar el perfil de una persona por medio de construir una pequeña barbilla. Con frecuencia se realiza al mismo tiempo que la cirugía plástica de la nariz.

Dermabrasión—Una técnica para suavizar la piel cicatrizada por el procedimiento de "lijar" las irregularidades, de manera que las cicatrices se confundan mejor con la piel circundante. Generalmente este procedimiento se realiza con un instrumento abrasivo rotatorio que hace perder grosor a la piel, haciendo que los bordes agudos de las cicatrices faciales sean menos prominentes.

Rellenos inyectables—En presencia de cicatrices profundas, cicatrices de acné o líneas de envejecimiento profundas alrededor de la boca o de la frente, se pueden utilizar inyecciones de colágeno diminutas para elevar las depresiones y acercarlas al nivel normal de la piel. El colágeno, un producto natural derivado del cuero, se mezcla bien con el tejido cutáneo.

Retina A—*Acido retinoico: tretinoin, ácido de la vitamina A:* todos estos nombres designan a Retina A, una crema que se expende con receta y que se utiliza en el tratamiento del acné. Recientemente el público la está utilizando como agente de expulsión para poder hacer aparecer más rápidamente nuevas células en la epidermis. El objetivo es el de controlar y retrasar la formación de arrugas. ✔

✔ Completado—Objetivo de Aprendizaje núm. 3 y 4

AFECCIONES DE LA PIEL Y ENTENDER EL TRATAMIENTO MÉDICO CONTRA EL TRATAMIENTO EN EL SALÓN DE BELLEZA

PREGUNTAS DE REPASO

LA PIEL Y SUS TRASTORNOS

1. ¿Qué es la piel?
2. Describir brevemente la piel sana.
3. Nombrar las dos divisiones de la piel.
4. ¿Cómo se nutre la piel?
5. ¿Qué determina el color de la piel?
6. ¿Cuáles son las glándulas que se encuentran en la piel?
7. ¿Cuáles son las funciones más importantes de la piel?
8. Definir en qué consiste la dermatología.
9. ¿Qué es una lesión de la piel?
10. Definir el acné.
11. Definir el herpes simplex. ¿Cuál es su denominación común?
12. Definir el albinismo.
13. ¿Qué es un lunar?

ELIMINACIÓN DEL CABELLO NO DESEADO

22

OBJETIVOS DE APRENDIZAJE

DESPUÉS DE COMPLETAR ESTE CAPÍTULO, USTED DEBE SER CAPAZ DE:

1. Enumerar las dos clasificaciones generales de eliminación de cabello no deseado.

2. Identificar las técnicas aceptables que intervienen en los tres métodos de extracción de cabello no deseado.

3. Mostrar las técnicas necesarias para la remoción permanente del cabello por medio del método de termolisis.

4. Demostrar los métodos de extracción de cabello temporal.

INTRODUCCIÓN

El *hirsutismo* o *hipertricosis* es una condición que designa una gran pilosidad o cabello superfluo. Se reconoce como el crecimiento de cabello en cantidades o lugares poco acostumbrados, como en las caras de las mujeres. El cabello no deseado no es un problema nuevo, ha sido un padecimiento que ha afectado a las personas durante todos los tiempos. El cabello no deseado es un problema que preocupa a muchos hombres y mujeres.

Uno de los primeros métodos de eliminación de cabello consistía en el empleo de un abrasivo, como la piedra pómez, para poder raspar y eliminar el cabello. Las excavaciones realizadas en tumbas egipcias muy antiguas han revelado que se utilizaron abrasivos para este objetivo. Las mujeres de la antigua Grecia y del antiguo imperio romano eliminaban el cabello por abrasión. Los indios americanos utilizaban piedras afiladas y conchas para rascar y arrancar el cabello.

La historia nos enseña que también se utilizaban productos químicos para eliminar el cabello excesivo. Por ejemplo, los antiguos turcos utilizaban *rusma*, una combinación de sulfuro de arsénico amarillo, cal viva y agua de rosas, formando así un producto *depilatorio* primitivo. La mayoría de los productos depilatorios poseen un pH alcalino para ayudar en la descomposición del cabello.

Hoy en día existen dos tipos de eliminación de cabello: permanente y temporal. En este capítulo se cubren varios tipos de eliminación de cabello temporal. Esta sección cubre el método de eliminación de cabello permanente que recibe el nombre de *electrología*. ✔

✔ Completado—Objetivo de Aprendizaje núm. 1

CLASIFICACIONES GENERALES DE REMOCIÓN DEL CABELLO NO DESEADO

MÉTODOS PERMANENTES DE ELIMINACIÓN DEL CABELLO

La primera técnica efectiva de eliminación de cabello permanente que se inventó fue la electrólisis. Esta técnica la creó el oftalmólogo Charles E. Michel de San Louis, Missouri en 1875, mientras trataba de resolver el problema de las cejas que crecían hacia dentro. Michel conectó un cable conector muy fino a una pila seca. A continuación conectó el cable a una aguja quirúrgica y la insertó en el folículo de la ceja. En la mayoría de los casos, después del tratamiento el cabello no volvía a crecer. Así se hace la historia.

El tratamiento de electrólisis creado por Michel utilizaba corriente continua o *galvánica*. La corriente galvánica descomponía químicamente la *papila dérmica,* la raíz inferior del cabello y fuente de alimentación del folículo piloso. El proceso galvánico era muy laborioso y aburrido. En 1916, el profesor Paul Kree creó una máquina galvánica múltiple o *epilador*. Esta máquina permitía al electrologista poder insertar hasta diez agujas en una secuencia temporal determinada, sin la necesidad de tener que emplear varios minutos en cada cabello.

CAPÍTULO 22 ELIMINACIÓN DEL CABELLO NO DESEADO ◆ 493

En 1924, el Doctor H. Brodier de Paris desarrolló la *termólisis*, un método de extracción de cabello utilizando altas frecuencias o corriente alterna. Este método creaba calor para destruir la papila. Muy pronto se hizo muy popular ya que era una técnica más rápida que el proceso galvánico.

En 1945, Henri St. Pierre y Arthur Hinkel pudieron mezclar con éxito la corriente galvánica con la corriente de onda corta de alta frecuencia y baja intensidad y transmitirlas simultáneamente a través de una sola aguja. Conocido como el método de mezcla, el objetivo era el de destruir el crecimiento capilar con más rapidez que la corriente galvánica, gracias a la ayuda del calor procedente de una corriente de alta frecuencia. ✓

✓ Completado—Objetivo de Aprendizaje núm. 2

TRES MÉTODOS DE REMOCIÓN PERMANENTE DEL CABELLO

INFORMACIÓN GENERAL

La importancia de la formación. El electrólogo trata con la piel y un técnico poco experimentado o ineficiente puede provocar daños irreparables. Por lo tanto, todos los electrólogos deben tener una formación adecuada, tanto teórica como práctica. Esto significa que deben utilizar modelos vivos para practicar, bajo la supervisión directa de un instructor, hasta poseer los conocimientos, la confianza y el correspondiente certificado (en caso de que sea necesario).

Las máquinas. Algunas máquinas de onda corta poseen muchos factores de seguridad. Poseen un temporizador automático y están aprobadas por el F.C.C. (Organismo de los Estados Unidos con funciones similares a las del Ministerio de Telecomunicaciones de España). El dolor se mantiene en un mínimo por medio del apagado rápido de la corriente.

Zonas que se pueden tratar. Los labios superiores, barbilla, mejillas, brazos, piernas, cejas, línea de nacimiento del cabello y axilas pueden recibir un tratamiento electrológico.

Zonas que no se pueden tratar. No tratar la parte inferior de los párpados, la parte interior de las orejas o los orificios nasales. Es necesario obtener permiso de un facultativo antes de tratar a clientes con diabetes, las mujeres embarazadas, los que usan un marcapasos o aquellos que estén recibiendo tratamientos hormonales.

Origen del cabello no deseado. El crecimiento del cabello se debe a un desequilibrio hormonal del cuerpo. Nadie conoce la causa exacta, aunque algunas fuentes autorizadas creen que la herencia juega un papel importante en el crecimiento excesivo de cabello. Se sabe que ciertos medicamentos, la gestación y problemas en el peso pueden influenciar el crecimiento del cabello.

MÉTODO DE ONDA CORTA O DE TERMÓLISIS

El método de onda corta, también conocido como el método de termólisis, es el método de extracción de cabello permanente más rápido y el que se utiliza con más frecuencia. (Fig. 22.1) De hecho, debido a que es la opción mayoritaria de los electrólogos actuales, lo describiremos detalladamente. No describiremos otros métodos de extracción permanentes.

22.1—La inserción de la aguja en el método de onda corta.

Equipo, utensilios y materiales

Para poder realizar el tratamiento de termólisis, necesitará el siguiente equipo y los siguientes consumibles:

Epilador de onda corta y soporte. (Fig. 22.2)

Agujas

Silla o mesa para el paciente

Banquillo del electrólogo

Solución antiséptica

Esterilizador

Algodón estéril

Tejido facial

Protecciones para los ojos

Espejo de ampliación y espejo normal

Lámparas o lentes con objetivo de ampliación para el tratamiento

Pinzas

Bata para el cliente

Loción postoperatoria

Tijeras pequeñas con punta roma

Almohadilla para el tratamiento

Cesto de desperdicios con tapa

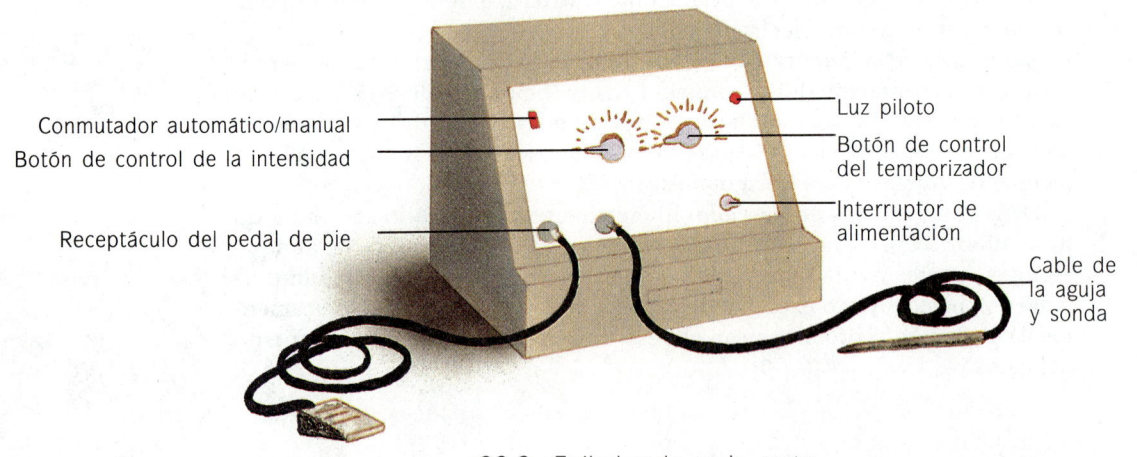

22.2—Epilador de onda corta.

Mandos de la termólisis

Los epiladores por termólisis también reciben el nombre de epiladores de onda corta. Utilizan frecuencias de radio y funcionan con corriente alterna (CA). Todos los epiladores por termólisis poseen los mismos sistemas de control:

1. Enchufar a la fuente de alimentación
2. Interruptor de alimentación
3. Luz indicadora—indica si la máquina está encendida o apagada
4. Conmutador de temporizador o manual
5. Control de intensidad—regula el flujo de la corriente (reóstato)
6. Jack de soporte de la aguja (electrodo negativo)
7. Pedal del pie—flujo de corriente on/off
8. Luz de intensidad—se enciende cuando se presiona el pedal
9. Luz del temporizador—permanece encendido siempre que el pedal esté pulsado

Además de estos controles básicos, los fabricantes pueden añadir sus propias innovaciones. Algunos por ejemplo han incorporado dos *jacks negativos* para poder utilizar soportes de agujas para agujas de diferentes tamaños. Otros tienen medidores de radiofrecuencia (RF). Debido a que estas máquinas pueden variar ligeramente, se aconseja leer el manual de instrucciones que proporciona cada fabricante.

Comodidad del cliente

Para el electrólogo lo más importante debe ser la comodidad y la higiene del cliente. La comodidad del electrólogo también es importante. Si el electrólogo está cómodo el tratamiento será de mejor calidad.

Procedimiento de la termólisis

1. Colocar al cliente con su bata correspondiente en una silla.
2. Lavar las manos.
3. Aplicar un astringente en la zona de tratamiento.
4. Esterilizar las pinzas.
5. Determinar el tamaño de aguja necesaria y esterilizarla.
6. Encender el depilador y esperar 1 minuto.
7. Ajustar el temporizador en bajo.
8. Ajustar la intensidad en bajo.
9. Realizar la primera inserción hasta que se perciba una ligera resistencia.
10. Presionar el pedal de pie.
11. Probar el cabello con las pinzas para que se desprenda con facilidad.
12. Elevar los mandos de intensidad y del temporizador según sea necesario, hasta que el cabello se desprenda con facilidad.

Inserción de la aguja dentro del folículo piloso

La inserción es la técnica más importante del tratamiento de electrología. El tamaño de la aguja corresponde al diámetro del cabello bajo tratamiento. Sostener el soporte de la aguja, como si se tratase de un bolígrafo, pero no con tanta firmeza. El dedo índice y pulgar no se deben tocar. El soporte de la aguja se puede apoyar con suavidad en el dedo corazón, que sirve como guía.

El ángulo en el que se inserta la aguja depende del ángulo en el que crece el cabello. Por ejemplo, en el caso de que un cabello que crezca recto hacia arriba es necesario insertar una aguja en una dirección recta hacia abajo, dentro del folículo. Si un cabello está creciendo en un ángulo determinado, la aguja se debe insertar en este ángulo. (Figs. 22.3 a 22.6) Cuando existe una cantidad excesiva de cabellos y los cabellos son muy largos, es difícil ver el folículo piloso y el ángulo de crecimiento. Sólo tendrá que cortar el cabello hasta poder ver con facilidad el folículo y el ángulo de crecimiento.

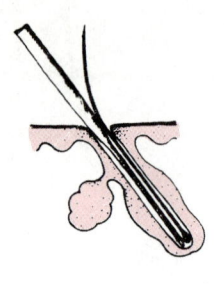

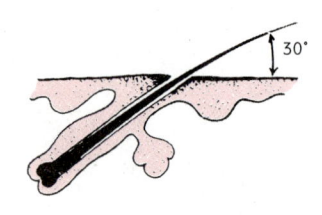

22.3—Aguja insertada correctamente.

22.4—Cabello que crece en un ángulo de 30 grados en el cuello.

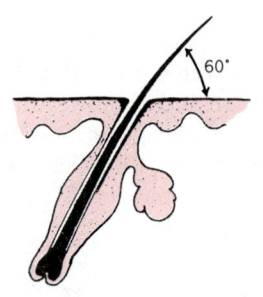

22.5—Cabello que crece en un ángulo de 60 grados en la zona frontal del mentón.

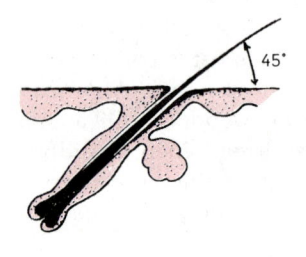

22.6—Cabello que crece en un ángulo de 45 grados en la cara.

Manipulación de las pinzas

Es necesario utilizar unas pinzas para extraer el cabello con suavidad. Una vez que se apague la corriente, extraer el cable del folículo y utilizar las pinzas para extraer el cabello. No se debe ejercer ningún tipo de presión. El soporte de la aguja y la pinza no se deben sujetar con demasiada firmeza. Ejercer siempre una ligera presión e intentar maniobrar el soporte de la aguja y la pinza con una mano, mientras que los dedos de la otra mano sostienen la zona de tratamiento firmemente, pero sin molestar al cliente.

Para aumentar la eficiencia del tratamiento, es necesario adquirir práctica en la inserción, manipulación de las pinzas y en los ajustes correctos de intensidad y del temporizador.

Una vez finalizado el tratamiento, apagar la máquina. Empapar un algodón estéril con una loción postoperatoria fuerte y presionarla firmemente contra la zona tratada. Esta acción refresca y suaviza la piel y ayuda al proceso de curación. ✓

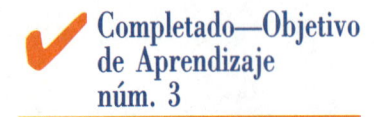

✓ **Completado—Objetivo de Aprendizaje núm. 3**

MÉTODO DE TERMÓLISIS PARA LA REMOCIÓN PERMANENTE DEL CABELLO

MÉTODOS TEMPORALES DE ELIMINACIÓN DE CABELLO

AFEITADO

Generalmente el afeitado se recomienda cuando los cabellos no deseados cubren una zona extensa, como debajo de los brazos y en las piernas. Antes del afeitado se aplica una crema de afeitar.

También se puede utilizar una maquinilla eléctrica para cortar el pelo. La aplicación de una loción para antes del afeitado ayuda a reducir cualquier posible irritación. La maquinilla eléctrica para cortar el pelo se utiliza con frecuencia para eliminar el cabello no deseado de la nuca.

El afeitado no hace que el cabello vuelva a crecer con más vigor y grosor, sólo lo aparenta debido a que la máquina de afeitar despunta los extremos del cabello, haciéndolos aparecer más firmes.

UTILIZACIÓN DE LAS PINZAS

Las pinzas se utilizan para dar forma a las cejas. Las pinzas también se pueden utilizar para extraer cabellos no deseados de la zona que circunda la boca y el mentón. (El procedimiento para utilizar pinzas en las cejas aparece en el capítulo que trata sobre el maquillaje facial.)

MÉTODO DE ELIMINACIÓN DE CABELLOS CON PINZAS ELECTRÓNICAS

Otro método para la eliminación del cabello no deseado que se utiliza en los salones de belleza es el empleo de pinzas cargadas eléctricamente. Este método transmite energía de radiofrecuencia por toda la longitud del cabello, hasta la zona del folículo. Algunos afirman que así la papila se deshidrata y acaba siendo destruida.

La pinza se utiliza para agarrar un solo cabello. A continuación se aplica la energía, en primer lugar en un nivel bajo, para el calentamiento previo, después en un nivel más alto durante un período de hasta 2 minutos para así extraer el cabello. La mayoría de los fabricantes aconsejan la vaporización de la zona a tratar para incrementar la eficiencia.

El empleo de las pinzas electrónicas no es un método de eliminación de cabellos permanente. Además, este proceso de eliminación de cabello es lento.

MÉTODOS DEPILATORIOS

Los métodos *depilatorios* pertenecen al grupo de métodos temporales de la eliminación de cabello sobrante. Existen métodos depilatorios *físicos* (cera) y *químicos*.

CERA CALIENTE

El método depilatorio de cera caliente se aplica tanto en caliente como en frío, respetando las recomendaciones del fabricante. Se puede aplicar sobre las mejillas, mentón, labio superior, zona de la nuca, brazos y piernas. No eliminar el vello, ya que esto restará suavidad a la piel. (Fig. 22.7)

El empleo de cera y de las pinzas puede hacer que el cabello vuelva a salir con más fuerza, ya que estimula la circulación e incrementa el riego sanguíneo del folículo piloso.

22.7—Cabello sobrante.

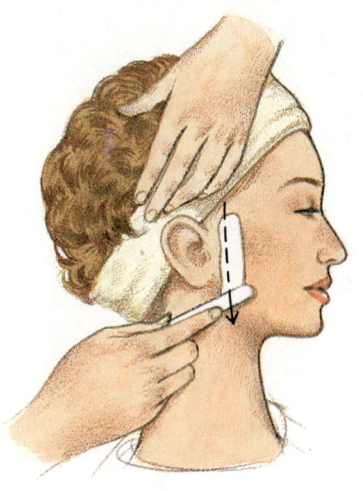

22.8—Repartir la cera hacia abajo.

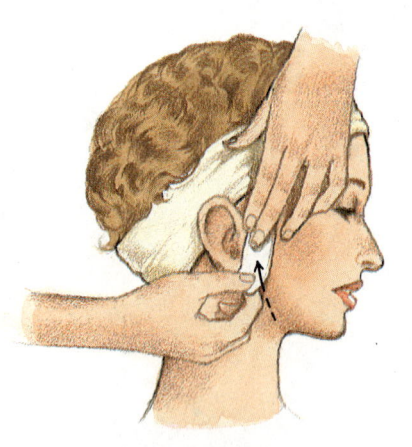

Procedimiento para la aplicación de cera caliente

1. Fundir la cera en una caldera doble, en una estufa o en un calentador.
2. Quitar la ropa en la zona bajo tratamiento y sentar al cliente de manera que esté cómodo.
3. Lavar la zona con agua y un jabón suave. Enjuagar completamente y secar.
4. Espolvorear talco sobre la zona a tratar.
5. Probar la temperatura y consistencia de la cera caliente aplicando un poco sobre el propio brazo.
6. Utilizando una espátula o cepillo, repartir uniformemente la cera caliente sobre la superficie de la piel, en la misma dirección del crecimiento del cabello. Aplicar una venda esterilizada en la misma dirección en que crece el cabello. (Figs. 22.8 a 22.10)
7. Permitir que la cera se enfríe y se endurezca.
8. Arrancar con rapidez la cera adherente, en una dirección contraria a la del crecimiento del cabello. (Figs. 22.9 a 22.11)
9. Aplicar un masaje suave a la zona tratada.
10. Limpiar el polvo restante de la piel.
11. Aplicar una crema relajante o una loción antiséptica en la zona tratada.

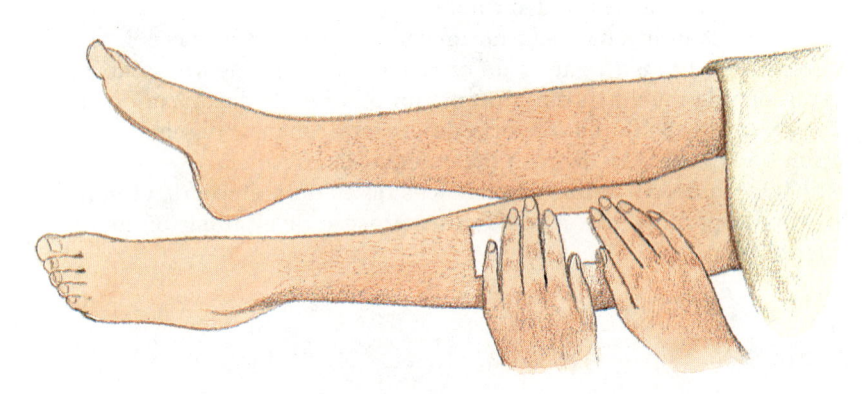

22.9—Arrancar la cera tirando hacia arriba.

22.10—Aplicación de cera a la piel.

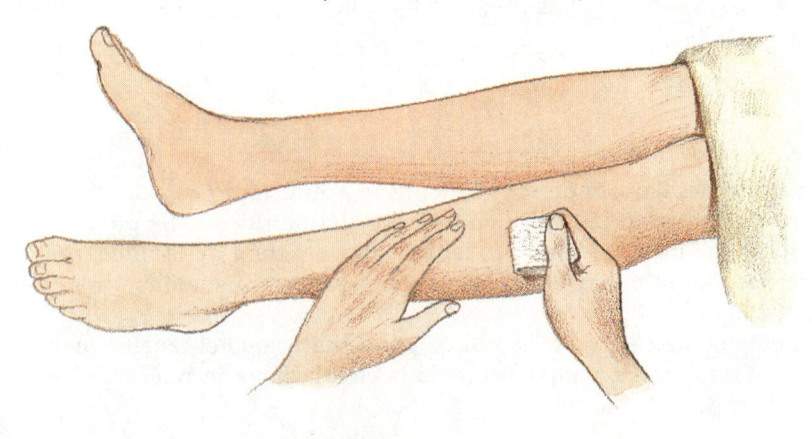

22.11—Eliminación de cera de la piel.

Precauciones de seguridad

1. Para impedir las quemaduras, probar la temperatura de la cera caliente antes de aplicarla sobre la piel del cliente.
2. Tomar las precauciones necesarias para que la cera no entre en contacto con los ojos.
3. No utilizar cera debajo de los brazos; si la piel del cliente es sensible; tampoco se debe utilizar sobre arrugas; lunares, abrasiones o sobre piel irritada o inflamada.

CERA FRÍA

Los clientes que no toleran el método de cera caliente pueden utilizar el método de cera fría para la eliminación del cabello. Esta técnica reúne todas las ventajas de la cera caliente y ya está preparada para ser utilizada. Extrae el cabello de la misma manera que la cera caliente, pero no necesita ser calentada y no requiere ningún equipo especial.

Procedimiento para utilizar el método de cera fría

1. Aplicar la cera a temperatura ambiente.
2. Utilizando una espátula, distribuir una capa delgada de cera en la dirección del crecimiento del cabello.
3. Aplicar una tira de celofán o de tejido de algodón y presionar firmemente, para que así la cera se adhiera correctamente.
4. Sujetando y manteniendo la piel estirada con una mano, utilizar la otra mano para agarrar la tira de cera y mediante un movimiento rápido, arrancar la tira en dirección contraria al crecimiento del cabello.

PRODUCTOS DEPILATORIOS QUÍMICOS

Los productos depilatorios químicos, se presentan en forma de cremas, pastas o polvos que se mezclan con agua para formar una pasta. Generalmente estos productos depilatorios se utilizan para eliminar el cabello de las piernas.

Se recomienda realizar una *prueba de piel* para determinar si la persona en cuestión es sensible a este tipo de productos depilatorios.

Para administrar esta prueba, seleccionar una zona sin cabello del brazo, aplicar parte del producto depilatorio, de acuerdo con las instrucciones del fabricante, y dejar que permanezca en la piel de 7 a 10 minutos. Si una vez transcurrido este tiempo no aparecen señales de enrojecimiento o de inflamación, lo más posible es que este producto depilatorio se pueda utilizar con seguridad sobre una zona extensa de la piel.

Procedimiento

1. La crema se aplica directamente sacándola de su envase, mientras que el polvo se debe mezclar con agua para formar una pasta, siguiendo las instrucciones del fabricante.
2. Una vez que la piel esté limpia y seca, se aplica una capa gruesa de producto depilatorio sobre la zona de donde se desea eliminar el cabello.
3. La piel circundante se protege con vaselina o crema.

500 ◆ TEXTO GENERAL DE COSMETOLOGÍA

✓ **Completado—Objetivo de Aprendizaje núm. 4**

MÉTODOS DE REMOCIÓN TEMPORAL DEL CABELLO

4. El producto depilatorio debe permanecer sobre el cabello de 5 a 10 minutos, dependiendo del grosor del cabello. Mientras más grueso sea el cabello, más deberá permanecer el producto depilatorio sobre éste.
5. Lavar el producto depilatorio y los cabellos con agua caliente.
6. Secar vigorosamente la piel y aplicar *cold cream*. ✓

Trayectoria de Carrera

TÉCNICO EN DEPILACIÓN POR ELECTRÓLISIS

La depilación por electrólisis es un campo frecuentemente pasado por alto por los estudiantes como una posible especialidad. En esta profesión usted puede ayudar a las personas a mejorar su propia imagen por medio de la remoción del vello no deseado.

El comenzar su propia práctica como técnico en depilación por electrólisis requiere un planeamiento cuidadoso, comenzando con la ubicación de su negocio. Seleccione una oficina cerca de otros establecimientos comerciales o un centro comercial, de manera que las personas puedan hacer una sola parada para realizar varias actividades. Una ubicación ideal podría ser un centro médico cerca de un centro comercial. Si usted abre un consultorio en su casa, asegúrese que la oficina posea una entrada independiente y que esté separada de su área de habitación a fin de asegurar la privacidad del paciente. Un salón que ofrezca una gama completa de servicios de belleza o de cuidados de la piel no es el mejor lugar para comenzar su práctica de depilación por electrólisis, debido a que muchos pacientes se sienten incómodos al tener que caminar frente a otros clientes para llegar hasta la cabina de tratamiento.

Una vez comience su práctica, es prudente darse tiempo para permitir que su clientela aumente. Los pacientes a quienes les gusta su trabajo, regresarán y le recomendarán con otros. Una buena parte de su éxito será determinada no solamente por su maestría en las técnicas de electrólisis, sino por su habilidad de tratar con las personas y de hacer que se sientan cómodas.

La consulta, la cual ocurre en el momento en el que un paciente nuevo llega hasta usted, es un momento crucial en su relación con esta persona. Asegúrese de crear un modo positivo y relajado. Utilice folletos y panfletos que responden a la mayor parte de preguntas comunes. Siempre explique que la depilación por electrólisis toma tiempo; con experiencia, usted será capaz de proporcionar cálculos más precisos del tiempo y el costo requerido para cada caso individual.

—Tomado del *Electrología Moderna: Exceso de Cabello, sus Causas y Tratamientos* por Fino Gior

PREGUNTAS DE REPASO

ELIMINACIÓN DE CABELLO NO DESEADO

1. Definir el hirsutismo.
2. ¿Podría indicar dos tipos diferentes de eliminación de cabello?
3. ¿Cuál fue la primera técnica efectiva de eliminación permanente de cabello y quién inventó este método?
4. ¿Qué es la termólisis?
5. ¿Qué técnica desarrollaron con éxito Henri St. Pierre y Arthur Hinkel en 1945?
6. Enumerar tres métodos temporales de eliminación de cabello.
7. Enumerar tres zonas que el electrólogo no puede tratar.
8. ¿Cuál es el método más rápido de eliminación de cabello permanente?
9. Enumerar tres precauciones de seguridad que se deben respetar cuando se realiza la depilación con cera.

CÉLULAS, ANATOMÍA Y FISIOLOGÍA

23

OBJETIVOS DE APRENDIZAJE

DESPUÉS DE COMPLETAR ESTE CAPÍTULO, USTED DEBE SER CAPAZ DE:

1. Definir las funciones de las células humanas.
2. Describir los varios tipos de tejidos.
3. Describir las estructuras y las funciones del cuerpo humano.
4. Mostrar un conocimiento básico de los órganos y de los sistemas del cuerpo humano y cómo funcionan.

INTRODUCCIÓN

En la primera parte de este capítulo describiremos la célula, ya que es la estructura básica que compone todas las estructuras corporales. En la segunda parte del capítulo describiremos las estructuras corporales, la anatomía y fisiología del cuerpo humano y su relación con la profesión cosmetológica.

El organismo humano está compuesto por una gran variedad de partes con diferentes grados de complejidad. Entre estas partes se incluyen sistemas de órganos, tejidos y células. Estas partes celulares están compuestas por moléculas, que están compuestas por átomos o grupos de átomos. Como podrá ver en el capítulo que trata sobre la química, los átomos están compuestos de partículas submicroscópicas aún más pequeñas que reciben el nombre de protones, neutrones y electrones.

CÉLULAS

Las células son las unidades básicas de todos los seres vivientes, incluyendo bacterias, plantas y animales. El cuerpo humano está compuesto integramente de células, fluidos y productos celulares. Como unidades funcionales básicas, las células ejecutan todos los procesos vitales. Las células también poseen la capacidad de reproducción, proporcionando nuevas células para el crecimiento y substitución de los tejidos gastados y dañados. (Fig. 23.1)

Las células están compuestas por *protoplasma,* una substancia incolora y gelatinosa que contiene elementos nutritivos, como proteínas, grasas, carbohidratos, sales minerales y agua. Las partes principales de una célula son el ***citoplasma, centrosoma, núcleo, nucléolo,*** y ***membrana celular.*** La delgada membrana celular o pared celular permite que entren las substancias solubles y que dejen el protoplasma. El núcleo, cerca del centro de la célula, está contenido en una membrana nuclear. En el exterior del núcleo se encuentra el citoplasma y un centrosoma. El núcleo y el citoplasma están compuesto por protoplasma. El centrosoma y el núcleo controlan la reproducción de la célula.

El protoplasma de las células contiene las siguientes estructuras importantes:

Núcleo (protoplasma denso), se encuentra en el centro, juega un papel importante en la reproducción de la célula.

Nucléolo, pequeño cuerpo esférico, compuesto principalmente de ARN (ácido ribonucleico) y proteína, dentro de la célula del núcleo.

Citoplasma (protoplasma menos denso), que se encuentra en el exterior del núcleo y contiene los materiales alimenticios necesarios para el crecimiento, reproducción y autorreparación de la célula.

Centrosoma, un pequeño cuerpo redondo que se encuentra en el citoplasma, que también afecta la reproducción de la célula.

La ***membrana celular*** contiene el protoplasma. Permite que las substancias entren y dejen la célula.

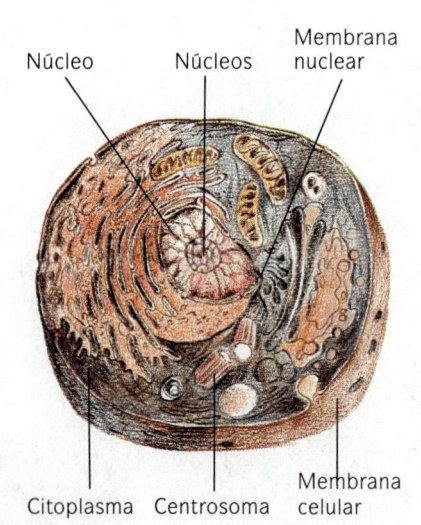

23.1—Las células están compuestas por protoplasma y contienen elementos esenciales.

CAPÍTULO 23   CÉLULAS, ANATOMÍA Y FISIOLOGÍA   ◆   503

CRECIMIENTO CELULAR

Cuando la célula recibe un suministro adecuado de alimentación, oxígeno y agua, elimina los productos de desecho y resulta favorecido por una temperatura adecuada, continúa creciendo y prosperando. Pero si estas condiciones no existen y aparecen toxinas (venenos) en la célula, el crecimiento y salud de ésta se verá perjudicada. Durante el ciclo vital, la mayoría de las células corporales son capaces de crecer y de efectuar autorreparaciones. (Fig. 23.2)

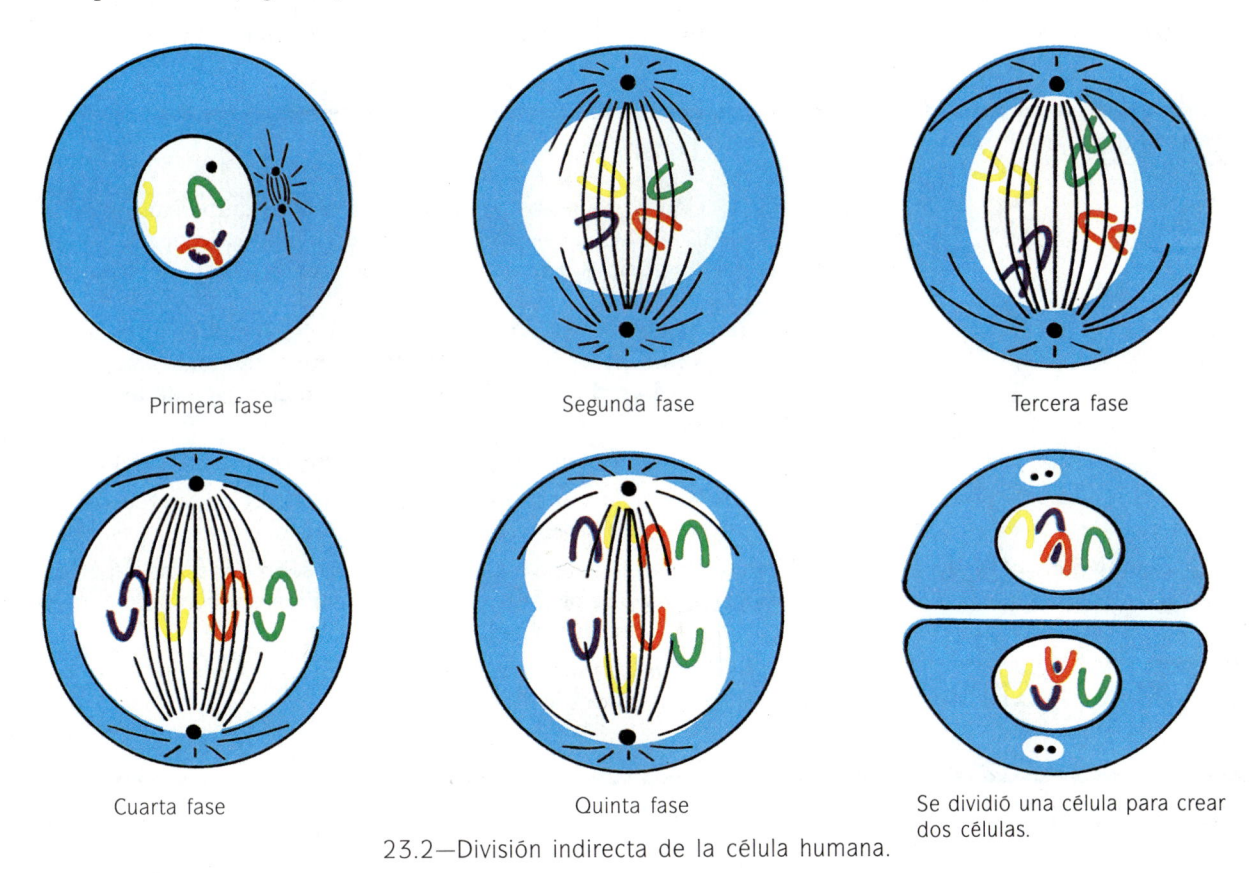

Primera fase   Segunda fase   Tercera fase

Cuarta fase   Quinta fase   Se dividió una célula para crear dos células.

23.2—División indirecta de la célula humana.

METABOLISMO CELULAR

El *metabolismo* es un proceso químico complejo, en el que las células corporales se nutren y obtienen la energía necesaria para ejecutar todas las actividades.

El metabolismo tiene dos fases:

1. *Anabolismo* es el proceso de formación de moléculas de mayor tamaño partiendo de moléculas de menor tamaño. Durante este proceso el cuerpo almacena agua, alimentos y oxígeno para el momento en que estas substancias sean necesarias para el crecimiento y reparación celular.

2. *Catabolismo* es la descomposición de las substancias o moléculas mayores, que se convierten en más pequeñas. Este proceso libera energía que se puede almacenar en moléculas especiales, para utilizarla en la contracción muscular, secreción o producción de calor.

✓ **Completado—Objetivo de Aprendizaje núm. 1**

FUNCIONES DE LAS CÉLULAS HUMANAS

Tanto el anabolismo como el metabolismo se producen continua y simultáneamente en las células. Estas actividades están reguladas muy estrechamente, de manera que las reacciones de descomposición y de liberación de energía están balanceadas con las reacciones de acumulación y de consumo de energía. De esta manera se mantiene la **homeóstasis** (el mantenimiento de la estabilidad interna normal en el organismo). Pero si utilizamos menos energía de la que fabricamos, podremos notar una ganancia de peso. Si no se utilizan las moléculas de energía, éstas se convierten en grasa. Para eliminar la acumulación de grasa, se debe utilizar más energía (ejercicio) o consumir menos energía (alimentos). ✓

TEJIDOS

Los *tejidos* están compuestos por grupos de células del mismo tipo. Cada tejido posee una función específica y se puede identificar por su apariencia característica. Los tejidos corporales están clasificados de la siguiente manera:

1. El *tejido conectivo* sirve para soportar, proteger y unir otros tejidos del cuerpo. Los huesos, cartílagos, ligamentos, tendones, fascia (músculos separados) y tejidos grasosos son ejemplos de tejidos conectivos.
2. El *tejido muscular* contrae y mueve las diferentes partes del cuerpo.
3. El *tejido nervioso* transporta mensajes con dirección y procedentes del cerebro; también coordina todas las funciones corporales.

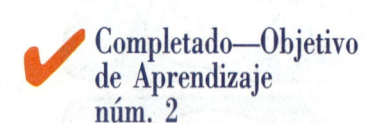

✓ **Completado—Objetivo de Aprendizaje núm. 2**

TIPOS DE TEJIDOS

4. El *tejido epitelial* es una cubierta protectora sobre todas las superficies corporales, como la piel, membrana mucosa, revestimiento del corazón, órganos respiratorios y digestivos y glándulas.
5. El *tejido líquido* transporta alimentos, desechos y hormonas por medio de la sangre y la linfa. ✓

ÓRGANOS

Los *órganos* son estructuras diseñadas para lograr una función específica. Los órganos más importantes del cuerpo son el cerebro, que controla el cuerpo; el corazón, que hace que la sangre circule; los pulmones, que suministran oxígeno a la sangre; el hígado, que elimina los productos tóxicos de la digestión; los riñones, que excretan agua y otros productos de desecho; y el estómago y los intestinos, que digieren los alimentos.

SISTEMAS

Los *sistemas* son grupos de órganos que cooperan para lograr un objetivo común; este objetivo es el bienestar de todo el cuerpo. El cuerpo humano está compuesto por los siguientes sistemas. (Estos sistemas se describen con mayor detenimiento más adelante, en este mismo capítulo.)

Sistema integumentario—piel

Sistema esquelético—huesos

Sistema muscular— músculos

Sistema nervioso—nervios

Sistema circulatorio—riego sanguíneo

Sistema endocrino—glándulas sin conductos

Sistema excretorio—órganos de eliminación

Sistema respiratorio—pulmones

Sistema digestivo—estómago y los intestinos

Sistema reproductor—órganos para la reproducción

El *sistema integumentario* está compuesto por la piel y sus diferentes órganos, como las glándulas sebáceas y sudoríparas, receptores sensoriales, piel y uñas y está compuesto por dos capas diferenciadas, la dermis y la epidermis. Actúa como cubierta protectora, contiene receptores sensoriales y juega un papel importante en la regulación calorífica del cuerpo.

El *sistema esquelético* es la base o estructura física del cuerpo. La función del sistema esquelético es la de servir como un medio de protección, soporte y locomoción (movimiento).

El *sistema muscular* cubre, soporta y da forma al esqueleto. Su función es la de producir todos los movimientos del cuerpo. ✓

✓ Completado—Objetivo de Aprendizaje núm. 3

ESTRUCTURAS Y FUNCIONES DEL CUERPO HUMANO

INTRODUCCIÓN A LA ANATOMÍA Y A LA FISIOLOGÍA

Aunque puede que haya bostezado cuando vió un capítulo sobre anatomía y fisiología, estos dos temas son importantes en la práctica de la cosmetología. El conocimiento básico de la estructura y de las funciones del cuerpo humano forma la base científica, necesaria para la aplicación correcta de los servicios cosméticos. El cosmetólogo debe saber qué servicio cosmético es el mejor para un cliente en particular; también debe saber cómo controlar el servicio para obtener los mejores resultados.

Hablando de manera general, la *anatomía* es el estudio de la estructura del cuerpo y de sus componentes, por ejemplo, huesos, músculos y piel. La *fisiología* es el estudio de las funciones o actividades que ejecutan estas estructuras. El cosmetólogo trata con la *histología*, el estudio de las partes estructurales diminutas del cuerpo, como los tejidos, el cabello, uñas, glándulas sudoríparas y glándulas sebáceas.

Aunque en el salón de belleza apenas se mencionan los nombres de los huesos, músculos, arterias, venas y nervios, el conocer mejor las estructuras corporales le ayudará a mejorar su rendimiento y calidad en muchos servicios, como los faciales y masajes de mano y de brazo.

EL SISTEMA ESQUELÉTICO

El *sistema esquelético* es la base física del cuerpo. Está compuesto por huesos que poseen diferentes formas, conectados por articulaciones móviles e inmóviles.

El *hueso*, excepto por el tejido que forma la mayor parte del diente, es el tejido más duro del cuerpo. Está compuesto por tejidos conectivos compuestos por un tercio de materia animal, como células y sangre, y dos tercios de materia mineral, principalmente carbonato de calcio y fosfato de calcio. El estudio científico de los huesos, su estructura y funciones recibe el nombre de *osteología*. *Os* es el término científico que designa todo lo relacionado con los huesos.

A continuación se enumeran las funciones más importantes de los huesos:

1. Dar forma y soporte al cuerpo.
2. Proteger las estructuras y órganos internos.
3. Servir como medio de adhesión de los músculos y actuar como palancas, para producir movimientos del cuerpo.
4. Producir células sanguíneas el tuétano rojo.
5. Almacenar diferentes minerales como el calcio, fósforo, magnesio y sodio.

HUESOS DEL CRÁNEO

La *calavera* es el esqueleto de la cabeza y está dividido en dos partes: el *cráneo,* una caja ósea y ovalada que da forma a la parte superior de la cabeza y protege al cerebro, y el *esqueleto de la cara o base,* ambos representados por catorce huesos faciales. (Fig. 23.3)

Huesos del cráneo

El *hueso occipital* forma la parte posterior baja del cráneo.

Los dos *huesos parietales* forman los laterales y la parte superior (corona) del cráneo.

El *hueso frontal* forma la frente.

Los dos *huesos temporales* forman los lados de la cabeza, en la región del oído (debajo de los huesos parietales).

El *hueso etmoideo* es un hueso ligero y esponjoso que se encuentra entre las cavidades oculares y que forma parte de las cavidades nasales.

El *hueso esfenoide* une todos los huesos del cráneo. *(Los huesos etmoides y esfenoides no resultan afectados por el masaje.)*

CAPÍTULO 23   CÉLULAS, ANATOMÍA Y FISIOLOGÍA   ◆ 507

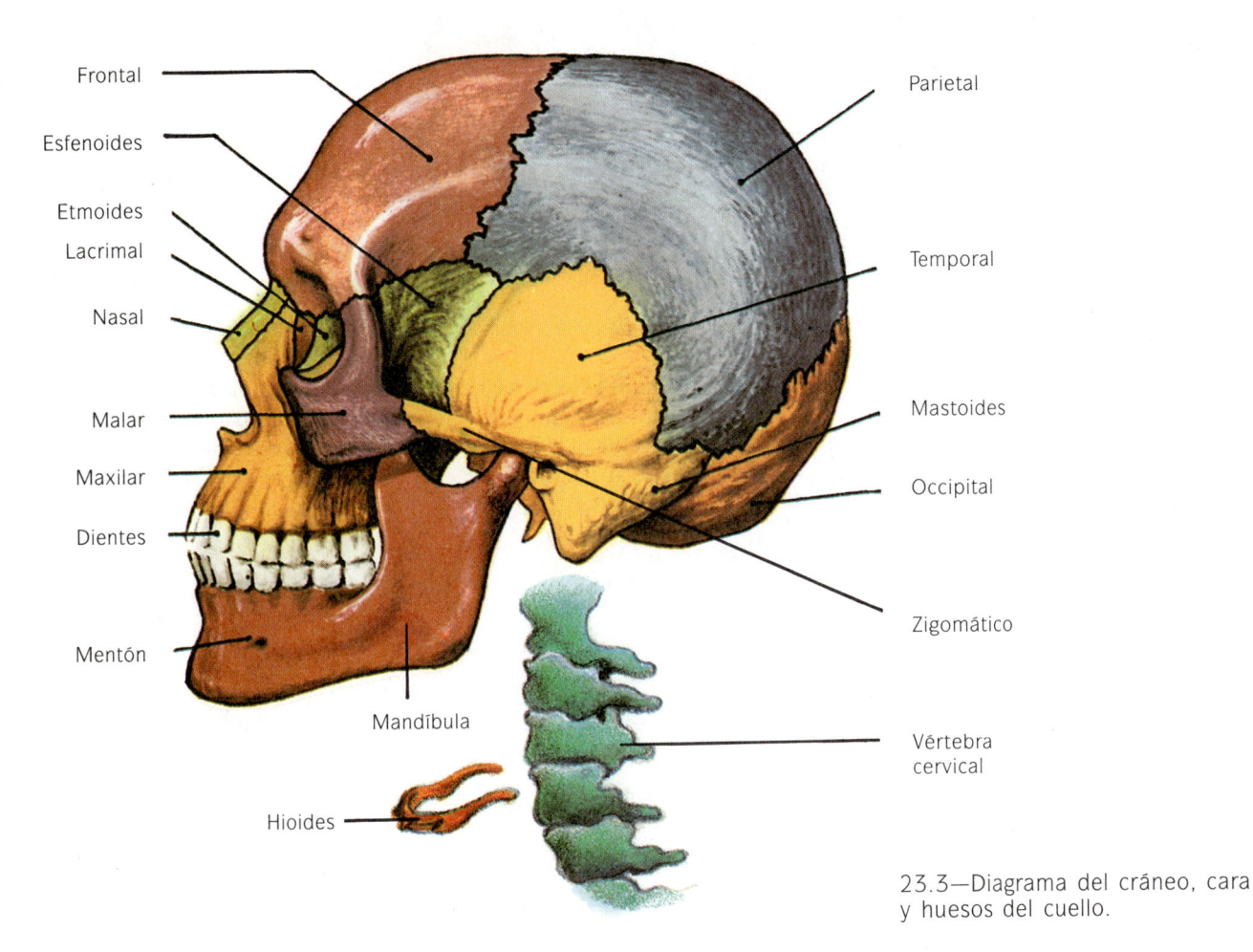

Frontal	Parietal
Esfenoides	
Etmoides	
Lacrimal	Temporal
Nasal	
Malar	Mastoides
Maxilar	Occipital
Dientes	
	Zigomático
Mentón	
Mandíbula	Vértebra cervical
Hioides	

23.3—Diagrama del cráneo, cara y huesos del cuello.

Huesos de la cara

Los dos *huesos nasales* forman el puente de la nariz.

Los dos *huesos lacrimales,* son pequeños y frágiles, y se encuentran en la parte frontal de la pared interior de las cavidades oculares.

Los dos *huesos zigomáticos* o *malares,* forman la prominencia de las mejillas.

Los dos *maxilares*—huesos de las mandíbulas—se unen para formar toda la mandíbula superior.

La *mandíbula* es el hueso de la quijada inferior y el hueso mayor y más fuerte de la cara. Forma la quijada inferior.

Entre los huesos faciales que no aparecen en la Fig. 23.3 se encuentran los dos *huesos turbinales,* que son capas delgadas de hueso esponjoso que se encuentran en los dos lados de las paredes exteriores de la depresión nasal; el *vómer,* que es un solo hueso y forma parte de la pared divisora de la nariz y los dos *huesos palatinos,* que forman parte de la base y de la pared exterior de la nariz, techo de la boca y base de las órbitas.

HUESOS DEL CUELLO
(Fig. 23.3)

El *hueso hioide,* un hueso en forma de U, se encuentra en la parte frontal del cuello y es conocido comúnmente como la "nuez".

Las *vértebras cervicales* forman la parte superior de la columna vertebral, encontrándose situadas en la región del cuello.

HUESOS DEL PECHO (TORAX)

El *tórax* o pecho es una caja ósea y elástica que sirve como estructura protectora para el corazón, pulmones y otros órganos internos delicados. Esta estructura está construida por doce *vértebras torácicas,* doce costillas en cada lado, el *esternón* y el cartílago que conecta las costillas con el esternón.

HUESOS DEL HOMBRO, BRAZO Y MANO
(Figs. 23.4, 23.5)

El *circuito del hombro,* cada lado del cual está compuesto por una clavícula y una escápula.

El *húmero* es el hueso más largo del brazo y el que está situado en la parte más alta.

El *cúbito* es el hueso grande que se encuentra en el lado del meñique del antebrazo.

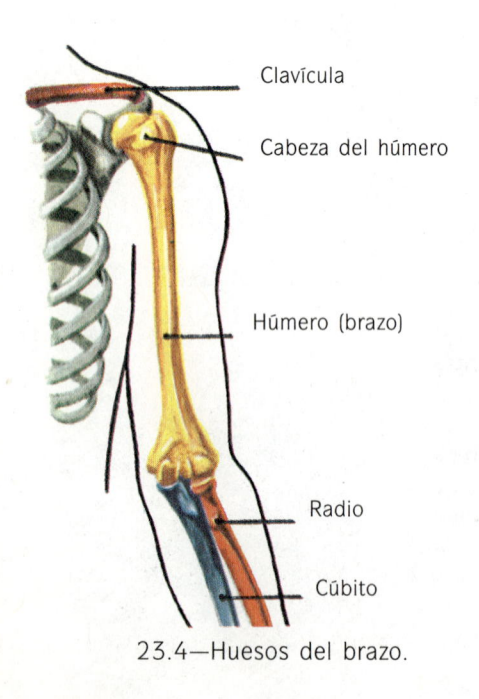

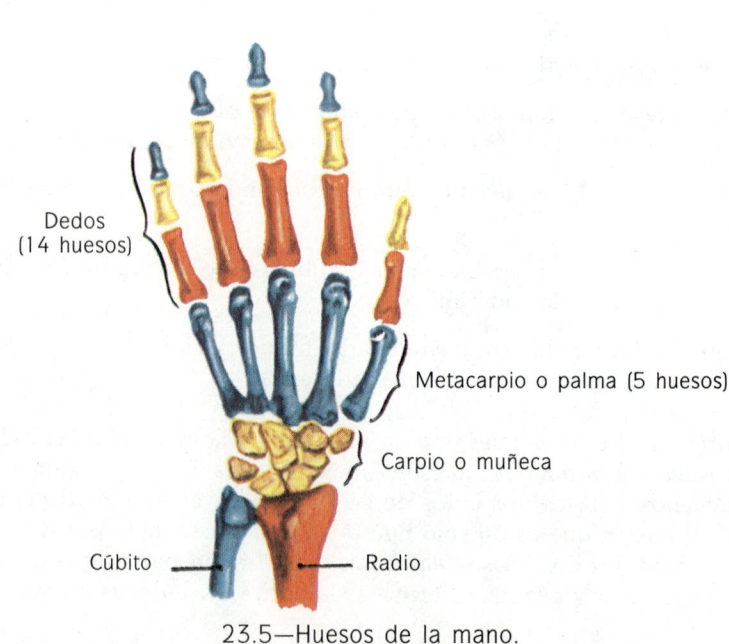

23.4—Huesos del brazo.

23.5—Huesos de la mano.

El *radio* es el hueso pequeño en el lado del pulgar del antebrazo.

La *muñeca* o *carpio* es una articulación flexible compuesta por ocho huesos pequeños irregulares, sujetos mediante ligamentos.

El *metacarpio* está compuesto por cinco huesos largos y delgados, que reciben el nombre de huesos metacarpiales.

Los *dedos* están compuestos por tres falanges cada uno, menos el pulgar que contiene dos, haciendo un total de catorce huesos.

EL SISTEMA MUSCULAR

El *sistema muscular* cubre, da forma y soporta el esqueleto. Su función es la de producir todos los movimientos del cuerpo. La *miología* es el estudio de la estructura, funciones y enfermedades de los músculos.

El sistema muscular está formado por más de 500 músculos, grandes y pequeños, que comprenden del 40% al 50% del peso del cuerpo humano.

Los músculos son tejidos fibrosos que pueden estirarse y contraerse de acuerdo con nuestros movimientos. Existen diferentes tipos de movimientos, como estirar y doblar, que dependen de los músculos.

Existen tres clases de tejido muscular:

1. *Estriados* o voluntarios, que están controlados por la voluntad. Tanto los músculos faciales como los de las extremidades son voluntarios. (Fig. 23.6)

2. *No estriados* o músculos involuntarios, como los del estómago y de los intestinos. Funcionan automáticamente. (Fig. 23.7)

3. *Cardíacos* (músculos del corazón); estos músculos componen el mismo corazón y no se encuentran en ninguna otra parte del cuerpo. (Fig. 23.8)

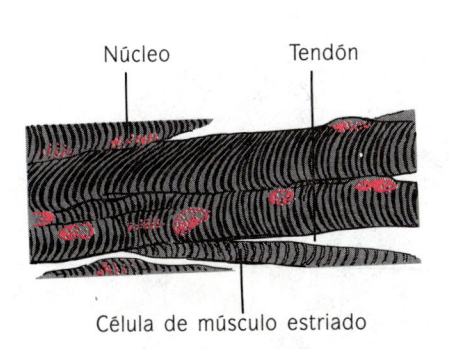

23.6—Células de músculo estriado.

23.7—Células de músculo no estriado.

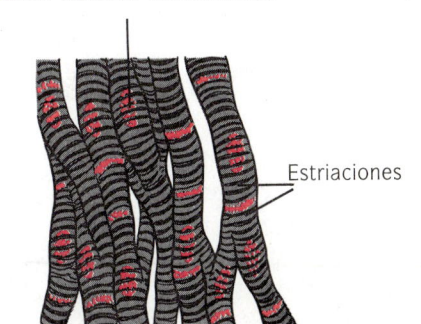

23.8—Células del músculo cardíaco.

MÚSCULOS

Un músculo consta de tres partes: el origen, la inserción y el vientre. El *origen* es la parte que no se mueve. Está fijo en el esqueleto y generalmente forma parte del músculo esquelético. La *inserción* es la parte que se mueve y el *vientre* es la parte media.

Estimulación de los músculos

El *tejido muscular* se puede estimular utilizando cualquiera de estos métodos:

Masaje (masaje manual y aparato de masaje eléctrico)
Corriente eléctrica (alta frecuencia y corriente farádica)
Rayos de luz (rayos infrarrojos y rayos ultravioletas)
Rayos de calor (lámparas de calor y cascos de calor)
Calor húmedo (vaporizadores o toallas expuestas al vapor moderadamente calientes)
Impulsos nerviosos (por medio del sistema nervioso)
Productos químicos (ciertos ácidos y sales)

Músculos afectados por el masaje

El cosmetólogo debe tratar con los músculos voluntarios de la cabeza, cara, cuello, brazos y manos. Es de suma importancia saber dónde se encuentran los músculos y qué es lo que controlan. Generalmente, la presión del masaje se dirige desde la inserción al origen. (Fig. 23.9)

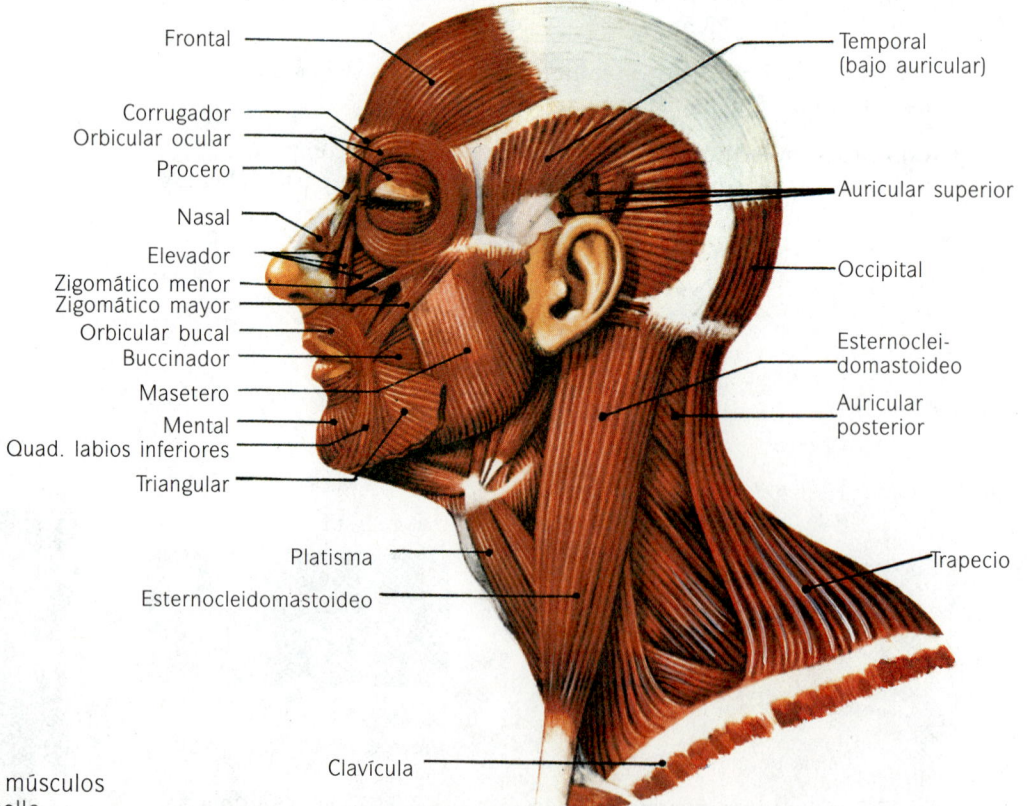

23.9—Diagrama de los músculos de la cabeza, cara y cuello.

CAPÍTULO 23   CÉLULAS, ANATOMÍA Y FISIOLOGÍA   ◆   511

Músculos del cuero cabelludo

El *epicráneo,* u *occipitofrontal,* es un músculo ancho que cubre la parte superior del cráneo. Está compuesto por dos partes: el *occipital* o parte posterior y el *frontal* o parte frontal. Ambos están conectados por un tendón *aponeurosis.* El frontal eleva las cejas y estira el cuello cabelludo hacia adelante y es el que origina el arrugamiento longitudinal de la frente. (Fig. 23.10)

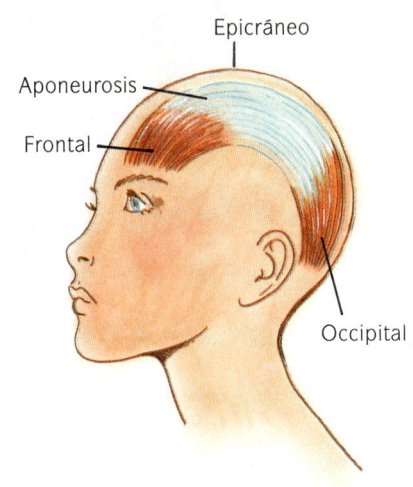

Músculos de la ceja

El *orbicular ocular* rodea completamente el margen de la cavidad ocular y permite cerrar los ojos.

El músculo *corrugador* se encuentra detrás del frontal y del orbicular ocular y estira la ceja hacia abajo y hacia dentro. Provoca líneas verticales y es el músculo que hace fruncir el ceño. (Fig 23.11)

23.10—Músculos del cuero cabelludo.

Músculos de la nariz

El *procero* cubre el puente de la nariz, deprime la ceja y origina el fruncimiento del puente de la nariz. (Fig. 23.12)

(Los otros músculos nasales son músculos pequeños que se encuentran alrededor de las aperturas nasales, que contraen y expanden las ventanas de la nariz.)

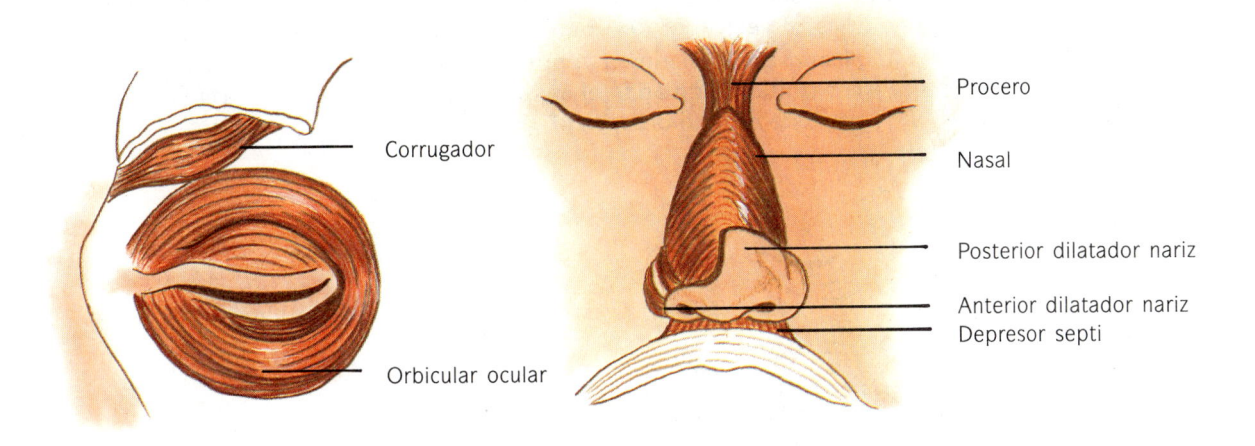

23.11—Músculos de la ceja.

23.12—Músculos de la nariz.

Músculos de la boca

El *cuadrado del labio superior* consta de tres partes. Rodea la parte superior del labio, eleva y atrae el labio superior y eleva las ventanillas de la nariz, como cuando se expresa desagrado.

El *cuadrado del labio inferior* rodea la parte inferior del labio. Deprime el labio inferior y lo atrae ligeramente hacia un lado, como cuando se expresa sarcasmo.

El *buccinador* es el músculo que se encuentra entre las mandíbulas superiores e inferiores. Comprime las mejillas y expulsa el aire por entre los labios, como cuando se sopla. (Fig. 23.13)

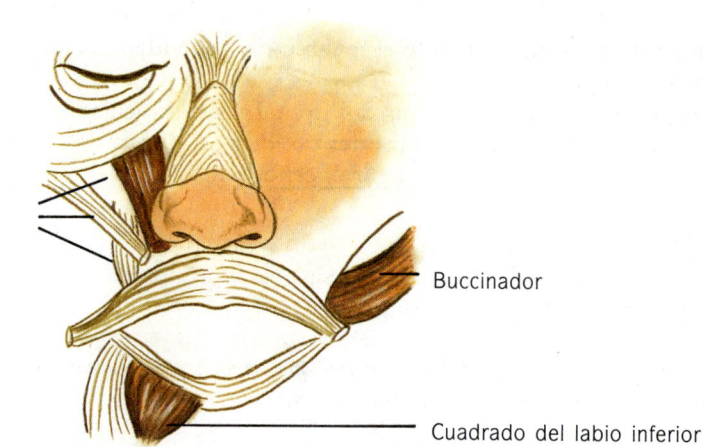

23.13—Músculos de los labios superiores e inferiores y de la mandíbula.

El *canino* se encuentra debajo del cuadrado del labio superior. Es el músculo elevador del ángulo de la boca, como cuando se gruñe.

El *mental* está situado en la punta de la barbilla. Eleva y hace descender la barbilla, originando el arrugamiento de la barbilla, originando el gesto de duda o desagrado. (Fig. 23.14)

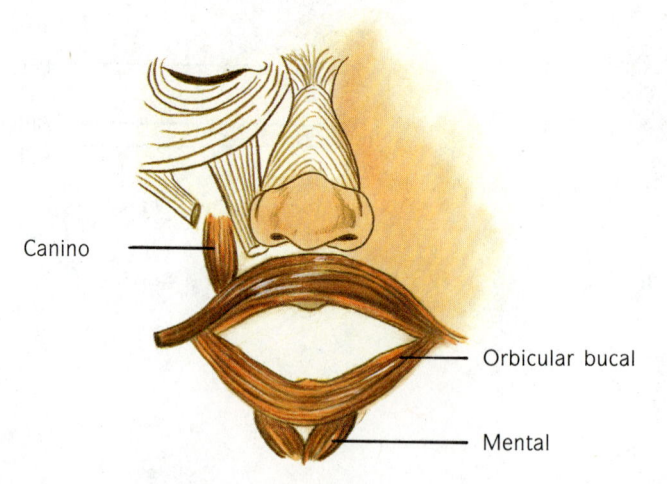

23.14—Músculos de la boca y de la barbilla.

El *orbicular bucal* forma una banda plana alrededor de los labios inferiores y superiores. Este músculo comprime, contrae y arruga los labios, como cuando se besa o se silba.

El *risorio* se extiende desde el músculo masetero al ángulo de la boca. Estira de la esquina de la boca hacia fuera y hacia atrás, como cuando se sonríe.

El *zigomático* se extiende desde el hueso zigomático hasta el ángulo de la boca. Eleva el labio, como cuando se ríe.

El *triangular* se extiende a lo largo de la parte lateral del mentón. Estira la esquina de la boca. (Fig. 23.15)

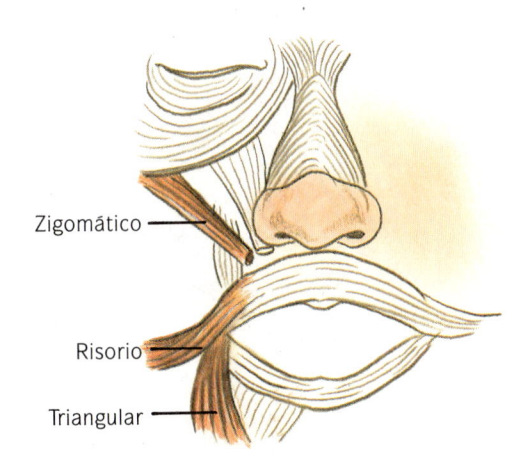

23.15—Músculos de la mandíbula.

Músculos de la oreja

Prácticamente los tres músculos de la oreja no tienen ninguna función:

El *auricular superior,* que se encuentra encima de la oreja.
El *auricular posterior,* que se encuentra detrás de la oreja.
El *auricular anterior,* que se encuentra en la parte frontal de la oreja. (Fig. 23.16)

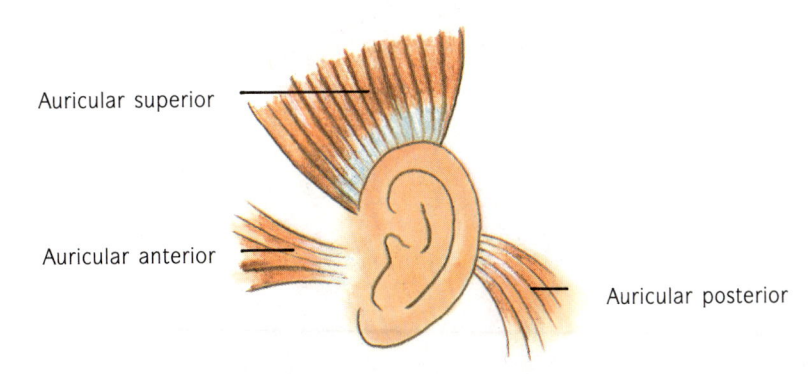

23.16—Músculos de la oreja.

Músculos de la masticación

El *masetero* y el *temporal* son los músculos que coordinan la apertura y el cierre de la boca y se conocen como los músculos masticatorios. (Fig. 23.17)

Músculos del cuello

El *platisma* es un músculo ancho que se extiende desde el pecho y los músculos del pecho a la parte lateral del mentón. Deprime y hace descender la mandíbula, al igual que el gesto de tristeza. (Fig. 23.18)

El *esternocleidomastoideo* se extiende desde la clavícula y desde los huesos del pecho al hueso temporal, que se encuentra en la parte posterior de la oreja. Este músculo hace rotar y doblar la cabeza, como cuando se asiente. (Fig. 23.19)

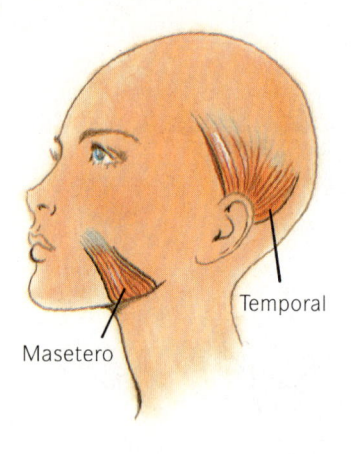

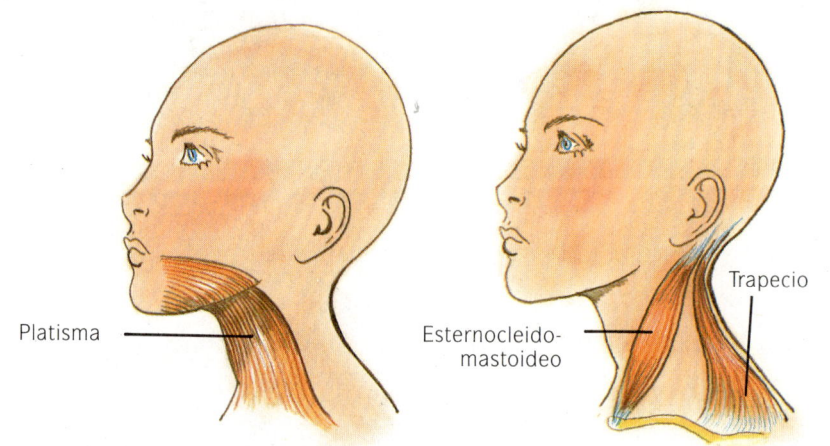

23.17—Músculos de la masticación.

23.18—Músculos de la mandíbula y del cuello.

23.19—Músculos del cuello.

Músculos que fijan los brazos al cuerpo

Son los músculos principales que fijan los brazos al cuerpo y permiten los movimientos de los hombros y brazos.

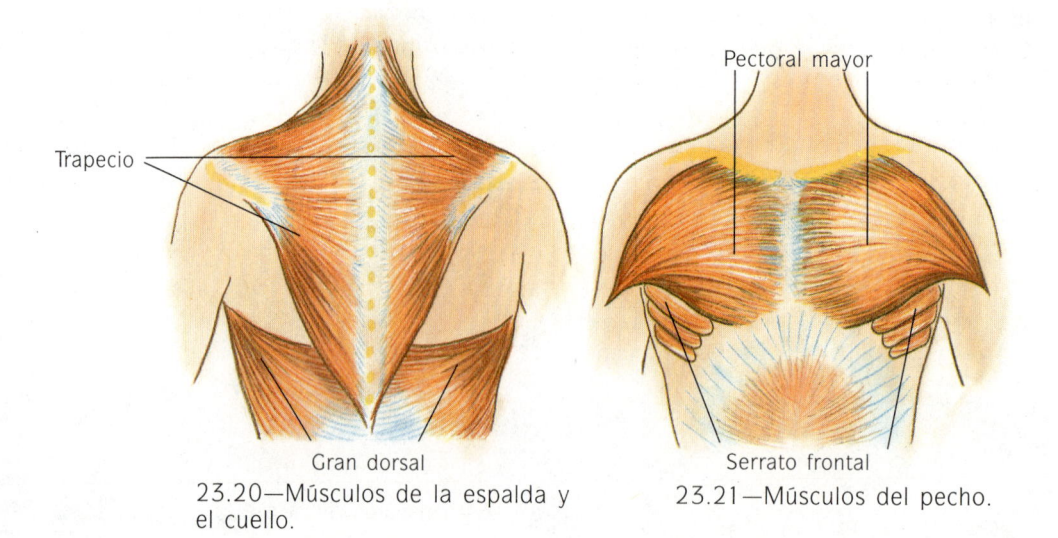

23.20—Músculos de la espalda y el cuello.

23.21—Músculos del pecho.

El *trapecio* y el *gran dorsal* cubren la parte posterior del cuello y la región superior y media de la espalda. Estos músculos son los que hacen rotar el omóplato y los que controlan los movimientos basculantes del brazo. (Fig. 23.20)

El *pectoral mayor* y el *pectoral menor* cubren la parte frontal del pecho. Ayudan a efectuar los movimientos basculantes del brazo.

El *serrato mayor* ayuda a respirar y a levantar el brazo. (Fig. 23.21)

Músculos del hombro, brazo y mano

A continuación se enumeran los músculos principales del hombro y del brazo superior. (Fig. 23.22)

El *deltoide* es el músculo con forma triangular grueso y grande, que cubre el hombro y que eleva y hace girar al brazo.

El *bíceps* es el músculo principal con dos cabezas que se encuentra en la sección frontal del brazo superior. Eleva el antebrazo, flexiona el codo y gira la palma hacia fuera.

El *triceps* es un músculo del brazo con tres cabezas que cubre toda la zona posterior del brazo superior y que extiende el antebrazo.

El antebrazo está compuesto por una serie de músculos y tendones fuertes. El cosmetólogo debe conocer los siguientes:

Los *pronadores* se encuentran en el antebrazo y giran la mano hacia dentro, de manera que la palma esté cara abajo.

Los *supinadores* giran la mano hacia fuera y la palma hacia arriba.

Los *flexores* doblan la muñeca, tiran de la mano hacia arriba y cierran los dedos en dirección al antebrazo.

Los *extensores* enderezan la muñeca, mano y los dedos para formar una línea recta.

La mano posee muchos músculos pequeños que se solapan de articulación a articulación, proporcionando flexibilidad y fuerza. Cuando las manos estén cuidadas, estos músculos presentarán un aspecto grácil y flexible. Estos músculos abren y cierran las manos y los dedos.

El *abductor* y el *aductor* son músculos que se encuentran en la base de los dedos. Los músculos abductores separan los dedos mientras que los aductores los acercan. (Fig. 23.23)

Los *músculos oponentes* se encuentran en la palma de la mano y actúan para transportar el pulgar hacia los dedos, posibilitando la acción de agarre de las manos.

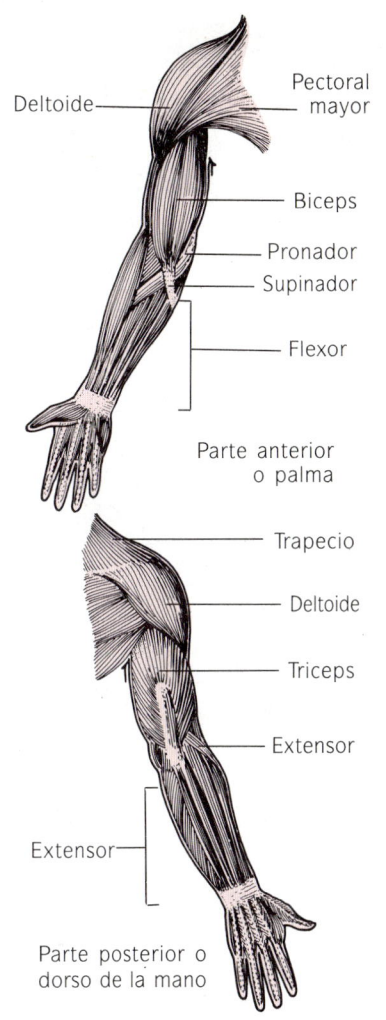

23.22—Músculos de los hombros, brazos y manos.

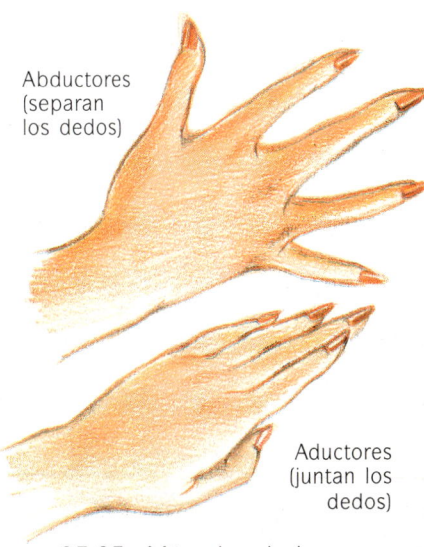

23.23—Músculos de la mano.

EL SISTEMA NERVIOSO

La *neurología* es la rama de la anatomía que trata sobre el sistema nervioso y sus alteraciones.

El *sistema nervioso* es uno de los sistemas más importantes del cuerpo. Este sistema controla y coordina las funciones de los otros sistemas y hace que operen harmoniosa y eficientemente. Cada centímetro cuadrado del cuerpo humano posee finas fibras, que conocemos como *nervios*.

El objetivo principal del estudio del sistema nervioso es el de comprender:

1. Cómo el cosmetólogo puede administrar tratamientos faciales y en el cuero cabelludo, en beneficio del cliente.
2. Qué efectos tendrán estos tratamientos en los nervios de la piel y del cuero cabelludo, así como en los de todo el cuerpo.

DIVISIONES DEL SISTEMA NERVIOSO

Las partes principales que componen el sistema nervioso son el cerebro y la médula espinal y sus nervios. Generalmente, el sistema nervioso posee tres divisiones principales:

1. El sistema nervioso *cerebroespinal* o *central* (CNS).
2. El sistema nervioso *periférico*.
3. El sistema nervioso *autonómico,* que incluye los sistemas simpático y parasimpático.

El *sistema nervioso central* está compuesto por el cerebro y la médula espinal. A continuación se enumeran sus funciones:

1. Controla el conocimiento y todas las actividades mentales.
2. Controla las funciones voluntarias de los cinco sentidos: vista, olfato, gusto, tacto y oído.
3. Controla las acciones musculares voluntarias, como todos los movimientos corporales y las expresiones faciales.

El *sistema nervioso periférico* está compuesto por las fibras nerviosas sensoriales y motoras, que se extienden desde el cerebro y la médula espinal y que se distribuyen por todas las partes del cuerpo. Su función es la de transportar mensajes en dirección a/y del sistema nervioso central.

El *sistema nervioso autonómico* es la parte del sistema nervioso que funciona inconscientemente y que regula la actividad de los músculos no estriados, glándulas, vasos sanguíneos y el corazón. Este sistema posee dos divisiones: los *sistemas simpáticos* y *parasimpáticos,* que actúan en oposición directa para regular el ritmo cardíaco, presión sanguínea, ritmo respiratorio y temperatura corporal, para ayudar al cuerpo en el mantenimiento de la homeostasis (balance). La división simpatética se activa principalmente durante situaciones angustiosas o de emergencia; la división parasimpática es la más activa durante situaciones de reposo normales.

EL CEREBRO Y LA MÉDULA ESPINAL

El cerebro es la mayor masa de tejido nervioso del cuerpo y está contenido dentro del cráneo. El peso promedio del cerebro es de 1232 a 1344 gramos. Se considera como la mayor central eléctrica del cuerpo, que envía y recibe mensajes telegráficos. Existen doce pares de nervios craneales que se originan en el cerebro y que alcanzan las diferentes partes de la cabeza, cara y cuello.

La médula espinal está compuesta por masas de células nerviosas, con fibras que se desplazan hacia arriba y hacia abajo. Se origina en el cerebro y se extiende a lo largo del tronco, está protegida y contenida en la columna vertebral. Existen 31 pares de nervios espinales que se extienden desde la médula espinal y se distribuyen a los músculos y a la piel del tronco y de las extremidades. Algunos nervios espinales suministran los órganos internos controlados por el sistema nervioso simpático. (Fig. 23.24)

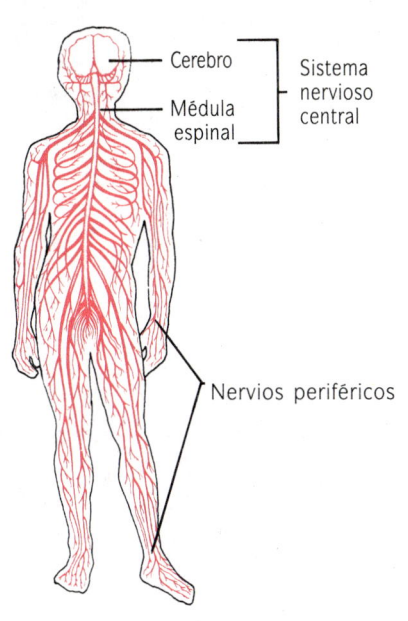

23.24—Médula espinal.

CELULAS NERVIOSAS Y NERVIOS

Una *neurona* o *célula nerviosa* es la unidad estructural primaria del sistema nervioso. (Fig. 23.25) Está compuesta de un cuerpo celular, **dendritas**, que reciben mensajes de otras neuronas, y un **axón terminal**, que envía mensajes a otras neuronas, glándulas o músculos.

Los **nervios** son cordones largos y blancos compuestos por fibras que transportan mensajes a las diferentes partes del cuerpo. Los nervios tienen su origen en el cerebro y en la médula espinal y distribuyen las ramificaciones a todas las partes del cuerpo.

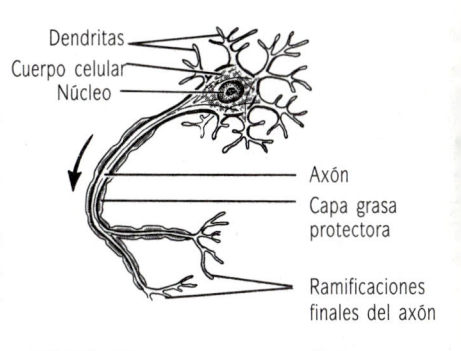

23.25—Una neurona o célula nerviosa.

Tipos de nervios

Los **nervios sensoriales,** llamados **nervios aferentes,** transportan los impulsos o mensajes desde los órganos sensoriales hasta el cerebro, en donde se experimentan las sensaciones de tacto, frío, calor, vista, oído, sabor, olor, dolor y presión.

Los **nervios motores,** llamados **nervios eferentes,** transportan los impulsos desde el cerebro a los músculos. Los impulsos transmitidos producen el movimiento.

Los **nervios mixtos** contienen fibras sensoriales y motores y pueden enviar y recibir mensajes.

Los extremos finales de los nervios sensoriales reciben el nombre de receptores y se encuentran cerca de la superficie de la piel. A medida que los impulsos pasan desde los nervios sensoriales al cerebro y vuelven a los nervios motores y de ahí a los músculos, se establece un circuito completo y se produce el movimiento de los músculos.

Un *reflejo* es una respuesta automática a un estímulo que comporta el movimiento de un impulso desde un receptor sensorial a lo largo de un nervio aferente a la médula espinal, y un impulso de respuesta a lo largo de una neurona *eferente* a un músculo, provocando una reacción. (Ejemplo: el quitar la mano con rapidez de un objeto caliente.) Los actos reflejos no necesitan que sean reflejos aprendidos.

Nervios de la cabeza, cara y cuello

El *quinto par craneal* o *el nervio trigémino* o *trifacial* es el mayor de todos los nervios craneales. Es el nervio sensorial más importante de la cara y el nervio motor de los músculos que controlan la masticación. Está compuesto por tres ramificaciones: **oftálmica, mandibular** y **maxilar.**

A continuación aparecen las ramificaciones importantes del quinto par craneal que resultan afectadas por el masaje. (Fig. 23.26)

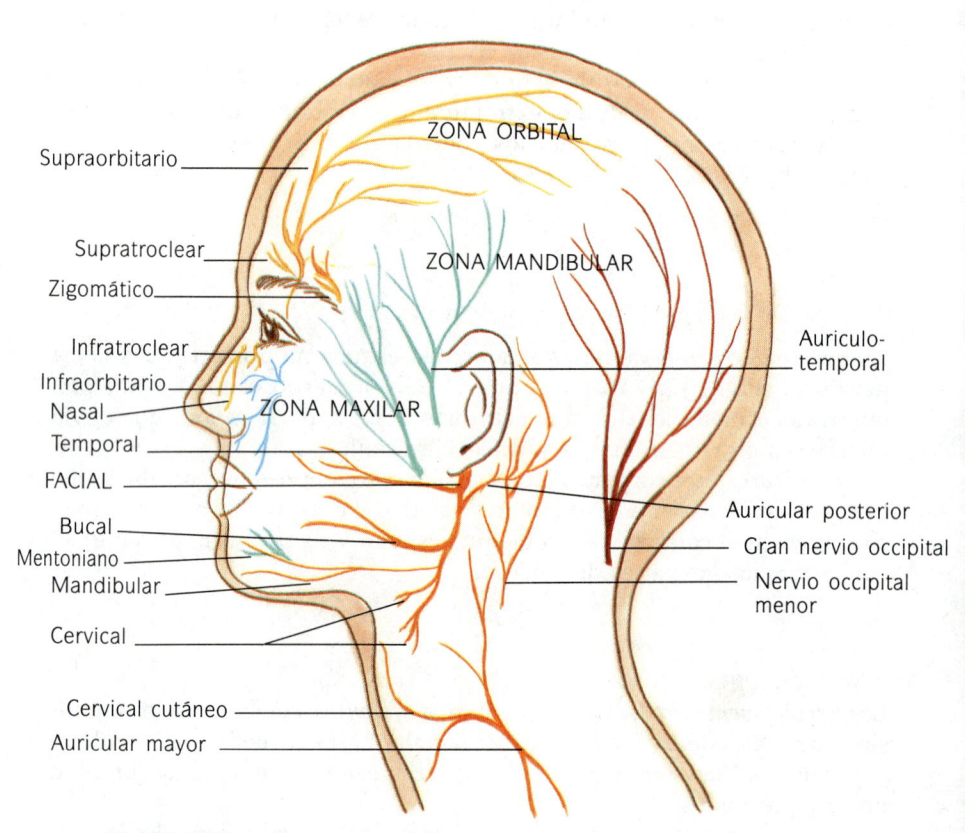

23.26—Diagrama de los nervios de la cabeza, cara y cuello.

1. El **nervio supraorbitario** afecta la piel de la frente, cuero cabelludo, cejas y párpado superior.
2. El **nervio supratroclear** afecta la piel entre los ojos y el lado superior de la nariz.
3. El **nervio infratroclear** afecta la membrana y la piel de la nariz.

4. El *nervio nasal* afecta la punta y el lado inferior de la nariz.
5. El *nervio zigomático* afecta la piel de la sien, la zona lateral de la frente y la parte superior de la mejilla.
6. El *nervio* o *ramillete infraorbitario* afecta la piel del párpado inferior, lado de la nariz, labio superior y boca.
7. El *nervio aurículo-temporal* afecta el oído exterior y la piel que se encuentra sobre la sien, hasta la parte superior del cráneo.
8. El *nervio mentoniano* afecta la piel del labio inferior y del mentón.

El *séptimo nervio craneal* es el nervio motor principal de la cara. Emerge cerca de la parte inferior de la oreja; sus divisiones y sus ramificaciones suministran y controlan todos los músculos de la expresión facial y se extienden a los músculos del cuello.

A continuación se detallan las ramificaciones más importantes del nervio facial:

1. El *nervio auricular* posterior afecta los músculos que se encuentran detrás de la oreja en la base del cráneo.
2. El *nervio temporal* afecta los músculos de la sien, lateral de la frente, ceja, párpado y parte superior de la mejilla.
3. El *nervio zigomático* (superior e inferior) afecta los músculos de la parte superior de la mejilla.
4. El *nervio bucal* afecta los músculos de la boca.
5. El *nervio maxilar inferior* afecta los músculos del mentón y del labio inferior.
6. El *nervio cervical* (rama del nervio facial) afecta la zona lateral del cuello y el músculo platisma.

El *nervio craneal onceavo* (rama espinal) afecta los músculos del cuello y los de la espalda.

Los *nervios cervicales* se originan en la médula espinal, y sus ramificaciones abastecen los músculos y el cuero cabelludo en la parte posterior de la cabeza y cuello de la siguiente manera:

1. El *gran nervio occipital*, se encuentra en la parte posterior de la cabeza, afecta el cuero cabelludo incluso hasta la coronilla de la cabeza.
2. El *nervio occipital menor*, que se encuentra en la base del cráneo, afecta el cuero cabelludo y los músculos de esta región.
3. El *nervio auricular mayor*, se encuentra en el lateral del cuello, afecta la oreja externa y la zona en frente y en la parte posterior de la oreja.

4. El *nervio cervical cutáneo* o *cutáneo del cuello* se encuentra en la zona lateral del cuello y afecta la zona frontal y lateral del cuello, llegando incluso hasta el esternón.

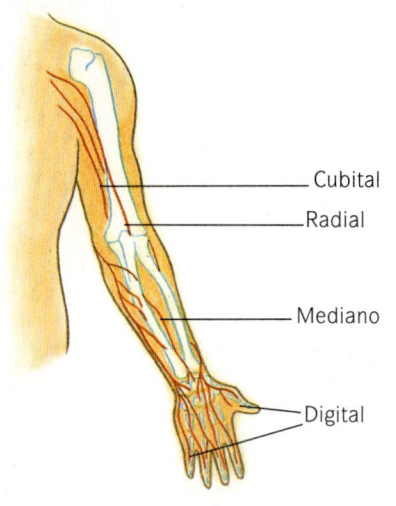

Nervios del brazo y de la mano
Los nervios principales que abastecen las zonas superficiales del brazo y de la mano son los siguientes. (Fig. 23.27)

- Cubital
- Radial
- Mediano
- Digital

23.27—Nervios del brazo y de la mano.

1. El *nervio cubital* (sensitivo-motor) con sus ramales está distribuido por el lado del brazo en donde se encuentra el dedo meñique así como la palma de la mano.

2. El *nervio radial* (sensitivo-motor) con sus ramales está distribuido por lado del brazo en donde se encuentra el dedo pulgar así como la parte posterior de la mano.

3. El *nervio mediano* (sensitivo-motor), un nervio más pequeño que los nervios cubitales y radiales. Con sus ramales está distribuido por el brazo y la mano.

4. El *nervio digital* (sensitivo-motor) con sus ramales está distribuido por todos los dedos de la mano.

EL SISTEMA CIRCULATORIO

El *sistema circulatorio* o *vascular* tiene una relación vital en la conservación de la buena salud. El sistema vascular controla la circulación constante de la sangre por el cuerpo, por medio del corazón y los vasos sanguíneos (las **arterias, venas,** y **vasos capilares**).

1. El *sistema vascular sanguíneo* está compuesto por el corazón y los vasos sanguíneos (arterias, capilares y venas), necesarios para la circulación de la sangre.

2. El *sistema linfovascular* o *linfático* está compuesto por glándulas linfáticas y vasos linfáticos, por los cuales circula la linfa.

Estos dos sistemas están relacionados estrechamente entre sí. La linfa se deriva de la sangre y vuelve gradualmente al riego sanguíneo.

EL CORAZÓN

El corazón es un órgano muscular que posee una forma cónica, del tamaño aproximado de un puño cerrado. Se encuentra en la cavidad del pecho y está rodeado por una membrana, el *pericardio*. Es una bomba eficiente que mantiene el movimiento de la sangre dentro del sistema circulatorio. (Fig. 23.28) El ritmo de pulsaciones por minuto durante el descanso es de 72 a 80 por minuto. El *vago* (décimo nervio craneal) y los nervios del *sistema nervioso autonómico* regulan el ritmo cardíaco.

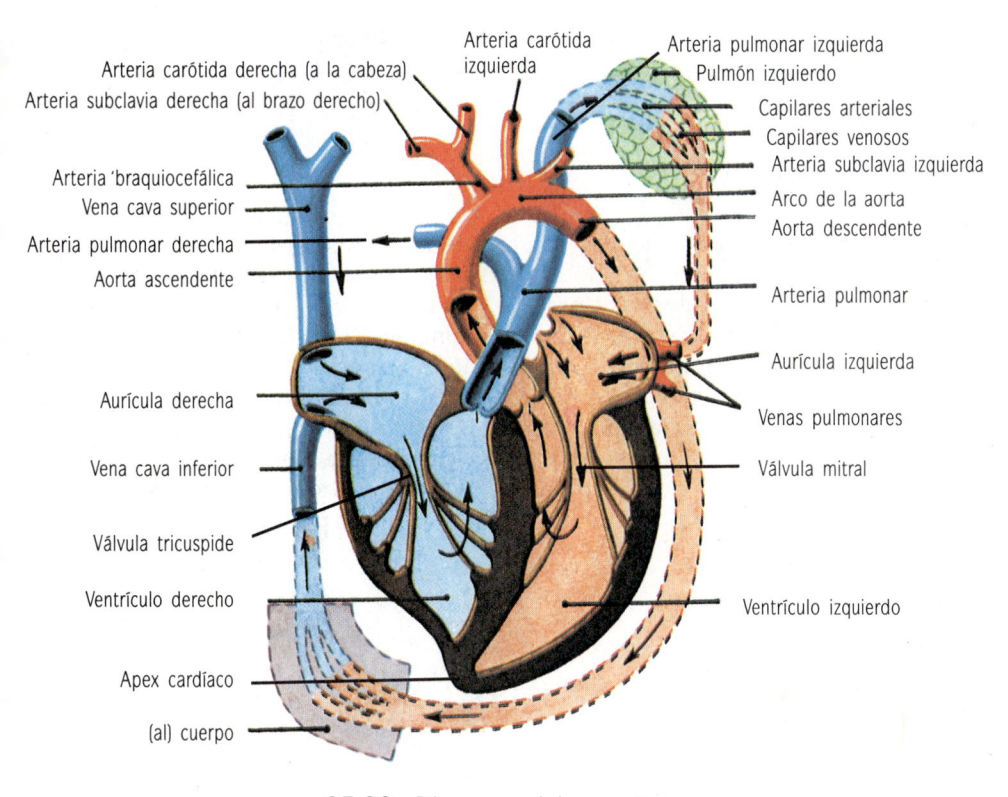

23.28—Diagrama del corazón.

El interior del corazón contiene cuatro cámaras y cuatro válvulas. Las cámaras superiores con paredes delgadas son la aurícula derecha y la aurícula izquierda. Las cámaras inferiores con paredes delgadas son el *ventrículo derecho* y el *ventrículo izquierdo.* Las *válvulas* permiten que la sangre fluya en una dirección. Con cada contracción y relajación del corazón, la sangre fluye, se desplaza desde la *aurícula* a los *ventrículos*, después deja el corazón, para ser distribuida por todo el cuerpo.

VASOS SANGUÍNEOS

Las arterias, los vasos capilares y las venas poseen una estructura tubular. Transportan la sangre que entra y sale del corazón con dirección a los diferentes tejidos del cuerpo.

Las *arterias* son tubos elásticos y musculares con una pared gruesa que transportan sangre pura desde el corazón a los vasos capilares.

Los *capilares* son los vasos diminutos con paredes delgadas que conectan las arterias más pequeñas con las venas. A través de sus paredes, los tejidos reciben la alimentación y eliminan los productos de desecho.

Las *venas* son vasos sanguíneos de paredes delgadas, menos elásticos que las arterias. Contienen válvulas en forma de copa para impedir el retroflujo, y transportan la sangre impura procedente de diferentes vasos capilares de vuelta al corazón. Las venas se encuentran más cerca de la superficie exterior del cuerpo que las arterias. (Fig. 23.29)

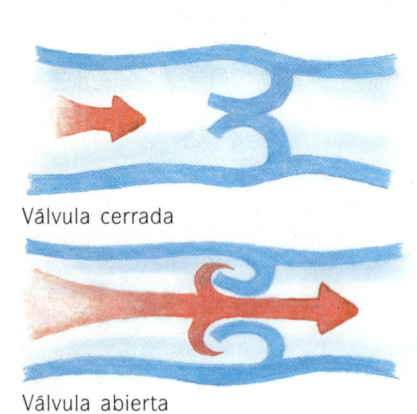

Válvula cerrada
Válvula abierta
23.29—Cortes transversales.

LA SANGRE

La sangre es el fluido nutritivo que circula por todo el sistema circulatorio. Es un fluido pegajoso y salado, que normalmente se encuentra a una temperatura de 37 grados centígrados y que compone aproximadamente el 20% del peso del cuerpo. Aproximadamente 3,76 a 4,7 litros de sangre llenan los vasos sanguíneos de un adulto. La sangre posee un color rojo brillante en las arterias (excepto en la arteria pulmonar) y rojo oscuro en las venas (excepto en la vena pulmonar). Este cambio en color se debe al intercambio de dióxido de carbono por oxígeno que se produce a medida que la sangre pasa por los pulmones y al intercambio de oxígeno por dióxido de carbono a medida que la sangre circula por el cuerpo.

23.30—Glóbulos rojos.

23.31—Glóbulos blancos.

Circulación de la sangre

La *sangre* circula constantemente, desde el momento en que abandona el corazón hasta el momento de su retorno. Existen dos sistemas que se encargan de esta circulación:

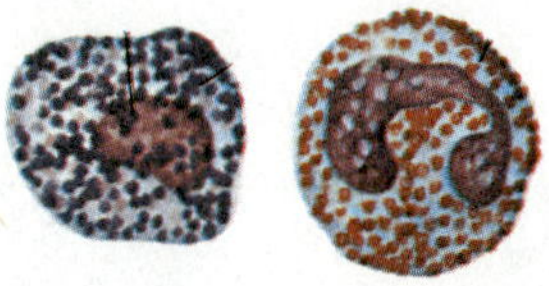

1. La *circulación pulmonar* es la circulación sanguínea que va desde el corazón a los pulmones para ser purificada.

2. La *circulación general* es la circulación de la sangre que se dirige desde el corazón a todo el cuerpo, para volver después al corazón.

Composición de la sangre

La sangre está compuesta por glóbulos rojos, glóbulos blancos, plaquetas y plasma. (Figs. 23.30 a 23.32)

La función de los *glóbulos rojos* es transportar el oxígeno a las células. Los *glóbulos blancos* o *leucocitos* son los gérmenes que originan las enfermedades.

23.32—Plaquetas.

Las *plaquetas* son mucho más pequeñas que las células sanguíneas rojas. Juegan un papel muy importante en la coagulación de la sangre.

El *plasma* es la parte fluida de la sangre en el que fluyen las células rojas y blancas y las plaquetas. Posee un color pajoso. Alrededor de nueve décimas partes del plasma es agua. Transporta alimentos y secreciones a las células y el dióxido de carbono procedente de las células.

Funciones principales de la sangre

A continuación se detallan las funciones principales de la sangre:

1. Transporta agua, oxígeno, alimentos y secreciones a todas las células del cuerpo.
2. Se lleva el dióxido de carbono y los productos de desecho, que se eliminan a través de los pulmones, piel, riñones y el intestino grueso.
3. Ayuda a ecualizar la temperatura corporal, por lo tanto protege el cuerpo del frío y del calor exagerado.
4. Ayuda a proteger el cuerpo de las bacterias dañinas y de las infecciones, por medio de la acción de las células blancas.
5. Coagula la sangre, cerrando por lo tanto los vasos sanguíneos diminutos e impidiendo la pérdida de sangre.

EL SISTEMA LINFOVASCULAR

El *sistema linfovascular,* que también recibe el nombre de *sistema linfático,* actúa como ayuda del sistema circulatorio y está compuesto por espacios linfáticos, glándulas linfáticas y vasos quilíferos (lácteos).

La *linfa* es un fluido incoloro y acuoso que se deriva del plasma sanguíneo de la sangre, principalmente por medio de la filtración a través de las paredes capilares dentro de los espacios del tejido. Bañando todas las células, el fluido del tejido actúa intercambiando sus materiales nutritivos con las células obteniendo a cambio los productos del desecho del metabolismo. Este fluido es absorbido por los capilares linfáticos y se convierte en linfa, después se filtra y desintoxica a medida que pasa por los nódulos linfáticos y se vuelve a introducir dentro de la circulación sanguínea.

Las funciones principales de la linfa son:

1. Alcanza las partes del cuerpo que no alcanza la sangre y efectúa un intercambio con la sangre.
2. Traslada la nutrición desde la sangre a las células sanguíneas.
3. Actúa como defensa corporal en contra de las bacterias y las toxinas invasoras.
4. Elimina el material de desecho de las células corporales y los transfiere a la sangre.
5. Proporciona a las células un entorno fluido adecuado.

ARTERIAS DE LA CABEZA, CARA Y CUELLO

Las *arterias carótidas comunes* son las fuentes principales del riego sanguíneo de la cabeza, cara y cuello. Se encuentran en los dos lados del cuello y se dividen en arterias carótidas internas y externas. La *división interna* de la arteria carótida común irriga el cerebro, órbitas oculares, párpados y la frente, mientras que la *división externa* irriga las partes superficiales de la cabeza, cara y cuello. (Fig. 23.33)

La arteria carótida externa se subdivide en cierto número de ramificaciones, que irrigan la sangre en las diferentes regiones de la cabeza, cara y cuello. Las siguientes arterias son de particular interés para el cosmetólogo:

La *arteria facial* (también llamada *maxilar externa*) irriga la sangre en la región inferior de la cara, boca y nariz. Algunas de sus ramificaciones son:

1. La *arteria submentoniana* irriga el mentón y el labio inferior.
2. La *arteria labial inferior* irriga el labio inferior.
3. La *arteria angular* irriga la zona lateral de la nariz.
4. La *arteria labial superior* irriga el labio superior, el tabique nasal y la nariz.

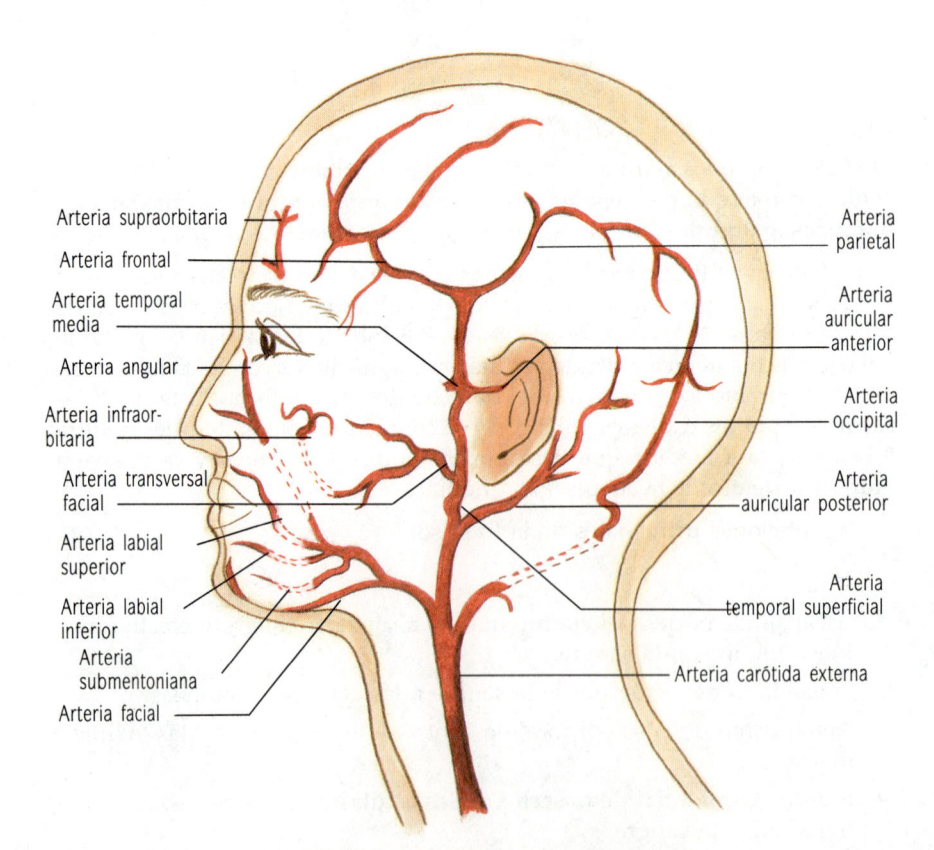

23.33—Diagrama de las arterias de la cabeza, cara y cuello.

La *arteria temporal superficial* es una continuación de la arteria carótida externa, que irriga los músculos, piel y cuero cabelludo en la parte frontal, lateral y superior de la cabeza. Algunas de sus ramificaciones más importantes son:

1. La *arteria frontal* que irriga la frente.
2. La *arteria parietal* que irriga la coronilla y los laterales de la cabeza.
3. La *arteria transversal facial* irriga el masetero.
4. La *arteria temporal media* irriga las sienes.
5. La *arteria auricular anterior* irriga la parte anterior de la oreja.

La *arteria supraorbitaria* es una ramificación de la arteria carótida interna que irriga parte de la frente, ojo, párpado y músculos superiores del ojo.

La *arteria infraorbitaria* nace en la arteria maxilar interna e irriga los músculos del ojo.

La *arteria occipital* irriga la parte posterior de la cabeza, hasta la coronilla.

La *arteria auricular posterior* irriga el cuero cabelludo, la zona que se encuentra detrás y sobre la oreja y la piel detrás de la oreja.

VENAS DE LA CABEZA, CARA Y CUELLO

La sangre que vuelve del corazón procedente de la cabeza, cara y cuello fluye por los dos lados del cuello utilizando dos venas principales: la *yugular interna* y la *yugular externa*. Las venas más importantes de la cara y del cuello están en paralelo con las arterias y tienen los mismos nombres que las arterias.

RIEGO SANGUÍNEO DEL BRAZO Y DE LA MANO

Las arterias *cubital* y *radial* son las fuentes principales de sangre del brazo y de la mano. (Fig. 23.24)

La arteria cubital y sus numerosas ramificaciones irrigan el lado del dedo meñique de la mano así como la palma de la mano.

La arteria radial y sus ramificaciones suministran el lado del dedo pulgar de la mano y la parte posterior de la mano.

Las venas importantes se encuentran casi en paralelo con las arterias y utilizan los mismos nombres que las arterias. Mientras que las arterias están en el interior de los tejidos, las venas están cerca de la superficie de los brazos y manos.

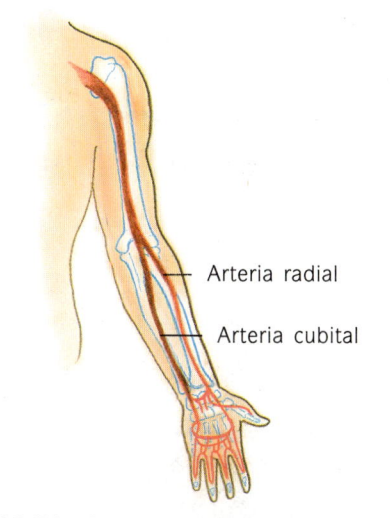

23.34—Arterias de la mano y el brazo.

Trayectoria de Carrera

MAESTRO DE COSMETOLOGÍA

Si usted posee un conocimiento profundo en el campo de la cosmetología y posee además el don de poder transmitir el conocimiento a otros, usted puede elegir convertirse en un maestro de cosmetología ya sea en una escuela privada o en una institución pública vocacional técnica.

Un maestro de cosmetología debe tener un alto nivel de experiencia en la práctica de cosmetología. No existe manera alguna de que un maestro pueda ser eficiente sin poseer la maestría de las técnicas y el conocimiento práctico requerido para llegar a ser un cosmetólogo excelente. La mejor manera de alcanzar esto es no solamente completando su entrenamiento, aprobando sus exámenes de la junta, y tomando los programas de capacitación para maestros, sino también trabajando en un salón, al menos por unos años. La experiencia adquirida en los aspectos prácticos para sobrevivir en la industria de la belleza—en el trato con los clientes, la competencia y en la venta de productos—le ayudará repetidamente a predicar sus enseñanzas.

Para ser efectivo en el salón de clase, usted debe tener destreza en el proceso de enseñanza: debe conocer como dar instrucciones a tan variado tipo de estudiantes. Estas habilidades pueden aprenderse gracias a la investigación educativa recopilada durante las décadas pasadas. La capacitación educativa es un requisito indispensable.

Un buen maestro es además una persona muy centrada, la cual además se interesa en lo que sucede fuera del salón de clases. Una persona muy letrada y que posee conocimientos en muchas áreas generales (política, las artes, aspectos sociales, etc.) será un maestro muy interesante y un buen modelo de personalidad digno de imitar.

En términos de actitud y personalidad, el maestro de éxito debe tener un temperamento calmado y estable; un buen sentido del humor; una habilidad para ajustarse a las condiciones cambiantes; la voluntad para ver diferentes puntos de vista; y, sobre todo, paciencia.

Finalmente, si usted desea permanecer en la cima de su profesión, usted debe mantenerse constantemente al tanto de los cambios en el campo de la cosmetología a fin de ayudar a los estudiantes a incorporarse a esta industria competitiva, de la mejor manera posible. En su papel de maestro, su propia educación jamás terminará.

—*Tomado del* Cómo Llegar a Ser un Maestro de Cosmetología *por James K. Nighswander y A. Dan Whitley*

SISTEMA ENDOCRINO

Las *glándulas* son órganos especializados que varían tanto en tamaño como en funciones. La sangre y los nervios están conectados estrechamente con las glándulas. El sistema nervioso controla las actividades funcionales de las glándulas. Las glándulas tienen la habilidad de extraer ciertos elementos de la sangre y convertirlos en nuevos componentes.

Existen dos grupos principales de glándulas:

1. Un grupo recibe el nombre de *glándulas exocrinas,* con canales que conducen desde la glándula a una parte particular del cuerpo. Las glándulas sudoríparas y sebáceas de la piel y las glándulas intestinales pertenecen a este grupo.

2. El otro grupo, conocido como *glándulas endocrinas,* poseen secreciones llamadas hormonas y que se transportan directamente al riego sanguíneo, que influencian a su vez el bienestar general del cuerpo humano.

SISTEMA EXCRETORIO

El *sistema excretorio* incluye los riñones, hígado, piel, intestinos y pulmones; este sistema purifica el cuerpo al eliminar los materiales de desecho.

Cada uno de los siguientes órganos interviene en el sistema excretorio:

1. Los *riñones* que excretan la orina.
2. El *hígado* que descarga la bilis.
3. La *piel* que elimina la perspiración.
4. El *intestino grueso* que evacua los alimentos descompuestos o sin digerir.
5. Los *pulmones* que exhalan el dióxido de carbono.

El metabolismo de las células del cuerpo forma varias substancias tóxicas que si no se expulsan, pueden envenenar el cuerpo humano.

SISTEMA RESPIRATORIO

El *sistema respiratorio* está situado dentro de la cavidad torácica, protegido en ambos lados por las costillas. El *diafragma* es una separación muscular que controla la respiración, y que separa el pecho de la región *abdominal.*

Los *pulmones* son tejidos esponjosos compuestos por células microscópicas que absorben aire. Estas células de aire se encuentran en un tejido parecido a la piel. Detrás de éstas se encuentran los capilares finos del sistema vascular.

Con cada ciclo respiratorio se produce un intercambio de gases. Durante la *inhalación* la sangre absorbe el oxígeno y durante la *exhalación* se expulsa el dióxido de carbono. El oxígeno es más importante que los alimentos o el agua. Aunque un hombre puede vivir más de 60 días sin alimentos y unos cuantos días sin agua, si se le priva de oxígeno, morirá en unos cuantos minutos.

La respiración por la nariz es más sana que la respiración por la boca, ya que el aire se calienta por los capilares de la superficie y las bacterias del aire quedan atrapadas por los pelos que recubren las membranas *mucosas* de los pasos nasales.

El ritmo respiratorio depende de la actividad del individuo. Las actividades musculares y los gastos de energía aumentan las demandas corporales de oxígeno. Como resultado aumenta el ritmo respiratorio. Una persona necesita alrededor de tres veces más oxígeno cuando camina que cuando está parado.

SISTEMA DIGESTIVO

✓ Completado—Objetivo de Aprendizaje núm. 4

LOS ÓRGANOS Y SISTEMAS DEL CUERPO HUMANO Y CÓMO FUNCIONAN

La *digestión* es el proceso de convertir los alimentos de forma que puedan ser asimilados por el cuerpo. El *sistema digestivo* transforma los alimentos y los convierte en una forma **soluble**, asimilable por las células del cuerpo. La digestión empieza en la boca y finaliza en el intestino delgado. Desde la boca, los alimentos pasan por la *faringe* y el *esófago* al estómago. Los alimentos se digieren completamente en el estómago y en el intestino delgado y se absorben pasando al riego sanguíneo. El intestino grueso (colón) almacena los desechos para su eliminación por el recto. El proceso digestivo completo tarda unas nueve horas.

Las *enzimas* que se encuentran en las secreciones digestivas son las responsables de los cambios químicos. Las *enzimas digestivas* son productos químicos que cambian ciertas clases de alimentos, transformándolos de forma que sean capaces de ser asimilados por el cuerpo. Las emociones intensas, la excitación y la fatiga perturban seriamente la digestión. Por otra parte, la felicidad y el sosiego promueven una buena digestión. ✓

PREGUNTAS DE REPASO

CÉLULAS, ANATOMÍA Y FISIOLOGÍA

1. ¿Cuáles son las funciones de las células humanas?
2. ¿Cómo crecen las células?
3. ¿Qué es el metabolismo?
4. ¿Cuáles son las funciones de los órganos?
5. ¿Cuáles son los sistemas?
6. ¿Qué es la anatomía?
7. ¿Qué es la fisiología?
8. ¿Qué es la histología?
9. ¿Cuáles son las funciones principales de los huesos?
10. ¿Cuál es la estructura del sistema muscular y cuál es su función?
11. Enumerar dos razones por las que el cosmetólogo debe estudiar el sistema nervioso.
12. ¿Cuál es la función del corazón?
13. ¿Cuál es la composición de la sangre?
14. ¿Qué es la linfa?
15. ¿Cuáles son los dos tipos de glándulas del sistema endocrino?
16. Enumerar cinco órganos importantes del sistema excretorio.
17. Describir el ciclo respiratorio.
18. ¿Cuál es la función del sistema digestivo?

ELECTRICIDAD Y TERAPIA DE LUZ

24

OBJETIVOS DE APRENDIZAJE

DESPUÉS DE COMPLETAR ESTE CAPÍTULO, USTED DEBE SER CAPAZ DE:

1. Definir la naturaleza de la electricidad y nombrar dos formas de electricidad.
2. Explicar el empleo correcto de los diferentes tipos de electricidad y las precauciones que deben seguirse cuando se utiliza ésta.
3. Definir los cuatro tipos diferentes de electricidad y explicar los beneficios que se obtienen de las diferentes corrientes.
4. Enumerar y describir los aparatos eléctricos que se utilizan en los salones de belleza.
5. Explicar la terapia de la luz.
6. Demostrar el empleo correcto de la terapia de la luz.

INTRODUCCIÓN

Hace ya mucho tiempo que se conocen los efectos beneficiosos de la electricidad en el campo de la cosmetología. Cuando se utiliza inteligentemente y con seguridad, la electricidad puede ser una herramienta valiosa. La electricidad suministra luz y calor, hace funcionar los aparatos y es esencial para el funcionamiento de un salón de belleza moderno.

La *electricidad* es una forma de energía que produce efectos *magnéticos*, *químicos* y *caloríficos*. Existen algunos términos básicos que debe conocer y algunos que puede que ya conozca. Una *corriente eléctrica* es el movimiento de electricidad a lo largo de un conductor.

Un *conductor* es una substancia que permite que la corriente eléctrica pase con facilidad. Los metales como el cobre, plata y aluminio son buenos conductores de electricidad, como también lo son el carbón, el algodón húmedo, el cuerpo humano y las soluciones acuosas de los ácidos y las sales. Un *no conductor* o un *aislante* es una substancia que resiste el paso de una corriente eléctrica, como la goma, seda, madera seca, cristal, cemento o amianto. Un *cable eléctrico* está compuesto por hilos de metal finos trenzados (conductor) cubiertos con goma o con seda (aislante o no conductor).

EMPLEO DE LA ELECTRICIDAD

Existen dos tipos de electricidad:

1. La *corriente continua* (CC) es una corriente constante, con flujo continuo, que se desplaza en una dirección. Esta corriente produce una reacción química. Los instrumentos que funcionan con pilas, como las linternas o las radios portátiles, utilizan corriente continua.

2. La *corriente alterna* (CA) es una corriente rápida e ininterrumpida, que fluye en primer lugar en una dirección y a continuación en la dirección opuesta. Esta corriente produce una acción mecánica. Cuando se enchufa un aparato eléctrico, como un secador de pelo, en una toma mural, estará utilizando corriente alterna.

✔ Completado—Objetivo de Aprendizaje núm. 1

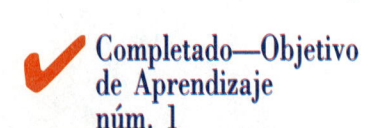

NATURALEZA Y FORMAS DE ELECTRICIDAD

En caso de que sea necesario, un tipo de corriente se puede convertir en el otro tipo por medio de un convertidor o de un rectificador. Un *convertidor* es un dispositivo para transformar una corriente continua en corriente alterna. Un *rectificador* se utiliza para cambiar la corriente alterna y convertirla en corriente continua.

Un *circuito de electricidad completo* es el trayecto que recorre la corriente desde su fuente generadora, a través de los conductores (cable, electrodo o cuerpo) hasta que vuelve a su fuente original. ✔

MEDICIONES ELÉCTRICAS

Las mediciones eléctricas se expresan utilizando las siguientes unidades:

Un *voltio* (V) es una unidad para medir la presión que fuerza la corriente eléctrica hacia adelante. Un mayor voltaje incrementa la fuerza de la corriente. Si la tensión es inferior, la corriente es más débil.

Un *amperio* (A) es la unidad que mide la cantidad de corriente que pasa por un cable. Un cable debe ser lo suficientemente fuerte como para poder manejar los amperios que consume el aparato eléctrico. Por ejemplo, un aparato eléctrico que consume 40 amperios necesita un cable más grueso que el de un aparato eléctrico que consume 20 amperios. Si la corriente o el número de amperios es demasiado fuerte, puede que sus aparatos eléctricos se calienten excesivamente, llegando incluso a quemar los cables. Si la corriente no es lo suficientemente fuerte, su aparato eléctrico no funcionará a toda potencia o puede que no funcione.

Un *miliamperio* es una 1/1000 parte de un amperio. La corriente necesaria para los tratamientos faciales y de cuero cabelludo se mide en miliamperios por medio de un miliamperímetro; una corriente de un amperio resultaría demasiado fuerte.

Un *ohmio* (O) es una unidad para medir la resistencia de una corriente eléctrica. Si la fuerza (voltios) de la corriente es más fuerte que la resistencia (ohmios), la corriente no fluirá por el cable.

Un *vatio* (W) mide la cantidad de energía eléctrica que se utiliza en un segundo. Una bombilla de 40 vatios utiliza 40 vatios de energía por segundo.

Un *kilovatio* (K) es igual a 1000 vatios. La electricidad de su casa se mide en kilovatios hora (kw/h).

DISPOSITIVOS DE SEGURIDAD

Un *fusible* es un dispositivo de seguridad que impide el sobrecalentamiento de los cables eléctricos. El fusible se funde cuando el cable se calienta demasiado al sobrecargar el circuito con demasiada corriente, procedente de demasiados aparatos eléctricos; también se puede fundir si el equipo es defectuoso. Para volver a establecer el circuito, deberá desconectar el aparato eléctrico e insertar un nuevo fusible.

En los *cableados eléctricos* modernos, el disyuntor ha substituido en gran medida al fusible. Este dispositivo posee todas las funciones de seguridad del fusible y no es necesario cambiarlo cada vez que se funde. Es un dispositivo tipo conmutador que se apaga automáticamente tan pronto como recibe una indicación del sobrecalentamiento o de avería en el circuito. Para corregir el problema, sólo es necesario reinicializar el conmutador, de esta manera se restaurarán todos los factores de seguridad.

PRECAUCIÓN
Si después de reinicializar el disyuntor, éste continúa apagando el circuito, llamar un lampista cualificado para que pueda comprobar si existen otros problemas.

La seguridad del equipo eléctrico

La prioridad principal es la protección y la seguridad del cliente. Todo el equipo eléctrico se debe inspeccionar periódicamente para determinar si su funcionamiento es seguro. Es necesario realizar las conexiones eléctricas cuidadosamente y comprobar si se utiliza el voltaje correcto. En caso de realizar todos estos procedimientos descuidadamente, se podría provocar una electrocución o una quemadura. Si se respetan estrictamente las precauciones de seguridad se podrán evitar los accidentes. (Figs. 24.1 a 24.4) Aquí aparece una lista de consejos sobre cómo utilizar la electricidad.

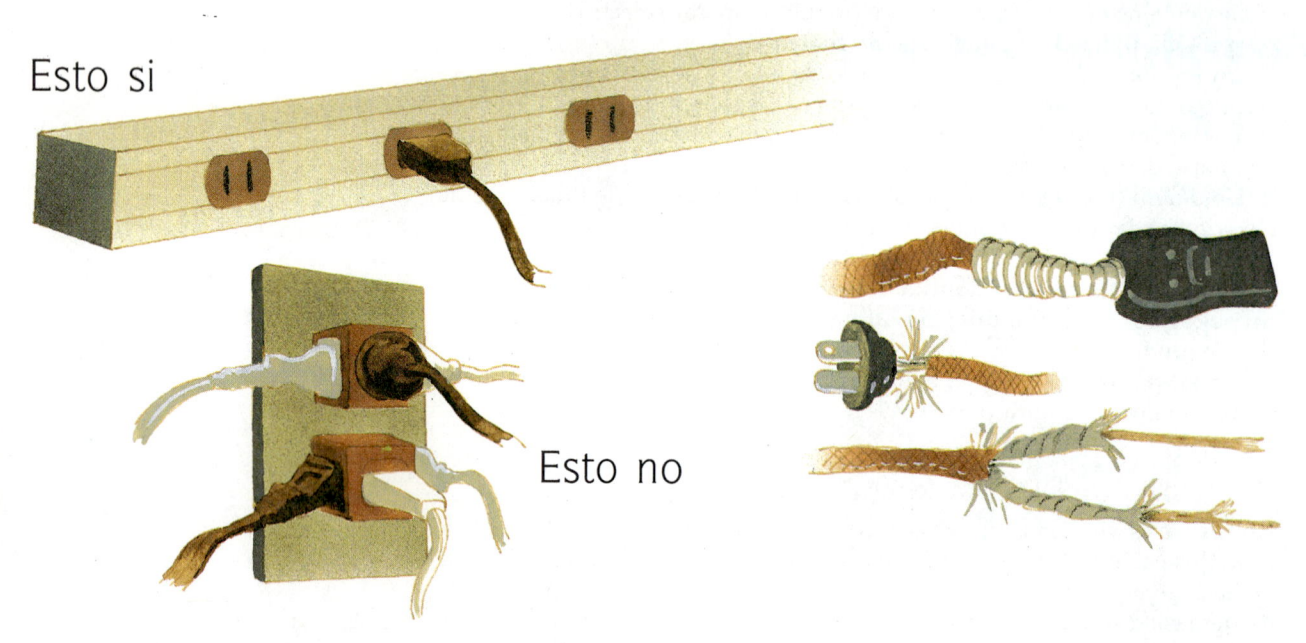

24.1—Utilizar sólo un enchufe en cada toma. La sobrecarga, como aparece en la ilustración de la derecha, puede provocar la fundición del fusible.

24.2—Examinar los cables periódicamente.

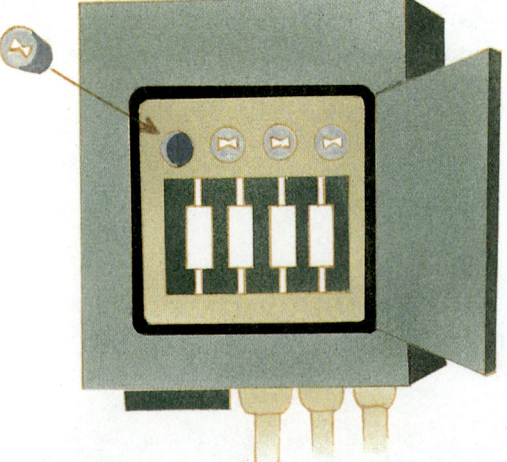

24.3—Cambiar cuidadosamente los fusibles fundidos.

24.4—Los disyuntores desconectan automáticamente la corriente de un aparato eléctrico defectuoso.

1. Antes de utilizar cualquier equipo eléctrico, estudiar las instrucciones.
2. Al acabar de utilizar, desconectar los aparatos eléctricos.
3. Mantener todos los cables, enchufes y equipo en buen estado.
4. Inspeccionar frecuentemente todos los equipos eléctricos.
5. Evitar mojar los cables eléctricos.
6. Cuando se utilice equipo eléctrico, proteger al cliente en todo momento.
7. Cuando se utilice cualquier equipo eléctrico no tocar ninguna pieza de metal.
8. No manipular el equipo eléctrico con las manos húmedas.
9. No permitir que el cliente toque superficies metálicas durante el tratamiento con aparatos eléctricos.
10. No dejar la habitación si el cliente está conectado a un dispositivo eléctrico.
11. Mientras el equipo esté conectado, no intentar limpiar el espacio inmediato de una toma eléctrica.
12. No tocar dos objetos metálicos a la vez en caso de que cualquiera de ellos esté conectado a una corriente eléctrica.
13. No pisar ni colocar objetos sobre los cables eléctricos.
14. No permitir que los cables eléctricos se enreden o se doblen; se romperán los cables finos que se encuentran dentro del cable y el aislamiento se separará de los cables.
15. Desconectar el aparato eléctrico tirando del enchufe, no del cable.
16. No reparar los aparatos eléctricos si no está cualificado. ✓

✓ Completado—Objetivo de Aprendizaje núm. 2

EMPLEO DE LA ELECTRICIDAD Y LAS PRECAUCIONES DE SEGURIDAD

ELECTROTERAPIA

Un *estimulador facial* es un instrumento que cuando se enchufa en una toma normal, puede producir corrientes determinadas, que se utilizan para los tratamientos faciales electrónicos. Un tratamiento facial eléctrico recibe el nombre de *electroterapia*. Estas corrientes reciben el nombre de *modalidades*. Cada modalidad produce un efecto diferente en la piel. Existen muchos tipos de modalidades, pero los cosmetólogos sólo están interesados en la *galvánica, sinusoidal, farádica* y la *alta frecuencia Tesla*. Algunos estimuladores faciales poseen cuatro corrientes y algunos sólo poseen la corriente galvánica.

Un *electrodo* es un aparato que conduce corriente desde la máquina a la piel del cliente. Generalmente está hecho de carbón, cristal o metal. Cada una de las modalidades necesita dos electrodos (uno negativo y otro positivo) para conducir el flujo de electricidad por el cuerpo, excepto la alta frecuencia Tesla.

MODALIDADES

Polaridad

Antes de describir las diferentes modalidades, resultará de gran ayuda describir la prueba de la polaridad. La *polaridad* es el estado negativo y positivo de la corriente eléctrica. El equipo de electroterapia posee un polo cargado negativamente y un polo cargado positivamente. Si los electrodos no están marcados con indicadores negativos y positivos, existe una prueba sencilla que le indicará cual es cual.

1. Separar las puntas de los dos cables conductores y sumergirlos en un vaso de agua salada. Girar el conmutador selector del aparato eléctrico, colocándolo en corriente galvánica y a continuación elevar la intensidad. A medida que se descompone el agua, se acumularán más burbujas activas en el polo negativo que en el polo positivo.

2. Colocar las puntas de los dos cables conductores en dos pedazos separados de papel tornasol humedecido. El papel bajo el polo positivo se volverá rojo mientras que el papel bajo el polo negativo permanecerá siendo azul. Si utiliza papel tornasol rojo en vez del azul, el polo positivo no alterará el color del papel y el polo negativo lo volverá azul.

PRECAUCIÓN
No permita que las puntas de los cables se toquen, en este caso se producirá un cortocircuito.

Corriente galvánica

La corriente *galvánica* es la modalidad que se utiliza con mayor frecuencia. Es una corriente continua (CC) constante reducida a un nivel seguro de baja tensión. Cuando se utiliza esta corriente se producen cambios químicos. La corriente galvánica produce dos reacciones químicas diferentes, dependiendo de la polaridad (negativa o positiva) utilizada en la zona tratada. Un electrodo positivo recibe el nombre de *ánodo*, es de color rojo y está marcado con una "P" o del símbolo más (+). Un electrodo negativo recibe el nombre de *cátodo*, es negro y está marcado con una "N" o del símbolo menos (−).

El polo positivo:

Produce reacciones ácidas

Selecciona los poros

Calma los nervios

Reduce el riego sanguíneo

Contrae los vasos sanguíneos

Endurece los tejidos

Provoca la penetración de soluciones alcalinas dentro de la piel

El polo negativo:

Produce reacciones alcalinas

Abre los poros

Estimula (irrita) los nervios

Aumenta el riego sanguíneo de la piel

Expande los vasos sanguíneos

Suaviza los tejidos

Suaviza y licua los depósitos de grasas de los folículos pilosos y de los poros

Notar que los efectos que el polo positivo produce en al cuerpo son contrapuestos a los que produce el polo negativo.

> **PRECAUCIÓN**
> No utilizar corriente galvánica negativa en una piel con capilares rotos o acné pustular. Tampoco se debe utilizar con clientes con presión sanguínea alta o implantes metálicos.

El cliente experimenta los efectos de la corriente galvánica a medida que la corriente pasa a través del cuerpo, desde un electrodo a otro y así se completa el circuito. Tanto los polos activos como inactivos (positivo y negativo) deben estar en operación para completar el circuito. Los electrodos de carbón activos e inactivos (bola y cilindro) deben estar envueltos ligeramente con un protector de algodón.

El *electrodo activo* es el electrodo que se utiliza en la zona que se desea tratar. Por ejemplo, si se desean realizar reacciones negativas en la cara (ejemplo: poros abiertos, ablandamiento de tejido), el polo negativo es el electrodo activo. Aplicar la bola de carbón o el rodillo de carbón en el electrodo activo.

El *electrodo inactivo* es el polo opuesto al electrodo activo. El cliente puede sostener la varilla de carbón (electrodo inactivo) envuelto en algodón humedecido o puede colocar la almohadilla húmeda en algún lugar del cuerpo del cliente.

Procedimiento para cerrar los poros

1. Envolver el electrodo de bola de carbón (activo) en algodón humedecido con astringente.
2. Envolver el electrodo de cilindro (inactivo) en algodón humedecido con agua.
3. Hacer que el cliente sostenga el electrodo inactivo o colocar la almohadilla húmeda en un punto cómodo del cuerpo del cliente.
4. Después de que se establezca un buen contacto con los dos electrodos, aumentar la corriente hasta obtener la potencia deseada.
5. Una vez finalizado el tratamiento, disminuir lentamente la corriente antes de retirar el electrodo del cliente.

Foresis

El proceso por el cual las soluciones químicas son forzadas dentro de la piel sana utilizando una corriente galvánica recibe el nombre de *foresis*. *Cataforesis* es el empleo del polo positivo para hacer penetrar en la piel una substancia cargada positivamente (una solución astringente con un pH ácido). *Anaforesis* es el empleo del polo negativo para forzar o empujar una substancia cargada negativamente (una solución pH alcalina) dentro de la piel. *Desincrustación* es el proceso que se utiliza para suavizar y licuar los depósitos de grasa (aceite) que se encuentran en los folículos pilosos y en los poros. Este proceso se utiliza frecuentemente para tratar el acné, miliarias y las espinillas.

Corriente farádica

La corriente *farádica* es una corriente alterna e interrumpida que produce una reacción química sin que se produzca un efecto químico. La corriente farádica se utiliza durante las manipulaciones del cuero cabelludo y faciales para provocar contracciones musculares, que tonifican los músculos faciales. En algunos estados es ilegal provocar contracciones musculares visibles utilizando corrientes farádicas o sinusoidales.

A continuación aparecen los beneficios que se obtienen con la aplicación de la corriente farádica:

1. Mejora el tono muscular.
2. Promueve la eliminación de las toxinas.
3. Incrementa la circulación de la sangre.
4. Alivia la sangre congestionada.
5. Aumenta la actividad glandular.
6. Estimula el crecimiento del cabello.
7. Aumenta el metabolismo.

Corriente sinusoidal

La corriente *sinusoidal* es similar a la corriente farádica, se utiliza principalmente durante los tratamientos faciales y del cuero cabelludo. Se trata de una corriente alterna que produce contracciones mecánicas que tonifican los músculos. Se aplica de la misma manera que la corriente farádica.

La corriente sinusoidal posee las siguientes ventajas:

1. Proporciona una mayor estimulación, una penetración más profunda y es menos irritante que la corriente farádica.
2. Tranquiliza los nervios y penetra dentro del tejido muscular profundo.
3. Es más apropiada para el cliente nervioso.

Precauciones necesarias cuando se utilicen corrientes farádicas y sinusoidales

No utilizar la corriente farádica si provoca dolores o incomodidades o si la cara está muy colorada o el cliente padece de lo siguiente: muchos dientes de oro, presión sanguínea alta, capilares rotos o condiciones pustulares en la piel. Las corrientes farádicas y sinusoidales nunca se utilizan más de 15 a 20 segundos.

Aplicación de corrientes farádicas y sinusoidales

Es necesario utilizar dos electrodos (uno negativo y uno positivo) para completar el circuito farádico y sinusoidal.

Método indirecto. En el método indirecto, es necesario utilizar un electrodo de muñeca cubierto por una esponja humedecida, mientras su cliente sostiene la varilla de carbón del eléctrodo envuelta en algodón absorbente humedecido, o bien colocar la almohadilla mojada en algún lugar del cuerpo del cliente. Antes de activar la corriente, establecer contacto con la frente del cliente. Durante el tratamiento utilizar la punta de los dedos para efectuar movimientos de masaje. Cuando haya acabado el tratamiento, apagar lentamente la corriente antes de interrumpir el contacto con su cliente.

Método directo. En el método directo de aplicación de corrientes farádicas y sinusoidales, se utilizan dos electrodos con punta de fieltro. El cosmetólogo debe desplazar los dos electrodos alrededor de la cara en movimientos circulares, sin permitir que se toquen. El circuito se completa entre los dos discos de fieltro.

24.5—Electrodo facial que utiliza corriente Tesla.

Corriente de alta frecuencia

La corriente de **alta frecuencia** (**Tesla**) se caracteriza por un coeficiente de oscilaciones o vibración muy alto. Generalmente recibe el nombre de **rayos violetas,** utilizándose también para tratamientos faciales y del cuero cabelludo. La corriente Tesla se puede utilizar para tratar el aclaramiento de cabello, el picor en el cuero cabelludo o una piel o cuero cabelludo excesivamente grasa o seca. La acción principal de esta corriente es la acción térmica o calorífica. Debido a su rápida vibración no se producen contracciones musculares. Los efectos fisiológicos son estimulantes o tranquilizantes, dependiendo del método de aplicación.

Los electrodos para las corrientes de alta frecuencia están compuestos por cristal o metal y sólo necesitará un electrodo para realizar un tratamiento. El electrodo facial es plano y el electrodo del cuero cabelludo tiene forma de rastrillo. A medida que la corriente pasa a través del electrodo de cristal, se emiten diminutas chispas violetas. Algunas unidades utilizan gas de neón contenido en el tubo, que produce un resplandor naranja. Las dos unidades producen los mismos efectos. Todos los tratamientos que se realicen con una corriente de alta frecuencia deben empezar con una corriente débil, aumentando gradualmente hasta alcanzar la fuerza necesaria. La duración del tratamiento depende de la condición que se debe tratar. Utilizar solamente unos 5 minutos para un tratamiento facial o de cuero cabelludo general. (Figs. 24.5 a 24.7)

24.6—Accesorio del electrodo de metal que utiliza corriente Tesla.

◆NOTA: Para un uso correcto, seguir las instrucciones que proporciona el fabricante del equipo Tesla.

24.7—Accesorio del electrodo del cuero cabelludo que utiliza corriente Tesla.

538 ◆ TEXTO GENERAL DE COSMETOLOGÍA

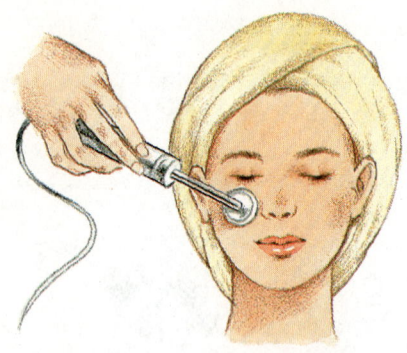

24.8—Aplicación de corriente de alta frecuencia en la cara, utilizando un electrodo facial.

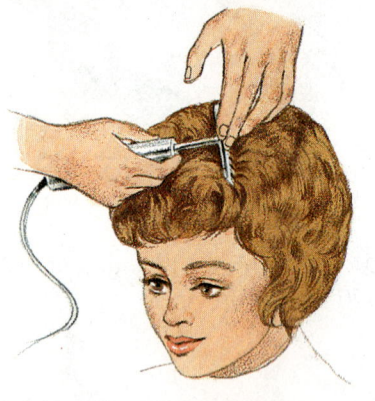

24.9—Aplicación de corriente de alta frecuencia en el cuero cabelludo, utilizando el electrodo rastrillo.

Aplicación
La corriente

1. *Aplica* sin alcohol
   e incon ostiene el
   electro Para obtener
   un efe de la zona
   que se a gasa o
   de un piel, por lo
   que s cia al acné.
   Cuar poyar su dedo
   sobr o una vez que
   el e (Figs. 24.9)

2. *Apl* mientras usted
   util tratamiento.
   Us dir una
   sac e el cliente
   haya agarrado firmem lectrodo. Apagar
   la corriente antes de retirar el electrodo del cliente.

> ◆ **PRECAUCIÓN**
> El cliente debe evitar el contacto con superficies metálicas, como brazos de silla y taburetes. Si se produce este contacto, se puede producir una

ocar el electrodo en la mano del cliente y del cliente se cargará con una pequeña

eficios que se derivan del empleo de la

✓ Completado—
de Aprendizaje
núm. 3

TIPOS DE CORRIENTES Y SUS USOS

> ◆ **PRECAUCIÓN**
> La corriente de alta frecuencia no se debe utilizar con clientes en estado de gravidez, epilépticos, asmáticos, con presión sanguínea alta, muchos dientes con rellenos metálicos, que padezcan sinusitis o con marcapasos o implantes metálicos.

[Notas adhesivas manuscritas:]
1. 30.00 Uniforme →
2. Domingo que vienen
   venta de Banquete
3. Guagua
4. #

3:00 – 5:00 Staff

OTROS APARATOS ELÉCTRICOS

El *vibrador* es un aparato eléctrico que se utiliza en el masaje, para producir una sucesión mecánica de manipulaciones. Produce un efecto estimulante en los tejidos musculares, incrementa el riego sanguíneo de las zonas tratadas, tranquiliza los nervios e incrementa la actividad glandular.

Fijando el vibrador en la parte posterior de la mano, las vibraciones se transmiten a través de la mano o de los dedos a las zonas bajo tratamiento. El vibrador se utiliza sobre tejido muscular denso, como el cuero cabelludo, los hombros y la parte superior de la espalda. No se utiliza nunca en la cara de una mujer, pero se puede utilizar en la cara del hombre.

> **PRECAUCIÓN**
> *El vibrador no se debe utilizar nunca cuando existan enfermedades coronarias, fiebre, abscesos o inflamación.*

El *vaporizador* se aplica sobre la cabeza o cara para producir un calor uniforme y húmedo. El vaporizador se puede utilizar en substitución de las toallas calientes para limpiar y humedecer la piel. El vapor calienta la piel, induciendo el flujo de grasa y de sudor. Por lo tanto, este proceso ayuda a limpiar la piel, a limpiar los poros y suavizar las escamosidades de la superficie de la piel.

El vaporizador también se puede utilizar en tratamientos de condicionamiento del cuero cabelludo y del pelo. Cuando se coloca sobre el cuero cabelludo, produce un calor húmedo controlado. Su acción es la de suavizar el cuero cabelludo, incrementar la perspiración y promover la efectividad de los cosméticos utilizados en el cuero cabelludo. Otra acción del vaporizador es la de acelerar la acción de un aclarador.

Las **tenacillas de rizado calentadas eléctricamente** existen en diferentes tipos y tamaños. Poseen elementos calefactores integrados y se conectan en tomas eléctricas murales. Existe un tipo que posee perforaciones. El aceite se inyecta dentro del barril de las tenacillas de rizado, en donde se vaporiza. El vapor se libera a través de las pequeñas perforaciones de las tenacillas y acondiciona el cabello a medida que lo riza.

Los **secadores de casco** son aparatos eléctricos, que cuando se colocan sobre la cabeza, proporcionan una fuente uniforme de calor. El empleo principal de este aparato es el de intervenir en los tratamientos correctores del cabello y del cuero cabelludo. Este equipo restaura el cabello seco, frágil y dañado, y también sirve para reanimar un cuero cabelludo poco activo.

La *máquina de proceso* o *máquina de aceleración* se diseñó para ayudar a los coloristas de cabello profesionales. Su función es la de reducir el tiempo de proceso necesario para aclarar y teñir el cabello. La máquina acelera el movimiento molecular de los productos químicos del color, de manera que actúan más rápidamente.

Las máquinas aceleradoras se pueden utilizar eficientemente y con éxito en diferentes tratamientos de coloreado de cabello, como el aclarado del cabello, teñido, abrillantamiento del pelo, mechones y tiras. Las máquinas aceleradoras no se deben utilizar con los aclaradores en polvo.

✓ Completado—Objetivo de Aprendizaje núm. 4

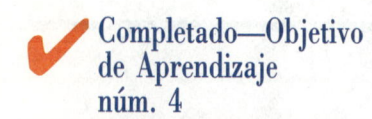

APARATOS ELÉCTRICOS EN EL SALÓN DE BELLEZA

La *silla secadora de pelo* produce aire caliente, medio o frío para secar correctamente el cabello. Está compuesto por un casco flexible, con deflectores que distribuyen el aire homogéneamente, capaz de secar un cabello muy denso en relativamente poco tiempo. El *secador de mano* también produce aire caliente, medio y frío.

El *calentador de aceite eléctrico pequeño* se utiliza para calentar aceite y mantener el aceite caliente cuando se realiza la manicura con aceite. ✔

TERAPIA DE LA LUZ

La terapia de la luz se refiere al tratamiento de la piel utilizando rayos de luz. El sol es la fuente básica de rayos de luz. En el salón de belleza, tratamos con los rayos blancos del espectro visible, que componen el 12% de la luz solar natural y con los rayos infrarrojos y ultravioletas invisibles que componen respectivamente el 80% y el 8% de la luz solar natural. Los rayos infrarrojos producen calor y los rayos ultravioletas producen reacciones químicas y germicidas. Cuando la luz blanca del espectro visible pasa a través de un prisma produce los colores del arco iris: rojo, naranja, amarillo, verde, azul, añil y violeta. Estos colores reciben el nombre de espectro visible. (Fig. 24.10) Aquí trataremos con las luces blanca, azul y roja. Cada una produce un efecto diferente en la piel. ✔

✓ Completado—Objetivo de Aprendizaje núm. 5

TERAPIA DE LUZ

COMO SE REPRODUCEN LOS RAYOS DE LUZ

Los rayos de luz artificial se producen utilizando un aparato eléctrico llamado *lámpara terapéutica*. Estas lámparas son capaces de producir los mismos rayos que se originan en el sol. Generalmente la lámpara que se utiliza para reproducir estos rayos de luz es un reflector en forma de domo montada en un pedestal con un cuello flexible. Generalmente el domo posee un recubrimiento de metal muy pulido capaz de reflejar los rayos procedentes de diferentes tipos de luz.

PROTECCIÓN DE LOS OJOS

Durante cualquier tratamiento en el que se utilicen rayos de luz, los ojos del cliente deben estar protegidos. Utilizar almohadillas de algodón saturadas con una solución de ácido bórico, olmo escocés (hamamelis de virginia) o agua destilada. Las almohadillas oculares protegen los ojos del reflejo de los rayos reflectantes.

◆ PRECAUCIÓN
Cuando se utilicen rayos ultravioletas, el cosmetólogo y el cliente deben llevar siempre gafas protectoras, para evitar daños en los ojos.

CAPÍTULO 24 ELECTRICIDAD Y TERAPIA DE LUZ ◆ 541

Ultravioleta

Longitud de onda más corta
Una frecuencia más alta
Menos penetrante
Invisible
(8% de la luz solar natural)

Espectro Visible

Prisma

Infrarrojos

Longitud de onda más larga
Frecuencia más baja
Más penetrante
Invisible
(80% de la luz solar natural)

| VIOLETA | AÑIL | AZUL | VERDE | AMARILLO | NARANJA | ROJO |

Rayos (fríos) actínicos químicos visibles | Neutro | Rayos caloríficos visibles

12% de los rayos de luz visibles

24.10—Espectro visible

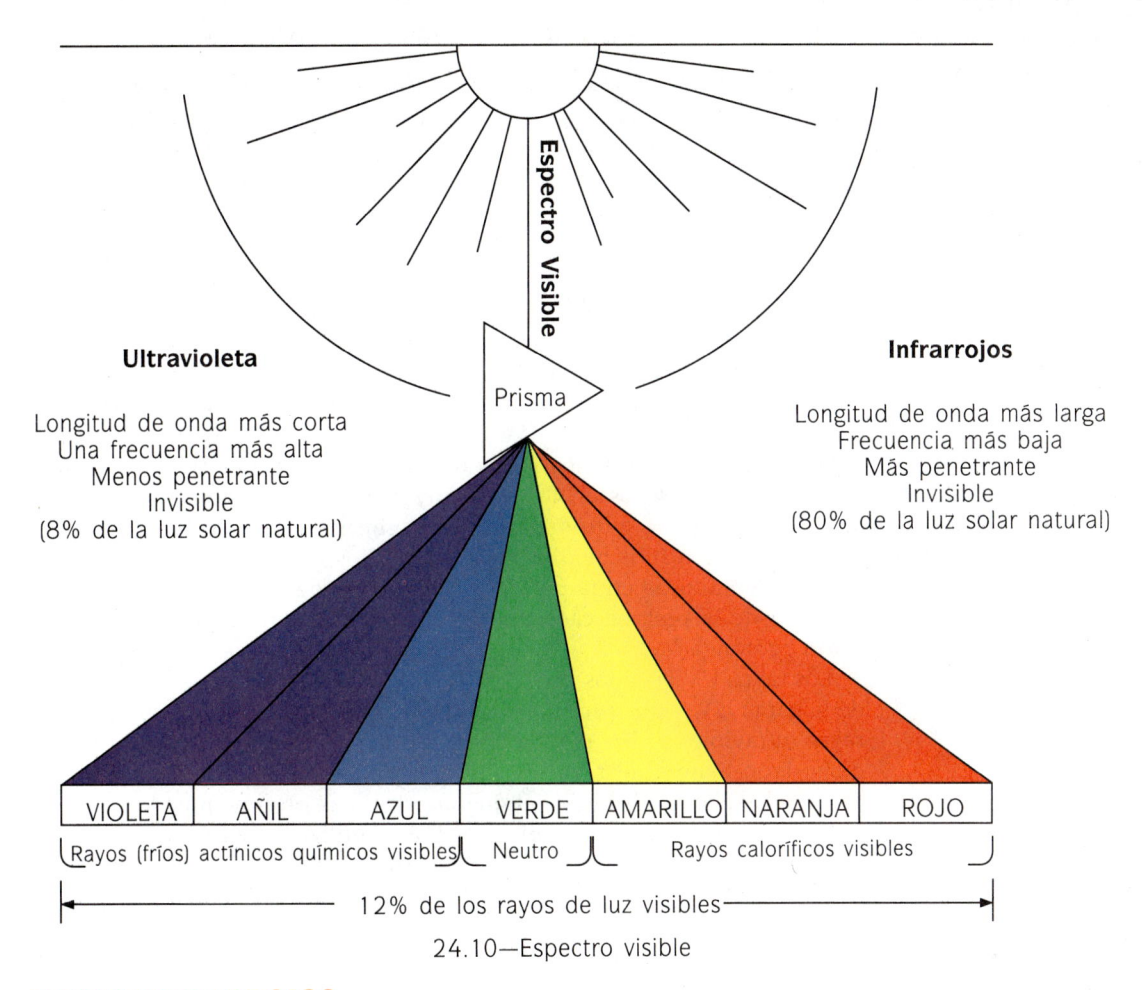

RAYOS INFRARROJOS

Los rayos infrarrojos se encuentran más allá de los rayos visibles del espectro. Los rayos infrarrojos son largos, tienen una mayor penetración (más profunda) y producen la mayor parte del calor. La lámpara de infrarrojos es roja y produce una radiación rojiza cuando se enciende. Las lámparas infrarrojas también pueden ser blancas.

La lámpara se debe operar a una distancia promedio de 76 centímetros. Comprobar frecuentemente la comodidad del cliente.

P R E C A U C I Ó N
No dejar nunca al cliente sin atención durante el período de exposición. El tiempo de exposición debe ser de aproximadamente 5 minutos.

Empleo y efectos del tratamiento de rayos infrarrojos

1. Calienta y relaja la piel sin aumentar la temperatura general del cuerpo.
2. Dilata los vasos sanguíneos de la piel, aumentando por lo tanto la circulación sanguínea.
3. Incrementa el metabolismo y los cambios químicos dentro de los tejidos de la piel.

4. Incrementa la producción de perspiración y de grasa en la piel.
5. Alivia el dolor de los músculos doloridos, debido a la penetración profunda de los rayos.
6. Calma los nervios.

RAYOS ULTRAVIOLETAS

Los rayos ultravioletas se encuentran más allá del espectro visible. Son los rayos más cortos y menos penetrantes. El rayo ultravioleta también recibe el nombre de *rayo frío* o *rayo actínico*. Los rayos ultravioletas (UV) se dividen en tres categorías: UVA, UVB y UVC. A medida que se alejan del espectro de luz visible, los rayos ultravioletas son más cortos y menos penetrantes. Los rayos UVC son los rayos ultravioletas con mayor potencialidad germicida y química, también son los que se encuentran más lejos del espectro visible. Estos rayos son los que provocan la mayoría de las quemaduras en la piel. Los rayos UVC destruyen las bacterias y el tejido de la piel, en caso de que la piel sufra una exposición demasiado prolongada.

Los rayos UVB son los rayos terapéuticos que se encuentran en el medio de la gama UV, y que producen algunos efectos en ambos extremos de los rayos ultravioletas. Este rayo también quemará si la piel se expone durante demasiado tiempo. El rayo UVA es el rayo UV tónico. Se encuentra más cerca del espectro visible, es el que penetra más profundamente y el más largo de todos los rayos UV. El rayo UVA se utiliza en las cabinas de bronceado. Este rayo no quema la piel pero penetra profundamente dentro del tejido de la piel y puede destruir la elasticidad de la piel, provocando el arrugamiento y el envejecimiento prematuro.

Antiguamente se pensaba que la más ligera obstrucción podía detener los rayos ultravioletas y así evitar que alcanzasen la piel. Estudios recientes han demostrado que los rayos ultravioletas pueden penetrar hasta 91 cm. en el agua y que aproximadamente el 50% de los rayos ultravioletas pueden penetrar la piel a través de una camiseta húmeda. Si desea recibir todos los beneficios de los rayos ultravioletas, la zona tratada debe estar desnuda y no se debe aplicar crema o loción, para poder recibir todos los beneficios de los rayos.

Aplicación de los rayos ultravioletas

Los rayos ultravioletas se aplican con una lámpara a una distancia de 76 a 91 cm. de la piel. En caso de que se necesiten rayos más cortos, la lámpara se puede colocar a tan sólo 30 cm. de la piel. Se deben tomar precauciones adicionales cuando la lámpara se coloca tan cerca para evitar daños en el tejido de la piel. (Fig. 24.11)

Límite de tiempo

La exposición promedio puede producir el enrojecimiento de la piel y las sobredosis pueden producir ampollas. Resulta conveniente empezar con una exposición corta de 2 a 3 minutos e incrementar gradualmente la exposición en un período de varios días, hasta alcanzar los 7 u 8 minutos.

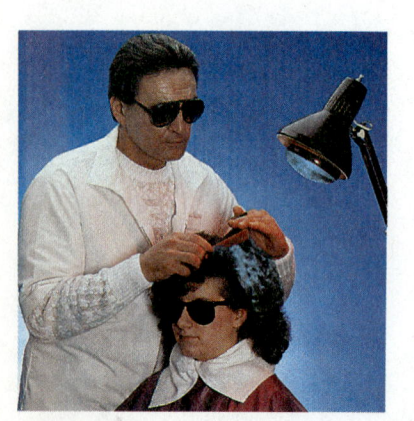

24.11—Aplicación de los rayos ultravioletas en el cuero cabelludo.

Beneficios de los rayos ultravioletas

Los rayos ultravioletas incrementan la resistencia a las enfermedades, ya que aumenta el contenido sanguíneo de hierro y de vitamina D así como el número de células rojas y de células blancas. También incrementan la eliminación de desperdicios, restauran la nutrición en aquellos casos en donde sea necesario, y estimulan la circulación mejorando la fluidez de la sangre y de la linfa. Los rayos tienden también a fijar el calcio en la sangre. Los rayos ultravioletas se utilizan para tratar el acné, tiña, seborrea y para combatir la caspa. También ayudan en los procesos de curación y pueden incrementar el pigmento de la piel, si la piel está expuesta a dosis cortas durante largos períodos de tiempo.

Preparación Profesional

SERVICIO AL CONSUMIDOR

Simplemente, no existe otro aspecto más importante relacionado con su éxito como cosmetólogo, que el servicio que brinde al consumidor. La manera en que usted trata a las personas, es para muchos propietarios de salones de belleza, más importante que la rapidez con la que puede realizar un permanente o que la perfección de los cortes de cabello que efectúa.

He aquí algunos consejos de utilidad para mejorar el servicio que usted brinda al consumidor:

- Concéntrese en sus clientes. Los clientes compran servicios para satisfacer las necesidades de ellos, no las suyas.
- Mantenga una imagen profesional. El cuidado de su aspecto personal y el de su estación de trabajo comunica a las demás personas que usted se preocupa de los detalles y de los demás.
- Trate a cada cliente como un individuo único. Cada quien desea sentirse especial.
- Escuche a sus clientes. Esto no puede menos que enfatizarse.
- Responda a las necesidades de sus clientes. Esté listo para asistirles con los problemas que ellos tengan con respecto a su cabello, piel y uñas.
- Siempre brinde a sus clientes más de lo que esperan. Por ejemplo: un masaje extra durante el lavado de cabello o manicura.
- Sea honesto y franco, pero a la vez discreto.
- No haga promesas que no pueda cumplir, siempre cumpla las que ya hizo.
- Eduque a sus clientes. Bríndeles información acerca de los productos adecuados para uso casero y muéstreles como mantener su nueva apariencia.
- Trate con respeto y cortesía a todos los clientes.
- Concentre su atención en el cliente que está sentado en su silla. Evite conversar con los compañeros de trabajo, con otros clientes u otras personas en el salón.

Si usted sigue estas sugerencias, los clientes regresarán a usted, porque no solamente está mejorándoles su apariencia, sino al mismo tiempo entablando una relación amistosa.

—Tomado del *Técnicas de Comunicación para Cosmetólogos* por Kathleen Ann Bergant

Desventajas de los rayos ultravioletas

Los rayos ultravioletas pueden destruir el pigmento del pelo. Una exposición continua a los rayos del sol provoca el envejecimiento prematuro de la piel, insolaciones dolorosas y un incremento del riesgo de cáncer en la piel, especialmente en los individuos de tez clara.

RAYOS DE LUZ VISIBLES O ESPECTRO VISIBLE

La luz visible es la fuente primaria de la luz utilizada en los tratamientos faciales y del cuero cabelludo. Las lámparas que se utilizan en la terapia de luz visible están disponibles en blanco, rojo o azul.

Luz blanca

La luz blanca es una combinación de luz, debido a que es una combinación de todos los rayos visibles del espectro. La luz blanca también presenta todos los beneficios de los rayos del espectro visible. Si se utiliza en la piel normal, los beneficios de la luz blanca incluyen: alivio del dolor, especialmente en zonas congestionadas y más particularmente, alrededor de los centros nerviosos, como en la parte posterior del cuello y entre los hombros; también produce algunas acciones químicas y germicidas y relaja los músculos ligeramente.

Luz azul

La luz azul sólo se utiliza sobre la piel desnuda. La luz azul contiene pocos rayos caloríficos, tranquiliza los nervios y produce un buen tono, tiene efectos germicidas y químicos y se utiliza en los casos leves de erupciones cutáneas leves. La luz azul no penetra.

✓ **Completado—Objetivo de Aprendizaje núm. 6**

EMPLEO CORRECTO DE LA TERAPIA DE LUZ

Luz roja

La luz roja se utiliza en la piel seca, en combinación con aceites y cremas. La luz roja es la más penetrante del espectro visible, es apropiada para la piel seca, escamosa y arrugada así como para tejidos relajados. ✓

PREGUNTAS DE REPASO

ELECTRICIDAD Y TERAPIA DE LA LUZ

1. ¿Qué es la electricidad?
2. ¿Qué es un conductor?
3. ¿Qué es un aislante? Proporcione seis ejemplos.
4. ¿Qué es la corriente continua? (CC)
5. ¿Qué es la corriente alterna? (CA)
6. Describir la corriente galvánica.
7. Describir la acción química del polo positivo y del polo negativo.
8. Enumerar tres efectos que produce el polo positivo sobre el cuerpo.
9. Enumerar tres efectos que produce el polo negativo sobre el cuerpo.
10. ¿En qué casos no se debe utilizar nunca la corriente farádica?

QUÍMICA

25

OBJETIVOS DE APRENDIZAJE

DESPUÉS DE COMPLETAR ESTE CAPÍTULO, USTED DEBE SER CAPAZ DE:

1. Definir la química orgánica e inorgánica y conocer las diferencias existentes entre las dos.
2. Describir los tipos de materias.
3. Describir la composición de los elementos, compuestos y de las mezclas.
4. Describir las propiedades de la materia así como las de los elementos, compuestos y mezclas.
5. Definir los ácidos y los álcalis y conocer las diferencias existentes entre estos dos elementos.
6. Describir la química del agua.
7. Describir las clasificaciones de los champúes y los tipos de acondicionadores.
8. Describir la composición del cabello antes, durante, y después del ondulado permanente y la relajación química del cabello.
9. Describir la composición del cabello antes, durante, y después del teñido del cabello.
10. Describir las clasificaciones físicas y químicas de los cosméticos.
11. Describir el proceso químico básico, tipos y la composición de los productos profesionales.

INTRODUCCIÓN

Los cosmetólogos profesionales no sólo son unos técnicos practicantes. Usted trabajará con productos químicos y realizará servicios que transforman el cabello, tanto química como físicamente. Tanto para la seguridad de su cliente como para la suya propia, deberá comprender las normas de sanidad y de seguridad de los productos químicos con los que trabajará.

Para poder comprender bien y de manera inteligente el gran número de productos y cosméticos utilizados actualmente en los salones de belleza, es necesario poseer unos conocimientos básicos de química moderna. Además, la química aporta un flujo constante de productos modernos y avanzados. Es importante que usted, como profesional, comprenda estos productos y aprenda a utilizarlos en beneficio de sus clientes.

LA CIENCIA QUÍMICA

La *química* es la ciencia que trata sobre la composición, estructura y las propiedades de la materia; también estudia cómo se transforma la materia, influida por las diversas condiciones relacionados con su composición. Esta ciencia, que abarca una enorme cantidad de conocimientos, está dividida en dos ramas: química orgánica y química inorgánica.

La *química orgánica* es la rama de la química que trata sobre las substancias que poseen carbono. El carbono está presente en todo el reino vegetal y animal, así como en el petróleo, carbón bituminoso y en el gas natural y en otras muchas substancias artificiales.

La mayor parte de las substancias orgánicas son combustibles. Aunque no se disuelven en el agua sí lo hacen en disolventes orgánicos, como el alcohol o el benceno.

Entre los ejemplos de substancias orgánicas se encuentra el césped, los árboles, la gasolina, el aceite, los jabones, los detergentes, los plásticos y los antibióticos.

La *química inorgánica* es la rama de la química que trata todas las substancias que no contienen carbono. Las substancias inorgánicas no son combustibles y generalmente no son solubles en el agua. Entre los ejemplos de substancias inorgánicas se encuentra el agua, el aire, el hierro, el plomo y el yodo. ✔

✔ Completado—Objetivo de Aprendizaje núm. 1

DIFERENCIA ENTRE LA QUÍMICA ORGÁNICA E INORGÁNICA

LA MATERIA

Debido a que la química es la ciencia que trata de la materia, es de fundamental importancia adquirir ciertos conocimientos sobre la naturaleza misma de la materia. La *materia* se puede definir como todo aquello que ocupa espacio. La materia se puede presentar en tres formas físicas: sólida, física y gaseosa.

Sólidos. Sólo tiene que observar todo lo que le rodea en la misma clase: podrá ver cabellos, estudiantes, profesoras, pupitres, sillas y paredes. Todos estos elementos son formas de materia en estado sólido.

Líquidos. En el laboratorio de la escuela podrá ver agua, champús, lociones y tónicos capilares. Todos estos elementos son formas de materia en estado líquido.

Gases. Respire a fondo. El aire que acaba de respirar introduciéndolo en los pulmones también es materia. Es materia en estado gaseoso.

El objetivo de este libro de texto no es el de formar científicos, sino el de ayudar a los estudiantes, para que puedan adquirir suficientes conocimientos sobre estos temas relacionados con su profesión y de esta manera poder hablar de ello con propiedad. Por lo tanto, explicaremos brevemente la naturaleza y estructura de la materia. ✔

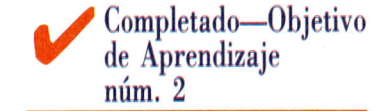

✔ Completado—Objetivo de Aprendizaje núm. 2

TIPOS DE MATERIA

FORMAS DE LA MATERIA

La materia existe en forma de elementos, compuestos y mezclas.

Elementos. Un *elemento* es la unidad básica de toda materia. Un elemento está compuesto de una sola parte o unidad y no se puede reducir y convertir en una substancia más simple. Existen más de 109 elementos conocidos.

Cada elemento se identifica por un símbolo compuesto por letras, que generalmente está compuesto por una letra o letras principales correspondientes a su nombre en inglés o latín. Por ejemplo, la letra o letras del símbolo correspondiente al azufre es S, oxígeno es O, carbono es C, hierro es Fe, plomo es Pb y plata es Ag. Los símbolos de cada uno de los elementos se pueden obtener consultando la Tabla Periódica de Elementos que se encuentra en la mayoría de textos de química.

Átomos

El *átomo* es la partícula más pequeña de un elemento capaz de mostrar las propiedades de ese elemento. Por ejemplo, si un trozo de oro (elemento) se dividiese en partículas cada vez más pequeñas, en cierto momento nos encontraríamos con una partícula tan pequeña que ya no mostraría las propiedades del elemento.

Moléculas

Una *molécula* consiste de dos o más átomos unidos químicamente.

Cuando se unen dos átomos *iguales*, el resultado es un elemento. Cuando se unen dos átomos *diferentes*, el resultado es un compuesto.

Compuestos. Un *compuesto* es cualquier substancia compuesta por dos o más elementos diferentes, unidos químicamente en proporciones definidas por peso. Cuando se unen, cada elemento pierde sus propiedades características y se crea un nuevo conjunto de propiedades llamado compuesto. Por ejemplo, la combinación del nitrógeno (N) e hidrógeno (H) en una relación de 1 molécula de nitrógeno por cada 3 moléculas de hidrógeno (NH$_3$) crea el amoníaco. Un compuesto sólo se puede alterar por medios químicos, no por medios mecánicos.

Los compuestos se pueden dividir en cuatro clases.

1. Los *óxidos* son compuestos de cualquier elemento combinado con oxígeno. Por ejemplo una combinación de elementos con los que trabajará como cosmetólogo es 2 partes de hidrógeno y 2 partes de oxígeno. Esta combinación recibe el nombre de agua oxigenada.
2. Los *ácidos* son compuestos de hidrógeno, un no metal, y a veces oxígeno que liberan, hidrógeno en una solución. Por ejemplo, nitrógeno + hidrógeno + oxígeno = ácido nítrico (NHO), que se utiliza para fabricar colorantes. Podrá probar la acidez utilizando papel de tornasol. El ácido vuelve al papel tornasol rojo. Los ácidos pueden poseer un sabor agrio, por ejemplo, el vinagre y el limón.
3. Los *álcalis*, también conocidos como *bases,* son compuestos formados por la combinación del hidrógeno con un metal y oxígeno. Por ejemplo, sodio + oxígeno + hidrógeno = hidróxido de sodio (NaOH). Este compuesto se emplea en la elaboración del jabón. Los álcalis neutralizan los ácidos y vuelven el papel tornasol rojo en azul.
4. Las *sales* son substancias formadas cuando la parte de hidrógeno de un ácido se substituye por un metal. Por ejemplo, cuando el cobre substituye el hidrógeno del ácido sulfúrico, el resultado es el sulfato de cobre. La sal más común es el cloruro de sodio (NaCl) o sal de mesa.

Mezclas. Una mezcla es una substancia compuesta por elementos combinados *físicamente* y no químicamente. Los ingredientes no cambian

ELEMENTOS Y COMPUESTOS

Materia	Tipos y Definición	Partícula más pequeña
Sólidos Gases Líquidos	Elementos: La forma más simple de la materia	Átomo: (No se puede descomponer por reacciones químicas simples.) Existen alrededor de 100 clases diferentes.
	Compuestos: Formado por una combinación de elementos.	Molécula: (Consiste de 2 o más átomos combinados químicamente.) Posibilidad de clases ilimitada.

Elementos que se encuentran en la piel o en el cabello	Compuestos que se utilizan en la piel o en el cabello
Carbono	Agua
Nitrógeno	Agua oxigenada
Oxígeno	Tioglicolato de amonio
Azufre	Alcohol
Hidrógeno	Bases
Fósforo	

sus propiedades como en un compuesto, pero conservan sus características individuales. Por ejemplo, el hormigón es una mezcla de arena, grava y cemento. Si lo examina podrá notar que aunque los granos de arena y de grava se mantienen juntos por el cemento, conservan su identidad y se pueden separar. Aunque el hormigón es una mezcla con sus propias funciones, sus ingredientes nunca pierden sus características. ✓

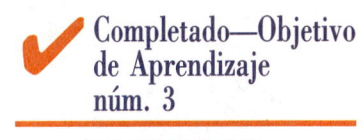

✓ **Completado—Objetivo de Aprendizaje núm. 3**

ELEMENTOS, COMPUESTOS Y MEZCLAS

CAMBIOS FÍSICOS Y QUÍMICOS QUE SE PRODUCEN EN LA MATERIA

La materia se puede transformar de dos maneras diferentes, ya sea por medios físicos o por medios químicos.

Un *cambio físico* se refiere al cambio de forma (sólido, líquido, gas) de una substancia sin la formación de una nueva substancia. Por ejemplo, el hielo, que es una substancia sólida, se funde a cierta temperatura y se convierte en líquido (agua) y el agua se congela a cierta temperatura y se convierte en un sólido (hielo). No se produce un cambio en la naturaleza inherente del agua, sólo un cambio en su forma. Un ejemplo de un cambio físico en la industria de cosmetología es el cambio físico en el exterior del pelo cuando se aplica un champú de color temporal. El pelo posee una apariencia diferente debido a que se han añadido físicamente moléculas de color en la superficie del pelo. Pero no se ha producido un cambio inherente en la naturaleza de la materia.

Un *cambio químico* es aquél en el que se forma una nueva substancia o substancias, con propiedades diferentes a la de las substancias originales. Por ejemplo, cuando mezcle agua oxigenada con un colorante, se produce un cambio químico. La reacción química conocida como oxidación crea color dentro de la corteza del pelo (dentro de la botella si su aplicación es muy lenta). La reacción química entre los dos crea una nueva substancia (en este caso un color) con sus propias características.

PROPIEDADES DE LA MATERIA

Las propiedades de la materia se refieren al modo en que distinguimos entre una y otra forma de materia. Las substancias poseen dos tipos de propiedades: físicas y químicas.

Las *propiedades físicas* se refieren a la densidad, la gravedad específica, el olor, el color y el gusto.

1. La *densidad* de una substancia se determina dividiendo su peso por su volumen. Por ejemplo, un volumen de un pie cúbico (0,03 m^3) de agua pesa 28,08 kg. Por lo tanto su densidad (peso) es de 28,8 kg., dividido por (volumen) 0,03 m^3) o el agua posee una densidad de 28,08 kg. por pie cúbico (0,03 m^3).

2. La *gravedad específica* de una substancia es su "ligereza" o su "pesadez". Utilizando el agua como base de comparación, las substancias son más o menos densas que el agua. Si se asigna "cero" a la densidad del agua y si el cobre es 8,9 veces tan denso como el agua, la gravedad específica (o densidad relativa) del cobre es de 8,9.

3. La *dureza* de una substancia se refiere a la resistencia de una substancia al rayado. Una substancia rayará cualquier otra substancia que sea más blanda. Los científicos emplean la **Escala de dureza MOH** como base para comparar la dureza y blandura de las substancias; los números bajos indican la blandura y los números altos indican la dureza. Puede que algunas de estas clasificaciones le sorprendan. Por ejemplo, el diamante tiene una clasificación de 10, la hoja de un cuchillo de calidad normal posee una clasificación de 6,2, pero el asfalto tiene una clasificación de 1,3.

4. También el *olor* de una substancia nos ayuda a reconocerla. Por ejemplo, el olor característico del amoníaco nos ayuda a identificar este producto. **(Precaución: Oler productos puede provocar daños en las membranas mucosas.)**

5. El *color* también nos ayuda a reconocer muchas substancias. Por ejemplo, gracias al color podemos reconocer el oro, la plata, el cobre, el bronce y el carbón. Generalmente las substancias blancas se describen como incoloras.

Las *propiedades químicas* permiten a una sustancia cambiar y formar una substancia nueva. El cambio recibe el nombre de **cambio químico** o *reacción química*. El conocer las propiedades químicas de una substancia le permite ver lo que sucede cuando la substancia se combina con otra. Por ejemplo, cuando se combina 1 átomo de carbono con 2 átomos de oxígeno produce el gas que exhalan los humanos y los animales, conocido como el anhídrido carbónico (CO_2).

PROPIEDADES DE LOS ELEMENTOS, COMPUESTOS Y MEZCLAS MÁS COMUNES

El conocimiento de las propiedades de los elementos, compuestos y mezclas más comunes puede resultar de ayuda para comprender la razón de ciertas reacciones químicas.

Oxígeno (O) es el elemento más abundante. Se puede encontrar como un elemento aislado o formando parte de un compuesto. Compone aproximadamente el 50% de la corteza sólida de la tierra, el 20% de la atmósfera y el 89% del agua. El oxígeno es una substancia gaseosa inodora, incolora e insípida que se puede combinar con la mayor parte de los elementos para formar una variedad infinita de compuestos, que reciben el nombre de óxidos.

Cuando una substancia se combina con el oxígeno, la substancia siempre se oxida. Si se combina una substancia con el oxígeno, crea la energía calorífica. Cuando la tasa de reacción es lenta y sólo se desprende energía calorífica, el proceso recibe el nombre de **oxidación lenta**. Los tintes de oxidación y los neutralizadores para permanentes son ejemplo de oxidantes lentos. Cuando el oxígeno se combina con otras substancias de una manera tan rápida que se crea energía lumínica y calorífica, el proceso recibe el nombre de *combustión*. El encender una cerilla o quemar madera son ejemplos de *oxidación rápida* o combustión.

El *hidrógeno (H)* es un elemento que se presenta bajo la forma de un gas inodoro, incoloro e insípido. Compone aproximadamente el 1% de la corteza terrestre. En lo que se refiere al número total de átomos, probablemente el hidrógeno es el elemento más abundante después del oxígeno, y el elemento más abundante en el *universo*. En el laboratorio, el hidrógeno se produce mediante la acción de los metales activos sobre el agua o sobre el ácido.

El *agua oxigenada pura (H_2O_2)* es un compuesto formado por hidrógeno y oxígeno, que presenta un aspecto aceitoso. Se utilizan soluciones del 30% para decolorar los tejidos, pelo y plumas. Las soluciones del 12% provocan la reacción química en los tintes de oxidación y una solución del 3% se utiliza como antiséptico.

Los *agentes oxidantes* son substancias que desprenden oxígeno con facilidad. El agua oxigenada desprende oxígeno, que oxida tanto la melanina como los pigmentos artificiales de los colorantes. El proceso de liberación de oxígeno recibe el nombre de *reducción* y la substancia que atrae el oxígeno es el *agente reductor*. De esta forma la melanina y los pigmentos artificiales se oxidan y la solución que queda en el exterior del pelo se reduce (eliminando así el oxígeno adicional).

El *nitrógeno (N)* es un elemento que se presenta bajo la forma de un gas incoloro que compone aproximadamente el 78% de la atmósfera de la tierra. Se encuentra en la naturaleza principalmente en forma de amoníaco y de nitratos. ✔

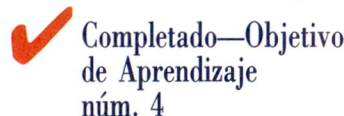

✔ Completado—Objetivo de Aprendizaje núm. 4

PROPIEDADES DE MATERIA, ELEMENTOS, COMPUESTOS, Y MEZCLAS

Acidez y Alcalinidad

Como hemos visto en el capítulo sobre el ondulado permanente, el pH de una solución es una medida química de su acidez o alcalinidad. La escala pH va desde cero a 14. (Fig. 25.1 en la página siguiente) El agua pura se considera como un elemento neutro y se representa por el número 7 en el medio de la escala. Es necesario recordar que si una solución posee un pH superior a 7, posee un pH alcalino. También es necesario recordar que una solución alcalina suaviza y da mayor cuerpo al pelo; una solución ácida contrae y endurece el pelo.

Existen medidores e indicadores como el *papel nitrozino*, que permiten medir el pH de los productos que se utilizan. Si un producto es más alcalino, el papel se oscurece; si es más ácido, no se produce ningún cambio o se produce un cambio reducido en el color.

Si humedece el pelo con agua y prueba el balance del pH, generalmente se encuentra entre el 4,4 y el 4,5; es ligeramente ácido (recuerde que 7 es neutro). Generalmente los champús poseen un pH aproximado de 8 (más alcalino); las soluciones de ondulado químico poseen un pH aproximado de 9 (también más alcalino). Los enjuagues de color poseen un pH aproximado de 2; los neutralizadores poseen un valor aproximado de 3 (ambos

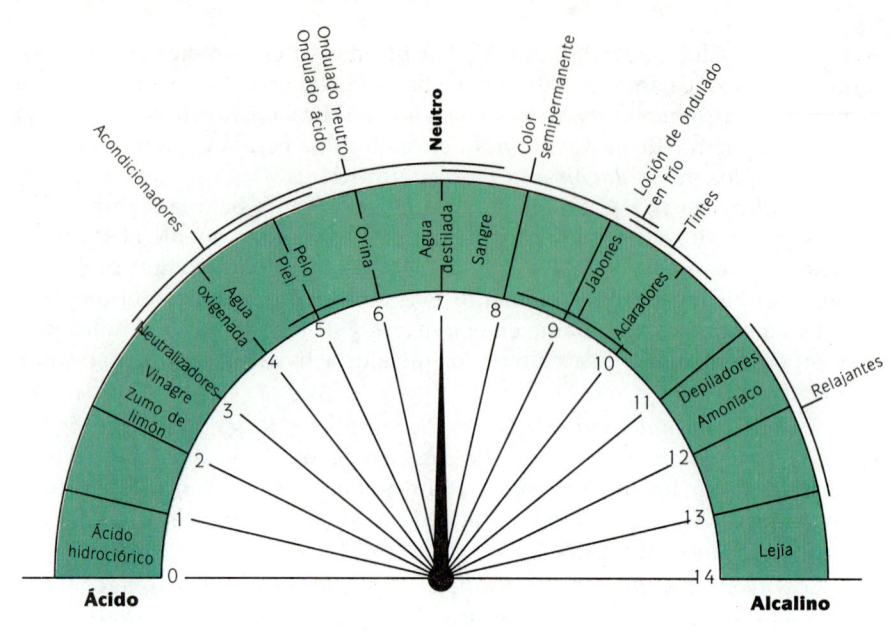

25.1—Valores pH promedios.

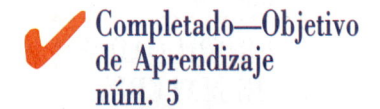

✓ **Completado—Objetivo de Aprendizaje núm. 5**

DIFERENCIA ENTRE EL ÁCIDO Y EL ALCALINO

son más ácidos). Hasta que conozca el pelo y los antecedentes del pelo de un cliente en particular y hasta que no esté seguro de lo que está haciendo, debe intentar utilizar soluciones con un pH cercano a 7. De otro modo, podría dañar inintencionadamente el pelo del cliente. ✓

LA QUÍMICA DEL AGUA

El agua (H_2O) es el producto químico más abundante e importante de la tierra. Es esencial para la vida. El cuerpo humano está compuesto aproximadamente por un 70% de agua y el agua cubre el 75% de la superficie de la tierra. El agua es un solvente, ya que puede disolver otra substancia.

PURIFICACIÓN DEL AGUA

El agua de los lagos y de los manantiales se purifica mediante sedimentación (un tratamiento que hace que la masa se asiente en el fondo) y filtraje (paso a través de una substancia porosa, como papel de filtro o carbón activo) para extraer la arcilla, arena y materias orgánicas suspendidas. A continuación se añaden pequeñas cantidades de cloro para eliminar las bacterias. Para eliminar la fauna microbiana también se puede hervir el agua a una temperatura superior a los 100 grados centígrados.

El agua también se puede tratar adicionalmente por destilación, que es un proceso en el cual se hierve el agua hasta que se convierte en vapor, después se condensa el vapor y el líquido se recoge. Este proceso se utiliza con frecuencia en la fabricación de productos cosméticos.

Podemos preguntarnos por qué el agua es tan importante en la industria de la cosmetología. Aunque la respuesta es evidente, ya que el agua se utiliza para dar champú, mezclar soluciones así como otras funciones, también es interesante obtener más conocimientos sobre la composición del agua. También podemos preguntarnos qué papel juega el agua en las soluciones químicas u otras soluciones que se utilizan en el salón de belleza. El agua está compuesta por protones y electrones (también posee neutrones, pero aquí sólo nos interesan los protones y los electrones), que contienen electricidad que les proporciona cargas eléctricas. Los protones son cargas positivas; los electrones son cargas negativas. Si añade una partícula sólida al agua, por ejemplo, sal, las cargas positivas y negativas operan conjuntamente para desintegrar o disolver la sal. Este mismo proceso se produce cuando se combinan otros sólidos o líquidos con agua. Sólo el aceite y la parafina no se pueden disolver en el agua. ✔

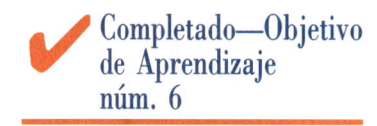

✔ Completado—Objetivo de Aprendizaje núm. 6

LA QUÍMICA DEL AGUA

LA QUÍMICA DE LOS CHAMPÚES

Para determinar qué champú dejará el pelo del cliente en las mejores condiciones, según el servicio que se realice, es necesario conocer los ingredientes químicos de los champúes. La mayoría de los champúes poseen muchos ingredientes en común. Con frecuencia sólo pequeñas diferencias en la fórmula hacen que un champú sea más apropiado para un pelo determinado.

El agua es el ingrediente más abundante en la mayoría de champúes, también es el ingrediente que tienen en común. Generalmente no se trata de agua normal, sino de agua purificada y desionizada. Partiendo desde aquí, los ingredientes se enumeran en orden descendente, de acuerdo con el porcentaje de cada ingrediente del champú.

CLASIFICACIÓN DE LOS CHAMPÚES

El segundo ingrediente que se encuentra con más frecuencia en la mayoría de los champúes es el *surfactante base* o *detergente base.* Estos dos términos, surfactante y detergente, tienen el mismo significado, limpiador o "agente activo de superficie". El término surfactante describe compuestos orgánicos que se unen mediante síntesis química (la combinación de elementos químicos para formar un conjunto) para crear agentes de remojo, dispersión, emulsificación, solubilización, espumación o lavado (detergentes).

El surfactante base o la combinación de surfactantes determina la clase del champú. Los surfactantes base utilizados en los champúes se dividen en cuatro clasificaciones bastante amplias: *aniónicos, catiónicos, no iónicos* y *amfolitos.*

La mayoría de los fabricantes utilizan detergentes pertenecientes a las diferentes clasificaciones. Es bastante común utilizar un surfactante secundario para complementar o compensar las cualidades negativas del surfactante base. Por ejemplo, se puede añadir un *amfolito* que no irrite los ojos a un aniónico fuerte, para crear un producto más fácil de utilizar.

Aniónicos. El sulfato laurico de sodio y el sulfato laureno de sodio que pertenecen a la primera clasificación y son conocidos como surfactantes aniónicos, son los detergentes que se utilizan con más frecuencia. El sulfato laurico de sodio es un limpiador relativamente fuerte que produce mucha espuma. Se puede utilizar con agua blanda y dura ya que se puede enjuagar fácilmente del pelo. El sulfato laureno de sodio es también un detergente espumoso rico y fuerte. Pero debido a que es menos alcalino que los sulfatos lauricos, se utiliza con frecuencia en los champúes concebidos para ser más suaves o que sequen menos el pelo. Existen otros aniónicos que se utilizan comúnmente en los champúes:

Disodium oleamide sulfosuccinate	Sulfatos de alcohol
Monogliceridos sulfatados de coco	Sales de magnesio
Sodium dioctyl sulfosuccinate	Sales de potasio
Sodium lauryl isoethionate	Sarcosina
Triethanolamine (TEA) lauryl sulfate	

Catiónicos. La segunda clasificación de los detergentes o de los surfactantes, los catiónicos, está compuesta casi enteramente por compuestos de amoníaco cuaternarios, llamados también *quats.* Prácticamente todos los compuestos cuaternarios poseen algún tipo de acción antibacteriana; ésta es la razón por la que se utilizan en la composición química de los champúes de caspa. Otros champúes catiónicos que se utilizan comúnmente son:

Benzalkonium chloride
N-2 ethilaminoformylmethylpyridinium

No aniónicos. La tercera clasificación, los no aniónicos, son muy apreciados como surfactantes debido a su versatilidad, estabilidad y su capacidad para resistir el encogimiento, particularmente a temperaturas muy frías. Tienen una acción limpiadora muy débil y una baja incidencia de irritación de los tejidos humanos. La cocamida (DEA, MEA) es uno de los no aniónicos que se utilizan más ampliamente en la industria, no sólo en los champúes sino también en los lápices de labios y en las lociones de ondulado permanente. Otros de los no aniónicos que se utilizan comúnmente en los champúes son:

Diethanolamide	Monoethanolamide
Polisorbato 20 y 40	Sorbitan laurate
Palmitato	Estearato

Amfolitos. El cuarto tipo de limpiador, el amfolito, es importante comercialmente ya que se puede comportar como una substancia aniónica o catiónica, dependiendo del pH de la solución. Los amfolitos poseen una ligera tendencia a permanecer en el pelo y en la piel, por lo que mejoran el manejo del pelo. Poseen propiedades germicidas que varían entre los derivados. Los surfactantes amfotéricos se utilizan en varios champúes de niños ya que no irritan los ojos. Muchos amfotéricos aparecen en la lista de componentes como Amfotérico 1-20. Otros amfolitos que se utilizan comúnmente en los champúes son:

Cocamidopropyl betaine   Cocamide betaine
Sodium lauraminopropionate
Triethanolamine (TEA) lauraminopropionate

El conocer estas cuatro clasificaciones de detergentes o surfactantes y su empleo en los champúes, le permitirá tomar una decisión profesional al seleccionar el producto a utilizar en un cliente.

Acción de los surfactantes en los champúes

Una molécula surfactante posee dos extremos: *hidrofílico* (cabeza) y *lipofílico* (cola). Durante el proceso de aplicación del champú, el extremo hidrofílico o el que siente atraído por el agua atrae el agua y el extremo lipofílico o el que se siente atraído por el aceite atrae el aceite. Esto crea un proceso de atracción y rechazo que hace que la grasa, suciedad y demás depósitos se acumulen en pequeñas esferas que el agua eleva y expulsa durante el enjuague. (Figs. 25.2 a 25.5)

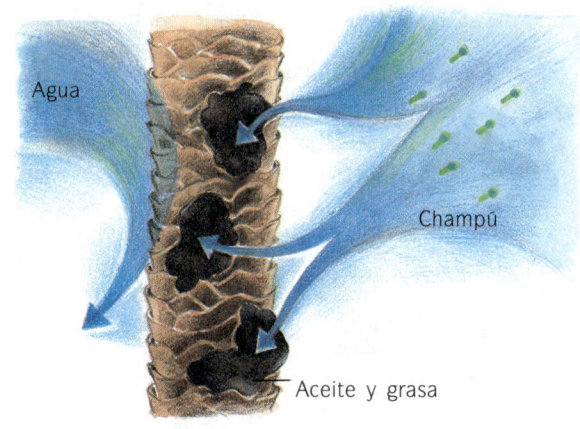

25.2—La cola de las moléculas del champú se siente atraída por el cabello, la grasa y la suciedad del pelo.

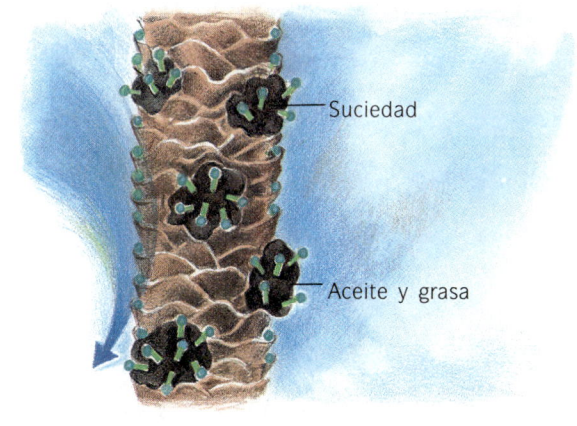

25.3—El champú hace que la grasa y los aceites formen pequeños glóbulos.

25.4—Durante el enjuague, las cabezas del champú se unen en las moléculas del agua y hacen que los desperdicios caigan.

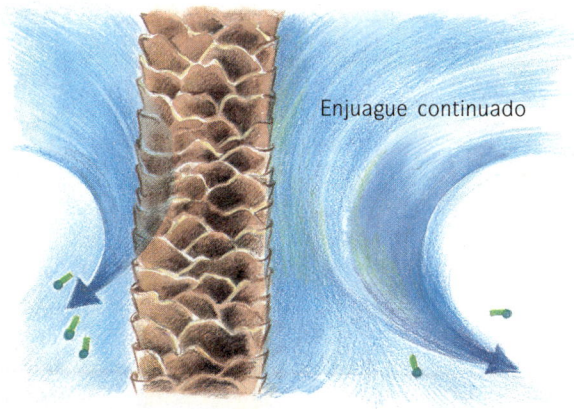

25.5—El enjuague completo asegura que los desperdicios y el champú sobrante se eliminen por enjuague.

Otros ingredientes del champú

Se añaden otros ingredientes en los surfactantes de base, para crear una gran cantidad de fórmulas químicas. Entre los componentes normales de los champúes se encuentran los humedecedores, aceites, proteínas, conservantes, mejoradores de la espuma y perfumes.

ACONDICIONADORES

El mejor acondicionador sólo es un remedio temporal para los pelos con problemas. El acondicionador no puede "curar" el pelo dañado ni puede mejorar la calidad del nuevo crecimiento de pelo. Los factores genéticos, la salud y la dieta controlan la textura y la estructura del pelo. Pero un acondicionador resulta un complemento muy valioso ya que puede minimizar los daños del pelo durante un servicio de cosmetología. También puede restaurar el lustre, brillo, manejabilidad y resistencia mientras que el pelo dañado crece lo suficiente para ser cortado y substituido por pelo nuevo.

Acondicionadores instantáneos

Dentro de la clasificación de *acondicionadores instantáneos* se encuentran todos los productos que permanecen en el pelo durante un período de tiempo muy corto (1 a 5 minutos), o que permanecen en el pelo durante el peinado. Los acondicionadores instantáneos contienen humectantes, para mejorar la apariencia del pelo seco y frágil. Los *humectantes* son compuestos químicos que absorben y retienen la humedad del pelo. El sorbitol, el glicol etileno, glicol butileno y glicol propileno son humectantes, que intervienen eficientemente para retener temporalmente la humedad en el pelo.

El alcohol cetílico y el alcohol esteárilico son ingredientes comunes de los acondicionadores instantáneos; intervienen como agentes perlificadores y lubricadores, para dejar el pelo con un acabado brillante.

Los ingredientes químicos de los derivados de lanolina, como la lanolina acetilada, ácido de lanolina o aceite de lanolina se incluyen con frecuencia en las fórmulas de acondicionamiento para el pelo fino, debido a su peso molecular ligero.

Las aceites de silicona, como la simeticona y la dimeticona, son lubricantes y suavizantes efectivos, pero permanecen durante poco tiempo en el pelo y se eliminan casi completamente al aplicar de nuevo un champú.

La mayoría de los acondicionadores caen dentro de la escala pH de 3,5 a 6,0. Por lo tanto, poseen la capacidad de restaurar el balance pH después de un tratamiento químico alcalino. Estos acondicionadores diseñados principalmente para balancear el pH se consideran instantáneos, debido a sus cortos períodos de aplicación. Generalmente contienen un ácido que contrarresta la alcalinidad de un servicio químico anterior.

Humidificadores

Los humidificadores tienen una fórmula más pesada y cremosa que los acondicionadores instantáneos; también poseen un tiempo de aplicación más largo (10 a 20 minutos). Contienen muchos de los ingredientes de los acondicionadores instantáneos, pero están formulados para que sean más penetrantes y permanezcan durante más tiempo. Algunos humidificadores incorporan la aplicación de color, otros no. El cloruro de estearoconota es una pasta blanca que se utiliza en la mayoría de los

CAPÍTULO 25   QUÍMICA   ◆   557

humidificadores, para contrarrestar los efectos secantes de los detergentes aniónicos y de los tratamientos químicos.

Los compuestos de amonio cuaternario (quats) están incluidos en la fórmula química de la mayoría de los humidificadores, por su capacidad de fijarse constantemente en las fibras del pelo y proporcionar una protección más duradera que los acondicionadores instantáneos.

Acondicionadores proteínicos

Las proteínas son *polímeros* (substancias formadas por la combinación de muchas moléculas pequeñas, generalmente con una estructura larga en forma de cadena) compuestos por combinaciones de cualquiera de los 23 aminoácidos diferentes (que se utilizan para reacondicionar el pelo dañado), con diferentes pesos moleculares. En la industria cosmetológica, la hidrólisis (proceso químico de descomposición, en el cual se rompe un enlace con adición de los elementos de agua) y la modificación química se utilizan para cambiar la proteína natural conviertiéndola en una substancia utilizable. El tamaño de la molécula, la distribución de los pesos moleculares, la cantidad de sal que contiene el producto y cómo se hidroliza la proteína son factores que determinan la efectividad del producto en el pelo.

Las lociones para marcar el pelo contienen acondicionadores con base proteínica que son parte del proceso de marcaje del pelo. El añadir un poco de agua durante el procedimiento de marcaje facilita el marcaje ya que mantiene el pelo suave y manejable. Este tipo de acondicionador está creado para incrementar ligeramente el diámetro del pelo con su acción de revestimiento y para darle cuerpo. Estos acondicionadores están disponibles en diferentes potencias para adaptarse a la textura, condición y calidad del pelo.

Los acondicionadores proteínicos concentrados se pueden reconocer por su apariencia líquida y parda. Se utilizan para incrementar la resistencia a la tensión del pelo y para cerrar temporalmente los extremos partidos. Estos acondicionadores utilizan proteínas hidrolizadas (fragmentos muy pequeños) y están preparados para que pasen a través de la cutícula, penetren dentro de la corteza y aporten la queratina que el pelo había perdido. Estos productos mejoran la textura, uniformizan la porosidad e incrementan la elasticidad. El acondicionador sobrante se debe enjuagar del pelo antes de marcar. Generalmente los tratamientos proteínicos concentrados no se aplican inmediatamente después del tratamiento químico, ya que pueden alterar la reordenación final y deseable de enlaces proteínicos después de un ondulado permanente, relajador o coloración del pelo.

Packs

Los "packs" de acondicionamiento son mezclas químicas de proteínas concentradas en la base de crema compacta de un humidificador. Penetran varias capas de la cutícula y se utilizan cuando se necesita un grado homogéneo de humidificación y de proteinificación.

Otros agentes acondicionadores

Actualmente además de los productos que se enumeran en este capítulo, se utilizan una gran variedad de agentes acondicionadores en los productos cosmetológicos. Cada uno está elaborado para tratar uno o más de los problemas del pelo o del cuero cabelludo que se encuentran en el salón de belleza. ✓

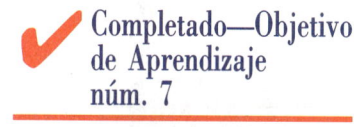

✓ Completado—Objetivo de Aprendizaje núm. 7

CHAMPÚES Y ACONDICIONADORES

ONDULADO PERMANENTE

El ondulado permanente produce cambios físicos y químicos en la estructura del tallo del pelo. Por lo tanto, para poder comprender las acciones del ondulado permanente, repasaremos la composición del pelo y de los enlaces del pelo.

COMPOSICIÓN DEL PELO

El pelo está compuesto por una proteína dura llamada *queratina*. El tallo del pelo posee tres capas: la *cutícula*, la *corteza*, y la *médula*. Debido a que la ondulación permanente se produce en la capa cortical, usted debe conocer la compleja estructura de la corteza.

La corteza está compuesta por numerosas fibras paralelas de queratina dura, conocidas como **cadenas de polipéptidos**. Estas fibras paralelas están trenzadas de manera semejante al trenzado de las fibras de una cuerda.

Enlaces péptidos

Cada aminoácido está unido a otro **enlace péptido** (enlaces finales), formando una cadena tan larga como el pelo. Son los enlaces más fuertes de la corteza y la mayor parte de la resistencia del pelo se debe a sus propiedades. Los enlaces péptidos son enlaces químicos y si se rompen unos cuantos, el pelo se debilita o se daña. Si se rompen en mayor cantidad, el pelo se romperá.

Enlaces químicos

Tres tipos de enlaces químicos atraen las proteínas del pelo, haciendo que se unan. La presencia de estos enlaces posibilita el ondulado permanente. Para convertirse en un experto, debe tener conocimientos prácticos sobre estos tres enlaces químicos:

1. Enlaces de azufre llamados enlaces S
2. Enlaces de hidrógeno llamados enlaces H
3. Enlaces de disulfuro llamados enlaces S-S

Los **enlaces de azufre** se forman por la atracción de cargas eléctricas opuestas. Cuando se unen dos átomos de hidrógeno, forman un **enlace de hidrógeno**. Tanto los enlaces de azufre como de hidrógeno ayudan a mantener juntas las moléculas proteínicas del pelo. Son relativamente débiles y se pueden romper por medio del agua. Pero debido a que existen miles de enlaces, son los enlaces principales entre las cadenas de proteínas y son responsables de la mayor parte de la resistencia al cambio del pelo. (Fig. 25.6)

El **enlace de disulfuro** se forma por la unión de dos átomos de azufre. Es el material que rodea las proteínas en espiral de la corteza. El número de enlaces de disulfuro es menor que los enlaces de hidrógeno y de azufre, pero son mucho más estables.

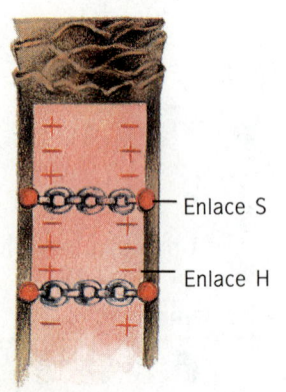

25.6—Enlaces de azufre y de hidrógeno.

Cambios en los enlaces del pelo: ondulado húmedo y rizado

La modificación temporal del pelo es posible gracias a los cambios físicos que se producen en la corteza del pelo. Los cambios físicos son el resultado de utilizar agua, técnicas de estiramiento y aplicación de calor y son la base del ondulado con los dedos, rizados fijos, rizados con rulos y peinado con secadora. Debido a la naturaleza de estos cambios físicos, podrá peinar el pelo con tanta frecuencia como desee.

Se puede utilizar sólo agua, ya que posee la capacidad de romper los enlaces de hidrógeno de la corteza. Los enlaces de hidrógeno se sostienen en su lugar por las cadenas de polipéptidos y puede hacer que estas cadenas se deslicen antes de que se forme una ondulación fuerte.

El estirar o encintar los pelos provoca una reordenación temporal de las cadenas. El agua lubrica las cadenas para que se muevan una en relación con la otra. Pero aunque se rompan los enlaces de hidrógeno, la cantidad total de movimiento es muy pequeña, ya que los enlaces de disulfuros fuertes no resultan afectados por el agua y resisten el deslizamiento de las cadenas de polipéptidos.

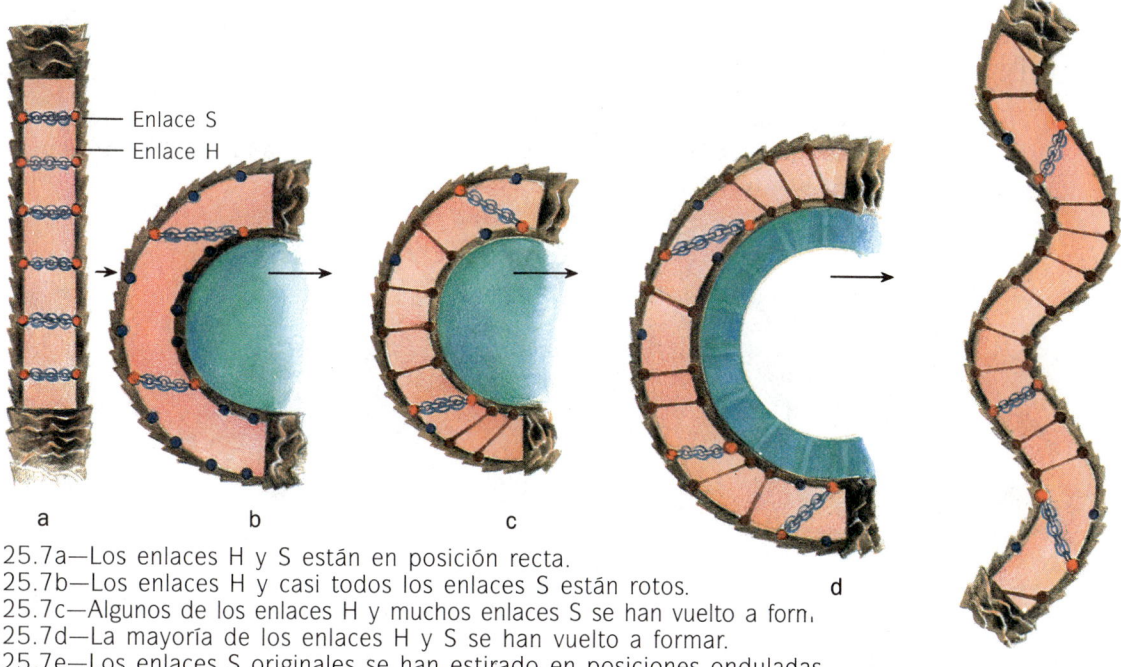

25.7a—Los enlaces H y S están en posición recta.
25.7b—Los enlaces H y casi todos los enlaces S están rotos.
25.7c—Algunos de los enlaces H y muchos enlaces S se han vuelto a form.
25.7d—La mayoría de los enlaces H y S se han vuelto a formar.
25.7e—Los enlaces S originales se han estirado en posiciones onduladas.

EL PROCESO DE ONDULACIÓN PERMANENTE

Para ondular permanentemente el pelo, los enlaces de disulfuro dentro de la corteza se deben romper y reordenar. (Fig. 25.7) La loción de ondulado permanente hace que la cutícula del pelo se expanda y cobre cuerpo y que se abran las imbricaciones, permitiendo que la solución penetre dentro de la corteza. La solución rompe los enlaces de disulfuro de la corteza. Diferentes soluciones de permanente consiguen este objetivo utilizando métodos diferentes. En los ondulados ácidos, también conocidos como ondulados neutros, el calor y la tensión se utilizan con la solución para descomponer los enlaces de disulfuro. En las soluciones de tioglicolato (que contienen tioglicolato de amonio), el producto químico es el responsable principal de romper los enlaces. Las soluciones exotérmicas son aquéllas que crean calor químicamente. Cuando la parte A de la solución de rizado se mezcla con la parte B de esta misma solución, la reacción química que se obtiene de calor es la causa principal de rotura de los enlaces de disulfuro. Pero en las tres soluciones, el romper el enlace es una acción física y química.

Neutralizador

Cuando el proceso haya sido el suficiente, se enjuaga el pelo y se aplica el neutralizador. El neutralizador, conocido también como loción de enlace, es una solución ácida con un pH entre 2 y 6. Esta solución es un agente oxidante químico. Esta nueva oxidación vuelve a formar los enlaces de disulfuro en su nueva forma y cierra la cutícula del tallo del pelo. Los ingredientes principales de los neutralizadores que intervienen para volver a formar los enlaces de disulfuro son el agua oxigenada, el perborato de sodio o el bromato de sodio.

RELAJACIÓN QUÍMICA DEL PELO (ALISAMIENTO)

La relajación química del pelo es el proceso de alisar el pelo excesivamente rizado. En este proceso, los enlaces de disulfuro se rompen, dejando el pelo en una forma relajada y alisada. (Fig. 25.8)

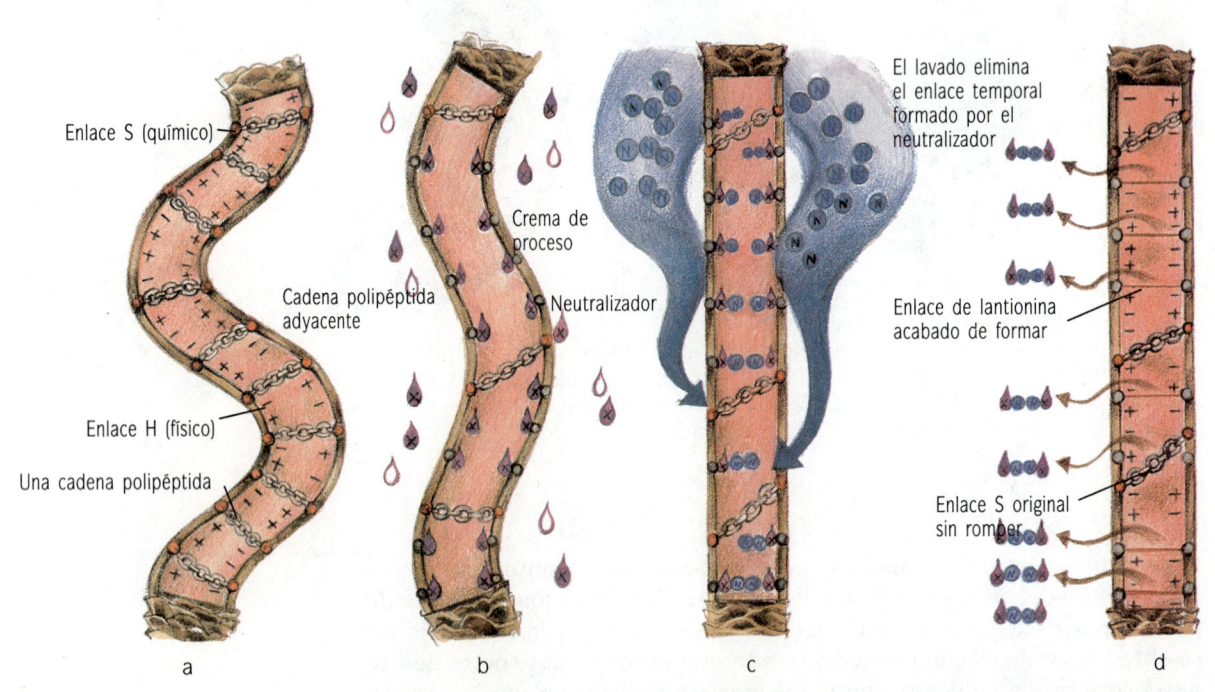

25.8a—Los enlaces H y S retienen las cadenas de polipéptidos en posición.
25.8b—Todos los enlaces H están rotos así como la mayoría de los enlaces S.
25.8c—El neutralizador fija el pelo en posición recta después de la relajación del pelo.
25.8d—Pelo alisado.

Los cosmetólogos profesionales podrán disponer de dos tipos de relajadores químicos de pelo: *hidróxido de sodio* y *tioglicolato.*

El hidróxido de sodio reacciona químicamente y permanentemente y altera los enlaces de disulfuro, dejando el pelo alisado. Debido a que los enlaces se alteran permanentemente, el pelo no podrá recibir otros tipos de servicios de ondulados permanentes. En otras palabras, no podrá volver a rizar un pelo alisado anteriormente con hidróxido de sodio. El pelo alisado debe crecer.

Los relajadores de hidróxido de sodio poseen una reacción alcalina con un pH aproximado de 13. Estos relajantes se deben manipular con cuidado, ya que el hidróxido de sodio se considera un producto químico cáustico.

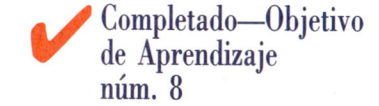

✓ Completado—Objetivo de Aprendizaje núm. 8

COMPOSICIONES DEL CABELLO DURANTE EL ONDULADO PERMANENTE Y LA RELAJACIÓN QUÍMICA DEL CABELLO

ONDULADO PERMANENTE SUAVE

Una crema de tioglicolato o un producto de tioglicólico de amonio con base de gel se utiliza para alisar el pelo rompiendo los enlaces de disulfuro. Esto permite que el pelo asuma una forma relajada o alisada. Después de que el pelo se alise con un relajador de tioglicolato, el pelo se puede ondular permanentemente de la manera normal en el ondulado permanente del pelo. ✔

LA QUÍMICA DE LA COLORACIÓN DEL PELO

El color del pelo se puede dividir en tres clasificaciones: *temporal, semipermanente* y *permanente.* Estas clasificaciones indican la estabilidad del color y su capacidad de permanencia en el pelo. Estas características vienen determinadas por la composición química y el peso molecular de los pigmentos y colorantes de los productos de cada una de las clasificaciones.

COLORES TEMPORALES

Los colores temporales también reciben el nombre de colores certificados, ya que contienen colores aprobados por las autoridades gubernamentales, por lo que se utilizan en alimentos, medicamentos y productos cosméticos. Los colores temporales para el pelo se presentan en varias formas, como por ejemplo enjuagues de color, atomizadores de color, espumas de color y champúes de color. Están disponibles en una amplia variedad de colores y se pueden aplicar con facilidad.

Los colores temporales utilizan las moléculas de los pigmentos y colorantes con mayores pesos moleculares. El mayor tamaño de esta molécula de color impide la penetración en la capa de la cutícula del tallo del pelo, por lo que sólo permite una acción de revestimiento en el exterior de la fibra.

La composición química de un color temporal consiste de un ácido en reacción, por lo que produce un cambio físico y no un cambio químico en el tallo. Esto crea un color diseñado que se puede eliminar completamente en la próxima aplicación de champú.

TINTES CAPILARES SEMIPERMANENTES

El cosmetólogo profesional dispone de dos tipos de colores semipermanentes: *tradicional* y *polímero*.

Los colores semipermanentes tradicionales están diseñados para que duren de 3 a 4 semanas aproximadamente. Utilizan pigmentos y colorantes con moléculas de menor peso molecular que la de los colores temporales. Estas moléculas más pequeñas pueden penetrar físicamente el tallo del pelo. La composición química de los colores semipermanentes es ligeramente alcalina. Esto provoca el agrandamiento del tallo del pelo así como la elevación de la cutícula, lo que permite cierta penetración en la capa externa. Los colores semipermanentes tradicionales producen un ligero cambio químico así como un cambio físico en el tallo del pelo.

Un polímero es una substancia con unidades estructurales de cadena larga que se crea por medio de la combinación de muchas moléculas pequeñas. Estas cadenas poseen resistencia a la tracción, elasticidad y dureza. Entre otros ejemplos de polímeros podemos encontrar el vinilo, plástico y el tejido humano. Los colores semipermanentes polímeros están clasificados como colores semipermanentes, ya que no requieren un proceso de oxidación o la adición de un oxidante para el desarrollo del color. Pero la duración del color de los colores polímeros difiere de los colores semipermanentes tradicionales. La estructura con cadena larga del polímero inhibe la penetración de la cutícula y reduce la adherencia a la keratina del tallo del pelo. Por lo tanto, se aplica calor para profundizar la penetración del color y para extender su duración. (Fig. 25.9)

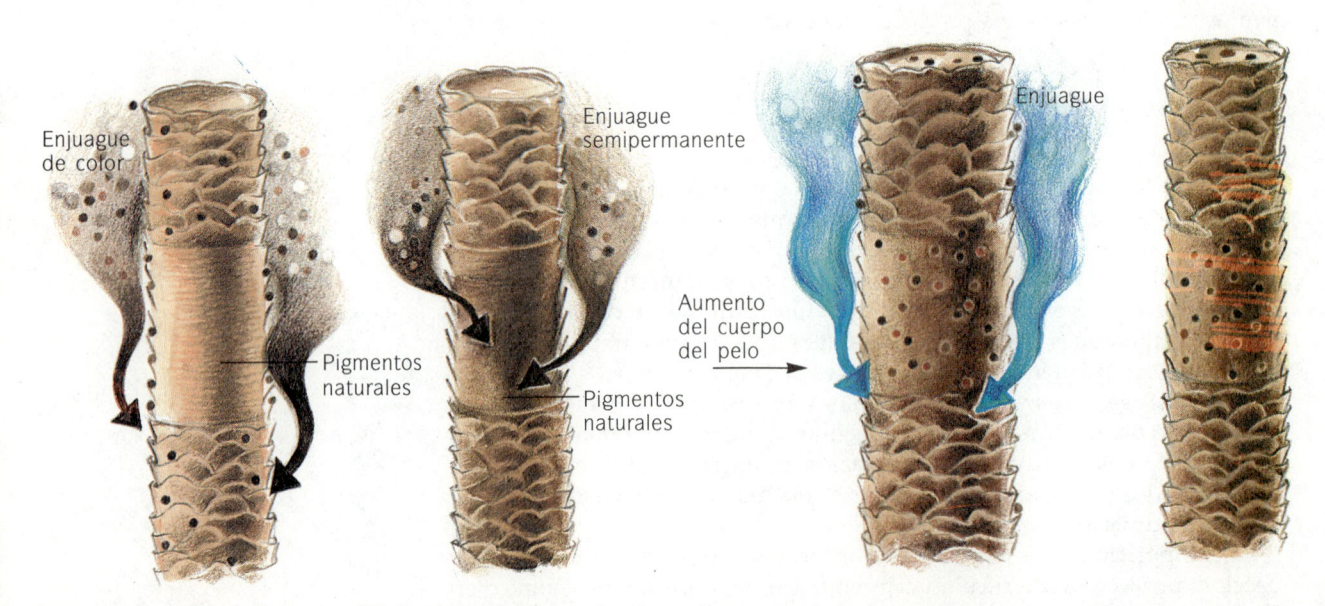

25.9—Acción de los tintes capilares semipermanentes.

TINTES DE PELO PERMANENTES

Dentro de la clasificación de tintes de pelo permanente existen cuatro tipos de productos: *tintes de oxidación, tintes vegetales, tintes metálicos y tintes compuestos.* (Fig. 25.10)

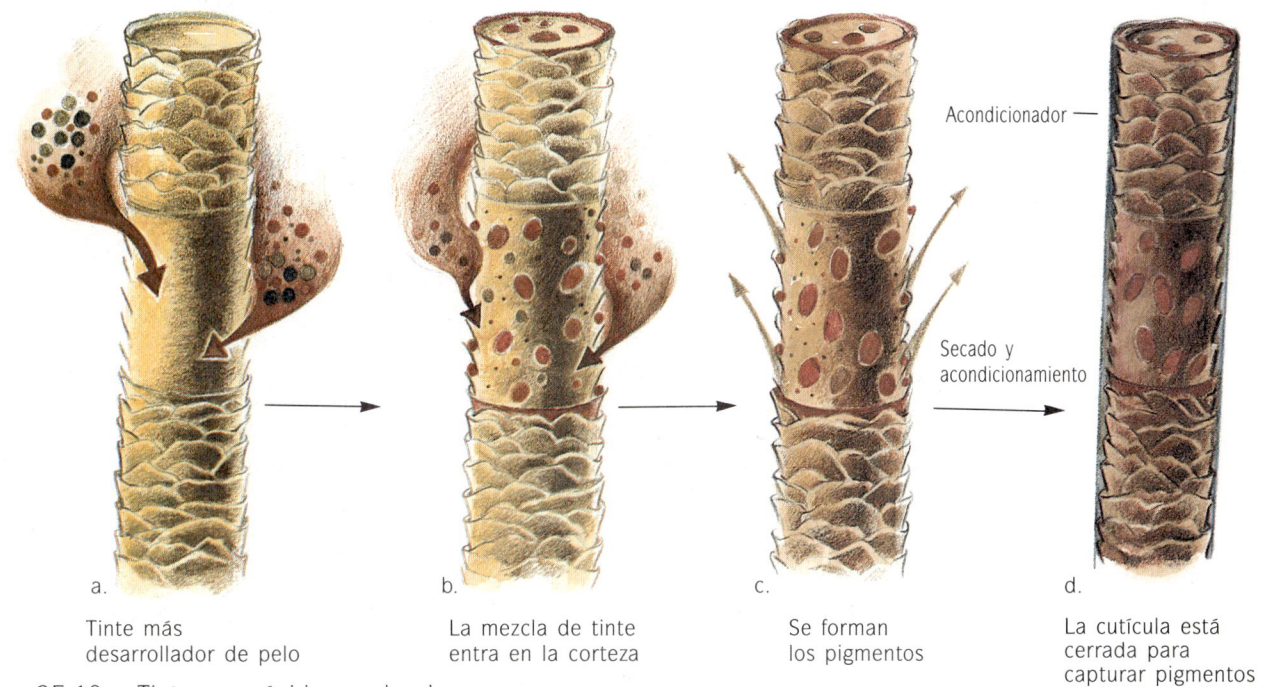

a. Tinte más desarrollador de pelo
b. La mezcla de tinte entra en la corteza
c. Se forman los pigmentos
d. La cutícula está cerrada para capturar pigmentos

25.10a—Tinte y peróxido en el pelo.
25.10b—La mezcla del tinte penetra dentro de la capa exterior.
25.10c—Pigmentos del tinte formados.
25.10d—Encogimiento de las escamas del cutículo para atrapar el pigmento.

Tintes de oxidación. Como cosmetólogo profesional, el color permanente que usted utilizará con más frecuencia recibe el nombre de tinte ***de oxidación*** o ***derivado de la anilina.*** Las moléculas del pigmento y de los colorantes de los tintes de oxidación son las que poseen un peso molecular más bajo, las más pequeñas utilizadas en las tres clasificaciones del color de pelo.

Los tintes de oxidación están compuestos por una *base* y *acopladores*. La base de un tinte de oxidación está formada por compuestos aromáticos, que se obtienen exclusivamente del carbón. Son ingredientes orgánicos sintéticos que cuando se mezclan con un oxidante, operan con los acopladores para crear un pigmento artificial. Los acopladores son ingredientes que se añaden para obtener ciertos colores, conservar y estabilizar el producto y mejorar la condición final del tallo del pelo.

Cuando se mezclan los tintes de oxidación con el agente oxidante (agua oxigenada), una reacción alcalina provoca un proceso químico, que provoca la expansión de la capa exterior. Esta elevación y separación del cutículo permite que las pequeñas moléculas del pigmento y del colorante penetren en la capa exterior y formen enlaces de ácido con las cadenas de keratina de la corteza, conviertiéndose en parte de la estructura capilar. Esta formación de enlaces de ácido no fija enlaces H y enlaces S y deja el pelo completamente libre; de esta manera el pelo se podrá ondular o relajar permanentemente, siempre que se tomen las precauciones adecuadas.

La División de Industrias de la Belleza y Profesionales del Pelo del Sindicato Internacional de Trabajadores del Comercio y de la Alimentación mencionan estudios que indican que algunos de los productos químicos que se encuentran en los tintes de oxidación penetran la piel y pueden resultar perjudiciales para la salud. Esta organización aconseja manipular estos productos con cuidado; ello significa que se recomienda el empleo de guantes durante la mezcla, aplicación y extracción de los tintes de oxidación.

Tintes vegetales

En el pasado se utilizaron muchos materiales vegetales, como el palo campeche, índigo, camomila y alheña, para teñir el pelo. Tanto el palo campeche como el índigo también se utilizan para teñir tejidos. La apigenina es el pigmento que se destila de una planta conocida como camomila. Las flores de camomila se pueden moler y convertir en polvo, para utilizarlo como una pasta que proporciona un efecto más claro y brillante en el pelo. Aunque la alheña vegetal se ha utilizado para teñir el pelo desde los primeros tiempos de la civilización egipcia, hoy en día los profesionales de estética apenas lo utilizan para este fin.

La alheña posee un producto químico conocido como *lawsone*, que le otorga su capacidad para teñir el pelo. El *lawsone* es soluble en el agua y una cantidad importante en una solución ácida se adhiere a la keratina del tallo del pelo. Se añade ácido cítrico u otros ácidos para crear un pH de 5,5, que es el valor óptimo de la alheña, una vez mezclado y preparado para la aplicación.

La alheña penetra dentro de la capa cortical y recubre la cutícula del tallo del pelo, cuando la molécula del pigmento de la alheña y los enlaces S se unen en la capa exterior. La alheña posee una acción de revestimiento que realiza un proceso desigual en los pelos con una porosidad desigual y se puede acumular en el pelo hasta llegar a un punto de saturación en que no le permite penetrar correctamente. Aunque se considera permanente, la alheña se debilita con la aplicación del champú.

Colorantes metálicos

Los colorantes metálicos del pelo sólo componen una pequeña parte del mercado nacional de tintes de pelo y actualmente no se utilizan profesionalmente. Pero es importante que conozca y esté informado sobre la composición química y las características de los colorantes metálicos, ya que los metales reaccionan de manera poco conveniente con las soluciones de oxidación que se utilizan en los salones de belleza.

Los colores producidos por las sales metálicas están originados por los sulfuros formados por la reacción entre el azufre de la keratina y las sales metálicas, así como por los óxidos metálicos formados cuando la keratina reduce las sales metálicas. Las sales metálicas reaccionan con el azufre de la keratina del pelo y la proteína se vuelve marrón.

Se ha sabido que las sales metálicas (plomo, plata, cobre) provocan dolores de cabeza, irritación en el cuero cabelludo, dermatitis de contacto, inflamación facial, pérdida y rotura del pelo y envenenamiento por plomo; también las botellas de tinte pueden explotar. En caso de que usted utilice estos colorantes, es de suma importancia que se lave las manos detenidamente, ya que la ingestión por contacto oral o por contaminación de los alimentos puede resultar fatal.

Colorantes compuestos

Los colorantes compuestos son una combinación de colorantes vegetales y metálicos. Las sales metálicas se añaden a los colorantes vegetales como fijadores; de esta manera se crea una forma de mayor duración. También la adición de sales metálicas crea colores nuevos y diferentes de los que se pueden conseguir con tintes vegetales puros. El ejemplo más común es la alheña compuesta, que es la combinación de alheña vegetal pura y una sal metálica. Al igual que los colorantes metálicos, los colorantes compuestos no se utilizan profesionalmente.

Eliminadores de color

Se pueden disponer de dos tipos básicos de productos para eliminar el pigmento artificial del pelo *eliminadores de color con base oleosa* y *solventes de colorantes.*

Los eliminadores de color con base oleosa son productos que extraen con suavidad la acumulación de color de la capa de la cutícula del tallo del pelo. Estos productos no provocan cambios estructurales o químicos en el pelo.

Los solventes de colorante están diseñados para separar las moléculas de color artificial depositadas por los tintes derivados de la anilina. Pero debido a que el solvente del colorante aclara las moléculas del color artificial, también difumina la melanina del cuerpo del pelo.

ACLARAMIENTO DEL PELO

La oxidación de la melanina del pelo es lo que provoca el aclaramiento del color del pelo. Este proceso se produce de la siguiente manera: cuando se añade agua oxigenada a una fórmula de aclarado (el proceso de oxidación), libera moléculas de gas. Estas moléculas de gas están en movimiento constante. Cuando la fórmula de aclarado se aplica al pelo del cliente, los gases penetran en la melanina del pelo con suficiente fuerza para descomponer o difuminar la melanina. Esta acción oxida la melanina del tallo del pelo, haciéndolo más claro.

En el salón de belleza se utilizan tres clasificaciones básicas de aclaradores: *aceite, crema* y *polvo.* Cada clasificación posee capacidades, características químicas y aplicaciones únicas.

Los **aclaradores de aceite** son los más suaves de los tres tipos y producen la acción de aclarado más débil. El aclarador de aceite es un producto con una base de champú con aceites sulfonados (aceites tratados con ácido sulfúrico o con aceite de ricino) para desacelerar la acción del aclarador. Estos aclaradores contienen una solución de peróxido de hidrógeno y de amonio débil, que crea un pH alcalino lo suficientemente fuerte como para suavizar y abrir la cutícula, lo que permite aclarar suavemente el pelo.

Cremas aclaradoras son productos similares a los aceites aclaradores: ambos contienen una base de champú que contiene aceite sulfonado. Pero la crema aclaradora posee otro ingrediente que la hace lo suficientemente fuerte para poder realizar un aclarado rubio claro, y sin embargo lo suficientemente suave como para poder ser utilizado en el cuero cabelludo. Cuando una crema aclaradora se mezcla para utilizarla posteriormente, la adición de activadores que contengan un alcalí como el metasilicato de sodio u oxidantes como el peróxido de urea, persulfato de potasio y persulfato de amonio es lo que le confiere un poder de aclarado adicional. Las cremas aclaradoras poseen un pH promedio de 10 y contienen una solución de agua oxigenada que puede llegar a ser superior al 3%.

Aclaradores en polvo. Al igual que las cremas aclaradoras, son lo suficientemente fuertes para poder realizar el aclarado rubio claro. El aclarador en polvo posee una composición química similar a las aceites aclaradores, pero el aclarador en polvo no se puede aplicar al cuero cabelludo, ya que no contiene el aceite y los acondicionadores que hacen que el crema aclaradora se pueda aplicar al cuero cabelludo con toda seguridad. Al igual que las aceites y líquidos aclaradores, los aclaradores en polvo contienen amoníaco; pero en este caso se encuentra en forma seca. El amoníaco inicia el proceso de oxidación cuando se mezcla con el agua oxigenada en forma de líquido o de crema.

Trayectoria de Carrera

QUÍMICA DE COSMÉTICOS

Los fabricantes de cosméticos y productos de belleza desarrollan constantemente nuevos y mejores productos. Dado que la competencia entre estas empresas es intensa, un buen químico de cosméticos generalmente puede encontrar empleo en esta industria. Este es un campo perfecto para un esteticista con educación en ciencias. Para algunos trabajos puede requerirse una educación más avanzada en química y biología; ocasionalmente, una empresa ofrecerá capacitación durante el desempeño del trabajo para una persona técnica en estética que desee ingresar a este campo.

Un director de investigación de cosmetología generalmente posee educación en química, física, biología u otras ciencias. El director de investigación y sus asistentes son las personas responsables de la conducción de ensayos en el laboratorio para determinar la seguridad de empleo de los productos antes de su distribución para la venta. Durante muchos años, se han utilizado animales para ensayar los productos; sin embargo debido a que muchas personas se oponen a tales ensayos, cada vez más empresas han comenzado a utilizar voluntarios humanos y otros métodos disponibles para realizar ensayos sobre las reacciones alérgicas producidas por los cosméticos. Los tratamientos faciales, los cosméticos, y la mayoría de los productos de belleza deben ser ensayados extensivamente antes de poder ser comercializados. Los productos que poseen una etiqueta que los garantiza como "antialérgicos" deben ser ensayados concienzudamente y los fabricantes deben presentar a la FDA los documentos que sustenten tales declaraciones.

Un director de investigación o asistente puede además, participar en la conducción de encuestas del consumidor y en la redacción de artículos para publicaciones científicas.

—Tomado del Texto General para Esteticistas Profesionales *por Joel Gerson*

ENTONADORES

Los entonadores son colores permanentes derivados de la anilina, diseñados para el pelo preaclarado. La diferencia entre un tinte y un entonador consiste en que éste posee una carga de colorante inferior. Esto crea tonos pálidos y delicados que se utilizan para entonar el pelo preaclarado.

RELLENOS DE COLOR

Como cosmetólogo profesional, puede que utilice rellenos para igualar la porosidad del pelo maltratado o dañado y para crear una base de color en el pelo. El pelo absorbe los rellenos dependiendo de la porosidad; mientras mayor sea la porosidad, mayor será la absorción. Las moléculas del relleno llenan los espacios que quedan en el tallo, originados por una difusión anterior de melanina, lo que crea una base en la que se pueden fijar las moléculas de tinte.

Los rellenos de proteína están fabricados con materiales proteínicos baratos, como plumas de pavo, piel de desecho y cascos de ganado. Estas proteínas se hidrolizan y se convierten en cadenas pequeñas de polipéptidos, que forman enlaces de sales proteínicas, que se fijan a la proteína del pelo.

Los rellenos de color no proteínicos están compuestos por emulsiones de aceite y agua a los que se les da más cuerpo mediante un pH ligeramente ácido de aproximadamente 3,5 a 4,0. Estos rellenos utilizan compuestos catiónicos como ingrediente activo, lo que hace que el producto se adhiera al tallo del pelo. ✔

✔ Completado—Objetivo de Aprendizaje núm. 9

COMPOSICIÓN DEL CABELLO Y EL TEÑIDO DEL MISMO

QUÍMICA COSMÉTICA

La química cosmética es el estudio científico de los productos cosméticos que utiliza nuestra industria. Una vez que haya adquirido unos conocimientos básicos de la composición química, preparación y empleo de los cosméticos, estará mejor preparado para incorporar el arte y la ciencia de los cosméticos en sus actividades profesionales. Los productos cosméticos se pueden clasificar de acuerdo con su naturaleza física y química, así como por las características por las que los podemos identificar.

CLASIFICACIONES FÍSICAS Y QUÍMICAS DE LOS PRODUCTOS COSMÉTICOS

1. Polvo
2. Soluciones
3. Suspensiones
4. Emulsiones
5. Pomadas
6. Jabones

Polvos

Los polvos son una mezcla uniforme de substancias insolubles (inorgánica, orgánica y coloidal) que se han mezclado, perfumado y/o teñido correctamente, para producir un producto cosmético que no posea partículas gruesas o ásperas. Durante el proceso de fabricación de los polvos, se realizan numerosas mezclas y tamizados.

SOLUCIONES

Una *solución* es una mezcla de dos o más clases de moléculas dispersada homogéneamente. Por ejemplo, se puede realizar una solución por medio de mezclar un soluto (por ejemplo, un terrón de azúcar) en un solvente (por ejemplo, agua). Un *soluto* es cualquier substancia que se disuelve en un líquido y forma una solución. Un *solvente* es cualquier substancia capaz de disolver otra substancia.

Las soluciones son mezclas claras de un soluto y de un solvente que no se separan cuando se dejan reposar. Las soluciones se preparan con facilidad disolviendo un soluto en polvo con un solvente tibio y revolviendo durante el proceso. El soluto se puede separar del solvente por evaporación al calentar el solvente. Una buena solución debe ser clara y transparente, por lo que frecuentemente hace falta filtrar la solución si presenta un aspecto turbio.

El agua es un solvente universal. Es capaz de disolver más substancias que cualquier otro solvente. Con frecuencia se utilizan aceites, alcohol de grano y glicerina como solventes. Los solventes se clasifican como *miscibles* o *inmiscibles*. El agua, la glicerina y el alcohol se mezclan fácilmente entre sí, por lo tanto son miscibles (se pueden mezclar). Pero el agua y el aceite no se mezclan, por lo tanto son inmiscibles (no mezclables).

El soluto puede ser sólido, líquido o gaseoso. Por ejemplo, una solución de ácido bórico es una mezcla de un sólido en un líquido; la glicerina y el agua de rosas es una mezcla de dos líquidos miscibles; el agua amoniacal es una mezcla de gas en el agua.

Las soluciones que contengan substancias *volátiles* (que se evaporan con facilidad), como el amoníaco o el alcohol, deben almacenarse con las tapas bien cerradas, en un lugar fresco, para evitar la evaporación.

Existen tres métodos para expresar la concentración de soluciones:

Una *solución diluida* contiene una pequeña cantidad del soluto, en proporción con la cantidad del solvente.

Una *solución concentrada* contiene una gran cantidad del soluto, en proporción con la cantidad del solvente.

Una *solución saturada* no disolverá o absorberá más soluto que el contenido en una temperatura dada.

Suspensiones

Las *suspensiones* son mezclas de un tipo de materia dentro de otro tipo de materia. Puede que las partículas tengan cierta tendencia a separarse si la mezcla se deja en reposo, haciendo que sea necesario revolver o agitar el producto antes de su empleo. Algunas lociones para la piel, como la loción de calamina, son suspensiones. Entre otros ejemplos se encuentran la crema de batida, aderezo de ensaladas, las nubes y el humo.

Emulsiones

Las *emulsiones* se forman cuando dos o más substancias inmiscibles, como el aceite y el agua, se unen con la ayuda de un aglutinante (goma) o un emulsor (jabón). Utilizando un emulsor adecuado y la técnica apropiada, la emulsión resultante será estable. Una emulsión estable puede contener hasta un 90% de agua. Dependiendo del balance entre líquidos y sólidos, la emulsión puede ser una crema, un líquido o un semisólido.

Las emulsiones se preparan manualmente con la ayuda de una máquina de moler y de cortar que recibe el nombre de *molino coloidal.* En el proceso de preparar la emulsión, el emulsor forma una capa protectora alrededor de los glóbulos microscópicos del aceite y del agua. Mientras más pequeños sean los glóbulos, mayor será la estabilidad y cuerpo de la emulsión resultante.

Básicamente, las emulsiones se pueden dividir en dos clases diferentes: *aceite-en-agua* y *agua-en-aceite*.

Las *emulsiones aceite-en-agua* están compuestas por gotas de aceite suspendidas en una base de agua. Además del emulsor, que recubre las gotas de aceite y las mantiene en emulsión, puede que se utilicen otros ingredientes que tienen como fin provocar ciertas reacciones en el pelo, por ejemplo, soluciones de ondulado permanente, aclaradores, neutralizantes y tintes.

Las *emulsiones agua-en-aceite* están formadas por gotas de agua suspendidas en una base de aceite. Generalmente son mucho más densas y aceitosas que las emulsiones aceite-en-agua, citando por ejemplo, las cremas para el cuidado del pelo, las cremas de limpieza y las cremas frías (cold creams).

Pomadas

Las *pomadas* son mezclas semisólidas de substancias orgánicas (manteca, petrolato [Vaselina], parafina) y un agente medicinal. No se utiliza agua. Para conseguir que la pomada se suavice en el momento de la aplicación, su punto de fundición debe ser una temperatura inferior a la temperatura del cuerpo humano (37 grados centígrados).

Las *barras* son similares a las pomadas, ya que son una mezcla de substancias orgánicas (aceites, parafinas, vaselina) que se vierten en un molde en donde se solidifican. Las barras son más firmes y duras que las pomadas. No contienen agua. (Ejemplo: barra pintalabios, crayon de color.)

Las *pastas* son productos cosméticos blandos y húmedos, con una consistencia densa. Están unidos con goma, almidón o a veces con agua. Si la pasta tiene aceites y grasa, generalmente no poseerá agua. El molino coloidal ayuda a eliminar los granos de la pasta. (Ejemplo: colorete en crema.)

Los *mucílagos* son líquidos densos que contienen gomas naturales (tragacanto o karaya) o gomas sintéticas mezcladas con agua. Debido a que los mucílagos se descomponen, es necesario utilizar un conservante. (Ejemplo: lociones para conservar el peinado.)

✓ Completado—Objetivo de Aprendizaje núm. 10

CLASIFICACIONES FÍSICAS Y QUÍMICAS DE LOS COSMÉTICOS

Jabones

Los *jabones* son compuestos que se forman cuando una mezcla de grasas y aceites se vierte dentro de un tanque de agua muy caliente (esto convierte la mezcla en ácidos grasos); después se purifica mediante destilación. El hidróxido de potasio se mezcla con los ácidos grasos para fabricar jabón blando o con hidróxido de sodio para fabricar jabón duro. Durante el proceso de elaboración de jabón, se produce glicerina como producto secundario. Un jabón de alta calidad se elabora utilizando aceites puros y grasas y no contiene demasiados álcalis. ✓

REFERENCIAS INFORMATIVAS

Como cosmetólogo profesional, usted debe estar familiarizado con la Farmacopea de los Estados Unidos (U.S.P), un libro que define y normaliza los medicamentos; también debe conocer la agencia federal Federal Drug Administration (FDA), que también regula los productos cosméticos y los colorantes; la División de Industrias de la Belleza y Profesionales del Pelo del Sindicato Internacional de Trabajadores del Comercio y de la Alimentación; las normativas sanitarias y de seguridad de su estado, las Hojas de Datos de la Seguridad de los Materiales (MSDS) de cada fabricante, así como los diccionarios cosméticos disponibles comercialmente. Para los cosmetólogos todas estas organizaciones y publicaciones son muy importantes.

A continuación aparecen algunos ejemplos de los términos que se utilizan en la industria cosmetológica:

Alcohol, que también recibe el nombre de alcohol etílico, es un líquido incoloro que se obtiene por la fermentación del almidón, azúcar y otros carbohidratos. Ya no se utiliza como un esterilizador de piel, debido a que actualmente está clasificado como un producto químico peligroso y porque no elimina las bacterias.

Alumbre es un sulfato de aluminio o potasio o de amonio, que se presenta en forma de cristales o polvo. Posee una acción astringente fuerte y se utiliza en las lociones para después del afeitado y astringentes, así como en forma de polvo para detener las hemorragias.

Agua amoniacal es gas de amonio disuelto en agua. Es un líquido incoloro con un olor acre y penetrante que puede irritar los ojos y las membranas mucosas. El agua amoniacal se utiliza en cosmetología en los alisadores de pelo y en los colorantes de anilina y metálicos y como elemento individual en una solución acuosa del 28%.

El *ácido bórico* se utiliza gracias a sus propiedades bactericidas y fungicidas en el talco para niños, cremas oculares, soluciones para lavar la boca, jabones y productos refrescantes de la piel. Es un agente de curación y antiséptico suave, aunque la Asociación Médica Americana advierte sobre su posible toxicidad. Después de su aplicación en heridas cutáneas abiertas, se han producido irritaciones y envenenamientos importantes.

El *metacrilato de etilo* es un éster (compuesto) del alcohol etílico y de ácido metacrílico utilizado en la formulación química de muchas uñas esculpidas. Por motivos sanitarios no se recomienda la inhalación diaria de estos vapores.

El *formaldehído* es un gas incoloro que se fabrica por medio de un proceso de oxidación del alcohol metílico. Se utiliza como un desinfectante, fungicida, germicida y conservante así como una solución para embalsamar. En la industria, el formaldehído se utiliza en los jabones, cosméticos, endurecedores de uñas y esmaltes. Se debe utilizar con precaución ya que los estudios del Instituto Nacional de Cáncer indican que es un producto tóxico, que puede provocar daños en el DNA y puede reaccionar con otros productos químicos para convertirse en carcinogénico.

La *glicerina* es una forma de jarabe, incolora, inodora y dulce, formada por la descomposición de aceites, grasas o melazas. Se utiliza como un suavizador de piel en las cremas de cutícula, faciales y en gran variedad de lociones.

Petrolatum. Comúnmente conocida como *Vaselina*, o parafina blanda, es una grasa semisólida de color amarillo/blancuzco, prácticamente insoluble al agua. Se usa en depiladores de cera, lápices de cejas y labios, cremas protectoras, cremas frias (cold cream) y otros productos de cosmética por sus propiedades suavizadoras de la piel.

La *fenilendiamina,* se deriva del alquitrán del carbón, posee muchos derivados que penetran la piel y que se cree que provocan el cáncer.

El *hidróxido de potasio (potasa cáustica)* se prepara por medio de una electrólisis del cloruro de potasio. Se puede utilizar por su capacidad suavizante en las formulas de lociones para las manos, jabones líquidos, cremas protectoras y suavizadores de cutícula.

Los *compuestos de amonio cuaternarios (quats)* se encuentran en muchos antisépticos, surfactantes, conservantes, higienizadores y germicidas. Los quats son derivados sintéticos del cloruro de amonio. Aunque los quats pueden ser tóxicos, se consideran seguros en las proporciones que se utilizan en la industria.

El *bicarbonato de sodio (sosa de panificación)* es un precipitado que se elabora haciendo pasar gas de dióxido de carbono a través de una solución de carbonato de sodio. El polvo blanco resultante se utiliza como un agente neutralizante y para eliminar la acumulación de laca del pelo cuando se mezcla en el champú.

El *carbonato de sodio (sosa para lavar)* se encuentra naturalmente en las menas y en los depósitos salados de los lagos así como en el agua del mar. Se utiliza en los champúes y en las soluciones de ondulado permanente. El carbonato de sodio absorbe el agua del aire.

El *olmo escocés* es una solución de alcohol, agua y polvo de hojas y pequeñas ramas del árbol *Hamamelis virginiana*. Interviene como un astringente, anestésico local y refrescante de la piel. Debido a su contenido alcohólico, no se debe aplicar directamente en una herida abierta ni en las membranas delicadas del ojo. (Ver *alcohol.*)

El *óxido de cinc* es un polvo blanco y pesado insoluble en el agua. Se utiliza cosméticamente en los polvos faciales y en las cremas base, por su capacidad para impartir opacidad.

LIMPIADORES COSMÉTICOS CORPORALES

Los productos cosméticos diseñados para limpiar y embellecer la piel, pelo y uñas son importantes para la industria. Para proporcionar un buen servicio profesional a sus clientes, necesita conocer estos productos diseñados para eliminar la suciedad, los pelos y los olores extraños de la piel. Las denominaciones de estos productos son jabones, depiladores y epiladores.

Clasificación de los jabones

Existen dos métodos para hacer jabón: *tradicional* y *sintético*. El **jabón tradicional** es una mezcla de diferentes tipos de ácidos grasos y sales de sodio, fabricado gracias a un proceso de añadir álcalis a las grasas con glicerol. El proceso **sintético** es una combinación química de ácidos aceitosos y grasos.

Los jabones que se utilizan actualmente en la industria de belleza se pueden dividir en tres categorías: desodorantes, de belleza y medicados.

Los *jabones desodorantes* incluyen un bactericida que permanece en el cuerpo para matar las bacterias responsables de los olores. Probablemente el agente antiséptico y antibacteriano más común es el triclocarban. El triclocarban, que muchas veces se designa como TCC, se prepara partiendo de la anilina. Se sabe que los aditivos de anilina aumentan la sensibilidad de la piel al sol, que puede inflamar algunos tipos de piel.

Los *jabones de belleza* están destinados a los tejidos más delicados de la cara. Su pH es más ácido y seca menos la piel, pero aún así es capaz de eliminar la suciedad y los desperdicios de la superficie de la piel. Muchos jabones de belleza son transparentes y contienen grandes cantidades de glicerina. Otros jabones de belleza contienen grandes cantidades de aceite, que dejan una película suavizante en la piel.

Los *jabones medicados* están diseñados para tratar los problemas de la piel, como las erupciones, granos o el acné. Muchos contienen pequeños porcentajes de cresol, fenol u otros antisépticos. Con frecuencia la resorcina se utiliza como un agente secante en los productos medicados, diseñados para tratar las condiciones grasas. Los jabones más fuertemente medicados sólo se pueden obtener con una receta médica.

Depilatorios

Los *depilatorios* son preparaciones que se utilizan para eliminar temporalmente el pelo sobrante, disolviéndolo en la misma superficie de la piel. Los depilatorios contienen detergentes para arrancar el sebo del pelo y adhesivos para retener los productos químicos en el tallo del pelo durante los 5 a 10 minutos necesarios para eliminarlos. Durante el período de aplicación, ciertos agentes que aumentan el volumen del pelo, como la urea o la melamina, expanden el pelo, ayudando a romper sus enlaces. Finalmente, los productos químicos como el hidróxido de sodio, el hidróxido de potasio, el ácido tioglicólico o el tioglicolato de calcio pueden destruir los enlaces de disulfuro. Estos productos químicos convierten al pelo en una masa gelatinosa y suave de proteína hidrolizada que se pueda raspar y extraer de la piel. Aunque los depilatorios no se utilizan comúnmente en los salones de belleza, usted debe conocerlos en caso de que sus clientes los hayan utilizado.

Epiladores

Los *epiladores* eliminan el pelo por medio de arrancarlos del folículo. Actualmente se utilizan dos ceras para la epilación profesional: fría y caliente. Ambos productos están elaborados principalmente con resinas y cera natural. La cera natural posee una alta incidencia de reacciones alérgicas, por lo tanto es aconsejable realizar una prueba en una pequeña extensión de la piel. Recientemente han aparecido en el mercado diferentes aparatos eléctricos para su empleo en el hogar.

PRODUCTOS COSMÉTICOS PARA LA PIEL Y LA CARA

La industria cosmética ha lanzado al mercado un vasto surtido de productos que tienen como fin mejorar la condición y la apariencia de la piel.

Cremas

Las cremas que usted utilizará para los tratamientos profesionales de la piel están divididas en cuatro categorías principales: *limpieza, tratamiento antiarrugas, humidificadoras* y *crema de masaje.*

La acción de la *crema de limpieza* se origina en parte por el contenido de aceite de la crema, que posee la facultad de disolver otras substancias grasas. Las fórmulas más antiguas, como las cremas frías, contienen relativamente pocos ingredientes: aceite vegetal o mineral, cera natural, agua, conservantes y suavizantes. Las nuevas formulaciones de limpieza son mucho más complicadas y pueden contener desengrasadores adicionales, como jugo de limón, surfactantes sintéticos, suavizantes (aceites) y humectantes (productos que retienen el agua).

Los *tratamientos antiarrugas* están concebidos para esconder las líneas de envejecimiento siguiendo dos procedimientos diferentes. El primero se basa en la capacidad de relleno de los pliegues y el segundo mediante el alisamiento de los tejidos. Entre los muchos ingredientes posibles para este tipo de tratamientos están las hormonas, el ácido hialurónico y el colágeno. Algunos están elaborados con hierbas e ingredientes naturales, otros son completamente sintéticos.

Las *cremas humidificadoras* tienen como fin tratar la sequedad. Contienen humectantes, que crean una barrera que permite que el agua y la grasa natural de la piel se acumulen en los tejidos. Esta barrera también opera para proteger la piel de la contaminación atmosférica, suciedad y desperdicios. Los humidificadores contienen una gran variedad de suavizantes, desde ingredientes simples como aceites de cacahuete o coco hasta gran variedad de otros aceites y otros compuestos químicos complejos, como el alcohol cetílico, colesterol, dimeticona o derivados de glicerina.

Las *cremas de masaje* se utilizan para ayudar a las manos a deslizarse sobre la piel. Son formulaciones de cremas frías, lanolina o sus derivados y posiblemente caseína (una proteína que se encuentra en el queso).

Lociones

Las lociones se utilizan profesionalmente en gran variedad de tratamientos capilares y faciales. Generalmente las lociones con las que trabajará están disponibles en soluciones con tintes claros o ligeros.

Las *lociones de limpieza* sirven el mismo propósito que las cremas de limpieza, pero su contenido en aceite es más ligero. Se presentan en formulaciones para las condiciones cutáneas secas, normales y grasas. Algunos ingredientes que tienen en común las lociones de limpieza son el alcohol cetílico, palmitato cetílico y sorbitol, en combinación con perfumes y colorantes para mejorar su comerciabilidad.

Las *lociones astringentes* están elaboradas para eliminar la acumulación de grasa de la piel. El contenido alcohólico del producto "irrita" la piel, haciendo que se inflame ligeramente y que aparente "cerrar" los poros. Las lociones astringentes contienen un gran porcentaje de alcohol y pequeños porcentajes de algunos de los siguientes ingredientes: alumbre, ácido bórico, sorbitol, agua, alcanfor y perfumes.

Las *lociones refrescantes* son similares a las lociones astringentes, pero están elaboradas para que su acción sea más suave sobre las pieles secas y normales. La formulación de un refrescante incluye típicamente algunos de estos ingredientes: olmo escocés, alcohol, alcohol alcanforado, ácido cítrico, ácido bórico, ácido láctico, ácido fosfórico, sales de aluminio, mentol, camomila y esencias florales.

Las *lociones oculares* generalmente son fórmulas de ácido bórico, bicarbonato de sosa, sulfato de cinc, glicerina y hierbas. Están elaborados para suavizar y abrillantar los ojos.

Las *lociones medicadas* se obtienen bajo receta médica para los problemas cutáneas, salpullido u otras erupciones.

Las *lociones de bronceado* están elaboradas para proteger la piel de los rayos solares ultravioletas, que son muy dañinos. Están clasificadas con un factor de protección solar (SPF) que permite a los bañistas calcular el tiempo que pueden permanecer en el sol antes de que se queme la piel. Las lociones de bronceado son emulsiones que pueden contener ácido para-aminobenzoico (PABA), gran variedad de aceites, vaselina, estearato de sorbitan, alcohol, inhibidores de ultravioletas, derivados ácidos, conservantes y perfumes.

PRODUCTOS COSMÉTICOS PARA EL MAQUILLAJE

Polvo facial

En el salón de belleza se utilizan básicamente dos tipos de polvos faciales: los *sueltos* y los *compactos* (cake). Ambos tipos tienen la misma formulación básica, pero con la diferencia de que los compactos se mantienen unidos gracias a los productos usados para tal fin.

El *polvo facial* está formado por una base de polvo, mezclada con un agente de coloración (pigmento) y perfumes. Un buen polvo facial para pieles normales debe poseer las siguientes cualidades:

1. Un buen *deslizamiento* que proporcione un tacto suave a la piel. Esta cualidad se adquiere principalmente con un 35% a un 79% de contenido de talco, pero puede añadirse estearato de cinc o estearato de magnesio para obtener un deslizamiento adicional.
2. *Poder cubriente*—el balance entre opacidad (cubrir los defectos y la brillantez de la piel) y transparencia (permitir que aparezca

su tono natural). El óxido de cinc y el dióxido de titanio son los dos productos que posibilitan el balance en la mayoría de los polvos.

3. *Adherencia*—determina el período de tiempo que el polvo permanecerá en la cara sin que necesite retoques. El talco, el estearato de cinc, el estearato de magnesio, el caolín, y el carbonato de calcio poseen cualidades adhesivas.

4. *Frescor*—la capacidad de impartir una apariencia aterciopelada a la piel. Los almidones y el carbonato de calcio se utilizan para crear esta imagen de frescor.

5. *Otros ingredientes*—incluyen bactericidas, color y perfume. Los bactericidas se añaden para inhibir el crecimiento de las bacterias y conservar el producto. Los colores que aparecen en la lista de ingredientes deben estar aprobados por las agencias federales FD&C (Alimentos, Medicamentos y Cosméticos) o por D&C (Medicamentos y Cosméticos), indicando que los colores están certificados por la agencia federal Food and Drug Administration. Los perfumes se añaden para incrementar la comerciabilidad del producto.

PRECAUCIÓN

Aunque el talco se puede utilizar con seguridad en los polvos, la FDA ha recibido informes sobre inflamaciones de tejidos debidas a su aplicación. Sus inhalaciones se han relacionado con estornudos, vómitos, neumonía y cáncer de ovarios. Los mineros extractores de talco sufren una enfermedad pulmonar llamada talcosis.

Maquillaje base

El objetivo del maquillaje base es el de mejorar la apariencia del cutis, por medio de mezclar tonos cutáneos, cubriendo imperfecciones y creando un brillo sano y suave. Muchas bases contienen agentes que actúan como barrera como los inhibidores de UV, derivados de celulosa y silicona, para proteger el cutis de los rayos de luz (artificial y natural), el viento y el frío, así como la suciedad y la basura.

Las *bases en forma de crema* están compuestas principalmente por agua, aceite mineral, ácido esteárico, alcohol cetílico, propilenglicol, trietanolamina, derivados de lanolina, bórax y pigmentos insolubles. Las bases también pueden contener surfactantes (detergentes), emulsificadores, humectantes, perfumes y conservantes como el paraben. Generalmente la formulación de este producto es apropiada para las pieles secas y normales y proporciona una buena cobertura.

Las *bases en forma de líquido* son suspensiones de pigmentos orgánicos e inorgánicos en una solución de agua y alcohol. La mayoría de las bases líquidas se deben agitar antes de su empleo, pero también se añade bentonita para mantener el producto mezclado. Generalmente la formulación de este producto es apropiada para los clientes con una piel grasa o normal, que desean una cobertura que oscile entre ligera o con aspecto natural.

25.11—Existen una gran variedad de productos cosméticos en el mercado.

Colorete (color de mejillas)
El colorete está disponible en forma de polvo o de crema.

El colorete en polvo es un polvo compacto al que se añade colorante. El pigmento oscila entre el 5% al 20% del producto.

El colorete en forma de crema se divide en dos categorías: base de aceite y emulsiones. Las fórmulas con base de aceite son combinaciones de pigmentos dispersos en una base de aceite o de grasa. Las mezclas de ceras (cera de carnauba y ozoquerita) y de líquidos aceitosos (miristato de isopropil y estearato hexadecil) crean un producto resistente al agua. Además los coloretes contienen agua, espesadores y cierta variedad de surfactantes y detergentes, que permiten que las partículas penetren en los folículos del pelo y en las ranuras de la piel.

Color de los labios
El color para labios está disponible en una gran variedad de formas: cremas, pastas, lápices, gels y barras. Todos están compuestos con aceites, ceras y colorantes. El aceite de ricino es el principal ingrediente de las

barras de labios, ya que representa aproximadamente el 65% del producto. Se utilizan otros tipos de aceite, como el de oliva, mineral, sésamo, mantequilla de cacao, petróleo, lecitina y aceites vegetales hidrogenados. Entre las ceras que se incluyen generalmente en los ingredientes se encuentra la parafina, la cera natural, carnauba (que también se utiliza en los abrillantadores de automóviles) y cera de candelilla. Entre los diferentes agentes colorantes que se utilizan se encuentra el ácido brómico, D&C Rojo N.º 27, D&C Naranja N.º 17 Lake. En la Figura 25.11 se ven ejemplos de algunos de los diferentes tipos de maquillaje que existen en el mercado hoy en día.

Maquillajes de ojos

Los *lápices de ojos* estan compuestos con ceras (parafinas) o base de aceite endurecida (vaselina), y una cierta variedad de aditivos para crear color. Están disponibles tanto en forma blanda como dura, para ser utilizados tanto en la ceja como en los párpados superior e inferior. De acuerdo con la Asociación Médica Americana, los lápices de ojos no se deben utilizar para colorear el borde interior de los ojos, ya que esto podría provocar la infección del conducto lacrimal o una visión borrosa, así como la pigmentación permanente de la capa de membrana mucosa dentro del ojo.

Los *sombreados de ojo* están disponibles en forma de crema o polvo. Las sombras de crema tienen una base de crema con aceite, vaselina, espesador, cera, perfumes, conservantes y colores añadidos. Las sombras resistentes al agua poseen una base solvente como el alcohol mineral. Las sombras en polvo poseen una composición similar al polvo facial compacto y al colorete en polvo.

El *rímel* está disponible en tubo y en aplicadores de cepillo (wand). Ambos son productos de polímeros que incluyen en su fórmula agua, cera, espesadores, formadores de película y conservantes. Los pigmentos del rímel deben ser inertes (incapaces de combinarse con otros elementos) y generalmente se utiliza negro carbón, carmín, azul ultramarino, óxido de cromo y óxidos de hierro. No se permiten los colorantes de alquitrán de carbón. Algún rímel de cepillo contiene fibras de rayón o de nilón, para alargar y hacer más gruesas las fibras capilares.

PRECAUCIÓN
Aplicar el rímel cuidadosamente. La herida más común que se produce con el rímel se origina cuando se mete el aplicador en el ojo.

Los *delineadores* para ojos (eyeliners) se presentan en forma líquida o en forma de polvos compactos, así como en la forma de lápiz descrita anteriormente. En la lista de sus componentes, podrá encontrar alcanolamina (un alcohol graso), celulosa, eter, polivinilpirrolidona, metilparaben, antioxidantes, perfumes y dióxido de titanio.

Los *eliminadores del maquillaje* de ojos se dividen en dos categorías: los que poseen una base de aceite y los que no poseen base de aceite. Los eliminadores con base de aceite están compuestos principalmente por aceites minerales, a los que se les añade una pequeña cantidad de fragancias. Los eliminadores que no poseen una base de aceite están compuestos por una solución de agua en la que se añade derivados de lanolina y otros solventes. Debido a que la mayoría de los productos de maquillaje para los ojos son resistentes al agua, tanto el jabón normal como el agua no son muy adecuados para su eliminación.

Los productos cosméticos para el maquillaje de los ojos y de la cara constituyen un segmento importante de la industria de belleza. Como cosmetólogo profesional se le exigirá que utilice, recomiende y venda estos productos cosméticos.

Productos cosméticos varios

La *greasepaint* (pintura grasa) es una mezcla de grasas, vaselina y un agente colorante que se utiliza en el teatro.

El *maquillaje pancake* o *cake* se compone generalmente de caolín, zinc, talco, óxido de titanio, aceite mineral, fragancias, carbonato cálcico precipitado, pigmento molido hasta alcanzar un polvo fino y pigmentos inorgánicos, como los óxidos de hierro. El maquillaje de cake (polvos compactos) se utiliza para cubrir heridas y defectos de pigmentación.

Las *mascarillas* y los *packs* están disponibles para cubrir varios propósitos y acondicionamientos de la piel tales como: limpieza a fondo, reducción de los poros, estiramiento de la piel, afirmación, humidificación, reducción de arrugas. Generalmente, las mascarillas de arcilla contienen diferentes combinaciones de caolín (arcilla china), bentonita, tierra silícea purificada o arcilla coloidal, vaselina, glicerina, proteínas, alcohol SD y agua. Los principales ingredientes normalmente utilizados para quitar las mascarillas son: SD alcohol 40, polisorbato 20 y varios polímeros como el alcohol de polivinilo y el acetato de vinilo.

Lociones para el cuero cabelludo y pomadas

Generalmente las lociones del cuero cabelludo y las pomadas contienen agentes medicinales para corregir determinadas irregularidades del cuero cabelludo, como la picazón o la escamación. Se puede aplicar una loción astringente en el cuero cabelludo antes de la aplicación del champú, para controlar el contenido graso así como la irritación y la escamación, en condiciones de cuero cabelludo seco. Las lociones medicadas y las pomadas para tratar enfermedades graves del cuero cabelludo se deben obtener por receta médica.

Alisadores de pelo

Los alisadores de pelo abrillantan y mejoran la manejabilidad del pelo seco o rizado. Estos productos se pueden aplicar en el pelo mojado o seco. Generalmente estos alisadores están compuestos de lanolina o sus derivados, vaselina, emulsiones de aceite, ácidos grasos, ceras, álcalis suaves y agua.

Ayudas para el estilado (peinado)

Como cosmetólogo profesional, usted podrá utilizar una gran variedad de *gels* y *espumas* de estilado o peinado. Generalmente estos dos productos son fórmulas de polímero o de resina, que tienen como fin dar mayor cuerpo y textura al pelo. Muchos incorporan los mismos ingredientes que se encuentran en los vaporizadores de pelo (ver la página siguiente), pero añaden humidificadores y humectantes, como el alcohol cetílico, pantenol, proteína hidrolizada, compuestos de amonio cuaternarios (quats) o una gran variedad de aceites.

Vaporizadores del pelo (lacas)
El vaporizador del pelo se utiliza para conservar el peinado ya acabado. Muchas formulaciones nuevas de vaporizadores de pelo contienen cierta variedad de polímeros, como el copolímero acrílico/acrilato, acetato de vinilo, copolímero de ácido crotónico, copolímero PVM/MA y polivinil-pirrolidona (PVP) y plastificadores como el citrato trietil acetil, alcohol bencilo y siliconas como agentes que actúan para aumentar la rigidez. Entre los ingredientes adicionales se incluye la silicona, goma laca, perfume, lanolina o sus derivados, gomas vegetales, alcohol, sorbitol y agua. ✔

> ✔ **Completado—Objetivo de Aprendizaje núm. 4**
>
> **QUÍMICA BÁSICA, TIPOS Y ACCIONES DE PRODUCTOS PROFESIONALES**

> **PRECAUCIÓN**
> El empleo imprudente de los vaporizadores de pelo pueden provocar heridas en los ojos y en los pulmones, así como irritaciones en la garganta.

Poder Promocional

PUBLICIDAD SILENCIOSA
Se puede hacer alguna publicidad para el salón sin decir una palabra; de hecho, los clientes podrían incluso no estar conscientes de que algo está sucediendo. Pero estos métodos empleados para promover sus servicios son efectivos y fáciles de usar:
- El peinado de los operadores: El cabello de sus estilistas debería arreglarse una vez a la semana y ser peinado en forma profesional siempre que se necesite. Un cabello desarreglado y peinados no atractivos transmitirán el mensaje erróneo acerca de la clase de peinados que se realizan en su salón. Si es posible, solicite a todos los estilistas femeninos que usen algún tipo de tinte para el cabello, de manera que puedan brindar información de primera mano acerca de lo que el tinte de cabello puede hacer.
- Fotografías en el área de peinado: Estas deben ser a color, y deberían cambiarse al menos una vez al mes. Dos o tres fotografías grandes proporcionan mejores resultados que toda una variedad de fotografías pequeñas.
- Artículos publicados en revistas: Un artículo publicado en una revista y colocado en exhibición en el salón puede ayudarle a vender sus productos. El artículo podría ser escrito por un especialista en belleza, un consultor, un propietario o administrador de salón. El mejor aspecto de este tipo de publicidad es que la persona ha completado la venta aún antes de haber iniciado el intento.
- Accesorios para peinado y cosméticos: Los productos usados en el cabello del cliente son fáciles de vender debido a que el cliente ha visto al estilista usar el producto. Cada artículo que el estilista usa debería estar disponible para la venta al detalle en el salón y debería exhibirse en forma prominente.

—Tomado del *Administración del Salón de Belleza para Estudiantes de Cosmetología* por Edward Tezak

PREGUNTAS DE REPASO

QUÍMICA

1. ¿Por qué es tan importante comprender los principios de la química para poder tener éxito como cosmetólogo?
2. ¿Cuál es la diferencia entre la química orgánica e inorgánica?
3. Enumerar tres formas de materia.
4. Definir los cambios físicos y proporcionar un ejemplo.
5. Definir un cambio químico y proporcionar un ejemplo.
6. ¿Qué es el pH?
7. Enumerar las cuatro clasificaciones del champú.
8. ¿Qué son las cadenas de polipéptidos?
9. Enumerar los tres tipos de enlaces químicos presentes en la corteza.
10. ¿Qué cambios se producen en la corteza del pelo durante el ondulado permanente?
11. Definir los siguientes términos y su relación con los tintes de oxidación: base, acoplador, oxidante.
12. Enumerar las seis clasificaciones físicas y químicas de los cosméticos.
13. ¿Por qué se debe usted preocupar por la aplicación de alcohol concentrado en la piel?
14. Cuando se utiliza un depilatorio, ¿qué es lo que provoca la eliminación del pelo?
15. Enumerar los cuatro tipos principales de cremas que utilizará como cosmetólogo profesional.
16. ¿Cuál es la acción de un astringente?
17. Enumerar algunos de los ingredientes químicos que aparecen con más frecuencia en el maquillaje base.

...IÓN DEL ...BELLEZA

26

...ETIVOS DE APRENDIZAJE

...ÉS DE COMPLETAR ESTE CAPÍTULO,
...USTED DEBE SER CAPAZ DE:

...merar algunos factores que deberá cono-
...antes de abrir un salón de belleza.

...cribir las consideraciones económicas
...intervienen en la operación del salón
...belleza.

...icar la importancia de mantener regis-
...contables precisos.

...icar la importancia de una operación
...resarial y de una gestión del personal
...ada.

...cribir los principios y prácticas de
...la venta.

6. Explicar la importancia de la publicidad.

581

INTRODUCCIÓN

En el campo de la cosmetología existen numerosas oportunidades empresariales. Muchos graduados de escuelas de cosmetología desean mejorar su situación y convertirse en propietarios o directores de salón. Pero sólo conseguirán alcanzar el éxito si están preparados para administrar una empresa. (Fig. 26.1)

El iniciar un negocio propio es una gran responsabilidad, es una acción que requiere una planificación seria. Es sumamente importante que el cosmetólogo posea unos conocimientos básicos de administración, contabilidad, ley mercantil, seguros, ventas y sicología, si el cosmetólogo aspira a ser el propietario y/o director de un salón. Este capítulo cubre algunas zonas que debe conocer en caso de que desee convertirse en un propietario/administrador de una empresa.

26.1—Directores de salón activos.

QUÉ ES LO QUE USTED DEBE SABER SOBRE LA APERTURA DE UN SALÓN

Cuando planifique abrir un salón, preste especial consideración a todos los detalles de la administración de negocios, incluyendo ubicación, acuerdos escritos, reglamentos empresariales, leyes, seguros, operación del salón, contabilidad y políticas del salón.

UBICACIÓN

Una buena ubicación será aquélla que contenga la suficiente población para poder mantener el salón. Siempre que sea posible, el salón de belleza debe estar cerca de otros negocios, como restaurantes, almacenes, boutiques, zapaterías y otras tiendas relacionadas con la moda o supermercados. La gente se siente atraída hacia las zonas comerciales, en donde pueden satisfacer diferentes necesidades en una zona limitada y aunque se pueda permitir realizar mucha publicidad, es difícil administrar un salón con éxito en las zonas con poco tráfico.

En general, la ubicación que seleccione debe reflejar al público al que desea dirigirse. Si desea alcanzar los clientes con altos ingresos, su ubicación debe reflejarlo. Si planea alcanzar clientes con ingresos medios, debe considerar una zona con mucho tráfico accesible por transporte público.

Estudiar la zona

Determine la demografía de la zona. Investigue el tamaño, ingresos y hábitos de compra de la población. Hable con otros propietarios de la zona y pregunte qué opinión tienen sobre el futuro del salón.

Visibilidad

El salón debe ser muy visible y llamativo, para que atraiga la atención de los transeúntes o de los conductores.

Facilidades para el estacionamiento
Cuando se seleccione un emplazamiento para una nueva empresa o cuando se planifique controlar un negocio ya establecido, debe considerar el estacionamiento. El público se muestra muy poco dispuesto a visitar establecimientos con accesos insuficientes durante el mal tiempo. El poseer un buen estacionamiento debe ser una de las consideraciones principales. Si su salón está abierto durante la tarde, la zona del estacionamiento debe estar bien iluminada. En las ciudades más grandes tenga en consideración el acceso por transporte público, para atraer a los clientes que no conducen o para facilitar el acceso durante el mal tiempo.

Competencia
Evite demasiada competencia directa en la zona inmediata. Es mucho mejor ubicar el salón en una zona en donde sea el único de su tipo. Los salones de belleza pueden estar próximos entre sí siempre que cada uno tenga una clientela diferente. Por ejemplo, un salón de lujo puede operar al lado de un salón para clase media y ambos pueden tener éxito ya que atraen clientes diferentes.

ACUERDOS ESCRITOS
Los acuerdos escritos para alteraciones de edificios y reparaciones impedirán las disputas sobre quien debe correr con los gastos.

Estudiar el alquiler
Antes de firmar un *contrato*, asegúrese que entiende todas las provisiones del propietario y del inquilino. El alquiler debe hacer concesiones para las alteraciones que tenga que realizar el propietario. La mayoría de los contratos que facilita el propietario están escritas a favor del propietario. Para proteger sus intereses, contrate un abogado para que le ayude en las negociaciones. ✔

✔ Completado—Objetivo de Aprendizaje núm. 1

HECHOS PARA ABRIR UN SALÓN DE BELLEZA

PLAN EMPRESARIAL
Antes de abrir un salón, es muy importante que desarrolle un plan empresarial. Es una herramienta necesaria para obtener la financiación y para obtener una base que permita el crecimiento futuro. El plan debe incluir una descripción general de la empresa y de sus servicios, una declaración que indique el número de empleados que se desean contratar, sus salarios y otros beneficios, un plan operativo que incluya su estructura de precios, gastos como equipo, reparaciones, publicidad, impuestos y seguros y un plan financiero que incluya un estado de pérdidas y ganancias. En caso de que no sepa desarrollar un plan empresarial, consulte a un profesional.

Además es importante poseer suficiente capital circulante cuando se abre un salón. Con frecuencia se tarda bastante tiempo en poder crear una clientela, de manera que debe tener bastante dinero disponible para sus gastos.

Trayectoria de Carrera

PROPIETARIO DE SALÓN

El factor principal común a las razones esenciales del fracaso de un salón de belleza y la razón principal por las que algunos estilistas no logran construir una clientela sólida y rentable, es la mala comunicación. En la mayoría de los casos, o no nos enseñaron buenas prácticas de comunicación o no hemos aprendido su importancia en el logro del éxito en la industria de la belleza.

Concentramos tanto tiempo, energía y esfuerzo en el desarrollo de las habilidades técnicas y en la experiencia, que nos olvidamos del arte de la comunicación efectiva pasándola a segundo plano. Pero para llegar a ser un propietario de salón con éxito, se debe asegurar que la comunicación sea un aspecto primordial para usted y para todos sus empleados.

Sabemos que un gran porcentaje de personas, clientes de salones, se retiran insatisfechos. Esto no está en gran medida relacionado con la poca habilidad en el peinado ni con el aseo de los salones ni con la rudeza, aunque sin embargo estos problemas también deberían resolverse, sino la principal razón para su insatisfacción es que no se logró salvar la brecha existente entre el peinado que ellas deseaban y el peinado que obtuvieron.

La razón por lo cual esto no sucedió, generalmente se debió a que no se logró establecer una comunicación efectiva. Nuestro aparato de televisión estaba sintonizado en el canal 5 mientras el cliente miraba el canal 21. Debemos reconocer que nuestro lenguaje profesional es ambiguo, y que necesitamos establecer definiciones comunes entre nosotros y la persona sentada en nuestra silla.

—Tomado del Usted y Sus Clientes *por Leslie Edgerton*

REGLAMENTOS, LEYES MERCANTILES Y SEGUROS

Cuando se administra una empresa, es necesario cumplir las leyes y reglamentos locales, estatales y federales.

Los *reglamentos locales* generalmente tratan sobre las renovaciones de edificios (leyes comerciales locales).

La *ley federal* trata sobre la seguridad social, la percepción del desempleo o los seguros, así como los pagos del impuesto de lujo y de los cosméticos. OSHA (seguridad e higiene en el trabajo) exige que los ingredientes de las preparaciones cosméticas (incluyendo las soluciones de ondulado permanentes y tintes de pelo) aparezcan en un lugar visible, a la vista del cliente. OSHA distribuye hojas MSDS para este fin.

Las *leyes estatales* se refieren a los impuestos de ventas, licencias y compensación a los trabajadores.

Las *leyes fiscales* están administradas por los gobiernos autonómicos y nacionales.

Los *seguros* cubren las prácticas profesionales negligentes, la responsabilidad del local, fuego, allanamiento de morada, robo e interrupción de la actividad comercial. Comprobar también el Seguro del Personal Clave (una póliza de seguros que cubre la pérdida de trabajo de un empleado importante o de usted mismo) y las pólizas de incapacidad; asegúrese de que está cubierto por todo lo que exige su alquiler.

REGIMENES DE PROPIEDAD

Un salón puede ser de propiedad y estar regentado por un *individuo*, una *sociedad* o una *sociedad anónima*. Antes de decidir qué tipo de propiedad es la más deseable, deberá estar familiarizado con las ventajas y deficiencias de cada régimen.

Propiedad individual

1. El propietario es el propietario y el administrador.
2. El propietario determina las diferentes políticas y toma las decisiones.
3. El propietario recibe todos los beneficios y soporta todas las pérdidas.

Sociedad

1. La propiedad está repartida (partes no necesariamente iguales) entre dos o más personas. Uno de los objetivos de este tipo de arreglo es el de poder disponer de más capital para la inversión.
2. La habilidad y la experiencia de cada socio hacen que sea más fácil compartir el trabajo y las responsabilidades y tomar las decisiones.
3. Cada socio asume mutuamente la responsabilidad ilimitada en caso de deudas.

Corporación

1. La propiedad está compartida por tres o más personas, que reciben el nombre de *accionistas.*
2. El estado exige una *escritura de constitución.*
3. Una sociedad anónima está sujeta a los impuestos y reglamentos del estado.
4. La dirección está en mano de una junta de directores, que determinan la política y que toman las decisiones, de acuerdo con la escritura de constitución de la sociedad anónima.
5. La división de los beneficios es proporcional al número de acciones en poder de cada accionista.
6. Los accionistas no pueden perder más de su inversión original en la sociedad anónima.

Compra de un salón de belleza ya establecido

Un contrato para comprar un salón establecido debe incluir lo siguiente:

1. Un contrato de compra y venta por escrito, para evitar cualquier malentendido entre las partes contratantes.
2. Una declaración completa y firmada con el inventario (bienes, accesorios, etc.), en donde se indique el valor de cada artículo.
3. En caso de transferencia de pagarés, hipoteca sobre bienes muebles, alquiler, factura de venta, el comprador debe iniciar una investigación para determinar si existe algún incumplimiento en el pago de las deudas.
4. Identidad del propietario.

5. Utilizar el nombre del salón y su reputación durante un período de tiempo determinado.
6. Un acuerdo por la cual el vendedor no competirá con el nuevo propietario, dentro de una distancia especificada de la ubicación actual.
7. Consejos adicionales proporcionados por su abogado.

Preparación de un arrendamiento

1. Asegurar una exención de los accesorios o aparatos eléctricos unidos al salón, de manera que se puedan suprimir sin violar el arrendamiento.
2. Asegurar un acuerdo sobre las renovaciones y reparaciones necesarias, como el pintado, fontanería, accesorios e instalación eléctrica.
3. Asegurar una opción del propietario, para asignar el arrendamiento a otra persona. De esta manera, las obligaciones para el pago de la renta se mantienen separadas de las responsabilidades de operación de la empresa.

PROTECCIÓN CONTRA EL FUEGO, ROBO Y PLEITOS

1. Mantener el local bien cerrado.
2. Contratar seguros de responsabilidad, fuego, práctica negligente y allanamiento de morada.
3. No violar las leyes de prácticas médicas de su estado, intentando diagnosticar, tratar o curar una enfermedad.
4. Familiarizarse bien con todas las leyes que gobiernan la cosmetología, así como con los códigos sanitarios de su ciudad y estado.
5. Mantener registros precisos del número de trabajadores, la cantidad de los salarios, los períodos del empleo y los números de Seguridad Social que exigen las diferentes leyes estatales y federales, que afectan el bienestar social de los trabajadores.

◆NOTA: La ignorancia de la ley no es excusa.

OPERACIÓN DE LA EMPRESA

El propietario o gerente debe tener un buen sentido comercial, buenos conocimientos, pericia, buen juicio y diplomacia. Para poder gestionar un salón sin contratiempos es necesario:

1. Suficiente capital.
2. Eficiencia de dirección.
3. Buenos procedimientos empresariales.
4. Cooperación entre la dirección y los empleados.
5. Personal cualificado y con experiencia.

Si experimenta dificultades en una o más de estas categorías, probablemente tendrá dificultades en seguir adelante en el negocio.

Asignación del dinero

Como buen empresario, siempre debe saber en qué se gasta su dinero. Un buen contable y un buen sistema contable será una ayuda inestimable.

Las siguientes cifras pueden variar dependiendo de la ubicación. En las grandes ciudades puede que el alquiler sea más alto, mientras que en los pueblos pequeños puede que el alquiler sea más bajo, pero los servicios públicos y el teléfono pueden ser más altos. Estas cifras sólo aparecen aquí como guía general.

Gasto promedio de los salones de belleza en los Estados Unidos

(Basado en los ingresos brutos totales)	Porcentaje
Salarios y comisiones (incluyendo los impuestos sobre la nómina)	53,5
Alquiler	13
Proveedores	5
Publicidad	3
Amortización	3
Lavandería	1
Limpieza	1
Luz y electricidad	1
Reparaciones	1,5
Seguros	,75
Teléfono	,75
Varios	1,5
Gastos totales	85
Beneficios netos	15
	100%

Resulta evidente que las mayores partidas de gastos son los salarios, alquileres, proveedores y publicidad. Los tres primeras necesitan atención especial. La publicidad se puede ajustar según necesidades. ✔

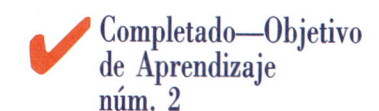

✔ Completado—Objetivo de Aprendizaje núm. 2

CONSIDERACIONES FINANCIERAS PARA LA OPERACIÓN DE UN SALÓN DE BELLEZA

LA IMPORTANCIA DEL MANTENIMIENTO DE LOS REGISTROS CONTABLES

Si desea una buena gestión, deberá poseer unos buenos registros contables. Los registros contables correctos son necesarios para poder cumplir con las leyes locales, del estado y federales que regulan los impuestos y los empleados. Los registros contables sólo tendrán algún valor si son correctos, concisos y completos. La teneduría de libros incluyen el mantenimiento de un registro preciso de todos los ingresos y gastos. Generalmente los ingresos se clasifican como recibos procedentes de servicios o los procedentes de ventas minoristas. Los gastos incluyen los alquileres, servicios públicos, seguro, salarios, publicidad, equipo y reparación. Se recomienda contratar los servicios de un contable profesional, para mantener unos registros precisos. Conservar los resguardos de los cheques, cheques anulados, recibos y facturas.

Todas las transacciones se deben registrar por las siguientes razones:

1. Para determinar los ingresos, gastos, pérdidas o beneficios.
2. Para evaluar el valor de un salón de belleza, para los posibles compradores.

3. Para poder disponer de un préstamo bancario o financiación.
4. Para tramitar la declaración de renta, seguridad social, seguros de invalidez, accidentes y para los pagos porcentuales de los ingresos brutos, necesarios en algunos contratos de arrendamiento.

Registros contables semanales
Un resumen semanal o mensual ayuda a:

1. Poder hacer comparaciones entre un año y otro.
2. Detectar cualquier cambio en la demanda de servicios.
3. Comprobar el empleo de materiales, de acuerdo con el tipo de servicio prestado.
4. Control de los gastos y de los desperdicios.

Registros contables diarios
El mantenimiento de registros contables diarios permite al propietario conocer el estado de la empresa. Cada partida de gasto afecta el total de ingresos brutos. Unos registros contables precisos muestran el costo de la operación en relación con los ingresos. Conservar los resguardos de ventas diarios, libro de citas y un libro mayor de caja durante al menos seis años. Generalmente el libro de nóminas, los cheques anulados y los registros contables mensuales o anuales se conservan durante al menos siete años. También se deben conservar los registros de servicio y de inventarios.

Registros contables de compras y de inventarios
Los registros contables de compra ayudan a mantener un inventario perpetuo que se puede utilizar para:

1. Impedir un stock excesivo de los suministros necesarios.
2. Impedir quedarse sin los suministros necesarios.
3. Ayudar a establecer el valor neto de la empresa al final del año.

Mantener un inventario actual de todos los suministros. Clasificarlos de acuerdo con su empleo y valor minorista. Los suministros que se utilizan en la operación diaria reciben el nombre de *suministros consumibles.* Los suministros para vender a los clientes reciben el nombre de *suministros minoristas.*

Los registros del inventario le indican qué mercancía se está vendiendo más rápidamente y qué artículos no se venden bien. A continuación podrá juzgar qué cantidad de cada producto puede vender, de manera que se pueda utilizar o vender dentro de un período de venta razonable. Es mejor poseer una cantidad de suministros ligeramente superior a los necesarios. Se debe intentar planificar una compra importante de suministros cuando los comerciantes ofrezcan precios especiales.

Registros de los servicios

Se debe mantener un registro de servicios, en el que se indiquen los tratamientos realizados y la mercancía vendida a cada cliente. Para estos registros se debe utilizar un fichero de tarjetas o una agenda colocado en un lugar accesible.

Todos los registros de servicios deben incluir el nombre y dirección del cliente, fecha de cada compra o servicio, cantidad cobrada, productos utilizados y resultados obtenidos. Anotar también los gustos y preferencias del cliente. ✔

PLANIFICACIÓN DE LA DISTRIBUCIÓN DEL SALÓN

La distribución de un salón debe estar bien planificada para poder lograr la máxima eficiencia. La mayoría de los proveedores de productos profesionales se mostrarán dispuestos a planificar su distribución, ya sea pagando unos honorarios razonables o no pagando nada en absoluto. (Fig. 26.2)

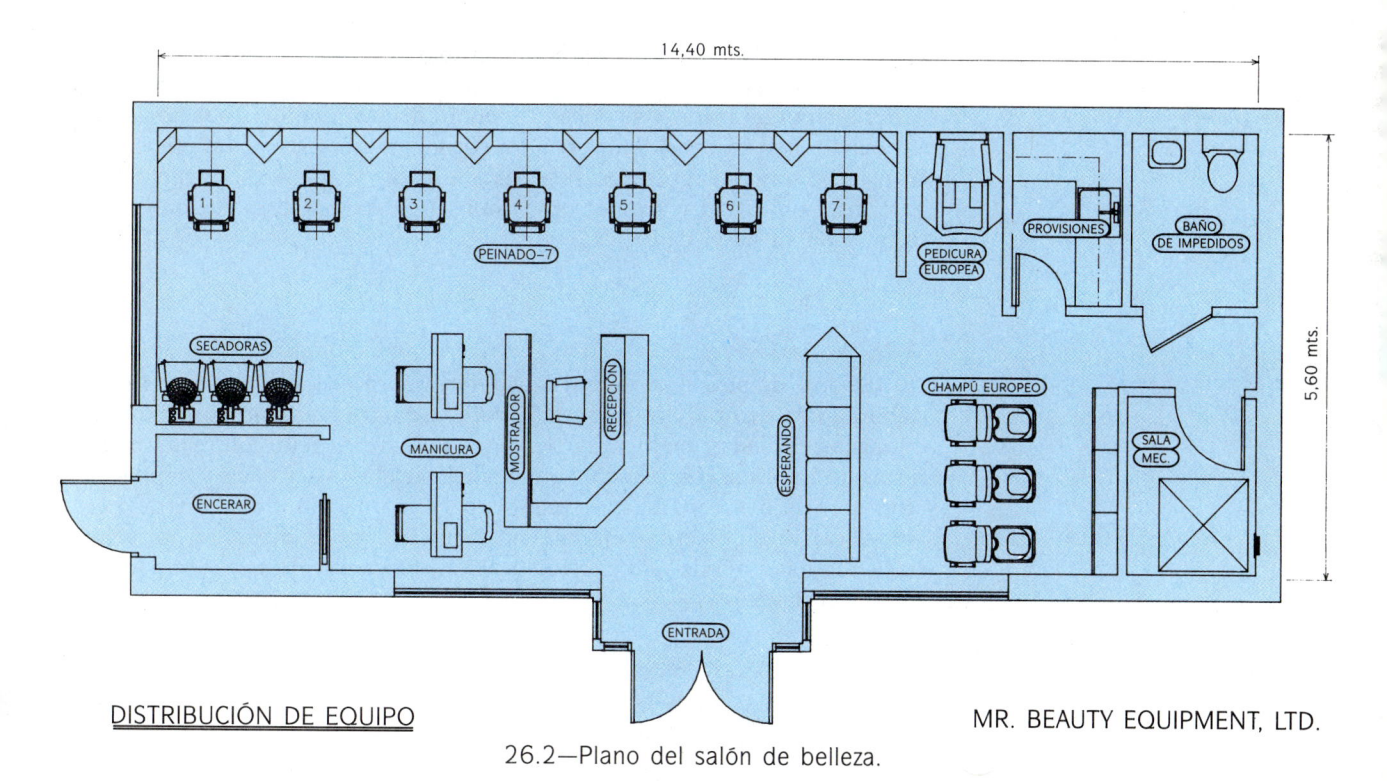

✔ Completado—Objetivo de Aprendizaje núm. 3

MANTENIMIENTO DE REGISTROS DEL NEGOCIO

DISTRIBUCIÓN DE EQUIPO

26.2—Plano del salón de belleza.

MR. BEAUTY EQUIPMENT, LTD.

Para obtener la máxima eficiencia cuando se planifica la distribución física de un salón de belleza, deberá considerar lo siguiente:

1. Flujo de los servicios con dirección y procedentes de la zona de recepción.
2. Pasillos con suficiente espacio.

3. Asignación de espacio para el equipo.
4. Muebles, accesorios y equipos, seleccionados en base de su costo, durabilidad, utilidad y apariencia. La compra de equipo normalizado y garantizado constituye una inversión valiosa.
5. Una distribución del color sosegada y agradable.
6. Un dispensario.
7. Un espacio de almacenamiento adecuado.
8. Un cuarto de baño limpio con iñodoro y lavabo.
9. Buena fontanería y suficiente iluminación.
10. Buena ventilación, aire acondicionado y calefacción.
11. Armario de ropa adecuado y zona de cambio para los clientes.

GESTIÓN DEL SALÓN

Los clientes que visiten su salón deben sentirse bien atendidos, deseando volver a su salón. Para poder conseguir este objetivo, su salón necesita estar bien organizado y se debe gestionar eficientemente. Los factores que se debe tener en consideración para conseguir una operación eficiente y constante son los siguientes: personal, políticas y prácticas, estructura de precios, publicidad y promoción; también se debe tener en cuenta la apariencia de su salón de belleza.

PERSONAL

El tamaño de su salón de belleza determinará el tamaño de su fuerza laboral. Por ejemplo, los salones de belleza de gran tamaño poseen recepcionistas, estilistas, manicuras, personal que lava el pelo, coloristas, masajistas de ambos sexos, personal que realiza faciales, electrólisis y depilación con cera. Un salón más pequeño poseerá una combinación de personal capaz de ejecutar más de un servicio. Por ejemplo, en un salón más pequeño, puede que el estilista también sea el colorista y puede que haga permanentes.

Cómo contratar personal

El éxito de su salón de belleza depende directamente de la calidad del trabajo realizado por el personal. Un cliente satisfecho vuelve para recibir más servicios y recomendará el salón de belleza a otros. Cuando se entrevisten empleados potenciales, deberá considerar la personalidad, nivel de formación, aseo personal y los clientes que traerán.

POLÍTICAS Y PRÁCTICAS DEL SALÓN DE BELLEZA

Es importante que todo el personal del salón de belleza conozca la política y las prácticas, para poder mantener una operación diaria sin contratiempos.

Establecimiento del precio de los servicios

Generalmente el coste de los servicios se establece de acuerdo con la ubicación del salón de belleza y del tipo de clientela que espera servir. Se debe colgar una lista de precios en donde pueda ser vista por todos los clientes, probablemente en la mesa de recepción.

La zona de la recepción

Las primeras impresiones son importantes y debido a que la zona de recepción es lo primero con lo que topa el cliente, debe hacer que su zona de recepción sea atractiva, llamativa y cómoda. Recuerde que su recepcionista, sistema telefónico, vestidor y productos ofertados se pueden ubicar en esta zona. En la mesa de recepción debe tener a su alcance un buen suministro de tarjetas de presentación, con la dirección y número telefónico del salón de belleza. También es importante tener en cuenta que éste es el lugar en donde se realizan las transacciones financieras con el cliente.

La recepcionista

En segundo orden de importancia después de los cosmetólogos se encuentra su recepcionista. Una buen recepcionista es la pieza clave del salón de belleza. Esta es la primera persona que contacta con el cliente que entra. La recepcionista debe ser agradable, saludar a cada cliente con una sonrisa y llamarlo por su nombre. Un servicio eficiente crea una buena reputación, confianza y satisfacción. Las impresiones favorables empiezan con la recepción educada del cliente. Estas impresiones duran siempre que el cliente obtenga los resultados deseados de los servicios del salón de belleza. (Fig. 26.3)

La recepcionista se ocupa de muchas funciones importantes, incluyendo contestar el teléfono, reservas de citas, informar al estilista de que un cliente ha llegado, preparar la información de citas diaria para el cosmetólogo, recomendar otros servicios y recordar al cliente sobre otros productos minoristas.

La recepcionista debe prestar especial atención a la hora y cada 15 minutos después de la hora, ya que estas son las horas reservadas para los clientes. Las actividades secundarias como la limpieza, mantenimiento del inventario, informes diarios, llamadas personales o cualquier otra actividad que aparte a la recepcionista de la mesa, debe realizarse durante los períodos menos activos de la hora.

26.3—Recepcionista del salón.

Reserva de citas

La reserva de citas se debe realizar con cuidado, debido a que los servicios se venden en términos de tiempo en la página de citas. Las citas se deben planificar para poder utilizar eficientemente el tiempo de todo el personal del salón de belleza. Un cliente no debería tener que esperar por un servicio y un cosmetólogo no debería tener que esperar por el próximo cliente.

El tamaño del salón determina quién reserva las citas. Las reservas también las puede hacer un recepcionista a tiempo completo, el propietario o el director o cualquiera de los cosmetólogos que trabaje en el salón de belleza.

Una recepcionista con una voz y una personalidad agradables es un activo valioso en el salón de belleza. Además deberá poseer:

1. Una apariencia agradable.
2. Conocimientos sobre los diferentes servicios de belleza, su costo y el tiempo que tardan.
3. Paciencia ilimitada, tanto con los clientes como con el personal del salón de belleza.

Libro de citas

El empleo de un registro de citas ayuda al cosmetólogo a poder organizar el tiempo para adaptarse a las necesidades del cliente. El libro de citas del salón de belleza refleja de una manera precisa todo lo que acontece en el salón en un tiempo dado. El programa de citas permite al cosmetólogo poder ver cuántos clientes vendrán durante el día y cuánto tiempo se necesita para realizar los servicios apropiados. En la mayoría de los salones, la recepcionista prepara el programa de citas para los miembros del personal en los salones más pequeños, posiblemente cada persona prepara su propio programa. (Fig. 26.4)

26.4 — Libro de citas.

EMPLEO DEL TELÉFONO EN EL SALÓN

Una parte importante de las actividades del salón se resuelven por teléfono. Si el propietario del salón y el cosmetólogo conocen y emplean buenas técnicas telefónicas, podrán incrementar el volumen de negocios y mejorar las relaciones con los clientes y proveedores. Con cada llamada, tendrá la oportunidad de acrecentar la reputación del salón, por medio de proporcionar un servicio de alta calidad.

El teléfono se puede utilizar para:

1. Concertar o cambiar citas.
2. Tratar de incrementar el negocio o averiguar por qué se perdió un cliente.
3. Recordar a los clientes de los servicios necesarios.
4. Responder preguntas y proporcionar un servicio amigable.
5. Tratar con las quejas para satisfacer al cliente.
6. Recibir mensajes.
7. Realizar pedidos de equipos y suministros.

La actividad empresarial en el salón se puede promover con eficiencia por teléfono, siempre que haya:

1. Buena planificación.
2. Buena utilización del teléfono.

Buena planificación

Una buena planificación exige una buena comunicación telefónica. Seleccionar adecuadamente la persona idónea para este cometido y proporcionarle la información necesaria para poder llevar su cometido a buen fin. Se debe formar un substituto fiable para realizar llamadas exteriores y responder las llamadas que se reciben cuando la persona titular no se encuentra en el local.

Generalmente el teléfono se encuentra en la mesa de recepción, ya que allí es donde se encuentra el libro de citas del salón. Debido a que puede que haya bastante ruido en la mesa de recepción, las llamadas a los clientes y a los proveedores se deben realizar en un momento tranquilo del día o desde un teléfono que se encuentre en una zona más tranquila.

Colocar un asiento cómodo al lado del teléfono. También debe haber un libro de citas, tarjetas de registro del cliente, lápiz o bolígrafo de punta redonda y un bloc de papel. También es necesario disponer de una lista actualizada de los números telefónicos que se utilicen con más frecuencia y una guía telefónica reciente.

La persona que utilice el teléfono deberá:

1. Poseer una voz agradable. Hablar claramente, utilizar un lenguaje correcto e incluir una "sonrisa" en su voz.
2. Mostrar interés y preocupación cuando hable con un cliente o un proveedor.

3. Usar la educación, el respeto y la cortesía para todo el mundo, incluso si algunas personas alcanzan los límites de su paciencia.

4. Mostrar tacto. No decir nada que pueda irritar a la persona que se encuentra en el otro extremo del teléfono.

5. Planificar lo que se debe decir durante la llamada. Confeccionar una lista de los principales puntos que desea tratar. El saber lo que desea decir le ayuda a proyectar una imagen de confianza y de eficiencia. También resulta de gran ayuda apuntar los puntos claves de las respuestas o preguntas de la otra persona. Esto le permitirá poder abordar directamente las preocupaciones e intereses del interlocutor.

Recepción de llamadas telefónicas

Las llamadas telefónicas que se reciben son el cordón umbilical de un salón. Generalmente los clientes llaman por adelantado para obtener citas con el cosmetólogo preferido, o puede que llamen para anular o reprogramar una cita. La persona que responde al teléfono, generalmente el recepcionista, debe poseer la técnica necesaria para atender diferentes llamadas. Como se mencionó anteriormente, responda siempre al teléfono con una sonrisa utilizando su voz natural, hable claramente, utilice un lenguaje correcto, concéntrese en escuchar a la persona con la que está hablando con educación, respeto y tacto. Aquí presentamos algunas directrices que debemos recordar cuando se contesta el teléfono:

26.5—El teléfono es una parte importante de la gestión comercial del salón.

1. Cuando responda al teléfono, diga "Buenos días (tardes o noches), Salón de Belleza Milady. ¿Puedo servirle de ayuda?" Algunos salones también exigen que proporcione su nombre a la persona que llama. Las primeras palabras que diga proporcionan información al interlocutor sobre su personalidad. Comunique al interlocutor que está contento de que haya llamado. (Fig. 26.5)

2. Responda al teléfono con rapidez. No hay nada más irritante que llamar a una empresa y tener que esperar cuatro o cinco timbrazos antes de que cualquiera responda al teléfono. En un sistema de líneas múltiples, cuando llegue una llamada y esté hablando por otra línea, ponga a la persona a la espera, responda la segunda llamada y pedir a esta persona que espere mientras finaliza la primera llamada. Atender a las personas en el orden en que llamen.

3. Si no posee la información pedida por su interlocutor, tomar una de las dos acciones posibles: poner el interlocutor a la espera y obtener la información o volver a llamar a la persona con la información, tan pronto como disponga de ella.

4. Mientras esté hablando por teléfono, no hable con nadie que se encuentre cerca de usted. Estará realizando un servicio incorrecto a los dos clientes.

Reserva de visitas por teléfono

1. Cuando se reserven visitas, usted debe estar familiarizado con todos los servicios y productos disponibles en el salón y en sus costos.

2. Sea justo cuando realice las asignaciones. No programar seis visitas para un cosmetólogo y dos para otro, excepto cuando el cliente haya solicitado un cosmetólogo en particular. Asignar cuatro clientes a cada cosmetólogo.

3. Si alguien llama pidiendo una visita con un cosmetólogo en particular, en un día y a una hora determinada, y ese técnico no esté disponible en ese momento, esta situación se puede abordar de varias maneras:

   a) Si el cliente utiliza regularmente un cosmetólogo, recomendar otras horas en que este cosmetólogo está disponible.

   b) Si el cliente no puede venir en ninguna de estas horas, aconseje otro cosmetólogo.

   c) Si el cliente no desea probar otro cosmetólogo, ofrézcase a llamar al cliente si se produce una anulación en la hora deseada.

Cómo resolver las quejas por teléfono

El resolver las quejas, particularmente por teléfono, es una tarea difícil. Probablemente el interlocutor está enfadado y tiene un mal temperamento. Intente controlarse, emplee tacto y cortesía, sin importar lo difíciles que sean las circunstancias. Sólo así el interlocutor se sentirá bien tratado.

Recuerde que el tono de su voz debe ser amigable y seguro. Su manera de hablar debe hacer creer al interlocutor que está preocupado por la queja. No interrumpa. Escuche todo el problema. Después de escuchar completamente la queja, debe intentar resolver la situación rápidamente y con efectividad. A continuación aparecen consejos sobre cómo resolver algunos problemas. Si aparecen otros problemas, seguir la política del salón de belleza o hablar con el propietario/director para obtener consejos.

1. Indicar al cliente insatisfecho que siente mucho todo lo acontecido y explique la razón de los problemas. Indicar al cliente que el problema no se producirá otra vez.

2. Mostrar estar de acuerdo con el cliente indicando que comprende y siente todas las inconveniencias. Expresar las gracias a la persona por informarle sobre el asunto.

3. Preguntar al cliente cómo el salón puede remediar la situación. Si la solicitud es justa y razonable, consultar con el propietario/director para obtener su aprobación.

✓ **Completado—Objetivo de Aprendizaje núm. 4**

BUENA OPERACION DEL NEGOCIO Y LA DIRECCIÓN DEL PERSONAL

4. Si el cliente no está satisfecho con los resultados de un servicio, aconseje una visita al salón para ver lo que se puede hacer para remediar el problema.
5. Si un cliente no está satisfecho con el comportamiento de un cosmetólogo, llamar al propietario/director para que se ponga al teléfono. ✓

VENTAS EN EL SALÓN

A medida que se añaden más productos a las operaciones del salón, la venta se convierte en una responsabilidad cada vez más importante para el cosmetólogo. Probablemente, el cosmetólogo que esté igualmente cualificado como estilista y vendedor es el que tendrá más éxito en esta empresa. El asesoramiento de los clientes sobre los productos adecuados para los regímenes de belleza no sólo añadirá mayores ingresos, sino que facilitará que los clientes conserven el aspecto por el que usted ha trabajado tanto.

Aquí no intentaremos cubrir todos los aspectos de la venta, pero si usted utiliza este material como base para cimentar su negocio, las técnicas de ventas efectivas se convertirán en parte de su repertorio de habilidades.

Para tener éxito en las ventas, necesitará ambición, determinación y una buena personalidad. El primer paso de la venta es vender el producto a usted mismo. Los clientes deberán apreciarle y confiar en usted antes de que le compren los servicios de belleza, cosméticos, artículos de tratamientos de la piel, champúes y acondicionadores y otros productos.

Cada cliente que entra en el salón de belleza es un posible cliente de productos o servicios adicionales. El trato que otorguemos a esta persona constituirá la base de la venta. Si se reconocen las necesidades y preferencias del cliente, entonces será posible realizar ventas sugestivas. (Fig. 26.6)

26.6—Presentación de los productos minoristas del salón.

PRINCIPIOS DE VENTA

Para convertirse en un vendedor eficiente, deberá comprender y ser capaz de aplicar los siguientes principios de venta:

1. Estar familiarizado con los méritos y beneficios de cada servicio y producto.
2. Adaptar su enfoque y técnica, para cumplir las necesidades de cada cliente.
3. Tener confianza en sí mismo.
4. Generar interés y deseo, que son los pasos que conducen a la venta.
5. Nunca representar incorrectamente el servicio y el producto.
6. Mostrar tacto cuando se vende a un cliente.
7. No subestimar el cliente o la inteligencia del cliente.
8. Para vender un producto o servicio, realizar el diálogo de ventas de una manera amigable y relajada y en caso de que sea posible, demostrar su empleo.
9. Reconocer el momento sicológico correcto para cerrar una venta. Una vez que el cliente haya indicado su intención de compra, dejar de vender, no exagerar. Elogiar al cliente por su compra y asegurarle que estará muy contento con el producto.

TIPOS DE CLIENTES

El cosmetólogo que tiene más probabilidades de vender servicios o mercancías adicionales a los clientes es aquél que puede reconocer muchas clases diferentes de personas y que sabe cómo tratar a cada una de ellas.

A continuación se describen siete de los tipos más comunes de personas así como el trato idóneo para cada descripción.

1. *Tipo tímido y recatado.* Haga que el cliente se sienta a sus anchas. Dirija la conversación. No fuerce la conversación. Muéstrese alegre.
2. *Tipo hablador.* Es necesario saber escuchar al cliente con paciencia. Cambie disimuladamente y con tacto el tema de la conversación, para enfocarla en las necesidades de productos de belleza.
3. *Tipo nervioso e irritable.* No desea mucha conversación. Desea un peinado simple y práctico y un trabajador rápido. Empiece y acabe tan pronto como sea posible.
4. *Tipo inquisitivo y demasiado precavido.* Explicarlo todo muy detalladamente. Mostrarlo todo, como las botellas selladas, nombres comerciales. Preguntar la opinión al cliente.
5. *Tipo "sabelotodo".* Sugerir las cosas en forma de pregunta. No discuta con este cliente. Halagarlo.
6. *Adolescente.* Generalmente está interesado en la última moda. Proporcionar asesoramiento sobre el cuidado del pelo y sobre otros temas relacionados con la belleza.

7. *Persona madura* (60 años o más). Muestre una educación extrema. Aconsejar peinados que proporcionen una apariencia más joven sin aparentar demasiada juventud (o un aspecto tonto).

LA SICOLOGÍA DE LAS VENTAS

Cada persona que entra en un salón de belleza es un individuo con unos deseos y necesidades determinadas. Sin importar la efectividad del producto o servicio de belleza, podrá comprobar que es difícil vender si el cliente no lo necesita. Por lo tanto, su primera tarea consistirá en determinar si el cliente necesita o está interesado en un servicio o producto.

Motivos para realizar la compra

¿Cuáles son los motivos por los que los clientes compran servicios y productos? Con frecuencia, los motivos son la vanidad, satisfacción personal y la gratificación estética. En nuestra sociedad todos intentan poseer un aspecto joven y esbelto, con un semblante fresco y un corte de pelo actual.

Cómo ayudar en la toma de decisiones del cliente

Si su cliente duda o no ha decidido sobre la conveniencia de un servicio o un producto, ayúdele en la toma de decisiones con consejos honestos y sinceros. Por ejemplo, si un cliente está pensando en teñirse el pelo pero ya se le ha hecho una permanente, podría informarle sobre los cuidados adicionales necesarios en ambos tratamientos.

Es sumamente importante proporcionar información al cliente sobre el servicio de belleza y lo que esto significa en términos de resultados y beneficios. Siempre es necesario recordar que su primera consideración debe ser el bienestar del cliente. El prestar la debida consideración al cliente le ayudará a conocer sus necesidades. Así podrá satisfacer completamente al cliente y también repercutirá favorablemente en su economía.

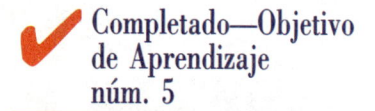

✓ **Completado—Objetivo de Aprendizaje núm. 5**

LOS PRINCIPIOS Y LA PRÁCTICA DE VENTAS EXITOSAS

VENTA DE PRODUCTOS

Muchos salones de belleza ofrecen una amplia gama de productos, desde joyería a productos cosméticos. Para poder satisfacer las necesidades y deseos de los clientes, el salón debe tener un inventario muy variado. La persona a cargo de estos accesorios debe estar familiarizada con todos los productos y sus méritos comparativos. ✓

PUBLICIDAD

La publicidad incluye todas las actividades que promueven favorablemente al salón. La publicidad debe atraer y retener la atención del lector, oyente o espectador y crear un deseo hacia este servicio o producto.

La mejor publicidad es un cliente satisfecho. Algunos salones prefieren contratar una agencia de publicidad en vez de crear su propia publicidad, pero esto resulta caro.

Un presupuesto de publicidad debe constituir aproximadamente el 3% de sus ingresos brutos. Planificar con un mínimo de 6 meses por adelantado y concentre la mayor parte de su publicidad en períodos tradicionalmente bajos. Planifique también las fiestas y celebraciones anuales especiales. Aquí aconsejamos algunas maneras de realizar la publicidad:

1. Periódicos.
2. Correo directo para obtener un contacto más próximo con el cliente potencial.
3. La publicidad clasificada en las páginas amarillas de la guía telefónica es relativamente barata. Para poder realizar un anuncio en las páginas amarillas, consultar con sus proveedores sobre la disponibilidad de *publicidad cooperativa* con ciertas líneas de productos principales.
4. Un escaparate atrae a los peatones.
5. La publicidad radiofónica es más cara, pero es muy efectiva.
6. La televisión es un medio muy contundente, pero muy caro.
7. Las apariciones públicas personales son medios excelentes de publicidad, especialmente en las asociaciones femeninas y masculinas, reuniones políticas, reuniones caritativas y en mesas redondas radiofónicas.
8. Contactar clientes que hace tiempo que no acuden al salón, invitándoles a volver, puede ser muy efectivo.
9. La venta de productos y servicios por teléfono puede ser muy efectiva y la pueden realizar los estilistas durante el "tiempo muerto."
10. También se pueden desarrollar promociones grabadas en cintas de video, que aparezcan en un aparato de video en el salón de belleza. ✔

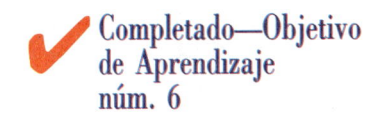

✔ Completado—Objetivo de Aprendizaje núm. 6

LA IMPORTANCIA DE LA PUBLICIDAD

PREGUNTAS DE REPASO

EL NEGOCIO DEL SALÓN DE BELLEZA

1. ¿Qué factores se deben tener en cuenta cuando se abre un salón de belleza?
2. ¿Cuáles son los tres regímenes de propiedad bajo los cuales se puede operar un salón de belleza?
3. ¿Qué beneficios se persiguen al mantener unos registros precisos?
4. ¿Cuáles son los dos tipos de suministros que componen el inventario de un salón de belleza?
5. ¿Por qué es tan importante la zona de recepción de un salón de belleza?
6. ¿En qué ayudará al salón de belleza unas buenas técnicas telefónicas?
7. ¿Cuáles son los principios y prácticas principales necesarias para realizar una buena venta?
8. Definir lo que es la publicidad.
9. ¿Cuál es la mejor forma de publicidad?

Respuestas a las Preguntas de Repaso

Capítulo 1
SU IMAGEN PROFESIONAL
(Respuestas a las preguntas de la página 22)

1. Descanso, Ejercicio, Relajación, Nutrición, Higiene personal y Arreglo personal.
2. Buena postura, andar y movimientos.
3. El reflejo hacia el exterior de sus sentimientos interiores, actitudes y valores.
4. La comunicación incluye su capacidad de escuchar, su voz, su habla, su forma de expresarse y sus aptitudes para la conversación.
5. La psicología de llevarse bien con los demás.
6. Una actitud profesional se expresa por su propia estima, la confianza en su profesión y el respeto que usted muestra a los otros.
7. El estudio de las normas de conducta y de juicio moral.

Capítulo 2
BACTERIOLOGÍA
(Respuestas a las preguntas de la página 30)

1. La bacteriología es necesaria porque protege la salud individual y pública.
2. La bacteriología es la ciencia que trata el estudio de los microorganismos llamados bacterias.
3. Las bacterias son diminutos microorganismos vegetales y unicelulares que se encuentran prácticamente en cualquier sitio.
4. Pueden existir casi en cualquier sitio: en la piel del cuerpo, en el agua, en el aire, en materias en descomposición, secreciones de las aberturas del cuerpo, sobre tejidos y bajo las uñas.
5. a) Las bacterias no patógenas llevan a cabo muchas funciones útiles, como descomponer residuos y mejorar la fertilidad del suelo. b) Las bacterias patógenas son nocivas y aunque en una minoría, producen enfermedades cuando invaden los tejidos de animales o plantas.
6. a) Los parásitos pertenecen al grupo de las bacterias patógenas que necesitan materia viva para crecer. b) Los sapofritos son bacterias no patógenas que viven sobre materiales muertos y no producen enfermedades.
7. a) Los cocos son organismos de forma redondeada que parecen individualmente. b) Los bacilos son organismos cortos en forma de varilla. Son las bacterias más comunes y producen enfermedades. c) Los espirilos son organismos curvados o en forma de espiral.
8. a) Estafilococos: Organismos que forman pus, que crecen en forma de racimos. Producen abscesos, pústulas y forúnculos. b) Estreptococos: Organismos que forman pus y que crecen en forma de cadenas. Causan infecciones como el dolor de garganta. c) Diplococos: Crecen en pares y producen la neumonía.
9. Cuando las condiciones son favorables, las bacterias crecen y se reproducen si tienen suficiente comida. Cuando alcanzan su tamaño máximo, se dividen en dos células nuevas. Esta división se llama mitosis.
10. Durante la etapa activa las bacterias crecen y se reproducen. Durante la etapa inactiva forman esporas esféricas y no se produce crecimiento ni reproducción.
11. Utilizan prolongaciones filamentosas, llamadas flagelos o cilios, para desplazarse.
12. a) Una infección local queda indicada por un forúnculo o un grano que contiene pus. b) Una infección generalizada aparece cuando el torrente sanguíneo transporta las bacterias y sus toxinas a todas las partes del cuerpo, tal como sucede en la sífilis.
13. Una que pasa de una persona a otra por contacto.
14. Las infecciones se pueden prevenir y controlar por medio de la higiene personal y la higienización pública.
15. a) Las plantas parásitas u hongos, como el moho, el mildiu y las levaduras, pueden producir enfermedades contagiosas como la tiña y el favo, una enfermedad de la piel del cráneo. b) Los parásitos animales son responsables de enfermedades contagiosas, como por ejemplo el ácaro y el pediculosis (una infección del cuero cabelludo causado por piojos).
16. La inmunidad es la capacidad del cuerpo de destruir bacterias que han logrado entrar y resistir así la infección. Los dos tipos son inmunidad natural e inmunidad adquirida.
17. Las bacterias pueden destruirse con desinfectantes y por calor intenso.

Capítulo 3
DESCONTAMINACIÓN Y CONTROL DE INFECCIONES
(Respuestas a las preguntas de la página 42)

1. la remoción de patógenos y otras substancias de instrumentos o superficies
2. La esterilización destruye por completo todo organismo vivo en una superficie, incluso las esporas bacterianas, la forma de vida más resistente sobre la tierra.
3. La higienización significa reducir considerablemente la cantidad de patógenos en una superficie. Los instrumentos y otras superficies del salón de belleza se higienizan limpiándolos con jabón o detergente.

4. Los antisépticos pueden eliminar bacterias o retardar su crecimiento. Los antisépticos son más débiles que los desinfectantes y seguros para aplicarse sobre la piel. Los desinfectantes eliminan microbios en instrumentos contaminados y otras superficies inorgánicas. Los desinfectantes no son para utilizarse en la piel, uñas o cabello humano.

5. Todos los desinfectantes deben estar aprobados por la EPA y por cada uno de los estados. La etiqueta del desinfectante debe incluir también el número de certificación EPA.

6. Los MSDS (Folletos de Información sobre la Seguridad de Materiales) incluyen toda la información importante sobre los productos, incluso el contenido y riesgos asociados con ellos, los niveles de combustión y requerimientos para almacenar dichos productos. Puede obtenerlos del distribuidor del producto.

7. Deben ser bactericidas para eliminar bacterias dañinas y funjicidas para destruir el hongo.

8. a) compuestos cuaternarios de amoníaco, (quats) b) desinfectantes de fenol (fenoles) c) alcohol d) blanqueador (hipoclorito de sodio)

9. Los jabones en barra pueden promover el crecimiento de bacterias. Sería más higiénico proveer jabones antisépticos líquidos en envase tipo bomba.

10. El formaldehido, el gas que emana de las tabletas o el líquido de formalina, se sospecha de ser un agente causante de cáncer en los seres humanos. Provoca envenenamiento si se inhala y ocasiona serias irritaciones en los ojos, la nariz, la garganta y los pulmones.

11. La higienización universal es el empleo de guantes y gafas de seguridad, desinfectantes y detergentes, al mismo tiempo que la higiene personal y la limpieza del salón de belleza.

Capítulo 4
PROPIEDADES DEL CUERO CABELLUDO Y DEL PELO
(Respuestas a las preguntas de la página 66)

1. Las finalidades principales del cabello son el ornato y la protección de la cabeza contra el calor, el frío y las lesiones.

2. El pelo es un apéndice de la piel. Es una excrecencia fina y filiforme de la piel y el cuero cabelludo.

3. El pelo está compuesto básicamente de la proteína queratina que se encuentra en todos los apéndices córneos incluyendo las uñas y la piel.

4. La raíz del pelo y el tallo del pelo.

5. El ritmo de crecimiento del pelo humano varía según las partes del cuerpo, los sexos, las razas y la edad. También influyen en el crecimiento del pelo las estaciones del año, la nutrición, la salud y las hormonas.

6. No hay acuerdo sobre la amplitud exacta de la vida del pelo. Esta duración está influida por factores como sexo, edad, tipo de cabeza, herencia y salud. La superficie de una cabeza promedio es de 780 cm². Hay un promedio de 154 cabellos por cm².

7. El color del pelo de una persona y lo claro u oscuro que es depende del número de gránulos de pigmento en cada tira.

8. Limpieza y estimulación.

Capítulo 5
COBERTURAS
(Respuestas a las preguntas de la página 71)

1. La comodidad y la protección del cliente.

2. Las coberturas son el medio de proteger la piel del cliente y sus vestidos con el uso de la banda de cuello, toallas, y capas.

3. para proteger la piel y los vestidos del agua, productos químicos, y bacterias.

4. En los pasos siguientes, la función de la toalla y de la banda de cuello es por razones sanitarias, para prevenir el contacto de la capa con la piel del cliente.

5. a) Preparar los materiales b) Higienizarse las manos c) Pedir al cliente que se quite todas las joyas del cuello y del pelo y que las guarde d) Girar hacia adentro el cuello.

6. a) Para servicios con el pelo mojado, use una toalla debajo y arriba de la capa. b) Para servicios con el pelo seco use solamente la banda de cuello. c) Para servicios químicos use una toalla doblada arriba y abajo de la capa.

Capítulo 6
LAVADO, ACLARADO Y ACONDICIONADO
(Respuestas a las preguntas de la página 82)

1. Los clientes suponen que el peluquero que lava con un nivel alto de profesionalidad realizará los demás servicios con el mismo nivel de competencia y cuidado.

2. El lavado es un paso preliminar importante para varios servicios y se hace, principalmente, para limpiar el pelo y el cuero cabelludo.

3. El pelo debe lavarse con la frecuencia necesaria para remover la acumulación de grasas y transpiración, que se mezclan con las escamas naturales y la suciedad, siendo un campo de cultivo para bacterias productoras de enfermedades.

4. Seleccione el champú de acuerdo con el estado del cabello.

5. blanda y dura

6. Porque estimula la circulación sanguínea en el cuero cabelludo; ayuda a eliminar el polvo y la acumulación de laca; y proporciona brillo adicional al cabello.

7. antes de dar un servicio químico o si el cuero cabelludo está irritado.

8. potencial de Hidrógeno

9. La cantidad de hidrógeno en una solución se mide en una escala de pH que tiene una amplitud de 0 a 14. A más hidrógeno, más alcalino será el champú (7 a 14); a menos hidrógeno, el pH será más bajo (0 a 6,9).

10. Un champú de pH bajo o balanceado ácido protege contra una sequedad excesiva y los daños del cabello. Un pH alto o balanceado alcalino puede dejar el cabello seco y frágil.
11. Un aclarado consiste en una mezcla de agua y un ácido suave, un agente colorante u otro ingrediente para una finalidad especial.
12. Para restablecer el equilibrio del pH del pelo y para eliminar la espuma del jabón.
13. un aclarado en crema
14. un aclarado con equilibrio ácido
15. Cerrando la cutícula y manteniendo dentro de ella las moléculas de color.
16. Una fórmula para controlar problemas menores de caspa.
17. Realzar o añadir temporalmente color al cabello.

Capítulo 7
CORTE DEL CABELLO
(Respuestas a las preguntas de la página 100)

1. El corte del cabello sirve como base para hacer peinados atractivos y para otros servicios.
2. a) forma de la cara del cliente b) contorno facial c) línea del cuello d) textura del cabello
3. Tijeras de cortar normales, tijeras de entresacar, navaja normal, navajas con cachas de seguridad, maquinillas, peines, y clips.
4. Seccionar correctamente el cabello.
5. Eliminar el exceso de volumen sin acortar su longitud.
6. a) Cabello fino: 1,25 a 2,5 cm. b) Cabello normal: 2,5 a 3,75 cm. c) Cabello grueso: 3,75 a 5 cm.
7. En la nuca (de una a otra oreja), a los lados de la cabeza, sobre las orejas, alrededor de la línea del pelo de la cara, en la raya y cerca de los extremos cortados en el peinado final.
8. El proceso de entresacar con tijeras.
9. Una línea de guía establece la línea que hay que seguir al conformar el equilibrio de la cabeza y ayudará a establecer el modelo general de conformado.
10. El corte escalado consiste en cortar el cabello cerca de la nuca y dejarlo gradualmente más largo hacia la coronilla, sin que muestre una línea definida.
11. Para limpiar la línea del cuello.
12. Para evitar tirones de pelo y el embotado de la navaja.
13. El afinado es acortar el cabello en un efecto gradual.
14. Debe cortarse seco.

Capítulo 8
ONDULACIÓN CON LOS DEDOS
(Respuestas a las preguntas de la página 109)

1. El arte de conformar y dirigir el cabello.
2. La loción de ondular hace el cabello flexible y lo mantiene en su lugar durante el proceso de ondulación con los dedos.
3. Ondulación horizontal con los dedos, ondulado vertical con los dedos, y ondulación sombreada.
4. a) Lavarse las manos y tener utensilios y suministros higienizados disponibles. b) Evitar el uso de una cantidad excesiva de loción onduladora. c) Moldear las ondas en la dirección natural del crecimiento. d) Para salvaguardar la frente y las orejas del cliente del calor intenso del secador, usar protectores de algodón, gasa o papel. e) Secar totalmente el pelo antes de peinarlo.

Capítulo 9
PEINADO EN HÚMEDO
(Respuestas a las preguntas de la página 161)

1. El peinado es la creación de un arte que se lleva puesto.
2. Peso y equilibrio, forma, ritmo, conformación, composición, contraste, elevación, textura, estructura y el uso del espacio.
3. Conformar y moldear el pelo para crear modelos interesantes.
4. horquillas, clips, clips para rulos, pinzas de dos puntas, pinzas de una punta, peines y cepillos
5. Las partes principales de un rizo fijo son la base, el tallo y el circulo.
6. Una conformación es una sección de cabello que se moldea como un diseño para servir de base a un patrón de rizos u ondas. Las conformaciones se clasifican como adelante y atrás; diagonal, vertical u horizontal; rectangular o circular.
7. rectangular, triangular, en arco y cuadrada
8. Las bases para un rizo con rulos son volumen grande, volumen medio y marcas (valles y huecos).
9. La capacidad de analizar los peinados para sus clientes de acuerdo con el tipo de su cuerpo, su cabeza y sus rasgos faciales.

Capítulo 10
PEINADO TÉRMICO
(Respuestas a las preguntas de la página 186)

1. el arte de ondular o rizar el pelo liso o planchado
2. a) convencionales b) eléctricas y autocalentadas c) eléctricas y autocalentadas, vaporizadoras
3. Colocar el peine entre el cuero cabelludo y las tenacillas.
4. La técnica de secar y peinar el pelo húmedo en una sola operación.
5. pistola secadora, peines y cepillos
6. lociones de peinado, acondicionador y laca

Capítulo 11
ONDULACIÓN PERMANENTE
(Respuestas a las preguntas de la página 224)

1. Provee retención duradera del peinado; es fácil para el cliente peinarse en casa; proporciona volumen y cuerpo

adicionales al cabello fino; y provee mayor control al cabello naturalmente grueso, hirsuto y difícil de manejar.
2. El pelo largo se enrolla desde el cráneo hasta las puntas.
3. El peinado croquignole se enrolla desde el cráneo hasta las puntas.
4. La ondulación en frío es una permanente que no necesita calor.
5. Una loción onduladora suaviza y expansiona el mechón del pelo. El neutralizante endurece y contrae el mechón.
6. Una permanente con equilibrio ácido, con unos niveles de pH entre 4,5 y 7,9, de penetración lenta en el pelo y que usa un casco secador para acortar el tiempo de procesado.
7. El proceso que se incorpora en muchas lociones onduladoras para asegurar un desarrollo óptimo de los rizos, durante un tiempo fijo sin el riesgo de un procesado excesivo o de daños al cabello.
8. Una permanente fuerte con niveles de pH entre 8,2 y 9,6 con un tiempo de procesado a temperatura ambiente entre 5 y 20 minutos, y que produce un rizo fuerte y apretado.
9. a) tioglicolato amónico b) monotioglicolato de glicerilo
10. exotérmica
11. peróxido de hidrógeno, un agente oxidante a pH ácido
12. acción física y química
13. a) la cutícula—cubierta exterior del pelo b) la corteza—donde las acciones físicas y químicas tienen lugar; le dan flexibilidad al cabello, elasticidad, resistencia, resiliencia y color c) la médula—la parte más interna; su función es desconocida
14. queratina
15. los enlaces disulfuro
16. Evaluar y analizar el cabello del cliente, y consultar con el cliente sobre lo que espera conseguir (rizo apretado o suelto).
17. Esta información le ayudará a seleccionar el producto y la técnica para una permanente correcta.
18. La porosidad se refiere a la capacidad del pelo de absorber líquidos.
19. Una loción diseñada específicamente para igualar la porosidad, consiguiendo así rizos uniformes.
20. La textura se refiere a lo grueso o delgado (en diámetro) de cada pelo individual.
21. a) la textura b) la porosidad
22. La elasticidad es la capacidad del pelo a estirarse y contraerse.
23. El número de cabellos por unidad de superficie de la cabeza.
24. El tamaño de la varilla.
25. a) rectos b) cóncavos
26. a) cuánto rizo se desea b) características físicas del pelo
27. El seleccionado y la formación de bloques hacen su trabajo más fácil porque crean el plan conjunto para la colocación de bigudís.
28. a) La partición promedia debe corresponder al diámetro del bigudí usado. b) La longitud del bloque debe ser igual, o algo menor, pero nunca mayor que la longitud de la varilla.
29. Debe enrollarse suave y limpiamente sobre cada bigudí sin estirarlo.
30. Las envolturas de las puntas aseguran una envoltura suave y regular y minimizan el peligro de roturas del pelo.
31. a) envoltura de puntas con papel doble b) envoltura de puntas con papel simple c) envoltura de puntas de libro
32. Es la prueba que determina el resultado óptimo del rizado. Se toma con los bigudís hasta que se forme una "S" bien definida que servirá de patrón de base.

Capítulo 12
COLOREADO DEL CABELLO
(Respuestas a las preguntas de la página 318)

1. Los colores primarios son pigmentos puros o fundamentales que no pueden ser creados mezclando otros colores. Los tres colores primarios son amarillo, rojo, y azul. Los colores secundarios se crean combinando dos colores primarios en proporciones iguales. Se crean los colores terciarios combinando un color primario en proporciones iguales con uno de sus colores secundarios adyacentes en la rueda de colores.
2. Las clasificaciones del coloreado del cabello son: temporal, semipermanente, y permanente. El color temporal sólo puede depositar el pigmento; no puede aclarar. El color semipermanente tiene una leve acción penetrante que resulta en una adición suave de color en la corteza, tanto como algún recubrimiento de la cutícula, pero no cambia la estructura básica del cabello. El coloreado del cabello penetra la cutícula y deposita molécula en la corteza. Estos colores pueden aclarar y depositar.
3. Siempre anote la consulta en el registro de color del cliente. Tome en consideración qué colores quedarán bien con el tono de la piel del cliente. Considere también la personalidad y el estilo de vida del cliente. Aconseje al cliente de los beneficios de utilizar un champú y un acondicionador de buena calidad. Antes de realizar una prueba de mechón: mezcle ½ cucharilla de color con el peróxido. Aplique la mezcla a una sección de ½ pulgada. Procese. Enjuague el mechón, lave con champú, seque con una toalla, y examine los resultados. Modifique la fórmula, el tiempo de proceso, o el preacondicionamiento si es necesario y sigue con el teñido de la cabeza entera. Si los resultados no son satisfactorios, modifique la fórmula y repita el proceso en un nuevo mechón de prueba.
4. Aplique el color con una botella de aplicación. Aplique el aclarado por todo el tallo del cabello y peine completamente. Mezcle el color con un peine, aplicando más color según sea necesario.
5. El color penetra por sí solo. Se aplica el color de la misma manera cada vez. No es necesario el retoque. El color no

se desprende al frotar en la almohada o en la ropa. El cabello vuelve a su color natural después de 4 a 6 lavados con champú.

6. Seccione el cabello. Prepare el tinte. Empiece donde el cambio de color va a ser más profundo. Separe una sección de ¼ pulgada. Aplique el tinte al cabello ½ pulgada del cuero cabelludo hasta, pero no a través, las puntas porosas. Procese de acuerdo con los resultados de la prueba de mechón. Pruebe el desarrollo de color removiendo el color del mechón. Aplique la mezcla del tinte al cabello al cuero cabelludo. Armonice el tinte hasta las puntas del pelo. Masajee el color para lavar y aclarar completamente. Remueva las manchas. Lave con champú. Aplique un ácido o un aclarado de acabado.

7. Consulte con el cliente. Se analiza y se acondiciona el cabello. Se aplica el tinte solamente al nuevo crecimiento. Se aplica una fórmula de color diluido a las puntas del cabello. Se aplica la mezcla de tinte diluido a toda la cabeza si las puntas se han atenuado.

8. Haga una prueba de parche entre 24 a 48 horas antes de cualquier aplicación de un derivado de anilina. Aplique el tinte sólo si la prueba de parche es negativa. No aplique el tinte si están presentes abrasiones. No aplique el tinte si está presente una tintura compuesta o metálica. No cepille el cabello antes de aplicar el colorante. Siempre lea y siga las instrucciones del fabricante. Use botellas de aplicación, cepillos, toallas, y peines higienizados. Proteja la ropa del cliente recubriéndolo correctamente. Realice un prueba de mechón para examinar factores como color, rompimiento, y/o descoloración. Use una botella de aplicación o cubeta (de vidrio o de plástico) para mezclar el tinte. No mezcle el tinte antes de que esté listo para utilizarlo; eche el tinte restante. Utilice guantes para protegerse las manos. No permita que el color entre en contacto con los ojos del cliente. No haga solapos durante un retoque de tinte. No utilice agua que esté demasiado caliente; utilice agua tibia para quitar el colorante. Utilice un champú suave. Si se utiliza un champú alcalino o demasiado fuerte, contribuirá a la pérdida del color. Siempre lávese las manos antes y después de servir al cliente.

9. El peróxido de hidrógeno sirve como un agente oxidante que causa el oxígeno a combinarse con otra sustancia, como por ejemplo la melanina. Al combinarse el oxígeno y la melanina, la solución de peróxido empieza a diluirse y a aclarar la melanina dentro del tallo del cabello. Esta nueva estructura más pequeña y distribución esparcida de la melanina diluida le da al cabello su aspecto claro.

10. a) como un tratamiento de color, para aclarar el cabello al tono final deseado b) como un tratamiento preliminar, para preparar el cabello para la aplicación de un tonalizador o un tinte.

11. Se utilizan blanqueadores de aceite para aclarar la cabeza entera. Los aclaradores en crema son populares para todos tipos de servicios de aclarado. Aclaradores en polvo generalmente se utilizan para aclarados de efectos especiales.

12. técnicas de gorra, de hoja de aluminio, y de manos libres

13. Incorpore el reacondicionamiento. Asegúrese de que el cliente utilice productos de alta calidad en casa. Haga un tratamiento de preacondicionamiento de cabello que está dañado. Use un acondicionador penetrante. Complete cada servicio químico normalizando el pH con un aclarado de acabado. Demore un servicio químico adicional hasta que el cabello esté reacondicionado. Haga una cita con el cliente para un acondicionamiento entre servicios.

Capítulo 13
RELAJACIÓN QUÍMICA DEL PELO Y PERMANENTE DE RIZADO SUAVE
(Respuestas a las preguntas de la página 338)

1. Un relajador de pelo químico, un neutralizador y una crema derivada del petróleo.
2. hidróxido de sodio y tioglicolato de amonio
3. proceso, neutralización y acondicionamiento
4. Seguir las instrucciones del fabricante.
5. un fundido químico
6. Examinar el cuello cabelludo, analizar el pelo y realizar una prueba del mechón.
7. permanente de rizado suave
8. una permanente de rizado suave
9. tratamientos reacondicionantes

Capítulo 14
ALISAMIENTO TÉRMICO DEL PELO (PRENSADO DE PELO)
(Respuestas a las preguntas de la página 349)

1. alisamiento térmico del pelo
2. alisar temporalmente el pelo demasiado rizado o dificil de manejar
3. prensado blando, prensado medio y prensado duro
4. A un cliente con rozaduras en el cuero cabelludo, condición contagiosa del cuero cabelludo, heridas en el cuero cabelludo o pelo tratado químicamente.
5. Aplicar gelatina de violeta de genciana al 1%.
6. En un trapo blanco o un papel blanco.
7. el pelo teñido, aclarado o gris

Capítulo 15
EL ARTE DEL PELO ARTIFICIAL
(Respuestas a las preguntas de la página 368)

1. opción personal, razones médicas, moda, por lo práctico que resultan
2. pelo humano, pelo sintético, pelo animal o una mezcla de dos o tres de estos pelos
3. Ayudar a aparentar mayor longitud de pelo.
4. Para obtener una buena formación, marcaje y peinado de la peluca.

5. cada 2 a 4 semanas
6. En la cabeza artificial.
7. Los baños de color sólo pueden oscurecer el pelo.

Capítulo 16
MANICURA Y PEDICURA
(Respuestas a las preguntas de la página 400)

1. La palabra manicura se deriva del latín *manus* (mano) y *cura* (cuidados), lo que significa en conjunto el cuidado de las manos.
2. cuadradas, redondas, ovaladas y afiladas
3. Palillos de naranjo, lima de uñas, empujador de cutícula, tijerillas, cepillo de uñas, y limas de uñas de esmeril.
4. Desde el borde al centro.
5. Mantiene las manos flexibles, bien arregladas y suaves.
6. Manicura eléctrica, manicura con aceite, manicura del hombre y manicura de cabina.
7. Envolturas de uñas, uñas esculpidas, puntas de uñas, baños, uñas artificiales a presión o uñas acrílicas.
8. La pedicura es el cuidado de los pies, dedos de los pies y uñas de los pies. Se ha convertido en un servicio del salón de belleza, debido a los estilos de calzado que exponen las diferentes partes del talón y de los dedos del pie. El cuidado de los pies no sólo mejora su apariencia personal, también incrementa la comodidad de los pies.

Capítulo 17
LA UÑA Y SUS TRASTORNOS
(Respuestas a las preguntas de la página 410)

1. Una uña sana y normal es firme y flexible y presenta un color ligeramente sonrosado.
2. Onix es el término científico de la uña.
3. La uña está compuesta principalmente de queratina, una substancia proteínica que constituye la base de todo el tejido corneo.
4. La uña está compuesta de tres partes: el cuerpo de la uña, la raíz de la uña y el borde libre.
5. Cutícula, eponiquio, hiponiquio, perioniquio, paredes de la uña, surcos de la uña y el manto.
6. La matriz es la parte del lecho de la uña que se extiende por debajo de la raíz de la uña y contiene nervios, linfa y vasos capilares para nutrir la uña.
7. El salón de belleza no debe tratar ninguna enfermedad de las uñas que muestre señales de infección o inflamación (enrojecimiento, dolor, hinchazón o pus).

Capítulo 18
TEORÍA DEL MASAJE
(Respuestas a las preguntas de la página 418)

1. El masaje se utiliza para ejercitar los músculos faciales, mantener el tono muscular y estimular la circulación.
2. El masaje comporta la aplicación de manipulaciones externas en la cabeza y en el cuerpo.

3. El origen de un músculo es la unión fija de un extremo de ese músculo en un hueso o tejido.
4. La inserción es la unión del extremo opuesto del músculo en otro músculo o en una articulación móvil.
5. Desde la inserción del músculo hasta su origen.
6. a) Se nutre la piel y todas sus estucturas. b) La piel se vuelve suave y flexible. c) Aumenta la circulación de la sangre. d) Se estimula la actividad de las glándulas de la piel. e) Se estimula y fortalece la fibra muscular. f) Los nervios se tranquilizan y relajan. g) A veces se puede aliviar el dolor.
7. a) effleurage; b) petrissage; c) fricción; d) movimientos de percusión; e) vibración

Capítulo 19
TRATAMIENTOS FACIALES
(Respuestas a las preguntas de la página 438)

1. Cuando se administran regularmente, los tratamientos faciales mejoran en gran manera el tono, textura y apariencia de la piel del cliente.
2. Para determinar los productos a utilizar, zonas que necesitan una atención especial, la cantidad de presión en el masaje, si se necesita crema o aceite lubricante alrededor de los ojos, y los equipos a utilizar.
3. Por razones sanitarias debe usted usar una espátula para sacar los productos de sus envases.
4. La piel seca se debe a un flujo insuficiente de sebo procedente de las glándulas sebáceas.
5. Otro nombre para las espinillas es comedones.
6. La piel grasa y/o espinillas se originan por una masa endurecida de sebo que se forma en los conductos de las glándulas sebáceas.
7. Las espinillas blancas son un trastorno cutáneo común, originados por la formación de materia sebácea dentro o debajo de la piel.
8. El acné es un trastorno de las glándulas sebáceas; siempre necesita tratamiento médico.
9. Los tratamientos faciales con mascarilla se recomiendan para la piel seca.
10. Los tratamientos faciales con packs se recomiendan para la piel normal y grasa.
11. El tratamiento facial con mascarilla de aceite caliente es recomendable para las pieles secas, escamosas o con tendencia a arrugarse.

Capítulo 20
MAQUILLAJE FACIAL
(Respuestas a las preguntas de la página 472)

1. El objetivo principal de la aplicación de maquillaje es el de resaltar los rasgos faciales más atractivos del cliente y minimizar los rasgos menos atractivos.
2. Cuando aplique maquillaje, debe tener en consideración la estructura facial del cliente; el color de los ojos, piel y

cabello; qué aspecto desea presentar el cliente; y los resultados que puede conseguir.

3. a) ovalado b) redondo c) cuadrado d) en forma de pera e) en forma de corazón f) en forma de diamante g) rectangular

4. Porque proporciona una base para la harmonía de colores; iguala el color de la piel; esconde sus pequeñas imperfecciones; y la protege contra la suciedad, viento y demás condiciones climáticas.

5. Los tonos de la piel o el pigmento determinan la selección del color de la base.

6. a) líquido b) crema c) seco (compacto) d) polvo aplicable con brocha

7. Si el envase pertenece al cliente.

8. Para resaltar las pestañas naturales, confiriéndoles un aspecto más grueso y largo. También se utiliza para oscurecer las cejas.

9. Minimizar los rasgos poco atractivos y acentuar los rasgos correctos.

10. a) pestañas de tira b) pestañas individuales semipermanentes

Capítulo 21
LA PIEL Y SUS TRASTORNOS
(Respuestas a las preguntas de la página 490)

1. La piel es el órgano mayor del cuerpo y también uno de los más importantes.

2. Una piel saludable es una piel ligeramente húmeda, suave y flexible; produce una reacción ligeramente ácida y está libre de cualquier enfermedad o trastorno.

3. a) epidermis b) dermis

4. La piel recibe la nutrición de la sangre y de la linfa.

5. El color de la piel, sea clara, media u oscura, depende en parte de la irrigación sanguínea, pero depende principalmente de la melanina o colorante, que se deposita en el estrato germinativo y en las capas papilares de la dermis.

6. La piel contiene dos tipos de glándulas exocrinas que extraen materiales de la sangre para formar nuevas substancias: las glándulas sudoríparas y las glándulas sebáceas.

7. a) protección b) sensación c) regulación del calor d) excreción e) secreción f) absorción

8. Es el estudio de la piel, su naturaleza, estructura, funciones, enfermedades y tratamiento.

9. Una lesión es un cambio estructural de los tejidos, provocado por heridas o enfermedades.

10. El acné es un trastorno inflamatorio crónico de las glándulas sebáceas.

11. Una infección viral recurrente llamada comúnmente Herpe febril.

12. Ausencia congénita del pigmento melanina en el cuerpo, incluyendo la piel, cabello y ojos.

13. Un punto, mancha o imperfección pequeña y parduzca en la piel.

Capítulo 22
ELIMINACIÓN DEL CABELLO NO DESEADO
(Respuestas a las preguntas de la página 500)

1. El hirsutismo es una condición que designa una gran pilosidad o cabello superfluo. Se reconoce como el crecimiento de cabello en cantidades o lugares poco acostumbrados, como en las caras de las mujeres.

2. a) permanente b) temporal

3. La primera técnica efectiva de eliminación de cabello permanente que se inventó fue la electrólisis. Esta técnica la creó el oftalmólogo Charles E. Michel.

4. La termólisis es un método de extracción de cabello desarrollado en 1924 y utilizando altas frecuencias o corriente alterna.

5. el método de mezcla

6. a) afeitado b) pinzas electrónicas c) dipilatorios

7. a) parte inferior de los párpados b) parte interior de las orejas c) orificios nasales

8. El método de onda corta, también conocido como el método de termólisis, es el método de extracción de cabello permanente más rápido.

9. a) Probar la temperatura de la cera. b) Tomar las precauciones necesarias para que la cera no entre en contacto con los ojos. c) No utilizar cera debajo de los brazos si la piel del cliente es sensible, sobre verrugas, lunares, abrasiones o sobre piel irritada o inflamada.

Capítulo 23
CÉLULAS, ANATOMÍA Y FISIOLOGÍA
(Respuestas a las preguntas de la página 528)

1. Como unidades funcionales básicas, las células ejecutan todos los procesos vitales. Las células también poseen la capacidad de reproducción, proporcionando nuevas células para el crecimiento y substitución de los tejidos gastados y dañados.

2. Cuando la célula recibe un suministro adecuada de alimentación, oxígeno y agua; elimina los productos de desecho; y resulta favorecida por una temperatura adecuada, continúa creciendo y prosperando.

3. El metabolismo es un proceso químico complejo, en el que las células corporales se nutren y obtienen la energía necesaria para ejecutar todas las actividades.

4. El cerebro controla el cuerpo; el corazón hace que la sangre circule; los pulmones suministran oxígeno a la sangre; el hígado elimina los productos tóxicos de la digestión; los riñones excretan agua y otros productos de desecho; y el estómago y los intestinos digieren los alimentos.

5. Los sistemas son grupos de órganos que cooperan para lograr un objetivo común; este objetivo es el bienestar de todo el cuerpo.

6. La anatomía es el estudio de la estructura del cuerpo y de sus componentes, por ejemplo, huesos, músculos y piel.

7. La fisiología es el estudio de las funciones o actividades que ejecutan las estructuras del cuerpo.

8. La histología es el estudio de las partes estructurales diminutas del cuerpo, como el cabello, uñas, glándulas sudoríparas y glándulas sebáceas.

9. Dar forma y soporte al cuerpo; proteger las estructuras y órganos internos; servir como medio de adhesión de los músculos y actuar como palancas, para producir los movimientos del cuerpo; producir células sanguíneas en el tuétano rojo; y almacenar diferentes minerales como el calcio, fósforo, magnesio y sodio.

10. El sistema muscular cubre, da forma y soporta el esqueleto. Su función es la de producir todos los movimientos del cuerpo. El sistema muscular está formado por más de 500 músculos, grandes y pequeños, que comprenden del 40% al 50% del peso del cuerpo humano.

11. a) Para administrar tratamientos faciales y en el cuero cabelludo, en beneficio del cliente. b) para saber qué efectos tendrán estos tratamientos en los nervios de la piel y del cuero cabelludo, así como en los de todo el cuerpo.

12. Es una bomba eficiente que mantiene el movimiento de la sangre dentro del sistema circulatorio.

13. La sangre está compuesta por glóbulos rojos, glóbulos blancos, plaquetas y plasma.

14. La linfa es un fluido incoloro y acuoso que se deriva del plasma sanguíneo de la sangre, principalmente por medio de la filtración a través de las paredes capilares dentro de los espacios del tejido.

15. a) las glándulas exocrinas b) y las glándulas endocrinas

16. a) los riñones; b) el hígado; c) la piel; d) el intestino grueso; e) los pulmones

17. Con cada ciclo respiratorio se produce un intercambio de gases. Durante la inhalación la sangre absorbe el oxígeno; durante la exhalación se expulsa el dióxido de carbono.

18. La digestión es el proceso de convertir los alimentos de forma que puedan ser asimilados por el cuerpo.

Capítulo 24
ELECTRICIDAD Y TERAPIA DE LUZ
(Respuestas a las preguntas de la página 544)

1. La electricidad es una forma de energía que produce efectos magnéticos, químicos y caloríficos.

2. Un conductor es una substancia que permite que la corriente eléctrica pase con facilidad.

3. Un no conductor o un aislante es una substancia que resiste el paso de una corriente eléctrica, como la goma, seda, madera, cristal, cemento o amianto.

4. La corriente continua (CC) es una corriente constante, con flujo continuo que se desplaza en una dirección. Esta corriente, produce una reacción química.

5. La corriente alterna (CA) es una corriente rápida e interrumpida, que fluye en primer lugar en una dirección y a continuación en la dirección opuesta.

6. Es una corriente continua (CC) constante reducida a un nivel seguro de baja tensión. Cuando se utiliza esta corriente se producen cambios químicos.

7. El polo positivo produce reacciones ácidas. El polo negativo produce reacciones alcalinas.

8. El polo positivo: a) cierra los poros, b) calma los nervios, c) reduce el riego sanguíneo.

9. El polo negativo: a) abre los poros, b) estimula los nervios, c) aumenta el riesgo sanguíneo de la piel.

10. Si provoca dolores o incomodidades o si la cara está muy colorada o el cliente padece de lo siguiente: muchos dientes de oro, presión sanguínea alta, capilares rotos o condiciones pustulares en la piel.

Capítulo 25
QUÍMICA
(Respuestas a las preguntas de la página 580)

1. Para poder comprender bien y de manera inteligente el gran número de productos y cosméticos utilizados actualmente en los salones de belleza, es necesario poseer unos conocimientos básicos de química moderna.

2. La química orgánica es la rama de la química que trata sobre las substancias que poseen carbono. La química inorgánica es la rama de la química que trata todas las substancias que no contienen carbono.

3. a) sólidos b) líquidos c) gases

4. Un cambio físico se refiere al cambio de forma (sólido, liquido, gas) de una substancia sin la formación de una nueva substancia. Por ejemplo, el hielo, que es una substancia sólida, se funde a cierta temperatura y se convierte en liquido.

5. Un cambio químico es aquél en el que se forma una nueva substancia o substancias, con propiedades diferentes a la de las substancias originales. Por ejemplo, cuando mezcle agua oxigenada con un colorante, se produce un cambio químico.

6. El pH de una solución es una medida química de su acidez o de su alcalinidad.

7. a) aniónicos b) catiónicos c) no aniónicos d) amfolitos

8. La corteza está compuesta por numerosas fibras paralelas de queratina dura, conocidas como cadenas de polipéptidos.

9. a) enlaces de sal llamados enlaces S b) enlaces de hidrógeno llamados enlaces H c) enlaces de disulfuro llamados enlaces S-S.

10. La loción de ondulado permanente hace que la cutícula del pelo se expanda y cobre cuerpo y que se abran las imbricaciones, permitiendo que la solución penetre dentro de la corteza. La solución rompe los enlaces de disulfuro de la corteza.

11. La base de un tinte de oxidación está formada por compuestos aromáticos, que se obtienen exclusivamente del carbón. Son ingredientes sintéticos que cuando se mezclan con un oxidante, operan con los acopladores para crear un pigmento artificial. Los acopladores son ingredientes que se añaden para obtener ciertos colores,

conservar y estabilizar el producto y mejorar la condición final del tallo del pelo. Cuando se mezclan los tintes de oxidación con el agente oxidante (agua oxigenada), una reacción alcalina provoca un proceso químico, que provoca la expansión de la capa exterior.

12. a) polvo b) soluciones c) suspensiones d) emulsiones e) pomadas f) jabones

13. Ya no se utiliza como un esterilizador de piel, debido a que actualmente está clasificado como un producto químico peligroso debido a su capacidad de matar el tejido viviente.

14. Los depilatorios contienen detergentes para arrancar el sebo del pelo y adhesivos para retener los productos químicos en el tallo del pelo durante los 5 a 10 minutos necesarios para eliminarlos.

15. a) crema de limpieza b) tratamientos antiarrugas c) cremas humidificadoras d) cremas de masaje

16. Las lociones astringentes están elaboradas para eliminar la acumulación de grasa de la piel.

17. Muchas bases contienen agentes que actúan como barrera como los inhibidores de UV, derivados de celulosa y silicona.

Capítulo 26
LA GESTIÓN DEL SALÓN DE BELLEZA
(Respuestas a las preguntas de la página 599)

1. Cuando planifique abrir un salón, preste especial consideración a todos los detalles de la administración de negocios, incluyendo ubicación, acuerdos escritos, reglamentos empresariales, leyes, seguros, operación del salón, contabilidad y políticas del salón.

2. Un salón puede ser de propiedad y estar regentado por un individuo, una sociedad o una sociedad anónima.

3. Se utilizan para determinar los ingresos, gastos, ganancias o pérdidas; para evaluar el valor de un salón de belleza para los posibles compradores; para poder disponer de un préstamo bancario o financiamiento; para tramitar la declaración de renta, seguridad social, seguros de invalidez, accidentes, y para los pagos porcentuales de los ingresos brutos necesarios en algunos contratos de arrendamiento.

4. a) suministros consumibles b) suministros minoristas

5. Debido a que la zona de recepción es lo primero con lo que se topa el cliente, debe hacer que su zona de recepción sea atractiva, llamativa y cómoda.

6. Si el propietario del salón y el cosmetólogo conocen y emplean buenas técnicas telefónicas, podrán incrementar el volumen de negocios y mejorar las relaciones con los clientes y proveedores.

7. a) Estar familiarizado con los méritos y beneficios de cada servicio y producto. b) Adaptar su enfoque y técnica, para cumplir las necesidades de cada cliente. c) Tener confianza en sí mismo. d) Generar interés y deseo, que son los pasos que conducen a la venta. e) Nunca representar incorrectamente el servicio y el producto. f) Mostrar tacto cuando se vende a un cliente. g) No subestimar el cliente o la inteligencia del cliente. h) Para vender un producto o servicio, realizar el diálogo de ventas de una manera amigable y relajada y en caso de que sea posible hacer una demostración. i) Reconocer el momento sicológico correcto para cerrar una venta. Una vez que el cliente haya indicado su intención de compra, dejar de vender, no exagerar. Elogiar al cliente por su compra y asegurarle que estará muy contento con el producto.

8. La publicidad incluye todas las actividades que promueven favorablemente al salón.

9. La mejor publicidad es un cliente satisfecho.

Glosario/Índice

A
Abductores, los músculos que separan los dedos, 515
Acción cilíndrico del rulo circular, 138, 139–40
Aceite o crema de prensado, 344
Acidez, 551–52
Ácido bórico, se utiliza por sus propiedades como bactericida y fungicida en el talco de niños, cremas para los ojos, enjuagatorios, jabones, y productos refrescantes de piel, 570
Ácido, una solución acuosa (basada en agua) que tiene un pH de menos de 7,0 en la escala pH. Lo contrario es el alcalino, 311
 aclarados, 81
 aclarados equilibrados, 82
 champúes equilibrados, 79
 permanentes basadas en ácido, la química de, 191
 permanentes equilibradas, 189–90
Ácido retinoico, una crema que se expende con receta y que se utiliza en el tratamiento del acné, 490
Ácido de la vitamina A, una crema que se expende con receta utilizada en el tratamiento del acné, 490
Ácidos, son compuestos de hidrógeno, un no metal, y a veces oxígeno, que liberan el hidrógeno en una solución, 548
Aclarado, acción aclaradora de un colorante de cabello o producto aclarador en el pigmento natural del cabello, 311
Aclarado de puntos o de zonas, es la corrección del color utilizando una mezcla aclaradora para aclarar zonas más oscuras, 311
Aclarador, el compuesto químico que aclara el cabello dispersando, disolviendo y descolorando el pigmento natural del cabello, 311
Aclarador en el cuero cabelludo, un aclarador en forma de líquido, de crema o de gel que puede utilizarse directamente en el cuero cabelludo, 311
Aclarador fuera del cuero cabelludo, es generalmente un aclarador más fuerte o de mayor concentración en forma de polvo, que no debe utilizarse directamente sobre el cuero cabelludo, 311
Aclaradores
 acción de, 278–79
 cabello virgen, 283
 color, pelucas y, 364–65
 descolorantes
  grados de, 280–81

 pigmentos subyacentes que contribuyen a, 281–83
 proceso, 280
 factores de tiempo, 283
 prueba de mechón y, 283–85
 resultados preliminares de la prueba, 283–84
 temporales, 261
  aplicación de, 261–62
  tipos de, 277–78
Aclarados de crema, 81–82
Aclarados medicados, 82
Aclarados temporales, 313
Acné, afección crónica de las glándulas sebáceas, que aparece generalmente en la cara, la espalda, y el pecho, 432, 484
 dieta para el, 433
 tratamientos faciales, 432–33
Acné rosácea, actualmente llamada rosácea, es una inflamación crónica de las mejillas y de la nariz. Se caracteriza por el enrojecimiento, por la dilación de los vasos sanguíneos, y por la formación de pápulas y pústulas, 485
Acondicionadores, 81–82
 aplicación, relajación del cabello y, 325–26
 con proteína, 557
 de tipo crema, 328
 de tipo proteína (líquidos), 328
 humedificadores, 557
 instantáneos, 556
Acondicionadores instantáneos, 556
Acondicionadores de crema, se aplican al cuero cabelludo y el cabello, luego se enjuagan con cuidado, 328
Acondicionadores humectantes, 556–57
Acondicionadores proteínicos (líquidos) se aplican al cuero cabelludo y al cabello antes del marcaje y permanecen en el cabello para servir como loción de marcaje, 328, 557
Acondicionamiento, 51
 champúes, 80
 packs, 557
Actitud, imagen profesional y, 18–21
Activador, aditivo utilizado para acelerar la acción o progreso de un producto químico. Otra palabra para decir reforzador, acelerador, protenador, o catalista, 311
Acumulación, recubrimientos repetidos del tallo del cabello, 311
Adherencia, determina cuánto tiempo el polvo permanecerá en la cara sin la necesidad de un retoque, 575
Administración de Seguridad y Salud Ocupacional (OSHA), 36
Aductores, músculos que acercan los dedos, 515

Afeitado, remoción de cabello y, 496–97
Agencia para la Protección del Medio Ambiente (EPA),
 desinfectantes y, 35–36
Agente ablandador, un producto ligeramente alcalino aplicado antes del tratamiento de color para aumentar la porosidad, hacer hinchar la capa de cutícula del cabello, y aumentar la absorción de color. Con frecuencia se utiliza un tinte que no ha sido mezclado con revelador, 311
Agente reductor, sustancia que atrae el oxígeno, 190, 551
Agentes de limpieza, la irritación de los ojos y, 80
Agua oxigenada en líquido, 274
Agua dura, es agua que contiene minerales y sales metálicas como impurezas, 311
 lavado con champú, 74
Agua amoniacal, es gas de amonio disuelto en agua, 570
Agua blanda, lavado con champú y, 74
Agua
 como solvente universal, 568
 enjuague, loción onduladora, 215–16
 lavado con champú y, 74
 química del, 552–53
Albinismo, ausencia congénita del pigmento melanina en el cuerpo, incluyendo la piel, el cabello, y los ojos. El cabello sedoso es blanco. La piel es de un color blanco rosáceo, y no se broncea. Los ojos son rosados. La piel envejece prematuramente, 488
Albino, es una persona que nace con cabello blanco, el resultado de la ausencia de materia colorante en el tallo del cabello; va acompañado por una falta de coloración pigmentaria marcada en la piel o en los iris de los ojos, 50
Alcalinidad, 551–52
Alcalino, una solución acuosa (basada en agua) que tiene un pH de más de 7,0 en la escala pH. Lo contrario es el ácido, 311
Álcalis, conocidos también como bases, son compuestos de hidrógeno, un metal, y oxígeno, 548
Alcalonaminas, 373
Alcohol etílico, es un alcohol utilizado comúnmente en los salones de belleza, 39
Alcohol, líquido incoloro que se obtiene por medio de la fermentación del almidón, azúcar y otros carbohidratos. Conocido también como alcohol de grano o alcohol etílico, 570
 como desinfectante, 39

611

Alcohol isopropílico, un alcohol comúnmente utilizado en salones de belleza, 39
Alcohol metílico, es un alcohol comúnmente utilizado en los salones de belleza, 39
Alergia, reacción causada por una gran sensibilidad a ciertos alimentos o ciertos productos químicos, 83, 311
  prueba de, para determinar la posibilidad o el grado de sensibilidad. Conocido también como prueba de parche, prueba de predisposición, o prueba de la piel, 315
Alheña, colorante extraído de una planta que produce tonalidades brillantes de rojo, 269–70, 311
  teñido del cabello y, 564
Alopecia, término técnico para cualquier pérdida anormal de cabello, 60
  areata, la caída súbita de cabello en parches redondos, o la calvicie en puntos localizados, a veces provocada por anemia, 60–61
  prematura, es la forma de calvicie que empieza antes de alcanzar una edad mediana, con un proceso lento de pérdida de cabello, 60
  senilis, es la forma de calvicie que aparece en la edad avanzada. La pérdida de cabello es permanente, 60
  tratamiento de, 61
Alumbre, es un sulfato de aluminio y potasio o sulfato de amonio, que se presenta en forma de cristales o polvo. Tiene una fuerte acción astringente y se utiliza en lociones para después del afeitado y astringentes, así como en forma de polvo como estíptico, 374, 570
Aminoácidos, son grupos de moléculas que el cuerpo utiliza para sintetizar la proteína. Existen más o menos 22 aminoácidos diferentes que se encuentran en la proteína viva que sirven como unidades de estructura en la proteína, 311
Amoníaco, gas cáustico e incoloro compuesto de hidrógeno y nitrógeno; en una solución acuosa se llama agua amoniacal. Se utiliza en tintes para el cabello para engrandecer la cutícula. Cuando se mezcla con peróxido de hidrógeno, activa el proceso de oxidación en la melanina y permite que la melanina se descolore, 312
Amperio, es la unidad de medición de la cantidad de corriente que fluye a través de un alambre, 531
Ampolla, una bolsa que contiene un fluido acuoso, es similar a la vesícula, pero mayor, 481
Anabolismo, es el proceso de formación de moléculas de mayor tamaño partiendo de moléculas de menor tamaño, 503
Anaforesis, es el empleo del polo negativo para forzar o empujar una sustancia cargada negativamente dentro de la piel, 536
Análisis (del cabello), un examen del cabello para determinar su condición y su color natural, 312

Análisis antes de la permanente, 196–200
Anatomía, es el estudio de la estructura del cuerpo y de sus componentes, por ejemplo, huesos, músculos, y piel, 505
Anhidrosis, o falta de perspiración, con frecuencia es el resultado de la fiebre o de ciertas enfermedades cutáneas, 486
Antisépticos, pueden eliminar bacterias o retardar su crecimiento, pero no son desinfectantes, 35
Añadidos, son tramas largas de cabello montadas con un bucle al final, 366
Aponeurosis, un tendón que conecta el occipital y el frontalis, 511
Area de la coronilla, el corte del cabello en, 91
Arreglo personal, 11
Arrendamiento, preparación del, 586
Arrugas, crema base y, 455
Arteria maxilar, arteria que irriga la región inferior de la cara, boca y nariz, 524
Arteria frontal, irriga la frente, 525
Arteria infraorbital, se origina de la arteria maxilar interna e irriga los músculos del ojo, 525
Arteria angular, irriga la zona lateral de la nariz, 524
Arteria labial inferior, irriga al labio inferior, 524
Arteria auricular anterior, irriga la parte anterior de la oreja, 525
Arteria auricular posterior, irriga el cuero cabelludo, la zona que se encuentra detrás y sobre la oreja, y la piel detrás de la oreja, 525
Arteria labial superior, irriga el labio superior, el tabique nasal, y la nariz, 524
Arteria submentoniana, irriga el mentón y el labio inferior, 524
Arteria temporal superficial, es una continuación de la arteria carótida externa, que irriga los músculos, la piel, y el cuero cabelludo de la parte frontal, lateral, y superior de la cabeza, 525
Arteria occipital, irriga la parte posterior de la cabeza, hasta la coronilla, 525
Arteria parietal, arteria que irriga la coronilla y la región lateral de la cabeza, 525
Arteria temporal media, irriga las sienes, 525
Arteria supraorbitaria, una rama de la arteria carótida interna, irriga parte de la frente, la cavidad ocular, el párpado, y los músculos superiores del ojo, 525
Arteria transversal facial, irriga el masetero, 525
Arteria cubital, irriga el brazo y la mano, 525
Arteria radial, irriga el brazo y la mano, 525
Arterias, conductos musculares y elásticos con una pared gruesa que transporta sangre pura desde el corazón a los vasos capilares, 522
  cabeza, cara, cuello, 524–25

Arterias carótidas comunes, son las fuentes principales del riego sanguíneo a la cabeza, la cara, y el cuello, 524
  división externa, irriga las partes superficiales de la cabeza, la cara, y el cuello, 524
  división interna, irriga el cerebro, los huecos de los ojos, los párpados, y la frente, 524
Asteatosis, una condición en la que la piel presenta un aspecto seco y escamoso, caracterizado por una deficiencia absoluta o parcial de sebo, debido a cambios seniles (la vejez) o algunos afecciones corporales, 485
Atenuar, es una pérdida de color debido a contacto con los elementos y a otros factores, 312
Átomo, la partícula más pequeña de un elemento capaz de mostrar las propiedades de ese elemento, 547
Atrio, conducto principal por el que la sangre circula desde el atrio hasta el ventrículo, 521
Aurícula izquierda, una de las cámaras superiores de pared delgada del corazón, 521
Aurícula, otro nombre para decir atrio, 521
Auricular anterior, músculo enfrente de la oreja, 513
  posterior, músculo detrás de la oreja, 513
  superior, músculo encima de la oreja, 513
Autoclave de vapor es el método favorito de esterilización física y el de mayor preferencia debido a su comprobado poder de esterilización; se asemeja a una olla de presión, 33
Autoclave de vapor, 33
Axón terminal, es la parte de la neurona que envía mensajes a otros músculos, neuronas, o glándulas, 517
Ayudas para el estilado (peinado), 578

B

Bacilos, son organismos cortos en forma de varilla. Son las bacterias más comunes y provocan enfermedades como el tétanos, la gripe, la fiebre tifoidea, el tuberculosis y la difteria, 27
Bacterias, son diminutos microorganismos vegetales y unicelulares que se encuentran prácticamente en todas partes, 24
  crecimiento y reproducción de, 27–28
  destrucción de, 29
  movimiento de, 27
  tipos de, 25
Bacterias no patógenos, son bacterias que ayudan o son inocuos, que llevan a cabo muchas funciones útiles, como por ejemplo la descomposición de residuos y el mejoramiento de la fertilidad del suelo, 25
Bactericidas, eliminan bacterias dañinas, 36
Bacteriología, es la ciencia que trata del estudio de las bacterias, 24
Bandeau, es un postizo que se cose a una cinta elástica, 366

GLOSARIO/ÍNDICE ◆ 613

Barba, cabello de la cara, 48
Barras, son pomadas blandas y húmedas debido a que son una mezcla de sustancias orgánicas vertidas en un molde en donde se solidifican, 569
Base, se refiere a la cabeza o al cuero cabelludo y el lugar en que se coloca el bigudí en relación con la cabeza, 206
   rizos fijos y, 118–19
Base triangular, los rizos fijos, se recomiendan a lo largo de la línea de borde frontal o facial para evitar roturas o divisiones en el peinado final, 119
Base en barra, 442
Base rectangular, rizos fijos, normalmente se recomiendan a la línea de cabello frontal y lateral para un efecto suave hacia arriba, 119
Bases
   cremas, esconder las arrugas con, 455
   maquillaje, 441–42, 575
   rizos fijos y, 118–19
Bases en forma de líquido, son suspensiones de pigmentos orgánicos e inorgánicos en una solución de agua y alcohol, 442, 575
Bases, conocidas también como álcalis, son compuestos de hidrógeno, un metal, y oxígeno, 548
Bicarbonato de sodio, es un precipitado que se elabora haciendo pasar gas de dióxido de carbono a través de una solución de carbonato de sodio, 571
Biceps, es el músculo principal de dos cabezas que se encuentra en la parte anterior del brazo superior. Eleva el antebrazo, flexiona el codo, y gira la palma hacia fuera, 515
Bigudís, ondulado permanentes, 201–2
Blanqueador
   aceite, 277–78, 565
   como desinfectante, 39
   en crema, 566
   polvo, 278, 566
Blanqueadores de crema, 566
Blefaroplastia, cirugía de los párpados es el procedimiento combinado con frecuencia con un estiramiento de la frente o de las cejas para mejorar la apariencia general de la cara superior, 489
Boca
   músculos de la, 511–13
   respiración, 527
Brazo
   huesos del, 508–9
   irrigación del, 525
   masaje, 384–85
   músculos del, 515
Brillo, la capacidad del cabello de brillar, destellar o reflejar la luz, 316
Bromidrosis, una perspiración con olor desagradable, normalmente perceptible en los sobacos o los pies, 486
Bronceado, provocado por una exposición excesiva al sol, 487

Buccinador, es el músculo entre las mandíbulas superiores e inferiores. Comprime las mejillas y expele el aire entre los labios, como cuando se sopla, 512
Buenas maneras, imagen profesional y, 17

C
Cabello del cliente
   análisis del, 322–24
      historia del cabello, 322
      examinación del cuero cabelludo, 323
      pruebas de mechón, 323–24
Cabello gris, es el cabello con cantidades decrecientes de pigmento natural. El cabello sin pigmento es realmente blanco. El cabello blanco parece gris cuando se mezcla con el cabello que todavía está pigmentado, 312
   ver también Cabello, canosidad
Cabello rizado, el corte de, 98–99
Cabello, prolongación delgada filiforme que crece de la piel de la cabeza y del cuerpo, 312
   aclaración, 226–27, 276–90, 565–66
      aclaradores en grasa y, 277–78
      aclaradores en polvo y, 278
      de puntos, 286
      retoque, 285–86
      ver también Aclaradores
   aclarados
      ácidos, 81
      acondicionadores y en crema, 81–82
      color, 82
      con equilibrio ácido, 82
      medicinales, 82
   acondicionadores, secado con aire y, 182
   afecciones (trastornos) del,
      canosidad, 54
      fragilitas crinium, 55
      hipertricosis, 54
      moniletrix, 54
      pelo en anillos, 54
      tricoptilosis, 54
      tricorrexis nudosa, 54
   análisis de la fisiología del cliente, 235–48
   análisis del, 52–53
   bulbo, es una estructura gruesa, en forma de garrote que forma la parte inferior de la raíz, 46
   calidades del, 52–53
   canosidad del, 51, 307–8
      formulación para, 308–10
      porcentaje y distribución del, 242–46
   capas del, 48
   color, el color del cabello creado por la naturaleza, 312
   color del, 50–51
      identificación del color natural, 239–42
   composición química del, 45
      ondulado permanente y, 193
   composición del, 45, 558–59
   condición del, 52
   corriente, cabello que fluye en la misma dirección, 47
   corte
      prepermanente, 200
      con tijeras, 90–93

   corteza, 48
   corto, 48
   crecimiento, 49
   cubierta para servicios en cabello húmedo, 68–69
   cutícula, 48
   del cliente,
   análisis del, 322–24
   examinación del cabello, 323
   historia del cabello, 322
   pruebas del mechón, 323–24
   densidad, 199, 237
   distribución del, 48
   divisiones del, 45–46
   elasticidad, 53
      prueba, 198–99
   entresacado del, 88–90
      zonas, 88
   espiral, un patrón circular, como en la coronilla, 47
   estructura del, ondulado permanente y, 192
   examinación del, teñido y, 246
   extensiones, 354
      cabello fino y, 368
   folículo, 45
      sección transversal del, 45
      estructuras asociadas con, 46
   formación de, 238
   lacas para, secado con aire y, 182
   largo, 48
      secado con aire, 179
      rizado del, 174–75
      en capas, 98
   longitud, ondulado permanente y, 199
   médula, 48
   moteado, puntos blancos o blanco-amarillentos repartidos por los tallos del cabello, 51
   muda, 49
   no deseado, causas del, 493
   papila, 46
   partición en mechón del, 206
   particiones, 159–60
      bigudís para el ondulado permanente y, 202
   porosidad, 53, 197, 237
      determinación de la, 197–98
   prensado térmico del, análisis del cabello y cuero cabelludo y, 340–48
   prensado térmico y el, 340–48
   propósito del, 44–45
   raíz, es la parte de la estructura del cabello situada bajo la superficie de la piel. Esta es la parte del cabello comprendida dentro del folículo piloso, 45–46
   relajación del, ver Relajación del cabello
   remolino, un mechón de cabello tieso, 47
   rizado, corte del, 98–99
   rizado, el
      corto, 172
      mediano, 173–74
   sección transversal del, 44
   servicios en cabello seco, cubiertas para, 70
   servicios
      en cabello húmedo, cubierta para, 68–69
      en cabello seco, cubierta para, 70
      cubierta para servicios en cabello seco, 70

substitución natural del, 50
tallo, la parte visible de cada hebra de cabello. Consta de una capa exterior llamada cutícula, la capa más interna llamada médula, y una capa intermedia llamada corteza. Los cambios de color se hacen en la corteza, 45, 317
teñido del, cubierta para, 69
textura del, 198, 236
   determinación de la, 198
   prensado térmico y, 341–42
tratado químicamente, lavado, 78
tratamientos del, 64–66
vello, 48
vida y densidad del, 49
Cabello resistente, es el cabello al que es difícil penetrar con humedad o con soluciones químicas, 312
Cabello virgen, cabello natural que no ha pasado por ningún tratamiento químico o físico, 312
Cabeza,
   arterias de la, 524
   venas de la, 525
Cadenas de polipéptidos, son aminoácidos que se han unido, 193, 558
Calentador de aceite, se utiliza para calentar aceite y mantenerlo caliente cuando se realiza una manicura con aceite, 540
Calentamiento endotérmico, 191
Calentamiento exotérmico, 191
Cambio químico, es una alteración de que se forma una o más sustancias nuevas, que poseen propiedades diferentes de las sustancias originales, 312, 549
Cambio físico, se refiere a un cambio en la forma de una substancia sin la formación de una nueva, 549
Camomila, 269
Canino, músculo que se encuentra debajo del cuadrado del labio superior. Eleva el ángulo de la boca, como cuando se gruñe, 512
Canosidad, término técnico para el cabello gris, 54
Capa de acabado, es un líquido que se aplica sobre el esmalte de las uñas. Este producto protege el esmalte y minimiza su desgaste o agrietamiento, 374
Capa papilar, se encuentra directamente debajo de la epidermis. Contiene pequeñas eminencias cónicas del tejido elástico, llamadas papila, que se proyectan hacia arriba, penetrando la epidermis, 475
Capa superior, es un líquido aplicado sobre el esmalte de la uñas. Este producto protege el esmalte y limita su desgaste o agrietamiento, 374
Capa reticular, 476
Capilares, son vasos sanguíneos diminutos con paredes delgadas que conectan las arterias más pequeñas con las venas. Los tejidos se nutren a través de estas paredes y eliminan los productos de desecho, 476, 522
Capilli, cabello de la cabeza, 48

Cara en forma de diamante
   peinados para, 149
   técnicas de maquillaje para, 454
Cara
   arterias de la, 524
   huesos de la, 507
   polvos, consisten de una base en polvo, mezclada con un agente colorante y perfume, 442–43, 574
   tipos de, *ver* tipos faciales
   venas de la, 525
Carbonato de sodio, se encuentra naturalmente en las menas y en los depósitos salados de los lagos así como en el agua del mar. Se utiliza en los champúes y en las soluciones de ondulado permanente, 571
Carbunclo, es el resultado de una infección aguda por estafilococos y es mayor que el forúnculo, 63
Cardado con cepillo, se llama también ruffing. Es una técnica para formar un cojín blando, o para mezclar dos o más grupos de rizos para conseguir un peinado uniforme, 144
   técnicas, 144
Cardado con peine, se llama también encaje francés. Es una técnica para formar un cojín firme sobre el que se construye un cojín o una base para el cabello que cubre esta parte, 143
   técnicas, 143
   método de entresacar, 90
Carpo, una articulación flexible compuesta por ocho huesos pequeños e irregulares, que se mantienen juntos por medio de ligamentos, 509
Cascada, cabello artificial en una base oblonga que ofrece una variedad infinita de posibilidades de peinados, 367
   rizo en cascada, es el precursor del rulo. Provee la altura en el estilo final del peinado y puede utilizarse con rulos o por sí solo, 130–31
Caspa, consiste de pequeñas escalas blancas que normalmente aparecen en el cuero cabelludo y el cabello, 58
   tratamiento de, 60
Catabolismo, es la descomposición de substancias mayores de moléculas, convirtiéndolas en más pequeñas, 503
Cataforesis, es el empleo del polo positivo para forzar una substancia positivamente cargada dentro de la piel, 536
Catalista, es una sustancia utilizada para alterar la velocidad de una reacción química, 312
Cejas
   arqueo, 460–61
   colocación correctiva/conformación de, 460
   músculos de, 511
Célula
   crecimiento, 503
   división indirecta, 503
   membrana de la, encierra el protoplasma. Permite que las sustancias solubles entren en y salgan de la célula, 502

   metabolismo, es un complejo proceso químico que consta de la nutrición y el suministro de las células del cuerpo con la energía necesaria para funcionar en sus varias actividades, 503–4
Célula nerviosa, es la unidad estructural primaria del sistema nervioso, 517
Células, son las unidades elementales de todas las cosas vivas, incluyendo las bacterias, plantas, y animales, 502
Ceniza, una matiz o tono dominado por verdes, azules, violetas o grises. Puede utilizarse para contrarrestar tonos cálidos no deseados, 312
Centrosoma, es un cuerpo redondo y pequeño que se encuentra en el citoplasma, que afecta también la reproducción de la célula, 502
Cepillado
   champú y, 75–76
   cubiertas para, 70
Cepillado, 142–144
   cubierta para, 70
   técnicas para el peinado y, 142–144
Cepillo de pelo fino de camello, se utiliza para la aplicación de laca o esmalte líquido a la uña, 373
Cepillos finos de pelo de camello, se utilizan para la aplicación de laca o del esmalte líquido, 373
Cepillos
   redondos, secado con aire y, 182–83
   secado con aire y, 180–81, 184
Cera en frío, la remoción del cabello y, 499
Cera caliente, la remoción de cabello y, 497–99
Cera
   caliente, remoción del cabello y, 499
   fría, remoción del cabello y, 497–99
Cerebro, es la masa más grande de tejido nervioso del cuerpo y está contenido dentro del cráneo, 517
Champúes equilibrados en ácido, 79
Champúes medicados, 80
Champúes
   acción en surfactantes, 555
   clasificaciones de, 553
   para realzar el color, 261
   postizos/pelucas y, 81
   química de los, 553–57
   selección del correcto, 75
   tipos de, 79–81
      acondicionamiento, 80
      color/realce, 81, 297
      equilibrados en ácido, 79
      medicados, 80
      polvo en seco, 81
Cicatriz, es probable que se forme después de la curación de una herida o condición cutánea que ha penetrado la capa dérmica, 482
Cilios, tipo de filamento que se mueve como un látigo y propulsa las bacterias por el líquido, 27
Circuito completo de electricidad, 530
Circulación general, es la circulación sanguínea desde el corazón por todo el cuerpo y de vuelta otra vez al corazón, 522

GLOSARIO/ÍNDICE ◆ 615

Circulación pulmonar, es la circulación sanguínea que se dirige desde el corazón a los pulmones, en donde se purifica, 522
Circulación sistémica, es la circulación de la sangre desde el corazón por todo el cuerpo, y de vuelta otra vez al corazón, 522
Cirugía plástica, definiciones relacionadas con la, 489
Cisteína, aminoácido natural que es responsable del desarrollo de feomelanina, 193, 312
Citoplasma, se encuentra en el exterior del núcleo y contiene el material alimenticio necesario para el crecimiento, reproducción y autoreparación de la célula, 502
Cloasma, se caracteriza por mayores depósitos de pigmento en la piel, 487
Cobertura, referencia a la capacidad de un producto de color para teñir el gris, el blanco u otros colores de cabello, 312
Cocos, organismos redondos que aparecen individualmente o en grupos, 26
Colocación de pelucas, 363
Color, sensación visible causada por la luz, 312
   aclarado de color, cantidad de cambio que sufre un pigmento natural o artificial al ser aclarado por una sustancia, 311
   aclarados, 82
   aditivo de, un producto de color concentrado que puede agregarse al tinte para intensificar o para disminuir el color. Otra palabra para decir concentrado, 311
   base, una combinación de tintes que componen la base tonal de un color específico de cabello, 312
   rellenos, 301–2, 567
   imprimación, el proceso de agregar pigmentos para preparar el cabello para la aplicación de la solución final de color, 314
   mezcla de, combinar dos o más tonalidades para formar un color que corresponda específicamente a un cliente, 314
   prueba de, el proceso de remover el producto de un mechón de cabello para determinar el progreso del tiempo de desarrollo de color durante el teñido o el aclarado, 315
   quitacolorante, un producto diseñado para la remoción de pigmento artificial del cabello, 316, 565
   champúes, 81
   enjuagues, 82
   especialista, 230
   renovación de, 1. Tinte aplicado al punto medio del tallo y a las puntas para dar al cabello un aspecto de color más uniforme. 2. Color aplicado por medio del champú para realzar el color natural. Llamado también lavado de color, realce de color, 316
   rueda, el arreglo de colores primarios, secundarios, y terciarios según su relación mutuo. Una herramienta para las formulaciones, 316

teoría, 253–59
   colores complementarios, 256–57
   colores primarios, 253–55
   colores secundarios, 255–56
   colores terciarios, 256
   uso de, 258
Color certificado, color que cumple con ciertas normas de pureza y es certificado por la FDA, 312
Color vegetal, 269–70, 564
Color vegetal, un color derivado de plantas, 312
Colorante solamente de depósito, es una categoría de productos de color comprendida entre colores permanentes y semipermanentes. Estos productos se formulan solamente para depositar el color, no para aclarar. Contienen tintes oxidantes y utilizan un revelador de bajo volumen, 268–69, 313
Colorante de, (tinte), término utilizado en la industria de belleza que se refiere a productos artificiales para teñir el cabello, 312
Colorante de cabello de proceso simple, se refiere a una solución de tinte oxidante que realce o aclara, al mismo tiempo que deposita colorante en una sola aplicación, 312
Colorante semipermanente del cabello, es colorante que permanece durante varios lavados con champú. Penetra el tallo del cabello y tiñe la capa de cutícula, atenuándose lentamente con cada lavado, 313
Colorante penetrante de cabello, es el color que penetra o entra en la corteza o segunda capa del tallo de cabello, 313
Colorante permanente de cabello, categoría de productos colorantes de cabello mezclados con un revelador que crean un cambio duradero de color, 313
Colorante del cabello oxidante, es un producto que contiene tinturas oxidantes que requieren peróxido de hidrógeno para poder revelar o desarrollar el color permanente, 272–73, 312
Colorante temporal de cabello, color fabricado de tinturas o colorantes preformados que se aplican al cabello, pero que pueden quitarse fácilmente con champú, 313, 561
Colorantes
   lápices de color, 260
   espumas de color, 260
   gels de color, 260
Coloreado, ver Teñido.
Coloreado permanente
   peróxido de hidrógeno, 273–76
   tipos del, 269–73
Coloreados correctivos, el proceso de corregir un color no deseado, 313
Colorear el cabello su color original o natural, 317
Colores D y C, son colores seleccionados de una lista certificada aprobada por la FDA para ser utilizados en medicamentos y en productos cosméticos, 313

Colores complementarios, un color primario y uno secundario en posiciones opuestas en la rueda de colores. Cuando estos dos colores se combinan, crean un color neutro. Las combinaciones son las siguientes: azul/anaranjado, rojo/verde, amarillo/violeta, 256–57, 313
Colores primarios, son pigmentos o colores que son fundamentales y no pueden ser creados mezclando colores con otros. Los colores primarios son rojo, amarillo y azul, 253–55, 313
Colores secundarios, se crean combinando dos colores primarios en proporciones iguales; verde, anaranjado, y violeta son colores secundarios, 255–56, 312
Colores terciarios, la mezcla de un color primario y un color secundario adyacente en la rueda de colores. Rojo-anaranjado, amarillo-anaranjado, amarillo-verde, azul-verde, azul-violeta. Se conocen también como colores intermedios, 256, 313
Colorete para las mejillas, 443, 576
   sugerencias para su aplicación, 455
Colorete (color de mejillas), 443, 576
   aplicación de, 455
Colorete de mejillas, 443
Combustión, cuando oxígeno combina con otras sustancias de manera tan rápida que se crean tanto la energía de luz como el calor, 551
Comedones, llamados también espinillas, son masas vermiformes (en forma de gusano) de sebo endurecido que aparecen con más frecuencia en la cara, y especialmente en la frente y en la nariz, 431, 483
   tratamientos faciales para, 431–32
Comercio al por menor, 472
Compuestos, cualquier substancia compuesta por dos o más elementos diferentes, unidos químicamente en proporciones específicas por peso, 547–48
Compuestos cuaternarios de amoníaco, es un desinfectante seguro y de acción rápida en el salón de belleza, 38–39, 554, 571
Comunicación, imagen profesional y, 18
Condición, el estado actual del cabello; elasticidad, firmeza, textura, porosidad e indicios de tratamientos anteriores, 313
Conformación, es una sección de cabello que se moldea en un diseño para servir como base a un patrón de rizos u ondas, 116
   antes de la permanente, 200
   procedimiento, 116–17
Conformación circular, se presenta en forma triangular; el extremo abierto es más pequeño que el cerrado, 116
Conformación húmeda, el cabello puede conformarse inmediatamente después de lavarse, 90
Conformación rectangular, son ondas que permanecen en la misma anchura en toda la conformación, 116

Conformaciones horizontales, 118
Conformaciones laterales verticales, se dirigen de una manera que coloca los extremos, abierto y cerrado, en disposición vertical, 118
Conformaciones inversas, se peinan y dirigen hacia abajo, e inmediatamente después hacia arriba en un movimiento circular, alejándose de la cara, 117
Conformado en seco, si el cabello se conforma cuando está seco, se recomienda que lave el cabello con champú primero, y luego secarlo completamente antes del conformado, 90
Conformados diagonales, son variaciones del conformado hacia adelante, excepto que se forma el conformado diagonalmente al lado de la cabeza, 117
Consulta, comunicación verbal con un cliente para determinar los resultados deseados, 313
Contaminación
  prevención y control, 32–37
    antisépticos, 35
    descontaminación, 32
    desinfección, 35–37
    esterilización, 33
    higienización, 33–35
Contaminante, cualquier sustancia que causa la contaminación, 32
Convertidor, se utiliza para transformar la corriente directa en corriente alterna, 530
Corazón, es un órgano muscular y cónico del tamaño aproximado de un puño cerrado, 521
Corión, es la capa subyacente, o interior, de la piel, 475
Corpúsculos táctiles, terminales nerviosas que se encuentran en la capa papilar de la piel, 476
Corriente continua (CC), es una corriente constante e invariable que fluye en un solo sentido. Esta corriente produce una reacción química, 530
Corriente de alta frecuencia
  aplicación de, 538
  tratamiento facial para la piel seca y, 431
Corriente de alta frecuencia, facial de piel seca y, 431
Corriente alterna (CA), es una corriente rápida e interrumpida que fluye primero en un sentido y luego en el sentido opuesto, 530
Corriente galvánica, una corriente utilizada en la electroterapia, 533
  tratamiento facial para la piel seca y, 430–31
  remoción de cabello y, 492
  modalidades y, 534–35
Corriente sinusoidal
  modalidades y, 536–37
  uso seguro, 537
Cortadores del cabello, línea del cuello, 94
Cortaduras, tratamiento de, 406
Corte a través, cortar el cabello recto, sin deslizar, 90–91
Corte del cabello largo en capas, 85

Corte de cabello
  cabello rizado, 98–99
  cubiertas para, 68
  navajas, 85
    cambio de hojas, 95
    corte de cabello con, 96–97
    entresacado con, 95
    sujección, 94
  peines, 85
    sujección de, 87
  seccionamiento
    en cinco secciones, 86–87
    en cuarto secciones, 86
  tijeras, 84
    corte de cabello con, 90–93
    entresacado con, 89–90
    sujección, 87
  utensilios, 84–85
    sujección de, 87–88
Corte escalado, consiste de cortar el cabello cerca de la nuca y dejarlo gradualmente más largo hacia la coronilla, sin que se muestre una línea definida, 93
  problemas con, 92
Corte o conformado antes de la permanente, 200
Córtex (corteza), la capa mediana o interior, que proporciona resistencia y elasticidad al cabello; está compuesta de una substancia fibrosa formada por células elongadas. Esta capa contiene el pigmento que proporciona color al cabello, 48, 192, 236, 313, 558
Cosmetología
  afecciones ocupacionales en la, 486
  profesor de, 526
Cosmetólogo,
  femenino, 11
    postura básica para, 15
  masculino, 11
    postura básica para, 15
Costra, acumulación de sebo y de pus, tal vez mezclada con materia epidérmica, 482
Cráneo, huesos del, 506–7
Crema de limpieza, se origina en parte por el contenido de aceite de la crema, que es capaz de disolver otras sustancias grasas, 573
Cremas y barras para ocultar imperfecciones, 442
Cremas, 573
Cremas humidificadoras, se diseñan para tratar la sequedad, 573
Croquignole
  técnica de rizado, 174–75
  enrollamiento, 189
Cúbito, es el hueso grande que se encuentra en el lado del meñique del antebrazo, 508
Cuchara, ½ onza, 3 cucharillas, 15 mililitros, 313
Cuello
  arterias del, 524
  huesos del, 508
  maquillaje correctivo para, 457
  movimientos utilizados en el masaje del, 429

  músculos del, 514
  peinado y, 155
  venas del, 525
Cuero cabelludo
  afecciones del,
    alopecia, 60–61
    carbunclo, 63
    caspa, 58–60
    forúnculo, 63
    pediculosis, 62–63
    sarna, 62
    tinea, 62
  análisis del, prensado térmico y, 340–48
  anatomía del, 56
  cuidado del, 55–58
  examinación del, 323
  teñido de cabello, 246
  lociones, 578
  movimientos utilizados en el masaje del, 55–58
  técnicas de, 56–58
  músculos del, 511
  servicio en cabello húmedo, cubierta para, 68
  servicio en cabello seco, cubierta para, 70
  tratamientos del, 64–66
Cutícula
  aceite, suaviza y lubrifica la piel alrededor de las uñas, 373
  cremas para, normalmente tienen una base de lanolina, petróleo, o cera de abejas. Se utilizan para prevenir o corregir las uñas frágiles y una cutícula seca, 236, 373
  del cabello, la capa córnea exterior que se compone de células protectoras en forma de escama, transparentes e imbricadas, dirigidas hacia afuera del cuero cabelludo en dirección a las puntas, 48, 192, 313, 403, 558
  empujador, se utiliza para soltar y empujar la cutícula, 373
  piel, la capa cutánea más delgada; forma una cubierta protectora para el cuerpo, 475
  pinzas/tijeras, se utilizan para cortar la cutícula, 372
  utensilios para remoción pueden contener un 2% hasta un 5% de hidróxido de potasio o de sodio además de la glicerina, 373
Cutis, es la capa por debajo, o la interior, de la piel, 475

D

Declaración de descargo
  prensado del cabello y, 347
  teñido del cabello y, 235
  tintura del cabello y, 347
Descontaminación, es la remoción de patógenos y otras sustancias de instrumentos y otras superficies, 32
Dedos, consisten de tres falanges en cada dedo y dos en el pulgar, haciendo un total de catorce huesos, 509
  infectados, 406
Delineadores para los ojos, están disponibles en líquido o en pastel, tanto como en lápiz, 445, 577

GLOSARIO/ÍNDICE ◆ 617

Delineadores, 445
 uso de, 459–60
Deltoides, es el músculo grande y grueso en forma triangular que cubre los hombros y que eleva y hace girar el brazo, 515
Dendritas, la parte de una neurona que recibe mensajes procedentes de otras neuronas, 517
Densidad,
 de una sustancia se refiere a su peso dividido por su volumen, 237, 549
 espesura, se refiere a la cantidad de cabellos por pulgada cuadrada que se encuentra en la cabeza de una persona, 199
Denso, espeso, compacto, o tupido, 313
Depilatorios, son preparaciones que se utilizan para la remoción temporal del cabello superficial, disolviéndose en la línea de la piel, 497, 572
 químicos, 499–500
 remoción de cabello y, 497
Depilatorios químicos, 499–500
Depósito, describe el producto colorante en términos de su capacidad de añadir pigmento de color al cabello. El color añadido equivale al depósito, 313
Derma, la capa subyacente, o interior, de la piel, 475
Dermabrasión, es una técnica que se utiliza para suavizar la piel herida "limando" las irregularidades, de manera que las heridas se mezclan mejor con la piel circundante, 490
Dermatitis, es una condición inflamatoria de la piel, 486
Dermatitis venenata, infecciones de la piel que resultan de una alergia a los ingredientes en cosméticos, antisépticos, lociones para el ondulado en frío, y tintes que contienen derivados de anilina, 486
Dermatología, el estudio de la piel, su naturaleza, estructura, funciones, enfermedades y tratamiento, 480
Dermatólogo, un médico que se especializa en la piel, 480
Dermis, la capa subyacente, o interior, de la piel, 475
Descanso, necesidad del, 10
Descoloramiento, es el revelado de colores no deseados por medio de una reacción química, 313
Descolorantes en grasa, 277–78, 565
Descolorar, un proceso químico que trata del aclarado de los pigmentos del color natural o del color artificial del cabello, 313
Desenredado del cabello, 112
Desincrustación, es un proceso utilizado con frecuencia para suavizar y licuar depósitos de grasa (aceite) en los folículos pilosos y en los poros, 536
Desinfección, controla microorganismos en superficies inorgánicas tales como instrumentos y otros utensilios, 35

Desinfectantes a nivel de hospital, son tanto bactericidas como funjicidas, 36
Desinfectantes son sustancias que eliminan microbios en utensilios contaminados y otras superficies inorgánicas, 35
 a nivel de hospital, 36–37
 Administración de Seguridad y Salud Ocupacional (OSHA) y, 36
 Agencia para la Protección del Medio Ambiente (EPA) y, 35–36
 seguridad de, 40
 superficies en el salón de belleza y, 41
 tipos de
  alcohol, 39
  blanqueador, 39
  fenoles, 39
  limpiadores ultrasónicos, 40
  quats, 38–39
 uso correcto de, 37
Desinfectantes de fenol (fenoles) son seguros y muy efectivos y han sido utilizados durante muchos años. Debe tener cuidado para evitar que los fenoles entren en contacto con la piel, 39
Deslizamiento, es el proceso de entresacar el cabello con tijeras, 89
Deslustrado, palabra utilizada para describir el cabello o el color de cabello sin brillo, 313
Detergente, término que significa limpieza o "agente activo en la superficie", 553
Diafragma, una partición muscular que controla la respiración; separa el pecho de la región abdominal, 527
Diagnosis, es el reconocimiento de una enfermedad por sus síntomas, 480
Dieta
 acné y, 433
 cabello y, 46
Difteria, es una enfermedad que puede transmitirse a través de portadores humanos, 29
Digestión, proceso de conversión de los alimentos en una forma en que puedan ser asimilados por el cuerpo, 528
Dígitos, consisten de tres falanges en cada dedo y dos en el pulgar, haciendo un total de catorce huesos, 509
Diplococos, organismos que crecen en pares y provocan la neumonía, 26
Disperso, dividido, esparcido; no limitado a sólo un lugar, 313
Disulfuro
 enlace de, se forma al unir dos átomos de azufre, 558
 vínculos, enlaces con cisteína, 193
Disyuntor, es un dispositivo tipo conmutador que se cierra automáticamente tan pronto como recibe la primera indicación de sobrecalentamiento o de avería en el circuito, 531
Doble
 envoltura con papel, 207–8
 envoltura para permanente de halo, 204
 tinte de proceso, 298–300
 varillas de envoltura, 209–210
Drogas, el cabello y, 46

Dureza, se refiere a la capacidad de una sustancia de resistir el rayado, 550

E
Eccema, inflamación de la piel, de naturaleza aguda o crónica, que presenta muchas formas de lesiones secas o húmedas, 486
Efilación, proceso de entresacar el cabello con tijeras, 89
Ejercicio, necesidad de, 10
Elasticidad del cabello, es la capacidad del cabello de estirarse y volver a su estado original sin romperse, 53, 198, 313
Electricidad, circuito completo de, es el camino atravesado por la corriente desde su fuente de generación por los conductores hasta su regreso a la fuente original, 530
 dispositivos de seguridad para, 531–33
 medidas, 530–31
 uso de, 530–33
Electricidad farádica, corriente utilizada en la electroterapia, 533
 modalidades y, 536
 uso seguro, 537
Electricidad alta frecuencia Telsa, una de las corrientes utilizadas en la electroterapia, 533
 aplicación de, 538
 uso, 537
Electrodo, aparato que conduce la corriente eléctrica desde la máquina a la piel del cliente, 533
 activo, es el electrodo utilizado en las regiones a ser tratadas, 535
 inactivo, es el polo opuesto del electrodo activo, 535
Electrólogo, 500
Electroterapia, tratamiento facial eléctrico, 533–38
Elemento, unidad básica de toda materia; no puede reducirse a una sustancia más sencilla, 547
Eliminadores de color, 565
Emociones, control de las, 17
Emulsiones, se forman cuando dos o más substancias inmiscibles, como por ejemplo aceite y agua, se unen con la ayuda de un aglomerante o un emulsificador, 569
Emulsiones aceite-en-agua, se hacen de gotas de aceite suspendidas en una base de agua, 569
Emulsiones agua-en-aceite, se forman con gotas de agua suspendidas en una base de aceite, 569
Enfermedad, es cualquier deviación de un estado normal de salud, 482
Enfermedad aguda, una que presenta los síntomas con un carácter más o menos violento, como por ejemplo una fiebre, y normalmente tiene una duración muy corta, 482
Enfermedad comunicable, es una enfermedad que puede transmitirse de una persona a otra, 28

Enfermedad congénita, una que está presente en el niño desde el momento del nacimiento, 482
Enfermedad crónica, una de larga duración, que normalmente no es muy seria pero que se repite, 482
Enfermedad contagiosa, es una que puede transmitirse de una persona a otra, 28, 482
Enfermedad infecciosa, una enfermedad provocada por los gérmenes que entran en el cuerpo (bacterias o virus), como resultado del contacto con un objeto o lesión contaminado, 482
Enfermedad sistémica, se debe a la actividad excesiva o deficiente de las glándulas internas, 483
Enfermedad patogénica, enfermedad producida por una bacteria causante de enfermedades, como por ejemplo los estafilococos o estreptococos, 483
Enfermedad parasitaria, enfermedad provocada por parásitos vegetales o animales, como por ejemplo la pediculosis y la tiña, 483
Enfermedad ocupacional, es una originada por ciertos tipos de ocupaciones, como por ejemplo las que requieren un contacto con cosméticos, productos químicos o tintes, 483
Enfermedad estacional, una influenciada por el clima, como el salpullido en el verano y algunas formas de eccema que aparecen con más frecuencia en el invierno, 482
Enfermedades venéreas, son enfermedades contagiosas que generalmente se adquieren mediante contacto con una persona infectada durante el acto sexual, 483
Enjuague de loción onduladora, 215–16
Enjuagues equilibrados en ácido, 82
Enjuagues ácidos, 81
Enlace de hidrógeno, cuando dos átomos de hidrógeno se atraen mutuamente, 558
Enlaces, 558–59
Enlaces químicos, 558
Enlaces péptidos, enlaces finales que unen los aminoácidos, 558
Enlaces péptidos, unen los aminoácidos, 558
Enlaces de azufre, se forman debido a la atracción de cargas eléctricas opuestas, 558
Enrollamiento direccional, 218–19
Enrollamiento de corona caída, 205
Enrollamiento en espiral, 189
Enrollamiento
  del cabello, 206–10
  direccional, 218–19
  patrones de, 203–6
Enrollamiento con la parte posterior recta, 204
Enrollamiento de permanente apilada, 206
Enrollamiento espiral, 205
Entresacado, 88
  con navajas, 95
  tijeras
    sujeción, 87
    entresacado con, 89

Entrevista de empleo, 345
Envoltura líquida de la uña, 389
Envoltura de las puntas en libro, 208
Envoltura de halo simple, 203
Envoltura de las puntas con papel simple, 208
Envoltura "a horcajadas", 209–10
Enzima, molécula de proteína que se encuentra en células vivas y que inicia un proceso químico, 314
Enzimas digestivas, son productos químicos que convierten ciertas clases de alimentos en una forma capaz de ser utilizada por el cuerpo, 528
EPA (Agencia para la Protección del Medio Ambiente),
  desinfectantes y, 35–36
Epicráneo, una amplia banda de músculos que cubre la parte superior del cráneo, 511
Epidémico, la manifestación de una enfermedad que ataca simultáneamente un gran número de personas que viven en una localidad particular, 483
Epidermis, la capa más exterior de la piel, 475
Epiladores, remoción del cabello al extraerlo del folículo, 492, 573
Epitelial(es) células de la superficie, 59
  tejido epitelial, es una cubierta protectora que se encuentra en superficies corporales, como por ejemplo la piel, las membranas mucosas, los revestimientos del corazón, los órganos de digestión y de respiración, y las glándulas, 504
Eponiquio, es la extensión de la cutícula en la base del cuerpo de la uña, que solapa parcialmente la lúnula, 403
Equipo
  almacenaje correcto del, 41
  corte de cabello, 84–85
  lavado con champú y, 75
Escala de dureza MOH, se utiliza como base para comparar la dureza y blandura de sustancias, 550
Escama, es una acumulación de escamas epidérmicas secas o grasas, 482
Escútulas, se caracterizan por una costras secas de color amarillo azufre y en forma de vaso en el cuero cabelludo, 62
Esmalte seco para uñas, se prepara normalmente en la forma de un polvo o pasta. Suaviza la uña y proporciona un brillo durante el pulido, 374
Esófago, 528
Especialista, una persona que se concentra en únicamente una parte o rama de una materia o profesión, 314
Espectro, es la serie de bandas de colores difractadas y dispuestas en el orden de sus longitudes de onda debido al paso de la luz blanca a través de un prisma. Las tonalidades cambian continuamente desde el rojo (producido por la longitud de onda visible más larga) al violeta (producido por la más corta): rojo, anaranjado, amarillo, verde, azul, índigo y violeta, 314
Espesor, se refiere al número de cabellos por pulgada cuadrada en la cabeza de una persona; densidad, 199
Espinillas, se originan por una masa endurecida de sebo que forma en los conductos en las glándulas sebáceas, 431, 483
  tratamientos faciales para, 431–32
Espinillas blancas, o milios, son una afección común de la piel, provocada por la acumulación de materia sebácea dentro o debajo de la piel, 432, 484
Espirilos, son organismos curvados o en forma de espiral. Se dividen en varios grupos, 27
Espumas colorantes, 260
Estabilizador, nombre general para los ingredientes que prolongan la duración, la apariencia y el rendimiento de un producto, 314
  ver también Neutralizadores.
Estafilococos, son organismos que forman pus que crecen en forma de racimos. Pueden provocar abscesos, pústulas y forúnculos, 26
  infecciones, 63–64
Esteatoma, o quiste sebáceo, es un tumor subcutáneo de la glándula sebácea, 485
Esterilización, destruye completamente todo organismo vivo en una superficie, 33
Esterilizadores eléctricos, 41
Esterilizadores de cuentas, 41
Esternocleidomastoideo, es el músculo que se extiende desde la clavícula y desde los huesos del pecho al hueso temporal en la parte posterior de la oreja. Hace girar y doblar la cabeza, como cuando se asiente, 514
Estilado
  ayudas para el, 578
  lociones, secado con aire y, 182
  pelucas, 363
Estilo de vida
  saludable, 13
  teñido de cabello y, 247–48
Estimulador facial, es un instrumento que, al conectarse con un enchufe ordinario, puede producir corrientes específicas utilizadas para tratamientos faciales eléctricos, 533
Estirado térmico del cabello, análisis del cuero cabelludo/cabello y, 340–48
Estrato
  córneo, o capa escamosa, es la capa exterior de la piel. Sus células en forma de escama caen y se regeneran de manera continua, siendo reemplazadas por las células que se encuentran debajo y que suben a la superficie, 475
  germinativo, se compone de varias capas de células con formas diferentes. La capa más profunda es la que origina el crecimiento de la epidermis. También contiene melanina, 475

GLOSARIO/ÍNDICE ◆ 619

granuloso, o capa granular, se compone de células parecidas a gránulos distintos. Estas células están casi muertas y son empujadas a la superficie para reemplazar las células que se caen del estrato córneo, 475
lúcido, o capa transparente, se compone de pequeñas células transparentes por las cuales puede pasar la luz, 475
mucoso, se compone de varias capas de células con formas diferentes. La capa más profunda es la que origina el crecimiento de la epidermis. También contiene melanina, 475
Estreptococos, organismos que forman pus que crecen en forma de cadenas. Provocan infecciones como infección y dolor de la garganta, 26
Etapa activa, las bacterias y, 27–28
Etapa vegetativa, las bacterias y, 27–28
Etapa, término utilizado para describir un cambio visible de color por el que pasa el color del cabello natural mientras se aclara, 314
Etapa de formación de esporas de las bacterias, 27–28
Ética profesional, 21–22
Etilo de metacrilato, es un éster de alcohol etílico y ácido metacrílico utilizado en la formulación química de muchas uñas esculpidas, 570
Etología, es el estudio de la causa de una enfermedad, 480
Eumelanina, grupo de melanina de color negro-marrón, 239
Excoriación, herida o abrasión de la piel producida por una rascadura o un rozamiento, 482
Exhalación, la expulsión del dióxido de carbono, 527
Extensores, músculos que enderezan la muñeca, la mano y los dedos para formar una línea recta, 515
Externa, arteria maxilar, proporciona sangre a la región inferior de la cara, boca y nariz, 524

F
Facial
acné y, 432–33
maquillaje, *ver* Maquillaje
masaje
equipo para, 421
preparación para, 420–21
procedimiento, 421–25
mascarillas, hechas individualmente, 434–37
movimientos utilizados en un masaje, 426–29
piel grasosa, 431–32
piel seca y, 430–31
razones para dar un tratamiento facial, 437
tipos
análisis del cliente, 451
en forma de corazón, 453
en forma de diamante, 454
en forma cuadrada, 452
en forma redonda, 452
en forma oval, 451
en forma de pera, 453
en forma oblonga, 454
peinados y, 147–49
tratamientos, 420
Falanges, los huesos que componen los dedos y el pulgar, 509
Faringe, 528
Favus, tiña en forma de panal de abeja, se caracteriza por la formación de costras amarillas en forma de copa, compuestas de micelios aglomerados y restos epiteliales, llamadas escútulas, que tienen un olor característico, 29, 62
Fenilendiamina, derivado del alquitrán de carbón, posee una cadena de derivados que penetran la piel; se cree que es un agente causante del cáncer, 571
Fenoles, 39
Feomelanina, pigmento rojo/amarillo que ocurre naturalmente, como por ejemplo en el cabello amarillo/rojo, 239, 314
Fibras de nervios motores, se distribuyen en los músculos del arrector pili conectados a los folículos pilosos, 476
Fibras sensoriales, reaccionan al calor, frío, tacto, presión, y dolor. Estos receptores sensoriales le envían mensajes al cerebro, 476
Fibras nerviosas secretorias, se distribuyen por las glándulas sudoríparas y sebáceas de la piel y regulan las excreciones de sudor procedente de las glándulas sudoríparas y controlan el flujo de sebo hacia la superficie de la piel, 476
Ficha de registro
onda permanente, 195
prensado térmico del cabello, 342
relajante del cabello y, 323
teñido del cabello y, 234–35
Fiebre tifoidea, es una enfermedad que puede transmitirse por portadores de enfermedades humanas, 29
Fijativo, *ver* Neutralizadores.
Fisiología, es el estudio de las funciones o actividades realizadas por las estructuras del cuerpo, 505
Fisura, una grieta en la piel que penetra dentro de la dermis, como en el caso de manos o labios grietados, 482
Flagelo, tipo de filamento cuyo movimiento semejante al del látigo hace que las bacterias se muevan dentro de un líquido, 27
Flecos
particiones para, 159
Flecos ondulados, conforman el cabello y sujetan los rizos fijos en ondas empezando por el extremo abierto, 128
Flexores, doblan la muñeca, tiran de la mano hacia arriba y cierran los dedos hacia el antebrazo, 515
Folleto de Información sobre la Seguridad de Materiales (MSDS), 35–36
Foresis, un proceso por el cual las soluciones químicas son forzadas dentro de la piel sana, utilizando una corriente galvánica, 536
Formaldehido, es un gas incoloro fabricado por un proceso de oxidación del alcohol metílico. Se utiliza como desinfectante, fungicida, germicida, y preservativo, tanto como una solución de embalsamiento. Se sospecha de ser un agente causante de cáncer, 40, 571
Formalina, 40
Formas de la cabeza, peinados y, 154
Formular, el arte de mezclar para crear una combinación o proporción igual de dos o más ingredientes, 314
Fórmulas, mezclas de dos o más ingredientes, 314
Forúnculo, es una infección aguda del folículo piloso por estafilococos que produce un dolor constante, 63
Fosfato de sodio, 373
Fragilitas crinium, es el término técnico para el cabello frágil o de puntas abiertas, 55
Frente baja, peinados y, 150
Frente, maquillaje correctivo para, 456
Frente retirada, peinado y, 150
Frescor, la capacidad de impartir una apariencia aterciopelada a la piel, 575
Fricción, movimiento de masaje de frotación profunda que requiere presión en la piel, mientras que la mueve sobre las estructuras subyacentes, 414
Frío
cera en frío, la remoción del cabello y, 499
ondulado en frío, 189
Frontalis, parte frontal del epicráneo, 511
Fundido químico, 331–32
Fundus, base enrollada de las glándulas sudoríparas, 478
Fungi, es el término general para toda parasita vegetal incluyendo todos tipos de hongo y moho, 29, 407
Funjicidas, destruyen el hongo, 36
Fusible, es un dispositivo de seguridad que impide el sobrecalentamiento de cables eléctricos. Se funde cuando el cable se calienta demasiado al sobrecargar el circuito con demasiada corriente procedente de demasiados aparatos eléctricos o si se utiliza equipo defectuoso, 531

G
Gases, la química y, 547
Gels colorantes, 260
Gérmenes, son microorganismos muy pequeños de una sola célula que existen por casi todos lados, 24
Glándulas exocrinas, tienen canales que conducen de la glándula a una parte particular del cuerpo, 526
Glándulas endocrinas, son glándulas sin conductos, y tienen secreciones llamadas hormonas que son conducidas directamente a la corriente sanguínea; ésta a su vez influye el bienestar del cuerpo, 527
cabello y, 46
sistema endocrino, glándulas sin conductos, 505, 526–27

Glándulas con conductos, tienen canales que conducen de la glándula a un punto específico del cuerpo, 526
Glándulas, son órganos especializados que varían en tamaño y en función. Las glándulas tienen la capacidad de sacar ciertos elementos de la sangre y convertirlos en nuevos compuestos, 526
Glándulas sin conductos, se llaman glándulas endocrinas y tienen secreciones llamadas hormonas que son conducidas directamente a la corriente sanguínea; ésta a su vez influye el bienestar del cuerpo, 527
Glándulas sudoríparas, son glándulas que excretan sudor, y se componen de una base en espiral, o fondo, un conducto en forma de tubo que finaliza en la superficie de la piel para formar el poro de sudor, 478
  afecciones de las, 486
Glándulas sebáceas, están compuestas por pequeños sacos cuyos conductos se abren dentro de los folículos pilosos. Secretan sebo, que lubrifica la piel y conserva la suavidad del cabello, 478–79
  afecciones de las, 483–86
Glicerilo monotioglicolato, es el principal ingrediente activo en lociones onduladoras con equilibrio ácido, 191
Glicerina, es un líquido dulce, incoloro e inodoro parecido a jarabe, formado por la descomposición de aceites, grasas o melaza. Se utiliza como suavizador de piel en aceite, en las cremas de cutícula y de faciales, y en una gran variedad de lociones, 571
Glóbulos blancos, llevan a cabo la función de destruir gérmenes que provocan enfermedades, 522
Glóbulos rojos transportan el oxígeno a las células, 522
Grado, término utilizado para describir varias unidades de medida, 314
Gránulo, partícula sumamente pequeña en la melanina del cabello, 314
Gravedad específica, de una sustancia es su "ligereza" o su "pesadez", 550

H
Herpes simplex, una infección viral recurrente, llamada comúnmente herpes febril, 486
Hidrofílco, 555
Hidrógeno, un gas incoloro, inodoro e insípido, 551
Hidróxido de sodio, es un relajador de cabello de tipo caústico, con frecuencia se llama un relajante de cabello; suaviza y expande las fibras capilares, 320
  relajación del cabello y, 561
  retoque, 330
  ver también Relajación del cabello
Hidróxido de potasio, se prepara por medio de la electrólisis del cloruro de potasio, 571
Hígado, descarga la bilis, 527

Higiene personal, necesidad de, 11
Higienización universal, 41
Higienización, significa reducir considerablemente la cantidad de patógenos en una superficie, 33–35
  líneas generales para, 34
  universal, 41
Hiperhidrosis, o perspiración excesiva provocada por un calor excesivo o la debilidad general del cuerpo, 486
Hipertricosis, significa el cabello superfluo, o un desarrollo anormal de pelo en zonas del cuerpo que generalmente están cubiertas sólo por vello, 54, 492
Hipertrofia, es un crecimiento excesivo de la uña, generalmente en grosor y no en longitud. La cause es normalmente una infección local; también puede ser hereditaria, 405, 489
Hipoclorito de sodio, es un blanqueador común para el hogar, 39
Hiponiquio, la parte de la epidermis, bajo el borde libre de la uña, 403
Hirsutismo, significa una gran pilosidad o cabello superfluo, 492
Histología, el estudio de las partes estructurales diminutas del cuerpo, como por ejemplo los tejidos, el cabello, las uñas, las glándulas sudoríparas y sebáceas, 505
Hombres
  manicuras para, 386
  pelucas para, 354–55
  permanentes para, 221
Hombro
  circuito, 508
  huesos del, 508–9
  músculos del, 515
Homeostasis, es el mantenimiento de una estabilidad interna normal en el organismo, 504
Hongo, aparece normalmente como una descoloración en la uña que se extiende hacia la cutícula. El hongo puede afectar también las manos, los pies y las uñas, 407
Hormonas, el cabello y, 46
Horripilador, es un pequeño músculo involuntario unido al lado inferior del folículo piloso. Dicho músculo puede provocar carne de gallina cuando una persona tiene miedo o frío, 46
Hueso hioides, un hueso un forma de U, situado en la parte frontal de la garganta, y es conocido comúnmente como el "Nuez de Adán", 508
Hueso etmoides, es un hueso esponjoso y ligero entre las cavidades oculares; forma parte de las cavidades nasales, 506
Hueso esfenoide, une todos los huesos del cráneo, 506
Hueso frontal, forma la frente, 506
Hueso occipital, forma las partes laterales de la cabeza en la zona de las orejas, 506
Hueso vómer, es un solo hueso que forma parte de la pared divisoria de la nariz, 507
Huesos malares, forman la prominencia de las mejillas, 507

Huesos maxilares, se unen para formar toda la mandíbula superior, 507
Huesos lacrimales, son pequeños huesos frágiles que se encuentran en la parte frontal de la pared interna de las cavidades oculares, 507
Huesos palatinos, forman la base y la pared exterior de la nariz, el techo de la boca y la base de las órbitas, 507
Huesos parietales, forman los lados y la parte superior (coronilla) del cráneo, 506
Huesos nasales, forman el puente de la nariz, 507
Huesos turbinales, son capas delgadas de hueso esponjoso que se encuentran en los dos lados de las paredes exteriores de la depresión nasal, 507
Huesos temporales, forman los lados de la cabeza en la región del oído, 506
Huesos zigomáticos, forman la prominencia de las mejillas, 507
Humectantes, son compuestos químicos que absorben y retienen la humedad del cabello, 556
Humectantes, 556–57
Húmero, el hueso más superior y mayor del brazo, 508

I
Imagen
  profesional
    actitud y, 18–21
    comunicación y, 18
    ética profesional y, 21–22
    personalidad y, 17
    presentación física, 13–16
    salud y, 10–13
Infección general, resulta cuando la circulación sanguínea lleva la bacteria y sus toxinas a todas partes del cuerpo, como por ejemplo en la sífilis, 28
Infección local, se indica por un forúnculo o un grano que contiene pus, 28
Infecciones bacteriales, 28–29
Infecciones provocadas por las bacterias, 28–29
Infecciones parásitas vegetales, 61
Inflamación, afección de la piel caracterizada por el enrojecimiento, dolor, hinchazón y calor, 483
Inhalación, el oxígeno es absorbido por la sangre, 527
Inmunidad adquirida, es algo que el cuerpo desarrolla después de vencer una enfermedad o por medio de una inoculación, 29
Inmunidad, es la capacidad del cuerpo de destruir bacterias que han logrado entrar y así resistir la infección, 29
Inmunidad natural, significa la resistencia natural a la enfermedad, 29
Intensidad, es un término utilizado en el teñido del cabello que se refiere a la "potencia" o concentración de la tonalidad del colorante. Una tonalidad puede ser moderada, media y fuerte en intensidad, 241, 258, 314
  uso de, 258

GLOSARIO/ÍNDICE ◆ 621

Intestino grueso, evacua los alimentos descompuestos o los que no han sido digeridos, 527
Intestinos gruesos, 527

J
Jabones de belleza, son elaborados para los tejidos más delicados de la cara. Muchos jabones de belleza son transparentes y contienen grandes cantidades de glicerina, 572
Jabones desodorantes, incluyen una bactericida que permanece en el cuerpo para eliminar las bacterias que causan un olor desagradable, 572
Jabones medicados, se diseñan para tratar problemas cutáneos, como por ejemplo rasches, granos o acné, 572
Jabones, son compuestos formados cuando una mezcla de grasas y aceites se alimentan dentro de un tanque de agua sobrecalentada, y luego se purifica mediante destilación, 570, 572

K
Keratina (*ver* Queratina)
Kilovatio, equivale a 1000 vatios, 531

L
Labios
  color para, 443–44, 576–77
  maquillaje correctivo para, 462
Lácteos, 523
Lámpara terapéutica, es capaz de producir los mismos rayos que se originan del sol, 540
Lápices de color, 260
Lápiz de labios, 443–44, 576–77
Lápiz labial clara, 443–44
Latissimus dorsi, es el músculo que cubre la parte posterior del cuello, así como la región superior y media de la espalda. Hace girar el omóplato y controla los movimientos basculantes del brazo, 515
Lavado con champú antes de la permanente, 200
Lavado con champú
  agua y, 74
  antes de la permanente, 200
  cabello tratado químicamente, 78
  cepillado y, 75–76
  cubierta para, 68
  descrito, 74
  materiales/utensilios para, 75
  procedimiento, 76–78
    limpieza, 78
    acabado, 78
    preparación, 76
Lawsone, 564
Lentes, peinados y, 156–58
Lentiginosis, manchas pequeñas con un color que va desde el amarillo al marrón en partes de la piel expuesta a la luz solar y al aire. Conocido también como pecas, 487
Lesiones de la piel, 481–82
Leucocitos, ejecutan la función de destruir los gérmenes causantes de las enfermedades, 522

Leucoderma, parches blancos anormales que aparecen en la piel, debido a defectos de pigmentación congénitos, 488
Leuconiquia, o puntos blancos, aparecen con frecuencia en las uñas, pero no indican ningún tipo de enfermedad. Pueden ser causados por heridas a la base de la uña, 404
Lima de uñas, se utiliza para formar el borde libre de la uña con el lado áspero, y para lisar la uña con el lado fino, 372
Limpiadores cosméticos corporales, 572–73
Limpiadores ultrasónicos, 40
Línea de demarcación, diferencia obvia entre dos colores en el tallo del cabello, 314
Línea del cuello, uso de maquinilla eléctrica en, 94
Linfa, es un fluido incoloro y acuoso que se deriva del plasma sanguíneo de la sangre, principalmente por medio de la filtración a través de las paredes capilares dentro de los espacios del tejido, 523
Lipofílico, la cola de una molécula surfactante. Durante un lavado con champú, atrae el aceite, 555
Líquidos, química de, 547
Lisaje, movimiento de masaje ligero y continuo, que se aplica con los dedos (digital) y con las palmas (palmar), de una manera lenta y rítmica, 413
Lociones refrescantes, son parecidas a las lociones astringentes; sin embargo, se elaboran para que su acción sea más suave sobre la piel seca o normal, 574
Lociones astringentes, son elaborados para remover la acumulación de grasa en la piel, 574
Lociones medicadas, se recetan por un médico para problemas cutáneas, como por ejemplo acné, rasches u otras erupciones, 574
Lociones de limpieza sirven el mismo propósito que las cremas de limpieza, pero contienen menos aceite, 574
Lociones, 573–74
Lociones de bronceado, se elaboran para proteger la piel de los rayos solares ultravioletas, que son muy dañinos, 574
Lunar, es una mancha, imperfección o punto pequeño y pardusco en la piel. Su color puede variar desde un color pardo claro a marrón o negro azulado. Cualquier cambio en un lunar requiere atención médica, 489
Lúnula, se encuentra en la base de la uña. El color de la lúnula se debe a la reflexión de la luz en la zona de unión de la matriz y el tejido conectivo del lecho de la uña, 403
Luz azul, se utiliza para la piel grasa que es desnuda. La luz azul contiene pocos rayos caloríficos, calma los nervios, produce un buen tono de la piel, y tiene algunas ventajas germicidas y químicas; se utiliza en casos leves de erupciones cutáneas, 544

Luz blanca, se conoce como una combinación de luz, porque es una combinación de todos los rayos visibles del espectro, 544
Luz roja, se utiliza en la piel seca en combinación con aceites y cremas. La luz roja es la más penetrante del espectro visible, es apropiada para la piel seca, escamosa y arrugada, y relaja los tejidos, 544
Luz violeta, una de las corrientes utilizadas en la electroterapia, 533
  aplicación de la, 538
  uso, 537

M
Mácula, es un punto o mancha pequeña descolorida que aparece en la superficie de la piel, como las pecas. Estas no están elevadas ni hundidas, 481
Mancha, una descoloración anormal que queda después de la desaparición de lunares, pecas o manchas hepáticas, a veces aparente después de algunas enfermedades, 482
Manchas, zonas de la piel con un color marrón poco natural, con una forma circular e irregular, 487
Mandíbula, es el hueso de la quijada inferior y el hueso mayor y más fuerte de la cara, 507
Maneras, imagen profesional y, 17
Manicura eléctrica, 385
Manicura, proceso de
  cosméticos para, 373–74
  equipo para, 372
  materiales, 375
  mesa, preparación de la, 375–76
  normas de seguridad del, 381
  utensilios, 372–73
Manicura de cabina, 386
Manicura, un procedimiento realizado para mejorar la apariencia de las manos y uñas, 370
  aceite, 386
  cabina, 386
  eléctrica, 385
  masaje de manos, 383–84
  masajes del brazo y la mano, 384–85
  normal, 376–80
    preparación para, 376
    procedimiento, 377–79
  normas de seguridad, 381
  para hombres, 386
Manicura con aceite, 386
Mano
  cremas/lociones de mano se componen de emolientes que promueven la retención de agua, emulsificadores y conservantes, 374
  huesos de la, 508–9
  masaje, 383–84
  brazo y, 384–85
  músculos de, 515
  pelucas atadas a mano, limpieza de, 360
  riego sanguíneo de la, 525
Mantenimiento de los registros en el salón de belleza, 587–89

Manto, es el pliegue profundo de piel en el que está empotrada la raíz de la uña, 403
Maquillaje
aplicación de
preparación para, 440, 41
procedimientos, 446–48
mujeres de color, 449–51
reglas para, 455–59
artista de, 444
base de, 441–42, 575
color de labios, 443–44
colores de mejillas, 443
sugerencias para aplicación, 455
para el ojo, 444–45
polvos faciales, 442–43
precauciones de seguridad, 471
Maquillaje de base, 441
compuesto principalmente de agua, aceite mineral, ácido esteárico, alcohol cetilo, glicol de propileno, trietanolamina, derivados de lanolina, bórax, y pigmentos insolubles, 575
ocultar arrugas con, 455
Maquillaje corrector para la mandíbula, 457
Maquillaje de panqueque o cake, se compone generalmente de caolín, cinc, talco, óxido de titanio, aceite mineral, perfumes, carbonato de calcio precipitado, pigmento molido hasta alcanzar un polvo fino, y pigmentos inorgánicos, como por ejemplo los óxidos de hierro, 578
Máquina de aceleración o de proceso, se utiliza para reducir el tiempo de proceso necesario para aclarar y teñir el cabello. La máquina acelera el movimiento molecular de los productos químicos del tinte, de manera que actúan más rápidamente, 539
Marca de nacimiento, es una malformación pequeña o grande de la piel debido a una pigmentación anormal o a la presencia de capilares dilatados, 487
Masaje, se utiliza para ejercitar los músculos faciales, mantener el tono muscular y estimular la circulación, 412
cremas para, se utilizan para ayudar a las manos a deslizarse sobre la piel, 573
de la mano y el brazo, 384–85
de la mano, 384–85
del pie, 398–99
efectos fisiológicos del, 416–17
facial
equipo para, 421
preparación para, 420–21
procedimiento del, 421–25
fricción, 414
lisaje "effleurage", 413
movimientos de las articulaciones, 415
movimientos utilizados en, 412–15
músculos afectados por, 510
percusión, 415
petrissage, 413
retorcimiento, 414
tapotemiento, 415
vibración, 415
Masaje del pie, 398–99

Masajes
cuero cabelludo, 55–58
técnicas de, 56–58
espalda, pecho, cuello, 429
faciales, 426–29
Mascarilla de fruta fresca, 434
Mascarillas, están disponibles para cubrir varios propósitos y condiciones de piel—limpieza a fondo, reducción de los poros, estiramiento de la piel, afirmación, humidificación, reducción de arrugas, 578
faciales
aceite caliente, 436–37
de fruta o vegetal, 434
equipo/procedimiento, 436
procedimientos de aplicación, 435
uso de gaza para, 435
Mascarillas de aceite caliente, 436–37
Mascarillas de miel, 434
Mascarillas de suero de la leche, son ligeramente astringentes con una acción de limpieza que deja la piel fresca, 434
Mascarillas de la clara de un huevo, 434
Mascarillas de yogur, 434
Masetero, es un músculo que coordina la apertura y el cierre de la boca. Se conoce como un músculo masticatorio, 514
Masticación, músculos de, 514
Materia, todo aquello que ocupa espacio; tiene propiedades físicas y químicas, y existe en una de las tres formas siguientes: sólida, física y gaseosa, 546
cambios físicos y químicos en, 549
formas de, 547–49
propiedades de la, 549–50
Media luna, se encuentra en la base de la uña. El color de la lúnula se debe a la reflexión de la luz en la zona de unión de la matriz y el tejido conectivo del lecho de la uña, 403
Médula, la capa más interna, se conoce como la parte central del tallo del cabello y se compone de células redondas. La médula puede estar ausente en cabello fino y muy fino, 48, 192, 236, 314, 558
Médula espinal, se compone de masas de células nerviosas, con fibras que se desplazan hacia arriba y hacia abajo, 517
Melanina, la materia colorante o el pigmento presente en la corteza del cabello, 50, 239, 314
Melanocitos, las células que producen la melanina, 239, 314, 475
Melanoproteína, la proteína que recubre un melanosoma, 239, 314
Melanosoma, grano recubierto de proteína que contiene la melanina, 239, 314
Membrana exterior, es la capa más fina de la piel y forma una cubierta protectora del cuerpo, 475
Mentón,
maquillaje correctivo para el, 456
prominente, peinados para el, 150
retirado, peinados para el, 150

Mentoplastia, cirugía del mentón comporta una incisión realizada ya sea en la parte interior de la boca o justo debajo y detrás de la parte más prominente del mentón, para así cambiar el perfil de una persona aumentando un mentón pequeño, 490
Metabolismo, es un proceso químico complejo en el que las células corporales se nutren y obtienen la energía necesaria para ejecutar todas sus varias funciones, 503–4
Metacarpio, consiste de cinco huesos largos y delgados que componen la palma, 509
Método de permanente con tenazas térmicas, 221–22
Método de onda corta, ver Termólisis.
Mezcla, fusión de un tinte o tono con otro, 314
Mezclas, son sustancias compuestas de elementos combinados físicamente y no químicamente, 548–49
Microbios, son microorganismos vegetales diminutos de una sola célula que existen por casi todos lados, 24
Microorganismos, 24
Microscopio, instrumento utilizado para ver las bacterias, 24
Miliamperio, es una 1/1000 parte de un amperio, 531
Miliaria rubra, conocida también como sarpullido, es una afección aguda inflamatoria de las glándulas sudoríparas y es caracterizada por una erupción de pequeñas vesículas rojas, acompañada por quemazón e irritación de la piel, 486
Milios, o espinillas blancas, es una afección de las glándulas sebáceas provocada por la acumulación de materia sebácea debajo de la piel, 432, 484
Miología, es el estudio de la estructura, funciones y enfermedades de los músculos, 509
Miscible, 568
Modacrílico, es el término general para describir fibras sintéticas de las pelucas, 352
Modalidades, las corrientes utilizadas en tratamientos faciales eléctricos, 533
cierre de poros y, 535
corriente sinusoidal y, 536–37
corriente galvánica y, 534–35
corriente farádica y, 536
foresis y, 536
Moho, es un tipo de infección fungosa causada por la humedad atrapada entre una uña natural no saneada y los productos que se colocan sobre la uña natural, tales como puntas, envolturas, gels, o productos de uñas acrílicas, 407
Moléculas, son dos o más átomos químicamente unidos, 314, 547–49
Molino coloidal, máquina utilizada para ayudar con el molido y el corte de emulsiones, 569

GLOSARIO/ÍNDICE 623

Moniletrix, es el térmico técnico para el cabello en bolitas. El cabello se rompe entre las bolitas o nódulos, 54
Moño, es un nudo o rollo de cabello fabricado del pelo sintético, que se lleva en la nuca o en la coronilla de la cabeza, 367
Movilidad, movimiento autónomo, 27
Movimiento entrelazado, comprende dos filas direccionales de rizos fijos y produce un contraste (una zona donde dos formas de onda están opuestas para aumentar el volumen), 126–27
Movimiento de las articulaciones, se limitan al masaje del brazo, la mano y el pie, 415
Movimiento de percusión, forma de masaje que consiste de golpeteo, palmadas y golpes, 415
Movimientos utilizados en el masaje de la espalda, 429
MSDS (Folleto de Información sobre la Seguridad de Materiales), 35–36
Mucílagos, son líquidos densos que contienen gomas naturales o sintéticas mezcladas con agua, 569
Mujeres de color, técnicas de maquillaje para, 449–51
Muñeca, es una articulación flexible compuesta por ocho huesos pequeños irregulares, unidos mediante ligamentos, 509
Músculo cardíaco (del corazón), es el corazón mismo, y no se encuentra en ningún otro sitio del cuerpo, 509
Músculo corrugador, se encuentra debajo del frontal y el orbicular, y tira la ceja hacia abajo y hacia adentro. Produce líneas verticales, y es el músculo utilizado para fruncir, 511
Músculo
 vientre, es la parte media, 510
 inserción, es la parte que se mueve, 510
 origen, es la parte que no se mueve, 510
Músculo triangular, es el músculo que se extiende a lo largo de la parte lateral del mentón. Estira la esquina de la boca hacia abajo, 513
Músculo risorio, se extiende desde el músculo masetero al ángulo de la boca. Estira la esquina de la boca hacia fuera y hacia atrás, como cuando se sonríe, 513
Músculo procero, cubre el puente de la nariz, deprime la ceja y origina arrugas del puente de la nariz, 511
Músculo mental, es un músculo que se encuentra en la punta del mentón. Eleva y hace descender el mentón, originando arrugas en el mentón, como en el gesto de duda o de desagrado, 512
Músculos, 510–15
 afectados por el masaje, 510
 boca, 511–13
 cardíacos, 509
 cejas, 511
 cuero cabelludo, 511
 estimulación de los, 510
 fijan los brazos al cuerpo, 514–15
 hombro/brazo/mano, 515
 masticación, 514
 nariz, 511
 orejas, 513
Músculos estriados, son músculos voluntarios que son controlados por la voluntad, 509
Músculos no estriados (lisos), son músculos involuntarios como los del estómago y de los intestinos, 509
Músculos oponentes, músculos que se encuentran en la palma de la mano y posibilitan el movimiento del pulgar hacia los dedos, permitiendo la acción de agarre de las manos, 515

N
Nariz ancha y plana, peinados y, 152
Nariz encorvada, peinados y, 152
Nariz grande, peinados y el, 151
Nariz prominente, peinados y, 150–51
Nariz puntiaguda, peinados y, 151
Nariz respingona, peinados y, 151
Nariz
 formas, peinados para, 151–52
 maquillaje corrector para la, 456
 músculos de la, 511
 prominente, peinados para una, 150–51
 respingona, peinados para una, 150
 respiración, 527
 retirada, peinados para una, 150
Navajas, 85
 cambio de hojas en, 95
 corte de cabello con, 96–97
 sujección, 94
 entresacado con, 95
Nervio auricular mayor, se encuentra en el lado del cuello, y afecta la oreja externa y la zona enfrente de y en la parte posterior de la oreja, 519
Nervio auricular posterior, afecta los músculos detrás de la oreja, en la base del cráneo, 519
Nervio auriculotemporal, afecta el oído exterior y la piel que se encuentra sobre la sien, hasta la parte superior del cráneo, 519
Nervio bucal, afecta los músculos de la boca, 519
Nervio cubital, con sus ramas, irriga el lado del meñique del brazo y la palma de la mano, 520
Nervio cutáneo cervical (cutaneous colli), nervio que se encuentra en la región lateral del cuello, afecta su parte frontal y lateral hasta llegar al esternón, 520
Nervio digital, con sus ramas, suministra todos los dedos de la mano, 520
Nervio infraorbital, afecta la piel del párpado inferior, la región lateral de la nariz, el labio superior y la boca, 519
Nervio infratroclear, afecta la membrana y la piel de la nariz, 518
Nervio mandibular, afecta los músculos del mentón y el labio inferior, 519
Nervio mediano, es un nervio más pequeño que los nervios cubitales y radiales. Con sus ramas, irriga el brazo y la mano, 520
Nervio mentoniano, afecta la piel del labio inferior y el mentón, 519
Nervio nasal, afecta la punta y el lado inferior de la nariz, 519
Nervio occipital mayor, se encuentra en la parte posterior de la cabeza, afecta el cuero cabelludo incluso hasta la coronilla de la cabeza, 519
Nervio occipital menor, que se encuentra en la base del cráneo, afecta el cuero cabelludo y los músculos de esta región, 519
Nervio oftálmico, una rama del quinto par craneal (nervio trigémino), 518
Nervio radial, con sus ramas, irriga el lado del pulgar del brazo y la parte posterior de la mano, 520
Nervio supraorbitario, afecta la piel de la frente, el cuero cabelludo, la ceja, y el párpado superior, 518
Nervio supratroclear, afecta la piel entre los ojos y el lado superior de la nariz, 518
Nervio temporal, afecta los músculos de la sien, la parte lateral de la frente, la ceja, el párpado, y la parte superior de la mejilla, 519
Nervio trifacial, es el nervio principal sensorial de la cara, y el nervio motor de los músculos que controlan la masticación, 518
Nervio trigémino, *ver* Nervio trifacial.
Nervio zigomático, afecta los músculos de la parte superior de la mejilla, 519
Nervios, son cordones largos y blancos compuestos por fibras que transportan mensajes con dirección a y procedentes de las diferentes partes del cuerpo, 517
Nervios aferentes, transportan impulsos o mensajes desde los órganos sensoriales hasta el cerebro, en donde se experimentan las sensaciones de tacto, frío, calor, vista, oído, gusto, olfato, dolor, y presión, 517
Nervios cervicales, se originan en la médula espinal, y sus ramas irrigan los músculos y el cuero cabelludo en la parte posterior de la cabeza y el cuello, 519
Nervios eferentes, transportan impulsos desde el cerebro a los músculos. Los impulsos transmitidos producen movimiento, 517
Nervios motores, transmiten impulsos desde el cerebro hasta los músculos. Los impulsos transmitidos producen movimiento, 517
Nervios mixtos, contienen tanto las fibras sensoriales como las motoras y tienen la capacidad de enviar y recibir mensajes, 517
Nervios sensoriales, transportan los impulsos o mensajes desde los órganos sensoriales hasta el cerebro, en donde se experimentan las sensaciones de

tacto, frío, calor, vista, oído, sabor, olor, dolor, y presión, 517
Nervios de la piel, 476-77
Neurología, es la rama de la anatomía que trata del sistema nervioso y sus afecciones, 516
Neurona, es la unidad principal estructural del sistema nervioso, 517
Neutralización, es el proceso que contrarresta o cancela la acción de un agente o color, 314
Neutralización
  del cabello, 193
  ondas permanentes, 216-17
Neutralizadores, 189
  neutralizar, hacerlo neutro, contrabalance de acción o influencia, 314
  química de, 192, 560
  relajantes y, 320
Neutro, 1. un color equilibrado entre frío y cálido, que no refleja ningún color primario o secundario. 2. Se refiere también a un pH de 7, 314
Nevo, una malformación pequeña o grande de la piel debida a una pigmentación anormal o capilares dilatados, 487
Niños, tratar con, 98
Nitrógeno, es un elemento gaseoso e incoloro, 551
Nivel
  sistema de, sistema utilizado por especialistas en teñido del cabello para analizar la claridad u oscuridad de un color de cabello, 314
  una unidad de medida utilizada para evaluar la claridad u oscuridad de un color, con exclusión del tono, 239, 314
  uso de, 258
Nuca, la parte posterior del cuello, 86
Núcleo, se encuentra en el centro de la célula y juega un papel importante en la reproducción de la célula, 502
Nucleolo, un pequeño cuerpo esférico compuesto principalmente de ARN (ácido ribonnucleico) y proteína, dentro del núcleo de la célula, 502
Nuevo crecimiento, es la parte del tallo del cabello que está entre el cabello previamente tratado químicamente y el cuero cabelludo, 315
Nuez de Adán, el hueso hioide, es un hueso en forma de U, situado en la parte delantera de la garganta, 508
Nutrición, necesidad de, 10

O

Occipital, la parte posterior del epicráneo, 511
Occipitofrontal, músculo ancho que cubre la parte superior del cráneo, 511
Ohmio, es una unidad para medir la resistencia de una corriente eléctrica, 531
Ojo
  aplicación de pestañas artificiales, es la técnica de fijar pestañas sintéticas e individuales a las pestañas de la cliente, 466-71
  lápices del, consisten de una cera o una base endurecida de aceite con una variedad de aditivos para crear color, 577
  lociones para, generalmente se formulan del ácido bórico, bicarbonato sódico, sulfato de cinc, glicerina, e hierbas. Se diseñan para lisar y hacer brillar los ojos, 574
  removadores de maquillaje se diseñan para la remoción del maquillaje, 577
  sombreados, disponibles en forma de crema o polvo, 577
  prueba de alergia, 467
  equipo, 467
  longitud de la pestaña y, 467
  procedimiento
    pestañas inferiores, 470-71
    pestañas superiores, 468-70
Ojos
  maquillaje para, 444-45
  maquillaje correctivo para, 458
  peinados y, 153
  teñido del cabello y, 248-49
Ojos juntos, peinados y, 153
Ojos separados, peinado y, 153
Olmo escocés, es una solución de alcohol, agua y polvo de hojas y pequeñas ramas del árbol Hamamelis virginiana. Interviene como un astringente, anestésico local, y refrescante de la piel, 571
Onceavo nervio craneal (accesorio), afecta los músculos del cuello y de la espalda, 519
Onda hacia la izquierda, 167-68
Onda de cuerpo, es una permanente que da soporte al peinado, sin un rizo definido, 220
Onda horizontal, se conforma primero con un aspecto semicircular hacia adelante, desde la raya hacia abajo. Luego, se sujetan los rizos fijos, 126
Onda
  con rebote, 130
  diagonal, 127
  hacia la derecha, 168
  hacia la izquierda, 167-68
  horizontal, 126
  movimiento entrelazado, 126-27
  sombreada, 108
  unir o igualar, 168
  vertical, 126
Onda vertical, 126
Onda hacia la derecha, 168
Ondas diagonales, formadas conformando el cabello en forma oval hacia adelante, para hacer después los rizos fijos en el extremo abierto, 127
Ondas permanentes neutras, 189-90
Ondas con rebote, se forman por una combinación de ondas con los dedos y dibujos de rizos fijos, 130
Ondulación sombreada, 108
Ondulado con aire, 185-86
Ondulado marcel (convencional), es el arte de ondulado y rizado del cabello lacio o prensado con tenacillas térmicas, calentadas electrónicamente o en estufa, utilizando técnicas especiales manipulativas, 164
Ondulado con los dedos, es el arte de conformar y arreglar el cabello en ondas y diseños paralelos y alternativos utilizando los dedos, peines, lociones de ondulado, y pinzas o cortadores, 102
  horizontal, 103-6
    método alternativo de, 106
  loción, 102
    aplicación de, 102-3
  recordatorios sobre, 108
  sombra, 108
  vertical, 107
Ondulado horizontal con los dedos, 103-6
  método alternativo de, 106
Ondulado permanente
  análisis antes de la permanente, 196-200
  bigudís para, 201-2
  cabello fino, 210
  cabello, estructura y el, 192
  cliente y, 196
  composición química de, 558-60
    equilibrado en ácido, 191
    alcalino, 190-91
    neutralizadores, 192
  cubierta para, 69
  declaración de descargo, 347
  enrollamiento
    del cabello, 206-10
    direccional, 218-19
    patrones, 203-6
  historia del, 188-90
  hombres, 221
  indicaciones para una permanente perfecta, 217
  limpieza, 217
  método de tenazas térmicas, 221-22
  ondas de cuerpo, 220
  parcial, 221
  permanentes neutras/equilibradas en ácido, 189-90
  precauciones después de la permanente, 217
  proceso del, 559-60
  registro, 195
  rizado suave, 333-37
  rizos, prueba preliminaria para, 210-13
  seccionamiento/partición del cabello y, 202
  seguridad y, 213
  selección de la permanente, 199-200
  técnicas, 213-17
    aplicación de loción onduladora, 214-16
    enjuague con agua, 215-16
    neutralización, 216-17
    prueba de rizos, 215
    secado, 216
    selección de la correcta, 194-95
    tiempo de procesado, 214-15
Ondulado
  con aire, 185-86
  húmedo, enlaces de cabello y, 559
  loción para el, 189
    acción de la, 193
    aplicación de la, 214-16

GLOSARIO/ÍNDICE ◆ 625

permanente, *ver* ondulado permanente térmico, 164
Ondulado térmico, es el arte de ondular y rizar el cabello lacio o prensado con tenazas térmicas, sean calentadas eléctricamente o en una estufa, utilizando métodos especiales de manipulación, 164
 convencional con tenazas (tenacillas) térmicas, 167–68
Ondulado en húmedo, los enlaces del cabello y el, 559
Ondulado vertical con los dedos, 107
Ondulado en frío, 189
Onicatrofia, o el desgaste de la uña provoca una pérdida de lustre de la uña y una disminución de su tamaño hasta su eliminación. Una herida o enfermedad puede ser la causa de esta irregularidad de la uña, 405
Onicauxis, es el crecimiento excesivo de la uña, generalmente en grosor y no en longitud. La causa normalmente es una infección local; también puede ser hereditaria, 405
Onicocriptosis, puede afectar los dedos de la mano o del pie. Esta afección se presenta cuando la uña crece introduciéndose lateralmente en la carne, causando así una infección, 409
Onicofagia, o uña mordida, el resultado de un hábito nervioso adquirido en el que el individuo muerde la uña o la cutícula endurecida, 405
Onicofima, comúnmente conocida como onicauxis, indica un engrosamiento de la uña, 409
Onicofosis, se refiere al crecimiento de un epitelio córneo en el lecho de la uña, 409
Onicogriposis, designa el tipo de uña agrandada y de una mayor curvatura, 409
Onicólisis, es el desprendimiento de la uña sin que se produzca la muda, 409
Onicomicosis, tiña de la uña, es una enfermedad infecciosa provocada por hongos (parásito vegetal), 408
Onicoptosis, expulsión periódica de una o más uñas, ya sea total o parcialmente, 409
Onicorrexis, se refiere a uñas partidas o frágiles, 406
Onicosis, término técnico aplicado a las enfermedades de uñas, 408
Oniquia, inflamación de la matriz de la uña, acompañada por la formación de pus. La desinfección deficiente de los utensilios de la manicura tanto como una infección bacterial pueden ser las causas de esta enfermedad, 409
Onix, es el término científico para la uña, 402
Opaco, que no permite el paso de luz, 315
Orbicular ocular, un músculo que rodea completamente el margen de la cavidad ocular y le permite cerrar los ojos, 511
Orbicular bucal, músculo que forma una banda plana alrededor de los labios superiores e inferiores. Comprime, contrae y arruga los labios, como cuando se besa o se silba, 513
Oreja, músculos de, 513
Organismos patógenos, son microbios o gérmenes dañinos que, aunque en la minoría, producen enfermedades cuando invaden el tejido animal, 25
Organos, son estructuras diseñadas para realizar una función específica, 504
OSHA (Administración de Seguridad y Salud Ocupacional), 36
Osmidrosis, perspiración de olor desagradable, generalmente detectable en las axilas o en los pies, 486
Oxidación lenta, 550
Oxidación, 1. La reacción de los tinturas intermediarias con el peróxido de hidrógeno presente en los reveladores de coloreado del cabello. 2. La interacción del peróxido de hidrógeno con el pigmento natural, 315, 551
 lenta, cuando la tasa de la reacción es lenta y sólo se desprende energía calorífica, 550
 rápida, cuando el oxígeno se combina con otras sustancias tan rápidamente que se crean tanto la energía lumínica como la calorífica, 551
Oxido de cinc, es un polvo blanco y pesado insoluble en agua. Se utiliza cosméticamente en los polvos faciales y en las cremas base, por su capacidad para impartir opacidad, 571
Oxidos, son compuestos de cualquier elemento combinado con el oxígeno, 548
Oxígeno, es el elemento más abundante, 550

P
Packs, están disponibles para cubrir varios propósitos y condiciones de la piel—limpieza a fondo, reducción de los poros, estiramiento de la piel, afirmación, humidificación, reducción de arrugas, 578
Padrastro, condición en la que la cutícula se parte alrededor de la uña. Puede ser provocado por la sequedad de la cutícula, la remoción excesiva de la cutícula, o la falta de cuidado en remover la cutícula, 406
Palillos de madera (o de naranjo), se utilizan para soltar la cutícula; para trabajar alrededor de la uña; y para aplicarle aceite, crema, blanqueador o solvente a la uña y la cutícula, 372
Palma, consiste de cinco huesos largos y delgados llamados huesos metacarpiales, 509
Panadizo, es una infección y condición inflamatoria de los tejidos alrededor de las uñas, 409
Papel nitrozino, 551
Papeles para enrollamiento terminal, 207
 dobles, 207–8
Envolturas terminales, 207
 dobles, 207–8
Papila, son eminencias pequeñas de la capa papilar. Algunas contienen capilares en bucle; otras contienen terminales de las fibras nerviosas, 475–76
Pápula, un grano pequeño y elevado que se encuentra sobre la piel, que no contiene fluido, pero que puede desarrollar pus, 481
Parafenilonediamina, es una tintura oxidante utilizado en la mayoría de los colorantes de cabello permanentes; su abreviatura es P.P.D., 315
Parásitos animales, son responsables de enfermedades contagiosas, 29
Parásitos, son organismos patógenos que requieren la materia viva para crecer, 25, 29
 animales, infecciones por, 62–63
 vegetales, infecciones por, 62
Paratinte, un tinte fabricado con tinturas oxidantes, 315
Pardusco, término utilizado para describir las matices de color de cabello que no contienen rojo ni dorado, 315
Paroniquia, es una infección y condición inflamatoria de los tejidos que rodean las uñas, 409
Parte curva rectangular, utilizada para un perfil del cuero cabelludo retirado o una frente ancha, 159
Parte superior ondulada, 127
Partición diagonal posterior, utilizada para clientes cuyos cuellos son largos y delgados para dar la parte posterior de la cabeza un aspecto más ancho, 160
Partición diagonal, utilizada para proporcionar altura a una cara redonda o cuadrada. También hace que una cara larga y delgada parezca más ancha, 159
Partición en cuatro secciones, 86
Partición en cinco secciones, 86–87
Partición, conocido también como formación de bloques, es el plan general para la colocación de bigudís, 202
Particiones rectangulares, 159
Pastas, son cosméticos blandos y húmedos con una consistencia densa. Se unen con goma, almidón, y a veces con agua, 569
Patología, es el estudio de las enfermedades, 480
Pecas, manchas pigmentadas con un color que va desde el amarillo al marrón que se manifiestan en las partes de la piel expuesta a la luz solar o al aire, 487
Pecho,
 huesos del, 508
 movimientos utilizados en el masaje del, 429
Pectoral
 mayor, músculo que cubre la parte frontal del pecho. También ayuda a efectuar los movimientos basculantes del brazo, 515
 menor, músculo que cubre la parte frontal del pecho. También ayuda a efectuar los movimientos basculantes del brazo, 515

Pediculosis capitis, es una condición contagiosa provocada por el piojo (parásito animal) que infesta el cabello del cuero cabelludo, 29, 62–63
Pedicura, es un procedimiento para ayudar a cuidar los pies, los dedos del pie, y las uñas del dedo del pie, 396–97
Peinado, una creación de arte que se lleva puesto, 112
  cuello y, 155
  desenredado del cabello, 112
  formas de la nariz y, 151–52
  formas de la cabeza y, 154
  haciendo una raya, 113
  lentes y, 156–58
  ojos y, 153
  perfiles y, 150
  propósito de, 84
  rasgos negroides y, 156
  rasgos pequeños y desiguales, 155
  rasgos orientales y, 156
  rizos fijos
    con centro abierto y cerrado, 115
    conformación, 116–18
    dirección del tallo, 115
    en sentido horario y en sentido antihorario, 116
    movilidad de, 114
    partes de, 114
  tipos faciales y, 147–49
Peinado en húmedo
  consideraciones especiales, 154–55
  cubierta para, 68
  desenredado, 112
  formas de la cabeza, 154
  formas de la nariz y, 151–52
  lentes y, 156–58
  ojos y, 153
  particiones, 159–60
  perfiles y, 150
  rasgos orientales y, 156
  rasgos negroides y, 156
  rayas, haciendo las, 113
  rizos semi-erguidos, 131
  rizos en cascada, 130–31
  rizos con rulos, 132–35
  rizos erguidos, 130–31
  rizos de tonel, 135–41
  rizos fijos, 114–18
    bases para, 118–19
    efectos de, 126–30
    sujección de, 125
    técnicas, 120–24
  técnicas de peinado, 142–44
  tipos faciales y, 147–49
  trenzado, 144–47
Peines
  corte del cabello, 85
  ondulado con aire y, 185–86
  prensado, 342–44
  secado con aire y, 180–81, 184
  tenazas térmicas y, 166
Peines de prensado, 342–44
Peladura (peeling) química, técnica para mejorar la apariencia cuando arrugas de la piel están presentes, 489
Peluca sin gorro, 354

Pelucas de cabello humano, 353
  conformación de, 361–62
  limpieza de, 359
Pelucas pequeñas, son postizos con una base plana que se utilizan en zonas especiales de la cabeza, 366
Pelucas
  ajuste, 357–58
  arreglar, 358
  champúes para, 81
  cinta elástica, 358
  colocación/remoción, 364
  colocación, 357
  cómo tomar las medidas para, 355–56
  conformación, 361–62
  limpieza, 359–61
  marcaje y peinado, 363
  pedido de, 356
  precauciones de seguridad, 367
  razones para llevar, 352
  rizado térmico y, 169
  teñido para, 364–65
  tintes y, 365
  tipos de, 352–55
    cabello humano, 353
    sintéticas, 354
Pelucas sintéticas, 354
  conformación, 362
  limpieza, 360–61
Percusión, movimiento utilizado en el masaje que consiste de movimientos de golpeteo, palmadas y golpes, 415
Perfil convexo, peinados y, 150
Perfil cóncavo, peinados y, 150
Perfil recto, peinado y el, 150
Perfiles, peinado y los, 150
Pericardio, es la membrana que encierra el corazón, 521
Perioniquio, la parte de la epidermis que rodea todo el borde de la uña, 403
Permanente de rizo suave, 333–37
  precauciones de seguridad, 337
  utensilios/materiales, 334
  procedimiento, 334–37
Permanentes alcalinas, la química de, 190–91
Permanentes con base ácida, la química de, 191
Permanentes endotérmicas, 191
Permanentes equilibradas en ácido, 189–90
Permanentes parciales, es una permanente sólo en una sección de la cabeza, 221
Peróxido seco, 273
Peróxido de crema, 274
Peróxido de hidrógeno, un producto químico oxidante compuesto de dos partes de hidrógeno y dos partes de oxígeno (H_2O_2), utilizado para contribuir al proceso que realizan los colores permanentes del cabello y los aclaradores. También se le da el nombre de revelador, está disponible en forma líquida o en crema, 315, 551
reveladores, 273–76
Peróxido de urea, es un compuesto de peróxido utilizado ocasionalmente en el teñido del cabello. Cuando se añade a una mezcla alcalina de color, libera oxígeno, 315
Personalidad, imagen profesional y, 17

Persulfato, en el teñido del cabello, un ingrediente químico utilizado actualmente en activadores. Aumenta la velocidad del proceso de descoloramiento, 315
Pestañas
  artificiales, 464–71
    aplicación de, 464–66
    individuales semipermanentes, 466–71
    remoción de, 466
  tinte, 463–64
Pestañas artificiales, 464–71
  aplicación, 464–66
  remoción, 466
  semipermanentes individuales, 466–71
Petrissage, es un movimiento de masaje de amasado, 413
Petrolatum, comúnmente conocida como Vaselina o parafina blanda, es una grasa semisólida de color amarillo/blancuzco, que es prácticamente insoluble en agua, 571
pH, es el grado de acidez o de alcalinidad de cualquier solución acuosa. La escala pH es una escala numérica desde el 0 (muy ácido) al 14 (muy alcalino). Un pH de 7 es neutro, 315
  explicado, 79
Pie de atleta, una enfermedad contagiosa provocado por un hongo, 408
Piel seca, tratamiento facial para, 430–31
Piel grasa, tratamiento facial para la, 431–32
Piel
  afecciones de la
    enfermedades, 482–83
    glándulas sebáceas, 483–86
    glándulas sudoríparas, 486
    hipertrofia, 489
    inflamaciones, 486
    lesiones, 480–82
    pigmentación, 487–88
  alimentación de la, 476
  color de la, 477
  descrita, 474
  elasticidad de la, 477
  enfermedad de la, cualquier infección de la piel caracterizada por una lesión objetiva (una que se puede ver), que puede consistir de escamas, pápulas o pústulas, 482
  funciones de la, 479
  glándulas de la, 478–79
  histología de la, 475–79
  nervios de la, 476–77
  prueba, depilatorios químicos y, 499
  sección transversal de la, 44, 474
  sentido de tacto y la, 477
Piel verdadera, es la capa subyacente, o interior, de la piel, 475
Pies, cuidado de, 12
Pigmentación, afecciones de la, 487–88
Pigmento contribuyente, es el nivel corriente y la tonalidad del cabello. Se refiere tanto al pigmento de contribución natural como al pigmento de contribución descolorado (o aclarado), 315
Pigmentos artificiales, teñido del cabello, 258–59

GLOSARIO/ÍNDICE ◆ 627

Pintura grasa, es una mezcla de grasas, vaselina, y un agente colorante utilizada en el teatro, 578
Piojo de la cabeza, pediculosis capitis, es una condición contagiosa causada por el piojo de la cabeza (animal parásito) que infesta el cabello del cuero cabelludo, 29, 62–63
Pitiriasis, es el término médico para la caspa, 58
  steatoides, tipo de caspa grasiento o ceroso, 59
  capitis simplex, tipo de caspa seco, 59
Placa facial, (estimulador facial) es un instrumento que, cuando se enchufa en una toma mural ordinaria, puede producir corrientes determinadas que se utilizan para tratamientos faciales electrónicos, 493
Plan de negocios, 583
Plantas parásitas, como el moho, el mildiu, y las levaduras, pueden producir enfermedades contagiosas, como por ejemplo la tiña y el favo, 29
Plaquetas, 523
Plasma, la parte fluida de la sangre en la que fluyen las células rojas y blancas y las plaquetas de la sangre. Su color es parecido a la paja. Nueve décimas partes del plasma es agua. Transporta alimentos y secreciones a las células y el dióxido de carbono de las células, 523
Platisma, es un músculo ancho que se extiende desde los músculos del pecho y del hombro hasta la parte lateral del mentón, 514
Pliegue francés, se arregla partiendo el área trasera y haciendo una partición vertical en el centro, 128
Pliegues horizontales, acortan la peluca desde la parte frontal a la nuca. Se realizan en la parte posterior de la peluca para reducir el tamaño excesivo y acortar la longitud de la zona de la coronilla de la peluca, 358
Pliegues verticales, remueven la anchura en la parte posterior de la peluca, desde una oreja a otra, 358
Polímeros, son sustancias formadas para la combinación de muchas moléculas pequeñas, normalmente con una estructura larga en forma de cadena, 557
Polvo de piedra pómez, 374
Polvos, son una mezcla uniforme de substancias insolubles que se han mezclado, perfumado y/o teñido correctamente para producir un cosmético que está libre de partículas gruesas o ásperas, 567
  aclarador en polvo, 278, 566
  champúes secos, 81
  para la cara, 442–43
Polvos faciales, 442
Pomadas, son mezclas semisólidas de substancias orgánicas y un agente medicinal, 569
Poros, cierre de los, 535

Porosidad, es la capacidad del cabello de absorber agua u otros líquidos, 53, 197, 315
  buena, cabello con la capa de cutícula está ligeramente elevada del tallo del cabello, 53, 197, 237
  superporosidad, este tipo de cabello está muy dañado, seco, frágil y quebradizo, 198
  baja, el cabello con la capa de cutícula cerca del tallo del cabello, 197
Portador de enfermedades humanas, es una persona que es personalmente inmune a enfermedades humanas pero que puede transmitir gérmenes a otras personas, 29
Postizo semicolgante, es un postizo con una base grande, diseñado para que se ajuste bien con la forma de la cabeza, 366
Postizo colgante, es una sección de cabello entrelazado a máquina sobre una base redonda, que se extiende a través de la parte posterior de la cabeza y disponible en diferentes longitudes, 366
Postizos, 354, 366–67
  champúes para, 81
  rizado térmico y, 169
Postura, 13
  puntos de comprobación de una buena, 14
Potasa cáustica, se prepara por medio de una electrólisis de cloruro de potasio, 571
Preablandar, es el proceso de tratar el cabello gris o muy resistente para permitir una mejor penetración del color, 315
Preaclarar, es generalmente el primer paso del teñido de cabello de proceso doble, utilizado para aclarar el pigmento natural, 315
Prensado mediano, remueve un 60% hasta un 75% del rizado y se realiza aplicando el peine de prensado térmico una vez en cada lado del cabello, utilizando un poco más de presión que se utiliza para un prensado suave, 340
Prensado
  duro, 346–48
  suave, 344–46
    problemas especiales, 348–49
    sugerencias, 348
Prensado duro, remueve un 100% del rizo y se realiza al aplicar el peine térmico de prensado dos veces en cada lado del cabello, 340, 346–48
Prensado del cabello
  declaración de descargo, 347
  duro, 346–48
  seguridad y, 347
  suave, 344–46
Prensado suave, remueve un 50% a un 60% del rizo y se realiza mediante una aplicación del peine de prensado térmico una vez en cada lado del cabello, 340
  cabello rizado normal, 344–46
  problemas especiales, 348–49
  sugerencias para, 348

Prensado del cabello, *ver* Relajación del cabello.
Prepermanente
  analisís de la, 196–200
  corte/conformación, 200
  lavado con champú, 200
Presentación física
  posición básica
    hombres, 15
    mujeres, 15
  postura, 13
    puntos de comprobación de buena, 14
  técnicas para sentarse correctamente, 16
Prisma, es un sólido transparente de vidrio o cristal que divide la luz blanca en sus colores componentes, el espectro, 315
Proceso doble, es una técnica que requiere dos procedimientos separados en los cuales el cabello se descolora o se preaclara con un aclarador antes de aplicar el color de depósito, 315
Productos, la venta de, 25
Profundidad, la calidad de claro o de oscuro de un color de cabello específico, 315
Prognosis, es la predicción del curso probable de una enfermedad, 480
Promociones
  apariencia y, 38
  propaganda por correo directa, 169
  dentro del salón de belleza, 71
    boletín informativo, 417
  telecomercialización, 109
Pronadores, son músculos que se encuentran en el antebrazo y giran la mano hacia dentro para que la palma esté cara abajo, 515
Propiedades químicas, permiten que una sustancia cambie y forme una nueva, 550
Propiedades físicas, se refieren a características como por ejemplo la densidad, la gravedad específica, la dureza, el olor, y el color, 549
Protoplasma, una substancia gelatinosa incolora en la que están presentes diferentes elementos alimenticios, como por ejemplo proteína, grasas, carbohidratos, sales minerales, y agua que componen las células, 27, 502
Prueba de mechón con los dedos, determina el grado de porosidad en el cabello, 323
Prueba de mechón, es una prueba que se hace antes del tratamiento para determinar el tiempo de revelado, el resultado de color y la capacidad del cabello de soportar los efectos de los productos químicos, 315, 323–24
  teñido del cabello y la, 283–85
  selección del color, 232–33
  relajación del cabello, 327
Prueba de predisposición, teñido del cabello y, 233
Prueba de relajante del mechón, indica la reacción del relajante en el cabello, 324
Prueba de estiro del mechón, determina la elasticidad en el cabello, 324
Prueba de parche, es una prueba exigida por el Acto de Alimentos y Drogas que se realiza mediante la aplicación de una

pequeña cantidad de la preparación de coloreado del cabello a la piel del brazo o detrás de la oreja para determinar las posibles alergias (hipersensibilidad). Llamada también prueba de predisposición o de piel, 315
Psoriasis, una enfermedad cutánea común crónica e inflamatoria, cuya causa es desconocida, 486
Pterigión, crecimiento hacia adelante de la cutícula que se adhiere a la base de la uña, 405
Publicidad, 598–99
  silenciosa, 579
Pulmones, son tejidos esponjosos compuestos de células microscópicas que absorben aire, 527
  función de los, 527
Puntos nerviosos motores, 416
Pústula, una elevación de la piel que posee una base inflamada que contiene pus, 481

Q
Quadratus labii
  inferioris (Cuadrado del labio inferior), músculo que rodea la parte inferior del labio. Deprime el labio inferior y lo atrae ligeramente hacia un lado, como cuando se expresa sarcasmo, 512
  superioris (Cuadrado del labio superior), músculo que rodea la parte superior del labio, eleva y mueve hacia atrás el labio superior, y eleva los orificios nasales, como cuando se expresa disgusto, 511
Queratina (Keratina), una proteína que constituye la parte principal del cabello y uñas, 45, 193, 239, 316, 402, 558
Queratoma, un parche redondo, superficial y gruesa de epidermis adquirida, debido a la presión o a fricción en las manos y los pies, 489
Química inorgánica, es la rama de la química que trata de todas las substancias que no contienen carbono, 546
Química, es la ciencia que trata de la composición, estructura, y propiedades de materia y cómo cambia la materia bajo diferentes circunstancias químicas, 546
  agua, 552–53
  champúes, 553–57
  cosmética, 567–79
    ayuda para el peinado, 578
    color para los labios, 576–77
    color para las mejillas, 576
    cremas, 573
    emulsiones, 569
    jabones, 570
    lociones y ungüentos para el cuero cabelludo, 578
    lociones, 573–74
    lociones para el cabello, 578
    maquillaje para los ojos, 577–78
    maquillaje de base, 575
    mascarillas y packs, 578
    pintura grasa, 578
    polvo para la cara, 574–75
    polvos, 567
    pomadas, 569
    pomadas para el cabello, 578
    referencias para obtener información, 570
    soluciones, 568
    suspensiones, 568
    vaporizadores para el cabello, 579
  materia y, 546–52
    formas de, 547–49
Química de la permanente y proceso con parada, 190
Química orgánica, es la rama de la química que trata de todas las substancias que contienen carbono, 546
Químico(s)
  cambio químico, es un cambio en el que se forma una o más sustancias nuevas, que poseen propiedades diferentes de las sustancias originales, 312, 549
  depilatorios químicos, 499–500
  enlaces químicos, 558
  fundido químico, 331–32
  peladura química, técnica para mejorar la apariencia cuando arrugas de la piel están presentes, 489
  propiedades químicas, permiten que una sustancia cambie y forme una nueva, 550
Quinto nervio craneal, es el principal nervio sensorial de la cara, y el nervio motor de los músculos que controlan la masticación, 518
Quiste, protuberancia semisólida o fluida, que se encuentra por encima y por debajo de la piel, 481
Quiste sebáceo, es un tumor subcutáneo de la glándula sebácea, 485
Quitamanchas, producto químico para eliminar manchas de tinte de la piel, 316

R
Radio, hueso pequeño que se encuentra al lado del pulgar del antebrazo, 509
Rama mandibular, es una rama del nervio trigémino (quinto par craneal), 518
Rama maxiliar, una rama del nervio trigémino (quinto par craneal), 518
Rasgos negroides, peinados y, 156
Rasgos orientales, peinados y, 156
Raya oculta, utilizada para dar altura y un efecto lateral al peinado, 160
Raya en el centro, 159
Raya, haciendo una, 113
Rayas en el centro, son clásicas. Se utilizan normalmente para una cara ovalada, pero hacen que las caras anchas, redondas y en forma de corazón aparezcan más ovaladas, 160
Rayas laterales, se utilizan para peinados dirigidos a un lado, 160
Rayas naturales de la coronilla, se utilizan para clientes con cuellos largos para crear una ilusión de anchura en la parte posterior de la cabeza, 160
Rayos infrarrojos, se encuentran más allá del espectro visible. Tienen una mayor penetración y pueden producir la mayor parte del calor, 541–42
  tratamiento facial de piel seca y, 430
Rayos ultravioletas, es encuentran más allá del espectro visible. Son los rayos más cortos y menos penetrantes de los rayos de luz, 542–44
Realce, la introducción de un colorante más claro en pequeñas secciones selectas para aumentar la claridad del cabello. Generalmente no presenta un gran contraste con el color natural, 316
  champúes, 81, 297
  efectos especiales de, 288–90
  métodos de, 289–90
Rectificador, se utiliza para cambiar la corriente alterna a la corriente continua, 530
Recubrimiento, residuo que permanece en la parte exterior del tallo del cabello, 316
Recubrimientos acrílicos, 391
Redacción de un curriculum vitae, 142
Reducción, es la liberación de oxígeno, 551
Reductores de reflejos, color concentrado, utilizado para reducir los reflejos rojos y dorados, 316
Cubiertas
  servicio en cabello
    húmedo, 68–69
    seco, 70
Reflejo, es una respuesta automática a un estímulo que comporta el movimiento de un impulso desde un receptor sensorial a lo largo de un nervio aferente a la médula espinal, y un impulso de respuesta a lo largo de una neurona eferente a un músculo, provocando una reacción, 518
Relaciones humanas e imagen profesional, 18–21
Relajación del cabello
  dos grados de rizos, 329
  fundido químico, 331–32
  hidróxido de sodio
    aplicación del acondicionador, 328
    aplicación del relajante, 326
    aplicación del acondicionador-rellenador, 325–26
    enjuague del relajante, 327
    equipo/utensilios/materiales para, 324
    método del peine, 326–27
    método del cepillo o del dedo, 327
    preparación, 324–25
    procedimiento, 325
    prueba del mechón, 327
    retoque, 330
    tenazas térmicas y, 329
  lavado con champú/neutralizador, 327–28
  pasos de, 321–22
  precauciones de seguridad, 332–33
  química de la, 560–61
  tioglicolato de amoníaco, 330–31
    retoque, 331
Relajación, necesidad de, 10
Relajantes
  con base y sin base, 321
  cubiertas para, 69
  neutralizador y, 320
  químicos, 320

GLOSARIO/ÍNDICE ◆ 629

Rellenos, 1. Producto de color usado como un refrescador de color o para llenar cabello dañado preparándolo para un teñido. 2. Cualquier sustancia de carácter líquido para ayudar a llenar un vacío, 313
   de color, 301–2, 567
Rellenos inyectables, cuando existen cicatrices profundas, cicatrices de acné o líneas de envejecimiento, se utilizan pequeñas inyecciones para elevar las depresiones y acercarlas al nivel normal de la piel, 490
Remoción de cabello
   métodos permanentes de, 492–96
   métodos temporales de, 496–500
Residuo de peróxido, restos de peróxido que se quedan en el cabello después de tratamiento con aclarador o tinte, 315
Respiración, por la nariz o la boca, 527
Retin-A™, una crema que se expende con receta y que se utiliza en el tratamiento del acné, 490
Retoque, una aplicación de color o de mezcla aclaradora al cabello recién crecido, 316
Retorcimiento, es un movimiento vigoroso de masaje en el que sus manos se colocan a poca distancia en ambos lados del brazo o de la pierna del cliente, 414
Revelador, un agente oxidante, normalmente peróxido de hidrógeno, que reacciona químicamente con el material colorante para desarrollar moléculas de color y para crear un cambio en el color natural del cabello, 313
Rímel, 260, 445, 577
Rinoplastia, cirugía plástica de la nariz, 489–90
Riñones, excretan la orina, 527
Ritidectomia, estiramiento de la cara (face lift) es una operación que tiene como fin disminuir los cambios que produce el envejecimiento en la cara y en el cuello, 489
Rizado un bucle o "número 6", 173–74
Rizado
   enlaces de cabello y, 559
   térmico, es el arte del ondulado y rizado del cabello lacio o prensado con tenazas térmicas, calentadas eléctricamente o por una estufa, utilizando técnicas manipulativas especiales, 164
Rizado de un bucle, 173–74
Rizado de dos bucles, 174–75
Rizado sin tallo, 114
Rizo de medio tallo, 114
Rizos fijos de base de arco, conocidos también como rizos media luna o en forma de C, se esculpen a partir de una conformación. Los rizos fijos de base de arco dan buena dirección y pueden utilizarse para dar un efecto hacia arriba o pliegue francés en la parte inferior posterior de la cabeza, 119
Rizos con acentos de color, 367

Rizos con base completa, 176
Rizos con caña completa, 114
Rizos de media base, 177
Rizos esculpidos, 120
Rizos
   bigudís para ondulados permanentes y, 201–2
   círculo, es la parte del rizo formado con pinzas que forma un círculo completo. El tamaño del rizo rige la anchura de la onda y su fuerza, 114
   coronilla, 367
   de tallo completo, permite la máxima movilidad. Se coloca el rizo completamente separado de la base. Permite tanta libertad como la longitud del tallo, 114
   de base, es la base fijo, o inmóvil del rizo, que se sujeta al cuero cabelludo, 114
   de medio tallo, permite más libertad, puesto que el rizo (el círculo) está colocado medio suelto de la base. Da un buen control al cabello y produce suavidad en el patrón del ondulado final, 114
   en cresta, es un rijo fijo colocado detrás de la cresta de un conformado o de una onda formada con los dedos, 129
   enrollamiento fuera de base, 206
   enrollamiento fuera de base por una mitad, 206
   erguidos, es el precursor del rulo. Proporciona altura al peinado final y puede utilizarse con rulos o solo, 130–31
   identificación, 136–37
   partición sobre la base, 206
   prueba preliminaria, 210–13
   rizos fijos, 114–18
      bases para, 118–19
      centro abierto/cerrado, 115
      dirección de y contrario a las agujas del reloj, 116
      direcciones del tallo, 115
      formación de, 116–18
      formación en el lado derecho, 120–23
      guías para, 123–24
      movilidad de, 114
      partes de, 114
      sujeción de, 125
      técnicas, 120–24
   rulo, 132–35
   semi-erguidos, son rizos que se han esculpidos en una conformación y sujetados en una posición oblicua, 131
   sin tallo, se coloca directamente sobre la base del rizo. Produce un rizo firme, apretado y de larga duración, 114
   tallo, es la sección del rizo fijo entre la base y el primer arco (giro) del círculo, que le da al círculo su dirección, acción y movilidad, 114
   teñido parcial, son segmentos de cabello parcialmente teñidos y sujetos al cabello natural para imitar el cabello rayado, 367
   tonel, 135–141
   volumen, 136, 176–77

Rizos en la coronilla, son grupos de rizos leves en la parte superior de la cabeza, 367
Rizos en tonel, 135–41
Rizos de centro cerrado, producen ondas cuyo tamaño disminuye hacia el extremo, 115
Rizos en dirección de las agujas del reloj, 116
Rizos en dirección contraria a las agujas del reloj, 116
Rizos de prueba preliminares, 210–13
Rizos semi-erguidos, 131
Rizos con centro abierto, producen ondas suaves y regulares y rizos uniformes, 115
Rizos de volumen, 176–77
Rizos fuera de base, 177
Rizos esculpidos, 120
Rizos con rulos, 132–35
Rizos en cresta, son rizos fijos colocados detrás de la cresta de un conformado o de una onda hecha con los dedos, 129
Rizos erguidos, 130–31
Rizos espirales, 175
Rizos fijos,
   bases para, 118–19
   centro abierto/cerrado, 115
   dirección de y contrario a las agujas del reloj, 116
   direcciones del tallo, 115
   efectos de, 126–30
   formación de, 116–18
   formación
      en el lado derecho, 120–22
      en el lado izquierdo, 122–23
   guías para, 123–24
   movilidad de, 114
   partes de, 114
   sujeción de, 125
   técnicas de, 120–24
Rizos terminales, 176
Rociadores colorantes, 260–61
Rosácea, 485
Rulos
   acción cilíndrica circular, 138, 139–40
   cónicos, 140, 141
   efecto de, 141
   tamaños de, 134–35
   técnicas para, 132–33
Rulos cónicos, 140–41
   efecto de, 141

S

Sal y pimienta, término descriptivo para la mezcla de cabello pigmentado y gris o blanco, 316
Sales, son sustancias formadas cuando la parte de hidrógeno de un ácido se substituye por un metal, 548
Salón de belleza
   acuerdos escritos y, 583
   compra de un salón establecido, 585–86
   localidad, importancia de, 582–83
   mantenimiento de registros, 587–89
   normas/leyes/seguros, 584
   operación, 590–96
   plan de distribución, 589–90
   plan de negocios, 583, 586–87
   protección del, 586

publicidad, 598–99
regímenes de propiedad, 585–86
selección de un, 488
venta de productos en el, 596–98
Salud, mantener buena, 10–13
Sangrado, filtración de tinte/aclarador por debajo del papel aluminio o de la gorra debido a una aplicación incorrecta, 316
Sangre, es el fluido nutritivo que circula por todo el sistema circulatorio. Es un fluido pegajoso y saliente que compone más o menos la vigésima parte del peso del cuerpo, 522
  circulación de, 522
  cabello y, 46
  composición de, 522–23
  funciones de, 523
  plaquetas, son mucho más pequeñas que los glóbulos rojos sanguíneos. Juegan un papel importante en la coagulación de la sangre, 523
  plasma, es el componente fluido de la sangre en el que fluyen los glóbulos rojos y blancos y las plaquetas, 523
  sistema vascular, consiste del corazón y los vasos sanguíneos (arterias, capilares, venas) necesarios para la circulación de la sangre, 520
  vasos, 522
Saprofitos, bacterias no patógenas, viven sobre materiales muertos y no producen enfermedades, 25
Sarcoma melanótica, cáncer fatal de la piel que comienza con un lunar, 489
Sarna, es provocada por el ácaro de la sarna que se fuerza debajo de la piel. La sarna es altamente contagiosa, 29, 62
Sebo, es la secreción normal de una sustancia grasa de las glándulas sebáceas, 46
Seborrea, es una condición cutánea provocada por la secreción excesiva de las glándulas sebáceas, 485
Secado, loción para ondulado, 216
Secado con secador de pelo
  cabello largo, 179
  cepillos redondos y, 182–83
  cosméticos utilizados en, 182
  equipo/utensilios/materiales, 180–81, 184
  guías para, 183–86
  técnicas, 184
Secador de pelo, es un dispositivo eléctrico diseñado especialmente para el secado y peinado del cabello durante un solo procedimiento, 180
Secador de pelo de silla eléctrica, suministra aire caliente, tibio, o frío para el secado correcto del cabello, 540
Secadores de casco, son dispositivos eléctricos que, cuando se colocan sobre la cabeza, proporcionan una fuente uniforme de calor, 539
Sección delantera superior, el corte de cabello en la, 91–92
Seccionado, es la división del cabello en zonas uniformes de trabajo en la parte superior, delantera, lateral, la coronilla, y la nuca, 202
Seccionamiento, 202
  en cinco secciones, 86–87
  en cuatro secciones, 86
  del cabello, 158–59
Seguridad
  aplicación de maquillaje y, 471
  desinfectantes y, 40
  manicura, 381
  ondulado con aire y, 186
  ondulado permanente y, 213
  pelucas y, 367
  prensado del cabello y, 347
  relajación del cabello y, 332–33
  tenazas térmicas y, 177–79
  teñido del cabello, 310
  uñas esculpidas y, 392
Semipeluca, es una peluca con una base grande diseñada para que se ajuste bien con la forma de la cabeza, 367
Sensibilidad, una piel altamente reactiva a la presencia de un producto químico específico. La piel se enrojece o se irrita inmediatamente después de la aplicación del producto químico. Al quitar el producto, la reacción se para, 316
Séptimo nervio craneal, es el nervio motor principal de la cara. Emerge cerca de la parte inferior de la oreja; sus divisiones y ramas suministran y controlan todos los músculos de la expresión facial, y se extienden a los músculos del cuello, 519
Serrato mayor, músculo que ayuda en la respiración y en el levantamiento del brazo, 515
Servicio en cabello seco, cubiertas para, 70
Servicio al cliente, 543
SIDA, (síndrome de inmuno deficiencia adquirida), 30
Silla secadora de pelo, 540
Síndrome de inmuno deficiencia adquirida (SIDA), 30
Síntomas subjetivos, son aquéllos que se pueden percibir, como la irritación, el quemazón o el dolor, 481
Síntomas objetivos, son aquéllos que son visibles, como los granos, las pústulas o la inflamación, 481
Sistema circulatorio, controla la circulación constante de la sangre por el cuerpo por medio del corazón y los pulmones, 520–25
  riego sanguíneo, 505
Sistema de niveles, 239–41
Sistema digestivo, convierte los alimentos en una forma soluble, apropiada para ser utilizada por las células del cuerpo, 505, 528
Sistema esquelético, es la base o estructura física del cuerpo, 505
Sistema excretorio, incluye los riñones, el hígado, la piel, los intestinos, y los pulmones, y purifica el cuerpo eliminando los desperdicios, 505, 527
Sistema nervioso autonómico, es la parte del sistema nervioso que funciona sin esfuerzo consciente y que regula la actividad de los músculos no estriados, las glándulas, los vasos sanguíneos y el corazón, 516
Sistema nervioso cerebroespinal, el sistema nervioso central que consiste del cerebro y la médula espinal, 516
Sistema integumentario, se compone de la piel y sus varios órganos accesorios, como por ejemplo las glándulas sudoríparas y sebáceas, receptores sensoriales, el cabello, las uñas; se compone de dos capas distintas, la dermis y la epidermis, 505
Sistema linfovascular, actúa como ayuda al sistema circulatorio y está compuesto por espacios linfáticos, glándulas linfáticas y vasos lácteos, 520, 523
Sistema linfático, consiste de glándulas linfáticas a través de las cuales circula la linfa, 520, 523
Sistema muscular cubre, da forma y soporta el esqueleto, 505
Sistema nervioso, es uno de los sistemas más importantes del cuerpo. Controla y coordina las funciones de todos los otros sistemas y hace que operen harmoniosa y eficientemente, 516
  cerebro y médula espinal, 517
  divisiones del, 516–17
  nervios del, 505, 517–18
    brazo y mano, 520
    cuello, cara y cabeza, 518–20
Sistema nervioso periférico, las fibras nerviosas sensoriales y motoras que se extienden desde el cerebro y la médula espinal y se distribuyen por todas partes del cuerpo. Tiene como función transmitir mensajes en dirección hasta y desde el sistema nervioso central, 516
Sistema nervioso simpático, 516
Sistema reproductor, órganos para la reproducción, 505
Sistema respiratorio, está situado dentro de la cavidad torácica, protegido en ambos lados por las costillas, 527
  pulmones, 505
Sistema parasimpático, 516
Sistema vascular, controla la circulación constante de la sangre por el cuerpo, por medio del corazón y los vasos sanguíneos, 520–25
Sistemas, son grupos de órganos que cooperan para lograr un propósito común; este propósito es el bienestar del cuerpo, 504–5
Sociedad anónima, 585
Solapo, ocurre cuando la aplicación de color o de aclarador va más allá de la línea de demarcación, 316
Sólidos, química y, 547
Solución diluida, que contiene una pequeña cantidad del soluto en proporción con la cantidad del solvente, 568

GLOSARIO/ÍNDICE ◆ 631

Solución concentrada, es una solución que contiene una gran cantidad del soluto en proporción con la cantidad del solvente, 528
Solución saturada, no disolverá ni absorberá más soluto que ya contiene a una temperatura dada, 568
Solución, es una mezcla de sustancias sólidas, líquidas, o gaseosas en un medio líquido, 316, 568
Soluto, es cualquier sustancia que se disuelve en un líquido y forma una solución, 568
Solvente, es cualquier sustancia que puede disolver otra sustancia, 568
Solvente universal, 568
Sosa para lavar, se encuentra naturalmente en las menas y en los depósitos salados de los lagos así como en el agua del mar. Se utiliza en los champúes y en las soluciones de ondulado permanente, 571
Subcutis es una capa adiposa que se encuentra debajo de la dermis, 476
Sujección de rizos fijos, 125
Supercilia, pelo de las cejas, 48
Superporosidad, la condición donde el cabello llega a un nivel no deseado de porosidad, lo que requiere una corrección, 317
Supinadores, giran la mano hacia fuera y la palma hacia arriba, 515
Surfactante, término que significa agente de limpieza o "agente activo de superficie, 553
  acción de los champúes, 555
Surfactantes no iónicos, son apreciados como surfactantes debido a su versatilidad, estabilidad y su capacidad para resistir el encogimiento, sobre todo a temperaturas bajas, 553–54
Surfactante aniónico, el sulfato laurico de sodio y el sulfato laureno de sodio; se utilizan comúnmente en los detergentes, 553–54
Surfactante amfolito, puede comportar como una sustancia aniónica o catiónica, dependiendo del pH de la solución, 553–55
Surfactante catiónico, se compone casi en su totalidad de compuestos cuaternarios de amoníaco, o quats, 553–54
Suspensiones, son mezclas de un tipo de materia en otro tipo de materia, 568

T
Tacto, sentido del, 477
Tarjeta, ver Registro.
Técnico en estética, 438
Técnico manicurista, 381
Tejido adiposo, una capa grasosa situado debajo de la dermis, 476
Tejido líquido, transporta alimentos, desechos y hormonas por medio de la sangre y la linfa, 504
Tejido muscular, contrae y mueve varias partes del cuerpo, 504
Tejido subcutáneo, es una capa adiposa que se encuentra debajo de la dermis, 476
Tejido nervioso, transporta mensajes con dirección y procedentes del cerebro, y controla y coordina todas las funciones corporales, 504
Tejidos conectores, sirven para soportar, proteger y unir otros tejidos del cuerpo, 504
Tejidos, se componen de grupos de células del mismo tipo. Cada tejido posee una función específica y puede reconocerse por su apariencia característica, 504
Telecomercialización, 109
Teléfono, use del, 399
Temporalis, coordina la abertura y el cierre de la boca. Se le refiere como el músculo de masticación, 514
Tenazas térmicas, 329
Tenazas térmicas, 164–66
  calentadas eléctricamente, 539
  convencionales, ondulado con, 167–68
  eléctricas, 169–71
    cabello de longitud media, 173–74
    cabello largo, 174–75
    cabello corto, 172
    rizos finales, 176
    tirabuzones, 175
  fijado final de los rizos térmicos, 177
  métodos del rizado, 171–76
  movimientos utilizados con, 169–71
  peinado del cabello después del uso de, 178
  rizos de volumen con, 176–77
  seguridad con, 178–79
Teñido (coloreado), es tanto la ciencia como el arte de cambiar el color del cabello, 226
  aspecto natural, 258–59
  reglas del, 258–59
  clasificaciones de, 259–62
    solamente de depósito, 268–69
    semipermanentes, 262–68
    temporales, 259–62
  clientes para el, 227–28
  comunicación con, 228–29
  color de la piel y los ojos y, 248–49
  consulta
    ambiente para, 230–31
    claves de color y, 248–52
    declaración de descargo, 235
    ficha de registro, 234–35
    fisiología del cabello y, 235–48
    prueba de mechón, 232–33
    prueba de predisposición, 233
  cuadro de selección, 252
  mejoramiento del cabello y, 252
  permanente
    composición del, 290–300
    reveladores de peróxido de hidrógeno, 273–76
    tipos de, 269–73
  problemas con
    cabello gris, 307–10
    cabello dañado, 300–301
    color cobrizo/tonalidades no deseadas, 303–6
    descoloración del color rojo, 302–3
    rellenos y, 301–2
    restauración al color natural, 306–7
    pigmentos artificiales y, 258–59
    precauciones de seguridad, 310
  química del, 561–67
    aclaración, 565–66
    entonadores, 567
    permanente, 563–65
    rellenos, 567
    semipermanente, 562
    temporal, 561
  razones por, 227
  rociadores, 260–61
  selección del, 246–47
  semipermanente, 262–68
  sistema de clave de colores, 250–51
  solamente de depósito, 268–69
  temporal, 259–62
  teoría del color y, 253–59
    colores complementarios y, 256–7
    colores primarios y, 253–55
    colores secundarios y, 255–56
    pigmentos artificiales y, 258–59
Teñido del cabello semipermanente
  acción de, 264
  aplicación de, 265–66
  polímero, 267–68
  selección de, 264–65
  tipos de, 263
  usos de, 263
Teñido, declaración de descargo, 347
Teñir de vuelta, hacer volver al cabello a su color original o natural, 317
Terapia de la luz, se refiere al tratamiento de la piel utilizando rayos de luz, 540–44
  luz blanca y, 544
  luz azul y, 544
  luz roja y, 544
  rayos infrarrojos y, 541–42
  rayos ultravioleta, 542–44
Terminología, las palabras o términos especiales utilizados en la ciencia, el arte o los negocios, 317
Termolisis, un método de remoción del cabello utilizando una corriente de alta frecuencia de corriente alterna, 493–96
Textura del cabello, el diámetro de una fibra individual de cabello; puede clasificarse como grueso, medio, o fino, 198, 236, 317
Texturizado del cabello, es la remoción de un exceso de volumen sin acortar la longitud, 88–90
  ver también Entresacado.
Tiempo de revelado o de desarrollo (período de oxidación), es el tiempo necesario para que un color permanente o un aclarador se revele completamente, 317
Tiempo necesario para el proceso, el tiempo necesario para que el tratamiento químico reaccione en el cabello, 317
Tijeras
  corte de cabello, 84
  el corte de cabello con, 90–93
  sujección, 87
  entresacado con, 84, 89–90
  entresacado, 89

Tijeras
  corte del cabello, 84
    el corte de cabello con, 90–93
    sujección de, 87
  entresacado, 89
Tijerillas, 373
  remoción de cabello y, 497
Tinea, es el término médico para la tiña, 62
  capitis, tiña del cuero cabelludo, se caracteriza por pápulas o manchas rojas en la abertura de los folículos pilosos, 62
  favosa, tiña en forma de panal de abeja, se caracteriza por la formación de costras amarillas azufre en forma de copa, llamados escútula, que tienen un olor característico, 62
  unguium, tiña de la uña, es una enfermedad infecciosa provocada por hongos (parásito vegetal), 408
Tinte de la pestaña, 463–64
Tinte de alto aclarado, colorante de proceso simple que tiene un alto grado de acción de aclarado y una cantidad mínima de depósito colorante, 317
Tinte para las cejas, 463–64
Tinte, producto oxidante para dar color permanente al cabello; tiene la capacidad de aclarar y depositar color en el mismo proceso, 317
Tintes de anilina, 563
Tintes
  compuestos, 271–72, 565
  metálicos, 271, 564–65
Tintes compuestos, 271–72, 565
Tintes de oxidación, 563
  acción de los, 291–92
  formulación del aclarado y depósito, 292–93
  procedimiento de mezcla, 293–94
  tipos de, 292
Tintes
  de doble proceso, 298–300
  de las pestañas y cejas, 463–64
  oxidación
    acción de, 291–92
    formulación del realce/depósito, 292–93
    procedimiento de mezcla, 293–94
    tipos de, 292
  pelucas y, 365
  permanentes, 563–65
  remoción de, 304–6
  semipermanentes del cabello, 562
  vegetal, 269–70, 564
  ver también Coloreado del cabello.
Tintura colorante, pigmento artificial, 317
  intermedio, material que se convierte en un color solamente después de reaccionar con un revelador (peróxido de hidrógeno). Conocido también como tinturas oxidantes, 317
Tintura directa, un color preformado que tiñe la fibra directamente sin necesidad de oxidación, 317
Tintura progresiva, 1. Un sistema de coloreado que produce un aumento de la absorción con cada aplicación. 2. Productos colorantes que profundizan o aumentan la absorción por un período de tiempo durante el procesamiento, 317
Tinturas metálicas, son sales solubles metálicas tales como plomo, plata y bismuto que producen colores en la fibra del cabello por medio de una acumulación progresiva y contacto con el aire, 271, 317, 564–65
Tiña
  de la uña, es una enfermedad contagiosa provocada por un hongo (parásito vegetal), 408
  de la mano, es una enfermedad sumamente contagiosa provocada por un hongo. Los síntomas principales son las lesiones papulares rojas que aparecen en las manos en forma de manchas o anillos, 62, 408
  del pie, es una enfermedad contagiosa provocada por un hongo, 408
Tioglicolato de amoníaco es un producto químico compuesto de amoníaco y ácido de tioglicolato. Es el componente activo principal o agente de reducción en permanentes alcalinas, 190, 320
  relajación del cabello con, 330–31
Tipo facial en forma de corazón
  peinados para, 149
  lentes y, 157
Tipo facial en forma de pera,
  peinado para, 149
  lentes y el, 158
  técnicas de maquillaje para, 453
Tipo facial rectangular
  peinados para, 149
  técnicas de maquillaje para, 454
Tipo facial cuadrado
  peinado para el, 148
  lentes y, 157
  técnicas de maquillaje para, 452
Tipo facial ovalado
  peinado para, 148
  lentes y, 157, 158
  técnicas de maquillaje para, 451
Tipo facial redondo
  peinado para, 148
  lentes y, 157
  técnicas de maquillaje para, 452
Tirosina, el aminoácido (tirosina) que reacciona con el enzima (tirosinasa) para formar el pigmento natural de melanina del cabello, 239, 317
Tirosinasa, es un enzima (tirosinasa) que reacciona con el aminoácido (tirosina) para formar el pigmento natural de melanina del cabello, 239, 317
Tonalidad o tono, término utilizado para describir si un color es cálido o frío, 317
Tonalidades frías, 241
Tonalizador, un color pastel para ser utilizado después del preaclarado, 317, 567
Tonalizar, adición de color para modificar el resultado final, 317
Tono bronceado, tonos rojos, anaranjados, o dorados en el cabello, 317
Tono, 241, 317
  uso de, 258
Tono subyacente, el color subyacente que emerge durante el proceso de aclarado de la melanina, que contribuye al resultado final. Al aclarar el cabello, siempre se produce un cálido residuo en el tono. Llamado también pigmento de contribuyente, 317
Tonos cálidos, 241
Tórax, es una caja elástica que sirve como una estructura protectora para el corazón, los pulmones, y otros órganos internos delicados, 508
Traje profesional, 12
Trapecio, músculo que cubre la parte posterior del cuello y la región superior y media de la espalda. Hace girar el omóplato y controla los movimientos basculantes del brazo, 515
Traslúcido, la propiedad de dejar pasar la luz difusa, 317
Trastornos emocionales, el cabello y, 46
Tratamientos antiarrugas, se diseñan para ocultar las líneas de envejecimiento que aparecen en la piel, 573
Trenza, es un peinado con tres grupos de pelo, pasando sucesiva y alternativamente cada uno de ellos por encima y por debajo de los otros, 367
Trenzado invisible, se realiza solapando los mechones en la parte superior, 144
Trenzado francés
  invisible, 144–46
  visible, 146–7
Trenzado, 144–47
Trenzado francés visible, (trenza invertida), se hace trenzado los mechones por debajo, haciendo visible la trenza. Se hace de la misma manera que la trenza invisible excepto que los mechones se colocan debajo del mechón central, 146
Treponema pallida, es una espirilla que provoca la sífilis, 27
Tretinoin, una crema que se expende con receta y que se utiliza en el tratamiento del acné, 490
Triceps, es un músculo con tres cabezas que se encuentra en el brazo. Cubre toda la zona posterior del brazo superior y extiende el antebrazo, 515
Tricología, es el estudio del cabello y sus enfermedades, 44, 480
Tricoptilosis, es el término técnico del cabello con las puntas abiertas, 54
Tricorrexis nudosa, o cabello nudoso, es un estado del cabello seco y frágil que incluye la formación de nódulos hinchados a lo largo del tallo del cabello, 54
Trietanolamina, 373
Tubérculo, es una hinchazón sólida mayor que una pápula. Se proyecta por encima de la superficie, o se encuentra dentro o por debajo de la piel. Su tamaño puede variar desde el tamaño de un guisante al de una nuez, 481

GLOSARIO/ÍNDICE ◆ 633

Tumor, una masa celular anormal, que varía en tamaño, forma, y color, 481

U

Ulcera, es una lesión abierta en la piel o en la membrana mucosa del cuerpo, acompañada por pus y pérdida de profundidad de piel, 482
Uña, un apéndice de la piel, es una placa cornea y translúcida que protege las puntas de los dedos y los dedos del pie, 402
  afecciones (trastornos) de la, 404
  blanco de, se aplica en forma de pasta, crema o cordoncillo. Consisten principalmente de pigmentos blancos. Al aplicarse debajo de los bordes libres de las uñas, mantiene blancas las puntas, 373
  blanqueadores de la, contienen peróxido de hidrógeno o ácidos orgánicos diluidos en forma de un líquido, o pueden ser mezclados con otros ingredientes para hacer una pasta blanca, 373
  colocación de puntas de uñas, 394–95
  corrugaciones de la, son bordes ondulados provocados por un crecimiento desigual de la uña, normalmente el resultado de una enfermedad o herida, 404
  crecimiento de la, 403–6
  endurecedores o fortalecedores se diseñan para impedir que las uñas se partan o se escamen, 374
  cuerpo de la, es la porción visible de la uña que permanece sobre el lecho de la uña y está unido al mismo, 402
  diagrama de la, 402
  disolvente del esmalte, se utiliza cuando el esmalte se ha solidificado, 374
  enfermedades de la, 407–9
  envoltura de, se realiza para restaurar uñas rotas, torcidas o partidas y para fortificar las uñas débiles o frágiles, 387–89
  envoltura líquida, 389
  esculpida, se conoce también como uña a la que puede agregar (build-on), se utiliza cuando una uña o más debe ser extendida, 389
    capas acrílicas, 391
    precauciones de seguridad, 392
    procedimiento, 390
    remoción, 391
    reparación/rellenos para, 391
    utensilios, 389
  estilo individual, 382
  estructura, 402
  estructuras de la, 403
  fortalecimiento de la, 388–89
  hongo, 407
  irregularidades de la, 404–6
  lecho de la, es la parte de la piel sobre la que permanece el cuerpo de la uña, 402
  lima de, es larga, delgada y flexible y utilizada para dar forma y suavizar el borde libre de la uña, 372
  líquido para la, se utiliza para colorear o hacer brillar la uña, 374
  malformación de la, 404
  matriz de la, es la parte del lecho que se extiende por debajo de la raíz de la uña y contiene nervios, linfa y vasos capilares para nutrir la uña, 402
  moho de la, 407
  paredes de la, son los pliegues de piel que solapan los lados de la uña, 403
  placa de la, es la porción visible de la uña que descansa sobre y que se une al lecho de la uña, 402
  pliegues en las uñas pueden aparecer longitudinal o transversalmente. Son el resultado de una enfermedad o herida en las células de la uña en o cerca de la matriz, 404
  productos de limpieza de, consisten de detergente, normalmente en forma de polvos compactos, líquidos, o escamas, 373
  pulidor de, se utiliza para pulir las uñas, 373
  pulimiento seco, normalmente se efectúa con polvo o una pasta. Suaviza la uña y le proporciona un brillo durante el proceso de pulido, 374
  quita esmaltes, contienen solventes orgánicos y se utilizan para disolver el esmalte anterior de las uñas, 373
  raíz de la, se encuentra en la base de la uña y está empotrada debajo de la piel, 402
  ranuras, estrías o pistas, se encuentran en los dos lados de la uña, en los que se mueve la uña a medida que crece, 403
  reparación de la, 387
  secador de la, es una solución que protege la uña, impidiendo que se torne pegajosa y que pierda brillo, 374
  sección transversal de la, 402
  servicios para, riesgo de enfermedad en, 410
  sumergida, son puntas de uñas artificiales que se rocían con un adhesivo y después se colocan con goma en los extremos de las uñas naturales, 394
  uñas artificiales que se colocan mediante presión, se elaboran con plástico o con nilón, y las instrucciones del fabricante deben seguirse con cuidado, 393–93
Uñas artificiales, 392–93
Uñas azuladas, se atribuyen generalmente a la mala circulación sanguínea o a una afección del corazón, 406
Uñas sumergidas, 394
Uñas de cáscara de huevo, son uñas que poseen una placa blanca y excesivamente delgada y son más flexibles que lo normal. La placa de la uña se separa del lecho ungueal y forma una curva al borde libre, 406
Uñas artificiales colocadas a presión, 392–93
Uñas dañadas, poseen puntos oscuros y púrpuros, que generalmente se deben a heridas y hemorragias debajo de la uña, 406
Uñas encarnadas, pueden afectar el dedo o el dedo del pie. En esta condición, la uña crece dentro de la carne y puede causar una infección, 409
Uñas, tamaño de las, 370, 371
Utensilios,
  almacenamiento correcto de, 41
  corte de cabello, 84–85
  sujeción, 87–88
  lavado con champú y, 75

V

Vacío o un hueco, mantener el cabello en una posición cerca de la cabeza y enrollarlo hasta una media pulgada fuera de la base, 136–37
Válvulas del corazón, permiten circulación de la sangre en una sola dirección, 521
Vaporizador, se aplica sobre la cabeza o cara para producir un calor uniforme y húmedo, 539
Vaporizadores de pelo (lacas), 579
Vatio (W), es una medición de la energía eléctrica utilizada en un segundo, 531
Vello, es el cabello fino y suave que cubre las mejillas, la frente y casi todos las demás zonas del cuerpo. Ayuda a una evaporación eficaz de la perspiración, 48
Venas yugulares, conducen la sangre que vuelve al corazón desde la cabeza, cara y cuello. Están situadas por los dos lados del cuello, 525
Venas, son vasos sanguíneos de paredes delgadas que son menos elásticos que las arterias. Contienen válvulas en forma de copa para prevenir el retroflujo, y transportan la sangre impura procedente de diferentes vasos capilares de vuelta al corazón, 522
  cabeza, cara, cuello, 525
Ventrículo izquierdo, una de las cámaras inferiores de pared gruesa del corazón, 521
Verdugón, es una lesión inflamada e irritante que solo dura unas horas. Algunos ejemplos son urticarias y las picadas de los insectos, como los mosquitos, 481
Verruca, es el término técnico para la verruga. Es provocada por un virus y es infecciosa, 489
Verruga, es provocada por un virus y es infecciosa, 489
Vértebras cervicales, forman la parte superior de la médula espinal localizado en la región del cuello, 508
Vesícula, es una vejiguilla llena de fluido. La vesícula se encuentra dentro o justo debajo de la epidermis; por ejemplo, la hiedra venenosa produce vesículas pequeñas, 481
Vibración, es un movimiento de sacudida de masaje que se logra mediante contracciones musculares rápidas de los brazos, mientras que las partes esféricas de las puntas de los dedos se presionan firmemente en el punto de aplicación, 415

Vibrador, es un aparato eléctrico utilizado en el masaje para producir una sucesión mecánica de movimientos, 539

VIH, 30

Viricidas, eliminan virus, 36

Virus filtrables, organismos vivos tan pequeños que pueden pasar por los poros de un filtro de porcelana. Provocan el resfriado común y otras infecciones respiratorias y gastrointestinales, 29

Virus filtrable, 29

Viscosidad, un término que se refiere al espesor de una solución, 318

Vitiligo, una condición adquirida de leucodermis que afecta el color de la piel o del cabello, 488

Volátil, que se evapora fácilmente, 568

Voltio (V), es una unidad para medir la presión que fuerza la corriente eléctrica hacia adelante, 531

Volumen, la concentración de peróxido de hidrógeno en una solución acuosa. Se expresa como los volúmenes de oxígeno liberados por volumen de solución; el peróxido de 20 volúmenes libera 20 pintas (9.4 litros) de oxígeno gas por cada pinta (litro) de solución, 318

Z

Zigomático, se extiende desde el hueso zigomático hasta el ángulo de la boca. Eleva el labio, como cuando se ríe, 513

CONVERSIÓN APROXIMADA A MEDIDAS MÉTRICAS

Símbolo	Cuando usted sabe	Multiplique	Para obtener	Símbolo
LONGITUD				
In	pulgadas	2,5	centímetros	cm
ft	pies	30	centímetros	cm
PESO				
oz	onzas	28	gramos	g
lb	libras	0,45	kilogramos	kg
	toneladas cortas (2000 lb)	0,9	toneladas	t
VOLUMEN				
tsp	cucharilla	5	mililitros	ml
tbsp	cuchara	15	mililitros	ml
fl oz	onzas líquidas	30	mililitros	ml
c	tazas	0,24	litros	l
pt	pintas	0,47	litros	l
qt	cuartos	0,95	litros	l
gal	galones	3,8	litros	l
TEMPERATURA(exacta)				
°F	Fahrenheit temperatura	5/9 después restando 32	Celsius temperatura	°C